हिन्दी आलोचना का आलोचनात्मक इतिहास

हिन्दी आलोचना का आलोचनात्मक इतिहास

डॉ. अमरनाथ

राजकमल प्रकाशन

ISBN : 978-93-92757-60-0

मूल्य : ₹1695

पहला संस्करण : 2022

प्रकाशक : राजकमल प्रकाशन प्रा.लि.
1-बी, नेताजी सुभाष मार्ग, दरियागंज
नई दिल्ली-110 002
शाखाएँ : अशोक राजपथ, साइंस कॉलेज के सामने, पटना-800 006
पहली मंजिल, दरबारी बिल्डिंग, महात्मा गांधी मार्ग, प्रयागराज-211 001

वेबसाइट : www.rajkamalprakashan.com
ई-मेल : info@rajkamalprakashan.com

मुद्रक : बी.के. ऑफसेट
नवीन शाहदरा, दिल्ली-110 032

HINDI ALOCHANA KA ALOCHANATMAK ITIHAS
Criticism by Dr. Amarnath

समर्पित
हर तरह के शोषण और असमानता
के खिलाफ लड़ने वाले हमारे समय के
बुद्धिजीवियों को।

क्रम

भूमिका

हिन्दी आलोचना का इतिहास विसंगतियों से भरा हुआ है और हमारा हिन्दी समाज अब उसके दुष्परिणाम भी झेल रहा है। किन्तु हमारे वरिष्ठ आलोचकों की नजर उन विसंगतियों की ओर बहुत कम पड़ रही है। हम उनमें से कुछ की चर्चा यहाँ कर रहे हैं।

एक सामान्य अवधारणा है कि हिन्दी आलोचना का विकास आधुनिक काल में गद्य के विकास के साथ हुआ। प्रश्न यह है कि हिन्दी में साहित्य का सृजन जब नवीं-दसवीं सदी से ही होने लगा था तो फिर आलोचना का विकास अठारहवीं सदी से क्यों? क्या हजार साल तक सिर्फ रचनाएँ होती रहीं और उन पर प्रतिक्रयाएँ नहीं होती थीं? यदि रचना के साथ-साथ ही आलोचना का विकास भी होता है तो क्या हिन्दी साहित्य के आदि काल से आधुनिक काल के भारतेन्दु युग तक लोग सिर्फ रचनाएँ पढ़ते और सुनते रहे और उन पर प्रतिक्रियाएँ देने से परहेज करते रहे? भला ऐसा कैसे सम्भव है?

दरअसल आलोचना का विकास रचना के साथ ही होता है। रचना पर सन्तुलित प्रतिक्रिया ही आलोचना होती है। इसलिए जिस समय से हम हिन्दी साहित्य के सृजन का इतिहास स्वीकार करते हैं उसी समय से उसकी आलोचना का इतिहास भी स्वीकार करना होगा। हाँ, यह सच है कि आधुनिक युग में गद्य के विकास और छापाखाने की सुविधा के चलते आलोचना में अभूतपूर्व विस्तार हुआ। किन्तु हिन्दी साहित्य के इतिहास के साथ ही हिन्दी आलोचना के विकास का इतिहास भी जुड़ा हुआ है।

हिन्दी आलोचना की विरासत संस्कृत में निहित है। संस्कृत के आचार्यों ने काव्य के स्वरूप, काव्य की आत्मा, काव्य गुण और काव्य दोष आदि का तो विस्तृत विश्लेषण किया ही है, उन्होंने संस्कृत साहित्य के मूल्यांकन के लिए रस, अलंकार, ध्वनि, रीति, वक्रोक्ति और औचित्य जैसे सिद्धान्त भी विकसित किए जिनमें रस, अलंकार और ध्वनि सिद्धान्त का महत्त्व आज भी बना हुआ है। इसलिए हिन्दी के आलोचना शास्त्र को समझने के लिए संस्कृत की अपनी इस महान विरासत को समझना और सहेजना बहुत जरूरी है।

संस्कृत की व्यावहारिक आलोचना भी बहुत समृद्ध है और सैद्धान्तिक मानदंडों पर ही आधारित है। इसकी मुख्यत: तीन पद्धतियाँ हैं। पहली व्याख्यात्मक आलोचना अथवा टीका पद्धति, दूसरी सूक्तियों के रूप में की जाने वाली साहित्यकारों पर आलोचनात्मक टिप्पणियाँ और तीसरी काव्यशास्त्रीय ग्रंथों में अपनी स्थापनाओं की पुष्टि में आचार्यों द्वारा उद्धृत कवियों की उक्तियाँ। इनमें टीका या भाष्य लिखने की परम्परा बहुत ही समृद्ध और पुरानी है। इन टीकाओं में कविताओं की विद्वत्तापूर्ण व्याख्याएँ तो की ही जाती थीं, इसी बहाने टीकाकार, कवियों की काव्य-कला के सम्बन्ध में भी सटीक और आलोचनात्मक टिप्पणियाँ कर देता था। हकीकत तो यह है कि संस्कृत के कई ऐसे महाकवि या आचार्य हैं जिनके साहित्य का आस्वाद, सुबुद्ध और सहृदय पाठकों को तभी मिला जब उनके व्याख्याकारों ने उन पर भाष्य लिखे। मल्लिनाथ ने भाष्य लिखकर कालिदास की वाणी को सहृदय पाठकों के लिए सुगम बनाया। इसी तरह आन्दवर्धन के महान ग्रंथ 'ध्वन्यालोक' की महत्ता से लोग लगभग एक सौ साल तक अपरिचित ही रहे। लोगों को इस ग्रंथ का महत्त्व तब समझ में आया जब अभिनव गुप्त ने उसकी 'ध्वन्यालोकलोचन' नाम से टीका लिखी।

वास्तव में रचना को सहृदय पाठकों के लिए बोधगम्य बनाने के उद्देश्य से ही टीकाएँ लिखी जाती थीं। टीका या भाष्य लिखने वाला, सही अर्थों में आलोचक होता है। आलोचक का पहला काम होता है रचना को भली-भाँति समझना, उसके गुण-दोष का विवेचन करना और उसे पाठकों को समझने में मदद पहुँचाना। भाष्यकार का भी यही काम होता है। निश्चित रूप से टीकाएँ लिखने के लिए अत्यधिक साधना,

श्रम और धैर्य की जरूरत होती है। उसकी तुलना में प्रतिष्ठा भी कम ही मिलती है। जबकि आज का युग कम से कम श्रम करके अधिक से अधिक प्राप्त करने का है। अगर भाष्यकारों को प्रतिष्ठा मिलने की परम्परा पूर्ववत् जारी रहती तो पुस्तक समीक्षाएँ अथवा औसत दर्जे के रचनाकारों पर प्रशंसात्मक लेख लिखकर आलोचक के रूप में लोगों को आसानी से प्रतिष्ठा कैसे मिल पाती? बड़े ही सुनियोजित तरीके से भाष्यकारों की उपेक्षा की गई और इस तरह आलोचना की एक अत्यन्त पुष्ट और उत्कृष्ट पद्धति को यथासम्भव कमजोर किया गया।

हमारे यहाँ अब तक जितने भी हिन्दी साहित्य के इतिहास लिखे गए हैं उनमें सबसे पहले हमारा ध्यान आचार्य रामचन्द्र शुक्ल के इतिहास पर जाता है क्योंकि वह पहला विचार-श्रृंखला-बद्ध इतिहास है, जिसके पास एक इतिहास-दृष्टि है और एक सुसंगत काल-विभाजन है। साहित्य के पाठकों में भी सबसे ज्यादा प्रचलित यही शुक्ल जी का इतिहास है। शुक्ल जी के इतिहास में भी अनेक कवियों पर की गई उनकी संक्षिप्त टिप्पणियाँ उनकी उत्कृष्ट आलोचनात्मक दृष्टि की परिचायक हैं। आचार्य शुक्ल हिन्दी आलोचना के आधार स्तम्भ हैं और हमें उन पर गर्व है। किन्तु मुझे यह देखकर आश्चर्य हुआ कि अपने इतिहास के प्रथम संस्करण की भूमिका लिखते समय शुक्ल जी ने हिन्दी साहित्य के प्रथम इतिहास के रूप में ख्यात गार्सां द तासी के इतिहास 'इस्त्वार द ल लितरेत्यूर ऐंदुई ए ऐंदुस्तानी' का जिक्र तक नहीं किया है। वे शुरू करते हैं शिवसिह सेंगर से। उन्होंने लिखा है, "हिन्दी कवियों का एक वृत्त संग्रह ठाकुर शिवसिंह सेंगर ने सन् 1883 ई. में प्रस्तुत किया था। उसके पीछे सन् 1889 में डॉक्टर (अब सर) ग्रियर्सन ने 'मॉडर्न वर्नाक्युलर लिटरेचर आव नार्दर्न हिन्दुस्तान' के नाम से एक वैसा ही बड़ा कविवृत्त संग्रह निकाला।" (हिन्दी साहित्य का इतिहास, प्रथम संस्करण का वक्तव्य)

गार्सां द तासी के इतिहास का पहला भाग 1839 ई. में छप चुका था और दूसरा भाग 1847 ई. में। उल्लेखनीय है कि तासी का इतिहास हिन्दुई और हिन्दुस्तानी का इतिहास है अर्थात् इसमें हिन्दी-उर्दू दोनों के कवियों का उल्लेख है। यद्यपि उस समय तक फोर्ट विलियम कॉलेज के मंच से जॉन बोर्थविक गिलक्रिस्ट के निर्देशन में हिन्दी-उर्दू का विभाजन किया जा चुका था और इन्हें मजहब से जोड़ा जा चुका था। इसके बावजूद तासी का दृष्टिकोण अधिक व्यावहारिक और वैज्ञानिक था। उसकी दृष्टि में यह एक ही भाषा का साहित्य था और इसीलिए एक ही जाति का साहित्य था।

शुक्ल जी ने जिस ग्रियर्सन का जिक्र आदर के साथ किया है। उसने अपने इतिहास (प्रकाशित, प्रथम संस्करण 1888 ई.) की भूमिका में लिखा है, "मैं न तो अरबी-फारसी के भारतीय लेखकों का उल्लेख कर रहा हूँ और न ही विदेश से लाई गई साहित्यिक उर्दू के लेखकों का ही—मैंने इन अन्तिम को, उर्दू वालों को, अपने इस विचार से जानबूझकर बहिष्कृत कर दिया है क्योंकि इन पर पहल ही गार्सां द तासी ने पूर्ण रूप से विचार कर लिया है।" (द मॉडर्न वर्नाक्युलर लिटरेचर ऑफ हिन्दुस्तान, प्रीफेस, पेज-viii।)

यहाँ उल्लेखनीय यह है कि गार्सां द तासी ने अपना इतिहास फ्रेंच में लिखा और पेरिस में रहकर लिखा। वे पेरिस में हिन्दुस्तानी के प्रोफेसर थे और कभी भारत नहीं आए, किन्तु उन्हें अच्छी तरह पता था कि हिन्दुई और हिन्दुस्तानी अलग-अलग भाषाएँ नहीं हैं बल्कि एक ही भाषा की अलग-अलग शैलियाँ हैं। शुक्ल जी को अपना इतिहास लिखते समय गार्सां द तासी का इतिहास पढ़ने को मिला या नहीं, कहा नहीं जा सकता। क्योंकि उनका इतिहास पेरिस में लिखा गया, पेरिस में छपा और और लंदन तथा पेरिस में ही बिकने के लिए भी रखा गया। हिन्दुस्तान में लम्बे समय तक वह उपलब्ध ही नहीं था। उसका हिन्दी अनुवाद भी बहुत बाद में लक्ष्मीसागर वार्ष्णेय ने किया, वह भी केवल हिन्दुई अंश का, जो 1953 ई. में प्रकाशित हुआ।

हाँ, गार्सां द तासी के व्याख्यानों से आचार्य शुक्ल अवश्य परिचित थे। उल्लेखनीय है कि गार्सां द तासी साल भर तक प्रकाशित भारत से सम्बन्धित साहित्य का अध्ययन करते थे और वर्ष के अन्त में उसका आकलन करते हुए व्याख्यान देते थे। ये व्याख्यान 1850 ई. से लेकर 1870 ई. के बीच उन्होंने दिए थे। आचार्य शुक्ल ने अपने 'हिन्दी साहित्य का इतिहास' में आधुनिक काल में गद्य के विकास का विश्लेषण करते हुए गार्सां द तासी के इन व्याख्यानों का हवाला तो दिया है किन्तु इतिहास ग्रंथ का नहीं। (द्रष्टव्य, पृ. 296) इस तरह ग्रियर्सन ने जिस तथ्य का ईमानदारी के साथ उल्लेख किया है, शुक्ल जी ने उसका जिक्र तक नहीं किया और ग्रियर्सन की निराधार भेद-दृष्टि शुक्ल जी सहित परवर्ती सभी इतिहास लेखकों ने यथावत् स्वीकार कर ली। शुक्ल जी ने हिन्दुस्तानी के कवियों को अपने इतिहास में शामिल नहीं किया तो बाद के सभी इतिहासकारों

ने शुक्लजी का ही अनुसरण किया और जनता पर शासन करने के लिए जो भेद-दृष्टि शासकगण अपनाते हैं वही साहित्यकारों ने भी अपनाया।

हिन्दी जाति के साहित्य की कोई भी अवधारणा क्या मीर, सौदा, गालिब, जॉक, जफर, आतिश, फैज और इकबाल को छोड़कर बन सकती है? होली, दीवाली, महादेव जी के ब्याह और कन्हैया जी के जन्म पर कविताएँ लिखने वाले नजीर अकबराबादी क्या हिन्दी के जातीय कवि नहीं हैं? फिराक गोरखपुरी, जोश मलीहाबादी, फैज अहमद फैज, अली सरदार जाफरी, साहिर लुधियानवी, अहसान दानिश, कैफी आजमी, निदा फाजली और जावेद अख्तर जैसे प्रगतिशील और हिन्दी जाति की सामासिक संस्कृति को पुख्ता करने में अपनी समूची जिन्दगी समर्पित कर देने वाले साहित्यकारों को हिन्दी के जातीय साहित्य में जगह न देकर हिन्दी के आलोचकों ने बड़ी ऐतिहासिक भूल की है जिसका खमियाजा देश की जनता भुगत रही है। उर्दू साहित्य में राष्ट्रीय चेतना के विषय पर निराला के एक प्रश्न का जवाब देते हुए नन्दकिशोर नवल ने कहा है,

"साहित्य अकादमी से मेरी एक किताब है—'स्वतंत्रता पुकारती'। मुझे कहा गया था कि जिस तरह जाँनिसार अख्तर ने 'हिन्दोस्ताँ हमारा' नाम से दो खंडों में उर्दू कविताओं का संकलन किया है, उसी तरह से हिन्दी कविताओं का संकलन लाइए। मैंने तब ही कहा था कि न तो उर्दू कविताओं की ऊँचाई हिन्दी कविता प्राप्त कर सकी है और न ही मुझमें जाँनिसार अख्तर की तरह की क्षमता है। फिर भी मैंने 1857 से 1947 तक की कविताओं को संकलित करना शुरू किया। तब मैंने पाया कि शमशेर, नागार्जुन, त्रिलोचन, केदारनाथ अग्रवाल, मुक्तिबोध जैसे कवियों ने भी एक भी कविता राष्ट्रीय स्वतंत्रता आन्दोलन पर लिखी ही नहीं है।" (सत्याग्रह, 17.5.2020)

प्रश्न यह है कि जब सभी भाषा-वैज्ञानिक भी उर्दू और हिन्दी को एक ही भाषा की दो शैलियाँ मानते हैं तो इसे विभाजित करके क्यों देखा जाता है? उर्दू को अघोषित रूप से इस्लाम से क्यों जोड़ दिया गया है? क्यों तुलसी और निराला को पढ़ने वाला विद्यार्थी मिर्जा गालिब, फिराक और नजीर अकबराबादी को नहीं पढ़ सकता जबकि ये सभी एक ही जाति, हिन्दुस्तानी जाति के कवि हैं? आज जब भारत एक दूसरे विभाजन की ओर बढ़ रहा है तो हमारा दायित्व है कि हम अपनी सामासिक संस्कृति की विरासत को समृद्ध करने वाले साहित्य का एक बार फिर से आकलन करें। हमें अपनी आलोचना की परिधि इतनी विस्तृत और सुदृढ़ करनी होगी जिसके भीतर सूर, तुलसी, कबीर के साथ खुसरो, मीर, गालिब और फिराक भी समा सकें।

उर्दू आलोचना का अध्ययन करते समय मैंने पाया कि वह किसी भी तरह हिन्दी आलोचना से कमतर नहीं है। किन्तु मेरी अपनी विवशता है। न तो मैं उर्दू साहित्य का अधिकारी विद्वान हूँ और न तो उर्दू आलोचना पर लिखना मेरे बस का है। मैंने तो इस ग्रंथ का एक सोपान उर्दू आलोचना के नाम समर्पित सिर्फ इसलिए किया है कि मैं पाठकों तक यह सन्देश पहुँचा सकूँ कि हिन्दी-उर्दू का विभाजन कृत्रिम है और इतिहास की यह एक भयंकर भूल है। आज जब हमारे संविधान की आठवीं अनुसूची में उर्दू को हिन्दी के समानांतर स्वतंत्र भाषा का दर्जा दे दिया गया है, पाकिस्तान में उर्दू को राष्ट्रभाषा घोषित कर दिया गया है तब भविष्य में भी हिन्दी और उर्दू की एकता की सम्भावना बहुत कम है। इसके बावजूद हिन्दी के अध्येताओं को उर्दू साहित्य की सामान्य जानकारी तो होनी ही चाहिए। इस ग्रंथ में उर्दू आलोचना पर इसी दृष्टि से विचार किया गया है।

भारतीय साहित्य की जिस समृद्ध परम्परा पर हमें गर्व है उसका बहुलाँश अनेक जिज्ञासु अनुसंधित्सुओं की अनवरत साधना का प्रतिफल है, वरना अनेक बड़े रचनाकार काल के गाल में समा गए होते या हम पर्याप्त सूचना के अभाव में उनका समुचित मूल्यांकन ही न कर पाए होते। हिन्दी में अनुसन्धान की नीव 'गार्सां द तासी' ने ही रखी थी। उनके इतिहास की उपलब्धियाँ तथा गुणवत्ता विवादास्पद हो सकती है किन्तु उनकी दृष्टि अनुसन्धानपरक है। उनका साहित्येतिहास एक व्यक्ति का उपाधिनिरपेक्ष निजी प्रयास है। हिन्दी अनुसन्धान के विकास में यह एक महत्त्वपूर्ण प्रस्थान-बिन्दु है।

हिन्दी अनुसन्धान के विकास में राष्ट्रीय और बौद्धिक जागरण का महत्त्वपूर्ण योगदान है। 1828 ई. से लेकर 1885 ई. तक का कालखंड इस दृष्टि से विशेष महत्त्व का है। 1828 ई. में ब्रह्म समाज की स्थापना, 1849 ई.में विधवा विवाह का विरोध, 1856 ई. में इस विषय पर कानून बनना, 1857 ई. में प्रथम स्वाधीनता संग्राम, 1875 में आर्य समाज की स्थापना, अंग्रेजों की दमन नीति में वृद्धि के फलस्वरूप जनता में प्रतिरोध की शक्ति का विकास, 1885 में कांग्रेस की स्थापना आदि इस कालखंड की ऐसी घटनाएँ हैं जिनके कारण भारत के बौद्धिक समुदाय में अपनी अस्मिता के प्रति जागरूकता का संचार हुआ। संचार व्यवस्था, रेल सम्पर्क,

छापाखाने आदि भी इसी दौर में विकसित हुए। इसी दौर में पश्चिम के साहित्य से भारत का बौद्धिक समाज परिचित हुआ। इससे साहित्य तथा ज्ञान-विज्ञान के क्षेत्र में नई चेतना का संचार हुआ। इन घटनाओं से बंगाल का समाज सबसे ज्यादा और सबसे पहले प्रभावित हुआ जिसे हम बंगला नवजागरण के रूप में जानते हैं।

भारतेन्दु और उनके मंडल के लेखक निरन्तर बंगाल के सम्पर्क में रहे। इन सबके परिणामस्वरूप हिन्दी भाषी क्षेत्र के बुद्धिजीवी भी हिन्दी साहित्य की समृद्ध परम्परा के अनुसन्धान की ओर प्रवृत्त हुए। इस अनुसन्धान कार्य में विदेशियों ने भी पर्याप्त भूमिका निभाई। स्वयं भारतेन्दु ने कालिदास, जयदेव, सूरदास तथा पुष्पदंताचार्य की चरितावली लिखी। पुरातत्त्व और भारत के सांस्कृतिक इतिहास पर शोधपरक निबन्ध लिखे। 'नाटक अथवा दृश्यकाव्य' शीर्षक से उनका महत्त्वपूर्ण सिद्धान्तनिरूपक निबन्ध उनकी शोध-दृष्टि का सूचक है। निश्चित रूप से इस अनुसन्धानपरक आलोचना की परम्परा का व्यवस्थित अध्ययन हमें अपनी साहित्यिक विरासत को समझने में बहुत मददगार साबित होगा।

पाठालोचन की चर्चा अब कोई नहीं करता, जबकि हिन्दी साहित्य में आधुनिक काल के पूर्व का जो भी साहित्य उपलब्ध है वह सब पाठानुसन्धान के बाद सम्भव हुआ है। इस दिशा में नागरी प्रचारिणी सभा, काशी और हिन्दी साहित्य सम्मेलन, प्रयाग का अप्रतिम योगदान है। अन्य संस्थाओं और व्यक्तियों ने भी इस क्षेत्र में उल्लेखनीय योगदान दिया है। इसके बावजूद हिन्दी में आज भी यह कार्य अपनी प्रारम्भिक अवस्था में है। इस कार्य की जरूरत भी बहुत है क्योंकि देश के कोने-कोने में आज भी हस्तलिखित ग्रंथों की हजारों पांडुलिपियाँ अपने उद्धार की बाट जोह रही हैं। खेद है, आज पाठालोचन जैसे गम्भीर और श्रमसाध्य कार्य करने वाले मनीषियों को आलोचकों की श्रेणी में भी नहीं रखा जाता है। इससे इस महान आलोचना कर्म की ओर हाथ बढ़ाने का साहस लोगों में नहीं होता। हमने इस ग्रंथ में पाठानुसन्धान की परम्परा की ओर हिन्दी के पाठकों का ध्यान आकृष्ट करने का प्रयास किया है।

शास्त्रीय और व्याख्यात्मक आलोचना का भी एक सोपान है, जिसके पीछे आलोचकों की कोई विचारधारा नहीं, बल्कि उनकी आलोचना शैली कारण है। यह परम्परा बहुत पुरानी है और संस्कृत से चली आ रही है। आज की तरह समाज को व्यापक रूप से प्रभावित करने वाली विचारधाराएँ उन दिनों कम थीं। भाष्य या टीका लिखने वालों में विचारधारा का अधिक महत्त्व नहीं होता है। बाद में समय-समय पर अनेक बड़े दार्शनिक हुए जिनके विचारों का प्रभाव पूरी दुनिया पर पड़ा और उसने साहित्य को भी प्रभावित किया इसलिए ऐसी आलोचना परम्पराएँ भी विकसित हुईं जिसके पीछे कोई न कोई विशिष्ट विचारधारा थी। मार्क्सवादी, मनोविश्लेषणवादी या गांधीवादी आलोचना की धाराएँ इसी प्रकार की हैं।

मुझे बराबर लगता है कि हिन्दी में छायावाद के साथ-साथ चलने वाली राष्ट्रीय चेतना धारा वाली हिन्दी कविता कम महत्त्वपूर्ण या कम लोकप्रिय नहीं रही है। क्या मैथिलीशरण गुप्त, रामधारी सिंह दिनकर, सुभद्राकुमारी चौहान और माखनलाल चतुर्वेदी जैसे कवि, छायावादी कवियों की तुलना में कम लोकप्रिय रहे हैं? उल्लेखनीय है कि भारतीय राजनीति के रंगमंच पर महात्मा गांधी का पदार्पण और हिन्दी कविता में छायावाद तथा राष्ट्रीय चेतना धारा की कविता का आना लगभग साथ-साथ हुआ है, किन्तु हिन्दी के अधिकांश आलोचकों की नजर छायावादी कविता पर अधिक मुस्तैदी से जमी रही और राष्ट्रीय चेतना धारा की कविता, छायावाद की तुलना में उपेक्षा का शिकार रही। जबकि महात्मा गांधी का सीधा और सर्वाधिक प्रभाव इसी काव्यधारा पर पड़ा। हमारी दृष्टि में गांधीवादी आलोचना की एक परम्परा हिन्दी में मौजूद रही है जिसकी कोई नोटिस नहीं ली गई। जब साहित्य की अन्य विधाओं पर गांधीजी का गहरा प्रभाव दिखाई देता है तो भला आलोचना उसके प्रभाव से वंचित कैसे रह सकती है? हमें यह देखकर आश्चर्य हुआ कि हिन्दी में मार्क्सवादी, मनोविश्लेषणवादी आदि दर्शनों से परिचालित आलोचना पद्धतियों की चर्चा तो विस्तार से की गई है किन्तु गांधीवादी आलोचना पद्धति का उल्लेख नहीं मिलता है, जबकि इस दौर के शान्तिप्रिय द्विवेदी, नन्ददुलारे वाजपेयी, नगेन्द्र, विजयदेवनारायण साही और आज भी बिजयबहादुर सिंह, विश्वनाथप्रसाद तिवारी, कृष्णदत्त पालीवाल, श्रीभगवान सिंह जैसे आलोचकों पर गांधी का व्यापक प्रभाव दिखाई देता है।

वैसे भी आचार्य शुक्ल ने साहित्य के इतिहास के सम्बन्ध में जो कहा है कि "प्रत्येक देश का साहित्य वहाँ की जनता की चित्तवृत्ति का संचित प्रतिबिम्ब होता है।" और "जनता की चित्तवृत्ति के परिवर्तन के साथ-साथ साहित्य के स्वरूप में भी परिवर्तन होता चला जाता है।" तो प्रश्न उठता है कि उस दौर में जनता की चित्तवृति मुख्य रूप से गांधी और राष्ट्रीय चेतना-धारा के साथ जुड़ी थी या छायावाद के साथ?

बहरहाल, गांधीवादी आलोचकों की श्रेणी बनाने के क्रम में जो सबसे बड़ी समस्या मेरे सामने उपस्थित हुई वह थी लोहियावादी विचारधारा से प्रभावित लेखकों को लेकर। यह देखकर मुझे आश्चर्य भी हुआ कि गांधी की तुलना में लोहिया के विचार से प्रभावित आलोचकों की संख्या कम नहीं है। ऐसी दशा में गांधीवादी आलोचना की तरह लोहियावादी आलोचना की भी एक श्रेणी बनाई जा सकती थी, किन्तु बहुत सोच-विचार और अध्ययन के बाद मुझे लगा कि लोहियावादी विचारधारा वास्तव में गांधीवादी विचारधारा का ही विस्तार है। गांधी के सान्निध्य और संरक्षण में ही लोहिया के विचार पुष्पित और पल्लवित हुए। यदि गांधी न होते तो लोहिया भी न होते। वैसे तो लोहियावादियों को 'कुजात गांधीवादी' भी कहा जाता है। मैंने विश्वनाथप्रसाद तिवारी, विजयबहादुर सिंह, श्रीभगवान सिंह, गोपेश्वर सिंह जैसे आलोचकों से इस मुद्दे पर विस्तार से बातें भी कीं और तब मैंने तय किया कि इस श्रेणी-विभाजन में अधिक संकीर्णता उचित नहीं है। कई आलोचक खुद अपने बारे में ही निश्चित नहीं हैं कि वे गांधीवादी हैं या लोहियावादी अथवा मार्क्सवादी। ऐसी दशा में गांधीवादी आलोचना के भीतर ही लोहियावादियों को भी रखने में कोई हर्ज नहीं है।

जिस प्रकार प्रगतिवादी आलोचना के विकास के पीछे मार्क्सवादी जीवन दर्शन है उसी तरह आधुनिक भारत में हिन्दुत्ववादी आलोचना का भी विकास हुआ है और उसके पीछे हिन्दुत्ववादी जीवन दर्शन है। इस दर्शन का वैचारिक स्रोत राष्ट्रीय स्वयंसेवक संघ है। संघ की विचारधारा में राष्ट्रवाद, हिन्दुत्व, हिन्दू राष्ट्र, राम जन्मभूमि, अखंड भारत, समान नागरिक संहिता जैसे विषय हैं। इस विचारधारा को हिन्दी के साहित्यकारों का समर्थन बहुत कम मिला। आज यही हिन्दुत्ववादी विचारधारा सत्ता पर काबिज है और उसमें नई ऊर्जा का संचार हुआ है। इनकी शक्ति में इजाफा होने के साथ ही कुछ साहित्यकारों का समर्थन भी इन्हें हासिल हुआ है। हमने हिन्दुत्ववादी आलोचना की इस धारा को भी रेखांकित करने का प्रयास किया है। मेरा अनुमान है कि भविष्य में यह धारा और भी मजबूत होगी।

सवाल उठ सकता है कि तब मुस्लिमवादी आलोचना क्यों नहीं? किन्तु मुझे मुस्लिमवाद के पैरोकार लेखक हिन्दी में क्या, उर्दू में भी नहीं मिले। आलोचना का आधार साहित्य ही होता है और हमें अपनी साहित्यिक विरासत पर गर्व है कि हमारे साहित्यकार कभी मजहबी संकीर्णता में नहीं फँसे।

आज के युग में मीडिया की ताकत का आकलन भी सम्भव नहीं है। असीमित शक्ति से सपन्न हो चुकी है मीडिया। पिछली सदी के अन्तिम दशक के बाद जो उदारीकरण आया उसने मीडिया को कारपोरेट घरानों के हाथों में सौंप देने के सारे रास्ते आसान कर दिए और उसकी स्वायत्ता खत्म कर दी। एक समय में इन माध्यमों ने व्यापक जन समुदाय के लिए ज्ञान और मनोरंजन के अनगिनत द्वार खोल दिए थे, किन्तु आज इन माध्यमों का उपयोग जनता को दिग्भ्रमित करने और उनका हर तरह से शोषण करने के लिए किया जा रहा है।

पिछले दिनों वैश्वीकरण के नाते उसके चरित्र और रूप में आशातीत वैविध्य और विस्तार आया है। मिशनरी पत्रकारिता अब अतीत का विषय बन चुकी है। आजादी के पहले हमारी हिन्दी पत्रकारिता सामाजिक एवं राजनीतिक आन्दोलनों से जुड़कर ऊर्जा प्राप्त करती थी। आज वह जनान्दोलनों से कटकर मात्र सत्ताधीशों की वाणी एवं सत्ता-संघर्ष का आईना भर बनकर रह गई है अथवा कारपोरेट घरानों के हितों को साधने की चाकर बन गई है। ज्यादातर सम्पादक अब प्रबन्धन का काम देखते हैं और अपनी विचारधारा को अपने मालिकों के हाथों गिरवी रखकर ही पत्रकारिता करते हैं क्योंकि उनके पास समझौता करने के अलावा दूसरे विकल्प नहीं बचे हैं। नवंबर 2020 से आरम्भ होने वाले इतिहास के सबसे बड़े किसान आन्दोलन के दौरान मीडिया का निकृष्टतम रूप देखने को मिला। इसी दौरान 'गोदी मीडिया' शब्द का व्यापक प्रचार भी हुआ। इसी मीडिया ने जनतांत्रिक अधिकारों की लड़ाई लड़ने वालों के लिए 'अर्बन नक्सल' जैसे शब्दों को प्रचारित करके उन्हें बदनाम किया है।

बहरहाल, अब छोटी-छोटी लघु पत्रिकाओं पर ही उम्मीद टिकी है जिन्हें अभिव्यक्ति की आजादी के लिए अपने-अपने पेट काटकर छोटी-बड़ी जगहों से लेखक और प्रतिरोधी प्रकृति के बुद्धिजीवी निकाल रहे हैं अथवा फेसबुक, ट्विटर, ह्वाट्सअप जैसे संचार माध्यम हैं जिनका इस्तेमाल सर्वजन सुलभ है।

पन्द्रह-बीस साल पहले तक पत्रकारिता और साहित्य का रिश्ता बहुत गहरा था। 'दिनमान', 'धर्मयुग', 'साप्ताहिक हिन्दुस्तान' जैसी पत्रिकाएँ बड़े औद्योगिक घरानों की थीं, परन्तु सम्पादकों की नैतिकता और ईमानदारी के बल पर समाज में अपनी सकारात्मक अमिट छाप छोड़ सकी थीं और इन पत्रिकाओं में स्तरीय साहित्य भी देखने को मिल जाता था किन्तु आज एक भी ऐसी स्तरीय पत्रिका देखने को नहीं मिलती जो किसी बड़े औद्योगिक घराने की हो और जिसमें सामाजिक यथार्थ के साथ-साथ साहित्य के लिए भी समुचित जगह हो।

इलेक्ट्रॉनिक मीडिया की दुनिया अपेक्षाकृत नई है। इसमें सिनेमा का इतिहास सबसे पुराना है। यह नया दृश्य-माध्यम असाधारण रूप से व्यापक जनसमुदाय को जोड़ने वाला है। इसके दर्शक शिक्षित और अशिक्षित सभी होते हैं, इसलिए इसके प्रभाव को लेनिन ने बहुत जल्दी पहचान लिया था और सोवियत संघ में सन् 1919 में ही इसका राष्ट्रीकरण कर लिया गया था। वे मानते थे कि सिनेमा सिर्फ मनोरंजन का साधन मात्र नहीं है। इसका सामाजिक उपयोग किया जा सकता है। उस दौर में सोवियत संघ में अनेक सोद्देश्य उच्चकोटि की फिल्में बनीं, किन्तु ठीक इसी तरह जब जर्मनी में हिटलर जैसे नाजी हुए तो उस दौर में ऐसी फिल्में भी बनीं जिनमें हिटलर को महामानव की तरह पेश किया गया। इस तरह सिनेमा का उपयोग आरम्भ से ही शासक वर्ग के हित में होता रहा। सन् 1945-50 के बाद यूरोप के सिनेमा का हॉलीवुड मॉडल विकसित हुआ और सिनेमा का व्यापक व्यावसायिक उपयोग होने लगा। इसका व्यापक असर भारतीय फिल्म उद्योग पर भी पड़ा। भारतीय फिल्मों में अपराध, हिंसा, सेक्स आदि को बड़े पैमाने पर जगह मिलने लगी।

एक दौर में साहित्य और सिनेमा का बहुत गहरा सम्बन्ध था। हिन्दी की अनेक मशहूर कृतियों पर फिल्में बनीं और सराही गईं। इन पर फिल्में बनाने वाले सत्यजीत रे, हृषिकेश मुखर्जी, मणि कौल, बासु चटर्जी, बासु भट्टाचार्य, प्रकाश झा, नवेंदु घोष, गोविन्द निहलानी, गौतम घोष, श्याम बेनेगल, मुजफ्फर अली जैसी मशहूर हस्तियाँ थीं। उल्लेखनीय यह है कि इनमें ज्यादातर अहिन्दी भाषी फिल्मकार हैं। खेद है कि धीरे-धीरे सिनेमा औ़र साहित्य का यह रिश्ता कमजोर पड़ता गया और वैश्वीकरण की आँधी ने तो बची-खुची डोरियाँ भी झटक डालीं।

मेरा निश्चित मत है कि मीडिया-समीक्षा के भीतर सिनेमा का अध्ययन भी रखा जाना चाहिए और हमारे समाज को सबसे ज्यादा प्रभावित करने वाले इस माध्यम की समीक्षा करने वालों को हिन्दी आलोचकों की मुख्य धारा में शामिल किया जाना चाहिए। मैंने मीडिया समीक्षा को हिन्दी आलोचना के भीतर शामिल किया है। हाँ, यहाँ पत्रकारों को नहीं, पत्रकारिता के समीक्षकों को जगह मिली है।

हिन्दी के लोक-साहित्य की परम्परा बहुत समृद्ध है। लोक-जीवन में बिखरे विशाल लोक-साहित्य का अनुशीलन करने से पता चलता है कि इसमें लोक-जीवन का यथार्थ है, पीड़ा है, दुख है, मगर उस दुख और पीड़ा से जूझने का संकल्प भी है, मुठभेड़ करने का साहस भी है। इस लोक-साहित्य में कोई बड़ा दर्शन, काव्यगत कलात्मकता, चमत्कार आदि नहीं मिलेगा। यहाँ सादगी है, प्रेम है, निष्ठा है, ईमानदारी है और सुसंस्कार है। हमारे लोक-साहित्य में लोक का जो उदात्त चरित्र चित्रित है वह शिष्ट साहित्य में दुर्लभ है। शिष्ट साहित्य और लोक-साहित्य के बीच का फासला वस्तुत: दो वर्गों के बीच का फासला है। यह दूसरा वर्ग समाज का बहुसंख्यक वर्ग है और इसके पास संवेदनाओं से सराबोर अपार साहित्य है। अवश्य ही यह लोक-साहित्य है किन्तु अपनी समृद्धि में किसी भी तरह शिष्ट साहित्य से कमतर नहीं है। यह इस देश की सत्तर फीसदी गाँवों में रहने वाली आबादी का साहित्य है जिस पर सबसे कम काम हो रहा है।

इस लोक-साहित्य का अध्ययन करने वाले समीक्षकों की परम्परा बहुत क्षीण है क्योंकि इस साहित्य पर काम करने वाले आलोचकों को पर्याप्त प्रतिष्ठा नहीं मिलती। रामनरेश त्रिपाठी, कृष्णदेव उपाध्याय, राहुल सांकृत्यायन, सत्येन्द्र, बद्री प्रसाद आदि ने इस क्षेत्र में काम किया है। इसलिए यहाँ हिन्दी आलोचना की मुख्य धारा में इन आलोचकों का नाम भी पूरे सम्मान के साथ लिया गया है।

भूमंडलीकरण के प्रभाव से हिन्दी आलोचना में व्यापक परिवर्तन आया है। आज की आलोचना का प्रमुख विषय दलित-विमर्श, स्त्री-विमर्श, आदिवासी-विमर्श आदि है। इनका विस्तृत विश्लेषण समय की माँग है और मैंने इन्हें यथोचित महत्त्व दिया है।

आलोचना के वर्गीकरण के अनेक आधार प्रचलन में हैं। मैंने भी उन्हीं का अनुसरण किया है, जैसे विचारधाराओं के आधार पर, साहित्य की विधाओं के आधार पर एवं शैलियों तथा प्रवृत्तियों के आधार पर। जिनमें विचारधारा प्रभावी भूमिका में है उन्हें उसी श्रेणी में रखा गया है और जिनके यहाँ विचारधारा गौण है उनके लिए दूसरे आधार अपनाए गए हैं। मुझे इसमें अपनी ओर से ज्यादा परिवर्तन करना उचित नहीं लगा। निस्सन्देह, अनेक आलोचकों का श्रेणी-निर्धारण एक चुनौतीपूर्ण कार्य रहा है। किन्तु अध्ययन की सुविधा के लिए भी इस चुनौती को स्वीकार करना जरूरी था। अनेक ऐसे आलोचक हैं जिन्हें एकाधिक श्रेणियों में रखा जा सकता है। किन्तु मेरी विवशता उन्हें किसी एक ही श्रेणी में रखने की थी। उदाहरणार्थ वीरभारत तलवार विचारधारा के स्तर पर एक प्रतिबद्ध मार्क्सवादी आलोचक हैं किन्तु उनकी आलोचना की प्रवृत्ति अनुसन्धानपरक

है। इसलिए मैंने उन्हें अनुसन्धानपरक आलोचकों की श्रेणी में रखा है। यदि कोई चाहे तो उन्हें मार्क्सवादी आलोचकों की श्रेणी में भी रख सकता है। इतना ही नहीं, उनका 1970 का पूरा दशक नक्सलवादी आन्दोलन में पूर्णकालिक राजनीतिक कार्यकर्ता के रूप में बीता। अलग झारखंड राज्य आन्दोलन के सिद्धान्तकार के रूप में उनकी खास भूमिका रही। झारखंड के आदिवासियों के बीच लम्बे समय तक रहकर उन्होंने उनके जीवन का बारीकी से अध्ययन किया है। ऐसी दशा में यदि उन्हें आदिवासी विमर्शकारों में शामिल करें तो वह भी न्यायसंगत ही होगा।

इसी तरह जगदीश्वर चतुर्वेदी भी प्रतिबद्ध मार्क्सवादी आलोचक हैं किन्तु उनके अध्ययन और लेखन का विशेष क्षेत्र मीडिया है। इसलिए मैंने उनकी विचारधारा को आधार न बनाकर उन्हें मीडिया समीक्षकों की श्रेणी में शामिल किया है।

आजकल अपने को विचारधारा-मुक्त कहने का चलन लेखकों में बढ़ा है जबकि ऐसी स्थिति होती नहीं है। हम या तो चौखट के बाहर होते हैं या अन्दर। विचारधारा का विकास भी इसी समाज में होता है। अगर हमारे पास बुद्धि है, हम पढ़े-लिखे हैं और सामाजिक हैं तो हमारे ऊपर समाज में फैली विचारधाराओं का अनुकूल या प्रतिकूल प्रभाव पड़ेगा ही। हाँ, यह जरूर है कि प्रत्येक सचेत बुद्धिजीवी की विचारधारा उसके अध्ययन और चिन्तन के क्रम में तथा समय के प्रवाह में बदलती रहती है। आर्यसमाजी प्रेमचन्द बाद में गांधीवादी हुए और अपने अन्तिम दिनों में 'बोल्शेविक उसूलों के कायल'। ऐसी दशा में, रचनारत आलोचकों के विचार कल यदि बदल जाएँ तो मेरे द्वारा इस पुस्तक में किया गया वर्गीकरण स्वत: अनुपयुक्त साबित हो जाएगा। फिर भी, अपने सीमित विवेक के सहारे और आलोचकों के अब तक के आलोचना-कर्म की मूल प्रवृत्ति को ध्यान में रखते हुए, अध्ययन की सुविधा के लिए मैंने सभी आलोच्य आलोचकों को किसी न किसी श्रेणी में शामिल कर लिया है।

कथा-समीक्षकों के लिए स्वतंत्र श्रेणी निर्धारण पहले से चला आ रहा है। हिन्दी की कथा-समीक्षा बहुत समृद्ध है तथा अनेक समीक्षकों ने सिर्फ कथा-समीक्षाएँ की हैं। ऐसी दशा में कथा-समीक्षा के लिए अलग श्रेणी का रहना जरूरी भी है। इसमें भी रमेश उपाध्याय जैसे आलोचक पूरी तरह मार्क्सवादी विचारधारा के प्रति प्रतिबद्ध हैं किन्तु उनका अधिकांश लेखन कथा-साहित्य केन्द्रित है। ऐसी दशा में उन्हें कथा-समीक्षकों की श्रेणी में शामिल करना मुझे न्यायोचित लगा। इसी तरह नाटक और रंगमंच के समीक्षकों की भी एक स्वतंत्र श्रेणी निर्धारित की गई है।

कुछ विद्वानों ने ऐतिहासिक-सांस्कृतिक आलोचना की एक श्रेणी बनाई है और आचार्य हजारीप्रसाद द्विवेदी, परशुराम चतुर्वेदी तथा विश्वनाथप्रसाद मिश्र जैसे आलोचकों को इसी श्रेणी में रखा है। एक ऐतिहासिक-सांस्कृतिक आलोचक के अनुसार मानव समुदाय की चिन्तनशीलता देशकाल के अनुसार परिवर्तित होते हुए भी परम्परा से बँधी होती है। इसी कारण निर्गुण संतों को समझने के लिए नाथपंथी योगियों और सिद्धों का भी अध्ययन जरूरी होता है। डॉ. रामचन्द्र तिवारी के अनुसार, "समीक्षा की यह ऐतिहासिक पद्धति व्याख्यात्मक आलोचना का ही एक पूरक अंग है। इसका उपयोग आचार्य शुक्ल ने भी जायसी की आलोचना में किया था, किन्तु उसका आदर्श रूप उनके बाद पं. हजारीप्रसाद द्विवेदी की आलोचनाओं—'हिन्दी साहित्य की भूमिका', 'कबीर' एवं 'हिन्दी साहित्य का आदिकाल' में प्रस्फुटित हुआ।" (हिन्दी का गद्य साहित्य, पृ. 128)

वास्तव में प्रत्येक साहित्यकार अन्तत: अपने समाज की ही उपज होता है। एक सीमा तक ही वह अपने समय का अतिक्रमण कर सकता है। ऐसा दशा में सिर्फ ऐतिहासिक-सांस्कृतिक आधार को आलोचना की एक प्रणाली के रूप में स्वीकार करना न्यायसंगत नहीं प्रतीत होता। इस आलोचना प्रणाली का एक दोष यह भी है कि इसमें रचना-प्रक्रिया को युगीन परिस्थितियों के सन्दर्भ में मूल्यांकित किए जाने के परिणामस्वरूप व्यक्ति की उपेक्षा की जाती है। किसी साहित्य का मेरुदंड केवल वातावरण या देश काल ही नहीं होता। इन्हीं कारणों से मुझे ऐतिहासिक-सांस्कृतिक आलोचना का अलग वर्ग बनाना उचित नहीं लगा।

इसी तरह कुछ आलोचकों ने मनोवैज्ञानिक आलोचना की भी एक श्रेणी बनाई है और उसमें इलाचन्द्र जोशी, अज्ञेय तथा देवराज उपाध्याय आदि को शामिल किया है। इस आलोचना प्रणाली के पीछे सिग्मंड फ्रायड का मनोविश्लेषणवादी कला-सिद्धान्त है। एक दौर में उसका कुछ प्रभाव अवश्य था, किन्तु मेरी दृष्टि में इतना व्यापक प्रभाव नहीं था कि उसके आधार पर हिन्दी में कोई आलोचना पद्धति विकसित हुई हो। फिलहाल, अब उसका महत्त्व बहुत कम रह गया है।

स्थूल रूप से आलोचना के दो भेद होते हैं—सैद्धान्तिक आलोचना और व्यावहारिक आलोचना। सामान्य रूप से साहित्य के सिद्धान्तों के विवेचन को सैद्धान्तिक आलोचना कहते हैं और उन सिद्धान्तों के आधार पर रचनाओं के मूल्यांकन को व्यावहारिक आलोचना। भरत का 'नाट्यशास्त्र', दंडी का 'काव्यादर्श', मम्मट का 'काव्यप्रकाश', विश्वनाथ का 'साहित्यदर्पण', अरस्तू का 'पोयटिक्स', आ ई.ए. रिचर्ड्स का 'प्रिंसिपुल्स ऑफ लिटरेरी क्रिटिसिज्म', मौलाना हाली का 'मुकद्दम-ए-शेरो शायरी' तथा रामचन्द्र शुक्ल द्वारा रचित 'रसमीमांसा' सैद्धान्तिक आलोचना के उदाहरण हैं। किन्हीं सिद्धान्तों के आधार पर अलग-अलग रचनाओं का मूल्यांकन व्यावहारिक आलोचना कहा जाता है। उदाहरण के लिए रामचन्द्र शुक्ल कृत 'भ्रमरगीतसार' अथवा 'जायसी ग्रंथावली' की भूमिकाएँ, मुक्तिबोध कृत 'कामायनी का पुनर्मूल्यांकन', रामविलास शर्मा कृत 'निराला की साहित्य साधना' आदि व्यावहारिक आलोचना के उदाहरण हैं। व्यावहारिक आलोचनाएँ तो सामान्य आलोचक भी कर लेता है किन्तु मौलिक सिद्धान्त-निरूपण बड़े-बड़े आचार्यों के बस का ही होता है। व्यावहारिक आलोचना के भी कई भेद किए गए हैं। उदाहरणार्थ, व्याख्यात्मक आलोचना, तुलनात्मक आलोचना, निर्णयात्मक आलोचना आदि। एक तरह से ये व्यावहारिक आलोचना के शैलीगत भेद हैं। ये पुस्तक में वैसे ही हैं जैसे हमारे शरीर में रक्त-वाहिकाएँ।

वैसे तो आज पूरा साहित्य ही हाशिए पर ठेला जा चुका है, किन्तु आलोचना की दशा और भी दयनीय है। कुछ वर्ष पहले तक साहित्य के जो पाठक थे वे या तो अब दर्शक बन चुके हैं या मोबाइल की मायावी दुनिया में गुम हो चुके हैं। ज्ञान का अर्थ आज सिर्फ सूचना है जो गुगल-सर्च से सर्वत्र सुलभ है। आज आलोचना शायद इतिहास के सबसे बुरे दौर से गुजर रही है। अब आलोचना के नाम पर ज्यादातर प्रशंसात्मक पुस्तक-समीक्षाएँ नजर आती हैं। रचना की खामियों की ओर संकेत करने का सीधा अर्थ है, रचनाकार और उसके साथियों द्वारा आलोचक के इरादे और उसकी समझ पर ही सवाल। किसे पड़ी है, बैठे-बिठाए बैर मोल लेने की? छपने-छपाने की असीमित सुविधा के चलते परिमाण में भी अब इतनी रचनाएँ छप रही हैं कि किसी भी आलोचक के लिए उनमें से बेहतर रचनाओं का चयन और परख बेहद कठिन है। अब तक हिन्दी के जो भी बड़े आलोचक हुए हैं मसलन् रामचन्द्र शुक्ल, हजारीप्रसाद द्विवेदी, रामविलास शर्मा, नामवर सिंह, विश्वनाथ त्रिपाठी, मैनेजर पांडेय आदि, उनकी पृष्ठभूमि गाँवों की है। शायद इसीलिए उनके आलोचना-कर्म में संवेदनाएँ बची हुई हैं। संवेदनाएँ किसी रचनाकार के लिए जितनी जरूरी हैं उतनी ही आलोचक के लिए भी। हमारी अगली पीढ़ी में संवेदनाओं का क्षरण भीषण भविष्य की ओर संकेत करता है।

कहा जाता है कि असफल कवि आलोचक होता है। यह सही नहीं है। कवि में कारयित्री प्रतिभा प्रधान होती है और आलोचक में भावयित्री। जिस तरह महान आलोचक होना महान कवि होने की गारंटी नहीं है उसी तरह महान कवि होना भी महान आलोचक होने की गारंटी नहीं है। किन्तु महान साहित्यकारों की खोज, उनकी पहचान और प्रतिष्ठा से आलोचकों का महत्त्व स्वत: सिद्ध हो जाता है। आनन्दवर्धन के 'ध्वन्यालोक' का महत्त्व लगभग एक सौ साल बाद तभी लोग समझ सके जब अभिनव गुप्त ने उसकी 'ध्वन्यालोकलोचन' नाम से टीका लिखी। राष्ट्रकवि मैथिलीशरण गुप्त को इतनी ऊँचाई तक पहुँचाने का श्रेय आचार्य महावीरप्रसाद द्विवेदी को ही है वरना वे तो 'रसिकेन्द्र' के नाम से छंद रच रहे थे। मैथिलीशरण गुप्त उन्हें ही गुरु मानते थे और उन्हें 'आचार्य पूज्य द्विवेदी जी महाराज' कहकर सम्बोधित करते थे। उन्होंने तो स्वीकार ही किया है, 'करते तुलसीदास भी कैसे मानस-नाद/महावीर का यदि उन्हें मिलता नहीं प्रसाद।' मलिक मोहम्मद जायसी तो पूरी तरह आचार्य रामचन्द्र शुक्ल की ही खोज हैं। उनकी रचनाएँ भी फारसी लिपि में थीं। आचार्य शुक्ल ने शुक्ल ने लोक गायकों से 'पद्मावत' की कथाएँ सुनकर उन्हें खोजा, सम्पादन किया और ऐसी भूमिका लिखी कि जायसी भी तुलसी, सूर, कबीर के समकक्ष और उनकी पंक्ति के कवि के रूप में प्रतिष्ठित हो गए। विजयदेव नारायण साही तो जायसी को बीसवीं सदी का ही कवि मानते हैं, भले ही उनका जन्म सोलहवीं सदी में हुआ, शुक्ल जी द्वारा आविष्कृत तो वे बीसवीं सदी में ही हुए।

बिहारी, घनानन्द और केशवदास के बारे में आचार्य शुक्ल ने जो स्थापनाएँ कर दीं, हम आज भी उन्हीं के इर्द-गिर्द घूम रहे हैं। निराला को प्रतिष्ठा देने में रामविलास शर्मा की भूमिका को भला कैसे नकारा जा सकता है? निराला पर कोई भी चर्चा 'निराला की साहित्य साधना' का नाम लिए बिना भला कैसे की जा सकती है? तात्पर्य यह कि एक रचनाकार को प्रतिष्ठित करने में आलोचक की भूमिका असन्दिग्ध है।

इतना ही नहीं, कविता, कहानी, उपन्यास आदि रचनात्मक कृतियों के लेखकों की तुलना में एक आलोचक को बहुत अधिक श्रम करना पड़ता है, उसे रचना में डूबना पड़ता है, रचना के साथ ही रचनाकार के परिवेश, उसके व्यक्तित्व के निर्माण में योग देने वाले कारकों, परिस्थितियों आदि का अध्ययन करना पड़ता है, साहित्य से जुड़े अन्य विषयों का भी गम्भीर अध्ययन करना पड़ता है। तब जाकर वह किसी रचनाकार या उसकी कृति का तर्कसंगत विश्लेषण कर पाता है और अपना मंतव्य रख पाता है। यदि इसमें तनिक भी चूक हुई तो उसके ऊपर रचनाकार की त्योरी चढ़ जाएगी और उससे रिश्ते खराब हो जाएँगे। इतना ही नहीं, यदि आलोचक ने तनिक आगे बढ़कर उसकी प्रशंसा कर दी तो पाठकों की दुनिया में उसकी छवि खराब हो जाएगी। इतने खतरों को झेलने वाले आलोचक के खाते में ढंग का कोई पुरस्कार भी नहीं है। नामवर सिंह को छोड़कर साहित्य अकादमी पुरस्कार किसी अन्य आलोचक को कहाँ मिला?

चयनवादी प्रवृत्ति के कारण भी हिन्दी आलोचना का बड़ा अहित हुआ है। चन्द आलोचक ही विमर्श के केन्द्र में रहते हैं, जिनका सीधा सम्बन्ध पाठ्यक्रमों से है। बाकी को उपेक्षित छोड़ दिया गया है चाहे उनके काम जितने भी महत्त्वपूर्ण क्यों न हों। मैंने यह दूरी पाटने की कोशिश की है।

हिन्दी आलोचना का अध्यापन करते समय मुझे बार-बार इस विषय पर पुस्तक लिखने की जरूरत महसूस हुई थी और इसके प्रणयन का कार्य भी मैंने आज से आठ वर्ष पहले ही शुरू कर दिया था। बीच में लगभग डेढ़ साल तक 'हिन्दी बचाओ मंच' के आन्दोलन में व्यस्त होने के कारण इस पुस्तक के लेखन का कार्य पूरी तरह ठप रहा। सेवा निवृत्ति के बाद का पूरा वक्त इसी में लगाया और आज इस बेहद श्रम-साध्य कार्य को पूरा होते देखकर आन्तरिक तृप्ति का अनुभव कर रहा हूँ। किन्तु इसी के साथ इस आशंका को लेकर भयभीत भी हूँ कि पुस्तक के प्रकाशन के बाद जब असन्तुष्ट आलोचकों की त्योरी मेरे ऊपर चढ़ेगी तो मैं उन्हें कहाँ तक झेल पाऊँगा। दरअसल, प्रायोजित आलोचना के इस युग में जहाँ आलोचना-कर्म अमूमन मैत्री-सम्बन्ध निभाने का जरिया बनकर रह गया है, आलोचकों के आलोचना कर्म का मूल्यांकन और उनका श्रेणी निर्धारण 'आ बैल मुझे मार' जैसी कहावत को चरितार्थ करना है। फिर भी अन्जाम की परवाह किए बगैर मैंने चुनौती स्वीकार करने की हिमाकत की है। कबीर ने यही सिखाया है।

इस ग्रंथ के बहुत से हिस्से विभिन्न लेखों के रूप में 'सामयिक सरस्वती', 'सबलोग', 'दस्तावेज', 'वागर्थ', 'अक्षरा', 'गर्भनाल', 'मुक्तांचल', 'हिन्दी अनुशीलन', 'साहित्य भारती', 'अभिदेशक', 'भाषा' आदि पत्रिकाओं तथा 'जनसन्देश टाइम्स' में साप्ताहिक स्तम्भ के रूप में प्रकाशित हो चुके हैं और उन पर मिली प्रतिक्रियाओं से मैं अपनी स्थापनाओं के प्रति आश्वस्त भी हो चुका हूँ। अध्यायों के लिए मैंने 'सोपान' शब्द का इस्तेमाल किया है, क्योंकि हिन्दी आलोचना की प्रवृत्ति भी विकासात्मक रही है।

मुझे पूरा भरोसा है कि मेरे अन्य ग्रंथों की तरह यह ग्रंथ भी पाठकों में भरपूर लोकप्रियता हासिल करेगा। मैं सुधी पाठकों से गुजारिश करता हूँ कि पुस्तक के विषय में अपनी बेबाक राय हमें अवश्य भेजें ताकि आने वाले संशोधित संस्करण में हम इसे और अधिक समृद्ध तथा प्रामाणिक बना सकें।

आलोचकों पर की गई टिप्पणियों में उनकी जन्म-तिथियों और पुण्य-तिथियों (जो दिवंगत हैं) का उल्लेख करना बड़ा ही त्रासद और चुनौतीपूर्ण कार्य रहा है। ज्यादातर आलोचकों की जन्म-तिथियाँ विवादित हैं। मैंने यथासम्भव प्रमाण-पत्रों द्वारा प्रामाणित तिथियाँ देने की कोशिश की है। इसके बावजूद कुछ का नहीं मिल सका है। इसी तरह आलोचकों को मिले पुरस्कारों-सम्मानों का जिक्र मैंने नहीं किया है क्योंकि ये उपलब्धियाँ योग्यता से कम, जुगाड़ से अधिक मिलती हैं। मेरी दृष्टि में सरकारी पुरस्कार तो किसी लेखक को मिलना ही नहीं चाहिए। एक ईमानदार लेखक सिर्फ आम जनता के प्रति जवाबदेह होता है और इसीलिए वह हमेशा व्यवस्था-विरोधी होता है। सरकारी पुरस्कार उसे शासक वर्ग के प्रति निष्ठावान बनाते हैं। यह जनता के धन का सरकार द्वारा दुरुपयोग भी है। पिछले कुछ वर्षों से स्थिति और भी बदतर हुई है।

पुस्तक में बहुत से महत्त्वपूर्ण आलोचकों को समुचित स्थान नहीं मिल सका है। बहुतों का नाम तक छूट गया होगा। हम ग्रंथ के अगले संस्करण में इस समस्या के निराकरण का यथासम्भव प्रयास करेंगे। उम्मीद है, विद्वान पाठक इस ओर मेरा ध्यान आकृष्ट करेंगे।

इस पुस्तक के प्रणयन में मुझे कलकत्ता विश्वविद्यालय, केन्द्रीय ग्रंथालय के अलावा नेशनल लाइब्रेरी, कोलकाता और वहाँ कार्यरत अपने प्रिय छात्र विनोद यादव तथा सेठ सूरजमल जालान पुस्तकालय एवं उसके पुस्तकालयाध्यक्ष प्रिय श्रीमोहन तिवारी से विशेष सहायता मिली है। अपने गुरु स्व. रामचन्द्र तिवारी

के सुपुत्र प्रो. प्रेमव्रत तिवारी से भी मुझे कई जरूरी सूचनाएँ प्राप्त हुई हैं। मैं इन सबको हृदय से धन्यवाद देता हूँ।

मेरे दोनों बेटे हिमांशु और शीतांशु, बहुएँ संगीता और विभा तथा बेटी शिप्रा ने परिवार में हमेशा ऐसा खुशनुमा माहौल बनाए रखा जिससे मैं निर्बाध रूप से अपने काम में लगा रहा। शीतांशु ने पूरी पुस्तक पढ़कर अपेक्षित सुझाव भी दिए। मेरी तीनों पौत्रियाँ, तनु, आशी और चीनू तथा दौहित्री मनु को देखते ही उमंग के कारण उत्साह द्विगुणित हो जाता है। खासकर आशी का वह अंदाज, जब वह अमूमन मेरे और मेरे कम्प्यूटर के बीच मेज पर या मेरी गोद में आकर बैठ जाती है और मेरे साथ खेलने की जिद करती हुई कम्प्यूटर बन्द कर देने को विवश कर देती है। मैं इन सबको हृदय से शुभकामनाएँ और आशीष देता हूँ।

इस कृति के प्रणयन में जो मूल्यवान समय लगा है वह सब मेरी सहधर्मिणी सरोज शर्मा के हिस्से का है। यदि उनकी कृपा न होती तो यह कृति भी आप के हाथों में न होती। इसलिए इस कृति के प्रणयन में वे बराबर की हिस्सेदार हैं। सो यह कृति उन्हें सादर समर्पित।

डॉ. अमरनाथ

पूर्व प्रोफेसर एवं अध्यक्ष, हिन्दी विभाग

कलकत्ता विश्वविद्यालय

प्रेमचन्द जयन्ती

31 जुलाई, 2022

प्रवेश

हिन्दी आलोचना का स्वरूप और उसकी प्रकृति

'आलोचना' शब्द 'लोच्' धातु से बना है—आ+लोच्+अन+आ= आलोचना। लोच् का अर्थ है देखना। इसीलिए किसी वस्तु या कृति की सम्यक् व्याख्या अथवा उसका मूल्यांकन आदि करना आलोचना है। नित्य के व्यावहारिक जीवन में किसी न किसी व्यक्ति, वस्तु अथवा कार्यकलाप की आलोचना में हमारी सहज प्रवृत्ति होती है। किन्तु संस्कारों, चिन्तन क्षमता एवं सामाजिक अवधारणा प्रभृति अन्य व्यक्तिगत विशेषताओं के परिणास्वरूप हमारी प्रतिक्रियाओं में प्राय: अन्तर रहता है। इसी प्रकार साहित्य की आलोचना भी प्रतिक्रियाओं की देन है, किन्तु ये प्रतिक्रियाएँ उच्छृंखल न होकर एक प्रकार के वैज्ञानिक संयम से अनुशासित रहती हैं। आलोचना के लिए 'समीक्षा' शब्द का भी इस्तेमाल होता है। समीक्षा का व्युत्पत्तिपरक अर्थ है 'सम्यक ईक्षण' या 'सम्यक निरीक्षण'। आलोचना मानव की सहज प्रवृत्ति है। यही कारण है कि उसका अस्तित्व अन्य मानवीय वृत्तियों अथवा संवेदनाओं की भाँति चिर काल से ही स्वीकार किया जाता है। आलोचना को साहित्य के सन्दर्भ में देखने पर साहित्य रचना के बाद इसका आविर्भाव स्वत: सिद्ध हो जाता है। वस्तुत: पहले रचनात्मक साहित्य प्रकाश में आता है तत्पश्चात् आलोचना की आवश्यकता का अनुभव किया जाता है। हर रचनाकार सबसे पहले अपनी कृति को सहृदय पाठकों अथवा श्रोताओं तक पहुँचाता है और उसकी प्रतिक्रिया जानना चाहता है। वही संयत प्रतिक्रिया ही आलोचना होती है। यानी, रचना के तुरंत बाद ही आलोचना का अस्तित्व स्वीकार करना होगा।

हिन्दी आलोचना के आरम्भिक युग में सामान्यत: यह धारणा प्रचलित थी कि आलोचना का अर्थ कृति विशेष का गुण-दोष विवेचन मात्र है। व्युत्पत्तिपरक अर्थ लेने पर भी तात्पर्य में कोई बाधा नहीं पड़ती। इसलिए चिरकाल से ही आलोचक, कृति विशेष का गुण-दोष निर्णय मात्र अपना धर्म समझते रहे, पर आज हिन्दी आलोचना का क्षेत्र-विस्तार हो जाने के परिणामस्वरूप समीक्षा, आलोचना, समालोचना प्रभृति शब्दों का भी अर्थ-विस्तार हो गया है। आज आलोचना के अन्तर्गत किसी कृति की विशेषताओं पर विचार करना, सहृदयों के हृदय पर उसकी प्रतिक्रिया का विश्लेषण करना, उसकी उपलब्धियों एवं अभावों का मूल्यांकन करना, श्रेष्ठता एवं अभावों के विषय में निर्णय देना, उसे श्रेणीबद्ध करना आदि अनेक कार्य आते हैं।

'आलोचना' शब्द का समानार्थी अंग्रेजी का 'क्रिटिसिज्म' शब्द है। लेकिन यह शब्द 'लिटरेरी क्रिटिसिज्म' कहने पर ही अपना अभीप्सित अर्थ अभिव्यक्त कर पाता है। इसका अर्थ है किसी साहित्यिक कृति या कृतिकार की व्याख्या करना, उसे श्रेणीबद्ध करना और मूल्यांकन करना (ए ग्लासरी आप लिटरेरी टर्म्स—एम.एच. अब्राम्स) आलोचक का दायित्व होता है रचना का सभी दृष्टियों से मूल्यांकन करके उसका आस्वाद प्राप्त करना और पाठकों को उस रचना के आस्वाद को प्राप्त करने में सहायता पहुँचाना। इसीलिए एक सुधी आलोचक में विषय के गहन बोध के साथ-साथ व्याख्या, विश्लेषण और तटस्थ मूल्यांकन की क्षमता की अपेक्षा होती है। एक सुयोग्य समालोचक में कविवत भावुकता, चिन्तन क्षमता, भावों की प्रवणता और रस-ग्राहिका शक्ति होनी चाहिए तभी वह रचना के मर्म तक पहुँच सकेगा और पाठक को उस रचना के प्रामाणिक और सन्तुलित आस्वाद में मदद पहुँचा सकेगा। कृति विशेष की पूर्वग्रहरहित समीक्षा के साथ अध्ययन व अनुशीलन से पाठक की बोध-वृत्ति का निश्चय ही परिष्कार होता है और इस तरह पाठक सत्साहित्य और असत्साहित्य के भेद को समझ पाने व परख पाने में सक्षम होता है। रचना की तटस्थ व उपयुक्त समीक्षा से पाठक की निर्णयात्मक बुद्धि में निखार आता है, उसके भीतर रस-ग्रहण क्षमता का विकास होता है और उसकी साहित्य विषयक जिज्ञासा भी बढ़ती है। सच्चाई तो यह है कि जैसे रचना में जीवन का पुनर्जन्म होता है उसी तरह श्रेष्ठ समीक्षा में रचना का एक प्रकार से पुनर्जन्म होता है। एक आदर्श समीक्षक, रचना की सम्पूर्ण रचना-प्रक्रिया

से गुजरते हुए उन सूत्रों तक पहुँचता है जहाँ से रचना का निर्माण आरम्भ हुआ था। समीक्षक किसी कृति को खंड-खंड देखकर उसके साथ न्याय नहीं कर सकता। उसे रचना को समग्र रूप में देखना होगा क्योंकि रचनाकार को टुकड़ों में देखने की पद्धति कृति के साथ न्याय नहीं कर सकती। डॉ. विद्यानिवास मिश्र के शब्दों में, "रचना और आलोचना के बीच की कड़ी है आस्वाद। रचना का उद्देश्य ही है आस्वाद्य होना, आस्वाद्य होने के लिए सम्प्रेष्य होना। आलोचना आस्वाद के बिना होती है तो वह निरंकुश हो जाती है। ऐसी आलोचना से न रचना का संवाद बनता है, न पाठक को ऐसी आलोचना से रचना के प्रति अभिमुख होने में सहायता मिलती है। आस्वादक ही आलोचक बनता है तो रचना के मर्म को अभिव्यक्त करने में क्या कमी रह गई है, उसकी पूर्ति हो सकती है या नहीं, यह भी समझता है और तब आलोचना रचना के धर्म की ही पूर्ति करती है।" (साहित्य का खुला आकाश, पृ. 31)

रचनाकारों की अपने समकालीन समीक्षकों से शिकायत रहती है कि वे उनकी रचनाओं का सही मूल्यांकन नहीं कर पाए। आलोचकीय विवेक की अपेक्षा मित्रता-निर्वाह, विचारधारा, पक्षधरता अधिक रही है। यही कारण है कि जिन कृतियों को पहले कुछ मित्र समीक्षकों ने मित्रता के कारण प्रतिष्ठित करना चाहा, वे समय के मूल्यांकन में अपनी जगह नहीं बना पाईं।

नामवर सिंह ने आलोचना को सामाजिकता से जोड़कर देखा है। उन्होंने आलोचना को सामाजिक नियमों की गतिशीलता की खोज माना है। उनके मत से आलोचना केवल रचना की व्याख्या नहीं है। बल्कि गहरे अर्थ में सामाजिक गतिशीलता के उन नियमों की खोज है जो रचना को संचालित और सम्बोधित करते हैं। वे लिखते हैं, 'आलोचना का एक काम है—इतिहास का, परम्परा का मर्म समझना और उसे आगे की पीढ़ियों के बीच जीवित रखना।' (आलोचना और विचारधारा, पृ. 143)

निश्चित रूप से आलोचना, कृति का ऐसा मूल्यांकन है जो कृति को नया अर्थ प्रदान करता है। वह एक रचनात्मक कार्य भी है जो सृजनात्मकता के बिना सम्भव नहीं है। साहित्य की रचना प्रक्रिया की तरह आलोचना की भी रचना प्रक्रिया होती है। साहित्यकार और आलोचक दोनों के केन्द्र में समाज होता है, लेकिन आलोचक रचना के माध्यम से समाज से जुड़ता है। वह रचना की सामाजिक प्रासंगिकता की पड़ताल करता है, साथ ही रचना में व्याप्त सामाजिक मूल्यों की भी पहचान करता है। ये सामाजिक मूल्य ही रचना के सामाजिक महत्त्व को स्थापित करते हैं। मैनेजर पांडेय के अनुसार, "आलोचना के प्रतिमान रचना की परम्परा और परिवेश से ही प्राप्त होते हैं, केवल रचना से नहीं। काव्य-मूल्यों का गहरा सम्बन्ध समकालीन जीवन-मूल्यों से होता है और जीवन-मूल्यों से रचना-दृष्टि ही नहीं, आलोचना-दृष्टि भी अनुशासित होती है। रचना, मूल्यों के सृजन का काम करती है और आलोचना सार्थक मूल्यों के संरक्षण का।" (साहित्य और इतिहास-दृष्टि, पृ. 74)

हाँ, यह सही है कि आलोचना या निबन्ध जैसी विधाओं का सम्बन्ध निस्सन्देह आधुनिक बदलावों, ज्ञान के प्रसार, तर्क के विस्तार और वैज्ञानिक चेतना के विकास से है। प्रेस के विकास और पुस्तक-संस्कृति के प्रसार के बगैर आलोचना समृद्ध नहीं हो सकती थी। लेकिन यह भी उतना ही सच है कि हजार वर्षों से लोग रचनाएँ कर रहे थे और निस्सन्देह पाठक और बौद्धिक स्वाभाविक रूप से उस पर अपनी राय रख रहे थे। उस परम्परा का व्यवस्थित अध्ययन होना अभी भी बाकी है।

हिन्दी आलोचना का आलोचनात्मक इतिहास

पहला सोपान

हिन्दी आलोचना की विरासत

हिन्दी आलोचना की विरासत संस्कृत में निहित है। हमारा संस्कृत साहित्य जितना समृद्ध है उतना ही समृद्ध संस्कृत साहित्य का आलोचना शास्त्र है। आचार्य भरत मुनि (ई.पू. दूसरी सदी के आरम्भ से दूसरी सदी के मध्य, 'नाट्य शास्त्र'), भामह (छठीं सदी, 'काव्यालंकार'), दंडी (सातवीं सदी, 'काव्यादर्श'), उद्भट (नवीं सदी, 'काव्यालंकार संग्रह'), वामन(आठवीं सदी, 'काव्यालंकारसूत्रवृत्ति'), रुद्रट (नवीं सदी, 'काव्यालंकार'), आनन्दवर्धन (नवीं सदी, 'ध्वन्यालोक'), अभिनव गुप्त (ग्यारहवीं सदी, 'ध्वन्यालोकलोचन', 'अभिनवभारती'), राजशेखर (दसवीं सदी, 'काव्यमीमांसा'), धनंजय (दसवीं सदी, 'दशरूपक'), कुन्तक (ग्यारहवीं सदी, 'वक्रोक्तिजीवितम्'), महिम भट्ट (ग्यारहवीं सदी,'व्यक्तिविवेक'), क्षेमेन्द्र (ग्यारहवीं सदी, 'औचित्यविचारचर्चा', 'सुवृत्ततिलक' और 'कविकण्ठाभरण'), भोजराज(ग्यारहवीं सदी, 'सरस्वतीकण्ठाभरण' और 'शृंगारप्रकाश'), मम्मट (ग्यारहवीं सदी, 'काव्यप्रकाश'), रुय्यक (बारहवीं सदी, 'अलंकारसर्वस्व'), विश्वनाथ (चौदहवीं सदी, 'साहित्यदर्पण'), पंडितराज जगन्नाथ (सत्रहवीं सदी, 'रसगंगाधर') आदि जगत् प्रसिद्ध आचार्यों के अलावा भी शंकुक, रुद्रभट्ट, मुकुल भट्ट, धनिक, भट्टनायक, लोल्लट, सागरनन्दी, हेमचन्द्र, रामचन्द्र-गुणचन्द्र, वाग्भट प्रथम, अमरचन्द्र, जयदेव, शारदातनय, शिंगभूपाल, विद्याधर, विद्यानाथ, भानुदत्त, वाग्भट द्वितीय, रूपगोस्वामी, केशव मिश्र, कविकर्णपूर, अप्पयदीक्षित आदि अनेक आचार्यों ने संस्कृत काव्यशास्त्र को समृद्ध किया है। इन आचार्यों ने काव्य के स्वरूप, काव्य की आत्मा, काव्य गुण और काव्य दोष का विस्तृत विश्लेषण किया है। इसके अलावा इन्होंने संस्कृत साहित्य के मूल्यांकन के लिए कई मानदंड स्थापित किए जिनके आधार पर साहित्य का तटस्थ और सुन्दर मूल्यांकन होता रहा। लगभग डेढ़ हजार वर्षों के संस्कृत साहित्य के मूल्यांकन के लिए आचार्यों द्वारा जो सिद्धान्त प्रतिष्ठित और विकसित किए गए उनमें रस, अलंकार, ध्वनि, रीति, वक्रोक्ति और औचित्य प्रमुख हैं। इनमें से रीति, वक्रोक्ति और औचित्य जैसे सिद्धान्तों का महत्त्व तो धीरे-धीरे क्षीण होता गया और हिन्दी में इनकी नोटिस बहुत कम ली गई किन्तु रस, अलंकार और ध्वनि सिद्धान्त का महत्त्व आज भी बना हुआ है। इसलिए हिन्दी के आलोचना शास्त्र को समझने के लिए संस्कृत की अपनी इस महान विरासत को समझना और सहेजना बहुत जरूरी है। आलोचना को परम्परा से जोड़कर ही देखा जाना चाहिए।

हम अपनी इस विरासत के बारे यहाँ बहुत संक्षेप में परिचय देंगे ताकि हिन्दी आलोचना को समझने में मदद मिल सके।

काव्यशास्त्र

'काव्यशास्त्र' शब्द और उसकी अवधारणा का विकास संस्कृत साहित्य की सुदीर्घ चिन्तन परम्परा से अविच्छिन्न रूप से जुड़ा हुआ है। जिस ज्ञान को प्राप्त करके कवि सुन्दर कविता कर सकता है और सहृदय काव्य का पूरा आनन्द प्राप्त करता है, वह ज्ञान है काव्यशास्त्र। काव्य के स्वरूप को समझना और उसके तत्त्वों का विश्लेषण करना इसी का कार्य है। सहृदय काव्य की संवेदना से युक्त होते हैं और भावक काव्यशास्त्र के ज्ञान से। कवि, साधारण जन की अपेक्षा भावक या आलोचक से अपने काव्य के आस्वादन की अधिक अपेक्षा करता है।

संस्कृत-परम्परा में सम्पूर्ण वाङ्मय को 'शास्त्र' तथा 'काव्य' इन दो स्वतंत्र प्रकारों में विभाजित किया गया है। 'इह हि वाङ्मयमुभययथा शास्त्रं, काव्यं च।' काव्य के अनुशीलन के लिए शास्त्र का ज्ञान आवश्यक माना गया है। राजशेखर का कहना है कि जैसे दीपक के प्रकाश के बिना पदार्थों का ज्ञान प्रत्यक्ष

नहीं हो सकता, उसी प्रकार शास्त्र-ज्ञान के बिना काव्य-ज्ञान असम्भव है। उन्होंने ही चार वेद, छह वेदांग, चार शास्त्र—इन चौदह विद्याओं के साथ काव्य-विद्या को पन्द्रहवाँ स्थान दिया है और इसे चौदहों विद्याओं का एकमात्र आधार माना है। उन्होंने काव्य-विद्या तथा साहित्य-विद्या को समान अर्थ में ग्रहण किया है। आगे इसकी व्याख्या करते हुए कहा है कि शब्द और अर्थ के सहभाव को बताने वाली विद्या साहित्य-विद्या है। इस विद्या की चौसठ उपविद्याएँ या कलाएँ काव्य का जीवन हैं। इस शास्त्र का प्रथम उपलब्ध ग्रंथ 'नाट्यशास्त्र' है, जिसके प्रणेता हैं आचार्य भरत। इसी कारण भरत को आद्याचार्य माना गया है। भरत का समय दूसरी सदी ईसवी-पूर्व और दूसरी सदी ईसवी के मध्य कहीं माना गया है। तब से लेकर काव्यशास्त्र के सिद्धान्तों में निरन्तर कभी तीव्र और कभी मन्द विकास होता रहा। संस्कृत के अन्तिम महान आचार्य पंडितराज जगन्नाथ के बाद हिन्दी में भी काव्यशास्त्रीय गंथों की रचना शिथिल नहीं हुई। हिन्दी का रीतिकाल, काव्यशास्त्रीय ग्रंथों से भरा पड़ा है। हिन्दी में इन्हें 'लक्षण ग्रंथ' या 'रीतिग्रंथ' भी कहते हैं। काव्यशास्त्रीय ग्रंथों की रचना का यह क्रम आधुनिक काल तक जारी है।

संस्कृत परम्परा में बहुत समय तक अलंकार-शास्त्र, काव्यशास्त्र के पर्याय के रूप में प्रचलित रहा है। भामह के 'काव्यालंकार' दंडी के 'काव्यादर्श' तथा उद्‌भट के 'काव्यालंकार संग्रह' के नाम तथा विषय-प्रतिपादन से स्पष्ट है कि इन आचार्यों ने काव्यशास्त्र को अलंकार-शास्त्र के रूप में ही लिया है। वामन के 'काव्यालंकार-सूत्र-वृत्ति' तथा रुद्रट के 'काव्यालंकार' में क्रमश: रीति, गुण तथा रस आदि की प्रतिष्ठा बढ़ी है, फिर भी काव्यशास्त्र सम्बन्धी इनका दृष्टिकोण प्राचीनों से भिन्न नहीं है।

मम्मट के 'काव्यप्रकाश' में व्यापक रूप से ध्वनि के अन्तर्गत अन्य सिद्धान्तों को ग्रहण किया गया है। आचार्य विश्वनाथ ने 'साहित्यदर्पण' में इसी दृष्टिकोण को अपनाया है और काव्यशास्त्र के पर्याय-रूप साहित्यशास्त्र को व्यापक आधार पर प्रतिष्ठित किया है। भोजराज के 'शृंगार-प्रकाश', भानुदत्त की 'रसमंजरी' आदि में रस-सिद्धान्त की प्रधान रूप से विवेचना है।

काव्यशास्त्रीय विचार-परम्परा छह सिद्धान्तों में विभक्त की जाती है—रस सिद्धान्त, अलंकार सिद्धान्त, रीति सिद्धान्त, ध्वनि सिद्धान्त, औचित्य सिद्धान्त और वक्रोक्ति सिद्धान्त। इस प्रकार लगभग डेढ़-दो सहस्र वर्षों की यह काव्यशास्त्र परम्परा उद्‌भावक एवं संग्रहकर्ता आचार्यों तथा टीकाकारों के माध्यम से काव्य, नाटक और कविशिक्षा-सम्बन्धी सिद्धान्तों का अनवरत सृजन, विवेचन, समीक्षण एवं संकलन प्रस्तुत करती रही है। इस विद्या का काव्यशास्त्र नाम है तो बहुत पुराना, पर अधिक प्रचलित आधुनिक युग में हुआ है। संस्कृत-ग्रंथों के आधार पर इस विद्या के अनेक नाम प्रचलित रहे। वाल्मीकि रामायण में इस विद्या के अर्थ में सर्वप्रथम 'क्रियाकल्प' शब्द का प्रयोग मिलता है। इसी शब्द का प्रयोग वात्स्यायन ने अपने गंथ 'कामसूत्र' में चौसठ कलाओं के अन्तर्गत एक कला के रूप में किया है और स्पष्टता के लिए इससे पहले 'काव्य' शब्द जोड़ दिया है। वहाँ इस कला का नाम है 'काव्यक्रियाकल्प' अर्थात् 'काव्यशास्त्र'। सम्भवत: इन्हीं स्रोतों से प्रेरणा प्राप्त कर दंडी ने इसी अर्थ में 'क्रियाविधि' शब्द का प्रयोग किया है। ऐसा प्रतीत होता है कि भामह के समय अलंकार शब्द बहु-प्रचलित हो गया और इसका अर्थ भी व्यापक हो गया। इसी शब्द के आधार पर यह विद्या सम्भवत: 'अलंकारशास्त्र' कहलाती रही होगी।

राजशेखर ने इस विद्या को 'साहित्य विद्या' नाम दिया है। 'साहित्य शास्त्र' भारतीय काव्यशास्त्र का बहुप्रचलित शब्द है। भामह ने अपने 'काव्यलक्षण' में इस शब्द का प्रयोग करते हुए शब्दार्थ के सहित-भाव का संकेत किया था—'शब्दार्थौ सहितौ काव्यम'। 'साहित्य' शब्द के आधार पर ही राजशेखर के समय में इस विद्या का नाम 'साहित्यविद्या' प्रचलित रहा होगा। विश्वनाथ का 'साहित्यदर्पण' और रुय्यक का अप्राप्त गंथ 'साहित्यमीमांसा' साहित्य शब्द पर ही आधारित है। इस प्रकार हमारे सम्मुख काव्यशास्त्र के लिए जो नाम उपलब्ध हैं वे हैं—'काव्यकल्पविधि', 'कल्पविधि', 'अलंकारशास्त्र', 'साहित्यविद्या' और 'काव्यशास्त्र'।

हिन्दी में भी प्राय: काव्यशास्त्रीय ग्रंथों की तीन परम्पराएँ मिलती हैं। एक ऐसे ग्रंथों की परम्परा जिनमें केवल अलंकारों की व्याख्या अथवा विवेचन है, जैसे जसवंत सिंह का 'भाषाभूषण', मतिराम का 'ललितललाम', भूषण का 'शिवराजभूषण' आदि। दूसरे ऐसे ग्रंथों की परम्परा जिनमें रस अथवा नायिका-भेद का विवेचन है, जैसे केशवदास की 'रसिकप्रिया', मतिराम का 'रसराज', कुलपति का 'रसरहस्य', देव का 'रसविलास' तथा भिखारीदास का 'रससारांश' आदि। इनके अतिरिक्त एक ऐसे ग्रंथों की परम्परा है जिनमें 'काव्य-प्रकाश' के अनुसरण पर काव्यशास्त्र के विभिन्न अंगों का निरूपण समन्वित रूप से किया गया है, जैसे केशवदास की

'कविप्रिया', चिंतामणि का 'कविकुलकल्पतरु' तथा भिखारीदास का 'काव्यनिर्णय' आदि। परन्तु इनमें कई आचार्यों ने दोनों या तीनों प्रकार के ग्रंथों की रचना की है अथवा उनके एक ही ग्रंथ में कई दृष्टियाँ मिलती हैं। इस कारण सिद्धान्तत: कोई स्पष्ट दृष्टिकोण इनमें परिलक्षित नहीं होता। आधुनिक काल में श्यामसुन्दर दास, कन्हैयालाल पोद्दार, गुलाबराय तथा रामदहिन मिश्र आदि ने अपने काव्यशास्त्र सम्बन्धी ग्रंथों में सभी अंगों की समुचित विवेचना की है। आचार्य शुक्ल ने भारतीय और पाश्चात्य दोनों परम्पराओं का समुचित अनुशीलन करके आधुनिक परिप्रेक्ष्य में हिन्दी काव्यशास्त्र को अधिक पुष्ट, प्रासंगिक और उपयोगी रूप प्रदान किया है।

काव्य के लक्षण

संस्कृत में 'काव्य' शब्द व्यापक अर्थ में प्रयुक्त होता था। 'काव्येषु नाटकं रम्यं तत्र रम्या शकुन्तला। / तत्रापि चतुर्थो अंक: तत्रश्लोक चतुष्टयं' से स्पष्ट है कि यहाँ 'काव्य' शब्द आज के 'साहित्य' के अर्थ में प्रयुक्त हुआ है। इसका तात्पर्य सिर्फ कविता से नहीं है। उल्लेखनीय है कि बाणभट्ट को 'महाकवि' कहा गया है जब कि उनकी सबसे महत्त्वपूर्ण कृति 'कादंबरी' एक गद्य कृति है। आज 'काव्य' शब्द का अर्थ संकोच हो गया है और इस शब्द का अर्थ सिर्फ कविता से लिया जाता है।

कवि के द्वारा जो कार्य सम्पन्न हो, उसे 'काव्य' कहते हैं—'कवेरिदं कार्यं भावो वा।' अत: काव्य की व्याख्या के लिए 'कवि' शब्द के अर्थ को समझना आवश्यक हो जाता है। 'कु' धातु में अच् प्रत्यय (इ) जोड़कर 'कवि' शब्द की व्युत्पत्ति बतलाई गई है और 'कु' का अर्थ है व्याप्ति, आकाश अर्थात् सर्वज्ञाता। फलत: कवि सर्वज्ञ है, द्रष्टा है। श्रुति कहती है, 'कविर्मनीषी परिभू: स्वयंभू:।' परिभू: अर्थात् जो अपनी अनुभूति के क्षेत्र में सब कुछ समेट ले और स्वयंभू:, जो अपनी अनुभूति के लिए किसी का भी ऋणी न हो, अर्थात् काव्य उसी मनीषी की सृष्टि है, जो स्वयं सम्पूर्ण और सर्वज्ञ हो। वैदिक साहित्य में 'कवि', 'दृष्टा' और 'ऋषि' समानार्थक शब्द हैं और वेदों के प्रकाशक ब्रह्मा को 'आदि कवि' कहा गया है। लौकिक साहित्य में 'कवि' शब्द अपेक्षाकृत संकीर्ण अर्थों में प्रयुक्त है और विशिष्ट रमणीय शैली में काव्य रचने वाले के लिए उसका प्रयोग होता है। वाल्मीकि रामायण को 'आदि काव्य' की संज्ञा दी गई है, क्योंकि वाल्मीकि आदि कवि हैं। इससे स्पष्ट है कि उत्तर वैदिक काल में 'कवि' शब्द, विशिष्ट प्रतिभासम्पन्न एक विशेष प्रकार की शैली में रचना करने वाले विद्वान के अर्थ में योगरूढ़ हो गया था और बाद में इसी अर्थ का प्रचलन हुआ।

कवि के लिए 'नवनवोन्मेषशालिनी प्रतिभा' और 'वर्णननिपुणता' अनिवार्य धर्म है। परन्तु यह वर्णन निपुणता असाधारण होनी चाहिए। 'काव्यं लोकोत्तरवर्णननिपुणं कवि कर्म।' (काव्य प्रकाश)। अग्नि पुराण में कवि-कर्म को 'काव्य संसार' कहा गया है और कवि को इस संसार का स्रष्टा या प्रजापति। (अपारे काव्य संसारे कविरेव प्रजापति:)

काव्य का लक्षण क्या है, इस विषय को विभिन्न आचार्यों ने विभिन्न रूपों में उपस्थित किया है। वास्तव में इन आचार्यों के सामने या तो विशिष्ट काव्य कोटियाँ थीं, (जैसे भरतमुनि का काव्य-लक्षण नाटक पर आधारित है।) अथवा विशिष्ट काव्य सम्प्रदाय। फलस्वरूप काव्य-लक्षण सम्बन्धी उनके विचार भी अलग-अलग हैं।

भारतीय काव्य-चिन्तकों में पहले उल्लेखनीय आचार्य भरतमुनि हैं। उन्होंने अपने 'नाट्यशास्त्र' में काव्य के स्वरूप के विषय में भी विचार किया है। वे नाट्यशास्त्र के आचार्य थे, अत: नाटक में प्राप्त काव्य की विशेषताओं का उल्लेख करते हुए उन्होंने जो कुछ कहा है उसी से उनकी काव्य-विषयक अवधारणाओं का अनुमान लगाया जा सकता है। उनकी मान्यता है कि काव्य रसमय होना चाहिए तथा काव्य की पदावली मृदु, ललित तथा सर्वजन सुखबोधक होनी चाहिए—

मृदुललित पदाढ्यं गूढशब्दार्थहीनम्, जनपदसुखबोध्यं युक्तिमन्नृत्ययोज्यम्।
बहुरसकृतमार्गं सन्धिसन्धानयुक्तम्, स भवति शुभकाव्यं नाटकप्रेक्षकाणाम्।

(नाट्यशास्त्र, 16/118)

काव्य के सम्बन्ध में दूसरा उल्लेख अग्निपुराण में है। इसे हम काव्य की पहली परिभाषा कह सकते हैं—

संक्षेपाद्वाक्यमिष्टार्थ व्यवच्छिन्ना पदावली,
काव्यं स्फुरदलंकारं गुणवद्दोषवर्जितम्। (अग्निपुराण, 337.6)

अर्थात् संक्षेप में, अभीष्ट अर्थ को व्यक्त करने वाली पदावली से युक्त वाक्य काव्य है, जिसमें अलंकार प्रकट हो और जो गुणयुक्त तथा दोषरहित हो।

इस परिभाषा में कई दोष हैं। काव्य सदा दोषरहित हो, यह सम्भव नहीं। अच्छी से अच्छी कृति में भी कोई न कोई दोष अवश्य मिल जाता है। वैसे भी इस परिभाषा से काव्य की बाह्य रूपरेखा ही स्पष्ट हो पाती है।

प्रसिद्ध आलंकारिक आचार्य भामह के अनुसार, 'शब्दार्थौं सहितौ काव्यम्' अर्थात् शब्द और अर्थ का सहभाव ही काव्य है। यह परिभाषा अत्यन्त व्यापक है। शास्त्र, इतिहास आदि सब कुछ इसमें अन्तर्भुक्त हो जाते हैं। जाहिर है, इस परिभाषा से काव्य का कुछ भी स्वरूप स्पष्ट नहीं होता।

इसके बाद के आचार्यों ने बाह्य स्वरूप-निरूपक लक्षणों का खंडन करते हुए प्राय: काव्य की आत्मा की तलाश करने का प्रयास किया है। आचार्य दंडी कहते हैं, 'शरीरं तावदिष्टार्थ व्यवच्छिन्नापदावली' (काव्यादर्श, 1.10) अर्थात् इष्ट अर्थ को प्रकट करने वाली पदावली तो शरीर मात्र है। यही भाव आनन्दवर्धन का भी है। उनके अनुसार काव्य तो शब्दार्थ के शरीर वाला है। उसकी आत्मा या वास्तविक तत्त्व कुछ और ही है—'शब्दार्थं शरीर तावत्काव्यम्।'

इन धारणाओं के फलस्वरूप संस्कृत के आचार्यों द्वारा काव्य की आत्मा तलाशने का जो प्रयास हुआ उसी के परिणामस्वरूप रस, अलंकार, रीति, वक्रोक्ति, औचित्य और ध्वनि को काव्य की आत्मा कहने की परम्परा विकसित हुई।

आचार्य भामह ने अलंकार के महत्त्व का प्रतिपादन करते हुए उसे व्यापक अर्थ में गहण किया है। उन्होंने रस तक को भी रसवत अलंकार के रूप में सम्मिलित कर लिया है। आचार्य दंडी अलंकार को काव्य की शोभा करने वाला धर्म मानते हैं—

काव्यशोभा करान् धर्मान् अलंकारान् प्रचक्षते। (काव्यादर्श, 2.1)

जयदेव के अनुसार जो अलंकारहीन काव्य को भी अंगीकार कर लेता है वह अग्नि को उष्णताहीन क्यों नहीं मानता? तात्पर्य यह कि जिस प्रकार उष्णता ही अग्नि का मूल धर्म है, उसी प्रकार अलंकार ही काव्य का मूल धर्म है—

अंगीकरोति य: काव्यं शब्दार्थावनलंकृती, असौ न मन्यते कस्मादनुष्णमनलंकृती।

(चन्द्रालोक, 1.12)

आचार्य वामन रीति को काव्य की आत्मा मानते हैं—

रीतिरात्मा काव्यस्य। विशिष्टा पदरचना रीति:। विशेषो गुणात्मा। (का.सू.वृ., 1.2.6-8)

ध्वन्यालोककार आनन्दवर्धन ध्वनि को काव्य की आत्मा स्वीकार करते हैं—'काव्यस्यात्मा ध्वनि:।' आचार्य कुन्तक के अनुसार वक्रोक्ति काव्य की आत्मा है—'वक्रोक्ति:काव्यजीवितम्।' और इसी क्रम में आगे चलकर आचार्य विश्वनाथ ने 'वाक्यं रसात्मकं काव्यम्' कहकर रस को काव्य की आत्मा स्वीकार किया। इसी अर्थ का और अधिक स्पष्ट संकेत हमें पंडितराज जगन्नाथ की परिभाषा में मिलता है जो इस प्रकार है—'रमणीयार्थ प्रतिपादक: शब्द: काव्यम्।'

अपेक्षाकृत उपयुक्त होते हुए भी उक्त परिभाषा में दो त्रुटियाँ रह जाती हैं। पहली त्रुटि तो यह है कि काव्य में सदा शब्द में ही अर्थ की रमणीयता नहीं होती, पूरे वाक्य में रमणीयता प्रतिपादित होती है। अत: रमणीय अर्थ देने वाला वाक्य काव्य होना चाहिए, शब्द नहीं। दूसरी बात यह है कि यहाँ पर संकेत मात्र अर्थ की रमणीयता का हुआ है जबकि काव्य में शब्द की रमणीयता का भी कम महत्त्व नहीं। शब्दालंकार और वृत्तियों के उदाहरण उल्लेखनीय हैं। नाद-सौंदर्य आदि शब्द-योजना पर ही आधृत हैं, फिर भी पंडितराज जगन्नाथ ने स्वयं रमणीयता का अर्थ लोकोत्तर आह्लाद के उत्पादक ज्ञान का विषय होना माना है। तात्पर्य यह है कि जिसके अनुशीलन से लोकोत्तर आनन्द की प्राप्ति हो, वह रमणीय कहलायेगा। इस प्रकार पंडितराज की विशेषता यह है कि उन्होंने अन्तर और बाह्य दोनों पक्षों के सम्बन्ध में रमणीयता शब्द को आधार बनाकर काव्य की व्याख्या की है और निश्चित रूप से पंडितराज जगन्नाथ बहुत सीमा तक काव्य-सत्य को प्रकट करने में समर्थ हुए हैं।

हिन्दी साहित्य में काव्यशास्त्रीय चिन्तन की परम्परा रीतिकाल से प्राप्त होती है पर आधुनिक काल के आरम्भ होने तक हिन्दी में उल्लेखनीय कोई बड़ा आचार्य नहीं हुआ। रीतिकाल में काव्य के स्वरूप पर बहुत प्रकाश डाला गया है, परन्तु उसमें मौलिकता के दर्शन प्राय: नहीं होते। इस काल में अनेक आचार्य हुए पर वे सभी मूलत: कवि थे और जो कुछ उन्होंने काव्यशास्त्र के क्षेत्र में योगदान किया वह सब संस्कृत-साहित्य से उत्तराधिकार के रूप में प्राप्त था। रीतिकाल के प्रारम्भिक आचार्य चिंतामणि का काव्य-लक्षण इस प्रकार है—

सगुन अलंकारन सहित, दोषरहित जो होइ।
शब्द अर्थ वारौं कवित, विवुध कहत सब कोइ।

कुलपति मिश्र ने अपने लक्षण में पूर्णत: मम्मट का ही अनुकरण किया है—

दोषरहित अरु गुनसहित, कछुक अल्प अलंकार,
सबद अरथ सो कवित है, ताको करो विचार।

आचार्य केशवदास का कथन है—

जदपि सुजाति सुलच्छनी सुबरन सरस सुवृत्त,
भूषण बिनु न विराजई कविता बनिता मित्त।

इस प्रकार केशव के विचार से रस, छंद, शब्द-सौंदर्य के साथ अलंकार का होना आवश्यक है पर श्रीपति मिश्र ने अपने 'काव्य-सरोज' में रस पर जोर दिया है—

यदपि दोष बिनु गुन सहित अलंकार सों लीन।
कविता बनिता छवि नहीं, रस बिन तदपि प्रवीन।

आधुनिक काल में कुछ आचार्यों के विचार उल्लेखनीय हैं। आचार्य महावीरप्रसाद द्विवेदी के अनुसार—

(क) कविता प्रभावशाली रचना है जो पाठक या श्रोता के मन पर आनन्दमयी प्रभाव डालती है।
(ख) मनोभाव शब्दों का रूप धारण करते हैं। वही कविता है चाहे वह पद्यात्मक हो चाहे गद्यात्मक।
(ग) अन्त:करण की वृत्तियों के चित्र का नाम कविता है।

ऊपर दिये गए लक्षणों में से पहले में, आनन्दमयी प्रभाव के सम्पादनकारी अवयवों और तत्त्वों का संकेत नहीं किया गया है। दूसरा लक्षण ठीक नहीं है। इससे तो समस्त मनोभावों के प्रकाशन को ही कविता मान लेना होगा। तीसरी परिभाषा एकांगी और अस्पष्ट है। अन्तर्वृत्ति का चित्र, कविता का एक रूप मात्र है।

आचार्य नन्द दुलारे वाजपेयी ने काव्य के स्वरूप पर विचार करते हुए लिखा है, "काव्य तो प्रकृत मानव-अनुभूतियों का नैसर्गिक कल्पना के सहारे ऐसा सौंदर्यमय चित्रण है, जो मानव मात्र में स्वभावत: अनुरूप भावोच्छ्वास और सौंदर्य-संवेदन उत्पन्न करता है।"

इस कथन में जहाँ एक ओर काव्य-निर्माण की प्रक्रिया को स्पष्ट किया गया है, वहीं दूसरी ओर भावात्मक प्रभाव को महत्त्व दिया गया है। फिर भी इसमें यह स्पष्ट नहीं है कि चित्रण शाब्दिक है, रंगों और रेखाओं के सहारे किया गया है अथवा अन्य किसी तरह से।

आचार्य रामचन्द्र शुक्ल काव्य को परिभाषित करते हुए लिखते हैं, "जिस प्रकार आत्मा की मुक्तावस्था ज्ञान दशा कहलाती है, उसी प्रकार हृदय की मुक्तावस्था रस दशा कहलाती है। हृदय की इसी मुक्ति की साधना के लिए मनुष्य की वाणी जो शब्द-विधान करती आई है, उसे कविता कहते हैं।" ('कविता क्या है' निबन्ध से, चिन्तामणि भाग-1)

आचार्य शुक्ल की इस परिभाषा में प्रमुख बात है—रस दशा या हृदय की मुक्तावस्था का आत्मा की मुक्तावस्था या ज्ञान की दशा के समकक्ष रखना। इससे रसानुभूति की धारणा की उच्चता प्रमाणित होती है। वे इसे अलौकिक नहीं मानते। उन्होंने लोक हृदय में लीन होने की दशा को रस दशा कहा है। इस प्रकार आचार्य शुक्ल की यह परिभाषा अन्य परिभाषाओं की अपेक्षा ज्यादा प्रामाणिक और सार्थक है।

निष्कर्ष यह है कि काव्य के अगणित लक्षण आचार्यों द्वारा दिये गए हैं। परन्तु काव्य का स्वरूप इन लक्षणों में बंध नहीं सकता। फिर भी इन लक्षणों के अध्ययन से हम उसके विविध रूपों और तत्त्वों को हृदयंगम कर सकते हैं और एक निश्चित निष्कर्ष तक पहुँच सकते हैं।

उपर्युक्त परिभाषाओं के आधार पर अलंकार, गुण, शब्द, अर्थ, रस, रमणीयता आदि काव्य के आवश्यक तत्त्व स्वीकार किए जा सकते हैं। इन तत्त्वों में शब्द और अर्थ का विशेष महत्त्व है। काव्य वस्तुत: शब्द व्यापार ही है। दूसरी ओर रस, रमणीयता आदि भावतत्त्व के अन्तर्गत समाहित हो सकते हैं। अभिव्यक्ति-कौशल एवं अलंकार-विधान कल्पना-तत्त्व के आश्रित हैं और इन सारे उपादानों को समुचित रूप से संगठित करके कलात्मक विश्वसनीयता के साथ अभिव्यक्त करना विचार तत्त्व पर निर्भर है। इस तरह काव्य के पाँच तत्त्व निर्धारित किए जा सकते हैं—शब्द तत्त्व, अर्थ तत्त्व, कल्पना तत्त्व, भाव तत्त्व और विचार तत्त्व।

इस तरह हम कह सकते हैं कि यद्यपि काव्य की कोई सर्वांगपूर्ण परिभाषा नहीं दी जा सकती पर आचार्यों द्वारा सुझाये गए काव्य-लक्षणों के आधार पर हम काव्य के स्वरूप की एक ढीली-ढाली अवधारणा बना सकते हैं।

काव्य की आत्मा

आत्मा का शाब्दिक अर्थ है 'जीव', 'जीवन तत्त्व', 'चेतना तत्त्व', 'परमात्म तत्त्व', 'अन्त:करण', 'शक्ति', 'सूर्य', 'अग्नि', 'वायु' आदि। काव्य की आत्मा के सन्दर्भ में प्रयुक्त 'आत्मा' शब्द भी मूलत: काव्यशास्त्र का न होकर, न्याय, वेदांत आदि विभिन्न दर्शनों का है और काव्यशास्त्र में इसका प्रयोग लाक्षणिक अर्थ में किया गया है। आत्मा को शरीर भी कहा गया है। यह शरीरस्थ आत्मा प्राण का पर्यायवाची है जिसके बिना शरीर गतिहीन हो जाता है। उक्त प्राण अथवा चेतना (ज्ञान) के अर्थ को लेकर काव्यशास्त्र में भी आत्मा शब्द का प्रयोग किया गया है। काव्य की आत्मा में आत्मा शब्द से अभिप्रेत है—काव्य का तत्त्व अथवा सार, जिसके माध्यम से सहृदय पाठक अथवा दर्शक को काव्य के प्रमुख प्रयोजन, काव्यानन्द अथवा रस की प्राप्ति होती है। नि:सन्देह यहाँ 'आत्मा' शब्द अपने वाचक रूप में प्रयुक्त न होकर लक्षक रूप में प्रयुक्त हुआ है और यहाँ इसका लक्ष्यार्थ है काव्य का अनिवार्य तत्त्व।

शरीर के प्रसंग में, हमारे दैनिक क्रिया-कलाप के लिए जो अनिवार्य साधन अथवा माध्यम है उसे आत्मा, चेतना, ज्ञान अथवा प्राण कहा जाता है, ठीक इसी तरह शब्दार्थ-रूप काव्य शरीर के प्रसंग में भी काव्य के प्रमुख प्रयोजन-आह्लाद अथवा रस को काव्य की आत्मा कहा जाता है। इस प्रकार काव्य के प्रसंग में 'आत्मा' शब्द से अभिप्राय है काव्य का अनिवार्य, व्यापक एवं आन्तरिक सार अथवा तत्त्व जो कि इसमें साधन रूप में सदा विद्यमान रहता है।

काव्यशास्त्र में सर्वप्रथम 'आत्मा' शब्द का प्रयोग वामन (8वीं सदी) ने रीति को काव्य की आत्मा मानते हुए किया था—'रीतिरात्मा काव्यस्य।' इसके उपरांत इसी दृष्टि से आनन्दवर्धन (9वीं सदी) ने ध्वनि को 'ध्वनिरात्मा काव्यस्य' कहकर रस को काव्य की आत्मा स्वीकार करते हुए इस शब्द का प्रयोग किया। आचार्य कुन्तक (12वीं सदी) ने वक्रोक्ति को काव्य की आत्मा स्वीकार करते हुए 'आत्मा' शब्द के स्थान पर 'जीवित' शब्द का प्रयोग किया। 'वक्रोक्ति: काव्यस्य जीवितम्।'

इस प्रसंग के अतिरिक्त काव्यपुरुष-रूपक को उद्धृत करते हुए सर्वप्रथम राजशेखर (9वीं सदी) ने और इनके उपरांत विश्वनाथ (14वीं सदी) ने 'आत्मा' शब्द का व्यवहार किया है,

> *काव्यस्य शब्दार्थौं शरीरम्, रसादिश्चात्मा, गुणा: शौर्यादिवत्, दोषा: काणत्वादिवत्, रीतयोऽवयवसंस्थानविशेषवत्, अलंकारा: कटककुंडलादिवत्* इति।

वस्तुत: देखा जाए तो यही रूपक, काव्य की आत्मा किसे माना जाए—प्रश्न के लिए सर्वाधिक उत्तरदायी है। यह रूपक वामन के समय तक पूर्णत: स्पष्ट नहीं हुआ था। इससे पूर्व दंडी ने पदावली को काव्य का शरीर बताते हुए 'शरीर' शब्द का, तथा वैदर्भ मार्ग के प्रसंग में 'प्राण' शब्द का प्रयोग किया था और इनके बाद वामन ने उपर्युक्त रूप में केवल 'आत्मा' शब्द का।

इस प्रकार यद्यपि आचार्य वामन-पर्यंत 'आत्मा' शब्द अपने परवर्ती विशिष्ट अर्थ में पूर्णत: स्थिर नहीं हुआ था, तो भी यह धारणा प्रबल रूप में मान्य हो चली थी कि काव्य में कोई न कोई तत्त्व सार रूप में

अनिवार्यत: विद्यमान रहता है। भामह, दंडी और उद्भट के अनुसार यह तत्त्व अलंकार था और वामन के मत में रीति। आगे चलकर ध्वनि, वक्रोक्ति और रस को काव्य की आत्मा माना गया।

इस प्रकार काव्य की आत्मा का निर्धारण आज भी एक अनिर्णीत और विवादास्पद विषय बना हुआ है। इसीलिए हिन्दी के आधुनिक आचार्यों ने इस प्रश्न को गैरजरूरी समझ लिया है और इसका विश्लेषण करना भी लगभग छोड़ दिया है।

काव्य-प्रयोजन

काव्य प्रयोजन का तात्पर्य है काव्य का उद्देश्य अथवा काव्य रचना की आन्तरिक प्रेरणा शक्ति। काव्य प्रयोजन की चर्चा आचार्यों ने आमतौर पर की है। संस्कृत के काव्यशास्त्रियों में से भामह, वामन, रुद्रट, मम्मट, भोज, कुन्तक, हेमचन्द्र तथा आचार्य विश्वनाथ आदि ने काव्य-प्रयोजनों का विस्तार से विवेचन किया है। संस्कृत के साहित्यकार आमतौर पर परम्परागत परिपाटी के अनुसार ग्रंथ के आरम्भ में मंगलाचरण के उपरांत अपने ग्रंथ के निर्माण के प्रयोजनों का भी प्राय: निर्देश कर दिया करते थे। काव्य-प्रयोजन विषयक आरम्भिक संकेत भरत के 'नाट्यशास्त्र' में प्राप्त होते हैं। उन्होंने लिखा है—

धर्म्यं यशस्यमायुष्यं हितं बुद्धिविवर्द्धनम्,
लोकोपदेशजननं च नाट्यमेतद् भविष्यति। (नाट्यशास्त्र, 1/115)

अर्थात् यह नाटक धर्म का साधक, यश और आयु का वर्द्धक, कल्याणप्रद, बुद्धि का वर्द्धन करने वाला और लोक का उपदेष्टा है। इस प्रकार भरत के अनुसार काव्य का प्रयोजन है धर्म,यश की वृद्धि, आयु, हित और उपदेश।

आचार्य भामह ने काव्य-प्रयोजन के विषय में लिखा है—

धर्मार्थकाममोक्षेषु वैचक्षण्यं कलासु च, करोति कीर्तिं प्रीर्तिं च साधुकाव्य निबन्धनम्।
(कालव्यालंकार, 1/2)

इस प्रकार भामह ने धर्म, अर्थ, काम, मोक्ष, कलाओं में निपुणता, प्रीति और यश की प्राप्ति—ये सात प्रयोजन निश्चित किए हैं, जिनमें से लगभग सभी भरत के प्रयोजनों से मेल खाते हैं। इसी तरह आचार्य कुन्तक और रुद्रट ने भी चतुवर्गफलप्राप्ति को ही काव्य-प्रयोजन के रूप में स्वीकार किया है। आचार्य मम्मट ने अपने पहले के सभी आचार्यों की धारणाओं का सार-संग्रह करते हुए अपने काव्य-प्रकाश में निम्नलिखित काव्य-प्रयोजन स्वीकार किया है—

काव्यं यशसेऽर्थकृते व्यवहारविदे शिवेतरक्षतये, सद्य: परनिर्वृत्तये कांतासम्मिततयोपदेशयुजे।
(काव्यप्रकाश, 1/2)

इस तरह आचार्य मम्मट ने यश, अर्थ की प्राप्ति, व्यवहार ज्ञान, शिवेतर का नाश, तात्कालिक आनन्द और कांतासम्मित उपदेश को काव्य प्रयोजन के रूप में स्वीकार किया है। भारतीय आचार्यों की अवधारणाओं का सार-संगह करके तथा आचार्य मम्मट की उक्त अवधारणाओं को आधार बनाकर हम निम्नलिखित काव्य-प्रयोजन निर्धारित कर सकते हैं—

(1) काव्यं यशसे— निश्चय ही यशाकांक्षा काव्य रचना का प्रधान कारण है। मम्मट सहित अनेक आचार्यों ने इसे स्वीकार किया है। फिर भी सबके लिए इसे अनिवार्य प्रयोजन के रूप में नहीं स्वीकार किया जा सकता। हिन्दी के भक्तिकालीन अधिकांश कवियों ने जो भी रचनाएँ कीं, यशोलिप्सा उनका कभी प्रयोजन नहीं रहा। तुलसी, सूर, कबीर आदि द्वारा अपने कुल, जाति, जन्म आदि के बारे में किसी तरह का उल्लेख न करना उनकी यशाकांक्षा के प्रति उदासीनता को ही प्रमाणित करती है।

(2) काव्यं अर्थकृते— काव्य रचना का एक उद्देश्य धन अर्जित करना भी है। प्राचीन काल में अधिकांश कवि राजाओं के दरबार में रहते थे और उनको राज्य की ओर से नियमित वृत्ति मिलती थी जिसके बदले वे अपने आश्रयदाताओं का अतिशयोक्तिपूर्ण गुणगान करते थे अथवा उनकी रुचि के अनुसार काव्य सृजन करते थे। मगर यह प्रयोजन भी सबके लिए अनिवार्य रूप से स्वीकार नहीं किया जा सकता। किसी के आश्रय में

जो नहीं रहे उनके लिए ऐसी बाध्यता कभी नहीं रही। भक्तिकालीन कवियों ने तो आश्रय में रहना ही स्वीकार नहीं किया। उनका प्रयोजन धन कमाना कभी नहीं रहा। अकबर के बुलाने पर कुम्भनदास ने कहा था—

संतन को कहा सीकरी सों काम।
आवत जात पनहिया टूटी बिसरि गयो हरिनाम।

(3) काव्यं व्यवहारविदे— काव्य का एक प्रधान प्रयोजन व्यवहार ज्ञान है, जिसका मुख्य सम्बन्ध पाठक या श्रोता से है और गौण सम्बन्ध साहित्यकार से। कवि अपनी रचनाओं में लोक-व्यवहार के आदर्श रूप का चित्रण करता है, जिसके अध्ययन या श्रवण से लोक-व्यवहार का ज्ञान होता है। इसके अतिरिक्त विश्व में अनेक ऐसे काव्य उपलब्ध हैं जिनकी रचना उन साहित्यकारों ने पुत्र, शिष्य आदि को शिक्षा देने के प्रयोजन से की है। 'पंचतंत्र' जैसे ग्रंथ इसके उदाहरण हैं।

(4) काव्यं शिवेतरक्षतये— काव्य मंगल के लिए है और उसका उद्देश्य अमंगल का निवारण भी है। 'सहितस्य भाव: साहित्यम्' का यही तात्पर्य है। काव्य से लोक का कल्याण होता है। काव्य-प्रकाशकार ने इसी प्रसंग में मयूर कवि का उल्लेख किया है जिनका कुष्ठ रोग 'सूर्यशतक' के प्रणयन से दूर हो गया था। बाहुपीड़ा के निवारण के लिए तुलसीदास ने 'हनुमान बाहुक' की रचना की थी। आधुनिक काल में भी प्रगतिवादी, जनवादी रचनाओं का मुख्य उद्देश्य लोकमंगल ही है।

(5) काव्यं सद्य: परनिर्वृत्तये— आचार्य मम्मट ने काव्य का पाँचवाँ उद्देश्य शीघ्र रसोत्पत्ति या लोकोत्तर आनन्द की प्राप्ति माना है। उन्होंने इसे सम्पूर्ण प्रयोजनों में प्रमुख तथा आचार्य कुन्तक ने इसे पुरुषार्थ चतुष्टय से भी बढ़कर माना है। वस्तुत: साहित्य के अनुशीलन से मानव अन्त:करण का जो साधारणीकरण होता है वही रसोत्पत्ति का मुख्य कारक और काव्य का चरम लक्ष्य होता है। सभी रसवादी आचार्य रसानुभूति को काव्य का चरम लक्ष्य स्वीकार करते हैं।

(6) काव्यं कांतासम्मिततयोपदेशयुजे— कविता, कांता की कोमल मृदु वाणी के समान उपदेशपरक होती है। शास्त्रों में उपदेश शैली तीन प्रकार की बताई गई है—पहली प्रभुसम्मित, दूसरी सुहृदसम्मित और तीसरी कांतासम्मित। इनमें से कांतासम्मित में प्रधानता शब्दार्थ की न होकर रस की होती है। पत्नी अपने पति को अनर्थ से बचाने के लिए अपने हृदय की समस्त मधुरिमा उड़ेलकर अपने व्याख्यान को रससिक्त बनाती है, जिससे मानव हृदय उस ओर सहज ही प्रवृत्त हो जाता है। अपने आश्रयदाता मिर्जा राजा जयसिंह को कविवर बिहारी अपनी वाक् चातुरी से ही सन्मार्ग पर लाया था।

नहिं पराग नहिं मधुर मधु, नहिं विकास इहिं काल,
अली कली ही सों बिंध्यो, आगे कौन हवाल।

(7) काव्य आत्मसाक्षात्कार के लिए— काव्य-कला में कृती आत्म-साक्षात्कार करता है, अपनी अनुभूतियों और आकांक्षाओं को पकड़ता है और उन्हें अभिव्यक्ति प्रदान करता है। इस आत्म-साक्षात्कार की दशा में उत्कृष्ट कलाकार लोकात्मा का भी साक्षात्कार करता है। अत: जब वह अपने अनुभव का प्रकाशन करता है, तब भी लोक, उसमें अपनी निजी अनुभूतियों की अभिव्यक्ति पाता है।

(8) एक सृजनात्मक आवश्यकता— यूरोप का 'कला कला के लिए' का सिद्धान्त इसी पृष्ठभूमि पर आधारित है। जिस प्रकार इस सृष्टि का क्या प्रयोजन है, यह बताना कठिन है पर सृष्टि बराबर चलती रहती है, उसी प्रकार काव्य-संसार की रचना भी एक सृजनात्मक आवश्यकता है जिसे पूरा किए बिना सर्जक नहीं रह सकता।

पश्चिम के मनीषियों ने भी काव्य प्रयोजनों की विस्तृत चर्चा की है। इन्हें हम लोकमंगलवादी, आनन्दवादी और मध्यममार्गी इन तीन वर्गों में विभक्त कर सकते हैं। प्लेटो, रस्किन, टॉलस्टाय आदि साहित्यकार और दार्शनिक लोकमंगलवादी या उपयोगितावादी हैं। प्लेटो ने लोकमंगल को काव्य का चरम लक्ष्य स्वीकार किया तथा इसके अभाव में होमर की उत्कृष्ट काव्य कला की भी भर्त्सना की। टॉलस्टाय के अनुसार काव्य कला प्रत्येक मनुष्य को सह-अनुभूति द्वारा परस्पर जोड़ने का एक साधन है। आनन्दवादी साहित्य चिन्तकों में लांजाइनस, शिलर, वाल्टर पेटर, ऑस्कर वाइल्ड, ए.सी. ब्रेडले आदि का नाम प्रमुख है। इस वर्ग के विचारकों के अनुसार कला यद्यपि नैतिकता का विरोध तो नहीं करती पर वस्तुत: नैतिकता, कला के लिए प्रासंगिक नहीं है।

पश्चिम में मध्यममार्गी चिन्तक भी आरम्भ से ही दिखाई देते हैं। इनका दृष्टिकोण सन्तुलित होता है। उदाहरणार्थ प्लेटो के आक्षेपों का उत्तर देते हुए अरस्तू ने कहा था कि कला का विशिष्ट उद्‌देश्य आनन्द है, पर यह आनन्द नीति-सापेक्ष है। यह अनैतिक नहीं हो सकता। ड्राइडन के अनुसार मधुर रीति से शिक्षा देना ही काव्य का प्रयोजन है। इस परम्परा में होरेस, विक्टर कजिन, कॉलरिज, वर्ड्सवर्थ, मैथ्यू आर्नल्ड और आ. ई.ए. रिचर्ड्स आदि को रखा जा सकता है।

वस्तुत: काव्य के जिन प्रयोजनों का उल्लेख ऊपर किया गया है वे प्राय: एक-दूसरे के पूरक हैं और किसी भी काव्य-कृति में एक साथ देखे जा सकते हैं। भारतीय आचार्यों का काव्य-प्रयोजन के प्रति व्यापक दृष्टिकोण है और यही उपयुक्त दृष्टि भी है।

काव्य हेतु

'हेतु' का अर्थ है 'कारण'। कवि में काव्य-प्रणयन का सामर्थ्य उत्पन्न करने वाले साधनों को काव्य हेतु या काव्य का कारण कहा जाता है। ये साधन ही कवि को काव्य-प्रणयन में सक्षम बनाते हैं।

काव्य हेतुओं का निरूपण करने वाले आचार्यों में भामह, दंडी, वामन, रुद्रट, कुन्तक, मम्मट आदि का नाम उल्लेखनीय है। हिन्दी के रीतिकालीन आचार्यों में सूरति मिश्र, श्रीपति तथा आधुनिक युग के जगन्नाथ प्रसाद 'भानु' आदि ने मम्मट के आधार पर ही हेतु निरूपण किया है। इनके विवेचन में मौलिकता का अभाव है।

आचार्य भामह ने तीन काव्य हेतु माना है—प्रतिभा, व्युत्पत्ति और अभ्यास। दंडी ने भी शब्द भेद से इन्हें ही स्वीकार किया है। रुद्रट तथा कुन्तक ने भामह की 'प्रतिभा' के स्थान पर 'शक्ति' शब्द का प्रयोग किया है। आचार्य वामन की भी यही मान्यता है। राजशेखर ने 'शक्ति' को ही मुख्य काव्य-हेतु माना है। उनके अनुसार 'समाधि' (मन की एकाग्रता) और 'अभ्यास'—ये दोनों कवित्व शक्ति को उद्‌भाषित करते हैं। परवर्ती आचार्य मम्मट ने तीन काव्य-हेतुओं का उल्लेख किया है और शेष सभी का अन्तर्भाव इन्हीं में माना है। ये हेतु हैं—'शक्ति' (प्रतिभा), लोक-व्यवहार, शास्त्र तथा काव्य आदि के अनुशीलन से प्राप्त 'निपुणता' (व्युत्पत्ति) और काव्यज्ञ की शिक्षा से 'अभ्यास'। पंडितराज जगन्नाथ ने प्रतिभा को ही काव्य-हेतु माना है व्युत्पत्ति और अभ्यास, प्रतिभा के उन्मीलक हेतु हैं।

इस तरह स्पष्ट है कि संस्कृत काव्यशास्त्र में शब्द-भेद से प्राय: तीन ही हेतु स्वीकार किए गए हैं और ये हैं—प्रतिभा, व्युत्पत्ति और अभ्यास।

काव्य हेतुओं में 'प्रतिभा' का स्थान सर्वाधिक महत्त्वपूर्ण है। इस विषय में प्राय: सभी आचार्य एकमत हैं कि प्रतिभा ही कवित्व का बीज है। जिस प्रकार बीज के अभाव में वृक्ष की कल्पना नहीं की जा सकती उसी प्रकार प्रतिभा रहित व्यक्ति काव्य-प्रणयन नहीं कर सकता। यदि वह काव्य प्रणयन में प्रवृत्त होता है तो उसकी कृति उपहास योग्य ही होती है। आचार्य जयदेव ने प्रतिभा का महत्त्व प्रदर्शित करते हुए कहा है कि प्रतिभा रूपी बीज अंकुरित करने के लिए व्युत्पत्ति और अभ्यास मिट्टी और जल के समान हैं,

प्रतिभैव श्रुताभ्याससहिता कवितां प्रति,
हेतुर्मृदम्बुसम्बद्ध बीजोत्पत्तिर्लतामिव। (चन्द्रालोक, 1/6)

भट्टतौत ने प्रतिभा की व्याख्या इन शब्दों में की है—प्रज्ञा नवोन्मेषशालिनी प्रतिभा मता। अर्थात् नए-नए भावों के उन्मेष से युक्त प्रज्ञा को प्रतिभा कहते हैं। वाग्भट के अनुसार, प्रतिभा वह तत्त्व है जो कवि के हृदय में नूतन शब्दार्थ-समूह, अलंकार योजना, उक्ति वैचित्र्य तथा कल्पना वैभव आदि को जागृत करती है, कवि-हृदय को नूतन वस्तुओं का दर्शन कराती है।

आचार्य रुद्रट ने प्रतिभा के दो भेद किए हैं—सहजा अर्थात् स्वाभाविक और उत्पाद्या अर्थात् जो किन्हीं साधनों (यथा शास्त्राध्ययन और अभ्यास) से उत्पन्न की जा सके। राजशेखर ने प्रतिभा दो प्रकार की बताई है—कारयित्री और भावयित्री। कवि का उपकार करने वाली प्रतिभा कारयित्री कहलाती है। इसके भी तीन भेद हैं—सहजा, आहार्या तथा औपदेशिकी। जन्मान्तर के संस्कार की अपेक्षा रखने वाली सहजा होती है, वर्तमान जन्म के संस्कारों से उत्पन्न आहार्या तथा मंत्रतंत्रादि साधनों से उत्पन्न औपदेशिकी होती है। भावक या सहृदय का उपकार करने वाली प्रतिभा भावयित्री कहलाती है। यह प्रतिभा कवि के श्रम तथा अभिप्राय का बोध कराती है।

'व्युत्पत्ति' शब्द का अर्थ है प्रगाढ़ पांडित्य। राजशेखर ने प्राचीन आचार्यों के मत का उल्लेख करते हुए व्युत्पत्ति का अर्थ 'बहुज्ञता' दिया है। यह बहुज्ञता अथवा ज्ञान दो प्रकार का होता है—शास्त्रीय और लौकिक। शास्त्रीय ज्ञान अध्ययन जन्य होता है। इसके लिए भारतीय आचार्यों ने काव्यशास्त्र, छंदशास्त्र, दर्शन, व्याकरण, ज्योतिष, धर्मशास्त्र, अर्थशास्त्र, कामशास्त्र, शब्दकोश आदि का अध्ययन कवि के लिए आवश्यक माना है। लौकिक ज्ञान के अन्तर्गत लोक-व्यवहार का सूक्ष्म निरीक्षण-परीक्षण आता है। कवि का शास्त्रीय ज्ञान तभी सफल हो सकता है, जब उसे लोक-व्यवहार का अच्छा ज्ञान हो। काव्यकृति में महानता व्युत्पत्ति या लोक-शास्त्र की निपुणता के अभाव में नहीं आ सकती। अनुभूति और अभिव्यक्ति दोनों को रमणीय बनाने के लिए व्युत्पत्ति या निपुणता का होना आवश्यक है।

निरन्तर प्रयास करते रहने को अभ्यास कहते हैं। सभी आचार्यों ने अभ्यास को प्रतिभा का पोषक माना है। काव्य में सौष्ठव लाने के लिए अभ्यास आवश्यक वस्तु है। इसके अभाव में अनेक प्रतिभाएँ कुंठित होकर नष्ट हो जाती हैं। अभ्यास से काव्य रचना में परिष्कार आता है। आचार्य दंडी ने अभ्यास का महत्त्व स्वीकार करते हुए कहा है कि पूर्व वासनाजन्य अद्‌भुत प्रतिभा के न रहने पर भी शास्त्राध्ययन और अभ्यास से वाणी की उपासना करने पर वाणी अवश्य ही अनुग्रह करती है।

तात्पर्य यह है कि प्रतिभा, व्युत्पत्ति और अभ्यास तीनों काव्य हेतु एक-दूसरे के पूरक हैं। किसी एक के बिना भी काव्य-सृजन कठिन है। कोई एक अपने आप में पर्याप्त नहीं। आचार्य रुद्रट ने इसीलिए तीनों को लगभग समान महत्त्व देते हुए कहा है—'त्रितियमिदं व्याप्रियते शक्तिर्व्युत्पत्तिरभ्यासः।'

कुछ लोगों ने 'समाधि' (चित्त की एकाग्रता) को भी काव्य हेतु माना है। पर समाधि न केवल काव्य रचना, बल्कि प्रत्येक रचनात्मक कार्य के लिए आवश्यक है। अतः उसे काव्य हेतु के अन्तर्गत स्थान देना उचित नहीं।

काव्य गुण

गुण का अर्थ है वैशिष्ट्य, शोभाकारी धर्म या दोष का अभाव। आचार्य भरत के अनुसार काव्य में दोष का विपर्यय गुण माना जाता है, 'एत एव विपर्यस्ता गुणाः काव्येषु कीर्तिताः।' विपर्यय के सम्बन्ध में विद्वानों में मतभेद है। कोई इसका अर्थ दोष का अभाव कहता है, कोई अन्यथा भाव और कोई विपरीत भाव। आचार्य वामन गुण के प्रतिष्ठाता आचार्य हैं। उनके अनुसार 'काव्य शोभायाः कर्त्तारौं धर्मा गुणाः।' अर्थात् गुण काव्यमूल शोभा (सौंदर्य) के तत्त्व हैं। गुण, शब्द और अर्थ के धर्म हैं और काव्य के लिए अनिवार्य हैं।

ध्वनि सिद्धान्त के निरूपण के बाद गुण का अर्थ निर्दोषता के रूप में ग्रहण किया गया। आनन्दवर्धन ने गुणों के स्वतंत्र अस्तित्व को न मानकर उन्हें रसाश्रित माना है। मम्मट ने भी इन्हीं का अनुसरण किया है। वे लिखते हैं,

ये रसस्यांगिनो धर्माः शौर्यादयइवात्मनः,
उत्कर्ष हेतवस्ते स्युः अचलस्थितयो गुणाः। (काव्यप्रकाश, 8/66)

अर्थात् शौर्य जैसे आकार का गुण नहीं अपितु आत्मा का गुण है उसी प्रकार काव्य के गुण, काव्य-शरीर के गुण नहीं बल्कि काव्य की आत्मा के गुण हैं। आचार्य विश्वनाथ, पंडितराज जगन्नाथ आदि ने भी मम्मट का अनुसरण किया है। इस तरह कह सकते हैं कि काव्य की शोभा को सम्पादित करनेवाले या काव्य की आत्मा को प्रकाशित करने वाले तत्त्व गुण हैं।

गुणों की संख्या के विषय में मतभेद है। आचार्य भरत मुनि ने दस गुण बतलाए हैं। उनके द्वारा प्रतिपादित गुण हैं—श्लेष, प्रसाद, समता, समाधि, माधुर्य, ओज, पदसौकुमार्य, अर्थव्यक्ति, उदारता और कांति। उन्होंने लिखा है,

श्लेषः प्रसादः समता समाधिः माधुर्यमोजः पदसौकुमार्यम्।
अर्थस्य व्यक्तिरुदारता च कांतिश्च काव्यस्य गुणाः दशैते।

(नाट्यशास्त्र, 17/69)

आचार्य दंडी ने गुणों की संख्या और नाम तो भरत मुनि के अनुसार ही लिखे हैं किन्तु उनके लिखे हुए गुणों के लक्षण भिन्न हैं। आचार्य वामन के अनुसार शब्द के दस और अर्थ के दस गुण होते हैं। इस

प्रकार इनकी संख्या बीस हो जाती है। महाराज भोज के मत के अनुसार गुणों की संख्या और भी अधिक है। आनन्दवर्धन ने रस के धर्म रूप में गुण को माना और इस प्रकार चित्त की तीन अवस्थाओं—द्रुति, दीप्ति और व्यापकत्व के आधार पर केवल तीन गुणों—माधुर्य, ओज और प्रसाद को स्वीकार किया। वामन के द्वारा दस गुण इन्हीं तीन गुणों के भीतर समाविष्ट कर लिए गए और मम्मट ने दस गुणों का खंडन कर तीन गुणों को सिद्ध किया। आचार्य मम्मट के इस मत को प्राय: सभी परवर्ती आचार्यों ने स्वीकार किया है। इन तीन गुणों के नाम हैं—माधुर्य, ओज और प्रसाद।

काव्य रचना के जिस गुण से हृदय आनन्द से द्रवीभूत हो जाए उसे माधुर्य गुण कहते हैं। इसमें लम्बे समास नहीं होते। ट, ठ, ड, ढ वर्णों का प्रयोग यथासम्भव इसमें नहीं किया जाता। अनुनासिक वर्णों के प्रयोग से इसका सौंदर्य और बढ़ जाता है। यह गुण श्रृंगार, करुण तथा शान्त रस में प्राय: पाया जाता है। इसे परिभाषित करते हुए मम्मट ने कहा है—

आह्लादकत्वं माधुर्यं श्रृंगारे द्रुतिकारणम्,
करुणे विप्रलम्भे तच्छान्ते चातिशयान्वितम्। (काव्यप्रकाश, 8/68)

माधुर्य का एक उदाहरण इस प्रकार है,

वसंत के चपल चरण!
पिकी पुकारती रही, पुकारते धरा गगन!
मगर कहीं रुके नहीं, वसंत के चपल चरण।

ओजगुण के कारण किसी रचना में उत्साह एवं उमंग का संचार करने की क्षमता आती है। ओज की प्रतिष्ठा के लिए रचना में ट वर्ग के सभी वर्णों, सभी वर्गों के प्रथम और तृतीय तथा द्वितीय और चतुर्थ वर्णों के योग से बने संयुक्त शब्दों तथा आगे या पीछे रकार से युक्त अक्षर ओज गुण के वयंजक वर्ण हैं। इसमें लम्बे-लम्बे समास वाले शब्दों की प्रचुरता होती है। इस गुण का सम्बन्ध रौद्र, वीर और वीभत्स रसों से है। इसे परिभाषित करते हुए मम्मट ने कहा है,

दीप्तयात्मविस्तृतेर्हेतुरोजो वीररसस्थिति:,
वीभत्स रौद्ररसयो: तस्याधिक्यं क्रमेण च। (काव्यप्रकाश, 8/69)

ओज गुण का एक उदाहरण है,

इन्द्र जिमि जंभ पर बाड़व सुअम्भ पर / रावन सदंभ पर रघुकुलराज है।
पौन वारिवाह पर संभु रति नाह पर / ज्यौं सहस्त्रबाहु पर राम द्विजराज है।
दावा द्रुम दंड पर चीता मृग झुंड पर, / भूषण वितुंड पर जैसे मृगराज है।
तेज तम अंश पर कान्ह जिमि कंस पर, / त्यों मलेच्छ बंस पर सेर सिवराज है।

सूखे ईंधन में अग्नि की भांति अथवा स्वच्छ वस्त्र में जल की भांति जो गुण तत्काल चित्त में घुस जाता है उसे प्रसाद गुण कहते हैं। यह गुण सभी रचनाओं और रसों में हो सकता है। मम्मट ने इसे इस प्रकार परिभाषित किया है,

शुष्केन्धनाग्निवत स्वच्छजलवतसहसैव य:,
व्याप्नोत्यन्यत् प्रसादोऽसौ सर्वत्रविहितस्थिति:
श्रुतिमात्रेण शब्दात्तु येनार्थप्रत्ययो भवेत्
साधारण: समग्राणां स प्रसादो गुणो मत:।" (काव्यप्रकाश, 8/71,76)

प्रसाद गुण का उदाहरण है,

वह आता / दो टूक कलेजे के करता, पछताता पथ पर आता।
पेट पीठ दोनों मिलकर हैं एक / चल रहा लकुटिया टेक,
मुट्ठी भर दाने को, भूख मिटाने को / मुँह फटी पुरानी झोली वह फैलाता,
वह आता, दो टूक कलेजे के करता, पछताता, पथ पर आता।

काव्य दोष

काव्यास्वाद में बाधक तत्त्व को दोष कहा जाता है। संस्कृत साहित्य शास्त्र में दोष निरूपण की दो परम्पराएँ मिलती हैं। ध्वनिवादी आचार्यों ने रसापकर्षक तत्त्वों को दोष माना है, 'रसापकर्षका: दोषा:।' जबकि उनके पूर्व के आचार्यों ने गुण के विपर्यय को दोष कहा है। भरत ने अपने नाट्यशास्त्र में लिखा है कि दोष की स्थिति भावात्मक है, गुण उसका विपर्यय है, 'एत एव विपर्यस्ता गुणा: काव्येषु कीर्तिता:।' भामह के अनुसार काव्य में सत्कवि इसका प्रयोग नहीं करते। दंडी के अनुसार दोष काव्य में विफलता के कारण होते हैं इसलिए विद्वानों को काव्य में इसका परिहार करना चाहिए। अग्निपुराण के अनुसार दोष उद्वेगजनक होते हैं। इसी तरह वामन, मम्मट आदि ने भी दोष की विस्तृत चर्चा की है और उससे बचने की सलाह दी है।

आनन्दवर्धन ने रस विषयक दोषों के निरूपण में दोष शब्द के स्थान पर 'अनौचित्य' शब्द का प्रयोग किया है और क्षेमेन्द्र ने इसी विषय पर 'औचित्य विचार चर्चा' नामक ग्रंथ लिखा है। हिन्दी के आचार्यों में केशव ने दोष के तीन वर्ग तथा उनके भेदों का उल्लेख किया है। इसी तरह चिंतामणि, तोषनिधि, कुलपति मिश्र और सूरति मिश्र ने भी दोषों तथा उनको दूर करने के उपायों पर विस्तार से विचार किया है। इस तरह भारतीय साहित्य शास्त्र में काव्य दोष और उनके परिहार के उपायों पर क्रमबद्ध और विस्तृत चर्चा मिलती है। जिस प्रकार किसी भी वस्तु को उत्तम गुणों से अलंकृत करने से पहले उसे निर्दोष करना आवश्यक होता है, उसी प्रकार काव्य को भी उसके गुणों से सजाने से पहले उसके दोषों को दूर करना आवश्यक है।

दोषों की संख्या के विषय में भारतीय विद्वानों में मतभेद है। आचार्य भरत से लेकर आचार्य विश्वनाथ तक सभी ने उसका वर्णन संख्याविभेद से किया है। इन सबके सारांश रूप काव्य-दोषों को तीन भागों में विभाजित किया जा सकता है, शब्द सम्बन्धी दोष, अर्थ सम्बन्धी दोष और रस सम्बन्धी दोष।

पाठक को काव्यानन्द (रसास्वाद) लेने में सर्वप्रथम कविता के शब्दों से परिचय होता है। यदि शब्दों की बनावट में कोई असुविधा होती है और काव्यानन्द में बाधा पड़ने लगती है, तो इसे शब्द-दोष कहा जाता है। शब्दों के द्वारा ही पद एवं वाक्य की सृष्टि होने से ये शब्द-दोष पद एवं वाक्य सम्बन्धी भी होते हैं। श्रुति कटुत्व, च्युतसंस्कृति, अश्लीलत्व, ग्राम्यत्व, अनुचितार्थ, असमर्थ, अप्रयुक्त, अप्रतीत्व, क्लिष्टत्व, निहितार्थ, निरर्थक, न्यूनपदत्व, अधिकपदत्व और अक्रमत्व आदि प्रमुख शब्द दोष हैं। शब्द दोषों के कुछ उदाहरण द्रष्टव्य हैं। जैसे—

मरम वचन जब सीता बोला। (च्युतसंस्कृति)
मन्दिर-अरध-अवधि हरि बदि गए हरि-अहार चलि जात। (क्लिष्टत्व
सुन्दर है विहग सुमन सुन्दर, मानव तुम सबसे सुन्दरतम। (अधिकपदत्व)

कुछ आचार्यों ने वाक्य दोषों का एक अलग वर्ग बनाया है और उसमें न्यूनपदत्व, अधिकपदत्व, पतत्प्रकर्षत्व आदि दोषों को शामिल किया है।

पाठक काव्यानन्द तभी प्राप्त कर सकता है जब वह उसके अर्थ से अवगत हो। किन्तु कहीं-कहीं अर्थ ग्रहण करने में भी बाधा पहुँचती है। अत: जहाँ अर्थ ग्रहण करने में बाधा पहुँचे वहाँ अर्थ-दोष समझा जाएगा। इसके प्रमुख भेद हैं—अपुष्ट, व्याहत, पुनरुक्त, दुष्क्रमत्व, प्रसिद्धि विरुद्ध, अश्लीलत्व आदि। कुछ उदाहरण निम्न हैं,

मुख मयंक को देखकर विकसा मानस कंज। (दुष्क्रमत्व)।
मुक्तद्वार रहते थे गृह-गृह नहीं अर्गला का था काम। (पुनरुक्ति)।
कटि के नीचे चिकुर जाल में, उलझ रहा था बायाँ हाथ। (अश्लीलत्व)।

व्यंजना शक्ति से रस प्राप्त होने वाले काव्य को उत्तम काव्य कहा गया है। इसलिए काव्य में रस के उपादान अनुभाव, स्थायी भाव आदि व्यंग्यात्मक रूप से आने चाहिए। इन सभी रस के उपादानों के स्पष्ट वर्णन से रस में बाधा पड़ती है। ये बाधक तत्त्व रस-दोष कहलाते हैं। इनके मुख्य भेद हैं—स्वशब्दवाच्यत्व, विभाव और अनुभाव की क्लिष्ट-कल्पना और परिपंथिरसांगपरिगह।

आचार्यों ने उपर्युक्त रस-दोषों के अतिरिक्त कुछ अन्य रस-दोषों का उल्लेख भी किया है। उनमें से कुछ प्रमुख दोष हैं, रस की पुन: दीप्ति, प्रकृति विपर्यय, अनंग वर्णन आदि। रस दोष के कुछ उदाहरण निम्न हैं,

मुख सुखाहिं लोचन स्त्रवहिं सोकु न हृदय समाइ,
मनहु करुन रस कटकई उतरी अवध बजाइ। (स्वशब्दवाच्यत्व)
इस पार प्रिये तुम हो मधु है, उस पार न जाने क्या होगा। (परिपंथिरसांगपरिगह)

जैसा कि ऊपर कहा जा चुका है संस्कृत साहित्य में आलोचना के मुख्य रूप से पाँच मानदंड प्रचलित थे—रस, अलंकार, रीति, ध्वनि, वक्रोक्ति और औचित्य। हम यहाँ इनका संक्षिप्त परिचय दे रहे हैं—

काव्य के मूल्यांकन के सैद्धान्तिक मानदंड

(क) रस सम्प्रदाय

रस का अर्थ है 'आस्वाद'। 'रस्यते आस्वाद्यते इति रस:।' जिस प्रकार सुन्दर भोजन करने से जिह्वा को खट्टे, मीठे, कड़वे रस की अनुभूति होती है, उसी प्रकार सुन्दर काव्य पढ़ने, सुनने या नाटक को देखने से सहृदय को अलग-अलग रस की अनुभूति होती है। जिस प्रकार अनेक प्रकार के व्यंजनों से युक्त अन्न का भोग करते हुए स्वस्थ व्यक्ति आनन्द की प्राप्ति करते हैं उसी तरह स्थायी भाव, विभाव, अनुभाव व संचारी भावों के संयोग से निष्पन्न रस का आस्वादन करते हुए सहृदय जन आनन्द लेते हैं। प्रथम आस्वाद की प्रक्रिया स्थूल है, दूसरे की सूक्ष्म। जिस प्रकार अनेक द्रव्यों के मिलने से व्यंजन सुस्वादु होता है, परन्तु उसमें इस बात की आवश्यकता होती है कि एक विशेष अनुपात में वस्तुएँ मिलाई जाएँ तभी उसमें अनुकूल स्वाद आएगा, उसी प्रकार स्थायी भाव को पूर्णत: आस्वाद्य बनाने के लिये विशेष प्रकार के और यथावश्यक विभावों और अनुभावों का संयोग होना चाहिए।

एक और आवश्यक बात यह है कि व्यंजन चाहे कितना भी सुस्वादु क्यों न बना हो पर यदि आस्वादक स्वस्थ शरीर या मन का नहीं है तो उसे स्वाद का आनन्द नहीं मिल सकता, उसी प्रकार नाटक या काव्य चाहे जितना ही अच्छा हो, उसके दर्शन और पठन से आनन्द तभी प्राप्त हो सकता है जब दर्शक या पाठक संवेदनशील एवं स्वस्थ मन वाला हो।

आचार्य विश्वनाथ ने रस के स्वरूप को समझाते हुए लिखा है कि विभाव, अनुभाव और संचारी भाव के संयोग से सहृदय व्यक्ति के हृदय में रहने वाला रति, शोक, हास आदि स्थायी भाव ही रस रूप में परिणत हो जाता है। जिस समय यह रस प्रकट होता है उस समय हृदय में केवल सात्विक भावों की ही प्रधानता होती है। शेष राजसी और तामसी भाव दब जाते हैं।

रस की धारणा बहुत प्राचीन है। रस की आवश्यकता और महत्ता के सम्बन्ध में चाहे हम जागरूक न हों, पर जीवन सुखद और सफल बनाने में रस की भूमिका बहुत अधिक है। भरतमुनि ने तो यहाँ तक कहा है कि, 'न हि रसादृते कश्चिदर्थ: प्रवर्तते'। रस को 'ब्रह्मानन्द सहोदर' कहा गया है। इस कल्पना का मूल स्रोत तैत्तिरीय उपनिषद् है। 'रसो वै स:' कहकर इस उपनिषद में ब्रह्म को ही आनन्द या रस स्वरूप बताया गया है। इसके अनुसार आनन्द ही ब्रह्म है। आनन्दमय ब्रह्म ही समस्त भूतमात्र का जनक है। इसी के आधार पर अनुभूत ब्रह्मानन्द से तुलना करके काव्यानन्द को ब्रह्मानन्द सहोदर कहा गया है।

रस के महत्त्व को प्राय: सभी बड़े आचार्यों ने स्वीकार किया है। आलंकारिकों ने भी रस को रसवदादि अलंकार के रूप में स्वीकार किया है। ध्वनि जो सर्वव्यापक सिद्धान्त के रूप में स्वीकार्य हुआ, रस को प्रधान स्थान देने वाला है। रस ध्वनि के रूप में तो रस को सर्वश्रेष्ठ ध्वनिकाव्य माना गया ही, काव्य की आत्मा भी रस को ही किसी न किसी रूप में कहा गया है।

हिन्दी के आचार्यों में आचार्य रामचन्द्र शुक्ल ने आधुनिक मनोविज्ञान के आलोक में रस की पुनर्व्याख्या का प्रस्ताव किया और रस की लोकवादी व्याख्या की। उन्होंने लोक-हृदय में लीन होने की दशा को रसदशा कहा। 'रस सिद्धान्त' का प्रणयन करके डॉ. नगेंद्र ने आज के युग में भी रस की प्रासंगिकता प्रमाणित की है। इस प्रकार आधुनिक साहित्य के मूल्यांकन के लिए भी आचार्यों ने एक सीमा तक ही सही, रस का आधार स्वीकार किया है।

रस की अवधारणा का क्रमबद्ध इतिहास हमें आचार्य भरत (ई.पू. दूसरी सदी से दूसरी सदी ई. के मध्य अनुमानित) से मिलने लगता है। सर्वप्रथम भरत ने अपने प्रसिद्ध ग्रंथ 'नाट्य शास्त्र' में रसानुभूति की

अवधारणा की कल्पना की और नाटक के सन्दर्भ में उसका विस्तृत विश्लेषण किया। भरत का प्रसिद्ध सूत्र है, 'विभावानुभाव व्यभिचारिसंयोगाद्रस निष्पत्ति:'। अर्थात् विभाव, अनुभाव और व्यभिचारी भावों का स्थायी भाव के साथ संयोग होने पर रस की निष्पत्ति होती है। यद्यपि सूत्र में स्थायी भाव का उल्लेख नहीं किया गया है फिर भी रस का मूल कारण वही है। इस प्रकार रस सामग्री के चार मुख्य अवयव हैं—स्थायी भाव, विभाव, अनुभाव और संचारी भाव या व्यभिचारी भाव।

(1) स्थायी भाव— मनुष्य बड़ा भावुक प्राणी है। उसका हृदय भावों का सागर है। उसमें अगणित प्रकार की भाव-तरंगें सोती-जगती रहती हैं पर उनमें कुछ ऐसी होती हैं जो सदैव विद्यमान रहती हैं तथा अन्य भाव तरंगों पर अपना प्रभाव डालती हैं। ये प्रधान भाव ही स्थायी भाव कहे जाते हैं। स्थायी भाव का अर्थ है, वे भाव, जो हृदय में सदैव स्थायी रूप से विद्यमान रहते हैं। ये स्थायी भाव ही अनुकूल परिस्थितियाँ आने पर जग जाते हैं और अन्य भावों के सम्यक् संयोग से रस के रूप में प्रकट होते हैं। सामान्यतया स्थायी भाव नौ माने जाते हैं—रति, शोक, हास, क्रोध, उत्साह, भय, जुगुप्सा, विस्मय और निर्वेद। इनके अतिरिक्त परवर्ती आचार्यों ने दो और स्थायी भाव जोड़ दिये हैं, वात्सल्य और ईश्वर विषयक प्रेम।

(2) विभाव— जिन्हें देखकर स्थायी भाव जगते हैं, उन्हें ही काव्य में विभाव कहते हैं अर्थात् विभाव, स्थायी भाव को जगाने के कारण हैं। विभाव के दो भेद होते हैं—आलम्बन विभाव और उद्दीपन विभाव। आलम्बन वह है जिसका सहारा लेकर स्थायी भाव जगता है। जिसके हृदय में स्थायी भाव जगता है वह आश्रय कहलाता है और जिसको देखकर जगता है वह आलम्बन। जैसे यदि सर्प को देखकर हमारे हृदय में भय नामक स्थायी भाव जगता है तो हम आश्रय हैं और सर्प आलम्बन। इसी प्रकार यदि राधा को देखकर कृष्ण के हृदय में रति का भाव जगता है तो कृष्ण आश्रय हैं और राधा आलम्बन।

आलम्बन की चेष्टाएँ उद्दीपन कहलाती हैं। आलम्बन तो केवल स्थायी भाव को जगा भर देता है पर उद्दीपन उन्हें तीव्रता प्रदान करता है। सर्प का फण निकालकर फुफकारना उद्दीपन है। इसी प्रकार राधा का मुस्कराना, कटाक्ष करना आदि भी उद्दीपन है। आलम्बन की चेष्टाओं के अतिरिक्त प्राकृतिक वातावरण भी उद्दीपन का कार्य करते हैं, जैसे नदी का किनारा, काली घटाएँ, वसंत, त्रिविध समीर आदि।

(3) अनुभाव— आलम्बन की चेष्टाएँ तो उद्दीपन कहलाती हैं किन्तु स्थायी भाव के जगने के बाद आश्रय की चेष्टाएँ अनुभाव कहलाती हैं। वस्तुत: ये अनुभाव ही बतलाते हैं कि कौन सा स्थायी भाव जगा है। स्थायी भावों के जगने के बाद उसकी सूचना देने के कारण ही ये अनुभाव कहलाते हैं।

अनुभावों के भेद के विषय में आचार्यों में मतभेद हैं। भरत ने अनुभावों के तीन भेद किए हैं—वाचिक, आंगिक और सात्विक। भानुदत्त ने इनके चार भेद माने हैं और उनके नाम भी आचार्य भरत से कुछ भिन्न दिये हैं। ये हैं—कायिक, मानसिक, आहार्य और सात्विक। परवर्ती काव्यशास्त्र में ये इसी रूप में स्वीकृत हुए हैं।

तन की चेष्टाओं को कायिक अनुभाव माना जाता है। भिन्न-भिन्न परिस्थितियों में आश्रय द्वारा भूसंचालन, कटाक्षपात आदि क्रियाएँ करना कायिक अनुभाव हैं। इन अनुभावों को उत्पन्न करने के लिए आश्रय को कुछ यत्न करना पड़ता है इसलिए इन्हें यत्नज अनुभाव भी कहते हैं। इनकी संख्या अनिश्चित हैं। मन की चेष्टाएँ मानसिक अनुभाव कहलाती हैं। अन्त:करण की भावना के अनुकूल मन में हर्ष-विषाद आदि के उद्वेलन को मानसिक अनुभाव कहते हैं। मन के भाव के अनुकूल भिन्न-भिन्न प्रकार की कृत्रिम वेषभूषा धारण करने को आहार्य अनुभाव कहा जाता है। सात्विक अनुभाव वे हैं, जो सहज-स्वाभाविक रूप से उत्पन्न होते हैं। इनके उत्पन्न होने में आश्रय को कोई यत्न नहीं करना पड़ता। अत: इन्हें अयत्नज अनुभाव भी कहते हैं। इनकी संख्या आठ है—स्तम्भ, स्वेद, रोमांच, स्वरभंग, प्रकम्प, वैवर्ण्य, अश्रु, प्रलय (मूर्च्छा)।

भरत ने तो नाट्य शास्त्र में आठ रस ही माने हैं, पर काव्य में नौ रस माने गए, ये नौ रस हैं, शृंगार, हास्य, करुण, रौद्र, वीर, भयानक, वीभत्स, अद्भुत और शान्त रस। इनके अतिरिक्त बाद के आचार्यों ने दो रस और गिनाये—वात्सल्य और भक्ति रस। इस प्रकार इनको भी मिला देने से रसों की संख्या ग्यारह हो जाती है।

रसानुभूति के समय सहृदय में केवल सात्विक भावों की प्रधानता (सत्वोद्रेक) होती है, शेष राजसी व तामसी भाव दब जाते हैं, 'रजस्तमोभ्यामस्पृष्टं मन: सत्वमिहोच्यते'।

रस के स्वरूप की व्याख्या करते हुए आचार्य विश्वनाथ ने कहा है कि रस अखंड है, अर्थात् रस उस स्थायी भाव का दूसरा नाम है जिसकी निष्पत्ति, विभाव, अनुभाव और संचारी भावों के संयोग से हो। रस चिन्मय है, चेतनता प्रधान आनन्द है। वह मद्यपान आदि भौतिक आनन्दों की तरह जड़ नहीं है। रस वेद्यान्तर स्पर्श शून्य है, अर्थात् रसास्वादन के समय अन्य किसी प्रकार के वेद्य अर्थात् ज्ञान का स्पर्श तक नहीं हो पाता। रस को 'ब्रह्मास्वाद सहोदर' कहा गया है। सहोदर इसलिए कि दोनों में अन्तर है। ब्रह्मास्वाद में साधक ऐंद्रिय विकारों से सदा के लिए नितान्त मुक्त हो जाता है जबकि रसास्वाद में तत्काल (कुछ क्षण के लिए) ही। रस लौकिक आनन्द है। लोकोत्तर शब्द का प्रयोग लाक्षणिक अर्थ में होता है।

सत्वोद्रेकादखंडस्वप्रकाशानन्दचिन्मय:, वेद्यान्तरस्पर्शशून्यो ब्रह्मास्वादसहोदर:
लोकोत्तरचमत्कारप्राण: कैश्चित्प्रमातृभि:, स्वाकारावदभिन्नत्वेनायमास्वाद्यते रस:।

(साहित्यदर्पण, 3/2,3)

भारतीय काव्यशास्त्र में रस सर्वाधिक महत्त्वपूर्ण साहित्य सिद्धान्त रहा है। आचार्य भरतमुनि से लेकर डॉ. नगेद्र तक ने रस को महत्त्व दिया है। आचार्य शुक्ल मूलत: रसवादी समीक्षक हैं। उनकी कविता की परिभाषा उल्लेखनीय है, वे कहते हैं कि जिस प्रकार आत्मा की मुक्तावस्था ज्ञानदशा कहलाती है उसी प्रकार हृदय की मुक्तावस्था रस दशा कहलाती है। हृदय की इसी मुक्ति की साधना के लिए मनुष्य की वाणी जो शब्द विधान करती आई है उसे कविता कहते हैं। अर्थात् काव्य हृदय की मुक्ति के लिए ही होता है। इस प्रकार आज भी रस की प्रासंगिकता बनी हुई है।

(ख) अलंकार सम्प्रदाय

अलंकार का सामान्य अर्थ है 'आभूषण।' जिस प्रकार अलंकार को धारण करने से नारी के सहज सौंदर्य में वृद्धि होती है उसी प्रकार कविता में भी अलंकार के प्रयोग से कविता के सौंदर्य में वृद्धि होती है। इस तरह अलंकार काव्य के बाह्य शोभाकारक धर्म हैं।

सामान्य जीवन में वाणी का व्यापार अपनी सहज गति से चल सकता है, परन्तु काव्य के क्षेत्र में उसका अपेक्षाकृत विशिष्ट रूप ही अधिक मान्य है। अपने कथन को चमत्कारपूर्ण बनाने का मोह कवि और रसिक-समुदाय में सदा से रहा है। इसके द्वारा अभिव्यक्ति में स्पष्टता, भावों में प्रभविष्णुता और प्रेषणीयता तथा भाषा में सौंदर्य का सम्पादन होता है। काव्य में रमणीयता और चमत्कार का उद्रेक करने के लिए अलंकारों की स्थिति आवश्यक है।

अलंकार के विषय में आचार्यों के दो वर्ग हैं। पहले वर्ग में ऐसे आचार्य हैं जिन्हें अलंकारवादी कहा जा सकता है और जो अलंकार को काव्य का अनिवार्य धर्म मानते हैं। इस वर्ग में भामह, दंडी, उद्भट, रुद्रट, जयदेव और हिन्दी के केशवदास आदि का नाम लिया जा सकता है।

अलंकार सिद्धान्त के प्रवर्तक आचार्य भामह (छठीं सदी) को माना जाता है। उनकी पुस्तक का नाम है काव्यालंकार। इस मत के पोषक हैं भामह के टीकाकार आचार्य उद्भट (8वीं सदी), दंडी (7वीं सदी), रुद्रट (9वीं सदी), जयदेव (13वीं सदी), अप्पय दीक्षित (17वीं सदी) और प्रतिहारेन्दुराज (10वीं सदी)। हिन्दी में इस सम्प्रदाय के अन्तर्गत आनेवाले कवि आचार्य कम हैं। केशव (16-17वीं सदी), जसवंत सिंह (17वीं सदी), भूषण (17वीं सदी), दूलह (17-18वीं सदी) जैसे कुछ आचार्यों ने अलंकार को विशेष महत्त्व दिया है। चिंतामणि (17वीं सदी), मतिराम (17वीं सदी), कुलपति (17वीं सदी), देव (17-18वीं सदी) आदि कवि-आचार्यों ने अलंकारों को रसादि के साथ स्वीकार किया है। आचार्य भामह का कथन है कि जिस प्रकार बिना आभूषण के किसी कान्ता का सुन्दर मुख भी शोभायमान नहीं होता उसी प्रकार अलंकार-विहीन सुन्दर कविता भी सुन्दर नहीं लगती।

रूपकादिरलंकारस्तथान्यैर्बहुधोदित:, न कान्तमपि निर्भूषं विभाति वनिता मुखम्।

(काव्यालंकार, 1/13)

आचार्य दंडी ने कहा, 'काव्यशोभाकरान् धर्मानलंकारान् प्रचक्षते।' (काव्य की शोभा बढ़ाने वाले धर्मों को अलंकार कहते हैं) और वामन ने कहा, 'काव्यं ग्राह्यमलंकारात्। सौन्दर्यमलंकार:'। (काव्य, अलंकार से ही ग्राह्य होता है और सौन्दर्य ही अलंकार है।)

इसी तरह चन्द्रालोक के रचयिता महाकवि जयदेव अलंकार-विहीन काव्य को उष्णता-विहीन अग्नि के समान मानते हैं। उनके कथानुसार जिस प्रकार उष्णता अग्नि का अनिवार्य धर्म है उसी प्रकार अलंकार काव्य का अनिवार्य धर्म है। उन्होंने लिखा है,

अंगी करोती य: काव्यं शब्दार्थावनलंकृती,
असौ न मन्यते कस्माद् अनुष्णमनलंकृती। (चन्द्रालोक,1/12)

इस तरह अलंकारवादी आचार्यों के अनुसार 1. अलंकार व्यापक अर्थ का द्योतक है, संकुचित अर्थ का नहीं। अर्थात् अलंकार काव्यचमत्कारोत्पादक सभी प्रकार के साधनों का वाचक है, केवल अनुप्रास, उपमा आदि का नहीं। 2. इस दृष्टि से रस, ध्वनि, गुण, प्रबन्ध काव्य, दृश्यविधान के अंग आदि सभी अलंकार के नाम से अभिहित होते हैं। और 3. इसी कारण वह काव्य का अनिवार्य साधन है।

इस तरह अलंकारवादी आचार्यों के अनुसार अलंकार काव्य की आत्मा है।

दूसरी ओर अपेक्षाकृत समृद्ध परम्परा ऐसे आचार्यों की है जो अलंकार को कविता के लिए अनिवार्य धर्म के रूप में नहीं मानते। इनके अनुसार अलंकार के स्वाभाविक इस्तेमाल से कविता के सौंदर्य में वृद्धि होती है। ऐसे आचार्यों में आनन्दवर्धन, मम्मट, विश्वनाथ, पंडितराज जगन्नाथ आदि प्रमुख हैं। इनके अनुसार अलंकार उन्हें कहते हैं जो शब्दार्थरूप काव्य शरीर के अस्थिर धर्म के रूप में उसकी अतिशय शोभा बढ़ाते हुए रसादि का भी उपकार करते हैं। इनके अनुसार यदि अलंकारों को ही काव्य का सर्वस्व मान लिया जाए और काव्य के अन्य गुणों की उपेक्षा कर दी जाए तो ऐसा काव्य उसी प्रकार का होगा जैसे कोई निर्जीव शरीर को आभूषणों से मंडित करे। इसी तथ्य को ध्यान में रखते हुए आचार्य मम्मट ने काव्य की परिभाषा देते हुए अलंकार की अनिवार्यता को स्वीकार नहीं किया है, "तददोषौ शब्दार्थों सगुणावनलङ्कृती पुन: क्वापि।"

बहरहाल, भामह, दंडी, वामन, कुंतक से लेकर हिन्दी के आचार्य रामचन्द्र शुक्ल तक सभी ने किसी न किसी सीमा तक अलंकारों का महत्त्व स्वीकार किया है।

प्रारम्भ में भरत मुनि ने नाट्यशास्त्र में केवल उपमा, रूपक, दीपक और यमक--इन चार अलंकारों का ही वर्णन किया था। भामह के ग्रंथ 'काव्यालंकार' में 48 अलंकारों का उल्लेख है। रुद्रट ने अपने 'अलंकार सारसंग्रह' में अलंकारों के भेद-प्रभेदों का वर्णन करते हुए इनकी संख्या 78 तक पहुँचा दी है। जयदेव के 'चन्द्रालोक' में 100 अलंकारों का और उनके उपरांत अप्पय दीक्षित के 'कुवलयानन्द' में 123 और पंडितराज जगन्नाथ के 'रस गंगाधर' में 191 अलंकारों का विवेचन हुआ है। रीतिकालीन हिन्दी ग्रंथों में आचार्य केशव की 'कविप्रिया' पहली पुस्तक है जिसमें 37 अलंकारों का भेदोपभेद सहित वर्णन है। चिंतामणि त्रिपाठी के 'कविकुलकल्पतरु' में संख्या बढ़ गई है। 'भाषा भूषण' में 108 अलंकारों का विवेचन है। आधुनिक काल के अलंकार ग्रंथों में लाला भगवानदीन की 'अलंकार मंजूषा' विशेष उल्लेखनीय है। इसमें अलंकारों की संख्या 120 तक पहुँच गई है जो आधुनिक हिन्दी के अलंकार ग्रंथों की सबसे बड़ी संख्या है।

(ग) रीति सम्प्रदाय

रीति का कोशगत अर्थ है 'गमन प्रणाली', जिससे जाया जाए या गतिशील हुआ जाए। 'रीयते गम्यतेऽनेन इति रीति:'। अत: मार्ग, पंथ, पद्धति, प्रणाली, शैली आदि इसके पर्यायवाची शब्द हैं। आचार्यों ने इसे रीति के अतिरिक्त अन्य कई नामों से अभिहित किया है। उदाहरणार्थ भामह और दंडी ने 'मार्ग' तथा 'वर्त्म', उद्भट, मम्मट और जगन्नाथ ने 'वृत्ति' तथा आनन्दवर्धन ने 'संघटना' नाम दिया है।

रीति की लम्बी परम्परा है, इसलिए सुविधा के लिए हम रीति सम्प्रदाय को तीन हिस्सों में बाँट सकते हैं—वामन के पूर्व के आचार्यों की अवधारणाएँ, वामन और उनके समकालीन आचार्यों की अवधारणाएँ तथा वामन के परवर्ती आचार्यों की अवधारणाएँ।

आचार्य वामन के पूर्व भरत ने 'प्रवृत्ति' एवं भामह तथा दंडी ने 'मार्ग' के रूप में रीति शब्द का प्रयोग किया है। वस्तुत: काव्यशास्त्रोक्त 'रीति' शब्द का स्रोत भरत कृत नाट्यशास्त्र की 'प्रवृत्ति' है। भरत के अनुसार पृथ्वी के नाना देशों के वेश, भाषा तथा आचार को व्यक्त करनेवाली वार्ता को प्रवृत्ति कहते हैं। भरत

ने तत्कालीन प्रचलित चार प्रवृत्तियों का उल्लेख किया है—आवंती, दाक्षिणात्य, पांचाली तथा उड्रमागधी। उन्होंने लिखा है,

चतुर्विधा प्रवृत्तिश्च प्रोक्तानाट्यप्रयोगत:,
आवंती दाक्षिणात्या च पांचाली चौड्रमागधी। (नाट्यशास्त्र,14/36)

भरत के इस विवेचन से स्पष्ट होता है कि उनके समय में एवं उनसे पूर्व भी प्रदेश की भिन्नता से भाषा प्रयोग एवं आचार-व्यवहार की भिन्नता भी समाज में प्रचलित थी। प्रवृत्ति की भाँति रीति के विकास का प्रारम्भिक युग भी भौगोलिक आधार का था अर्थात् रीति का सम्बन्ध विभिन्न भू-भागों से था।

बाणभट्ट ने हर्षचरित में अपने समय में प्रचलित चार भू-भागों की चार शैलियों का वर्णन किया है। उत्तर भारत के व्यक्ति श्लेष को, पश्चिम खंड के लोग अर्थ गौरव को, दाक्षिणात्य उत्प्रेक्षा को एवं गौड़ या पूर्व भारत के लोग अक्षराडंबर को महत्त्व देते हैं।

श्लेष प्रायमुदीच्येषु प्रतीच्येष्वर्थमात्रकम्,
उत्प्रेक्षा दाक्षिणात्येषु गौडेष्वक्षरडंबर:। (हर्षचरित, प्रस्तावना,1/7)

भामह ने दो मार्गों का उल्लेख किया है, वैदर्भ और गौड़ीय। तत्कालीन लोकरूढ़ियों में वैदर्भ को श्रेष्ठ एवं गौड़ीय को निकृष्ट मार्ग माना जाता था, पर भामह ने इस भेद को मिटाकर दोनों के महत्त्व को स्थापित किया। उनके अनुसार वैदर्भी अपनी सीमा का अतिक्रमण करे तो वह भी अवांछनीय हो सकती है।

दंडी का रीति विवेचन महत्त्वपूर्ण है। उन्होंने रीति के लिए 'मार्ग' शब्द का प्रयोग किया और इसका सम्बन्ध विशेषतया गुण से स्थापित किया। उनके विचार से जिसमें दसों गुणों का समावेश हो वह वैदर्भ मार्ग है और इसके विपरीत जिसमें इन गुणों की शिथिलता हो वह गौड़ीय मार्ग है। उन्होंने लिखा है—

श्लेष: प्रसाद: समता माधुर्य सुकुमारता,
अर्थव्यक्तिरुदारत्वमोज: कान्तिसमाधय:।
इति वैदर्भ मार्गस्य प्राणा: दशगुणा: स्मृता:,
एषाँ विपर्यय: प्रायो दृश्यते गौडवर्त्मनि।

रीति सिद्धान्त को प्रतिष्ठित करने वाले सर्वाधिक महत्त्वपूर्ण आचार्य वामन हैं। उन्होंने लिखा है, 'रीतिरात्मा काव्यस्य। विशिष्टा पदरचना रीति:। विशेषो गुणात्मा।' अर्थात् रीति काव्य की आत्मा है। किन्तु सामान्य पदरचना रीति नहीं कहलाती। वह गुणों से विशिष्ट होकर ही रीति कहलाती है। गुण दस होते हैं, जैसा कि ऊपर कहा जा चुका है। आचार्य भरत ने भी गुणों की संख्या दस निर्धारित की है। किन्तु वामन ने दस शब्द गुणों के साथ दस अर्थ गुण भी मान लिया है। इस तरह गुणों की संख्या बीस हो जाती है। वामन के अनुसार ओज आदि दस गुण शब्दगत भी हैं और अर्थगत भी। अत: 'रीति' शब्द से वामन का अभिप्राय केवल शब्दगत सौंदर्य अथवा घटनामात्र नहीं है अपितु अर्थगत सौंदर्य भी है। वस्तुत: अर्थगुणों के समावेश से ही रीति को उत्कर्ष प्राप्त होता है। वामन ने समस्त रसों का समावेश 'कान्ति' नामक अर्थगुण में कर दिया है क्योंकि उसमें रस की दीप्ति होती है—'दीप्तरसत्वं कान्ति:'।

वामन ने रीति के तीन भेद किए हैं—वैदर्भी, गौड़ी और पाँचाली। विदर्भ आदि देशों में प्रचलित रीति वैदर्भी है। यह वैदर्भी रीति समग्र गुणों से युक्त होती है। यह दोषरहित, वीणा के स्वरों के समान मधुर कुछ इस प्रकार की विशेषता से समन्वित है जो कि शब्द और अर्थ के चमत्कार से भिन्न है।

अस्पृष्टा दोषमात्राभि: समग्र गुण गुम्फिता,
विपंचीस्वर सौभाग्या वैदर्भी रीतिरिष्यते। (काव्यालंकारसूत्रवृत्ति, 1/2)

ओज गुण व्यंजक, दीर्घ समास वाली और विकट तथा उग्र पदों वाली रचना को गौड़ी रीति कहते हैं। इसमें आडम्बरपूर्ण बंध (गाढ़ बंध) या पद रचना तथा समासों का बाहुल्य होता है। गौड़ी रीति में कठोर वर्ण, रेफ द्वित्व वर्ण, संयुक्त वर्ण एवं ट,ठ,ड,ढ,ष,श का प्रयोग होता है। यह रौद्र, वीर और भयानक रसों में प्रयुक्त होती है। आचार्य विश्वनाथ के शब्दों में, 'ओज: प्रकाशकैर्वर्णै: बंध-आडम्बर:पुन: / समास बहुला गौड़ी।' (साहित्यदर्पण, 9/3)

माधुर्य और सुकुमारता से सम्पन्न पाँचाली रीति होती है। यह अगठित, भावशिथिल, छायायुक्त (कान्ति से शोभित) मधुर और सुकुमार होती है,

अश्लिष्टश्लथभावां तां पूरणच्छाययाश्रिताम्,/मधुरां सुकुमाराञ्च पाञ्चाली कवयो विदुः।

वामन के अनुसार इन तीन रीतियों में काव्य उसी प्रकार समाविष्ट हो जाता है, जिस प्रकार रेखाओं के भीतर चित्र प्रतिष्ठित होता है,

एतासु तिसृषु रीतिषु रेखास्विव चित्रं काव्यम् प्रतिष्ठितमिति। (काव्यालंकारसूत्रवृत्ति,1/2/13)

वामन के अनुसार काव्य में प्रथम रीति अर्थात् वैदर्भी सर्वगुणसम्पन्न होने के कारण ग्राह्य है, अन्य अल्पगुणों वाली होने के कारण ग्राह्य नहीं। समास से रहित वैदर्भी रीति शुद्ध वैदर्भी है क्योंकि इसमें गुणों की सम्पदा विशेष रूप से आस्वाद्य हो जाती है। इस वैदर्भी रीति की बड़ी प्रशंसा की गई है। यह रीति कुछ ऐसी लोकोत्तर और विलक्षण होती है कि जिसमें तुच्छ-सी वस्तु भी विचित्र चमत्कारमय हो जाती है और सहृदयों के लिए तो वह अमृत की वर्षा करती है।

वामन ने अभिज्ञानशाकुंतलम् से वैदर्भी का निम्न उदाहरण दिया है,

गाहन्तां महिषा निपात सलिलं शृंगैर्मुहुस्ताडितं,
छायाबद्ध कदम्बकं मृगकुलं रोमन्थमभ्यस्यतु।
विश्रब्धं कुरुतां बराह विततिर्मुस्ताक्षतिं पल्लवे,
विश्रान्तिं लभतामिदं च शिथिलज्याबन्धनस्मद्धनुः। (उद्धृत,काव्यालंकारसूत्रवृत्ति,1/2/11)

वामन के टीकाकार हरिभूपाल ने उक्त श्लोक में दस शब्द गुण ढूँढ़ लिया है। वस्तुतः किसी रचना में एक साथ बीसों (अथवा दसों) गुणों का सन्निवेश आसानी से सम्भव नहीं। यही वामन के रीति सिद्धान्त में सबसे बड़ी शिथिलता है।

रीतियों के नामकरण के सम्बन्ध में वामन का विचार है कि वैदर्भी आदि नाम विदर्भ, गौड और पाञ्चाल देशों के नाम पर रखे गए हैं। पर इसका यह तात्पर्य कदापि नहीं कि जिस प्रकार विभिन्न प्रदेशों में उत्पन्न द्रव्यों के नाम उन प्रदेशों के नाम पर पड़ जाते हैं, ये नाम भी इसी कारण पड़ गए हैं, क्योंकि किसी देश की जलवायु आदि द्वारा काव्य का उपकार नहीं हुआ करता। इन रीति प्रकारों का इन देशों से केवल इतना ही सम्बन्ध है कि विदर्भ आदि देशों में वहाँ के वासी कवियों की रचना में वैदर्भी आदि रीति भेदों के विशुद्ध रूपों का दर्शन होता है।

वामन प्रस्तुत दस शब्दगत और दस अर्थगत गुणों के लक्षणों से प्रतीत होता है कि इनमें काव्य-रचना के अनेक तत्त्व निहित हैं। वामन सम्मत रीति इन्हीं गुणों से समन्वित है और इसी कारण उनका काव्य फलक पर्याप्त विशद और व्यापक हैं। रस जैसा विशिष्ट तत्त्व भी रीति का ही एक अंग मान लिया गया है। इसी व्यापकता के कारण वामन ने रीति को काव्य की आत्मा मान लिया है।

वामन के रीति सिद्धान्त की आलोचना करने वालों का पहला आक्षेप है कि रीति का सर्वप्रमुख भेद वैदर्भी अपने आप में एक असम्भाव्य काव्य तत्त्व है, क्योंकि एक साथ दस शब्द गुणों अथवा दस अर्थ गुणों अथवा बीसों गुणों का एकत्र सहभाव एक काव्य स्थल में सम्भव नहीं है। दूसरा, रीति को काव्य की आत्मा नहीं कहा जा सकता, क्योंकि आत्मा से तात्पर्य है, काव्य का अनिवार्य आन्तरिक साधन पर वामन की रीति अधिकांशतः बाह्यपरक काव्य साधन है।

तीसरा आक्षेप मम्मट का है। उनका कहना है कि यदि ओज और कान्ति गुणों का समन्वित रूप गौड़ी है तथा माधुर्य और सुकुमार गुणों का पांचाली तो इनसे इतर दो-दो अथवा तीन-तीन अथवा चार-चार आदि गुणों से समन्वित रूपों को वामन के अनुसार क्या-क्या रीति-नाम दिये जाएँगे?

आचार्य वामन के परवर्ती रीतिवादी आचार्यों में प्रमुख नाम रुद्रट, आनन्दवर्धन, मम्मट और विश्वनाथ का है। रुद्रट की महत्त्वपूर्ण देन है रीति प्रकारों की परिभाषा में समस्तपदता को स्पष्ट रूप से स्थान देना। उनके अनुसार वृत्ति के दो भेद हैं—समासवती और असमासवती। समासवती वृत्ति की तीन रीतियाँ हैं—पांचाली, लाटीया और गौडीया। असमासवती वृत्ति की एक ही रीति है, वैदर्भी। बाद के सभी आचार्यों ने रुद्रट की इस देन को किसी न किसी रूप में स्वीकार किया है।

मम्मट ने वैदर्भी, गौड़ी और पांचाली नामक रीतियों को क्रमश: उपनागरिका, परुषा और कोमला नाम से अभिहित किया है। वामन ने रीति को विशिष्ट पदरचना कहा तो आनन्दवर्धन ने इसे संघटना अर्थात् सम्यक् घटना नाम दिया। पदरचना और घटना पर्यायवाची शब्द हैं। अन्तर केवल विशिष्ट और सम्यक् विशेषणों में है जो दोनों आचार्यों के विभेदक दृष्टिकोणों का परिचायक है। वामन के अनुसार पदरचना में वैशिष्ट्य गुणों के कारण आता है।

आनन्दवर्धन के अनुसार घटना का सम्यकत्व तभी है जब वह गुणों के आश्रय में रहकर रस की अभिव्यक्ति करे। तात्पर्य यह है कि आनन्दवर्धन सम्मत संघटना गुणों पर आश्रित है और वह रसाभिव्यक्ति का एक साधन मात्र है। आनन्दवर्धन की दूसरी देन रीति-भेद को लेकर है। उन्होंने संघटना के निम्नोक्त तीन भेद समास के आधार पर ही गिनाये हैं—असमासा, मध्यसमासा और दीर्घसमासा।

आचार्य विश्वनाथ आनन्दवर्धन से प्रभावित हैं। उन्होंने रीति को रसोपकर्त्री कहा है—'उपकत्री रसादीनाम्'। रीति, रस का उत्कर्ष इस प्रकार से करती है जैसे हमारे अंगों की बनावट हमारी आत्मा का प्रकारांतर से उत्कर्ष करती है। आचार्य विश्वनाथ ने इसके लक्षणों में समस्तता और असमस्तता की चर्चा भी की है। इन्होंने वैदर्भी, गौड़ी और पांचाली रीतियों के साथ लाटी का भी उल्लेख किया है। लाटी रीति की स्थिति वैदर्भी और पांचाली रीतियों के बीच की है।

वामन के समय रीति पर गुण आश्रित थे और रीति काव्य की आत्मा थी, पर बाद में रीति, गुणों पर आश्रित हो गई और अंग-संस्था के समान रहकर रस रूप आत्मा का प्रकारांतर से उत्कर्ष करनेवाली स्वीकृत हो गई। अब वह केवल शैली मात्र है और अधिकांशत: काव्य के बाह्य पक्ष—कलापक्ष के स्वरूप को निश्चित करती है।

वस्तुत: वामन के उपरांत रीति का किसी ने अनुमोदन नहीं किया। इसकी संवृद्धि में किसी प्रकार का योगदान नहीं दिया, बल्कि इसके विपरीत वामन का उपहास तक किया गया। आनन्दवर्धन ने कहा कि ध्वनि जैसे अवर्णनीय काव्य तत्त्व को समझ सकने में असमर्थ लोगों द्वारा काव्यशास्त्रीय जगत में रीतियाँ चला दी गईं। इस तरह संस्कृत का यह सिद्धान्त धीरे-धीरे अपना प्रभाव खो दिया। हिन्दी में रीति सिद्धान्त की जगह शैली ने ले लिया है। किन्तु संस्कृत के रीति सिद्धान्त से इसका कोई सम्बन्ध नहीं है। शैली वस्तुत: कथन की एक खास भंगिमा है जो हर रचनाकार की अपनी विशिष्ट पहचान भी होती है। मम्मट ने 'रीति' को 'वृत्ति' का पर्याय मानते हुए इसे वृत्यानुप्रास नामक अलंकार के अन्तर्गत निरूपित कर दिया।

हिन्दी में इस समीक्षा सिद्धान्त को महत्त्व नहीं मिला।

(घ) ध्वनि सम्प्रदाय

ध्वनि सिद्धान्त के प्रवर्तन का श्रेय आनन्दवर्धन (नवीं सदी) को दिया जाता है। उन्होंने अपने प्रख्यात ग्रंथ 'ध्वन्यालोक' में इस तत्त्व का सर्वप्रथम व्यवस्थित, व्यापक और स्वच्छ स्वरूप प्रतिपादित किया। उनके स्पष्टीकरण के बावजूद उनके परवर्ती आचार्यों, विशेष रूप से धनंजय, धनिक, कुंतक, भट्टनायक, महिमभट्ट, क्षेमेन्द्र आदि ने ध्वनि सिद्धान्त का विरोध किया। परन्तु अभिनव गुप्त (10 वीं) की 'ध्वन्यालोक लोचन' की व्याख्या और आचार्य मम्मट की काव्यप्रकाश में स्थापना के उपरांत ध्वनि सिद्धान्त महत्त्वपूर्ण और श्रेष्ठ काव्य सिद्धान्त के रूप में स्वीकृत हुआ। इसके अनुसार ध्वनि काव्य सर्वोत्तम काव्य है, गुणीभूत व्यंग्य मध्यम काव्य है तथा व्यंग्यहीन काव्य अवर काव्य या अश्रेष्ठ काव्य है।

ध्वनि सिद्धान्त की सबसे महत्त्वपूर्ण विशेषता यही है कि इसने अपने क्रोड़ में काव्य से सम्बन्ध रखने वाले समस्त सिद्धान्तों का तत्त्व समेट लिया। व्याकरण का स्फोटवाद इसके मूल में है। असंलक्ष्यक्रम व्यंग्य के रूप में रस, ध्वनि का एक भेद है। अलंकार ध्वनि, वस्तुध्वनि आदि के अन्तर्गत अलंकार, वक्रोक्ति आदि की मूल बातें आ जाती हैं। इस प्रकार यह एक बड़े व्यापक काव्य सिद्धान्त के रूप में गहण किया गया।

ध्वनि की प्रेरणा वैयाकरणों के स्फोटवाद से मिली। पूर्ववर्ती वर्णों के उच्चारण के संस्कार के साथ अन्तिम वर्ण के उच्चारण के अनुभव से अर्थ की अभिव्यक्ति स्फोट है। किसी भी शब्द के वर्णों के उच्चारण में पहला, दूसरा या तीसरा, कोई एक वर्ण इष्टार्थ का द्योतक नहीं होता है। 'घटक' में घ, ट या क के अलग-अलग उच्चारण से अर्थ का संकेत करने की शक्ति किसी एक वर्ण में नहीं है। परन्तु घ और ट के

उच्चारण से प्राप्त पूर्वानुभव के संस्कार के साथ अन्तिम वर्ण के उच्चारणानुभव के मिल जाने से अर्थ की अभिव्यक्ति होती है। इस प्रकार अन्तिम वर्ण के साथ पूर्वोच्चारित वर्णों के संस्कार से अर्थ का प्रस्फुटन ही स्फोट है।

जिस प्रकार शब्द के अलग-अलग वर्णों के उच्चारण से अर्थ की अभिव्यक्ति नहीं होती, उसी प्रकार अभिधा या लक्षणा के द्वारा भी सम्पूर्ण अर्थ और विशेष रूप से इष्ट या अभिप्रेत अर्थ की अभिव्यक्ति नहीं होती। यह इष्ट अर्थ व्यंजना के द्वारा प्राप्त होता है। अभिधा और लक्षणा के उपरांत व्यंजना से ध्वनित होने वाला यह इष्ट और चमत्कारिक अर्थ ही ध्वनि है। इस ध्वनि को ध्वन्यालोककार ने अनुरणन के रूप में माना है। जिस प्रकार घंटे पर आघात करने से पहले टंकार और फिर मधुर झंकार एक के बाद एक अधिक मधुर ध्वनि निकलती है उसी प्रकार व्यंग्यार्थ भी ध्वनित होता है। इस प्रकार ध्वनित होने वाला व्यंग्यार्थ जहाँ पर प्रधान होता है वहाँ ध्वनि मानी गई है। आनन्दवर्धन ने लिखा है—

यत्रार्थ: शब्दो वा तमर्थमुपसर्जनीकृत स्वार्थौ,
व्यक्त: काव्यविशेष: स ध्वनिरिति सूरिभि: कथित:। (ध्वन्यालोक,1/13)

अर्थात् जहाँ (वाच्य) अर्थ और (वाचक) शब्द अपने-अपने अस्तित्व को गौण बनाकर जिस (विशिष्ट) अर्थ को प्रकट करते हैं वह (अर्थ) ध्वनि कहलाता है।

इसका स्पष्ट तात्पर्य यह है कि जो अर्थ, वाच्य अर्थ की अपेक्षा भिन्न होता है उसे ध्वनि कहते हैं। ध्वनि को ध्वन्यार्थ, व्यंग्य, व्यंग्यार्थ, प्रतीयमान, अवगमित, द्योतित अर्थ आदि भी कहते हैं।

आनन्दवर्धन ने ध्वनि के स्वरूप को समझाने के लिए उदाहरण दिया है—

प्रतीयमानं पुनरन्यदेव वस्त्वस्ति वाणीषु महाकवीनाम्,
यत्तत् प्रसिद्धावयवातिरिक्तं विभाति लावण्यमिवागंनासु। (ध्वन्यालोक, 1/14)

अर्थात् जिस प्रकार किसी अंगना के सुन्दर अवयव और उनसे फूटता हुआ लावण्य भिन्न-भिन्न पदार्थ है, उसी प्रकार महाकवियों की वाणी में प्रसिद्ध अवयव (अर्थात् वाचक शब्द और वाच्य अर्थ) और उनसे अभिव्यक्त प्रतीयमान अर्थ भी भिन्न-भिन्न होते हैं।

ध्वनि काव्य का सम्बन्ध व्यंजना शक्ति से है जो शब्द शक्ति का एक भेद है। शब्द शक्तियाँ तीन होती हैं—अभिधा, लक्षणा और व्यंजना। व्यंजना शक्ति से जिस अर्थ का बोध होता है उसे ही व्यंग्यार्थ कहा जाता है।

जब अभिधा और लक्षणा किसी अर्थ को अभिव्यक्त करने में असमर्थ रहती हैं तो उस अर्थ की अभिव्यक्ति व्यंजना शक्ति से होती है। व्यंजना का तात्पर्य है स्पष्ट करना, खोलना या विकसित करना। इसका एक प्रसिद्ध उदाहरण है गंगा में गाँव। इसका अर्थ देने में अभिधा असमर्थ है क्योंकि गंगा में गाँव नहीं हो सकता। लक्षणा से अर्थ निकला कि गंगा के समीप गाँव। परन्तु इसके बाद भी इसका अर्थ पवित्र शीतल गाँव, व्यंजना शक्ति के द्वारा ही सम्भव है। एक अन्य उदाहरण है,

मीत तिहारे वदन पर मूरखता दरसात।
मम मुख दरपन बिमल है आजु विदित यह बात।

यहाँ मुख-दर्पण का अर्थ करने में अभिधा असमर्थ है। सारोपा लक्षणा के द्वारा यह अर्थ प्रतीत हुआ कि मेरे मुख में तुम्हारा मुख दिखाई देता है। इसके बाद भी वाँछित अर्थ नहीं पता चला जो व्यंजना द्वारा निकलता है; वह यह कि मूर्खता जो तुम्हें दिखाई देती है वह तुम्हारी ही है जो मेरे मुख दर्पण में प्रतिबिंबित हो रही है क्योंकि तुम सामने खड़े हो। वास्तव में मैं मूर्ख नहीं, तुम मूर्ख हो।

आचार्यों ने व्यंजना के भी कई भेद किए हैं। व्यंजना की प्रधानता के आधार पर ध्वनि-सिद्धान्त के अन्तर्गत काव्य के तीन भेद किए गए हैं—ध्वनि काव्य, गुणीभूत व्यंग्य और अवर या चित्र काव्य। जिस काव्य में वाच्यार्थ से अधिक चमत्कार व्यंग्यार्थ में होता है वह ध्वनिकाव्य है। यह उत्तम काव्य माना जाता है। जहाँ काव्य में वाच्यार्थ की अपेक्षा व्यंग्यार्थ गौण या कम चमत्कारक होता है वह गुणीभूत व्यंग्य काव्य होता है, यह मध्यम श्रेणी का काव्य माना जाता है। जहाँ पर व्यंग्यार्थ नहीं होता वह काव्य साधारण या अवरकाव्य या चित्रकाव्य माना जाता है।

यह वर्गीकरण अधिकांश ध्वनिवादी आचार्यों को स्वीकार है परन्तु पंडितराज जगन्नाथ का मत कुछ भिन्न है। वे व्यंग्यार्थ के किसी भी प्रकार के होने पर उसे उत्तम कोटि में ही रखते हैं। इस प्रकार उनके मतानुसार ध्वनिकाव्य उत्तमोत्तम, गुणीभूत व्यंग्य उत्तम, अर्थालंकार मध्यम और शब्दालंकारयुक्त काव्य अधम काव्य है।

आनन्दवर्धन ने ध्वनि काव्य के भेदों का विस्तार से वर्णन किया है। उनके द्वारा प्रस्तुत ध्वनि के भेदों-प्रभेदों को आगे बढ़ाते हुए आचार्य मम्मट ने 51 प्रमुख भेद माने हैं जो परम्परा संयोजन द्वारा कई हजार तक जा पहुँचते हैं। किन्तु इनमें से 5 भेद ही प्रमुख हैं—

(क) लक्षणामूला ध्वनि के दो भेद—अर्थांतर संक्रमित वाच्य ध्वनि और अत्यन्त तिरस्कृत वाच्य ध्वनि।

(ख) अभिधामूला ध्वनि के तीन भेद—वस्तुध्वनि, अलंकार ध्वनि और रसध्वनि।

कुछ आचार्यों के अनुसार इनमें से प्रथम दो भी वस्तुत: वस्तुध्वनि के रूपांतर मात्र हैं, अत: इनके अनुसार ध्वनि के वस्तुध्वनि, अलंकार ध्वनि तथा रसध्वनि—तीन ही प्रमुख भेद स्वीकार किए जाने चाहिए।

(1) अर्थांतर संक्रमित वाच्य ध्वनि— जिस ध्वनि में वाच्यार्थ अपना पूर्ण तिरोभाव न करके अपना अर्थ रखते हुए भी अन्य अर्थ में संक्रमण करता है, वह अर्थांतर संक्रमित वाच्य ध्वनि है। जैसे यह घर अच्छा है। यहाँ पर घर का तात्पर्य केवल घर ही नहीं, कुल, समृद्धि, सम्पत्ति आदि सबसे है जो लक्षणा से निकलता है, व्यंग्यार्थ हुआ कि सम्बन्ध करने लायक है। इसी तरह—

सीता हरन तात जनि, कहेउ पिता सन जाइ / जौ मैं राम तौ कुलसहित कहिहि दसानन आइ।

यहाँ पर 'राम' शब्द का अर्थ शंकर का धनुष तोड़ने वाले, राक्षसों का नाश करने वाले, अद्‌भुत पराक्रमी है, व्यंग्यार्थ हुआ कि रावण का नाश भी शीघ्र होगा।

(2) अत्यन्त तिरस्कृत वाच्यध्वनि— जिस ध्वनि में वाच्यार्थ का सर्वथा तिरस्कार या त्याग हो जाता है, वह अत्यन्त तिरस्कृत वाच्यध्वनि है। यह लक्षण लक्षणा पर आधारित है जैसे—

नीलोत्पल के बीच समाये मोती से आँसू के बूँद।

यहाँ नीलोत्पल का वाच्यार्थ अत्यन्त तिरस्कृत हो गया है।

(3) वस्तुध्वनि— जहाँ व्यंग्यार्थ किसी वस्तु (भाव) के रूप में प्रतीत होता है वहाँ वस्तु ध्वनि मानी जाती है। जैसे—

वह इष्ट देव के मन्दिर की पूजा सी, वह दीप शिखा सी शान्त भाव में लीन,
वह क्रूर काल-तांडव की स्मृति रेखा सी, वह टूटे तरु की छुटी लता सी दीन,
दलित भारत की ही विधवा है।

इस पद्यांश में भारत की विधवा को पूजा, दीपशिखा, क्रूर काल तांडव की स्मृतिरेखा, छुटी लता आदि से उपमित किया गया है। इन उपमानों से भारत की विधवा की क्रमश: पवित्रता, तेजस्विता, दयनीय दशा तथा असहायावस्था द्योतित होती है। पवित्रता आदि वस्तु है।

(4) अलंकार ध्वनि— जहाँ व्यंग्यार्थ किसी अलंकार के रूप में प्रतीत होता है वहाँ अलंकार ध्वनि होती है। जैसे—

दियो अरघ नीचे चलौ संकट भानै जाइ, सुचती है औरें सबैं ससिहि विलोकें आइ।

अर्थात् हे सखि, दूज का चाँद देख चुकी, उसे अर्घ्य भी दे चुकी, अब आओ नीचे चलें। कहीं ऐसा न हो कि अन्य सभी सखियाँ दूज की रात्रि में भी आकाश में पूनम का चाँद उदित हुआ समझकर उसे देखने के लिए इकट्ठी हो जाएँ।

उपर्युक्त उदाहरण में रूपक अलंकार व्यंग्य है, क्योंकि नायिका के मुख पर चन्द्रमा का आरोप रूपक अलंकार के समान स्पष्ट रूप से वाच्य रूप में न किया जाकर अस्पष्ट रूप में व्यंग्य रूप में किया गया है।

(5) रसध्वनि— जहाँ व्यंग्यार्थ विभाव, अनुभाव और संचारीभाव के संयोग पर आधारित होता है वहाँ रसध्वनि मानी जाती है। काव्यशास्त्र में रस से तात्पर्य है रसादि आठ, अर्थात्, रस, भाव, रसाभास, भावाभास, भावोदय, भावसंधि, भावसबलता और भाव-शान्ति। अत: इसे रसादि ध्वनि भी कहते हैं। इसी का

नाम असंलक्ष्य क्रम व्यंग्य ध्वनि भी है—जहाँ वाच्यार्थ और व्यंग्यार्थ में क्रम होता हुआ भी लक्षित न हो। ध्वनि के अन्य भेदों की तुलना में इसमें वाच्यार्थ के उपरांत व्यंग्यार्थ की प्रतीति इतनी त्वरित होती है कि लक्षित नहीं होती।

पलंग पीठ तजि गोद हिंडोरा, सिय न दीन्ह पग अवनि कठोरा।
जिवन मूरि जिमि जोगवत रहेऊँ, दीप बाति नहिं टारन कहेऊँ।
सो वन बसिहि तात केहि भाँती, चित्र लिखित कपि देखि डेराती।
सो सिय भवन रहै कह अम्बा, मो कहँ होय बहुत अवलम्बा।

यहाँ पर वाच्यार्थ के साथ ही व्यंग्यार्थ रूप रस का भाव प्रकट है। आलम्बन सीता हैं। उद्दीपन उनकी सुकुमारता, स्निग्धता, भीरुता, अल्पवयस्कता आदि है। स्थायीभाव, प्रिय के अनिष्ट के कारण शोक है। संचारी चिंता, मोह, स्मरण, तर्क, दैन्य आदि है। अनुभाव, आशंका, दैवनिंदा कथन आदि है। इस प्रकार करुण रस की अभिव्यक्ति यहाँ है। इसलिए रसध्वनि है।

(ङ) वक्रोक्ति सम्प्रदाय

वक्रोक्ति सम्प्रदाय का उन्नायक होने का श्रेय दसवीं सदी के आचार्य राजानक कुंतक को है, किन्तु उसका रूप पूर्ववर्ती आचार्यों के ग्रंथों में विद्यमान है। कुंतक ने विचार-परम्परा से प्राप्त विवेचना को नवीन काव्यचिन्तन के रूप में प्रतिष्ठित कर वक्रोक्ति को सिद्धान्त का स्वरूप प्रदान किया।

आचार्य कुंतक के पूर्व वक्रोक्ति तत्त्व व्यापक और संकुचित दोनों अर्थों में प्रचलित था, पर इन्होंने इसके व्यापक अर्थ को ही ग्रहण करते हुए इसका विवेचन एवं विस्तार किया। यद्यपि इनसे पूर्व अलंकार, रीति, रस और ध्वनि—ये प्रमुख काव्य-तत्त्व सम्यक रूप से प्रतिपादित हो चुके थे, पर कुंतक ने वक्रोक्ति को ही काव्य का जीवित (आत्मा) माना।

कुंतक के पूर्व वक्रोक्ति को व्यापक अर्थ में स्वीकार करने वालों में आचार्य भामह और दंडी प्रमुख हैं, जबकि संकुचित अर्थ या केवल एक अलंकार के रूप में ग्रहण करने वालों में आचार्य वामन, रूद्रट, मम्मट और आनन्दवर्धन आदि हैं।

भामह वक्रोक्ति को व्यापक अर्थ में गहण करते हुए इसे अतिशयोक्ति का पर्याय मानते हैं और इसे सब अलंकारों का अनिवार्य तत्त्व घोषित करते हैं। वक्रता शब्दगत और अर्थगत दोनों प्रकार की होती है। इसी से अर्थ चमत्कृत हो उठता है। उनके मतानुसार इसके बिना कोई भी रचना यथार्थ काव्य न होकर कथन समुदाय मात्र अथवा वार्ता मात्र बनकर रह जाती है—

सैषा सर्वैव वक्रोक्तिरनयार्थो विभाव्यते,
यत्नोस्याँ कविना कार्य: कोलंकारोऽनया बिना। (काव्यालंकार, 2/85)

आचार्य दंडी ने समस्त वाङ्मय को दो प्रमुख भागों—स्वभावोक्ति और वक्रोक्ति में विभाजित किया तथा स्वभावोक्ति को छोड़कर उपमा आदि शेष सभी अलंकारों को वक्रोक्ति का पर्याय माना। उनके अनुसार इसका कारण यह है कि स्वभावोक्ति में तो पदार्थ-वर्णन साक्षात् रूप से किया जाता है, किन्तु वक्रोक्तियों अर्थात् अलंकारों में अप्रत्यक्ष रूप से अथवा वक्रता से किया जाता है,

श्लेष: सर्वासु पुष्णाति प्रायो वक्रोक्तिषु श्रियम्,
भिन्नं द्विधा स्वभावोक्तिर्वक्रोक्तिश्चेति वाङ्मयम्। (काव्यादर्श,2/363)

आचार्य कुंतक के अनुसार वक्रोक्ति काव्य का व्यापक एवं सार्वभौम सम्प्रदाय है। वक्रोक्ति की परिभाषा करते हुए उनका कहना है कि वक्रोक्ति प्रसिद्ध कथन से भिन्न विचित्र अभिधा या वर्णन शैली (विचित्र प्रकार का कथन) है। वह वैदग्ध्यपूर्ण (वैचित्र्यपूर्ण) भंगिमा द्वारा प्रस्तुत की गई उक्ति है। वैदग्ध्य का अर्थ है विदग्धता या कवि-कर्म-कौशल। वे लिखते हैं, "वक्रोक्ति: प्रसिद्धाभिधान व्यतिरेकिणी विचित्रैवाभिधा। कीदृशी वैदग्ध्यभंगीभणिति:? वैदग्ध्यं विदग्धभाव: कविकर्म कौशलम्, तस्य भंगी विच्छित्ति:, तया भणिति:। विचित्रैवाभिधा वक्रोक्तिरित्युच्यते।"

कुंतक ने इसे शब्द और अर्थ का अलंकार कहा है और ये दोनों इसके द्वारा अलंकरणीय होते हैं। उल्लेखनीय है कि यहाँ अलंकार शब्द अनुप्रास, उपमा आदि के समान किसी विशिष्ट अलंकार का सूचक नहीं है, अपितु काव्य में विद्यमान उस काव्यतत्त्व का सूचक है जो सर्वत्र अलंकरण सक्षम है,

उभावेतावलंकार्यौ तयो: पुनरलंकृति:,
वक्रोक्तिरेव वैदग्ध्यभंगीभणितिरुच्यते। (वक्रोक्तिजीवितम्, 1/10)

तात्पर्य यह कि विदग्धता अथवा कवि-कर्म-कौशल से उत्पन्न वैचित्र्यपूर्ण कथन वक्रोक्ति कहलाता है। वक्रोक्ति अलंकृति है, यही कथन की भंगिमा है जो उक्ति को शोभा प्रदान करती है। उक्ति में चमत्कार और चारुता का सम्पादन वक्रोक्ति के द्वारा ही होता है। अत: वक्रोक्ति काव्य का जीवन है। इससे हीन काव्य सजीव नहीं है।

आचार्य कुंतक ने वक्रोक्ति के छह भेद स्वीकार किए हैं और इनमें से प्रत्येक के अनेक प्रकारों का वर्णन किया है। ये छह प्रमुख भेद निम्न हैं—

(1) वर्ण विन्यास वक्रता— कवर्ण विन्यास वक्रता के अन्तर्गत वर्णों का इस प्रकार का संगठन होता है जिससे चमत्कार उत्पन्न हो सके। इसके अन्तर्गत शब्दालंकार तथा विभिन्न वृत्तियों एवं शब्दगुणों का समावेश है। कुंतक का अभिप्राय ऐसी वर्ण योजना से है जो विषय को अलंकृत कर सके तभी उसमें चमत्कार हो पाएगा।

(2) पदपूर्वार्धवक्रता— यह पद वक्रता का एक रूप है। पदवक्रता में व्याकरण सम्बन्धी प्रयोगों में चमत्कार होता है। इसके दस रूप माने गए हैं—रूढ़िवैचित्र्यवक्रता, पर्यायवक्रता, उपचारवक्रता, विशेषणवक्रता, संवृतिवक्रता, प्रत्ययवक्रता, वृत्तिवक्रता, भाववैचित्र्यवक्रता, लिंगवैचित्र्यवक्रता क्रियावक्रता और आगमवक्रता।

(3) पदपरार्धवक्रता— इसके अन्तर्गत पद के परार्ध में प्रकट विशेषताओं का संकेत होता है। यह वक्रोक्ति, काल, कारक, संख्या, पुरुष, उपग्रह और प्रत्यय तथा पदवक्रता के रूप में अभिव्यक्त होती है। इस प्रकार इसके निम्न भेद होते हैं—

कालवैचित्र्य वक्रता, कारक वक्रता, संख्यावक्रता, पुरुषवक्रता, उपग्रहवक्रता (आत्मनेपद और धातुओं से सम्बद्ध होने के कारण हिन्दी में उदाहरण नहीं मिलता) और प्रत्ययवक्रता।

(4) वाक्य वक्रता— आहार्या वस्तु वक्रता का ही दूसरा नाम वाक्य वक्रता है। वाक्य वक्रता सहस्र विधा हो सकती है। इसके अन्तर्गत सभी अर्थालंकार समाविष्ट हो जाते हैं। जिस प्रकार चित्र फलक में चित्रकार का कौशल रंगों के सम्मिश्रण से भिन्न दिखता है, उसी प्रकार काव्य में भी कवि का कौशल सुकुमार आदि मार्गों की शोभा से भिन्न दिखता है और अर्थालंकारों का यह कौशल वाक्य वक्रता कहलाता है। प्रमुख रूप से तो अर्थालंकारों में प्रदर्शित कवि-कौशल को ही वाक्य-वक्रता कहते हैं किन्तु गौण रूप से वस्तु के स्वभाववर्णन (स्वभावोक्ति) से, तथा रस से समन्वित रचनाओं में प्रदर्शित कवि कौशल को भी वाक्य वक्रता कहते हैं।

(5) प्रकरण वक्रता— प्रकरण से तात्पर्य है प्रबन्ध काव्य का कोई एक अंश अर्थात् कथा-प्रसंग। प्रबन्ध के एक प्रसंग की वक्रता प्रकरण-वक्रता कहलाती है। प्रकरण वक्रता किसी प्रसंग के औचित्य को प्रभावशाली बनाने में है। इसके नौ भेद हैं—पात्र-प्रवृत्ति-वक्रता (पात्रों द्वारा भावपूर्ण स्थिति की उद्‌भावना), उत्पाद्य कथा वक्रता, उपकार्योपकारक भाव वक्रता, आवृत्ति वक्रता, प्रासंगिक प्रकरण वक्रता अर्थात् किसी विशिष्ट प्रकरण का मनोहारी वर्णन, प्रकरण-रस-वक्रता अथवा रोचक प्रसंगों का विशेष विस्तार से वर्णन, अवांतरवस्तु-वक्रता अथवा अप्रधान किन्तु सुन्दर प्रसंगों की उद्‌भावना द्वारा प्रधान कथावस्तु की सिद्धि, नाटकांतर्गत नाटक वक्रता अथवा गर्भांक और मुखसंध्यादि-विनिवेश-वक्रता अथवा विभिन्न प्रकरणों की परस्पर अन्विति।

(6) प्रबन्ध वक्रता— प्रबन्ध वक्रता का सम्बन्ध पूरे प्रबन्ध से होता है। नाटक और प्रबन्ध काव्यों में ही यह वक्रता आ सकती है। यह वक्रोक्ति का एक व्यापक रूप है। इसके छह भेद हैं—मूलरस परिवर्तन, प्रकरण विशेष पर कथा-समाप्ति, कथा-विच्छेद अर्थात् कथा के मध्य में ही किसी अन्य कार्य द्वारा प्रधान कार्य की सिद्धि, नायक द्वारा अनेक आनुषंगिक फलों की प्राप्ति, प्रधान कथा का द्योतक नाम और कथा-साम्य अथवा एक कथा से सम्बद्ध विलक्षण प्रबन्धकत्व।

कुंतक के अनुसार इन्हीं भेदोपभेदों के अन्तर्गत काव्य का सभी प्रकार का सौंदर्य, चाहे वह बाह्य हो या आन्तरिक समाविष्ट हो जाता है। डॉ. नगेंद्र के अनुसार कवि, प्रतिभा के बल पर अपनी कृति में चमत्कार उत्पन्न करने के लिए सहज या सचेष्ट रूप में जिन साधनों-प्रसाधनों का उपयोग करता है, वे सभी वक्रोक्ति

के भेद हैं। अतएव कुंतक की वक्रोक्ति का साम्राज्य वर्ण-विन्यास से लेकर प्रबन्ध-कल्पना तक और उधर उपसर्ग, प्रत्यय आदि पदावयवों से लेकर महाकाव्य तक विस्तृत है।

रीति सिद्धान्त की तरह वक्रोक्ति सिद्धान्त का भी आगे चलकर अनुकरण नहीं हुआ। इसका प्रमुख कारण है कुंतक का समन्वयवादी दृष्टिकोण, जिसका निर्वाह वे व्यवस्थित रूप से नहीं कर सके। दूसरा कारण है ध्वनि जैसे आन्तरिक सिद्धान्त की तुलना में अब फिर से अलंकार और रीति जैसे अधिकांशत: बाह्यपरक सिद्धान्तों की तरह का कोई भी सिद्धान्त पनप नहीं सकता था।

कुंतक के सिद्धान्तों का खंडन केवल दो आचार्यों ने मुख्य रूप से किया है—महिमभट्ट और आचार्य विश्वनाथ ने। महिमभट्ट के अनुसार काव्य में प्रसिद्ध अभिधान से अतिरिक्त अर्थ का पर्यवसान या तो शब्दार्थ के औचित्य मात्र में होता है, या वह अतिरिक्त अर्थ प्रतीयमान अर्थ की अभिव्यक्ति करने में समर्थ होता है। इन दोनों प्रकारों से भिन्न कोई अन्य प्रकार ऐसा नहीं होता जो शब्दार्थ के उपनिबन्धन में विचित्रता उत्पन्न कर सके। महिमभट्ट का अभिप्राय यह है कि कुंतक ने वक्रोक्ति को अनेक स्थलों पर प्रसिद्ध अभिधान (वाच्यार्थ) से व्यतिरेकिणी अर्थात् भिन्न अर्थ बताने वाली कहा है, किन्तु ऐसे काव्य-तत्त्व दो ही माने गए हैं औचित्य और ध्वनि, जो कि स्वयं महिमभट्ट को अस्वीकार्य हैं। आचार्य विश्वनाथ ने तो वक्रोक्ति सिद्धान्त का मर्म समझे बिना ही अथवा जानबूझकर वक्रोक्ति: काव्यजीवितम् का यह कहकर खंडन किया है कि वक्रोक्ति तो एक अलंकार मात्र है।

वस्तुत: कुंतक ने सहृदय को काव्य के बाह्य कलेवर से ही आकृष्ट करना चाहा है, जबकि काव्य जैसे आन्तरिक व्यापार को बाह्य कलेवर के अवयवों के आधार पर मूल्यांकित करना सन्तुलित दृष्टिकोण का सूचक नहीं है। इन्हीं सब कारणों से हिन्दी समीक्षा जगत में वक्रोक्ति सिद्धान्त को अपेक्षित महत्त्व नहीं मिला और यहाँ वक्रोक्ति एक अलंकार के रूप में ही प्रचलित है।

(च) औचित्य सिद्धान्त

औचित्य-सिद्धान्त के प्रवर्तन का श्रेय क्षेमेन्द्र को दिया जाता है जिन्होंने अपने ग्रंथ 'औचित्य विचार चर्चा' के माध्यम से औचित्य को काव्य के प्राण के रूप में प्रतिष्ठित करने का प्रयास किया, परन्तु वास्तव में क्षेमेन्द्र इस सिद्धान्त के प्रवर्तक न होकर व्यवस्थापक हैं। इससे पूर्व भी भरत, भामह, दंडी, रुद्रट, आनन्दवर्धन, कुन्तक और महिम भट्ट के ग्रंथों में इस तत्त्व पर कहीं विस्तार से और कहीं प्रसंगवश यत्किंचित संकेत मिल जाता है।

भरत ने नाटकीय प्रसंग में पात्र, प्रकृति, वेश-भूषा, भाषा आदि के औचित्य का विस्तृत प्रतिपादन अपने नाट्यशास्त्र में किया है। उदाहरणार्थ अभिनय करते समय वेश, आयु के अनुरूप होना चाहिए, गति प्रचार (शारीरिक चेष्टाएँ) वेश के अनुरूप होनी चाहिए आदि। रुद्रट ने सर्वप्रथम औचित्य शब्द का प्रयोग करते हुए कहा है कि काव्य में अनुप्रास-वृत्तियों का प्रयोग औचित्य का ध्यान रखते हुए करना चाहिए। आनन्दवर्धन ने अलंकार, गुण, संघटना, प्रबन्ध, रीति (रस वृत्ति) तथा रस के औचित्य पर पर्याप्त प्रकाश डाला है। इस दिशा में उनका यह कथन विशेषत: उल्लेखनीय है कि अनौचित्य ही रस के नाश का सबसे बड़ा कारण है और औचित्य का समावेश ही रस का परम रहस्य है—

अनौचित्याद् ऋते नान्यद् रसभंगस्य कारणम्,
प्रसिद्धौचित्यबंधस्तु रसस्योपनिषत् परा। (ध्वन्यालोक, 3/14)

महिमभट्ट ने काव्यदोष को अनौचित्य का ही नाम दिया और इस प्रकार औचित्य को प्रकारांतर से महत्त्वपूर्ण स्थान दिया है। इस तरह क्षेमेन्द्र के पूर्व के अधिकांश महत्त्वपूर्ण आचार्यों ने किसी न किसी रूप में औचित्य के महत्त्व का प्रतिपादन किया है।

क्षेमेन्द्र ने अपने ग्रंथ में औचित्य का विस्तृत विवेचन किया है। क्षेमेन्द्र के अनुसार, 'उचितस्य च यो भाव: तदौचित्यं प्रचक्षते'। अर्थात् उचित के भाव को औचित्य कहते हैं। दूसरे शब्दों में काव्य में प्रत्येक काव्य तत्त्व का उचित रूप से प्रयोग ही औचित्य कहलाता है। उनके कथनानुसार काव्य यद्यपि रस-सिद्ध होता है, किन्तु उसका स्थिर-अनश्वर-जीवित तो औचित्य ही है—'औचित्यं रससिद्धस्य स्थिरं काव्यस्य जीवितम्'।

अलंकार और गुण के सम्बन्ध में उनका मंतव्य है कि जब इनका उचित प्रयोग किया जाएगा तभी ये अलंकार अथवा गुण कहलायेंगे, अन्यथा नहीं।

उचितस्थानविन्यासाद् अलंकृतिरलंकृति:।
औचित्यादच्युता नित्यं भवन्त्येव गुणागुणा:। (औचित्य विचार चर्चा, 6)

इसकी पुष्टि में क्षेमेन्द्र ने लिखा है कि किसी नारी द्वारा गले में मेखला, नितम्बों पर हार, हाथों में नूपुर और पैरों में केयूर धारण कर लेना भला किसके लिए हास्य का विषय नहीं बनेगा? इसी प्रकार यदि कोई पुरुष शरणागत पर शौर्य और शत्रु पर करुणा दिखाये तो उसकी यह चेष्टा भी हास्यास्पद ही है।

कंठे मेखलया नितम्बफलके तारेण हारेण वा,
पाणौ नूपुर-बन्धनेन चरणे केयूरपाशेन वा,
शौर्येण प्रणते रिपौ करुणया नायान्ति के हास्यताम्,
औचित्येन बिना रुचिं प्रतनुते नालंकृतिर्नो गुणाः। (औचित्य विचार चर्चा, 6 की वृत्ति)

क्षेमेन्द्र के अनुसार रस काव्य का प्राण अवश्य है, किन्तु जब तक वह भी औचित्य से रुचिर नहीं होता तब तक वह सहृदयों के चित्त को आकर्षित नहीं कर सकता। इस औचित्य तत्त्व से रहित होने के कारण ही महाकवि कालिदास के द्वारा कुमारसम्भव में शिव-पार्वती के श्रृंगार-वर्णन की निंदा की गई और गोस्वामी तुलसीदास को लिखना पड़ा—

जगत मातु-पितु संभु भवानी, तेहि सिंगार कस कहहुँ बखानी।

केशवदास के यहाँ इसके अनेक उदाहरण हैं, जैसे—'बासर की सम्पति उलूक ज्यों न चितवत'। अथवा 'कै श्रोणित कलित कपाल यह किल कापालिक काल को।'

आधुनिक युग के काव्य में अनौचित्य के अनेक उदाहरण मिलते हैं। नई कविता में शब्दप्रयोग, लय आदि की स्वच्छंदता के कारण अनेक रूपों में अनौचित्य का बोलबाला है। कहीं रुचि को विकृत करने वाले प्रसंग हैं, कहीं फूहड़ बिंबों की योजना है और कहीं शब्दों के अनुचित प्रयोग। यथार्थ के नाम पर इन सबका एक दौर चला। उदाहरणार्थ धूमिल, राजकमल चौधरी, जगदीश चतुर्वेदी आदि की अनेक कविताओं में इसके उदाहरण देखे जा सकते हैं।

क्षेमेन्द्र ने औचित्य के 27 भेदों की चर्चा की है। उनके अनुसार औचित्य के भेद हैं—पद, वाक्य, प्रबन्ध, गुण, अलंकार, रस, क्रिया, कारक, लिंग, वचन, विशेषण, उपसर्ग, निपात, काल, देश, कुल, व्रत, तत्त्व, सत्व, अभिप्राय, स्वभाव, सारसंग्रह, प्रतिभा, अवस्था, विचार, नाम और आशीर्वाद।

आज के सन्दर्भ में उपर्युक्त अनेक भेद व्यर्थ हो गए हैं। विशेष रूप से ये भेद संस्कृत काव्य में सार्थक थे। हिन्दी काव्य के क्षेत्र में सभी रूप सार्थक नहीं हैं। डॉ. चन्द्रहास पाठक ने अपने शोध प्रबन्ध 'औचित्य सम्प्रदाय का हिन्दी काव्यशास्त्र पर प्रभाव' में चौंतीस भेदों की सूची दी है। कुछ उदाहरण द्रष्टव्य है—

पदौचित्य— *मुझे फूल मत मारो / मैं अबला बाला वियोगिनी कुछ तो दया विचारो।*
वाक्यौचित्य— *छीनि पितम्मर कम्मर तें सु बिदा दई मीड़ि कपोलन रोरी*
नैन नचाइ कही मुसकाइ लला फिर आइयो खेलन होरी।
रसौचित्य— *ये फूल सेज के चरणों पर धर देने दो, मुझको आँचल में हरसिंगार भर लेने दो।*
मिटने दो आँखों के आगे का अँधियारा, पथ पर पूरा-पूरा प्रकाश हो लेने दो।
यह ठंडी-ठंडी रात उनींदा सा आलम, मैं नींद भरी सी चले नहीं जाना बालम।
बिम्बौचित्य— *कामधेनु सी काँग्रेस अब, सुरसा जैसा मुँह बाये है।*

इस प्रकार क्षेमेन्द्र सभी काव्यांगों को स्वीकार करते हुए केवल उनके औचित्यपूर्ण प्रयोग पर बल देने के पक्ष में हैं। अतः औचित्य को काव्य की आत्मा अथवा कोई स्वतंत्र सम्प्रदाय न मानकर सभी काव्य तत्त्वों का उत्कर्षक तत्त्व ही स्वीकार करना समीचीन है क्योंकि औचित्य वस्तुतः विभिन्न काव्यांगों को परिष्कृत एवं उपादेय बनाने का हेतु मात्र है। इसीलिए हमने इसे सम्प्रदाय न कहकर सिद्धान्त कहा है।

संस्कृत की व्यावहारिक आलोचना

संस्कृत की व्यावहारिक समीक्षा भी बहुत समृद्ध है और सैद्धान्तिक मानदंडों पर ही आधारित है। इसकी मुख्यतः तीन पद्धतियाँ हैं 1. व्याख्यात्मक आलोचना अथवा टीका पद्धति 2. सूक्तियों के रूप में की जाने

वाली कवियों पर आलोचनात्मक टिप्पणियाँ और 3. काव्यशास्त्रीय ग्रंथों में अपनी स्थापनाओं की पुष्टि में आचार्यों द्वारा उद्धृत कवियों की उक्तियाँ।

संस्कृत के ग्रंथों की टीकाएँ अथवा भाष्य लिखने की परम्परा बहुत पुरानी है। संस्कृत के लगभग सभी महान ग्रंथों की कई कई टीकाएँ उपलब्ध हैं। इन टीकाओं में कविताओं की विद्वत्तापूर्ण व्याख्याएँ तो की ही जाती थीं, इसी बहाने कवि की काव्य कला के ऊपर भी सटीक और आलोचनात्मक टिप्पणियाँ टीकाकार कर देता था। हकीकत तो यह है कि संस्कृत के कई ऐसे महाकवि या आचार्य हैं जिनके साहित्य का सुफल, सुबुद्ध और सहृदय पाठकों को तभी मिला जब उनके व्याख्याकारों ने उन पर भाष्य लिखे। कालिदास के भाष्यकार मल्लिनाथ ने तो कहा ही है कि कालिदास की वाणी बिना भाष्य के 'दुर्व्याख्याविषमूर्छिता' हो गई थी। उसका भाष्य लिखकर उन्होंने उसे सहृदय पाठकों के लिए सुगम बनाया। इसी तरह आन्दवर्धन के महान ग्रंथ 'ध्वन्यालोक' की महत्ता से लोग लगभग एक सौ साल तक अपरिचित ही रहे। लोगों को इस ग्रंथ का महत्त्व तब समझ में आया जब अभिनव गुप्त ने उसकी 'ध्वन्यालोकलोचन' नाम से टीका लिखी। संस्कृत में भाष्य लिखने की परम्परा इतनी समृद्ध है कि एक एक ग्रंथों के कई-कई भाष्य मिलते है।

सूक्तियों के रूप में भी आलोचना की एक समृद्ध परम्परा संस्कृत में प्रचलित रही है। कहने के लिए तो कवियों के ऊपर कही गई ये सामान्य सूक्तियाँ लगती हैं। किन्तु इन एक-एक पंक्तियों की सूक्तियों के पीछे सम्बन्धित रचना और रचनाकार के विषय में सूक्तिकार की कितनी गहन साधना शामिल है इसका अनुमान सहज ही किया जा सकता है। 'उपमा कालिदासस्य भारवेरर्थ गौरवम् / दंडिन: पदलालित्यं माघे संति त्रयो गुणा:', 'मेघे माघे गतं वय:', 'श्लेषेकेचनशब्दगुंफविषये केचिद् रसे चापरेऽलंकारे कदिचित् सदर्थ विषये चान्ये कथावर्णने, / आसर्वत्रगम्भीरधीर कविताविन्ध्याटवीचातुरी संचारी कविकुंभिकुंभभिदुरो वाणस्तु पंचानन:'। आदि सूक्तियों अथवा सूक्तियों जैसे आलोचनात्मक श्लोकों में सूक्तिकार के अध्ययन विश्लेषण और उसके बाद की उसकी निर्णयात्मक आलोचना-दृष्टि की पूरी मीमांसा देखी जा सकती है। संस्कृत साहित्य में आलोचना की यह अत्यन्त समृद्ध परम्परा रही है जिसका अभी तक ठीक से अध्ययन नहीं हुआ है।

व्यावहारिक आलोचना की तीसरी परम्परा काव्यशास्त्रीय ग्रंथों में लक्षणों की पुष्टि के लिए प्रमाण स्वरूप कवियों की उक्तियों को उद्धृत करने की है। संस्कृत में काव्यशास्त्रीय ग्रंथ खूब लिखे गए। इन ग्रंथों में रस, अलंकार, रीति, वक्रोक्ति आदि के भेदों-उपभेदों के लक्षण दिए जाते रहे और उनकी पुष्टि में कविताओं या साहित्य की अन्य विधाओं से भरपूर उद्धरण दिए गए। इन उद्धरणों में कभी-कभी तो काव्यशास्त्रीय ग्रंथ के प्रणेताओं द्वारा स्वरचित उद्धरण दिए गए और कभी-कभी उन्होंने अन्य रचनाकारों की कृतियों से उद्धरण चयनित करके दिए। जहाँ आचार्यों ने अन्य रचनाकारों की कृतियों से चयनित करके उद्धरण दिए हैं वहाँ सहज ही रचना के बारे में उनकी टिप्पणियाँ अभिव्यक्त हुई हैं। ये टिप्पणियाँ वस्तुत: रचना का मूल्यांकन करने वाली आलोचनात्मक टिप्पणियाँ ही हैं।

व्यावहारिक आलोचना की उपर्युक्त तीनों परम्पराएँ हिन्दी आलोचना में भी यथावत् चलती रहीं।

दूसरा सोपान

मध्यकालीन हिन्दी आलोचना : विरासत का विस्तार

मध्यकाल में हिन्दी आलोचना के जो रूप प्रचलित थे उसका श्रेय संस्कृत साहित्य को है। संस्कृत में सैद्धान्तिक आलोचना के जो छ: सिद्धान्त प्रचलित थे उनमें से हिन्दी में रस, ध्वनि और अलंकार का विशेष प्रचलन हुआ।

लक्षण ग्रंथों के प्रणयन की परम्परा

मध्यकाल में लक्षण ग्रंथों के प्रणयन की एक समृद्ध परम्परा मिलती है जिसका क्रम संस्कृत साहित्य से चला आ रहा था। इन लक्षण ग्रंथों के माध्यम से अलंकारों आदि का लक्षण और उनका उदाहरण प्रस्तुत करना कवि-आचार्यों का प्रमुख उद्देश्य रहता था। लक्षण ग्रंथों का यह रूप सैद्धान्तिक था। उस काल की यह एक अत्यन्त परिपुष्ट पद्धति बन चुकी थी। इस परम्परा में कृपाराम, ब्रह्म (बीरबल) गंग, बलभद्र मिश्र, केशवदास, रहीम, मुबारक आदि का नाम लिया जा सकता है जिनका काल, भक्तिकाल में पड़ता है और वे संस्कृत के काव्यशास्त्र की परम्परा को ही हिन्दी में आगे बढ़ाने वाले आचार्य हैं।

रीतिकाल में लक्षण ग्रंथों की रचना की एक परिपाटी ही चल पड़ी। इसमें कवियों ने भी बढ़-चढ़कर हिस्सा लिया। सेनापति का प्रसिद्ध ग्रंथ 'कवित्त रत्नाकर' (1649 ई.) इस दृष्टि से बहुत महत्त्वपूर्ण है क्योंकि इस ग्रंथ से रीतिकालीन कवि आचार्यों को बहुत प्रेरणा मिली थी। बिहारी, मतिराम, भूषण, देव आदि रीतिकाल के प्रसिद्ध कवि हैं जिन्होंने अपनी कृतियों में संस्कृत काव्यशास्त्र की परम्परा को आगे बढ़ाया। रीतिकाल में पहला लक्षण ग्रंथ सम्भवत: कृपाराम का 'हित तरंगिणी' (1541 ई.) है। भरत मुनि के 'नाट्य शास्त्र' को आधार बनाकर लिखा गया यह ग्रंथ पाँच तरंगों में विभक्त है। इसके पश्चात् मोहनलाल मिश्र के 'श्रृंगार सागर' (1549 ई.) का नाम लिया जा सकता है जिसमें नायिका भेद का विस्तृत वर्णन है। इसी के समकालीन नन्द दास की कृति 'रस मंजरी' भी है। इसके बाद केशवदास का क्रम आता है। केशवदास (1550-1610 ई.) के प्रसिद्ध लक्षण ग्रंथ हैं 'कविप्रिया' और 'रसिकप्रिया'। केशव मूलत: अलंकारवादी थे। महाकाव्य होने के बावजूद उनकी 'रामचन्द्रिका' में विविध छंदों का जो प्रयोग हुआ है उससे एक लक्षण ग्रंथ के रूप में भी उसका उल्लेख किया जा सकता है। चिन्तामणि त्रिपाठी की गणना रीतिकाल के श्रेष्ठ आचार्य के रूप में की जाती है। उनके द्वारा प्रणीत काव्यशास्त्रीय ग्रंथों में 'पिंगल', 'श्रृंगारमंजरी' और 'कवि-कुल-कल्पतरु' विशेष उल्लेखनीय हैं। 'कवि-कुल-कल्पतरु' में संस्कृत के 'दशरूपक', 'काव्य प्रकाश' और 'साहित्य दर्पण' आदि ग्रंथों के आधार पर रस, अलंकार, गुण, दोष आदि का विवेचन किया गया है। इसके अलावा रीतिकाल के प्रमुख लक्षण ग्रंथों में जसवंत सिंह का 'भाषाभूषण', मतिराम का 'अलंकार पंचाशिका' (1690 ई.) और 'ललितललाम', भूषण कृत 'शिवराजभूषण' (1653 ई.) आदि का उल्लेख किया जा सकता है। अन्य रीतिग्रंथकारों में गोप, दूलह, रसिक, सुमति, गोविन्द, बैरीसाल, गोकुलनाथ आदि का नाम लिया जा सकता है। पद्माकर रीतिकाल के अन्तिम अलंकारवादी आचार्य हैं जिनकी ख्याति कवि के रूप में अधिक है। रीतिकाल के रसवादी आचार्यों में तोष तथा मतिराम विशेष उल्लेखनीय हैं। तोष का ग्रंथ 'सुधानिधि' (1637 ई.) है, जिसे उन्होंने रस के लिए प्रचुर मात्रा में उपयुक्त उदाहरणों से समृद्ध किया है। मतिराम की पुस्तक 'रसराज' (1617) है जिसमें नायक-नायिका भेद खास तौर पर वर्णित है, इस ग्रंथ को भी प्रचुर मात्रा में सरस उदाहरणों से समृद्ध किया गया है। देव (1673-1768 ई.) के रस केन्द्रित कई काव्यशास्त्रीय ग्रंथ हैं जिनमें 'भाव विलास', 'भवानीविलास' तथा 'काव्य रसायन' प्रमुख है। देव के परवर्ती काल में कालिदास, कृष्ण भट्ट, कुमारमणि, श्रीपति, सोमनाथ, उदयनाथ, कवीन्द्र, रसलीन, दास, रूपसाहि, बेनी प्रवीन, ग्वाल आदि के नाम विशेष उल्लेखनीय हैं।

ध्वनिवादी आचार्यों में कुलपति मिश्र का नाम पहले स्थान पर रखा जा सकता है। उनकी कृति 'रस रहस्य' (1670 ई.) है। भिखारीदास भी रीतिकाल के श्रेष्ठ आचार्य हैं। इनका रचनाकाल अठारहवीं सदी का तीसरा, चौथा और पांचवाँ दशक है। उन्होंने ध्वनि, रस, अलंकार सभी पर लक्षण ग्रंथ लिखे। उनके ग्रंथों में 'रससारांश', 'छंदोर्णवपिंगल', 'काव्यनिर्णय' और 'शृंगारनिर्णय' प्रमुख हैं। इनमें 'काव्यनिर्णय' सबसे उत्कृष्ट है जिसमें ध्वनि, रस, अलंकार, गुण, दोष आदि सबका विवेचन है।

मध्यकालीन हिन्दी आलोचना परम्परा के चरित्र का विश्लेषण करते हुए अवधेश कुमार सिंह लिखते हैं, "रीतिकाल का काव्यशास्त्रीय चिन्तन संस्कृत काव्यशास्त्र पर ही आधारित था तथा लोकभाषाओं विशेषकर ब्रजभाषा में प्रकट हुआ था।...कहने का अर्थ यह है कि काव्यशास्त्र के लोकभाषायीकरण की प्रक्रिया मीमांसा काल में ही शुरू हो गई थी। सोलहवीं सदी के उत्तरार्ध में मोहनलाल मिश्र ने 'शृंगार सागर', नन्ददास ने 'रूप मंजरी', बलभद्र मिश्र ने 'नखशिख' एवं 'रसविलास' तथा रहीम ने 'बरवैनायिका भेद' लिखकर एक प्रकार से संस्कृत आलोचना के आधार पर भक्तिकालीन साहित्य में आलोचना के औजारों की बात शुरू कर दी थी। इस प्रकार की गम्भीर चर्चा आगे चलकर केशवदास की 'रसिकप्रिया' तथा 'कविप्रिया' में दिखाई देती है। इस काल में नायक-नायिका भेद केन्द्र में आया। इसका कारण था कि नाट्यशास्त्र के बाद आचार्यों का ध्यान काव्य पर चला गया था। धनंजय, सागरनन्दी, रामचन्द्र, शारदातनय और शिंगभूपाल ने नाट्य को अपने विवेचन में केन्द्रीयता दी जिसने नायिका भेद की चर्चा की पृष्ठभूमि तैयार की। यह और बात है कि नायिका भेद की अतिचर्चा तथा सामाजिक पक्ष की उपेक्षा के कारण उसे काफी नकारात्मक आलोचना का सामना करना पड़ा। उसके बाद लोकभाषायीकरण की लम्बी परम्परा चली जिसमें चिन्तामणि त्रिपाठी ('काव्यविवेक', 'काव्यप्रकाश', 'कविकुल कल्पतरु', 'रसमंजरी' तथा छंदशास्त्र पर 'पिंगल') कुलपति मिश्र ('रस रहस्य'), मतिराम ('ललितललाम', 'अलंकार पंचाशिका', 'साहित्यसार'), देव ('शब्द रसायन', 'भावविलास', 'काव्य रसायन') तथा भिखारी दास आदि ने अपना योगदान दिया।" (समकालीन आलोचना विमर्श, पृ. 34)

उल्लेखनीय है कि उस समय साहित्य सृजन की मुख्य भाषा ब्रजभाषा ही थी और लोक भाषा तथा साहित्यशास्त्र की भाषा में कोई खास अन्तर नहीं रह गया था।

टीका पद्धति

समीक्षा के लिए दूसरी महत्त्वपूर्ण परम्परा टीका पद्धति थी। यह पद्धति भी संस्कृत साहित्य से चली आ रही थी। टीका, वास्तव में रचना को सहृदय पाठक के लिए बोधगम्य बनाने के उद्देश्य से ही लिखी जाती थी जो आलोचना का ही एक रूप थी। इतना ही नहीं, टीकाकार काव्य की टीका करते-करते कवियों के विषय में भी आलोचनात्मक उक्तियाँ कह दिया करते थे। इस प्रकार की आलोचना हिन्दी में 'रामचरितमानस' और 'बिहारी सतसई' की टीकाओं, कुलपति, श्रीपति, चिन्तामणि और सोमनाथ द्वारा लिखी गई वचनिका-वार्ता, तिलक आदि के रूप में मिलती है। मध्यकालीन भक्ति और रीतिकाव्य पर ब्रजभाषा गद्य में अनेक टीकाएँ मिलती हैं। जैसे 'चौरासी' और 'दो सौ बावन वैष्णवन की वार्ता' पर गुसाईं हरिराय की 'भाव प्रकाश' टीका, 'साहित्य लहरी' पर सरदार कवि कृत टीका, 'भक्तमाल' पर प्रियादास की टीका, हित हरिवंश के चौरासी पद पर तथा 'बिहारी सतसई' पर अनेक टीकाएँ लिखी गई हैं। 'रामचरितमानस' पर भी अनेक टीकाएँ उपलब्ध हैं। रीतिकाल के अन्तिम चरण में सरदार कवि कृत 'मानस रहस्य' को रीतिकालीन व्यावहारिक आलोचना में टीका पद्धति का श्रेष्ठ उदाहरण स्वीकार किया जा सकता है। इसमें काव्यांगों के लक्षण, उन लक्षणों के अनुसार मानस से उदाहरण और अन्त में उन स्थलों की गद्य में व्याख्या देकर सैद्धान्तिक और व्यावहारिक आलोचना का समन्वित रूप प्रस्तुत किया गया है।

सूक्तियों की परम्परा

संस्कृत साहित्य में प्रचलित सूक्तियों के आधार पर ही हिन्दी में भी 'सूर सूर तुलसी ससी उड्गन केसवदास / अबके कवि खद्योत सम जहँ तहँ करत प्रकास', 'तुलसी गंग दुओ भए सुकविन के सरदार, उनके काव्यन में मिली भाषा विविध प्रकार', 'और कवि गढ़िया नन्ददास जड़िया'। आदि सूक्तियाँ भक्तिकालीन आलोचना का एक रूप प्रस्तुत करती हैं। इन सूक्तियों में कवियों के काव्य-सौन्दर्य का शास्त्रीय तत्त्वों की दृष्टि से निर्देश मात्र अधिक मिलता है। ये प्राय: तुलनात्मक समीक्षा के उदाहरण हैं। इनमें वैयक्तिक रुचि का ही प्राधान्य

अधिक है। डॉ. भगवत्स्वरूप मिश्र के शब्दों में, "इन उक्तियों में वक्ता की वैयक्तिक रुचि का ही प्राधान्य है। आधुनिक काल में ऐसी समीक्षा-उक्तियों के विकास की कोई सम्भावना नहीं। इनका कोई ठोस आधार तो होता नहीं है। इसलिए आज के बुद्धि प्रधान युग में इन उक्तियों के लिए कहाँ स्थान है?" (हिन्दी साहित्य, प्रथम खंड, पृ. 590)।

इस प्रकार भारतेन्दु काल के आरम्भ में हमें हिन्दी आलोचना के निम्नलिखित तीन रूप प्राप्त होते हैं। ये तीनों रूप हिन्दी को संस्कृत से विरासत में मिले हैं और हिन्दी साहित्य के आरम्भिक समय से ही प्राप्त होते हैं—

1. लक्षण ग्रंथों की रचना और उनके आधार पर अलंकार आदि का उदाहरण प्रस्तुत करना।
2. टीका पद्धति और उसमें कवि के विषय में प्रशंसात्मक उक्तियाँ।
3. सूक्तियों के रूप में कवियों से सम्बन्धित उक्तियाँ।

रीतिकाल का अधिकांश साहित्य दरबारों तक सीमित था। यहाँ समस्यापूर्ति पर अधिक जोर दिया जाता था। कम समय में अपने अतिशयोक्तिपूर्ण और चमत्कारिक काव्य से राज-प्रशंसा प्राप्त करना ही उनका मुख्य लक्ष्य होता था। ऐसी दशा में व्यावहारिक आलोचना पर उनका जोर कम था। उनके पास किसी कृति के समग्र विवेचन का अवसर भी नहीं था। मतिराम ने अपने ग्रंथ 'ललित ललाम' में प्रत्यक्ष रूप से तात्कालिक राजा-रईसों की श्रृंगारिक मजलिसों की फरमाइश और काव्य-विदग्धता के इसी लक्ष्य को ध्यान में रखकर सैकड़ों अलंकारों के लक्षण और उनके उदाहरण दिए हैं। इसी तरह बेनी प्रवीन के 'नवरसतरंग' और ग्वाल कवि के 'यमुना लहरी' जैसी कृतियों में भी अमीरों के भोग-विलास को ध्यान में रखकर ही सामग्री प्रस्तुत की गई है। रामविलास शर्मा ने रीतिकाव्य को पतित सामंत वर्ग की मनोवृत्ति को पोषित करने वाला माना है। वे लिखते हैं, "अलंकारों और नायिकाओं के विभाजन और विवेचन में जिस तर्क पद्धति का सहारा लिया गया है, उसमें तत्त्व ग्रहण कम है, बौद्धिक कलाबाजी ज्यादा है। हर देश के सामंती समाज के पुरोहित जिस तरह शास्त्रार्थ करते हैं, बाल की खाल निकालते हैं, तर्क में भी चमत्कार प्रदर्शन करते हैं, वह सब लक्षण ग्रंथों में है। मानव जीवन का व्यापक दर्शन और तत्त्वग्रहण कम है।" (परम्परा का मूल्यांकन, पृ. 98)

तीसरा सोपान

भारतेन्दुयुगीन हिन्दी आलोचना : व्यावहारिक आलोचना की नई शुरुआत

हिन्दी में शुद्ध व्यावहारिक आलोचना या आधुनिक आलोचना का सूत्रपात भारतेन्दु युग में गद्य के विकास के साथ प्राप्त होता है। भारतेन्दु के आगमन से हिन्दी में जो नवयुग का सूत्रपात हुआ, उसमें पाश्चात्य शिक्षा संस्कृति के सम्पर्क से नवीन विचारों का अभ्युदय और उसके प्रकाशन के माध्यम के रूप में गद्य का आविर्भाव हुआ। वैज्ञानिक अनुसन्धान, औद्योगिक क्रान्ति, राष्ट्रीय चेतना, जनतांत्रिक मूल्य, जीवन के प्रति बौद्धिक एवं उपयोगितावादी दृष्टि, विचार स्वातंत्र्य आदि नए मूल्यों से हिन्दी के साहित्यकार परिचित और प्रभावित हुए। हमारे पुराने साहित्यिक संस्कार बदलने लगे। भारतेन्दु हरिश्चन्द्र इस नवजागरण के केन्द्रीय व्यक्तित्व के रूप में उभरे। हिन्दी आलोचना भी इससे गहरे प्रभावित हुई।

भारतेन्दुयुगीन परिस्थितियाँ और हिन्दी नवजागरण

भारतेन्दु युग के महत्त्व का आकलन करने के लिए उसके ठीक पहले के कम्पनी शासन की हकीकत से वाकिफ होना जरूरी है। रजनी पामदत्त ने तत्कालीन दस्तावेजों के आधार पर ईस्ट इंडिया कम्पनी की लूट के आँकड़ों को उजागर करते हुए कहा है कि विश्व इतिहास में ऐसी विनाश-लीला शायद ही कहीं उपस्थित हुई हो, जहाँ देश को लूट-लूट कर, करोड़ों लोगों को अकाल और भुखमरी का शिकार बना कर, दूसरा देश अपने लिए बेरहमी से सम्पत्ति बटोरने में और उद्योग-धंधे तैयार करने में व्यस्त हो। लूट का आलम यह था कि 1769-70 में पड़ने वाले अकाल के बावजूद, जिसमें सूबे की एक तिहाई आबादी काल के मुँह में समा गई, मालगुजारी में कोई कटौती नहीं की गई थी। इस सन्दर्भ में गवर्नर जनरल वारेन हेस्टिंग्स द्वारा कोर्ट को 3 जनवरी, 1792 को भेजी गई यह टिप्पणी उल्लेखनीय है, "इस सूबे की एक तिहाई आबादी के खत्म हो जाने तथा उसके फलस्वरूप खेती में कमी आ जाने के बावजूद 1771 में जितनी मालगुजारी वसूली गई वह 1768 से भी ज्यादा थी।...स्वभावतया यह आशा की जाती थी कि इस महाविपत्ति के जैसे दुष्परिणाम हुए हैं, उसे देखते हुए मालगुजारी भी कम हो जाएगी, लेकिन ऐसा नहीं हुआ क्योंकि मालगुजारी का पुराना स्तर कड़ाई के साथ कायम रखा गया।" (भारत : वर्तमान और भावी, पृ. 132)

ईस्ट इंडिया कम्पनी के आने के समय भारत में सामंती राजाओं का शासन घोर निरंकुश और स्वेच्छाचारी था, इसके बावजूद देश में समृद्धि थी। भारत के प्रथम स्वतंत्रता संग्राम सम्बन्धी अपने महत्त्वपूर्ण दस्तावेज में मार्क्स ने लिखा है, "सामाजिक संगठन के ये छोटे-छोटे एक ही तरह के रूप अब अधिकतर मिट गए हैं और मिटते जा रहे हैं। टैक्स इकट्ठा करने वाले अंग्रेज अफसरों और अंग्रेज सिपाहियों के पाशविक हस्तक्षेप के कारण वे इतने नहीं मिटे हैं जितने कि अंग्रेजी भाषा और अंग्रेजी मुक्त व्यापार की कारगुजारियों के कारण... अंग्रेजों के हस्तक्षेप ने सूत कातने वाले, खेती करने वाले, बुनकरों का सफाया करके, उनके आर्थिक आधार को नष्ट कर दिया।" (भारत का प्रथम स्वतंत्रता संग्राम, पृ. 13)

ब्रिटिश सरकार के जनविरोधी कार्यों के कारण जनता के भीतर धीरे-धीरे असन्तोष और आक्रोश भरता गया। ब्रिटिश सरकार के प्रति यह आक्रोश समय-समय पर विभिन्न विद्रोहों के रूप में प्रकट होता रहा जिसने एक देशव्यापी जन-विद्रोह फूट पड़ने की भूमिका तैयार की। इन सबका फल था कि 1857 में भारतीयों ने ब्रिटिश साम्राज्यवाद के विरुद्ध एक संगठित विद्रोह किया जिसमें सैनिकों के साथ-साथ किसानों, कारीगरों,

संन्यासियों और सामंतों ने भी बढ़-चढ़कर हिस्सा लिया। इस सम्बन्ध में मार्क्स ने लिखा है, "वर्तमान भारतीय उथल-पुथल सैनिक विद्रोह नहीं है वरन् राष्ट्रीय विद्रोह है। सैनिक उसके अमली उपकरण मात्र हैं।" (उद्धृत भारत में अंग्रेजी राज और मार्क्सवाद, रामविलास शर्मा, पृ. 176)

1858 में इस विद्रोह को बेरहमी के साथ कुचल दिए जाने के बाद ईस्ट इंडिया कम्पनी के शासन का अन्त हो गया और भारत सीधे ब्रिटेन के अधीन हो गया। अठारहवीं सदी के उत्तरार्ध में ब्रिटिश हुकूमत को भारत में औद्योगिक पूँजीवाद के विकास के लिए रास्ता तैयार करना था, फलस्वरूप कम्पनी के एकाधिकार को सीमित करते हुए भारतीय साम्राज्य को मुक्त व्यापार के लिए खोला गया तथा सुव्यवस्था और प्रशासन का ढिंढोरा पीटा गया, लोक प्रशासन पर ध्यान देने और जन-कल्याणकारी होने का दिखावा किया गया। भारत में अपने शासन के स्थायित्व और विस्तार को ध्यान में रखकर ब्रिटेन ने अपनी नीतियाँ बनानी शुरू कीं। इन सबका चाहे जो भी परिणाम हुआ हो, किन्तु इससे भारत में नवजागरण की लहर जरूर फैल गई। बंगाल में राजा राममोहन राय, ईश्वरचन्द्र विद्यासागर, केशवचन्द्र सेन, रामकृष्ण परमहंस, स्वामी विवेकानन्द, महाराष्ट्र में महात्मा ज्योतिबा फुले, गोपाल हरि देशमुख, महादेव गोविंद रानाडे, गुजरात और उत्तर भारत में स्वामी दयानन्द सरस्वती और सर सैयद अहमद खाँ आदि के द्वारा सामाजिक-धार्मिक क्षेत्र में सुधार आन्दोलनों के माध्यम से नई चेतना को विकसित करने का प्रयास किया गया। अपने अन्तर्विरोधों के बावजूद इन सुधार आन्दोलनों का मूल चरित्र सामंतवाद और उपनिवेशवाद विरोधी तथा एक नए प्रगतिशील समाज के निर्माण का था। वैज्ञानिक दृष्टिकोण, बौद्धिकता के प्रति आग्रह, तर्क और विश्लेषण की क्षमता ने शिक्षित मध्य वर्ग में जिस मानसिकता का निर्माण किया उसमें भाग्यवाद के स्थान पर यथार्थवाद तथा व्यक्ति-स्वातंत्र्य और समानता को प्रधानता दी गई। सामाजिक कुरीतियों, अंधविश्वासों, धार्मिक रूढ़िवाद के खिलाफ चले आन्दोलन ने इस युग में भारतीय जन मानस को गहराई से प्रभावित किया। धर्म, दर्शन, कला, विज्ञान, चित्रकला, मूर्ति-कला, संगीत, साहित्य आदि के क्षेत्र में नए-नए अन्वेषण हुए। देशी भाषाओं में ग्रंथों के प्रणयन हुए, व्यक्ति-स्वातंत्र्य की प्रतिष्ठा हुई, चर्च के प्रभाव में कमी आई, धर्म की अपेक्षा विज्ञान का महत्त्व बढ़ा, बाइबिल जैसे ग्रंथों की भी आलोचना की जाने लगी। धर्म और सामंती रूढ़ियों से जकड़ी जनता के भीतर वैज्ञानिक चेतना का प्रसार हुआ। अंग्रेजी शिक्षा प्राप्त भारतीयों ने पाश्चात्य संस्कृति के प्रगतिशील तत्त्वों को अपनाकर धर्म, दर्शन, संस्कृति, साहित्य, ज्ञान-विज्ञान को न केवल तर्क की कसौटी पर कसा बल्कि नए मानवीय मूल्यों की प्रतिष्ठा की।

सामंतवाद और साम्राज्यवाद विरोधी चेतना, इतिहास और परम्परा का नया मूल्यांकन, अभिव्यक्ति की स्वतंत्रता के लिए संघर्ष, खड़ी बोली हिन्दी का जातीय भाषा के रूप में विकास, आधुनिक बुद्धिवादी दृष्टिकोण और वैज्ञानिक चेतना, साहित्य में रीतिवाद का विरोध, वस्तुवादी दृष्टि, स्वच्छंदतावादी और यथार्थवादी रचना-प्रवृत्तियों का विकास आदि हिन्दी नवजागरण की सामान्य विशेषताएँ हैं।

रामविलास शर्मा ने हिन्दी नवजागण को चार मंजिलों में विभाजित किया है। वे हिन्दी नवजागरण की शुरुआत 1857 के स्वाधीनता संग्राम से मानते हैं। हिन्दी नवजागरण की यह पहली मंजिल है। दूसरी मंजिल भारतेन्दु युग है। तीसरी मंजिल के रूप में वे महावीरप्रसाद द्विवेदी के युग को और चौथी मंजिल के तौर पर छायावाद को रेखाँकित करते हैं। उन्होंने लिखा है, "जो नवजागरण 1857 के स्वाधीनता संग्राम से आरम्भ हुआ वह भारतेन्दु युग में और व्यापक बना। उसकी साम्राज्यवाद विरोधी-सामंतवाद विरोधी प्रवृत्तियाँ द्विवेदी युग में और पुष्ट हुईं। फिर निराला के साहित्य में कलात्मक स्तर पर तथा उनकी विचारधारा में ये प्रवृत्तियाँ क्रान्तिकारी रूप में व्यक्त हुईं।" (महावीरप्रसाद द्विवेदी और हिन्दी नवजागरण, पृ. 19)

साहित्य पर भी इस नवजागरण का व्यापक प्रभाव पड़ा। भारतेन्दु युग में आकर रीतिकालीन मानसिकता को खत्म करने के प्रयास हुए तथा हिन्दी में व्यवस्थित गद्य के प्रादुर्भाव के साथ ही हिन्दी आलोचना की नीव पड़ी। अब साहित्य दरबारों की वस्तु नहीं रहा और न ही एकान्त साधना का। अब साहित्य भोग-विलास, सामंती अभिरुचि और चमत्कार का हेतु न होकर आम जन और उसके संघर्षों के बीच आ खड़ा हुआ। भारतेन्दु युग में पाश्चात्य साहित्य के सम्पर्क तथा बौद्धिक जागृति के वातावरण में आधुनिक समीक्षा पद्धति का जन्म हुआ। यह बौद्धिक जागृति साहित्य और समाज के प्रति नई समझदारी पैदा करने के साथ ही साहित्य की जिम्मेदारियों को नए सिरे से परिभाषित भी करती है।

हिन्दी आलोचना के उद्‌भव के सम्बन्ध में अक्सर कहा जाता है कि भारतेन्दु युग में नई साहित्यिक विधाओं का जन्म हुआ। इन नई विधाओं को परखने के लिए नए प्रतिमानों की आवश्यकता हुई, क्योंकि

कविता का मूल्यांकन तो कुछ हद तक परम्परागत शास्त्रीय पद्धति से हो सकता था किन्तु गद्य के लिए पहले से कोई प्रतिमान नहीं थे। इसके साथ ही, इस युग में साहित्य और समाज के प्रति नई जिम्मेदारी के भाव ने आलोचकों को नवीन साहित्यिक प्रतिमानों की स्थापना के लिए अग्रसर किया। निर्मला जैन ने इस सम्बन्ध में लिखा है, "हिन्दी आलोचना ने इस समय जो दबाव महसूस किया, उसका सम्बन्ध अपने युग की बदली मनोरुचि से था। कहा जाता है कि इस युग में गद्य शैली और उपन्यास, नाटक आदि नई रचना-विधाओं का विकास आलोचना के लिए साधक हुआ। परन्तु ध्यान से देखा जाए तो यह बात सरलीकरण है। बात सिर्फ इतनी नहीं है कि आलोचना का काम इसलिए आसान या कुछ अलग किस्म का हो गया कि उसे अभिव्यक्ति के लिए गद्य शैली और विषय के लिए नई विधाएँ मिलीं। इस बदलाव का सम्बन्ध इससे कहीं अधिक गहरे उस नए ढंग की सामाजिकता से जुड़ा हुआ है, जो इस साहित्य के माध्यम से सामने आया।" (हिन्दी आलोचना का दूसरा पाठ, पृ. 14)

बहरहाल, भारतेन्दु युग में हिन्दी आलोचना के परम्परागत तीनों रूप चलते रहे अर्थात् लक्षण या सिद्धान्त ग्रंथों की रचना होती रही, टीकाएँ लिखी जाती रहीं और उनमें कवियों के वैशिष्ट्य को संकेतित किया जाता रहा तथा सूक्तियों के रूप में कवियों के मूल्यांकन का क्रम भी चलता रहा तथा इन तीनों परम्पराओं के साथ इस युग में हिन्दी आलोचना के दो नए रूप सामने आए—

1. पत्र-पत्रिकाओं में पुस्तक समीक्षा के रूप में की जाने वाली आलोचना।
2. इतिहास ग्रंथों में कवि-परिचय के साथ उनके महत्त्व का प्रतिपादन करने वाली आलोचना।

इस प्रकार यदि सूक्तियों को आलोचना के रूप में मान्यता न दी जाए तो भी भारतेन्दु युग में हिन्दी आलोचना के चार रूप लक्षित होते हैं।

उपर्युक्त चारों समीक्षा पद्धतियों में सबसे पहली और महत्त्वपूर्ण पद्धति टीका-पद्धति है। टीकाओं को व्याहारिक आलोचना का उत्कृष्ट रूप कहा जा सकता है। एक आदर्श टीका लिखने के लिए टीकाकार को इतिहास, दर्शन, धर्म, नीति, काव्यशास्त्र, लोक-रीति, काव्य-रूढ़ि, भाषा विज्ञान आदि की समुचित जानकारी के अलावा विषय के विश्लेषण की गहरी समझ और रसग्राहिका शक्ति भी होनी चाहिए। टीकाओं के अनेक नाम और रूप संस्कृत में प्रचलित थे जैसे—'तिलक', 'लोचन', 'भाष्य', 'कारिका', 'फक्किका' आदि। टीकाओं में काव्य-विषय की व्याख्या के साथ ही काव्य-सौन्दर्य का उद्घाटन भी किया जाता था और दोष का निरूपण भी। टीकाएँ गद्य और पद्य दोनों में की जाती थीं। संस्कृत की तरह ही हिन्दी में भी लगातार टीकाएँ लिखी जाती रहीं। 'रामचरितमानस', 'रामचन्द्रिका', 'कविप्रिया' और 'बिहारी सतसई' पर सर्वाधिक टीकाएँ लिखी गईं। स्वयं भारतेन्दु ने 'बिहारी सतसई' और सूर के कूट पदों की टीकाएँ लिखी थीं। लाला भगवानदीन ने 'केशव कौमुदी', 'प्रिया प्रकाश', 'मानस की टीका', 'बिहारी बोधिनी', 'दोहावली', 'कवितावली' और 'छत्रसाल दशक' आदि टीका-ग्रंथों की रचना करके मध्यकालीन कवियों के काव्य-सौन्दर्य का उद्घाटन किया। हिन्दी की टीकाओं के क्षेत्र में दो नाम विशेष महत्त्वपूर्ण हैं—सरदार कवि जिन्होंने केशव की 'रसिकप्रिया' और 'कविप्रिया' की टीकाएँ लिखीं तथा लल्लूलाल, जिन्होंने 'बिहारी सतसई' की टीका 'लाल चन्द्रिका' नाम से लिखी। यह टीका भारतेन्दु काल से कुछ पूर्व लिखी गई थी किन्तु भारतेन्दु युग में इसका पुन: परिष्कार हुआ और यह परिष्कार पंडित सुधाकर द्विवेदी और जार्ज ग्रियर्सन ने मिलकर किया। बाबू जगन्नाथ दास रत्नाकर ने 'बिहारी रत्नाकर' नाम से 'बिहारी सतसई' की मार्मिक टीका लिखी। बियोगी हरि ने 'विनयपत्रिका' की टीका लिखी जो अपनी विशद व्याख्या और पांडित्यपूर्ण विवेचन के लिए विख्यात है। प्रसाद की 'कामायनी' पर शैदा की लिखी गई टीका का भी विशिष्ट स्थान है।

इस कालखंड में भी लक्षण ग्रंथ लेखन की परम्परा जारी रही, हालाँकि उसकी गति क्षीण जरूर हुई। डॉ. भगीरथ मिश्र ने 'हिन्दी काव्यशास्त्र का इतिहास' में आधुनिक काल के प्रारम्भिक चरण में निर्मित परम्परागत काव्यशास्त्रीय ग्रंथों की जो सूची दी है वह इस प्रकार है—रामदास कृत 'कविकल्पद्रुम', चन्द्रशेखर वाजपेयी कृत 'रसिक विनोद', ग्वाल कवि कृत 'रसिकानन्द', 'रसरंग', सेवक कृत 'वाग्विलास', लछिराम कृत 'महेश्वर विलास', 'रामचन्द्र भूषण', 'रावणेश्वर कल्पतरु', कविराय राजा मुरारिदान कृत 'जसवंतभूषण', महाराज प्रतापनारायण सिंह कृत 'रस कुसुमाकर', कन्हैयालाल पोद्दार कृत 'रसमंजरी', 'अलंकारमंजरी', 'काव्यकल्पद्रुम', जगन्नाथ प्रसाद भानु कृत 'काव्य प्रभाकर', लाला भगवानदीन कृत 'अलंकार मंजूषा', रामशंकर शुक्ल रसाल कृत 'अलंकार पियूष', सीताराम शास्त्री कृत 'साहित्य सिद्धान्त',

अर्जुन दास केडिया कृत 'भारती भूषण', हरिऔध कृत 'रसकलश', बिहारी लाल भट्ट कृत 'साहित्य सागर', मिश्रबन्धु कृत 'साहित्य पारिजात', बृजेश कृत 'रसरसांग निर्णय' और पं. विश्वनाथप्रसाद मिश्र कृत 'काव्यांग कौमुदी'।

यद्यपि इन काव्यशास्त्रीय ग्रंथों के प्रणयन में परम्परागत रीतिकालीन दृष्टि केन्द्र में रही और उनमें रचनात्मकता एवं सैद्धान्तिकता दोनों दृष्टियों से शास्त्रीयता का आग्रह प्रबल था, किन्तु इनकी दृष्टि में नयापन अवश्य था। इनकी समसामयिक आधुनिकता ने रचनात्मक साहित्य की दिशा को तेजी से प्रभावित किया। राष्ट्रीय जागरण, रेल तथा संचार के साधनों के विकास और पत्र-पत्रिकाओं के माध्यम से परम्परागत शास्त्रीयता के स्थान पर व्यावहारिक समीक्षा की नवीन परम्परा का सूत्रपात हो चुका था। इस अवधि की बदलती मानसिकता को लक्षित करते हुए डॉ. भगवत्स्वरूप मिश्र लिखते हैं, "भारतीय साहित्य में नवीनता का आग्रह कितनी त्वरा से हुआ और देखते-देखते जीवन के विविध पक्षों पर उनके घातों-प्रतिघातों का प्रभाव इतनी शीघ्रता से पड़ना प्रारम्भ हुआ कि पुरातन शास्त्रीयता प्राय: विस्मृत-सी होने लगी। मुश्किल से तीस वर्षों के अन्तर्गत दृष्टिकोण में इतना क्रान्तिकारी परिवर्तन हुआ कि सम्पूर्ण शास्त्रीयता ऐतिहासिक अवधारणा के रूप में स्वीकार की जाने लगी।" (हिन्दी साहित्य, प्रथम खंड, पृ. 559)

पत्र-पत्रिकाओं में प्रकाशित होने वाली पुस्तक समीक्षाएँ

इस काल में शुद्ध व्यावहारिक आलोचना का सूत्रपात समकालीन पत्र-पत्रिकाओं के प्रकाशन के साथ हुआ। इन पत्रों में 'कविवचन सुधा' (1868), 'हरिश्चन्द्र चन्द्रिका' (1873), 'हिन्दी प्रदीप' (1877), 'ब्राह्मण' (1883) 'भारत मित्र' (1877), 'सारसुधानिधि' (1878), 'आनन्द कादंबिनी' (1881) आदि मुख्य हैं। इन पत्रिकाओं में पुस्तक समीक्षाएँ प्रकाशित की जाती थीं। इस तरह हम कह सकते हैं कि आधुनिक ढंग की हिन्दी आलोचना का सूत्रपात वास्तव में पुस्तक समीक्षाओं के रूप में ही हुआ। 'हरिश्चन्द्र चन्द्रिका' के मुखपृष्ठ पर पत्रिका में प्रकाशित होने वाले विषयों की सूची के अन्त में 'और आलोचना संभूषिता' लिखा हुआ होना यह प्रमाणित करता है कि उसमें समालोचनात्मक रचनाओं को स्थान देने के भी प्रयत्न हुए हैं और भारतेन्दु ने ही इसका आरम्भ किया। 'कविवचन सुधा' (1872) में 'हिन्दी कविता' नाम से पहला आलोचनात्मक निबन्ध भी उन्होंने लिखा। डॉ. रामनिरंजन परिमलेन्दु के अनुसार 'बिहार बन्धु' के सम्पादक मुंशी हसन अली पहले समीक्षक हैं जिन्होंने 26 मई 1874 को 'कविवचन सुधा', 'बंग दर्शन' और 'बंग विधान' की समीक्षाएँ प्रकाशित कीं। इसी 'बिहार बन्धु' में 11 अगस्त 1874 को राधालाल माथुर के 'हिन्दी शब्दकोश' की समीक्षा की गई थी। किसी पुस्तक की यह पहली समीक्षा थी। इसके बारे में उन्होंने लिखा कि हिन्दी में आज तक ऐसा शब्द कोश नहीं लिखा गया।

1880 ई. के पूर्व इन पत्रिकाओं में प्रकाशित होने वाली आलोचनाएँ आमतौर पर पुस्तक परिचय मात्र होती थीं। होता यह था कि पुस्तक प्राप्त होने की सूचना के साथ कुछ टिप्पणियाँ भी छाप दी जाती थीं। पुस्तक समीक्षा के विषय में श्री गंगाप्रसाद अग्निहोत्री (1870-1931) ने लिखा है, "कोई-कोई सम्पादक महोदय 'प्राप्त' इस शीर्षक के नीचे उक्त ग्रंथ के प्रणेता का नाम यथावत् निर्देश कर उसे ग्रंथ प्रेषण के लिए अनेकानेक धन्यवाद देते हैं...कोई-कोई सम्पादक महाशय धन्यवाद प्रकाशित कर इतना और भी लिख देते हैं कि ग्रंथ की छपाई और जिल्दबन्दी बहुत सुन्दर है, कागज बहुत बढ़िया है इत्यादि मीठी-मीठी बहुत प्रशंसा कर देते हैं...इनके अतिरिक्त आलोचना करने की बहुत बढ़िया दूसरी रीति और बताने की है, वह यह है कि अमुक ग्रंथ हमें प्राप्त हुआ। इसके लिए हम तद्रचयिता को बहुत धन्यवाद देते हैं। इसकी आलोचना आगामी अंक में प्रकाशित की जाएगी। आगामी अंक आता है काहे को और उसमें आलोचना प्रकाशित होती है काहे को।" (उद्धृत, साहित्य शास्त्र और हिन्दी आलोचना, पृ. 115) गंगाप्रसाद अग्निहोत्री की टिप्पणी इसलिए महत्त्वपूर्ण है क्योंकि उनके पास अपेक्षाकृत नवीन और विकसित आलोचना-दृष्टि है। वे पाश्चात्य समीक्षा-सिद्धान्तों का सूत्रपात करने वालों में अग्रणी हैं।

बहरहाल, अग्निहोत्री जी, पुस्तक समीक्षा सम्बन्धी आलोचनात्मक दृष्टि की उक्त कमी का कारण नूतन विद्वानों की स्वभाषा की ओर उपेक्षाबुद्धि का होना बताते हैं। जो हो पर क्रमश: 1880 के बाद आलोचना का स्तर गम्भीर होता गया। इन पुस्तक समीक्षाओं की अपेक्षा वास्तव में आलोचनात्मक निबन्धों में हमें सच्ची व्यावहारिक आलोचना के दर्शन होते हैं और इस तरह की आलोचना का आरम्भ पंडित बालकृष्ण

भट्ट और बदरी नारायण चौधरी 'प्रेमघन' से प्राप्त होता है। इन दोनों ने 1885 ई. में लाला श्रीनिवास दास के 'संयोगिता स्वयंवर' की आलोचना अपने-अपने पत्रों क्रमश: 'हिन्दी प्रदीप' और 'आनन्द कादंबिनी' में की थी। 'आनन्द कादंबिनी' की आलोचना में आलोच्य कृति की त्रुटियों की ओर संकेत करने के साथ-साथ स्वाभाविकता और गम्भीरता की रक्षा का प्रयत्न परिलक्षित होता है। भट्ट जी द्वारा सम्पादित 'हिन्दी प्रदीप' इस दृष्टि से सर्वाधिक समृद्ध माना जा सकता है। उन्होंने स्वयं लगभग 30 वर्षों तक व्यंग्यात्मक निबन्ध और पुस्तक समीक्षाएँ लिखीं। उनकी आलोचना शैली मुख्यत: व्यंग्यात्मक थी। तात्पर्य यह है कि इस युग में एक ओर पारम्परिक समीक्षा-शैलियों का विकास हुआ तो दूसरी ओर नवीन शैली की व्यावहारिक आलोचना का सूत्रपात हुआ। इस युग की साहित्य-समीक्षा की विशेषताओं का विश्लेषण करते हुए नन्दकिशोर नवल ने लिखा है, "इस युग का साहित्य आधुनिक चेतना का साहित्य है। इस साहित्य में यह आधुनिक चेतना कहाँ से आई? यह चेतना वस्तुत: उस राष्ट्रीय पूँजीवाद की देन थी जिसके तत्त्व मुगल काल में ही प्रकट होने लगे थे और जिसने भक्ति आन्दोलन को जन्म दिया था। यूरोपीय व्यापारियों के आगमन से इस देश में राष्ट्रीय पूँजीवाद का विकास न हो सका और यह देश पराधीनता की बेड़ियों में जकड़ दिया गया। सन् 1857 ई. के विद्रोह के बाद विदेशी पूँजीवाद ने देशी सामंतवाद के साथ गठबन्धन कर इस देश को लूटना और तबाह करना शुरू किया। भारतेन्दु-युग का साहित्य इस स्थिति के प्रति तीव्र प्रतिवाद का साहित्य है। इसमें एक ओर उपनिवेशवाद का विरोध मिलता है तो दूसरी ओर सामंतवाद का। इस युग की आलोचना में भी हम एक ओर स्वच्छंदता का आग्रह देखते हैं तो दूसरी ओर साहित्य के सामंती मूल्यों का पूर्ण तिरस्कार। इस युग की आलोचना की अन्यतम विशेषता यह है कि यह इस युग के रचनात्मक साहित्य के अन्तर्विरोध से मुक्त है।" (हिन्दी आलोचना का विकास, पृ. 38)

भारतेन्दु ने इस नए युग की विशिष्टताओं को रेखाँकित करते हुए स्पष्ट शब्दों में कहा है कि "वर्तमान समय में इस काल के कवि तथा सामाजिक लोगों की रुचि उस काल की अपेक्षा अधिकांश में विलक्षण है। इससे सम्प्रति प्राचीन मत अवलम्ब करके नाटक आदि दृश्य काव्य लिखना युक्तिसंगत नहीं बोध होता है।" (भारतेन्दु समग्र, पृ. 559)

जाहिर है, जीवन के प्रति वैज्ञानिक दृष्टिकोण का सूत्रपात हो चुका था।

इतिहास ग्रंथों में प्रकाशित कवियों के बारे में आलोचनाएँ

इतिहास-ग्रंथों में कवि-परिचय के साथ प्राप्त होने वाली आलोचना का सूत्रपात इसी कालखंड में 'शिवसिंह सरोज' (1879) से हुआ। शिवसिंह ने अपने ग्रंथ में कवियों के इतिवृत्त प्रस्तुत करते हुए उनकी श्रेष्ठ रचनाओं को भी उद्धृत किया और उनके सम्बन्ध में प्रशंसात्मक उक्तियाँ कहीं। यह भी आलोचना का एक प्रकार ही था जिसका चरम विकास आचार्य रामचन्द्र शुक्ल के 'हिन्दी साहित्य का इतिहास' में देखने को मिलता है।

इस काल के प्रमुख आलोचकों पर संक्षिप्त टिप्पणियाँ आगे दी जा रही हैं।

भारतेन्दु हरिश्चन्द्र

काशी में जन्मे, काशी में ही पढ़े-लिखे और काशी में ही दिवंगत हुए भारतेन्दु हरिश्चन्द्र (09.09.1850-06.01.1885) को आधुनिक हिन्दी का अग्रदूत कहा जाता है। मात्र 35 वर्ष की अल्पायु में उन्होंने साहित्य के विविध क्षेत्रों में जो काम किया है वह असाधारण है। आधुनिक हिन्दी आलोचना के भी वे अग्रदूत कहे जा सकते हैं। हिन्दी गद्य के विकास और रूप निर्धारण में उनकी पत्रिका 'हरिश्चन्द्र चन्द्रिका' का विशेष योगदान है। इस पत्रिका के माध्यम से उस युग के आधुनिक दृष्टिसम्पन्न लेखकों को अपनी प्रतिभा निखारने का अवसर मिला। भारतेन्दु ने कविता के साथ-साथ हिन्दी गद्य की कई विधाओं में अपनी रचनात्मक प्रतिभा का परिचय दिया किन्तु नाटक उनकी सर्वाधिक प्रिय विधा रही। उन्होंने कई मौलिक नाटकों के साथ ही अंग्रेजी, संस्कृत और बांग्ला के नाटकों का अनुवाद भी किया। अपने अनुभवों के आधार पर उन्होंने 'नाटक अथवा दृष्य काव्य' नामक आलोचनात्मक पुस्तक लिखी। इस कृति से नाटक के विषय में उनकी आधुनिक दृष्टि का पता चलता है। अपनी पुस्तक के अन्त में उन्होंने लिखा है, "यद्यपि हिन्दी भाषा में दस-बीस नाटक बन गए हैं किन्तु हम यही कहेंगे कि अभी इस भाषा में नाटकों का बहुत ही अभाव है। आशा है कि काल की क्रमोन्नति के साथ ग्रंथ भी बनते जाएँगे और अपनी सम्पत्तिशालिनी ज्ञान वृद्धा

बड़ी बहन बंग भाषा के अक्षय रत्न भांडागार की सहायता से हिन्दी भाषा बड़ी उन्नति करे।" (उद्धृत, हिन्दी आलोचना का विकास, पृ. 17)

नाट्य रचना के अन्तर्गत यथार्थवादी दृष्टिकोण की आवश्यकता को महसूस करते हुए भारतेन्दु लिखते हैं कि "अब नाटकादि दृश्यकाव्य में अस्वाभाविक सामग्री-परिपोषक काव्य सहृदय सभ्यमंडली को नितान्त अरुचिकर है, इसलिए स्वाभाविक रचना ही इस काल के सभ्यगण की हृदयग्राहिणी है, इससे अब अलौकिक विषय का आश्रय करके नाटकादि दृश्यकाव्य प्रणयन करना उचित नहीं है।" (उद्धृत, भारतेन्दु हरिश्चन्द्र और हिन्दी नवजागरण की समस्याएँ, रामविलास शर्मा, पृ. 148)

भारतेन्दु के उक्त वक्तव्य से स्पष्ट पता चलता है कि भारतेन्दु के समय हिन्दी नाटकों पर बांग्ला नाटकों का प्रभाव पड़ रहा था और प्रकारान्तर से अंग्रेजी नाटकों का भी। भारतेन्दु के समय पारसी नाटकों का भी गहरा प्रभाव था किन्तु भारतेन्दु को पारसी नाटकों की अभिनय शैली पसन्द नहीं थी। उन्होंने पारसी नाटकों की प्रस्तुति और शैली पर अपना विचार व्यक्त करते हुए लिखा है, "काशी में पारसी नाटक वालों ने नाचघर में जब शकुन्तला नाटक खेला और उसमें धीरोदात्त नायक दुष्यन्त खेमटेवालियों की तरह कमर पर हाथ रखकर मटक-मटक कर नाचने और पतली कमर बल खाय यह गाने लगा तो डाक्टर थिबो, बाबू प्रमदादास मित्र प्रभृति विद्वान यह कहकर उठ आए कि अब देखा नहीं जाता।" (वही, पृ. 21)

भारतेन्दु ने शास्त्रीय समीक्षा सिद्धान्तों के देशकालानुरूप परिवर्तित होते रहने की बात बलपूर्वक कही थी। उन्होंने नाटकों के उद्देश्य पर विचार करते हुए समाज-संस्कार और देश-वत्सलता को महत्त्व दिया था। इस प्रकार भारतेन्दु ने आलोचना के क्षेत्र में दो मूलभूत आधारों की स्थापना की। प्रथम तो यह कि शास्त्रीय सिद्धान्त परिवर्तनशील हैं। उनका युगानुकूल पुनराख्यान होना चाहिए। दूसरा यह कि काव्य का मूल्यांकन सामाजिक चेतना को भी दृष्टि में रखकर करना चाहिए। शास्त्रीय मर्यादा से युक्त होते हुए काव्यकृति तभी महत्त्वपूर्ण मानी जा सकती है जब उसमें समाज संस्कार की चेतना और देशभक्ति की भावना हो। भारतेन्दु के इस दृष्टिकोण का प्रभाव हुआ कि आगे चलकर पं. बालकृष्ण भट्ट, बदरीनारायण चौधरी 'प्रेमघन' और प्रतापनारायण मिश्र—तीनों आलोचकों ने साहित्य को जीवन के साथ सम्पृक्त करके देखा। साहित्य में संयम, मर्यादा और शुद्धाचरण की प्रतिष्ठा पर अधिक बल दिया। आगे चलकर महावीरप्रसाद द्विवेदी ने इस परम्परा को आगे बढ़ाया।

विश्वनाथ त्रिपाठी ने नाटक-केन्द्रित भारतेन्दु की आलोचना दृष्टि का विश्लेषण करते हुए लिखा है, "भारतेन्दु ने नाटक पर विचार करते समय उसकी प्रकृति, समसामयिक जनरुचि एवं प्राचीन नाट्यशास्त्र की उपयोगिता पर विचार किया है। उन्होंने बदली हुई जनरुचि के अनुसार नाट्यरचना में परिवर्तन करने पर विशेष बल दिया है। भारतेन्दु के नाटक विषयक लेख में आलोचना के गुण मिल जाते हैं। ऐसी दशा में उन्हें आधुनिक हिन्दी साहित्य का प्रथम आलोचक कहना अनुचित न होगा।" (हिन्दी आलोचना, पृ. 19)

कविता के सम्बन्ध में भारतेन्दु के विचार हमें उनके निबन्ध 'जातीय संगीत' में मिलते हैं। इसमें उन्होंने लिखा है, "यह सब लोग जानते हैं कि जो बात साधारण लोगों में फैलेगी उसी का प्रचार सार्वदेशिक होगा और यह भी विदित है कि जितना ग्राम गीत शीघ्र फैलते हैं और जितना काव्य को संगीत द्वारा सुनकर चित्त पर प्रभाव होता है उतना साधारण शिक्षा से नहीं होता। इससे साधारण लोगों के चित्त पर भी इन बातों का अंकुर जमाने को इस प्रकार से जो संगीत फैलाया जाए तो बहुत कुछ संस्कार बदल जाने की आशा है।" (भारतेन्दु ग्रंथावली, (सं.) ओमप्रकाश सिंह, खंड-6, पृ. 102)

भारतेन्दु का बलिया वाला मशहूर भाषण 'भारतवर्षोन्नति कैसे हो सकती है' का अन्तिम वाक्य है, "परदेशी वस्तु और परदेशी भाषा का भरोसा मत रखो। अपने देश में अपनी भाषा में उन्नति करो।"

हिन्दी के महत्त्व और उसकी प्रगति के लिए भारतेन्दु का चिन्तन बहुत महत्त्वपूर्ण है। हिन्दी की उन्नति को आधार बनाकर भारतेन्दु ने 98 दोहों का एक संकलन तैयार किया है। इसी का एक प्रसिद्ध दोहा है,

निज भाषा उन्नति अहै सब उन्नति को मूल,
बिन निज भाषा ज्ञान के मिटत न हिय को शूल।

भाषा के सम्बन्ध में भारतेन्दु की यही मूल स्थापना है। उनका विश्वास है कि कोई भी जाति सिर्फ अपनी भाषा के माध्यम से ही प्रगति कर सकती है। पराई भाषा के माध्यम से पढ़ाई करने वाला व्यक्ति

सिर्फ नकलची बन सकता है। उसके भीतर स्वाभिमान नहीं जग सकता। अपनी भाषा के बिना मनुष्य अपनी हीनता से मुक्त नहीं हो सकता। भारतेन्दु हमारा ध्यान अंग्रेजों की ओर आकर्षित करते हैं और कहते हैं कि अंग्रेजों ने कैसे प्रगति की? उन्होंने अपनी भाषा के माध्यम से प्रगति की। यह बात हमें उनसे सीखनी चाहिए। (दोहा संख्या-35) अंग्रेजों की भाषा अंग्रेजी पर टिप्पणी करते हुए वे कहते हैं कि इनकी भाषा बहुत अटपटी है। लिखा कुछ जाता है, पढ़ा कुछ जाता है। लेकिन इस अटपटेपन के होते हुए भी अंग्रेजों ने अपनी भाषा नहीं छोड़ी। (दोहा 36) अंग्रेजी में जो ज्ञान-विज्ञान है उसे सीखकर हिन्दी में ले आना चाहिए। (दोहा-38-39)

भारतेन्दु का प्रस्ताव है कि हिन्दी के माध्यम से विज्ञान की शिक्षा सबके लिए सुलभ होनी चाहिए। सारी उन्नति की जड़ है—भाषा की उन्नति। इसके लिए सब लोगों को मिलकर प्रयास करना चाहिए।

तासों सब मिलि छाँड़ि के दूजे और उपाय,
उन्नति भाषा की करौ अहौ भ्रातगण आय।

उनका आग्रह है कि राज-काज और दरबार में सब जगह अपनी भाषा का व्यवहार करो

प्रचलित करहु जहान में निज भाषा करि यत्न
राज-काज दरबार में फैलाओ यह रत्न।

हिन्दू-मुस्लिम एकता का महत्त्व भारतेन्दु भली-भाँति समझते हैं। वे हिन्दुओं और मुसलमानों दोनों से अपने-अपने सुधार की बात करते हैं। मुसलमानों से वे कहते हैं, "मुसलमान भाइयों को भी उचित है कि इस हिन्दुस्तान में बसकर वे लोग हिन्दुओं को नीचा समझना छोड़ दें। ठीक भाइयों की भाँति हिन्दुओं से व्यवहार करें। ऐसी बात जो हिन्दुओं के जी दुखाने वाली हों न करें। घर में आग लगे तब जिठानी-द्यौरानी को आपस का डाह छोड़कर एक साथ वह आग बुझानी चाहिए। जो बात हिन्दुओं को नहीं मयस्सर है वह धर्म के प्रभाव से मुसलमानों को सहज प्राप्त है। उनमें जाति नहीं, खाने-पीने में चौका-चूल्हा नहीं, विलायत जाने में रोक-टोक नहीं, फिर भी बड़े सोच की बात है, मुसलमानों ने भी अब तक अपनी दशा कुछ नहीं सुधारी।" (भारतेन्दु समग्र, पृ. 901)

हिन्दी और उर्दू को भारतेन्दु बुनियादी रूप से एक ही भाषा मानते हैं। वह केवल अरबी-फारसी से लदी हुई भाषा का विरोध करते हैं और चाहते हैं कि बोलचाल की भाषा में जो गद्य लिखा जाए उसकी लिपि देवनागरी हो। 'अगरवालों की उत्पत्ति' शीर्षक के अपने लेख की भूमिका में वे कहते हैं, "इन अगरवालों का संक्षिप्त इतिहास इस स्थान पर लिखा जाता है। इनका मुख्य देश पश्चिमोत्तर प्रान्त है और बोली स्त्री और पुरुष सबकी खड़ी बोली अर्थात् उर्दू है।" (उद्धृत, भारतीय संस्कृति और हिन्दी प्रदेश, भाग-2, पृ. 397)। उन्होंने अन्यत्र लिखा है, "मुझे शिक्षा से सदा दिलचस्पी रही है। मैं संस्कृत, हिन्दी और उर्दू का कवि हूँ तथा गद्य और पद्य में मैंने बहुत सी चीजें लिखी हैं।" (भारतेन्दु समग्र, पृ. 1054) वे उर्दू में भी लिखते थे इसीलिए उन्होंने अपने को हिन्दी के साथ उर्दू का भी कवि कहा है। उनकी स्पष्ट मान्यता है कि, "इस खड़ी बोली में जब फारसी शब्दों की बहुतायत होती है और वह फारसी लिपि में लिखी जाती है तब उसे उर्दू कहा जाता है, जब इस तरह की विदेशी मिलावट नहीं होती और वह देवनागरी लिपि में लिखी जाती है, तब उसे हिन्दी कहा जाता है। इस तरह हम इस नतीजे पर पहुँचते हैं कि उर्दू और हिन्दी में कोई वास्तविक भेद नहीं है।" (भारतेन्दु समग्र, पृ. 1056)

भारतेन्दु ने 1883-84 में 'हिन्दी भाषा' नाम से एक छोटी सी पुस्तिका प्रकाशित की थी। इसमें शुद्ध हिन्दी के रूप में उन्होंने निम्नलिखित उद्धरण प्रस्तुत किया है,

"पर मेरे प्रीतम अब तक घर न आए। क्या उस देश में बरसात नहीं होती? या किसी सौत के फन्द में पड़ गए कि घर की सुध ही भूल गए। कहाँ (तो) वह प्यार की बातें, कहाँ एक संग ऐसा भूल जाना कि चिट्ठी भी न भिजवाना। हाय मैं कहाँ जाऊँ, कैसी करूँ, मेरी तो ऐसी कोई मुँहबोली सहेली भी नहीं कि उसे दुखड़ा रो सुनाऊँ, कुछ इधर-उधर की बातों ही से जी बहलाऊँ।"

भारतेन्दु ने अपने नाटकों में इसी तरह की भाषा का प्रयोग किया है। एक ओर तो इसमें तद्भव और देशज शब्दों एवं मुहावरों का प्राधान्य है और दूसरी ओर जनजीवन में घुले हुए विदेशी शब्दों से भी कोई

खास परहेज नहीं है। रामविलास शर्मा के अनुसार भारतेन्दु न तो घोर उर्दू विरोधी थे, न संस्कृतनिष्ठता के कायल। सितारेहिन्द की तरह ही उनके यहाँ भाषा के दो रूप मिलते हैं। बोलियों के लिहाज से देखें तो दो से भी अधिक। बोलियों का प्रयोग ही भारतेन्दु की ताकत है। भारतेन्दु के गद्य की एक विशेषता यह है कि उसमें जनपदीय शब्दों का धड़ल्ले से व्यवहार होता है। उनके कलात्मक गद्य की विशेषता है कि उसमें ब्रजभाषा की मिठास है।

भारतेन्दु के समसामयिक अधिकांश लेखकों ने इसी शैली को अपनाया, परन्तु खेद है कि आगे चलकर बांग्ला के अनुवादों तथा आर्य समाज की एकान्त संस्कृनिष्ठता के कारण भाषा का यह रूप अधिक मान्य न हो सका।

भारतेन्दु ने 1882 ई. में शिक्षा आयोग के प्रश्नों के उत्तर देते हुए कहा था, "सभी सभ्य देशों की अदालतों में उनके नागरिकों की बोली और लिपि का प्रयोग होता है। यही ऐसा देश है जहाँ न तो अदालती भाषा शासकों की मातृभाषा है और न प्रजा की...हिन्दी का प्रयोग होने से जमींदार, साहूकार और व्यापारी सभी को सुविधा होगी क्योंकि सभी जगह हिन्दी का ही प्रयोग है।"

निस्सन्देह, भारतेन्दु के भाषा सम्बन्धी चिन्तन का तत्कालीन हिन्दी-समाज पर गहरा प्रभाव पड़ा, खासतौर पर भारतेन्दु-मंडल के लेखकों ने भाषा के इस रूप को आगे बढ़ाने में महती भूमिका निभाई।

भारतेन्दु द्वारा सम्पादित 'कविवचन सुधा' (1868 ई.) और 'हरिश्चन्द्र चन्द्रिका' (1873 ई.) में समीक्षा के स्तम्भ भी रहते थे। हाँ, यह सही है कि 1880 ई. के पूर्व पत्र-पत्रिकाओं में प्रकाशित होने वाली आलोचनाएँ परिचयात्मक और साधारण कोटि की होती थीं।

निश्चित रूप से भारतेन्दु असाधारण प्रतिभा के व्यक्ति थे। वे चौंतीस वर्ष चार महीने की अल्पायु में ही दिवंगत हो गए। राधाकृष्ण दास ने भारतेन्दु द्वारा विभिन्न भाषाओं और विषयों पर रचित, अनूदित, सम्पादित दो सौ अड़तालीस ग्रंथों का उल्लेख किया है। यह एक चमत्कार जैसा है।

फिलहाल, 'हिन्दी भाषा', 'नाटक' और 'जातीय संगीत' आदि कृतियों में उनकी समीक्षा सम्बन्धी अवधारणाएँ देखी जा सकती है।

बालकृष्ण भट्ट

प्रयाग में जन्मे और प्रयाग में ही पढ़े-लिखे अपने निबन्धों की विशिष्ट शैली के कारण हिन्दी के लैम्ब कहे जाने वाले बालकृष्ण भट्ट (03.06.1844-20.07.1914) की भूमिका भारतेन्दुयुगीन आलोचकों में सर्वाधिक महत्त्वपूर्ण है। उन्होंने परवर्ती आलोचना को गहराई से प्रभावित किया है। रामविलास शर्मा ने उन्हें हिन्दी आलोचना के जन्मदाता के रूप में याद किया है। अपनी पत्रिका 'हिन्दी प्रदीप' के माध्यम से उन्होंने हिन्दी आलोचना को पुष्ट और परिष्कृत किया है।

आचार्य रामचन्द्र शुक्ल ने भी हिन्दी आलोचना के क्षेत्र में बालकृष्ण भट्ट के महत्त्व को स्वीकार करते हुए लिखा है, "समालोचना का सूत्रपात हिन्दी में एक प्रकार से भट्ट जी और चौधरी साहब ने ही किया। समालोच्य पुस्तक के विषयों का अच्छी तरह विवेचन करके उसके गुण-दोष के विस्तृत निरूपण की चाल उन्होंने चलाई।" (हिन्दी साहित्य का इतिहास, पृ. 323)

1877 ई. के अन्त तक आते-आते भट्ट जी के 'हिन्दी प्रदीप' में पुस्तक समीक्षाएँ प्रकाशित होने लगी थी। 'साहित्य जनसमूह के हृदय का विकास है' उनका प्रसिद्ध आलोचनात्मक निबन्ध है जो 1881 ई. में प्रकाशित हुआ था। इस निबन्ध में उन्होंने साहित्य को व्यापक जनसमूह से जोड़कर साहित्य में पहले से चली आने वाली रीतिवादी परम्परा का विरोध किया। उन्होंने कविता को अतिशय बनाव व श्रृंगार से मुक्त करके उसके हृदय को छूने और सीधे प्रभावित करने वाले गुणों को महत्त्व दिया। उनका एक महत्त्वपूर्ण समीक्षात्मक निबन्ध है 'सच्ची कविता'। इस निबन्ध में भी उन्होंने कविता में रीतिवाद का विरोध किया है और स्वच्छंदतावादी प्रवृत्ति की वकालत की है। वे स्वच्छंदतावादी कविता की इसलिए प्रशंसा करते हैं क्योंकि वह कविता सीधे हृदय पर प्रभाव डालती है। उन्होंने श्रीधर पाठक की काव्यकृति 'श्रांत पथिक' की समीक्षा करते हुए लिखा है, "खड़ी बोली में जहाँ तक लालित्य और माधुर्य आ सकता है उसमें किसी तरह त्रुटि नहीं इसमें की गई।" ('हिन्दी प्रदीप', अक्टूबर-दिसम्बर 1901) उल्लेखनीय है, आगे चलकर आचार्य रामचन्द्र शुक्ल ने भी श्रीधर पाठक की स्वच्छंदतावादी कविताओं की प्रशंसा की। रीतिकालीन काव्य परम्परा से प्रभावित कवियों

पर टिप्पणी करते हुए उन्होंने लिखा है, "हिन्दी के कवि भी उन्हीं पुराने कवियों की शैली का अनुसरण कर आज तक चले आए और उस ढंग को छोड़ कोई दूसरे प्रकार की कविता हो सकती है यह बात उनके मन में धँसती ही नहीं, जिसकी उपमा हम एक छोटे से तालाब की देंगे जिसमें न कहीं से पानी का निकास है न नया ताजा पानी उसमें आने की कोई आशा है। तब उसके अतिरिक्त और क्या हो सकता है कि उसका पानी दिन-दिन सड़ता ही जाए और गन्दगी बढ़ती ही जाए, क्योंकि नियमबद्ध हो जाने से गिनी-गिनी बातें उनके लिए बच रहीं। उन्हीं का बार-बार पिष्टपेषण किया करें।" (उद्धृत, हिन्दी आलोचना का विकास, पृ. 23) भट्ट जी कविता में सीधे-सादे चित्र पसन्द करते हैं, इसीलिए श्रीधर पाठक द्वारा किए गए गोल्डस्मिथ की रचनाओं के अनुवादों की प्रशंसा करते हैं।

भट्ट जी ने लाला श्रीनिवास दास के उपन्यास 'परीक्षागुरु' की भी विस्तार से समीक्षा (हिन्दी प्रदीप, दिसम्बर 1882 ई.) की है और उसकी भाषा और कथानक की प्रशंसा की है। दूसरी ओर उन्होंने इसमें पाई जाने वाली उपदेशात्मकता की कटु आलोचना भी की है। निश्चित रूप से भट्ट जी को उपदेशात्मकता से कोई परहेज नहीं है किन्तु उपन्यास में उसका कलात्मक सन्निवेश होना चाहिए। 'हिन्दी प्रदीप' के जनवरी 1882 ई. के अंक में उन्होंने 'उपन्यास' शीर्षक लेख लिखा और घोषित किया कि जैसे और बातों में हम अंग्रेजों की नकल करते हैं वैसा ही उपन्यास लिखना भी हम उन्हीं के दृष्टान्त पर सीख रहे हैं। बांग्ला उपन्यास 'बंग विजेता' का गदाधर सिंह द्वारा किया गया अनुवाद हिन्दी में प्रकाशित होने पर उन्होंने उसकी समीक्षा की और स्थापित किया कि ऐतिहासिक उपन्यास में औपन्यासिकता के साथ-साथ ऐतिहासिकता की रक्षा की जानी चाहिए।

भारतेन्दु युग में लाला श्रीनिवास दास द्वारा लिखित नाटक 'संयोगिता स्वयंवर' और उसकी बालकृष्ण भट्ट और बदरीनारायण चौधरी 'प्रेमघन' द्वारा की गई समीक्षाओं की बार-बार चर्चा की जाती है। यह नाटक पृथ्वीराज चौहान और संयोगिता के प्रेम सम्बन्धों को आधार बनाकर लिखा गया था और इसके अनेक पात्र और प्रसंग ऐतिहासिक थे। लाला श्रीनिवास दास ने इसी आधार पर इस नाटक को ऐतिहासिक कहकर प्रस्तुत किया था। इस नाटक की भट्ट जी द्वारा की गई समीक्षा का शीर्षक है, 'सच्ची समालोचना'। यह समीक्षा 'हिन्दी प्रदीप' के अप्रैल 1886 ई. के अंक में प्रकाशित हुई। अपनी इस समीक्षा में भट्ट जी ऐतिहासिक पृष्ठभूमि वाली रचनाओं के सन्दर्भ में कुछ मौलिक सवाल उठाते हैं। लाला श्रीनिवास दास का जोर अपने नाटक की ऐतिहासिकता पर विशेष था। भट्ट जी अपनी समीक्षा में इस ऐतिहासिकता और प्रकारान्तर से नाटककार की ऐतिहासिक दृष्टि पर ही सवाल उठाते हैं। वे कहते हैं कि "क्या किसी पुराने समय के ऐतिहासिक पुरावृत्त की छाया लेकर नाटक लिख डालने से ही वह ऐतिहासिक हो जाता है? क्या किसी विख्यात राजा-रानी के आने से ही वह लेख ऐतिहासिक हो जाएगा?" (उद्धृत, हिन्दी आलोचना का विकास, पृ. 30) अपनी समीक्षा में भट्ट जी ने राजा-रानी अथवा अन्य ऐतिहासिक पात्रों तथा इतिहास की घटनाओं की अपेक्षा सामान्य जनता की चिन्तन की दिशा को विशेष महत्त्व दिया है। वे नाटक के पात्रों के विकास को विशेष महत्त्व देते हैं और नाटक के सारे प्रमुख पात्रों की समानता को नाटक की असफलता मानते हैं। इसी तरह 'हिन्दी प्रदीप' के फरवरी 1882 ई. के अंक में प्रकाशित 'नीलदेवी' की समीक्षा भी बहुत महत्त्वपूर्ण है।

रामविलास शर्मा ने उन्हें प्रगतिशील हिन्दी आलोचना का जन्मदाता कहा है। वे लिखते हैं, "विचारों की उदारता में वह युग के साथ थे। कहीं-कहीं उससे आगे भी थे। समाज और साहित्य के विकास के बारे में उनकी धारणाएँ उनकी अपनी थीं।...धर्म और दर्शन को सामाजिक विकास की कसौटी पर कसकर बालकृष्ण भट्ट ने प्रगतिशील आलोचना की नीव डाली थी।" (भारतेन्दु युग और हिन्दी भाषा की विकास परम्परा, पृ. 88)

बालकृष्ण भट्ट के बहुचर्चित निबन्ध 'साहित्य जन समूह के हृदय का विकास है' के शीर्षक से ही उनका आधुनिक दृष्टिबोध प्रकट होता है। इसमें उन्होंने साहित्य सम्बन्धी मान्यताओं को लोक से जोड़कर देखने का प्रयास किया है। वे मानते हैं कि यदि साहित्य को लोक के साथ रहना है तो उस साहित्य की मान्यता भी लोक के अनुरूप ही होनी चाहिए। इस निबन्ध पर टिप्पणी करते हुए मैनेजर पांडेय ने लिखा है, "साहित्य की यह सामाजिक दृष्टि आधुनिक हिन्दी साहित्य के विकास के साथ भारतेन्दु युग में सामने आती है। इसके विकास के पीछे व्यापक स्वाधीनता आन्दोलन की प्रक्रिया में समाज से साहित्य के सम्बन्ध की नई चेतना और सामाजिक जीवन में साहित्य की सक्रिय भूमिका के बोध का महत्त्वपूर्ण योगदान है। इस नई दृष्टि की

पहली अभिव्यक्ति बालकृष्ण भट्ट के निबन्ध 'साहित्य जनसमूह के हृदय का विकास है' में मिलती है।" (साहित्य के समाजशास्त्र की भूमिका, पृ. 56)

निश्चित रूप से भारतेन्दु युग के आलोचकों में बालकृष्ण भट्ट आधुनिक दृष्टिसम्पन्न आलोचक हैं और उन्होंने अपने समय की हिन्दी आलोचना को गति दी है और सही दिशा भी।

उपाध्याय बदरीनारायण चौधरी 'प्रेमघन'

मिर्जापुर (उ. प्र.) के 'दात्तापुर' नामक गाँव में जन्मे उपाध्याय बदरीनारायण चौधरी 'प्रेमघन' (01.09.1885-12.03.1922) भारतेन्दु मंडल के प्रमुख लेखकों में से हैं। साहित्य के क्षेत्र में उनकी ख्याति मुख्यत: कवि, नाटककार और पत्रकार के रूप में है। 'आनन्द कादंबिनी' नामक पत्र का उन्होंने सम्पादन किया और उसी के माध्यम से पुस्तक समीक्षा के द्वारा समीक्षा के क्षेत्र में भी प्रतिष्ठा अर्जित की।

आचार्य रामचन्द्र शुक्ल ने हिन्दी आलोचना के क्षेत्र में 'प्रेमघन' के महत्त्व को रेखांकित करते हुए लिखा है, "कहने की आवश्यकता नहीं है कि हमारे हिन्दी साहित्य में समालोचना पहलेपहल केवल गुण-दोष दर्शन के रूप में प्रकट हुई। लेखों के रूप में इसका सूत्रपात बाबू हरिश्चन्द्र के समय में ही हुआ। लेख के रूप में पुस्तकों की समालोचना पं. बदरीनारायण चौधरी ने अपनी 'आनन्द-कादंबिनी' में शुरू की। लाला श्रीनिवास दास के 'संयोगिता स्वयंवर' नाटक की बड़ी विशद और कड़ी आलोचना, जिसमें दोषों का उद्‌घाटन बड़ी बारीकी से किया गया था, उक्त पत्रिका में निकाली थी।" (हिन्दी साहित्य का इतिहास, पृ. 362)

प्रेमघन ने 'आनन्द कादंबिनी' में श्रीनिवास दास के नाटक 'संयोगिता स्वंवर' की समीक्षा' 'संयोगिता स्वंवर और उसकी आलोचना' शीर्षक से लिखी। उन्होंने संस्कृत नाट्यशास्त्र में वर्णित शास्त्रीय विधान के आधार पर नाटक का मूल्यांकन किया है। 'संयोगिता स्वयंवर' की समीक्षा करते हुए उन्होंने उस पर शेक्सपियर के नाटकों के प्रभाव की चर्चा भी विस्तार से की है। इसके अलावा उन्होंने गदाधर सिंह कृत 'बंगविजेता' के अनुवाद की भी आलोचना अपने पत्र 'आनन्द कादंबिनी' के कई पृष्ठों में की है। उनकी ये आलोचनाएँ यद्यपि गुण-दोष के उद्‌घाटन और भाषा सम्बन्धी कमजोरियों पर ही अधिक केन्द्रित हैं और साधारण कोटि की ही हैं, किन्तु हिन्दी आलोचना के आरम्भिक युग में इस पुस्तक समीक्षा का महत्त्व निर्विवाद है।

'प्रेमघन' ने अपने निबन्ध, 'नागरी के समाचार-पत्र और उनकी आलोचना' (प्रेमघन सर्वस्व, द्वितीय भाग) में पुस्तक समीक्षा के महत्त्व को रेखांकित करते हुए लिखा है, "यद्यपि सभी विषयों की समालोचना करना समाचार-पत्रों का एक मुख्य धर्म वा अंग है, परन्तु साहित्य सम्बन्धी समालोचना उसमें भी एक विशेष आवश्यक वस्तु है, क्योंकि प्रथम तो इससे सामयिक पत्रों के द्वारा सामान्यत: सभी पत्र-पाठकों को किसी नवीन पुस्तक वा पत्र के प्रकाशित होने की विज्ञप्ति हो जाती और बिना कौड़ी व्यय के पुस्तक प्रणेता को एक बार विज्ञापन देने का लाभ हो जाता है।" (उद्धृत, हिन्दी आलोचना का विकास, पृ. 26) लेकिन इसके अलावा उनकी दृष्टि में पुस्तक समीक्षा का अन्य साहित्यिक महत्त्व भी है। उनकी दृष्टि में, "रिव्यू अर्थात् समालोचना का अर्थ है पक्षपात रहित होकर न्यायपूर्वक किसी पुस्तक के यथार्थ गुण-दोष की विवेचना करना और उससे ग्रंथकर्ता को विज्ञप्ति देना क्योंकि रचित ग्रंथ के रचना के गुणों की प्रशंसा कर रचयिता के उत्साह को बढ़ाना एवम् दोषों को दिखलाकर उसके सुधार का यत्न बताना कुछ न्यून उपकार का विषय नहीं है।" (उद्धृत, हिन्दी आलोचना का विकास, पृ. 26)

एक समीक्षक की योग्यता बताते हुए वे लिखते हैं, "यह एक कठिन वस्तु भी है क्योंकि प्रथम तो किसी अच्छे ग्रंथ की समालोचना करने के लिए समालोचक की योग्यता उसके ग्रंथकर्ता से अधिक अपेक्षित है, दूसरे उसे भी उतनी ही सावधानी और परिश्रमपूर्वक उसे देखने की आवश्यकता है जितनी उसके ग्रंथकर्ता को उसके संशोधन में होती है। इसी से बिना इतने के तो उसका सुसम्पन्न होना ही दुर्लभ है। रहा यह कि मतभेद, आग्रह, पक्षपात, ईर्ष्या, द्वेष, शुश्रूषा, संकोच और दबाव, यह कठिनता उसके दोष के कारण है। परन्तु पूर्वोक्त गुणयुक्त और इन दोषों से रहित जो समालोचना लिखी जाए यथार्थ समालोचना कहाने की योग्यता वही रखती है।" (उद्धृत, हिन्दी आलोचना का विकास, पृ. 27)

'प्रेमघन' मुख्यत: कवि, नाटककार और निबन्धकार हैं। 'आनन्द कादंबिनी' के सम्पादक के रूप में उन्हें विशेष ख्याति मिली। उनकी कृतियों का संकलन उनके पौत्र दिनेश नारायण उपाध्याय ने 'प्रेमघन सर्वस्व' नाम से किया है, जिसे हिन्दी साहित्य सम्मेलन प्रयाग ने दो भागों में प्रकाशित किया है।

प्रतापनारायण मिश्र

उन्नाव (उ.प्र.) जिले के 'बैजेगाँव' नामक गाँव में जन्मे प्रतापनारायण मिश्र (24.09.1856-06.07.1894) भारतेन्दु मंडल के प्रमुख लेखकों में हैं। वे असाधारण प्रतिभा के व्यक्ति थे। मात्र 38 वर्ष की उम्र में उन्होंने लगभग 50 ग्रंथों की रचना की है। इसके अलावा उन्होंने 1983 ई. से लेकर 1994 ई. तक 'ब्राह्मण' का भी सम्पादन किया। वे मूलत: निबन्धकार, नाटककार और पत्रकार थे। हिन्दी निबन्ध के क्षेत्र में आज भी उनकी शैली के निबन्ध लेखक विरल हैं। वे सच्चे अर्थों में हिन्दी गद्य के निर्माता थे।

भारतेन्दु के व्यक्तित्व का उन पर गहरा प्रभाव था। उन्होंने कई समीक्षाएँ भी लिखी हैं जिनमें मास्टर नन्हेमल की 'सुखद वार्ता', महावीर प्रसाद द्विवेदी की 'देवी स्तुति शतक', पं. अम्बिकादत्त व्यास की 'लतिका नाटिका', लाला श्रीनिवास दास के 'तप्त संवरण नाटक', पं. कनछेदी तिवारी की 'शृंगार लतिका', भारतेन्दु की 'भारत दुर्दशा', पं. बदरीनारायण चौधरी की 'आनन्द कादम्बिनी' तथा पं. श्रीधर पाठक की अनेक पुस्तकों की समीक्षाएँ प्रमुख हैं।

लाला श्रीनिवास दास की प्रसिद्ध कृति 'परीक्षागुरु' की समीक्षा भी प्रतापनारायण मिश्र ने लिखी। 'ब्राह्मण' में 'समालोचना' शीर्षक से पुस्तकों की समीक्षाएँ भी छपती थीं। इसके लिए एक अलग स्तम्भ रहता था। वे नाटक को रंगमंच की दृष्टि से देखे जाने के हिमायती हैं। इसीलिए उन्होंने नाटक में संवाद योजना की चर्चा विस्तार से की है। वे नाटक में पात्रानुकूल भाषा के महत्त्व को स्वीकार करते हैं, संस्कृत के क्लिष्ट शब्दों का प्रयोग अच्छा नहीं मानते। भाषा का बहुत अधिक काव्यात्मक होना भी वे नाटक का दोष ही मानते हैं, क्योंकि इससे नाटक के मंचन में बाधा आती है।

अम्बिकादत्त व्यास की 'ललित नाटिका' की आलोचना करते हुए प्रतापनारायण मिश्र ने लिखा है, "इसकी भाषा बहुत अच्छी है, नाट्यरीति अत्युत्तम है, पुस्तक प्रशंसनीय है, पर दो बातों की कसर है। एक यह कि दृश्य लेख के पद्य मात्र में कवि का नाम होना अशोभित लगता है क्योंकि नाटक पात्रों के मुख से बार-बार एक ऐसे पुरुष का नाम निकलना जिसका नाटक भर में कहीं काम नहीं पड़ता, निरा निरर्थक है। दूसरे कथा प्रबन्ध इसका ऐसा है कि न तो उससे कोई सदुपदेश ही निकलता है, न ही किसी रस का कुछ असर ही जी पर होता है।...बाबू हरिश्चन्द्र की 'चन्द्रावली नाटिका' नाटिका ही है, जो जबरदस्ती सहृदय मात्र का चित्त अपनी ओर खींच लेती है।" (उद्धृत, नवजागरण और प्रतापनारायण मिश्र, भगवती प्रसाद शर्मा, पृ. 314)

उनकी आलोचना की भाषा अत्यन्त सरल, सहज और व्यंग्य प्रधान होती है। उसमें मिठास है। हिन्दी गद्य को सहज, सुगम और प्राणवन्त स्वरूप प्रदान करने के लिए उन्हें सदा याद किया जाएगा।

चौथा सोपान

द्विवेदीयुगीन आलोचना : व्यावहारिक आलोचना का अगला चरण

'नागरी प्रचारिणी पत्रिका' के प्रकाशन (1897 ई.) के बाद हिन्दी आलोचना के इतिहास में एक नए युग का आरम्भ होता है। 'नागरी प्रचारिणी पत्रिका' के प्रथम वर्ष में ही प्रकाशित गंगा प्रसाद अग्निहोत्री का 'समालोचना', बाबू जगन्नाथदास रत्नाकर का 'समालोचनादर्श', अम्बिकादत्त व्यास का 'गद्यकाव्य मीमांसा' आदि लेख हिन्दी समीक्षा की दृष्टि से महत्त्वपूर्ण हैं। 'नागरी प्रचारिणी पत्रिका' के प्रकाशन से हिन्दी में आचार्य महावीरप्रसाद द्विवेदी, बाबू श्यामसुन्दर दास, अम्बिकादत्त व्यास, मिश्रबन्धु जैसे धुरंधर लेखकों की प्रतिभा को विकसित होने का अवसर मिला। इसमें इतिहास, साहित्य, भाषातत्त्व, पुरातत्त्व आदि के बारे में लेख प्रकाशित होने लगे और खोज सम्बन्धी सामग्री भी पाठकों के सामने आने लगी। इसके अतिरिक्त 'सुदर्शन' (1900 ई.), 'सरस्वती' (1900 ई.) और 'समालोचक' (1902 ई.) जैसी पत्रिकाओं ने आधुनिक आलोचना को सँवारने का महत्त्वपूर्ण कार्य किया। उल्लेखनीय है कि आरम्भिक कालखंड में 'आलोचना' के लिए 'समालोचना' शब्द का ही प्राय: प्रयोग किया जाता था।

काव्य के लक्षण या सिद्धान्त निरूपण के क्षेत्र में प्रताप नारायण सिंह का 'रस कुसुमाकर' (1899 ई.), कविराजा मुरारीदान का 'यशवंतभूषण' (1893 ई.), जगन्नाथ प्रसाद भानु का 'काव्य प्रभाकर' (1910 ई.) उल्लेखनीय है। इन सिद्धान्त-ग्रंथों में लक्षण गद्य में दिए गए, साथ ही युग की प्रवृत्ति के अनुसार शास्त्र के नियमों की जटिलता को सरल करने का भी प्रश्न उठाया गया। इस प्रकार पहली बार परम्परागत शास्त्रीय नियमों को परिवर्तित सामाजिक रुचि की चुनौती का सामना करना पड़ा।

सन् 1904 में द्विवेदी जी ने 'सरस्वती' में पुस्तक समीक्षा का सूत्रपात किया। उनके हाथ में पुस्तक समीक्षा की वह छिछली प्रशंसा निष्पक्ष और सूक्ष्म मूल्यांकन की स्थिति में पहुँच गई। आचार्य महावीरप्रसाद द्विवेदी द्वारा लिखित 'कालिदास की निरंकुशता' शीर्षक निबन्ध अपने ढंग का आलोचनात्मक लेख था। उन्होंने अपनी आलोचना में भारतीय रस सिद्धान्त को पूरा-पूरा महत्त्व दिया और नवीनता की भी उपेक्षा नहीं की। उनकी आलोचनात्मक दृष्टि मुख्यत: भाषा और शैली की शुद्धता, व्याकरण और मुहावरों के सही प्रयोग की ओर ध्यान दिलाने वाली थी। उनकी मिश्रबन्धुओं द्वारा रचित 'हिन्दी नवरत्न' की समीक्षा विशेष रूप से उल्लेखनीय है। आचार्य नन्ददुलारे वाजपेयी के अनुसार 'हिन्दी नवरत्न' की समीक्षा करते हुए द्विवेदी जी ने सबसे पहले यह प्रदर्शित किया कि कवियों के उत्कर्ष-अपकर्ष का निर्णय करने की एक व्यवस्था होनी चाहिए।

श्री प्रकाशचन्द्र गुप्त ने कहा है कि उनकी आलोचना खरी और पैनी होती थी और वे गुण-दोष विवेचन में बड़े पटु थे। उनके फतवे मानो किसी विचाराधीश के आसन से मिलते थे। वह हमें अठारहवीं सदी के अंगरेजी आलोचकों का स्मरण दिलाते हैं।

द्विवेदी जी के अतिरिक्त इस युग में मिश्रबन्धुओं का नाम भी समीक्षा के क्षेत्र में उल्लेखनीय है। पुस्तक समीक्षा, अनुसन्धान तथा विशुद्ध आलोचना के क्षेत्र में उन्होंने यथेष्ट कार्य किया है। उनकी आलोचना में आलोचित कृतियों के गुण-दोषों का सम्यक् विवेचन होता था। अनुसन्धान की प्रवृत्ति के द्योतक 'मिश्रबन्धुविनोद' में भी हमें आलोचनात्मक-दृष्टि का परिचय मिलता है। इसके अतिरिक्त हिन्दी पत्र-पत्रिकाओं में प्रकाशित मिश्रबन्धुओं की आलोचनाएँ उनकी शुद्ध आलोचनात्मक दृष्टि की परिचायक हैं। 'सरस्वती' में प्रकाशित 'श्रीधर पाठक की कविता' तथा 'हिन्दी काव्य' आदि निबन्ध इसके प्रमाण हैं।

इसी युग में हिन्दी में तुलनात्मक आलोचना का भी प्रादुर्भाव हुआ। यद्यपि मिश्रबन्धुकृत 'हिन्दी नवरत्न' में कवियों के श्रेणी-विभाजन में ही तुलनात्मक आलोचना का क्षीण आभास मिल जाता है, पर उसका

व्यवस्थित रूप 'सरस्वती' (1907) में प्रकाशित पं. पद्मसिंह शर्मा के 'बिहारी और फारसी कवि शेखसादी की तुलनात्मक आलोचना' में मिलता है। मिश्रबन्धुओं ने अपने नवरत्न में देव को बहुत ऊँचा स्थान दिया और बिहारी को उनके बाद रखा। इसके विरोध में पं. पद्मसिंह शर्मा ने 'आर्या सप्तशती', 'अमरुक शतक', 'गाथा सप्तशती' आदि संस्कृत प्राकृत के ग्रंथों तथा हिन्दी और फारसी के अन्य कवियों से 'बिहारी सतसई' की तुलना करके बिहारी को शृंगार रस का सर्वश्रेष्ठ कवि सिद्ध किया। पुनः पं. कृष्णबिहारी मिश्र ने 'देव और बिहारी' तथा लाला भगवानदीन ने 'बिहारी और देव' ग्रंथों का प्रणयन करके इस द्वंद्व को और आगे बढ़ाया और परिणामस्वरूप एक समय ऐसा आया जब हिन्दी जगत देव और बिहारी के द्वंद्व का अखाड़ा हो गया। इससे चाहे और कुछ न हुआ हो पर तुलनात्मक समीक्षा-दृष्टि के विकास के साथ-साथ हिन्दी पाठकों को रचना कौशल और उक्ति चमत्कार का बोध तो हुआ ही।

मिश्रबन्धुओं ने 'हिन्दी नवरत्न' और 'मिश्रबन्धु विनोद' दोनों ग्रंथों में श्रेणी विभाजन को ही अपनी आलोचना का मुख्य आधार स्वीकार किया है। उन्होंने किन्हीं दो कवियों के बहुत से छंदों की तुलना करके अधिक उत्कृष्ट छंदों की संख्या की दृष्टि से एक कवि को दूसरे कवि से अधिक श्रेष्ठ ठहराया है। किन्तु हिन्दी साहित्य में व्यवस्थित तुलनात्मक समीक्षा हमें सर्वप्रथम पद्मसिंह शर्मा की कृतियों में ही दिखाई देती है। उन्होंने 'बिहारी सतसई' के भाष्य की भूमिका के रूप में तुलनात्मक आलोचना पद्धति का आदर्श प्रस्तुत किया है।

इस प्रकार स्पष्ट है कि हिन्दी आलोचना की भूमिका का निर्माण इसी युग में हो गया था।

डॉ. कृष्णदत्त पालीवाल ने लिखा है, "आलोचना को साहित्यिक विधा के रूप में मान्यता इसी युग ने प्रदान की है। द्विवेदीयुगीन आलोचना में चाहे गहराई का अहसास न हो, पर विस्तार और वैविध्य है। यह बन्द गली की बासी आलोचना न होकर खुली खिड़कीदार ताजी आलोचना है जिसमें पाश्चात्य सिद्धान्तों तथा विचारों की हवा स्वच्छंद गति से बह रही है। सामाजिक-सांस्कृतिक नवजागरण का यह काल साहित्य-समीक्षा में नवीन प्रवृत्तियों-आन्दोलनों, विचारधाराओं और मूल्यों का महत्त्वपूर्ण काल है।" (हिन्दी आलोचना का सैद्धान्तिक आधार, पृ. 253)

आचार्य महावीरप्रसाद द्विवेदी

साहित्य को 'ज्ञानराशि का संचित कोश' कहने वाले हिन्दी के प्रथम आचार्य महावीरप्रसाद द्विवेदी (15.5.1864-29.12.1938) का जन्म उत्तर प्रदेश के रायबरेली जिले के 'दौलतपुर' नामक गाँव में हुआ था। उन्होंने साहित्य की सेवा के लिए दो सौ रुपए महीने की रेलवे की सरकारी नौकरी छोड़कर तेईस रुपए महीने पर 'सरस्वती' के सम्पादन का दायित्व सँभाला था। वे एक साथ कवि, निबन्धकार, अनुवादक, सम्पादक और आलोचक हैं, किन्तु उन्होंने 'सरस्वती' के माध्यम से भाषा परिष्कार का जो महान कार्य किया वह अतुलनीय है।

द्विवेदी जी संस्कृत के पंडित तो थे ही, उन्होंने बंगला, मराठी, गुजराती साहित्य का भी गम्भीर अध्ययन किया था। साहित्य के अलावा इतिहास, पुरातत्त्व, अर्थशास्त्र, सामाजिक विज्ञान आदि में भी उनकी गहरी पैठ थी। इसके अलावा उन्होंने 'बेकन विचार रत्नावली', 'शिक्षा', और 'स्वाधीनता' के नाम से क्रमशः बेकन के निबन्धों, हर्वर्ट स्पेंसर की पुस्तक 'एज्यूकेशन' और जॉन स्टुअर्ट मिल की पुस्तक 'आन लिबर्टी' का हिन्दी अनुवाद किया है। इन सबके अध्ययन से उनकी एक स्वस्थ वैज्ञानिक दृष्टि बन चुकी थी। अंग्रेजी के कवियों में वे सबसे अधिक वड्र्सवर्थ से प्रभावित थे।

सैद्धान्तिक दृष्टि से द्विवेदी जी रसवादी आलोचक माने जाएँगे, किन्तु उनका रसवाद लोकहित की भावना से मर्यादित है। रसवाद की यही परम्परा आगे चलकर आचार्य रामचन्द्र शुक्ल में अपनी पराकाष्ठा तक पहुँच गई है। उनकी आलोचना शैली सैद्धान्तिक भी है और व्यावहारिक भी। 'रसज्ञ रंजन' और 'नाट्यशास्त्र' जैसी कृतियों में उनकी सैद्धान्तिक आलोचना देखी जा सकती है। उनकी व्यावहारिक आलोचना में भी जहाँ-तहाँ उनकी सैद्धान्तिक मान्यताएँ देखी जा सकती हैं।

उनकी मूल्य दृष्टि भविष्योन्मुखी थी। 'कविता का भविष्य' नामक अपने एक महत्त्वपूर्ण निबन्ध में उन्होंने कहा था, "भविष्य का लक्ष्य इधर ही होगा। अभी तक वह मिट्टी में सने हुए किसानों और कारखाने से निकले हुए मैले मजदूरों को अपने काव्यों का नायक बनाना नहीं चाहता था। वह राज-स्तुति, वीर-गाथा,

अथवा प्रकृति-वर्णन में ही लीन रहता था, परन्तु अब वह क्षुद्रों की भी महत्ता देखेगा और तभी जगत का रहस्य सबको विदित होगा। जगत का रहस्य क्या है? इस पर एक ने कहा है कि असाधारणता में यह रहस्य नहीं है। जो साधारण है, वही रहस्यमय है, वही अनन्त सौन्दर्य से युक्त है। इसी सौन्दर्य को स्पष्ट कर देना भविष्य के कवियों का काम होगा।" (महावीरप्रसाद द्विवेदी रचनावली खंड-2, पृ. 98)

हिन्दी आलोचना को द्विवेदी जी ने नया रूप दिया। साहित्य से रूढ़िवाद को हटाने के लिए उन्होंने रीतिवादविरोधी अभियान चलाया। उन्होंने भक्त कवियों और नायिका भेद लिखने वाले रीतिवादी कवियों को एक-दूसरे से अलग किया। उनके अनुसार सूर और तुलसी के साथ देव और मतिराम का नाम लिखना भी अनुचित है। इस विषय को लेकर उन्होंने मिश्रबन्धुओं का तीव्र विरोध किया था क्योंकि तुलना करते हुए मिश्रबन्धुओं ने तुलसी और सूर के साथ देव का नाम भी रखा था। द्विवेदी जी तुलसी और सूर को होमर, वर्जिल, शेक्सपियर, मिल्टन, व्यास, वाल्मीकि, कालिदास और भवभूति की श्रेणी का कवि मानते हैं। उनके अनुसार हिन्दी में यदि कोई कविरत्न कहे जाने योग्य कवि या महाकवि हैं, तो वे सूर या तुलसी ही हैं। रस, भाव, अलंकार, छंदशास्त्र और नायिका भेद आदि के विवेचन-विश्लेषण से मनुष्य जाति का बहुत ही कम उपकार हो सकता है। रीतिविरोधी होने के कारण ही आचार्य द्विवेदी ने भारतेन्दु को बहुत ऊँचा स्थान दिया है।

'सरस्वती' पत्रिका का सम्पादक बनने के बाद द्विवेदी जी ने अपने लिए चार सिद्धान्त बनाए और जीवन भर उस पर कायम रहे। वे चार सिद्धान्त हैं—वक्त की पाबन्दी, रिश्वत से परहेज, ईमानदारी से कार्य और ज्ञान वृद्धि हेतु सतत प्रयास। जनवरी 1903 से दिसम्बर 1920 तक उन्होंने 'सरस्वती' का सम्पादन किया। उन्होंने साहित्य के क्षेत्र को व्यापक बनाते हुए 'सरस्वती' में इतिहास, समाजशास्त्र, मनोविज्ञान आदि सभी विषयों को समेटा। सम्पत्ति शास्त्र जैसे विषय पर पहली बार हिन्दी में पुस्तक लिखी। इसके लेखन के पीछे उनका उद्देश्य ब्रिटिश साम्राज्यवादी लूट के दिनों में भारतीय अर्थशास्त्र का अध्ययन भी था। अंग्रेजी राज में भारत की साम्राज्यवाद-सामंतवाद विरोधी भूमिका का विस्तार से वर्णन आचार्य द्विवेदी ने 'सम्पत्ति शास्त्र' में किया है। उनकी दृष्टि अत्यन्त व्यापक और प्रगतिशील थी। ब्रिटिश साम्राज्यवाद की विद्रूपताओं को उजागर करते हुए उन्होंने नस्लवाद, दास-प्रथा जैसी वैश्विक समस्याओं की कड़ी आलोचना की। मार्च 1908 की 'सरस्वती' में उन्होंने 'गुलामों का व्यापार' शीर्षक लेख लिखा जिसमें वे लिखते हैं, "ईश्वर की दृष्टि में सब मनुष्य—काले और गोरे समान और स्वतंत्र हैं। तथापि अमेरिकन लोगों ने लगभग सौ वर्ष तक नीग्रो जाति के काले मनुष्यों की स्वाधीनता कबूल न की। वे लोग नीग्रो जाति के लोगों को मनुष्य के बदले अपना माल समझते थे।" (महावीरप्रसाद द्विवेदी, प्रतिनिधि संकलन, पृ. 40)। वास्तव में दास-प्रथा का अन्त तभी हुआ जब औद्योगिक विकास क्रम में पूँजीपतियों को श्रम-शक्ति बेचने वाला सर्वहारा वर्ग सुलभ हो गया और दास-प्रथा आर्थिक दृष्टि से लाभदायी न रह गई, किन्तु काले-गोरे का भेद फिर भी बना रहा। द्विवेदी जी ने इस नस्लवाद की भी अच्छी खबर ली है।

रामविलास शर्मा ने लिखा है, "साहित्य क्षेत्र में उन्होंने तय कर लिया था कि हिन्दी गद्य का विकास करना है, आधुनिक हिन्दी को विविध विषयों के विवेचन का माध्यम बनाना है, कविता में ब्रजभाषा की जगह खड़ी बोली को प्रतिष्ठित करना है और साहित्य से रीतिकाल को निकाल कर बाहर करना है। लगभग 20 वर्ष तक एकाग्र मन से इस निश्चित उद्देश्य की सिद्धि में वे लगे रहे और उन्हें सफलता प्राप्त हुई।" (महावीरप्रसाद द्विवेदी और हिन्दी नवजागरण की भूमिका, भूमिका, पृ. 17)

आचार्य द्विवेदी ने भारत में अंग्रेजी की स्थिति, भारतीय भाषाओं को शिक्षा का माध्यम बनाने की समस्या, भारतीय भाषाओं के बीच सम्पर्क भाषा की समस्या, हिन्दी-उर्दू सम्बन्ध, हिन्दी तथा जनजातीय भाषाओं के सम्बन्ध आदि पर विस्तार से विचार किया है। द्विवेदी जी के भाषा परिमार्जन की इस भूमिका पर आचार्य रामचन्द्र शुक्ल की टिप्पणी है, "यद्यपि द्विवेदी जी ने हिन्दी के बड़े-बड़े कवियों को लेकर गम्भीर साहित्य समीक्षा का स्थायी साहित्य प्रस्तुत नहीं किया, पर नई निकली पुस्तकों की भाषा आदि की खरी आलोचना करके हिन्दी साहित्य का भारी उपकार किया। यदि द्विवेदी जी न उठ खड़े होते तो जैसी अव्यवस्थित, व्याकरणविरुद्ध और ऊटपटांग भाषा चारों ओर दिखाई पड़ती थी, उसकी परम्परा जल्दी न रुकती। इनके प्रभाव से लेखक सावधान हो गए और जिनमें भाषा की समझ और योग्यता थी, उन्होंने अपना सुधार किया।" (हिन्दी साहित्य का इतिहास, पृ. 528)

काव्य भाषा के रूप में खड़ी बोली के विकास में द्विवेदी जी की भूमिका का उल्लेख प्रायः सभी करते हैं किन्तु एक सम्पादक के रूप में मैथिलीशरण गुप्त उनकी ही खोज थे। मैथिलीशरण गुप्त की 'भारत भारती' के अनेक अंश उन्होंने 'सरस्वती' में प्रकाशित किए थे।

रामचन्द्र तिवारी के शब्दों में, "प्राचीनता से उचित का ग्रहण और अनुचित का त्याग, नवीनता से विवेकपूर्ण स्वीकृति, शास्त्र के स्थितिशील तत्त्वों की उपेक्षा, समाज संस्कार को महत्त्व, उपयोगिता, सोद्देश्यता, सदाशयता, स्वाभाविकता, सरसता और प्रभावोत्पादन की क्षमता को काव्य के आवश्यक तत्त्वों के रूप में प्रतिष्ठित करने का आग्रह आदि वे मूलभूत मान्यताएँ हैं जिन पर द्विवेदी जी की आलोचना आधृत है। इसी दृष्टि से आपने भारतेन्दु युग के लेखकों, मिश्रबन्धुओं के 'हिन्दी नवरत्न' तथा मैथिलीशरण गुप्त की 'भारत भारती' की आलोचना की।" (उद्धृत, आलोचना के सौ बरस, पृ. 6)

हिन्दी आलोचना के विकास में द्विवेदी जी के महत्त्व का आकलन करते हुए रामविलास शर्मा ने लिखा है, "महावीरप्रसाद द्विवेदी की सामाजिक चेतना की तुलना 19वीं सदी के पाश्चात्य प्रगतिशील विचारकों की सामाजिक चेतना से की जाए तो देखा जाएगा कि बीसवीं सदी का आरम्भ होते-होते हिन्दी बुद्धिजीवियों की सामाजिक चेतना तेजी से बदल रही है और पूर्ववर्ती पाश्चात्य विचारकों की चेतना के समानान्तर आगे बढ़ रही है। यही कारण है कि इतिहास और समाजशास्त्र के विवेचन में द्विवेदी जी की विचारधारा इतनी आधुनिक और वैज्ञानिक दिखाई देती है और दार्शनिक विषयों का विवेचन वह नवीन बुद्धिवादी तार्किक दृष्टि से प्रस्तुत करते हैं। यह स्थिति दर्शन और इतिहास के क्षेत्र में ही नहीं है, इनके साथ साहित्य के क्षेत्र में भी वही चेतना सक्रिय है।" (महावीरप्रसाद द्विवेदी और हिन्दी नवजागरण, पृ. 277)

उन्होंने आगे लिखा है, "द्विवेदी जी ने एक निश्चित मत और निश्चित कार्यक्रम के अनुसार हिन्दी के ज्ञान कांड को समृद्ध करने का बीड़ा उठाया था। उन्हें यह दृढ़ विश्वास था कि हिन्दी गद्य का विकास किए बिना, इस गद्य में ज्ञान-साहित्य लिखे बिना जातीय संस्कृति का विकास सम्भव न होगा।" (महावीरप्रसाद द्विवेदी और हिन्दी नवजागरण, पृ. 383)

द्विवेदी जी के महत्त्व का आकलन करते हुए उन्होंने अन्यत्र लिखा है, "द्विवेदी जी की युगान्तरकारी भूमिका यह है कि उन्होंने वैज्ञानिक ढंग से अनेक समस्याओं का विवेचन गहराई से किया। छायावादी साहित्य द्विवेदी-युग के प्रति विद्रोह का साहित्य माना जाता है। थोड़ी देर के लिए कलात्मक साहित्य को छोड़कर छायावादी कवियों की विचारधारा पर ध्यान दीजिए। निराला ने अंग्रेजी राज, जमींदारी प्रथा, किसान आन्दोलन, वर्णाश्रम धर्म, नारी की पराधीनता, भाषा की समस्या आदि-आदि पर जो कुछ लिखा है उस पर ध्यान दीजिए तो पता चलेगा कि हिन्दी नवजागरण के सम्बन्ध में निराला का यह लेखन महावीरप्रसाद द्विवेदी के ही कार्य की अगली कड़ी है।" (महावीरप्रसाद द्विवेदी और हिन्दी नवजागरण, भूमिका) और रामविलास जी आगे के प्रगतिशील आलोचकों को सलाह देते हुए कहते हैं, "मेरी समझ में भारत के बड़े से बड़े मार्क्सवादी विचारक द्विवेदीजी के लेखन से अब भी बहुत कुछ सीख सकते हैं। जो लोग मार्क्सवादी नहीं हैं वे यह देखें कि द्विवेदी जी के चिन्तन की दिशा कौन सी है, वे उनके चिन्तन से आगे बढ़ रहे हैं या उससे पीछे लौट रहे हैं। इस तरह का अध्ययन मार्क्सवाद का ज्ञान कराने के लिए नहीं है, वह अपने देश और प्रदेश की सामाजिक-सांस्कृतिक परिस्थितियों के ज्ञान के लिए आवश्यक है।" (महावीरप्रसाद द्विवेदी और हिन्दी नवजागरण, पृ. 19)

आचार्य द्विवेदी को हिन्दी नवजागरण का केन्द्रीय पुरुष कहा जा सकता है। वे अपने समय और परिवेश के अत्यन्त सजग आलोचक थे। 'भारत भारती' की आलोचना करते हुए उन्होंने लिखा है, "यह सोते हुए को जगाने वाला, भूले हुए को ठीक राह पर लाने वाला, निरुद्योगियों को उद्योगशील बनाने वाला, आत्म-विस्मृतों को पूर्व-स्मृति दिलाने वाला, निरुत्साहितों को उत्साहित करने वाला तथा उदासीनों के हृदय में उत्तेजना उत्पन्न करने वाला है।" (विचार-विमर्श, पृ. 185)

आचार्य द्विवेदी को हिन्दी नवजागरण का केन्द्रीय पुरुष कहा जा सकता है। वे अपने समय और परिवेश के अत्यन्त सजग आलोचक हैं। 'भारत भारती' की आलोचना करते हुए उन्होंने लिखा है, "यह सोते हुए को जगाने वाला, भूले हुए को ठीक राह पर लाने वाला, निरुद्योगियों को उद्योगशील बनाने वाला, आत्म-विस्मृतों को पूर्व-स्मृति दिलाने वाला, निरुत्साहितों को उत्साहित करने वाला तथा उदासीनों के हृदय में उत्तेजना उत्पन्न करने वाला है।" (विचार-विमर्श, पृ. 185)

द्विवेदी जी सम्भवत: हिन्दी के अकेले ऐसे साहित्यकार हैं जिन्होंने अपनी पत्नी के निधन के बाद उनकी स्मृति में मन्दिर बनवाया था और उसमें अपनी पत्नी की मूर्ति स्थापित की थी। उनके गाँव दौलतपुर में आज भी यह मन्दिर विराजमान है जिसे 'स्मृति मन्दिर' के नाम से पुकारा जाता है।

हिन्दी के प्रति निष्ठा और ईमानदारी के कारण अपने अन्तिम दिनों में आचार्य द्विवेदी को काफी आर्थिक दिक्कतों का सामना करना पड़ा। इस आचार्य प्रवर को मध्य प्रदेश के रायगढ़ के राजा के दीवान डॉ. बलदेवप्रसाद मिश्र को कुछ आर्थिक सहायता के लिए मार्मिक पत्र लिखना पड़ा था और वहीं से कुछ मासिक वृत्ति की व्यवस्था हो सकी थी जिसके बल पर उनकी बची हुई तीन वर्ष की वृद्धावस्था कट सकी।

निस्सन्देह आचार्य द्विवेदी ने एक आलोचक के रूप में परवर्ती आलोचकों के लिए पथ प्रदर्शक का काम किया।

मिश्रबन्धु

हरदोई और लखनऊ (उ.प्र.) के मूल निवासी श्री गणेशबिहारी मिश्र, डॉ. श्यामबिहारी मिश्र और रायबहादुर शुकदेवबिहारी मिश्र को 'मिश्रबन्धु' के नाम से जाना जाता है। ये सहोदर भाई थे और अपनी सारी रचनाएँ मिलजुल कर करते थे। 'मिश्रबन्धु विनोद' और 'हिन्दी नवरत्न' इनकी प्रसिद्ध आलोचना पुस्तकें हैं। चार भागों में प्रकाशित 'मिश्रबन्धु विनोद' को आचार्य रामचन्द्र शुक्ल ने 'प्रकांड कवि-वृत्त-संग्रह' कहा है। उनकी दूसरी पुस्तक 'हिन्दी नवरत्न' से तुलनात्मक समीक्षा का श्रीगणेश माना जाता है। अपने समय में ही ये ग्रंथ अत्यन्त प्रतिष्ठित हो गए थे। इन तीनों भाइयों में से बड़े भाई के निधन के उपरान्त भी ये हिन्दी क्षेत्र में मिश्रबन्धु के नाम से ही लिखते रहे। बाद में तो एक ही भाई बचे किन्तु उन्होंने भी अपनी परवर्ती सभी रचनाओं में इसी नाम का इस्तेमाल किया।

इनकी आलोचना की सबसे बड़ी विशेषता है श्रेणी विभाजन। 'हिन्दी नवरत्न' का मूलाधार यही है। इस ग्रंथ में हिन्दी के सर्वश्रेष्ठ नौ कवियों का चयन कर लिया गया है और उनके काव्योत्कर्ष के आधार पर उनका श्रेणी विभाजन किया गया है। लेखकों में बृहत्त्रयी, मध्यत्रयी और लघुत्रयी की कल्पना की गई है और प्रत्येक श्रेणी में तीन-तीन कवियों को स्थान दिया गया है। प्रथम में सूर, तुलसी और देव, दूसरी में बिहारी, भूषण और केशव तथा तीसरी में सेनापति, चन्द और हरिश्चन्द्र हैं। डॉ. रामचन्द्र तिवारी के अनुसार, "इन कवियों के चयन और श्रेणी विभाजन में तुलनात्मक मूल्यांकन का कोई वैज्ञानिक आधार मिश्रबन्धुओं के सामने नहीं था। इसलिए रह-रह कर उनके निर्णयों में परिवर्तन होता रहा। वैज्ञानिक आधार के अभाव में मत परिवर्तन होने पर नीचे की श्रेणी का कवि ऊपर भी पहुँच जाता था। पहले सेनापति को नवरत्नों में स्थान दिया गया और मतिराम को उनके बाद रखा गया। बाद में मतिराम को नवरत्नों में रखा गया और सेनापति को उनके बाद।" (हिन्दी का गद्य साहित्य, पृ. 103)

श्रेणी विभाजन के अलावा इनकी आलोचना की दूसरी महत्त्वपूर्ण विशेषता है तुलनात्मक पद्धति। उन्होंने हिन्दी कविता के भक्तिकाल के लेखकों की तुलना अंग्रेजी के रिनेसां और रिफार्मेसन काल के कवियों से भी की है। रीतिकाल को 'आगस्टन् एज' कहा है। चन्द की चॉसर से तथा शेक्सपियर की तुलसी से तुलना की गई है। तुलसी और शेक्सपियर की तुलना में इन दोनों कवियों पर कई दृष्टियों से विचार किया है और तुलसी को शेक्सपियर से ऊँचा स्थान दिया है। इस तरह यहाँ भी श्रेणी विभाजन की झलक मिल जाती है।

मिश्रबन्धुओं की समीक्षा के सैद्धान्तिक प्रतिमान भारतीय काव्यशास्त्र की धुरी पर आधारित हैं किन्तु उन्होंने पाश्चात्य प्रतिमानों को पर्याप्त महत्त्व दिया है। यह तथ्य तो निर्विवाद है कि हिन्दी में तुलनात्मक समीक्षा का श्रीगणेश मिश्रबन्धुओं ने ही किया। वे ब्रजभाषा की जगह खड़ी बोली में कविता करने के पक्षधर थे। हिन्दी साहित्य का इतिहास लिखने की प्रेरणा भी उन्हें पश्चिम से ही मिली थी। आचार्य शुक्ल को अपने 'हिन्दी साहित्य का इतिहास' लिखने में मिश्रबन्धुओं के 'मिश्रबन्धु विनोद' से बड़ी सहायता मिली है। मिश्रबन्धुओं ने लिखा है कि वे अपने इस कवि-वृत्त संग्रह को हिन्दी साहित्य का इतिहास कहना भी चाहते थे किन्तु इतिहास-दृष्टि की कमी के कारण उन्होंने इसे इतिहास नहीं कहा। वे लिखते हैं, "पहले हम इस ग्रंथ का नाम 'हिन्दी साहित्य का इतिहास' रखने वाले थे, परन्तु इतिहास की गम्भीरता पर विचार करने से ज्ञात हुआ कि हममें साहित्य इतिहास लिखने की पात्रता नहीं है। उसमें भाषा सम्बन्धी गुणों एवं परिवर्तनों पर मुख्यतया ध्यान देना होगा और कवियों पर गौण रूप से।" (मिश्रबन्धु विनोद 1-2, पृ. 4)

आचार्य महावीरप्रसाद द्विवेदी ने मिश्रबन्धु के 'हिन्दी नवरत्न' की कड़ी आलोचना की है। वे लिखते हैं, "जिसने उच्च भावों का उद्बोधन नहीं किया, समाज, देश या धर्म को अपनी कविता द्वारा विशेष लाभ नहीं पहुँचाया, जिसने मानव चरित्र को उन्नत करने योग्य सामग्री से अपने काव्य को अलंकृत नहीं किया—वह भी यदि महाकवि या कविरत्न माना जा सकेगा तो प्रत्येक देश क्या प्रत्येक प्रान्त में भी सैकड़ों महाकवि और नवरत्न निकल आएँगे।" (महावीरप्रसाद द्विवेदी रचनावली, खंड-2, सं. भारत यायावर, पृ. 175)

निस्सन्देह, साहित्य के इतिहास में होने वाले परिवर्तनों की समझ से वे पूरी तरह परिचित थे। आलोचना दृष्टि रचना केन्द्रित होने के बावजूद वे मूल्यांकन में साहित्यिक प्रतिमानों के साथ सामाजिक-सांस्कृतिक-वैचारिक परिप्रेक्ष्य पर भी पूरा ध्यान देने वाले थे।

मिश्रबन्धुओं ने काव्य की विशेषताओं का निरूपण प्रधानत: रस, अलंकार, गुण, छंद आदि परम्परागत शास्त्रीय मानदंडों के आधार पर किया है तथा कवि के सन्देश और अभिव्यक्ति के सौष्ठव को भी पर्याप्त महत्त्व दिया है।

मिश्रबन्धुओं ने पाठालोचन के क्षेत्र में भी महतवपूर्ण योगदान किया है। उन्होंने 'देव ग्रंथावली' भाग एक, 'देवसुधा', 'भावविलास', 'अष्टयाम', 'रसप्रबोध', 'भूषण ग्रंथावली', 'कविकुल कंठाभरण' आदि ग्रंथों का सफलतापूर्वक पाठ सम्पादन करके हिन्दी की श्रीवृद्धि में महान योगदान किया है।

मिश्रबन्धुओं की आलोचना के वैशिष्ट्य को रेखांकित करते हुए भगवत्स्वरूप मिश्र ने लिखा है, "द्विवेदी जी के समसामयिक आलोचकों में व्यक्तिगत राग-द्वेष का प्राधान्य हो गया था, जिससे आलोचक अपने प्रकृत-मार्ग से पथभ्रष्ट हो गए थे। मिश्रबन्धुओं के इन ग्रंथों ने आलोचकों को इन व्यक्तिगत राग-द्वेष और आक्षेपों से ऊपर उठकर साहित्य की अग्रगति पर गम्भीरतापूर्वक सोचने के लिए बाध्य कर दिया था। अब आलोचना का रूप केवल वाद-विवाद नहीं रह गया था। आलोचक इसे गम्भीर चिन्तन और पर्याप्त उत्तरदायित्व का कार्य समझने लगे थे। आलोचना को वास्तविक वैज्ञानिक रूप देने का श्रेय इन्हीं को है। यही कारण है कि प्रसिद्ध अंग्रेजी मासिक पत्रिका 'माडर्न रिव्यू' ने 'हिन्दी नवरत्न' को नवीन युग का प्रवर्तक (Aproch of marking) कहा है।" (हिन्दी आलोचना : उद्भव और विकास, पृ. 299) किन्तु भगवत्स्वरूप मिश्र की दृष्टि की सीमाएँ हैं। उन सीमाओं की ओर संकेत करते हुए शीतांशु ने लिखा है, "यह चिन्ता मिश्रबन्धुओं के इतिहास-लेखन में बराबर दिखाई देती है कि जीवन के अन्य क्षेत्रों में हम अंग्रेजों से बहुत अधिक पिछड़ चुके हैं और मात्र साहित्य ही एक दूसरा क्षेत्र बचा है जिसमें हम भी अंग्रेजों से स्वयं को श्रेष्ठ साबित कर सकते हैं। ('हिन्दी समय' में संकलित 'हीनता-ग्रंथि से उद्भूत पुनरुत्थानवादी दृष्टि : मिश्रबन्धु' शीर्षक लेख से) अंग्रेजों के प्रति मिश्रबन्धुओं के इस रवैये के बारे में किशोरीदास वाजपेयी ने लिखा है कि "मैं कट्टर स्वातंत्र्यवादी और वे परम राजभक्त। कोई मेल न था।" (विष्णुदत्त राकेश (सं.) पं. किशोरीदास वाजपेयी ग्रंथावली, भाग-3, पृ. 480) महारानी विक्टोरिया के मरने पर मिश्रबन्धुओं ने 'विक्टोरिया अष्टादशी' लिखा था।

बालमुकुन्द गुप्त

हरियाणा के रेवाड़ी जिले के 'गुड़ियानी' गाँव में जन्मे, उर्दू और फारसी के अलावा पंजाब विश्वविद्यालय से मिडिल तक पढ़ाई करने वाले बालमुकुन्द गुप्त (14.11.1865 - 18.09.1907) की ख्याति एक पत्रकार और निबन्धकार के रूप में अधिक है। वे समय-समय पर 'रिफाहे आम', 'मथुरा समाचार', 'अखबारे चुनार', 'हिन्दोस्थान', 'भारत प्रताप' जैसी पत्रिकाओं के संपादन से जुड़े रहे। अपनी कृति 'शिवशंभु के चिट्ठे' के कारण वे अधिक जाने जाते हैं, किन्तु आलोचना के क्षेत्र में भी उन्होंने पर्याप्त कुशलता का परिचय दिया है। कलकत्ता में रहकर उन्होंने 'हिन्दी बंगवासी' और 'भारतमित्र' जैसी पत्रिकाओं का संपादन किया जिनके माध्यम से पुस्तक समीक्षा के क्षेत्र में समय-समय पर वे अपनी आलोचनात्मक प्रतिभा का परिचय देते रहे। उनकी पुस्तक-समीक्षाओं में उनका नैतिक आग्रह स्थान-स्थान पर झलकता है।

बालमुकुन्द गुप्त की समीक्षा-दृष्टि की कमजोरी यह है कि वे अपनी समीक्षाओं में कृतियों को उनकी समग्रता में न देखकर उसके दुर्बल पक्ष को ही अमूमन उद्घाटित करते हैं और कृतियों का समाज के ऊपर पड़ने वाले प्रभाव की ओर खासतौर पर ध्यान आकृष्ट करते हैं। किशोरीलाल गोस्वामी के 'तारा' उपन्यास की समीक्षा करते हुए अथवा मुंशी उदितनारायण लाल द्वारा अनूदित बांग्ला नाटक 'अश्रुमती' की समीक्षा में उनकी दृष्टि रचना में चित्रित ऐतिहासिक घटनाओं की ऐतिहासिकता की रक्षा और उनके सार्थक उपयोग पर अधिक केन्द्रित रही है।

अपने समय की आलोचना की दशा का वर्णन करते हुए वे लिखते हैं, "आलोचना की रीति अभी हिन्दी में भली–भाँति जारी नहीं हुई है और न लोग इसकी आवश्यकता ही को ठीक-ठीक समझे हैं। इससे बहुत से लोग आलोचना देखकर घबरा जाते हैं और बहुतों को वह बहुत ही अप्रिय लगती है। यहाँ तक कि जो लोग स्वयं इस मैदान में कदम बढ़ाते हैं, अपनी आलोचना होते देखकर वहीं तुर्शरू हो जाते हैं। इससे हिन्दी आलोचना भिड़ के छत्ते को छेड़ लेना है। छेड़ने वाले को चाहिए कि बहुत-सी भिड़ों के डंक सहने के लिए प्रस्तुत रहें।" (बालमुकुन्द गुप्त के श्रेष्ठ निबन्ध, (सं.) सत्यप्रकाश मिश्र, पृ. 70)

आचार्य रामचंद्र शुक्ल ने उनकी चुटीली शैली के कारण उन्हें 'चलते-पुरजे और विनोदशील' लेखक कहा है। भाषा और साहित्य के अनेक मुद्दों पर आचार्य महावीरप्रसाद द्विवेदी से चले उनसे विवाद की खासतौर पर चर्चा होती रही है। महावीरप्रसाद द्विवेदी के 'सरस्वती' में प्रकाशित 'भाषा और व्याकरण' शीर्षक लेख में 'अनस्थिरता' शब्द के प्रयोग पर खिन्न होकर बालमुकुन्द गुप्त ने 'आत्माराम' के छद्म नाम से द्विवेदी जी के कुछ प्रयोगों की आलोचना की थी। इस विषय पर उन्होंने एक लेखमाला लिखी थी, जिसकी खूब चर्चा हुई।

बालमुकुन्द गुप्त की समीक्षाओं में 'अधखिला फूल', 'गुलशन–ए-हिन्द', 'तुलसी सुधाकर', 'प्रवासी की आलोचना' आदि प्रमुख हैं। द्विवेदी युग के प्रमुख स्तम्भों में उनका भी नाम लिया जाता है।

बाबू श्यामसुन्दर दास

काशी में जन्म लेने वाले, काशी और प्रयाग में पढ़े-लिखे, काशी हिन्दू विश्वविद्यालय के हिन्दी विभाग के प्रथम अध्यक्ष रहे बाबू श्यामसुन्दर दास (14.07.1875-08.08.1945) काशी नागरी प्रचारिणी सभा के संस्थापक थे। इतना ही नहीं, वे 'नागरी प्रचारिणी पत्रिका' के भी प्रथम सम्पादक तथा 'सरस्वती' पत्रिका के भी प्रथम सम्पादक थे। इस तरह वे हिन्दी साहित्य के पहले प्रबन्धक कहे जा सकते हैं। वे एक सफल अध्यापक, सम्पादक, अन्वेषक, इतिहासकार, कोशकार, वृत्त लेखक, निबन्धकार तथा आलोचक थे। आलोचना के क्षेत्र में उनकी प्रमुख देन उनका 'साहित्यालोचन' नामक ग्रंथ है। इस ग्रंथ की रचना उस समय हुई थी जब हिन्दी में आलोचनात्मक ग्रंथों का पूर्णत: अभाव था। इसे बाबू श्यामसुन्दर दास ने एम.ए. के विद्यार्थियों की जरूरतों को ध्यान में रखकर लिखा था। इसकी अधिकांश सामग्री उन्होंने विलियम हेनरी हडसन की प्रसिद्ध पुस्तक 'एन इन्ट्रोडक्शन टू द स्टडी ऑफ लिटरेचर' से ग्रहण की है और विवेचन का आधार वर्सफोर्ड की पुस्तिका 'जजमेन्ट इन लिटरेचर' है। आचार्य रामचन्द्र शुक्ल ने इस पर टिप्पणी करते हुए इसे 'लिखी या संकलित की है' कहकर विवादास्पद बना दिया। यद्यपि यह निश्चित है कि बाबूजी ने सिद्धान्त और सामग्री तो दूसरों से ग्रहण की है परन्तु उसे प्रस्तुत करने का ढंग उनका अपना है, जो मौलिक है। इस ग्रंथ में उन्होंने साहित्य, कविता, गद्यकाव्य, दृश्यकाव्य, रस, शैली और साहित्य की आलोचना से सम्बन्धित पाश्चात्य लेखकों के विचारों को बहुत क्रमबद्ध रूप में प्रस्तुत किया है।

आचार्य शुक्ल की संकलन वाली उक्त अवधारणा से डॉ. नगेन्द्र सहमत नहीं हैं और कहते हैं कि "जहाँ तक नवीन विचारों तथा काव्य सिद्धान्तों की उद्भावना का प्रश्न है, बाबूजी क्या हिन्दी का कोई भी आलोचक या विचारक इस श्रेय का अधिकारी नहीं है। यहाँ मौलिकता का अभिप्राय विवेचन की ही मौलिकता से है। बाबूजी ने अपनी सफाई में यही तर्क उपस्थित किया है और जहाँ तक इस सिद्धान्त का सम्बन्ध है, हम सर्वथा उनसे सहमत हैं।" (आस्था के चरण, पृ. 469) यहाँ उल्लेखनीय है कि बाबू श्यामसुन्दर दास ने स्वयं स्वीकार किया है, "इस ग्रंथ की समस्त सामग्री मैंने दूसरों से प्राप्त की है। परन्तु उस सामग्री को सजाने, विषय को प्रतिपादित करने तथा उसको हिन्दी भाषा में व्यंजित करने में मैंने अपनी बुद्धि से काम लिया है।" (साहित्यालोचन, भूमिका) पश्चिम की मान्यताओं को स्वीकार करने में उन्हें कोई संकोच नहीं है और उनका मानना है कि "आज हिन्दी को पूर्व और पश्चिम—दोनों के समालोचना शास्त्र को देखकर अपना शास्त्र बनाना है।" (साहित्यालोचन, पृ. 364) इस सम्बन्ध में उनकी दृष्टि वैज्ञानिक और उदार है। वे लिखते हैं, "जब दो जातियों में परस्पर सम्बन्ध हो जाता है—चाहे वह सम्बन्ध मित्रता का हो चाहे अधीनता का हो, चाहे व्यवहार या व्यवसाय का हो, तब उसमें परस्पर भावों, विचारों आदि का विनिमय होने लगता है। जो जाति अधिक शक्तिशालिनी होती है उसका प्रभाव शीघ्रता से पड़ने लगता है और जो कम शक्तिशालिनी या नि:सत्व होती है अथवा जो चिरकाल से पराधीन होती है, वह शीघ्रता से प्रभावित होने लगती है।" (साहित्यालोचन, पृ. 55)

आलोचक से अधिक बाबू श्यामसुन्दर दास का महत्त्व हिन्दी भाषा और साहित्य के पठन-पाठन के प्रबन्धन और विकास की दृष्टि से है। उन्होंने हिन्दी भाषा और लुप्तप्राय अनेक कवियों पर खोजपूर्ण लेख लिखे। उनकी इस भूमिका पर टिप्पणी करते हुए आचार्य शुक्ल ने लिखा है, "बाबू साहब ने बड़ा भारी काम लेखकों के लिए सामग्री प्रस्तुत करने का किया है। हिन्दी पुस्तकों की खोज के विधान द्वारा आपने साहित्य का इतिहास, कवियों के चरित्र और उन पर प्रबन्ध आदि लिखने का बहुत-सा मसाला इकट्ठा करके रख दिया। इसी प्रकार आधुनिक हिन्दी के नये-पुराने लेखकों के संक्षिप्त जीवन वृत्त 'हिन्दी कोविदमाला' के दो भागों में संग्रहीत किए हैं। शिक्षोपयोगी तीन पुस्तकें 'भाषा विज्ञान', 'हिन्दी भाषा और साहित्य' तथा 'साहित्यालोचन' भी आपने लिखी या संकलित की हैं।" (हिन्दी साहित्य का इतिहास, पृ. 495)

जैसा कि ऊपर कहा जा चुका है, उक्त तीनों पुस्तकें एम.ए. के पाठ्यक्रम को ध्यान में रखकर तैयार की गई थीं। 'कबीर ग्रंथावली की भूमिका', 'हिन्दी साहित्य का इतिहास' तथा 'भारतेन्दु हरिश्चन्द्र' उनकी व्यावहारिक आलोचना के प्रतिनिधि ग्रंथ हैं। उक्त ग्रंथों के अलावा बाबू श्यामसुन्दर दास ने बहुत बड़ी संख्या में साहित्य और लेखकों से सम्बन्धित खोजपूर्ण आलोचनात्मक निबन्ध लिखे। इन निबन्धों में भाषा और लिपि, काव्य और नाट्यशास्त्र के अतिरिक्त चन्दबरदाई, रासोकाव्य, गोस्वामी तुलसीदास आदि अनेक कवियों और लेखकों पर उन्होंने लिखा है।

काशी हिन्दू विश्वविद्यालय में उन्होंने शोध-कार्य की नीव रखी। उन्होंने ही 1928 ई. में डॉ. पीताम्बरदत्त बड़थ्वाल को निर्गुण काव्यधारा पर शोध के लिए प्रेरित किया और उनके इस शोध-कार्य से विश्वविद्यालय में शोध-प्रक्रिया की शानदार शुरुआत हुई। पीताम्बरदत्त बड़थ्वाल का उक्त शोध-कार्य बाबू श्यामसुन्दर दास के निर्देशन में ही पूरा हुआ और वह कृति 'हिन्दी काव्य में निर्गुण सम्प्रदाय' शीर्षक से प्रकाशित और खूब चर्चित भी हुई। इस तरह बाबू श्यामसुन्दर दास काशी हिन्दू विश्वविद्यालय के हिन्दी विभाग में शोध-कार्य के पथ-प्रदर्शक कहे जा सकते हैं।

बाबू श्यामसुन्दर दास ने सैद्धान्तिक आलोचनाएँ भी लिखी हैं और व्यावहारिक भी। 'साहित्यालोचन' तथा 'रूपक रहस्य' जैसे ग्रंथ उनकी सैद्धान्तिक आलोचना के उदाहरण हैं। उनकी व्यावहारिक आलोचनाएँ उनके सैद्धान्तिक आलोचना के मानदंडों पर ही आधारित हैं। उनकी आलोचना शैली मुख्यत: व्याख्यात्मक है। हिन्दी भाषा और साहित्य में उन्होंने इसी शैली का प्रयोग किया है। रामचन्द्र तिवारी के शब्दों में, "व्याख्या की पूर्णता के लिए विवेचन, तुलना, निष्कर्ष, उदाहरण, निर्णय आदि आवश्यक उपकरणों का भी यथास्थान बाबूसाहब ने प्रयोग किया है। तुलसी की प्रबन्धपटुता पर विचार करते हुए आपने 'वाल्मीकि रामायण', 'हनुमन्नाटक' और 'अध्यात्म रामायण' के कथा-प्रसंगों से 'रामचरितमानस' की तुलना की है। इसी प्रकार उनके प्रकृति वर्णन की विशेषता बताते हुए आपने सूरदास और केशवदास का भी उल्लेख किया है। बाबूसाहब की व्यावहारिक समीक्षा में प्रासंगिक रूप से यह तुलनात्मक शैली बराबर प्रयुक्त हुई है।" (हिन्दी का गद्य साहित्य, पृ. 512) कवियों का मूल्यांकन करते हुए निबन्ध के अन्त में उन्होंने प्राय: निष्कर्ष रूप में निर्णय भी दे दिया है। तुलसी की कला का विवेचन करते हुए अन्त में लिखा है, "संक्षेप में तल्लीनता, प्रबन्धपटुता, रचना-चातुर्य, भाषा सौष्ठव, रस परिपाक, अलंकार योजना आदि चाहे जिस दृष्टि से देखें, गोसाईं जी में हम सभी दशाओं में कला का अन्यतम उत्कर्ष पाते हैं।" (उद्धृत, हिन्दी का गद्य साहित्य, पृ. 512)

अपनी आत्मकथा में उन्होंने अपना भाषा विषयक दृष्टिकोण व्यक्त करते हुए लिखा है, "शब्द प्रयोग की दृष्टि से सबसे पहला स्थान शुद्ध हिन्दी के शब्दों को, उसके पीछे संस्कृत के सुगम और प्रचलित शब्दों को, इसके पीछे फारसी आदि विदेशी भाषाओं के साधारण और प्रचलित शब्दों को और सबसे पीछे संस्कृत के अप्रचलित शब्दों को स्थान दिया जाए। फारसी आदि विदेशी भाषाओं के कठिन शब्दों का प्रयोग कदापि न हो।" (मेरी आत्म कहानी, पृ. 72)

बाबू श्यामसुन्दर दास द्वारा किया गया 'पृथ्वीराज रासो' तथा 'कबीर ग्रंथावली' का सम्पादन ऐतिहासिक कार्य है। 'पृथ्वीराज रासो' का एक सम्पादन सन् 1883 ई. में रॉयल एशियाटिक सोसाइटी ने प्रारम्भ किया था, किन्तु थोड़े से अंशों के प्रकाशन के बाद इसकी प्रामाणिकता सन्दिग्ध हो जाने के कारण प्रकाशन बन्द हो गया। बाद में नागरी प्रचारिणी सभा, काशी के तत्त्वावधान में सन् 1898 ई. में बाबू श्यामसुन्दर दास के प्रधान सम्पादकत्व में इसके वृहद् संस्करण के पाठ का सम्पादन शुरू हुआ जो आठ वर्ष में पूरा हुआ।

इसी तरह बाबू श्यामसुन्दर दास द्वारा सम्पादित 'कबीर ग्रंथावली' आज सबसे ज्यादा प्रामाणिक मानी

जाती है और विद्वानों में लोकप्रिय भी है। इसे भी नागरी प्रचारिणी सभा ने 1928 ई. में प्रकाशित किया था। पाठ सम्पादन के क्रम में बाबू श्यामसुन्दर दास ने सम्पादन का कार्य पूरी निष्ठा और ईमानदारी से किया है। पाठों की समीक्षा, उचित पाठ का ग्रहण, शेष का पाठान्तर में उल्लेख तथा प्रक्षेपों का निराकरण उनकी कार्य-पद्धति की विशेषताएँ हैं।

काशी नागरी प्रचारिणी सभा की स्थापना उनका एक ऐतिहासिक कार्य है। बाबू श्यामसुन्दर दास द्वारा लिखित, सम्पादित और संकलित पुस्तकों की संख्या एक सौ के लगभग है। निस्सन्देह हिन्दी आलोचना को गति देने में बाबू श्यामसुन्दर दास की महत्त्वपूर्ण भूमिका है।

बाबू श्यामसुन्दर दास के बारे में राष्ट्रकवि मैथिलीशरण गुप्त ने लिखा है,

'हिन्दी के हुए जो विगत वर्ष पचास / नाम उनका एक ही है श्यामसुन्दर दास।'

बाबू गुलाब राय

उ.प्र. के इटावा में जन्मे, आगरा से उच्च शिक्षा प्राप्त करके, छतरपुर के महाराजा के सचिव, दीवान और मुख्य न्यायधीश रहने के बाद आगरा के सेंट जॉन्स कॉलेज में हिन्दी विभागाध्यक्ष पद से अवकाश ग्रहण करने वाले बाबू गुलाब राय (17.1.1888-13.4.1963) आजीवन साहित्य साधना में लीन रहे। उनका स्मरण एक निबन्धकार के रूप में अधिक किया जाता है, किन्तु वे एक सुलझे हुए आलोचक भी हैं। सैद्धान्तिक और व्यावहारिक दोनों प्रकार की आलोचना को उन्होंने समृद्ध किया है, यद्यपि उनकी समीक्षात्मक पुस्तकें छात्रोपयोगी अधिक हैं। 'हिन्दी नाट्यविमर्श', 'सिद्धान्त और अध्ययन', 'काव्य के रूप', 'नवरस', 'हिन्दी कविता में रहस्यवाद' आदि उनकी सैद्धान्तिक आलोचना से सम्बन्धित कृतियाँ हैं जबकि 'प्रबन्ध प्रभाकर', 'हिन्दी काव्य विमर्श', 'प्रसाद की कला', 'हिन्दी साहित्य का सुबोध इतिहास', 'साहित्य समीक्षा', 'आलोचना कुसुमांजलि' आदि में उनकी व्यावहारिक आलोचना के दर्शन होते हैं।

बाबू गुलाब राय की आलोचना अध्यापकीय आलोचना है। एक अध्यापक की सफलता इसमें होती है कि वह पक्ष-विपक्ष के विभिन्न मत-मतान्तरों को एकत्र करके और उनका विश्लेषण करके इस चतुराई के साथ अध्येता के समक्ष प्रस्तुत करे कि उसकी ज्ञान की वृद्धि भी हो और जिज्ञासा का भी समाधान हो सके। इस कला में बाबू गुलाब राय को अद्‌भुत सफलता मिली है। निस्सन्देह, आचार्य रामचन्द्र शुक्ल और बाबू श्यामसुन्दर दास के बाद पुस्तकों और लेखों के द्वारा एक अध्यापक का कार्य सबसे अधिक गुलाब राय ने ही किया है। इनकी समीक्षा का सबसे पहला गुण यही है कि वे समन्वयपूर्वक विवेचन-विश्लेषण और व्याख्या करते हुए विषय को अत्यन्त बोधगम्य बना देते हैं। अपनी पुस्तक 'सिद्धान्त और अध्ययन' की प्रस्तावना में वे स्वयं लिखते हैं, "यह पुस्तक और उसका दूसरा भाग (काव्य के रूप में) इस दृष्टि से लिखे गए हैं कि विद्यार्थियों को काव्यांगों, रस, रीति, लक्षणा, व्यंजना, अलंकारों आदि का समान्य परिचय हो जाए और उनका काव्य में स्थान समझ में आ जाए। उसी के साथ वे वर्तमान साहित्यिक समस्याओं और वादों से भी अवगत हो जाएँ। इनमें पूर्व और पश्चिम के मतों का तुलनात्मक अध्ययन किया गया है।" (सिद्धान्त और अध्ययन, प्रस्तावना, पृ. 28)

बाबू गुलाब राय की समीक्षा का दूसरा गुण है उसमें नैतिक मूल्यों का समावेश। वे आचार्य शुक्ल की तरह काव्य को शुद्ध कला तक ही सीमित नहीं रखते और सौन्दर्यबोध पर बल देते हुए भी काव्य के लोकहिताय में विश्वास करते हैं। शास्त्र सम्मत होना उनकी समीक्षा की तीसरी विशेषता है। सिद्धान्त और प्रयोग दोनों स्थानों पर वे शास्त्र की मर्यादा का हमेशा ख्याल रखते हैं और स्थान-स्थान पर भारतीय साहित्य शास्त्र अथवा पाश्चात्य साहित्य शास्त्र से उद्धरण देते चलते हैं।

बाबू गुलाब राय ने आलोचना को क्लिष्ट और दुरूहता के क्षेत्र से बाहर निकालकर सरल और सुबोध बनाया। आलोचना के मानदंडों में परिवर्तन की दिशा का संकेत वे भले न कर सके हों पर उन्होंने अपनी व्यावहारिक आलोचना को मौलिक कृति की भाँति सँवारकर एक कलाकृति बनाने का प्रयत्न किया। सच्ची हार्दिकता और ईमानदारी के साथ आलोचना लिखने वाले अपने युग के समीक्षकों में बाबू गुलाब राय का स्थान महत्त्वपूर्ण है। अपनी शक्ति और सीमा को समझना और स्वीकार करना बड़े उदारमना व्यक्तियों का काम है। उन्होंने इसे समझा और स्वीकार किया है। उनके लेखन में मिथ्याभिमान और दर्प नहीं मिलेगा। यह उनके साहित्यिक संयम का ही परिणाम है।

उनके आलोचना कर्म पर डॉ. रामदरश मिश्र का कथन बहुत ही सन्तुलित है, "गुलाब राय की समीक्षाएँ शुक्ल जी की समीक्षाओं की अपेक्षा अधिक उदार हैं, क्योंकि वे समन्वयवादी थे। वे नए-पुराने, पूर्वी-पश्चिमी आचार्यों के मतों के लम्बे-लम्बे उद्धरण देकर उनमें एक समन्वय खोजने के पक्षपाती रहे हैं। यह कार्य निश्चय ही कम विवादास्पद किन्तु सतही होता है। गुलाब राय में पूर्वग्रह नहीं है। किन्तु अपना कहा जा सकने योग्य कोई सिद्धान्त भी नहीं है। इनमें स्वर का फैलाव है और यहाँ-वहाँ से बातें बटोरने की प्रवृत्ति है।" (हिन्दी समीक्षा : स्वरूप और सन्दर्भ, पृ. 113)

आलोचना से इतर उनकी कृतियों में 'कर्तव्य शास्त्र', 'तर्क शास्त्र', 'शान्ति धर्म', 'मैत्री धर्म', 'पाश्चात्य दर्शनों का इतिहास', 'फिर निराशा क्यों', 'निबन्ध रत्नाकर', 'विज्ञान विनोद', 'मेरी असफलताएँ', 'मेरे मानसिक उपादान', 'भारतीय संस्कृति की रूपरेखा', 'गांधीय मार्ग', 'मन की बातें', 'अभिनव भारत के प्रकाश स्तम्भ', 'सत्य और स्वतंत्रता के उपासक', 'कुछ उथले कुछ गहरे', 'मेरे निबन्ध', 'जीवन रश्मियाँ', 'जीवन-पशु', 'अध्ययन और आस्वाद', 'विद्यार्थी जीवन', 'राष्ट्रीयता', 'ठलुआ क्लब', 'विज्ञान वार्ता', 'बाल प्रबोध' आदि प्रमुख हैं। उन्होंने 'साहित्य सन्देश' नामक पत्रिका का सम्पादन भी किया है।

पाँचवाँ सोपान

आचार्य रामचन्द्र शुक्ल की आलोचना-पद्धति : वैज्ञानिक आलोचना-दृष्टि का पहला दृष्टांत

बस्ती (उ.प्र.) जिले के 'अगोना' नामक गाँव में जन्म लेने वाले, मात्र हाई स्कूल तक की औपचारिक शिक्षा प्राप्त करने वाले और काशी हिन्दू विश्वविद्यालय में प्रोफेसर और हिन्दी विभागाध्यक्ष के पद पर विराजमान रहे आचार्य रामचन्द्र शुक्ल (4.10.1884-2.2.1941) हिन्दी के सबसे महान आलोचक के रूप में प्रतिष्ठित हैं। उन्होंने भारतीय और पाश्चात्य समीक्षा सिद्धान्तों को आत्मसात करके हिन्दी समीक्षा को एक सर्वमान्य और पुष्ट आधार प्रदान किया है। उनके बाद विकसित हिन्दी समीक्षा की सभी प्रवृत्तियाँ किसी न किसी रूप में उनसे प्रभावित हैं।

रामचन्द्र शुक्ल की प्रमुख आलोचनात्मक पुस्तकें हैं, 'हिन्दी साहित्य का इतिहास', 'जायसी ग्रंथावली की भूमिका', 'तुलसीदास', 'सूरदास', 'रसमीमांसा', 'चिन्तामणि भाग-2', 'चिन्तामणि भाग-3', 'चिन्तामणि भाग-4' आदि।

आचार्य रामचन्द्र शुक्ल में भावयित्री प्रतिभा अत्यन्त समृद्ध थी। इसीलिए वे समीक्षा के क्षेत्र में नए पथ के निर्माता सिद्ध हुए। बचपन में ही तुलसी की कविता सुन सुन कर आनन्द लेना, घर में नौकरी का वातावरण होते हुए भी साहित्यास्वादन की ओर झुकना, कालिदास, भवभूति, वाल्मीकि आदि की कविताएँ सुन-सुन कर आनन्द-विभोर हो जाना आदि बातें यह सिद्ध करती हैं कि उनमें भावयित्री प्रतिभा जन्मजात थी। आचार्य शुक्ल में समीक्षक की सहज प्रवृत्तियाँ—सहृदयता, गम्भीरता, स्वतंत्र चिन्तन, अन्तर्मुखता, तथ्यातथ्यनिरूपण की प्रवृत्ति, उत्कट जिज्ञासा आदि बचपन से ही विद्यमान थीं। निर्भीकता, आत्मविश्वास एवं स्वातंत्र्यवृत्ति आचार्य शुक्ल की सबसे बड़ी विशेषताएँ हैं। यही कारण है कि आचार्य शुक्ल ने भारतीय और पाश्चात्य समीक्षा सिद्धान्तों का गहन अध्ययन अनुशीलन करके उन पर स्वतंत्रतापूर्वक अपना निर्णय दिया और समीक्षा की एक स्वतंत्र दृष्टि विकसित की।

प्रकृति के प्रति प्रेम आचार्य शुक्ल के व्यक्तित्व की एक महत्त्वपूर्ण विशेषता है। उन्होंने प्रकृति मात्र के स्वतंत्र वर्णन को भी रसानुभव कराने में पूर्ण समर्थ माना है। प्रकृति के प्रति इस रागात्मक लगाव के मूल में उनके निवास स्थान, उनकी मित्र-मंडली, उनकी रागात्मक एवं सूक्ष्म निरीक्षण शक्ति एवं युग-प्रवृत्तियों का व्यापक योग है। मिर्जापुर के एक कवि सम्मेलन में दिए गए एक भाषण में उन्होंने कहा है, "मैं मिर्जापुर की एक-एक झाड़ी, एक-एक टीले से परिचित हूँ। उनके टीलों पर चढ़ा हूँ। बचपन मेरा इन्हीं झाड़ियों की छाया में पला है। मैं इन्हें कैसे भूल सकता हूँ? लोगों की अन्तिम कामना यही रहती है कि वे काशी में मोक्ष लाभ करें, किन्तु मेरी अन्तिम कामना यही है कि अन्तिम समय मेरे सामने मिर्जापुर का यही प्रकृति का शिलाखंड हो जो मेरे मन के भीतर-बाहर बसा हुआ है।" (साहित्य सन्देश, शुक्लांक, आचार्य रामचन्द्र शुक्ल : एक झाँकी, पं. केशवचन्द्र शुक्ल, पृ. 371)

आचार्य शुक्ल आधुनिक युग की कृत्रिमता एवं यांत्रिकता से बहुत क्षुब्ध थे। आधुनिक सभ्यता की कृत्रिमता ने मनुष्य को प्रकृति से बहुत दूर ढकेल दिया है। शुक्ल जी को मनुष्य की जीवनी शक्ति नष्ट होती दिखाई दे रही थी। उसके समुचित विकास के लिए केवल नरता का क्षेत्र उन्हें अपूर्ण प्रतीत हो रहा था। यांत्रिक जीवन की कृत्रिमता में मनुष्य अपने हृदय पक्ष को खोता जा रहा था। फलत: उन्होंने भी रूसो, रस्किन, वर्ड्सवर्थ की भाँति युग को पुन: प्रकृति की ओर लौटने का सन्देश दिया। उन्होंने प्रकृति को मानव जीवन के समानान्तर

उसके जीवन को प्रभावित एवं प्रेरित करने वाला एक तत्त्व माना और उसके स्वतंत्र वर्णन में रस-निष्पत्ति की स्थिति को स्वीकार करते हुए रस सिद्धान्त को व्याप्ति प्रदान की।

रस सिद्धान्त की पूर्णता के प्रति विश्वास

आचार्य रामचन्द्र शुक्ल मूलत: रसवादी समीक्षक हैं। 'रस मीमांसा' नामक ग्रंथ तथा अपनी व्यावहारिक समीक्षा के द्वारा उन्होंने रस सिद्धान्त को और अधिक पुष्ट और समृद्ध किया है। रस सिद्धान्त को उन्होंने काव्यालोचन का मानदंड निश्चित किया और हृदय की मुक्तावस्था को कविता की श्रेष्ठता का प्रतिमान स्थिर किया। रस दशा की व्याख्या करते हुए उन्होंने उसे लोक हृदय में लीन होने की दशा से अभिन्न बताया। इस प्रकार उन्होंने रसवाद को आध्यात्मिकता के चंगुल से निकालकर लोक सामान्य भावभूमि पर प्रतिष्ठित कर वैज्ञानिक आधार दिया जिससे वह अधिक पूर्ण और विश्वसनीय हो सका। आचार्य हजारीप्रसाद द्विवेदी ने लिखा है कि वे काव्य के क्षेत्र में अव्यक्त और अज्ञात की अनुभूति से सदा व्याकुल रहने वाले कवियों को काव्य क्षेत्र से हटकर किसी धर्म भावना या दर्शन के क्षेत्र में जाने की सलाह देते थे, क्योंकि उनके मत से काव्य का क्षेत्र मनुष्य या मनुष्येतर बाह्य प्रकृति के पारस्परिक सम्बन्धों का क्षेत्र है, अज्ञात और अव्यक्त रहस्यों का लोक नहीं।

संस्कृत के आचार्यों ने प्राय: रस-निष्पत्ति की प्रक्रिया पर ही विचार किया है पर शुक्ल जी ने रस प्रक्रिया को विवेचन के लिए उठाया ही नहीं। इसका कारण यही है कि पिष्ट पेषण मात्र उनका लक्ष्य नहीं था। इस विषय पर अभिनव गुप्त अत्यन्त गहन और सुलझा हुआ विश्लेषण पहले ही कर चुके थे।

आचार्य शुक्ल की समीक्षा को दो रूपों में देखा जा सकता है—व्यावहारिक आलोचना और सैद्धान्तिक आलोचना। व्यावहारिक आलोचना का प्रौढ़तम रूप तुलसी एवं जायसी ग्रंथावली की भूमिकाओं, 'भ्रमरगीत सार' की भूमिका तथा 'हिन्दी साहित्य का इतिहास' में देखा जा सकता है तथा सैद्धान्तिक समीक्षा की प्रौढ़तम कृति 'रसमीमांसा' है। समीक्षा के इन दोनों रूपों के माध्यम से उन्होंने रस सिद्धान्त की ही प्रतिष्ठा की है।

हमारे यहाँ रस को आनन्दस्वरूप ही कहा गया था। शुक्ल जी ने मात्र आनन्दवाद का खंडन करते हुए कहा है, "मेरी समझ में रसास्वादन का प्रकृत स्वरूप आनन्द शब्द से व्यक्त नहीं होता। लोकोत्तर अनिर्वचनीय आदि विशेषणों से न तो उसके वाचकत्व का परिहार होता है न प्रयोग का प्रायश्चित्त होता है। क्या क्रोध, शोक, जुगुप्सा आदि आनन्द का रूप धारण करके ही श्रोता के हृदय में प्रकट होते हैं, अपने प्रकृत रूप का सर्वथा विसर्जन कर देते हैं? उसे कुछ भी लगा नहीं रहने देते? इस आनन्द शब्द ने काव्य के महत्त्व को बहुत कुछ कम कर दिया है। उसे नाच तमाशे की तरह बना दिया है।" (रसमीमांसा, पृ. 80)

इसी प्रकार आचार्य शुक्ल ने रस सिद्धान्त की मनोवैज्ञानिक व्याख्या करते हुए उसे काव्य की आत्मा के रूप में स्वीकार किया और उन्होंने यह विश्वास प्रकट किया कि इस रससिद्धान्त के मानदंड पर नई-पुरानी सभी प्रकार की कविताओं की पूर्ण और उपयुक्त समीक्षा हो सकती है।

आचार्य शुक्ल के अनुसार रीति, अलंकार, ध्वनि, वक्रोक्ति, गुण और औचित्य काव्यसिद्धान्तों की स्थिति वहीं तक मान्य है जहाँ तक ये रस के पोषक या उपकारक बन कर उपस्थित हों। उनका कथन है, "मैं अलंकार को केवल वर्णन प्रणाली मानता हूँ जिसके अन्तर्गत करके किसी वस्तु का वर्णन किया जाता है। वस्तु निर्देश अलंकार का काम नहीं।" (चिन्तामणि, भाग-2, पृ. 189) काव्य का आभ्यंतर स्वरूप या आत्मा भाव या रस है। अलंकार उसके बाह्य स्वरूप हैं। रीति केवल संघटना है, शरीर का अंग विन्यास है। दुस्साध्य या कृत्रिम वक्रता शब्दालंकारों के आधिक्य की भाँति निरर्थक होती है और रसानुभूति में अवरोधक भी। ध्वनि को काव्य की आत्मा नहीं माना जा सकता क्योंकि इसमें अतिव्याप्ति दोष है। औचित्य, रस का रक्षक है। उसकी अनुपस्थिति में रस, रसाभास के स्तर तक पहुँच सकता है।

इस प्रकार रस सिद्धान्त आचार्य शुक्ल की समीक्षा का मूलाधार है। उनका विचार है कि "शब्द शक्ति, रस और अलंकार—ये विषय विभाग काव्य समीक्षा के लिए इतने उपयोगी हैं कि इनको अन्तर्भूत करके संसार की नई-पुरानी सब प्रकार की कविताओं की बहुत ही सूक्ष्म, मार्मिक और स्वच्छ आलोचना हो सकती है।" (चिन्तामणि—भाग-2, पृ. 189)

साधारणीकरण की ओर लोगों का ध्यान सबसे पहले आचार्य रामचन्द्र शुक्ल ने ही आकृष्ट किया। भट्टनायक और पंडितराज जगन्नाथ द्वारा पल्लवित इस साधारणीकरण के सिद्धान्त का आचार्य शुक्ल ने मौलिक ढंग से प्रतिपादन किया। उनका कथन है, "जब तक किसी भाव का कोई विषय इस रूप में नहीं

लाया जाता कि वह सामान्यत: सबके उसी भाव का आलम्बन हो सके तब तक उसमें रसोद्बोधन की पूर्ण शक्ति नहीं आ पाती। इस रूप में लाया जाना ही हमारे यहाँ साधारणीकरण कहलाता है।" (रसमीमांसा, पृ. 144)

इस प्रकार साधारणीकरण का अभिप्राय यह है कि किसी काव्य में वर्णित आलम्बन केवल भाव की व्यंजना करने वाले पात्र (आश्रय) का ही आलम्बन नहीं रहता बल्कि पाठक या श्रोता का भी, एक नहीं अनेक पाठकों और श्रोताओं का भी आलम्बन हो जाता है। अत: उस आलम्बन के प्रति व्यंजित भाव में पाठकों या श्रोताओं का भी हृदय योग देता हुआ उसी भाव का रसात्मक अनुभव करता है।

इस सन्दर्भ में उल्लेखनीय है कि आचार्य शुक्ल आलम्बनत्व धर्म के साधारणीकरण की प्रतिष्ठा भी करते हैं। उन्होंने लिखा है, "साधारणीकरण आलम्बनत्व धर्म का होता है।" (रसमीमांसा, पृ. 217) उनका विचार है कि "ऐसी स्थिति में आलम्बन में लोक सामान्य धर्म की प्रतिष्ठा होती है।" (रसमीमांसा, पृ. 218)

भाव को शुक्ल जी ने बड़ा महत्त्व दिया है। साथ ही उसकी मौलिक ब्याख्या भी की है। भाव की परिभाषा देते हुए उन्होंने लिखा है, "प्रत्ययबोध, अनुभूति और वेगयुक्त प्रवृत्ति—इन तीनों के गूढ़ संश्लेष का नाम भाव है।" (रसमीमांसा, पृ. 135)

डॉ. रामविलास शर्मा के अनुसार, "प्राचीन साहित्यशास्त्री स्थायी भावों को रस रूप में प्रकट करके साहित्यिक प्रक्रिया का अन्त निष्क्रियता में कर देते थे। शुक्ल जी ने भाव की मौलिक व्याख्या करके निष्क्रिय रस निष्पत्ति की जड़ काट दी है।" (आचार्य रामचन्द्र शुक्ल और हिन्दी आलोचना, पृ. 220)

आचार्य शुक्ल ने काव्यानन्द की अभिव्यक्ति की दो अवस्थाएँ स्वीकार की हैं—साधनावस्था और सिद्धावस्था। इसी आधार पर उन्होंने काव्य के दो विभाग किए हैं—1. आनन्द की साधनावस्था या प्रयत्न पक्ष को लेकर चलने वाले काव्य और 2. आनन्द की सिद्धावस्था या उपभोग पक्ष को लेकर चलने वाले काव्य। इनमें प्रथम कोटि अर्थात् प्रयत्न पक्ष को लेकर चलने वाले काव्य को उन्होंने उत्कृष्ट माना है।

आचार्य शुक्ल ने रीति ग्रंथों का पहली बार जमकर विरोध किया और उन्होंने साहित्य पर पड़ने वाले उसके बुरे प्रभावों का रहस्योद्घाटन किया। रीति ग्रंथों में काव्य का क्षेत्र अत्यन्त संकीर्ण हो गया था। वे अनावश्यक रूप से हर स्थान पर अध्यात्म के चित्रण के भी विरोधी थे। उन्होंने लक्ष्य किया कि "आध्यात्मिक रंग के चश्मे आजकल बहुत सस्ते हो गए हैं।" (हिन्दी साहित्य का इतिहास, पृ. 59) और स्पष्ट शब्दों में कहा, "अध्यात्म शब्द की मेरी समझ में काव्य या कला के क्षेत्र में कोई जरूरत नहीं है।" (रसमीमांसा, पृ. 59)

काव्य भाषा

आचार्य शुक्ल ने काव्यभाषा की चार विशेषताओं का उल्लेख किया है—1. मूर्ति-विधान 2. जातिसूचक शब्दों की अपेक्षा रूप-व्यापारसूचक शब्दों का प्रयोग 3. वर्ण-विन्यास 4. व्यक्तियों के नामों के स्थान पर उनके रूप, गुण या कार्यबोधक शब्दों का व्यवहार। 'चिन्तामणि' में उन्होंने लिखा है, "भावना को मूर्तरूप में रखने की आवश्यकता के कारण कविता की भाषा में दूसरी विशेषता यह रहती है कि उनमें जाति संकेत वाले शब्दों की अपेक्षा विशेष रूप व्यापारसूचक शब्द अधिक रहते हैं।" (रसमीमांसा, पृ. 34) तात्पर्य यह कि पारिभाषिक शब्दों का प्रयोग तथा ऐसे शब्दों का समावेश जो किन्हीं संयुक्त व्यापारों की सूचना देते हैं—कविता में वाँछित नहीं।

कविता में लाक्षणिक भाषा के प्रयोग को शुक्ल जी आवश्यक मानते हैं क्योंकि अगोचर बातों या भावनाओं को भी, जहाँ तक हो सकता है कविता स्थूल गोचर रूप में रखने का प्रयास करती है। इस मूर्तिविधान के लिए वह भाषा की लक्षणा शक्ति से काम लेती है।

काव्य भाषा की तीसरी विशेषता 'वर्ण-विन्यास' से शुक्ल जी का तात्पर्य है, शब्दों की मधुरता, कोमलता, संगीतात्मकता, लयात्मकता तथा शब्दालंकारों का प्रयोग आदि। इससे नाद सौन्दर्य उत्पन्न होता है और नाद सौन्दर्य से कविता की आयु बढ़ती है।

शब्द शक्तियों के विषय में आचार्य शुक्ल ने टिप्पणियों में ही विवेचन किया है। शुक्ल जी के अनुसार लक्षणा और व्यंजना शक्तियों के माध्यम से लक्ष्यार्थ और व्यंग्यार्थ की प्राप्ति अभिधा के मार्ग पर चलकर ही होती है। उनका निष्कर्ष है, "अब प्रश्न यह है कि काव्य की रमणीयता किसमें रहती है? वाच्यार्थ में अथवा लक्ष्यार्थ में या व्यंग्यार्थ में? इसका बेधड़क उत्तर यही है कि वाच्यार्थ में, चाहे वह योग्य हो अथवा अयोग्य और अनुपपन्न। मेरा यह कथन विरोधाभास का चमत्कार दिखाने लिए नहीं है, सोलह आने ठीक है।" (इन्दौर वाला भाषण, पृ. 13)

आचार्य शुक्ल की व्यावहारिक समीक्षा

शुक्लजी की व्यावहारिक समीक्षा उनकी सैद्धान्तिक मान्यताओं पर आश्रित है। रामदरश मिश्र के शब्दों में, "आलोचक में—विशेषतया व्यावहारिक समीक्षा लिखने वाले आलोचक में सबसे पहली विशेषता होनी चाहिए उसकी रसग्राहिका शक्ति, अर्थात् वह कविता में व्यक्त गूढ़ से गूढ़ भावों को ग्रहण कर सके। इसे रसवत्ता भी कह सकते हैं। दूसरी विशेषता यह होनी चाहिए कि वह ग्रहण किए हुए भावों का बौद्धिक विवेचन कर सके और तीसरी विशेषता यह होनी चाहिए कि उसके पास एक दृष्टि हो। शुक्ल जी में ये तीनों विशेषताएँ अत्यन्त उत्कर्ष को पहुँची हुई हैं।" (हिन्दी समीक्षा : स्वरूप और सन्दर्भ, पृ. 46)

डॉ. देवराज की टिप्पणी है, "शुक्ल जी की सबसे बड़ी विशेषता है, रसग्राहिता। उनकी जैसी ठोस रसज्ञता वाले पाठक और आलोचक बहुत कम पैदा होते हैं। जो कोई भी शुक्ल जी के गहरे सम्पर्क में आता है, वह उनकी इस शक्ति से चकित और अभिभूत हुए बिना नहीं रह सकता। स्वदेश में अथवा विदेश में रसग्राहिता के ऐसे असन्दिग्ध क्षमता सम्पन्न समीक्षक कम मिलेंगे। कौन सा काव्य वस्तुत: सुन्दर वस्तुत: महान है इसे पहचानने में शुक्ल जी की अन्तर्भेदिनी दृष्टि कभी धोखा नहीं खाती, भले ही वे सदैव इस दृष्टि का सफल विवेचनात्मक मंडन प्रस्तुत न कर सकें।" (साहित्य चिंन्ता, पृ. 167)

आचार्य शुक्ल की व्यावहारिक आलोचनाओं का उत्कृष्ट स्वरूप सूर, तुलसी और जायसी पर लिखे गए उनके प्रबन्धों में दिखाई पड़ता है। इसके अतिरिक्त 'हिन्दी साहित्य का इतिहास' में हिन्दी साहित्य के सभी प्रमुख साहित्यकारों के परिचयात्मक विवेचन में भी शुक्ल जी की व्यावहारिक समीक्षा पद्धति का स्वरूप देखा जा सकता है।

शुक्ल जी ने सूर, तुलसी और जायसी की कृतियों की सर्वांगीण व्याख्या करते समय यह दिखाने की चेष्टा की है कि इन कवियों की मुख्य-मुख्य प्रवृत्तियाँ क्या हैं, उनकी परम्पराएँ क्या रही हैं, उनका क्रमिक विकास कैसे हुआ, उस विकास में कवि विशेष का क्या योग और स्थान है, कवि की भाव सम्पत्ति कितनी समृद्ध और गहरी है, उस भाव सम्पत्ति का मानव-जीवन के कितने क्षेत्रों से सम्बन्ध है। शुक्ल जी के सामने मुख्य रूप से कृति ही रहती है। कृति का गहरा अध्ययन-मनन करने के पश्चात् वे यह देखना चाहते हैं कि कृति का सम्बन्ध मानव-जीवन के मार्मिक स्थलों या गहरी संवेदनाओं से किस सीमा तक है?

सूर, तुलसी और जायसी में सूर मुक्तक पद लिखने वाले हैं और शेष दो प्रबन्धकार हैं। तुलसी और जायसी के प्रबन्ध काव्यों—'रामचरितमानस' और 'पद्मावत' को प्रबन्ध काव्य की कसौटी पर और 'सूर सागर' को मुक्तक काव्य की कसौटी पर रखकर परखा गया है। इन तीनों महाकाव्यों के अतिरिक्त हिन्दी साहित्य के अन्य कवियों की कृतियों के सम्बन्ध में शुक्ल जी ने अपने इतिहास में बड़ी मार्मिकता से विचार किया है। रीतिकालीन कवियों में घनानन्द आदि भावों की सच्चाई और उसकी मार्मिक अभिव्यक्ति के कारण शुक्ल जी की श्रद्धा प्राप्त कर सके हैं। किन्तु अन्य कवि कलाबाजी दिखाने के कारण स्वाभाविक कवियों की कोटि में नहीं खड़े किए गए। शुक्ल जी ने ठाकुर, बोधा, द्विजदेव जैसे कवियों की भाव सहजता को विशेष महत्त्व दिया और बिहारी की ऊहात्मक पद्धति और कृत्रिम उछलकूद का उपहास किया है।

शुक्ल जी ने विशेष उपेक्षा की कबीर, केशव और आधुनिक गीतकारों की। कबीर के काव्यत्व में ही सन्देह व्यक्त किया। उनकी दृष्टि में केशव कलावादी कवि हैं, उनमें हृदय की झलक कम है। हवाई उड़ान, लोक-जीवन के व्याप्त क्षेत्र से असम्बद्धता तथा अपनी गीति शैली के कारण छायावादी-रहस्यवादी कवि शुक्ल जी की मान्यता के पात्र नहीं बन सके हैं।

डॉ. रामचन्द्र तिवारी के शब्दों में, "शुक्ल जी की व्यावहारिक समीक्षा, बुद्धि और हृदय के सन्तुलन पर आश्रित है। वह शास्त्रीय, नैतिक, मनोवैज्ञानिक और लोकमांगलिक दृष्टियों के सामंजस्य से प्रेरित और अनुप्राणित है। उनका विवेचन स्वच्छ, स्पष्ट और विश्वसनीय है। वह जीवनगत मूल्यों का निरन्तर ध्यान रखते हुए काव्य के वायवीपन पर प्रहार करने वाली है। वह भावों और मार्मिक तथ्यों के चयन को काव्य का तत्त्व मानकर चलती है। वह आलोच्य कृति को बराबर सामने रखकर उसकी विशेषताओं और बारीकियों का सूक्ष्मतम विश्लेषण करती है। वह रहस्यमयता, आवेगशीलता, प्रदर्शनप्रियता और चमत्कारिता का प्रबल विरोध करती हुई एक मर्यादित, भावनिष्ठ, बुद्धिसंगत, तर्कपूर्ण और प्रभावोत्पादक पद्धति को विकसित करने वाली है।" (हिन्दी का गद्य साहित्य, पृ. 259)

आचार्य शुक्ल और प्रमुख पाश्चात्य समीक्षक

आचार्य रामचन्द्र शुक्ल ने पाश्चात्य समीक्षा शास्त्र का भी गहन अध्ययन किया था। पाश्चात्य विचारकों में से आई.ए. रिचड्र्स, एवरक्राम्बी, जोजेफ एडीशन आदि के महत्त्व को उन्होंने सादर स्वीकार किया है और अपनी मान्यताओं की पुष्टि में उन्हें उद्धृत किया है। इसी तरह पश्चिम के क्रोचे, डंटन, ब्रैडले आदि की मान्यताओं का उन्होंने खंडन भी किया है।

पश्चिमी समीक्षा में आई.ए. रिचड्र्स की मान्यताओं से आचार्य शुक्ल सर्वाधिक प्रभावित हैं। रिचड्र्स मूल्यवादी समीक्षक हैं। उनके अनुसार समीक्षा सिद्धान्त के आधारभूत स्तम्भ दो हैं—1. मूल्य का लेखा और 2. सम्प्रेषण व्यापार का विवेचन। आचार्य शुक्ल, साहित्य का जीवन से अविच्छिन्न सम्बन्ध मानते हैं। उन्होंने लिखा है, "काव्य का लक्ष्य है जगत और जीवन के मार्मिक पक्ष को गोचर रूप में लाकर सामने रखना जिससे मनुष्य अपने व्यक्तिगत संकुचित घेरे से अपने हृदय को लिकाल कर उसे विश्वव्यापिनी और त्रिकालवर्तिनी अनुभूति में लीन करे। इसी लक्ष्य के भीतर जीवन के ऊँचे से ऊँचे उद्‌देश्य आ जाते हैं।" (इन्दौर वाला भाषण, पृ. 50)

रिचड्र्स की मूल्य सम्बन्धी धारणाओं का सम्बन्ध नीति तत्त्व से है, इसीलिए वे जीवन का तथा काव्य का सम्बन्ध नीति से स्थापित करते हैं। इसी सन्दर्भ में उन्होंने ब्रेडले के कला कला के लिए के सिद्धान्त का विरोध किया था। आचार्य शुक्ल भी रिचड्र्स की उक्त मान्यताओं का पूरी तरह समर्थन करते हैं। इसी तरह अपने ग्रंथ 'प्रिंसिपल्स आफ लिटरेरी क्रिटिसिज्म' के चतुर्थ अध्याय में रिचड्र्स ने सम्प्रेषण व्यापार का महत्त्व स्पष्ट करते हुए कलाकार की सम्प्रेषण के प्रति सजगता का विवेचन किया है। आचार्य शुक्ल की मान्यताएँ भी ऐसी ही हैं और उन्होंने अपनी सम्प्रेषण सम्बंधी मान्यताओं की पुष्टि में रिचड्र्स को उद्धृत किया है।

आचार्य शुक्ल ने पश्चिम के एक अन्य विद्वान जोजेफ एडीशन के 'द प्लीजर्स आफ इमैजिनेशन', 'द प्लीजर्स ऑफ साइट', 'द ब्यूटी ऑफ द नेचुरल वर्ल्ड', 'नेचर एंड आर्ट' आदि ग्यारह निबन्धों का 'कल्पना का आनन्द' नाम से अनुवाद किया और काव्य-सृजन के क्षेत्र में कल्पना के महत्त्व को रेखांकित किया। रसात्मक बोध के विविध रूपों के विवेचन में एडीशन की मान्यताओं का प्रभाव स्पष्ट परिलक्षित होता है।

इसी तरह आचार्य शुक्ल ने एवरक्राम्बी, (Lascelles Abercrombie) के प्रेषणीयता के सिद्धान्त (Communicability) की भी प्रशंसा की है।

आलम्बन के लोकधर्मी स्वरूप एवं रससिद्धान्त के प्रति अटूट निष्ठा के कारण आचार्य शुक्ल ने उन सभी कला सिद्धान्तों का विरोध किया है जो इससे भिन्न मान्यताओं पर आधृत थे। पाश्चात्य कला सिद्धान्तों में उन्होंने अभिव्यंजनावाद, कलावाद, व्यक्तिवैचित्र्यवाद, अन्तश्चेतनावाद, प्रतीकवाद, संवेदनावाद तथा टालस्टॉय के आदर्शवाद का विरोध किया है।

क्रोचे के अभिव्यंजनावाद के विषय में उन्होंने लिखा है, "अभिव्यंजनावाद, अनुभूति या प्रभाव का विचार छोड़ केवल वाग्वैचित्र्य को पकड़ कर चला है, पर वाग्वैचित्र्य का हृदय की गम्भीर वृत्तियों से कोई सम्बन्ध नहीं। वह केवल कुतूहल उत्पन्न करता है।" (चिन्तामणि, भाग-2, पृ. 97) और इसीलिए आचार्य शुक्ल ने, "योरप का यह अभिव्यंजनावाद हमारे यहाँ के पुराने वक्रोक्तिवाद का ही नया रूप या विलायती उत्थान है।" (चिन्तामणि, भाग-2, पृ. 98) कहकर इसका विरोध किया है।

आचार्य शुक्ल ने कला कला के लिए के सिद्धान्त का भी विरोध किया। वे कला का उद्‌देश्य लोकमंगल की साधना मानते थे। उनकी दृष्टि में काव्य, जीवन को उदात्त बनाने का माध्यम है। उसके द्वारा मंगल का विधान हो सकता है। जब हम कला को ही अन्तिम लक्ष्य मान लेंगे तो भाव तत्त्व या विषय तत्त्व उपेक्षित हो जाएगा और परिणाम यह होगा कि कवि चमत्कार को ही महत्त्व देने लगेंगे, कविता पच्चीकारी बन जाएगी और सब मिलाकर काव्य का लक्ष्य छोटा हो जाएगा।

डंटन (Theodare Watts Dunton) महोदय के व्यक्तिवैचित्र्यवाद का आचार्य शुक्ल ने पूर्ण तत्परता से खंडन किया है। डंटन ने पाश्चात्य समीक्षा क्षेत्र में यह सिद्धान्त प्रतिपादित किया था कि श्रेष्ठ काव्यकृति वह है जिसमें व्यक्ति के वैचित्र्य को महत्त्व दिया जाए अर्थात् ऐसे पात्रों की रचना की जाए जो असामान्य हों।

सम्भवत: डंटन का तात्पर्य यह था कि पात्र रचना करते समय परिस्थितियों के उतार-चढ़ाव के साथ पात्रों में मनोवैज्ञानिक परवर्तन दिखाया जाना चाहिए। कोई भी पात्र आदि से अन्त तक एकरस नहीं होना चाहिए।

आचार्य शुक्ल ने इसे इस रूप में लिया कि कलाकार को प्रयत्नपूर्वक असामान्य पात्रों की रचना करनी चाहिए। व्यक्तिवैचित्र्यवाद की यह व्याख्या करके आचार्य शुक्ल ने इसका विरोध किया। विरोध का कारण यह था कि इससे साधारणीकरण के सिद्धान्त का खंडन हो जाता था। साधारणीकरण ऐसे आश्रय या आलम्बन का ही हो सकता है जिनमें सामान्य मानवीय कार्य की प्रतिष्ठा की गई हो। ऐसे पात्र जो सब प्रकार से विचित्र होंगे, साधारणीकरण का आधार नहीं बन सकते। साधारणीकरण न होने का अर्थ है—रस प्रक्रिया का विरोध। शुक्ल जी इसे कदापि स्वीकार नहीं कर सकते थे।

इसके अतिरिक्त आचार्य शुक्ल ने फ्रायड के मनोविश्लेषणवाद, हीगेल तथा टालस्टॉय के आदर्शवाद आदि का भी खंडन किया और इस तरह उन्होंने एक ऐसे समीक्षा-सिद्धान्त का आधार विकसित किया जिसकी पुष्ट नीव पर परवर्ती हिन्दी समीक्षा का विशाल भवन निर्मित हो सका।

आचार्य रामचन्द्र शुक्ल ने 'जायसी ग्रंथावली' के पाठ का प्रामाणिक और सफल सम्पादन करके और उसकी विस्तृत भूमिका लिखकर हिन्दी साहित्य की श्रीवृद्धि में असाधारण योगदान किया है। जायसी पर लिखी गई शुक्ल जी की यह आलोचना आज भी मील का पत्थर बनी हुई है।

आचार्य रामचन्द्र शुक्ल की जातीय चेतना और हिन्दी समाज की विडम्बना

हिन्दी आलोचना के क्षेत्र में आचार्य रामचन्द्र शुक्ल का आगमन एक युगान्तरकारी घटना है। उन्होंने हिन्दी आलोचना को एक नवीन और दृढ़ आधार दिया किन्तु उनके हिन्दुत्ववादी पूर्वग्रहों के कारण उनके भीतर हिन्दी साहित्य के स्वरूप को लेकर जो मान्यताएँ बनीं थीं उसके भयंकर परिणाम बाद की पीढ़ियों को भुगतने पड़े और उनके द्वारा रोपा गया छोटा सा पौधा आज विशाल विष-वृक्ष बन चुका है।

आचार्य रामचन्द्र शुक्ल का एक प्रसिद्ध उद्धरण है, "भाषा ही किसी जाति की सभ्यता को सबसे अलग झलकाती है। यही उसके हृदय के भीतरी पुरजों का पता देती है। किसी जाति को अशक्त करने का सबसे सहज उपाय उसकी भाषा को नष्ट करना है।" (भाषा की शक्ति, नागरी प्रचारिणी पत्रिका, जनवरी 1912)

जाति की अवधारणा और उसके विकास में भाषा की अनिवार्य भूमिका को रेखांकित करने वाला आचार्य शुक्ल का उक्त उद्धरण उनके विचारों की आधुनिकता को स्वत: प्रमाणित कर देता है परन्तु जैसे-जैसे हम शुक्ल जी के विचारों की गहराई में उतरते हैं, जाति के विषय में उनकी अवधारणा हमें भ्रमित करती है।

भाषा का सम्बन्ध मजहब से नहीं होता। प्रत्येक भाषा किसी न किसी जाति की होती है। यही वैज्ञानिक दृष्टि भी है। परन्तु शुक्ल जी की जातीय चेतना हिन्दी (या हिन्दुस्तानी) जाति के भीतर दो नेशन के सिद्धान्त को पुख्ता करती हुई हिन्दी और उर्दू की दो साहित्यिक परम्पराओं को न्यायसंगत ठहराती है। यह गम्भीर विचार का विषय है। उन्होंने अपने 'हिन्दी साहित्य का इतिहास' में गार्सां द तासी से भिन्न ग्रियर्सन की भेद-नीति वाली इतिहास-दृष्टि क्यों अपनाई? यह भी पुनर्विचार की अपेक्षा रखता है।

हिन्दी जाति के विकास से भाषा का सम्बन्ध जोड़ने के साथ आचार्य शुक्ल अपनी जाति की अवधारणा को इस तरह परिभाषित करते हैं, "यहाँ पर एक बात हम स्पष्ट रूप से कह देना चाहते हैं। हम हिन्दू हैं, हिन्दुस्तान हमारा देश है, हिन्दी हमारी भाषा। इस भाषा में अवश्यमेव हिन्दुओं के आचार-विचार का आभास रहेगा, इसमें अवश्य उनके प्राचीन गौरव की गंध रहेगी—कुढ़ने वाले भले ही कुढ़ें, वह सहायता के लिए भरसक संस्कृत ही का मुँह देखेगी। मुट्ठीभर मुसलमानों के लिए हम कदापि अपनी भाषा को लांछित न करेंगे। यदि मुसलमान लोग उसे नहीं समझना चाहते तो न समझें, हमारी कोई हानि नहीं।" (अपनी भाषा पर विचार, चिंतामणि-3, पृ. 72)

यह सही है कि भारतीय मुसलमानों का एक समूह ऐसा भी रहा है जिसने मतरुकात के सिद्धान्त का लगातार समर्थन किया। फारसीनिष्ठ उर्दू को कचहरी की भाषा बनवाने में महत्त्वपूर्ण भूमिका निभाई, हिन्दी को गँवारू बोली कहकर उसकी उपेक्षा की। अंग्रेजों ने ऐसे मुसलमानों की पीठ थपथपाई। सर सैयद अहमद खाँ ऐसे मुसलमानों के रहनुमाँ थे। 1893 ई. में जब 'मुहम्मडन एंग्लो ओरियंटल डिफेन्स एसोसिएसन' की स्थापना हुई तो उसका उद्घाटन थियोडोर बेक ने किया था। सर सैयद अहमद, थियोडोर बेक से लगातार सलाह लेते रहते थे। सर चार्ल्स वुड जो भारतीय मामलों का 'सेकरेटरी ऑफ स्टेट' था, ने वायसराय लार्ड एल्गिन (1862-63) को एक पत्र में लिखा था, "हम हिन्दुओं और मुसलमानों को एक-दूसरे से लड़ाकर अब तक सत्ता बनाए हुए हैं। हमें इसी नीति पर चलते रहना चाहिए!" (वुड पेपर्स,

वुड टु एल्गिन, 3 मार्च, 1862) एक अन्य पत्र में उसने लिखा, "दोनों कौमों में भेद पैदा करने वाली स्पिरिट को बनाए रखना जरूरी है।" (वही, पृ. 220)

परन्तु जिस तरह बहुत से मुसलमान हमारे जातीय चेतना के स्वस्थ विकास में बाधक थे और साम्प्रदायिकता के पोषक थे, ठीक उसी तरह बहुत से हिन्दू भी जातीय चेतना के विकास में बाधक थे। सर सैयद अहमद खाँ और राजा लक्ष्मण सिंह इसी तरह के व्यक्ति थे। भारतीय संस्कृति की जिस विशेषता पर हम गर्व करते हैं, वह उसका सामाजिक स्वरूप है। यहाँ विभिन्न धर्मों और विभिन्न संस्कृतियों के लोग अपने-अपने धर्मों, मान्यताओं का पालन करते हैं। एक धर्मनिरपेक्ष गणतंत्र की अवधारणा के मूल में हमारी यही सामासिक परम्परा है। ऐसे वातावरण में 'हम हिन्दू हैं' जैसे वाक्य हिन्दुस्तान में बढ़ रहे दो राष्ट्र के सिद्धान्त को ही पुष्ट कर रहे हैं।

भाषा में चाहे जितने भी विदेशी भाषाओं के शब्द हों, यदि लिपि देवनागरी हो तो लोग हिन्दी ही कहेंगे। राजा शिवप्रसाद हिन्दी और देवनागरी लिपि की प्रतिष्ठा के लिए उस वक्त बेहद मुखर थे जब हर जगह फारसी लिपि का बोलबाला था। वे खुद को हिन्दी-हितैषी कहलाने में गौरव का अनुभव करते थे। आचार्य रामचन्द्र शुक्ल ने स्वयं इस बात के लिए उनकी प्रशंसा की है, "हिन्दी की रक्षा के लिए राजा शिवप्रसाद को कितना यत्न करना पड़ा था, यह हिन्दी प्रेमी मात्र ही जानते हैं।" (हिन्दी और हिन्दुस्तानी, चिन्तामणि-3, पृ. 246)

पर वही आचार्य शुक्ल अन्यत्र लिखते हैं, "राजा शिवप्रसाद मुसलमानी हिन्दी का स्वप्न देखते रहे कि भारतेन्दु ने स्वच्छ आर्य हिन्दी की शुभ्र छटा दिखाकर लोगों को चमत्कृत कर दिया। लोग चकपका उठे।, यह बात उन्हें प्रत्यक्ष दीख पड़ी कि यदि हमारे प्राचीन धर्म, गौरव और विचारों की रक्षा होगी तो इसी भाषा के द्वारा।" (अपनी भाषा पर विचार, चिन्तामणि-3, पृ. 71)

कहना न होगा, भारतेन्दु की चकपका देने वाली स्वच्छ आर्य हिन्दी हमारे प्राचीन धर्म, गौरव और विचारों की कितनी रक्षा कर सकी है—यह अब छिपा नहीं है। यदि कुछ रक्षा हुई भी है तो वह सौदा बहुत मँहगा पड़ा है। हमारे प्राचीन धर्म और गौरव बचे या नहीं, पर देश जरूर बँट गया और उसी के साथ अपने सबसे पड़ोस में हमने अपना सबसे बड़ा शत्रु पाल लिया। आचार्य शुक्ल जैसे प्रगतिशील दृष्टिसम्पन्न आचार्य के द्वारा राजा शिवप्रसाद की हिन्दी को 'मुसलमानी हिन्दी' और भारतेन्दु की हिन्दी को 'आर्य हिन्दी' कहकर सम्बोधित करना साम्प्रदायिक दृष्टि का सूचक है या प्रगतिशील जनतांत्रिक दृष्टि का—इसका निर्णय पूर्वग्रहमुक्त पाठक सहज ही कर सकते हैं। स्मरणीय है कि आचार्य शुक्ल के पिता पं. चन्द्रबली शुक्ल आर्यसमाजी थे। शुक्लजी पर उनका गहरा असर था। आर्यसमाज शुद्धतावादी, संस्कृत व वेदों को सर्वाधिक प्रतिष्ठा देने वाला सुधारवादी आन्दोलन था। हमें इस पृष्ठभूमि की भूमिका को भी स्मरण रखना चाहिए।

बहरहाल, मुसलमान (वस्तुत: तुर्क, पठान आदि) इस देश में उसी तरह बाहर से आए जैसे कभी शक, यवन और हूण आए थे। बाद में अंग्रेज भी आए। आर्यों का नाम मैं जानबूझ कर नहीं ले रहा क्योंकि यह तथ्य विवादास्पद है। इस तरह हमारी जो आर्य-संस्कृति है उसमें शकों, यवनों, हूणों की संस्कृतियाँ भी घुली-मिली हैं। इस्लाम को मानने वाले तुर्क, पठान, अरब आदि जब आए तो स्वाभाविक है कि उनके भी सांस्कृतिक मूल्य यहाँ की भाषा में मिलते। वे मिले भी। जहाँ तक सम्भव और स्वाभाविक हो, हमें उन्हें भी समेटकर ही आगे बढ़ना चाहिए। मुसलमानों के आने के लगभग 800 वर्ष बीत जाने के बावजूद शुक्ल जी उनके सांस्कृतिक और धार्मिक मूल्यों को बाहर का और विजातीय ही मानते हैं और उससे अपने को बचाने की भरपूर कोशिश करते हैं। वे कहते हैं, "किसी जाति को अशक्त करने का सबसे सहज उपाय उसकी भाषा को नष्ट करना है। हमारी नस-नस से स्वदेश और स्वजाति का अभिमान कैसे निकल गया, हमारे हृदय से आर्य भावनाओं का कैसे लोप हो गया, क्या यह भी बतलाना पड़ेगा? इधर सैकड़ों वर्ष से हम अपने पूर्व संचित संस्कारों को जलांजलि दे रहे थे। भारतवर्ष की भुवनमोहिनी छटा से मुँह मोड़कर शीराज और इस्फहान की ओर लौ लगाए थे। गंगा-यमुना के शीतल शान्तिदायक तट को छोड़कर इफरात और दजला के रेतीले मैदानों के लिए लालायित हो रहे थे। हाथ में अलिफलैला की किताब पड़ी रहती थी, एक झपकी ले लेते थे तो अलीबाबा के अस्तबल में जा पहुँचते थे। हातिम की सखावत के सामने कर्ण का दान और युधिष्ठिर का सत्यवाद भूल गया था, शीरी-फरहाद के इश्क ने नल-दमयन्ती के सात्विक और स्वाभाविक प्रेम की चर्चा बन्द कर दी थी। मालती, मल्लिका, केतकी आदि फूलों का नाम लेते या तो हमारी जीभ लटपटाती थी या हमको शर्म मालूम

होती थी। वसंत ऋतु का आगमन भारत में होता था, आमों की मंजरी से चारों दिशाएँ आच्छादित होती थीं पर हमको कुछ खबर नहीं रहती थी। हम उन दिनों गुले लाला और गुले नरगिस के फिराक में रहते थे, मधुकर गूँजते और कोइलें कूकती थीं पर हम तनिक भी न चौंकते थे, अड्डे पर कान लगाए हम बुलबुल का गान सुनते थे।" (अपनी भाषा पर विचार, चिन्तामणि-3, पृ. 71)

आचार्य शुक्ल की चिन्ता बिलकुल जायज है। भारत में रहकर गंगा-यमुना के शीतल तट, नल-दमयंती की प्रेम कहानी, अर्जुन-भीम के शौर्य और कोयल की कूक को भूल जाना तथा दजला और फरात के रेतीले मैदान, शीरी-फरहाद के इश्क, हातिम की सखावत और बुलबुल के गानों में निरन्तर रमे रहना जातीय चेतना के विकास के लक्षण नहीं हैं। मगर गंगा-यमुना, नल-दमयंती, अर्जुन-भीम तथा कमल और कोयल के साथ हम यदा-कदा शीरी-फरहाद के इश्क की चर्चा भी कर लिया करें या बुलबुल के गानों की भी कल्पना कर लिया करें तो इससे हमारी सांस्कृतिक समृद्धि में इजाफा ही होगा। हमें यह नहीं भूलना चाहिए कि संस्कृति के उपर्युक्त तत्त्व अरब, तुर्क, पठान आदि विभिन्न जातियों के साथ भारत में आए और ये जातियाँ सैकड़ों वर्ष तक भारत में शासन करती रहीं। फारसी को लगभग छह सौ वर्ष तक शासन की भाषा बनने का अवसर मिला। बाद में ये जातियाँ स्थायी रूप से भारत में बस गईं। हमारी संस्कृति का अंग बन गईं। उन्हीं जातियों में से जायसी, कुतुबन, मंझन, रहीम, रसखान आदि भी हुए जो हमारी परम्परा रूपी हार की विभिन्न मणि हैं। बाहर से आने वाली जातियों का अपने मूल देश और वहाँ की संस्कृति से रागात्मक लगाव बना रहे तो यह स्वाभाविक ही है। आज यदि इंडोनेशिया, ट्रीनीडाड, मारीशस, फिजी, सूरीनाम आदि मुल्कों में रामलीलाएँ होती हैं तथा हमारी भाषा और संस्कृति का अस्तित्व सुरक्षित है तो क्या वहाँ के मूल निवासियों को इन्हें विजातीय मूल्य कहकर भारतीय मूल के लोगों की सांस्कृतिक पहचान का विरोध करना चाहिए? हमें इस तथ्य पर भी ध्यान देना चाहिए कि भारत में मुसलमानों का शासन कायम होने के मात्र 61 साल बाद भारत ने अमीर खुसरो जैसे मुसलमान को जन्म दिया जो अपने को 'हिन्दुस्तानी तुर्क' कहने में गौरव का अनुभव करता था और 'हिन्दवी' में कविता करता था। सूफी संतों की एक पूरी फौज खड़ी हो गई जिन्होंने हिन्दुओं और मुसलमानों के बीच सेतु बनाया। भारत में अकबर के दरबारी पंडित फैजी भी हुए जिन्होंने 'योग वाशिष्ठ', 'लीलावती', 'नल-दमयंती' और 'सिंहासन बतीसी' का अनुवाद फारसी में किया, हाजी इब्राहीम ने अथर्ववेद का फारसी अनुवाद किया, रामायण और महाभारत का अनुवाद कई लोगों ने मिलकर किया। शाहजहाँ के पुत्र दाराशिकोह का संस्कृत-प्रेम जग जाहिर है। उन्होंने उपनिषदों तथा श्रीमद्भगवद्गीता का फारसी अनुवाद अपनी देख-रेख में कराया था। मुस्लिम शासन काल में अनेक बार ऐसा भी हुआ कि लड़ाइयों में हिन्दुओं ने मुसलमानों का और मुसलमानों ने हिन्दुओं का साथ दिया। बाबर और राणा सांगा की लड़ाई में सुलतान महमूद लोदी और मेवात के हसन खाँ, राणा के साथ थे। हेमू अफगानों का सेनापति था और दरबार ने हिन्दू परम्परा के अनुसार उसे विक्रमादित्य की पदवी दी थी। सच्चाई तो यह है कि अपने छः सौ वर्ष के शासनकाल में मुसलमानों ने ज्यादा लड़ाइयाँ मुसलमानों के ही खिलाफ लड़ीं। सन् 1193 ई. से लेकर 1526 ई. तक दिल्ली के राज्य सिंहासन पर जो 35 सुल्तान बैठे उनमें से 19 सुल्तानों की हत्या हिन्दू नहीं, मुस्लिम दुश्मनों के हाथों हुई थी।

बहरहाल, हिन्दी की जिस शैली में अरबी-फारसी के शब्दों का इस्तेमाल अधिक होता है उसे 'उर्दू' या 'हिन्दुस्तानी' जैसे शब्दों से सम्बोधित न करके उसे 'मुसलमानी हिन्दी' कहना धर्म को भाषा से जोड़ना है और स्वस्थ जातीय दृष्टि का परिचायक नहीं है।

आचार्य शुक्ल जैसी पैनी-दृष्टि का समीक्षक हिन्दी में कोई दूसरा नहीं हुआ। हिन्दी भाषा के स्वरूप निर्माण के विषय में उनकी परख बिलकुल स्पष्ट है। 'नागरी प्रचारिणी पत्रिका' के 8 मार्च, 1911 के अंक में वे लिखते हैं, "दिल्ली-मेरठ की खड़ी बोली भी यद्यपि साहित्य के क्षेत्र में अग्रसर न हो सकी, लोगों की बोलचाल पर अधिकार करती रही। भिन्न-भिन्न प्रान्तीय बोलियाँ बोलने वाले लोग बड़े नगरों में परस्पर इस बोली का व्यवहार बोलचाल में करने लगे। जब मौलवी लोगों ने देखा कि बोलचाल में खड़ी बोली का प्रचार खूब हो रहा है तब उन्होंने एक कपोल कल्पना की कि शाहजहाँ के लश्कर से एक नई जबान उर्दू पैदा हुई है और उसमें किताबें लिखने लगे। पीछे से बयान की तहकीकात करने वाले आलिमों ने उसे बिरजभाषा, फारसी, अरबी और तुरकी का एक मुरक्कब बतलाया, यह न सोचा कि इस तरह से भी संसार में कोई नई भाषा बनी है? किसी देश की भाषा में चाहे और देश के शब्द मिल जाएँ, और मिलते ही हैं तथा उसका कुछ

रूपान्तर हो जाए पर एक नई भाषा बतलाना भ्रम है, वह यथार्थ में फारसी-अरबी मिश्रित खड़ी हिन्दी ही है। यही बात डॉ. ग्रियर्सन ने भी स्वीकार की है और हिन्दुस्तानी को पश्चिमी हिन्दी का एक भेद माना है।" (हिन्दी की पूर्व और वर्तमान स्थिति, चिन्तामणि-3, पृ. 112)

इस तरह उर्दू या हिन्दुस्तानी को यथार्थ में अलग भाषा न मानते हुए भी उसकी साहित्यिक परम्परा को हिन्दी साहित्य के इतिहास से खारिज कर देने का जो कठोर निर्णय आचार्य शुक्ल ने लिया उसका दूरगामी दुष्परिणाम यह हुआ कि एक ही हिन्दी जाति की दो भाषाओं और दो साहित्यिक परम्पराओं को स्वीकृति मिली। यह एक तरह से झूठ को प्रतिष्ठा देना था जो स्थापित हुआ। दुनिया में ऐसा उदाहरण कहीं नहीं मिलेगा कि एक क्षेत्र (हिन्दी क्षेत्र) और एक ही जाति (हिन्दी जाति) की दो भाषाएँ और दो साहित्यिक परम्पराएँ (हिन्दी और उर्दू) स्वीकृत हों। सिद्धान्ततः उर्दू को हिन्दी से अलग भाषा न मानने वाले आचार्य शुक्ल व्यवहार में इसी झूठ को प्रतिष्ठित करने में अपनी खास भूमिका निभाते हैं।

शुक्ल जी ने 'नागरी प्रचारिणी पत्रिका' में एक लेख लिखा था, 'हिन्दी और हिन्दुस्तानी'। यह लेख चिन्तामणि-3 में संकलित है। उल्लेखनीय है कि महात्मा गांधी ने आजादी के बाद भारत की राष्ट्रभाषा के रूप में हिन्दुस्तानी का ही प्रस्ताव किया था। प्रेमचन्द भी हिन्दुस्तानी के ही समर्थक थे। परन्तु इस सम्बन्ध में शुक्ल जी की दृष्टि भिन्न है। अपने उक्त लेख में आचार्य शुक्ल ने हिन्दी, उर्दू और हिन्दुस्तानी के आपसी सम्बन्ध और उसके स्वरूप को लेकर होने वाले विवाद का वस्तुगत विश्लेषण किया है। यह विश्लेषण तथ्यों पर आधारित एवं तर्कसंगत है। वे उर्दू के विकास को रेखांकित करते हुए दक्खिनी हिन्दी के कवियों—वजही, नुसरती, वली आदि की विस्तृत चर्चा करते हैं और उनकी रचनाओं में हिन्दवीपन की प्रशंसा करते हैं। इसी क्रम में उन्होंने दिल्ली के हातिम नामक शायर का उल्लेख किया है जो 1700 ई. में दिल्ली में थे और जिन्होंने फिर हिन्दी के शब्दों की छँटाई की। (हिन्दी और हिन्दुस्तानी, चिन्तामणि-3, पृ. 244)। उन्होंने अरबी-फारसी शब्द ला-लाकर रखे और हिन्दी भाषा के शब्दों को निकाल फेंका। अरबी-फारसी के बीच हिन्दी के वे शब्द और मुहावरे रहने पाए जिन्हें शाहजादे सरदार लोग दरबार में बोलते थे। (पृ. 244) इसके बावजूद हातिम के समय में ही दिल्ली में सौदा जैसे कवि हुए जो शुक्ल जी के शब्दों में, "हिन्दीपन से सटी हुई शायरी ही नहीं, सर्वसाधारण में प्रचलित हिन्दी भाषा की कविता भी करते थे और अच्छी करते थे।" (वही, पृ. 244)

तात्पर्य यह कि उर्दू के नाम पर प्रचलित कविता की परम्परा में कवियों का एक वर्ग जरूर रहा है जो चुन-चुन कर संस्कृत शब्दों को निकालता और अरबी-फारसी शब्दों को बहुतायत में इस्तेमाल करता था। मगर इसके बावजूद उसमें ऐसे कवि थे जिनकी भाषा लोक के ज्यादा करीब थी और लोक के लिए थी। ऐसे लोगों ने अपनी भाषा को 'हिन्दी' या 'हिन्दवी' कहा भी है। ऐसे कवियों को मुसलमान के नाम पर अथवा फारसी लिपि अपनाने के नाते हिन्दी की साहित्यिक परम्परा से खारिज कर देना और उन्हें एक अलग कौम (जाति) कहना, उनकी अलग भाषा और अलग साहित्यिक परम्परा घोषित करना अपने ही समाज को गुमराह करना है। शुक्ल जी द्वारा उद्धृत किए गए अमीर खुसरो, वली, वजही, नुसरती, अफजल, इकबाल से लेकर फिराक, फैज, कैफी, साहिर, मजरूह, सरदार जाफरी, राही और निदा फाजली तक की कविता में क्या कौम की जद्दोजहद या वतनपरस्ती नहीं है? क्या उसमें सिर्फ इस्लाम की मजहबी दास्तान है? अगर उस कविता में हिन्दी जाति का दुख-दर्द, हास-विलास व्यक्त हुआ है तो वह हमारी हिन्दी जाति का साहित्य है और वह उतना ही महत्त्वपूर्ण और सम्मान योग्य है जितना शुक्लजी के हिन्दी साहित्य का इतिहास में उल्लिखित साहित्य।

परन्तु आचार्य शुक्ल कौमी एकता के इस मुद्दे पर विचार करने को तैयार ही नहीं हैं। वे मजहबी कट्टरता के आधार पर कायम हो रही दो समानान्तर कौम की मिथ्या धारणा को स्वीकार करते हुए खुशी जाहिर करते हैं। शुक्ल जी लिखते हैं, "यदि वे अपनी भाषा और अपने साहित्य की एक अलग परम्परा रखना चाहते हैं तो हमारे लिए यह प्रसन्नता की बात है। इधर अपनी भाषा की छटा अपने साहित्य की विभूति हमारे सामने रहेगी उधर उनके साहित्य के चमत्कार से भी हम अपना मनोरंजन करेंगे। यही मौका उन्हें भी रहेगा। मनोरंजन के क्षेत्र में एक से दो रहें तो और भी अच्छी बात है।...अनेकरूपता का नाम ही संसार है। सौन्दर्य की विभूति अनेक रूपों में प्रकट होती है। सहृदय उन सबमें आनन्द का अनुभव करते हैं।" (चिन्तामणि-3. पृ. 241) कुछ आलोचकों ने शुक्ल जी की इस दृष्टि को 'जनवादी रुख' की संज्ञा दी है। परन्तु सच्चाई

यह है कि इस तथाकथित जनवादी रुख ने एक ही हिन्दी जाति को मजहब के आधार पर दो कौमों में बाँटने का नैतिक और बौद्धिक समर्थन दिया जिसका कुफल मुल्क के बँटवारे के रूप में हमें मिला है। आज भी हिन्दी क्षेत्र के पिछड़ेपन का सबसे बड़ा कारण यही है। यह जनवादी रुख नहीं है अपितु संकीर्णतावादी साम्प्रदायिक दृष्टि को न्यायसंगत ठहराने का एक निर्लिप्त भाव प्रदर्शित करने वाला लुभावना कुतर्क है।

शुक्ल जी हिन्दू-मुस्लिम एकता को पुष्ट करने तथा हिन्दी और उर्दू के विवाद को सुलझाने के लिए हिन्दुस्तानी को स्वीकार करने सम्बन्धी महत्त्वपूर्ण और उपयुक्त प्रस्ताव का भी समर्थन नहीं कर पाते जिसे महात्मा गांधी और प्रेमचन्द जैसे दूर दृष्टि वाले व्यक्तियों ने रखा था। शुक्ल जी को इस प्रस्ताव में भी एक साजिश की गंध आती है। वे हिन्दुस्तान की 'भोली-भाली जनता' को इस 'हिन्दुस्तानी' से सावधान करना अत्यन्त आवश्यक समझते हैं। (हिन्दी और हिन्दुस्तानी, चिन्तामणि-3, पृ. 248) उनके शब्दों में, "जो हिन्दुस्तानी इन लोगों के ध्यान में है वह थोड़ी छनी हुई उर्दू के सिवा और कुछ नहीं है। उर्दू के सब लक्षण—जैसे वाक्य रचना की फारसी शैली, अरबी-फारसी के अप्रचलित शब्द, अरबी-फारसी कायदे के बहुवचन उसमें वर्तमान रहेंगे तब तो वह हिन्दुस्तानी कहलाएगी, अन्यथा नहीं।" लगता है जैसे वैज्ञानिक सिद्धान्तों के लिए गढ़े गए फार्मूलों की तरह हिन्दुस्तानी का भी फॉर्मूला है। उसके निश्चित लक्षण हैं जिनमें लचीलेपन की गुंजाइश नहीं है। तात्पर्य यह कि शुक्ल जी इस मुद्दे पर तनिक भी समझौता करने के मूड में नहीं हैं। उन्होंने साफ घोषित कर दिया कि "साधारण बोलचाल और व्यवहार के लिए भी जिस प्रकार की 'हिन्दुस्तानी' हमारे उर्दूपरस्त दोस्तों के ध्यान में है वह चलने वाली नहीं है।" (वही, पृ. 246)। अपने निबन्ध के अन्त में शुक्ल जी एक प्रस्ताव करते हैं, "साधारण लिखा-पढ़ी, अदालती व्यवहार तथा बोलचाल के लिए यदि सच्ची सामान्य भाषा, हिन्दुस्तानी के नाम से ग्रहण कर ली जाए तो कोई हर्ज नहीं। पर जब इस हिन्दुस्तानी में जिस प्रकार अरबी-फारसी के ऐसे चलते शब्द आएँ जैसे—जरूर, काबू, इख्तियार, दावा, वक्त, सलाह, कायदा-कानून, हिम्मत, हैरान, सिफारिश, अरजी, नरम, गरम, मुलायम, गरीब, अमीर, इज्जत, कसूर, माफ, मरजी, गरज, नफा, नुकसान, तकाजा, उम्र, दरवाजा, रंज, गुस्सा, किस्सा, तनखाह, तदबीर, पेशा, साल, शक्ल, सूरत, ऐब, हुनर, हाजिर, सवाल, जवाब, सजा, मुनासिब, सही, गलत, मंजूर। इसी प्रकार नित्य बोले जाने वाले संस्कृत शब्द भी आएँ। जैसे—विद्या, परीक्षा, ज्ञान, दर्प, पाप, पुण्य, अपराध, न्याय, अन्याय, माया, प्रेम, प्रीति, उपाय, उक्ति, आकाश, सोच, चिन्ता, क्रोध, ईर्ष्या, सुख, दुख, सम्पत्ति, विपत्ति, शरण, चरण, धन, मान, मर्यादा, प्रतिष्ठा, कृपा, बन्धन, नाश, रक्षा, वस्तु, सन्तोष, औषधि, वश, भोग, विलास, आनन्द, पर्वत, जल, दारा, स्नान, ध्यान, शीत, ताप, शोभा, सुन्दरता, तेज, प्रताप, बल, पराक्रम, पौरुष, वीरता, शरीर, देह, शुद्ध, अशुद्ध, इच्छा, अक्षर, वाणी, कंठ, अर्थ, मनोरथ, कामना इत्यादि। है ऐसी आशा? यदि नहीं तो ऐसी हिन्दुस्तानी को दूर से ही नमस्कार।" (वही, पृ. 249)

यानी, शुक्ल जी को बिलकुल उम्मीद नहीं है कि ऐसी भाषा का प्रसार सम्भव है। जबकि हकीकत यह है कि शुक्ल जी की उक्त लिस्ट में शायद ही कोई शब्द हो जो आज आम बोलचाल की भाषा में प्रचलित न हो। शुक्ल जी की परम्परा के लेखक सचेत रहते हुए भले ही ऐसे शब्दों का व्यवहार न करते हों पर हिन्दी क्षेत्र की जनता ने न तो शुक्ल जी की 'आर्य हिन्दी' को स्वीकार किया और न तो 'हातिम वाली उर्दू'। जनता की भाषा आज भी वही 'हिन्दुस्तानी' है। फिल्मों में उसी भाषा का व्यवहार होता है। इसीलिए जरूरत है अब भी सचेत होने की, जन भाषा के करीब जाने की। हिन्दुस्तानी शब्द आज भले ही अप्रासंगिक हो गया हो क्योंकि अब तो हिन्दी हमारे संविधान द्वारा स्वीकृत हो चुकी है, मगर हिन्दी का स्वरूप वही होना चाहिए जिसे शुक्ल जी ने 'हिन्दुस्तानी' कहा है।

जैसा कि पहले कहा जा चुका है भाषा के विकास को लेकर शुक्ल जी की दृष्टि बिलकुल स्पष्ट है। एक स्थानीय बोली अनुकूल परिस्थिति व राजनीतिक संरक्षण पाकर बड़े भू-भाग की भाषा कैसे बन जाती है इसकी वैज्ञानिक परख शुक्ल जी को है। वे कहते हैं, "वर्तमान हिन्दी भाषा का घर दिल्ली-आगरे के आस-पास की भूमि ही कही जा सकती है।" (मान्य भाषा, चिन्तामणि-4, पृ. 182)। उनके अनुसार, "यद्यपि यह मान्य भाषा यथार्थ में एक प्रान्त की बोली ही होती पर जब वह एक बड़े भू-भाग की साहित्य भाषा हो जाती है तब वह अपनी संकीर्णता को कम करने लगती है।" (वही, पृ. 182) प्रश्न यह है कि अब यदि मान्य भाषा हिन्दी अपनी संकीर्णता कम करके अरबी-फारसी के प्रचलित शब्दों को भी अपना लेती है, बाहर से आई शीरी-फरहाद और लैला-मजनूँ की प्रेम कथाएँ भी ग्रहण कर लेती है तो शुक्ल जी को एतराज क्यों है? सवाल यह भी है कि

जिस दिल्ली-आगरा को शुक्ल जी हिन्दी का घर मान रहे हैं क्या वही दिल्ली-आगरा तथाकथित उर्दू कविता का मुख्य केन्द्र नहीं रहा है? फिर वह हिन्दी साहित्य से अलग परम्परा का साहित्य क्यों? क्या दिल्ली-आगरा और लखनऊ में कोई विदेशी कौम रहती है? हिन्दुस्तानी नहीं?

अपने हिन्दुत्व के पूर्वग्रह के चलते आचार्य शुक्ल के विचारों में यदा-कदा अन्तर्विरोध दिखाई देते हैं। भाषा और जातीयता के सवाल पर बंगाल की बांग्ला के प्रति एक दृष्टि और हिन्दी क्षेत्र के लिए दूसरी दृष्टि। 'नागरी प्रचारिणी पत्रिका' के अप्रैल-मई 1910 के अंक में बंगाल से निकलने वाले 'मुसलमान' नामक पत्र की शुक्ल जी इसलिए प्रशंसा करते हैं कि बंगाल के कुछ थोड़े से मुसलमान लोग स्वजातीय लोगों को बंगला छोड़कर उर्दू लिखने और बोलने की सलाह दे रहे हैं। इसका वहाँ के 'मुसलमान' नामक पत्र ने एक बड़ा लेख लिखकर कड़ा विरोध किया है। आगे शुक्ल जी ने 'मुसलमान' नामक उक्त पत्र का निम्नलिखित अंश उद्धृत किया है, "उर्दू हमारी मातृभाषा का स्थान नहीं पा सकती। हम लोग बंगाली मुसलमान हैं। अत: हमें यह कहने में भी लज्जा नहीं कि हमारी मातृभाषा बंगला है जो कि अब इतनी समृद्ध और चित्ताकर्षक हो गई है। यद्यपि कुछ ऐसे मुसलमान हैं जो अपनी मातृभाषा का मूल्य नहीं समझते हैं पर बहुत से ऐसे भी हैं जो उससे पूरा प्रेम करते हैं। बंगाली मुसलमान भीतर-बाहर सर्वत्र बंगला ही बोलते हैं। यदि थोड़ी देर के लिए मान भी लें कि उर्दू हमारी मातृभाषा बन सकती है तो भी बड़ी-बड़ी कठनाइयाँ दिखाई देती हैं। हिन्दू लोग तो बराबर अपनी मातृभाषा बंगला ही बोलते जाएँगे अत: मुसलमान लोग भाषा को भिन्न करके कै घड़ी काम चला सकते हैं? हिन्दू और मुसलमान एक-दूसरे की बोली न समझ सकें यह कितनी बड़ी आफत है? अदालत और जमींदारी आदि के कार-बार सब बंगला में होते हैं। बंगला का साहित्य उर्दू से कहीं अधिक उन्नत है और उसमें मुसलमानी धर्म की पुस्तकें भी बन गई हैं। प्रारम्भिक शिक्षा के लिए मुसलमान लेखकों ने भी बंगला की पुस्तकें लिखी हैं जिनमें से कुछ टेक्स्ट बुक कमेटी द्वारा स्वीकृत हुई हैं। अत: मुसलमान बालकों को अब आरम्भ में केवल राम, श्याम, काली के ही नाम नहीं, वरन मुहम्मद, अली, हसन हुसैन के नाम भी पढ़ने पड़ेंगे।" (बंगाल में उर्दू, चिन्तामणि-4, पृ. 190)

तात्पर्य यह कि बंगाल में राम, श्याम, काली के नाम के साथ मुहम्मद, अली, हसन, हुसैन का नाम पढ़ना उचित है और यही बात हिन्दी क्षेत्र के लिए अनुचित—ऐसा क्यों? जैसे बंगाल के मुसलमानों और हिन्दुओं की एक भाषा बंगला और उसका एक साहित्य है वैसे ही हिन्दी क्षेत्र के लोगों की एक कौम उसकी एक भाषा और एक साहित्य क्यों नहीं?

वस्तुत: हिन्दी और उर्दू को अलग-अलग भाषा बताने और उन्हें मजहब से जोड़ने का काम अंग्रेजों ने 'बांटो और राज करों' की नीति के तहत किया था और इस नीति को लागू करने के लिए राजा लक्ष्मण सिंह और सर सैयद अहमद खाँ जैसे अपने समर्थकों का इस्तेमाल किया था। आचार्य शुक्ल इस यथार्थ पर परदा डालते हैं और तर्क देते हैं कि "अंगरेज यद्यपि विदेशी थे पर उन्हें यह स्पष्ट लक्षित हो गया कि जिसे उर्दू कहते हैं वह न तो देश की स्वाभाविक भाषा है और न उसका साहित्य देश का साहित्य है, जिसमें जनता के भाव और विचार लक्षित हों।" (वही पृ. 283) शुक्ल जी आगे लिखते हैं, "इसीलिए जब संवत 1860 में फोर्ट विलियम कॉलेज (कलकत्ता) के हिन्दी-उर्दू अध्यापक जॉन गिलक्रिस्ट ने देशी भाषा की गद्य पुस्तकें तैयार कराने की व्यवस्था की तब उन्होंने उर्दू और हिन्दी दोनों के लिए अलग-अलग प्रबन्ध किया। इसका मतलब यही है कि उन्होंने उर्दू से स्वतंत्र हिन्दी खड़ी बोली का अस्तित्व शिष्ट भाषा के रूप में पाया।" (वही, पृ. 283) सच्चाई यह है कि जॉन गिलक्रिस्ट फोर्ट विलियम कॉलेज के 'हिन्दुस्तानी विभाग' के प्रोफेसर और विभागाध्यक्ष थे। हिन्दुस्तानी की जगह शुक्ल जी द्वारा 'हिन्दी-उर्दू' शब्द के प्रयोग का निहितार्थ क्या है?

आचार्य रामचन्द्र शुक्ल के समानान्तर मुंशी प्रेमचन्द की भाषा सम्बन्धी अवधारणा आज भी अधिक तर्कसंगत, व्यावहारिक और प्रासंगिक है। वे लिखते हैं, "भारत की राष्ट्रीय भाषा न तो उर्दू ही है और न हिन्दी। बल्कि हिन्दुस्तानी है, जो सारे हिन्दुस्तान में समझी जाती है और इसके बड़े भाग में बोली जाती है। लेकिन फिर भी लिखी नहीं जाती।" (साहित्य का उद्देश्य, पृ. 155-56)

यह सच है कि संविधान में हिन्दी की स्वीकृति के बाद स्वाभाविक रूप से हिन्दुस्तानी शब्द का चलन कम हो गया है किन्तु आज समय की माँग है कि हम हिन्दी को प्रेमचन्द की हिन्दुस्तानी की तरह लोक के विस्तृत पठार की ओर ले जाएँ न कि पहाड़ की संकरी कन्दराओं की ओर।

वस्तुत: आचार्य शुक्ल हिन्दी आलोचना के ऐसे आधार स्तम्भ हैं जिन पर परवर्ती प्रगतिशील आलोचना की पूरी इमारत निर्मित हुई है। परन्तु अपने 'हिन्दी साहित्य का इतिहास' में जिस तरह उन्होंने उर्दू शैली की पूरी साहित्य परम्परा को बहिष्कृत किया, उससे एक ही हिन्दी क्षेत्र में दो राष्ट्रों के सिद्धान्त को विकसित होने में बल मिला। देश में बढ़ रही साम्प्रदायिकता से इसका गहरा ताल्लुक है।

छठा सोपान

शास्त्रीय व व्याख्यात्मक आलोचना

शास्त्रीय व व्याख्यात्मक आलोचना का महत्त्व

संस्कृत से चली आ रही काव्यशास्त्रीय ग्रंथों के लेखन की परम्परा आधुनिक काल में पूरी तरह बन्द नहीं हो गई बल्कि अपने बदले हुए रूप में वह शुक्लोत्तर काल में भी जारी रही। संस्कृत से चले आ रहे रस, अलंकार, ध्वनि आदि साहित्य सिद्धान्त, काव्य समीक्षा के लिए इतने पूर्ण और लचीले थे कि उन पर आचार्य शुक्ल की आस्था बनी रही। फलस्वरूप शुक्लानुवर्ती अनेक समीक्षकों ने भी समीक्षा के मानदंड के रूप में उन्हें अपनाए रखा। आज भी ये सिद्धान्त पूरी तरह अप्रासंगिक नहीं हुए हैं और रचनाकार अनजाने ही इनके प्रयोग से अपने को रोक नहीं पाते हैं। हाँ, आलोचकों ने इन पर नवीन दृष्टि से अवश्य विचार किया है।

इन काव्य सिद्धान्तों पर नवीन दृष्टि से विचार करने वालों में आचार्य रामचन्द्र शुक्ल के अलावा आचार्य महावीरप्रसाद द्विवेदी, पदुमलाल पुन्नालाल बख्शी, बाबू श्यामसुन्दर दास, बाबू गुलाब राय, डॉ. नगेन्द्र आदि प्रमुख हैं। महावीरप्रसाद द्विवेदी ने अपने 'रसज्ञ रंजन' नामक ग्रंथ में विषय के अनुकूल छंद योजना, नवीन छंदों के ग्रहण, शुद्ध और सरल भाषा के प्रयोग, अर्थ सौरस्य आदि के महत्त्व और उसके प्रयोग पर विस्तार से प्रकाश डाला है। उनका विचार है कि अलंकार और रसविवेचन के झगड़ों से हमें बचना चाहिए। अनावश्यक शास्त्रीय जटिलताओं के वे विरोधी हैं। वे प्रश्न उठाते हैं कि हेला भाव का लक्षण और उसका चित्र देखने से क्या लाभ? अथवा दीपक अलंकार व उसके सूक्ष्म से सूक्ष्म भेदों को जानने का क्या उपयोग? हिन्दी में ऐसे कितने काव्य हैं जिनमें ये भेद पाए जाते हैं? इस तरह द्विवेदी जी तत्कालीन काव्य रचना और समीक्षा सिद्धान्त विवेचन के अन्तराल को मिटाकर नवीन सिद्धान्तों की स्थापना करना चाहते थे। इसी तरह बाबू श्यामसुन्दर दास ने 'साहित्यालोचन', बाबू गुलाब राय ने 'सिद्धान्त और अध्ययन' तथा 'काव्य के रूप' आदि के द्वारा नवीन, उपयोगी तथा समसामयिक काव्य कृतियों को अनुप्राणित करने वाले सिद्धान्तों की स्थापना पर बल दिया।

हिन्दी की शास्त्रीय समीक्षा की एक विशेषता यह है कि उसमें एक ओर संस्कृत के मूल सिद्धान्त ग्रंथों जैसे 'काव्यादर्श', 'काव्यालंकार सूत्र', 'ध्वन्यालोक', 'वक्रोक्तिजीवित', 'काव्यमीमांसा', 'औचित्यविचार चर्चा', 'काव्य प्रकाश', 'अभिनव भारती' आदि के हिन्दी में भाष्य के साथ प्रामाणिक संस्करण उत्साह के साथ प्रस्तुत किए गए तो दूसरी ओर अंग्रेजी के काव्यशास्त्रीय ग्रंथों के भी बड़ी संख्या में हिन्दी अनुवाद प्रकाशित हुए। हिन्दी अनुसन्धान परिषद् दिल्ली ने पाश्चात्य काव्यशास्त्र के प्रसिद्ध ग्रंथों—अरस्तू के काव्यशास्त्र, लांजाइनस के 'द सब्लाइम' तथा होरेस के 'आर्स पोयटिका' के हिन्दी अनुवाद कराए। इस तरह हिन्दी की शास्त्रीय समीक्षा बहुत समृद्ध हुई।

पहले हम बता चुके हैं कि संस्कृत साहित्य में व्यावहारिक आलोचना की सर्वाधिक प्रचलित और महत्त्वपूर्ण पद्धति टीका पद्धति थी जो हिन्दी में भी ग्रहण कर ली गई। ग्रंथों की टीकाओं से पाठकों को बहुत मदद मिलती थी और इस तरह श्रेष्ठ ग्रंथों की लोकप्रियता में भी इजाफा होता था। संस्कृत से यह पद्धति हिन्दी में भी यथावत् ग्रहण कर ली गई क्योंकि इसकी लोकप्रियता और जरूरत असन्दिग्ध है।

संस्कृत समीक्षा सिद्धान्तों की नवीन व्याख्या करने वालों में आचार्य रामचन्द्र शुक्ल का नाम सर्वाधिक महत्त्वपूर्ण है। इसी क्रम में दूसरा महत्त्वपूर्ण नाम डॉ. नगेन्द्र का है। उन्होंने अपने बहुचर्चित ग्रंथ 'रस सिद्धान्त' में बड़े श्रम और सावधानी के साथ रस के सम्बन्ध में संस्कृत और हिन्दी में उपलब्ध समस्त सामग्री को

क्रमबद्ध और सुनियोजित ढंग से सजाया है। उन्होंने रस सिद्धान्त को मानववाद के दृढ़ आधार पर प्रतिष्ठित मानकर उसके माध्यम से निरन्तर विकासमान कला चेतना का मूल्यांकन सम्भव माना है।

फिलहाल शुक्लोत्तर पीढ़ी के शास्त्रीय समीक्षकों में प्रमुख निम्नलिखित हैं।

पद्मसिंह शर्मा

बिजनौर (उ.प्र.) जिले के 'नायक' नामक छोटे से गाँव में जन्मे, कुछ दिन तक अध्यापन करने के बाद ज्ञानमंडल से जुड़कर आजीवन लेखन व सम्पादन में लगे रहने वाले आर्यसमाजी विचारों के पं. पद्मसिंह शर्मा (05.03.1876-07.04.1932) हिन्दी, उर्दू, फारसी, संस्कृत, बांग्ला, मराठी आदि कई भाषाओं के विद्वान थे। उन्हें तुलनात्मक आलोचना का प्रवर्तक माना जा सकता है। द्विवेदी युग में तुलनात्मक आलोचना की प्रवृत्ति का भरपूर विकास हुआ था। इसके केन्द्र में देव और बिहारी थे। पद्मसिंह शर्मा के प्रिय कवि बिहारी हैं। 'बिहारी सतसई : तुलनात्मक अध्ययन' नामक उनकी पुस्तक पहली बार 1918 ई. में प्रकाशित हुई थी। इस पुस्तक में शर्मा जी ने बिहारी के काव्य की व्याख्या करते हुए तथा अन्य अनेक कवियों से उनकी तुलना करते हुए उन्हें रीतिकाल का सर्वश्रेष्ठ कवि घोषित किया। इसकी व्यापक प्रतिक्रिया हुई।

दरअसल मिश्रबन्धुओं ने 'नवरत्नों' में देव को बहुत ऊँचा स्थान दिया और बिहारी को उनके बाद रखा। इस स्थापना पर तीखी प्रतिक्रिया पद्मसिंह शर्मा ने व्यक्त की। उन्होंने 'आर्या सप्तशती', 'अमरुकशतक', 'गाथा सतसई' तथा फारसी एवं उर्दू तथा हिन्दी के अन्य बहुत से कवियों की रचनाओं से 'बिहारी सतसई' की तुलना करते हुए बिहारी को श्रृंगार रस का सर्वश्रेष्ठ कवि घोषित किया। बाद में देव और बिहारी के इस विवाद में कृष्णबिहारी मिश्र ('देव और बिहारी' लिखकर) और लाला भगवानदीन ('बिहारी और देव' लिखकर) भी शामिल हो गए। बिहारी और देव के इस खींचतान में तुलनात्मक आलोचना पद्धति का खूब विकास हुआ। हाँ, तुलनात्मक आलोचना करने वाले सभी समीक्षकों की दृष्टि मध्ययुगीन ही थी। तुलनात्मक समीक्षा करते समय उनकी दृष्टि छंदों, रसों, अलंकारों, शब्द-शक्तियों, भावों, नायिकाओं आदि पर ही अधिक रहती थी। इसके अलावा उन्होंने बिहारी के ऊपर लगने वाले संस्कृत तथा प्राकृत के कवियों के अनुकरण के आरोप का भी निवारण किया है। उन्होंने लिखा है, "चिरपरिचित और कविपरम्परा से प्राप्त तथ्य को उक्तिवैचित्र्य के साथ रख देना भी मौलिकता है। अगर नूतन भाव और वस्तु की कल्पना ही को मौलिकता माना जाए तब तो शायद ही कोई कवि पूर्णत: मौलिक कहा जा सकता है। कवि-कुल-गुरु कालिदास तक अपने पूर्ववर्ती कवियों के ऋणी हैं।" (बिहारी सतसई, पृ. 26)

अपनी आलोचना में उन्होंने श्रृंगार रस के महत्त्व को प्रतिपादित किया और अपने समय में प्रचलित श्रृंगार विरोधी विचारों की तीखी आलोचना की। उन्होंने लिखा कि "बहुत से महापुरुष, कविता की उपयोगिता को स्वीकार तो किसी प्रकार कर लेते हैं पर श्रृंगार रस उनके निर्मल नेत्रों में कुछ खार-सा या तेजाब-सा खटकता है। वह श्रृंगार की रसीली लता को विषैला समझकर कविता वाटिका से एकदम जड़ से उखाड़कर फेंकने पर तुले खड़े हैं।" (बिहारी सतसई, भूमिका, पृ. 3)

इनकी समीक्षा-दृष्टि की कमजोरियों पर टिप्पणी करते हुए कृष्णदत्त पालीवाल ने लिखा है, "ये ठेठ रसवादी हैं तथा प्राचीन रसवादी मूल्यों को ही समीक्षा में स्थान देते हैं। इन मूल्यों का वे युगानुरूप नवीनीकरण नहीं कर सके। यही इनकी सीमा है। (हिन्दी आलोचना का सैद्धान्तिक आधार (पृ. 228)। प्राचीन काव्य के प्रति गहरी आसक्ति तथा नवीन के प्रति गहरी विरक्ति के कारण वे कहते हैं, "प्राचीन काव्य, वर्तमान परिष्कृत सुरुचि के आदर्श पर नहीं रचे गए। उन्हें इस नए गज से नहीं नापना चाहिए। प्राचीनता की दृष्टि से परखने पर ही उनकी खूबी समझ में आ सकती है।" (बिहारी सतसई, पृ. 217) कृष्णदत्त पालीवाल के अनुसार, "सतसई परम्परा के पूर्ववर्ती रूप की खोजबीन तथा दोहों पर विद्वत्तापूर्ण कार्य इन्हें आता तो था किन्तु चमत्कार को ही काव्य का सर्वस्व मानने के कारण वे बाहर से तो जगे किन्तु भीतर से अंधे ही बने रहे।" (हिन्दी आलोचना का सैद्धान्तिक आधार, पृ. 228)

उनकी एक महत्त्वपूर्ण पुस्तक 'हिन्दी उर्दू और हिन्दुस्तानी' है। इस पुस्तक में वे हिन्दी, उर्दू और हिन्दुस्तानी के स्वरूप और उनके आपसी सम्बन्ध का विश्लेषण करते हैं और अपना मंतव्य रखते हुए सुझाव देते हैं कि हिन्दी वाले उर्दू साहित्य से बहुत कुछ सीख सकते हैं। इसी तरह उर्दू वाले हिन्दी के खजाने से फायदा उठा सकते हैं। यदि दोनों पक्ष एक-दूसरे के निकट पहुँच जाएँ और भेद-बुद्धि को छोड़कर भाई-भाई की तरह आपस में मिल जाएँ तो वह गफलतफहमियाँ अपने आप ही दूर हो जाएँ, जो एक से दूसरे को दूर

किए हुए हैं। ऐसा होना कोई मुश्किल बात नहीं है। सिर्फ मजबूत इरादे और हिम्मत की जरूरत है, पक्षपात और हठधर्मी को छोड़ने की आवश्यकता है। बिना एकता के भाषा और जाति का कल्याण नहीं।

फिलहाल, पद्मसिंह शर्मा की आलोचना पद्धति की प्रशंसा करते हुए आचार्य रामचन्द्र शुक्ल ने लिखा है, "पद्मसिंह शर्मा ने बिहारी पर एक अच्छी आलोचनात्मक पुस्तक निकाली। इसमें उस साहित्यिक परम्परा का बहुत अच्छा उद्घाटन है जिसके अनुकरण पर बिहारी ने अपनी प्रसिद्ध सतसई की रचना की। आर्यासप्तशती और गाथासप्तशती के बहुत से पद्यों के साथ बिहारी के दोहों का पूरा-पूरा मेल दिखाकर शर्मा जी ने बड़ी विद्वत्ता के साथ एक चली आती हुई साहित्यिक परम्परा के बीच बिहारी को रखकर दिखाया। किसी चली आती हुई साहित्यिक परम्परा का उद्घाटन भी साहित्य समीक्षा का एक भारी कर्तव्य है। हिन्दी के दूसरे कवियों के मिलते जुलते पद्यों की बिहारी के दोहों के साथ तुलना करके शर्मा जी ने तारतमिक आलोचना का शौक पैदा किया।" (हिन्दी साहित्य का इतिहास, पृ. 361)

लाला भगवानदीन

एक समय में 'हिन्दी के मल्लिनाथ' के नाम से विख्यात लाला भगवानदीन (03.08.1886-28.07.1930) का जन्म जिला फतेहपुर (उ.प्र.) के गाँव 'बरबट' में हुआ था। वे शास्त्रीय और व्याख्यात्मक आलोचना में विशेष गति रखने वाले आलोचक हैं। काशी हिन्दू विश्वविद्यालय में आचार्य रामचन्द्र शुक्ल, अयोध्यासिंह उपाध्याय 'हरिऔध' और बाबू श्यामसुन्दर दास के वे वरिष्ठ सहयोगी थे। मध्यकालीन साहित्य का अध्यापन करते हुए उन्होंने 'रामचन्द्रिका', 'कविप्रिया', 'रसिकप्रिया', 'कवितावली' और 'बिहारी सतसई' की विद्वत्ता और भावुकतापूर्ण टीकाएँ लिखीं। कठिन काव्य के प्रेत कहे जाने वाले केशव की 'रामचन्द्रिका' पर लिखी गई उनकी टीका आज भी सर्वाधिक प्रामाणिक और उपयोगी मानी जाती है। लाला भगवानदीन ने 'अलंकार मंजूषा' नामक अलंकार ग्रंथ और 'व्यंग्यार्थ' नामक शब्दशक्ति सम्बन्धी ग्रंथ का भी प्रणयन किया है।

लाला भगवानदीन रीतिवादी संस्कारों के आलोचक हैं। देव और बिहारी सम्बन्धी विवाद में वे बिहारी के समर्थक थे और कृष्णबिहारी मिश्र की पुस्तक 'देव और बिहारी' की प्रतिक्रिया में उन्होंने 'बिहारी और देव' पुस्तक लिखकर बिहारी को रीतिकाल का सर्वश्रेष्ठ कवि घोषित किया। उन्होंने मिश्रबन्धुओं की कमजोरियों को उजागर किया और बिहारी के दोहों की व्याख्या करते हुए इस विषय में मिश्रबन्धुओं की अज्ञानता पर जमकर प्रहार किया। उनका विचार था कि बिहारी की कविता का अर्थ ग्रहण कर पाने में मिश्रबन्धु पूरी तरह सक्षम नहीं थे। वास्तव में तुलनात्मक आलोचना का जो सूत्रपात मिश्रबन्धुओं ने शुरू किया था, उसकी अन्तिम कड़ी के रूप में लाला भगवानदीन अपनी पुस्तक 'बिहारी और देव' को लेकर शामिल हुए थे। उनका विचार था कि मिश्रबन्धुओं ने अपने आलोचकीय धर्म की तटस्थता को त्यागते हुए देव का पक्ष लिया तथा उनके पाठों का भ्रष्ट साहित्यिक संस्करण भी प्रस्तुत किया।

'सूर पंचरत्न' की भूमिका में लाला जी ने सूर की काव्य-कला की मार्मिकता को प्रस्तुत करते हुए अपनी आलोचना शक्ति का परिचय दिया है। यहाँ भाव, रस, वृत्ति, रीति, गुण, दोष, अलंकार आदि प्राचीन प्रतिमानों से सूर के काव्य का भीतरी परीक्षण मनोयोगपूर्वक किया है। संस्कृत काव्यशास्त्र के ये मर्मज्ञ हैं और अंध समर्थक भी। नवीन संस्कारों के प्रति विकर्षण का भी एक कारण संस्कृत काव्यशास्त्र के प्रति इनकी अंध-श्रद्धा ही है। उन्होंने 'लक्ष्मी पत्रिका' का सम्पादन भी किया था। इस पत्रिका में उन्होंने मैथिलीशरण गुप्त की कृतियों 'भारत भारती' और 'जयद्रथ बध' की समीक्षाएँ लिखीं किन्तु वे इन कृतियों की सन्तुलित समीक्षा न कर सके और उन पर मध्यकालीनताबोध हावी रहा। इतना ही नहीं, उन्होंने इनको प्रोत्साहित करने वाले महावीरप्रसाद द्विवेदी को भी खारिज किया। उल्लेखनीय है कि खड़ी बोली में कविता भारतेन्दु युग से ही लिखी जा रही थी किन्तु लाला भगवानदीन यह मानने को तैयार ही नहीं थे कि ललित, कोमल और मधुर ब्रजभाषा को छोड़कर खड़ी बोली जैसी गद्यात्मक भाषा में भी अच्छी कविता का सृजन सम्भव है।

लाला भगवानदीन का वास्तविक महत्त्व आलोचना से ज्यादा केशव की 'रामचन्द्रिका' और 'बिहारी सतसई' की प्रामाणिक टीका करने के लिए है। इन दोनों पुस्तकों की प्रामाणिक टीका की सभी ने मुक्त कंठ से प्रशंसा की है। इस तरह टीका-पद्धति की समीक्षा के ये महत्त्वपूर्ण हस्ताक्षर माने जा सकते हैं। इनकी समीक्षा पद्धति पर टिप्पणी करते हुए डॉ. रामदरश मिश्र ने लिखा है, "इस रीतिवादी परम्परा में दीन जी सबसे कट्टर रूढ़िवादी थे। उनमें अध्ययन था, पांडित्य था किन्तु सब पुराने साँचे में ढला हुआ। उनके पास कोई दृष्टि

नहीं थी। वास्तव में वे समालोचक न होकर पुराने ढंग के टीकाकार थे। पद्मसिंह शर्मा की तरह ही उनकी नए साहित्य में आस्था नहीं थी।" (हिन्दी समीक्षा : स्वरूप और सन्दर्भ, । पृ. 60)

लाला भगवानदीन ने 'बिहारी बोधिनी', 'आलमकेलि', 'ठाकुर शतक', 'ठाकुर ठसक' आदि ग्रंथों का पाठ सम्पादन किया है। उन्होंने 'पद्मावत' का पाठ सम्पादन भी किया था किन्तु इसका एक तिहाई कार्य ही हो सका था।

कृष्णबिहारी मिश्र

सीतापुर (उ.प्र.) जिले के 'गन्धौली' नामक गाँव में जन्मे, लखनऊ से पढ़े-लिखे तथा कुछ वर्ष तक वकालत करने के बाद साहित्य-सृजन में पूरी तरह रम जाने वाले कृष्णबिहारी मिश्र (23.07.1890-24.05.1959) का इस युग के शास्त्रीय समीक्षकों में महत्त्वपूर्ण स्थान है। 'देव और बिहारी' तथा 'मतिराम ग्रंथावली' की भूमिका से उनकी आलोचना-दृष्टि का पता चलता है। मिश्रबन्धुओं की तरह वे भी देव की श्रेष्ठता के समर्थक थे। उनकी पुस्तक 'देव और बिहारी' का महत्त्व इसी दृष्टि से है। इसमें उन्होंने तुलनात्मक दृष्टि से देव की काव्योपलब्धियों को उद्‌घाटित किया है। देव की काव्य-वस्तु और भाव-सम्पदा को अत्यन्त समृद्ध मानकर वे दूसरे रीतिकालीन कवियों की तुलना में उनकी श्रेष्ठता सिद्ध करते हैं। अनेक प्रसंगों में वे देव और बिहारी की तुलना करते हैं और अन्तर्वस्तु एवं कला की दृष्टि से देव को बिहारी की अपेक्षा श्रेष्ठ सिद्ध करते हैं।

तुलनात्मक आलोचना के प्रति मिश्र जी के समर्पण का अनुमान इस बात से लगाया जा सकता है कि वे मतिराम की तुलना देव और बिहारी से तो करते ही हैं, सूर और तुलसी से भी करते हैं। डॉ. कृष्णदत्त पालीवाल के अनुसार, "मिश्र जी के साथ बड़ी कठिनाई यह भी थी कि वे तुलनात्मक आलोचना को ही आलोचना कर्म मानते हैं। इसके अतिरिक्त उन्हें आलोचक कर्म की जैसे सार्थकता ही दृष्टिगत नहीं होती थी।" (हिन्दी आलोचना का सैद्धान्तिक आधार, पृ. 231)

कृष्णबिहारी मिश्र की एक अन्य विशेषता यह है कि उनकी आलोचना की भाषा बड़ी ही स्पष्ट, आडम्बरहीन और व्यंजनापूर्ण है। उनकी भाषा की यह विशेषता अपने युग के दूसरे आलोचकों से उन्हें अलग और विशिष्ट बनाती है।

कृष्णबिहारी मिश्र रसवादी आलोचक हैं। उनके अनुसार कविता का प्रधान तत्त्व भाव है और शब्दार्थ की रमणीयता ही कवि-कर्म की सार्थकता है। वे शृंगार को रसराज मानते हैं और उसके रसराजत्व के लिए अनेक देशी-विदेशी विद्वानों की उक्तियों का सहारा लेते हुए उसके महत्त्व को प्रतिपादित करते हैं। शृंगार के विषय में उनकी मान्यता है, "स्त्री-पुरुष की प्रीति का स्थायित्व इतना दृढ़ है कि सृष्टि-पर्यंत इन स्थायी मनोविकारों का (Permanent Pasions) का कभी नाश नहीं हो सकता। इसीलिए कवि लोग, नायक-नायिका के आलम्बन को लेकर स्त्री-पुरुष की प्रीति का वर्णन करने लगे, करते रहे और करते रहेंगे।" (देव और बिहारी, पृ. 75)

कृष्णबिहारी मिश्र की दृष्टि में देव, बिहारी से इसलिए श्रेष्ठ हैं क्योंकि देव का काव्य, हृदय-प्रधान है, उनके विरह वर्णन में हृदय को द्रवित करने की अद्‌भुत ताकत है। बिहारी में मात्र काव्य का तमाशा है, वहाँ देव में सहृदयता है। (देव और बिहारी, पृ. 176) उनके अनुसार काव्यशास्त्र में कविता की उत्तमता या हीनता की जो कसौटी दी हुई है, उसमें रस, अलंकार, भाषा, गुण-दोष, लक्षणा-व्यंजना आदि पर विचार करना पड़ता है। (वही, पृ. 191)

डॉ. विश्वनाथ त्रिपाठी ने इस बात के लिए कृष्णबिहारी मिश्र की प्रशंसा की है कि महावीरप्रसाद द्विवेदी का नाम लिए बिना वे आलोचना में उनकी अतिरंजित नैतिक दृष्टि का विरोध करते हैं जो अपने काव्येतर दबाव के कारण समूची शृंगारी कविता के ही मूल्यांकन में बाधा उपस्थित कर रही थी। "हम कुरुचि प्रवर्तक कविता के समर्थक नहीं हैं। परन्तु शृंगार कविता के विरुद्ध जो आजकल धर्मयुद्ध-सा जारी कर रखा गया है, उसकी घोर निन्दा करने से भी नहीं हिचकते हैं।...कविता के लिए केवल रस परिपाक चाहिए, उपयोगितावाद के चक्कर में डालकर ललितकला का सौन्दर्य नष्ट करना ठीक नहीं।" (देव और बिहारी, पृ. 82) और अन्त में आचार्य रामचन्द्र शुक्ल के शब्दों में, "मिश्रबन्धुओं की अपेक्षा पंडित कृषणबिहारी मिश्र साहित्यिक आलोचना के कहीं अधिक अधिकारी कहे जा सकते हैं। मिश्रजी ने जो कुछ कहा है, शास्त्रीय विवेचन के साथ कहा है।" (उद्धृत, हिन्दी साहित्य कोश, भाग-2, पृ. 100)

वियोगी हरि

प्रख्यात गांधीवादी साहित्यकार वियोगी हरि (1896-09.05.1988) का पूरा नाम हरिप्रसाद द्विवेदी है। उनका जन्म छतरपुर राज्य में हुआ था और वे लम्बे समय तक छतरपुर राज परिवार से भी जुड़े रहे। राजर्षि पुरुषोत्तमदास टंडन के सम्पर्क में आने के बाद इनके भीतर साहित्य सेवा का भाव जगा और इन्होंने लगभग 45 पुस्तकों की रचना की। इन पुस्तकों में कविता, निबन्ध, नाटक, बाल साहित्य, गद्यकाव्य और आलोचना भी है। इन्होंने अनेक ग्रंथों का सम्पादन भी किया तथा प्राचीन कविताओं और संतों की वाणियों का भी संकलन किया। 1934 ई. में गांधी जी के सम्पर्क में आने के बाद साहित्य साधना से विरत होकर इन्होंने समाज सेवा की राह पकड़ी और 'हरिजन सेवक संघ', 'गांधी सेवा संघ', 'भारत सेवक समाज' आदि संगठनों से जुड़कर तथा भूदान आन्दोलन में सक्रिय रहकर समाज सेवा के लिए अपने को पूर्णत: समर्पित कर दिया।

वियोगी हरि की प्रकाशित आलोचनात्मक पुस्तकों में 'साहित्य विहार', 'ब्रजमाधुरी सार', 'सूरदास की विनयपत्रिका', 'कबीर की साखियाँ', 'छत्रसाल ग्रंथावली', 'संत सुधासार', 'संत काव्यधारा', 'दादू' आदि प्रमुख हैं।

एक आलोचक के रूप में वियोगी हरि की ख्याति तुलसीदास द्वारा रचित 'विनय पत्रिका' की टीका के कारण अधिक हैं। 'विनयपत्रिका' की यह टीका अपनी विशद व्याख्या और पांडित्यपूर्ण विवेचन के लिए प्रसिद्ध है और व्याख्यात्मक आलोचना का एक उत्कृष्ट नमूना है। उनकी पुस्तक 'कबीर की साखियाँ' गद्यगीत की शैली में उनके द्वारा की गई व्याख्या के कारण विशेष लोकप्रिय रही है।

रामशंकर शुक्ल 'रसाल'

बाँदा (उ.प्र.) जिले के 'छींवा' गाँव में जन्मे, इलाहाबाद से शिक्षा ग्रहण करके इलाहाबाद, गोरखपुर और जोधपुर विश्वविद्यालय में शिक्षक रहे प्रो. रामशंकर शुक्ल 'रसाल' (23.03.1899–19.05.1980) मुख्यत: हिन्दी की काव्यशास्त्रीय परम्परा को आगे बढ़ाने वाले आचार्य हैं। वे रीति काव्य प्रवृत्तियों के पोषक और ब्रजभाषा काव्य के कट्टर समर्थक हैं। रसाल जी अलंकार को काव्य की आत्मा मानते हैं। वे रस के महत्त्व को तो स्वीकार करते हैं किन्तु रस को वे काव्य की आत्मा नहीं अपितु नाटक की आत्मा मानते हैं। काव्य में चमत्कार के भी वे समर्थक हैं।

'अलंकार कौमुदी', 'नाट्यनिर्णय' जैसी काव्यशास्त्रीय कृतियों के अलावा 'सूर समीक्षा', 'आलोचनादर्श', 'गद्य-काव्यालोक', 'साहित्य प्रकाश', 'अलंकार पियूष', 'आधुनिक ब्रजभाषा काव्य' आदि उनकी अन्य आलोचनात्मक कृतियाँ है। 'साहित्य परिचय' और 'हिन्दी साहित्य का इतिहास' उनके द्वारा प्रणीत इतिहास ग्रथ हैं। रीतिकालीन काव्यादर्शों के प्रति 'रसाल' जी का रुझान अन्त तक बना रहा। शास्त्रीय दृष्टि से उन्होंने कुछ नवीन अलंकारों की उद्‌भावना भी की है।

रसाल जी ने ब्रजभाषा में कविताएँ भी की हैं। समस्यापूर्ति में उनकी विशेष रुचि थी।

कृष्णशंकर शुक्ल

उन्नाव (उ.प्र.) में जन्मे, काशी में पढ़े-लिखे और कानपुर में शिक्षक रहे पं. कृष्णशंकर शुक्ल (1904-1985) आचार्य रामचन्द्र शुक्ल से गहरे प्रभावित आलोचकों में से हैं। उनकी प्रसिद्धि मुख्यत: उनकी दो पुस्तकों के कारण है—पहली पुस्तक है 'केशव की काव्य-कला' और दूसरी है 'कविवर रत्नाकर'। इसके अलावा उनकी दो पुस्तकें और महत्त्वपूर्ण हैं—'आधुनिक हिन्दी साहित्य का इतिहास' और 'हिन्दी साहित्य की रूपरेखा'। कृष्णशंकर शुक्ल की आलोचना की मुख्य विशेषता है उनकी रसग्राहिका शक्ति। विश्वनाथ त्रिपाठी के शब्दों में, "पं. कृष्णशंकर शुक्ल हिन्दी के उन गिने-चुने आलोचकों में से हैं जिनकी रचनाओं से उनकी रसग्राहिता की क्षमता तो प्रकट होती ही है, रस ग्रहण करने में पाठकों को सहायता भी मिलती है। शब्दों में निहित जगत का उद्‌घाटन करके रचना की विपुल अर्थसम्पदा पाठक को प्रदान करने की जितनी शक्ति उनके पास है, उतनी कम लोगों के पास दिखाई देती है। 'केशव की काव्य-कला' में जिस तत्त्वान्वेषिणी दृष्टि और पुष्ट एवं गम्भीर गद्य शैली के दर्शन होते हैं वह हिन्दी के अधिकांश ख्यातनामा आलोचकों की रचनाओं में भी देखने को नहीं मिलती।" (हिन्दी आलोचना, पृ. 105)

कृष्णशंकर शुक्ल की आलोचना दृष्टि भी आचार्य रामचन्द्र शुक्ल की तरह लोकमंगलवादी है। उन्हें इस बात की चिन्ता है कि हिन्दी साहित्यकारों ने राम का चरित्र तो सामाजिक आदर्शों के पालक और संस्थापक के रूप में चित्रित किया है किन्तु कृष्ण के रसिक रूप का ही अधिक चित्रण किया है, जबकि कृष्ण के चरित्र में भी सामाजिक आदर्शों की व्यापकता के चित्रण के लिए प्रचुर प्रसंग मौजूद हैं। वे कृष्ण चरित्र पर आधारित महाकाव्य की सम्भावना का संकेत भी करते हैं, "कृष्ण चरित्र के बहुमुखी प्रयत्नों में वास्तव में सब रसों की सामग्री मिल जाती है। एक ओर यशोदा के आँगन में क्रीड़ा करते हुए कृष्ण हमारे हृदय में वात्सल्य भाव जगाते हैं, दूसरी ओर कंस का अंग भंग करते हुए अपने को बज्र से भी अधिक कठोर सिद्ध करते हैं। जिन कृष्ण को एक बार गोपियों के प्रणय कलह निपटाने से अवकाश न मिलता था उन्हीं को हम कुरुक्षेत्र के मैदान में बड़ी-बड़ी कठिन राजनीतिक समस्याओं को सुलझाते हुए पाते हैं। जो एक ओर राधा के मान-कलह से क्षुब्ध हो जाते हैं वे ही दूसरी ओर रणांगण में गीता के अनासक्ति योग का उपदेश देते हुए दृष्टिगोचर होते हैं। ऐसे व्यक्ति के चरित्र में किस रस को आश्रय न मिल जाएगा। परन्तु केशव क्या हिन्दी के किसी भी कवि का ध्यान कृष्ण के चरित्र की इस व्यापकता की ओर न गया?" (केशव की काव्य-कला, पृ. 29)।

आचार्य शुक्ल द्वारा लगाए गए 'केशव की हृदयहीनता' के आरोप से कृष्णशंकर शुक्ल जी सहमत नहीं हैं। उन्होंने केशव के अनेक मार्मिक काव्यांशों को उद्धृत करके निष्कर्ष दिया है कि "जो पद्य स्थान-स्थान पर केशव की सुन्दर भाव व्यंजना के उदाहरण स्वरूप उद्धृत किए हैं वे इस बात का पर्याप्त प्रमाण देते हैं कि कवि में सच्चे कवियों की क्षमता अवश्य थी। परन्तु वे व्यंजना अथवा ध्वनि को काव्य का महत्त्वपूर्ण अंग नहीं मानते थे। इसलिए हृदय के गम्भीर भावों के उद्घाटन तथा अभिव्यंजन की विशेष आवश्यकता उन्हें प्रतीत नहीं हुई।" (केशव की काव्य कला, पृ. 33)

'केशव की काव्य-कला' में केशव का जीवन, उनकी रचनाओं, उनकी रचनाओं पर लिखी गई टीकाओं, भाव व्यंजना, प्रबन्ध-योजना, आचार्यत्व, अलंकार, भाषा आदि का विस्तृत और पांडित्यपूर्ण अनुशीलन किया गया है। आलोचक इस बात को लेकर भी सचेत है कि "इंद्रजीत के अखाड़े में विचरण करने वाले दरबारियों में काव्योचित वैसी सहानुभूति न रही होगी जैसी कि अपेक्षित है। केशव को ऐसे ही लोगों को प्रसन्न करने को काव्य रचना करनी पड़ी। इसीलिए हम उनके काव्यों में वैसी गम्भीरता, वैसी भावुकता नहीं पाते।" (केशव की काव्य-कला, पृ. 18)

'कविवर रत्नाकर' की आलोचना में उनकी काव्यशास्त्रीय दृष्टि प्रमुख है। अलंकार, भाव, छंद, रस आदि के विश्लेषण पर उनकी खास नजर रहती है। उनकी 'केशव की काव्य कला' के सन्दर्भ में विद्वत्तापूर्ण अनुसन्धान और 'कविवर रत्नाकर' के सन्दर्भ में उनकी कविता के मार्मिक विवेचन का उल्लेख स्वयं आचार्य रामचन्द्र शुक्ल ने अपने 'हिन्दी साहित्य का इतिहास' में किया है।

कृष्णशंकर शुक्ल द्वारा रत्नाकर की भाषा के विश्लेषण के वैशिष्ट्य का विवेचन करते हुए विश्वनाथ त्रिपाठी लिखते हैं, "पंडित जी ने भाषा के अन्तर्गत् लक्षणा की जो सूक्ष्म विवेचना की है वह अत्यन्त गम्भीर तथा महत्त्वपूर्ण है। भाषा पर विचार करते समय उन्होंने जो सूत्र प्रस्तुत किए हैं, उनके सहारे हम साहित्य की कई गुत्थियों को सुलझा सकते हैं। व्यंजना के लिए तो पं. जी उचित परिस्थिति-योजना को आवश्यक मानते ही हैं, वे भाषा प्रयोग और उसके प्रभाव के क्षेत्र में भी परिस्थिति को अत्यन्त आवश्यक मानते हैं। परिस्थिति का सम्बन्ध इस प्रकार सीधे शब्द-शक्ति से जाकर जुड़ जाता है। जो लोग साहित्य की शाश्वतता और शुद्धता पर ज्यादा बल देते हैं, उन्हें भाषा के विषय में पं. कृष्णशंकर शुक्ल के विचारों को अवश्य पढ़ना चाहिए।" (हिन्दी आलोचना, पृ. 110)

पं. कृष्णशंकर शुक्ल ने अपने 'आधुनिक हिन्दी साहित्य का इतिहास' में आधुनिक काल को तीन भागों में बाँटा है—प्रारम्भिक काल, मध्य काल और नवीन काल। विज्ञानवाद को उन्होंने आधुनिक काल की सबसे बड़ी विशेषता के रूप में रेखांकित किया है। उनकी दृष्टि में आधुनिक काल की दूसरी विशेषता है कि "जनसाधारण को अब स्वर्ग की उतनी लगन प्रतीत नहीं होती। लोग संसार ही को स्वर्ग बनाने की अधिक चिन्ता में हैं।" निस्सन्देह, आधुनिकता के विषय में शुक्ल जी की दृष्टि बहुत स्पष्ट और वस्तुनिष्ठ है। नवीन काल में जो आशा का संचार दिखाई देता है उसका सम्बन्ध उन्होंने नवजारण से स्थापित किया है। विश्वनाथ त्रिपाठी के शब्दों में, "'आधुनिक हिन्दी साहित्य का इतिहास' आचार्य शुक्ल के 'हिन्दी

साहित्य का इतिहास' के दूसरे संस्करण के पूर्व निकला था। इस तथ्य को ध्यान में रखें तो व्यवस्था और योग्यता की दृष्टि से 'आधुनिक हिन्दी साहित्य का इतिहास' 'हिन्दी साहित्य का इतिहास' का पूरक लगता है।" (हिन्दी आलोचना, पृ. 116)

जगन्नाथप्रसाद शर्मा

मध्य प्रदेश के 'ऊँचेहरा' गाँव जिला नागौद में जन्मे, काशी हिन्दू विश्वविद्यालय में पढ़ाई करने के बाद वहीं शिक्षक रहे जगन्नाथप्रसाद शर्मा (जन्म—10.07.1905) की प्रमुख आलोचनात्मक पुस्तकें हैं, 'प्रसाद के नाटकों का शास्त्रीय अध्ययन', 'हिन्दी गद्य शैली का विकास' तथा 'कहानी का रचना विधान'। 'हिन्दी गद्य के युग निर्माता' तथा 'हिन्दी गद्य साहित्य का इतिहास' शीर्षक पुस्तकें विद्यार्थियों को ध्यान में रखकर लिखी गई हैं। 'प्रसाद के नाटकों का शास्त्रीय अध्ययन' उनका शोध प्रबन्ध है, जिससे उनकी गम्भीर शोध-दृष्टि का पता चलता है। इस कृति में प्रसाद के नाटकों की समीक्षा कथानक, पात्र, संवाद, देशकाल आदि शास्त्रीय तत्त्वों के आधार पर की गई है। 'हिन्दी गद्य शैली का विकास' में उन्होंने शैली के सैद्धान्तिक विवेचन के साथ ही हिन्दी के प्रमुख गद्यकारों की शैलियों का भी विश्लेषण किया गया है।

'कहानी का रचना विधान' में डॉ. शर्मा ने अपनी मौलिक समीक्षा-दृष्टि का परिचय दिया है। इसमें देशी-विदेशी बहुत से लेखकों की सामग्री के आधार पर उन्होंने कहानी की व्यवस्थित तथा अपेक्षाकृत नवीन समीक्षा की है। जिस समय हिन्दी कथा समीक्षा अपनी शैशवावस्था में थी और पहले से आ रहे शास्त्रीय मानदंडों पर ही कहानी की समीक्षा का रिवाज था, डॉ. जगन्नाथप्रसाद शर्मा ने कहानी की समीक्षा के लिए 'प्रभावान्विति' अथवा 'चुभन' पर सम्भवत: पहली बार जोर दिया। अपनी पुस्तक 'कहानी का रचना विधान' की परिशिष्ट में उन्होंने अज्ञेय की कहानी 'गैंग्रीन', प्रसाद की 'आकाशदीप' और प्रेमचन्द की कहानी 'ईदगाह' की समीक्षा की है। फिलहाल, इन कहानियों की समीक्षा शास्त्रीय मानदंडों पर ही की गई है, फिर भी कहानियों की समीक्षा प्रभावशाली है। इसी तरह परिशिष्ट के दूसरे खंड में भी उन्होंने अपने समय की कुछ महत्त्वपूर्ण कहानियों का चयन करके उनकी समीक्षा की है जिनमें प्रसाद की कहानी 'पुरस्कार' और विष्णुप्रभाकर की कहानी 'द्वंद्व' भी शामिल है।

विनयमोहन शर्मा

मध्य प्रदेश के 'कारकबेल' नामक कस्बे में जन्मे, काशी, नागपुर और आगरा विश्वविद्यालयों से शिक्षा ग्रहण करके कुरुक्षेत्र विश्वविद्यालय में अध्यापक रहे विनयमोहन शर्मा (जन्म—16.10.1905) का मूल नाम शुकदेव प्रसाद तिवारी है। व्याख्यात्मक और शास्त्रीय समीक्षा के क्षेत्र में उनका विशिष्ट स्थान है। विनयमोहन शर्मा का मराठी भाषा और साहित्य पर भी अच्छा अधिकार था। अपने शोध-ग्रंथ एवं कुछ निबन्धों में उन्होंने हिन्दी और मराठी साहित्य के तुलनात्मक अध्ययन करने का महत्त्वपूर्ण कार्य किया है।

'कवि प्रसाद : आँसू तथा अन्य कृतियाँ', 'हिन्दी गीत गोविन्द' (अनुवाद), 'दृष्टिकोण', 'साहित्यावलोकन', 'हिन्दी को मराठी संतों की देन', 'साहित्य, शोध, समीक्षा', 'साहित्य कला', 'रेखा और रंग', 'हिन्दी के व्यावहारिक रूप', 'साहित्यान्वेषण', 'साहित्य—नया और पुराना', 'भाषा, साहित्य, समीक्षा' आदि उनकी प्रमुख आलोचनात्मक पुस्तकें हैं।

वे मूलत: अध्यापक हैं और अपनी ज्यादातर कृतियाँ उन्होंने विद्यार्थियों को ध्यान में रखकर लिखी हैं। उनकी समीक्षात्मक कृतियों में भी उनके अध्यापकीय व्यक्तित्व की झलक सहज ही देखी जा सकती है। 'कवि प्रसाद: आँसू तथा अन्य कृतियाँ' में उन्होंने 'आँसू' के दुरूह स्थलों की टीका लिखी है। इस पुस्तक में उन्होंने प्रसाद को केन्द्र में रखकर पूर्ववर्ती काव्य परम्परा से उनका सम्बन्ध और परवर्ती काव्य पर उनके प्रभाव का विवेचन किया है।

विनयमोहन शर्मा किसी विचारधारा से बँधकर नहीं रहे। उन्होंने स्वयं लिखा है, "एक बात का यत्न मैंने अवश्य किया है कि साहित्य के अवलोकन में अपनी दृष्टि को वादग्रस्त होने से बचाया है। अनुभूति के सहज प्रकाश को साहित्य की कसौटी मानकर उसका रसास्वादन मेरा ध्येय रहा है।" (उद्धृत, हिन्दी साहित्य कोश, भाग-1, पृ. 538) उन्होंने अपने समय की दो महत्त्वपूर्ण विचारधाराओं—मार्क्सवाद और फ्रायडवाद का यह कहकर विरोध किया कि ये दोनों एकांगी हैं। मनोविश्लेषणवाद के बारे में उनकी धारणा है कि मनोविश्लेषण

की परम्परा ने हिन्दी में कुछ ऐसे उपन्यासों को जन्म दिया है, जिनमें मानव स्वभाव की मूल और संस्कृत प्रवृत्ति की हत्या की गई है और विकृत मस्तिष्क के क्रीड़ा-कलाप को उभार कर प्रस्तुत किया गया है।

विनयमोहन शर्मा की आलोचनाओं का मूल स्वर वस्तुत: 'अकादमिक' है। उन्होंने इसके लिए आम तौर पर आचार्य रामचन्द्र शुक्ल द्वारा प्रवर्तित शास्त्रीय दृष्टिकोण को अपनाया है पर शुक्लजी के दृष्टिकोण से अलग उन्होंने 'संतसाहित्य' और खासकर 'छायावाद' को अपना समर्थन दिया है। फ्रायडवाद की भाँति ही उन्होंने प्रगतिवादी साहित्य के समर्थन में भी संकोच व्यक्त किया है। उनकी समीक्षा-दृष्टि के मूल में नैतिक आचार और समाज-स्वास्थ्य की आकाँक्षा है। आदर्शवाद और यथार्थवाद के समन्वय पर उन्होंने बल दिया है। भाषा और शैली की दृष्टि से भी विनयमोहन शर्मा की आलोचना मूलत: अध्यापकीय है। उनकी भाषा शैली में एक अध्यापक की सरलता एवं स्पष्टता है।

विश्वनाथप्रसाद मिश्र

काशी में जन्मे, वहीं पढ़े-लिखे और काशी हिन्दू विश्वविद्यलय में शिक्षक रहे व्याख्यात्मक आलोचना के शिखर आचार्य विश्वनाथप्रसाद मिश्र (01.04.1906–12.07.1982) रीतिकाल के मर्मज्ञ विद्वान हैं। उन्होंने सम्पादन किया, आलोचनाएँ लिखीं, अनुसन्धान किया और अनेक ग्रंथों की टीकाएँ लिखीं। 'हिन्दी साहित्य का अतीत', 'हिन्दी का सामयिक साहित्य', 'वाङ्मय विमर्श', 'हिन्दी नाट्य साहित्य का विकास', 'बिहारी की वाग्विभूति', 'काव्यांगकौमुदी' आदि उनकी मौलिक आलोचनात्मक पुस्तकें हैं। इसके अलावा उन्होंने 'रसखानि', 'घनानन्द ग्रंथावली', 'घनानन्द कवित्त', 'पद्‌माकर ग्रंथावली', 'रसिकप्रिया', 'कवितावली', 'बिहारी', 'केशवदास', 'केशवदास ग्रंथावली', 'भिखारीदास ग्रंथावली', 'रामचरितमानस' (काशिराज संस्करण), 'भूषण ग्रंथावली', 'जगद्विनोद', 'पद्‌माभरण', 'सुदामाचरित', ठाकुर ग्रंथावली, 'सत्य हरिश्चन्द्र नाटक', 'हम्मीर हठ' आदि ग्रंथों का पाठ सम्पादन किया है और टीकाएँ भी लिखी हैं। उनकी पुस्तक 'वाङ्मय विमर्श' को 1944 ई. में हिन्दी की सर्वश्रेष्ठ कृति मानकर नागरी प्रचारिणी सभा काशी ने 'आचार्य महावीरप्रसाद द्विवेदी स्वर्ण पदक' प्रदान किया था। आचार्य शुक्ल के असामयिक निधन के बाद उन्होंने आचार्य शुक्ल की पुस्तकों—'सूरदास' और 'रसमीमांसा' का सम्पादन भी किया था।

आचार्य विश्वनाथप्रसाद मिश्र मूलत: आचार्य रामचन्द्र शुक्ल के शिष्य और उनकी परम्परा के ही आलोचक हैं। वे भी आचार्य शुक्ल की तरह रसवादी आलोचक हैं। साहित्य को मनोरंजन का साधन न मानकर उसकी सामाजिक और लोकवादी भूमिका पर वे भी जोर देते हैं। उन्होंने रस के अलौकिकत्व पर विचार करते हुए कहा है कि काव्यानुभूति, प्रत्यक्षानुभूति से सर्वथा भिन्न नहीं होती। प्रत्यक्षानुभूति, काव्यानुभूति का आधार है। वे लिखते हैं, "शास्त्रों में 'अलौकिक या ब्रह्मानन्द सहोदर' शब्द केवल रसानुभूति की स्थिति और प्रक्रिया समझाने के लिए प्रयुक्त हुए हैं, उसे प्रत्यक्षानुभूति से एकदम पृथक् घोषित करने के लिए नहीं।" (वाङ्मय विमर्श, पृ. 220) विश्वनाथ त्रिपाठी के अनुसार, "इसमें कोई सन्देह नहीं कि काव्यशास्त्रीय व्याख्या के सूत्र मिश्र जी को रामचन्द्र शुक्ल से ही मिले हैं। निष्कर्ष मिश्र के वही हैं, हाँ विचार-सरणि कभी-कभी भिन्न-सी दिखाई पड़ती है। शुक्लजी की आलोचना के अन्तर्विरोध, मिश्रजी के यहाँ समाप्त नहीं दिखाई पड़ते बल्कि और दृढ़ता एवं आग्रह के साथ सामने आते हैं। मिश्रजी की आलोचना की यह बहुत बड़ी दुर्बलता है।" (हिन्दी आलोचना, पृ. 118)

आचार्य विश्वनाथप्रसाद मिश्र ने संस्कृत काव्यशास्त्र और रीतिकाल का गम्भीर अध्ययन किया था, उन्होंने संस्कृत काव्यशास्त्र में प्रमुखता से प्रयुक्त पारिभाषिक शब्दों मसलन् 'सामाजिक', 'सहृदय', 'रसाभास', 'औचित्य', 'चित्तवृत्ति', 'अनुभूति' आदि की स्पष्ट और सटीक व्याख्या की है। उनके अनुसार सहृदय वह है जो आश्रय के हृदय से अपना हृदय मिला सके, जो अपने हृदय को दूसरे के हृदय से मिला सके, उसके हृदय की सहानुभूति कर सके।" (वाङ्मय विमर्श, पृ. 147)

आचार्य मिश्र की सबसे बड़ी देन रीतिकाल के मूल्यांकन को व्यापकता प्रदान करना है। उन्होंने रीतिकाल को शृंगार काल कहा और उसके पीछे उनका तर्क है कि "रीति शब्द बाह्यार्थ का ही बोधक है, आभ्यंतरार्थ का नहीं। उस काल का आभ्यंतर वर्ण्य शृंगार था। रीति की सीमा में जितनी कृतियाँ समाविष्ट हैं वे अधिकतर शृंगार की हैं।...यदि रीतिकाल के समस्त ग्रंथों की छानबीन की जाए तो यह स्पष्ट हो जाता है कि सभी प्रकार के ग्रंथों में शृंगार तो किसी न किसी रूप या परिमाण में अवश्य मिल जाता है, अर्थात् दूसरे रस का वर्णन

करने वाले भी श्रृंगार का वर्णन अवश्य करते थे, पर श्रृंगार की अभिव्यक्ति करने वाले बहुत से ऐसे मिलेंगे जिन्होंने दूसरे रसों का नाम भी नहीं लिया।" (हिन्दी साहित्य का अतीत, श्रृंगार काल, पृ. 357) इसके अतिरिक्त रीति में बिहारी और घनानन्द जैसे कवियों की समाई नहीं होती। बिहारी की रचनाओं का अर्थ समझने के लिए काव्यरीति का ध्यान अवश्य रखना पड़ता है किन्तु ये रीति के प्रतिनिधि कवि नहीं हैं। घनानन्द, आलम, बोधा, ठाकुर तो रीति से सर्वथा असम्बद्ध हैं। ऐसी स्थिति में इन्हें रीतिकाल का कवि कहना उचित नहीं है। तत्कालीन परिस्थिति को देखने पर भी इनका प्रतिपाद्य श्रृंगार ही ठहरता है। इस प्रकार चाहे जिस दृष्टि से देखें 'अलंकृत काल' और 'रीतिकाल' नाम व्याप्ति के बोधक नहीं प्रतीत होते। उन्हें हटाने की आवश्यकता है और उनके स्थान पर 'श्रृंगारकाल' की स्पष्ट अपेक्षा जान पड़ती है।" (हिन्दी साहित्य का अतीत, श्रृंगार काल, पृ. 361)

वैसे 'रीतिकाल' के लिए 'श्रृंगार काल' नामकरण का संकेत आचार्य रामचन्द्र शुक्ल ने अपने इतिहास में पहले ही दे दिया था। शुक्ल जी ने लिखा है, "वास्तव में श्रृंगार और वीर इन्ही दो रसों की कविता इस काल में हुई। प्रधानता श्रृंगार की ही रही। इससे इस काल को रस के विचार से कोई श्रृंगार काल कहे तो कह सकता है।" (हिन्दी साहित्य का इतिहास पृ. 241)

हिन्दी में कठिन काव्य के प्रेत के रूप में अपनी पहचान बनाने वाले आचार्य कवि केशवदास की कृतियों का प्रामाणिक पाठ तैयार करके आचार्य मिश्र ने एक असाधारण कार्य किया है। उन्होंने 'केशव ग्रंथावली' का सम्पादन किया है जिसके तीन भागों में केशव की नौ कृतियों का मूल पाठ प्रस्तुत किया गया है। उन्होंने 'केशव ग्रंथावली' के सम्पादन में वैज्ञानिक और साहित्यिक दोनों पद्धतियों का समन्वय किया है।

विश्वनाथ त्रिपाठी के शब्दों में, "विश्वनाथप्रसाद मिश्र आलोचक कम और गम्भीर अनुसंधित्सु और विद्वान अधिक हैं। निष्ठा और परिश्रम से वे शब्दों के अर्थों, साहित्यिक कृतियों के पुनरुद्धार और उनके पाठशोध में एक दीर्घ अवधि तक निरत रहे हैं। घनानन्द के प्रति उनका अनुराग शुक्ल जी की प्रेरणा से हुआ होगा। किन्तु उनकी कृतियों की खोज, उनकी रचनाओं का पाठशोध, उनकी अनेक दुरूह और जटिल पंक्तियों की व्याख्या और फिर उन कृतियों का सुसम्पादन पं. विश्वनाथ प्रसाद का योगदान है। इसी प्रकार रीतिकाल के सम्बन्ध में उनके नामकरण का शायद इतना अधिक महत्त्व नहीं है, महत्त्व है रीतिकालीन कवियों की कृतियों के सम्पादन, उनकी व्याख्याओं, तत्कालीन कविता पर दरबारी, फारसी, उर्दू कविताओं के वातावरण के प्रभाव की खोज का। 'रामचरितमानस' के सुसम्पादन के लिए निश्चित रूप से वे हिन्दी साहित्य प्रेमियों के बीच दीर्घकाल तक स्मरण किए जाएँगे। पं. विश्वनाथप्रसाद मिश्र आलोचक रूप में कम, साहित्य के व्याख्याता और विद्वान सम्पादक के रूप में अधिक महत्त्वपूर्ण हैं।" (हिन्दी आलोचना, पृ. 121)

मिश्र जी द्वारा किए गए रीतिकाल के मूल्यांकन पर रामदरश मिश्र की टिप्पणी है, "आलोचना-सिद्धान्त के पक्ष में मिश्र जी की कोई मौलिक देन भले ही न हो किन्तु इतिहास के एक सीमित क्षेत्र में (अर्थात् रीतिकाल में) तथा रीतिकालीन कविताओं और उनकी प्रवृत्तियों की व्याख्या के क्षेत्र में उनका ऋण हिन्दी साहित्य को स्वीकार करना ही पड़ेगा। रीतिकाल की प्रवृत्तियों के स्वरूपों और उनके उद्‌गम-स्रोतों की आपने व्यापक और गहरी छानबीन तथा खोज की है। इन प्रवृत्तियों के विश्लेषण के साथ-साथ कवि विशेष की कविताओं का मार्मिक विवेचन कर आपने रीतिकाल को विश्लेषित किया है।" (हिन्दी समीक्षा : स्वरूप और सन्दर्भ, पृ. 104)

सीताराम चतुर्वेदी

वाराणसी जिले के 'छोटी पियरी' नामक गाँव में जन्मे, काशी में पढ़े-लिखे और काशी की विभिन्न संस्थाओं में शिक्षक रहे आचार्य सीताराम चतुर्वेदी (27.01.1907–17.02.2005) का अध्ययन क्षेत्र बहुत व्यापक है। उन्हें हिन्दी के साथ उर्दू, फारसी, अंग्रेजी, पालि, प्राकृत और अपभ्रंश भाषाओं तथा ब्राह्मी, खरोष्ठी आदि प्राचीन लिपियों की भी अच्छी जानकारी थी। चतुर्वेदी जी ने 'सूर-ग्रंथावली', 'तुलसी ग्रंथावली', 'वाल्मीकि रामायण' आदि के सम्पादन का गुरुतर कार्य तो किया ही है उन्होंने इन ग्रंथों की अत्यन्त सुन्दर और सरल टीकाएँ भी लिखी हैं। 'सूर ग्रंथावली' का सम्पादन कार्य सूर पंचशती के अवसर पर अखिल भारतीय विक्रम परिषद् काशी की ओर से उन्हें सौंपा गया था जिसे उन्होंने पूरी निष्ठा और पांडित्य के साथ पूरा किया।

उनके द्वारा सम्पादित 'सूर ग्रंथावली' के सम्पादन की एक विशेषता यह भी है कि चतुर्वेदी जी को जहाँ कहीं से भी और जो कुछ भी सूर की छाप वाले पद मिले हैं उन्हें उन्होंने ग्रंथ के मूल पाठ अथवा परिशिष्ट में शामिल कर लिया है। इस तरह इसे सूरदास के पदों का एक व्यापक संकलन कहा जा सकता है। इसके

अलावा 'कालिदास ग्रंथावली', 'अभिनव नाट्यशास्त्र', 'अभिनव शिक्षण शास्त्र', 'भारतीय एवं योरोपीय शिक्षा का इतिहास', 'समीक्षा शास्त्र', 'गोस्वामी तुलसीदास', 'हिन्दी साहित्य सर्वस्व', 'भारतीय तथा पाश्चात्य रंगमंच', 'भाषा की शिक्षा', 'भारत के उदासीन संत', 'भाषालोचन', 'शिक्षा दर्शन' आदि दो सौ से ऊपर ग्रंथों का उन्होंने प्रणयन किया हैं। उन्होंने 'भारतीय विद्या', 'रणभेरी', 'शंखनाद', सनातन', 'प्रतिभा', 'संग्राम', 'वासंती', 'संकल्प' आदि पत्रिकाओं का सम्पादन भी किया है। उन्होंने कई दर्जन नाटकों का लेखन और उनका मंचन भी किया है। 'तंत्र विज्ञान और साधना' जैसे विषय पर भी उनकी पुस्तक है। उन्होंने महामना पं. मदनमोहन मालवीय की जीवनी भी लिखी है। निस्सन्देह सीताराम चतुर्वेदी असाधारण प्रतिभा के व्यक्ति थे।

लक्ष्मीनारायण 'सुधांशु'

पूर्णिया जिला बिहार के 'रूपसपुर' नामक गाँव में जन्मे, काशी में पढ़े-लिखे लक्ष्मीनारायण 'सुधांशु' (18.01.1908–17.04.1974) ने 'काव्य में अभिव्यंजनावाद' नामक पुस्तक लिखकर और इस तरह आचार्य रामचन्द्र शुक्ल की क्रोचे के अभिव्यंजनावाद सम्बन्धी मान्यताओं के प्रति अपनी असहमति व्यक्त करके, साहस का परिचय दिया है। अपने ढंग की यह अकेली पुस्तक है जो सुधांशु जी के गम्भीर अध्ययन और विश्लेषण क्षमता का परिचय देती है। अपनी इस पुस्तक में उन्होंने क्रोचे की मान्यताओं का ज्यादातर समर्थन किया है। उन्होंने इस पुस्तक में सौन्दर्य और आनन्द, काव्यानुभूति और साधारणीकरण, काव्यानुभूति और रसानुभूति आदि विषयों का बड़ा गम्भीर और तर्कसंगत विश्लेषण किया है।

'जीवन के तत्त्व और काव्य के सिद्धान्त' उनकी दूसरी महत्त्वपूर्ण पुस्तक है। इस पुस्तक की भूमिका में वे लिखते हैं, "इस पुस्तक में काव्य या साहित्य के मूल सिद्धान्तों का सम्बन्ध मानव जीवन के उन शाश्वत तत्त्वों के साथ बताया गया है जिनका परिचय हमें थोड़ा-बहुत रहता है, किन्तु उसकी विशेषता का विश्लेषण साधारणत: हम नहीं कर पाते। जीवन प्रकृति के इन तत्त्वों के विश्लेषण तथा काव्य या साहित्य के मौलिक सिद्धान्तों के साथ उनका विनियोग, यथासम्भव साहित्यशास्त्र, मनोविज्ञान, शरीर विज्ञान, वैद्यक शास्त्र, वेदान्त दर्शन आदि के अनुसार किया जाता है। वेद, उपनिषद, वेदान्त आदि आर्ष ग्रंथ तथा संस्कृत, हिन्दी और अंग्रेजी के अन्यान्य ग्रंथों से, जीवन और काव्य की समीक्षा करने में मुझे अमूल्य सहायता प्राप्त हुई है।" (उद्धृत, हिन्दी के प्रमुख आलोचक, पृ. 95)। फिलहाल, 'सुधांशु' जी की आलोचना मुख्यत: सैद्धान्तिक आलोचना है।

लक्ष्मीनायण 'सुधांशु' साहित्यकार के साथ-साथ एक सफल राजनेता भी थे। 42 के आन्दोलन में वे जेल गए थे और यातनाएँ सही थीं। वे बिहार हिन्दी साहित्य सम्मेलन के अध्यक्ष थे, बिहार प्रान्तीय काँग्रेस कमेटी के अध्यक्ष थे और बिहार विधान सभा के भी अध्यक्ष थे।

रामखेलावन पांडेय

बिहार के सासाराम जिले में जन्मे, पटना और राँची विश्वविद्यालयों में शिक्षक रहे डॉ. रामखेलावन पांडेय (01.01.1913–24.01.1991) के बारे में कहा जाता है कि वे कभी स्कूल नहीं गए, जबकि पटना विश्वविद्यालय के वे प्रथम डी.लिट्. हैं। सैद्धान्तिक समीक्षा के क्षेत्र में पांडेय जी का उल्लेखनीय योगदान है। संत साहित्य की भी उन्होंने गम्भीर समीक्षा की है। 'गीति काव्य', 'हमारी सांस्कृतिक चेतना', 'काव्य और कल्पना', 'साहित्य और समाज', 'कविता कानन में', 'मध्यकालीन संत साहित्य' तथा 'हिन्दी साहित्य का नया इतिहास' पांडेय जी की प्रमुख आलोचनात्मक कृतियाँ हैं।

सामाजिक मूल्य और समय के मूल्यांकन में रामखेलावन पांडेय की दृष्टि पूर्वग्रहग्रस्त और अवैज्ञानिक ही मानी जाएगी। 'शुक्लोत्तर समीक्षा' में सौन्दर्यशास्त्रीय पद्धति का विश्लेषण करते हुए आधुनिकताबोध के बारे में उनकी अवधारणा का आकलन उनके निम्नलिखित कथन से किया जा सकता है, "आधुनिकता बोध मुख्यतया सतत परिवर्तित और परिवर्तनीय सन्दर्भ, तज्जन्य रागात्मिका प्रणालियों के संकलनात्मक विन्यास के कारण जीवन-मूल विसंगति, संत्रास, उत्पीड़न, संक्रान्ति, संघर्ष, कशमकश, अर्थहीन अर्थवत्ता, निराकार गति, खंडात्मक विकल्प, टूटन, क्षुद्रता, सक्रिय निष्क्रियत::, त्रासदी, विरूप विकलता, वीभत्स विद्रूपता, अस्तव्यस्त सक्रियता, तीखे संघात, अनभोगे क्षणों की लालसा, रुचि की अरुचिपूर्ण वीभत्सता, अन्तहीन उलझन की बेचैनी और विवशता, असमर्थतासूचक बिखराव, किंकर्तव्यविमूढ़ता और संज्ञाहीनता का आत्मबोध है।" ('शुक्लोत्तर समीक्षा' (सं. वासुदेव नन्दन प्रसाद) में संकलित 'शुक्लोत्तर हिन्दी समीक्षा : सौन्दर्यशास्त्रीय पद्धति' शीर्षक निबन्ध से, पृ. 90)

इसी तरह मार्क्सवादी आलोचना के सिद्धान्तों पर अपनी असहमति व्यक्त करते हुए उसकी सीमाओं का उल्लेख वे इस तरह करते हैं, "प्रगतिवादी समीक्षा की सर्वाधिक महत्त्वपूर्ण सीमा रही सिद्धान्तीकरण, काव्यमोह और मूल्यांकन की संकीर्ण दृष्टि, और सशक्त आलोचकों में यह सीमा अधिकाधिक संकीर्ण रही। प्रगतिवाद ने साहित्यकारों की अपेक्षा आलोचकों को यदि अधिक प्रेरणा दी तो कुछ आर्यसमाजी आग्रह का नवोत्थान ही दीख पड़ा। मार्क्सवाद धार्मिक आवेश से ग्रस्त हो चुका है, समाजवाद इसका ईश्वर है, भौतिकवाद इसका ब्रह्म। मार्क्स देवदूत हैं और कैपिटल इसकी गीता। रूस और चीन इसके पुण्य-स्थान, गंगोत्री और यमुनोत्री है। साम्प्रदायिक संगठन भी विभक्त हो चुका है, रूस श्वेताम्बरी है और चीन दिगंबरी। भारतीय कम्यूनिस्ट संघ कम्यूनिस्ट हैं, चाहे भारतीय हों अथवा नहीं। ऐसे तो उर्वरा भारत-भूमि में इसकी फसलों पर भारतीय रंग और यहाँ की मिट्टी की गंध तो रहेगी ही। अनेक प्रगतिवादी आलोचक रचनात्मक साहित्य के स्रष्टा भी हैं और ऐसी स्थिति में उनकी आलोचनाएँ आत्म-प्रतिष्ठान के संयोग और आत्म-निवेदन मात्र बनती चलीं। इस साहित्यिक आन्दोलन ने कतिपय मेधावी और बौद्धिक संचेतना से सजग व्यक्तियों को अपनी ओर आकृष्ट किया और इनमें उल्लेख्य हैं—रामविलास शर्मा, नामवर सिंह और गजानन माधव मुक्तिबोध। इनके अतिरिक्त शिवदान सिंह चौहान, प्रकाशचन्द्र गुप्त, रांगेय राघव, अमृत राय, प्रभृति परिगण्य रहे हैं। भगवतशरण उपाध्याय इतिहास, पुरातत्त्व, साहित्य के प्रखर विवेचक और बुद्धिवादी हैं, जिन्होंने इतिहास की मार्क्सीय विधि का विधान किया, यद्यपि प्राचीन भारत के अपने इतिहास में इनका संकल्पन नहीं कर पाए। उर्वशी (दिनकर) की आलोचना में उपाध्याय ने अपने पांडित्य की समग्रता का विधिवत उपयोग किया। इन प्रखर आलोचकों की सम्मिलित शक्ति भी प्रगतिवादी साहित्य शास्त्र और प्रगतिवादी सौन्दर्य शास्त्र के निर्माण में असफल रही।" (उपर्युक्त, पृ. ४४)

रामखेलावन पांडेय जी का निष्कर्ष चाहे जो भी हो किन्तु सचाई यह है कि शुक्लोत्तर समीक्षा की सर्वाधिक पुष्ट तथा प्रतिष्ठित आलोचना पद्धति प्रगतिवादी आलोचना ही है जिसका दार्शनिक आधार आज भी अप्रासंगिक नहीं हुआ है और सारी दुनिया में वामपंथी आन्दोलन भले की कमजोर हुए हों किन्तु हिन्दी के प्रतिष्ठित समीक्षकों की सर्वाधिक संख्या आज भी मार्क्सवाद में विश्वास करती है और मानती है कि दुनिया की समस्याओं का हल आज भी मार्क्सवाद में ही है।

विचारों की तरह रामखेलावन पांडेय की भाषा भी उलझी हुई सी लगती है।

ब्रजेश्वर वर्मा

मैनपुरी (उ.प्र.) में जन्मे और इलाहाबाद में शिक्षक रहे मध्यकाल के अधिकारी विद्वान ब्रजेश्वर वर्मा (21.09.1913–1998) ने 'सूरसागर' का बहुत उत्कृष्ट पाठ सम्पादन किया है। इसके अलावा 'सूरदास', 'महाकवि सूर : एक पुनश्चिन्तन' तथा 'भारतीय साहित्य का तुलनात्मक अध्ययन' उनकी अन्य आलोचनात्मक पुस्तकें हैं। उन्होंने 'हिन्दी अनुशीलन', 'गवेषणा' और 'आलोचना' जैसी महत्त्वपूर्ण पत्रिकाओं का सम्पादन किया है।

यद्यपि ब्रजेश्वर वर्मा की आलोचना पद्धति अनुसन्धानपरक अधिक है किन्तु विषय के विश्लेषण में भी उनकी पैनी आलोचना-दृष्टि कभी भी धोखा नहीं खाती। उनकी पुस्तक 'सूरदास' वास्तव में सूरदास का प्रथम वैज्ञानिक अध्ययन है। सूरदास के जीवन और कृतित्व सम्बन्धी जो स्थापनाएँ ब्रजेशवर वर्मा ने इस ग्रंथ में प्रतिपादित की हैं उनकी प्रामाणिकता आज भी अक्षुण्ण है। सूरदास के काव्य का मूल्यांकन करते हुए वे लिखते हैं,

"सूरदास वल्लभाचार्य के शिष्य और पुष्टिमार्ग के 'जहाज' माने जाते हैं, परन्तु उनके 'सूरसागर' के आधार पर शुद्धाद्वैत दर्शन अथवा पुष्टिमार्गीय भक्ति-सिद्धान्त और सेवा-पद्धति का सम्यक ज्ञान प्राप्त कर सकना सम्भव नहीं है। उन्होंने पुष्टिमार्ग के इष्टदेव श्रीनाथ जी का भी स्पष्ट और प्रत्यक्ष रूप में वर्णन नहीं किया है। उनके द्वारा गुरु की प्रशस्ति में रचना न करने का तो 'चौरासी वार्ता' में उलाहना भी दिया गया है। वस्तुत: सूरदास के काव्य को पुष्टिमार्ग के सिद्धान्तों में बाँध देना सम्भव नहीं है। विद्वानों ने उनकी रचना से शुद्धाद्वैत और पुष्टिमार्गीय भक्ति के समर्थन और प्रमाण में उद्धरण अवश्य दिए हैं परन्तु यह सिद्ध कर सकना भी असम्भव नहीं है कि सूरदास का काव्य, कृष्ण भक्ति के उस रूप का प्रतिनिधित्व करता है जिसमें सिद्धान्त और आचारगत विभिन्नताएँ घुलमिलकर विलीन हो गई हैं।" (हिन्दी साहित्य, द्वितीय खंड, पृ. 354)

ब्रजेश्वर वर्मा केन्द्रीय हिन्दी संस्थान, आगरा के निदेशक भी रहे।

रामरतन भटनागर

रामपुर (उ.प्र.) में जन्मे लखनऊ और इलाहाबाद में शिक्षा ग्रहण करके लम्बे समय तक सागर विश्वविद्यालय में अध्यापन कार्य से जुड़े रहने वाले रामरतन भटनागर (14.01.1914-13.04.1992) कवि भी हैं, कथाकार भी हैं और आलोचक भी। उनका आलोचना-कार्य मध्यकाल से लेकर आधुनिक काल तक फैला हुआ है। उन्होंने ज्यादातर किताबें विद्यार्थियों को ध्यान में रखकर लिखी हैं। किसी भी रचनाकार की आलोचना करते समय कुछ मौलिक स्थापना करने में उनकी कोई दिलचस्पी नहीं दिखाई देती। लेकिन उनकी कृतियों को पढ़कर रचनाकार को आसानी से समझा जा सकता है। इसीलिए उनकी लगभग सभी पुस्तकों के एकाधिक संस्करण अवश्य हुए हैं।

उनकी आलोचनात्मक पुस्तकों में 'तुलसी साहित्य की भूमिका', 'प्रेमचन्द : एक अध्ययन', 'तुलसीदास : एक अध्ययन', 'कवि प्रसाद', 'हिन्दी साहित्य : एक अध्ययन', 'कबीर : एक अध्ययन', 'विद्यापति : एक अध्ययन', 'नन्ददास : एक अध्ययन', 'बिहारी : एक अध्ययन', 'भारतेन्दु : एक अध्ययन', 'कवि निराला : एक अध्ययन', 'छायावाद', 'केशवदास : एक अध्ययन', 'जायसी', 'कामायनी', 'रहस्यवाद', 'हिन्दी भक्ति-काव्य', 'मैथिलीशरण गुप्त', 'महादेवी वर्मा', 'प्रसाद का कथा-साहित्य', 'सुमित्रानन्दन पंत', 'कलाकार प्रेमचन्द', 'अध्ययन और आलोचन', 'जैनेन्द्र, साहित्य और समीक्षा', 'मूल्य और मूल्यांकन' आदि प्रमुख हैं।

केशरीनारायण शुक्ल

केशरीनारायण शुक्ल (जन्म—15.04.1916-1991) ने रीतिकाल और भारतेन्दु युग के मूल्यांकन में अपनी वस्तुपरक और प्रगतिशील दृष्टि का परिचय दिया है। रीतिकाल को उन्होंने सामाजिक परिस्थितियों से जोड़कर देखा और इस काव्यधारा को अपनी सामाजिक परिस्थितियों का ही स्वाभाविक परिणाम कहा। उनके अनुसार रीतिकाल में काव्य ही नहीं, संगीत और चित्रकला में भी सौन्दर्य और प्रेम की धूम थी। नारी का सौन्दर्य और प्रेम को ही समूचे समाज का आदर्श मानकर पेश किया गया। उनके शब्दों में, "सौन्दर्यमयी नारी के लिए क्या नहीं किया इस समाज ने। युद्ध हुए, अभिसारिका के चित्र, नायिका भेद, नखशिख, होली वसंत के गीत और रागमाला के चित्र, इन सब में नारी का जीवन ही तो वर्णित-चित्रित है।" (आधुनिक काव्यधारा का सांस्कृतिक स्रोत, पृ. 7) डॉ. शुक्ल के अनुसार रीतिकाल का मूल्यांकन सामाजिक वास्तविकता और जनवादी दृष्टि से नहीं हो सकता क्योंकि कवियों के आगे ऐसा कोई आदर्श था ही नहीं। उनके शब्दों में, "दरबारियों का जीवन भी कृत्रिम था। वे जानते थे कि यह चमक-दमक ऊपरी है। न इसमें वास्तविकता है, न स्थिरता और न कुछ सार।" (आधुनिक काव्यधारा का सांस्कृतिक स्रोत, पृ. 12) उनका विचार है कि "रीतिकालीन काव्य आज से भिन्न सामाजिक और सांस्कृतिक आधार पर निर्मित है, इसलिए 19वीं और 20वीं सदी के विचारों का मानदंड लेकर, जो हमारे समय और आवश्यकताओं के चाहे जितना अनुकूल हो, रीतिकालीन काव्य की विवेचना बहुत युक्तियुक्त नहीं है।" (आधुनिक काव्यधारा का सांस्कृतिक स्रोत, पृ. 15)

उनकी दृष्टि में भारतेन्दुयुगीन साहित्य की सबसे बड़ी विशेषता उसकी व्यापकता और सर्वांगीणता है। उस दौर में हिन्दुत्व और देशभक्ति के बीच कोई अन्तर्विरोध दिखाई नहीं देता था। केशरीनारायण शुक्ल के महत्त्व का विश्लेषण करते हुए डॉ. प्रदीप सक्सेना ने लिखा है, "भारतेन्दु युग की तरह स्वाधीनता पूर्व किसी अन्य आलोचक के विचार छायावाद और प्रगतिवाद पर इतने महत्त्वपूर्ण नहीं मिले, न ही इतने परिपक्व और विश्लेषणपरक, जितने प्रो. केशरीनारायण शुक्ल के 40-45 के दौरान। ऐसी विवेचना और मूल्यांकन आश्चर्यचकित करता है। उन्होंने छायावाद को द्विवेदी युग की प्रतिक्रिया के रूप में नहीं लिया, जैसा कि आमतौर पर चलन है। इसके विपरीत वे 'आन्तरिकता' के विश्लेषण में प्रवृत्त हुए। जिस तरह आचार्य शुक्ल के रीतिकाल सम्बन्धी मूल्यांकन से डॉ. शुक्ल असहमत थे उसी तरह आचार्य शुक्ल के छायावाद सम्बन्धी विश्लेषण का भी उन्होंने वैज्ञानिक प्रतिवाद किया।" (उद्धृत, हिन्दी आलोचना का विकास, पृ. 82)

'आधुनिक काव्यधारा का सांस्कृतिक स्रोत', 'हिन्दी काव्य विश्लेषण और मूल्यांकन', 'रूसी साहित्य का इतिहास' तथा 'पाश्चात्य काव्यशास्त्र' केशरीनारायण शुक्ल के प्रमुख आलोचनात्मक ग्रंथ हैं।

उदयभानु सिंह

आजमगढ़ (उ.प्र.) के ग्राम 'बैरी' में जन्मे, तुलसी साहित्य के मर्मज्ञ प्रो. उदयभानु सिंह (01.02.1917–21.02.2010) की आलोचना भी अध्यापकीय आलोचना है। विद्यार्थियों को ध्यान में रखकर ही उन्होंने अपनी अधिकांश कृतियों का प्रणयन किया है। 'तुलसी दर्शन मीमांसा', 'महावीरप्रसाद द्विवेदी और उनका युग', 'तुलसी काव्य मीमांसा', 'संस्कृत नाटक : उद्भव और विकास', 'कामायनी लोचन', 'आधुनिक हिन्दी काव्य में निराशावाद' आदि उनकी प्रमुख आलोचनात्मक कृतियाँ हैं। 'हिन्दी के स्वीकृत शोध प्रबन्ध', 'अनुसन्धान का विवेचन' जैसी शोध-केन्द्रित कृतियों का भी उन्होंने प्रणयन किया है। ये ग्रंथ भी शोधार्थियों और अनुसन्धान में रुचि रखने वाले शिक्षकों के लिए बड़े उपयोगी हैं। 'तुलसी', 'छायावाद' आदि ग्रंथों का उन्होंने सम्पादन किया है।

उनकी पुस्तक 'तुलसी काव्य मीमांसा' विशेष चर्चित है। इस पुस्तक में उन्होंने तुलसी साहित्य का अध्ययन करते समय उन पर उपलब्ध अध्ययन सामग्री, तुलसी द्वारा रचित कृतियों की प्रामाणिकता, तुलसीदास का जीवन चरित, उनकी आत्म कहानी, परिस्थितियों का प्रभाव एवं उनके साहित्य में युग की अभिव्यक्ति, उनके काव्य सिद्धान्त, काव्य का प्रतिपाद्य, कलापक्ष और उनके प्रमुख ग्रंथों को लिया गया है। तुलसीदास के बारे में उनका निष्कर्ष है, "तुलसीदास दार्शनिक कवि हैं। उनका काव्य भक्तिरस का काव्य है। भारतीय दृष्टि से उन्होंने मुख्यतया धर्म, दर्शन और भक्ति के सिद्धान्तों का ही प्रतिपादन किया है।" (तुलसी, पृ. 49)

देवेन्द्रनाथ शर्मा

सारण (बिहार) जिले के 'कृतपुरा' नामक गाँव में जन्मे और पटना विश्वविद्यालय के कुलपति रहे प्रो. देवेन्द्रनाथ शर्मा (07.07.1918-17.01.1991) मूलत: नाटककार और भाषाविद् हैं, किन्तु उन्होंने समीक्षाएँ भी लिखी हैं। 'तुलसी साहित्य : विवेचना और मूल्यांकन', 'छायावाद और प्रगतिवाद', 'ब्रजभाषा की विभूतियाँ' तथा 'साहित्य समीक्षा' उनकी प्रमुख आलोचनात्मक कृतियाँ हैं। भाषा विज्ञान से सम्बन्धित उनकी तीन पुस्तकें बहुत महत्त्वपूर्ण हैं। वे हैं, 'भाषा विज्ञान की भूमिका', 'हिन्दी भाषा का विकास' तथा 'राष्ट्रभाषा हिन्दी : समस्याएँ और समाधान'।

भारतीय एवं पाश्चात्य दोनों ही काव्यशास्त्र के क्षेत्र में उनकी अच्छी दखल है। इस दृष्टि से उनकी पुस्तक 'भामहकृत काव्यालंकार का हिन्दी भाष्य' एवं 'काव्य के तत्त्व' तथा 'पाश्चात्य काव्यशास्त्र' विशेष उल्लेखनीय है। उनका विश्वास है कि आज न तो साहित्य एकदेशीय रह गया है और न आलोचना। अत: साहित्य के अनुशीलन, आस्वादन और मूल्यांकन के लिए अरस्तू और लाँगिनुस, कोलरिज और क्रोचे, इलिएट और रिचर्ड्स उतने ही उपादेय हैं जितने भरत और आनन्दवर्धन, कुन्तक और अभिनवगुप्त, मम्मट और विश्वनाथ। देवेन्द्रनाथ शर्मा का अधिकांश लेखन उच्च शिक्षा से जुड़े विद्यार्थियों को ध्यान में रखकर किया गया है। उनके लेखन में उनकी अध्यापकीय शैली का असर हर कहीं दिखाई देता है।

विजयपाल सिंह

केशव साहित्य के अधिकारी विद्वान के रूप में विख्यात विजयपाल सिंह (21.06.1923–29.12.2009) ने केशवदास के साहित्य का गम्भीर अध्ययन-अनुशीलन किया है। 'केशव और उनका साहित्य', 'केशव का आचार्यत्व', 'केशव की काव्य चेतना' आदि उनकी आलोचनात्मक पुस्तकें हैं। उन्होंने 'केशव-कोश', 'केशव-समग्र' तथा 'रीतिकालीन साहित्य कोश' का सम्पादन किया है। 'रामचन्द्रिका', 'कविप्रिया' तथा 'रसिकप्रिया' की टीकाएँ लिखी हैं। इस तरह केशवदास के साहित्य का कोई भी पक्ष विजयपाल सिंह के अध्ययन से अछूता नहीं है। उन्होंने आचार्य रामचन्द्र शुक्ल द्वारा केशवदास पर किए गए लगभग सभी आक्षेपों का विस्तार से खंडन किया है। उदाहरणार्थ आचार्य रामचन्द्र शुक्ल द्वारा केशव को हृदयहीन कहे जाने के प्रश्न पर अपनी प्रतिक्रिया व्यक्त करते हुए विजयपाल सिंह लिखते हैं,

"आचार्य रामचन्द्र शुक्ल कविता की कसौटी लोक-कल्याण को मानते थे। गोस्वामी तुलसीदास की कविता में लोक कल्याण की भावना ओत-प्रोत है। अत: तुलसी की कविता को आदर्श मानकर उन्होंने इसी

कसौटी पर केशव तथा अन्य रीतिकालीन कवियों का भी मूल्यांकन करने का प्रयत्न किया। परिणामस्वरूप शुक्ल जी केशव के साथ ही नहीं, अपितु रीतिकाल के किसी भी कवि के प्रति न्याय न कर सके। किसी भी कवि की आलोचना तत्कालीन परिस्थितियों के परिप्रेक्ष्य में ही होनी चाहिए।" (केशव सुधा, भूमिका, पृ. 19)

विजयपाल सिंह ने 'हिन्दी साहित्य का आलोचनात्मक इतिहास' नामक एक इतिहास ग्रंथ भी लिखा है जो बहुत लोकप्रिय है। 'हिन्दी अनुसन्धान', 'पाश्चात्य काव्यशास्त्र', 'काव्यांग प्रकाश' आदि उनकी सैद्धान्तिक विषयों पर केन्द्रित पुस्तकें हैं। उन्होंने 'संस्कृत साहित्य का इतिहास' भी लिखा है।

रामचन्द्र तिवारी

वाराणसी जिले के 'कुकुढ़ा' नामक गाँव में जन्मे, वाराणसी और लखनऊ से शिक्षा ग्रहण करके गोरखपुर विश्वविद्यालय में आचार्य और अध्यक्ष रहे प्रो. रामचन्द्र तिवारी (04.06.1924–04.01.2009) शास्त्रीय और व्याख्यात्मक आलोचना के मानदंड की तरह हैं। उन्हें किसी विशेष विचारधारा से जोड़कर नहीं देखा जा सकता। वे आचार्य रामचन्द्र शुक्ल की परम्परा के ही आलोचक हैं और रस सिद्धान्त को साहित्य के मूल्यांकन के लिए सर्वाधिक उपयुक्त मानदंड मानते हैं। किन्तु उन्होंने शुक्ल जी का भी अंधानुकरण नहीं किया है। उन्हें जहाँ भी जरूरत महसूस हुई, विनम्रतापूर्वक अपनी असहमति दर्ज की है। शुक्ल जी के रस सम्बन्धी विवेचन पर अपनी सहमति व्यक्त करते हुए वे शुक्ल जी द्वारा सूरदास के विरह वर्णन को 'बैठे ठाले का काव्य' कहने पर अपनी असहमति दर्ज करते हैं और कहते हैं, "वस्तुत: तुलसी को सर्वत्र आदर्श मानकर शुक्ल जी कहीं-कहीं सूर के साथ न्याय नहीं कर पाए हैं। गोपियों के सामने प्रश्न दूरी का नहीं, व्यक्तित्व का है। वे रस रूप कृष्ण की प्रेमिका हैं, राजनीतिज्ञ कृष्ण की नहीं। यदि वे मथुरा जातीं तो भी उन्हें उनका अपना 'कन्हैया' कहाँ मिलता? वे तो 'मोर-मुकुट मकराकृत कुंडल पीत-वसन वनमाली' को प्रेम करती थीं। चक्रसुदर्शनधारी से उनका कोई नाता नहीं था। इसके अतिरिक्त सूर पुष्टिमार्गीय भक्त हैं। पुष्टिमार्ग में भगवान स्वयं आकर भक्त पर अनुग्रह करते हैं। भक्त तो साधनरहित है। वह प्रेम कर सकता है, केवल प्रेम। सूर के काव्य का केन्द्र बिन्दु यही प्रेम है।" (मध्ययुगीन काव्य साधना, पृ. 120)

तिवारी जी ने अपनी भावयित्री प्रतिभा का सदुपयोग मध्यकालीन और आधुनिक साहित्य की सम्यक व्याख्या और विवेचना में किया है। वे मध्यकालीन काव्य के मर्मज्ञ हैं। 'मध्ययुगीन काव्य साधना', 'कबीर और भारतीय संत साहित्य', 'कबीर मीमांसा', 'रीतिकालीन हिन्दी कविता और सेनापति', 'शिवनारायणी सम्प्रदाय और उसका साहित्य', 'कविवर लेखराज, गंगाभरण तथा अन्य कृतियाँ', 'राधाकृष्ण भक्ति : स्वरूप और अवदान' जैसी पुस्तकें इसका प्रमाण हैं। उन्होंने प्रेम को मध्यकालीन कविता के केन्द्रीय तत्त्व के रूप में रेखांकित किया है और कबीर तथा तुलसी के साहित्य का खासतौर पर अनुशीलन किया है। तुलसी और कबीर दोनों भिन्न भाव के कवि हैं किन्तु तिवारी जी ने दोनों के मूल्यांकन में ऐतिहासिक-सांस्कृतिक परिप्रेक्ष्य का विश्लेषण करते हुए दोनों के काव्य के सकारात्मक मूल्यों का बारीकी से विश्लेषण किया है। वे कहते हैं, "तुलसी से पूर्व कबीर के सामने भी वर्ण-व्यवस्था और छुआछूत की जटिल समस्या विद्यमान थी। उन्होंने इस पर प्रबल प्रहार करते हुए इसका तर्कपूर्ण खंडन किया। उनमें अपार साहस और आत्मविश्वास था। वे सामाजिक भेदभाव (हदों में बँटे हुए समाज) से भरे हुए समाज को स्वीकार न करने के प्रयत्न में बेहद्दी मैदान (रहस्य लोक) में विचरण करने लगे। उनके द्वारा दिखाए गए मार्ग पर न तो हिन्दू चले न मुसलमान।... तुलसी के लिए आज से 500 वर्ष पूर्व श्रेणी-विहीन समाज की कल्पना सम्भव न थी। उन्होंने दूरी को कम करने की कोशिश की। एक ओर तो उन्होंने पारम्परिक वर्णों को मर्यादित करने की चेष्टा की, दूसरी ओर प्रेम को सभी शास्त्रीय विधि निषेधों से श्रेष्ठ घोषित करके भेदभाव को यथासम्भव मिटाने का प्रयत्न किया।" (कथा राम कै गूढ़, पृ. 114)

'हिन्दी का गद्य साहित्य' उनकी सर्वाधिक प्रसिद्ध और हिन्दी के अध्येताओं के लिए उपयोगी पुस्तक है। यह हिन्दी गद्य साहित्य का एक प्रामाणिक कोश है जिसमें दी गई सूचनाएँ असन्दिग्ध हैं। इस पुस्तक में हिन्दी गद्य की विविध विधाओं के साहित्य का विस्तृत और प्रामाणिक विवेचन तो है ही, इसमें भारतेन्दु हरिश्चन्द्र, आचार्य महावीरप्रसाद द्विवेदी, आचार्य रामचन्द्र शुक्ल, प्रेमचन्द, जयशंकर प्रसाद, महापंडित राहुल सांकृत्यायन, निराला, पंत, यशपाल, इलाचन्द जोशी, जैनेन्द्र कुमार, आचार्य नन्ददुलारे वाजपेयी, आचार्य हजारीप्रसाद द्विवेदी, रामधारी सिंह दिनकर, अज्ञेय, रामविलास शर्मा, रेणु, नगेन्द्र आदि हिन्दी के प्रमुख उन्तीस

लेखकों के गद्य साहित्य का आलोचनात्मक विश्लेषण किया गया है। इस ग्रंथ के अब तक सत्रह संस्करण प्रकाशित हो चुके हैं और अमूमन प्रत्येक संस्करण संशोधित और परिवर्धित होते हैं। खुशी की बात यह है कि तिवारी जी के निधन के बाद इसके संशोधन का कार्य पूरी तन्मयता और निष्ठा के साथ उनके कनिष्ठ पुत्र डॉ. प्रेमव्रत तिवारी कर रहे हैं। वे खुद गोरखपुर विश्वविद्यालय में शिक्षक और साहित्य के गहरे अध्येता हैं।

'हिन्दी आलोचना : शिखरों का साक्षात्कार' पुस्तक में तिवारी जी ने हिन्दी आलोचना के शिखरों के आलोचना कर्म की उपलब्धियों, दृष्टियों एवं विशेषताओं का गम्भीर मूल्यांकन किया है। उन्होंने शिखर आलोचकों में आचार्य महावीरप्रसाद द्विवेदी, आचार्य रामचन्द्र शुक्ल, आचार्य नन्ददुलारे वाजपेयी, आचार्य हजारीप्रसाद द्विवेदी, डॉ. नगेन्द्र, डॉ. रामविलास शर्मा, मुक्तिबोध, नामवर सिंह, डॉ. बच्चन सिंह, और डॉ. रामस्वरूप चतुर्वेदी को शामिल किया है और बताया है कि इन आलोचकों ने हिन्दी आलोचना को नए मान और मूल्य दिए हैं। उन्होंने रामचन्द्र शुक्ल को, लोकमंगल की साधना को काव्य-प्रतिमान के रूप में प्रतिष्ठित करने वाला आचार्य, हजारीप्रसाद द्विवेदी को चिन्मुखी मानवता का अन्वेषक, मुक्तिबोध को व्यक्ति की सम्पूर्ण मानवीय गरिमा का संस्थापक और रामस्वरूप चतुर्वेदी को काव्य भाषा के केन्द्र में रखकर समीक्षा कर्म में प्रवृत्त रहने वाला आलोचक कहा है। 'हिन्दी आलोचना : सन्दर्भ और दृष्टि' भी उनकी श्रेष्ठ आलोचना कृति है। तिवारी जी का सुझाव है कि आज हिन्दी आलोचना की आवश्यकता मार्क्सवाद और गैरमार्क्सवाद के द्वंद्व से ऊपर उठकर अपने मौलिक व्यक्तित्व के निर्माण की है। निस्सन्देह उन्होंने अपनी उक्त कृतियों में आचार्य महावीरप्रसाद द्विवेदी से लेकर डॉ. रामस्वरूप चतुर्वेदी तक के आलोचना कर्म की बहुत ही सन्तुलित और प्रामाणिक समीक्षा की है।

तिवारी जी के सहयोगी और शिष्य रहे प्रतिष्ठित आलोचक डॉ. कृष्णचन्द्र लाल ने उनके आलोचना कर्म की विशेषता का विवेचन करते हुए लिखा है, "तिवारी जी की आलोचना से उनकी दृष्टिसम्पन्नता और आलोच्य से अन्तरंगता का सहज बोध हो जाता है। आज की आलोचना की यह एक बड़ी कमी है कि रचना कुछ कहती है और आलोचना कुछ। आलोचना रचना से घनिष्ठ सम्बन्ध न बनाकर उसके समानान्तर चलने का कार्य कर रही है। इस दूरी का ही परिणाम है कि सर्जक और आलोचक के बीच या तो ठनी रहती है या दोनों एक-दूसरे से अजनबी जैसा व्यवहार करते रहते हैं। डॉ. तिवारी इस दृष्टि से आदर्श समीक्षक हैं कि वे सहृदय की तरह आलोच्य को पढ़ते और समझते हैं तथा विवेकवान की तरह उसके अर्थ-गौरव, वैशिट्य और महत्त्व को रेखांकित करते हैं। उनकी आलोचना दृष्टि देती है, बोध का विस्तार करती है, आलोचनात्मक विवेक को जागृत करती है और सही दिशा में सोचने के लिए प्रेरित करती है।" (सारस्वत बोध के प्रतिमान, पृ. 172)

तिवारी जी की अन्य समीक्षा पुस्तकों में 'आचार्य रामचन्द्र शुक्ल', 'प्रतापनारायण मिश्र', 'आलोचक का दायित्व', 'तुलसीदास', 'सरदार पूर्ण सिंह', 'कथा राम कै गूढ़', 'डॉ. रामविलास शर्मा : विचार और विवेचन', 'कृति चिन्तन और मूल्यांकन सन्दर्भ', 'हिन्दी गद्य : प्रकृति और रचना सन्दर्भ', 'हिन्दी उपन्यास', 'आधुनिक हिन्दी साहित्य : विविध आयाम', 'हिन्दी निबन्ध और निबन्धकार' आदि उल्लेखनीय हैं। उन्होंने 'जजमेन्ट इन लिटरेचर' का 'साहित्य का मूल्यांकन' के नाम से तथा 'ऐन इंट्रोडक्शन टु नाथयोग' का 'नाथयोग : एक परिचय' के नाम से अनुवाद भी किया है। 'आधुनिक कवि और काव्य', 'काव्यधारा', 'निबन्ध नीहारिका', 'आचार्य रामचन्द्र शुक्ल : आलोचना कोश' तथा मौलवी करीमुद्दीन द्वारा लिखित 'तजकिरा-ए-शुअरा-ए-हिन्दी' आदि उनके सम्पादित ग्रंथ हैं।

आचार्य तिवारी के आदर्श आलोचक हैं आचार्य रामचन्द्र शुक्ल। वही नीर-क्षीर विवेकी प्रकृति, वही औदात्य, ईमानदारी और वही विश्लेषण-क्षमता। दोनों के व्यक्तित्व में अद्भुत समानता है। अकारण नहीं है कि उन्हें 'पूर्वांचल का रामचन्द्र शुक्ल' कहा जाता है। रामचन्द्र शुक्ल ने काव्य के दो विभाग किए हैं, आनन्द की साधनावस्था का काव्य और आनन्द की सिद्धावस्था का काव्य। शुक्ल जी ने आनन्द की साधनावस्था के काव्य को श्रेष्ठ माना है। शुक्ल जी को आदर्श मानने वाले आचार्य रामचन्द्र तिवारी का सम्पूर्ण जीवन ही आनन्द की साधनावस्था का काव्य है।

आचार्य रामचन्द्र तिवारी मेरे गुरु हैं। मैंने उनसे पढ़ा भी है और उन्हीं के निर्देशन में शोध कार्य भी पूरा किया है। इसलिए उनके व्यक्तित्व के बारे में दो शब्द कहने से अपने को रोक नहीं पा रहा हूँ। वे चटाई बिछाकर पढ़ते थे। उनकी चटाई पर चारों तरफ किताबें पड़ी रहती थीं। अनावश्यक बैठकबाजी उनकी आदत नहीं थी। उनकी प्रकृति से लोग परिचित थे और बिना काम के उनसे मिलने नहीं जाते थे। पूजा-पाठ करते भी

मैंने उन्हें नहीं देखा। ऊपर से कठोर मगर भीतर से उनका हृदय करुणा का सागर था। किसी की सिफारिश, चापलूसी, झूठी प्रशंसा, तिकड़म आदि से उनका दूर-दूर का रिश्ता नहीं था। वे अपने शोध छात्रों से भी सिर्फ छात्र और शिक्षक का सम्बन्ध रखते थे। सिर्फ समुचित निर्देशन उनका काम था। वे अपने छात्रों से कोई निजी काम लेना पसन्द नहीं करते थे और न तो अपने छात्रों के लिए कभी किसी से सिफारिश करते थे। अपने छात्रों को ठोंक-पीट कर सँवारना और उसे इस योग्य बना देना कि वह समाज में खुद अपनी जगह बना ले, उनका उद्देश्य होता था।

वे बहुत ईमानदार अध्यापक थे। शहर में रहते हुए कभी कक्षा में न आए हों, ऐसा शायद कभी हुआ हो। पढ़ाते समय उनकी दृष्टि विद्यार्थियों पर नहीं, ऊपर सीलिंग की ओर होती थी। छात्र मंत्रमुग्ध होकर सुनते थे। व्याख्यान के अन्त में वे विद्यार्थियों से प्रश्न अवश्य आमंत्रित करते थे और विषय के ज्ञान से सबको सन्तुष्ट करके ही छोड़ते थे। वे अपने को अध्यापक ही कहते थे आलोचक नहीं। विषय पर उनकी अवधारणा पूरी तरह स्पष्ट होती थी।

महेन्द्र भटनागर

झाँसी (उ.प्र.) में जन्मे, नागपुर से उच्च शिक्षा प्राप्त करके मध्य प्रदेश के विभिन्न शहरों में अध्यापक रहे डॉ. महेन्द्र भटनागर (26.06.1926–27.04.2020) ने कविता के अलावा नाटक और कहानियों की भी समीक्षाएँ की हैं। 'आधुनिक साहित्य और कला', 'दिव्या : एक अध्ययन', 'समस्या मूलक उपन्यासकार प्रेमचन्द', 'नाटककार हरिकृष्ण 'प्रेमी', संवत प्रवर्तन', 'पुण्यपर्व आलोक' आदि उनकी प्रमुख आलोचनात्मक कृतियाँ हैं। 'महेन्द्र भटनागर समग्र' छह खंडों में प्रकाशित है जिसके चौथे और पाँचवें खंड में उनके द्वारा लिखित कथा-साहित्य और नाटक पर समीक्षाएँ संकलित हैं तथा आधुनिक काव्य, व्यंग्य साहित्य एवं सैद्धान्तिक विषयों पर विमर्श हैं। महेन्द्र भटनागर ने प्रचुर लेखन किया है और उन्होंने प्राय: हर विषयों पर कलम चलाई है। फिलहाल, उनके लेखन में मौलिकता का अभाव दिखाई देता है।

महेन्द्र भटनागर ने हिन्दी और अंग्रेजी दोनों भाषाओं में लिखा है। उनके अनेक काव्य-संग्रह भी प्रकाशित हैं।

राममूर्ति त्रिपाठी

वाराणसी के 'नीवी कलाँ' गाँव में जन्मे, काशी में पढ़े-लिखे और सागर तथा विक्रम विश्वविद्यालय उज्जैन में अध्यापक रहे, संस्कृत के विद्वान प्रो. राममूर्ति त्रिपाठी (04.01.1929–30.03.2009) को 'आचार्य' कहकर सम्बोधित किया जाता है। भारतीय काव्यशास्त्र के वे गहरे अध्येता हैं। उन्होंने व्यावहारिक आलोचनाओं की तुलना में काव्यशास्त्रीय सिद्धातों की युगानुरूप व्याख्या अधिक की है। उनकी दृष्टि में, "रसवाद सामाजिक की वस्तु है। अत: रस व्यंजक उपकरणों का समाजानुमोदित होना नितांत आवश्यक है। सामाजिकता औचित्य का पर्याय है और औचित्य ही रस की परा उपनिषद् है। इस प्रकार उपकरण में उपयोगितावाद है और परिणाम में कलावाद या आनन्दवाद। रसवाद व्यक्ति और दृष्टिहीनता का विरोधी है।" ('शुक्लोत्तर आलोचना' में संकलित 'शुक्लोत्तर समीक्षा के सन्दर्भ में भारतीय काव्यशात्र और उसकी सम्भावनाएँ' शीर्षक निबन्ध से, पृ. 38)

अपने विश्लेषण के बारे में सफाई पेश करते हुए वे लिखते हैं, "मेरा अभिप्राय यह कभी नहीं है कि जो प्राचीन चिन्तकों ने कह दिया है—वही और उतना ही सब कुछ है और सब व्यर्थ है। मेरा कहना यही है कि भारतीय प्रकृति और वहाँ के ग्राहकों के गुण-धर्म को समझकर उसके अनुरूप दृष्टि को व्यापकता प्रदान की जाए। इसी व्यापक दृष्टि का ही युगानुरूप विकास किया जाए—तभी सही, सच्चा, मौलिक और उल्लेख्य विकास होगा। जिसकी अपनी ऐसी दृष्टि न होगी उसका अन्तर्राष्ट्रीय मंच पर कोई महत्त्व न होगा।" (उपर्युक्त, पृ. 40)

भारतीय समीक्षा सिद्धान्तों के प्रति उनकी आस्था के पीछे उनके अपने तर्क है। अलंकार की प्रासंगिकता के बारे में वे कहते हैं, "कथन-भंगिमा ही जब अलंकार का पर्याय है तो इसकी इयत्ता और अनुपयोगिता किस प्रकार सम्भव है? अलंकार शब्द से चिढ़ हो सकती है पर उसकी मूल वृत्ति से नहीं। आनन्दवर्धन ने कहा है कि प्रातिभ आवेश में कलाकार जिस मूल संवेदन की अभिव्यक्ति करता है—उसी प्रयत्न से अनायास अंग रूप में जो भंगिमाएँ बन जाएँ—वे ही—'अपृथग्यत्न निर्वर्त्य'—अलंकार हैं। तब वे एक ऐसी सामान्य बात करते हैं जिसकी व्याप्ति तब तक बनी रहेगी जब तक कविता का माध्यम भाषा रहेगी।" (उपर्युक्त पृ. 36) उनका भरोसा है कि भारतीय काव्यशास्त्र के प्रतिमान, शुक्लोत्तर कलाकृतियों के लिए भी समान रूप से लागू

किए जा सकते हैं। उनके शब्दों में, "छायावादी, प्रगतिवदी, प्रयोगवादी, नकेनवादी एवं नई कविता तक के लिए तो ये प्रतिमान अपनी व्याप्ति में ग्राह्य ही नहीं, उपादेय भी हैं।" (उपर्युक्त, पृ. 36)

'व्यंजना और नवीन कविता', 'भारतीय साहित्य दर्शन', 'औचित्य दर्शन', 'रसविमर्श', 'भारतीय काव्यशास्त्र के नए क्षितिज', 'हिन्दी साहित्य का इतिहास', 'लक्षणा और उसका हिन्दी काव्य में प्रसार', 'साहित्य शास्त्र के प्रमुख पक्ष', 'रहस्यवाद', 'कामायनी : काव्य, कला और दर्शन', 'भारतीय काव्यशास्त्र : नई व्याख्या', 'तंत्र और संत', 'आगम और तुलसी' आदि उनकी आलोचनात्मक पुस्तकें हैं। मुझे उनकी भाषा गूढ़ और कृत्रिम लगती है किन्तु वही उनकी सहज प्रकृति है।

विष्णुकान्त शास्त्री

कोलकाता में जन्मे, कोलकाता में पढ़े-लिखे और कोलकाता में शिक्षक रहे, साहित्य और राजनीति को एक साथ साधने वाले प्रो. विष्णुकान्त शास्त्री (2.5.1929–17.4.2005) की ख्याति एक कुशल वक्ता और आदर्श शिक्षक की भी है। वे भक्ति साहित्य के मर्मज्ञ विद्वान हैं। 'कवि निराला की वेदना तथा अन्य निबन्ध', 'तुलसी के हिय हेरि', 'अनन्त पथ के यात्री : धर्मवीर भारती', 'अनुचिन्तन', 'कुछ चन्दन की कुछ कपूर की', 'आधुनिक हिन्दी साहित्य के कुछ विशिष्ट पक्ष', 'भक्ति और शरणागति' आदि उनकी प्रमुख आलोचनात्मक कृतियाँ हैं। उनकी कृतियों का संग्रह 'विष्णुकान्त शास्त्री : चुनी हुई रचनाएँ' (2 खंड) प्रकाशित है जिसके प्रथम खंड में आलोचनात्मक निबन्ध हैं। इसमें क्रमश: कालिदास, कबीर, सूर, तुलसी, भारतेन्दु, प्रसाद, निराला, पंत, महादेवी, दिनकर और सर्वेश्वर का मूल्यांकन किया गया है। चार निबन्धों का विवेच्य विषय है—काव्य का वाचिक सम्प्रेषण, आधुनिक हिन्दी कविता और छंद, गीत और नवगीत तथा बांग्लादेश की संग्रामी कविता।

कबीर और तुलसी की तुलना करते हुए उन्होंने जो लिखा है उससे उनकी दक्षिणपंथी वैचारिक दृढ़ता का अनुमान आसानी से लगाया जा सकता है, "मैं यह तो मानता हूँ कि प्राचीन कवियों और उनकी कृतियों को आधुनिक दृष्टियों की कसौटी पर भी कसना चाहिए, इससे उनके नए पहलू उजागर होते हैं, किन्तु ऐसा करते समय उनकी मूलभूत निष्ठा को विस्मृत कर देना उचित नहीं है। ऐसा हुआ तो हम अन्तरंग की उपेक्षा कर बहिरंग को ही प्राधान्य दे देंगे। आखिर इस पर तो विचार करना ही चाहिए कि कबीर और तुलसी बुनियादी तौर पर क्या थे? क्या उनकी पहली पहचान समाज सुधारक, लोकनायक आदि की हो सकती है? सच्चाई यही है कि कबीर और तुलसी दोनों मूलत: भक्त थे। दोनों परम तत्त्व से अपना सम्बन्ध निष्काम प्रेम के द्वारा जोड़ना चाहते थे। दोनों की वास्तविक निकटता या दूरी इसी मुद्दे के ऊपर प्रकट किए गए उनके भावों, विचारों से तै की जा सकती है। मेरा नम्र निवेदन है कि इस क्षेत्र में दोनों में अस्सी प्रतिशत से भी अधिक साम्य है।" (तुलसी के हिय हेरि, पृ. 253)

शास्त्री जी की आलोचना का फलक विस्तृत है। उनकी जीवन-दृष्टि और इसीलिए आलोचना-दृष्टि भी बहुत कुछ तुलसी की जीवन-दृष्टि और काव्यादर्श से प्रेरित और प्रभावित सी लगती है। उन्होंने आचार्य रामचन्द्र शुक्ल, नन्ददुलारे वाजपेयी, हजारीप्रसाद द्विवेदी, रामविलास शर्मा, नामवर सिंह और रामस्वरूप चतुर्वेदी पर विस्तार से लिखा है। इन पर लिखते हुए शास्त्री जी ने इनसे अपनी सहमतियों और असहमतियों—दोनों को पूरी ईमानदारी से व्यक्त किया है।

डॉ. रामचन्द्र तिवारी ने उनकी आलोचना की विशेषताओं को बड़े व्यवस्थित ढंग से रेखाँकित किया है। वे लिखते हैं, "शास्त्री जी के आलोचना-कर्म की पहली सामान्य विशेषता यह है कि वे आलोच्य विषय से सम्बद्ध समस्त ज्ञातव्य तथ्यों को सामने रखकर पूरी तैयारी के साथ आलोचना-कर्म में प्रवृत्त होते हैं। इसे उन्होंने अपनी पूर्णता-ग्रंथि कहा है। इस ग्रंथि के चलते उनकी आलोचना में अनुशीलन के तत्त्व भी संश्लिष्ट हो गए हैं। पंत, दिनकर, महादेवी और सर्वेश्वर की आलोचनाएँ अपवाद हैं। सन्दर्भ-गर्भत्व इन आलोचनाओं में भी है किन्तु वह विविध सन्दर्भ-स्रोतों से नीत न होकर लेखक के आलोचक व्यक्तित्व में रचा-बसा और उसका सहज अविभाज्य अंग बनकर सामने आया है। दूसरी विशेषता यह है कि शास्त्री जी का पूरा लेखन सन्तुलित है। न तो उन्होंने किसी को एकतरफा खारिज किया है न आसमान पर चढ़ाया है। आलोच्य कवि या आलोचक की सीमाओं का उल्लेख भी बड़ी विनम्रता के साथ किया है। उनके वैष्णव संस्कार आलोचना में ज्ञात-अज्ञात रूप में सक्रिय रहे हैं। किन्तु विशेष बात यह कि निर्णय के स्तर पर उनकी विनम्रता ने कहीं कोई समझौता नहीं किया है। निराला की भक्तिकाव्य सम्बन्धी रामविलास शर्मा, नामवर सिंह और नन्दकिशोर

नवल की आलोचनाओं को उद्धृत करने के बाद लेखक ने अपना निर्णय इन शब्दों में दिया है, "मैं इन मतों को मार्क्सवादी आलोचना की स्थूलता और विफलता का उदाहरण मानता हूँ।" इससे लेखक की आस्थामूलक दृढ़ता का अनुमान लगाया जा सकता है। शास्त्री जी की आलोचना की तीसरी विशेषता है, निरन्तर सक्रिय बुद्धि और हृदय की सहभागिता। यदि बुद्धि आलोच्य विषय के चयन, विश्लेषण, तुलनात्मक परीक्षण और निष्कर्ष-बिन्दु तक पहुँचने की दिशा में सक्रिय रहती है तो हृदय उसके साथ सहभाव बनाए रखकर आलोच्य विषय में अन्तर्भूत, कोमल कठोर भाव-स्थितियों को धारण करने वाले मर्मक्षणों के उद्घाटन में प्रवृत्त। कहा जा सकता है कि शास्त्री जी की आलोचना में पुरुष और प्रकृति दोनों का स्वर समान भाव से मुखरित है। उनमें समरसता है, प्रतिद्वंद्विता नहीं। हृदय से अनुप्रेरित होकर ही उनकी बुद्धि आलोचना-कर्म में प्रवृत्त हुई है। यह और बात है कि वह भी उनके अन्तरतम में संचित संस्कारों से अनुप्राणित है। शास्त्री जी की आलोचना की चौथी विशेषता यह है कि परम्परा और शास्त्र का आधार लेते हुए भी न तो वह परम्पराग्रस्त हैं, न शास्त्रबद्ध। उनका विश्वास, परम्परा की पुनर्व्याख्या में है। इसलिए पुराने कवियों की आलोचना करते समय भी उन्होंने आधुनिक मानसिकता वाले पाठकों का ध्यान रखा है। (विष्णुकान्त शास्त्री अमृत महोत्सव : अभिनन्दन ग्रंथ, खंड-3, पृ. 119)

शास्त्री जी अपने व्यवहार और आचरण में भी अत्यन्त सौम्य और उदार थे किन्तु वैचारिक दृढ़ता में संघ की विचारधारा के प्रति पूर्ण आस्थावान। 1992 ई. में तथाकथित बाबरी मस्जिद गिराए जाने के समय कार सेवक के रूप में प्रो. विष्णुकान्त शास्त्री भी अपनी टोली के साथ अयोध्या पहुँचे थे।

शास्त्री जी बहुत उच्च कोटि के शिक्षक थे। राजनीति में रहते हुए भी उनके भीतर राजनीति के छल-प्रपंच, झूठ-फरेब आदि अवगुण नहीं थे। राज्य-सभा के सदस्य रहते हुए अनेक बार वे दिल्ली से कोलकाता हवाई अड्डे पर आते और वहाँ से सीधे विश्वविद्यालय में अपनी कक्षा में होते। विरोधी विचारधारा के लोगों से भी मैंने अनेकश: उनकी प्रशंसा सुनी है। 'राम जी की कृपा से' कहकर वे अपन प्रत्येक कार्य 'राम' पर छोड़ देते थे और स्वयं को निमित्त मात्र मानते थे।

फिलहाल, संस्मरण शास्त्री जी की रचना-धर्मिता की केन्द्रीय विधा है। उनकी स्मरण शक्ति अद्‌भुत थी। अपने विरोधी विचारधारा के कवि नागार्जुन की भी दर्जनों कविताएँ उन्हें याद थीं।

रामदेव शुक्ल

कुशीनगर (उ.प्र.) जिले के 'शाहपुर-कुरमोटा' गाँव में जन्मे प्रो. रामदेव शुक्ल (जन्म—5.1.1938) सुधी आलोचक के साथ प्रतिष्ठित कथाकार भी हैं। उन्होंने रीतिकाल के दो महत्त्वपूर्ण कवियों—घनानन्द और बिहारी का मूल्यांकन करने में मौलिक दृष्टि का परिचय दिया है। 'घनानन्द का शृंगार काव्य', 'आनन्दघन', 'सामंती परिवेश की जनाकाँक्षा और बिहारी', 'बिहारी के काव्य का पुनर्मूल्यांकन', 'निराला के उपन्यास', 'निराला के कथा-गद्य का आस्वादन', 'बिहारी-सतसई का पुनर्पाठ' आदि उनकी आलोचनात्मक पुस्तकें हैं। घनानन्द के काव्य की आलोचना और उसकी व्याख्या का दायित्व एक बड़ी चुनौती स्वीकार करना है जिसे शुक्ल जी ने स्वीकार ही नहीं किया अपितु उसे भली-भाँति निभाया। 'घनानन्द का काव्य' की प्रस्तावना में वे लिखते हैं,

"घनानन्द मध्यकाल के सर्वाधिक विवादास्पद कवि हैं। एक ओर इन्हें साक्षात् रसमूर्ति कहा गया तो दूसरी ओर इनके विपुल काव्य को नजरअंदाज करते हुए इन्हें रीतिमुक्त फुटकर कवियों के खाते में डाल दिया गया। यदि इनके कतिपय समकालीन इन्हें ब्रजभूमि को कलंकित करने वाला पाप का भवन कहते हैं तो सम्प्रदाय के भीतर ये बहुगुनी नाम प्राप्त करते हैं और महात्माओं के भी पूज्य कहे जाते हैं। एक ओर कहा गया कि इनके भाग्य में प्रेम का हर्ष बदा ही नहीं था पर दूसरी ओर इनका काव्य इस बात का साक्ष्य उपस्थित करता है कि वह हर्ष इन्हें खूब मिला।

इन परस्पर विरोधी बातों से घनानन्द के काव्य की असाधारण शक्ति का परिचय मिलता है। घनानन्द एकमात्र कवि हैं जो प्रेम के लौकिक और आध्यात्मिक, दोनों छोरों की स्पष्ट व्याख्या करते हैं और उनमें से किसी को भी छोटा या उपेक्षणीय नहीं मानते।" (घनानन्द का काव्य, प्रस्तावना भाग) इसी तरह उन्होंने बिहारी के काव्य का मूल्यांकन करते हुए उसे रीतिकाल के पतनोन्मुख समाज का चित्र नहीं बल्कि उस समय के खाते-पीते मध्यवर्गीय गृहस्थ जीवन का यथार्थ कहा है।

'बिहारी-सतसई का पुनर्पाठ' उनकी नवीनतम प्रकाशित आलोचना-कृति है जो व्याख्यात्मक आलोचना के क्षेत्र में नवीनतम और अन्यतम है। पिछले कुछ दशकों में इस तरह की गम्भीर आलोचना कृति जिसमें कविता की भी गम्भीर, मार्मिक और सूक्ष्म व्याख्या की गई हो, दूसरी देखने को नहीं मिली।

रीतिकालीन काव्य में 'बिहारी सतसई' के कई दर्जन भाष्य लिखे जा चुके हैं जिनमें जगन्नाथदास 'रत्नाकर' कृत 'बिहारी रत्नाकर' जैसा महत्त्वपूर्ण भाष्य भी है। इसके बावजूद शुक्ल जी ने 'बिहारी सतसई का पुनर्पाठ' नाम से उसकी विस्तृत टीका लिखी और बिहारी के काव्य की विस्तृत समीक्षा भी। लगभग चार सौ पृष्ठों का यह ग्रंथ बिहारी के काव्य का सर्वाधिक प्रामाणिक और विश्वसनीय अध्ययन कहा जा सकता है। ग्रंथ में महाकवि बिहारी की समीक्षा जिन शीर्षकों के अन्तर्गत उन्होंने की है उन्हीं से बिहारी के प्रति उनकी समीक्षा-दृष्टि का बहुत कुछ अनुमान किया जा सकता है। ग्रंथ में उनके शीर्षक हैं, 'पूर्वग्रह ग्रस्त इतिहास लेखन', 'रीतिकाल के उपविभाजन की सीमाएँ', 'सामंती परिवेश में सामान्य गृहस्थ जीवन का यथार्थ', 'प्रसंग-कल्पनाजन्य अनर्थ', 'भाषा का जादू : शब्द-संयोजन-दृश्य-संयोजन', 'अन्योक्ति का शिल्प', 'बिहारी के काव्य में प्रेम और शृंगार का स्वरूप', 'बिहारी के काव्य में प्रकृति के यथार्थ चित्र', 'गृहस्थ कवि की भक्ति-चेतना' और 'बिहारी की सीमाएँ : परिवेश का दबाव'।

बिहारी के अध्ययन के दौरान शुक्ल जी ने महसूस किया है कि "बिहारी के दोहों की व्याख्या और उनकी परख में सबसे बड़ी बाधा है, हिन्दी के समालोचकों एवं व्याख्याकारों में मौलिकता का अभाव। आचार्य रामचन्द्र शुक्ल ने जो बात किसी कवि या उसकी किसी रचना के विषय में लिख दी, उसी की व्याख्या नई-नई शब्दावली में प्रस्तुत करने का काम होता रहा है।" (बिहारी सतसई का पुनर्पाठ, पृ. 26) जबकि उनके अनुसार, "हिन्दी के इतिहास लेखक और समालोचक किस तरह रीतिकालीन काव्य और विशेषत: बिहारी सतसई की दुर्व्याख्या करते रहे हैं, इसके कुछ संकेत आगामी पृष्ठों में किए गए हैं।"

वे आगे लिखते हैं, "बिहारी के जिन थोड़े से ऊहा और अत्युक्ति वाले दोहों का उल्लेख करते हुए उनके प्रशंसक और निन्दक अपने-अपने आग्रह लेकर सामने आते हैं, वे परिवेश के दबाव में रचे गए दोहे हैं। उन पर यथास्थान विचार किया गया है; बिहारी सतसई के अधिकांश दोहों में तत्कालीन समाज का गृहस्थ जीवन—विशेषत: शृंगार, नीति और भक्ति के क्षेत्र में कुशलता के साथ चित्रित हुआ है। बिहारी सतसई में चित्रित भक्ति भी 'अपना लक्ष्य आप' वाली आदर्श भक्ति नहीं है, वह गृहस्थ जीवन में आने वाली भक्ति-भावना है, जिसका आरम्भ हिन्दी काव्य में विद्यापति से ही हो जाता है। गृहस्थ अपने और परिजनों के योग-क्षेम के लिए जिस प्रकार की भक्ति-भावना रखता है, उसी के चित्र इन दोहों में हैं।" (बिहारी सतसई का पुनर्पाठ, भूमिका, पृ. 6)

निश्चित रूप से वे रीतिकालीन साहित्य के मर्मज्ञ विद्वान हैं। इसके अलावा उन्होंने निराला के साहित्य की भी समीक्षा की है और जयशंकर प्रसाद तथा लक्ष्मीनारायण मिश्र के नाटकों की भी। उनकी आलोचना में अनुसन्धान की प्रवृत्ति प्रमुख है। वैचारिक स्तर पर वे लोहिया के समाजवाद से गहरे प्रभावित लगते हैं।

आलोचना, रामदेव शुक्ल के साहित्यकार व्यक्तित्व का एक पक्ष मात्र है। वे एक उच्च कोटि के कथाकार और नाटककार भी हैं। 'ग्राम देवता', 'मन दर्पन', 'विकल्प', 'गिद्ध लोक', 'बेघर बादशाह', 'संकल्पा', 'अगला कदम', 'चौखट के बाहर' आदि उनके महत्त्वपूर्ण उपन्यास तथा 'पतिव्रता', 'उजली हँसी की वापसी', 'नीलांबर', 'अपहरब' आदि उनके कहानी संग्रह हैं। 'राजनीति के खिलाड़ी' जैसी चर्चित नाट्यकृति के अलावा 'अधूरा चित्र', 'कुब्जा की प्रीति', 'देश का रक्त', 'शुरुआत यहीं से' आदि उनके रेडियो नाटक भी हैं।

सूर्यप्रसाद दीक्षित

रायबरेली जिले (उ.प्र.) के 'बन्नावाँ' नामक गाँव में जन्मे और लखनऊ विश्वविद्यालय में अध्यापक रहे प्रो. सूर्यप्रसाद दीक्षित (जन्म—5.7.1938) का समीक्षा क्षेत्र व्यापक है। वे आधुनिक साहित्य, मुख्यत: छायावाद के विशेषज्ञ हैं और मानते हैं कि छायावाद आधुनिक हिन्दी कविता का शिखर है। उनके अनुसार साहित्य के सौन्दर्य की, शुद्ध कविता की और वृहत्तर मानव मूल्यों की सर्वश्रेष्ठ साधना छायावाद में प्रतिफलित हुई है। वे मानते हैं कि छायावाद ने कविता को स्वायत्त अनुशासन का रूप दिया है और उसे एक परिपूर्ण व्यवस्था के रूप में परिणत कर दिया है। उनके अनुसार छायावादी कवियों की अन्तर्दृष्टि वैश्विक है। सौन्दर्यबोध छायावाद का सर्वाधिक मौलिक प्रदेय है। उनके अनुसार "छायावादी कवियों ने भक्तिकाव्य तथा द्विवेदी युग

के परहेजी संस्कार, रीतिकालीन कवियों के कायिक कौतुकी कदाचार और प्रगतिवादियों, प्रयोगवादियों एवं साठोत्तरी पीढ़ियों के यौनाकुल आवेश ज्वार से ऊपर उठकर सौन्दर्य की श्रेष्ठ साधना की है।" उनके अनुसार छायावादी कवियों का सौन्दर्य-विधान इतना व्यापक है, उनका चित्राधार इतना विराट है और उनकी सृष्टि इतनी विलक्षण है कि उसमें प्राय: जीवन का सर्वस्व समाहित हो गया है।

दूसरी ओर छायावादी गद्य की खोज करके उन्होंने छायावाद की अभिनव मीमांसा की है। प्रसाद, निराला, पंत, महादेवी पर उनकी एक दर्जन पुस्तकें प्रकाशित हैं। दीक्षित जी आज की पाठविहीन समीक्षा से असन्तुष्ट हैं और भाष्य पद्धति को पुन: प्रतिष्ठित करने के लिए प्रयासरत हैं। उन्होंने 'राम की शक्तिपूजा', 'कुकुरमुत्ता : समीक्षा भाष्य', 'पद्मावत भाष्य' आदि लिखकर व्यवहारिक समीक्षा का एक नया उदाहरण प्रस्तुत किया है।

छायावाद को इतना महत्त्व देने के बावजूद उनके सबसे प्रिय कवि तुलसी हैं। 'रामचरितमानस' को उन्होंने विमानवीकरण के दौर से गुजरते हुए वर्तमान युग की विभीषिका का मुक्तिमार्ग घोषित किया है। उनकी स्थापना है कि एक लेखक कलम के बलबूते पर जो बड़ी से बड़ी वैचारिक क्रान्ति कर सकता है, उसका उत्कृष्ट उदाहरण है 'मानस'।

दीक्षित जी ने स्फुट रूप से आधुनिक काल से पूर्व के शताधिक कवियों की समीक्षाएँ की हैं जिनमें सरहपाद, गोरखनाथ, खुसरो, कबीर, सूर, विद्यापति, चन्दबरदाई, मीरा, रहीम, केशव, देव, बिहारी, घनानन्द, पद्माकर, भूषण, मतिराम, घाघ, द्विजदेव आदि प्रमुख हैं। इसी तरह उन्होंने आधुनिक काल के भारतेन्दु से लेकर रघुवीर सहाय, दुष्यन्त, धूमिल और श्रीकान्त वर्मा तक के साहित्य की समीक्षा की है।

हिन्दी साहित्य के एक व्यवस्थित इतिहास की दिशा में दीक्षित जी ने कई महत्त्वपूर्ण सुझाव दिए हैं। लोक-साहित्य, दीक्षित जी का प्रिय विषय है। उन्होंने अवधी के लोक-साहित्य का विस्तृत अध्ययन और हजारों गीतों, लोककथाओं, लोकगाथाओं, लोकनाट्यों, कहावतों आदि का संग्रह भी किया है।

शोध में दीक्षित जी की गहरी रुचि है। उन्होंने अल्पख्यात रह गए कई रचनाकारों जैसे—बेनी प्रवीन, गिरधारी, चन्दन, चिन्तामणि, युगल अनन्य शरण, शिवसिंह सेंगर आदि की दुर्लभ पांडुलिपियाँ खोज निकालीं और उनका पाठसम्पादन किया। दीक्षित जी के अनुसार ज्ञान-विज्ञान के साहित्य और जनसंचार विषयक साहित्य के लिए आवश्यक है कि हम भाषा प्रौद्योगिकी और भाषा प्रबन्धन के रहस्य को समझें। उन्होंने इस क्षेत्र में भी पर्याप्त काम किया है क्योंकि उनका मानना है कि आज जरूरत है भाषा को और अधिक प्रयोजनपरक बनाने की, ताकि वह जन संचार, जन सम्पर्क और कैरियर निर्माण में अधिकाधिक उपयोगी हो सके।

'तुलसी मानस : आस्था का अर्घ्य', 'तुलसी मत', 'पद्मावत भाष्य', 'साकेत : कुछ पुनर्विचार', 'राष्ट्रकवि मैथिलीशरण गुप्त और साकेत', 'छायावादी काव्य का व्यावहारिक सौन्दर्यशास्त्र', 'राज्याश्रय और साहित्य', 'आधुनिक-अत्याधुनिक हिन्दी कवि', 'हिन्दी साहित्येतिहास की भूमिका', 'साहित्य का इतिहास दर्शन', 'नया साहित्य : नए रूप', 'जन पत्रकारिता, जनसंचार और जन सम्पर्क', 'भाषा प्रौद्योगिकी एवं भाषा प्रबन्धन', 'संचार भाषा हिन्दी', 'अवधी भाषा और साहित्य सम्पदा', 'अवधी लोक वाङ्मय' आदि उनके प्रमुख आलोचना ग्रंथ हैं। दीक्षित जी ने 'उत्कर्ष', 'उद्भव', 'अवधी', 'ज्ञानशिखा', 'शोध', 'कुलसन्देश', 'साहित्य भारती', 'संचारश्री', 'चाणक्य', 'प्रभास' तथा 'खोज' जैसी पत्रिकाओं का समय-समय पर सम्पादन किया है।

व्यवस्था, व्यक्ति और विचारधारा—सबसे सामंजस्य बनाकर चलने वाले दीक्षित जी सिर्फ साहित्य के लिए समर्पित हैं। उनके व्याख्यानों में भी एक सिस्टम होता है। वे उसे भी किसी आलेख की तरह प्रस्तावना से शुरू करते हैं और निष्कर्ष पर जाकर खत्म करते हैं। उनके लखनऊ स्थित घर का नाम भी 'साहित्यिकी' है।

किसी विशिष्ट विचारधारा के प्रति दीक्षित जी का लगाव नहीं है और सत्ता से सामंजस्य बनाए रखना उनके स्वभाव का हिस्सा है। दीक्षित जी का आलोचना कर्म, कला कला के लिए सिद्धान्त का उत्तम उदाहरण है।

योगेन्द्र प्रताप सिंह

इलाहाबाद (उ.प्र.) जिले के 'कोटवा' नामक गाँव में जन्मे, इलाहाबाद में पढ़े-लिखे और इलाहाबाद में शिक्षक रहे योगेन्द्र प्रताप सिंह (26.01.1939–18.05.2020) मध्यकाल के गम्भीर अध्येता हैं और तुलसी उनके सर्वाधिक प्रिय कवि हैं। अपसंस्कृति और भागदौड़ के इस कठिन समय में 'रामचरितमानस' जैसे ग्रंथ की विस्तृत टीका लिखकर उन्होंने ऐतिहासिक महत्त्व का कार्य किया है। उनकी अन्य आलोचनात्मक कृतियों में 'रामचरितमानस के रचनाशिल्प का विश्लेषण', 'भारतीय काव्यशास्त्र की भूमिका', 'कबीर की कविता',

'भारतीय भाषा में रामकथा', 'हिन्दी वैष्णव-भक्तिकाल में निहित काव्यादर्श तथा काव्यशास्त्रीय सिद्धान्त', 'तुलसी के रचना सामर्थ्य की विवेचना', 'लीला और भक्तिरस' 'हिन्दी काव्यचिन्तन के मूलाधार', 'हिन्दी साहित्य का इतिहास और उसकी समस्याएँ' आदि प्रमुख हैं।

आलोचना के सैद्धान्तिक पक्ष पर भी उन्होंने गम्भीरतापूर्वक विचार किया है। 'सर्जन और रसास्वादन' नामक अपनी पुस्तक में उन्होंने आधुनिक युग के सृजनात्मक विस्तार के बीच रस चिन्तन की व्याप्ति की सम्भावनाओं पर पुनर्विचार किया है। उनका मानना है कि सृजन का सम्बन्ध केवल साहित्य से नहीं है, अपितु चित्र, वाद्य, नृत्य, संगीत, स्थापत्य आदि अन्य कलाओं से भी है। इन कलाओं की सृजनात्मक अभिव्यक्तियाँ आस्वादन की दृष्टि से विशेष महत्त्वपूर्ण हैं। सम्पूर्ण कलाओं के आस्वादन फल का नाम ही रस है। मानव मन की रागात्मक चेतना एवं अनुभूति जगत के विस्तार से रस-व्याप्ति की सम्भावनाओं का भी विस्तार हो रहा है। ऐसी स्थिति में आज रस के बार-बार विश्लेषण की आवश्यकता है।

रामजी तिवारी

सुल्तानपुर (उ.प्र.) जिले के 'उनुरखा' नामक गाँव में जन्मे और मुम्बई विश्वविद्यालय में हिन्दी के प्रोफेसर रहे रामजी तिवारी (जन्म—13.07.1939) तुलसी साहित्य के मर्मज्ञ हैं। उनका मानना है कि रचनाकार का अनुभव—विश्व जितना व्यापक और साधारणीकृत होगा, रचना का प्रभाव भी उतना ही प्रभावी होगा। एक सफल सर्जक का अनुभव, अतीत, वर्तमान और भविष्यबोध का सम्यक समवाय होता है। इसी व्यप्ति के कारण एक काल-विशेष में लिखी गई कृति कालजयी हो जाती है। गोस्वामी तुलसीदास का मूल्यांकन उन्होंने इसी दृष्टि के किया है और उन्हें एक कालजयी रचनाकार के रूप में प्रतिष्ठित किया है। रामजी तिवारी समीक्षाकर्म में प्रवृत्त होते समय इस बात का हमेशा ख्याल रखते हैं कि उनका दायित्व रचना और पाठक के बीच सेतु निर्माता का होता है। उनके अनुसार समीक्ष्य कृति के प्रच्छन्न मर्म को उद्‌घाटित करके पाठक को उसके समीप ले आना एक समीक्षक का प्रमुख दायित्व होता है। निश्चित रूप से रामजी तिवारी अपने इस दायित्व को बखूबी निभाते हैं। रामजी तिवारी के अनुसार काल और देश का प्रभाव भी रचनाकार पर पड़ता है। इसलिए अपने मूल्यांकन कर्म में उन्होंने रचना की पृष्ठभूमि और सन्दर्भ को भी ध्यान में रखा है।

रामजी तिवारी की प्रमुख आलोचना पुस्तकें हैं, 'स्वातंत्र्योत्तर समीक्षा के काव्य मूल्य', 'साहित्य चिन्तन और सृजन', 'गोस्वामी तुलसीदास', 'रचनानुशीलन', 'रचना मीमांसा' आदि। उन्होंने मराठी और अंग्रेजी की कुछ महत्त्वपूर्ण कृतियों का अनुवाद भी किया है जिसमें डॉ. सुरेश वारलिंगे की पुस्तक 'मॉडर्न अप्रोच टू इंडियन एस्थेटिक्स फ्रॉम भरत मुनि टू पंडितराज जगन्नाथ' का अनुवाद भी है जिसे भारतीय ज्ञानपीठ ने 'काव्यशास्त्र की नई भूमिका' के नाम से प्रकाशित किया है।

सुन्दरलाल कथूरिया

काव्यशास्त्रीय चिन्तन की परम्परा की आज के युग और परिवेश के अनुकूल व्याख्या करने वाले और इस तरह उसकी प्रासंगिकता के पक्ष में निरन्तर खड़े रहने वाले सुन्दरलाल कथूरिया (जन्म—1941) की एक दर्जन से अधिक आलोचनात्मक पुस्तकें प्रकाशित हैं। उनकी आलोचनात्मक पुस्तकों में 'काव्यशास्त्रीय विमर्श की प्रासंगिकता एवं उपादेयता', 'साहित्य सृष्टि : दृष्टि भेद के धरातल', 'साहित्य : अर्थ और विमर्श', 'साहित्य का मर्म और छद्‌म', 'साहित्य, जीवन और समाज के अन्त:सम्बन्ध', 'साहित्य की प्रेरणा के बिन्दु', 'साहित्य का लक्ष्य', 'साहित्य के पुरातन', 'कला की अवधारणा : प्राच्य-पाश्चात्य सन्दर्भ', 'साहित्य और प्रतिबद्धता', 'साहित्य के शाश्वत प्रतिमान', 'कवि : अर्थ एवं भेद', 'काव्य रूप : तात्त्विक विवेचन', 'काव्य भाषा विमर्श', 'काव्य के अधिकारी', 'काव्य साहित्य के वर्ण्य विषय', 'काव्य-साहित्यालोचन : समस्याएँ समाधान', 'काव्य-साहित्य : वादगत विवेचन', 'नाट्यालोचन', 'साहित्य : सौन्दर्यबोध के धरातल पर', 'रस संख्या : काव्यशास्त्रीय विवेचन' आदि प्रमुख हैं। डॉ. कथूरिया ने काव्यशास्त्र के क्षेत्र में कुछ मौलिक उद्‌भावनाएँ करने का भी प्रयास किया है किन्तु उनकी नोटिस नहीं ली गई। उदाहरणार्थ, उन्होंने रसों की संख्या का विवेचन करते हुए 'प्रकृति रस' और 'देशभक्ति रस' की भी कल्पना की है जिसकी आगे चर्चा नहीं हुई।

डॉ. सुन्दरलाल कथूरिया का संस्कृत काव्यशास्त्र के साथ ही हिन्दी काव्यशास्त्र का भी गहरा अध्ययन है। वे एक गम्भीर शास्त्रीय समीक्षक और अनुसन्धानकर्ता है। डॉ. सुन्दरलाल कथूरिया अमृत महोत्सव अभिनन्दन ग्रंथ के रूप में 'साहित्य एवं समाजशास्त्रीय बोध : विविध आयाम' शीर्षक से प्रकाशित है।

कृष्णदत्त शर्मा

फर्रुखाबाद (उ.प्र.) जिले के 'कंपिल' नामक गाँव में जन्मे और दिल्ली में शिक्षक रहे कृष्णदत्त शर्मा (1942–18.04.2021) ने सैद्धान्तिक विषयों पर अधिक लिखा है। उनकी अधिकांश पुस्तकें साहित्य के विद्यार्थियों के लिए बहुत उपयोगी हैं। पाश्चात्य और भारतीय काव्यशास्त्र जैसे जटिल विषय को बोधगम्य बनाने में उनकी खास भूमिका है। 'ड्राइडन के आलोचना सिद्धान्त', 'टी.एस. इलियट : रचना संघर्ष और सामाजिक समीक्षा', 'आलोचना और सृजनशीलता', 'कालरिज : आलोचना सिद्धान्त', 'पंचतंत्र : मानव जीवन का ज्ञानकोश', 'डॉ. रामविलास शर्मा : आलोचना के हक में' आदि उनकी प्रमुख आलोचना पुस्तकें हैं।

निधन के ठीक पूर्व उन्होंने रामविलास शर्मा की रचनावली के सम्पादन का महान कार्य पूरा किया था।

कृष्णचन्द्र लाल

फैजाबाद (उ.प्र.) में जन्मे, गोरखपुर से पढ़े-लिखे और गोरखपुर में ही शिक्षक रहे कृष्णचन्द्र लाल (जन्म—09.08.1948) के समीक्षा-कर्म की मुख्य विशेषता उनकी समीक्षा में व्याख्यात्मकता, प्रवाहमयता और उनकी अध्यापकीय शैली है। एक अध्यापक की तरह वे अपने समीक्षा कर्म में भी विषय का विस्तृत विश्लेषण करते हैं, विषय को समझाते हैं और इस बात से सन्तुष्ट हो जाने पर कि पाठक विषय को भलीभाँति समझ चुका है, वे आगे बढ़ते हैं। समीक्षा के लिए उन्होंने अपना कोई सीमित विषय-क्षेत्र नहीं चुना है। उन्होंने मध्यकाल पर भी लिखा है और आधुनिक काल पर भी। गद्य पर भी लिखा है और पद्य पर भी। उर्दू साहित्य पर भी लिखा है और हिन्दी पर भी। 'अयोध्या का हिन्दी साहित्य' उनकी अनुसन्धानपरक आलोचना का उदाहरण है। इसी तरह देवेन्द्र कुमार बंगाली जैसे विशिष्ट कवि पर भी उन्होंने उत्तर प्रदेश हिन्दी संस्थान के लिए विनिबन्ध लिखा है जिसकी सामग्री दुर्लभ थी। इसे भी उनके अनुसन्धान का एक विशिष्ट उदाहरण के रूप में रेखांकित किया जा सकता है।

कृष्णचन्द्र लाल की अन्य प्रमुख आलोचनात्मक पुस्तकें हैं, 'आधुनिक हिन्दी साहित्य : विविध सन्दर्भ', 'उर्दू-कविता का विकास', 'रचना की स्वायत्तता', 'हिन्दी भक्तिकाव्य : अनुसन्धान और मूल्यांकन' आदि। उन्होंने साहित्य अकादमी के लिए रामकुमार वर्मा और श्यामनारायण पांडेय पर भी विनिबन्ध लिखा है। इसके अतिरिक्त 'समीक्षा के नए रचना सन्दर्भ' नामक उनकी पुस्तक में कविता, नाटक, उपन्यास आदि विधाओं की समय-समय पर उनके द्वारा लिखी गई समीक्षाएँ संकलित हैं। हाल ही में भक्ति साहित्य के मर्मज्ञ विद्वान प्रो. भगवती प्रसाद सिंह पर उनकी एक पुस्तक 'भगवती प्रसाद सिंह : जीवन और साहित्य' शीर्षक से प्रकाशित हुई है। इस पुस्तक से भी उनकी शोधवृत्ति, तटस्थता और ईमानदारी उजागर होती है।

डॉ. कृष्णचन्द्र लाल आत्म-प्रचार या आत्म-मुग्धता से दूर रहने वाले साहित्य के गहरे अध्येता और साधक हैं। वे बहुत अच्छे और सरल इनसान भी हैं।

रामकिशोर शर्मा

सुल्तानपुर (उ.प्र.) जिले के भैरोपुर नामक गाँव में जन्मे, इलाहाबाद में पढ़े-लिखे और इलाहाबाद विश्वविद्यालय में ही शिक्षक रहे रामकिशोर शर्मा (जन्म—09.10.1949) का मुख्य क्षेत्र भाषा विज्ञान है। इस क्षेत्र में उनकी कई पुस्तकें प्रकाशित हैं किन्तु उन्होंने व्याख्यात्मक आलोचना के क्षेत्र में भी उल्लेखनीय कार्य किया है। इस दृष्टि से कबीर ग्रंथावली का संपादन उनकी सर्वाधिक महत्त्वपूर्ण कृतियों मे से है। इसकी संपादन-दृष्टि के विषय में उनका कहना है कि "कबीर पंथ में बीजक की श्रेष्ठता मान्य है, विद्वानों ने ग्रंथावलियों को महत्त्व दिया है। सामान्य जन के लिए लोक में व्याप्त कबीर वाणी ग्राह्य है। अत: तीनों परम्पराओं में से किसी को भी त्यागना उचित नहीं है। फलत: कबीर की रचनाओं का समग्र रूप तीनों के समाहार में ही सम्भव है। प्रस्तुत ग्रंथावली का संपादन इसी दृष्टि से किया गया है। मूल पाठ के साथ कबीर की मूल साधना तथा मंतव्य के

अनुकूल भाष्य प्रस्तुत किया गया है।" (फ्लैप से) लोकभारती प्रकाशन, इलाहाबाद से प्रकाशित इस ग्रंथावली के एक दर्जन से अधिक संस्करण इसकी लोकप्रियता को प्रमाणित् करते हैं।

उन्होंने 'हिन्दी साहित्य का समग्र इतिहास' लिखा है जिसमें उर्दू शैली के साहित्य को भी सम्मिलित करके नई दृष्टि का परिचय दिया गया है। इसके लेखन की पद्धति परम्परित है किन्तु दृष्टि में नवीनता है। किसी काल, कवि या लेखक विशेष के प्रति पूर्वग्रह से ग्रस्त हुए बिना साहित्य के विस्तृत इतिहास को सरल-सुबोध ढंग से प्रस्तुत किया गया है। रामकिशोर शर्मा की ये कृतियाँ उच्च शिक्षा के विद्यार्थियों में काफी लोकप्रिय हैं।

'प्रेमचंद की कहानियाँ : संवेदना और शिल्प' तथा 'कबीर वाणी : काव्य और शिल्प' उनकी अन्य आलोचनात्मक पुस्तकें हैं। 'अपभ्रंश मुक्तक काव्य और उसका हिन्दी पर प्रभाव' पुस्तक से उनकी शोध-दृष्टि का पता चलता है। 'आधुनिक हिन्दी कविता : भाषा प्रयोग के विविध आयाम', 'छायावाद : वाद विवाद संवाद', 'भ्रमरगीतसार', 'बिहारी संग्रह' आदि का उन्होंने संपादन किया है। 'आधुनिक भाषा विज्ञान के सिद्धान्त', 'हिन्दी भाषा का ऐतिहासिक परिप्रेक्ष्य', 'हिन्दी भाषा का विकास' आदि उनकी भाषा विज्ञान से सम्बन्धित कृतियाँ हैं।

करुणाशंकर उपाध्याय

प्रतापगढ़ (उ.प्र.) जिले के 'घोरका तालुकदारी' नामक गाँव में जन्मे और मुम्बई में शिक्षण कार्य कर रहे करुणाशंकर उपाध्याय (जन्म—15.04.1968) नई पीढ़ी के ऊर्जावान आलोचक हैं। मध्यकालीन से लेकर आधुनिक साहित्य तथा पाश्चात्य से लेकर भारतीय काव्यशास्त्र तक सभी क्षेत्रों से सम्बन्धित उनकी कृतियाँ प्रकाशित हैं। 'सर्जना की परख', 'साहित्यकार बेकल : संवेदना और शिल्प', 'आधुनिक हिन्दी कविता में काव्य-चिन्तन', 'मध्यकालीन कविता का पुनर्पाठ', 'मध्यकालीन काव्य-चिन्तन और संवेदना', 'पाश्चात्य काव्य-चिन्तन : आभिजात्यवाद से उत्तर-आधुनिकतावाद तक', 'आधुनिक कविता का पुनर्पाठ', 'हिन्दी कथा-साहित्य का पुनर्पाठ', हिन्दी का विश्वसन्दर्भ, 'आवाँ विमर्श', हिन्दी साहित्य : मूल्यांकन और मूल्यांकन', 'अप्रतिम भारत', 'वक्रतुंड : मिथक की समकालीनता', 'सृजन के अनछुए सन्दर्भ', 'साहित्य और संस्कृति के सरोकार' आदि उनकी आलोचनात्मक पुस्तकें हैं।

करुणाशंकर उपाध्याय की एक नई पुस्तक 'मध्यकालीन कविता का पुनर्पाठ' शीर्षक से हाल ही में आई है। इसका पहला ही लेख है 'भक्तिकाव्य और उत्तर-आधुनिकता'। इसमें भक्तिकाव्य के महत्त्व का आकलन करते हुए वे लिखते हैं, "भक्ति काव्य में वे सारी विशेषताएँ प्रकट अथवा प्रच्छन्न रूप में विद्यमान हैं जिन्हें लेकर उत्तर-आधुनिकता संकल्पित है। भक्ति आन्दोलन लोकोन्मुखी आन्दोलन है जो मानव मात्र को तमाम धार्मिक पाखंडों, सामाजिक कुरीतियों, सांस्कृतिक विकृतियों तथा राजनीतिक विवर्तनों से बचने की सलाह देता है। भक्ति आन्दोलन न केवल मानवाधिकार की हिमायत करता है अपितु हर प्रकार के छद्म, पाखंड, अत्याचार एवं शोषण का विरोध करता है। इस तरह उत्तर-आधुनिकता जिन आदर्शों एवं मानवीय मूल्यों का पुरस्करण कर रही है वे प्रकारान्तर से भक्तिकाव्य में शताब्दियों पूर्व अपना स्थान बना चुके हैं।" (मध्यकालीन कविता का पुनर्पाठ, पृ. 49) वे आगे लिखते हैं, "उत्तर-आधुनिकता जिस लोकप्रिय, जनतांत्रिक एवं जनोन्मुख साहित्य तथा संस्कृति की हिमायत करती है, भक्तिकाव्य का समूचा स्थापत्य उसी का एक बेहतरीन नमूना है।" (उपर्युक्त, पृ. 49)

यहाँ उपाध्याय जी जिन्हें उत्तर-आधुनिकता की विशेषताएँ बता रहे हैं वे वास्तव में आधुनिकता की विशेषताएँ हैं। उत्तर-आधुनिकता में आधुनिकतावाद का विकास भी है और विलोम भी। विखंडनवाद भी इसी का हिस्सा है, इसमें ज्ञान की जगह सूचना का महत्त्व है, यह समग्रता का खंडन करता है, पूर्णतावादी दृष्टिकोण का विरोध करता है। बीसवीं सदी के अन्तिम दशक में जब उत्तर-आधुनिकतावाद दस्तक दे रहा था तभी बच्चन सिंह जैसे लेखक ने उसकी नब्ज पहचान ली थी। 1993-94 में ही वे लिखते हैं, "उत्तर-आधुनिकता की दो विशेषताएँ हैं, दिशाहीनता और उपभोक्तावादी समाज का उदय और सुखवाद का चरम विस्तार।" (आधुनिक हिन्दी साहित्य का इतिहास, पृ. 39) उपाध्याय जी ने यदि इस अध्याय को लिखने से पहले उत्तर-आधुनिकता की भी व्याख्या कर दी होती तो समस्या खत्म हो गई होती। किन्तु, ऐसा उन्होंने नहीं किया है और उन्हें उत्तर-आधुनिकता में सिर्फ प्रगतिशील मूल्य ही नजर आ रहे हैं।

रामकृष्ण शुक्ल 'शिलीमुख' नाटककार, कथाकार और अनुवादक के साथ-साथ समालोचक भी हैं। उनकी प्रमुख आलोचनात्मक पुस्तकें हैं, 'प्रसाद की नाट्यकला', 'कला और सौन्दर्य', 'शिलीमुखी', 'आलोचना समुच्चय', 'काव्य जिज्ञासा', 'आर्यभाषा और संस्कृति', 'सुकवि समीक्षा' और 'समालोचकनामा' आदि। मुख्य रूप से काव्यशास्त्र के विद्वान **रामदहिन मिश्र** अंग्रेजी साहित्य के भी गहरे अध्येता हैं। 'काव्यलोक', 'काव्यदर्पण', 'काव्य में अप्रस्तुत योजना', 'काव्य विमर्श' आदि उनकी शास्त्रीय सैद्धान्तिक आलोचना सम्बन्धी कृतियाँ हैं। उन्होंने संस्कृत के कई काव्यशास्त्रीय ग्रंथों का अनुवाद भी किया है। इसके साथ ही उन्होंने पाश्चात्य और भारतीय काव्यशास्त्र के कई पक्षों का तुलनात्मक अध्ययन भी किया है। **गिरिजादत्त शुक्ल 'गिरीश'** कवि, उपन्यासकार और एक कुशल सम्पादक होने के साथ-साथ एक अच्छे समीक्षक भी हैं। 'मनोरमा', 'बाल-सखा' तथा 'अरुणोदय' जैसी मासिक पत्रिकाओं के सम्पादन के साथ-साथ गिरीश जी ने 'महाकवि हरिऔध' तथा 'गुप्त जी की काव्यधारा' जैसे आलोचनात्मक ग्रंथ भी लिखे। **रमाशंकर तिवारी** के अध्ययन का क्षेत्र मध्यकाल से आधुनिक काल तक फैला हुआ है। 'सूर की काव्य माधुरी', 'सूर की श्रृंगार भावना', 'रामचरितमानस अन्तर्दृष्टि', 'दिनकर की उर्वशी', 'बिहारी का काव्य लालित्य', 'कामायनी : प्रेरणा और परिपाक', 'आचार्य रामचन्द्र शुक्ल का काव्य-दर्शन, रस चिन्तन : परम्परा और परिप्रेक्ष्य', 'श्रृंगार और साहित्य', 'काव्य और काव्यास्वादन की समस्या', 'प्रयोगवादी काव्यधारा' आदि उनकी प्रमुख आलोचनात्मक कृतियाँ हैं। इनके अलावा उन्होंने 'महाकवि कालिदास' तथा 'महाकवि शूद्रक' जैसी संस्कृत के कवियों पर केन्द्रित आलोचनात्मक कृतियों का भी प्रणयन किया है।

शिवबालक राय दिनकर साहित्य के विशेष अध्येता हैं। वे संस्कृत के भी विद्वान हैं। दिनकर साहित्य के अलावा उन्होंने गोस्वामी तुलसीदास तथा भक्ति-साहित्य का विशेष अध्ययन किया है। 'कालिदास के सौन्दर्य सिद्धान्त और मेघदूत', 'काव्य में सौन्दर्य और उदात्त तत्त्व', 'मानस का रूप विज्ञान एवं मौलिकता', 'भक्तिकाव्य का सौन्दर्यशास्त्र', 'साहित्य के सिद्धान्त और कुरुक्षेत्र' आदि उनके आलोचना ग्रंथ हैं। शिवबालक राय वैष्णव मत के अनुयायी और राम के भक्त थे। दिनकर ने उनके बारे में अपनी डायरी में लिखा है, "शिवबालक जी शुद्ध वैष्णव हैं, श्रीराम के भक्त हैं, उनका घर भी राम-नाम अंकित है। राम-नाम अंकित गृह, शोभा बरनि न जाय।" 'पंडीजी' के रूप में पुकारे जाने वाले **गोपीनाथ तिवारी** तुलसी साहित्य के मर्मज्ञ और भक्ति-साहित्य के गम्भीर अध्येता हैं। उन्होंने 'विनय पत्रिका' की आलोचना और टीका लिखकर विशेष ख्याति अर्जित की। 'भारतेन्दुयुगीन हिन्दी नाटक', 'भारतेन्दु के नाटकों का शास्त्रीय अनुशीलन', 'हिन्दी के ऐतिहासिक उपन्यास', 'ऐतिहासिक उपन्यासकार वृन्दावनलाल वर्मा', 'विवेक कण', 'साहित्य सरोवर' आदि उनकी अन्य आलोचनात्मक पुस्तकें हैं। **सरनाम सिंह शर्मा** की आलोचनात्मक पुस्तक का नाम है, 'कबीर : एक विवेचन' तथा 'कृति और कृतिकार : बाणभट्ट की आत्मकथा के सन्दर्भ में'। **नजीर मुहम्मद** का मुख्य कार्य मध्यकालीन साहित्य पर है। 'कबीर के काव्यरूप', 'संत साहित्य का अभिव्यंजनात्मक अध्ययन', 'हिन्दी की आदिकालीन कविता', 'धरती के लाल', 'एकता के चरण' आदि उनकी प्रमुख आलोचनात्मक कृतियाँ हैं। इनके अलावा उन्होंने 'नजीर ग्रंथावली' का प्रामाणिक सम्पादन भी किया है। **हरबंशलाल शर्मा** ने मध्यकालीन काव्य पर गम्भीर काम किया है। एक समय में उनकी पुस्तक 'सूर और उनका साहित्य' की खूब सराहना हुई थी। 'बिहारी और उनका साहित्य', 'भारतीय दर्शन परम्परा और आदि ग्रंथ', 'भागवत दर्शन', 'मध्यकालीन निर्गुण-भक्ति साधना' आदि उनकी अन्य प्रकाशित पुस्तकें हैं। नागरी प्रचारिणी सभा द्वारा प्रकाशित 'हिन्दी साहित्य का वृहत् इतिहास' के चौदहवें भाग का सम्पादन करके उन्होंने ऐतिहासिक कार्य किया है। **हरद्वारी लाल शर्मा** ने हिन्दी में सबसे पहले 'सौन्दर्यशास्त्र' लिखकर ऐतिहासिक कार्य किया है। उनकी अन्य पुस्तकें है 'विचार विज्ञान', 'लोकवार्ता विज्ञान भाग-1' और 'लोकवार्ता विज्ञान भाग-2' आदि।

देवर्षि सनाढ्य ने मध्यकाल और आधुनिक काल के प्रतिनिधि कवियों का अच्छा समीक्षात्मक अध्ययन प्रस्तुत किया है। 'मध्यकाल के पाँच श्रेष्ठ कवि', 'आधुनिक काल के चार श्रेष्ठ कवि', 'बीसवीं सदी : हिन्दी काव्य' उनकी प्रमुख समीक्षात्मक कृतियाँ हैं। नाटक भी उनका प्रिय विषय है। 'हिन्दी के पौराणिक नाटक' और 'भारतीय नाट्यशास्त्र तथा हिन्दी नाट्यविधान' भी उनके नाटक केन्द्रित समीक्षा ग्रंथ हैं। **रामसजन पांडेय** ने मध्यकालीन साहित्य को खास तौर पर अपने अध्ययन का क्षेत्र चुना है।

'महेन्द्र भटनागर की काव्य यात्रा', 'निर्गुण काव्य की सांस्कृतिक भूमिका', 'राम काव्य-परम्परा और प्रतिवाद पर्व', 'सौन्दर्य स्वरूप और विद्यापति', 'विद्यापति : व्यक्तित्व और कविता', 'विविध साहित्यिक वाद', 'हिन्दी साहित्य का इतिहास' आदि उनकी प्रमुख प्रकाशित कृतियाँ हैं। पांडेय जी आजीवन हिन्दी के शिक्षक रहे और उन्होंने ज्यादातर लेखन विद्यार्थियों को ध्यान में रखकर किया है। **जय प्रकाश** तुलसी साहित्य के गम्भीर अध्येता हैं। मध्यकालीन साहित्य इनके अध्ययन का प्रिय क्षेत्र है। 'तुलसीदास : नए साक्षात्कार', 'बिहारी की काव्य-सृष्टि', 'ध्वनि और रचना सन्दर्भ', 'काव्य में अर्थबोध की समस्या' आदि इनकी प्रमुख प्रकाशित पुस्तकें हैं। जय प्रकाश जी ने 'कविवर देव' नाम से साहित्य अकादमी के लिए विनिबन्ध भी लिखा है। **वीरेन्द्र मोहन** का मुख्य क्षेत्र भक्ति साहित्य है। 'कबीर और जायसी : मानव मूल्य', 'भक्ति काव्य और मानव मूल्य', 'तुलसी और सूर : मानव मूल्य' उनकी भक्ति साहित्य पर केन्द्रित आलोचना-कृतियाँ हैं। इनके अलावा 'इतिहास और संस्कृत', 'समकालीन कविता की पहचान' तथा 'समकालीन कहानी : परम्परा और परिवर्तन' उनके अन्य आलोचना-ग्रंथ हैं। **त्रिभुवननाथ शुक्ल** का काम मुख्यत: भाषा के तकनीकी पक्ष पर है किन्तु मध्यकालीन व आधुनिक साहित्य की समीक्षा को लेकर भी उनकी कुछ पुस्तकें प्रकाशित हैं, जिनमें 'समीक्षक नन्ददुलारे वाजपेयी', 'अवधी साहित्य की भूमिका', 'मध्यकालीन कविता का पाठ' तथा 'भारतीय राम साहित्य का विकास' प्रमुख है। **वासुदेव पोद्दार** का मन अध्यात्म की ओर अधिक रमा है। 'रामायण महाभारत : काल, इतिहास, सिद्धान्त', 'भारतीय सभ्यता का सांस्कृतिक फलक', 'रामनाम की महिमा', 'विश्व की कालयात्रा : भारतीय प्रतिमान और आधुनिक विज्ञान', 'भारतायन (भारतीय संस्कृति का विचारकोश)' आदि उनकी पुस्तकें हैं। इस तरह साहित्य के साथ-साथ इतिहास, संस्कृति और दर्शन के क्षेत्र में उन्होंने कलम चलाई है। **वेदप्रकाश पांडेय** ने 'धरीक्षण मिश्र ग्रंथावली' (चार खंड) का सम्पादन करते हुए उसकी लम्बी आलोचनात्मक भूमिका लिखी है। उन्होंने 'धरीक्षण मिश्र' नाम से साहित्य अकादमी के लिए विनिबन्ध भी लिखा है। 'हनुमान भक्ति : परम्परा और साहित्य' नाम से भी उनकी एक अनुसन्धानपरक पुस्तक प्रकाशित है। 'शहरनामा गोरखपुर' का सम्पादन उनका अत्यन्त महत्त्वपूर्ण कार्य है।

सातवाँ सोपान

अनुसन्धानपरक आलोचना

उच्च शिक्षा की सर्वाधिक महत्त्वपूर्ण उपलब्धि है अनुसन्धान, उच्च शिक्षा का सर्वाधिक महत्त्वपूर्ण दायित्व है अनुसन्धान और उच्च शिक्षा का सर्वाधिक उपेक्षित क्षेत्र है अनुसन्धान। आज के अनुसन्धान की दशा देखकर लगता है कि शोध को उपाधि का पर्याय मान लेना आधुनिक भारत की एक दुर्घटना है और इसके लिए हमारी वह व्यवस्था सबसे ज्यादा जिम्मेदार है जिसने इसे नौकरी से जोड़ दिया और इस तरह माँग और पूर्ति के गणित में उलझा दिया।

यह सही है कि सभ्यता के विकास में अब तक जो कुछ भी हमने अर्जित किया है वह सब अनुसन्धान की ही देन है और जिज्ञासु मनुष्य साधनों के अभाव में भी अपनी स्वाभाविक प्रवृत्ति के कारण अनुसन्धान से जुड़ा रहता है। जेम्सवाट ने किसी प्रयोगशाला में पता नहीं लगाया था कि भाप में शक्ति होती है और न तो धरती में गुरुत्वाकर्षण की शक्ति का पता लगाने के लिए न्यूटन को किसी प्रयोगशाला में जाना पड़ा था। उनकी जिज्ञासु प्रवृत्ति ने अभावों में भी उन्हें इतने बड़े सत्य के उद्घाटन के लिए विवश कर दिया।

बहरहाल, भारतीय साहित्य की जिस समृद्ध परम्परा पर हमें गर्व है उसका बहुलांश अनेक जिज्ञासु अनुसंधित्सुओं की अनवरत साधना का प्रतिफल है, वरना अनेक बड़े रचनाकार काल के गाल में समा गए होते या हम पर्याप्त सूचना के अभाव में उनका समुचित मूल्यांकन ही न कर पाए होते।

अनुसन्धान का स्वरूप और उसका महत्त्व

'अनुसन्धान', 'अन्वेषण', 'शोध', 'खोज', 'गवेषणा', 'अन्वीक्षण', 'अनुशीलन', 'परिशीलन' आदि शब्द एक-दूसरे के पर्याय के रूप में प्रयुक्त होते हैं। उपर्युक्त सभी शब्दों का व्युत्पत्तिपरक अर्थ करने पर इन सबका अर्थ संकेत लगभग समान ही परिलक्षित होता है।

'शोध' शब्द 'शुध्' धातु से बना है। इसका अर्थ है शुद्ध करना, परिमार्जित करना, सन्देह रहित बनाना अथवा प्रामाणिक बनाना। भली-भाँति व्याख्या सहित परिकल्पना या समस्या को हल करने की व्यवस्थित तथा तटस्थ प्रक्रिया का नाम ही शोध है।

शोध में सर्वथा नूतन सृष्टि का नहीं, अज्ञात को ज्ञात करने का भाव है। विकसित बुद्धि सम्पन्न प्राणी होने के कारण मनुष्य आरम्भ से ही जिज्ञासु रहा है। जगत और जीवन से सम्बन्धित रहस्य उसे निरन्तर ज्ञान की ओर उत्प्रेरित करते रहे हैं और यही ज्ञान की पिपासा उसे अनुसन्धान की ओर प्रेरित करती रही है। उसकी ज्ञान की पिपासा कभी तृप्त नहीं हुई। उसकी इसी अतृप्ति ने अनेक भौतिक तथा आध्यात्मिक रहस्यों को यथार्थ रूप प्रदान करके मानव की ज्ञान-सम्पदा को बढ़ाया है।

उपनिषद्कार ने कहा है, 'हिरण्यमयेन पात्रेण सत्यस्य अपिहितं मुखम्।' (ईशोपनिषद्) यहाँ हिरण्यमय पात्र प्रतीकात्मक शब्द है जो माया या अज्ञान का द्योतक है। सत्य अर्थात् ज्ञान, अज्ञान के आवरण में छिपा रहता है। उसे निरावरण करने का कार्य तत्त्वदर्शी अन्वेषक का है।

ज्ञान के क्षेत्र में शोध का कार्य निरन्तर जारी रहता है। शोध, ज्ञान की किसी एक सीमा तक पहुँचकर रुक नहीं जाता, वह आगे बढ़ता रहता है। विज्ञान के सिद्धान्तों को लोग प्राय: शाश्वत मानते रहे हैं। अब यह मान्यता भी खंडित हो चुकी है। कोई भी सिद्धान्त समय और परिस्थिति-विशेष में भले ही सत्य अथवा अकाट्य रहा हो पर उसकी सत्यता और अकाट्यता सार्वकालिक सिद्ध नहीं हो सकती। उदाहरणार्थ, पहले अणु को पदार्थ का न्यूनतम अंश माना जाता था पर आधुनिक शोध ने परमाणु को उसका न्यूनतम अंश सिद्ध

कर दिया है। इसी तरह अब तक हम मानते थे कि क्षिति, जल, पावक, गगन और समीर—यही पाँच मूल तत्त्व हैं और इन्हीं पाँच तत्त्वों से यह सृष्टि निर्मित हुई है। (छिति जल पावक गगन समीरा / पंच रचित यह अधम शरीरा।) किन्तु अब विज्ञान ने सिद्ध कर दिया है कि हाइड्रोजन और आक्सीजन को निश्चित मात्रा से मिलाने पर पानी बन जाता है। इसलिए अब मूल तत्त्व जल नहीं हाइड्रोजन और आक्सीजन है। इस तरह खोज एक निरन्तर प्रवहमान क्रिया है जिसका आदि तो है पर अन्त नहीं। शोधकर्ता का कार्य भूले हुए तथ्य को पुन: प्रकाश में लाना है और उसे पूर्व ज्ञान की शृंखला से जोड़ देना है। इतना ही नहीं, शोध नए तथ्यों की खोज ही नहीं, उनकी तर्कसम्मत व्याख्या भी है।

किसी परिकल्पना को लेकर ही विषय विशेष के शोधकार्य में प्रवृत्त हुआ जाता है। शोध-विषय किस निष्कर्ष तक पहुँचने के लिए किया जा रहा है, इसकी स्पष्ट धारणा बनाए बिना शोधकार्य में प्रवृत्त होना अँधेरे में भटकने के समान है। प्रारम्भ में हमारी स्थापना अस्पष्ट-धुँधली-सी हो सकती है। किन्तु परिकल्पना सिद्धान्त के तौर पर नहीं की जाती, वह तो सिद्धान्त को स्थापित करने के लिए अनुमानित की जाती है। वह सिद्धान्त या निष्कर्ष तक पहुँचने का साधन मात्र है। अनुसंधेय विषय के निष्कर्ष की मन में कल्पना करना पूर्वग्रह नहीं कहा जा सकता, पूर्वग्रह तभी कहा जाएगा जब हम उसके विपरीत तथ्यों के विद्यमान होते हुए भी उसी पर आग्रह जमाए रहें।

हिन्दी अनुसन्धान की विकास-यात्रा

हिन्दी में अनुसन्धान की नीव एक विदेशी जिज्ञासु ने अपने व्यक्तिगत प्रयास से सामाजिक दायित्व निभाने के लिए रखी थी, वे थे 'गार्सां द तासी'। 1839 ई. में फ्रेंच में 'इस्त्वार द ल लितरेत्युर ऐंदुई ऐ ऐंदुस्तानी' नामक कृति प्रकाशित हुई थी तथा इसके आठ वर्ष बाद इसका दूसरा भाग प्रकाशित हुआ था। इसकी उपलब्धियाँ तथा गुणवत्ता विवादास्पद हो सकती है किन्तु इसमें हिन्दी-उर्दू के कवियों का परिचय, नवीन तथ्य एवं सूचनाएँ अनुसन्धानपरक दृष्टि की परिचायक हैं। यह एक व्यक्ति का उपाधिनिरपेक्ष निजी प्रयास है। हिन्दी अनुसन्धान के विकास में यह एक महत्त्वपूर्ण बिन्दु है। उन्यासी वर्ष बाद एक दूसरे विदेशी विद्वान ने लंदन विश्वविद्यालय से उपाधि सापेक्ष अनुसन्धानकार्य किया। वे थे जे.एन. कारपेन्टर और उनका विषय था 'थियोलॉजी आफ तुलसीदास'। इस शोधकार्य पर उन्हें 1918 ई. में शोध उपाधि प्राप्त हुई।

इस तरह अनुसन्धान के दो आधार हैं, पहला वैयक्तिक प्रयास और दूसरा प्रतिष्ठानिक प्रयास।

हिन्दी अनुसन्धान के विकास में राष्ट्रीय और बौद्धिक जागरण का महत्त्वपूर्ण योगदान है। 1828 ई.से लेकर 1885 ई. तक का कालखंड इस दृष्टि से विशेष महत्त्व का है। 1828 ई. में ब्रह्म समाज की स्थापना, 1849 ई.में विधवा विवाह का विरोध, 1856 ई. में इस विषय पर कानून बनना, 1857 ई. में प्रथम स्वाधीनता संग्राम तथा आर्य समाज की स्थापना, अंग्रेजों की दमन नीति में वृद्धि के फलस्वरूप जनता में प्रतिरोध की शक्ति का विकास,1885 में कांग्रेस की स्थापना आदि इस कालखंड की ऐसी घटनाएँ हैं जिनके कारण भारत के बौद्धिक समुदाय में अपनी अस्मिता के प्रति जागरूकता का संचार हुआ। संचार व्यवस्था, रेल सम्पर्क, छापाखाने आदि भी इसी दौर में विकसित हुए। इससे साहित्य तथा ज्ञान-विज्ञान के क्षेत्र में नई चेतना का संचार हुआ। इन घटनाओं से बंगाल का समाज सबसे ज्यादा और सबसे पहले प्रभावित हुआ जिसे हम बांग्ला नवजागरण के रूप में जानते हैं।

भारतेन्दु और उनके मंडल के लेखक निरन्तर बंगाल के सम्पर्क में रहे। इन सबके परिणामस्वरूप हिन्दी भाषी क्षेत्रों के बुद्धिजीवी भी हिन्दी साहित्य की समृद्ध परम्परा के अनुसन्धान की ओर प्रवृत्त हुए। इस अनुसन्धान कार्य में विदेशियों ने भी पर्याप्त भूमिका निभाई। सर जार्ज ग्रियर्सन (माडर्न वर्नाक्युलर लिटरेचर आफ हिन्दुस्तान), एफ.ई.के. (ए हिस्ट्री आफ हिन्दी लिटरेचर) जैसी कृतियाँ इसी कालखंड में आईं। बाद में 'कविवचन सुधा' (1868), 'हिन्दी प्रदीप' (1877), 'ब्राह्मण' (1883) आदि पत्रिकाओं में विभिन्न नवीन विषयों पर अनुसन्धानपरक लेख प्रकाशित होने लगे। स्वयं भारतेन्दु ने कालिदास, जयदेव, सूरदास तथा पुष्पदंताचार्य की चरितावली लिखी। पुरातत्त्व और भारत के सांस्कृतिक इतिहास पर अनुसन्धानपरक निबन्ध लिखे। 'नाटक अथवा दृश्यकाव्य' शीर्षक उनका महत्त्वपूर्ण सिद्धान्तनिरूपक निबन्ध उनकी अनुसन्धान-दृष्टि का सूचक है।

अनुसन्धानपरक आलोचना का व्यवस्थित रूप द्विवेदी युग में सामने आया। आचार्य महावीरप्रसाद द्विवेदी कृत 'नैषधचरित चर्चा' में अनुसन्धानपरक समीक्षा का उन्नत स्वरूप ढलता हुआ दिखाई देता है। 'नागरी

प्रचारिणी पत्रिका' (1897 ई.) में बाबू राधाकृष्णदास का 'नागरीदास का जीवन चरित्र', बाबू श्यामसुन्दर दास का 'बीसलदेव रासो', किशोरीलाल गोस्वामी का 'अभिज्ञान शाकुन्तल' और 'पद्मपुराण', चन्द्रधर शर्मा गुलेरी का 'विक्रमोर्वशी की मूल कथा' आदि अनेक गम्भीर एवं गवेषणापूर्ण आलोचनात्मक निबन्ध सन् 1899 ई. और 1900 ई. के बीच प्रकाशित हुए।

1913 ई. में भारत के विभिन्न क्षेत्रों में विश्वविद्यालय खोलने का प्रस्ताव पारित हुआ और देश के प्रमुख शहरों जैसे लखनऊ, आगरा, नागपुर आदि में विश्वविद्यालय खुलने लगे। यद्यपि सन् 1857 ई. में कलकत्ता विश्वविद्यालय खुल चुका था और 1918 ई. में कलकत्ता विश्वविद्यालय में हिन्दी में स्नातकोत्तर की कक्षाएँ प्रारम्भ हो गई थीं, किन्तु शोध का कार्य कुछ वर्ष बाद ही आरम्भ हो सका। काशी हिन्दू विश्वविद्यालय में 1921 ई. में बाबू श्यामसुन्दर दास की नियुक्ति हिन्दी के अध्ययन और विकास को प्रेरणा और प्रोत्साहन देने के उद्देश्य से की गई और यहाँ भी एम.ए. के पाठ्यक्रम में हिन्दी को स्थान दिया गया। इसके बाद शोधपरक समीक्षा का समुचित विकास होना सम्भव हुआ।

प्रतिष्ठानिक आधार पर भारत में हुए अनुसन्धान-कार्य की परम्परा के विकास में वर्ष 1931 ई. विशेष महत्त्वपूर्ण है। इसी वर्ष प्रयाग विश्वविद्यालय से बाबूराम सक्सेना को उनके 'अवधी का विकास' अनुसन्धान कार्य पर डी.लिट्. की उपाधि मिली। 1934 में काशी हिन्दू विश्वविद्यालय से पीताम्बरदत्त बड़थ्वाल को 'दि निर्गुण स्कूल ऑफ हिन्दी पोयट्री' पर डी.लिट्. की उपाधि मिली। भारत में हिन्दी भाषा पर भाषावैज्ञानिक अनुसन्धान कार्य से भाषानुसन्धान परम्परा का आरम्भ हुआ और कुछ वर्ष के भीतर ही साहित्य के विभिन्न पक्षों पर अनुसन्धान कार्य सामने आने लगे और इस तरह अनुसन्धान के विषयों में तेजी से विस्तार होने लगा।

इसी अवधि में स्वैच्छिक साहित्यिक संस्थाओं की प्रकाशन योजना में, उनकी सहायता से वैयक्तिक स्तर पर हो रहे अनुसन्धानकार्य भी सामने आने लगे।

शोध, समीक्षा नहीं है किन्तु समीक्षा के बगैर शोध सम्भव नहीं है। शोध में जब तथ्यों का विश्लेषण किया जाता है तब उसका मूल्यांकन भी किया जाता है। इस तरह शोध में समीक्षा का समावेश अनिवार्य हो जाता है। आलोचना में आलोचक का आलोच्य कृति या कृतिकार के प्रति तटस्थता अनिवार्य नहीं होती जबकि अनुसन्धानपरक आलोचना में तटस्थता अनिवार्य होती है। शुद्ध अनुसन्धान और अनुसन्धानपरक आलोचना में भी फर्क हो सकता है। अनुसन्धान में परियोजना का प्रस्तुतीकरण विशिष्ट प्रविधि के अनुरूप होता है, किन्तु अनुसन्धानपरक आलोचना में प्रस्तुतीकरण की कोई निर्दिष्ट प्रविधि नहीं होती। प्रत्येक आलोचक अपने ढंग से उसे प्रस्तुत करने के लिए स्वतंत्र है।

अनुसन्धानपरक आलोचना में अनुपलब्ध तथ्यों का अन्वेषण और उपलब्ध तथ्यों का नवीन आख्यान होता है। इसलिए यह कार्य कोई भी व्यक्ति किसी संस्था से जुड़कर आसानी से कर सकता है। किसी संस्था से जुड़े बिना अनुसन्धान कार्य करना कठिन होता है। इसीलिए विश्वविद्यालयों के खुलने के बाद अनुसन्धानपरक आलोचना के क्षेत्र में तेजी से विकास हुआ यद्यपि गुणवत्ता में उतनी तेजी से गिरावट भी आई।

अनुसन्धानपरक आलोचना का समकालीन परिदृश्य : चरम पतन का दौर

आज का हमारा समय सांस्थानिक अनुसन्धान के चरम पतन का दौर है। इस दौर की शुरुआत आठवें दशक से हुई जब विश्वविद्यालय अनुदान आयोग ने महाविद्यालय व विश्वविद्यालय के शिक्षकों की अर्हता को पी-एच.डी. की उपाधि से जोड़ दिया। पी-एच.डी. की उपाधि को नौकरियों से जोड़कर व्यवस्था ने जो भूल की उसके दुष्परिणाम कुछ दिनों बाद ही दिखाई देने लगे। आज शोधार्थी को येन केन प्रकारेण पी-एच.डी. की उपाधि चाहिए क्योंकि बिना उसके नौकरी मिलना कठिन है और शोध निर्देशक को भी अपनी प्रोन्नति में अधिक से अधिक शोध-प्रबन्धों के निर्देशन का अनुभव चाहिए। इस तरह शॉर्टकट के इस युग में शोधार्थी और शोध निर्देशक दोनों ने ही श्रम से पल्ला झाड़ लिया है। दोनों में जैसे गुप्त समझौता हो। कौन सिर खपाने जाए, उद्देश्य तो डिग्री हासिल करना है और उसके लिए श्रम की जरूरत कम, व्यवहार-कुशलता की जरूरत अधिक होती है।

आजकल शोध-प्रबन्ध का नतीजा तभी घोषित हो जाता है जब शोध-छात्र अपने निर्देशक का चुनाव करता है, क्योंकि, परीक्षक शोध-प्रबन्ध नहीं पढ़ता, निर्देशक का नाम पढ़ता है और कुछ कमियों का उल्लेख करके यह जानते हुए भी कि ऐसे शोध-प्रबन्ध के आधार पर उसे डिग्री नहीं दी जानी चाहिए, विश्वविद्यालय

को डॉक्टरेट की उपाधि देने की सिफारिश कर देता है। अनेक शोध-छात्रों की दशा तो डरे-सहमे गुलामों जैसी होती है और सामंती मिजाज के शोध-निर्देशक डिग्री मिल जाने तक उनका निरन्तर शोषण करते रहते हैं और बदले में स्तरहीन शोध-प्रबन्ध पर डिग्री दिलाकर उन पर कृपा करते हैं। आजकल तो शोध-निर्देशकों ने डिग्री देने का ही नहीं, नौकरी देने का भी मानो ठेका ले रखा है। बहुत से शोध-निर्देशक विषय-विशेषज्ञ के रूप में जहाँ भी जाते हैं अपने शोध-छात्रों को साथ लेकर जाते हैं और अयोग्य अभ्यर्थियों की नियुक्ति करके किसी सुयोग्य का हक छीनते हैं और प्रकारान्तर से पीढ़ियाँ बर्बाद करते हैं।

वैश्वीकरण के बाद अनुसन्धान के क्षेत्र में तेजी से गिरावट आई है। अब तो हमारे देश की पहली श्रेणी की प्रतिभाएँ मोटी रकम कमाने के चक्कर में मैनेजर, डॉक्टर और इंजीनियर बनना चाहती हैं और जल्दी से जल्दी विदेश उड़ जाना चाहती हैं। किसी ट्रेडिशनल विषय में पोस्टग्रेजुएट करके शोध करना उन्हें नहीं भाता। जो डॉक्टर या इंजीनियर नहीं बन पाते वे ही मजबूरी में शोध का क्षेत्र चुनते हैं। वैश्वीकरण और बाजारवाद ने नई प्रतिभाओं का चरित्र ही बदल दिया है। अब 'सादा जीवन-उच्च विचार' का आदर्श बेवकूफी का सूचक है। ऐसे कठिन समय में त्यागपूर्ण जीवन का आदर्श चुनना आसान नहीं है किन्तु उत्कृष्ट शोध में यह आदर्श अनिवार्य है।

यद्यपि देश भर के विश्वविद्यालयों और शोध निर्देशकों में इस विषय को लेकर भयंकर असन्तोष है, पर कहीं से कोई प्रतिक्रिया देखने को नहीं मिलती। देश भर की शिक्षण संस्थाओं में साहित्य की विभिन्न विधाओं पर प्राय: सेमिनार-संगोष्ठियाँ आयोजित होती रहती हैं किन्तु शोध जैसे अनिवार्य और महत्त्वपूर्ण विषय की समस्याओं पर केन्द्रित किसी संगोष्ठी के आयोजन की सूचना सुनने को बहुत कम मिलती है।

हिन्दी जगत की दशा तो यह है कि शोध के नाम पर जमा किए जाने वाले ज्यादातर प्रबन्ध या तो दस-बीस पुस्तकों से उतारे गए उद्धरणों के असम्बद्ध समूह होते हैं या निजी स्वार्थ की सिद्धि के लिए ऊँचे पदों पर आसीन आचार्यों या साहित्यकारों के गुणगान। गुणवत्ता की कसौटी पर खरे उतरने वाले प्रबन्ध यदा-कदा ही देखने को मिलते हैं। आखिर क्या कारण है कि शोध के लिए आधुनिक साहित्य ही आजकल शोधार्थियों और निर्देशकों को अधिक आकर्षित कर रहा है? और उसमें भी जीवित और रचनाकर्म में रत रचनाकारों पर धड़ल्ले से शोध-कार्य सम्पन्न हो रहे हैं। जबकि राजस्थान के जैन मन्दिरों अथवा राजस्थान के प्राच्य विद्या संस्थान की शाखाओं, नागरी प्रचारिणी सभा, काशी, हिन्दी साहित्य सम्मेलन, प्रयाग, नेशनल लाइब्रेरी, कोलकाता, एशियाटिक सोसाइटी, कोलकाता आदि में हस्तलिखित ग्रंथों का अम्बार लगा हुआ है जो अनुसंधित्सुओं की प्रतीक्षा कर रहा है। बहुभाषा-भाषी इस विशाल देश की विभिन्न भाषा-भाषी जनता के बीच सांस्कृतिक व भावात्मक सम्बन्ध जोड़ने के लिए तुलनात्मक साहित्य में शोध की असीम सम्भावनाएँ व अपेक्षाएँ हैं। लोक-साहित्य, भाषा विज्ञान, साहित्येतिहास आदि के क्षेत्र में शोध की महती आवश्यकता है। किन्तु आज तीन चौथाई से अधिक शोध छात्र आधुनिक काल और उसमें भी कथा-साहित्य पर ही शोध रत हैं।

कलकत्ता विश्वविद्यालय के एक पूर्व और प्रतिष्ठित शोध-निर्देशक प्रो. शम्भुनाथ के शब्दों में, "यह विस्मित करने वाली बात है कि जिस तरह साहित्य की विभिन्न विधाओं में खुलकर बहस होती है और वैचारिक संघर्ष इन विधाओं को जीवंत बनाए रखते हैं, उस तरह अनुसन्धान के काम पर बहस नहीं होती। यही वजह है कि हलचलहीन तालाब सा गन्दला गया है हिन्दी अनुसन्धान जगत। इसे आधुनिक बनाने का कोई प्रयास नहीं हुआ। मानो निर्देशक और शोध-छात्रों के बीच एक मौन साँठ-गाँठ लम्बे समय से हो। दोनों की मेहनत बढ़ेगी तो दोनों की आफत बढ़ेगी। विश्वविद्यालय, जहाँ शोध होते हैं, अब नवोन्मेष के केन्द्र न रहकर व्यक्तिगत झगड़ों और गप्प के अड्डे बन गए हैं।" (समकालीन शोध के आयाम, पृ. 16)

गोरखपुर विश्विद्यालय के कला संकाय के अधिष्ठाता और पूर्व आचार्य रह चुके प्रो. कृष्णचन्द्र लाल अपने समय की शोध की दशा का स्मरण करते हुए लिखते हैं, "यू.जी.सी. ने जब दिसम्बर 1993 तक शोध-प्रबन्ध प्रस्तुत करने वाले छात्रों को प्राध्यापक की पात्रता-परीक्षा (नेट) से मुक्त घोषित कर दिया था तब तमाम विश्वविद्यालयों में इस तरह शोध-प्रबन्ध प्रस्तुत हुए थे जैसे किसान के घर रबी की फसल कट कर आ गई हो। उस समय शोध-प्रबन्धों का मूल्यांकन करते-करते और उनकी मौखिकी परीक्षा सम्पन्न करते-करते परीक्षकों की हालत खराब हो गई थी। इन तथ्यों के प्रकाश में जाना जा सकता है कि धड़ाधड़ प्रस्तुत और स्वीकृत होने वाले शोध-प्रबन्धों की क्या दशा और गुणवत्ता रही होगी।" (समकालीन शोध के आयाम, पृ. 58)

शोध के गिरते स्तर का इसी से अनुमान लगाया जा सकता है कि आज अधिकांश प्रतिष्ठित विश्वविद्यालयों में बहुतेरे शोध-छात्र ऐसे लेखकों पर शोधरत हैं जिनके लेखन में अभी भरपूर सम्भावनाएँ हैं। किसी भी बड़े लेखक की विचारधारा में लगातार परिवर्तन होता रहता है। वह जड़ नहीं होता और अध्ययन-चिन्तन-मनन के क्रम में उसकी अवधारणाओं के बदलते रहने की प्रचुर सम्भावनाएँ होती है। इसलिए शोध जैसा गम्भीर कार्य उसी साहित्यकार पर होना चाहिए जिसका लेखन या तो पूरा हो चुका हो या पूरा होने के कगार पर हो। तात्पर्य यह कि उसमें अब किसी परिवर्तन की या नया जुड़ने की सम्भावना न हो क्योंकि किसी साहित्यकार पर शोध करने का अर्थ है उसके ऊपर एक थीसिस या सिद्धान्त दे देना और उस पर शोध उपाधि प्राप्त कर लेना। ऐसी दशा में यदि किसी शोधार्थी ने किसी जीवित और सृजनरत रचनाकार पर शोध-कार्य पूरा करके उस पर एक थीसिस दे दिया और बाद में उस लेखक ने अपनी किसी नई कृति में एक नई और पहले से भिन्न विचारधारा प्रस्तुत कर दी तो पहले के किए हुए शोध-कार्य का क्या होगा? क्योंकि अब तो उस व्यक्ति की विचारधारा पहले वाली नहीं रही।

इतना ही नहीं, आज हिन्दी में शोध-कार्य की दशा यह है कि बिना जे.आर.एफ. (जूनियर रिसर्च फेलोशिप) किए शोध में पंजीकरण बहुत कठिन है। शोध के स्तर को बनाए रखने के लिए यूजीसी समय-समय पर नियमों में तरह-तरह के संशोधन करता रहता है। उन्हीं में से एक यह भी है कि अब एक आचार्य स्तर का शोध-निर्देशक भी एक साथ आठ से अधिक शोधार्थियों को शोध नहीं करा सकता। इतना ही नहीं, विश्वविद्यालयों को शोध के लिए खाली हुई रिक्तियों के लिए परीक्षाएँ लेनी पड़ती हैं। इन सबका प्रभाव यह हुआ है कि शोध के लिए जगहें बहुत कम हो गई हैं और जे.आर.एफ. पाने वालों के भी पंजीकरण अब मुश्किल से हो रहे हैं। अब हिन्दी में फल-फूल रहे इस गोरखधंधे पर विचार कीजिए कि एक जे.आर.एफ. पाने वाला शोधार्थी पाँच वर्ष तक के लिए पंजीकृत होता है और इस अवधि में उसे लगभग 18-20 लाख रुपए शोध-वृत्ति के रूप में मिलते हैं और उसका शोध-निर्देशक उससे अपने किसी प्रिय या आदरणीय लेखक के व्यक्तित्व और कृतित्व पर शोध के नाम पर अभिनन्दन ग्रंथ लिखवाता है और पी-एच.डी. की डिग्री भी दिलवाता है, ताकि उससे भी वह अपने बारे में प्रशस्ति या पुरस्कार आदि का जुगाड़ कर सके।

शोध में तटस्थता अनिवार्य है। क्या किसी जीवित और समर्थ रचनाकार पर शोध करने वाला व्यक्ति उसकी कमियों को रेखांकित करने का साहस कर सकेगा? शोध वृत्ति के रूप में जो 18-20 लाख रुपए शोधार्थी को मिलते हैं वह जनता की गाढ़ी की कमाई का ही हिस्सा है जो सरकार के खजाने में जाता है और जिसे शोधवृत्ति के रूप में सरकारें प्रदान करती हैं। मेरे संज्ञान में ऐसे दर्जनों पंजीकृत शोधार्थी हैं जो इस तरह से सरकार से धन लेकर अपने शोध-निर्देशकों के मित्रों-शुभचिन्तकों का जीवनवृत्त रच रहे हैं।

आज की दशा यह है कि औसत दर्जे के लेखक अपना जीवन वृत्त लिखते हुए यह उल्लेख करना नहीं भूलते कि उनकी रचनाओं पर किन-किन विश्वविद्यालयों में शोध हो चुके हैं या हो रहे हैं। अब यह भी उनकी योग्यता का एक पैमाना मान लिया गया है।

इतना ही नहीं, आजकल रुपए लेकर शोध-पत्र छापने के उद्देश्य से ही शोध-जर्नल निकालने का धंधा भी खूब फल-फूल रहा है। ऐसे धंधेबाजों की पहुँच यू.जी.सी. से जुड़े उन विषय-विशेषज्ञों तक भी होती है जिनकी कृपा से हिन्दी की दर्जनों स्तरीय पत्रिकाएँ तो यू.जी.सी. की मान्यता प्राप्त सूची में शामिल नहीं हो पातीं किन्तु शोध-जर्नल निकालने का धंधा करने वालों की पत्रिकाएँ यू.जी.सी. की मान्यता-प्राप्त सूची में शामिल हो जाती हैं।

फिलहाल, अनुसन्धानपरक आलोचना का वर्तमान चाहे जितना भी खराब हो, अतीत बड़ा ही उज्ज्वल है। हम ऐसे कुछ महत्त्वपूर्ण आलोचकों के अनुसन्धानपरक आलोचनाकर्म का संक्षिप्त परिचय दे रहे हैं।

गार्सां द तासी

चकित करने वाला तथ्य है कि 'इस्त्वार द ल लितरेत्युर ऐंदुई ऐ ऐंदुस्तानी' शीर्षक से हिन्दी साहित्य का पहला इतिहास लिखने वाले गार्सां द तासी (Joseph Heliodore Sagesse Vertu Garcin De Tassy, 25.1.1794-2.9.1878) कभी भारत नहीं आए थे। वे फ्रांस में हिन्दुस्तानी के प्रोफेसर थे। फ्रांस में रहकर ही उन्होंने हिन्दुस्तानी की शिक्षा भी ग्रहण की थी। वहाँ रहकर उन्होंने फ्रेंच में हिन्दी साहित्य का पहला इतिहास तो लिखा ही, वह उस सदी का सबसे ज्यादा समृद्ध इतिहास ग्रंथ भी है। उनका इतिहास तीन जिल्दों में है जो क्रमश: 1839, 1847 और 1871 में प्रकाशित हुआ। इस पुस्तक की पहली और दूसरी जिल्दें फ्रांस के राजकीय मुद्रणालय में छपी थीं और लंदन तथा पेरिस में बिक्री के लिए रखी गई थीं। दूसरा संस्करण भी पेरिस से ही 1871 में

प्रकाशित हुआ था। इसकी विशालता का अनुमान इसी तथ्य से किया जा सकता है कि 1871 के संस्करण की पहली जिल्द में 1223, दूसरी जिल्द में 1200 और तीसरी जिल्द में 801 कवियों और लेखकों का विवरण है।

हिन्दी में लिखा गया हिन्दी साहित्य का प्रथम इतिहास शिवसिंह सेंगर कृत 'शिवसिंह सरोज' है जो 1877 में प्रकाशित हुआ था, तथा अंग्रेजी में लिखा गया हिन्दी साहित्य का प्रथम इतिहास सर जॉर्ज अब्राहम ग्रियर्सन कृत 'द मॉडर्न वर्नाक्युलर लिटरेचर ऑफ हिन्दुस्तान' है जो 1889 में प्रकाशित हुआ था। इस तरह निर्विवाद रूप से तासी का यह ग्रंथ किसी भी भाषा में लिखा गया हिन्दी साहित्य का प्रथम इतिहास है। इतना ही नहीं, अपने ग्रंथ में गार्सां द तासी ने जिस वृत्त संग्रह शैली को अपनाया है आगे चलकर शिवसिंह सेंगर और जॉर्ज ग्रियर्सन ने भी उसी शैली को अपनाया।

डॉ. सईदा सुरैया हुसैन ने तासी की लिखी गई 155 कृतियों का जिक्र किया है। उनके काम को तीन हिस्सों में बाँटा जा सकता है। एक तो हिन्दुस्तानी साहित्य के बारे में उनका फ्रेंच में लिखा गया साहित्य, दूसरा, उनके द्वारा किया गया हिन्दुस्तानी की साहित्यिक कृतियों का संकलन और सम्पादन जिसमें वली दकनी की काव्य-कृतियों का सम्पादन भी शामिल है, और तीसरा, हिन्दुस्तानी की महत्त्वपूर्ण कृतियों का फ्रेंच में अनुवाद, जिसमें मीर अम्मन की मशहूर कृति 'बाग-ओ-बहार', सर सैयद अहमद खाँ की पुस्तक 'असरारुस सनादीद' का अनुवाद भी शामिल है।

गार्सां द तासी की हिन्दुस्तानी और हिन्दवी में लिखी गई प्रमुख पुस्तकों में 'ले ओत्यूर ऐंदुस्तानी ऐ ल्यूर उवरज' (हिन्दुस्तानी लेखक और उनकी रचनाएँ), 'ल लॉग अ ल लितरेत्यूर ऐंदुस्तानी द 1850 अ 1869' (1850 से 1869 तक हिन्दुस्तानी भाषा और साहित्य), 'रुदिमाँ द ल लॉग ऐंदुई' (हिन्दुई भाषा के प्राथमिक सिद्धान्त), 'रुदिमाँ द ल लॉग ऐंदुस्तानी' (हिन्दुस्तानी भाषा के प्राथमिक सिद्धान्त) आदि महत्त्वपूर्ण हैं।

गार्सां द तासी का जन्म 25 जनवरी 1794 को फ्रांस के मारसेली (Marseille) में हुआ था। 'गार्सां' उनके पिता का सरनेम था और तासी उनकी माँ का। उनका परिवार मिस्त्र मूल का था और पिता का एक अच्छा-खासा व्यवसाय था। किन्तु तासी की रुचि पढ़ने-लिखने में अधिक थी। आरम्भ में उन्होंने अरबी का अध्ययन किया और उसके बाद उनकी रुचि पूरब की भाषाओं के अध्ययन की ओर हो गई। अध्ययन के लिए वे 1817 में पेरिस चले गए। वहाँ चार वर्ष रहकर उन्होंने प्रख्यात प्राच्यविद विद्वान सिल्वस्त्रे द सासी (Silverstre de Sacy) की छत्रछाया में रहकर अरबी, फारसी और तुर्की का अध्ययन किया। 1822 में तासी की नियुक्ति उनके शिक्षक सिल्वस्त्रे के कॉलेज में सचिव के पद पर हो गई। उसी वर्ष पेरिस में एशियाटिक सोसाइटी की स्थापना हुई और उसकी ओर से शोध जर्नल प्रकाशित होने लगा। तासी एशियाटिक सोसाइटी के संस्थापक सदस्यों में थे। शीघ्र ही उनकी नियुक्ति सोसाइटी के सहायक सचिव एवं पुस्तकालयाध्यक्ष के रूप में हो गई। उसके बाद उन्होंने पूरा जीवन एशियाटिक सोसाइटी को ही समर्पित कर दिया और 1876 में एशियाटिक सोसाइटी, पेरिस के प्रेसीडेंट बन गए। वे आजीवन एशियाटिक सोसाइटी के जर्नल में लिखते रहे। इस दौरान उन्होंने हिन्दुस्तानी का गम्भीर अध्ययन किया। उनके गुरु सिल्वस्त्रे द सासी हिन्दुस्तानी के महत्त्व को समझते थे और वे अपने प्रतिभाशाली शिष्य को प्रगति के पथ पर आगे बढ़ता हुआ देखना चाहते थे। उन्होंने फ्रांस की सरकार से हिन्दुस्तानी के अध्ययन के लिए एक चेयर स्थापित करने का आग्रह किया। उन्हीं के प्रयास से पेरिस के 'इंस्टीट्यूट देस लैंग्वेज एट सिविलाइजेशन्स ओरियन्टल्स' में हिन्दुस्तानी का एक चेयर स्थापित हुआ और उस चेयर पर 1828 में गार्सां द तासी की नियुक्ति हुई। 1829 में तासी ने फ्रेंच में 'रुडिमेंस द ल लैंग्वे हिन्दूस्तानी' नामक महत्त्वपूर्ण व्याकरण ग्रंथ की रचना की जिससे उनकी ख्याति बहुत दूर तक पहुँच गई। 1830 में तासी वहाँ हिन्दुस्तानी के स्थायी प्रोफेसर हो गए।

आरम्भ में गार्सां द तासी की रुचि इस्लाम और अरबी साहित्य के अध्ययन में अधिक थी किन्तु बाद में उनका रुझान उर्दू-हिन्दी की ओर हो गया जिसे पहले 'हिन्दुस्तानी' कहा जाता था। उन्होंने अपने जीवन का बाकी समय हिन्दुस्तानी को पढ़ने, पढ़ाने, लिखने और शोध करने में लगाया।

गार्सां द तासी एशिया और यूरोप के कई प्रमुख प्राच्य विद्या संस्थानों से भी जुड़े थे। वे पेरिस के फ्रांसीसी इंस्टीट्यूट, एशियाटिक सोसाइटी (लंदन, कलकत्ता, मद्रास, बम्बई), इंपीरियल एकेडमी ऑफ साइंसेज, म्यूनिख, रॉयल एकेडमी, लिस्बन व रॉयल सोसाइटी, कोपेनहेगेन और अलीगढ़ इंस्टीट्यूट जैसे संस्थानों के सदस्य थे। तासी को फ्रांस में 'नाइट ऑफ द लिजियन ऑफ ऑनर' और 'स्टार ऑफ द साउथ पोल' जैसी उपाधियों से नवाजा गया था।

अपने शोध व आलोचनात्मक कार्यों के लिए तासी विशेष रूप से भारत में प्रकाशित होने वाली पुस्तकों तथा अंग्रेजी पत्रिकाओं और समाचार-पत्रों का सहारा लेते थे। वे प्रतिवर्ष, साल भर तक प्रकाशित भारत से सम्बन्धित साहित्य का अध्ययन करते थे और वर्ष के अन्त में उसका आकलन करते हुए व्याख्यान भी देते थे। ये व्याख्यान 1850 ई. से लेकर 1870 ई. के बीच उन्होंने दिए थे। इनमें हिन्दुस्तानी भाषा का महत्त्व तथा उसके साहित्य का सामान्य परिचय होता था। इन व्याख्यानों का प्रमुख उद्देश्य यूरोप के विद्यार्थियों में हिन्दुस्तानी भाषा और साहित्य के प्रति रुचि पैदा करना होता था।

10 दिसम्बर 1857 के अपने व्याख्यान की शुरुआत तासी इन शब्दों में करते हैं, "उत्तर भारत में जो भयावह घटनाएँ इस वर्ष हुई हैं, विशेषकर उत्तर-पश्चिम के प्रान्तों में, ये वे प्रान्त हैं जहाँ की मुख्य भाषा हिन्दुस्तानी है और जहाँ वह विशेष तौर पर विकसित है। उनकी वजह से वहाँ साहित्यिक कार्य बिलकुल ठप हो चुके थे और इसलिए मैं जो वार्षिक व्याख्यान देता हूँ जिनमें विगत वर्ष के उर्दू और हिन्दी जबानों के प्रकाशनों और अखबारों का विवरण होता है, वह मैं नहीं दे पाया। यह आपको ज्ञात है, हिन्दुस्तान की अंग्रेजी हुकूमत के खिलाफ एक नई और जबरदस्त बगावत की शुरुआत हो चुकी है।" (अनुवाद, किशोर गौरव, मई 2015, tirchhispelling.wordpress.com/गार्सां द तासी/)

शीतांशु ने सही लिखा है कि "हिन्दुस्तान में फ्रांसीसियों और अंग्रेजों के बीच उपनिवेश की स्थापना को लेकर तीखे संघर्ष हुए थे और उनमें फ्रांसीसियों को मुँह की खानी पड़ी थी। पूरी अठारहवीं सदी में विभिन्न भारतीय इलाके फ्रांसीसियों के हाथों से निकलकर अंग्रेजों के हाथ में पहुँच गए थे। इन स्थितियों के बावजूद एक फ्रांसीसी विद्वान ही ब्रिटिश और भारतीय सहयोगियों के माध्यम से हिन्दी-हिन्दुस्तानी साहित्येतिहास के क्षेत्र में प्रारम्भिक कार्य कर रहा था। फ्रांस में इतनी दूर बैठकर एक ऐसे समय में तासी अपना वृत्त-संग्रह तैयार कर रहे थे जब इस विषय पर सामग्री एकत्रित करना हिन्दुस्तान में भी विद्वानों के लिए दुष्कर था।...तासी अपनी अनेक सीमाओं के बाद भी जो काम फ्रांस में बैठकर कर रहे थे वही काम यहाँ बैठकर अगले कई दशकों तक भारतीय नहीं कर सके थे।" (भाषा के तराजू पर धर्म का पासंग : गार्सां द तासी, हिन्दी समय डाट काम)

तासी ने बहुत ही गर्व के साथ अपनी पुस्तक में सूचित किया है कि "गिलक्रिस्ट ने सिर्फ तीस विद्वानों की सूची दी है किन्तु मेरे पास सामग्री की कमी होने के बावजूद मैंने केवल पहली ही जिल्द में सात सौ पचास लेखकों और नौ सौ से भी अधिक रचनाओं का उल्लेख किया है।" ('इस्तवार द ला लितरेत्युर ऐंदुई ऐ ऐंदुस्तानी' का लक्ष्मीसागर वार्ष्णेय द्वारा किया गया 'हिन्दुई साहित्य का इतिहास' शीर्षक अनुवाद, प्रकाशक, हिन्दुस्तानी एकेडमी इलाहाबाद, संस्करण, 2003, पृ. 3)

इन सबके बावजूद राजतंत्र का अंध समर्थन, ईसाइयत पर अंध आस्था और बुर्जुआ मानसिकता एक लेखक के रूप में तासी को कमजोर बनाती है। जिस फ्रांसीसी क्रान्ति को दुनिया की पहली और इतिहास की सर्वाधिक महत्त्वपूर्ण जनक्रान्ति के रूप में स्मरण किया जाता है उसके प्रति भी तासी की दृष्टि नकारात्मक है और इसी तरह भारत में हुए प्रथम स्वाधीनता संग्राम के प्रति भी वे तटस्थ नहीं हैं।

आचार्य रामचन्द्र शुक्ल ने भी इस्लाम के प्रति तासी के अतिरिक्त आग्रह को रेखांकित किया है। वे लिखते हैं, "हिन्दी-उर्दू का झगड़ा उठने पर अपने मजहबी रिश्ते के ख्याल से (गार्सां द तासी ने) उर्दू का पक्ष ग्रहण किया और कहा—हिन्दी में हिन्दू धर्म का आभास है—वह हिन्दू धर्म जिसके मूल में बुतपरस्ती और उसके आनुषंगिक विधान हैं। इसके विपरीत उर्दू में इस्लामी संस्कृति और आचार-व्यवहार का संचय है। इस्लाम भी सामी मत है और एकेश्वरवाद उसका मूल सिद्धान्त है, इसलिए इस्लामी तहजीब में ईसाई या मसीही तहजीब की विशेषताएँ पाई जाती हैं।

संवत् 1927 के अपने व्याख्यान में गार्सां द तासी ने साफ खोलकर कहा, "मैं सैयद अहमद खाँ जैसे विख्यात मुसलमान विद्वान की तारीफ में और ज्यादा नहीं कहना चाहता। उर्दू भाषा और मुसलमानों के साथ मेरा जो लगाव है वह कोई छिपी हुई बात नहीं है। मैं समझता हूँ कि मुसलमान लोग कुरान को तो आसमानी किताब मानते ही हैं, इंजील की शिक्षा को भी अस्वीकार नहीं करते, पर हिन्दू लोग मूर्तिपूजक होने के कारण इंजील की शिक्षा को नहीं मानते।" (उद्धृत, हिन्दी साहित्य का इतिहास, रामचन्द्र शुक्ल, नागरी प्रचारिणी सभा, वाराणसी, संवत् 2035, पृ. 296)

तासी का नजरिया यद्यपि बाद में उर्दू के प्रति अधिक उदार हो गया किन्तु आरम्भ में वे हिन्दुई और हिन्दुस्तानी को एक ही परम्परा में रखकर देख रहे थे। उन्होंने लिखा है, "जहाँ तक दार्शनिक महत्त्व से सम्बन्ध है, यह उसकी विशेषता है और यह विशेषता हिन्दुस्तानी को एक बहुत बड़ी हद तक उन्नत आत्माओं द्वारा

दिया गया अपनापन प्रदान करती है। वह भारतवर्ष के धार्मिक सुधारों की भाषा है। जिस प्रकार यूरोप के ईसाई सुधारकों ने अपने मतों और धार्मिक उपदेशों के समर्थन के लिए जीवित भाषाएँ ग्रहण कीं, उसी प्रकार भारत में हिन्दू और मुसलमान सम्प्रदायों के गुरुओं ने अपने सिद्धान्तों के प्रचार के लिए सामान्यत: हिन्दुस्तानी का प्रयोग किया है। ऐसे गुरुओं में कबीर, नानक, दादू, बीरभान, बख्तावर और अन्त में अभी हाल के मुसलमान सुधारकों में अहमद नामक एक सैयद हैं। न केवल उनकी रचनाएँ हिन्दुस्तानी में हैं, वरन उनके अनुयायी जो प्रार्थना करते हैं, वे जो भजन गाते हैं, वे भी उसी भाषा में हैं।" (इस्त्वार द ला लितरेत्युर ऐंदुई ऐ ऐंदुस्तानी, का लक्ष्मीसागर वार्ष्णेय द्वारा किया गया 'हिन्दुई साहित्य का इतिहास' शीर्षक अनुवाद, पृ. 4)

शुक्ल जी ने अपने इतिहास में तासी के एक व्याख्यान के अंश को उद्धृत किया है जिसमें तासी ने हिन्दुई और हिन्दुस्तानी दोनों के विकास की साझा परम्परा का उल्लेख किया है। तासी ने लिखा है, "उत्तर के मुसलमानों की भाषा यानी, हिन्दुस्तानी उर्दू पश्चिमोत्तर प्रदेश (अब संयुक्त प्रान्त) की सरकारी भाषा नियत की गई है। यद्यपि हिन्दी भी उर्दू से साथ-साथ उसी तरह बनी है जिस तरह वह फारसी के साथ थी। बात यह है कि मुसलमान बादशाह सदा से एक हिन्दी सेक्रेटरी, जो हिन्दी नवीस कहलाता था और एक फारसी सेक्रेटरी जो फारसी नवीस कहते थे, रखा करते थे, जिससे उनकी आज्ञाएँ दोनों भाषाओं में लिखी जाएँ। इस प्रकार अंग्रेज सरकार पश्चिमोत्तर प्रदेश में हिन्दू जनता के लिए प्राय: सरकारी कानूनों का नागरी अक्षरों में हिन्दी अनुवाद भी उर्दू कानूनी पुस्तकों के साथ देती है।" (हिन्दी साहित्य का इतिहास, रामचन्द्र शुक्ल, नागरी प्रचारिणी सभा, काशी, संवत् 2035, पृ. 296)

1857 के राष्ट्रीय विद्रोह पर भी तासी की दृष्टि सन्तुलित नहीं थी। उन्होंने नाना साहब को 'रक्तपिपासु' कहा है और अंग्रेजों का साथ देने के लिए ग्वालियर के राजा सिंधिया की भरपूर सराहना की है। जबकि दूसरी ओर कार्ल मार्क्स ने मेरठ की छावनी में घटी घटना पर 15 जुलाई 1857 को 'न्यूयार्क डेली ट्रिब्यून' में बहुत ही सन्तुलित ढंग से और विस्तार से लिखा है। वे भी कभी भारत नहीं आए किन्तु उन्होंने 1857 के आन्दोलन को 'नेशनल रिवाल्यूशन आप हिन्दूज एंड मुस्लिम्स' कहा है।

'इस्त्वार द ल लितरे त्युर ऐंदुई ऐ ऐंदुस्तानी' का पहली बार हिन्दी अनुवाद लक्ष्मीसागर वार्ष्णेय ने 'हिन्दुई साहित्य का इतिहास' नाम से किया जो हिन्दुस्तानी एकेडमी, इलाहाबाद से 1953 में प्रकाशित हुआ। अपने इस अनुवाद में वार्ष्णेय जी ने तासी के उक्त ग्रंथ से सिर्फ हिन्दुई साहित्य के अंश का चयन करके मात्र उसी हिस्से का अनुवाद किया है। ऐसा करके मेरी दृष्टि में तासी की उक्त कृति के साथ वार्ष्णेय जी ने न्याय नहीं किया है। तासी ने हिन्दुई और हिन्दुस्तानी के साहित्यकारों को बहुत सोच-विचार कर एक साथ रखा था और इसका सम्मान किया जाना चाहिए था।

अपने प्रकाशकीय वक्तव्य में डॉ. धीरेन्द्र वर्मा ने इस ग्रंथ का महत्त्व रेखाँकित करते हुए लिखा है, "फ्रेंच में होने के कारण तासी के ग्रंथ का उपयोग अभी तक हिन्दी के विद्यार्थी नहीं कर सके हैं, न हिन्दी साहित्य के इतिहासों में इस सामग्री का उपयोग हो सका है। तासी के ग्रंथ में हिन्दी तथा उर्दू साहित्यों का परिचय मिश्रित रूप में है। डॉ. लक्ष्मीसागर वार्ष्णेय ने हिन्दी साहित्य से सम्बन्धित अंश का हिन्दी अनुवाद मूल ग्रंथ के आधार पर किया है।" (हिन्दुई साहित्य का इतिहास, लक्ष्मीसागर वार्ष्णेय, हिन्दुस्तानी एकेडमी, इलाहाबाद, 1953, का डॉ. धीरेन्द्र वर्मा द्वारा लिखा गया प्रकाशकीय।)

गार्सां द तासी का निधन 2 सितम्बर 1878 को पेरिस में हुआ और वे उसी मारसेली (Marseille) शहर में दफनाए गए जहाँ उनका जन्म हुआ था।

डॉ. सईदा सुरैया हुसैन ने 'गार्सां द तासी : उर्दू खिदमत, इल्मी कारनामे' नाम से तासी पर पुस्तक लिखी है। इसी तरह सुल्तान मुहम्मद हुसैन ने 'तलीकत-ए-खुतबत-ए-गार्सां द तासी' नामक महत्त्वपूर्ण पुस्तक लिखी है।

फ्रांस में रहते हुए गार्सां द तासी ने हिन्दुस्तान के साहित्य के बारे में जो अध्ययन और लेखन किया है वह असाधारण है।

सर जार्ज अब्राहम ग्रियर्सन

आयरलैंड में डब्लिन के निकट जन्मे, ट्रिनटी कॉलेज, डब्लिन, कैंब्रिज तथा जर्मनी के हले में पढ़े-लिखे, इंडियन सिविल सर्विस के अधिकारी के रूप में भारत आए सर जार्ज अब्राहम ग्रियर्सन (07.01.1851-9.03.1941) लगभग 29 वर्ष तक भारत में रहे। आरम्भ से ही उनकी रुचि भारत के साहित्य व संस्कृति के अध्ययन-अनुशीलन

में थी। डब्लिन में ही उन्होंने संस्कृत और हिन्दुस्तानी का अध्ययन शुरू कर दिया था। भारत में आने बाद वे जहाँ भी रहे अपने प्रशासनिक कार्यों के साथ ही भारतीय भाषाओं और साहित्य का अध्ययन करते रहे। जहाँ भी उनकी नियुक्ति होती थी, वहीं की भाषा, बोली, साहित्य और लोकजीवन उनके अध्ययन का विषय हो जाता था।

ग्रियर्सन की ख्याति वास्तव में उनके द्वारा किए गए 11 खंडों में प्रकाशित महान ऐतिहासिक कार्य 'भारत का भाषा सर्वेक्षण' (लिंग्विस्टिक सर्वे ऑफ इंडिया) के कारण विशेष है, जिसे उन्होंने सन् 1894 ई. से लेकर 1928 ई. तक लगातार अथक परिश्रम करके पूरा किया था। इसमें 179 भाषाओं और 544 बोलियों का सविस्तार सर्वेक्षण है। दैनिक जीवन में व्यवहृत होने वाली भाषाओं और बोलियों का इतना सूक्ष्म अध्ययन पहले कभी नहीं हुआ था।

ग्रियर्सन ने 1886 ई. में वियना में आयोजित होने वाले ओरियंटल कांग्रेस में हिस्सा लिया और उसमें औपचारिक रूप से भारत में भाषा सर्वेक्षण कराने का प्रस्ताव रखा और उसकी जरूरत बताई। वहाँ मौजूद रायल एशियाटिक सोसाइटी के प्रतिनिधि तथा अन्य कुछ लोगों ने भी ग्रियर्सन का समर्थन किया। सरकार ने ग्रियर्सन की सिफारिश स्वीकार कर ली और ग्रियर्सन को ही भाषा सर्वेक्षण का अधीक्षक नियुक्त कर दिया। इस तरह भारत सरकार द्वारा 1888 ई. में ग्रियर्सन की अध्यक्षता में सर्वेक्षण का कार्य आरम्भ हुआ। 1888 ई. से लेकर 1903 तक उन्होंने इस कार्य के लिए सामग्री एकत्रित की। इस बीच 1900 में यूरोपीय पुस्तकालयों और विद्वानों से परामर्श के लिए वे इंग्लैंड चले गए। 8 मई 1928 को लिंग्विस्टिक सर्वे ऑफ इंडिया का समापन मनाया गया। ग्रियर्सन का यह सर्वेक्षण कार्य अपने ढंग का प्रथम और विशिष्ट है। दैनिक जीवन में व्यवहृत होने वाली भाषाओं और बोलियों का इतना सूक्ष्म अध्ययन पहले कभी नहीं हुआ था। बुद्ध और अशोक के शिलालेखों के बाद ग्रियर्सन का यह सर्वे ही एक ऐसा ग्रंथ है जिसमें दैनिक जीवन में बोली जाने वाली भाषाओं और बोलियों का उदाहरण देखने को प्राप्त होता है। इसमें भाषा विज्ञान और व्याकरण सम्बन्धी सामग्री भी है और भारत का भाषा सम्बन्धी पूरा मानचित्र भी। इसका बहुत अधिक सांस्कृतिक महत्त्व भी है।

ग्रियर्सन के अनुसार हिन्दी, हिन्दुस्तानी का ही एक रूप है। हिन्दुस्तानी को उन्होंने मूल भाषा माना है। उनके अनुसार ठेठ हिन्दुस्तानी ही हिन्दी तथा उर्दू दोनों की जननी है। उनकी स्थापनाएँ प्रामाणिक स्रोतों पर आधारित हैं। उन्होंने असंख्य लोगों से पत्राचार एवं सम्पर्क स्थापित करके भारतीय भाषाओं एवं बोलियों के विषय में यथासम्भव प्रामाणिक आँकड़े एकत्रित किए।

इस सर्वे के अलावा भी ग्रियर्सन की भाषा सम्बन्धी तथा दूसरे विषयों पर भी अन्य कई पुस्तकें प्रकाशित हैं जिनमें 'मैथिली ग्रामर', 'सेवेन ग्रामर्स ऑव द डायलेक्ट्स ऑव द बिहारी लैंग्वेजेज', 'इंट्रूडक्शन टु द मैथिली लैंग्वेज', 'ए हैंडबुक टु द कैथी कैरेक्टर', 'बिहार पीजेंट लाइफ', 'बीइंग डेस्क्रिप्टिव कैटेलाग ऑफ द सराउंडिंग ऑफ द वर्नाक्युलर्स', 'कश्मीरी व्याकरण और कोश', 'राजा गोपीचन्द की कथा', 'उत्तरी बंगाल के लोकगीत, कविता और रंगपुर की बंगला बोली', 'नोट्स ऑन तुलसीदास' तथा 'द मॉडर्न वर्नाक्युलर लिटरेचर ऑव हिन्दुस्तान' प्रमुख हैं।

भाषा के अलावा ग्रियर्सन की रुचि पाठ सम्पादन में भी थी और उन्होंने कुछ महत्त्वपूर्ण कृतियों का पाठ सम्पादन करके उन्हें प्रकाशित भी कराया। इनमें 'रामचरितमानस', 'बिहारी सतसई' और 'पद्मावत' विशेष महत्त्वपूर्ण हैं। उनके द्वारा सम्पादित 'बिहारी सतसई' का प्रकाशन 1888 ई. में रॉयल एशियाटिक सोसाइटी ऑफ बंगाल से हुआ। उनके इस सम्पादन का आधार लल्लूलाल द्वारा सम्पादित 'लालचन्द्रिका' है। ग्रियर्सन ने लल्लूलाल के महत्त्व को आदर के साथ स्वीकार किया है और उन्होंने अपनी पुस्तक का नाम भी 'बिहारी सतसई लाल चन्द्रिका टीका सहित' रखा।

'रामचरितमानस' का सम्पादन उन्होंने 1889 ई. में किया जो 'मानस रामायण' शीर्षक से प्रकाशित हुआ था। इस प्रकाशित पाठ को देखकर प्रख्यात पाठालोचक पं. शम्भुनारायण चौबे ने लिखा है, "दूसरी जगहों (काशी के बाहर) में रामायण के प्रकाशन का जो कार्य हुआ उसमें खड्गविलासप्रेस, बांकीपुर का मानस रामायण अद्वितीय है। उस पुस्तक को देखकर श्रीमान् ग्रियर्सन साहब के प्रेम और परिश्रम की जितनी प्रशंसा की जाए तथा अपने को जितना लज्जित किया जाए, थोड़ा है। बड़े-बड़े सुन्दर अक्षरों में छपी ऐसी प्रशस्त प्रति देखकर तबीयत प्रसन्न हो जाती है। बरसों परिश्रम करके, रामचरितमानस की जितनी छपी या लिखी पोथियाँ मिल सकीं, उन सबको मंगाकर देखने और आपस में मिलान करने के बाद, इसे ग्रियर्सन ने छपवाया था।" (मानस अनुशीलन, शम्भुनारायण चौबे, पृ. 16)

इसी तरह डॉ. ग्रियर्सन ने 'पद्मावत' का पाठ सम्पादन पं. सुधाकर द्विवेदी के सहयोग से किया। इस सम्पादन में भी उन्होंने उसी निष्ठा का परिचय दिया। यह भी रायल एशियाटिक सोसाइटी ऑफ बंगाल से पाँच भागों में सन् 1896 से लेकर सन् 1911 के बीच पाँच किस्तों में प्रकाशित हुआ। इस कृति की भूमिका में ग्रियर्सन ने पाठ सम्पादन के आधारभूत साधनों एवं उन सिद्धान्तों का भी विवेचन किया है जिनका अनुगमन उन्होंने स्वयं किया है।

इस तरह ग्रियर्सन ने 'बिहारी सतसई', 'रामचरितमानस' और 'पद्मावत' के पाठानुसन्धान के माध्यम से हिन्दी वालों का ध्यान हमारे प्राचीन काव्य-कृतियों के मूलपाठ की छानबीन और इस तरह अपनी विरासत के संरक्षण की ओर आकर्षित किया।

ग्रियर्सन द्वारा रचित 'द मॉडर्न वर्नाक्युलर लिटरेचर ऑफ हिन्दुस्तान' नामक ग्रंथ 1888 ई. में एशियाटिक सोसाइटी की पत्रिका के विशेषांक के रूप में पहली बार छपा। यह ग्यारह विभिन्न भागों में विभक्त है और इसके प्रत्येक अध्याय कालविशेष के सूचक हैं। डॉ. किशोरीलाल गुप्त ने इसे ही सही अर्थों में हिन्दी साहित्य का प्रथम इतिहास माना है और इसी नाम से इसका अनुवाद भी किया है। इस ग्रंथ में पहली बार कवियों और लेखकों को कालक्रम के अनुसार वर्गीकृत किया गया है और उनकी प्रवृत्तियों पर भी प्रकाश डाला गया है। ग्रियर्सन ने इसमें गार्सां द तासी की नीति से अलग केवल हिन्दी कवियों को स्थान दिया है यद्यपि उन्होंने गार्सां द तासी तथा शिवसिंह सेंगर द्वारा एकत्र की गई सामग्री का भरपूर उपयोग किया है। इन्होने ही सबसे पहले अपने इतिहास ग्रंथ में भक्तिकाल को हिन्दी साहित्य की महत्त्वपूर्ण उपलब्धि बताया है और इसे हिन्दी साहित्य का स्वर्ण युग माना है।

एक आलोचक के रूप में भी ग्रियर्सन का बहुत महत्त्व है। उन्होंने ही सबसे पहले हिन्दी साहित्य की महान विभूतियों से यूरोपीय जगत को परिचित कराया। उन्होंने तुलसी, जायसी, विद्यापति और बिहारी की रचनाओं के मूल्य को आँका और उन्हें पूरा महत्त्व दिया। तुलसीदास के बारे में ग्रियर्सन लिखते हैं, "भारत के इतिहास में तुलसीदास का महत्त्व जितना भी अधिक आँका जाता है, वह अत्यधिक नहीं है। इनके ग्रंथ के साहित्यिक महत्त्व को यदि ध्यान में न भी रखा जाए तो भी भागलपुर से पंजाब और हिमालय से नर्मदा तक के विस्तृत क्षेत्र में, इस ग्रंथ का सभी वर्ग के लोगों में समान रूप से समादर पाना निश्चय ही ध्यान देने योग्य है।...पिछले तीन सौ वर्षों में हिन्दू समाज का जीवन, आचरण और कथन में यह घुल-मिल गया है और अपने काव्यगत सौन्दर्य के कारण वह न केवल उनका प्रिय एवं प्रशंसित ग्रंथ है, बल्कि उनके द्वारा पूजित भी है और उनका धर्मग्रंथ हो गया है। यह दस करोड़ जनता का धर्म ग्रंथ है और उनके द्वारा यह उतना ही भगवत्प्रेरित माना जाता है, अंग्रेज पादरियों द्वारा जितना भगवत्प्रेरित बाइबिल मानी जाती है।" (द मॉडर्न वर्नाक्युलर लिटरेचर ऑफ हिन्दुस्तान (हिन्दी अनुवाद—किशोरीलाल गुप्त) पृ. 124)

निस्सन्देह ग्रियर्सन के ये ऐतिहासिक कार्य अभूतपूर्व हैं, किन्तु इसी के साथ भाषा विज्ञान के क्षेत्र में उनकी कई स्थापनाएँ विवादास्पद और भारत की एकता के प्रतिकूल भी हैं। एक ओर ग्रियर्सन मानते हैं कि भारत की सभी आर्य भाषाएँ संस्कृत से उत्पन्न हुई हैं, तो दूसरी ओर हिन्दी प्रदेश की भाषाओं को भी उन्होंने इस तरह बाँटा कि जैसे उनका आपस में कोई सम्बन्ध ही न हो। महावीरप्रसाद द्विवेदी ने ग्रियर्सन की भाषा नीति का विरोध करते हुए लिखा है, "इस देश की सरकार के द्वारा नियत किए गए डॉक्टर ग्रियर्सन ने यहाँ की भाषाओं की नाप-जोख करके संयुक्त प्रान्त की भाषा को चार भागों में बाँट दिया है—माध्यमिक पहाड़ी, पश्चिमी हिन्दी, पूर्वी हिन्दी, बिहारी। आप का यह बाँट-चूँट वैज्ञानिक कहा जाता है और इसी के अनुसार आप की लिखी हुई भाषा विषयक रिपोर्ट में बड़े-बड़े व्याख्यानों, विवरणों और विवेचनों के अनन्तर इन चारों भागों के भेद समझाए गए हैं। पर भेद के इतने बड़े भक्त डॉक्टर ग्रियर्सन ने भी प्रान्त में हिन्दुस्तानी नाम की एक भी भाषा को प्रधानता नहीं दी।" (उद्धृत, महावीर प्रसाद द्विवेदी और हिन्दी नवजागरण, पृ. 235) रामविलास शर्मा ने भी ग्रियर्सन सम्बन्धी आचार्य द्विवेदी के विचारों से अपनी सहमति व्यक्त की है।

इसी तरह ग्रियर्सन ने उस समय खड़ी बोली में पद्य लिखे जाने का भी विरोध किया था। अयोध्याप्रसाद खत्री की पुस्तक 'खड़ी बोली का पद्य' पर अपनी प्रतिक्रिया देते हुए उन्होंने खत्री जी को लिखा था कि "आप की 'खड़ी बोली का पद्य' पुस्तक की प्रति मिली। इसका प्रकाशन बहुत सुन्दर हुआ है। लेकिन मुझे खेद है कि मैं आप के निष्कर्ष से सहमत नहीं हो सकता। मेरे मत से यह अत्यन्त खेद का विषय है कि खड़ी बोली का आन्दोलन ऐसे असम्भव कार्य पर इतना श्रम और धन व्यय किया जा रहा है।" (उद्धृत, भाषायी अस्मिता और हिन्दी, रवीन्द्रनाथ श्रीवास्तव, पृ. 162)

दुखद पक्ष यह है कि ग्रियर्सन के अनुयायियों की एक बड़ी संख्या पैदा हो गई थी। परवर्ती भाषा वैज्ञानिकों में से अधिकांश ने ग्रियर्सन की भाषा-नीति को यथावत् मान लिया। इसी तरह परवर्ती साहित्येतिहासकारों ने भी ग्रियर्सन का अंधानुकरण किया। आचार्य रामचन्द्र शुक्ल जैसे महान आचार्य ने भी गार्सां द तासी की हिन्दुस्तानी से किनारा कर लिया और अपने इतिहास में उसका जिक्र तक नहीं किया। हिन्दी-उर्दू की खाई को चौड़ी करने में ऐतिहासिक कारणों का जब भी आकलन किया जाएगा, इस प्रकरण का भी जिक्र होगा।

अपने प्रशासनिक दायित्वों को निभाते हुए सर जार्ज अब्राहम ग्रियर्सन ने एक निष्ठावान भारतीय की तरह हिन्दी भाषा और साहित्य की जो सेवा की है वह अभूतपूर्व है। उन्होंने ही सबसे पहले हिन्दी साहित्य की महान विभूतियों से यूरोपीय जगत को परिचित कराया। उन्होंने तुलसी, जायसी, विद्यापति और बिहारी की रचनाओं का मूल्य आँका और उन्हें पूरा महत्त्व दिया। उनके कुछ निष्कर्षों से हम असहमत हो सकते हैं किन्तु उनके रचनाकर्म का महत्त्व कभी कम नहीं होगा।

एल.पी. तेस्सीतोरी

इटली के 'उदीने' नामक गाँव में जन्मे, फ्लोरेंस में पढ़े-लिखे, थार के इतालवी साधक डॉ. एल.पी. तेस्सीतोरी (Luigi Pio Tessitori, 13.12.1887-22.11.1919) ने मात्र 32 वर्ष की उम्र में अध्ययन और अनुशीलन के क्षेत्र में जो कीर्तिमान रचा, उसे देखकर कोई भी आश्चर्यचकित हो सकता है।

विदेशी भाषाओं के प्रति रुचि रखने वाले तेस्सितोरी ने 1910 ई. में फ्लोरेंस विश्वविद्यालय से संस्कृत में स्नातक किया और मात्र 24 वर्ष की आयु में संस्कृत में लिखे बाल्मीकि रामायण और अवधी में रचित तुलसीदास के रामचरितमानस का तुलनात्मक अध्ययन करके डॉक्टोरेट की डिग्री हासिल की। उनका यह शोध पहली बार इटैलियन में जियार्नल दलासोसियेता एशियाटिका इटेलियाना (जिल्द-24, 1911, पृ. 99-164) में प्रकाशित हुआ था। इसका अंग्रेजी अनुवाद जार्ज ग्रियर्सन और सर आर.सी. टेम्पुल के सुझाव पर प्रकाशित कराया गया था। इसमें वाल्मीकीय रामायण के चौरासी स्थलों की रामचरितमानस के साथ तुलना करके उसे ही मानस का उद्गम बताया गया था। इस शोध कार्य पर ग्रियर्सन की टिप्पणी है,

"जो हम लोग चाहते थे वह कार्य तेस्सीतोरी ने कर दिया है। हम प्राप्त कर्ताओं के लिए न इसके लिए अवकाश था न अवसर। तुलसीदास के सभी विद्यार्थियों से मेरा अनुरोध है कि वे इसे पढ़ें। महत्त्वपूर्ण तुलनाओं से और सुझाव भरी बातों से यह निबन्ध पूर्ण है तथा इसे भविष्य में सदैव ध्यान में रखा जाएगा, जब भी रघुवंश के गौरव का गान करने वाले महाकवियों के सम्बन्ध की खोज होगी।" (जर्नल रॉयल एशियाटिक सोसाइटी, 1912, पृ. 768)

अपने इस अध्ययन के दौरान ही तेस्सीतोरी के मन में भारत आने की ललक पैदा हो गई थी। पढ़ाई के बाद 23 वर्ष की उम्र में उन्होंने मिलान में फौज की नौकरी तो कर ली किन्तु उनका तनिक भी मन नहीं लगा और कुछ माह बाद ही उन्होंने नौकरी से त्यागपत्र दे दिया। अपने अध्ययन के दौरान ही भारत आने के लिए उन्होंने इंडिया ऑफिस में आवेदन कर दिया था। भाषा के क्षेत्र में अध्ययन और शोध के लिए उन्होंने भारतीय राजाओं और विद्वानों से भी सम्पर्क किया था। उन्होंने भारत के आचार्य विजयधर्म सूरि के पास भी पत्र लिखा। अन्ततः भारत आने की तेस्सीतोरी की अभिलाषा डॉ. सर जार्ज ग्रियर्सन के प्रयास से 1914 ई. में पूरी हुई। तेस्सीतोरी की योग्यता से प्रभावित होकर ग्रियर्सन ने उन्हें भारत बुलाया। वे बंगाल एशियाटिक सोसाइटी में 'बार्डिक एंड हिस्टॉरिकल सर्वे ऑफ राजपूताना' के सुपरिंटेंडेंट नियुक्त हुए। अपना कार्यभार सँभालने के लिए डॉ. तेस्सीतोरी 8 अप्रैल, 1914 ई. को भारत आए और कुछ दिन कोलकाता में रहने के बाद जुलाई 1914 ई. में राजस्थान चले गए। इसके बाद डॉ. तेस्सीतोरी का पूरा जीवन राजस्थान में ही बीता। बीकानेर को केन्द्र बनाकर वे राजस्थान के गाँवों का दौरा करते रहे। इस तरह थोड़े ही दिनों में वे ठेठ राजस्थानी हो गए। राजस्थान से उन्हें मातृभूमि जैसा प्यार हो गया।

भारत आने से पहले ही तेस्सीतोरी ने पुरानी राजस्थानी पर काम शुरू कर दिया था। फ्लोरेंस के रीजिए बिबिलोथेका नेजनाले चेत्राले में उन्हें प्राचीन पश्चिमी राजस्थानी के कुछ हस्तलिखित ग्रंथ मिले थे। उन्हें आधार बनाकर तेस्सीतोरी के मन में प्राचीन पश्चिमी राजस्थानी का व्याकरण लिखने की इच्छा जागृत हुई। अपने इस काम के लिए उन्होंने विजयधर्म सूरि से कुछ पांडुलिपियाँ भी मँगवाई थीं। भारत से बाहर रहकर बिना भारतीयों की सहायता के, अपने इस काम के द्वारा तेस्सीतोरी ने अपने असाधारण श्रम और ज्ञान का

परिचय दे दिया था। 'ग्रामर ऑफ द ओल्ड वेस्टर्न राजस्थानी' नामक उनकी इस पुस्तक का अनुवाद 'पुरानी राजस्थानी' शीर्षक से नामवर सिंह ने किया है। इस पुस्तक की प्रशंसा करते हुए सुनीति कुमार चाटुर्ज्या ने लिखा है, "पुरानी राजस्थानी उच्चारण रीति, रूपतत्त्व और वाक्य-रीति के पूरे विचार के साथ तेस्सीतोरी की आलोचना ऐसी महत्त्वपूर्ण है कि इसे राजस्थानी (मारवाड़ी) तथा गुजराती भाषा तत्त्व की यदि बुनियाद कहा जाए तो अत्युक्ति न होगी। उनका यह कार्य अत्यन्त महत्त्वपूर्ण है। पुरानी पश्चिमी राजस्थानी के द्वारा तेस्सीतोरी ने अपभ्रंश और आधुनिक भारतीय आर्यभाषाओं के बीच की उस खोई हुई कड़ी के पुनर्निर्माण का प्रयत्न किया है...उनका यह विवेचन 22 जैन हस्तलिखित ग्रंथों के आधार पर हुआ...उनके इस काम से अपभ्रंश युग के बाद की भाषा के ध्वनि-परिवर्तन की प्रवृत्तियों पर पूरा प्रकाश पड़ता है।" (उद्धृत, हिन्दी के यूरोपीय विद्वान : व्यक्तित्व और कृतित्व, मुरलीधर श्रीवास्तव, पृ. 170)

तेस्सीतोरी ने प्राचीन पश्चिमी राजस्थानी को शौरसेनी अपभ्रंश की पहली सन्तान और साथ ही गुजराती और मारवाड़ी की माँ माना है। उस भाषा में गुजराती और मारवाड़ी दोनों के उद्भव के तत्त्व मिलते हैं। इस प्रबन्ध को प्रस्तुत करने में उन्हें बहुत श्रम करना पड़ा था। इसके लिए उन्होंने 'प्राकृत पैंगलम्' की भाषा की पूरी परीक्षा करनी पड़ी थी।

राजस्थान में तेस्सीतोरी ने जोधपुर को कार्यक्षेत्र बनाकर हस्तलिखित ग्रंथों के सर्वेक्षण का कार्य आरम्भ किया। बीकानेर में उन्हें महाराजा गंगासिंह का सहयोग मिला। तेस्सीतोरी ने बीकानेर रियासत के प्रमुख गाँवों एवं नगरों का भ्रमण किया और घूम-घूमकर पुराने शिलालेख, सिक्के, मूर्तियाँ तथा ऐतिहासिक सामग्रियों का संग्रह किया।

राजस्थान प्रवास के दौरान उन्होंने न केवल यहाँ का सघन दौरा किया, बल्कि तपते रेगिस्तान तथा झुलसा देने वाली धूप की भी परवाह नहीं की। उन्होंने राजस्थानी भाषा व संस्कृति के विकास व समृद्धि के लिए रात-दिन काम किया। वे गाँवों की गरीब जनता व किसानों के साथ घुल-मिल जाते थे। वे स्थानीय लोगों से उन्हीं की भाषा में बात करते थे। हालकृत 'सतसई', 'नासकेतरी कथा', 'इंद्रिय पराजय शतकम्' आदि कृतियों का इतालवी भाषा में अनुवाद करके जहाँ उन्होंने इतालवी लोगों को भारतीय साहित्य से परिचित कराया, वहीं इतालवी साहित्य की भी श्रीवृद्धि करके अपनी मातृभाषा की भी सेवा की। आचार्य विजयधर्म सूरि की प्रेरणा से उन्होंने जैन साहित्य का भी गम्भीर अध्ययन किया।

डॉ. तेस्सीतोरी ने चारणों और ऐतिहासिक हस्तलिखित ग्रंथों की एक विवरणात्मक सूची तैयार की। उन्होंने अपना कार्य पूरा कर राजस्थानी साहित्य पर दो ग्रंथ लिखे। पहला, 'राजस्थानी चारण साहित्य एवं ऐतिहासिक सर्वे' और दूसरा 'पश्चिमी राजस्थानी का व्याकरण'।

उन्होंने राजस्थान के मध्यकालीन साहित्य, खासकर कविताओं का अनुवाद किया और उन पर अपनी टिप्पणियाँ भी कीं। इनमें से कई का अध्ययन वे पहले ही फ्लोरेंस के राष्ट्रीय पुस्तकालय में कर चुके थे। उन्होंने पुरानी राजस्थानी के व्याकरण का उसी तुलनात्मक पद्धति से अध्ययन किया जैसा उन्होंने अपनी थीसिस के लिए शोध के दौरान किया था। उन्होंने डिंगल और पिंगल बोलियों तथा वंशावली कथाओं में भी काव्य-कृतियों की खोज की।

तेस्सीतोरी ने ही क्षेत्रीय साहित्य का कोषगत (लेक्सिकोग्राफिक) और व्याकरणिक अध्ययन करके पहली बार स्थापित किया कि पुरानी गुजराती नामक बोली के बोलने के ढंग से उसे वास्तव में पुरानी पश्चिमी राजस्थानी कहा जाना चाहिए। राजस्थानी बोलियों की खूबसूरती से वे बहुत प्रभावित थे, इसीलिए उन्होंने कई साहित्यिक रचनाओं का समालोचनात्मक और समीक्षात्मक ढंग से सम्पादन भी किया है। इनमें 'वेलि क्रिसन रुक्मणी री', 'नासकेत री' तथा 'छंद राउ जइत-सी' प्रमुख हैं।

तेस्सीतोरी का सर्वाधिक महत्त्वपूर्ण शोधकार्य है, 'बॉर्डिक एंड हिस्टॉरिकल सर्वे ऑफ राजपूताना : ए डेस्क्रिप्टिव कैटलॉग ऑफ बार्डिक एंड हिस्टॉरिकल मैनुस्क्रिप्ट्स'। मुख्य रूप से इसी काम के लिए ग्रियर्सन ने उन्हें आमंत्रित किया था। इस काम के लिए उन्हें राजस्थान के गाँव-गाँव में भटकना पड़ा था। इसमें राजस्थान के चारणों और भाटों द्वारा रचित ऐतिहासिक गाथाओं का विस्तृत विवरण है। उनकी इस खोज की योजना और उसकी रिपोर्ट 1914 से लेकर 1920 ई. के बीच एशियाटिक सोसाइटी के जर्नल में प्रकाशित हुई थी।

डॉ. एल.पी. तेस्सीतोरी के अनुसार राजस्थान ओर मालवा की बोलियों को दो भागों में बाँटा जा सकता है, पश्चिमी राजस्थान की बोलियाँ और पूर्वी राजस्थान की बोलियाँ। उनके अनुसार पश्चिमी राजस्थान की प्रतिनिधि बोलियाँ हैं—मारवाड़ी, मेवाड़ी, बागड़ी और शेखावाटी। गौड़ वाड़ी, देवड़ा वाटी तथा ढाटी आदि

उसकी उपबोलियाँ हैं। इसी तरह पूर्वी राजस्थान की प्रतिनिधि बोलियाँ हैं, ढूंढाड़ी, हाड़ोती, मेवाती और अहीरवाटी। तोरावाटी, मालवी, राँगड़ी, निमाड़ी, खेराड़ी आदि उसकी उपबोलियाँ हैं।

तेस्सीतोरी जब प्राचीन भारतीय ग्रंथों में कुछ शोध कर रहे थे तब उस क्षेत्र के खँडहरों की मौर्य पूर्व काल और हड़प्पा संस्कृति की समानता से वे हैरान थे। उन्होंने भारतीय पुरातत्त्व सर्वेक्षण के सर जॉन मार्शल से मदद माँगी, जो उस समय ए.एस.आई. हड़प्पा में खुदाई कर रहे थे, लेकिन वे खँडहरों के महत्त्व से अनजान थे। उन्होंने सर जॉन मार्शल की ओर से स्मारक स्तम्भों, मूर्तियों, सिक्कों और पुरातात्त्विक स्थलों की खोज में जोधपुर और बीकानेर की यात्रा की।

उन्हें रंगमहल और अन्य स्थानों के टीलों के खनन से गुप्तकाल की टेरकोटा वस्तुएँ प्राप्त हुईं, साथ ही गंगानगर के पास देवी सरस्वती की दो विशाल संगमरमर की मूर्तियाँ भी मिलीं। उन्हें दुलामनी और गंगानगर में कुषाण-साम्राज्य के समय का टेराकोटा सामान मिला। उन्होंने जोधपुर-बीकानेर क्षेत्र में पत्थर (गोवर्धन) स्तम्भों और शिलालेख या बीजलेखों के लेखों की संकेतावली को हल करके प्रकाशित किया। इसके अलावा बीकानेर रियासत के सैकड़ों गाँवों में घूमकर उन्होंने 729 पुरालेखों और 981 मूर्तियाँ तथा पुरातत्त्व के महत्त्व की अन्य चीजें खोजकर एकत्र कीं। तेस्सीतोरी ने बीकानेर-गंगानगर क्षेत्र में इतिहासोन्मुख प्रोटो-ऐतिहासिक खँडहरों का उल्लेख किया है, जो इंगित करते हैं कि ये मौर्यकालीन संस्कृति के हैं। इस खोज ने कालीबंगा की सिन्धु घाटी सभ्यता स्थल की खोज और उत्खनन को सक्षम बनाया।

डॉ. तेस्सीतोरी द्वारा पुरातत्त्व के क्षेत्र में किए गए कार्यों के महत्त्व के बारे में ओम थानवी ने लिखा है, "पुरातात्त्विक इतिहास पर डॉ. नयनजोत लाहिड़ी का एक अध्ययन 'फाइंडिंग फॉरगटन स्टडीज' (लुप्त नगरों की खोज) पढ़कर मुझे अहसास हुआ कि तेस्सीतोरी के पांडुलिपि संग्रहण और भाषा, व्याकरण, साहित्य या इतिहास के सन्दर्भ में उनके योगदान पर तो विद्वानों का मुनासिब ध्यान गया है, लेकिन उनकी पुरातात्त्विक खोज को ठीक से देखा-परखा नहीं गया। न तेस्सीतोरी के जीते जी न बाद में।" (तेस्सीतोरी के शहर में, जनसत्ता, कोलकाता, 28 जनवरी, 2007)

उन्होंने आगे लिखा है, "यह तथ्य अपने आप में कम रोमांचकारी नहीं कि सिन्धु घाटी की सभ्यता की खोज के घटनाक्रम में मुअनजोदड़ो से पहले कालीबंगा में तेस्सीतोरी का फावड़ा चला। तब तक पुरातात्त्विक संसार केवल हड़प्पा का नाम जानता था। हड़प्पा में भी अलेक्जेंडर कनिंगम को मुहरों और अवशेषों से किसी प्रागैतिहास का अहसास नहीं हुआ था। शुरू में उन्होंने हड़प्पा को महज ह्वेनसांग के दौर का कोई बौद्ध मठ समझा। जबकि इससे उलट तेस्सीतोरी ने कालीबंगा के कुछ पुरावशेष देखकर साफ लक्ष्य किया कि ये 'प्रागैतिहासिक नहीं तो बहुत पीछे के' जरूर हैं। ये चीजें थीं नुकीले पत्थर और तीन मुहरें, जिनमें दो एकश्रृंगी वृषभ वाली हैं। एकश्रृंगी वृषभ की मुहरें आज सिन्धु सभ्यता की जानी-मानी चाक्षुष पहचान हैं।" (उपर्युक्त) ओम थानवी इस विषय पर टिप्पणी करते हैं कि "तेस्सीतोरी की मुश्किल यह थी कि वे प्रशिक्षित पुरातत्त्वी नहीं थे। इसलिए कालीबंगा की अपनी खोज पर पुरातत्त्व के किसी अधिकारी विद्वान से सलाह लेते हुए झिझके होंगे। लेकिन कालीबंगा की तीन मुहरों को लेकर मन में घुमड़ी शंका पर उन्होंने अपने गुरु समान जॉर्ज ग्रियर्सन से खतो-किताबत की थी, जब वे माँ को देखने इटली गए। उन्होंने ग्रियर्सन को एक पत्र में मुहरों की तस्वीर भेजते हुए लिखा, "मेरा विश्वास है ये प्रागैतिहासिक काल की हैं, नहीं तो गैर-आर्य तो जरूर...मैंने इन्हें अब तक किसी को नहीं दिखाया है, सर जान मार्शल को भी नहीं। मैं पहले आपकी राय जानना चाहता हूँ।" (उपर्युक्त) थानवी लिखते हैं कि "1924 में जॉन मार्शल ने दुनिया को भारत की सबसे प्राचीन सभ्यता की आधिकारिक खबर दी। तेस्सीतोरी की झोली में एक महान उपलब्धि आकर भी अज्ञात रह गई।" (उपर्युक्त)

बीकानेर का प्रसिद्ध संग्रहालय तेस्सीतोरी की देन है। बीकानेर के प्रसिद्ध अभिलेखागार में तेस्सितोरी अभिलेख कक्ष बना हुआ है जिसमें उनसे जुड़ी तमाम सामग्री का प्रदर्शन किया गया है। इस कक्ष की सामग्री हजारीलाल बाँठिया ने उपलब्ध कराई है। उनकी समाधि भी बीकानेर में ही है। इनकी समाधि का निर्माण भी हजारीलाल बाँठिया ने कराया है।

अपनी भाषा के अलावा तेस्सीतोरी को अंग्रेजी, लैटिन, ग्रीक, जर्मन, संस्कृत, प्राकृत, गुजराती, अपभ्रंश, राजस्थानी, हिन्दी, ब्रज आदि भाषाओं का ज्ञान था। जैन आचार्य विजयधर्म सूरि के सान्निध्य में आकर वे शाकाहारी हो गए थे। अपनी मूँछें और केश भी उन्होंने राजस्थानी रंग में ढाल लिया था। बीकानेर में वे जब ऊँट पर सवार होते तो लू से बचने के लिए वे साफा भी पहन लेते थे।

तेस्सीतोरी की प्रमुख कृतियाँ हैं, 'ओरिजिन ऑफ द डेटिव एंड जेनेटिव एंड डेटिव-पोस्ट पोजीशन इन गुजराती एंड मारवाड़ी', 'सम ग्रामैटिकल फॉर्म्स इन द ओल्ड बैसवाड़ी ऑफ तुलसीदास', 'ग्रामर ऑफ द ओल्ड वेस्टर्न राजस्थानी', 'बॉर्डिक एंड हिस्टॉरिकल सर्वे ऑफ राजपूताना', 'द वाइड साउंड ऑफ ई एंड ओ इन मारवाड़ी एंड गुजराती' और उनके सम्पादित ग्रंथ हैं, 'वचनिका राठौड़ रतनसिंहजी री', 'बेलि क्रिसन रुकमणी री' तथा 'छंद राउ जइत-सी'।

अपनी माँ की गम्भीर बीमारी की खबर पाकर तेस्सीतोरी 17 अप्रैल, 1919 को इटली के लिए रवाना हो गए। लेकिन जब तक वे इटली पहुँचे तब तक उनकी माँ का देहावसान हो चुका था। कुछ महीने इटली में रहकर जब वे नवम्बर में जहाज से भारत लौट रहे थे तब दुर्भाग्य से उन्हें इस्पेनिश इन्फ्लूएंजा हो गया और वे गम्भीर रूप से बीमार पड़ गए। 12 नवम्बर, 1919 को बीकानेर में उनका निधन हो गया। महाराजा गंगासिंहजी ने उन्हें किले के पास ही राजपूत शैली की छतरी की समाधि में दफनाया। बीकानेर में तेस्सितोरी की समाधि को स्मृति स्थल के रूप में विकसित किया गया है।

परशुराम चतुर्वेदी

'उत्तरी भारत की संत-परम्परा' जैसी अभूतपूर्व शोधकृति के प्रणेता पं. परशुराम चतुर्वेदी (25.7.1894-3.1.1979) का जन्म बलिया जिला (उ.प्र.) के गंगा के किनारे स्थित 'जबहीं' नामक गाँव में हुआ था। कुछ विद्वानों ने आचार्य परशुराम चतुर्वेदी को भी ऐतिहासिक-सांस्कृतिक धारा का आलोचक माना है।

'उत्तरी भारत की संत परम्परा', 'भारतीय प्रेमाख्यान की परम्परा', 'संत साहित्य की भूमिका', 'कबीर साहित्य की परख', 'वैष्णव धर्म', 'मध्यकालीन शृंगारिक प्रवृत्तियाँ', 'मध्यकालीन प्रेम साधना', 'हिन्दी काव्यधारा में प्रेम प्रवाह', 'मीराबाई की पदावली', 'सूफी काव्य संग्रह', 'संत काव्य', 'नव निबन्ध' 'आदि उनकी प्रमुख आलोचनात्मक कृतियाँ हैं। इस तरह उनका मुख्य क्षेत्र मध्यकालीन इतिहास और साहित्य है। द्विवेदी जी की तरह उनकी भी मुख्य प्रवृत्ति अनुसन्धान की है। साहित्य और इतिहास पर अपना दृष्टिकोण व्यक्त करते हुए वे लिखते हैं, "आज हम अपने राष्ट्र की जीवन-यात्रा के पथ पर एक महत्त्वपूर्ण स्थल तक आ पहुँचे हैं। हमारे सामने कुछ नवीन समस्याएँ उपस्थित हैं। आज हमें ऐसा लग रहा है कि हमारा भविष्य जो रूप ग्रहण करने जा रहा है वह हमारे पूर्व परिचित आदर्शों से कुछ विलक्षण भी हो सकता है।...ऐसा प्रतीत होता है कि हमें अपनी निधि के अमूल्य रत्नों को भी एक बार फिर से परखना होगा। हमें अपने चिर परिश्रम द्वारा अर्जित उपयोगी सम्बल को भी कम कर देना पड़ेगा और आगे के लिए केवल उसी को अपनाना होगा जो उसके अनुकूल हो।" (भारतीय साहित्य की सांस्कृतिक रेखाएँ, दृष्टिकोण, पृ. 4)

परशुराम चतुर्वेदी की सर्वाधिक महत्त्वपूर्ण समीक्षा-कृति है 'उत्तरी भारत की संत परम्परा'। इस पुस्तक को हरदेव बाहरी ने 'उत्तरी भारत के संतों और उनके सम्प्रदायों का विश्वकोश' कहा है। संतों की परम्परा और उनके लक्षणों का विश्लेषण करते हुए परशुराम चतुर्वेदी अपनी उक्त पुस्तक की भूमिका में लिखते हैं, "कबीर साहब के कतिपय पूर्ववर्ती व्यक्तियों में भी संतों के अनेक लक्षण पाए जाते हैं, किन्तु वे सभी बातें उनमें पूर्णत: विकसित हुई नहीं दीख पड़तीं। कबीर साहब के समय से ऐसे लोगों का एक तांता सा लग जाता है, जो उनसे प्रत्यक्ष रूप में प्रभावित न रहते हुए भी, लगभग उसी प्रकार का जीवन व्यतीत करते हैं। ये लोग भी पहले स्वतंत्र साधक ही रहा करते हैं, किन्तु आगे चलकर इनके पंथ वा सम्प्रदाय भी बनने लग जाते हैं। तब से उनका ध्यान अपनी व्यक्तिगत साधना की ओर से अधिक सामूहिक संगठन एवं प्रचार की ओर भी बँटने लग जाता है और उनका प्रधान लक्ष्य क्रमश: छूटता चला जाता है। किन्तु जिस परिस्थिति ने इस परम्परा को सर्वप्रथम जन्म दिया था, उसके प्राय: उसी रूप में वर्तमान रहने के कारण अन्त में महात्मा गांधी के नेतृत्व में एक नई लहर एक बार फिर जागृत हो उठती है।" (उत्तरी भारत की संत परम्परा, वक्तव्य, पृ. 1)

अपनी इस पुस्तक में चतुर्वेदी जी ने गांधी जी को भी एक संत माना है और कबीर साहब से लेकर महात्मा गांधी तक के सम्प्रदायों का विस्तृत अध्ययन किया है। अध्ययन के लिए संतों के चयन के आधार का विवेचन करते हुए वे लिखते है, "संत परम्परा के अन्तर्गत सम्मिलित किए जाने वाले संतों का चुनाव करते समय सबसे अधिक ध्यान स्वभावत: उन लोगों की ओर ही दिया गया है जिन्होंने प्रत्यक्ष या अप्रत्यक्ष ढंग से कबीर साहब अथवा उनके किसी अनुयायी को अपना पथप्रदर्शक माना था अथवा जिन्होंने उनके द्वारा स्वीकृत सिद्धान्तों और साधनाओं को किसी न किसी प्रकार अपनाया था। फिर भी यहाँ कुछ ऐसे लोगों को

भी स्थान देना पड़ गया है जो सूफियों, सगुणोपासकों, नाथपंथियों वा अन्य ऐसे सम्प्रदायों के साथ सम्बद्ध रहते हुए भी संत परम्परा में गिने जाते आए हैं और जो अपने संतमतानुकूल सिद्धान्तों वाली रचनाओं के आधार पर भी उक्त संतों के अत्यन्त निकटवर्ती समझे जा सकते हैं। संतों की 'रहनी' में लक्षित होने वाला 'सहजभाव' एक ऐसी विशेषता है जो किसी भी असाधारण व्यक्ति के जीवन स्तर को बहुत ऊँचा कर देती है। महात्मा गांधी ने कबीर साहब आदि संतों की भाँति पदों वा साखियों की रचना नहीं की और न उनकी भाँति उपदेश देते फिरने का कोई कार्यक्रम रखा। परन्तु जिस प्रकार उन्होंने अपने निजी अनुभवों के आधार पर अपने सिद्धान्त स्थिर किए और उन्हें अपने जीवन के प्रत्येक पल में व्यवहृत कर दिखलाया, वह ठीक उन संतों के ही अनुसार था।" (उपर्युक्त, पृ. 2)

अपनी इस पुस्तक में चतुर्वेदी जी ने कबीरपंथ, नानकपंथ, दादूपंथ, बावरी पंथ, मलूक पंथ, बालाजी सम्प्रदाय, धामी सम्प्रदाय, सत्तनामी सम्प्रदाय, धरणीश्वरी सम्प्रदाय, दरियादासी सम्प्रदाय, दरिया पंथ, शिवनारायणी सम्प्रदाय, चरमदासी सम्प्रदाय, गरीब पंथ, पानप पंथ, रामसनेही सम्प्रदाय, साहिब पंथ, नांगी सम्प्रदाय, राधास्वामी सत्संग से लेकर महात्मा गांधी तक के सैकड़ों सम्प्रदायों और उनसे जुड़े संतों का विवेचन किया है। नानकदेव, अंगद गुरु, गुरु रामदास, गुरु अर्जुनदेव, गुरु हरगोविन्द, गुरु तेगबहादुर, गुरु गोविन्द सिंह, वीर बन्दा बहादुर, शेख फरीद, जंभनाथ, सिंगाजी, भीषनजी, दादूदयाल, सुन्दरदास, राघोदास, दुखहरन, धरनीदास, भीखराम, कीनाराम, पलटू, स्वामी रामतीर्थ जैसे कई दर्जन संतों का विस्तृत परिचय दिया है। इस महान कार्य के लिए उन्हें निश्चित रूप से गाँव-गाँव, मन्दिर-मन्दिर दौड़ना पड़ा होगा। कहा जाता है कि मीरा पर काम करते हुए वे मीरा के परिवार के महाराजा अनूप सिंह से भी मिले थे जो आसान नहीं था। कुछ लोग उन्हें गड़े मुर्दे उखाड़ने वाला बताकर उनका उपहास उड़ाते थे और निन्दा करते थे। किन्तु चतुर्वेदी जी पर इन अपवादों का कोई असर नहीं हुआ।

पं. परशुराम चतुर्वेदी की एक पुस्तक 'संत काव्य-धारा' नाम से है जो 1952 में प्रकाशित हुई। इसमें संत-कवि जयदेव से लेकर स्वामी रामतीर्थ जैसे अनेक संत-कवियों की रचनाएँ संकलित हैं। संग्रह की शुरुआत में चतुर्वेदी जी ने लिखा है कि ये संत कवि आत्मचिन्तन एवं स्वानुभूति के आधार पर अपनी रचनाएँ निर्मित करते गए। चतुर्वेदी के लेखों के एक संग्रह का शीर्षक है 'नव-निबन्ध' यानी नई खोज से लिखे गए निबन्ध। विभिन्न पत्र-पत्रिकाओं में समय-समय पर छपे लेख इसमें संकलित हैं। इन लेखों में विविधता है। शोध-आधारित ये लेख विद्यापति, शेख, आलम, बिहारी, देव, घनानन्द, बोधा, ठाकुर आदि पर केन्द्रित तो हैं ही, भारतेंदु काल की हिन्दी कविता में जातीयता जैसे विषयों पर भी हैं। इसी तरह बौद्ध मत के सिद्धों द्वारा लिखी गई रचनाओं पर भी उनकी एक पुस्तक प्रकाशित है जिसका शीर्षक है, 'बौद्ध सिद्धों के चर्यापद'। इस पुस्तक में चर्यापद के रचनाकारों, उनके दार्शनिक चिन्तन और इन रचनाओं पर समाज-संस्कृति के प्रभाव पर गहरा शोध किया गया है।

पेशे से वकील होते हुए और बलिया जैसे छोटे से शहर में रहने के बावजूद मध्यकालीन साहित्य और संस्कृति पर किया गया उनका कार्य बहुत महत्त्वपूर्ण है। 'उड़ीसा में अवशिष्ट बौद्ध धर्म', 'दक्षिण और उत्तर भारत का सांस्कृतिक आदान-प्रदान', 'सिख धर्म का सांस्कृतिक विकास' आदि उनके निबन्ध जो 'भारतीय साहित्य की सांस्कृतिक रेखाएँ' में संकलित हैं, उनकी आलोचना के प्रतिनिधि उदाहरण माने जा सकते हैं। मीराबाई के महत्त्व को स्थापित करने वाले वे आरम्भिक आलोचकों में हैं। 'मीराबाई की पदावली' शीर्षक अपनी पुस्तक में उन्होंने मीरा के काव्य और भक्ति के उपलब्ध दो सौ पदों का पाठान्तरों और अपेक्षित टिप्पणियों के साथ विस्तृत विश्लेषण किया है। इसी तरह 'सूफी काव्य संग्रह' में उन्होंने उस समय तक उपलब्ध प्रमुख सूफी कवियों की रचनाओं को पहली बार संकलित ही नहीं किया अपितु उस पर विस्तृत आलोचनात्मक टिप्पणियाँ भी लिखीं।

पाठालोचन के क्षेत्र में भी चतुर्वेदी जी ने महत्त्वपूर्ण कार्य किया हैं। उन्होंने 'दादूदयाल ग्रंथावली' का पाठ सम्पादन किया जिसे नागरी प्रचारिणी सभा, वाराणसी ने सन् 1966 में प्रकाशित किया। यद्यपि इसके पूर्व दादू की रचनाओं के कम से कम छः संस्करण प्रकाश में आ चुके थे किन्तु कबीर की तरह दादू की बानियाँ भी मौखिक और लिखित दोनों रूपों में उपलब्ध थीं। कबीर की तरह दादू भी पढे-लिखे नहीं थे। जाहिर है उनकी बानियाँ भी उनके शिष्यों ने ही लिखी होंगी। छंद और व्याकरण की त्रुटियाँ भी कम नहीं रही होंगी। इस समस्त सामग्री का बड़ी गम्भीरता और पाठालोचन की अद्यतन प्रणाली का विनियोग करते हुए चतुर्वेदी जी ने दादू के पाठ को सम्पादित करने का स्तुत्य प्रयास किया है। संत काव्य के सम्पादन के दौरान चतुर्वेदी जी ने राजस्थान के पुस्तकालयों में उपलब्ध पांडुलिपियों का भी गम्भीर अनुशीलन किया है और बहुत सी मौलिक

सामग्री को ढूँढ़ निकाला है। उनके मूल्यांकन में कथ्य और शिल्प, दोनों के सन्तुलन का ख्याल रखा गया है। इसी तरह 'हिन्दी काव्यधारा में प्रेम-प्रवाह' शीर्षक अपनी पुस्तक में उन्होंने हिन्दी साहित्य के आदिकाल से लेकर अपने समय तक की प्रचलित प्रेम-पद्धतियों का वैज्ञानिक ढंग से विवेचन किया है।

अध्ययन और अनुसन्धान में निरन्तर लगे रहने वाले चतुर्वेदी जी कभी किसी सम्प्रदाय से नहीं बँधे। अनुसन्धान उनका स्वभाव था। उनका जीवन भी मानवता के कल्याण के लिए समर्पित था।

धीरेन्द्र वर्मा

बरेली (उ.प्र.) में जन्मे, इलाहाबाद और पेरिस में पढ़े-लिखे, इलाहाबाद विश्वविद्यालय के प्रथम हिन्दी विभागाध्यक्ष, सागर विश्वविद्यालय में भाषा विज्ञान विभाग के अध्यक्ष तथा जबलपुर विश्वविद्यालय के कुलपति रहे डॉ. धीरेन्द्र वर्मा (17.05.1897-23.04.1973) ने हिन्दी भाषा और साहित्य के अध्ययन-अध्यापन और अनुसन्धान के क्षेत्र में पथ-प्रदर्शन का काम किया है। वे सिर्फ एक व्यक्ति नहीं, एक संस्था थे। हिन्दी में शिक्षण, शोध और साहित्य-सृजन के क्षेत्र में उन्होंने नए कीर्तिमान स्थापित किए।

डॉ. धीरेन्द्र वर्मा 1924 ई. में इलाहाबाद विश्वविद्यालय में शिक्षक नियुक्त हुए। विश्वविद्यालय में शिक्षक नियुक्त होने वाले वे पहले व्यक्ति थे। बाद में वे प्रोफेसर और विभागाध्यक्ष बने। वे एक आदर्श अध्यापक तो थे ही, विभाग की सुदृढ़ नीव डालने वाले एक उत्कृष्ट प्रबन्धक भी थे।

धीरेन्द्र वर्मा, उस समय हिन्दी भाषा और साहित्य के प्रति अगाध प्रेम को लेकर हिन्दी जगत में आए जब हिन्दी साहित्य के अध्ययन की समुचित व्यवस्था ही नहीं थी। उन्होंने हिन्दी की समस्याओं पर वैज्ञानिक दृष्टि से विचार किया और हिन्दी के प्रचार-प्रसार तथा शोध के क्षेत्र की बाधाओं को दूर करने का प्रयास किया। हिन्दी साहित्य के अध्ययन-अध्यापन तथा शोध के क्षेत्र में नवीन मार्ग प्रशस्त करते हुए उन्होंने हिन्दी साहित्य के गम्भीर अध्येताओं और शोधकर्ताओं की एक लम्बी श्रृंखला तैयार की।

अज्ञात सत्य का शोध करना ही मानो वर्मा जी के जीवन का चरम लक्ष्य था। ऋषियों की भाँति उन्होंने लिखा है, "खोज से सम्बन्ध रखने वाला विद्यार्थी ज्ञानमार्ग का पथिक होता है। भक्तिमार्ग तथा कर्ममार्ग से उसे दूर रहना चाहिए। सम्भव है आगे चलकर सत्य के अन्वेषण की तीन धाराएँ आपस में मिल जाती हों, कदाचित् मिल जाती हैं, किन्तु इसकी ज्ञानमार्गी पथिक को चिंता नहीं होनी चाहिए।"

डॉ. धीरेन्द्र वर्मा का अधिकांश लेखन ही शोधपरक है। 1934 ई. में वे फ्रांस चले गए। वहाँ उन्होंने प्रसिद्ध भाषा वैज्ञानिक ज्यूल ब्लॉख के निर्देशन में पेरिस विश्वविद्यालय से डी.लिट् की उपाधि प्राप्त की। उनके निबन्धों के आधार पर अनेक गम्भीर शोध कार्य सम्पन्न हो चुके हैं। उनके द्वारा लिखी गई 'हिन्दी भाषा का इतिहास' शीर्षक पुस्तक हिन्दी भाषा का प्रथम वैज्ञानिक इतिहास है। यह अपने समय तक के आधुनिक भाषाओं से सम्बन्धित खोज-कार्य के गम्भीर अनुशीलन के आधार पर लिखा गया हिन्दी भाषा का प्रथम इतिहास है।

डॉ. धीरेन्द्र वर्मा की प्रमुख पुस्तकें हैं, 'ब्रजभाषा व्याकरण', 'आधुनिक हिन्दी काव्य में नारी भावना', 'प्राकृत अपभ्रंश साहित्य', 'परिषद् निबन्धावली', 'अष्टछाप', 'सूरसागर-सार', 'मेरी कॉलेज डायरी', 'मध्यदेश', 'ब्रजभाषा', 'ग्रामीण हिन्दी', 'हिन्दी राष्ट्र या सूबा हिन्दुस्तान', 'विचारधारा', 'यूरोप के पत्र' आदि। 'हिन्दी विश्वकोश' (बारह खंड), 'हिन्दी साहित्य कोश' (दो खंड), 'हिन्दी साहित्य' (तीन खंड) तथा 'कम्पनी के पत्र' का उन्होंने सम्पादन किया है।

उनकी उपर्युक्त कृतियों में 'मध्यदेश' भारतीय संस्कृति सम्बन्धी ग्रंथ है जो बिहार राष्ट्रभाषा परिषद् के तत्त्वावधान में दिए गए भाषणों का संशोधित रूप है। 'ब्रजभाषा' उनके शोधप्रबन्ध का हिन्दी रूपान्तर है। 'यूरोप के पत्र' यूरोप जाने का बाद वहाँ से लिख गए पत्रों का महत्त्वपूर्ण संचयन है।

डॉ. धीरेन्द्र वर्मा की सर्वाधिक महत्त्वपूर्ण रचनात्मक उपलब्धियाँ हैं, 'हिन्दी विश्वकोश', 'हिन्दी साहित्यकोश' तथा 'हिन्दी साहित्य'। वे नागरी प्रचारिणी सभा द्वारा प्रकाशित 'हिन्दी विश्वकोश' के प्रधान सम्पादक थे। 1956 ई. से लेकर 1970 ई. तक इस विश्वकोश के बारह खंड प्रकाशित हुए। यह एक असाधारण कार्य था। दो खंडों में प्रकाशित 'हिन्दी साहित्य कोश' उनका दूसरा असाधारण कार्य है। अपने प्रकाशन के छः दशक से अधिक हो जाने के बावजूद आज भी इस ग्रंथ की महत्ता कम नहीं हुई है। हिन्दी भाषा और साहित्य के हर गम्भीर अध्येता के लिए यह अनिवार्य जैसा है। आज भी इसका कोई विकल्प नहीं है। इसके पहले खंड में पारिभाषिक शब्दावली है और दूसरे में नामवाची शब्दावली। इसके लेखन में उस

समय के सर्वाधिक प्रतिष्ठित 96 विद्वानों का सहयोग लिया गया है। इसकी प्रामाणिकता असन्दिग्ध है। इसकी भूमिका में उन्होंने लिखा है, "गत पचास वर्षों में हिन्दी साहित्य के अध्ययन, अध्यापन तथा अनुशीलन की परिधियाँ बहुत व्यापक होती गई हैं। आलोचना, अनुसन्धान और इतिहास-साहित्यानुशीलन के सभी क्षेत्रों में अनेक विद्वानों के अथक परिश्रम से जो उपलब्धियाँ हुई हैं, उनसे हमारे अध्ययन में यथेष्ट सम्पन्नता, गहराई और विस्तार आया है। परन्तु साहित्य के इस अध्ययन से सम्बन्धित अब तक कोई ऐसा सन्दर्भ ग्रंथ नहीं था, जो अध्येताओं के लिये उन उपलब्धियों का तात्कालिक उपयोग करने में सहायक हो सकता। समृद्ध भाषाओं के साहित्यों में ऐसे दर्जनों छोटे-बड़े कोश हैं जिनमें साहित्य का, सम्पूर्ण उपयोगी ज्ञान तात्कालिक रूप में उपलब्ध रहता है। हिन्दी साहित्य के इस अभाव की पूर्ति के लिये लगभग तीन वर्ष पहले बनाई गई योजना आज 'हिन्दी साहित्य कोश' के रूप में साकार हो रही है।" (भूमिका, हिन्दी साहित्य कोश, भाग-एक)

इस ग्रंथ में प्राचीन साहित्य शास्त्र, पाश्चात्य साहित्य शास्त्र, साहित्य के विविध वाद तथा प्रवृत्तियाँ, साहित्य के विविध रूप, हिन्दी साहित्य के इतिहास के विविध काल, युग और धाराएँ, साहित्यिक सन्दर्भ में प्रयुक्त दार्शनिक, मनोवैज्ञानिक, राजनीतिक तथा समाजशास्त्रीय सिद्धान्त, लोक-साहित्य, आधुनिक भारतीय भाषाओं तथा संस्कृत, फारसी और अंग्रेजी के साहित्यों का इतिहास, हिन्दी भाषा, उसकी जनपदीय बोलियों, प्राचीन तथा आधुनिक भारतीय आर्य भाषाओं और सम्बद्ध आर्यभाषाओं के परिचयात्मक विवरण आदि शामिल हैं।

इसी तरह उनका अन्य महत्त्वपूर्ण ग्रंथ है, 'हिन्दी साहित्य'। यह ग्रंथ तीन खंडों में है। इसमें पहली बार हिन्दी क्षेत्र को एक जातीय क्षेत्र (नेशनलिटी) के रूप में कल्पित किया गया है। बाद में रामविलास शर्मा ने जिस हिन्दी जाति की अवधारणा को विकसित किया उसके सूत्र धीरेन्द्र वर्मा की इस पुस्तक में मिल जाते हैं। इसके पहले खंड की प्रस्तावना में वे लिखते हैं, "यद्यपि हिन्दी भाषा और साहित्य का इतिहास गत एक हजार वर्ष से अधिक पुराना नहीं है, परन्तु उसकी परम्पराएँ अत्यन्त प्राचीन हैं। हिन्दी भाषा का क्षेत्र वर्तमान राजस्थान से बिहार तथा हिमाचल प्रदेश और पूर्वी पंजाब से मध्य प्रदेश का विस्तृत भूभाग है। प्रशासनिक आधार पर इसमें पंजाब (पूर्वी भाग), हिमाचल प्रदेश, दिल्ली, राजस्थान, उत्तर प्रदेश, मध्य प्रदेश और बिहार—आठ अलग-अलग इकाइयाँ हैं, परन्तु भाषा की दृष्टि से यह सम्पूर्ण क्षेत्र एक अविभाज्य इकाई है, जिसकी जनसंख्या लगभग बाईस करोड़ है। भाषा की इस इकाई को यदि हिन्दी प्रदेश कहा जाए तो अनुचित न होगा। विस्तार और जनसंख्या में ही नहीं, सांस्कृतिक दृष्टि से भी इस हिन्दी प्रदेश का विशेष महत्त्व रहा है। प्राचीन काल के वृहत्तर मध्यदेश का ही यह आधुनिक भाषा क्षेत्र है, जिसे उत्तर भारत और अनेक अंशों में सम्पूर्ण भारत की संस्कृति का केन्द्र कहा जा सकता है। हिन्दी भाषा आर्यों की उस भाषा की अन्यतम प्रतिनिधि है जिसमें उसका प्रचीनतम साहित्य और सांस्कृतिक इतिहास उपलब्ध हुआ है।" (हिन्दी साहित्य, प्रथम खंड, प्रस्तावना, पृ. 3)

खेद है कि डॉ. धीरेन्द्र वर्मा की इस महत्त्वपूर्ण स्थापना की बहुत दिनों तक नोटिस नहीं ली गई। उन्होंने अपनी इसी स्थापना को अधिक सुसंगत और तार्किक ढंग से पाठकों के सामने रखने के लिए एक अन्य पुस्तक लिखी है, जिसका नाम है, 'हिन्दी राष्ट्र या सूबा हिन्दुस्तान'। इस पुस्तक के चार महत्त्वपूर्ण लेख 1922 ई. में ही छप चुके थे। इससे पता चलता है कि इस विषय पर वे कितने गम्भीर थे। इस पुस्तक में उन्होंने हिन्दी भाषी जाति के एकीकरण की समस्या पर विचार किया है। "इसी हिन्दी भाषी जाति को बंगाल के लोग 'हिन्दुस्तानी' कहते हैं। 'हिन्दुस्तानी' शब्द का अर्थ होता है 'हिन्दुस्तान की' (भाषा)' और 'हिन्दुस्तान' शब्द मुस्लिम काल में अपने सीमित अर्थ में पंजाब तथा बंगाल के बीच के उत्तरभारतीय मैदान के लिए प्रयुक्त होता था।" (निराला की साहित्य साधना-2, पृ. 69) 'हिन्दी राष्ट्र या सूबा हिन्दुस्तान' नामक पुस्तक का हवाला देते हुए रामविलास शर्मा ने अपनी महत्त्वपूर्ण पुस्तक 'भारतीय संस्कृति और हिन्दी प्रदेश' की भूमिका को समाप्त करते हुए बड़े आदर के साथ डॉ. धीरेन्द्र वर्मा की उक्त स्थापना का उल्लेख किया है और लिखा है, "1930 में प्रकाशित 'हिन्दी राष्ट्र या सूबा हिन्दुस्तान' में धीरेन्द्र वर्मा ने लिखा था—हिन्दी में हिन्दी राष्ट्र के विशाल इतिहास की अभी कल्पना भी नहीं हो पाई है। मेरी यह पुस्तक उस कल्पना को साकार करने का प्रारम्भिक प्रयास मात्र है।" (भारतीय संस्कृति और हिन्दी प्रदेश, भाग-2, भूमिका, पृ. 8)

उन्होंने इलाहाबाद में 'भारतीय हिन्दी परिषद' की स्थापना की जो आज भी देश के हिन्दी साहित्य के अध्येताओं और साहित्यकारों का सबसे बड़ा संगठन है। यहाँ से 'हिन्दी अनुशीलन' नाम की पत्रिका उन्होंने शुरू की थी जो आज भी निकल रही है। वे 1958-59 में लिंग्विस्टिक सोसाइटी ऑफ इंडिया के अध्यक्ष रहे। 1927 से ही वे हिन्दुस्तानी एकैदमी, इलाहाबाद के सदस्य रहे और कई वर्ष तक उसके मंत्री भी।

प्रभुदयाल मीतल

मथुरा में जन्मे ब्रजभाषा काव्य के मर्मज्ञ और सूरसाहित्य के विशेष अध्येता प्रभुदयाल मीतल (1902-1988) की कृतियाँ उन्हें अनुसंधापरक आलोचकों की श्रेणी में सहज ही प्रतिष्ठित कर देती हैं। वे मथुरा के ही निवासी भी थे। ब्रजभाषा उनकी मातृभाषा थी, इसीलिए ब्रजभाषा साहित्य और संस्कृति के विषय में उनकी अवधारणाओं की प्रामाणिकता असन्दिग्ध है।

'अष्टछाप परिचय', 'ब्रजसाहित्यमाला', 'ब्रज के धर्म-सम्प्रदायों का इतिहास', 'ब्रज की कलाओं का इतिहास', 'ब्रजभाषा साहित्य का नायिका-भेद', 'ब्रजभाषा साहित्य का ऋतुसौन्दर्य', 'ब्रज ऋतुसंहार', 'ब्रज की रासलीला', 'सूरदास' 'सूरदास की वार्ता', 'सूर निर्णय', 'सूर सारावली', 'चैतन्यमत', 'संगीत सम्राट तानसेन', 'सूरदास मदनमोहन : जीवनी और पदावली', 'ब्रजसाहित्य', 'अष्टछाप परिचय', 'चन्द्रसखी की जीवनी और पदावली', 'गो. हरिराय जी का पद साहित्य' आदि उनकी प्रमुख आलोचनात्मक कृतियाँ हैं।

'मेवाड़ की अमरकथाएँ', 'राजपूती कथाएँ', 'भक्त-कवि व्यास जी' एवं 'सूररामचरित्र' आदि उनकी अन्य विधा की कृतियाँ हैं।

वासुदेवशरण अग्रवाल

मेरठ जनपद (उ.प्र.) के 'खेड़ा' नामक गाँव में जन्मे, काशी एवं लखनऊ से शिक्षा प्राप्त करके पहले भारत सरकार के पुरातत्त्व विभाग में और बाद में काशी हिन्दू विश्वविद्यालय के इंडोलॉजी विभाग में प्रोफेसर रहे वासुदेवशरण अग्रवाल (06.04.1904-26.07.1967) ने 'पद्मावत' का वृहद् आलोचनात्मक भाष्य लिखकर व्याख्यात्मक आलोचना के क्षेत्र में अपनी विशिष्ट प्रतिभा का परिचय दिया है। उन्होंने 'पद्मावत' का सिर्फ भाष्य ही नहीं लिखा है बल्कि अपने समय में उपलब्ध रामपुर राज्य पुस्तकालय की प्रति, गोपालचन्द्र की प्रति तथा अन्य उपलब्ध प्रतियों से मिलाकर डॉ. माताप्रसाद गुप्त की प्रति की मूल्यवत्ता की परीक्षा भी की है। इतना ही नहीं, उन्होंने आचार्य शुक्ल द्वारा सम्पादित संस्करण की अनेक त्रुटियों की ओर भी ध्यान आकृष्ट किया है। यद्यपि उन्होंने 'पद्मावत' पर लिखे अपने भाष्य को आचार्य रामचन्द्र शुक्ल को ही समर्पित भी किया है।

'पाणिनिकालीन भारतवर्ष' नामक उनका ग्रंथ उनकी शोध-दृष्टि का अनुपम उदाहरण है। इसमें उन्होंने पाणिनि के 'अष्टाध्यायी' के माध्यम से भारत की संस्कृति एवं जीवन-दर्शन का तार्किक व प्रामाणिक विश्लेषण किया है। उन्होंने भाषा एवं साहित्य के सहारे मानो भारत का पुन: अनुसन्धान किया है।

'पद्मावत' (मूल और संजीवनी व्याख्या), 'उरु-ज्योति', 'कला और संस्कृति', 'कल्पवृक्ष', 'कीर्तिलता', 'कादंबरी : एक सांस्कृतिक अध्ययन', 'भारत सावित्री', 'पृथ्वी-पुत्र, 'भारत की मौलिक एकता', 'मेघदूत : एक अध्ययन', 'माताभूमि', 'हर्षचरित : एक सांस्कृतिक अध्ययन', 'भारतीय धर्म मीमांसा' आदि डॉ. अग्रवाल की प्रमुख लिखित व सम्पादित पुस्तकें हैं।

चन्द्रबली पांडेय

आजमगढ़ जिले (उ.प्र.) के 'नसीरुद्दीनपुर' नामक गाँव में जन्मे, काशी में पढ़े-लिखे और आजीवन ब्रह्मचारी रहे पं. चन्द्रबली पांडेय (25.4.1904-24.01.1958) ने अपना पूरा जीवन हिन्दी भाषा और साहित्य की साधना में समर्पित कर दिया। वे अंग्रेजी, उर्दू, फारसी, अरबी, संस्कृत और प्राकृत के विद्वान थे। एम.ए. उन्होंने हिन्दी में किया था। आचार्य रामचन्द्र शुक्ल के वे सर्वाधिक प्रिय शिष्यों में से थे। अभावों से दोस्ती और महत्त्वाकांक्षाओं से दुश्मनी करने वाला संत स्वभाव का यह आलोचक किसी विश्वविद्यालय में शिक्षक भी नहीं बना जिससे इसके पास यश-विस्तारक शिष्यों की भी कोई परम्परा नहीं थी। इन्होंने अपना सारा जीवन अध्ययन और अनुसन्धान में लगा दिया। वे किसान-पुत्र थे और एक स्वाभिमानी किसान की अक्खड़ता उनमें आजीवन विद्यमान रही।

पं. चन्द्रबली पांडेय की छोटी-बड़ी लगभग 34 पुस्तकें प्रकाशित हैं जिनमें तीन अंग्रेजी में हैं। उनकी आलोचनात्मक पुस्तकों में 'तसव्वुफ अथवा सूफीमत', 'उर्दू का रहस्य', 'भाषा का प्रश्न', 'राष्ट्रभाषा पर विचार', 'कालिदास', 'केशवदास', 'तुलसीदास', 'हिन्दी कवि चर्चा', 'हिन्दी गद्य का निर्माण' आदि प्रमुख हैं। संस्कृत के कालिदास और हिन्दी के तुलसीदास उनके सर्वाधिक प्रिय कवियों में से हैं। 'तसव्वुफ अथवा

सूफीमत' उनकी सर्वाधिक चर्चित कृतियों में से है जिसमें सूफी मत पर पहली बार गम्भीर शोधकार्य किया गया है। इसमें विषय का सैद्धान्तिक और प्रामाणिक विश्लेषण है।

पांडेय जी की आलोचना में शोध की प्रवृत्ति अधिक है। उनका विवेच्य विषय मुख्यत: काव्य है। किन्तु काव्य के साथ कवियों के जीवन पर भी उन्होंने विस्तार से लिखा है। उन्हें लगता है कि कवि की जीवन-यात्रा को समझे बिना उसके काव्य को समझना कठिन है। 'तुलसी की जीवन-भूमि' ऐसा ही ग्रंथ है जिसमें कवि के जीवन-वृत्त को ही ग्रंथ का विषय बनाया गया है।

वे अपने गुरु आचार्य रामचन्द्र शुक्ल की भाँति साहित्य में सौन्दर्य के साथ, सामाजिक और नैतिक मूल्यों को अधिक महत्त्व देते हैं। उनकी दृष्टि में साहित्य का कोई भी मूल्य शास्वत नहीं होता। युग की परिस्थितियों के साथ इनकी प्रकृति में भी परिवर्तन होता रहता है। पांडेय जी साहित्य शास्त्र की भारतीय परम्परा के पक्षधर हैं।

हिन्दी की चिन्ता, पांडेय जी की मुख्य चिन्ताओं में से एक है। भाषा की समस्या पर उनकी कई पुस्तकें प्रकाशित हैं। विदेशी परम्परा और संस्कृति से सम्बन्ध होने के कारण उर्दू के प्रति उनकी दृष्टि उपेक्षात्मक है। इस सम्बन्ध में वे राजर्षि पुरुषोत्तमदास टंडन की तरह महात्मा गांधी के विचारों से भी अपनी असहमति व्यक्त करते हैं। महात्मा गांधी की 'हिदुस्तानी' को वे उर्दू से भिन्न नहीं मानते। हिन्दी-उर्दू विवाद पर उनके अनेक लेख प्रकाशित हैं जिनमें 'उर्दू की जुबान', 'उर्दू की हकीकत क्या है?', 'कचहरी की भाषा और लिपि', 'बिहार में हिन्दुस्तानी', 'भाषा का प्रश्न', 'नागरी का अभिशाप', 'मौलाना अबुल कलाम की हिन्दुस्तानी', 'हिन्दी के हितैषी क्या करें?', 'हिन्दी की हिमायत क्यों?', 'हिन्दुस्तानी से सावधान' आदि प्रमुख हैं। इस तरह उर्दू के संकीर्णतावादी समूह द्वारा अपनाए गए मतरुकात के सिद्धान्त की तरह पांडेय जी ने भी हिन्दी में संस्कृतनिष्ठता की वकालत की और एक ही जाति (हिन्दुस्तानी या हिन्दी जाति) के लिए दो भाषा के अव्यावहारिक सिद्धान्त को प्रश्रय दिया। दुर्भाग्य से आज भारत उसी पथ पर अग्रसर है और आजादी के सत्तर वर्ष बाद भी साम्प्रदायिकता के चंगुल से उबर नहीं सका है।

राष्ट्रभाषा के सवाल पर लड़ते हुए उन्होंने 1932 से लेकर 1949 तक हिन्दी, उर्दू और अंग्रेजी में लगभग दो दर्जन पैम्फ्लेटों की रचना की। उनके पैम्फ्लेटों को देखकर प्रख्यात भाषा वैज्ञानिक सुनीति कुमार चाटुर्ज्या ने कहा था कि "पांडेय जी के एक-एक पैम्फ्लेट भी डॉक्टरेट के लिए पर्याप्त हैं।"

पांडेय जी के विचारों की छाप उनकी अपनी भाषा व शैली पर भी स्पष्ट दिखाई पड़ती है। हाँ, उन्होंने कचहरियों में प्रचलित फारसी को हटाकर उसकी जगह देवनागरी लिपि के इस्तेमाल पर लगातार जोर दिया और इस तरह देश की बहुसंख्यक आम जनता के पक्ष में खड़े होने का प्रशंसनीय और न्यायसंगत कार्य किया।

पं. चन्द्रबली पांडेय हिन्दी साहित्य सम्मेलन, प्रयाग तथा नागरी प्रचारिणी सभा, काशी के भी सभापति रह चुके हैं।

दीनदयालु गुप्त

अलीगढ़ जिले के गाँव 'सुजानपुर' में जन्मे और प्रयाग से शिक्षा ग्रहण करने वाले, लखनऊ विश्वविद्यालय के हिन्दी विभाग के संस्थापक-अध्यक्ष रहे डॉ. दीनदयालु गुप्त (04.10.1903-03.09.1969) की ख्याति उनके महत्त्वपूर्ण शोधग्रंथ 'अष्टछाप और वल्लभ सम्प्रदाय' के कारण अधिक है। इस शोध के सिलसिले में उन्होंने नाथद्वारा, काँकरौली, सूरत, कामवन, मथुरा, गोकुल और वृन्दावन आदि की यात्राएँ करके प्रामाणिक निष्कर्ष निकाले। ब्रज का भौगोलिक वर्णन, अष्टछाप के समय की राजनैतिक और सामाजिक दशा, भिन्न-भिन्न सम्प्रदायों का विवेचन, कवियों का जीवन-चरित्र, कवियों की रचनाओं की समीक्षा, पुष्टिमार्ग का विवरण, वल्लभ सम्प्रदाय और इनसे जुड़े कवियों के दार्शनिक विचार, उनकी भक्ति आदि सभी सम्बद्ध विषयों पर इस ग्रंथ में प्रामाणिक और विस्तृत सामग्री है। दो खंडों में विभक्त इस ग्रंथ का परिचय देते हुए धीरेन्द्र वर्मा ने लिखा है,

"ग्रंथ के दूसरे भाग में असाधारण महत्त्व की सामग्री है। वल्लभ सम्प्रदाय को सम्बोधित मूल संस्कृत ग्रंथों का अध्ययन करके डॉ. गुप्त ने सम्प्रदाय के दार्शनिक सिद्धान्तों का प्रथम विस्तृत विवेचन उपस्थित किया है और इस कसौटी पर अष्टछाप-कवियों की दार्शनिक विचारधारा को कसा है। ग्रंथ का यह अंश अत्यन्त बहुमूल्य है। अन्तिम अध्यायों में नन्ददास और परमानन्द दास की कृतियों की भाषा तथा काव्यगत आलोचना है।" (अष्टछाप और वल्लभ सम्प्रदाय, भाग-1, परिचय)

दीनदयालु गुप्त ने 'सूरप्रभा', 'कबीर दर्शन' आदि आलोचनात्मक पुस्तकें भी लिखी हैं। उन्होंने प्रेमनारायण टंडन के साथ मिलकर 'ब्रजभाषा सूर-कोश' का भी सम्पादन किया है।

हजारीप्रसाद द्विवेदी

बलिया जिला (उ.प्र.) के 'आरत दुबे का छपरा' नामक गाँव में जन्मे, काशी में शिक्षित हुए तथा शान्तिनिकेतन, चंडीगढ़ और काशी में अध्यापन करने वाले आचार्य हजारीप्रसाद द्विवेदी (19.8.1907-19.5.1979) मूलत: साहित्येतिहासकार, आलोचक और अनुसन्धानकर्ता हैं। उन्होंने साहित्य को सांस्कृतिक चेतना के स्तर पर देखा है। इसी दृष्टि से उन्होंने अनेक मह्वपूर्ण आलोचना ग्रंथ लिखे हैं और उनके माध्यम से उन्होंने शुक्ल जी के बाद की हिन्दी आलोचना को किसी हद तक प्रभावित भी किया है। 'हिन्दी साहित्य कोश' के अनुसार, "यद्यपि मूलत: द्विवेदी जी, रामचन्द्र शुक्ल की परम्परा के आलोचक हैं फिर भी साहित्य को एक अविच्छिन्न परम्परा में देखने पर बल देकर द्विवेदी जी ने हिन्दी समीक्षा को नई दिशा दी। साहित्य के इस नैरंतर्य का विशेष ध्यान रखते हुए भी वे लोक चेतना को कभी अपनी दृष्टि से ओझल नहीं होने देते। वे मनुष्य की श्रेष्ठता के विश्वासी हैं और उच्चकोटि के साहित्य में उसकी प्रतिष्ठा को अनिवार्य मानते हैं। संस्कारजन्य क्षुद्र सीमाओं में बँधकर साहित्य ऊँचा नहीं उठ सकता। अपेक्षित ऊँचाई प्राप्त करने के लिए उसे मनुष्य की विराट एकता और जिजीविषा को आयत्त करना होगा।" (हिन्दी साहित्य कोश, भाग-दो)

आचार्य रामचन्द्र शुक्ल ने एक स्पष्ट ऐतिहासिक दृष्टि के साथ अपना 'हिन्दी साहित्य का इतिहास' लिखा था। उन्होंने साहित्य के इतिहास को विचार श्रृंखलाबद्ध किया, साहित्य के स्वरूप में होने वाले परिवर्तनों को जनता की मन:प्रवृत्तियों में होने वाले परिवर्तनों का परिणाम बताकर उनमें कारण-कार्य सम्बन्ध स्थापित किया और प्रवृत्तिगत परिवर्तन को दृष्टि में रखकर सुसंगत काल-विभाजन का सफल प्रयास किया।

आचार्य द्विवेदी ने शुक्ल जी की दृष्टि को स्वीकार करते हुए उसमें व्यापक परिवर्तन की आवश्यकता का अनुभव किया। उन्होंने हिन्दी साहित्य के इतिहास को भारतीय चिन्तन की अविच्छिन्न परम्परा की एक महत्त्वपूर्ण श्रृंखला मानकर उसकी भूमिका प्रस्तुत की। उन्होंने साहित्य को समझने के लिए इतिहास, भूगोल, दर्शन, धर्म, मनोविज्ञान, आर्थिक स्थिति, राजनीतिक परिस्थिति आदि सब कुछ के अध्ययन की आवश्यकता पर बल दिया। उन्होंने वैदिक काल से लेकर आधुनिक युग तक के चिन्तन की श्रृंखला की कड़ियों को जोड़ते हुए हिन्दी को भारतीय विचारधारा का प्रतिनिधित्व करने वाली महत्त्वपूर्ण भाषा सिद्ध किया और हिन्दी साहित्य को अपने आप में एक शक्तिशाली वस्तु प्रमाणित किया।

आचार्य द्विवेदी के अनुसार मूल्य बराबर विकसनशील होते हैं, उनमें पूर्ववर्ती और पार्श्ववर्ती चिन्तन का मिश्रण होता रहता है। संस्कृत, अपभ्रंश आदि के गम्भीर अध्येता होने के कारण वे साहित्य की सुदीर्घ परम्परा का आलोड़न करते हुए विकसनशील मूल्यों का सहज ही आकलन कर लेते हैं।

आचार्य द्विवेदी की प्रमुख आलोचना कृतियाँ हैं, 'कालिदास की लालित्य योजना', 'हिन्दी साहित्य की भूमिका', 'प्राचीन भारत में कलात्मक विनोद', 'कबीर', 'नाथ सम्प्रदाय', 'हिन्दी साहित्य' 'हिन्दी साहित्य का आदिकाल', 'साहित्य सहचर', 'हिन्दी साहित्य : उद्भव और विकास', 'मध्यकालीन बोध का स्वरूप', 'साहित्य का मर्म', 'मेघदूत : एक पुरानी कहानी', 'मध्यकालीन धर्मसाधना', 'सहज साधना' आदि। 'नाथ सिद्धों की बानियाँ', 'संक्षिप्त पृथ्वीराज रासो', 'सन्देशरासक', 'दशरूपक' आदि का उन्होंने सम्पादन किया है।

द्विवेदी जी किसी कृति की आलोचना उसके ऐतिहासिक और सामाजिक सन्दर्भ में रखकर ही करने के पक्षधर हैं। वे कहते हैं कि "कवि को पूर्ववर्ती और समसामयिक कवियों की तुलना में रखकर देखने का अर्थ है कि हम मानते हैं कि संसार में कोई घटना अपने आप में स्वतंत्र नहीं है। पूर्ववर्ती और पार्श्ववर्ती घटनाएँ वर्तमान घटनाओं को रूप देती रहती हैं, इसलिए जिस किसी रचना या वक्तव्य वस्तु का हमें स्वरूप निर्णय करना हो उसे पूर्ववर्ती और पार्श्ववर्ती घटनाओं की अपेक्षा में देखना चाहिए।" (साहित्य सहचर, पृ. 12)

'हिन्दी साहित्य की भूमिका' उनके सिद्धान्तों की बुनियादी पुस्तक है जिसमें साहित्य को एक अविच्छिन्न परम्परा तथा उसमें प्रतिफलित क्रिया-प्रतिक्रियाओं के रूप में देखा गया है। अपने फक्कड़ व्यक्तित्व, घरफूँक मस्ती और क्रान्तिकारी विचारधारा के कारण कबीर ने उन्हें विशेष आकृष्ट किया। उन्होंने घोषित किया कि "हिन्दी साहित्य के हजार वर्षों के इतिहास में कबीर जैसा व्यक्तित्व लेकर कोई लेखक उत्पन्न नहीं हुआ। महिमा में यह व्यक्तिव केवल एक ही प्रतिद्वंद्वी जानता है—तुलसीदास।"

'कबीर' पुस्तक में उन्होंने जिस सांस्कृतिक परम्परा, समसामयिक वातावरण और नवीन मूल्यानुचिन्तन का उद्घाटन किया है वह उनकी उत्कृष्ट समीक्षात्मक दृष्टि का परिचय देता है। द्विवेदी जी ने कबीर के भक्त रूप को अधिक महत्त्व दिया है और समाज-सुधारक रूप को दूसरे दर्जे पर रखा है। इसका कारण यह है कि द्विवेदी जी के चिन्तन में भक्ति का महत्त्व अधिक है। वे पारिवारिकता, सामाजिकता और वैयक्तिक सुख, सार्थकता और सदाचार के लिए भक्ति-भावना को बहुमूल्य मानते हैं। मध्य युग में भक्ति मेल-मिलाप का मुख्य आधार थी। नाथों, सिद्धों और सूफी साधकों के परस्पर मेल से यह मेल-मिलाप, धर्म-दर्शन और सम्प्रदायों का ही नहीं था, इसका वास्तविक आधार भारत की व्यवस्था थी। वर्णाश्रम-व्यवस्था ने जिन लोगों को दबा रखा था, वे इसमें शामिल थे। निर्गुण भक्ति परम्परा और कविता में अधिकांश दलित वर्ग के लोगों का होना अकारण नहीं था। द्विवेदी जी की पैनी दृष्टि वहाँ तक भली-भाँति पहुँची थी।

आचार्य द्विवेदी संस्कृत भाषा, साहित्य तथा काव्यशास्त्र के प्रकांड पंडित थे। उनकी पुस्तक 'प्राचीन भारत में कलात्मक विनोद' से उनकी सौन्दर्यशास्त्रीय दृष्टि का परिचय मिलता है। उन्होंने भारतीय काव्यशास्त्र में रस सिद्धान्त को भरत से लेकर पंडितराज जगन्नाथ तक, उसके ऐतिहासिक परिप्रेक्ष्य में देखा।

बतौर डॉ. विश्वनाथ त्रिपाठी "कालिदास की लालित्य योजना' आलोचना विवेक की प्रतिमान कृति है। 'हिन्दी साहित्य का आदिकाल' में द्विवेदी जी ने नवीन उपलब्ध सामग्री के आधार पर शोधपरक विश्लेषण किया है। 'नाथ सम्प्रदाय' में सिद्धों और नाथों की उपलब्धियों पर गम्भीर विचार व्यक्त किए गए हैं। 'सूर साहित्य' उनकी आरम्भिक आलोचनात्मक कृति है। विश्वनाथ त्रिपाठी के अनुसार द्विवेदी जी सूरदास की विरह भावना को वैष्णव मधुर भावना से जोड़कर उसे अखिल भारतीय साहित्यिक आयाम ही नहीं प्रदान करते उसे सामाजिक मांगल्येच्छा से पूरित करते हैं। इनके अतिरिक्त उनके अनेक मार्मिक समीक्षात्मक निबन्ध विभिन्न निबन्ध संग्रहों में संग्रहीत हैं, जिनसे उनकी तलस्पर्शी आलोचनात्मक दृष्टि का परिचय मिलता है।

'सूर-साहित्य', 'कबीर', 'हिन्दी साहित्य का आदिकाल', 'नाथ सम्प्रदाय' आदि कृतियों का गहराई से मूल्यांकन करने पर उनकी समीक्षा-दृष्टि की एक प्रमुख विशेषता स्पष्ट रूप से देखी जा सकती है और वह यह है कि उनकी समीक्षा, शोध के सहारे चलती है। आलोचना के मूल विन्दुओं की खोज उनकी प्राथमिकता होती है। उनकी दृष्टि शोध-कार्य में रम जाती है और वे प्राचीन से लेकर अर्वाचीन ग्रंथों में उनके प्रमाण ढूँढ़ने लगते हैं। द्विवेदी जी भारतीय साहित्य और संस्कृति तथा संस्कृत और ज्योतिष के प्रकांड पंडित हैं लिहाजा उनकी शोध-दृष्टि इतिहास, धर्मशास्त्र, पुराण, प्राच्यविद्या, जीव विज्ञान, मनोविज्ञान, प्रजननशास्त्र, नृतत्व शास्त्र, पुरातत्त्व विज्ञान, नीतिशास्त्र, कानून, अर्थशास्त्र, राजनीति शास्त्र आदि सभी का सहारा लेती है। इस तरह उनकी समीक्षा मुख्यरूप से अनुसन्धानपरक समीक्षा है।

उनकी आलोचना की एक विशेषता व्याख्यात्मकता भी है। विश्वनाथ त्रिपाठी के अनुसार उन्होंने कवि द्वारा प्रयुक्त रचनात्मक पदों की ऐसी व्याख्या की है कि वे आलोचना के प्रकरण सिर्फ उसी कवि के साहित्य के नहीं, साहित्य मात्र के आलोचनात्मक प्रत्यय बन जाएँ। इस विषय में उनकी तुलना केवल आचार्य शुक्ल से की जा सकती है।

नन्दकिशोर नवल के शब्दों में, "जहाँ तक आलोचक के रूप में उनकी प्रवृत्ति का प्रश्न है वे समन्वयवादी ही हैं, लेकिन वाजपेयी जी और नगेन्द्र से वे इस दृष्टि से भिन्न हैं कि उनकी मूल दिशा प्रतिक्रियावादी न होकर प्रगतिशील है।" (हिन्दी आलोचना का विकास, पृ. 201)

आचार्य द्विवेदी के विषय में डॉ. नन्दकिशोर नवल की उक्त टिप्पणी सही है। साहित्य के प्रभाव की चर्चा करते हुए द्विवेदी जी ने लिखा है, "अब शब्द और अर्थ की केवल एक-दूसरे से होड़ मचाने वाली सुन्दरता को ही, जिसे प्राचीन पंडित परस्पर स्पर्धिचारुता कहा करते थे, हम साहित्य नहीं कहते बल्कि उस सुन्दरता से उत्पन्न होने वाले प्रभावों की भी बात सोचते हैं।" (हजारीप्रसाद द्विवेदी ग्रंथावली, खंड-7, पृ. 285) वे समाज में सक्रिय प्रगतिशील और प्रतिक्रियावादी शक्तियों को पहचानते हैं, भले ही किंचित अस्पष्ट रूप में और साहित्यकारों से प्रगतिशील शक्तियों को सबल बनाने का आग्रह करते हैं, "छोटा लेखक हो या बड़ा, समाज के प्रति उत्तरदायित्व वही है। उसे संसार की वर्तमान समस्याओं को ठीक से समझना चाहिए और शान्त चित्त से सोचना चाहिए कि मनुष्य को मनुष्यत्व लक्ष्य तक ले जाने में कौन-कौन सी शक्तियाँ सहायक हैं और कौन कौन सी बाधक? फिर उसे सहायक शक्तियों के प्रति सहानुभूति उत्पन्न करनी चाहिए और बाधक तत्त्वों के प्रति विरक्ति।" (उपर्युक्त, पृ. 286) 'साहित्य का नया रास्ता' शीर्षक अपने निबन्ध में

द्विवेदी जी ने प्रगतिशीलता के नए मार्ग की ओर संकेत करते हुए दृढ़ शब्दों में कहा है कि "अगर मनुष्य जाति को वर्तमान दुर्गति से बचना है तो इस मार्ग पर चलने के सिवा और कोई उपाय नहीं है।" (उपर्युक्त, पृ. 290) शोषित पीड़ित जनों के उद्धार को वे साहित्य का सबसे बड़ा लक्ष्य मानते हैं और साहित्य के सभी प्रश्नों का उत्तर वे उन्हीं को ध्यान में रखकर प्राप्त करने पर बल देते हैं।

इस प्रकार द्विवेदी जी मुख्यत: शुक्ल जी की परम्परा के आलोचक हैं। किन्तु उनका मुख्य क्षेत्र साहित्येतिहास और अनुसन्धान है, आलोचना नहीं। इसीलिए वे आलोचना को न तो सिद्धान्त के क्षेत्र में सुसंगत रूप में वैज्ञानिक परिणति तक ले जा सके और न व्यवहार के क्षेत्र में।

डॉ. नगेन्द्र के अनुसार ऐतिहासिक आलोचना के क्षेत्र में आचार्य हजारीप्रसाद द्विवेदी का स्थान अग्रगण्य है। जन जीवन की सांस्कृतिक और सामाजिक परम्पराओं का उद्घाटन करते हुए विवेच्य को समष्टि के साथ सम्बद्ध कर देखना इनकी आलोचना का मूलाधार है। द्विवेदी जी साहित्य का सम्बन्ध मानवजीवन के साथ मानकर चलते हैं। उनकी समीक्षा का आधार फलक मानवतावादी होने के कारण अत्यन्त विस्तृत है और उनका व्यक्तित्व उसके सम्हालने योग्य पांडित्य, सहानुभूति तथा कल्पना आदि गुणों से सम्पन्न है।

निस्सन्देह आचार्य द्विवेदी में अपार पांडित्य था किन्तु हर महापुरुष की तरह उनमें भी कुछ कमजोरियाँ थीं। उन्होंने स्व. इन्दिरा गांधी द्वारा लगाई गई इमरजेंसी का समर्थन किया था, काशी हिन्दू विश्वविद्यालय के रेक्टर जैसे पद से अवकाश लेने के बाद उ.प्र. हिन्दी संस्थान के कार्यकारी उपाध्यक्ष के पद पर काम किया जहाँ एक लेखक की स्वायत्तता के लिए कम अवसर होते हैं।

इन सबके बावजूद डॉ. विश्वनाथ त्रिपाठी सही कहते हैं कि "शुक्ल जी के बाद हिन्दी पाठकों, विद्यार्थियों, अध्यापकों और आलोचकों की दृष्टि और रुचि पर जितना अधिक प्रभाव द्विवेदी जी की कृतियों का पड़ा है उतना किसी आलोचक का नहीं। रसग्राहिता द्विवेदी जी की सबसे बड़ी शक्ति है और यहाँ स्मरण रखना चाहिए कि आलोचक की भी सबसे बड़ी कसौटी रस-ग्राहिता ही है। कबीर, सूरदास, कालिदास और अपभ्रंश साहित्य पर लिखी गई रचनाओं में द्विवेदी जी की रसग्रहिता के प्रचुर प्रमाण मिलेंगे।" (हिन्दी आलोचना, पृ. 150)

द्विवेदी जी की प्रतिष्ठा एक आलोचक के रूप में जितनी है उससे अधिक उपन्यासकार और निबन्धकार के रूप में हैं। 'बाणभट्ट की आत्मकथा', 'पुनर्नवा', 'अनामदास का पोथा' और 'चारु चन्द्रलेख' उनके प्रसिद्ध उपन्यास हैं। 'कल्पलता', 'विचार और वितर्क', 'अशोक के फूल', 'विचार प्रवाह', 'आलोक पर्व' और 'कुटज' उनके प्रख्यात निबन्ध संग्रह हैं। 'मृत्युंजय रवीन्द्र' तथा 'महापुरुषों का स्मरण' भी उनके द्वारा प्रणीत ग्रंथ हैं।

आचार्य हजारीप्रसाद द्विवेदी ग्रंथावली का उनके पुत्र डॉ. मुकुंद द्विवेदी ने सम्पादन किया है। उनके सबसे प्रिय शिष्य प्रो. विश्वनाथ त्रिपाठी ने 'व्योमकेश दरवेश (आचार्य हजारीप्रसाद द्विवेदी का पुण्य स्मरण)' नाम से द्विवेदी जी के जीवन और रचना-संसार पर महत्त्वपूर्ण पुस्तक लिखी है। इसी तरह की पुस्तक उनके दूसरे शिष्य नामवर सिंह की भी है 'दूसरी परम्परा की खोज' शीर्षक से।

फादर कामिल बुल्के

ईसाई धर्म के प्रचार के लिए बेल्जियम से भारत आकर यहाँ की नागरिकता स्वीकार करने वाले, हिन्दी को अपनी माँ, राम को अपना आदर्श और तुलसी के प्रति अटूट श्रद्धा रखने वाले डॉ. फादर कामिल बुल्के (1.9.1909-17.8.1982) रामकथा पर गम्भीर शोध करने वाले पहले अनुसंधित्सु हैं। 'रामकथा-उत्पत्ति और विकास' आज भी रामकथा पर सर्वश्रेष्ठ शोध कार्य माना जाता है। अपनी मातृभाषा फ्लेमिश के अतिरिक्त अंग्रेजी, फ्रेंच, जर्मन, लैटिन, ग्रीक, संस्कृत और हिन्दी के विद्वान डॉ. बुल्के के सामने यदि कोई हिन्दी भाषी अंग्रेजी बोलता था तो वे नाराज हो जाते थे और हिन्दी में जवाब देते थे। वे 1950 से लेकर 1977 तक सेंट जेवियर्स कॉलेज राँची में हिन्दी एवं संस्कृत के विभागाध्यक्ष रहे।

'अंगरेजी हिन्दी कोश' उनकी दूसरी ऐसी महत्त्वपूर्ण कृति है जिसका आज भी कोई विकल्प नहीं है। साहित्य के अध्येताओं के लिए यह सबसे ज्यादा पसन्द किया जाने वाला शब्दकोश है।

यह एक संयोग ही है कि लॉर्ड मैकाले के भारत आने के ठीक एक सौ वर्ष बाद 1935 में बुल्के मिशनरी काम से भारत आए। कामिल बुल्के का जन्म बेल्जियम के वेस्ट फ्लैंडर्स में नॉकके-हेइस्ट म्युनिसिपैलिटी के एक गाँव रम्सकपेल में 1909 में हुआ था। इनके पिता का नाम अडोल्फ और माता का नाम मारिया बुल्के था। उन्होंने लूवेन विश्वविद्यालय (लिस्सेवेगे) से सिविल इंजीनियरिंग की डिग्री ली और उसके बाद 1930 में

जेसुइट बन गए। बाद में जेसुइट सेमिनरी से लैटिन भाषा पढ़ने के बाद ब्रदर बने बुल्के ने अपना जीवन एक संन्यासी के रूप में बिताने का निश्चय किया और कई महत्त्वपूर्ण संस्थाओं में अध्ययन करने के बाद 1935 में भारत आ गए। यहाँ उन्होंने विज्ञान के अध्यापक के रूप में सेंट जोसेफ कॉलेज, दार्जिलिंग में और येसु संघियों के मुख्य निवास स्थान मनरेसा हाउस, रांची में अपना प्रवास किया। उन्होंने गुमला (वर्तमान झारखंड) में लगभग 5 वर्ष तक गणित पढ़ाया। 1941 में वे पुरोहित बने। इसके पूर्व उन्होंने 1940 में हिन्दी साहित्य सम्मेलन, प्रयाग से 'साहित्य विशारद' की परीक्षा पास की थी। 1944 में उन्होंने कलकत्ता विश्वविद्यालय से संस्कृत में एम.ए. किया और उसके बाद इलाहाबाद विश्वविद्यालय से 1947 में हिन्दी में एम.ए. और 1950 में डॉक्टोरेट। 1951 में उन्होंने भारत की नागरिकता ग्रहण की।

भारत आने और अपने अध्ययन-अध्यापन की यात्रा के बारे वे स्वयं कहते हैं, "मेरी जन्मभूमि बेल्जियम के उत्तर में फ्लेमिश भाषा बोली जाती है और दक्षिण में फ्रेंच भाषा। फ्रेंच विश्व भाषा है। अत: समस्त बेल्जियम में उसका बोलबाला था। फ्रेंच, विश्वविद्यालयीय तथा उच्च माध्यमिक विद्यालय की माध्यम थी और उत्तर बेल्जियम के बहुत से मध्यवर्गीय परिवारों में भी फ्रेंच बोली जाती थी।

इस परिस्थिति के विरोध में फ्लेमिश भाषा का आन्दोलन प्रारम्भ हुआ, जो मेरे विद्यार्थी जीवन के समय प्रबल होता जा रहा था। मैं भी उस आन्दोलन से सहानुभूति रखता था और इकतीस की उम्र में संन्यास लेने तक इसमें सक्रिय भाग लेता रहा।

मातृभाषा प्रेम का संस्कार लेकर मैं सन् 1935 ई. में राँची पहुँचा और यह देखकर दुख हुआ कि भारत में न केवल अंग्रेजों का राज है, बल्कि अंग्रेजी का ही बोलबाला है। मेरे देश की भाँति उत्तर भारत का मध्यवर्ग भी अपनी मातृभाषा की अपेक्षा एक विदेशी भाषा को अधिक महत्त्व देता है। उसके प्रतिक्रिया स्वरूप मैंने हिन्दी पंडित बनने का निश्चय किया। यह निश्चय एक प्रकार से मेरे शोध कार्य की ओर प्रथम सोपान है।" (हिन्दी चेतना, जुलाई-2009, पृ. 31) बेहद कुशाग्र बुद्धि वाले कामिल बुल्के ने केवल पाँच सालों में न केवल हिन्दी बल्कि संस्कृत पर भी पूरा अधिकार कर लिया। उन्होंने अवधी, ब्रज, पालि, प्राकृत और अपभ्रंश की भी अच्छी जानकारी हासिल कर ली।

जब कामिल बुल्के का जेसुइट धर्मसंघ में प्रशिक्षण समाप्त हुआ, तो संघ के अधिकारियों से उन्होंने आगे की पढ़ाई के लिए अनुमति माँगी और उन्हें उनकी रुचि के अनुरूप हिन्दी में एम.ए. करने की अनुमति मिल गई। इसके लिए वे इलाहाबाद गए और एम.ए. में एडमीशन लिया। उस समय डॉ. धीरेन्द्र वर्मा विभागाध्यक्ष थे। जब वे एम.ए. द्वितीय वर्ष में थे तभी डॉ. धीरेन्द्र वर्मा ने उनकी प्रतिभा के पहचाना और हिन्दी में शोध करने के लिए प्रेरित किया। उन्हीं के निर्देश पर डॉ. माताप्रसाद गुप्त के निर्देशन में राम कथा पर शोध के लिए उनका पंजीकरण हुआ। वे लिखते हैं, "रामकथा पर शोध-कार्य प्रारम्भ करने की प्रेरणा मुझे इन तीन तत्त्वों से मिली—हिन्दी प्रेम, तुलसी के प्रति श्रद्धा तथा डॉ. धीरेन्द्र वर्मा की उदारता।" (उपर्युक्त, पृ. 31)

'रामकथा : उत्पति और विकास' में संस्कृत, पालि, प्राकृत, अपभ्रंश, हिन्दी, बांग्ला, तमिल आदि सभी प्राचीन और आधुनिक भारतीय भाषाओं में उपलब्ध राम-विषयक विपुल साहित्य का ही नहीं, वरन् तिब्बती, वर्मी, इंडोनेशियाई, थाई आदि भाषाओं में उपलब्ध समस्त राम-साहित्य का अत्यन्त वैज्ञानिक दृष्टि से अध्ययन किया गया है। इसके प्रकाशन के साथ ही फादर बुल्के की गणना भारत विद्या और हिन्दी के प्रतिष्ठित विद्वान के रूप में होने लगी।

डॉ. फादर बुल्के का शोध-प्रबन्ध हिन्दी माध्यम में प्रस्तुत हिन्दी विषय का पहला शोध-प्रबन्ध भी है। जिस समय फादर बुल्के इलाहाबाद में शोध कर रहे थे, उस समय विश्वविद्यालय के सभी विषयों के शोध-प्रबन्ध केवल अंग्रेजी में ही प्रस्तुत करने का विधान था। फादर बुल्के के लिए अंग्रेजी में शोध-प्रबन्ध प्रस्तुत करना सरल भी था, किन्तु यह बात उनके हिन्दी स्वाभिमान के विपरीत थी। उन्होंने आग्रह किया कि उन्हें हिन्दी में शोध-प्रबन्ध प्रस्तुत करने की अनुमति प्रदान की जाए। इलाहाबाद विश्वविद्यालय के तत्कालीन कुलपति डॉ. अमरनाथ झा ने उनके आग्रह पर शोध-सम्बन्धी नियमावली में संशोधन कराया और उन्हें अनुमति दी। इसके बाद तो अन्य उत्तर भारतीय विश्वविद्यालयों में भी आधुनिक भारतीय भाषाओं में शोध-प्रबन्ध प्रस्तुत करने की अनुमति दी जाने लगी। डॉ. बुल्के को 1950 में इलाहाबाद विश्वविद्यालय से डी.फिल. की उपाधि मिली। इसी वर्ष उनकी नियुक्ति सेंट जेवियर्स कॉलेज, राँची के हिन्दी-संस्कृत विभाग के अध्यक्ष पद पर हो गई और वे वहाँ इस पद पर अवकाश ग्रहण करने अर्थात् 1977 तक रहे।

अपना शोध-प्रबन्ध जमा करने के बाद भी डॉ. बुल्के इसी विषय पर अगले 18 वर्ष तक काम करते रहे। उनकी इस कृति के बारे में उनके गुरु डॉ. धीरेन्द्र वर्मा ने लिखा है, "इसे रामकथा सम्बन्धी समस्त सामग्री का विश्वकोश कहा जा सकता है। वास्तव में यह शोध-प्रबन्ध अपने ढंग की पहली रचना है। हिन्दी क्या, किसी भी यूरोपीय या भारतीय भाषा में इस प्रकार का दूसरा अध्ययन उपलब्ध नहीं है।" हिन्दी परिषद, इलाहाबाद विश्वविद्यालय ने स्वयं इसे प्रकाशित करके इसकी गुणवत्ता पर मुहर लगा दी।

रामकथा और तुलसी की भक्ति के बारे में डॉ. बुल्के ने लिखा है, "वास्तव में रामकथा आदर्श जीवन का वह दर्पण है, जिसे भारतीय प्रतिभा शताब्दियों तक परिष्कृत करती रही। इस प्रकार रामकथा भारतीय आदर्शवाद का उज्ज्वलतम प्रतीक बन गई है। वाल्मीकि के परवर्ती रामकाव्य के कवियों में तुलसी का स्थान अद्वितीय है। उन्होंने वाल्मीकि और लोकसंग्रह का पूरा-पूरा निर्वाह किया है और उस रामकथा के सोने में भगवद्भक्ति की सुगंध जगा दी है।

तुलसीदास ने भगवद्भक्ति के विषय में जो सन्देश दिया है, वह वाल्मीकि के नैतिक आदर्श की भांति विश्वजनीन है। इष्टदेव के प्रति अनन्य आत्म-समर्पण के साथ-साथ अपने दैन्य की तीव्र अनुभूति तुलसी की भगवद्भक्ति की प्रमुख विशेषता है। उन्होंने कहीं भी कर्मकांड पर बल नहीं दिया, कहीं भी मन्दिर में होने वाली पूजा के लिए अनुरोध नहीं किया। भक्तिमार्ग की नीव नैतिकता है और अपनी उक्त प्रमुख विशेषता के कारण वह सब सम्प्रदायों के ऊपर उठकर मानव मात्र के लिए उपयुक्त है।" (उपर्युक्त, पृ. 32)

उन्होंने एक जगह लिखा है, "अव्याहतानुयोगी मुनिजन: अर्थात् साधु से कोई भी प्रश्न पूछा जा सकता है। संस्कृत की इस उक्ति के अनुसार लोग मुझसे ये नितान्त व्यक्तिगत प्रश्न पूछने में संकोच नहीं करते। विद्वान होते हुए भी आपका ईसा में इतना दृढ़ विश्वास कैसे? विदेशी होते हुए भी हिन्दी तथा भारतीय संस्कृति से इतना प्रेम कैसे? ईसाई होते हुए भी तुलसी पर इतनी श्रद्धा कैसे? इस प्रकार के प्रश्नों का उत्तर देने के लिए जब मैं अपने जीवन पर विचार करता हूँ, तो मुझे लगता है कि ईसा, हिन्दी और तुलसीदास—ये वास्तव में मेरी साधना के तीन प्रमुख घटक हैं और कि मेरे लिए इन तीन तत्त्वों में कोई विरोध नहीं। बल्कि गहरा सम्बन्ध है।" (उपर्युक्त, पृ. 33)

अपनी तुलसी भक्ति के बारे में उन्होंने लिखा है, "1938 में मैंने 'रामचरितमानस' और 'विनयपत्रिका' को प्रथम बार आद्योपान्त पढ़ा। उस समय तुलसीदास के प्रति मेरे हृदय में जो श्रद्धा उत्पन्न हुई और बाद में बराबर बढ़ती गई, वह भावुकता मात्र नहीं है। साहित्य तथा धार्मिकता के विषय में मेरी धारणाओं से इस श्रद्धा का गहरा सम्बन्ध है।" (उपर्युक्त, पृ. 34)

फादर बुल्के का विश्वास था कि ज्ञान-विज्ञान के किसी भी विषय की सम्पूर्ण अभिव्यक्ति हिन्दी में सम्भव है और अंग्रेजी पर आश्रित बने रहने की धारणा निरर्थक है। उनका दृढ़ विश्वास था कि हिन्दी निकट भविष्य में ही समस्त भारत की सर्वप्रमुख भाषा बन जाएगी।

अपने कॉलेज मंच से भाषण देते हुए उन्होंने कहा था, "संस्कृत राजमाता है, हिन्दी बहूरानी है और अंग्रेजी नौकरानी है। पर नौकरानी के बिना भी काम नहीं चलता।" वे कहा करते थे कि दुनिया भर में शायद ही कोई ऐसी विकसित साहित्य भाषा हो जो हिन्दी की सरलता की बराबरी कर सके। अपनी मातृभाषा फ्लेमिश से भी उन्हें अत्यधिक अनुराग था। डॉ. बुल्के इस बात के गवाह हैं कि जो व्यक्ति अपनी मातृभाषा से प्यार करता है वही दूसरे की मातृभाषा से भी प्यार कर सकता है।

लम्बे समय तक फादर बुल्के के सम्पर्क में रहने वाले डॉ. दिनेश्वर प्रसाद के शब्दों में, "फादर बुल्के उन विदेशी संन्यासियों में थे, जो भारत आकर भारतीय से अधिक भारतीय हो गए थे। उन्होंने यहाँ की जनता के जीवन से अपने को एकाकार कर लिया था। उन्हें देखकर कोई भी व्यक्ति यह अनुभव कर सकता था कि संन्यास का अर्थ जीवन और जगत का निषेध न होकर स्वत्व का निषेध है और स्व का ऐसा विस्तार, जिसमें पूरी दुनिया के लिए ममत्व भरा हुआ है।" (हिन्दी चेतना, डॉ. कामिल बुल्के विशेषांक, जुलाई 2009, पृ. 19)

उनके द्वारा रचित छोटी-बड़ी पुस्तकों की संख्या 29 है। जिनमें प्रमुख हैं, 'रामकथा : उत्पत्ति और विकास', 'हिन्दी-अंगरेजी लघुकोश', 'अंगरेजी-हिन्दी कोश', 'रामकथा और तुलसीदास', 'मानस-कौमुदी', 'ईसा जीवन और दर्शन', 'एक ईसाई की आस्था', 'मुक्तिदाता', 'नया विधान', 'नीलपक्षी' आदि।

इसके अलावा भी उनके सैकड़ों शोध-निबन्ध विभिन्न पत्र-पत्रिकाओं में प्रकाशित हैं। वे 'बिहार राष्ट्रभाषा परिषद', 'काशी नागरी प्रचिरिणी सभा' और 'बेल्जियन रॉएल अकादमी' के सम्मानित सदस्य थे।

निस्सन्देह डॉ. फादर कामिल बुल्के ने भारत और पश्चिमी जगत को भावात्मक रूप से जोड़ने का महत्त्वपूर्ण कार्य किया। भारत सरकार ने साहित्य और शिक्षा के क्षेत्र में किए गए उनके योगदान के लिए उन्हें पद्मभूषण से सम्मानित किया।

17 अगस्त, 1982 को गैंगरीन के कारण एम्स, दिल्ली में इलाज के दौरान उनका निधन हो गया। सेंट जेवियर्स कॉलेज, राँची के प्रांगण में स्थित उनके आवास व पुस्तकालय को 'डॉ. फादर बुल्के शोध संस्थान' के नाम से विकसित किया गया है। इस पुस्तकालय और शोध-केन्द्र के प्रभारी ने मुझे बताया था कि इसका संचालन उनकी पुस्तक 'अंगरेजी हिन्दी कोश' से मिलने वाली रॉयल्टी से होता है।

हरिवंशराय बच्चन ने फादर बुल्के के ऊपर एक कविता लिखी है। कविता निम्न है—

फादर बुल्के तुम्हें प्रणाम
जन्मे और पले योरुप में, पर तुमको प्रिय भारत धाम।
रही मातृभाषा योरुप की, बोली हिन्दी लगी ललाम।
ईसाई संस्कार लिए भी, पूज्य हुए तुमको श्रीराम।
तुलसी होते तुम्हें पगतरी के हित देते अपना चाम।
सदा सहज श्रद्धा से लेगा मेरा देश तुम्हारा नाम
फादर बुल्के तुम्हें प्रणाम।

लक्ष्मीसागर वार्ष्णेय

अलीगढ़ में जन्मे और इलाहाबाद से शिक्षा ग्रहण करके वहीं विश्वविद्यालय में अध्यापक रहे डॉ. लक्ष्मीसागर वार्ष्णेय (15.11.1914–19.12.1987) के आलोचना कार्य में अनुसन्धान की प्रवृत्ति अधिक है और उनकी आलोचना दृष्टि ऐतिहासिक है। उनकी प्रमुख आलोचनात्मक कृतियाँ हैं, 'फोर्टविलियम कॉलेज', 'आधुनिक हिन्दी साहित्य', 'भारतेन्दु की विचारधारा', 'साहित्य चिन्तन', 'भारतीय वांग्मय', 'भारतेन्दु हरिश्चन्द्र', 'हिन्दी साहित्य का इतिहास', 'उन्नीसवीं शताब्दी' और 'आधुनिक हिन्दी साहित्य की भूमिका'। इसके अलावा उन्होंने भारतेन्दु की 'श्री चन्द्रावली नाटिका' और 'भारत दुर्दशा' का सम्पादन किया और उनकी आलोचनात्मक भूमिकाएँ लिखी हैं। उन्होंने 'प्राचीन हिन्दी पत्र संग्रह' का भी सम्पादन किया है और उसकी शोधपूर्ण भूमिका लिखी है। इन कृतियों से वार्ष्णेय जी की आलोचना दृष्टि का पता चलता है।

हिन्दी, उर्दू, अंग्रेजी, तथा फ्रेंच भाषा पर वार्ष्णेय जी का पूरा अधिकार है। भारतीय तथा विश्व साहित्य के गहन अध्ययन तथा विभिन्न साहित्यिक प्रवृत्तियों के सम्पर्क और उनके गम्भीर अध्ययन से वार्ष्णेय जी की आलोचना दृष्टि समृद्ध हुई है। वे आलोचना का उद्देश्य साहित्य में सौन्दर्य के अस्तित्व का अन्वेषण मानते हैं क्योंकि उनके अभाव में साहित्य में बिखरी अनन्त विभूतियाँ सामने नहीं आतीं। समालोचक के कर्तव्य का विश्लेषण करते हुए वे कहते हैं कि एक समालोचक, लेखक के दृष्टिकोण, मत आदि की ऐतिहासिक, सामाजिक, धार्मिक, आर्थिक आदि पृष्ठभूमि के साथ उदारता और सहानुभूतिपूर्ण दृष्टि से गवेषणा करता है। आलोचना धर्म की ओर निर्देश करते हुए उनका मत है कि "वैसे तो प्रत्येक आलोचक का अपना अपना दृष्टिकोण रहेगा और रहना चाहिए तब भी आवश्यकता इस बात की है कि प्रयोगों और अधकचरी प्रणालियों की स्थिति से निकल कर हिन्दी आलोचना व्यापक वैज्ञानिक सिद्धान्तों पर आधारित हो और जो हमारी नवीन सामाजिक एवं साहित्यिक चेतना का प्रतिनिधित्व करने वाली हो।" (हिन्दी गद्य की प्रवृत्तियाँ, पृ. 12) आधुनिक युग के विभिन्न काव्यान्दोलनों पर उनकी टिप्पणियाँ देखने योग्य हैं। छायावाद पर उनकी प्रतिक्रिया है, "छायावाद में कवि की आत्मानुभूति मन की गति तक सीमित है और दार्शनिक पक्ष में जिज्ञासा, कौतूहल और विस्मय तक।" (हिन्दी साहित्य का इतिहास, पृ. 296) इसी तरह प्रयोगवाद के विषय में कहते हैं, "काव्य शिल्प की दृष्टि से जिन कविताओं में अनेक नवीन बातों का समावेश हुआ उन सभी नवीन कविताओं की प्रकृति को 'प्रयोगवाद' की संज्ञा प्रदान की गई अन्यथा 'प्रयोगवाद' शब्द अपने में बेमानी है। क्योंकि 'प्रयोग' कभी 'वाद' नहीं हो सकता। और प्रत्येक काव्य प्रवृत्ति के ह्रास के बाद नवीन प्रयोग होते हैं।" (हिन्दी साहित्य का इतिहास, पृ. 321)

वार्ष्णेय जी की दृष्टि में इस्लाम के प्रति एक तरह की वितृष्णा है जिसके कारण उनकी इतिहास-दृष्टि भी प्रभावित है। वे लिखते हैं, "इस्लाम ने फिर संकीर्णता प्रकट की जिसके फलस्वरूप देश का वातावरण विषाक्त होने लगा।" (हिन्दी साहित्य का इतिहास, पृ. 112) इस तरह मुसलमानों का शासनकाल उन्हें विषाक्त

लगता है किन्तु ब्रिटिश काल आधुनिक। ब्रिटिश काल को पुनरुत्थान काल कहने में भी उन्हें संकोच नहीं है। वही ब्रिटिश काल जिसने हमें कंगाल बना दिया था।

बहरहाल, वे एक गहन गवेषक तथा साहित्य के सौन्दर्य के श्रेष्ठ पारखी समीक्षक हैं।

भगवतीप्रसाद सिंह

गोंडा जनपद (उ.प्र.) के 'अनभुला' नामक गाँव में जन्मे, काशी में शिक्षित हुए और गोरखपुर विश्वविद्यालय में अध्यापक रहे भक्ति साहित्य के मर्मज्ञ विद्वान प्रो. भगवती प्रसाद सिंह (04.03.1919-10.01.1994) का पूरा जीवन ही राम भक्ति के अनुशीलन में बीता। उनके पड़ोसी और विभागीय सहयोगी रहे डॉ. रामचन्द्र तिवारी ने लिखा है, "देखा जाए तो सन् 1937 से लेकर 1994 ई. तक का पूरा समय आपने सरस्वती की आराधना में लगा दिया था। आप की पूरी साहित्य-यात्रा पर ध्यान दिया जाए तो वह राम-भक्ति से आरम्भ होती है और राम-भक्ति में ही समाप्त भी होती है।" (शहरनामा गोरखपुर, पृ. 168) अपनी पुस्तक 'रामकाव्यधारा : अनुसन्धान और अनुचिन्तन' में डॉ. सिंह ने स्वयं लिखा है, "रामभक्ति साहित्य से मेरा सम्बन्ध चन्दन और पानी का रहा है।" उन्होंने यह भी स्वीकार किया है कि इस क्षेत्र में अनुसन्धान करने की प्रेरणा आचार्य रामचन्द्र शुक्ल और पं. चन्द्रबली पांडेय से मिली है। 'रामभक्ति में रसिक सम्प्रदाय' जैसा शोध-ग्रंथ प्रस्तुत करके डॉ. सिंह ने रामभक्ति और उससे सम्बन्धित साहित्य के अध्ययन-अनुसन्धान के लिए एक नया क्षेत्र उद्घाटित कर दिया। यह क्षेत्र था रामभक्ति में रसिक भावना का विकास और उससे सम्बन्धित लीला-प्रधान साहित्य की ओर लोगों का ध्यान आकृष्ट करना और उसका प्रामाणिक एवं अनुसन्धानपूर्ण परिचय देना।

उनकी दूसरी महत्त्वपूर्ण पुस्तक है 'मनीषी की लोकयात्रा'। यह पुस्तक महामहोपाध्याय पं. गोपीनाथ कविराज की तपोमय जीवन-गाथा एवं साहित्य साधना का प्रामाणिक दस्तावेज है।

डॉ. सिंह की अन्य आलोचनात्मक पुस्तकें हैं, 'रामभक्ति : परम्परा और साहित्य', 'महात्मा बनादास : जीवन और साहित्य', 'रामकाव्यधारा : अनुसन्धान और अनुचिन्तन', 'हिन्दी साहित्य : अनिर्दिष्ट शोधभूमियाँ', 'साहित्य और संस्कृति : कुछ अन्तर्यात्राएँ', 'कल्याणपथ निर्माता और राही', 'उभय प्रबोधक रामायण' (सं.), 'राधाकृष्ण भक्तकोश' (पाँच खंड), 'श्रीराम विश्वकोश' आदि।

इसके अतिरिक्त डॉ. सिंह ने 'भुशुंडि रामायण', 'भाईजी पावन स्मरण', 'गोरक्षदर्शन', 'तुलसीदास : व्यक्ति और रचना सन्दर्भ', 'महन्त दिग्विजयनाथ स्मृति ग्रंथ', 'स्वामी भजनानन्द अभिनन्दन ग्रंथ', 'महात्मा बनादास ग्रंथावली', 'गुरुमाहात्म्य' आदि ग्रंथों का सम्पादन किया है। इस तरह डॉ. भगवती प्रसाद सिंह का सम्पूर्ण लेखन अनुसन्धानपरक आलोचना का उत्कृष्ट उदाहरण है।

भवदेव पांडेय

गोरखपुर (उ.प्र.) जिले के 'भस्मा' नामक गाँव में जन्मे और मिर्जापुर के एक कॉलेज में अध्यापक रहे भवदेव पांडेय (07.05.1924-25.02.2011) की आलोचना-दृष्टि अनुसन्धानपरक है। उनकी प्रमुख आलोचनात्मक पुस्तकें हैं—'अन्धेर नगरी : समीक्षा की नई दृष्टि', 'अंधायुग : अधुनातन समीक्षा-दृष्टि', 'आचार्य रामचन्द्र शुक्ल : आलोचना के नए मानदंड', 'पांडेय बेचन शर्मा उग्र', 'भारतेन्दु हरिश्चन्द्र—नए परिदृश्य', बंग महिला रचना-समग्र' आदि। उन्होंने 'आलम' नाम से साहित्य अकादमी के लिए विनिबन्ध भी लिखा है। 'हिन्दी कहानी का पहला दशक' उनकी सम्पादित पुस्तक है जिसकी 'हिन्दी कहानी : विवर्त और विमर्श' शीर्षक से लिखी गई 47 पृष्ठ की भूमिका हिन्दी कहानी को समझने के लिए बहुत उपयोगी है। इसमें उन्होंने कहानियों का वर्गीकरण पाठ प्रधान और श्रोता प्रधान के रूप में किया है और लिखा है, "हिन्दी कहानी का इतिहास अथवा आलोचना लिखने वाले विमर्शवादियों द्वारा अभी तक श्रोता प्रधान कहानी और पाठ प्रधान कहानी में कोई भेद निरूपण नहीं किया गया है। इसके कारण आधुनिक कहानियों के संकलन और स्वरूप निर्धारण में काफी कठिनाइयाँ उपस्थित होती रही हैं। हालाँकि इस मुद्दे पर हिन्दी कहानी-आलोचकों का एकमत होना आज भी सम्भव नहीं है। परन्तु श्रोता प्रधान कहानी और पाठ प्रधान कहानी के सैद्धान्तिक धरातल पर अन्तर-विमर्श किया जाना तो जरूरी है ही।" (हिन्दी कहानी का पहला दशक, पृ. 12)

अपनी आलोचना की प्रकृति पर टिप्पणी करते हुए भवदेव पांडय ने लिखा है, "ऐसा विश्वास किया जाना चाहिए कि दूसरों से दृष्टि उधार लेकर मौलिक लेखन नहीं किया जा सकता। पहले की लिखी किताबों

के भाषा-बदल में भी यह सामर्थ्य नहीं है। इस पुस्तक में अधिकांशत: वे ही तथा और सन्दर्भ लिए गए हैं जो इसके पहले लिखी किताबों में नहीं थे। इसके लिए भारतेन्दु और द्विवेदी युग की पत्रिकाओं और पुरानी पुस्तकों से विशेष सहायता ली गई है। सन्दर्भ के क्रम में भारतेन्दु युग की पुस्तकों के मुख्यत: प्रथम संस्करणों को ही आधार बनाया गया है।" (भारतेन्दु हरिश्चन्द्र : ऐसी बानी बोलिए, भूमिका, पृ. 10) भवदेव पांडेय की खूबी है कि वे तथ्यों को आधार बनाकर और प्रमाणिकता पर सन्तुष्ट होकर ही निष्कर्ष प्रस्तुत करते हैं।

भवदेव पांडेय ने बंग महिला की शोधपरक जीवनी ही नहीं लिखी अपितु विस्तार में जाकर उन्होंने उन कारणों की मीमांसा भी की जिनके कारण उन्हें जीवन भर अपना नाम गुप्त रखना पड़ा। तत्कालीन भारतीय समाज में स्त्री के प्रति प्रचलित यह पुरुष-दृष्टि का प्रतिनिधि उदाहरण है। बंग महिला—राजेन्द्रबाला घोष—भारतीय नारी के उदात्त व्यक्तित्व की पक्षधर होने पर भी पश्चिमी महिलाओं के प्रति सदैव विनम्र बनी रहीं..."वे नारी को नारी-गौरव की दृष्टि से देखती रहीं। इस दृष्टि से उन्हें भौगोलिक बँटवारा पसन्द नहीं था।" (बंग महिला : नारी मुक्ति का संघर्ष, पृ. 13)

सियाराम तिवारी

मुजफ्फरपुर (बिहार) जनपद के 'नारायणपुर बुजुर्ग' नामक गाँव में जन्मे, मुजफ्फरपुर और पटना से शिक्षा ग्रहण करने के बाद शान्तिनिकेतन में अध्यापक रहे प्रो. सियाराम तिवारी (जन्म—5.12.1934) का मुख्य काम काव्यभाषा पर केन्द्रित है। उनकी अनुसन्धानपरक-दृष्टि विषय की तह तक जाती है। अपने विश्लेषण में वे सबसे पहले बुनियादी सवाल उठाते हैं और उसके अनुसन्धान में जुट जाते है। वे पूर्व स्थापित दृढ़ मान्यताओं का भी विरोध करने में संकोच नहीं करते। भारतीय भाषा परिवार के विभाजन को लेकर पहले से चली आ रही अवधारणा का विरोध करते हुए वे लिखते हैं, "तथाकथित द्रविड़ परिवार की स्वतंत्र और पृथक सत्ता विचारणीय है। भारतीय भाषाओं के सबसे बड़े वर्ग को आर्य-परिवार और द्रविड़-परिवार में विभक्त करने के आधार इतिहास का यह मत है कि आर्य लोग भारत के मूल निवासी नहीं थे। वे बाहर से आए थे। कहना नहीं होगा कि यह मत अब बहुत दूर तक खंडित हो चुका है और यह मत दिन-दिन प्रबलतर होता जा रहा है कि आर्य लोग बाहर से नहीं आए थे। इसी के साथ भाषा विज्ञान के क्षेत्र में यह विचार सामने आने लगा है कि आर्यभाषा परिवार और द्रविड़भाषा परिवार का पृथक-पृथक वर्ग मानना संगत नहीं।" (भारतीय भाषाओं की पहचान, पृ. 9) इसके बाद इस विषय की उन्होंने विस्तार से समीक्षा की है।

इसी तरह 'मैला आँचल' का विवेचन करने से पहले वे सवाल उठाते है कि "आंचलिकता के सम्बन्ध में सबसे बड़ा प्रश्न यह है कि कृति के किस तत्त्व में से माना जाए। वस्तु एवं विधान के विविध प्रकारों के आधार पर उपन्यास साहित्य के अनेक वर्ग किए गए हैं। आंचलिक उपन्यासों का एक स्वतंत्र वर्ग माना जाए या नहीं या समस्या यह है कि उसके स्वतंत्र वर्ग-निर्धारण का आधार क्या हो?" (व्यक्ति और अभिव्यक्ति, सं. रामदरश मिश्र में संकलित 'पानी के प्राचीर : आंचलिकता क्या है?' शीर्षक निबन्ध, पृ. 279)

'काव्यभाषा', 'साहित्यशास्त्र और काव्यभाषा', भारतीय भाषाओं की पहचान', 'बज्जिका भाषा और साहित्य', 'हिन्दी साहित्य : भाषिक परिदृश्य' आदि उनकी काव्य भाषा केन्द्रित पुस्तकें हैं। उन्होंने हलधरदास कृत 'सुदामाचरित' का पाठसम्पादन किया है, 'पाठानुसन्धान' शीर्षक से पाठसम्पादन की सैद्धान्तिकी का विवेचन किया है। 'सिद्धान्त अध्ययन और समस्याएँ', 'रेणु : कर्तृत्व और कृतियाँ', 'तुलसीदास का आचार्यत्व', 'हिन्दी के मध्यकालीन खंडकाव्य', 'मंझन', 'जानकीवल्लभ शास्त्री : कर्तृत्व और कृतियाँ', 'आनन्दशंकर माधवन की सारस्वत साधना', 'चिन्तन की रेखाएँ', 'सुनि आचरज करै जनि कोई', 'रोमानिया यात्रा की डायरी', 'पाटलिपुत्र से शान्तिनिकेतन', 'महामानव रवीन्द्रनाथ और अन्य निबन्ध' तथा 'जो यह पढ़े हनुमानचलीसा' जैसी पुस्तकें लिखी हैं।

कन्हैया सिंह

आजमगढ़ (उ.प्र.) जिले के 'धरवारा' नामक गाँव में जन्मे, इलाहाबाद में पढ़े-लिखे और आजमगढ़ के एक कॉलेज में प्राचार्य रहे प्रो. कन्हैया सिंह (जन्म—01.08.1935) की आलोचना का मुख्य क्षेत्र सूफी साहित्य और पाठानुसन्धान है। पाठानुसन्धान के सैद्धान्तिक पक्ष पर उनकी दो महत्त्वपूर्ण पुस्तकें हैं, 'पाठ सम्पादन के सिद्धान्त' और 'हिन्दी पाठानुसन्धान'।

अपनी पुस्तक 'हिन्दी पाठानुसन्धान' की भूमिका में वे अनुसन्धान के प्रति अपनी निष्ठा पर जोर देते हुए लिखते हैं, "इस बात का प्रयास किया गया है कि आलोच्य रचनाओं को मूल रूप में देखकर ही उनके सम्बन्ध में कुछ लिखा जाए। यह विषय कुछ दुरूह होने के कारण अपनी ओर सामान्य अध्येताओं को आकर्षित नहीं कर पाता, पर इसके कारण इस विषय की महत्ता कम नहीं होती। आधारभूत ग्रंथों का मूलपाठ ही जब तक ठीक नहीं होगा तब तक उनकी आलोचना, टीका और उन पर विचार-विमर्श कैसे साधु हो सकता है? उन विषयों पर लिखना जिन पर कुछ न लिखा गया हो भारती की सच्ची पूजा है।" (भूमिका से)

उन्होंने पाठ सम्पादन के वैज्ञानिक सिद्धान्तों का विवेचन करते हुए पाठालोचन की आवश्यकता और विशेषता के समर्थन में जो तर्क दिए हैं, वे सर्वथा स्वीकार्य हैं।

कन्हैया सिंह ने पाठानुसन्धान के न सिर्फ सैद्धान्तिक पक्ष पर काम किया है अपितु 'पदुमावति' का पाठसम्पादन करके उसे अमली जामा भी पहनाया है।

कन्हैया सिंह ने, 'हिन्दी सूफी काव्य में हिन्दू संस्कृति का चित्रण और निरूपण' विषय पर शोध किया है। शोध के साथ उनकी इस विषय में इतनी रुचि बढ़ी कि इसी विषय पर उन्होंने अन्य पाँच पुस्तकों का सृजन किया। वे पुस्तकें हैं, 'हिन्दी सूफी काव्य में हिन्दू संस्कृति', 'सूफी मत', 'युगद्रष्टा महाकवि मलिक मुहम्मद जायसी', 'सूफी काव्य : सांस्कृतिक अनुशीलन' और 'उदार इस्लाम का सूफी चेहरा'। श्रीराम वर्मा के अनुसार उनका पूरा शोध यह सिद्ध करता है कि "हिन्दू संस्कृति ने अपनी ग्रहणशीलता के कारण सभी संस्कृतियों के उदात्त तत्त्वों को ग्रहण कर लिया है और अपने समन्वित रूप में वह सभी की प्रतिनिधि संस्कृति है भी।" (काली मिट्टी पर पारे की रेखा, पृ. 32)

अपने शोध में कन्हैया सिंह की स्थापनाएँ हैं, "पदुमावति की कथा में मानवता की उस बड़ी जमीन की तलाश है जहाँ साम्प्रदायिक संकीर्णता की क्षुद्र धाराएँ एक शान्त शीतल महासमुद्र में बदल जाती हैं।" (मलिक मुहम्मद जायसी, पृ. 35) "पदुमावति भारतीयता का महाकाव्य है।" (पृ. 36) "जायसी ने भारतीय संस्कृति का मूर्त चित्र खीचा है, जो उदात्त और राष्ट्रीय धारा का अनुकरणीय आदर्श है।" (पृ. 36) "उन्होंने कभी हिन्दू और मुसलमान में बँटकर, विभाजित होकर या खंडित होकर कुछ नहीं कहा, प्रत्युत उनका सारा कथन समग्रता का शंखनाद था।" (पृ. 37)

महापंडित राहुल सांकृत्यायन पर उनकी दो किताबें हैं, 'राहुल सांकृत्यायन' और 'राहुल सांकृत्यायन : समग्र अनुशीलन'। पुस्तक की भूमिका में वे लिखते हैं, "राहुल अपने लेखन में जितने उत्कृष्ट और निष्णात थे, उतने ही विवादास्पद भी थे। वैष्णव से बौद्ध, बौद्ध से मार्क्सवादी और मार्क्सवादी से राष्ट्रवादी यह उनके जीवन के तीन चरण हैं।" (उद्धृत, उपर्युक्त,पृ. 157)

यहाँ डॉ. सिंह ने राहुल के अन्तिम दिनों में राष्ट्रवादी होने की जो बात लिखी है उसके पीछे उनका 'सांस्कृतिक राष्ट्रवाद' का दर्शन है। सच यह है कि राहुल अपने अन्तिम दिनों तक साम्यवादी ही बने रहे। उनके अन्तिम दिनों में जब उन्हें फिर से कम्यूनिस्ट पार्टी का सदस्य बना लिया गया तो उन्होंने अत्यन्त हर्ष के साथ अपनी डायरी में लिखा था, "अब मेरी पार्टी मुझसे न छूटे।" क्या डॉ. सिंह यह कहना चाहते हैं कि वैष्णव, बौद्ध या मार्क्सवादी व्यक्ति राष्ट्रवादी नहीं होता है?

डॉ. कन्हैया सिंह के श्रेणी निर्धारण में मुझे बड़ी असुविधा हुई। वे अपने विद्यार्थी जीवन से ही आरएसएस से जुड़े हैं, विचारधारा के स्तर पर संघवादी या हिन्दुत्ववादी कहे जा सकते हैं। मैंने उन्हें हिन्दुत्ववादी आलोचकों की श्रेणी में रखना चाहा किन्तु जब उनके लेखन का गम्भीरता के साथ अध्ययन किया तो मुझे उनके विशाल लेखन में कहीं भी साम्प्रदायिक संकीर्णता नहीं दिखी। अपने लेखन में वे बेहद तटस्थ हैं। ऐसी दशा में उन्हें हिन्दुत्ववादी आलोचकों की पंक्ति में रखना न्यायसंगत नहीं लगा।

इतना ही नहीं, उन्होंने पाठानुसन्धान पर जो काम किया है और 'पदुमावति' का पाठ सम्पादन किया है, उसे देखकर कोई चाहे तो उन्हें पाठालोचकों की श्रेणी में भी रख सकता है। इस विषय पर भी मैंने बार-बार विचार किया किन्तु अन्त में अनुसन्धान के प्रति उनकी निष्ठा और समर्पण को देखते हुए अनुसन्धानपरक आलोचकों में शामिल करना मुझे निरापद लगा।

कन्हैया सिंह की चालीस से अधिक पुस्तकें प्रकाशित हैं। उनकी अन्य पुस्तकें हैं, 'हिन्दी भाषा', 'हिन्दी भाषा : साहित्य और लिपि', 'मध्यकालीन अवधी का विकास', 'काव्यांग कौमुदी', 'राहुल सांकृत्यायन',

'आचार्य रामचन्द्र शुक्ल', 'महाकवि अयोध्यासिंह उपाध्याय हरिऔध', 'साहित्य और संस्कृति', 'पूर्वी उत्तर प्रदेश के संतकवि', आदि।

रामनिरंजन परिमलेन्दु

पुरानी पीढ़ी के गिने-चुने महान अनुसन्धानकर्ताओं की तरह नि:स्वार्थ भाव से एकान्त साधना करने वालों में रामनिरंजन परिमलेन्दु (24.8.1935-29.9.2020) का नाम अनुसन्धानपरक आलोचना के क्षेत्र में अतुलनीय है। वे बिहार विश्वविद्यालय मुजफ्फरपुर के हिन्दी विभागाध्यक्ष के पद से अवकाश ग्रहण करने के बाद गया में रहकर अपने अध्ययन और अनुसन्धान के कार्य में संलग्न थे। उन्होंने अपने अनुसन्धान के क्रम में हमेशा मूल सामग्री का ही प्रयोग किया है। अपने एक पत्र में उन्होंने हमें लिखा है कि "जिस विषय पर अब तक किसी ने नहीं लिखा अथवा जो लिखा गया वह भ्रान्तिपूर्ण था, उसी विषय पर मैं लिखता हूँ। हिन्दी साहित्य के इतिहास की टूटी कड़ियों को जोड़ने का काम मैं करता हूँ।" 'देवनागरी लिपि आन्दोलन का इतिहास', 'भारतेन्दुकाल के भूले-बिसरे कवि और उनका काव्य', 'खड़ी बोली का पद्य', 'भारतेन्दुकाल का अल्पज्ञात हिन्दी गद्य साहित्य', 'देवनागरी लिपि और हिन्दी : संघर्षों की ऐतिहासिक यात्रा', 'अयोध्या प्रसाद खत्री' आदि उनके प्रमुख अनुसन्धानपरक आलोचना ग्रंथ हैं। उन्होंने विश्वनाथ सिंह लिखित 'आनन्द रघुनन्दन' का सम्पादन किया है और उसे हिन्दी का पहला नाटक माना है। अयोध्या प्रसाद खत्री, मोहनलाल महतो 'वियोगी' तथा बदरीनारायण चौधरी 'प्रेमघन' पर उन्होंने साहित्य अकादमी के लिए विनिबन्ध लिखा है।

'भारतेन्दुकाल के भूले-बिसरे कवि और उनका काव्य' नामक पुस्तक को नागरी प्रचारिणी सभा, वाराणसी ने प्रकाशित किया है। इस पुस्तक की 'प्रकाशिका' सुधाकर पांडेय ने लिखी है। उन्होंने परिमलेन्दु जी के विद्या-व्यसन और अनुसन्धान के प्रति उनके समर्पण और निष्ठा का उल्लेख करते हुए लिखा है, "गाँव-गाँव, मठ-मठ, भूतपूर्व नरेशों और जमींदारों के संग्रहों और पुस्तकालयों में वर्षों तक घूम-घूम कर उन्होंने इस काल के साहित्यकारों का अध्ययन किया है और उनका विशेष रूप से अध्ययन किया है जो हिन्दी साहित्य के इतिहासकारों की दृष्टि से ओझल या अदृश्य रहे हैं।" (प्रकाशिका) इसी तरह अपनी पुस्तक 'खड़ी बोली का पद्य' में परिमलेन्दु जी ने पर्याप्त प्रमाणों से साबित किया है कि "महेश नारायण (1858-1907) की 'स्वप्न' शीर्षक लम्बी कविता खड़ी बोली हिन्दी में रचित सर्वप्रथम लम्बी कविता है। (भूमिका, पृ. 8) इतना ही नहीं, उन्होंने अन्यत्र लिखा है, "खड़ी बोली का पद्य (पहिला भाग)' में महेश नारायण की कविता 'स्वप्न' उनकी एकमात्र उपलब्ध कविता है। किन्तु मात्र एक कविता ही इस कवि को अमरत्व प्रदान करने के लिए यथेष्ठ है। हिन्दी कविता में मुक्त छंद का प्रथम प्रयोग 'स्वप्न' शीर्षक कविता में हुआ, जिसका प्रथम धारावाहिक प्रकाशन 1881 में पटना से प्रकाशित हिन्दी साप्ताहिक पत्र 'बिहार बन्धु' के विभिन्न अंकों में 13 अक्टूबर, 1881 से 15 दिसम्बर, 1881 तक हुआ था।" (खड़ी बोली का पद्य, भूमिका, पृ. 18)

'देवनागरी लिपि आन्दोलन का इतिहास' 756 पृष्ठों का एक विशालकाय और इस विषय पर सर्वाधिक प्रामाणिक ग्रंथ है। यह भारत में ईस्ट इंडिया कम्पनी के शासन काल से अद्यतनकाल तक राष्ट्रीय परिप्रेक्ष्य में शासकीय और अशासकीय स्तरों पर देवनागरी लिपि के प्रचलन हेतु किए गए अहिंसक आन्दोलन का सम्पूर्ण दस्तावेज है।

इस पुस्तक में स्वतंत्रता से पूर्व देशी रजवाड़ों में देवनागरी लिपि के प्रयोग एवं प्रचलन की प्रक्रिया, इस आन्दोलन में उन्नीसवीं शताब्दी के उत्तरार्ध की प्रमुख हिन्दी पत्र-पत्रिकाओं की सक्रिय भूमिका और बिहार लिपि आन्दोलन के बारे में तो बताया ही गया है साथ ही देवनागरी लिपि के विषय में महात्मा गांधी के विचारों और उनके बाद काका कालेलकर, जवाहरलाल नेहरू, राजेन्द्र प्रसाद तथा स्वतंत्रता के बाद विनोबा भावे के देवनागरी लिपि एवं विश्व नागरी सिद्धान्त को अत्यन्त प्रामाणिकता के साथ प्रस्तुत किया गया है।

इस पुस्तक से पाठक राष्ट्रीय स्तर पर देवनागरी लिपि के प्रचलन, उन्नयन, संवर्धन और मानकीकरण हेतु किए गए भगीरथ प्रयत्नों और इससे राष्ट्रीय स्तर पर देवनागरी लिपि के सार्थक जनोपयोगी स्वरूप को व्यापक रूप से समझ सकेंगे। उन्नीसवीं शताब्दी के उत्तरार्ध में देवनागरी लिपि आन्दोलन, सम्पूर्ण राष्ट्रीय स्तर पर विभिन्न भारतीय भाषाओं के देवनागरी लिप्यंतरण हेतु हिन्दी और हिन्दीतर विचारकों, चिन्तकों, लेखकों, न्यायविदों, बुद्धिजीवियों आदि की वैचारिक आन्दोलन-धर्मिता का लिखित प्रामाणिक विवरण इस ग्रंथ में उपलब्ध है। इस पुस्तक में उन्नीसवीं शती के अन्तिम चरण के विस्मृत हिन्दी नाटकों के अवदान का

अनुशीलन भी किया गया है। बिहार का लिपि आन्दोलन एक अछूता विषय है, जिसका अध्ययन-अनुशीलन मूल रूप से बिहार के हिन्दी साप्ताहिक पत्र 'बिहार बन्धु' के दुर्लभ अंकों तथा अन्य प्राथमिक स्रोतों के आधार पर पहली बार किया गया है। बिहार का लिपि आन्दोलन बिहारेतर क्षेत्रों से भिन्न और बिहारेतर लिपि आन्दोलन का प्रेरणा स्रोत था।" (फ्लैप से)

इसी तरह परिमलेन्दु जी ने आचार्य रामचन्द्र शुक्ल का 'पहला हिन्दी साहित्य का इतिहास (हिन्दी साहित्य का विकास)' अपनी 42 पृष्ठ की भूमिका के साथ सम्पादित किया है। इस ग्रंथ से 'हिन्दी शब्द सागर' के सम्पादन और उसकी भूमिका लिखे जाने के दौरान छिपे अनेक रहस्यों, रोचक प्रसंगों तथा बाबू श्यामसुन्दर दास और आचार्य रामचन्द्र शुक्ल के बीच के सम्बन्धों का पता चलता है।

निस्सन्देह डॉ. रामनिरंजन परिमलेन्दु युग की प्रवृत्तियों से अलग, अपने धुन में मगन रहने वाले सर्वथा भिन्न किस्म के अनुसन्धानकर्ता थे।

वीर भारत तलवार

जमशेदपुर के एक शिक्षित मजदूर परिवार में जन्मे, काशी एवं जवाहरलाल नेहरू यूनिवर्सिटी से शिक्षा ग्रहण करने के बाद जेएनयू में अध्यापक रहे वीर भारत तलवार (जन्म—20.9.1947) हिन्दी के गम्भीर अध्येता, शोधार्थी और आलोचक हैं। वे चुपचाप अपना काम करने में विश्वास करते हैं। प्रचार के किसी हथकंडे का इस्तेमाल किए बिना वे सिर्फ अपने अनुसन्धान कार्य की गुणवत्ता के बल पर जाने जाते हैं। मार्क्सवादी दृष्टिसम्पन्न वीर भारत तलवार की आलोचना शोधपूर्ण एवं वस्तुनिष्ठ है। हिन्दी आलोचना में अपने लिए उन्होंने अलग राह निकाली है। बड़े नामों से आतंकित हुए बिना वे न सिर्फ उनकी स्थापनाओं से असहमति प्रकट करने का साहस रखते हैं बल्कि अपनी असहमति और अपनी स्थापनाओं को पूरे तथ्यों और तर्कों के साथ प्रमाणित करने की कोशिश भी करते हैं। उनकी आलोचना में जितनी गम्भीरता और ईमानदारी होती है उतना ही अध्ययन और परिश्रम भी झलकता है। हिन्दी नवजागरण पर उनका काम बहुत महत्त्वपूर्ण है। रामविलास शर्मा के बाद उन्होंने हिन्दी नवजागरण सम्बन्धी बहस को नई दृष्टि से देखा है। यद्यपि उनके शोध-निष्कर्षों और विश्लेषण की पद्धति से अधिकांश आलोचकों को असहमति है। भारतेन्दु सम्बन्धी उनके मूल्यांकन को पचा पाना आसान भी नहीं है। फिर भी हिन्दी नवजागरण सम्बन्धी बहस को आगे बढ़ाने में उनकी भूमिका बेहद महत्त्वपूर्ण है।

'किसान राष्ट्रीय आन्दोलन और प्रेमचन्द', 'राष्ट्रीय नवजागरण और साहित्य : कुछ प्रसंग, कुछ प्रवृत्तियाँ', 'हिन्दू नवजागरण की विचारधारा : सत्यार्थ प्रकाश समालोचना का एक प्रयास', 'रस्साकसी : 19वीं सदी का नवजागरण और पश्चिमोत्तर प्रान्त', 'राजा शिवप्रसाद सितारेहिन्द', 'सामना : रामविलास शर्मा की विवेचन पद्धति और मार्क्सवाद तथा अन्य निबन्ध' आदि उनकी प्रमुख आलोचनात्मक पुस्तकें हैं।

हिन्दी नवजागरण सम्बन्धी उनकी स्थापनाएँ उनकी पुस्तक 'रस्साकसी : उन्नीसवीं सदी का नवजागरण और पश्चिमोत्तर प्रान्त' में व्यक्त हुई हैं। उनकी स्थापना है कि "उन्नीसवीं सदी का भारतीय नवजागरण धर्म और समाज को सुधारने के महान साहसिक प्रयासों के रूप में शुरू हुआ था, जो करीब पचास सालों तक बंगाल और महाराष्ट्र के भद्रवर्गीय प्रबुद्ध समाज में हलचल मचाता रहा। लेकिन फिर उसके खिलाफ हिन्दू-प्रतिक्रिया की शक्तियाँ प्रबल रूप से उठ खड़ी हुईं और पश्चिमोत्तर प्रान्त में जो भी और जैसा भी नवजागरण आया, दुर्भाग्य से वह इसी दौर में आया, जिसे कुछ हिन्दी लेखकों ने 'हिन्दी नवजागरण' कहा है।" (पुस्तक के फ्लैप से) डॉ. तलवार पूरे साहस के साथ इस मत का खंडन करते हैं और कहते हैं कि वास्तव में इसका नाम 'हिन्दी आन्दोलन' होना चाहिए क्योंकि इस आन्दोलन के नेताओं का लक्ष्य यही था। भारतीय नवजागरण मुख्यत: धर्म और समाज के सुधार का आन्दोलन था जबकि हिन्दी पट्टी के लोग, "धर्म के परम्परागत स्वरूप में बुनियादी सुधारों का विरोध करते थे। सामाजिक सुधारों के मामले में सबसे प्रधान मुद्दे—स्त्री प्रश्न—पर उनका नजरिया पिछड़ा हुआ और दुविधाग्रस्त था। आर्यसमाज या ब्राह्मो समाज की तरह उन्होंने स्त्रीशिक्षा का उत्साहपूर्ण आन्दोलन कभी नहीं चलाया। बालविवाह का विरोध करते हुए भी उन्होंने उसके खिलाफ कोई कारगर कदम नहीं उठाया। विधवा विवाह के प्रश्न पर, एकाध अपवाद को छोड़कर या तो वे इसके विरोधी रहे या दुविधाग्रस्त।" (फ्लैप से)

रामविलास शर्मा के अलावा भी हिन्दी नवजागरण पर कर्मेन्दु शिशिर और शम्भुनाथ जैसे कई आलोचकों ने गम्भीर काम किया है और ज्यादातर लोगों की स्थापनाएँ डॉ. तलवार की स्थापनाओं से कई अर्थों में

भिन्न हैं। वैसे भी हिन्दी नवजागरण की प्रकृति बांग्ला नवजागरण या मराठी नवजागरण की प्रकृति से अलग है क्योंकि यहाँ की परिस्थितियाँ अलग थीं और साम्राज्यवादियों द्वारा यहाँ शोषण का तरीका भी अलग था। हिन्दी नवजारण के केन्द्र में 1857 का स्वाधीनता संग्राम था जो सीधे ब्रिटिश साम्राज्यवाद के विरुद्ध था जबकि बांग्ला नवजागरण ब्रिटिश साम्राज्यवाद के विरुद्ध नहीं था। हिन्दू-मुस्लिम, ब्राह्मण-शूद्र सभी ने मिलकर 1857 की लड़ाई लड़ी थी जबकि बांग्ला नवजागरण सवर्ण हिन्दुओं द्वारा चलाया गया हिन्दुओं के सुधार का आन्दोलन था। बांग्ला नवजागरण के केन्द्र में बुद्धिवाद था जबकि हिन्दी नवजागरण के केन्द्र में राष्ट्रवाद।

इन सबके बावजूद डॉ. तलवार के सवाल अपनी जगह हैं कि आखिर, "क्यों हिन्दी भाषी समाज में कोई विद्यासागर या ज्योतिबा फुले नहीं मिलता? यहाँ के नवजागरण में शिक्षा के आन्दोलन ने क्यों किसी द्वारकानाथ गांगुली और देवराज को, किसी कादंबिनी और सावित्री बाई को पैदा नहीं किया? आर्य समाज आन्दोलन का भी जैसा क्रान्तिकारी सुधारक रूप पंजाब में दिखता है, वैसा हिन्दी-उर्दू प्रदेश में, खासकर बनारस जैसे पूर्वी उत्तर प्रदेश के जिलों और बिहार में क्यों नहीं दिखता?" (रस्साकसी, पृ. 54)

वीर भारत तलवार की दूसरी महत्त्वपूर्ण पुस्तक 'सामना : रामविलास शर्मा की विवेचन पद्धति और मार्क्सवाद तथा अन्य निबन्ध' है। पुस्तक के शीर्षक से ही स्पष्ट है कि पुस्तक रामविलास शर्मा की आलोचना पद्धति पर मुख्य रूप से केन्द्रित है। इसमें चार बड़े आलोचनात्मक लेख वास्तव में रामविलास शर्मा की पुस्तक 'मार्क्स और पिछड़े हुए समाज' की विस्तृत आलोचना हैं। पुस्तक में संकलित अन्य हिस्सों में उनके पिछले चालीस वर्षों में समय-समय पर लिखे गए विविध विषयों पर आलोचनात्मक लेख, इंटरव्यू और संस्मरण हैं। इसमें निर्मल वर्मा की कहानियाँ, अमृत राय द्वारा लिखी प्रेमचन्द की जीवनी 'कलम का सिपाही' की कमलकिशोर गोयनका द्वारा की गई समीक्षा की समीक्षा, सन् 60 के बाद की कहानियाँ, प्रेमचन्द-शरच्चन्द विवाद, चेखव की कहानियाँ, किसान आन्दोलन आदि पर केन्द्रित सामग्री तथा यशपाल और उत्पल दत्त के इंटरव्यू आदि शामिल हैं। इस पुस्तक से वीर भारत तलवार की विचार-यात्रा का भी पता चलता है और आलोचनात्मक दृष्टि का भी।

इस पुस्तक के पहले ही लेख से जो 'आचार्य हजारीप्रसाद द्विवेदी की इतिहास दृष्टि' पर केन्द्रित है, डॉ. तलवार की पैनी समीक्षा-दृष्टि का पता चलता है, वे लिखते हैं, "द्विवेदी जी के इतिहास लेखन का सबसे शक्तिशाली पक्ष नाथ सिद्धों और निर्गुण संतों के साहित्य की बिलकुल नई व्याख्या है। यहीं उनकी दृष्टि सबसे सार्थक प्रतीत होती है। इस साहित्य को उन्होंने बौद्धकाल से चली आ रही ब्राह्मणवाद विरोधी विचारधारा से जोड़कर देखा। शुक्ल जी की मान्यताओं का विरोध करते हुए इस साहित्य को खुद उत्पीड़ित जातियों की अपनी स्थिति के आधार पर, न कि शिक्षित वर्ग की दृष्टि से, समझने का प्रयास करके द्विवेदी जी ने अनजाने में ही उस तरह की दृष्टि का पहला संकेत दिया, जिसे आजकल सबाल्टर्न अध्ययन-दृष्टि के नाम से जाना जाता है।" (सामना, पृ. 14)

वीर भारत तलवार ने राजा शिवप्रसाद सितारेहिन्द पर साहित्य अकादमी के लिए विनिबन्ध भी लिखा है। मात्र 78 पृष्ठों का यह विनिबन्ध उनकी बेहतरीन शोधदृष्टि का उदाहरण है। 2019 में जब मैं बनारस गया था तो राजा शिवप्रसाद सितारेहिन्द का घर देखने भी गया। वहाँ शिवप्रसाद सितारेहिन्द के परिवार के लोगों से पता चला कि वीर भारत तलवार अपने अध्ययन के सिलसिले में उनके यहाँ गए थे और एक सप्ताह तक रुककर वहाँ अध्ययन किया था। इससे अध्ययन के प्रति उनकी निष्ठा का पता चलता है।

अपने जीवन के आरम्भिक दिनों में वीर भारत तलवार नक्सलवादी आन्दोलन से जुड़े रहे। 1970 का पूरा दशक उन्होंने नक्सलबाड़ी आन्दोलन में पूर्णकालिक राजनीतिक कार्यकर्ता के रूप में बिताया। इसीलिए आदिवासी साहित्य और समाज पर उनके द्वारा लिखा गया साहित्य अत्यन्त प्रामाणिक है। 'नक्सलबाड़ी के दौर में' उनकी एक महत्त्वपूर्ण पुस्तक भी है। झारखंड के उनके अनुभव उनकी पुस्तक, 'झारखंड के आदिवासियों के बीच : एक ऐक्टिविस्ट के नोट्स' शीर्षक से प्रकाशित है। इस दौरान उन्होंने 'फिलहाल' (पटना), 'शालपत्र' (धनबाद) तथा 'झारखंड वार्ता' (राँची) नाम की पत्रिकाओं का सम्पादन और प्रकाशन किया। राँची विश्वविद्यालय में आदिवासी भाषाओं का विभाग खुलवाने के लिए भी उन्होंने आन्दोलन किया था। यह सब उनकी सामाजिक-राजनीतिक चेतना का परिचायक है।

ओमप्रकाश सिंह

जौनपुर (उ.प्र) जिले के टड़वाँ नामक गाँव में जन्मे, काशी हिन्दू विश्वविद्यालय से उच्च शिक्षा ग्रहण करके जेएनयू में अध्यापन कर रहे ओमप्रकाश सिंह (जन्म—20.08.1958) की पहचान संपादन में आलोचकीय विवेक के कारण अधिक है। उनकी आलोचना-दृष्टि भी मुख्यत: अनुसंधानपरक है। 'प्रमुख हिन्दी कवि और काव्य : आदिकाल और भक्तिकाल', 'प्रमुख हिन्दी कवि और काव्य : रीतिकाल', 'प्रेमचंद के कथा साहित्य में हिन्दू-मुस्लिम सम्बन्ध', 'प्रेमचंदोत्तर कथा साहित्य और साम्प्रदायिक समस्याएँ', 'आधुनिक काव्यधारा : विचार और दृष्टि', 'हिन्दी के ऐतिहासिक उपन्यासों में इतिहास और कल्पना' आदि उनकी चर्चित आलोचनात्मक पुस्तकें हैं। इन पुस्तकों में मूल स्रोतों-पाठों के प्रति गम्भीर रुझान और अनुसन्धान के माध्यम से तथ्यों की पड़ताल करने का प्रयास सहज ही चिह्नित किया जा सकता है।

शोध के प्रति उनकी इस दृष्टि ने उन्हें समय के प्रवाह में विस्मृत कर दी गई हिन्दी और दूसरी भारतीय भाषाओं की कई महत्त्वपूर्ण पुस्तकों को पाठकों के समक्ष पुन: प्रस्तुत करने के लिए प्रेरित किया। उनकी आलोचना को उनकी संपादन कला विशिष्ट बनाती है। संपादन-कला में जिस तरह के आलोचकीय विवेक का उन्होंने परिचय दिया है वह अन्यतम है। भारतेन्दु हरिश्चंद्र ग्रंथावली (छह भाग), आचार्य रामचंद्र शुक्ल ग्रंथावली (आठ भाग) तथा जयशंकर प्रसाद ग्रंथावली (सात भाग) का बहुत प्रामाणिक संपादन करके उन्होंने संपादन के क्षेत्र में ऐतिहासिक कार्य किया है। इन पुस्तकों की भूमिकाएँ इन लेखकों की साहित्यिक प्रवृत्तियों को समझने की अलग आलोचनात्मक अन्तर्दृष्टि देती हैं। इसके अतिरिक्त उन्होंने समकालीन उपन्यासों, इतिहास-ग्रंथों, भक्तियुगीन रचनाओं, प्रेरक सामाजिक-राजनैतिक व्यक्तित्वों से सरोकार रखने वाली रचनाओं का भी संपादन किया है। उपन्यास का वर्तमान, पाठ और पाठ्यक्रम, प्रताप नारायण मिश्र संचयिता, आचार्य नरेन्द्रदेव ग्रंथावली, आचार्य रामचंद्र शुक्ल: वैचारिक परिभूमि, चौरासी वैष्णवन की वार्ता, चिन्तामणि (भाग 4) आदि उनकी अन्य महत्त्वपूर्ण संपादित पुस्तकें हैं।

ओमप्रकाश सिंह की आलोचना दृष्टि लोकतांत्रिक और प्रगतिशील है। हमारे समय के यथार्थ को वे अच्छी तरह समझते हैं। आचार्य रामचंद्र शुक्ल को वे हिन्दी आलोचना का पहला व्यवस्थित आलोचक मानते हैं। उनका यहाँ तक कहना है कि हिन्दी सैद्धान्तिक आलोचना के वे पहले और अन्तिम आलोचक हैं और शुक्ल जी के बाद हिन्दी में सैद्धान्तिक आलोचना के बारे में किसी ने कुछ नहीं लिखा, उन्हें दोहराया तक नहीं। शुक्ल जी की दृष्टि की व्यापकता के सन्दर्भ में वे लिखते हैं कि ''शुक्ल जी के चिन्तन का दायरा विस्तृत था। वे वैज्ञानिक ढंग से विश्वबोध की भावना से युक्त थे। यही कारण है कि वे पूर्व तथा पश्चिम के हर उस ज्ञान का समर्थन करते हैं जो उनके काव्य विवेक पर खरा उतरता है। उन्हें परम्परा उसी बिन्दु तक ग्राह्य है जहाँ तक वह वैज्ञानिक धरातल पर खरी है।" (आचार्य रामचंद्र शुक्ल ग्रंथावली, भूमिका, पृ. xxxvii)

सामग्री की अनुपलब्धता के कारण भारतेंदु के सन्दर्भ में जो मनमाने निष्कर्ष निकाले जाते रहे हैं, भारतेंदु ग्रंथावली की भूमिका में उनका सबल तर्कों और अलग-अलग पुस्तकालयों से परिश्रमपूर्वक इकट्ठा की गई सामग्री के आधार पर निराकरण किया गया है। इसी तरह प्रसाद ग्रंथावली के संपादन के क्रम में यह खयाल रखा गया है कि उसी पाठ को संकलित किया जाए जिसे प्रसाद ने सबसे अधिक उपयुक्त समझा हो और सबसे आखिर में स्थिर किया हो। इस ग्रंथावली की सबसे बड़ी उपलब्धियों में से एक है—वनवासिनीबाला जैसी बड़ी कविता और वभ्रुवाहन जैसे नाटक का संकलन जो अभी तक संपादकों की नजर से छूटी हुई थीं। पूर्व प्रकाशित ग्रंथावलियाँ पत्र साहित्य के संकलन की दृष्टि से भी निराश करती हैं, लेकिन इसमें प्रयास किया गया है कि यथासम्भव जयशंकर प्रसाद का पत्र साहित्य भी उपलब्ध हो सके।

इसके साथ ही समकालीन समय पर भी उनकी नजर बनी हुई है। समकालीन उपन्यासों पर विचार करते हुए हमारे समय की स्थितियों पर वे टिप्पणी करते हैं कि "समकालीन उपन्यासों में विकास के छलावे और विस्थापन की व्यथा की अभिव्यक्ति बड़े पैमाने पर हुई है और निरन्तर हो रही है। नवउपनिवेशवाद और वैश्वीकरण ने पूँजी का जो खेल खेला है उसने पिछले दशकों में बड़े पैमाने पर आम जन को अपना शिकार बनाया है। विकास के नाम पर लोगों के जल, जंगल, जमीन छीन लिए जा रहे हैं और मुआवजे के नाम पर उन्हें धेला भी नसीब नहीं हो रहा, जो विकास हो रहा है वह भी कुछ मुट्ठी भर लोगों को फायदा पहुँचाने के लिए। समकालीन उपन्यासकारों ने इस मकड़जाल को बारीकी से चित्रित करने का प्रयास किया है।" (उपन्यास का वर्तमान, भूमिका, पृ. xi)

आज भी ओमप्रकाश सिंह निरन्तर अपने आलोचना-कर्म और संपादन सम्बन्धी गतिविधियों में संलग्न हैं।

राजकुमार

कौशाम्बी (उ.प्र.) में जन्मे और काशी हिन्दू विश्वविद्यालय में शिक्षण कार्य कर रहे प्रो. राजकुमार (जन्म—15.07.1961) के आलोचना कर्म में भी अनुसन्धानपरक आलोचना की वृत्ति दिखाई देती है। 'हिन्दी साहित्य का चौथा दशक', 'हिन्दी की साहित्यिक संस्कृति और प्रेमचन्द' आदि उनकी प्रकाशित आलोचनात्मक कृतियाँ हैं। 'हिन्दी की साहित्यिक संस्कृति और प्रेमचन्द' पुस्तक में हिन्दी की शक्ति, हिन्दी का जातीय साहित्य, इतिहास तथा स्वाधीनता जैसे विषयों पर विचार किया गया है। हिन्दी नवजागण तथा राष्ट्रवाद पर उन्होंने नई दृष्टि से विचार किया है। हिन्दी नवजागरण की परिकल्पना पर विचार करते हुए वे लिखते हैं,

"हिन्दी नवजागरण की अवधारणा ज्ञान के विशेष पैराडाइम के अन्तर्गत, जिसे सुविधा के लिए औपनिवेशिक आधुनिकता का पैराडाइम कह सकते हैं, गढ़ी गई थी। आधुनिकता की ज्ञानमीमांसा के निकष पर ही समस्याएँ चिह्नित की गईं और उसी के अनुरूप समाधान सुझाए गए। इक्कीसवीं सदी तक आते-आते ज्ञान का यह पैराडाइम बदल गया। पैराडाइम बदलते ही समस्याओं की पहचान और उनके समाधान के स्वरूप में भी बदलाव आ गया। उन्नीसवीं सदी में जन्मी विचारधाराओं को यथावत् दुहराकर न तो आज की समस्यायों की सम्यक पहचान सम्भव है और न ही उसका समाधान। इसलिए हिन्दी नवजागरण की परिकल्पना और उसके द्वारा सुझाए गए विकल्पों पर नए सिरे से विचार करने की जरूरत है।" ('हिन्दी समय' में संकलित 'हिन्दी नवजागरण की परिकल्पना पर पुनर्विचार की जरूरत' शीर्षक लेख से)

नंदकिशोर पांडेय

सीवान (बिहार) जिले के 'भाँटी' नामक गाँव में जन्मे, काशी में पढ़े-लिखे नंदकिशोर पांडेय (जन्म—06.06.1965) भक्तिकाव्य के विशेषज्ञ हैं। 'संत साहित्य की समझ' और 'संत रज्जब' शीर्षक उनकी आलोचनात्मक पुस्तकें हैं। संत रज्जब की चर्चा आमतौर पर बहुत कम होती है। वे दादू के शिष्यों में से हैं। उनके महत्त्व का आकलन करते हुए नंदकिशोर पांडेय लिखते हैं, "रज्जब ने संग्रह, संपादन की नई तकनीक विकसित की। सम्पूर्ण संत साहित्य को रागों और अंगों में विभाजित किया। विभिन्न अंगों में सम्बन्धित विषय की साखियाँ चुन-चुनकर रखी गईं। यह बहुत बड़ा काम था। रज्जब ने यह काम तब किया जब अपने ही लिखे के संरक्षण की बात बहुत मुश्किल थी। रज्जब के संकलन में एक, दो, दस नहीं, 137 कवि हैं...ग्रंथों के ग्रंथन की एक सर्वथा नूतन पद्धति 'अंग' को अंगीकृत कर रज्जब ने संकलन-संपादन के क्षेत्र में मौलिक कार्य किया है।" (फ्लैप से)

'संत साहित्य की समझ' भी नंदकिशोर पांडेय का एक महत्त्वपूर्ण शोध कार्य है। उनके अनुसार, "प्रभूत संत साहित्य काव्यालोचन की रूढ़ शास्त्रीय परम्पराओं से दग्ध होकर नष्ट न हो जाए, इसलिए भक्तमाल, वार्ता, बात, ख्यात, टीका, तिलक, परची, परिचयी, पद-प्रसंग तथा गोष्ठी-ग्रंथ लिखकर प्रमुख संत कवियों के महत्त्व को समझाया गया। संतों के साहित्य को समझने के लिए यह परम्परा एक जीवित परम्परा है। आधुनिक शिक्षा जगत में जब अध्ययन और गवेषणा की परम्परा बनी, तब आधुनिक जगत का इस परम्परा से सम्बन्ध नही रह गया। इन्हें उस शब्दार्थ विद्या से जोड़ा गया, जो संस्कृत शास्त्रों से आई थी या पाश्चात्य समीक्षा-सिद्धान्तों के भीतर जिसका परिकल्पन किया गया था। संतों के साहित्य से सम्बन्धित पाठ, प्रचार या अर्थ-दोहन की जो पद्धतियाँ थीं, उसे गल्प मानकर छोड़ दिया गया।" (फ्लैप से)

इस पुस्तक में संत साहित्य की विवेचना के लिए मध्यकाल में संतों द्वारा आविष्कृत आलोचना, विवेचना के तत्त्वों तथा दर्शनशास्त्र और संगीत की राग-रागिनियों को ध्यान में रखकर संत-साहित्य को सही ढंग से समझने का प्रयास किया गया है। नंदकिशोर पांडेय ने अपने अध्ययन में अनुसंधान की वैज्ञानिक प्रणाली का पूरी निष्ठा से अनुपालन किया है।

केन्द्रीय हिन्दी संस्थान, आगरा के निदेशक के रूप में नंदकिशोर पांडेय ने पूर्वोत्तर की भाषाओं से हिन्दी को जोड़ने की दिशा में सराहनीय कार्य किया है। उन्होंने भाषा के तकनीकी विषयों, शिक्षण सम्बन्धी एवं जनजातीय भाषाओं के दर्जनों कोश तैयार कराए हैं और अनेक का संपादन किया है। संस्थान से एक साथ निकलने वाली आठ पत्रिकाओं के उत्कृष्ट संपादकीय लिखना और उन्हें नियमित रूप से निकालते रहना भी कम महत्त्वपूर्ण नहीं है।

रूपा गुप्ता

कोलकाता में जन्मीं, कोलकाता और जेएनयू में पढ़ी-लिखीं और बर्दवान विश्वविद्यालय में अध्यापन कर रहीं रूपा गुप्ता (जन्म—25.07.1965) की आलोचना-दृष्टि अनुसंधानपरक है। वे नई पीढ़ी की गम्भीर आलोचकों में हैं। हाल ही में उनकी दो महत्त्वपूर्ण पुस्तकें प्रकाशित हुई हैं, 'औपिवेशिक शासन : उन्नीसवीं शताब्दी और स्त्री-प्रश्न' तथा 'उन्नीसवीं सदी का औपनिवेशिक भारत : हिन्दी नवजागरण और जाति-प्रश्न'। इन दोनों पुस्तकों में हिन्दी नवजागरण के सन्दर्भ में स्त्री और जाति के प्रश्नों को बड़े तार्किक ढंग से उठाया गया है और भरपूर तथ्य प्रस्तुत करते हुए उनका प्रामाणिक विश्लेषण किया गया है। दोनों पुस्तकें मानो एक-दूसरे की पूरक हैं। वास्तव में, "उन्नीसवीं सदी उनमें से ज्यादातर मूल्यों की जन्मदाता रही है जो बीसवीं सदी में भारत के जनगण, राजनीति और सामाजिक गति-प्रगति के आधार-मूल्य रहे। आधुनिकता का विचार इनमें सबसे महत्त्वपूर्ण है। जो इसी सदी में भारत आया और जिसने हमें अपनी चारित्रिक बनावट को देखने के लिए एक नई दृष्टि दी। राष्ट्र का विचार और विभिन्न सांस्कृतिक प्रश्नों का उत्तर खोजने की ललक भी इसी सदी में पैदा हुई। परम्परा और आधुनिकता, तर्क और आस्था, विज्ञान और धर्म के तार्किक घात-प्रतिघात का यह समय आने वाली सदियों में हमारी चिन्तन-धारा का पृष्ठभूमि होना था।

यह पुस्तक इस आलोड़नकारी समय में जाति के प्रश्न को टटोलती है। क्या आर्थिक आत्मनिर्भरता, विदेशी शोषकों के विरोध, स्त्री-शिक्षा और सामाजिक उत्थान के अन्य प्रश्नों की चेतना का यह दौर जाति को लेकर भी उतना ही उद्विग्न था? या फिर भारतीय समाज को आज तक अपने चंगुल में दबोचे रखने वाली जाति देश के जातीय पुनर्जागरण की समग्र धारणा में कहीं पीछे छूट गई थी? छूट गई थी तो क्या वह निष्क्रिय भी थी? क्या वह देश और मनुष्यता के बोध को भीतर-भीतर खा नहीं रही थी? और भारत का अग्रणी बौद्धिक वर्ग इसे लेकर कितना सचेत और विचलित था?

यह पुस्तक इन्हीं प्रश्नों का उत्तर तलाशते हुए नवजागरणकालीन हिन्दी साहित्य को लेकर हुए नए शोध-कार्यों की रोशनी में एक सन्तुलित दृष्टि बनाने की कोशिश करती है। भारतेन्दु कालीन साहित्य और पत्रकारिता आदि के परिप्रेक्ष्य में जाति और स्त्री विषयक चिन्तन को लेकर जो एकांगी मान्यताएँ इधर प्रचलन में आई हैं, इसमें उनका भी निवारण करने का प्रयास किया गया है।

इतिहास और साहित्येतिहास की श्रेणी से स्वयं को बाहर रखते हुए भी यह यह शोध-ग्रंथ इन दोनों विधाओं को जोड़ते हुए आलोचना की एक नई समझ का विस्तार करता है।" (फ्लैप से)

रूपा गुप्ता ने 'राधामोहन गोकुल की अप्राप्य रचनाएँ' का संपादन किया है। इसके अलावा 'नजीर अकबराबादी रचनावली (दो खंड)' तथा 'सुभद्राकुमारी चौहान ग्रंथावली (दो खंड)' का संपादन भी उनका उल्लेखनीय कार्य है। नजीर अकबराबादी रचनावली का संपादन करके उन्होंने यह संकेत दे दिया है कि नजीर जितने उर्दू वालों के लिए ग्राह्य हैं उतने ही हिन्दी वालों के लिए भी। इस ग्रंथ की भूमिका से उनकी वैज्ञानिक समझ और तार्किक आलोचना-दृष्टि का भी परिचय मिल जाता है।

'साहित्य और विचारधारा : भारतेन्दु और बंकिमचंद्र' उनकी एक अन्य महत्त्वपूर्ण आलोचनात्मक कृति है जिसमें हिन्दी और बांग्ला नवजागरण के परिप्रेक्ष्य में भारतेन्दु और बंकिम की रचनाओं का तुलनात्मक अध्ययन किया गया है। इस कृति में यह जानने की कोशिश की गई है कि तत्कालीन एवं परवर्ती साहित्य एवं समाज की विचारधारा और रचनात्मक यात्रा में दोनों लेखकों का क्या योगदान है। साहित्य और विचारधारा के अन्योन्याश्रित किन्तु विवादास्पद सम्बन्धों पर इस पुस्तक में विस्तार से चर्चा है। रूपा गुप्ता की बांग्ला भाषा पर अच्छी पकड़ है, इसीलिए बांग्ला नवजारण और बंकिम सम्बन्धी उनकी अवधारणाओं की प्रामाणिकता पर भी किसी तरह के सन्देह कीं गुंजाइश नहीं है। उन्होंने नीलमणि मुखर्जी की पुस्तक 'कलकत्ता बंदरगाह : एक संक्षिप्त इतिहास' जैसी बांग्ला की दुर्लभ कृति का अनुवाद भी किया है। 'हिन्दी और बंगला नवजागरण', 'अज्ञेय और प्रकृति', 'बंकिमचंद्र के हिन्दी में अप्राप्त निबन्ध' आदि उनकी अन्य प्रकाशित कृतियाँ हैं। बंकिमचन्द्र चट्टोपाध्याय के सत्तर से अधिक निबन्धों को हिन्दी में पहली बार अनूदित करने तथा 'गुलाम' (2016) और 'गौरव पाया फिर से' (2005) के अनुवाद में दासों और कुष्ठ रोगियों की भुक्त पीड़ा को रचनाकार की तरह सहेजने का श्रेय भी उन्हें है।

रूपा गुप्ता निरन्तर सृजनरत हैं और उनसे अभी बहुत उम्मीदें हैं।

ऋषिकेश राय

गाजीपुर (उ.प्र.) जिले के 'मसौनी' नामक गाँव में जन्मे और कोलकाता से शिक्षित होकर कोलकाता में ही सरकारी सेवा में कार्यरत ऋषिकेश राय (जन्म—13.06.1967) एक गम्भीर आलोचक हैं और उनमें पर्याप्त सम्भावनाएँ हैं। वे जो भी लिखते हैं निष्ठापूर्वक उसका प्रमाण भी देते हैं। 'हिन्दी का राष्ट्रीय स्वरूप', 'रामविलास शर्मा : चिन्तन अनुचिन्तन', 'भाषा संस्कृति एवं संव्यवहार', 'शब्दों की आँख', 'राष्ट्रवाद, सन्दर्भ एवं परिप्रेक्ष्य', 'राष्ट्रीय जातीय विमर्श एवं रामविलास शर्मा' आदि उनकी प्रमुख आलोचनात्मक कृतियाँ हैं।

ऋषिकेश राय की आलोचनात्मक कृतियों से प्रमाणित है कि रामविलास शर्मा उनके प्रिय लेखक हैं। उन्होंने रामविलास शर्मा के अवदान पर विस्तार से लिखा है और स्थापित किया है कि "रामविलास शर्मा के चिन्तन के मूलत: दो आशय हैं, साम्राज्यवाद और सामंतवाद का बौद्धिक प्रत्याख्यान। इसके लिए वे ऋग्वैदिक काल से लेकर सबाल्टर्नवादी इतिहास तक की यात्रा करते हैं एवं वैकल्पिक सांस्कृतिक इतिहास की रूपरेखा प्रस्तुत करते हैं। यह इतिहास औपनिवेशिकता और प्राच्यवादी पूर्वग्रहों से मुक्त एक लोकवादी और प्रगतिमूलक इतिहास है। (रामविलास शर्मा : चिन्तन अनुचिंन्तन, फ्लैप से) वे पर्याप्त अध्ययनशील हैं। भाषा की समस्याओं पर भी उन्होंने गम्भीरतापूर्वक विचार किया है।

'देह ही देश' (क्रोएशिया प्रवास-डायरी) से विशेष ख्याति अर्जित करने वाली **गरिमा श्रीवास्तव** ने समीक्षाएँ भी लिखी हैं। 'ऐ लड़की' में नारी चेतना', 'हिन्दी उपन्यासों में बौद्धिक विमर्श' तथा 'प्रतिरोध की संस्कृति—स्त्री आत्मकथाएँ' आदि उनकी आलोचनात्मक पुस्तकें हैं। लाला श्रीनिवासदास तथा किशोरीलाल गोस्वामी पर उन्होंने साहित्य अकादमी के लिए विनिबन्ध भी लिखा है। इसके अलावा उन्होंने 'वामा शिक्षक', 'उपन्यास का समाजशास्त्र', 'आधुनिक हिन्दी कहानी', 'आधुनिक हिन्दी निबन्ध' आदि का सम्पादन किया है।

गरिमा श्रीवास्तव के आलोचनात्मक लेखन के केन्द्र में स्त्री-प्रश्न हैं और उसकी मूल प्रवृत्ति अनुसन्धानपरकता की है। 'नवजागरण, स्त्री-प्रश्न और आचरण-पुस्तकें' शीर्षक अपने लम्बे और शोधपरक लेख में उनकी स्थापना है कि "हिन्दी के आरम्भिक दौर के सभी उपन्यासों के केन्द्र में स्त्री-प्रश्न रहा है। उन्होंने 'देवरानी जेठानी की कहानी', 'भाग्यवती', 'वामा शिक्षक', 'परीक्षागुरु' सहित उस दौर की अधिकांश महत्त्वपूर्ण कृतियों का गम्भीर अध्ययन-विश्लेषण करके अपनी स्थापनाओं को पुष्ट किया है।

भारत भारद्वाज की ख्याति मुख्य रूप से एक कुशल सम्पादक की है। उन्होंने 'पुस्तक वार्ता', 'पदक्षेप', 'वर्तमान साहित्य' का सम्पादन तो किया ही है, 'धरातल' और 'कसौटी' जैसी पत्रिकाओं का सम्पादन-सहयोग भी किया है। भारत भारद्वाज दूसरे सम्पादकों से इस अर्थ में भिन्न हैं कि उनकी सम्पादन कला में उनकी खोजी प्रवृत्ति और चिन्तक का रूप मुख्य रूप में उभरा है। इसीलिए उनकी समीक्षा की मुख्य प्रवृत्ति अनुसन्धान की है। 'बेतरतीब', 'साहित्य का नेपथ्य', 'समकालीन सृजन सन्दर्भ' (दो खंड), 'परिक्रमा : हिन्दी साहित्य' भारत जी की मौलिक आलोचनात्मक कृतियाँ हैं। 'हमारे युग का खलनायक : राजेन्द्र यादव', 'हिन्दी साहित्य का दुर्लभ परिप्रेक्ष्य' (तीन खंड), 'नामवर सिंह और हिन्दी आलोचना', 'स्वातंत्र्योत्तर हिन्दी साहित्यिक पत्रिकाएँ' आदि का उन्होंने सम्पादन किया है।

भारत भारद्वाज के अनुसार यदि साहित्य जीवन की आलोचना है तो आलोचना साहित्य का विवेक है। इसका मुख्य प्रकार्य पाठकों में न केवल अच्छी और बुरी पुस्तक के बीच फर्क करने की चेतना उत्पन्न करना है बल्कि अच्छी पुस्तक पढ़ने के लिए उनमें ललक जगाना और संस्कारित करना भी है।

फिलहाल, भारत भारद्वाज एक प्रतिष्ठित कवि भी हैं।

कृष्णकुमार सिंह में भी अनुसन्धानपरक आलोचना की प्रवृत्ति दिखाई देती है। 'संत काव्य के विकास में वर्ण, जाति और वर्ग की भूमिका', 'मध्यकालीन कृषक और कबीर' तथा 'भक्तिकालीन अवतारवाद का समाजशास्त्र' उनकी प्रमुख आलोचनात्मक पुस्तकें हैं। इधर नागपुर विश्वविद्यालय में शिक्षक **मनोज पांडेय** की आलोचना पर दो किताबें प्रकाश में आई हैं, 'हिन्दी आलोचना में दृष्टि और प्रवृत्तियाँ' तथा 'आलोचना के नए परिप्रेक्ष्य'। इनमें हिन्दी आलोचना की विकास यात्रा तथा उत्तर आधुनिक दौर में हिन्दी आलोचना में जुड़ने वाले नए विमर्शों का विवेचन है। अनुसन्धानपरक दृष्टि मनोज पांडेय के आलोचना कर्म की महत्त्वपूर्ण विशेषता है।

अनुसन्धानपरक आलोचना के क्षेत्र में कुछ अन्य वरिष्ठ आलोचकों के नाम भी महत्त्वपूर्ण हैं, जिनमें **विपिनबिहारी त्रिवेदी** (चन्दबरदाई और उनका काव्य), **बलदेवप्रसाद मिश्र** (तुलसी दर्शन), **सरयूप्रसाद अग्रवाल** (अकबरी दरबार के हिन्दी कवि), **हीरालाल दीक्षित** (आचार्य केशवदास), **भगवत्स्वरूप मिश्र** (हिन्दी साहित्य में आलोचना का उद्‌भव और विकास), **भोलाशंकर व्यास** (ध्वनि सम्प्रदाय और उसके सिद्धान्त), **देवराज उपाध्याय** (आधुनिक हिन्दी कथा साहित्य और मनोविज्ञान), **शिवप्रसाद सिंह** (सूरपूर्व ब्रजभाषा काव्य), **ब्रजकिशोर मिश्र** (अवध के प्रमुख हिन्दी कवियों का अध्ययन), **पांडुरंग राव** (हिन्दी और तेलुगू के नाटक-साहित्य का तुलनात्मक अध्ययन), **एस.एन. गणेशन** (हिन्दी उपन्यासों पर पाश्चात्य प्रभाव), **सुरेशचन्द्र गुप्त** (आधुनिक हिन्दी कवियों के काव्य सिद्धान्त), **शंकरराजू नायडू** (कंब रामायण और तुलसी रामायण का तुलनात्मक अध्ययन), **मनोहर काले** (आधुनिक हिन्दी और मराठी काव्यशास्त्र का तुलनात्मक अध्ययन), **एम. शेषन** (तमिल-हिन्दी शृंगार काव्य तुलना) आदि का नाम उल्लेखनीय है।

आठवाँ सोपान

पाठालोचना

पाठालोचन का स्वरूप और उसका महत्त्व

'पाठालोचना' को 'पाठालोचन' कहने का चलन अधिक है। 'पाठालोचन' के लिए अंग्रेजी में 'टेक्स्चुअल क्रिटिसिज्म' शब्द प्रचलित है। रचना के मूल पाठ के स्वस्थ निर्धारण के निमित्त स्वीकृत निपुण तथा विधि विहित प्रक्रिया का नाम पाठालोचन है। इसे 'पठानुसन्धान' भी कहते हैं। 'पाठ' से हमारा तात्पर्य किसी भाषा में रचित ऐसे ग्रंथ या ग्रंथ के अंश से है जो अन्वेषक को न्यूनाधिक रूप से ज्ञात हो।

पाठालोचन सही अर्थों में आलोचना की एक वैज्ञानिक और महत्त्वपूर्ण पद्धति है। इसने हिन्दी साहित्य के भंडार को समृद्ध करने में सर्वाधिक महत्त्वपूर्ण भूमिका निभाई है। श्रमसाध्य होने के नाते सस्ती ख्याति के लोभी आलोचकों को यह पद्धति रुचती नहीं, इसीलिए ऐसे आलोचकों द्वारा इस पद्धति की भरपूर उपेक्षा की गई और इसे आलोचना कहने में भी कोताही बरती गई ताकि प्रचलित अर्थ में जो आलोचक कहे जा रहे हैं उन्हें प्रतिष्ठा मिलने में सुविधा हो।

हमारे देश का प्राचीन साहित्य अलिखित था और श्रुति-परम्परा से पीढ़ी-दर-पीढ़ी संक्रमित होता रहता था क्योंकि लिपियों का विकास बहुत बाद में हुआ। इतना ही नहीं, लिपियों के विकास के बाद भी छापाखाना न होने के कारण तथा लेखन सामग्री अर्थात् कागज आदि के न होने के कारण भी रचनाओं को लिपिबद्ध करना आसान कार्य न था और न तो यह सामान्य लोगों के बस की बात ही थी। समर्थ और सक्षम लोग ही प्रतिष्ठित रचनाओं की प्रतिलिपि लिपिकारों द्वारा कराते थे। कभी-कभी रचनाकार स्वयं अपनी कृतियों का ही संशोधन कर मूल प्रति तैयार कर लेते थे। राजशेखर ने अपनी 'काव्य मीमांसा' में लिखा है कि कवियों को काव्यों की सुरक्षा के लिए उनकी कई प्रतिलिपियाँ तैयार करा लेनी चाहिए। अत: निश्चित रूप से रचनाकार के जीवन काल में ही अच्छे-अच्छे ग्रंथ कई व्यक्तियों द्वारा लिखे जाते रहे होंगे और पुस्तकालयों में संग्रहीत होने पर पुस्तकालयाध्यक्ष भी उनकी प्रतिलिपि कराते रहे होंगे।

डॉ. कन्हैया सिंह ने लिखा है, "मुद्रण पूर्व हस्तलिखित प्रतियों का ऐसा महत्त्व था कि सुन्दर लिपि में लिखने वाले की आजीविका प्रतिलिपि तैयार करके चल जाती थी। प्रतियों में चित्रकारी और अलंकरण की प्रवृत्ति भी थी। कथा प्रधान रचनाओं में कथाओं के अभिव्यंजक चित्र बनते थे। चन्दायन, मृगावती, पदुमावति, रामचरितमानस आदि की सचित्र प्रतियाँ बहुत मिली हैं। इसके अलावा जिन पत्रों पर ग्रंथ लिखा जाता था, उनके चारों ओर स्वर्ण आदि के पानी एवं विविध चित्रकारियों से अलंकरण किया जाता था। रामचरितमानस का धर्मप्रधानता के कारण तो उसकी महिमा ही निराली रही है। सैकड़ों रुपए देकर रामायण ग्रंथ लिखवाया जाता था। और जिस प्रकार बौद्धकालीन सुन्दर-सुन्दर मूर्तियों के मूर्तिकार केवल मजदूरी के लिए नहीं, वरन् स्वयं बौद्ध होकर और बुद्ध बनकर टाँका चलाते थे, उसी प्रकार रामायण के लेखक भी तुलसीदास जी की आत्मा में रमकर अपनी कलम उठाते थे।" (हिन्दी पाठानुसन्धान, पृ. 16)

शम्भुनारायण चौबे ने लिखा है, "आश्चर्य अपनी चरम सीमा पर पहुँचता है, जब काशिराज की प्रति देखने का अवसर प्राप्त होता है, जो उस जमाने में एक लाख साठ हजार रुपए व्यय करके तैयार कराई गई थी।" (मानस अनुशीलन, पृ. 327) जब महत्त्वपूर्ण ग्रंथों की प्रतिलिपि तैयार करने में इतना खर्च होता था, तब निश्चय ही पाठ-सम्पादन कार्य में भी लोग धन खर्च करते रहे होंगे।

हिन्दी पाठानुसन्धान की परम्परा

हिन्दी में पाठानुसन्धान की परम्परा का उल्लेख करते हुए डॉ. कन्हैया सिंह ने 'पृथ्वीराज रासो' की एक पुरानी प्रति का उल्लेख किया है जिसे सन् 1861 ई. में उदयपुर के महाराज ने आगरा कॉलेज को भेंट किया था, जिसका उल्लेख 2 सितम्बर सन् 1861 ई. को कॉलेज के तत्कालीन प्राचार्य पीटर्सन ने उक्त प्रति के मुखपृष्ठ पर किया है। (हिन्दी पाठानुसन्धान पृ. 17) सम्प्रति यह प्रति नेशनल गैलरी आफ मॉडर्न आर्ट, भारत सरकार के पास सुरक्षित है। उक्त प्रति का पाठानुसन्धान कक्का नामक कवि ने चित्रकूट के राणा अमरेश (अमरसिंह) की आज्ञा से किया था। राणा अमरसिंह का राज्यकाल सन् 1596 ई. से 1619 ई. तक था। निश्चित रूप से इसी बीच यह पाठानुसन्धान कार्य हुआ होगा। इतने प्राचीन काल में पाठालोचन की प्रवृत्ति इस बात का प्रमाण है कि हमारे देश में पाठानुसन्धान की परम्परा काफी पुरानी है।

यहाँ उल्लेखनीय है कि संत कवियों की रचनाओं के बहुत से संग्रह ग्रंथ मिलते हैं। 'गुरुग्रंथ साहब' ऐसा ही संग्रह ग्रंथ है जिसमें कबीर आदि संतों की बानियाँ भी संग्रहीत हैं। इसी तरह दादू पंथ में 'पंचवाणी' नाम के संग्रह का खूब प्रचलन है जिसमें दादू के साथ ही कबीर, नामदेव, रैदास और हरिदास की बानियाँ संग्रहीत हैं। जाहिर है, संतों की इन बानियों का संग्रह, पाठ सम्पादन के बाद ही किया गया होगा, भले ही पाठ सम्पादन की वह पद्धति वैज्ञानिक न रही हो, क्योंकि इनमें से ज्यादातर संत आज के अर्थों में पढ़े-लिखे नहीं थे और उनकी बानियाँ मौखिक परम्परा में ही प्रचलित थीं। सहज ही अनुमान किया जा सकता है कि इनका पाठ सम्पादन एक बड़ी चुनौती भरा कार्य रहा होगा।

डॉ. कन्हैया सिंह ने पाठालोचन के आरम्भिक युग को 'मुद्रणपूर्व काल' के नाम से सम्बोधित किया है और इस कालखंड के महत्त्व को रेखांकित करते हुए लिखा है, "इस काल के सम्पादनों का वहीं तक महत्त्व है, जहाँ तक सम्पादक ने अपनी आधारभूत प्रति का पाठ देते हुए अन्य प्राप्त पाठों को 'पाठान्तर' में दे दिया है। इसी प्रकार लीथो प्रेस में छपी बहुत सी प्रतियों का आज के वैज्ञानिक सम्पादन के युग में हस्तलिखित प्रति के रूप में ही उपयोग किया गया है और वे महत्त्वपूर्ण सिद्ध हुई हैं।" (हिन्दी पाठानुसन्धान, पृ. 23)

उल्लेखनीय है कि प्रारम्भ में पुस्तकों का मुद्रण लीथो प्रेस में होता था। लीथो में हाथ से पत्थर की पट्टी पर अक्षर उत्कीर्ण किए जाते थे और उसी हस्तलिपि में मशीन से वांछित संख्या में पन्ने छाप लिए जाते थे। इसी क्रम में पूरी की पूरी पुस्तक छप जाती थी। लीथो की छपी पुस्तकों में हस्तलेखों की ही भाँति अक्षर एक-दूसरे से मिलाकर लिखे जाते थे, इसीलिए इनका महत्त्व हस्तलिखित पुस्तकों जैसा ही होता था।

लेखक द्वारा लिपिबद्ध रचना ही मूल रचना कहलाती है। उसकी नकल 'प्रति' और 'प्रतिलिपियाँ' कहलाती हैं। पाठालोचन का कार्य वहीं प्रारम्भ होता है जहाँ हमें कवि की मूल कृति उपलब्ध नहीं होती है। प्रतिलिपियों की भी दो श्रेणियाँ होती हैं, एक को 'प्रति' और दूसरी को 'प्रतिलिपि' कहना अधिक समीचीन है। प्रति मूल ग्रंथ की मूल नकल होती है और प्रतिलिपि प्रथम प्रति की नकल। मुद्रण कला के आविष्कार से पहले रचनाओं का प्रचार-प्रसार इसी प्रकार होता था।

प्रतिलिपिकार प्रत्येक बार अपनी आदर्श प्रति की हूबहू नकल नहीं कर पाता। कभी-कभी लिपिकार दृष्टि-भ्रम अथवा मति-भ्रम से भी आदर्श प्रति को ठीक-ठीक लिपिबद्ध नहीं कर पाता। ऐसी दशा में मूल लेखक का पाठ निर्धारण एक चुनौती बन जाता है। पाठ से तात्पर्य रचयिता के स्वहस्तलिखित ग्रंथ या रचना से है। पाठालोचित रचना को मूल रचना का पुनरुद्धार नहीं कहा जा सकता। उसे अधिक से अधिक सन्निकट समझकर सन्तोष करना पड़ता है।

यूरोप में पाठालोचन का कार्य बहुत पहले प्रारम्भ हो गया था। भारत में भंडारकार शोध संस्थान में डॉ. सुखटनकर ने 'महाभारत' के पाठ निर्धारण के लिए पाश्चात्य पाठालोचन सिद्धान्त का सहारा लिया था। साथ ही भारतीय परिस्थितियों के अनुकूल भी उसे बनाया। पूना के डक्कन कॉलेज के शोध संस्थान के निदेशक डॉ. कत्रे ने इस दिशा में महत्त्वपूर्ण कार्य किया है। उन्होंने अंग्रेजी में पाठालोचन की भूमिका लिखकर पाठालोचन शास्त्र को सुलभ बना दिया है, परिणामस्वरूप विभिन्न भारतीय भाषाओं में असंख्य मूल ग्रंथों की हस्तलिखित प्रतियों के आधार पर पुनर्निर्माण हो सका है।

पाठालोचन की दो प्रक्रियाएँ हैं—वैज्ञानिक और कलात्मक। शुद्ध वैज्ञानिक पद्धति 'मक्षिका स्थाने मक्षिका' नीति का अनुसरण करती है। कलात्मक पद्धति प्रतिलिपियों में जिन स्थलों पर एकरूपता नहीं मिलती, वहाँ

प्रसंगानुकूल सार्थक शब्द रखने में संकोच नहीं करती। वैसे कोरी वैज्ञानिक प्रक्रिया से हिन्दी के किसी ग्रंथ का ठीक-ठीक सम्पादन नहीं हो सकता। उसके लिए साहित्यिक सम्पादन की पद्धति ही श्रेयस्कर है। वैज्ञानिक पद्धति के नियम का एक सीमा तक ही उपयोग हो सकता है। वास्तव में दोनों पद्धतियों के संयोजन से ही सर्वोत्तम कार्य हो सकने की अधिक सम्भावना है।

हमारे देश में उन्नीसवीं सदी के प्रारम्भिक चरण में मुद्रण कार्य का आरम्भ हुआ। इसी सदी के उत्तरार्ध में ईसाई धर्म प्रचारकों ने अपने धर्म के प्रचार के लिए पुस्तकों का प्रकाशन आरम्भ किया। इसी कालखंड में हिन्दी में भी 'हिन्दी प्रदीप', 'ब्राह्मण', 'आनन्द कादंबिनी' और 'हरिश्चन्द्र चन्द्रिका' जैसी पत्रिकाओं का प्रकाशन शुरू हुआ। धीरे-धीरे विद्वानों का ध्यान अपने प्राचीन कवियों की रचनाओं के प्रकाशन की ओर गया जिसके लिए उन कृतियों का पाठ सम्पादन अनिवार्य था। अनेक मनीषी विद्वानों ने पूरे मनोयोग के साथ उस दौर में पाठ सम्पादन करके अनेक महान ग्रंथों का प्रामाणिक पाठ तैयार किया और उन्हें प्रकाशित करके हिन्दी की श्रीवृद्धि की।

प्रारम्भ में हिन्दी की पुस्तकों को जिन प्रेसों ने प्रकाशित करके ऐतिहासिक कार्य किया उनमें भारत जीवन प्रेस, काशी, नवलकिशोर प्रेस, लखनऊ, खड्गविलास प्रेस, बांकीपुर (पटना), बंगवासी प्रेस, कलकत्ता, बेंकटेश्वर प्रेस, मुम्बई और बेलवेडियर प्रेस, इलाहाबाद के नाम विशेष उल्लेखनीय हैं।

कृतियों के पाठालोचन की जरूरत एकाधिक बार पड़ती है। जिन मध्ययुगीन कवियों की कृतियों का पाठ सम्पादन हो चुका है, यदि संयोगवश उन कृतियों की अशोधित पांडुलिपियाँ पुन: उपलब्ध हो जाएँ तो इनका पुन: पाठालोचन हो सकता है। जायसी के 'पदमावत' का पाठालोचन आचार्य रामचन्द्र शुक्ल ने कलात्मक पद्धति से किया था। उसके बाद डॉ. माताप्रसाद गुप्त ने वैज्ञानिक ढंग से उसका पाठालोचन किया। इतना ही नहीं, गुप्त जी के पश्चात् डॉ. वासुदेवशरण अग्रवाल को नई सामग्री प्राप्त होने पर उन्होंने भी उसका कला तथा वैज्ञानिक पद्धति से पाठालोचन प्रस्तुत किया। 'रामचरितमानस' के लगभग एक दर्जन पाठालोचित संस्करण प्रकाशित हो चुके हैं। आचार्य रामचन्द्र शुक्ल का नागरी प्रचारिणी संस्करण बहुत समय तक आदर्श माना जाता रहा। उसके पश्चात् गीताप्रेस ने अपना संस्करण प्रकाशित किया। इसके बावजूद अभी भी प्राचीन तथा मध्यकालीन कृतियों के प्रामाणिक संस्करणों की आवश्यकता बनी हुई है। इस क्षेत्र में अभी बहुत कार्य होना बाकी है। इस कष्टसाध्य कार्य को हाथ में लेने की हिम्मत कम लोग कर पाते हैं। इसका कारण यह है कि किसी ग्रंथ का पाठालोचन करने के लिए सर्वप्रथम उसकी पाठ प्रक्रिया से परिचित होना पड़ता है। इसके पश्चात् आलोच्य-ग्रंथ की हस्तलिखित प्रतियों को प्राप्त करने में जिस श्रम, साहस और धैर्य की अपेक्षा होती है वह विरले अध्येताओं के पास होती है।

इस क्षेत्र में जो भी महत्त्वपूर्ण कार्य हुआ है वह उपाधिनिरपेक्ष अन्वेषकों द्वारा ही हुआ है। ऐसे लोग न केवल भाषा के तत्कालीन रूप से परिचित थे, वरन् वे लिपियों तथा इतिहासों से भी परिचित थे। प्राचीन हस्तलेख को पढ़ना भी एक विशिष्ट प्रकार की योग्यता चाहता है। हिन्दी की अधिकांश पांडुलिपियाँ तो नागरी लिपि में ही हैं पर काल भेद से कुछ वर्षों के लेखन में कुछ न कुछ अन्तर अवश्य दिखाई देता है। सूफी संतों के हिन्दी ग्रंथ फारसी लिपि में हैं। तंजावर (आंध्र), चेन्नई, केरल, उड़ीसा आदि जगहों पर उपलब्ध हिन्दी ग्रंथ वहाँ की स्थानीय लिपियों में मिलते हैं। अत: जब तक आलोच्य ग्रंथ की लिपि का ज्ञान न हो, उसका पाठालोचन सम्भव नहीं होता। ऐसी स्थिति में पाठालोचक अन्य व्यक्ति की भी सहायता ले सकता है, पर उसके पाठ निर्धारण पर पूरी तरह विश्वास कर पाना सम्भव नहीं होता।

साहित्यालोचन और पाठालोचन में अन्तर होता है। पाठालोचक का कार्य केवल रचना के मूल रूप को विशेष प्रक्रिया द्वारा निर्धारित करना होता है, जबकि साहित्यालोचक रचना की पुनर्निर्मिति के पश्चात् उसके साहित्यिक मूल्य का निर्धारण करता है। तात्पर्य यह कि साहित्यालोचक का कार्य तभी शुरू हो पाता है जब पाठालोचन का कार्य समाप्त हो जाता है।

हिन्दी साहित्य में आधुनिक काल के पूर्व का जो भी साहित्य उपलब्ध है वह सब पाठानुसन्धान के बाद सम्भव हुआ है। इस दिशा में नागरी प्रचारिणी सभा, वाराणसी और हिन्दी साहित्य सम्मेलन, प्रयाग का अप्रतिम योगदान है। बाद में हिन्दुस्तानी अकादमी, इलाहाबाद, भारतीय हिन्दी परिषद्, इलाहाबाद विश्वविद्यालय आदि संस्थाओं ने भी इस क्षेत्र में उल्लेखनीय कार्य किया। इसके बावजूद हिन्दी में आज भी यह कार्य अपनी प्रारम्भिक अवस्था में है। इस कार्य की जरूरत भी बहुत है क्योंकि देश के कोने-कोने में आज भी हस्तलिखित

ग्रंथों की हजारों पांडुलिपियाँ अपने उद्धार की बाट जोह रही हैं। उदाहरण के लिए आज भी नागरी प्रचारिणी सभा, वाराणसी, हिन्दी साहित्य सम्मेलन, प्रयाग, ब्रज साहित्य मंडल, मथुरा, बिहार राष्ट्रभाषा परिषद, पटना आदि संस्थाओं ने अपने यहाँ संरक्षित हस्तलिखित ग्रंथों की सूचियाँ प्रकाशित की हैं। राजस्थान के जैन मन्दिरों में हस्तलिखित ग्रंथों का विशाल भंडार है। हैदराबाद का सालारजंग पुस्तकालय, तंजावर (आंन्ध्र) ग्रंथागार, खुदाबख्श लाइब्रेरी, पटना, नेशनल लाइब्रेरी, कोलकाता, मैनुस्क्रिप्ट रिसोर्स सेन्टर, कलकत्ता विश्वविद्यालय कोलकाता, कलकत्ता विश्वविद्यालय केन्द्रीय ग्रंथालय, एशियाटिक सोसाइटी, कोलकाता, राजस्थान प्राच्य विद्या संस्थान के, कोटा, उदयपुर, अलवर, जयपुर, टोंक और चित्तौड़ की शाखाओं तथा राजस्थान की अनेक देशी रियासतों के ग्रंथालयों में असंख्य पांडुलिपियाँ आज भी मौजूद हैं जिनके उद्धार की ओर अब किसी का ध्यान नहीं है। इन पांडुलिपियों में अनेक महान साहित्यकार दबे हो सकते हैं।

पाठालोचन के सिद्धान्त और प्रक्रिया को लेकर पिछले दिनों हिन्दी में भी कई कृतियाँ प्रकाश में आई हैं। उदाहरण के लिए मूलराज जैन कृत 'भारतीय सम्पादन शास्त्र', कन्हैया सिंह कृत 'पाठ सम्पादन के सिद्धान्त' तथा 'हिन्दी पाठानुसन्धान', मिथिलेश कान्ति और विमलेश कान्ति कृत 'पाठालोचन : सिद्धान्त और प्रक्रिया' और सियाराम तिवारी कृत 'पाठानुसन्धान' आदि उल्लेखनीय है। किन्तु पाठालोचन का व्यावहारिक कार्य आज लगभग स्थगित-सा है।

जिन लोगों ने पाठालोचन के क्षेत्र में उल्लेखनीय कार्य किया है उनमें से प्रमुख का परिचय हम यहाँ संक्षेप में दे रहे हैं—

रामजसन मिश्र

पाठालोचन के क्षेत्र में रामजसन मिश्र का महत्त्व इसी बात से आँका जा सकता है कि उन्होंने ही सबसे पहले सन् 1868 ई. में 'रामचरितमानस' का पहला सम्पादित संस्करण प्रकाशित कराया। वे काशी के थे और संस्कृत के विद्वान थे। इसका एक दुष्परिणाम जरूर हुआ कि उनके द्वारा सम्पादित संस्करण में गोस्वामी तुलसीदास जी द्वारा प्रयुक्त ग्रामीण शब्दों को जहाँ-तहाँ संस्कृतनिष्ठ कर दिया गया है। इससे अवधी की स्वाभाविकता प्रभावित हुई है। रामजसन मिश्र के संस्करण पर टिप्पणी करते हुए सर जॉर्ज ग्रियर्सन ने अपने 'मानस रामायण' में लिखा है, "सबसे भारी साहस मिश्रजी (रामजसन मिश्र) का यह है कि इन्होंने ग्रंथकार की भाषा बदल दी, अर्थात् उस समय के प्रचलित भाषा के शब्दों के स्थान पर संस्कृत-व्याकरण की रीति से शोध कर संस्कृत शब्द रख दिया है। इसी प्रकार उन्होंने पद्मावत को भी शोधा है।" (उद्धृत, हिन्दी पाठानुसन्धान, डॉ. कन्हैया सिंह। पृ. 29) मिश्र जी द्वारा सम्पादित संस्करण के महत्त्व के बारे में पं. शम्भुनारायण चौबे ने लिखा है, "लीथो की छपी पुस्तकों को पढ़ने में असुविधा होती थी और साधारण पढ़े-लिखे लोग यदि रामायण बाँचना चाहते थे तो शब्दों के अलग न होने के कारण उन्हें रामायण को पढ़ना दुरूह मालूम पड़ता था। इधर आई.सी.एस. कोर्स में गवर्नमेंट ने हिन्दी वर्नाक्युलर की परीक्षा में मानस का कुछ अंश रख दिया। इस सबकी सुविधा के लिए बनारस संस्कृत कॉलेज के पंडित रामजसन मिश्र ने बाँचने की सुगमता से पदों को अलग-अलग करके भाषा की चाव पर कई पुस्तकों से शोध कर तुलसीदास कृत रामायण की प्रति तैयार की, जो पहली बार संवत् 1925 वि., तदनुसार सन् 1868 ई. में लाजरस साहब के मेडिकल हाल प्रेस, काशी में छपी और दूसरी बार चन्द्रप्रभा छापाखाना, बनारस में संवत् 1940 वि. तदनुसार सन् 1883 ई. में छपी थी। इसके अन्त में कठिन शब्दों के अर्थ तथा इतिहास आदि भी दिए गए हैं। इसका पाठ यथेष्ट शुद्ध है, पर शब्दों का शुद्ध संस्कृत रूप मिलता है।" (मानस-अनुशीलन, पृ. 8)

रामजसन मिश्र ने 'पदुमावति' (पद्मावत) का भी सफलतापूर्वक सम्पादन किया जो सन् 1884 ई. में चन्द्रप्रभा छापाखाना, बनारस से प्रकाशित हुआ था।

आचार्य रामचन्द्र शुक्ल जब 'जायसी ग्रंथावली' के पाठ का सम्पादन कर रहे थे तो उनके सामने रामजसन मिश्र द्वारा सम्पादित संस्करण भी था, यद्यपि रामचन्द्र शुक्ल ने उसको अधिक तरजीह नहीं दी है किन्तु ग्रियर्सन ने रामजसन मिश्र द्वारा सम्पादित उक्त संस्करण को त्रुटिपूर्ण मानते हुए भी उसे अब तक का सर्वोत्तम सम्पादन माना है। (पदुमावति, भूमिका, पृ. 2)

भागवतदास छत्री

भागवतदास छत्री काशी के निवासी थे। उन्होंने बड़े परिश्रम के साथ 'रामचरितमानस' का उन दिनों पाठ सम्पादन किया जब हिन्दी में इस तरह की कोई परम्परा नहीं थी। उन्होंने 'रामचरितमानस' के उस विशुद्ध पाठ का सन् 1885 ई. में लीथो संस्करण प्रकाशित कराया। बाद में 1886 ई. में उन्होंने यहीं से तुलसी की अन्य 12 कृतियों का भी पाठ तैयार किया और उन्हें भी प्रकाशित कराया। यद्यपि छत्री जी द्वारा सम्पादित संस्करण अब उपलब्ध नहीं है किन्तु डॉ. कन्हैया सिंह के अनुसार उसके महत्त्वपूर्ण पाठ पं. शम्भुनारायण चौबे के 'मानस के पाठ भेद' शीर्षक निबन्ध में मिल जाते हैं जिससे उनकी वैज्ञानिक दृष्टि, पाठ विषयक प्रामाणिकता और महत् उपलब्धियों का आकलन किया जा सकता है। (हिन्दी पाठानुसन्धान, पृ. 39) डॉ. कन्हैया सिंह ने भागवतदास छत्री के पाठ सम्पादन से अनेक उदाहरण देने के बाद लिखा है, "सब मिलाकर भागवतदास जी का कार्य मानस के पाठ की दृष्टि से दिशादर्शक पाठ था और इसके द्वारा बहुत से लोगों को मानस के पाठ की गहराइयों में उतरने की प्रेरणा मिली। डॉ. ग्रियर्सन तथा पं. शम्भुनारायण चौबे ने मानस के पाठ पर महत्त्वपूर्ण कार्य किया जिसकी प्रेरणा भागवतदास जी के कार्य से मिली। अपने समय में भागवतदास जी के मानस के पाठ की अद्भुत महिमा रही और आज भी उनके कार्य की ऐतिहासिक महत्ता को कम नहीं किया जा सकता।" (हिन्दी पाठानुसन्धान, पृ. 40)

भागवतदास छत्री द्वारा तैयार किए गए मानस के पाठ की प्रामाणिकता के विषय में पं. शम्भुनारायण चौबे ने लिखा है, "इसकी शुद्धता के बारे में कुछ कहना ही नहीं। बस मालूम हो जाने पर कि यह बाबू भागवतदास जी की प्रति है, रामचरितमानस के जानकार लोग लहालोट हो जाते हैं। बाबू भागवतदास जी को भी पाठ की शुद्धता पर इतना जबरदस्त दावा था कि उन्होंने मुखपृष्ठ पर लिखा है, 'जिसकों कहीं पाठ में भ्रम होय सो बिना जाने बिगारै नहीं।' (मानस अनुशीलन, पृ. 16)

यह पाठ अपने समय में इतना प्रतिष्ठित हुआ कि बहुत से लोगों ने इसी पाठ के आधार पर अपनी हस्तलिखित प्रतियाँ तैयार कीं।

निश्चय ही भगवानदास छत्री ने उस आरम्भिक युग में 'रामचरितमानस' के मूल पाठ के अनुसन्धान का श्लाघनीय प्रयास किया जबकि पाठ सम्पादन के क्षेत्र में न तो नवीन पद्धतियों का विकास हो सका था और न तो कोई परम्परा ही विकसित हो सकी थी।

जगन्नाथदास रत्नाकर

काशी में जन्मे और वहीं पढ़े-लिखे बाबू जगन्नाथदास रत्नाकर (13.09.1866-21.06.1932) मूलत: कवि हैं और उनके एक दर्जन से अधिक काव्य ग्रंथ तथा अनेक आलोचनात्मक ग्रंथ भी प्रकाशित हैं, किन्तु 'बिहारी सतसई' के पाठ का सम्पादन करके और उसकी विस्तृत और विद्वत्तापूर्ण टीका लिखकर उन्होंने पाठालोचन के क्षेत्र में भी पर्याप्त ख्याति अर्जित की है। यह कृति 'बिहारी रत्नाकर' के नाम से प्रकाशित है।

रत्नाकर जी ने जिस समय 'बिहारी सतसई' का पाठ सम्पादन शुरू किया उस समय तक 'बिहारी सतसई' की प्रमुख तीन पठालोचित प्रतियाँ मौजूद थीं। पहली सर जॉर्ज ग्रियर्सन द्वारा सम्पादित और एशियाटिक सोसाइटी, कोलकाता से प्रकाशित, दूसरी पद्मसिंह शर्मा द्वारा सम्पादित और साहित्यकुटीर, दिल्ली से प्रकाशित और तीसरी लाला भगवानदीन द्वारा सम्पादित और 'बिहारी बोधिनी' के नाम से प्रकाशित प्रति। इसके अलावा भी उनके पास कई हस्तलिखित प्रतियाँ उपलब्ध थीं। रत्नाकर जी ने इन सभी का अध्ययन किया, उन्हें सामने रखा और उसके बाद 'बिहारी रत्नाकर' का पाठ सम्पादन किया और उसकी विस्तृत तथा सारगर्भित टीका भी लिखी। 'बिहारी रत्नाकर' के सम्पादन में रत्नाकर जी ने लगभग बीस वर्ष लगाए और अपने समय का सर्वोत्तम पाठ तैयार किया। धीरेन्द्र वर्मा ने 'बिहारी रत्नाकर' की प्रशंसा करते हुए उसे हिन्दी में पहला वैज्ञानिक सम्पादन कहा। रत्नाकर जी के 'बिहारी रत्नाकर' में कुल 717 दोहे रखे गए हैं। रत्नाकर जी ने 'बिहारी सतसई' की टीका, बिहारी पर स्फुट लेख तथा 'कविवर बिहारी' नामक पुस्तक भी लिखी हैं।

रत्नाकर जी ने अयोध्या नरेश के यहाँ 'साहित्य सुधानिधि' तथा 'सरस्वती' पत्रिका का सम्पादन भी किया। काशी नागरी प्रचारिणी सभा की स्थापना में भी उनकी भूमिका थी।

मुनि जिनविजय

भीलवाड़ा (राजस्थान) जिले के 'रूपाहेली' नामक गाँव में जन्मे, आरम्भ में जैन संन्यासी बने और बाद में गांधी जी के सम्पर्क में आने के बाद साधु वेश त्यागकर स्वाधीनता आन्दोलन में हिस्सा लेने वाले, देश के अनेक बहुमूल्य ग्रंथों का उद्धार करने वाले, भारतीय पुरातत्त्वाचार्य, पाठानुसन्धान के अद्‌भुत साधक मुनि जिनविजय (27.01.1889- 03.06.1976) ने दो सौ से अधिक प्राचीन ग्रंथों का पाठानुसन्धान और सम्पादन किया है और इस तरह भारतीय ज्ञान-परम्परा को समृद्ध और प्रतिष्ठित करने में असाधारण योगदान किया हैं। उनके द्वारा सम्पादित और लिखित पुस्तकों में 'प्राकृत व्याकरण', 'प्रबन्धकोश', 'संत कवि रज्जब', 'प्रबन्धचिन्तामणि', 'पुरातन प्रबन्धसंग्रह', 'कुमारपालचरित संग्रह', 'हेतुबिन्दुटीका', 'सन्देशरासक', 'भारतीय पुरातत्त्व', 'भारतीय विद्या', 'अध्यात्मसार', 'त्रिपुरा भारती लघुस्तव', 'बालशिक्षा व्याकरण', 'प्राकृतानन्द', 'उक्तिरत्नाकर', 'पदार्थरत्नमंजूषा', 'हम्मीर-महाकाव्य', 'शकुनप्रदीप', 'गोरा-बादल चरित्र', 'मधुमालती सचित्र कथा', 'बाबू श्रीबहादुर सिंहजी सिंघी के सम्बन्ध के पुण्य स्मरण', 'दुर्गा पुष्पांजलि', 'जैन धर्म का अहिंसा तत्त्व', 'कुवलयमाला', 'धर्माभ्युदय महाकाव्य', 'नृत्यरत्नकोश', 'जंबु चरिय', 'खरतरगच्छ पट्टावली संग्रह', 'विविधगच्छीय पट्टावली संग्रह', 'जैनपुस्तक प्रशस्ति संग्रह', 'विज्ञप्तिलेख संग्रह', 'जयपायड निमित्तशास्त्र', 'विजयदेव महात्म्यम्', 'रसदीर्घिका', 'पद्य मुक्तावली', 'जीतकल्प- सूत्र', 'शृंगारमंजरी कथा', 'अर्थशास्त्र राजसिद्धान्त', 'विविधतीर्थकल्प', 'अभिधान दीपिका', 'वृत्तजातिसमुच्चय', 'भरतेश्वर-बाहुबलिरास', 'ए कैटलॉग ऑफ संस्कृत एंड प्राकृत मैनुस्क्रिप्ट्स', 'हस्तलिखित ग्रंथों की सूची' आदि प्रमुख हैं। वे संस्कृत, प्राकृत, अपभ्रंश, प्राचीन गुजराती, राजस्थानी आदि भाषाओं के विद्वान थे। अपभ्रंश साहित्य की उनकी जैसी समझ अन्यत्र दुर्लभ है। उन्होंने 'उक्ति-व्यक्ति-प्रकरण' की विशेषताओं का विवेचन करते हुए लिखा है,

"नूतन भारतीय आर्यभाषा के इतिहास में इसको सर्वप्रथम स्थान प्राप्त होना चाहिए। भारत के समग्र संस्कृत साहित्य में अभी तक ऐसी कोई ग्रंथ-कृति प्राप्त नहीं हुई है जिसमें हमारी अनेकविध देशभाषाओं में से किसी के भी 11वीं-12वीं शताब्दी जितने प्राचीन एवं आरम्भकाल के समय का स्वरूप बताने वाली, इस प्रकार की प्रमाणभूत एवं व्याकरणबद्ध 'उक्ति' अर्थात् 'बोली' की शाब्दिक सामग्री का संकलन प्राप्त हो।" (उद्धृत, भारतीय साहित्य के इतिहास की समस्याएँ, पृ. 118) अत: 'उक्ति-व्यक्ति-प्रकरण' को आधुनिक आर्य भाषा का प्रथम व्याकरण मानना चाहिए और यह आधुनिक आर्यभाषा अवधी है।

मुनि जिनविजय 1928 में यूरोप गए और बर्लिन में लगभग एक साल रहे और वहाँ उन्होंने 'हिन्दुस्तान हाउस' की स्थापना की। गांधी जी के आह्वान पर वे भारत लौट आए और आजादी के आन्दोलन में गांधी जी के अनुगामी बने। गांधी जी के साथ उन्होंने नमक सत्याग्रह और दाँडी मार्च में हिस्सा लिया। 1939 में उन्होंने 'भारतीय विद्या भवन' से जुड़कर उसके मानद निदेशक का पद भार सँभाला। 1950 में उन्होंने चन्देरिया चित्तौड़गढ़ में 'सर्वोदय साधना आश्रम' की स्थापना की। यहीं पर उन्होंने 'भामाशाह भारती भवन' तथा 'हरिभद्र सूरि स्मृति मन्दिर' की भी स्थापना की। इसी तरह राजस्थान सरकार के विशेष आग्रह पर उन्होंने जयपुर में 'राजस्थान पुरातत्त्व प्रतिष्ठान' की स्थापना की और तत्कालीन मुख्यमंत्री श्री हीरालाल शास्त्री के अनुरोध पर उन्होंने उसके मानद निदेशक का पद स्वीकार किया। 17 वर्ष तक इसका संचालन करते हुए उन्होंने हजारों प्राचीन बहुमूल्य ग्रंथों का संग्रह किया। इसी के साथ उन्होंने प्रतिष्ठान द्वारा उत्कृष्ट ग्रंथों का सम्पादन और प्रकाशन भी किया। उन्होंने समय-समय पर अहमदाबाद, पूना, बड़ौदा, शान्तिनिकेतन, मुम्बई, जोधपुर, जयपुर आदि स्थानों को अपना कार्यक्षेत्र बनाया।

सच तो यह है कि मुनि जिनविजय के कार्यों की ठीक से पहचान नहीं हुई है। डॉ. दुर्गाप्रसाद अग्रवाल ने लिखा है, "सिंधी जैन ग्रंथमाला मुनि जी का सर्वाधिक महत्त्वपूर्ण उपक्रम था जिसके अन्तर्गत भारतीय साहित्य की 75 कीमती और विरल कृतियाँ प्रकाशित हुईं। उनका दूसरा महत्त्वपूर्ण उपक्रम था राजस्थान पुरातन ग्रंथमाला, जिसके अन्तर्गत राजस्थान के इतिहास से सम्बद्ध कई प्राचीन ग्रंथ प्रकाशित हुए। इनके अतिरिक्त कान्तिविजय इतिहासमाला, जैन साहित्य संशोधक स्टडीज और कुछ अन्य ग्रंथमालाएँ भी वे हमें दे गए हैं।" (मुनि जिनविजय की कीर्तिगाथा, https//www.madhavhada.com/muni-jinvijay-1)

दुर्गाप्रसाद अग्रवाल ने अन्यत्र लिखा है, "मुनि जी ने अपने जीवन का अद्‌भुत वृत्तान्त 'जिनविजय जीवन कथा' और 'मेरी जीवन प्रपंच कथा' शीर्षक से लिखा, लेकिन अपने सक्रिय और उपलब्धिमूलक जीवन का

कोई वृत्तान्त उन्होंने नहीं लिखा। हाँ, उनके जीवन के अन्तिम चरण में उन्होंने अपने पत्राचार को 'मेरे दिवंगत मित्रों के पत्र' नाम से जरूर प्रकाशित करवाया।" (फेसबुक पोस्ट से, 5 जनवरी, 2022 से)

डॉ. माधव हाड़ा ने मुनि जिनविजय पर साहित्य अकादमी के लिए विनिबन्ध लिखा है। इसमें वे लिखते हैं, "मुनि जी को इस बात के लिए भी याद रखा जाना चाहिए कि हालाँकि उनसे पूर्व हमारे यहाँ सम्पादन-पाठालोचन की कोई सुदीर्घ परम्परा विद्यमान नहीं थी, वे सुव्यवस्थित, योजनाबद्ध और वैज्ञानिक विधि से सम्पादन -पाठालोचन करते नजर आते हैं। यह कौशल उन्होंने सतत अभ्यास और अनुभव से अर्जित किया था।" (https//www.madhavhada.com/muni-jinvijay-1) इसके अलावा इनके जीवन और कृतित्व पर केन्द्रित साहित्यिक पत्रिका 'बनास जन' ने एक विशेषांक भी प्रकाशित किया है।

प्रो. माधव हाड़ा के अनुसार महात्मा बुद्ध और महावीर स्वामी के जन्म निर्धारण के लिए मुनि जी के अध्ययन और अन्वेषण का सहारा लिया गया है। इसी तरह राजस्थान के एकीकरण के समय माउंट आबू के सन्दर्भ में तथ्य संकलन समिति के अध्यक्ष रहते हुए मुनि जी ने प्रमाणों के आधार पर साबित किया कि माउंट आबू पर राजस्थान का अधिकार बनता है। उन्हीं के तर्कों के आधार पर गुजरात से माउंट आबू राजस्थान का हिस्सा बना।

इधर माधव हाड़ा के सम्पादन में मुनि जिनविजय की जीवन-यात्रा और पत्राचार पर एकाग्र रजा फाउंडेशन के सहयोग से वाग्देवी प्रकाशन (सेतु प्रकाशन समूह) द्वारा प्रकाशित एक और महत्त्वपूर्ण पुस्तक 'एक भव अनेक नाम' शीर्षक से आई है। मुनि जिनविजय के मूल्यांकन में इस पुस्तक का योगदान बहुत महत्त्वपूर्ण है।

अशोक वाजपेयी ने मुनि जिनविजय के योगदान पर टिप्पणी करते हुए लिखा है, "ऐसा और कोई व्यक्ति पिछले सौ बरसों में शायद नहीं हुआ है जिसने मुनि जिनविजय की तरह इतिहास, संस्कृति और साहित्य की इतनी कृतियों को खोजा, उनका संरक्षण और प्रकाशन-सम्पादन किया हो।" (उद्धृत, दुर्गा प्रसाद अग्रवाल की पोस्ट में, 5 जनवरी, 2022)

रामवृक्ष बेनीपुरी

मुजफ्फरपुर (बिहार) जिले के 'बेनीपुर' नामक गाँव में जन्मे, प्रख्यात स्वतंत्रता संग्राम सेनानी एवं साहित्यकार रामवृक्ष बेनीपुरी (23.12.1899-09.09.1968) की हिन्दी जगत में ख्याति नाटककार, कथाकार, निबन्धकार, जीवनीकार आदि कई रूपों में है किन्तु उन्होंने 'विद्यापति पदावली' और 'बिहारी सतसई की सुबोध टीका' भी लिखी है।

बेनीपुरी जी द्वारा सम्पादित 'विद्यापति पदावली' का वैशिष्ट्य और महत्त्व कुछ अलग ही है। यह पदावली शब्दों के अर्थ की दृष्टि से अत्यन्त महत्त्वपूर्ण है। वे शब्दों के पारखी थे। उन्होंने इस पदावली में शब्दों के सांकेतित अर्थ को भी स्पष्ट करने का सुन्दर और सफल प्रयास किया है। कहा जाता है कि विद्यापति के पदों को गाते हुए महाप्रभु चैतन्य देव समाधिस्थ हो जाया करते थे। विद्यापति को बेनीपुरी जी हिन्दी का जयदेव और मैथिल कोकिल कहते थे। पुस्तक की भूमिका में बेनीपुरी जी ने अपनी चिरपरिचित शैली में पदों की भाषा और कविता माधुरी का जो वर्णन किया है वह अन्यत्र दुर्लभ है। बेनीपुरी जी के सम्पादन में विद्यापति और उनकी पदावली की नई अर्थवत्ता और चमक उजागर होती है।

ब्रजरत्न दास

काशी में जन्मे, काशी और प्रयाग में पढ़े-लिखे भारतेन्दु हरिश्चन्द्र के दौहित्र (भारतेन्दु की सुपुत्री विद्यावती के पुत्र) ब्रजरत्न दास (1890-1966) पेशे से वकील थे और वकालत करते हुए साहित्य के क्षेत्र में उन्होंने जो योगदान किया है वह असाधारण है। आरम्भ में उन्होंने अनेक ऐतिहासिक ग्रंथों की रचना की और उसके बाद साहित्य के क्षेत्र की ओर उन्मुख हुए। साहित्य के ऐतिहासिक अनुशीलन के क्षेत्र में उनका योगदान अधिक महत्त्वपूर्ण है। 'खड़ीबोली हिन्दी साहित्य का इतिहास', 'उर्दू साहित्य का इतिहास', 'हिन्दी साहित्य का इतिहास', 'हिन्दी नाट्य साहित्य', और 'हिन्दी उपन्यास साहित्य' आदि उनके ऐसे ग्रंथ हैं जिनसे उनकी आलोचनात्मक दृष्टि का पता चलता है। उन्होंने भारतेन्दु की जीवनी भी लिखी है। भारतेन्दु की इस जीवनी में तत्कालीन सामाजिक, राजनीतिक और साहित्यिक हलचलों का प्रामाणिक विवरण मिलता है, जिससे तत्कालीन समाज को समझने में बड़ी मदद मिलती है।

ब्रजरत्न दास ने अनेक ग्रंथों का सम्पादन भी किया है, उन्होंने 'नन्ददास ग्रंथावली' का बड़े श्रम से सम्पादन किया है। उनका सम्पादन पं. उमाशंकर शुक्ल के सम्पादन के सात वर्ष बाद आया। उन्होंने जब 'नन्ददास

ग्रंथावली' का सम्पादन शुरू किया तो उनके पास पं. उमाशंकर शुक्ल की तुलना में अधिक हस्तलिखित प्रतियाँ थीं। शुक्ल जी के सम्पादन और ब्रजरत्न दास के सम्पादन में छपी नन्ददास ग्रंथावलियों में पर्याप्त अन्तर है। उदाहरणार्थ नन्ददास की कृति 'रास पंचाध्यायी' में जहाँ शुक्ल जी द्वारा सम्पादित संस्करण में तीन सौ रोलों का पाठ संकलित है वहाँ ब्रजरत्न दास के संस्करण में मात्र 118 रोले हैं। इस सम्बन्ध में ब्रजरत्न दास ने शुक्ल जी द्वारा सम्पादित ग्रंथावली के हवाले से स्वयं लिखा है, "इस प्रकार देखा जाता है कि उक्त हस्तलिखित प्रतियों में जो ढाई सौ वर्ष से डेढ़ सौ वर्ष प्राचीन हैं, 206 से 215 तक रोले हैं पर प्रकाशित प्रतियों में उनकी संख्या बहुत बढ़ गई है, मूलत: 'रास पंचाध्यायी' में 205 से अधिक रोले नहीं थे। अत: वे ही पद नन्ददास कृत मान्य हैं जो उक्त सभी हस्तलिखित प्रतियों में हैं।" (नन्ददास ग्रंथावली भूमिका, पृ. 41) ब्रजरत्न दास की सम्पादन कला पर डॉ. कन्हैया सिंह की टिप्पणी है, "इनके सम्पादन की सबसे बड़ी कठिनाई यह है कि इन्होंने किस आधार पर पाठों का ग्रहण किया और त्याग किया है, इसका कोई निश्चित आधार व्यक्त नहीं किया है। साथ ही उन्होंने प्रक्षेपों के निराकरण का जो प्रयास किया है उसका आधार वैज्ञानिक न होने के कारण भ्रमपूर्ण हो सकता है।" (हिन्दी पाठानुसन्धान, पृ. 147)

ब्रजरत्न दास द्वारा सम्पादित अन्य ग्रंथों में 'खुसरो की हिन्दी कविता', 'प्रेमसागर', 'रहिमन विलास', 'संक्षिप्त रामस्वयंवर', 'मुद्राराक्षस', 'भूषण ग्रंथावली', 'सत्य हरिश्चन्द्र', 'भारतेन्दु ग्रंथावली' (द्वितीय भाग), 'भारतेन्दु नाटकावली' (दो भाग), 'भाषा भूषण', 'भारतेन्दु सुधा', 'इंशा—उनका काव्य और कहानी' आदि प्रमुख हैं।

पीताम्बरदत्त बड़थ्वाल

गढ़वाल (उत्तराखंड) जिले के 'पाली' नामक गाँव में जन्मे, श्रीनगर (गढ़वाल), लखनऊ, कानपुर तथा काशी में पढ़े-लिखे तथा काशी व लखनऊ विश्वविद्यालय में शिक्षक रहे डॉ. पीताम्बरदत्त बड़थ्वाल (13.12.1901-24.07.1944) को किसी भारतीय विश्वविद्यालय से हिन्दी का प्रथम डी.लिट्. होने का गौरव हासिल है। 'द निर्गुण स्कूल ऑफ हिन्दी पोयट्री' विषय पर काशी हिन्दू विश्वविद्यालय ने उन्हें 1934 ई. में डी.लिट्. की उपाधि से नवाजा था और हिन्दी जगत में उसकी भूरि-भूरि प्रशंसा हुई थी। उनका यह शोध-प्रबन्ध बाद में 'हिन्दी में निर्गुण सम्प्रदाय' के नाम से प्रकाशित हुआ।

हिन्दी जगत में बड़थ्वाल जी ने अपनी शोध-वृति और समीक्षा-दृष्टि के कारण ही पहचान बनाई। संत, सिद्ध, नाथ और भक्ति साहित्य की खोज और विश्लेषण में ही उनकी विशेष रुचि थी। उन्होंने भक्ति आन्दोलन को हिन्दू जाति की निराशा का परिणाम नहीं माना अपितु उसे भक्ति धारा का स्वाभाविक विकास माना है। उन्होंने गोरखनाथ की रचनाओं का सम्पादन 'गोरखबानी' नाम से किया है। इस कृति से उन्हें विशेष ख्याति मिली। आचार्य हजारीप्रसाद द्विवेदी ने 'नाथ सिद्धों की रचनाएँ' की भूमिका में लिखा है,

"नाथ सिद्धों की हिन्दी रचनाओं का यह संग्रह कई हस्तलिखित प्रतियों से संकलित हुआ है। इसमें गोरखनाथ की रचनाएँ संकलित नहीं हुईं, क्योंकि स्वर्गीय डॉ. पीताम्बर दत्त बड़थ्वाल ने गोरखनाथ की रचनाओं का सम्पादन पहले से ही कर दिया है और वे 'गोरखबानी' नाम से प्रकाशित भी हो चुकी हैं। बड़थ्वाल जी ने अपनी भूमिका में बताया था कि उन्होंने अन्य नाथ सिद्धों की रचनाओं का संग्रह भी कर लिया है जो इस पुस्तक के दूसरे भाग में प्रकाशित होगा। दूसरा भाग अभी तक प्रकाशित नहीं हुआ है। अत्यन्त दुख की बात है कि उसके प्रकाशित होने के पूर्व ही विद्वान सम्पादक ने इहलोक त्याग दिया। डॉ. पीताम्बर दत्त बड़थ्वाल को खोज में 40 पुस्तकों का पता चला था, जिन्हें गोरखनाथ-रचित बाताया जाता है। डॉ. बड़थ्वाल ने बहुत छानबीन के बाद इनमें प्रथम 14 ग्रंथों को निस्सन्दिग्ध रूप से प्राचीन माना, क्योंकि इनका उल्लेख प्राय: सभी प्रतियों में मिला। तेरहवीं पुस्तक 'ग्यान चौंतीसा' समय पर न मिल सकने के कारण उनके द्वारा सम्पादित संग्रह में नहीं आ सकी, परन्तु बाकी तेरह को गोरखनाथ की रचनाएँ समझकर उस संग्रह में उन्होंने प्रकाशित कर दिया था। (नाथसिद्धों की रचनाएँ, भूमिका से)

डॉ. बड़थ्वाल की अध्ययनशीलता से प्रेरित होकर नागरी प्रचारिणी सभा, काशी ने इन्हें अपने यहाँ पांडुलिपियों की खोज के लिए अवैतनिक संचालक के रूप में नियुक्त कर लिया। उनके नेतृत्व में अनेक महत्त्वपूर्ण ग्रंथों की खोज भी हुई।

'रामानन्द की हिन्दी रचनाएँ', 'सूरदास जीवन सामग्री', 'मकरन्द', 'हिन्दी साहित्य में उपासना का स्वरूप', 'कवि केशवदास', 'योग प्रवाह', 'प्राणायाम : विज्ञान और कला', 'ध्यान से आत्म-चिकित्सा'

आदि डॉ. बड़थ्वाल की अन्य अनुसंधानपरक और आलोचनात्मक पुस्तकें हैं। उन्होंने 'कबीर-ग्रंथावली', 'रामचन्द्रिका', 'रूपक रहस्य', 'कबीर की साखी और सर्वांगी', 'हरिदास जी की साखी', 'रैदास जी की साखी', 'हरिभक्त प्रकाश' और 'सेवादास' आदि का भी सम्पादन किया है। अपने गढ़वाल क्षेत्र के प्रति उनमें गहरा अनुराग था और वहाँ के पवाड़ों (वीर गाथाओं), तंत्र-मंत्र, ग्राम-गीत तथा इतिहास का भी उन्होंने गहरा अध्ययन किया था। उन्होंने स्थानीय कथानकों के आधार पर गढ़वाली भाषा में कुछ नाटक भी लिखे। 'उत्तराखंड में संत-मत और संत-साहित्य' शीर्षक उनका शोधपूर्ण निबन्ध खासा चर्चित हुआ था।

उनकी अंग्रेजी में प्रकाशित पुस्तकें 'मिस्टिसिज्म इन हिन्दी पोयट्री' और 'मिस्टिसिज्म इन कबीर' भी विशेष रूप से उल्लेखनीय हैं। शोधकर्ता और निबन्धकार के साथ-साथ बड़थ्वाल जी अपनी दार्शनिक प्रवृत्ति के लिए भी मशहूर थे। उनका समूचा लेखन उनकी गहरी अध्ययनशीलता का परिचायक है।

बड़थ्वाल जी की प्रतिभा, सृजनशीलता और अन्वेषणवृत्ति को देखते हुए उनसे बहुत अधिक की उम्मीद थीं किन्तु वे असमय चले गए। 1944 में लखनऊ विश्वविद्यालय से छुट्टी लेकर वे अपने गाँव 'पाली' गए थे और वहीं बीमारी से उनका निधन हो गया।

डॉ. बड़थ्वाल के निधन पर शोक व्यक्त करते हुए डॉ. सम्पूर्णानन्द ने लिखा था कि "डॉ. बड़थ्वाल की मृत्यु से हिन्दी संसार को बड़ी क्षति हुई है। उन्होंने हमारे वांग्मय के एक विशेष क्षेत्र को जिसका सम्बन्ध आध्यात्मिक रचनाओं से है, अपने अध्ययन का विषय बनाया था। इस दिशा में उन्होंने जो कार्य किया उसका आदर विद्वत् समाज में होगा।"

ठाकुर रामसिंह और सूर्यकरण पारीक

ठाकुर रामसिंह और सूर्यकरण पारीक ने मिलकर राजस्थानी के महत्त्वपूर्ण काव्य-ग्रंथ 'बेलि क्रिसन रुकमणी री' (राठौड़ महाराज पृथ्वीराज कृत) का पाठ सम्पादन बड़े मनोयोग के साथ किया जो हिन्दुस्तानी अकादमी, इलाहाबाद से सन् 1931 ई. में प्रकाशित हुआ। यद्यपि उसके पहले ही इस कृति का पाठ सम्पादन राजस्थानी साहित्य के प्रसिद्ध विदेशी विद्वान एल.पी. तेस्सीतोरी कर चुके थे किन्तु, उनके द्वारा सम्पादित कृति के बाद सम्पादकद्वय को उसकी चार और हस्तलिखित प्रतियाँ मिलीं जिनमें पर्याप्त पाठ भेद थे। ऐसी दशा में इस कृति का पुन: पाठ सम्पादन जरूरी हो गया था। सम्पादकों ने अपने सम्पादन में तेस्सीतोरी द्वारा सम्पादित कृति का भी उपयोग किया है। इस कृति का पाठ सम्पादन करते हुए सम्पादकों ने अपने अनुभव व्यक्त करते हुए लिखा है, "इन पाठों में पाठान्तर का बहुत मतभेद है। हमारी सुविधा के अनुसार जो पाठ हमें जँचा, उसी पाठ को ग्रहण किया गया है। बाकी पाठान्तरों को जिज्ञासु पाठकों की सूचना और मनन हेतु, यहाँ प्रत्येक दोहले का नंबर देकर पृथक् अवतरण कर दिया गया है।" (बेलि क्रिसन रुकमणी री, प्रा. पृ. 273)

इस पाठ की विशेषताओं की प्रशंसा करते हुए डॉ. धीरेन्द्र वर्मा ने लिखा है, "सन् 1931 में एकैडमी ने इस ग्रंथ का सुसम्पादित संस्करण प्रकाशित किया था। अनुवादक महाराज जगमाल सिंह तथा सम्पादक पं. सूर्यकरण पारीक और ठाकुर रामसिंह ने समस्त उपलब्ध प्रतियों के आधार पर पाठान्तरों सहित शुद्ध पाठ निर्धारित किया था। भूमिका, हिन्दी अनुवाद, पाठान्तर निर्देश, टिप्पणियाँ, शब्दकोश और समस्त उपलब्ध डिंगल तथा संस्कृत टीकाओं सहित 914 पृष्ठों का वह ग्रंथ इतना उपयोगी और महत्त्वपूर्ण है कि ग्रियर्सन आदि विद्वानों ने उसकी मुक्त कंठ से प्रशंसा की है।" (उद्धृत, हिन्दी पाठानुसन्धान, कन्हैया सिंह, पृ. 54)

रामसिंह और सूर्यकरण पारीक ने नरोत्तम स्वामी के साथ मिलकर राजस्थानी के दूसरे प्रसिद्ध ग्रंथ 'ढोला मारू रा दूहा' का भी पाठ सम्पादन किया है। इस कृति को नागरी प्रचारिणी सभा ने 1934 ई. में प्रकाशित किया था। इस कृति के पाठ सम्पादन की विशेषताओं का उल्लेख करते हुए डॉ. माता प्रसाद गुप्त ने लिखा है, "ढोला मारू के प्रेम विषयक दोहे प्राचीन राजस्थानी और हिन्दी में अपनी सरलता के कारण बेजोड़ हैं और उनका सम्पादन जो अब से पचीस-छब्बीस वर्ष पूर्व राजस्थान के तीन प्रमुख विद्वानों—सर्वश्री रामसिंह, सूर्यकरण पारीक तथा नरोत्तम स्वामी—द्वारा नागरी प्रचारिणी सभा, काशी की ओर से हुआ था, वह रचना के महत्त्व के अनुरूप ही अपने युग का एक अत्यंत सराहनीय प्रयास था। उसमें विभिन्न प्रतियों के आधार पर रचना का पाठ सम्पादन कर सम्पादकों ने दोहों की एक टीका भी दी थी और परिशिष्ट में शब्दों की व्युत्पत्ति आदि के विषय में खोजपूर्ण सूचनाएँ प्रस्तुत की थीं। वस्तुत: इतने परिश्रम और योग्यता के साथ हिन्दी की कम ही रचनाओं का सम्पादन और अर्थ स्पष्टीकरण हुआ है।" (नागरी प्रचारिणी पत्रिका, वर्ष-65, अंक-1, पृ. 1)

नरोत्तमदास स्वामी

मेवाड़ निवासी और राजस्थान में ही शिक्षक रहे नरोत्तमदास स्वामी (1905-1981) की रुचि राजस्थान के प्राचीन साहित्य के सम्पादन में विशेष रही है। उन्होंने 'राजस्थान रा दूहा' तथा पं. नरोत्तम व्यास कृत 'महात्मा विदुर' का पाठ सम्पादन किया है। उन्होंने 'मीरा मन्दाकिनी' नामक मीरा के पदों का एक संग्रह भी सम्पादित किया है जिसका संक्षिप्त रूप 'मीरां मुक्तावली' नाम से प्रकाशित है। 'मीरा मन्दाकिनी' की भूमिका से स्पष्ट होता है कि वे मीरा को एक उच्च कोटि की भक्त कवयित्री मानते हैं और मीरा के काव्य का विद्रोही स्वर उनकी दृष्टि में नहीं आया। फिलहाल, मीरा के सम्बन्ध में उनकी कोई मौलिक स्थापना नहीं है।

'ढोला मारू रा दूहा' जैसी प्रसिद्ध कृति का सम्पादन नरोत्तम स्वामी ने दो अन्य विद्वानों—श्रीराम सिंह एवं श्री सूर्यकरण पारीक के साथ मिलकर किया था। 'श्री रामदास जी महाराज की वाणी' के सम्पादन का श्रेय भी उन्हें है। इसके अलावा उन्होंने लोक-साहित्य के क्षेत्र में भी कार्य किया है और 'राजस्थान के लोकगीत' का सम्पादन किया है।

धर्मेन्द्र ब्रह्मचारी शास्त्री

सारण (बिहार) के 'मानवपाली' गाँव में जन्मे, पटना विश्वविद्यालय से उच्च शिक्षा प्राप्त करके पटना विश्वविद्यालय में ही शिक्षक रहे धर्मेन्द्र ब्रह्मचारी शास्त्री (28.09.1905-19.07.1964) संत प्रकृति के व्यक्ति थे और संत साहित्य के अधिकारी विद्वान थे। 'संतकवि दरिया : एक अनुशीलन', 'संतमत का सरभंग सम्प्रदाय', 'पुरुष-प्रकृति और रमणी', 'गुप्त जी के काव्य में करुणाधारा', 'हरिऔध का प्रियप्रवास' आदि उनके महत्त्वपूर्ण आलोचनात्मक ग्रंथ हैं। उन्होंने 'रामजन्म' और 'दरिया ग्रंथावली' का सम्पादन करके पाठानुसन्धान के क्षेत्र में महत्त्वपूर्ण कार्य किया है। इनके द्वारा सम्पादित 'रामजन्म' कवि सूरजदास रचित अवधी की कृति है जो दोहा-चौपाई शैली में रची गई है। यह सन् 1500 ई. से पूर्व की रचना है जिस पर गोस्वामी तुलसीदास के 'रामचरितमानस' का पर्याप्त प्रभाव है। ब्रह्मचारी जी ने इसकी उपलब्ध पाँच प्रतियों के आधार पर इसका पाठ सम्पादन किया जो सन् 1959 ई. में बिहार राष्ट्रभाषा परिषद्, पटना से प्रकाशित हुई। इस सम्पादन में ब्रह्मचारी जी के सहयोगी थे श्री रंजन सूरिदेव और श्री रामनारायण शास्त्री।

धर्मेन्द्र ब्रह्मचारी द्वारा दूसरी सम्पादित कृति है 'दरिया ग्रंथावली'। दरिया साहब बिहार के कबीर कहे जाते हैं। ब्रह्मचारी जी ने इस कृति के प्रथम भाग में दरिया साहब के जीवन और कृतित्व का वर्णन किया है तथा दूसरे भाग में उनकी छः रचनाओं का सम्पादित पाठ प्रकाशित किया है। ये छः रचनाएँ हैं—'दरिया सागर', 'ग्यान रतन', 'ग्यान सरोदै', 'भक्ति हेतु', 'ब्रह्म विवेक' और 'ग्यान मूल'। दरिया साहब के कुल बीस ग्रंथ माने जाते हैं जिनमें से ब्रह्मचारी जी ने केवल छः का पाठ सम्पादन करके बाकी के बारे में लिखा है, "अभी छः रचनाओं के सम्पादित पाठ का प्रकाशन हो रहा है। आगे अन्य ग्रंथ भी प्रकाशित किए जाएँगे।" (दरिया ग्रंथावली, पृ. 7) किन्तु बाकी ग्रंथों के सम्पादन का अवसर उन्हें नहीं मिला।

उनके द्वारा सम्पादित एक ग्रंथ 'प्राचीन हस्तलिखित पोथियों का विवरण' शोधार्थियों के लिए बहुत उपयोगी है।

माताप्रसाद गुप्त

जौनपुर (उ.प्र.) जिले के 'मूँगरा बादशाहपुर' नामक गाँव में जन्मे, प्रयाग से उच्च शिक्षा लेकर राजस्थान विश्वविद्यालय में शिक्षक रहे माताप्रसाद गुप्त (1909-1969) ने हिन्दी पाठानुसन्धान के क्षेत्र में युगान्तर उपस्थित किया है। इस दृष्टि से उनके द्वारा पाठालोचित और सम्पादित ग्रंथों में 'रामचरितमानस', 'पृथ्वीराज रासो', 'सूरसागर', 'बीसलदेव रासो', 'जायसी ग्रंथावली', 'कबीर ग्रंथावली' और 'छिताई वार्ता' का अत्यधिक महत्त्व है। 'पृथ्वीराज रासो' के सम्बन्ध में अनेक भ्रान्तियाँ फैली हुई थीं, किन्तु डॉ. गुप्त द्वारा सम्पादित संस्करण के आने के बाद इस महाकाव्य के बारे में व्यक्त की गई समस्त शंकाएँ निर्मूल हो गईं और 'रासो' एक जाली ग्रंथ होने के कलंक से मुक्त हो गया। पृथ्वीराज विजय की जिन घटनाओं का विरोध वृहद पृथ्वीराज रासो के पाठ से मिलता था उसका मूल कारण उसके मूल पाठ का न प्राप्त होना था। यदि डॉ. गुप्त का यह सम्पादन हिन्दी जगत को न मिला होता तो लोग चन्द की प्रतिभा, प्रबन्ध-कल्पना, अलंकार-वृत्ति एवं तथ्यपरक ऐतिहासिक दृष्टि से कदापि परिचित न हो पाते।

डॉ. गुप्त ने 1950 ई. में 'रामचरितमानस' और 1952 ई. में 'पदुमावति' (पद्मावत) का नया पाठ प्रस्तुत किया। इस पाठ के महत्त्व का आकलन करते हुए डॉ. वासुदेवशरण अग्रवाल ने पद्मावत के अपने आलोचनात्मक भाष्य में लिखा है कि, "डॉ. माताप्रसाद गुप्त का पाठ मुझे उपलब्ध न होता तो जायसी के मूल अर्थों तक पहुँचने का मार्ग मुझे कभी मिल सकता, इसमें मुझे सन्देह है...पद्मावत के मूल पाठ पर जमी हुई काई को पाठ संशोधन की वैज्ञानिक युक्ति से हटाकर श्री माताप्रसाद गुप्त ने हिन्दी साहित्य के क्षेत्र में महत्त्वपूर्ण कार्य किया है।" (पद्मावत, प्राक्कथन, पृ. 9) इसी तरह डॉ. गुप्त द्वारा सम्पादित मानस के पाठ की सराहना करते हुए डॉ. अम्बाप्रसाद सुमन ने लिखा है, "मेरी यह निश्चित धारणा बन चुकी है कि डॉ. गुप्त के मानस संस्करण के पाठ भाषा और व्याकरणिक संरचना की दृष्टि से पर्याप्तरूपेण ठीक और प्रामाणिक हैं।... भाषा के स्वरूप और प्रकृति को पहचानने में डॉ. गुप्त कुशल मर्मी थे। तुलसी जैसे भाषाविज्ञ कवि, शिरोमणि कवि की कृति के वास्तविक स्वरूप को समझने के लिए डॉ. गुप्त द्वारा सम्पादित 'श्री रामचरितमानस' का अध्ययन अधिकांश में उपादेय है।" (रामचरितमानस भाषा रहस्य, पृ. 31)

डॉ. माताप्रसाद गुप्त ने 'सूरसागर' के पाठ सम्पादन का ऐतिहासिक कार्य किया है। डॉ. गुप्त को इस कार्य के लिए उस समय कुल विभिन्न प्रकार की 120 प्रतियाँ प्राप्त हुई थीं। इनमें से उन्होंने चालीस महत्त्वपूर्ण प्रतियों को चुना और उन्हें अपने सम्पादन का आधार बनाया। अभी यह वृहत्तर कार्य चल ही रहा था कि वे कैन्सर रोग से ग्रसित हो गए। रुग्णावस्था में भी उन्होंने अपना कार्य जारी रखा और सम्पादन कार्य पूरा करके तथा उसकी भूमिका लिखकर उसे के.एम. मुंशी हिन्दी तथा भाषा विज्ञान विद्यापीठ को सौंप दिया क्योंकि वह यू.जी. सी. की एक परियोजना के तहत किया जाने वाला कार्य था। 'सूरसागर' की सम्पादित प्रति सौंपकर वे आगरा मेडिकल कॉलेज में भर्ती हो गए और कुछ दिन बाद दिवंगत भी। ऐसे साहित्य-साधक यदा-कदा जन्म लेते हैं।

'बीसलदेव रासो' के सम्बन्ध में भी ऐसी ही अनेक भ्रांतियाँ फैली हुई थीं। साहित्यिक दृष्टि से उसका मूल्य नगण्य था। नरपति नाल्ह एक साधारण भाट कवि के रूप में ख्यात किए जा चुके थे। उनकी कृति भी काव्य-चमत्कार, छंद-वैचित्र्य और अर्थ-गुरुत्व की दृष्टि से सर्वथा शून्य मान ली गई थी। (राजस्थानी साहित्य के इतिहास की रूपरेखा, मोतीलाल मेनारिया, पृ. 29) इस प्रकार की सभी भ्रान्तियों का मूल कारण उसके मूल पाठ का न प्राप्त होना ही था। किन्तु इस ग्रंथ का सुन्दर पाठ सम्पादन करके डॉ. गुप्त ने इसे हिन्दी के गौरव ग्रंथों में शामिल कर दिया। डॉ. उदयनारायण तिवारी ने स्वीकार किया है कि यदि डॉ. गुप्त का यह वैज्ञानिक सम्पादन उन्हें न मिला होता तो 'बीसलदेव रासो' के अर्थ निर्णय में उन्हें कठिनाई हुई होती। (वीर काव्य, पृ. 198)

इनके अतिरिक्त डॉ. गुप्त ने 'राउल वेल' नामक ऐसी कृति का पाठ सम्पादन किया है जो पूरी की पूरी शिला खंड पर उत्कीर्ण थी और यत्र-तत्र खंडित अवस्था में थी। यह किसी 'रोड' कवि द्वारा रचित ग्यारहवीं सदी की रचना है जो एक प्रेम काव्य है। यह पूरी कृति एक ही शिला पर गद्य और पद्य में उत्कीर्ण है। इसमें कल्चुरी वंश के किसी सामंत की सात नायिकाओं का नख-शिख वर्णन है। शिला की अन्तिम पंक्ति के कटकर निकल जाने से इसकी रचना तिथि अनिश्चित थी पर डॉ. गुप्त ने सहायक सामग्री का उपयोग करके उसे भी निश्चित कर दिया। इसके अलावा डॉ. गुप्त ने 'मधुमालती' (मंझन), 'मधुमालती' (चतुर्भुजदास), 'लोर कहा', 'जिणदत्त-चरित', 'वसंतविलास', 'कुतुबशतक', 'चांदायन', 'मृगावती' का भी पाठ सम्पादन किया है। इस तरह डॉ. गुप्त ने पाठानुसन्धान के क्षेत्र में युगान्तरकारी कार्य किया है।

उमाशंकर शुक्ल

प्रयाग विश्वविद्यालय में अध्ययन के दौरान पं. उमाशंकर शुक्ल (1909-1980) की प्रतिभा से प्रभावित होकर डॉ. धीरेन्द्र वर्मा ने उन्हें सूर साहित्य का वैज्ञानिक रीति से पाठ तैयार करने का गुरुतर दायित्व सौंपा और शुक्ल जी ने सफलतापूर्वक यह कार्य सम्पन्न किया। बाद में उन्होंने 'नन्ददास' (दो भागों में) तथा रीतिकाल के प्रसिद्ध कवि सेनापति के 'कवित्त रत्नाकर' का भी सफलतापूर्वक पाठ सम्पादन किया।

सेनापति का एक ही ग्रंथ 'कवित्त रत्नाकर' उपलब्ध है। उसका सम्पादन पाँच हस्तलिखित प्रतियों के आधार पर किया गया है। अपने पाठ सम्पादन में शुक्ल जी ने सम्पादन के वैज्ञानिक नियमों का पूरा-पूरा ध्यान रखा है। 'कवित्त रत्नाकर' की भूमिका में अपने अनुभवों का उल्लेख करते हुए उन्होंने लिखा है, "प्राय: प्रत्येक लिपिकार प्रतिलिपि करते समय देश काल तथा अपनी परिस्थिति विशेष के अनुसार अपनी भाषा का प्रभाव भी उस ग्रंथ पर छोड़ देता है। सैकड़ों वर्षों तक यही क्रम चलते रहने से मूल ग्रंथ का वास्तविक स्वरूप

अन्तर्निहित हो जाता है। प्रभावों को हटाकर कवि की रचना के मूल रूप के निकटतम पहुँचना ही किसी ग्रंथ के सम्पादक का कर्तव्य है।" (कवित्त रत्नाकर, भूमिका, पृ. 57) निश्चय ही शुक्ल जी इस ग्रंथ के पाठ सम्पादन में रचना के अर्थ की गहराइयों में डूबकर प्रामाणिक पाठों का निर्धारण अत्यन्त पांडित्य के साथ किया है। इस ग्रंथ की सम्पादन-कला पर टिप्पणी करते हुए डॉ. कन्हैया सिंह ने लिखा है, "प्रतियों की तुलनात्मक परीक्षा द्वारा रचयिता के मूल पाठ तक पहुँचने का प्रयास अत्यन्त प्रामाणिकता के साथ इस ग्रंथ में किया गया है। पाठ सदैव ही प्रतियों के साक्ष्य पर प्रस्तुत किए गए हैं। जहाँ कहीं भी अपनी ओर से कोई सुझाव प्रस्तुत किया गया है, उसका उल्लेख पाद टिप्पणियों में कर दिया गया है। इस पाठ की दूसरी प्रमुख विशेषता यह है कि स्वीकृत पाठ के साथ सभी उपलब्ध प्रतियों के पाठान्तर टिप्पणी में दे दिए गए हैं, जिनकी सहायता से इस ग्रंथ के पाठ पर विचार करते समय इतनी सुविधा हुई जैसे सभी हस्तलिखित प्रतियाँ ही सम्मुख उपलब्ध हों। इस पाठ की तीसरी विशेषता यह है कि विद्वान सम्पादक ने पाठ चयन में अर्थ का पूरा-पूरा ध्यान रखा है। सेनापति जैसे अर्थ-गाँभीर्य सम्पन्न कवि की रचना का सम्पादन कभी भी बिना अर्थपरम्परा को समझे, योग्य रीति से सम्भव नहीं था।" (पाठ सम्पादन के सिद्धान्त, पृ. 136)

कृष्ण भक्ति शाखा के कवियों में नन्ददास का स्थान अत्यन्त महत्त्वपूर्ण है। शुक्ल जी ने विभिन्न स्रोतों से उपलब्ध नन्ददास के कुल चौंतीस ग्रंथों का उल्लेख किया है जिनका पाठ सम्पादन करने के बाद उन्होंने कुल 12 ग्रंथों को ही प्रामाणिक माना है। वे ग्रंथ हैं, 'रूप मंजरी', 'विरह मंजरी', 'रस मंजरी', 'मान मंजरी' या 'नाममाला', 'अनेकार्थमंजरी', 'स्यामसगाई', 'भँवरगीत', 'रुक्मिनीमंगल', 'रास पंचाध्यायी', 'सिद्धाँत पंचाध्यायी', 'दसमस्कंध' और 'पदावली'।

अपने सम्पादन के वैशिष्ट्य का उल्लेख करते हुए शुक्ल जी ने लिखा है, "हस्तलिखित प्रतियों में भी जो कवि के रचनाकाल या निवास स्थान के अधिक निकट हैं उनके पाठों के प्रामाणिक होने की अधिक सम्भावना है। नन्ददास के काव्य-ग्रंथों का प्रस्तुत सम्पादन यथासम्भव ऐसी ही प्रतियों के आधार पर हुआ है।" (नन्ददास, भाग-1, भूमिका, पृ. 87)

सन्देहास्पद पाठों को शुक्ल जी ने परिशिष्ट में संग्रहीत कर लिया है ताकि भविष्य में जो भी उसे देखना चाहे उसे कोई असुविधा न हो। निस्सन्देह शुक्ल जी एक प्रतिभाशाली और कुशल सम्पादक के रूप में सदा स्मरण किए जाएँगे।

किशोरीलाल गुप्त

उत्तर प्रदेश के 'भदोही' कस्बे में जन्मे और काशी में पढ़े-लिखे किशोरीलाल गुप्त (1916-2009) ने 'शिवसिंह सरोज' का सम्पादन करके ऐतिहासिक कार्य किया है। इसका प्रकाशन हिन्दी साहित्य सम्मेलन, प्रयाग द्वारा हुआ है। पाठ-सम्पादन में डॉ. गुप्त ने वैज्ञानिक पद्धति का सहारा लिया है। उनके पास 'शिवसिंह सरोज' के चार संस्करण थे जिसमें सबसे पहला सन् 1878 का था और अन्तिम 1929 ई. का। गुप्त जी ने सबसे पहले विभिन्न संस्करणों में प्राप्त विभिन्नताओं को परखा और यह स्पष्ट करने का प्रयास किया कि वे भिन्नताएँ किन कारणों से हैं। इसके बाद इन भिन्नताओं के समाधान द्वारा मूल पाठ तक पहुँचने की चेष्टा की है। प्रथम संस्करण मूल के सर्वाधिक निकट होने के कारण आम तौर पर उसके ही पाठ सर्वाधिक उपयुक्त माने गए हैं। इसके अलावा पाठ की प्रामाणिकता की जाँच के लिए उन्होंने अन्य हस्तलिखित ग्रंथों, संग्रह ग्रंथों तथा खोज विवरणों का भी सहारा लिया है।

इसके अलावा डॉ. गुप्त ने 'नागरीदास ग्रंथावली' तथा 'गिरधर कविराय ग्रंथावली' का भी पाठ सम्पादन किया है। 'नागरीदास ग्रंथावली' का प्रकाशन नागरी प्रचारिणी सभा, काशी ने दो खंडों में किया है और 'गिरधर कविराय ग्रंथावली' का प्रकाशन मधु, प्रकाशन इलाहाबाद से हुआ है। नागरीदास कृष्णगढ़ के राजा सावंत सिंह हैं जिन्हें वैराग्य हो गया और वे वृंदावन में भक्त नागरीदास के नाम से निवास करने लगे। उनके द्वारा रचित 75 पुस्तकों का पता चलता है कि वे रीतिकाल के एक सशक्त कवि हैं। डॉ. गुप्त ने उनके जीवन, दर्शन और काव्य का अत्यत शोधपूर्ण वर्णन अपने दोनों खंडों की भूमिकाओं में किया है। इसी तरह हिन्दी के प्रख्यात कुंडलियाकार गिरधर कवि की इधर-उधर बिखरी रचनाओं को संकलित करके और उसके प्रामाणिक पाठ का निर्णय करके डॉ. गुप्त ने महान कार्य किया है। यद्यपि डॉ. गुप्त के पाठ सम्पादन के पूर्व गिरधर कवि की रचनाओं के भी विभिन्न जगहों से प्रकाशित आठ पाठ उपलब्ध थे। डॉ. गुप्त ने सबका आलोड़न करके

गिरधर कवि की कृतियों का प्रामणिक पाठ तैयार किया है। ग्रंथ के प्रारम्भ में उन्होंने शोधपूर्ण आलोचनात्मक भूमिका लिखी है जिससे कवि के बारे में बहुत सी नवीन सूचनाएँ प्राप्त होती हैं।

डॉ. गुप्त ने 'सुजान शतक' का भी पाठ सम्पादन किया है जिसका सम्पादन भारतेन्दु ने संवत् 1870 में ही किया था और बाद में आचार्य विश्वनाथप्रसाद मिश्र ने 'घनानन्द कवित्त' के नाम से किया। इस पाठ की मुख्य विशेषता उसका सुन्दर भाष्य है जिससे कवि के मर्म को समझने में बड़ी मदद मिलती है।

'सम्पूर्ण सूरसागर' का पाँच खंडों में सम्पादन करके किशोरी लाल गुप्त ने ऐतिहासिक कार्य किया है। 'हिन्दी साहित्य का प्रथम इतिहास', 'भारतेन्दु और अन्य सहयोगी कवि', 'घटखर्पर काव्य' आदि उनकी अन्य प्रकाशित पुस्तकें हैं।

नलिनविलोचन शर्मा

पटना शहर के 'बदरघाट' मुहल्ले में जन्मे, पटना में ही पढ़े-लिखे और आरा तथा पटना में अध्यापक रहे, महामहोपाध्याय पं. रामावतार शर्मा के ज्येष्ठ पुत्र आचार्य नलिनविलोचन शर्मा (18.02.1916-12.09.1961) की चर्चा खासतौर पर उनकी पुस्तक 'साहित्य का इतिहास दर्शन' तथा नकेनवाद के संस्थापक के रूप में होती है, किन्तु वे मौलिक प्रतिभासम्पन्न एक गम्भीर आलोचक भी हैं। उन्होंने कई महत्त्वपूर्ण ग्रंथों का पाठ सम्पादन किया है। उनकी आलोचना में अनुसन्धान के तत्त्व प्रमुखता से प्राप्त होते हैं। उन्होंने जिन ग्रंथों का पाठ सम्पादन किया है उनमें लालचदास कृत 'हरिचरित्र', 'लोककथा कोश', 'लोकगाथा परिचय', 'प्राचीन हस्तलिखित पोथियों का विवरण' (छ: खंड), 'सदल मिश्र ग्रंथावली', 'गोस्वामी तुलसीदास', 'संत परम्परा और साहित्य', 'अयोध्याप्रसाद खत्री स्मारक ग्रंथ', 'भारतीय साहित्य परिशीलन तथा अन्वेषण', 'हिन्दी साहित्य परिशीलन तथा अन्वेषण' आदि प्रमुख हैं। इस तरह उन्होंने बिहार के कई गुमनाम साहित्यकारों को प्रकाश में लाने का मूल्यवान कार्य किया।

नलिनविलोचन शर्मा के शताब्दी-स्मरण पर उनकी ग्रंथावली का सम्पादन करने वाले अजय आनन्द ने लिखा है, "इनके व्यक्तित्व पर यदि ध्यान दें तो आश्चर्य होता है कि एक व्यक्ति जो सफल अध्यापक हो, बिहार साहित्य सम्मेलन का प्रधानमंत्री हो, बिहार राष्ट्रभाषा परिषद् का शोध-निर्देशक हो, 'साहित्य', 'दृष्टिकोण' और 'कविता' का यशस्वी सम्पादक भी हो—वह एक साथ इतना काम कैसे करता था!

19वीं शती के अन्तिम दशक और 20वीं शती के आरम्भिक तीन दशकों में काशी नागरी प्रचारिणी सभा में जैसा योगदान श्यामसुन्दर दास और आचार्य रामचन्द्र शुक्ल का है, वही योग पाँचवें और छठे दशक में आचार्य शिवपूजन सहाय और आचार्य नलिनविलोचन शर्मा का है, कहना असंगत नहीं है। हिन्दी में तात्त्विक शोध का आज भी अभाव है, नलिन जी पहले आलोचक हैं, जिन्होंने तात्त्विक शोध के प्रति लोगों का ध्यान दिलाया। सिर्फ दिलाया ही नहीं, किया भी।" (https//vishwahindijan.blogspot.com)

उन्होंने आगे लिखा है, "शोध में पाठानुसन्धान और भाषा-विज्ञान विशेषकर भाषा की बोलियों के अध्ययन में भी नलिन जी की रुचि थी। बोलियों के भाषावैज्ञानिक महत्त्व पर वे 'साहित्य' के सम्पादकीय में समय-समय पर लिखा करते थे। उन्होंने कुछ टिप्पणियाँ 'पद्मराग' नाम से भी लिखी हैं। इनकी पुस्तक-समीक्षाएँ भी आधुनिक दृष्टि से लैस होती थीं। अपनी आधुनिक दृष्टि और प्रयोगशीलता के कारण ही वे 'मैला आँचल', 'बाणभट्ट की आत्मकथा', 'सुनीता', 'घेरे से बाहर' जैसे उपन्यासों के पक्ष में डटे रहे जो कथ्य और शिल्प दोनों में लीक से अलग थे। फणीश्वनाथ रेणु के ऐतिहासिक उपन्यास 'मैला आँचल' पर पहली समीक्षा इन्होंने ही लिखी, जिसके कारण हिन्दी संसार का ध्यान 'मैला आँचल' की तरफ गया।" (https//vishwahindijan.blogspot.com)

नलिनविलोचन शर्मा ने सन् 1470 ई. में लालच दास द्वारा रचित अवधी की रचना 'हरिचरित्र' का पाठ सम्पादन भी किया है। चौपाई और दोहे में रचित यह कृति 90 अध्यायों में विभाजित है जिसमें श्रीमद्भागवत की कथा का अपने ढंग से वर्णन है। यह बिहार राष्ट्रभाषा परिषद्, पटना से प्रकाशित है।

नलिन जी ने संस्कृत की शास्त्रीय आलोचना और पश्चिम की आलोचना-पद्धति का गहन अध्ययन किया था, लेकिन उन्होंने अनुसरण करने के बजाय अपने लिए नई आलोचना पद्धति की खोज की है। वे हिन्दी के पहले आधुनिक आलोचक थे। उनमें परम्परा के नाम पर जड़ विचारों का त्याग करने और नए आधुनिक विचारों को ग्रहण करने की अद्भुत क्षमता थी। 'दृष्टिकोण', 'साहित्य का इतिहास दर्शन', 'मानदंड', 'हिन्दी उपन्यास : विशेषत: प्रेमचन्द, 'साहित्य तत्त्व और आलोचना' आदि उनकी आलोचनात्मक पुस्तकें हैं। (https//vishwahindijan.blogspot.com) उनकी आलोचनात्मक टिप्पणियों और लेखों का संग्रह 'दृष्टिकोण' नाम से प्रकाशित है।

नलिनविलोचन शर्मा की आलोचना पद्धति का मूल्यांकन करते हुए गोपेश्वर सिंह ने लिखा है, "नलिन जी के आलोचनात्मक लेखन का समय 1940-1960 के बीच का है। यह शीतयुद्ध की छाया का दौर है। दुनिया सोवियत और अमेरिकी शिविर में बँटी हुई थी। राजनीतिक रूप से दो सिरों में विभाजित विचारधारा का प्रभाव दुनिया के साहित्य पर भी था। माना जाता था कि या तो आप प्रगतिशील हैं या गैर-प्रगतिशील। इस प्रभाव से हिन्दी साहित्य भी अछूता नहीं था। हिन्दी का समूचा वातावरण प्रगतिवाद बनाम आधुनिकतावाद का बना हुआ था। नलिनविलोचन शर्मा आलोचना का एक तीसरा पक्ष लेकर सामने आए। वे न प्रगतिवादी शिविर में शामिल हुए और न गैर-प्रगतिवादी शिविर में। दोनों से उनकी दूरी समान बनी रही। उन्होंने आलोचना के इन दोनों धरातलों को अपर्याप्त माना और तीसरे धरातल के रूप में नए मान निर्मित करने की कोशिश की। जैसे शीत युद्ध काल में दो शिविरों में बंटी हुई दुनिया में गुटनिरपेक्ष आन्दोलन एक तीसरा शिविर बनकर उभरा, लगभग वैसी ही स्थिति नलिनविलोचन शर्मा की आलोचना की भी है।" (आलोचना के परिसर, पृ. 185)

अपनी 'साहित्य का इतिहास दर्शन' नामक पुस्तक में उनकी मूल स्थापना है कि साहित्येतिहास भी अन्य प्रकार के इतिहासों की तरह कुछ विशिष्ट लेखकों की कृतियों का इतिहास न होकर युग विशेष के लेखक समूह की कृति समष्टि का इतिहास ही होता है। गोपेश्वर सिंह के शब्दों में, "इतिहासकार के रूप में अपने प्रिय आलोचक आचार्य शुक्ल को नलिन जी वह महत्त्व नहीं देते जो हजारीप्रसाद द्विवेदी को देते हैं। इसका कारण यह है कि नलिन जी शुक्ल जी में विधेयवाद और पश्चिमी इतिहास-दृष्टि का आभास पाते हैं। जबकि हजारीप्रसाद द्विवेदी की दृष्टि उन्हें ज्यादा भारतीय लगती है, क्योंकि उसमें मिथकों, पुराकथाओं, किंवदंतियों का आधार है, जो नलिन जी के अनुसार साहित्य के इतिहास-लेखन की जरूरी सामग्री है।" (http://likhat-padhat.blogspot.com, 2.8.2016)

आचार्य नलिनविलोचन शर्मा ने कथा साहित्य की भी आलोचना की है। उन्होंने प्रेमचन्द, उपेन्द्रनाथ अश्क, हजारीप्रसाद द्विवेदी, फणीश्वरनाथ रेणु आदि की कृतियों की सन्तुलित समीक्षाएँ की हैं। 'हिन्दी उपन्यास : विशेषत: प्रेमचन्द' में कथा-साहित्य सम्बन्धी अधिकांश टिप्पणियाँ संकलित हैं। मधुरेश के शब्दों में, "नलिनविलोचन शर्मा की यह पुस्तक इस बात का अच्छा प्रमाण है कि नई और मौलिक स्थापनाओं के लिए विस्तार ही सब कुछ नहीं है—संक्षेप में, सूत्रात्मक शैली में भी महत्त्वपूर्ण स्थापनाएँ की जा सकती हैं। लेखक की यह विशेषता कुछ विशेष स्थलों पर ही नहीं, पूरी पुस्तक में उजागर हुई है।" (हिन्दी आलोचना का विकास, पृ. 140) मधुरेश ने रेखांकित किया है कि 'हिन्दी उपन्यास में अश्लीलता और ग्राम्यता' शीर्षक उनकी टिप्पणी विशेष रूप से उल्लेखनीय है। यह सब नलिनविलोचन शर्मा ने तब लिखा जब हिन्दी में कथा-आलोचना की कोई पुष्ट परम्परा नहीं थी और कथा-साहित्य के प्रति सब कहीं गहरी उपेक्षा का भाव व्याप्त था। 'मैला आँचल' के महत्त्व को रेखांकित करने वाले वे पहले आलोचक थे। कवियों में नलिनविलोचन शर्मा ने मैथिलीशरण गुप्त, सुमित्रानन्दन पंत, रामधारी सिंह दिनकर और त्रिलोचन शास्त्री पर लिखा है। त्रिलोचन पर उन्होंने तब लिखा जब वे गहरी उपेक्षा के शिकार थे।

नलिनविलोचन शर्मा को कुछ आलोचकों ने रूपवादी कहकर उनकी उपेक्षा की है। किन्तु वे विचार या दृष्टिकोण के विरोधी नहीं थे अपितु उसे ही रचना का निर्णायक तत्त्व न मानकर उसे भी रचना के संघटक तत्त्वों में से एक मानते थे। उन्होंने अपने लेखों, साहित्यिक टिप्पणियों और पुस्तक-समीक्षाओं के जरिए हिन्दी संसार को नए ढंग से आन्दोलित करने का सफल प्रयास किया।

नलिनविलोचन शर्मा की प्रतिष्ठा एक कवि के रूप में भी है। 'नकेनवाद' की स्थापना में भी नलिनविलोचन शर्मा की अग्रणी भूमिका रही है। नलिनविलोचन शर्मा, केशरीकुमार तथा नरेश—तीनों कवियों के आद्याक्षरों को लेकर इसे 'नकेनवाद' कहा जाता है, जबकि इन्होंने इसे 'प्रपद्यवाद' कहा है। 'नकेन के प्रपद्य' के नाम से इन कवियों का एक संयुक्त संकलन भी प्रकाशित हुआ है।

सिर्फ 45 वर्ष कुछ माह की उम्र में इतना विशाल और वैविध्यपूर्ण कार्य देखकर आचार्य नलिनविलोचन शर्मा की असाधारण प्रतिभा पर श्रद्धा होती है।

आनन्दप्रकाश दीक्षित

मेरठ (उ.प्र.) में जन्मे, गोरखपुर और पुणे में अध्यापक रहे आनन्द प्रकाश दीक्षित (06.02.1925-05.11.2019) ने 'वेलि क्रिसन रुक्मनी री', 'हरिचरण दास ग्रंथावली', कवि दौलत राम कृत 'रस प्रबोध' और 'रितु सुख सार', शिवचन्द कृत 'प्रताप पचीसी', 'सूरतिमिश्र ग्रंथावली' आदि अनेक दुर्लभ ग्रंथों का सुन्दर और प्रामाणिक पाठ निर्धारित किया है।

डॉ. दीक्षित प्राचीन काव्य और काव्यभाषा के मर्मज्ञ विद्वान हैं। इसी के साथ उन्हें भारतीय काव्यशास्त्र की भी अच्छी समझ है। उनके पाठ सम्पादन में उनकी विद्वत्ता पूरी तरह झलकती है। हरिचरणदास रीतिकाल के अन्तिम चरण के एक महत्त्वपूर्ण कवि हैं। वे एक आचार्य और टीकाकार भी हैं। उन्होंने 'बिहारी सतसई' की हरि प्रकाश टीका, जसवंत सिंह के अलंकार ग्रंथ 'भाषा भूषण' की टीका, केशवदास की 'कविप्रिया' और 'रसिकप्रिया' आदि की टीकाएँ लिखी हैं। दीक्षित जी ने हरिचरणदास के 'रामायण सार', 'मोहन लीला' और 'प्रतापसिह विरुदावली' का पाठ सम्पादन किया है और इसकी लम्बी भूमिका लिखी है जिसमें उन्होंने हरिचरणदास का जीवन परिचय, रचनाओं, कवित्व तथा पाठ सम्पादन की समस्याओं आदि पर विस्तार से विचार किया है।

डॉ. दीक्षित ने कवि दौलत राम के दो ग्रंथों 'रस प्रबोध' और 'रितु सुख सार' का सम्पादन पूरी निष्ठा और विद्वत्ता के साथ किया है। दौलत राम रीतिकाल की अन्तिम परम्परा के कवि हैं। दीक्षित जी ने इनकी कृतियों के सम्पादन में भानुदत्त की 'रस तरंगिणी' और 'रस मंजरी' से तुलना करते हुए पाठों को स्थिर करने में उनकी मदद ली है। इसके अलावा भी उनके द्वारा लिखित अनेक मौलिक काव्यशास्त्रीय ग्रंथ हैं। इनमें 'रस सिद्धान्त स्वरूप-विश्लेषण' तथा 'साहित्य सिद्धान्त और शोध' विशेष महत्त्वपूर्ण है।

निश्चित रूप से दीक्षित जी आचार्य विश्वनाथप्रसाद मिश्र की परम्परा के अधिकारी विद्वान हैं। वे संस्कृत और ब्रजभाषा के मर्मज्ञ है इसीलिए उनके द्वारा सम्पादित कृतियों की प्रमाणिकता में सन्देह की गुंजाइश बहुत कम है।

पारसनाथ तिवारी

पारसनाथ तिवारी (29.12.1922-31.01.2012) ने कबीर के पाठ पर इलाहाबाद विश्वविद्यालय से शोध कार्य किया है। यह शोध कार्य डॉ. माता प्रसाद गुप्त के निर्देशन में सम्पन्न हुआ है। कबीर के पाठ पर अध्ययन करके उसका प्रामाणिक पाठ तैयार करना आसान काम नहीं था। कबीर के पद और उनकी साखियाँ मौखिक परम्परा में तो उपलब्ध थीं ही, लिखित और छपे रूप में भी मौजूद थीं। गुरुग्रंथ साहब में भी कबीर की बानियाँ संकलित हैं। तिवारी जी ने उक्त समस्त सामग्री का उपयोग किया और उनका विस्तृत तथा वैज्ञानिक ढंग से अध्ययन करके कबीर का नया प्रामाणिक पाठ तैयार किया।

अपने द्वारा किए गए पाठ संशोधनों को तिवारी जी ने असाधारण संशोधन कहा है। उनके द्वारा तैयार पाठ के विषय में डॉ. कन्हैया सिंह ने लिखा है, "हम देखते हैं कि कबीर के पाठ के ऊपर किया गया यह सम्पादन कार्य सर्वाधिक प्राप्त सामग्रियों के आधार पर हुआ है तथा इसमें पाठालोचन के सिद्धान्तों का अनुगमन भी किया गया है। अत: यह पाठ कबीर के मूल पाठ के पुनर्निर्माण की दिशा में एक अत्यन्त महत्त्वपूर्ण प्रयास है। यह अवश्य है कि कबीर के उलझे हुए पाठों का अन्तिम निराकरण इस सम्पादन द्वारा भी नहीं हुआ है, फिर भी जो दिशा इस कार्य द्वारा प्रशस्त की गई वह कबीर के आलोचकों एवं शोधकर्ताओं के लिए दीपस्तम्भ का कार्य करेगी।" (हिन्दी पाठानुसन्धान, पृ. 88)

उनकी एक पुस्तक 'स्वातंत्र्योत्तर हिन्दी उपन्यासों में शिल्प विधान' भी है।

हरिमोहन मालवीय

(जन्म—26.09.1933) हरिमोहन मालवीय पाठालोचन विज्ञान के अधिकारी विद्वान तथा प्राचीन और मध्ययुगीन काव्य के मर्मज्ञ हैं। उन्होंने प्रागन कृत 'भँवरगीत', कवि बालचन्द की कृति 'बालचन्द बत्तीसी', लोकमणि मिश्र की रचना 'नवरस रंग' तथा रसनिधि कवि की कृति 'रतन हजारा' का सफलतापूर्वक सम्पादन करके हिन्दी साहित्य की श्रीवृद्धि की है। प्रागन हिन्दी की भ्रमरगीत परम्परा के एक अल्पज्ञात कवि हैं। इनके 'भँवरगीत' की पाँच हस्तलिखित प्रतियाँ विभिन्न स्थानों पर उपलब्ध थीं जिनके सहारे मालवीय जी ने 'भँवरगीत' का एक प्रमाणिक पाठ तैयार किया है। इस सम्पादन के विषय में डॉ. कन्हैया सिह ने लिखा है, "इस रचना का सम्पादन सामान्य रूप से रचना का पाठ हस्तलेखों में उपलब्ध लेखानुसंगति और अर्थसंगति दोनों की दृष्टियों से उत्तम है। यह कहना अनुचित नहीं होगा कि श्री मालवीय ने सम्पादन क्षेत्र में यह एक ऐसा कार्य किया है जो उन्हें अपनी वैज्ञानिकता, प्रामाणिकता और निर्णय कुशलता में हिन्दी के अधिकारी पाठालोचकों की कोटि में ला खड़ा करता है।" (हिन्दी पाठानुसन्धान, पृ. 171)

'बालचन्द बत्तीसी' जैन मत की एक धार्मिक कृति है जिसे सबसे पहले प्रकाश में लाने का श्रेय मालवीय जी को है। 'नवरस रंग' संवत् 1847 में लिखा गया एक उत्कृष्ट लक्षण ग्रंथ है। इस पर संस्कृत के आचार्य

कवि भानुदत्त की 'रस मंजरी' और 'रस तरंगिणी' का व्यापक प्रभाव है। सम्पादक ने इस प्रभाव को विस्तार के साथ रेखांकित किया है। भूमिका अत्यन्त शोधपूर्ण है।

'रतन हजारा' प्रख्यात रीतिकालीन कवि रसनिधि की रचना है जिसमें एक हजार एक दोहे हैं। 'रसनिधि' नाम से कविता करने वाले वास्तव में राजा पृथ्वी सिंह हैं जो सुप्रसिद्ध कवि और भक्त अक्षर अनन्य के शिष्य हो गए थे। निश्चित रूप से हरिमोहन मालवीय द्वारा सम्पादित यह कृति भी अत्यन्त प्रामाणिक है। इन सम्पादित कृतियों के आधार पर कहा जा सकता है कि हरिमोहन मालवीय आधुनिक और वैज्ञानिक दृष्टिसम्पन्न पाठालोचक हैं।

रामानन्द शर्मा

हापुड़ (उ.प्र.) जिले के गाँव 'इकलहड़ी' में जन्मे और आजीवन अध्यापक रहे रामानन्द शर्मा (जन्म—25.07.1951) समय के प्रतिकूल आज भी पाठ सम्पादन का काम कर रहे हैं। 'कालिदास त्रिवेदी ग्रंथावली', 'उदयनाथ कवीन्द्र ग्रंथावली', 'सुन्दर कविराय ग्रंथावली', 'मुबारक ग्रंथावली', 'रहीम ग्रंथावली' और ग्वाल रचित 'यमुना लहरी' जैसी कृतियों का पाठ सम्पादन करके आज भी वे इस कठिन परम्परा को आगे बढ़ाने में संलग्न हैं।

ब्रजेन्द्र कुमार सिंघल

सवाईमाधोपुर (राजस्थान) जिले के गंगापुर सिटी में जन्मे और दिल्ली के एक निजी प्रतिष्ठान में महाप्रबन्धक की नौकरी करते हुए ब्रजेन्द्र कुमार सिंघल (जन्म—23.11.1956) ने अपनी रुचि की तुष्टि के लिए पाठालोचन का बीहड़ क्षेत्र चुना और अनवरत साधना करते हुए अब तक वे पचास से अधिक ग्रंथों का पाठालोचन और सम्पादन करके उनका उद्धार कर चुके हैं। सिंघल जी का मुख्य क्षेत्र राजस्थान का संत साहित्य है। उनके द्वारा सम्पादित कृतियों में 'श्रीरामचरण चरितामृत', 'श्रीसुरतरामचरितामृत', 'श्रीसुरतरामवाणी पूर्वार्ध', 'श्रीरामप्रतापवाणी पूर्वार्ध', 'श्रीरामसनेहीदर्पण-सिद्धान्त-मत', 'श्रीरामनिवासवाणी', 'आचार्य हरिदासवाणी', 'आचार्य हिम्मतराम ग्रंथावली', 'श्रीरामसेवकवाणी', 'श्रीपोहकरदास वाणी', 'श्रीसंग्रामदास जू के कुंडलिए', 'श्रीमुरलीरामवाणी', 'श्रीजगनाथ ग्रंथावली', 'श्रीहरिरामवाणी', 'मीराचरितामृत', 'नरसी जी रो माहरो', 'ग्रंथसन्तोषसुरतरु', 'दादूचरित्र', 'हरदासग्रंथावली', 'गरीबदास ग्रंथावली', 'साधुराम ग्रंथावली', 'जैमलजोगी ग्रंथावली', 'कान्हाँ ग्रंथावली' आदि प्रमुख हैं।

कई अन्य प्रतिष्ठित आलोचक हैं जिनके आलोचनात्मक अवदान के बारे में अन्यत्र विस्तार के साथ उल्लेख किया जा चुका है किन्तु पाठालोचन के क्षेत्र में उनके द्वारा किए गए अवदान का वहाँ उल्लेख नहीं है। ऐसे कुछ प्रमुख आलोचकों और उनके द्वारा पाठालोचित प्रमुख ग्रंथों का विवरण हम नीचे दे रहे हैं।

शम्भुनारायण चौबे ('मानस अनुशीलन' 'रसरत्न', 'रसलीन ग्रंथावली'), **हीरालाल जैन** ('नायकुमारचरिउ', 'पाहुड़ दोहा', 'करकंडचरिउ', 'सावयधम्म दोहा'), **एल.पी. वैद्य** ('महापुराण', 'जसहरचरिउ', 'प्राकृत व्याकरण', 'छंदानुशासन'), **बाबूराम सक्सेना** ('कीर्तिलता'), **चन्द्रमोहन घोष** ('प्राकृत पैंडूलम्', अपभ्रंशकाव्य-त्रयी, हम्मीर रासो), **हरमन याकोबी** (नेमिनाथ चरित), **प्रबोधचन्द बागची** (दोहाकोश), **लिडविग आल्सफोर्ड** ('उपदेश तरंगिणी', 'प्राचीन गुर्जर काव्य संग्रह', 'कुमारपाल प्रतिबोध',) **परमेश्वरीलाल गुप्त** ('चन्दायन', 'मिरगावती'), **भोलाशंकर व्यास** ('प्राकृत पैंडूलम्'), **मोहनलाल विष्णुलाल पंड्या** ('पृथ्वीराज रासो'), **सत्यजीवन वर्मा** ('बीसलदेव रासो'), **युगलानन्द** ('कबीर सागर', 'संत कबीर की साखी'), **ठाकुर जयदेव सिंह** ('कबीर वाङ्मय'), **शुकदेव सिंह** ('कबीर बीजक'), **गंगाशरण शास्त्री** ('दादूदयाल की बानी'), **सुधाकर द्विवेदी** ('दादू ग्रंथावली'), **हरिनारायण शर्मा** ('सुन्दर सार', 'सुन्दर ग्रंथावली', 'सुन्दर विलास'), **जयराम मिश्र** ('भक्तिसागर', 'नानक') **मुंशी अलीहसन** ('पद्मावत'), **शिवसहाय पाठक** ('चित्ररेखा', 'कन्हावत'), **जयगोपाल मिश्र** ('मधुमालती'), **गणेश प्रसाद** ('माधवानल कामकन्दला', 'विरह वारीश', 'यूसुफ जुलेखा'), **लाला सीताराम** ('प्रेमदीपिका'), **राधाकृष्ण** ('सूर सागर'), **सुधाकर पांडेय** ('सोमनाथ ग्रंथावली', 'कृपाराम ग्रंथावली'), **मन्नालाल द्विज** ('रसिकमोहन', 'भाषाभूषण',) **बाबू रामकृष्ण शर्मा** ('शृंगार सतसई', 'काव्य कला'), **नर्मदेश्वर चतुर्वेदी** ('तानसेन और उनका काव्य', 'शकुन्तला उपाख्यान', 'शकुन्तला नाटक'), **मोतीलाल मेनारिया** ('सुन्दर शृंगार', 'मानराज विलास', 'गीतगोविन्दादर्श') आदि।

नवाँ सोपान

छायावादी आलोचना

आचार्य रामचन्द्र शुक्ल ने अपने पूर्ववर्ती समीक्षकों की निन्दा स्तुतिपूर्ण तथा गम्भीर तत्त्व चिन्तन रहित रूढ़िवादी उथली आलोचना प्रणाली से ऊपर उठकर हिन्दी आलोचना को पहली बार गम्भीर और मौलिक तात्त्विक विवेचन से युक्त तथा रसग्राहिता से समन्वित व्यापक आधार दिया। किन्तु यह भी सत्य है कि शुक्ल जी के जीवन काल में ही उनके आदर्श की सीमाएँ परिलक्षित होने लगी थीं। उनके परवर्ती समीक्षकों ने इन सीमाओं को लक्ष्य किया और उनके दृष्टिकोण में निहित आदर्शनिष्ठ नीतिवाद, निर्गुणमार्गी कवियों की तुलना में सगुणमार्गी कवियों के प्रति मोह, प्रगीतात्मक रचनाओं की तुलना में प्रबन्ध काव्य के प्रति पक्षपात, नवीन प्रतिभाओं के वैशिष्ट्य को परखने में संकोच तथा समकालीन परिवर्तनशील काव्य प्रवृत्तियों के युगानुरूप वास्तविक मूल्यांकन की अक्षमता की ओर संकेत किया। इन्हीं न्यूनताओं की पूर्ति के प्रयास में तथा साहित्य के विविध विधाओं के अबाधित विकास के साथ-साथ नवीन बौद्धिक मूल्यों, विचारों तथा समस्याओं को समेटती हुई हिन्दी समीक्षा अब काफी आगे बढ़ चुकी है।

शुक्लोत्तर आलोचना पद्धतियों में छायावादी आलोचना का महत्त्वपूर्ण स्थान है। जिस तरह रहस्यवाद और स्वच्छंदतावाद भी छायावाद की ही विशेषताएँ हैं और इन्हें अलग नहीं किया जा सकता उसी तरह छायावादी आलोचना को ही लोगों ने स्वच्छंदतावादी अथवा सौष्ठववादी आलोचना कहकर भी सम्बोधित किया है। स्वयं नामवर सिंह ने पंत की कविता 'मौन निमंत्रण' के हवाले से कहा है, "वस्तुत: ऐसी बहुत सी कविताएँ हैं जिनमें एक ही जगह रहस्यवाद, छायावाद और स्वच्छंदतावाद तीनों हैं। उदाहरण स्वरूप पंत के 'मौन निमंत्रण' को लें। इसमें अज्ञात की जिज्ञासा होने के कारण रहस्यवाद है, अभिव्यक्ति की सूक्ष्मता के कारण छायावाद है और कल्पना लोक में स्वच्छंद विचरण करने के कारण स्वच्छंदतावाद भी है। अब एक कविता में इन तीनों वादों अथवा प्रवृत्तियों को अलगाना कठिन है, तो पूरी काव्यधारा की क्या बात!" (छायावाद, पृ. 18)

स्वच्छंदतावाद अंग्रेजी के 'रोमैंटिसिज्म' शब्द के लिए हिन्दी पर्याय के रूप में स्वीकृत है। अंग्रेजी साहित्य में रोमैंटिक आन्दोलन का आरम्भ वस्तुत: अभिजात एवं शास्त्रीय प्रवृत्तियों की प्रतिक्रिया स्वरूप हुआ था। रोमैंटिकता एवं शास्त्रीयता ये ऐसी प्रवृत्तियाँ हैं जो विश्व के समस्त साहित्य की गतिविधि का बारी-बारी से संचालन करती आ रही हैं। रोमैंटिकता के अतिरेक से कला का बाह्य स्वरूप कुछ खंडित हो जाता है और अन्तर्वेगों का निर्बाध रूप से प्रकाशन होता है। ऐसी स्थिति में अनुशासन और नियम की आवश्यकता प्रतीत होने लगती है। बस यही आवश्यकता शास्त्रीयता के लिए मार्ग प्रशस्त कर देती है किन्तु जब अनुशासन और नियम बन्धन बन जाते हैं तो अन्तर्वेग संयम का बाँध तोड़ डालते हैं और रोमांसवाद का उदय हो जाता है। दोनों ही प्रवृत्तियों का सम्बन्ध रचनाकार के अन्तर्वेगों से है। रोमांसवादी प्रवृत्ति जब प्रधान होती है तो ये अन्तर्वेग अपने प्रकाशन हेतु मुक्त द्वार पा जाते हैं, किन्तु शास्त्रीय मनोवृत्ति में उन्हें नियंत्रण में रहना पड़ता है।

अंग्रेजी में स्वच्छंदतावादी आलोचना का समय विद्वानों ने 'लिरिकल बैलेड्स' की भूमिका के प्रकाशन (1800 ई.) से लेकर हॉजलिट की महत्त्वपूर्ण समीक्षाकृति 'द स्पिरिट ऑफ द एज' के प्रकाशन (1825 ई.) तक स्वीकार किया है।

हिन्दी में छायावादी कविता के विकास में पश्चिम के रोमांसवाद के प्रभाव को भी स्वीकार किया गया है। जयशंकर प्रसाद, पंत, महादेवी वर्मा और रामकुमार वर्मा अंग्रेजी के वड्र्सवर्थ, कॉलरिज, शेली आदि की भाँति कवि होने के साथ-साथ आलोचक भी हैं। उनके काव्य और आलोचना दोनों पर ही अंग्रेजी रोमांसवाद का प्रभाव दिखाई देता है।

दूसरी ओर छायावाद अपनी विशिष्ट परिस्थितियों की उपज है। प्रथम विश्वयुद्ध के बाद विश्व में जो मूल्यगत परिवर्तन हुआ उसने हिन्दी कविता को भी प्रभावित किया। राष्ट्रीय चेतना के साथ-साथ एक अन्तर्राष्ट्रीय चेतना का विकास हुआ। आकस्मिक नहीं है कि हिन्दी कविता में छायावाद और भारतीय राजनीति के रंगमंच पर महात्मा गांधी का आगमन एक ही साथ हुआ। रामविलास शर्मा ने गांधीवाद और छायावाद को विचारों की सम्मिलित भूमि पर समझने का प्रस्ताव किया है। वस्तुत: छायावादी कविता एक नवीन सामाजिक बदलाव से उत्पन्न चेतना से उपजी है। जिन परिस्थितियों ने हमारे दर्शन और कर्म को अहिंसा की ओर प्रेरित किया उन्होंने ही भाववृत्ति को छायावाद की ओर प्रेरित किया। अहिंसा की प्रमुखता के कारण भारतीय जन मानस में एक आत्मिक शक्ति का विकास हुआ जिसकी वृत्ति अन्तर्मुखी थी। वास्तविकता तो यह है कि इन विशिष्ट सांस्कृतिक, राजनीतिक परिस्थितियों द्वारा जन जीवन में एक नई चेतना का जन्म हो रहा था। बाह्य तो दमन और उत्पीड़न के बाद बुझ सा गया था, किन्तु अन्तर बराबर सुलग रहा था। फलत: समस्त बाह्य चेतना सिमटकर अन्तर्मुखी हो गई थी, जिसमें युग की उद्‌बुध सांस्कृतिक चेतना, जिसका स्फुरण रामकृष्ण परमहंस, स्वामी विवेकानन्द, कविकुल गुरु रवीन्द्र और महात्मा गांधी जैसी विभूतियों ने किया था, वह भी जन मानस को भीतर ही भीतर सींच रही थी। जन मानस, युग के कठोर वस्तु सत्य से टकराकर अन्तर्मुखी हो गया और बाह्य सत्यों से अपने आप को अलग कर लिया। ऐसी दशा में उसे आत्म-मंथन और आत्म-पर्यवेक्षण के अधिक अवसर प्राप्त हुए और वह स्वयं ही अपनी कविता का मूल उत्स बन गया।

छायावादी आलोचना-पद्धति

छायावादी कविता का मूल्यांकन करने वाली आलोचना को ही छायावादी या स्वच्छंदतावादी आलोचना कहा गया। छायावादी कवियों द्वारा निरूपित उनके अपने काव्य मूल्य वैयक्तिक अभिरुचि का प्रतिपादन करते थे तथा इस युग की कविता ने जिन आलोचकों का निर्माण किया है उनमें भी यह व्यक्तिवाद विशेष रूप से समाहित था।

इस वर्ग के समीक्षकों के अनुसार काव्य के लिए, बड़े विषय की स्वीकृति जरूरी नहीं, जीवन के सामान्य और छोटे पदार्थ तथा क्षण कविता के विषय बन सकते हैं क्योंकि विषयों में स्वत: महान साहित्य रचने की क्षमता नहीं होती, क्षमता होती है साहित्यकार में, जो अपनी संवेदना और अनुभूति के संस्पर्श से बाह्य विषयों को स्पन्दित कर कविता बना देता है।

छायावादी आलोचना की एक देन यह है कि उसने आलोचना में कवि के व्यक्तित्व को भी आलोचक का एक निर्णयकारी तत्त्व बतलाया। इतना ही नहीं, कवि में जिस प्रकार अपने युग की समग्र सांस्कृतिक गरिमा और युग की स्पंदनशीलता को अनुभूत करने की क्षमता होनी चाहिए, ठीक इसी प्रकार आलोचक में भी आलोच्यकृति में निरूपित भाव गरिमा को सम्पूर्ण रूप में आत्मसात करने की शक्ति होनी अनिवार्य है। परम्परा ग्राह्यता यदि युग सत्य के सन्दर्भ में न हो तो काव्य की गत्यात्मकता सहज ही नष्ट हो जाएगी। स्वच्छंदतावादी आलोचकों ने इस सत्य को परखा था।

इस प्रकार छायावादी समीक्षा ने छायावादी कविता के नवीन सौन्दर्यबोध को पहचाना। उसने अभिव्यक्ति के पुराने प्रचलित उपकरणों में सौन्दर्य की खोज नहीं की बल्कि, मानवता के नवीन मूल्यों, हृदय की संश्लिष्ट भाव-छवियों और अभिव्यक्ति के नवीन साधनों में काव्य-सौन्दर्य की खोज की। इसीलिए जो छायावादी कविता पहले ऊल-जलूल और अरुचिकर प्रतीत हो रही थी वही छायावादी समीक्षकों को सुन्दर और सार्थक दिखाई पड़ने लगी।

नामवर सिंह ने छायावादी आलोचकों की ओर संकेत करते हुए सबसे पहले प्रमुख छायावादी कवियों के आलोचनात्मक निबन्धों का उल्लेख किया है। वे लिखते हैं, "निराला, पंत, प्रसाद और मुख्यत: महादेवी के आलोचनात्मक निबन्धों की विचार-प्रणाली तो छायावादी भावुकता से प्रेरित है ही, छायावाद के प्रभाव से हिन्दी में प्रभाववादी समीक्षा की एक प्रणाली ही चल पड़ी। शान्तिप्रिय द्विवेदी इसी समीक्षा सागर की तरंगों से फेंकी हुई एक मणि हैं। नगेन्द्र की आलोचनात्मक दृष्टि भी छायावादी रस से ही खुली और नन्ददुलारे वाजपेयी के विचार-स्फुलिंग छायावाद की ही वकालत में छिटके।" (छायावाद, पृ. 154)

इस तरह नामवर सिंह ने छायावादी आलोचकों में शान्तिप्रिय द्विवेदी, नगेन्द्र और नन्ददुलारे वाजपेयी का नामोल्लेख किया है। इनमें शान्तिप्रिय द्विवेदी को ही उन्होंने छायावादी समीक्षा से सीधे जोड़ा है बाकी को

छायावाद की वकालत करने वाला कहा है। इनमें नगेन्द्र और वाजपेयी जी ने भी छायावाद से इतर विषयों पर भी खूब लिखा है। उनकी पुस्तक 'सुमित्रानन्दन पंत' पहली आलोचनात्मक कृति है जो 1938 में ही छप गई थी। बाद में उन्होंने छायावादेतर विषयों पर कई दर्जन ग्रंथ लिखे। इसी तरह वाजपेयी जी ने सिर्फ छायावाद पर ही नहीं लिखा है। उन्होंने सूर पर भी लिखा है और रससिद्धान्त पर भी। राष्ट्रभाषा की समस्याओं पर भी लिखा है तथा रीति और शैली पर भी। ऐसी दशा में इन्हें छायावादी आलोचक के रूप में स्मरण करना इनके कद को बहुत छोटा करके आँकना है।

सच तो यह है कि आचार्य नन्ददुलारे वाजपेयी और डॉ. नगेन्द्र ही नहीं, शान्तिप्रिय द्विवेदी पर भी गांधी का व्यापक प्रभाव है जिन्हें नामवर सिंह का अनुकरण करते हुए आलोचकों ने पहले प्रभाववादी आलोचकों की श्रेणी में रखा और बाद में प्रभाववादी आलोचना को आलोचना की कोई उपयुक्त पद्धति न मानते हुए उनकी उपेक्षा की।

निस्सन्देह, प्रभाववादी आलोचना कोई स्वतंत्र आलोचना की पद्धति नहीं है। वह छायावादी आलोचना का ही एक रूप है। मनोवैज्ञानिक दृष्टि से किसी रचना के प्रति आलोचक की जो सहज स्वच्छंद प्रतिक्रिया होती है उसकी निर्बाध अभिव्यक्ति का नाम प्रभाववादी आलोचना है। यह आलोचक की स्वच्छंद आत्माभिव्यक्ति है जिसकी धारा में रचना की चेतना भी बह जाती है। इस शैली में आलोचक अपने ऊपर पड़े हुए प्रभाव की माप के आधार पर अपनी समीक्षा का स्वरूप निश्चित करता है। इस प्रकार इस आलोचना प्रणाली में साहित्यगत प्रेषणीयता का महत्त्व स्वत: बढ़ जाता है।

प्रभाववादी आलोचक समीक्षा के लिए स्वतंत्र दृष्टिकोण अपनाता है और किसी नियंत्रण को स्वीकार नहीं करता। बुद्धि अथवा तर्क की अपेक्षा यहाँ भावों को प्रमुखता मिलती है। इस समीक्षा में सैद्धान्तिक दृष्टिकोणों का नितान्त अभाव रहता है। परम्परित साहित्य-सिद्धान्तों के प्रति झुकाव न होने के फलस्वरूप इसमें औचित्य से विमुखता की सम्भावना बनी रहती है। प्रभाववादी समीक्षक वस्तुत: एक प्रकार से सर्जनात्मक साहित्यकार की भूमिका का निर्वाह करने लगता है जिससे उसकी रचना में कलात्मकता तो आ जाती है किन्तु उसके निष्कर्षों का औचित्य शंकास्पद हो जाता है।

इस तरह हम कह सकते हैं कि प्रभाववादी समीक्षा वस्तुत: अभिव्यक्ति की एक शैली मात्र है। उसे स्वतंत्र आलोचना-पद्धति के रूप में रेखाँकित करना उचित नहीं है। आचार्य रामचन्द्र शुक्ल ने इस पद्धति पर टिप्पणी करते हुए कहा है, "प्रभावाभिव्यंजक समीक्षा कोई ठीक ठिकाने की वस्तु नहीं। न ज्ञान के क्षेत्र में उसका कोई मूल्य है, न भाव के क्षेत्र में। उसे समीक्षा या आलोचना कहना ही व्यर्थ है।" (हिन्दी साहित्य का इतिहास, पृ. 564) उनके अनुसार ऐसी आलोचना से कवि के, "भाव को ठीक-ठीक हृदयंगम करने में सहारा नहीं मिलता। इसमें आलोचना की भाव-भंगी और सजीले पद-विन्यास द्वारा मनोरंजन होता है।" (हिन्दी साहित्य का इतिहास, पृ. 564) डॉ. विश्वनाथ त्रिपाठी के अनुसार, "इस प्रकार की समीक्षा जो हिन्दी में एक विशिष्ट गद्य शैली में विकसित हुई है, छायावाद के साथ आई है। छायावाद के साथ इसका सम्बन्ध इतना घनिष्ठ है कि इसे छायावादी आलोचना भी कह सकते हैं।" (हिन्दी आलोचना, पृ. 100) डॉ. विश्वनाथ त्रिपाठी ने प्रभाववादी आलोचना के सम्बन्ध में उक्त टिप्पणी पं. शान्तिप्रिय द्विवेदी की आलोचना-दृष्टि का विवेचन करते हुए की है और पं. द्विवेदी को छायावादी आलोचकों की ही श्रेणी में रखा है।

फिलहाल आचार्य नन्ददुलारे वाजपेयी और डॉ. नगेन्द्र के साथ ही शान्तिप्रिय द्विवेदी को भी मुझे गांधीवादी आलोचकों की श्रेणी में रखना ज्यादा उचित लगा क्योंकि इन सभी आलोचकों पर गांधी का व्यापक प्रभाव है। इसका विवेचन हम यथास्थान करेंगे।

नामवर सिंह ने छायावाद के प्रभाव का आकलन करते हुए कहीं-कहीं अतिरंजनापूर्ण स्थापनाएँ की हैं जो चकित करती हैं। उन्होंने आचार्य शुक्ल की समीक्षा-दृष्टि के निर्माण में भी छायावाद के प्रभाव का आकलन किया है। वे लिखते हैं, "सबसे बढ़कर आश्चर्यजनक प्रतीत होने वाली बात तो यह है कि छायावाद युग के पुरोधा समीक्षक आचार्य शुक्ल के समीक्षा सिद्धान्तों के निर्माण में भी छायावाद का बहुत अधिक हाथ है। उनका पहला आलोचनात्मक निबन्ध 'कविता क्या है' छायावादी विचारों का ही समर्थक है। कविता की परिभाषा में उन्होंने 'शेष सृष्टि के साथ रागात्मक सम्बन्ध की रक्षा और निर्वाह' की जिस बात पर जोर दिया है, वही तो छायावादी भी कहते थे। उनकी 'शेष सृष्टि' भी तो मुख्यत: प्रकृति—निस्सन्देह आदिम वन्य प्रकृति—ही थी।" (छायावाद, पृ. 155)

नामवर जी को शायद आचार्य शुक्ल के उक्त प्रख्यात निबन्ध के इतिहास के बारे में पता नहीं था। उनका वह निबन्ध 'चिन्तामणि' में 1939 ई. में जरूर शामिल हुआ किन्तु 'सरस्वती' में वह 1909 ई. में ही प्रकाशित हो चुका था और 1908 ई. में ही आचार्य शुक्ल ने उसका प्रारूप तैयार कर लिया था। (द्रष्टव्य, आचार्य रामचन्द्र शुक्ल : आलोचना के नए मानदंड, भवदेव पांडेय, राजकमल प्रकाशन, 2003)

जाहिर है, इस समय तक छायावाद की कोई चर्चा हिन्दी जगत में नहीं थी।

वैसे भी आचार्य शुक्ल ने अपने प्रकृति-प्रेम का जिक्र कई जगह किया है। मिर्जापुर के एक कवि संम्मेलन में दिए गए उनके भाषण का जिक्र पहले किया जा चुका है। (द्रष्टव्य, पृ. 73) इतना ही नहीं, शुक्ल जी ने अपने निबन्ध 'काव्य में प्राकृतिक दृश्य' में जिस तरह संस्कृत के कवियों, खासतौर पर कालिदास, वाल्मीकि, भवभूति आदि का उल्लेख करते हैं उससे पता चलता है कि प्रकृति के प्रति अनुराग के पीछे उनका संस्कृत के महान साहित्य के अनुशीलन का संस्कार है।

इसी तरह आचार्य शुक्ल की रस-सम्बन्धी अवधाराणओं के विषय में नामवर जी लिखते हैं, "शुक्लजी का रस सिद्धान्त वस्तुत: छायावादी कविता की आवश्यकता से उत्पन्न हुआ था; उसकी शब्दावली पुरानी भले ही रही और कहीं-कहीं उसमें प्राचीन के पुनरुत्थान का भी पुट था, किन्तु मूलत: वह आधुनिक भावधारा है।" (छायावाद, पृ. 155)

आदरणीय नामवर जी की इस स्थापना के विषय में यही कहना है कि आचार्य शुक्ल की रस सिद्धान्त सम्बन्धी पुस्तक 'रसमीमांसा' के सम्पादक आचार्य विश्वनाथप्रसाद मिश्र ने अपनी प्रस्तावना में ही लिखा है, "आचार्य शुक्ल ने सन् 1922 के आस-पास काव्य मीमांसा के लिए कुछ निबन्ध लिखे थे, जो पृथक-पृथक शीर्षकों से लिखे गए थे, पर परस्पर सम्बद्ध थे। वे पेंसिल से लिखा करते थे—लेटे लेटे। पर लिखावट बहुत स्पष्ट और सुवाच्य हुआ करती थी...मूल हस्तलेख के कई निबन्ध शुक्ल जी ने परिमार्जित और प्रवर्धित करके प्रकाशित करा दिए थे... सम्पादक ने अपनी ओर से एक शब्द भी कहीं नहीं बढ़ाया है; बिन्दु विसर्ग भी नहीं।" (रसमीमांसा, प्रस्तावना, पृ. 3)

सुधी पाठक समझ रहे होंगे, 1922 ई. तक छायावादी काव्य का कितना हिस्सा प्रकाशित हो सका था जिसके आधार पर आचार्य शुक्ल की रस सम्बन्धी अवधारणा निर्मित हुई थी। उल्लेखनीय है कि निराला की पहली काव्यकृति 'अनामिका' 1923 ई. में प्रकाशित हुई थी।

फिलहाल, हम यहाँ छायावादी कवियों की आलोचना-दृष्टि का विवेचन पहले करेंगे और उसके बाद छायावादी आलोचकों की आलोचना-दृष्टि का। यहाँ मैं फिर दुहराना चाहता हूँ कि इस अवधि के जिन आलोचकों पर गांधी का व्यापक प्रभाव है उन्हें हमने गांधीवादी आलोचना की एक अलग श्रेणी बनाकर उसमें शामिल किया है, भले ही उन्होंने छायावादी काव्य का मूल्यांकन प्रमुखता के साथ किया है।

पहले हम कह चुके हैं कि भारतीय राजनीति के रंगमंच पर गांधी का और कविता के रंगमंच पर छायावाद का आना साथ-साथ होता है। देश की आम जनता की तरह मुक्ति की कामना ही छायावाद की भी मुख्य विशेषता थी। जनता ब्रिटिश हुकूमत से मुक्ति चाहती थी और कविता द्विवेदीयुगीन अतिनैतिकता तथा छंदों के बन्धन आदि से। छायावाद का पूरा चिन्तन साम्राज्यवाद-उपनिवेशवाद विरोधी और जनतांत्रिक आन्दोलनों को प्रेरित करने वाला है। नामवर सिंह ने अपनी भूमिका में ही लिखा है,

"छायावाद के काव्य-सौन्दर्य के विवेचन से स्पष्ट है कि यह सारा सौन्दर्य व्यक्ति की स्वाधीनता की भावना से उत्पन्न हुआ है और वह स्वाधीनता भी व्यक्ति के माध्यम से सम्पूर्ण समाज की स्वाधीनता की अभिव्यक्ति है। परन्तु इस काव्यगत स्वाधीनता को तत्कालीन स्वाधीनता-संग्राम के साथ मिलाकर देखने से पता चलता है कि छायावाद में स्वाधीनता संग्राम के कुछ पहलू छूट गए हैं और कहीं-कहीं छाया भी बहुत धुँधली और मूल से बहुत दूर चली गई है।

फिर भी छायावाद की कविता में राष्ट्रीय जागरण का पर्याप्त आभास मिलता है। इस राष्ट्रीय जागरण के फलस्वरूप सम्पूर्ण भारत में रोमांटिक काव्य की लहर दौड़ गई थी जिसका एक अंग हिन्दी का छायावाद है।" (छायावाद, भूमिका)

बहरहाल, इस कालखंड की कविता की एक धारा को छायावादी काव्य मान भी लिया जाए तो उसकी आलोचना करने वाले आलोचकों को भी एक धारा विशेष में रखना और उसे छायावादी आलोचना कहना क्यों जरूरी है? क्या आलोचक के पास अपनी कोई दृष्टि नहीं होती? कौन सा आलोचक है जिसने सिर्फ छायावादी काव्य की आलोचना की है और सिर्फ छायावादी काव्य के मूल्यों पर?

डॉ. बच्चन सिंह ने अपनी पुस्तक 'आधुनिक हिन्दी साहित्य का इतिहास' में 'छायावाद' शब्द को उसके अर्थसंकोच और एकांगिकता के कारण अग्राह्य माना है और कहा है कि "जिसे छायावाद युग कहा जाता है उसे स्वच्छंदतावाद युग के नाम से अभिहित किया जाना चाहिए।" (भूमिका, पृ. 9) वे यह भी कहते हैं कि "इस काल का स्वच्छंदतावाद युग नाम स्वीकार कर लेने पर न तो इसे ईसाइयत के फैंटसमाटा से जोड़ने की जरूरत पड़ेगी और न स्थूल के प्रति सूक्ष्म का विद्रोह कहकर सरलीकरण की आवश्यकता।" (उपर्युक्त, पृ. 9) उन्होंने इस काल को स्वच्छंदतावाद कहते हुए इस कालखंड को पुनर्जागरणकाल, पूर्वस्वच्छंदतावाद काल, स्वच्छंदतावादकाल और उत्तर स्वच्छंदतावाद काल के रूप में बाँटा है। कहना न होगा यह एक दूसरी तरह का सरलीकरण है।

प्रमुख छायावादी कवियों की आलोचना-दृष्टि

आरम्भ में छायावाद का काफी विरोध हुआ—वस्तु और शैली दोनों को लेकर। छायावाद की चिन्तन-धारा और अभिव्यक्ति-कौशल दोनों का नयापन आलोचकों के लिए अपरिचित जैसा लगा। ऐसी दशा में छायावाद के चिन्तन और उसके शिल्प के समर्थन में छायावादी कवियों को भी सामने आना पड़ा। इस तरह छायावाद को प्रतिष्ठित करने में छायावादी कवियों की खास भूमिका है। इनमें से जयशंकर प्रसाद, सूर्यकान्त त्रिपाठी 'निराला', सुमित्रानन्दन पंत और महादेवी वर्मा की आलोचना दृष्टि की चर्चा हम संक्षेप में करेंगे।

जयशंकर प्रसाद

काशी के सरायगोवर्धन में जन्मे और वहीं पढ़े-लिखे जयशंकर प्रसाद (30.01.1889-15.11.1937) की आलोचना सम्बन्धी मान्यताएँ उनकी पुस्तक 'काव्य और कला तथा अन्य निबन्ध' में अभिव्यक्त हुई हैं। कविता की परिभाषा देते हुए प्रसाद लिखते हैं, "काव्य आत्मा की संकल्पात्मक अनुभूति है, जिसका सम्बन्ध विश्लेषण, विकल्प या विज्ञान से नहीं है।" अपना आशय स्पष्ट करते हुए वे लिखते हैं, "आत्मा की मनन-शक्ति की वह असाधारण अवस्था जो श्रेय सत्य को उसके मूल चारुत्व में सहसा ग्रहण कर लेती है, काव्य में संकल्पात्मक अनुभूति कही जा सकती है।" (काव्य और कला तथा अन्य निबन्ध, पृ. 38)

आचार्य रामचन्द्र शुक्ल ने छायावाद का स्रोत विदेशी माना था जिसका प्रतिरोध करते हुए प्रसाद ने शुक्ल जी का बिना नामोल्लेख किए ही लिखा, "विज्ञ समालोचक भी हिन्दी की आलोचना करते-करते छायावाद, रहस्यवाद आदि वादों की कल्पना करके उन्हें विजातीय, विदेशी तो प्रमाणित करते ही हैं, यहाँ तक कहते हुए लोग सुने जाते हैं कि वर्तमान हिन्दी कविता में अचेतनों में, जड़ों में चेतनता का आरोप करना, हिन्दी वालों ने अंग्रेजी से सीखा...कहीं अंग्रेजी में उन्होंने देखा कि 'गॉड इज लव' फिर क्या, कहीं भी हिन्दी में ईश्वर के प्रेम रूप का वर्णन देख कर उन्हें अंग्रेजी से अनुवाद या अनुकरण की घोषणा करनी पड़ती है।" (काव्य और कला तथा अन्य निबन्ध, पृ. 30) इस तरह प्रसाद जी रहस्यवाद को विदेशी सिद्ध करने वाली दृष्टियों से असहमत हैं और उन्होंने कहा कि भारतीय रहस्यवाद ठीक मेसोपोटामियाँ से आया, यह कहना वैसा ही है जैसा वेदों को सुमेरियन सिद्ध करने का प्रयास। उन्होंने प्राचीन शास्त्रीय ज्ञानधारा के बल पर छायावाद को भारतीय साहित्य परम्परा की नैसर्गिक धारा में स्थान दिया है। छायावाद में अनुभूति और अभिव्यक्ति के पक्षों का समर्थन करते हुए उसे वेदना के आधार पर स्वानुभूतिमयी अभिव्यक्ति माना है। (काव्य और कला तथा अन्य निबन्ध, पृ. 127)

उल्लेखनीय है कि आचार्य शुक्ल ने रहस्यवाद की आलोचना की है किन्तु उन्होंने सहज और स्वाभाविक रहस्यभावना पर आधारित कविताओं की प्रशंसा की है। वे 'काव्य में रहस्यवाद' नामक निबंध में लिखते हैं, "स्वाभाविक रहस्य भावना बड़ी स्मरणीय और मधुर भावना है, इसमें सन्देह नहीं...रसभूमि में इसका एक विशेष स्थान हम स्वीकार करते हैं।" (चिन्तामणि, भाग-2, पृ. 143)

जयशंकर प्रसाद रस को काव्य की आत्मा के रूप में स्वीकार करते हैं और उसे 'आनन्द' से जोड़ते हैं। उनका कहना है कि "रस की अभेद और आनन्दमयी व्याख्या हुई है। भट्टनायक ने साधारणीकरण का सिद्धान्त प्रचारित किया, जिसके द्वारा नट, सामाजिक तथा नायक की विशेषता नष्ट होकर लोक सामान्य, प्रकाश, आनन्दमय, आत्मचैतन्य की प्रतिष्ठा रस में हुई है।" (काव्य और कला तथा अन्य निबन्ध, पृ. 85)

भारतेन्दु युग को 'साहित्य का पुनरुद्धार काल' मानते हुए प्रसाद जी का मत है कि "राष्ट्रीय वेदना के साथ ही जीवन के यथार्थ रूप का चित्रण आरम्भ हो गया।" (काव्य और कला तथा अन्य निबन्ध, पृ. 120)

यथार्थवाद को वे 'लघुता की ओर साहित्यिक दृष्टिपात' कहते हैं। प्रसाद के अनुसार इसमें स्वभावत: दुख की प्रधानता और वेदना की अनुभूति आवश्यक है। लघुता से उनका तात्पर्य है साहित्य के माने हुए सिद्धान्त के अनुसार महत् के काल्पनिक चित्रण के अतिरिक्त व्यक्तिगत जीवन के दुखों और अभावों का वास्तविक उल्लेख। (काव्य और कला तथा अन्य निबन्ध, पृ. 121) यथार्थवाद की भारतीय परम्परा के विश्लेषण के बाद वे कहते हैं, "उस व्यापक दुख संवलित मानवता का स्पर्श करने वाला साहित्य यथार्थवादी बन जाता है।" (काव्य और कला तथा अन्य निबन्ध, पृ. 120)

प्रसाद की आलोचना-दृष्टि से उनकी गम्भीर गवेषणात्मक प्रवृत्ति तथा संस्कृति और इतिहास के विषय में तलस्पर्शी अध्ययन का पता चलता है।

और अन्त में डॉ. कृष्णदत्त पालीवाल के शब्दों में, "(प्रसाद जी) के काव्य व शास्त्र चिन्तन की भारतीयता को स्वाधीनता आन्दोलन की प्रेरणा ने दिशा दृष्टि दी है। उनके लिए भारतीयता भीतर का भाव है, ऊपरी दिखावा नहीं है। आज के समय में भारतीयता की बात करना जोखिम उठाना है। पर प्रसाद की भारतीयता खतरे उठाकर भी निखरती रही है। इस भारतीयता का अर्थ है लोकमंगल के लिए जीना।" (हिन्दी आलोचना का सैद्धान्तिक आधार, पृ. 554)

सूर्यकान्त त्रिपाठी 'निराला'

मेदिनीपुर (बंगाल) जिला के महिषादल रियासत में जन्मे, वहीं पले-बढ़े प्रख्यात कवि सूर्यकांत त्रिपाठी 'निराला' (21.02.1896–15.10.1961) की आलोचनात्मक कृतियों में दो प्रमुख हैं, 'पंत और पल्लव' तथा 'रवीन्द्र कविता कानन'। इनके अतिरिक्त उनके द्वारा लिखित कुछ आलोचनात्मक निबन्ध भी हैं जिनमें साहित्य के सम्बन्ध में उनके विचार देखे जा सकते हैं। उन्होंने आम तौर पर भाव, भाषा, छंद, लय, संगीत तथा इनके प्रभाव को अपने चिन्तन और विश्लेषण का विषय बनाया है। कृष्णदत्त पालीवाल के शब्दों में, "प्राय: छायावाद के कवि भावुकता प्रधान गद्य लिखते हैं, पर निराला जी तर्क प्रधान और बुद्धिप्रवण गद्य सामने लाते हैं। उनके लिए 'गद्य जीवन संग्राम की भाषा है' और 'कविता परिवेश की पुकार'। इस दृष्टि से निराला के आलोचक की एक ऐसी हैसियत है जो उन्हें पंत, प्रसाद और महादेवी से अलग करती है।" (हिन्दी आलोचना के सैद्धान्तिक आधार, पृ. 572)

'रवीन्द्र कविता कानन' से उनकी तलस्पर्शिनी समीक्षा-दृष्टि का पता चलता है। उन्होंने रवीन्द्र की मूल बांग्ला कविताओं को पढ़ा और उसका भरपूर आस्वाद लेकर उस पर अपना मत व्यक्त किया है। रवीन्द्र के प्रति उनके मन में एक स्पर्धा का भाव है और यह भाव यदा-कदा उनकी आलोचना में भी झलक जाता है। गोस्वामी तुलसीदास और कवीन्द्र रवीन्द्र की तुलना करते हुए वे कहते हैं, "गोस्वामी जी का काव्य-चमत्कार भक्ति के भीतर से है, वह भक्त कवि हैं। कवीन्द्र रवीन्द्रनाथ मानवीय स्फूर्ति के भीतर से गुजरे हैं। वह केवल कवि हैं। भक्ति के भीतर से गोस्वामी तुलसीदास का जो लक्ष्य रहा, मानवीय स्फूर्ति, सौन्दर्य और भावनाओं के भीतर से वही रवीन्द्रनाथ का। भक्ति रस से परिप्लावित लोकोत्तरान्द दायक चित्रों के खींचने में तुलसीदास अद्वितीय हैं। अपार सौन्दर्य और विराट चित्रण के भीतर से काव्य और दर्शन का रंग चढ़ाकर चित्रांकन करते हुए सत्य के द्वार तक ले जाने में रवीन्द्रनाथ अद्वितीय।" (निराला रचनावली-5, पृ. 475)

'पंत और पल्लव' निबन्ध वस्तुत: प्रतिक्रिया में लिखा गया निबन्ध है, इसीलिए उसमें कहीं-कहीं सन्तुलन का अभाव भी झलकता है। फिर भी इसमें उन्होंने पंत काव्य का विश्लेषण बड़ी ही सूक्ष्मता से किया है। उन्होंने इसमें पंत की रचनाओं की व्यावहारिक समीक्षा भी की है और उसमें अपनी आलोचनात्मक दृष्टि के साथ प्रतिस्पर्धी दृष्टि का भी परिचय दिया है। पंत की रचनाओं में जहाँ वे गुणों की प्रशंसा करते हैं वहाँ दोषों को देखकर तीखी आलोचना भी करते हैं। उदाहरणार्थ पंत जी की दो पंक्तियाँ हैं, 'अभी तो हैं ये नवल-प्रवाल / हिलाते अधर प्रवाल'। इस पर निराला की टिप्पणी है, "'प्रवाल' शब्द दो बार आया है, एक बार तो पल्लवों को ही उन्होंने नवल-प्रवाल कहा, फिर पल्लवों के अधरों में प्रवाल जड़ दिया। अर्थ हुआ, प्रवाल-पल्लव अपने अधर-प्रवाल को हिला रहा है...पंत जी सोचें, उन्हीं के सामने यदि कोई खड़ा होकर अधर-प्रवाल हिलावे, तो हँसेंगे या नहीं..।" (पंत और पल्लव, पृ. 119) इसी तरह 'भग्न उर पर भूधर-सा हाय / सुमुखि! धर देता है साकार'। पंक्ति पर निराला जी की राय है, "कम से कम साकार को तो जरूर निकाल देना चाहिए। साकार यहाँ निरर्थक है, बल्कि अर्थ में एक कदर्थ लाता है।" (पंत और पल्लव, पृ. 122) निराला ने पल्लव से

अनेक उदाहरण लेकर दिखाया है कि पंत जी ने रवीन्द्रनाथ, वड्‌र्सवर्थ और शैली की पंक्तियों और टुकड़ों का खुलकर उपयोग किया है। वे यहाँ तक कहते हैं कि "यह दोष पंतजी की तमाम कविताओं में है और यह केवल इसलिए कि वह पंक्ति-चोर हैं, भाव भंडार के लूटने वाले डाकू नहीं। छकने के लिए एक चुल्लू से ज्यादा नहीं चाहते, शायद हज्म न कर सकने का खौफ करते हैं।" (पंत और पल्लव, पृ. 15)

असल में पंत ने 'पल्लव' के 'प्रवेश' में निराला की कुछ पंक्तियों में छंद विषयक दोष ढूँढ़ा था। निराला ने उसका तो उत्तर दिया ही, साथ में 'पल्लव' की कविताओं का अन्य कवियों की रचनाओं में स्रोत तथा उनकी कविताओं में भाषा और भावगत दोष ढूँढ़े। इसी क्रम में निराला ने भाषा, भाव, छंद आदि से सम्बन्धित जो दृष्टांत और तर्क दिए है उनसे उनके गहन अध्ययन, व्यापक चिन्तन और पैनी दृष्टि का पता चलता है। इस विषय पर रामचन्द्र तिवारी की टिप्पणी है, "जहाँ कहीं स्वस्थ मन से निराला ने पंतजी की कविता का मूल्यांकन किया है वहाँ उनके सुझाव मार्मिक हैं। भाषा की कोमलता, उसकी अभिव्यक्ति क्षमता, उसमें मर्मस्पर्शी शब्द-गुम्फन के लिए अपेक्षित अतलवर्ती शब्द-छाया का बोध निराला की अपनी विशेषताएँ हैं। इन्हीं के मानदंड पर उन्होंने पंत जी की भाषा और भावाभिव्यक्ति पर कड़ा प्रहार किया है। निराला जी ने पल्लव की रचनाओं की मधुरता को स्वीकार करते हुए उन्हें 'बाल रचनाएँ' कहा है, 'पंखड़ियों के खोलने की चेष्टा' बताया है। निराला का यह कथन गलत नहीं है। उन्होंने जो कुछ कहा है उसमें तथ्य और तत्त्व दोनों हैं।" (हिन्दी का गद्य साहित्य, पृ. 651)

काव्य शिल्प की दृष्टि से मुक्त छंद और हिन्दी के व्यंजन संगीत के सम्बन्ध में निराला द्वारा व्यक्त किए गए विचार हिन्दी की आधुनिक सैद्धान्तिक समीक्षा को उनकी सर्वाधिक महत्त्वपूर्ण देन है। निराला जी की छंद सम्बन्धी कुछ टिप्पणियाँ उल्लेखनीय हैं, "मनुष्यों की मुक्ति की तरह कविता की भी मुक्ति होती है। मनुष्यों की मुक्ति कर्मों के बन्धन से छुटकारा पाना है और कविता की मुक्ति छंदों के शासन से अलग हो जाना।" (पंत और पल्लव, पृ. 14) "मुक्त काव्य कभी साहित्य के लिए अनर्थकारी नहीं होता, किन्तु उससे साहित्य में एक प्रकार की स्वाधीन चेतना फैलती है, जो साहित्य के कल्याण की मूल होती है जैसे बाग की बँधी और खुली हुई प्रकृति।" (पंत और पल्लव, पृ. 15) "जिस तरह ब्रह्म मुक्त स्वभाव है वैसे ही यह छंद भी, पर आज इस तरफ कोई दृष्टिपात भी नहीं करना चाहता...वेदों में काव्य की मुक्ति के ऐसे हजारों उदाहरण हैं।" (पंत और पल्लव, पृ. 17)

'मेरे गीत और कला' शीर्षक से निराला ने एक आलोचक की हैसियत से स्वयं अपनी कला का भी विवेचन किया है। यह विवेचन वर्ण-विन्यास-सौन्दर्य, वर्ण-गीत, काव्यार्थ, पद-विन्यास, शब्द-लालित्य, लाक्षणिक-प्रयोग-वक्रता, रूप-चित्र, भावान्विति आदि सौन्दर्य विधायक तत्त्वों के सूक्ष्म विवेचन पर आधारित है। इस तरह निराला का आलोचक व्यक्तित्व उनके कवि-व्यक्तित्व का ही पूरक है।

अन्त में डॉ. विश्वनाथ त्रिपाठी के शब्दों में, "निराला मूलत: कवि थे। उन्होंने आलोचना की कोई स्वतंत्र पुस्तक नहीं लिखी है, लेकिन छायावादी कवियों के पास ही नहीं, उनके अधिकांश समकालीन साहित्यकारों के पास उनकी जैसी मर्मभेदिनी काव्य दृष्टि नहीं थी। उनका गद्य यथार्थवादी था। उन्होंने भाषा, छंद, स्थानीयता, सार्वदेशिकता, समसामयिकता आदि के जो प्रश्न उठाए हैं, वे आज भी महत्त्वपूर्ण हैं। समालोचना के नाम पर उन्होंने काव्य-सिद्धान्तों का प्रतिपादन न करके कविता की व्यावहारिक समीक्षा की है। कविता और कविता की आलोचना दोनों दृष्टियों से निराला आज छायावादी कवियों में सबसे अधिक सन्दर्भवान हैं।" (हिन्दी आलोचना, पृ. 95)

सुमित्रानन्दन पंत

अल्मोड़ा (उत्तराखंड) जिले के कौसानी नामक गाँव में जन्मे, इलाहाबाद के स्नातक, सुमित्रानन्दन पंत (20.05.1900-28.12.1977) की काव्यकृति 'पल्लव' की भूमिका को आलोचकों ने छायावाद युग के आविर्भाव का ऐतिहासिक घोषणा-पत्र कहा है और इसकी तुलना वड्‌र्सवर्थ के 'लिरिकल बैलेड्स' से की है। 'पल्लव' की इस भूमिका को मिलाकर 'आधुनिक कवि', 'उत्तरा', 'युगवाणी' आदि पुस्तकों की उनकी पाँच भूमिकाओं से 'गद्यपथ' नामक उनकी पुस्तक का पहला खंड बनाया गया है। डॉ. नगेन्द्र 'पल्लव' की इस भूमिका को युग-प्रवर्तक मानते हैं। काव्य भाषा के रूप में खड़ीबोली की व्यापक स्वीकृति के लिए किए जाने वाले संघर्ष की दृष्टि से भी इस भूमिका का ऐतिहासिक महत्त्व है। इसमें पंत ने काव्य के आभ्यान्तरिक

पक्ष का ही नहीं, बाह्यरूप का भी विवेचन किया है। काव्य के बाह्यरूप के प्रमुख विषय हैं, काव्य माध्यम-ब्रजभाषा बनाम खड़ीबोली, काव्यभाषा का स्वरूप, पर्याय शब्दों का चमत्कार, लिंग निर्णय, अलंकार, संगीत और छंदविधान। ब्रजभाषा की जगह खड़ीबोली के महत्त्व का आकलन करते हुए पंत ने लिखा है, "ब्रजभाषा में नींद की मिठास थी, इसमें—खड़ीबोली में जागृति का स्पंदन, उसमें रात्रि की अकर्मण्य स्वप्नमय ज्योत्स्ना, इसमें दिवस का सशब्द कार्य-व्यग्र प्रकाश।" (पल्लव, प्रवेश, पृ. 16)

'आधुनिक कवि' की भूमिका में पंत जी अपने काव्य विकास पर ही मुख्यत: अपने को केन्द्रित करते हैं, फिर भी इसमें कल्पना के महत्त्व पर विस्तार से विचार किया है। कविता के भाव और अनुभूति की अपेक्षा वे कल्पना को अधिक महत्त्व देते हैं। 'उत्तरा' की भूमिका में अरविन्द-दर्शन का प्रभाव स्पष्ट दिखाई देता है और 'ज्योत्स्ना' की भूमिका में उनकी समन्वयवादी दृष्टि की झलक मिलती है।

पंत की इन भूमिकाओं के महत्त्व का आकलन करते हुए कृष्णदत्त पालीवाल ने लिखा है, "ध्यातव्य है कि पंत जी ने जिस समय अपनी भूमिकाओं से कविता का नया काव्यशास्त्र प्रस्तुत किया था, उस समय हिन्दी आलोचना अत्यन्त रूढ़िग्रस्त स्थिति में थी। सैद्धान्तिक आलोचना के अन्तर्गत जगन्नाथ प्रसाद भानु, रामदहिन मिश्र तथा आचार्य महावीरप्रसाद जी के कुछ लेख मात्र थे। देव-बिहारी विवाद इतना जोरों पर था कि पंत जी को उस पर कठोर प्रहार करने पड़े। आचार्य रामचन्द्र शुक्ल की गम्भीर आलोचनाएँ प्राय: सामने नहीं आई थीं। ऐसे समय में हिन्दी साहित्य में प्रथम बार इस युवा कवि द्वारा इतना सूक्ष्म-गहन चिन्तन देखने को मिला था। यह विश्लेषण नया तथा अपने समय से काफी आगे का था। छायावाद में आकर जब पाश्चात्य आलोचना से और अधिक निकटता बढ़ी, तो पंत जी की 'पल्लव' की भूमिका को ठीक से समझा गया। जिसमें काव्य-प्रक्रिया का अन्तर्दर्शन था। पंत जी ने काव्य की अभिव्यंजना को अत्यन्त प्रौढ़ आधार दिया।" (हिन्दी आलोचना का सैद्धान्तिक आधार, पृ. 571)

पंत जी ने 'छायावाद : पुनर्मूल्यांकन' शीर्षक अपनी कृति में छायावाद युग से लेकर अपने समय तक के प्रमुख कवियों का संक्षिप्त किन्तु सूक्ष्म मूल्यांकन किया है। उनकी मान्यता है कि मुकुटधर पांडेय, रामनरेश त्रिपाठी से लेकर मुक्तिबोध, भवानीप्रसाद मिश्र और त्रिलोचन तक के कवि किसी न किसी रूप में छायावादी काव्य चेतना से प्रभावित है और उनका कहना है कि "नए मूल्य की खोज की दृष्टि से मैं प्रगतिवाद, प्रयोगवाद तथा नई कविता को भी केवल छायावाद अथवा उस युग के नए काव्य-संचरण की रूपांतरित विधाएँ मानता हूँ क्योंकि उनमें अभिव्यक्ति जनित समानता तो पाई ही जाती है। इन सभी वादों में एक ऐसा केन्द्रीय अन्त:संयोजन एवं संगति भी मिलती है जो इन्हें एक ही मानवमूल्य के विभिन्न आयामों के रूप में नवीन अर्थवत्ता तथा सार्थकता प्रदान कर, उस एक ही मूल्य के विविध पक्षों को हमारे सामने अभिन्न एकता तथा परिपूर्णता में उपस्थित करती हैं।" (छायावाद : पुनर्मूल्यांकन, पृ. 131)

पंत जी ने कविता को परिभाषित करने का प्रयास किया है और लिखा है, "कविता हमारे परिपूर्ण क्षणों की वाणी है।" परिपूर्ण क्षण से उनका क्या तात्पर्य है पता नहीं चलता। विश्वनाथ त्रिपाठी के शब्दों मे, "सम्भवत: उनका आशय भाव और भाषा की पूर्ण संगति तथा रचनाकार की तन्मयता है।" (हिन्दी आलोचना, पृ. 89) त्रिपाठी जी अनुसार, "पंत जी के आलोचनात्मक विचारों का दोष यह है कि वे विचार मालूम ही नहीं पड़ते। वे किसी कवि के हृदय पर पड़े हुए प्रभावों की अभिव्यक्ति अधिक लगते हैं, विचार विवेचन कम। उनके निर्णय इतने आत्मनिष्ठ लगते हैं कि उनको आलोचना की कोटि में रखना कठिन है।" (हिन्दी आलोचना, पृ. 89)

निष्कर्ष यह कि 'पल्लव' की भूमिका का ऐतिहासिक महत्त्व तो है ही 'गद्यपथ' की पाँचों भूमिकाओं और 'आधुनिक कवि' की भूमिका में भी पंत का चिन्तन पर्याप्त प्रौढ़ता को पहुँचा हुआ है और तत्कालीन काव्य-चिन्तन को भी उसने गहराई से प्रभावित किया है।

महादेवी वर्मा

फर्रुखाबाद (उ.प्र.) में जन्म लेने वालीं, इलाहाबाद से पढ़ी-लिखीं और इलाहाबाद को ही अपना कर्मक्षेत्र चुनने वालीं महादेवी वर्मा (26.03.1907–11.09.1987) द्वारा समय-समय पर लिखे गए निबन्धों का एक महत्त्वपूर्ण संग्रह 'महादेवी का विवेचनात्मक गद्य' नाम से प्रकाशित है जिसका सम्पादन किया है गंगाप्रासाद पांडेय ने। इन निबन्धों में महादेवी वर्मा ने काव्य कला, आदर्श और यथार्थ, छायावाद, प्रगतिवाद, रहस्यवाद, गीतिकाव्य और सामयिक समस्या जैसे विषयों का गम्भीर विश्लेषण किया है। इसके अलावा उनकी काव्य-

कृतियों—'यामा', 'दीपशिखा' तथा 'आधुनिक कवि' की भूमिकाओं तथा 'साहित्यकार की आस्था तथा अन्य निबन्ध', 'क्षणदा', 'पथ के साथी' तथा 'संकल्पिता' जैसी कृतियों में भी साहित्य के विविध पक्षों पर उनके विचार उपलब्ध हैं। इनमें काव्य के मूल्यों का सुन्दर प्रतिपादन व साहित्य के विविध पक्षों का विश्लेषण है।

छायावाद के विषय में महादेवी जी ने बहुत विस्तार से विचार किया है। छायावाद की व्याख्या करती हुई वे कहती हैं, "छायावाद तो करुणा की छाया में सौन्दर्य के माध्यम से व्यक्त होने वाला भावात्मक सर्ववाद ही रहा है और उसी रूप में उसकी उपयोगिता है।" (महादेवी का विवेचनात्मक गद्य, पृ. 100) उन्होंने छायावाद की उन विशेषताओं की ओर हमारा ध्यान आकृष्ट किया है जिनका सम्बन्ध यथार्थवादी भावभूमि से अधिक है। उन्होंने छायावाद और रहस्यवाद का भारतीय स्रोत ढूँढ़ा और छायावादी-रहस्यवादी काव्य की समानता प्रकट करने वाली वेदों की पंक्तियाँ ढूँढ़कर हमारे सामने रखीं। छायावाद की भारतीयता के प्रति आस्था प्रकट करते हुए उन्होंने कहा कि अनुकरण मात्र काव्य को इतनी समृद्धि नहीं दे सकता।

महादेवी जी साहित्य में नारी मुक्ति की ध्वज-वाहिका रही हैं। छायावादी काव्य में नारी के प्रति बदला हुआ स्वस्थ दृष्टिकोण जगह-जगह दिखाई देता है। महादेवी जी ने लिखा है, "सौन्दर्य की स्थूल जड़ता से मुक्ति मिलते ही नारी को प्रकृति के समान ही रहस्यमय शक्ति और सौन्दर्य प्राप्त हो गया, जिसने उसके मानसिक जगत से पिछली संकीर्णता को धो डाला।" (महादेवी का विवेचनात्मक गद्य, पृ. 90) इसी तरह रहस्यवाद को उन्होंने छायावाद का ही दूसरा सोपान माना है। इसमें महादेवी जी ने बुद्धितत्त्व का योगदान स्वीकार करते हुए प्राचीन भारतीय साहित्य में भी उसकी स्थिति स्वीकार की है। महादेवी जी का मानना है कि रहस्यवाद की प्रवृत्तियों के मूल रूप उपनिषदों की विचारधारा में उपलब्ध है। वे कहती हैं, "रहस्यभावना के लिए द्वैत की स्थिति भी आवश्यक है और अद्वैत का आभास भी, क्योंकि एक के अभाव में विरह की अनुभूति असम्भव हो जाती है और दूसरे के बिना मिलन की इच्छा आधार खो देती है।" (महादेवी का विवेचनात्मक गद्य, पृ. 124) इस प्रकार महादेवी जी के रहस्यवाद के विश्लेषण के मूल में भारतीय चिन्तनधारा स्पष्ट है और उनके अनुसार उसका स्रोत विदेशी नहीं है।

महादेवी जी के विवेचनात्मक गद्य का अत्यन्त महत्त्वपूर्ण निबन्ध है 'सामयिक समस्या'। इस निबन्ध में महादेवी जी ने तत्कालीन साहित्यिक समस्याओं पर विचार किया है। इसमें उन्होंने उस धारा पर भी विचार किया है जिसे आगे चलकर प्रगतिवाद कहा गया। महादेवी जी ने अपने विश्लेषण में इस बात पर खेद व्यक्त किया है कि हिन्दी के प्रगतिवादी साहित्य की एक बहुत बड़ी कमी रही कि उसमें निम्न वर्ग से आया हुआ कोई महत्त्वपूर्ण साहित्यकार नहीं दिखाई देता। उन्होंने लिखा कि "इतना स्पष्ट है कि श्रमिकों की वाणी में बोलने वाली यह कविता ऐसे मध्यवर्ग के कंठ से उत्पन्न हो रही है जो श्रमिक जीवन से नितान्त अपरिचित और अपने जीवन कि विषमता से पूर्णत: क्लान्त है।" (महादेवी का विवेचनात्मक गद्य, पृ. 214)

काव्य में कल्पना तत्त्व के विषय में उन्होंने लिखा है, "काव्य में कल्पना की क्या स्थिति रहती है, यह जिज्ञासा भी स्वाभाविक है। वस्तुत: कल्पना ऐसी अनुरंजनशील विधायक वृत्ति है जिसके द्वारा हम सम्भाव्य किन्तु अभीप्सित वस्तु का मानसिक अंकन करते हैं। इस दृष्टि से सभी सूक्ष्म स्थल निर्माणों में उसका न्यूनाधिक उपयोग आवश्यक रहेगा ही।" (संकल्पिता, पृ. 107) इसी तरह 'दीपशिखा' की भूमिका में भी उन्होंने अपने कवि कर्म से सम्बन्धित विविध प्रश्नों पर गम्भीरता के साथ विचार किया है।

कृष्णदत्त पालीवाल ने लिखा है, "महादेवी, प्रसाद की भाँति काव्य को सांस्कृतिक प्रतिक्रिया मानती हैं तथा अनुभूति तत्त्व और रागात्मकता को पर्याप्त महत्त्व देती हैं। उनके काव्य-सम्बन्धी विचार भारतीय रसवाद के नवीन संस्कार हैं और वे बुद्धिवाद की जड़ता का खंडन करते हैं। उनका काव्य-दर्शन सौन्दर्य, सत्य और मंगल के सामंजस्य पर आधारित है। उनमें जड़ सैद्धान्तिकता नहीं, गतिशील चिन्तन का अजस्र प्रवाह है। महादेवी के काव्य सिद्धान्तों से स्पष्ट होता है कि अपने समसामयिक कवियों की भाँति वे काव्य चिन्तन के प्रति सचेष्ट रही हैं। काव्य स्वरूप, काव्य हेतु, काव्य प्रयोजन, काव्य तत्त्व तथा काव्य अधिकारी आदि के विषय में उनका चिन्तन भारतीय आचार्यों के सिद्धान्तों का ही नवीन आख्यान है। काव्य भेद, छायावाद, रहस्यवाद, यथार्थवाद, आदर्शवाद का विवेचन उन्होंने अत्यन्त मौलिक ढंग से किया है।" (हिन्दी आलोचना का सैद्धान्तिक आधार, पृ. 618)

निस्सन्देह महादेवी जी के गद्य की प्रकृति उनके काव्य की प्रकृति से भिन्न है। उनके गद्य की चिन्ता लोक की चिन्ता है। विषय भी लोक से सम्बन्धित हैं और शैली भी।

अन्य छायावादी आलोचक

आचार्य जानकीवल्लभ शास्त्री

गया (बिहार) जिले के 'मैगरा' गाँव में जन्मे छायावादोत्तर काल के विख्यात कवि जानकी वल्लभ शास्त्री (05.02.1916-07.04.2011) ने आलोचनाएँ भी लिखी हैं। उनकी प्रमुख आलोचनात्मक पुस्तकें है, 'साहित्य दर्शन', 'त्रयी', 'प्राच्य साहित्य', 'स्थायीभाव और सामयिक साहित्य', 'चिन्ताधारा' और 'अनकहा निराला'

उन्होंने स्वीकार किया है कि निराला ही उनके प्रेरणास्रोत रहे हैं। रामविलास शर्मा ने भी निराला पर लिखते हुए अनेकश: शास्त्री जी का उल्लेख किया है।

जानकीवल्लभ शास्त्री की समीक्षा वास्तव में प्रभाववादी समीक्षा कही जा सकती है। उस पर उनके कवि का वर्चस्व हर कहीं दिखाई देता है। उनकी समीक्षा से गद्य-काव्य का स्वाद मिलता है। उदाहरणार्थ, "गंगावतरण के लिए धूर्जटि के जटा-जूट की व्यापक कल्पना है। उसी प्रकार यह अपार विस्तार गगन ही है जिसमें किरणमयी सहज-सहज उतर सकती है। मन की व्यापकता ही पर्याप्त नहीं है, मरु का सा धूम्र रेतीला प्रसार या अबंध-अंधकार-सा सर्वग्रासी प्रसार नहीं आलोक-तरल फैलाव चाहिए। 'सा-सा-सा-सा' वाला अद्वैत नहीं, 'तस्य भाषा सर्वमिदं विभाति' वाला द्वैत। मन-मन्दिर-सा सीमित नहीं कि बस उसमें एक छोटी सी प्रतिमा भर बैठे, यह तो जैसे असीम आकाश में डूब गया है, तदाकार हो गया है। अब वह किरणों का अधिवास हो सकता है।" ('त्रयी', भक्तकवि निराला, पृ. 54)

निराला के जीवनकाल में निराला के सम्बन्ध में उनके कई समीक्षात्मक लेख विभिन्न पत्र-पत्रिकाओं में प्रकाशित हो चुके थे। वे आधुनिक जीवन-बोध और प्राचीन भारतीय संस्कृति के बीच निरन्तर बढ़ती हुई खाई को पाटने की कोशिश करने वाले एक कुशल योद्धा हैं। उनकी छायावादी भावप्रवण और कल्पनाधर्मी जीवनदृष्टि उनकी समीक्षात्मक कृतियों में भी स्पष्ट रूप से अभिव्यक्त हुई है।

गंगाप्रसाद पांडेय

छायावादी आलोचना को समृद्ध करने वालों में एक नाम गंगाप्रसाद पांडेय (13.07.1918–30.07.1968) का भी है। सतना (म.प्र.) जिले के 'कंचनपुर' नामक गाँव में जन्मे गंगाप्रसाद पांडेय का निराला और महादेवी वर्मा के साथ घनिष्ठ सम्पर्क रहा है। इन दोनों पर उनकी महत्त्वपूर्ण पुस्तकें हैं जिनके नाम हैं, क्रमश: 'महाप्राण निराला' और 'महीयसी महादेवी'। ये दोनों ही पुस्तकें निराला और महादेवी के जीवन काल में ही लिखी गईं और प्रकाशित हुईं, इसलिए तथ्यों की दृष्टि से इनकी प्रामाणिकता असन्दिग्ध है। 'महीयसी महादेवी' में उनके काव्य के विविध पक्षों के विवेचन के साथ वे उनकी गद्य-कृतियों पर भी विचार करते हैं। छायावाद और उसके चारों स्तम्भों पर लिखी गई उनकी पुस्तक 'छायावाद के आधार स्तम्भ' छायावाद को प्रतिष्ठित करने में महत्त्वपूर्ण भूमिका निभा चुकी है। जिस समय छायावाद पर चारों ओर से आक्रमण हो रहे थे, गंगाप्रसाद पांडेय ने अपने व्यक्तिगत सम्पर्क के आधार पर छायावादी कवियों के समर्थन में खड़े हुए और छायावादी कविता की प्रामाणिक तथा मार्मिक व्याख्या करके उसे प्रतिष्ठित किया।

छायावाद के अलावा उन्होंने कथा आलोचना की दिशा में भी महत्त्वपूर्ण कार्य किया है। उनकी 'आधुनिक कथा साहित्य' नामक पुस्तक का ऐतिहासिक महत्त्व है। उनकी यह पुस्तक पदुमलाल पुन्नालाल बख्शी की पुस्तक 'हिन्दी कथा साहित्य' के तीन वर्ष पूर्व ही प्रकाशित हो चुकी थी। इस पुस्तक में उन्होंने प्रेमचन्द, यशपाल, प्रसाद, निराला, उग्र, सियारामशरण गुप्त, इलाचन्द जोशी आदि की औपन्यासिक कृतियों की समीक्षाएँ लिखी हैं। इलाचन्द जोशी पर उन्होंने सबसे ज्यादा निष्ठा के साथ लिखा है। 'कामायनी : एक परिचय' भी उनकी एक महतत्त्वपूर्ण समीक्षा कृति है।

रचना के साथ अपनी तटस्थता भी खो देना और रचना के साथ स्वयं भी बहक जाना उनकी आलोचना की सबसे बड़ी कमजोरी है।

अन्य छायावादी समीक्षकों में **जगदीशप्रसाद श्रीवास्तव** का नाम लिया जा सकता है। उनकी आलोचनात्मक पुस्तकों में 'प्रसाद साहित्य की दार्शनिक पृष्ठभूमि', 'निराला का काव्य', 'प्रसाद का कथा साहित्य', 'प्रसाद के नाटक : रचना और प्रक्रिया', 'मिथकीय कल्पना और आधुनिक काव्य', 'निराला की दो कविताएँ', 'पंत काव्य का विवेचन' आदि प्रमुख हैं।

दसवाँ सोपान

गांधीवादी आलोचना

पिछली सदी के भारत के महानतम व्यक्ति के रूप में महात्मा गांधी को याद किया जाता है। यद्यपि हमारे देश की आजादी की लड़ाई में असंख्य लोगों ने अपनी कुर्बानियाँ दीं, जिनमें से बहुत से लोग गांधी की विचारधारा से सहमत भी नहीं थे फिर भी आजादी के आन्दोलन का नेतृत्व निर्विवाद रूप से गांधी ने ही किया। आन्दोलन की बागडोर उन्हीं के हाथ में थी। गांधी का महत्त्व सिर्फ इसलिए नहीं है कि उन्होंने आजादी के आन्दोलन का नेतृत्व किया था, बल्कि दुनिया में उनका महत्त्व इसलिए है कि इस इतने बड़े देश की आजादी के आन्दोलन में कम से कम रक्त बहे, कम से कम हत्याएँ हुईं। गांधी से ही प्रेरणा लेकर दक्षिण अफ्रीका में नेल्सन मंडेला जैसे नेता ने आजादी की लड़ाई का सफल नेतृत्व किया और अमेरिका के पूर्व राष्ट्रपति बराक ओबामा भी गांधी को ही अपना आदर्श मानते हैं। गांधी के बारे में प्रख्यात वैज्ञानिक अल्बर्ट आइंस्टीन ने कहा था कि आने वाले लोग मुश्किल से इस बात में विश्वास कर पाएँगे कि इस धरती पर हाड़-मांस का एक ऐसा भी व्यक्ति रहता था।

गांधी ने इस देश के हर संवेदनशील व्यक्ति को प्रभावित किया था। उन्हें 'महात्मा' कहा गया और आजादी के बाद 'राष्ट्रपिता'। गांधी का जीवनदर्शन इस देश की पूरी एक पीढ़ी का संस्कार बन गया।

ऐसी दशा में जाहिर है साहित्य पर भी गांधी के व्यापक प्रभाव को नकारा नहीं जा सकता।

गांधी का दर्शन और उसका प्रभाव

महात्मा गांधी (02.10.1869–30.01.1948) की विचार पद्धति का व्यापक नाम गांधीवाद है। समाज और शासन के संगठन तथा जीवन के अन्य अनेक पक्षों के बारे में गांधी जी के अपने विचार थे जिनका प्रतिपादन उन्होंने अपनी दैनिक साधना के मध्य से गुजरते हुए किया था। मार्क्सवाद के समान कोई व्यवस्थित शास्त्रीय अध्ययन गांधीवाद के पीछे नहीं है, इसी कारण उसमें किसी प्रकार की तर्कजन्य पद्धति का अभाव है। उसका आधार तर्क नहीं, स्वानुभूति है। इस विचारधारा का प्रत्येक खंड आत्मशक्ति को लेकर चलता है। इसी कारण उसमें एक प्रकार की आध्यात्मिकता और विचार-स्वातंत्र्य है। गांधीवाद में लक्ष्य तक पहुँचने के लिए सत्य, अहिंसा और सेवा इन विशिष्ट साधनों का उपयोग आवश्यक माना गया है। गांधीवाद की सबसे बड़ी देन उसकी यह विचारधारा है कि हमको साध्य के साथ-साथ साधन की पवित्रता का भी ध्यान रखना चाहिए।

सर्वोदय, गांधी का सामाजिक आदर्श है। सर्वोदय का अर्थ है सबकी उन्नति और उसका ध्येय है, हृदय-परिवर्तन। हृदय-परिवर्तन अन्यायी, शोषक और अत्याचारी का। गांधीवाद के मूल स्तम्भ दो हैं, सत्य और अहिंसा। सत्य का ही दूसरा नाम उन्होंने परमेश्वर माना है तथा समस्त सृष्टि में एक ही तत्त्व की व्याप्ति स्वीकार कर ईश्वर और मनुष्य तथा मनुष्य एवं अन्य जीवधारियों की एकता स्वीकार की है। इस अन्तर्भूत एकत्व के कारण ही उन्होंने माना है कि जो घटना एक शरीरधारी पर घटती है उसका प्रभाव समग्र जड़ पदार्थ पर और उसकी आत्मा पर पड़ता है। इस प्रकार सत्य के साक्षात्कार से समबुद्धि प्राप्त होती है और समबुद्धि से सबके प्रति अहिंसा का भाव उत्पन्न हो जाता है। इसीलिए उन्होंने अहिंसा को सत्य का दूसरा पहलू कहा है। अहिंसा में केवल द्वेष का अभाव ही नहीं, प्रेम की सम्प्राप्ति भी है। यह प्रेम स्वार्थ, मोह, आसक्ति आदि से भिन्न होता है। इस अहिंसा में वैर-त्याग, चराचर-प्रेम और पूर्ण निष्काम भाव का समन्वय है। इस समन्वय का पहला तत्त्व जैन व बौद्ध अहिंसा का है, दूसरा वैष्णव भावना का प्रसाद है और तीसरा तो स्पष्टत: गीता का प्रभाव है। ऐसी अहिंसा की प्राप्ति के लिए गांधी ने आत्मशुद्धि को आवश्यक माना है और आत्मशुद्धि

के लिए अन्य संतों की भाँति अहं के त्याग को अनिवार्य माना है। अहंकार का त्याग, तप और भगवद्भक्ति से ही सम्भव है। तप के लिए राग-भोग का त्याग और आत्मपीड़न करना होता है तथा उसके लिए शक्ति, भगवान पर अटल विश्वास होने से प्राप्त होती है। यह तप या आत्मशुद्धि केवल उस व्यक्ति का ही कल्याण नहीं करती, आत्मा की अखंडता के कारण सारे समाज को उन्नत बनाती है।

इस तरह गांधी के जीवन-दर्शन में त्याग और तप का प्राधान्य है तथा भोग और आनन्द का तिरस्कार। कला में भी उन्होंने शिव और सत्य पर ही बल दिया, सुन्दर को उन्होंने इन दोनों से या तो अभिन्न माना या अस्वीकार किया। गांधीवादी विचारधारा में कलाओं के साथ नैतिक सम्बन्ध अभिन्न रूप से जुड़ा हुआ है। इस सम्बन्ध में उनके ऊपर रस्किन एवं टालस्टॉय के विचारों की स्पष्ट छाप है। इसी कारण 'कला कला के लिए' जैसे सिद्धान्तों के प्रति गांधी-दर्शन में कोई सहानुभूति नहीं मिलती। अस्तु, कला कुछ लोगों के आधिपत्य में ही न रहे, उसकी पहुँच सार्वभौम हो, तभी वह प्रकृति के सन्निकट पहुँच सकेगी, यह गांधी जी का आग्रह था। गांधी जी के अनुसार कलाकार जनता के प्रति अपने कर्तव्यों के विषय में सदैव जागरूक रहें, तभी कला अपनी सार्थकता प्रमाणित कर सकती है। कला की श्रेष्ठता की कसौटी गांधी ने उसकी उपयोगिता को स्वीकार किया। कला का सम्बन्ध नीति, हित और उपयोगिता से नहीं है, केवल सौंदर्य से है—यह कहना सौंदर्य और कला को न समझने जैसा है। सत्य ही ऊँची से ऊँची कला और श्रेष्ठ सौंदर्य है और वह नीति, हितकारिता और उपयोगिता से भिन्न नहीं हो सकता। गांधी के अनुसार संगीत इसलिए श्रेष्ठ है कि वह प्रार्थना और नैतिक उन्नति में सहायक है। उनका विश्वास है कि चित्र, गायन आदि बाह्य आकारों की अपेक्षा शुद्ध आचरण में अभिव्यक्त मनुष्य की नैतिक पवित्रता कला का उच्चतर प्रकाशन है।

गांधी जी भी समानता के पक्षधर हैं, परन्तु उनकी समानता रामराज्य की समानता है। मार्क्स के साम्यवाद के प्रति उनका दृष्टिकोण सकारात्मक था किन्तु इसका कारण था वर्गहीन समाज का आदर्श। वे मानते हैं कि यह बेशक एक उत्तम आदर्श है और उसके लिए अवश्य कोशिश होनी चाहिए लेकिन जब इस आदर्श को हासिल करने के लिए हिंसा का प्रयोग हो तब गांधी का रास्ता उससे अलग हो जाता है। हम सब जन्म से ही समान हैं। असमानता या ऊँच-नीच की भावना एक बुराई है। परन्तु गांधी इस बुराई को मनुष्य और मनुष्य के बीच तलवार के बल पर भगाने में विश्वास नहीं करते।

गांधी जी के अनुसार सच्चा प्रजातंत्र कभी भी हिंसा और दंड-विधान के बल पर कायम नहीं किया जा सकता। व्यक्ति के पूर्ण और स्वतंत्र विकास के लिए जनतांत्रिक समाज को परस्पर सहयोग और सद्भाव, प्रेम और विश्वास पर आधारित रहना चाहिए। मानवता का विकास इन्हीं के सिद्धान्तों के आधार पर आज तक हुआ है और आगे भी होगा। प्रजातंत्र हिंसा के आधार पर टिक नहीं सकता, इसलिए इस पर किसी प्रकार का बाहरी दबाव हरगिज नहीं हो, यह तो स्वत: स्फूर्त होना चाहिए।

गांधी जी ने बार-बार कहा था कि मनुष्य का जन्म धर्म की साधना के लिए होता है और स्वयं अपने जीवन का उद्देश्य भी वे धर्म की ही उपासना मानते थे। राजनीति का क्षेत्र भी उन्होंने धर्मपालन के लिए ही चुना था, क्योंकि इस क्षेत्र में मनुष्य से एकाकार होने की सम्भावना थी। समाज और राजनीति से धर्म अलग रखा जाए, यह सम्भव नहीं है। मनुष्य में जो क्रियाशीलता है, वही उसका धर्म भी है। जो धर्म मनुष्य के दैनिक कार्यों से अलग होता है, उससे गांधी का कोई परिचय नहीं।

वस्तुत: गांधी का धर्म वह धर्म है जिससे प्रत्येक धर्म की धार्मिकता में वृद्धि होती है। अच्छा गांधी मार्गी अच्छा हिन्दू भी है और अच्छा मुसलमान भी। ईसाई धर्म प्रचारकों को लक्ष्य करके एक बार गांधी जी ने कहा था, "तुम हमें नया धर्म सिखाने को इतने आतुर क्यों हो? हमें अच्छा हिन्दू बनाओ अच्छे नर-नारी बनाओ, यही यथेष्ट है। नाम के परिवर्तन से हृदय तो परिवर्तित नहीं होगा।" रामविलास शर्मा के अनुसार, "उनका (गांधी) धर्म वास्तव में उपनिषदों का धर्म है जो वर्तमान धर्म से भिन्न है। वह कर्मकांड से मुक्त है। गांधीजी जवानी में नास्तिक थे। उनका नास्तिकपन कभी पूरी तरह खत्म नहीं हुआ। वह वेदान्त की भूमि से धर्म और दर्शन की समस्याएँ हल करते थे। वेदान्ती किसी व्यक्ति-ईश्वर में विश्वास नहीं करता। इसी तरह गांधीजी दशरथ-पुत्र राम में भी विश्वास न करते थे। राम उनके लिए एक व्यापक अर्थ देने वाला शब्द था। गांधीजी के समय में तुलसीदास पर बहुत लोग आक्षेप करने लगे थे। उन आक्षेपों का उत्तर भी गांधीजी ने दिया। उनकी बड़ी देन यह है कि उन्होंने राष्ट्र की धारणा को एक नई अन्तर्वस्तु दी। यह अन्तर्वस्तु जातीयता थी।" (गांधी, आंबेडकर, लोहिया और भारतीय इतिहास की समस्याएँ, भूमिका, पृ. x)

गांधी के व्यक्तित्व का हिन्दी साहित्य पर गहरा और व्यापक प्रभाव पड़ा। कवियों ने उन्हें 'दिव्यात्मा' और 'युगावतार' तक कहा है। उनके व्यक्तित्व पर असंख्य कविताएँ तो लिखी ही गईं, कई महाकाव्य तक लिखे गए। गोपालशरण सिंह ने बीस सर्गों का 'जगदालोक' नामक महाकाव्य लिखा। ठाकुरप्रसाद सिंह ने 'मृत्युंजय' तथा नटवरलाल स्नेही ने 'गांधीचरितमानस' लिखा। भवानीप्रसाद मिश्र ने 'गांधी पंचशती' और सोहनलाल द्विवेदी ने 'गांधी शतदल' लिखा। सियारामशरण गुप्त ने 'बापू' लिखा जिसमें उन्हें 'कालातीत', 'आत्मालोक', 'कालजयी' आदि कहकर सम्बोधित किया। सुमित्रानन्दन पंत ने अपने 'लोकायतन' में उन्हें इष्टदेव के रूप में देखा और लिखा कि 'देखा न चरित्र धरा ने तुमसा समग्र संयोजित'। सोहनलाल द्विवेदी ने लिखा, 'तुम बोल उठे, युग बोल उठा। तुम मौन बने युग मौन बना।' सुकवि ज्योतिषी ने लिखा, 'कौन तुम युग देवता साकार'। मैथिलीशरण गुप्त की 'यशोधरा' और 'साकेत' में गांधीवादी विचारों की सशक्त अभिव्यक्ति हुई है। सियारामशरण गुप्त, बालकृष्ण शर्मा 'नवीन', माखनलाल चतुर्वेदी, रामनरेश त्रिपाठी और बच्चन जैसे कवियों के साहित्य में भी गांधी के व्यक्तित्व और उनके दर्शन का व्यापक प्रभाव दिखाई देता है।

प्रेमचन्द के उपन्यासों और कहानियों में सत्याग्रह, हृदय-परिवर्तन, स्वाधीनता-संग्राम में सत्य-अहिंसा के शस्त्रों का प्रयोग, आश्रमों की स्थापना द्वारा सुधार आदि गांधीवाद के अनेक पक्ष अभिव्यक्त हुए है। 'प्रेमाश्रम', 'कर्मभूमि', 'रंगभूमि', 'गबन' जैसे उपन्यासों तथा 'नमक का दारोगा', 'समरयात्रा' एवं अन्य कहानियों में गांधीवाद का व्यवहारपक्ष व्यापक रूप से उभरकर आया है। विश्वम्भरनाथ शर्मा 'कौशिक', सुदर्शन, भगवतीचरण वर्मा एवं जैनेंद्र आदि ऐसे कथाकार हैं जिनके साहित्य में गांधी-दर्शन की अनेकश: और विभिन्न रूपों में अभिव्यक्ति हुई है।

ऐसी दशा में भला आलोचना उनके प्रभाव से वंचित कैसे रह सकती है? डॉ. मैनेजर पांडेय के अनुसार, "गांधी जी लेखकों को लोक-जीवन से जुड़ने, समाज के दबे-कुचले लोगों के बारे में सोचने, उपनिवेशवाद की दिमागी गुलामी से मुक्त होने, अपनी परम्परा की शक्ति को पहचानने, भारतीय समाज के रूढ़िवाद को जानने और जीवन के सभी प्रसंगों में साहसी आलोचनात्मक चेतना विकसित करने का जो आह्वान किया था, उसका व्यापक प्रभाव हिन्दी और अन्य भारतीय भाषाओं के साहित्य पर है।" (गांधी विचार और साहित्य, सुमन जैन, पृ. 459)

महात्मा गांधी के निधन के बाद आचार्य हजारीप्रसाद द्विवेदी ने लिखा, "वह जिधर मुड़ा जीवन लहरा उठा, वह जिधर झुका, प्रेम बरस पड़ा, वह जिधर चला, जमाना ढरक पड़ा। वह शक्ति का भंडार था, क्योंकि वह सच्चे अर्थ में भक्त था।" (हजारीप्रसाद द्विवेदी ग्रंथावली, खंड-9, पृ. 403)

आचार्य द्विवेदी ने सच्चे मन से महात्मा गांधी के चरित्र का अनुसरण करना चाहा था, किन्तु वह सम्भव नहीं हो सका। उन्होंने स्वीकार किया है, "मैने महात्मा जी के अनेक गुणों को अपने भीतर ले जाने का संकल्प कई बार किया है। संकल्पों की सच्चाई में मुझे रत्ती भर भी सन्देह नहीं है।" (हजारीप्रसाद द्विवेदी ग्रंथावली, खंड-9, पृ. 408) उन्होंने लिखा है, "महात्मा गांधी के सिवा और कोई दूसरा नेता नहीं है जिसने देश में आत्म-गरिमा का संचार किया हो।" (हजारीप्रसाद द्विवेदी ग्रंथावली, खंड-9, पृ. 271) महात्मा गांधी के जीवन से प्रेरणा लेते हुए उन्होंने कहा है, "महात्मा जी ने केवल वाणी से नहीं, अपने सम्पूर्ण जीवन से यह दिखा दिया है कि मनुष्य के छोटे स्वार्थों का द्वंद्व बड़े सत्य का विरोधी नहीं है। इन छोटे स्वार्थों को व्याप्त करके अपना अंग बनाकर ही हृदयस्थित महासत्य विराज रहा है। इनके भीतर से वह सेतु तैयार किया जा सकता है जो मनुष्य को मनुष्य से विच्छिन्न होने से बचाए।" (हजारीप्रसाद द्विवेदी ग्रंथावली, खंड-9, पृ. 412)

ये चन्द उद्धरण काफी हैं गांधी के व्यापक प्रभाव को समझने के लिए। आचार्य हजारीप्रसाद द्विवेदी ने पूरे विश्वास के साथ घोषित किया था कि मनुष्य ही साहित्य का लक्ष्य है। जनपक्षधरता द्विवेदी जी के समस्त सृजन के मूल में है। उन्होंने लिखा है, "मैं साहित्य को मनुष्य की दृष्टि से देखने का पक्षपाती हूँ। जो वाग्जाल मनुष्य की दुर्गति, हीनता और परमुखापेक्षिता से बचा न सके, जो उसकी आत्मा को तेजोदीप्त न बना सके, जो उसके हृदय को परदुखकातर और संवेदनशील न बना सके, उसे साहित्य कहने में मुझे संकोच होता है।" (हजारीप्रसाद द्विवेदी ग्रंथावली, खंड-10, पृ. 24) मानवतावाद सम्बन्धी अपनी अवधारणा को स्पष्ट करते हुए वे लिखते हैं, "मानवतावाद ठीक है, पर मुक्ति किसकी? क्या व्यक्ति-मानव की? सामाजिक मानवतावाद ही उत्तम समाधान है। मनुष्य को, व्यक्ति मनुष्य को नहीं, बल्कि समष्टि-मनुष्य को, आर्थिक, सामाजिक और राजनीतिक शोषण से मुक्त करना होगा—नान्य: पन्था विद्यते अयनाय।" (हजारीप्रसाद द्विवेदी ग्रंथावली, खंड-10, पृ. 8) क्या गांधीवाद का लक्ष्य इससे कुछ अलग है?

इसी तरह रामस्वरूप चतुर्वेदी ने अपने अन्तिम दिनों में 'माध्यम', (अक्टूबर-दिसम्बर, 2003) के अंक में 'हिन्द स्वराज' और 'कम्यूनिस्ट मैनीफेस्टो' : 21वी शती में पर्यालोचन' शीर्षक से एक विस्तृत तुलनात्मक लेख लिखा था। इस लेख को समाप्त करते हुए उन्होंने लिखा है, "यंत्र ने जन-जन को जीवन यापन की जितनी सुविधाएँ सुलभ कराई हैं, उससे कुछ अधिक ही उनके हाथ में मारक-क्षमता भी दे दी है, जिसका चरम बिन्दु 11 सितम्बर 2001 को न्यूयार्क-वाशिंगटन में आतंकवादी आक्रमण के समय, यंत्र के ही सौजन्य से—सीधे टेलीविजन प्रसारण में समूचे संसार ने दया और भय—यूनानी ट्रेजेडी के कारक द्वय—की मुद्रा में स्तब्ध होकर देखा। दया उन निर्दोष व्यक्तियों के लिए जो उन सौमंजिला इमारतों में बन्द मौत की घड़ियाँ असहाय होकर गिन रहे थे, और भय अपने लिए कि कहीं ऐसी परिस्थिति में हमें न फँसना पड़े। यहीं यंत्र के परावर्तन और 'हिन्द स्वराज' की चरितार्थता की सम्भावना निहित है।" ('माध्यम', अक्टूबर-दिसम्बर, 2003)

एक बात और, जिस दौर की कविता के एक पक्ष को छायावाद के नाम से, कविता की मुख्य धारा के रूप में प्रतिष्ठित किया गया, उसी दौर में कविता की मुख्य और स्वाभाविक धारा राष्ट्रीय चेतना की कविता की रही जिसे मैथिलीशरण गुप्त, रामधारी सिंह दिनकर, सुभद्रा कुमारी चौहान, माखनलाल चतुर्वेदी, बालकृष्ण शर्मा 'नवीन', रामेश्वर शुक्ल अंचल, नरेन्द्र शर्मा, भगवतीचरण वर्मा, सियारामशरण गुप्त, रांगेय राघव, जानकीवल्लभ शास्त्री जैसे कवियों ने समृद्ध किया। किन्तु हिन्दी के आलोचकों ने उसे हिन्दी कविता के विकास की ऐतिहासिक परम्परा में स्थान नहीं दिया और छायावाद के बाद प्रगतिवाद और फिर प्रयोगवाद तथा नई कविता के रूप में रेखांकित किया। इस दौर के राष्ट्रीय चेतना धारा के कवियों पर गांधी का व्यापक प्रभाव देखा जा सकता है। मैथिलीशरण गुप्त की 'यशोधरा' और 'साकेत' में गांधीवादी विचारों की सशक्त अभिव्यक्ति हुई है। बालकृष्ण शर्मा 'नवीन', माखनलाल चतुर्वेदी, रामनरेश त्रिपाठी, बच्चन एवं सुमित्रानन्दन पंत जैसे कवियों ने भी गांधीवाद को वाणी दी है। सियारामशरण गुप्त और जैनेंद्र पर गांधीवाद का सर्वाधिक प्रभाव है।

मैंने उस दौर के आचार्य हजारीप्रसाद द्विवेदी, शान्तिप्रिय द्विवेदी, आचार्य नन्ददुलारे वाजपेयी, रामस्वरूप चतुर्वेदी, नगेन्द्र, विजयदेवनारायण साही तथा आज के विजयबहादुर सिंह, विश्वनाथप्रसाद तिवारी, कृष्णदत्त पालीवाल, श्रीभगवान सिंह, गोपेश्वर सिंह जैसे प्रतिष्ठित आलोचकों के आलोचना साहित्य का अनुशीलन किया है और पूरे विश्वास के साथ कह सकता हूँ कि इनके आलोचना कर्म पर गांधी का व्यापक प्रभाव है।

राम मनोहर लोहिया और गांधी-दर्शन

राम मनोहर लोहिया दूसरे ऐसे व्यक्ति हैं जिनका व्यापक प्रभाव हिन्दी के आलोचना साहित्य पर पड़ा है। राम मनोहर लोहिया के पिता श्री हीरालाल पेशे से अध्यापक व गांधी जी के अनुयायी थे। जब वे गांधीजी से मिलने जाते तो राम मनोहर को भी अपने साथ ले जाया करते थे। इसके कारण गांधीजी के विराट व्यक्तित्व का उन पर गहरा असर हुआ। वे अपने पिताजी के साथ 1918 ई. में अहमदाबाद काँग्रेस अधिवेशन में पहली बार शामिल हुए। उस समय उनकी उम्र सिर्फ 8 साल थी।

लोहिया ने गांधी जी की पुकार पर 10 वर्ष की आयु में स्कूल छोड़ दिया। पिताजी को विदेशी वस्तुओं के बहिष्कार के आन्दोलन के चलते सजा हुई। 1930 ई. में उन्होंने द्वितीय श्रेणी में बी.ए. की परीक्षा पास की और उसी वर्ष जुलाई में अग्रवाल समाज के कोश से पढ़ाई के लिए इंग्लैंड रवाना हुए। वहाँ से वे बर्लिन गए। 23 मार्च को लाहौर में भगत सिंह को फाँसी दिए जाने के विरोध में लीग ऑफ नेशन्स की बैठक में बर्लिन में पहुँचकर सीटी बजाकर दर्शक दीर्घा से विरोध प्रकट किया। सभागृह से उन्हें निकाल दिया गया। गांधी-इर्विन समझौते का लोहिया ने प्रवासी भारतीय विद्यार्थियों की संस्था 'मध्य यूरोप हिन्दुस्तानी संघ' की ओर से समर्थन किया। 1932 ई. में लोहिया ने नमक सत्याग्रह विषय पर अपना शोध प्रबन्ध पूरा कर बर्लिन विश्वविद्यालय से डॉक्टरेट की उपाधि प्राप्त की। 1933 ई. में स्वदेश लौटे। तब उनके पिता जी के मित्र सेठ जमुनालाल बजाज, लोहिया को गांधी जी के पास ले गए तथा उनसे कहा कि यह लड़का राजनीति करना चाहता है और लोहिया राजनीति के पूर्णकालिक कार्यकर्ता बन गए।

पटना में 17 मई, 1934 ई. को आचार्य नरेन्द्र देव की अध्यक्षता में समाजवादी पार्टी की स्थापना का निर्णय लिया गया। यहाँ लोहिया ने समाजवादी आन्दोलन की रूपरेखा प्रस्तुत की। पार्टी के उद्देश्यों में लोहिया ने पूर्ण स्वराज्य का लक्ष्य जोड़ने का संशोधन पेश किया, जिसे अस्वीकार कर दिया गया।

1 जुलाई, 1940 ई. को भारत सुरक्षा कानून की धारा 38 के तहत लोहिया को दो साल की सख्त सजा हुई। 25 अगस्त को गांधी जी ने लिखा कि "लोहिया और दूसरे कांग्रेस वालों की सजाएँ हिन्दुस्तान को बाँधने वाली जंजीर को कमजोर बनाने वाले हथौड़े के प्रहार हैं। सरकार काँग्रेस को सिविल नाफरमानी आरम्भ करने और आखिरी प्रहार करने के लिए प्रेरित कर रही है। यद्यपि काँग्रेस उसे उस दिन तक के लिए स्थगित करना चाहती है जब तक इंग्लैंड मुसीबत में हो।" गांधी जी ने बम्बई में कहा कि "जब तक डॉ. राममनोहर लोहिया जेल में हैं तब तक मैं खामोश नहीं बैठ सकता, उनसे ज्यादा बहादुर और सरल आदमी मुझे मालूम नहीं। उन्होंने हिंसा का प्रचार नहीं किया। जो कुछ किया है उनसे उनका सम्मान बढ़ता है।" 4 दिसम्बर, 1941 ई. को अचानक लोहिया को रिहा कर दिया गया तथा देश के अन्य जेलों में बन्द काँग्रेस के नेताओं को भी छोड़ दिया गया। 19 अप्रैल, 1942 ई. को 'हरिजन' में लोहिया का लेख "विश्वासघाती जापान या आत्मसन्तुष्ट ब्रिटेन" गांधी जी द्वारा प्रकाशित किया गया। गांधी जी ने टिप्पणी की कि मेरी उम्मीद है कि सभी सम्बन्धित इसके प्रति ध्यान देंगे।

सन् 1942 ई. में इलाहाबाद में कांग्रेस का अधिवेशन हुआ, जहाँ लोहिया ने खुलकर नेहरू का विरोध किया। इसके बाद अल्मोड़ा जिला सम्मेलन में लोहिया ने नेहरू को 'झट पलटने वाला नट' कहा। गांधी जी के साथ एक सप्ताह रहकर लोहिया ने गांधी जी को वाइसराय के नाम पत्र लिखने के लिए प्रेरित किया, जिसमें गांधी जी ने लिखा कि अहिंसानिष्ठ सोशलिस्ट डॉ. लोहिया ने भारतीय शहरों को बिना पुलिस व फौज के शहर घोषित करने की कल्पना निकाली है। लोहिया जी के द्वारा दुनिया की सभी सरकारों को नई दुनिया की बुनियाद बनाने की योजना की कल्पना गांधी जी के सामने रखी गई, जिसमें एक देश की दूसरे देश में जो पूँजी लगी है उसे जब्त करना, सभी लोगों को संसार में कहीं भी आने-जाने व बसने का अधिकार देना, दुनिया के सभी राष्ट्रों को राजनैतिक आजादी तथा विश्व नागरिकता की बात कही गई थी। गांधी जी ने इसे 'हरिजन' में छापा और अपनी ओर से समर्थन भी किया तथा अंग्रेजों के खिलाफ जल्दी लड़ाई छेड़ने को लेकर गांधी जी ने दस दिन रुकने के लिए लोहिया को कहा। दस दिन बाद 7 अगस्त, 1942 ई. को गांधीजी ने लम्बा भाषण दिया और कहा कि "हम अपनी आजादी लड़कर प्राप्त करेंगे।" अगले दिन 8 अगस्त को 'भारत छोड़ो' प्रस्ताव बम्बई में बहुमत से स्वीकृत हुआ। गांधी जी ने 'करो या मरो' का सन्देश दिया। 9 अगस्त, 1942 ई. को जब गांधी जी व अन्य कांग्रेस के नेता गिरफ्तार कर लिए गए, तब लोहिया ने भूमिगत रहकर 'भारत छोड़ो आन्दोलन' को पूरे देश में फैलाया। इस तरह आजादी की लड़ाई में कदम-कदम पर लोहिया ने गांधी का साथ दिया।

लोहिया सिगरेट पीते थे। गांधीजी ने उन्हें मना किया और समझाया कि यह मसला भी समाजवाद से जुड़ा हुआ है। उन्होंने पूछा कि भला किस आधार पर वे भारत जैसे देश में सिगरेट पीने के औचित्य को साबित कर सकते हैं? गांधी जी के आदेश को अपनी निजी जिन्दगी में हस्तक्षेप मानने के बावजूद उन्होंने सिगरेट छोड़ दी। उन्होंने लिखा है, "दो महीने बाद मैंने जाकर गांधीजी से बताया कि मैंने सिगरेट छोड़ दी है। मैंने तब सिगरेट छोड़ दी थी और गांधीजी की हत्या के दिन तक छोड़े रहा।" (लोहिया के विचार, सं. ओंकार शरद, पृ. 199) वे लिखते हैं, "एक महान व्यक्ति किसी से कोई काम कराना चाहे, उसके लिए तर्क भी दे, चाहे दूसरा उससे सहमत न भी हो तो भी उस व्यक्ति के प्रभाव और प्रेम के कारण एक तरह का आत्म-अनुशासन शुरू होता है। इसका कुछ न कुछ सम्बन्ध मानवता के पुनर्निर्माण से अवश्य रहता है।" (उपर्युक्त, पृ. 199) लोहिया ने स्वीकार किया है, "उस समय मैंने यह नहीं माना था कि गरीब देश की जनता का प्रतिनिधित्व प्राप्त करने के लिए सिगरेट छोड़ना आवश्यक है। लेकिन यदि गांधी जी अधिक दिनों तक जीवित रहते तो मैंने निश्चय ही उसके प्रभाव के कारण पूरी तरह और सदा के लिए सिगरेट छोड़ दी होती।" (उपर्युक्त, पृ. 199)

गांधीजी, लोहिया के लिए अभिभावक जैसे थे। लोहिया लिखते हैं, "किसी और से बातें करने में मैं सतर्कतापूर्वक शिष्ट बना रहता था, परन्तु गांधी जी से बातें करते समय मैं लापरवाह हो जाता था क्योंकि वे मेरे भीतर जो कुछ रहता था उसे उगलवा लेते थे। यहाँ तक कि तीखी और स्पष्ट भाषा भी। यही मेरी उपलब्धि थी, चाहे अच्छी या बुरी। मेरा ऐसा व्यवहार हर दशा में भयरहित होता, क्योंकि वे भारत के संतरी थे और हमारी हरकत पर नजर रखते थे।" (उपर्युक्त, पृ. 201)

स्वतंत्रता प्राप्ति के बाद जनवरी 1947 में लोहिया ने नेपाली राष्ट्रीय काँग्रेस को स्थापित करने तथा राणाशाही के विरुद्ध सत्याग्रह प्रारम्भ करने की पहल की। 25 जनवरी, 1948 को बम्बई हड़ताल को लेकर

लोहिया ने गांधी जी से हड़ताल का समर्थन माँगा। लोहिया लिखते हैं, "26 जनवरी को गांधी ने कहा कि तुमसे आवश्यक बातें करनी हैं। कल-परसों करूँगा। 28 जनवरी को फिर कहा कि समय नहीं बचता और तुमसे बातें विस्तार से करनी हैं। फिर 29 को कहा कि कल तुमसे जरूर ही बातें करूँगा। आखिर मुझे तुम्हारी पार्टी और काँग्रेस के बारे में कुछ निश्चय तो करना चाहिए। कल शाम जरूर आना पेटभर बातें होंगी।...30 की शाम को एक टैक्सी लेकर गांधी जी से मिलने 'बिड़ला भवन' की ओर चला। लेकिन रास्ते में ही गांधी जी की घृणित व नृशंस हत्या की खबर मिली।

" 'बिड़ला भवन' पहुँचा तो वहाँ बहुत बड़ी भीड़ थी। केवल गांधी जी न थे। कमरे में उनका मृत शरीर पड़ा था। उस दिन लगा कि असली अर्थ में मैं पहली बार अनाथ हुआ। देश का संतरी सामने पड़ा था और देश के राजा बने लोग आँसू बहा रहे थे।" (उपर्युक्त, पृ. 206)

गांधी और लोहिया के बीच के सम्बन्धों की चर्चा यहाँ मैंने तनिक विस्तार से की है। गांधी और लोहिया के बीच के इस घनिष्ठ सम्बन्ध को देखते हुए मैंने लोहिया से प्रभावित समाजवादी आलोचकों को भी गांधीवादी आलोचकों की श्रेणी में ही रखा है क्योंकि मुझे लगता है कि गांधी के बगैर लोहिया की कल्पना नहीं की जा सकती। वैसे भी गांधी जी के जन्मशताब्दी वर्ष पर अपनी प्रतिक्रिया व्यक्त करते हुए लोहिया ने लिखा है,

"अगर गांधीजी का कोई भी सार हम लोगों को सीखना है और उसमें से कुछ निकालना है तो हमें इस समय कितने प्रकार के गांधीवादी हैं यह जान लेना चाहिए। एक तो हैं सरकारी गांधीवादी जिनके नेता हैं श्री नेहरू। और गांधीवादियों में आजकल ज्यादातर सरकारी गांधीवादी ही हैं। दूसरे प्रकार के हैं मठ-मन्दिर वाले गांधीवादी, मठाधीश गांधीवादी, जिनके नेता हैं आचार्य विनोबा भावे। वे भी अपनी समझ के अनुसार गांधीवाद को सरकारी गांधीवाद के साथ इधर-उधर सहयोग करते हुए बनाए रखना चाहते हैं। एक तीसरा प्रकार है, उन कुजात गांधीवादियों का, ऐसे गाँधावादी जो जाति के बाहर निकाल दिए गए हैं। जिनको न तो सरकारी और न ही मठाधीश गांधीवादी मानते हैं। मेरे जैसे लोग।" (उपर्युक्त पृ. 207)

ऐसी दशा में गांधी की तुलना में लोहिया के विचारों से अपेक्षाकृत अधिक प्रभावित आलोचकों को भी मैंने गांधीवादी आलोचकों की श्रेणी में रखना ही उचित समझा है और लोहियावादी आलोचकों की कोई अलग श्रेणी नहीं बनाई है।

गांधी दर्शन और हिन्दी आलोचना

जब साहित्य की अन्य विधाओं पर गांधीजी का गहरा प्रभाव दिखाई देता है तो भला आलोचना उसके प्रभाव से वंचित कैसे रह सकती है? हमें यह देखकर आश्चर्य हुआ कि हिन्दी में मार्क्सवादी, मनोविश्लेषणवादी आदि विविध दर्शनों से परिचालित आलोचना पद्धतियों की चर्चा तो विस्तार से की गई है किन्तु गांधीवादी आलोचना पद्धति का उल्लेख नहीं मिलता है, जबकि इस दौर के अधिकांश आलोचकों पर गांधी का व्यापक प्रभाव दिखाई देता है।

सन् 1931 में 'भारत' का सम्पादन करते हुए आचार्य नन्ददुलारे वाजपेयी जी ने निराला, प्रसाद, मैथिलीशरण गुप्त और आचार्य रामचन्द्र शुक्ल का मूल्यांकन किया था। इसी वर्ष भगतसिंह की शहादत हुई थी। तब से 1967 ई. तक वे निरन्तर आलोचना-कर्म में रत रहे। इसी बीच देश में आजादी की लड़ाई लड़ी गई जिसमें महात्मा गांधी की नेतृत्वकारी भूमिका रही, द्वितीय विश्वयुद्ध हुआ, देश भर में साम्प्रदायिक दंगे हुए, देश को आजादी मिली, हमारा अपना संविधान लागू हुआ। इस बीच हिन्दू राष्ट्रवाद के समर्थकों, सशस्त्र क्रान्ति में विश्वास करने वाले हिन्दुस्तान सोशलिस्ट रिपब्लिक एसोसिएसन के युवा नेताओं तथा वामपंथियों द्वारा गांधी के नेतृत्व का निरन्तर विरोध होता रहा किन्तु गांधी जी अपने पथ से कभी भी विचलित नहीं हुए। वाजपेयी जी के चिन्तन पर गांधी जी के इस विराट व्यक्तित्व और विचारधारा का गहरा प्रभाव स्पष्ट देखा जा सकता है।

आचार्य हजारीप्रसाद द्विवेदी ने भी सन् 1930 के आस-पास शान्तिनिकेतन में अध्यापन कार्य आरम्भ करने के साथ-साथ लिखना शुरू किया था और 1979 ई. तक निरन्तर साहित्य सृजन में रत रहे। वे भी महात्मा गांधी से गहरे प्रभावित थे। इस क्रम में रामस्वरूप चतुर्वेदी का नाम भी उल्लेखनीय है। इन दोनों के ऊपर गांधी के प्रभाव का जिक्र पिछले पृष्ठों में हो चुका है।

डॉ. नगेन्द्र ने तो अपने स्फुट निबन्धों में प्राय: उन्हीं कवियों की समीक्षा की है जो गांधीवाद से प्रभावित हैं। सुमित्रानन्दन पंत, सियारामशरण गुप्त, रामधारी सिंह दिनकर, हरिवंशराय बच्चन, नरेन्द्र शर्मा, रामेश्वर

शुक्ल अंचल, गिरिजाकुमार माथुर आदि की समीक्षाएँ इस तथ्य को प्रमाणित करती हैं। इसी तरह साकेत के सांस्कृतिक आधार का विवेचन करते हुए उन्होंने 'धार्मिक', 'सामाजिक-राजनीतिक आदर्श', 'भौतिक जीवन' के साथ ही 'गांधीवाद का प्रभाव' की चर्चा की है और निष्कर्ष के रूप में कहा है, "अपनी संस्कृति का प्रभाव तो सभी कवियों पर थोड़ा-बहुत पड़ता है। परन्तु जिन मनस्वियों की कविता लोक-मंगल से प्रेरित होकर अपने देश और जाति की संस्कृति की प्रतिष्ठा एवं संरक्षा करती है वे अनेक नहीं होते। हमारे तुलसी, प्रसाद, मैथिलीशरण गुप्त ऐसे ही कवि हैं।" (साकेत एक अध्ययन, पृ. 90)

इस तरह इस काल के अनेक आलोचकों पर महात्मा गांधी के व्यापक प्रभाव को देखा जा सकता है। इसीलिए मुझे 'गांधीवादी आलोचना' शीर्षक से एक स्वतंत्र श्रेणी बनाना अधिक उपयुक्त लगा है जिसमें आचार्य नन्ददुलारे वाजपेयी, शान्तिप्रिय द्विवेदी, विजयदेवनारायण साही, डॉ. नगेन्द्र, देवराज, विश्वनाथप्रसाद तिवारी, कृष्णदत्त पालीवाल, श्रीभगवान सिंह आदि को शामिल किया है। इस श्रेणी में हमने आचार्य हजारीप्रसाद द्विवेदी को इसलिए शामिल नहीं किया क्योंकि उनकी आलोचना की मुख्य प्रकृति अनुसन्धानपरकता की है।

आलोचकों की इसी परम्परा में मैंने रघुवंश, विजयबहादुर सिंह, शम्भुनाथ, गोपेश्वर सिंह जैसे आलोचकों को भी रखा है यद्यपि इन पर गांधी की तुलना में डॉ. राम मनोहर लोहिया का प्रभाव अधिक दिखाई देता है। इसका कारण यही है कि मुझे बराबर लगता है कि लोहिया का दर्शन गांधी के दर्शन से नाभिनाल बद्ध है। दोनों का आदर्श रामराज्य एक ही है जिसे तुलसी ने मानस में सृजित किया है। एक ऐसा राज्य जिसमें अमीर और गरीब के बीच कम से कम अन्तर हो, जहाँ ऊँच-नीच के भेद न हों, जहाँ गाँव और शहर के बीच दूरी कम हो, जहाँ बेतहाशा मशीनीकरण नहीं, ग्रामीण उद्योगों का विकास हो, शिक्षा का माध्यम अंग्रेजी नहीं, मातृभाषाएँ हों। हाँ, गांधी की जीवन-शैली कठिन थी, गांधी ब्रह्मचर्य में विश्वास करते थे। आचरण की पवित्रता के पक्के समर्थक थे। इसीलिए गांधी को 'महात्मा' कहा जाता था। गांधी की इस जीवन-शैली को अपने जीवन में उतार पाना लोहियावादियों के लिए कठिन था। धर्म में, प्रार्थना में गांधी की गहरी आस्था थी जबकि लोहियावादियों में इस तरह की आस्था के प्रति उदासीनता दिखाई देती है। इन भेदों के अलावा गांधी और लोहिया के दर्शन में पर्याप्त समानता है। यदि गांधी न होते तो लोहिया भी न होते। इसीलिए मैंने लोहियावादियों को भी गांधीवादी आलोचकों की श्रेणी में ही रखना उचित समझा है किन्तु इसके बावजूद यदि कोई चाहे तो लोहियावादियों की एक अलग श्रेणी बना सकता है। हाँ, इस बात से इनकार नहीं किया जा सकता कि आचरण की पवित्रता के प्रति उदासीन होने के कारण लोहिया के बाद लोहियावादियों में नैतिक तथा आचरणगत पतन बहुत ज्यादा हुआ, खासतौर पर राजनीति में। इसके भी कारण वास्तव में लोहिया के दर्शन और आचरण में ही निहित हैं। लोहिया का कांग्रेस से विरोध का विश्लेषण करते हुए रामविलास शर्मा ने बिलकुल सही लिखा है, "नेहरू विरोध से अधिक आगे बढ़ते हुए लोहिया कांग्रेस विरोध तक पहुँचे। देश में सबसे प्रतिक्रियावादी संगठन कांग्रेस है। उसके विरुद्ध सभी दक्षिण-वाम दलों को मिलकर संयुक्त मोर्चा बनाना चाहिए—यह नीति उन्होंने निर्धारित की। 7 मई, 1967 की रिपोर्ट के अनुसार—लोहिया ने यह संकेत सबसे पहले हवा में उछाला कि "मैं प्रतिपक्ष को प्रतिपक्ष की पार्टियाँ न कहकर गैरकांग्रेसी पार्टियाँ कहना ज्यादा पसन्द करूँगा, क्योंकि आज लड़ाई कांग्रेस के यथास्थितिवाद और प्रतिपक्ष के परिवर्तनवाद के बीच है। फर्नांडीज ने कहा कि कांग्रेस को सत्ता से बाहर रखने के लिए हम शैतान से भी सहयोग कर सकते हैं।" (उद्धृत, गांधी, आंबेडकर, लोहिया और भारतीय इतिहास की समस्याएँ, पृ. 755)

रामविलास शर्मा ने आगे लिखा है, "जैसे-जैसे समाजवादी पार्टी प्रभावशाली होती गई, वैसे-वैसे वह वर्गों की धारणा छोड़ कर छोटी जातियों पर ही अपना पूरा ध्यान केन्द्रित करने लगे। लोहिया सोवियत संघ का विरोध करते थे। कम्यूनिस्ट पार्टी का विरोध करते थे। यह बात उन्हें जनसंघ के नजदीक लाती थी। धर्म और संस्कृति पर उनके विचार उन्हें हिन्दू सम्प्रदायवाद के पास ले आते हैं। सोवियत संघ का विरोध, कम्यूनिस्ट विरोध, कांग्रेस विरोध लोहिया और हिन्दू राष्ट्रवादियों की सामान्य भूमि थी।" (उपर्युक्त, भूमिका भाग)

नन्ददुलारे वाजपेयी

उन्नाव (उ.प्र.) जिले के गाँव 'मगरायर' में जन्मे, काशी में पढ़े-लिखे, काशी और सागर में अध्यापन तथा तथा विक्रम विश्वविद्यालय, उज्जैन में कुलपति रहे आचार्य नन्ददुलारे वाजपेयी (04.09.1906–11.08.1967) छायावाद के सर्वाधिक प्रतिष्ठित आलोचक के रूप में जाने जाते हैं। आचार्य वाजपेयी की समीक्षा-दृष्टि के

निर्माण में गांधीवादी मूल्यों की प्रमुख भूमिका रही है। छायावादी काव्य के भीतर की जो स्वच्छंदता है उसके पीछे सिर्फ पश्चिम के रोमैंटिसिज्म का प्रभाव भर नहीं है अपितु उसमें भारत के मुक्ति-आन्दोलन की भी गूँज है जिसका नेतृत्व निर्विवाद रूप से गांधी जी कर रहे थे।

सन् 1930 ई. से नन्ददुलारे वाजपेयी ने इलाहाबाद से निकलने वाली पत्रिका 'भारत' का सम्पादन शुरू किया। उस समय उनकी उम्र महज चौबीस वर्ष थी। तब से 1967 ई. तक वे निरन्तर आलोचना-कर्म में रत रहे। इसी बीच देश में आजादी की लड़ाई लड़ी गई, भगतसिंह की शहादत हुई, द्वितीय विश्वयुद्ध हुआ, देश भर में साम्प्रदायिक दंगे हुए, देश को आजादी मिली, हमारा अपना संविधान लागू हुआ। इस बीच हिन्दू राष्ट्रवाद के समर्थकों, सशस्त्र क्रान्ति में विश्वास करने वाले हिन्दुस्तान सोशलिस्ट रिपब्लिक एसोसिएशन के युवा नेताओं तथा वामपंथियों द्वारा गांधी के नेतृत्व का निरन्तर विरोध होता रहा किन्तु गांधी जी अपने पथ से कभी भी विचलित नहीं हुए।

चौबीस वर्ष के युवा के भीतर आमतौर पर उग्र विचार देखे जाते हैं किन्तु सन् 1930 से ही वाजपेयी जी ने गांधी के विचारों और उनके आन्दोलन के तरीकों का समर्थन करते हुए उसके पक्ष में जिस निष्ठा के साथ लिखा उससे प्रमाणित होता है कि उनके विचार और व्यक्तित्व पर गांधी का जो प्रभाव आरम्भ में पड़ा वह अन्त तक बना रहा। 17 नवंबर 1930 ई. को उन्होंने गांधी के सत्याग्रह और असहयोग पर 'भारत' में लिखा, "आज जिस सत्याग्रह और असहयोग की गतिविधि की ओर दुनिया की आँखें लगी हुई हैं, बड़े-बड़े महापुरुष जिन्हें संसार के इतिहास में नवयुग की सृष्टि करने वाले कहते हैं, मिस्र और फिलिस्तीन जैसे प्राचीन महान देश जिनका चमत्कार देखकर अनुसरण करने में अपना परम हित मानते हैं, उन महान आदर्शों की व्याख्या करने में हम अपने को असमर्थ पाते हैं...। यदि हम आदर्शों को छोड़कर वस्तुस्थिति की ओर ध्यान दें और पिछले छः-सात महीनों के इतिहास को देखें, तो सम्भव है हम आगे चलकर सत्याग्रह और असहयोग को समझ सकें।" (नन्ददुलारे वाजपेयी रचनावली, सं. विजय बहादुर सिंह, खंड-7, पृ. 96)

इसी तरह 23 फरवरी 1931 ई. के 'भारत' में उन्होंने लिखा, "महात्मा जी जिस अहिंसा का प्रचार करते हैं, वह बड़ा ऊँचा आदर्श है। सत्य और अहिंसा के मार्ग में महात्मा जी इतने आगे बढ़ गए हैं कि उनके देशवासी पीछे छूटते जाते हैं। महात्मा जी की साधना बड़ी सच्ची है। वे इस युग के श्रेष्ठ योगी और महापुरुष हैं। पर उनकी महत्ता योगी होने के कारण नहीं है। कम से कम वे इतिहास में तो एक योगी होने की हैसियत से इतना स्मरण नहीं किए जाएँगे, जितना एक लोकनेता होने की हैसियत से किए जाएँगे। महात्मा जी ने लोकवाद पर बहुत जोर दिया है और वे समूह के सच्चे प्रेमी और अधिनायक हैं। उनके चरखा, कला सम्बन्धी विचार, उनके भाषण इस बात के प्रमाण हैं कि वे व्यक्तिगत साधना को लोकहित के बराबर महत्त्व नहीं देते।" और 'भारत' के 23 मार्च के अंक में लिखा, "महात्मा जी के महान प्रभाव के सम्बन्ध में हमें कुछ कहना नहीं है। वे भारत के हृदय सम्राट हैं और उनकी वाणी राष्ट्रवाणी है। त्याग और तपस्या, बुद्धि, विवेक और ज्ञान का जैसा समन्वय महात्मा जी में है, किसी भी राष्ट्रीय नेता में नहीं है। सत्य और अहिंसा के प्राचीन दिव्यास्त्रों का आधुनिक युग के लिए आविष्कार कर महात्मा जी ने देश को जो उपहार दिए हैं, वे एकदम अमूल्य हैं।" (उद्धृत, 'हिन्दी आलोचना और गांधी' शीर्षक श्रीभगवान सिंह का लेख, 'दस्तावेज'-162, पृ. 12)

महात्मा गांधी के प्रति उनकी आस्था का भला इससे बड़ा प्रमाण क्या हो सकता है? उनके एक-एक शब्द श्रद्धा-रस से सराबोर हैं। फिर उन्हें गांधीवादी कहने में संकोच क्यों?

'भारत' का सम्पादन करते हुए वाजपेयी जी ने निराला, प्रसाद, मैथिलीशरण गुप्त और आचार्य रामचन्द्र शुक्ल का मूल्यांकन किया था। प्रसाद, पंत और निराला तो उनके मित्र जैसे थे। प्रसाद और निराला की पुस्तकों की उन्होंने भूमिकाएँ लिखी हैं। जो लोग आचार्य वाजपेयी को रामचन्द्र शुक्ल का प्रतिद्वंद्वी मानते हैं उनके लिए, शुक्ल जी के बारे में कहे गए वाजपेयी जी के कुछ उद्धरण पेश हैं।

"शुक्ल जी ने हिन्दी समीक्षा में क्रान्तिकारी परिवर्तन किया। वे नए युग के विधायक थे।" "वे एक उच्च कोटि के सहृदय और काव्य-मर्मज्ञ हैं।" "शुक्ल जी की साहित्यिक देन कितनी जबर्दस्त है, इसका अनुमान इतने से ही किया जा सकता है कि यद्यपि वे प्राचीन दार्शनिक मान्यताओं के विपरीत निर्देश करते आए हैं, किन्तु आज भी वे उस काल के काव्य के प्रामाणिक विवेचक माने जाते हैं और उनकी देख-रेख में प्राचीन अनुसन्धान का कार्य भी होता रहता है और यह भी उन्हीं के व्यक्तित्व का परिणाम है कि नवीन समुन्नत काव्य को अपना पैर जमाने के लिए (शुक्ल जी के विरोध के बावजूद) लगातार पन्द्रह वर्षों तक अथक उद्योग करना

पड़ा। आज भी स्थिति यह है कि साहित्य और उसके आनुषंगिक विषयों पर अध्ययन के अधिक प्रशस्त रास्ते खुल जाने पर भी अब तक शुक्ल जी ही साहित्य के अन्तिम वाक्य माने जाते हैं।" (उद्धृत, आचार्य नन्ददुलारे वाजपेयी, विजय बहादुर सिंह, पृ. 35)

नन्ददुलारे वाजपेयी रचनावली के सम्पादक, वाजपेयी जी के प्रमुख अध्येता और शिष्य विजय बहादुर सिंह लिखते हैं, "अन्तिम और प्रौढ़ दिनों में पहुँचकर वे राष्ट्रीय (जातीय) साहित्य की अपनी अवधारणा प्रस्तुत करते हुए जिन चार महान हिन्दी लेखकों को छाँटते हैं, उनमे प्रेमचन्द, प्रसाद, निराला और आचार्य शुक्ल हैं।" (आचार्य नन्ददुलारे वाजपेयी, पृ. 35)

वाजपेयी जी जब मार्क्सवाद से टकराते हैं तब सीधे-सीधे उसके समानान्तर गांधी के विचार-दर्शन का हवाला देने लगते हैं। वे कहते है, "आज के जनवादी लेखक को व्यक्तिगत त्याग और कष्ट सहिष्णुता अपनानी होगी। उसे प्रेमचन्द और टॉलस्टाय के मार्ग पर चलना होगा। वह किसी मार्क्सवादी नुस्खे को लेकर काम नहीं कर सकता। उसे अब भी चरित्र और आचरण की आवश्यकता है। महान आदर्शों के पीछे जीवन के क्षुद्र स्वार्थों को मिटा देने की साधना करनी होगी। हम जिस जनवादी राष्ट्र या मानव समूह की कल्पना करते हैं, वह केवल आर्थिक दृष्टि से सुखी नहीं होगा, उसे पूर्णत: सांस्कृतिक और नैतिक मानव भी होना चाहिए। यहाँ भी मार्क्सवादी शिक्षाएँ और उपचार मुझे तो अधूरे दिखाई देते है। उनसे तो गांधी जी का सर्वोदय सिद्धान्त मुझे भारतीय जीवन के अधिक अनुरूप जान पड़ता है।" (नया साहित्य : नए प्रश्न, पृ. 230)

वाजपेयी को कुछ विद्वानों ने स्वच्छंदतावादी समीक्षक और कुछ ने सौष्ठववादी समीक्षक कहा है। अपने मौलिक दृष्टिकोण, नव्यतर समीक्षात्मक मान, तलस्पर्शी दृष्टि और मार्मिक व्याख्या के कारण वे हिन्दी के मूर्धन्य आलोचकों में माने जाते हैं। वे पहले समीक्षक हैं जिन्होंने छायावादी काव्य का गहन और सूक्ष्म विश्लेषण किया। छायावादी काव्य के नए जीवन दर्शन, नई भाव धारा, नूतन कल्पना छवियों और अभिनव भाषा ने उन्हें अपनी ओर आकृष्ट किया और उनके आलोचनात्मक दृष्टिकोण को नवीन चेतना दी।

आचार्य रामचन्द्र शुक्ल का शिष्य होते हुए और उनका पूर्ण सम्मान करते हुए वाजपेयी जी ने सबसे पहले छायावाद के सम्बन्ध में शुक्ल जी के मतों का दृढ़तापूर्वक खंडन करते हुए स्थापित किया कि छायावादी काव्य पश्चिम या बंगला के काव्य का अनुकरण न होकर रीतिबद्ध और द्विवेदी कालीन कविता की प्रतिक्रिया था जिसमें राष्ट्रीय चेतना मुखर थी और पश्चिम की तथा बांग्ला कविताओं का प्रभाव भी था। उन्होंने यह भी स्थापित किया कि छायावाद सिर्फ शैली नहीं है। उसका अपना जीवन-दर्शन भी है और उसकी अपनी भाव-सम्पत्ति भी है।

वाजपेयी जी ने भक्तिकाल, रीतिकाल और द्विवेदी कालीन कविता की सीमाओं के परिप्रेक्ष्य में छायावादी काव्य की उपलब्धियों का उचित मूल्यांकन कर छायावाद की महत्ता स्थापित की। छायावादी कविताओं पर विचार करते हुए वाजपेयी जी ने इस भ्रान्त धारणा का खंडन किया कि शैली और अनुभूति दो अलग-अलग वस्तुएँ हैं। जहाँ शैली और अनुभूति में पार्थक्य होता है और शैली प्रधान हो जाती है वहाँ रीतिवादी रूढ़ काव्य का निर्माण होने लगता है और जहाँ शैली की उपेक्षा होने लगती है वहाँ रूखापन आने लगता है।

वाजपेयी जी ने अपनी पुस्तक 'हिन्दी साहित्य : बीसवीं शताब्दी' की भूमिका में अपने आलोचनात्मक दृष्टिकोण को स्पष्ट करते हुए सात चेष्टाओं की ओर संकेत किया है। वे हैं, रचना में कवि की अन्तर्वृत्तियों (मानसिक उत्कर्ष-अपकर्ष) का अध्ययन, रचना में कवि की मौलिकता, शक्तिमत्ता और सृजन की लघुता-विशालता (कलात्मक सौष्ठव) का अध्ययन, रीतियों, शैलियों और रचना के वाह्यांगों का अध्ययन, समय और समाज तथा उनकी प्रेरणाओं का अध्ययन, कवि की व्यक्तिगत जीवनी और रचना पर उसके प्रभाव का अध्ययन, कवि के दार्शनिक, सामाजिक और राजनीतिक विचारों आदि का अध्ययन तथा कवि के जीवन सम्बन्धी सामंजस्य और सन्देश का अध्ययन।

उपर्युक्त मान्यताओं में ऊपर से नीचे की ओर प्रमुखता कम होती गई है।

इसके अलावा वाजपेयी जी के समीक्षात्मक दृष्टिकोण को समझने के लिए उनकी सूर, रामचन्द्र शुक्ल, प्रेमचन्द, प्रसाद, निराला और पंत की व्यावहारिक समीक्षाएँ भी उपयोगी हैं।

वाजपेयी जी की प्रमुख समीक्षा कृतियों में 'हिन्दी साहित्य: बीसवीं शताब्दी', 'जयशंकर प्रसाद', 'प्रेमचन्द', 'आधुनिक साहित्य', 'नया साहित्य : नए प्रश्न', 'कवि निराला', 'राष्ट्रीय साहित्य तथा अन्य निबन्ध', 'महाकवि सूरदास' आदि उल्लेखनीय हैं। उनके निधन के बाद भी उनकी कई महत्त्वपूर्ण पुस्तकें

प्रकाशित हुईं जिनमें 'कवि सुमित्रानन्दन पंत', 'नई कविता', 'रससिद्धान्त', 'साहित्य का आधुनिक युग', 'आधुनिक साहित्य : सृजन और समीक्षा' तथा 'रीति और शैली' प्रमुख हैं।

सूर की आलोचना करते हुए वे लिखते हैं, "स्थिति विशेष का पूरा दिग्दर्शन भी करें, घटनाक्रम का आभास भी दें और साथ ही समुन्नत कोटि के रूप-सौन्दर्य और भाव-सौन्दर्य की परिपूर्ण झलक भी दिखाते जाएँ, यह विशेषता हमें कवि सूरदास में ही मिलती है। गोचारण अथवा गोवर्धन-धारण के प्रसंग कथात्मक हैं, किन्तु उन कथाओं को भी सजाकर सुन्दर भावगीतों में परिणत कर दिया गया है। हम आसानी से यह नहीं समझ पाते कि कथानक के भीतर रूप-सौन्दर्य अथवा मनोगतियों के चित्र देख रहे हैं, अथवा मनोगतियों और रूप की वर्णना के भीतर कथा का विकास देख रहे हैं।" (महाकवि सूरदास, पृ. 174)

आचार्य शुक्ल पर वाजपेयी जी ने आत्मनिष्ठता का आरोप लगाया है। उनके अनुसार वस्तुनिष्ठ आलोचना वह है जो दृष्टिकोण विहीन होती है, यानी, जो आलोचक की दृष्टि से नहीं, रचनाकार और उसके परिवेश की दृष्टि से लिखी जाती है। शुक्ल जी की आलोचना के बारे में वे कहते हैं, "उन्होंने अपने पूर्वनिरूपित सिद्धान्तों के आधार पर प्रत्येक कवि को परखना चाहा है। जिससे उनकी समीक्षा और विश्लेषण सर्वत्र वस्तून्मुखी नहीं हो सका है। कवि की प्रवृत्ति और परिस्थिति के साथ उसके काव्य की परख नहीं की गई है। इस कारण शुक्ल जी की समीक्षा में एक से ही पैमाने दिखाई देते हैं और बार-बार एक से ही शब्दों का प्रयोग होने लगा है। देश काल के प्रभावों से उत्पन्न कला की विविधता की वे उपेक्षा कर गए हैं।" (आधुनिक साहित्य, पृ. 306)

छायावाद, वाजपेयी जी को बहुत अधिक पसन्द आया क्योंकि उसमें मानवीयता एवं आध्यात्मिकता का संगम हुआ है और उसमें सांस्कृतिक व राष्ट्रीय चेतना का स्वर प्रमुख है। छायावाद को मधुचर्या का काव्य अथवा पलायनवादी काव्य कहने वालों की खबर लेते हुए वे लिखते हैं,

"खेद और आश्चर्य की बात है कि हमारे कतिपय समीक्षकों ने इस अत्यन्त सीधी और सच्ची बात को समझने की चेष्टा नहीं की कि हमारे इस युग के साहित्य की मुख्य प्रेरणा राष्ट्रीय और सांस्कृतिक है। राष्ट्रीयता ने हमारे समस्त समाजिक जीवन को अनेक रूपों में आंदोलित कर रखा था और हमारे कवि और लेखक भी इस दुर्दमनीय प्रभाव से बच नहीं सकते थे...यह सोचना भी असम्भव है कि जिस समय हमारे देश में राष्ट्रीय मुक्ति का जीवन-मरण संग्राम चल रहा हो, उस समय हमारे कल्पनाशील कवि और लेखक उससे कुछ भी प्रेरणा न ग्रहण करें, बल्कि उसके प्रति विमुख और अन्यमनस्क होकर रहें। फिर भी हमारे कतिपय समीक्षकों ने उन्हें इसी रूप में चित्रित करने की चेष्टा की है। कुछ ने उन्हें पलायनवादी संज्ञा देकर जीवन से उनकी विमुखता सिद्ध करनी चाही है। शेष कुछ समीक्षकों ने उन्हें 'मधुचर्या का प्रेमी', 'स्वप्नद्रष्टा' या 'अनन्त का उपासक' बताकर उनकी असामाजिकता का विज्ञापन किया है।" (उद्धृत, दस्तावेज-162, पृ. 17) इस सम्बन्ध में गांधीवादी लेखक श्रीभगवान सिंह ठीक कहते हैं कि "मार्क्सवाद, समाजवाद या प्रगतिवाद से उन्हें वितृष्णा नहीं रही, किन्तु इन सबकी एकांगिकता से असन्तुष्ट वाजपेयी जी के साहित्यिक मूल्यांकन के निकष के केन्द्र में गांधीवादी चिन्तन ही रहा...वाजपेयी जी ने गांधीवाद की पीठिका पर खड़े होकर छायावाद की जिस राष्ट्रीय एवं सांस्कृतिक चेतना को उकेरा, वही बाद में रामविलास शर्मा, नामवर सिंह जैसे मार्क्सवादी आलोचकों की भी छायावाद के सम्बन्ध में साम्राज्यवाद, सामंतवाद विरोधी मूल्यांकन-दृष्टि का पाथेय बनी।" (दस्तावेज-162, पृ. 17)

जयशंकर प्रसाद में उन्होंने अपना आदर्श कवि प्राप्त किया है। उनके जीवन दर्शन को स्पष्ट करते हुए वे कहते हैं, "प्रसाद का जीवन दर्शन क्या है? वह जीवन दर्शन है विशाल और बहुमुखी जीवनानुभूति का परिणाम, रहस्यवाद।" (हिन्दी साहित्य : बीसवीं शताब्दी, पृ. 19)

ऊपर के संक्षिप्त विश्लेषण के आधार पर हमारा निष्कर्ष है कि आचार्य नन्ददुलारे वाजपेयी का मार्ग समन्वय का मार्ग है। अपने ग्रंथ 'आधुनिक साहित्य' में उन्होंने लिखा है, "हमारा साहित्य नई विचारधाराओं और नई परिस्थितियों से प्रभावित होकर नए कला स्वरूपों में प्रकट होता और नई शैलियों में ढला करता है। उसके क्रम विकास में विरोध के स्थान पर समन्वय का तत्त्व प्रमुख रहता है। विवादी स्वरों की अपेक्षा संवादी स्वरों की प्रधानता रहती है।" (आधुनिक साहित्य, पृ. 377) गांधी जी उन्हें बार-बार अपनी ओर आकृष्ट करते हैं, तो उसका एक बड़ा कारण गांधीजी का भौतिकता और आध्यात्मिकता का समन्वयकारी व्यक्तित्व भी था। वस्तुत: यही समन्वय गांधी-दर्शन का मूल है।

वाजपेयी जी ने लिखा है, "मेरी समझ में साहित्य केवल व्यक्तिगत भावों के प्रदर्शन की भूमि नहीं हो सकता। व्यक्तिगत भाव भी आखिर क्या है? उस व्यक्तिविशेष पर पड़े हुए विभिन्न ज्ञात-अज्ञात उपकरणों का

प्रभाव ही तो। वे उपकरण उसे कहाँ से मिले? अपने समय के समाज और सामाजिक चेष्टाओं से। तब प्रश्न यह है कि वह उस समाज और उन चेष्टाओं को आँख मूँदकर क्यों लें? आँखें खुली क्यों न रखें और क्यों न अपने सामूहिक उत्तरदायित्व को समझें? फिर यह ऊपर से लादा हुआ कोई बोझ नहीं है, यह तो मनुष्य के सामाजिक प्राणी होने की स्वाभाविक सूचना है।" (आधुनिक साहित्य, पृ. 359)

निष्कर्ष यह है कि वाजपेयी जी के चिन्तन पर गांधी का गहरा प्रभाव है। गांधी-दर्शन में उन्होंने एक प्रकार की पूर्णता लक्षित की है। उन्होंने कहा भी है, "गांधी जी की नीति का राजनीतिक मूल्य ही नहीं है, जीवन व्यापी या दार्शनिक मूल्य भी है...वे केवल धन की चर्चा ही नहीं मन की भी उन्नति की साधना करते हैं।" (नया साहित्य : नए प्रश्न, पृ. 241) इसलिए हम वाजपेयी जी को गांधीवादी आलोचक कहना अधिक न्यायसंगत समझते हैं।

शान्तिप्रिय द्विवेदी

काशी में जन्मे और वहीं पढ़े-लिखे शान्तिप्रिय द्विवेदी (1906-21.08.1967) को नामवर सिंह ने 'प्रभाववादी समीक्षा-सागर की तरंगों से फेंकी हुई एक मणि' कहा है। (द्रष्टव्य, छायावाद, पृ. 154) अनेक समीक्षकों ने प्रभाववादी आलोचना की एक श्रेणी बनाई है और उसमें पं. शान्तिप्रिय द्विवेदी को शीर्ष पर रखा है। इसका एक कारण यह भी है कि स्वयं पं. शान्तिप्रिय द्विवेदी ने अपनी कृति 'आधान' में पाँच तरह की समीक्षा पद्धतियों की चर्चा की है और उसमें प्रभाववादी समीक्षा का भी जिक्र किया है। वे पद्धतियाँ हैं—रीतिकालीन शास्त्रीय समीक्षा, प्रभाववादी समीक्षा, प्रगतिवादी समीक्षा, फ्रायडियन या मनोवैज्ञानिक समीक्षा तथा प्रयोगवादी समीक्षा। इनमें प्रभाववादी समीक्षा के विषय में उनका कथन है, "रचना में जो अनुभूति प्रत्यक्ष होकर व्यक्त होती है वही अनुभूति प्रभाववादी समीक्षा में परोक्ष अनुभूति (सह-अनुभूति) होकर प्रतिभासित होती है।" (आधान, पृ. 89) अर्थात् सहानुभूति के कारण प्रभाववादी समीक्षा आलोच्य वस्तु से आत्मीयता स्थापित कर लेती है। किन्तु जैसा कि ऊपर कहा गया है, मेरे विचार से प्रभाववादी आलोचना जैसी कोई स्वतंत्र आलोचना पद्धति नहीं होती है और पं. शान्तिप्रिय द्विवेदी को गांधीवादी आलोचकों में स्थान देना ज्यादा उचित है क्योंकि विचारधारा की दृष्टि से वे पूर्णत: गांधीवादी हैं। उनकी बहुचर्चित समीक्षाकृति 'सामयिकी' की भूमिका में उन्होंने गांधीवाद में पूर्ण आस्था व्यक्त की है। इस कृति के प्रारम्भ में युग-दर्शन प्रस्तुत किया गया है जो पूरी पुस्तक की आन्तरिक चेतना का मूलाधार है। इस पुस्तक में उन्होंने गांधीवादी जीवन दृष्टि के आलोक में सामयिक साहित्य का मूल्यांकन किया है। उनकी अधिकांश समीक्षा कृतियों और निबन्धों में गांधीवाद के प्रति उनकी एकनिष्ठता व्यक्त हुई है। उनकी धारणा है कि "भाव पक्ष में जो छायावाद है कर्म-पक्ष में वही गांधीवाद है।" (स्मृतियाँ और कृतियाँ, पृ. 109) इतना ही नहीं, ग्रामोद्योगों को वे छायावाद का पार्थिव आधार मानते थे। भारत में भी मशीनीकरण के सामने ग्रामोद्योग को घुटने टेक देने पड़े। द्विवेदी जी ने इसे छायावाद के पतन के साथ जोड़ते हुए लिखा, "सम्प्रति छायावाद के मुरझा जाने का कारण ग्रामोद्योगों का ह्रास है।"

द्विवेदी जी का आलोचनात्मक लेखन अधिकतर निबन्धों के रूप में हुआ है। 'साहित्यिकी', 'संचारिणी', 'सामयिकी', 'साकल्य', 'वृन्त और विकास', 'हमारे साहित्य निर्माता', 'कवि और काव्य', 'युग और साहित्य' आदि उनके प्रमुख आलोचनात्मक ग्रंथ हैं। इनके अलावा 'धरातल', 'ज्योतिविहग', 'प्रतिष्ठान', 'पद्मनाभिका', 'आधान', 'समवेत' आदि सभी कृतियों में गांधीवाद के प्रति उनकी निष्ठा बनी हुई है।

छायावादी कवियों में सुमित्रानन्दन पंत का उन्होंने व्यवस्थित रूप से अध्ययन किया है। उनकी दृष्टि में छायावाद की केन्द्रीय चेतना के मूल में रवीन्द्रनाथ और महात्मा गांधी का जीवन दर्शन है। रवीन्द्रनाथ और शरच्चन्द के मूल्यांकन के बहाने उन्होंने हिन्दी पर उनके व्यापक प्रभाव का आकलन किया है। रामचन्द्र शुक्ल, प्रेमचन्द, यशपाल, पंत, महादेवी, जैनेन्द्र आदि पर उनकी आलोचनाएँ उल्लेखनीय हैं।

'वृन्त और विकास' में द्विवेदी जी ने 'यंत्रयुग की कविता' शीर्षक से नई कविता पर विचार किया है और उसमें ऊब, एकरसता, घुटन, कुंठा, अकेलापन आदि के बोध का विश्लेषण किया है। उन्होंने व्यापारिक अर्थशास्त्र और यांत्रिक उद्योगवाद द्वारा उत्पन्न सामाजिक परिवेश को विषण्णता का मुख्य कारण बताया है और अपने पक्ष के समर्थन में अज्ञेय, पंत, शम्भुनाथ सिंह, जगदीश गुप्त, मदन वात्स्यायन आदि कवियों को उद्धृत किया है।

आचार्य शुक्ल द्वारा की गई छायावाद की उपेक्षा के प्रति अपनी असहमति व्यक्त करते हुए उन्होंने छायावाद को राष्ट्रीय चेतना से जोड़ा है और लिखा है, "इसके बाद ज्यों-ज्यों राष्ट्रीय जागृति ने हमारे जीवन

की सीमा का विस्तार किया त्यों-त्यों साहित्य में आदान के अन्य माध्यमों से भी हम परिचित होते गए। संस्कृत के बाद बंगला से, बंगला के बाद अंग्रेजी से भी हम आदान लेने लगे। आज उस युग की खड़ी बोली की कविता छायावाद के रूप में अपने क्लाइमेक्स पर पहुँच चुकी है।" (सामयिकी, पृ. 118) आचार्य रामचन्द्र शुक्ल की भौतिकवादी समीक्षा-दृष्टि पर पं. शान्तिप्रिय द्विवेदी की यह टिप्पणी उनकी पैनी आलोचना दृष्टि की ओर स्वतः संकेत कर देती है, "हम देखते हैं कि संस्कारों और रुचियों के निजी सीमाबन्धन के बाहर शुक्ल जी को अन्य प्रयत्न प्रारम्भ में असन्तोषजनक जान पड़े हैं, बाद में उन नए प्रयत्नों के स्थान बना लेने पर, निर्माण कार्य हो जाने पर शुक्लजी को अपने ढंग से उनका भी समर्थन करना पड़ा है, कुछ असन्तोष के साथ यथा छायावाद का। आगे चलकर यही बात समाजवाद के बारे में भी होती।" (सामयिकी, पृ. 120) पं. शान्तिप्रिय द्विवेदी की इस टिप्पणी से सहज संकेत मिल जाता है कि शुक्ल जी कैसे समाजवादियों और भौतिकवादियों के लिए ऊर्जा का स्रोत बन जाते हैं। रामविलास शर्मा ने लिखा है, "शुक्ल जी की गम्भीरता का कारण उनका सामाजिक दृष्टिकोण है। वह हिन्दी के मानवतावादी, सामंतविरोधी और देशभक्त लेखक हैं।" (आचार्य रामचन्द्र शुक्ल और हिन्दी आलोचना, पृ. 254)

छायावाद की समीक्षा करते समय द्विवेदी जी उसके भावों में बह जाते हैं, यही उनकी समीक्षा की सबसे बड़ी कमजोरी अथवा वैशिष्ट्य है। उनकी समीक्षा पद्धति में तर्कपूर्ण विश्लेषण का अभाव लक्षित होता है। वे छायावाद के रागात्मक प्रभाव से अभिभूत थे। उनकी समीक्षा इसी प्रभावाभिव्यक्ति के रूप में सामने आती है। छायावाद युग के कवियों व गद्यकारों को समान भावभूमि पर कसते हुए वे लिखते हैं, "गांधीवाद के साहित्यकार प्रेमचन्द, मैथिलाशरण गुप्त, सियारामसरण और जैनेन्द्र तथा छायावाद के कलाकार प्रसाद, पंत, निराला और महादेवी—ये सब एक ही परिवार की प्रजाएँ हैं। इनमें शिल्पभेद है, मनोभेद नहीं।" (सामयिकी, पृ. 225)

रामधारी सिंह दिनकर

मुंगेर (बिहार) जिले के 'सिमरिया' नामक गाँव में जन्मे और पटना से बी.ए. करने के बाद शिक्षक, राज्य सभा के सदस्य, भागलपुर विश्वविद्यालय के कुलपति आदि पदों पर रहे रामधारी सिंह दिनकर (23.09.1908-24.04.1974) कवि हैं, चिन्तक हैं, संस्कृति-पुरुष हैं और इसके साथ ही वे एक रसज्ञ आलोचक भी हैं। 'काव्य की भूमिका', 'पंत, प्रसाद और मैथिली शरण' तथा 'शुद्ध कविता की खोज' उनकी आलोचनात्मक कृतियाँ हैं। एक समालोचक की विशेषताओं का विश्लेषण करते हुए वे लिखते हैं, "समालोचना काव्य की अन्तर्धाराओं का विश्लेषण है, जिसमें सफलता पाने के लिए समालोचक को काव्य की गहराई में उतर कर उस विन्दु पर जाना पड़ता है जहाँ से कविता या कला जन्म लेती है। अतएव समालोचक में यह योग्यता होनी चाहिए कि वह उन समस्त मानसिक दशाओं का अनुभव कर सके जिनमें से होकर कवि अपनी कृति के अन्तिम बिन्दु पर पहुँच सका है।" (मिट्टी की ओर, पृ. 152)

'काव्य की भूमिका' सैद्धान्तिक समीक्षा सम्बन्धी पुस्तक है, जबकि 'पंत, प्रसाद और मैथिली शरण' उनकी व्यावहारिक आलोचना की पुस्तक है। अपनी व्यावहारिक आलोचना में दिनकर ने कवियों की रचना पर उनके युग के प्रभाव को विशेष रूप से रेखांकित किया है। वे आधुनिक कवियों में मैथिलीशरण गुप्त को सर्वश्रेष्ठ कवि मानते हैं। छायावाद के बारे में उनकी अवधारणा है, "यह एक विशाल सांस्कृतिक जागरण था, जो उचित आलोक न मिल सकने के कारण पूर्ण प्रतिष्ठा न प्राप्त कर सका।" (मिट्टी की ओर, पृ. 11) अपनी पुस्तक 'शुद्ध कविता की खोज' के माध्यम से उन्होंने नई कविता आन्दोलन को समझने का प्रयास किया है। कवियों में कालिदास, बाणभट्ट, अमरुक, हाल, जयदेव, कबीर, सूर, विद्यापति, बिहारी, गालिब और महादेवी वर्मा को वे शुद्ध कविता का कवि मानते हैं।

उनकी दो कृतियाँ राष्ट्रभाषा हिन्दी की संघर्ष-यात्रा से सम्बन्धित हैं। 'राष्ट्रभाषा और राष्ट्रीय एकता' नामक पुस्तक में राष्ट्रभाषा हिन्दी की समस्याओं पर विचार किया गया है तथा 'राष्ट्रभाषा आन्दोलन और गांधीजी' नामक कृति में राष्ट्रभाषा हिन्दी के प्रचार-प्रसार में गांधी जी के योगदान का आकलन किया गया है।

गांधी का दिनकर पर व्यापक प्रभाव है। उन्होंने साहित्यमुखी में संकलित लेख' हिन्दी साहित्य पर गांधी जी का प्रभाव' में मैथिलीशरण गुप्त, सियारामशरण गुप्त, माखनलाल चतुर्वेदी और रामनरेश त्रिपाठी जैसे कवियों पर तथा प्रेमचन्द के उपन्यासों पर गांधी जी के विचारों के प्रभाव का विश्लेषण किया है। उन्होंने

'राष्ट्रपिता बापू का मेरे कवि जीवन पर प्रभाव' शीर्षक संस्मरणात्मक लेख में गांधी जी के महान व्यक्तित्व और अपने जीवन पर उनके प्रभाव का मार्मिक विश्लेषण किया है।

नगेन्द्र

अलीगढ़ (उ.प्र.) जिले के 'अतरौली' नामक कस्बे में जन्मे, नागपुर और आगरा से पढ़े-लिखे तथा दिल्ली विश्वविद्यालय में शिक्षक रहे डॉ. नगेन्द्र (09.03.1915–27.10.1999) ने काव्यशास्त्र और आलोचना के क्षेत्र में विपुल कार्य किया है। 'सुमित्रानन्दन पंत' उनकी पहली समीक्षा-पुस्तक है। 'कामायनी के अध्ययन की समस्याएँ' भी उनकी एक महत्त्वपूर्ण आलोचनात्मक कृति है। इन्हीं कृतियों के कारण उनकी गणना छायावाद के प्रमुख समीक्षकों में की जाती है। इनके अलावा 'साकेत : एक अध्ययन', 'आधुनिक हिन्दी नाटक', 'विचार और अनुभूति', 'रीति काव्य की भूमिका' 'आधुनिक हिन्दी कविता की मुख्य प्रवृत्तियाँ', 'विचार और विवेचन', विचार और विश्लेषण, काव्य में उदात्त तत्त्व, 'अनुसन्धान और आलोचना', 'आस्था के चरण', 'नई समीक्षा नए सन्दर्भ', 'समस्या और समाधान', 'रस सिद्धान्त', 'आलोचक की आस्था', 'काव्य बिम्ब', 'चेतना बिम्ब, 'नई समीक्षा : नए सन्दर्भ', 'भारतीय सौन्दर्यशास्त्र की भूमिका', 'शैली विज्ञान', 'मिथक और साहित्य', 'साहित्य का समाज शास्त्र', 'भारतीय समीक्षा और आचार्य शुक्ल की काव्य दृष्टि', 'मैथिलीशरण गुप्त का काव्य : पुनर्मूल्यांकन', 'देव और उनकी कविता', 'प्रसाद और कामायनी : मूल्यांकन का प्रश्न' आदि उनकी प्रमुख आलोचनात्मक कृतियाँ हैं। इसके अलावा उन्होंने 'हिन्दी ध्वन्यालोक', 'कविभारती', 'हिन्दी काव्यालंकारसूत्र', 'रीति शृंगार', 'हिन्दी वक्रोक्तिजीवित', 'भारतीय नाट्य साहित्य', 'भारतीय काव्यशास्त्र की परम्परा', 'हिन्दी साहित्य का वृहद् इतिहास, भाग-6', 'इंडियन लिटरेचर' (अंग्रेजी), 'हिन्दी अभिनव भारती', 'हिन्दी काव्यप्रकाश', 'मानविकी शब्दकोश', 'हरिभक्तिरसामृतसिन्धु', 'पाश्चात्य काव्शास्त्र : सिद्धान्त और वाद', 'हिन्दी साहित्य का इतिहास', 'भारतीय साहित्य कोश' आदि दर्जनों उल्लेखनीय कृतियों का सम्पादन किया है।

डॉ. नगेन्द्र पर सर्वाधिक प्रभाव आचार्य रामचन्द्र शुक्ल का पड़ा है। उन्होंने स्वयं स्वीकार किया है, "आरम्भ में ही आचार्य रामचन्द्र शुक्ल के प्रभाववश मेरे मन में भारतीय रस सिद्धान्त के प्रति गहरी आस्था हो गई थी। शुक्ल जी का मेरे मन पर विचित्र आतंक और प्रभाव रहा है। मेरे अपने संस्कार शुक्ल जी के संस्कारों से सर्वथा भिन्न थे। मेरा साहित्यिक संस्कार छायावादी युग में हुआ था। शुक्ल जी सुधारयुग की विभूति थे...। उनके निष्कर्षों को मानने के लिए मैं बिलकुल तैयार नहीं था। परन्तु उनके प्रौढ़ तर्क और अनिवार्य शैली मेरे ऊपर बुरी तरह हावी हो जाते और मैं यह मानने को विवश हो जाता था कि उस व्यक्ति की काव्य दृष्टि चाहे संकुचित हो लेकिन फिर भी अपनी सीमा में यह महारथी अजेय है।" (डॉ. नगेन्द्र : व्यक्तित्व और कृतित्व, डॉ. रणवीर रांगा, पृ. 21 पर उद्धृत)

इस तरह रस सिद्धान्त के प्रति डॉ. नगेन्द्र में जो गहरी आस्था पैदा हुई उसके पीछे आचार्य रामचन्द्र शुक्ल का व्यापक प्रभाव है। उन्होंने रस सिद्धान्त का गम्भीर और व्यापक अध्ययन किया है। रस सिद्धान्त की व्यापकता का आकलन करते हुए उन्होंने लिखा है, "इस प्रकार रस एक व्यापक शब्द है, वह 'विभावानुभावव्यभिचारिसंयुक्त स्थायी' अर्थात् परिपाक अवस्था का ही वाचक नहीं है, वरन् उसमें काव्यगत सम्पूर्ण भाव-सम्पदा का अन्तर्भाव है। अपरिभाषिक रूप में वह काव्यगत भाव सौन्दर्य का पर्याय है। शब्दार्थगत चमत्कार के माध्यम से भाव के आस्वाद का अथवा भाव की भूमिका का शब्दार्थ के सौन्दर्य का आस्वाद ही वस्तुत: रस है। काव्य के अनुचिन्तन से प्राप्त रागात्मक अनुभूति के सभी रूप और प्रकार—सूक्ष्म और प्रबल, सरस और जटिल, क्षणिक और स्थायी, संवेदन, स्पर्श, चित्त-विकार, भाव-बिम्ब, संस्कार, मनोदशा, शील—सभी रस की परिधि में आ जाते हैं।" (रस सिद्धान्त, पृ. 320) उनके अनुसार "रस अपने व्यापक अर्थ में मानसिक अनुभूति ही है।" (रस सिद्धान्त, पृ. 346) नई कविता के सन्दर्भ में विचार करते हुए वे कहते हैं, "चालीस वर्ष पूर्व छायावाद ने भी रस का विरोध किया था, पर आज रस ही उसका प्राण सर्वस्व है। उसके प्राय: दो दशक बाद प्रगतिवाद ने उस पर प्रहार किया था, किन्तु आज उसका जितना भी अंश अवशिष्ट है वह रस के आधार पर ही जीवित है।" इसलिए "नई कविता का भी कल्याण इसी में है कि वह इन रसमय बन्धनों को स्वीकार कर ले।" (रससिद्धान्त, पृ. 349)

डॉ. नगेन्द्र संस्कृत काव्यशास्त्र के मर्मज्ञ विद्वान तो हैं ही उनके ऊपर आई.ए. रिचर्ड्स और बेनेदेतो क्रोचे जैसे पाश्चात्य आलोचकों का विशेष प्रभाव है। वे अंग्रेजी साहित्य में भी एम.ए. हैं। उन्होंने हिन्दी साहित्य के

वैभव को अंग्रेजी भाषा के माध्यम से प्रचारित करने के उद्देश्य से भी कई ग्रंथों का सम्पादन किया है जिनमें तुलसी और सूर पर ग्रंथ तो हैं ही, नाटक, आलोचना, कहानी आदि पर भी पुस्तकें हैं। वे एक आलोचक, अन्वेषक, सम्पादक, अनुवादक, निबन्धकार और कोशकार आदि कई रूपों में हमारे सामने आते हैं किन्तु एक आलोचक के रूप में निर्मित उनका व्यक्तित्व सर्वाधिक प्रभावशाली है।

डॉ. नगेन्द्र ने 'आलोचक की आस्था' निबन्ध संग्रह में प्रथम तीन निबन्धों के अन्तर्गत अपनी साहित्यिक मान्यताओं को स्पष्ट किया है। साहित्य का स्वरूप, उसका प्रयोजन, उसमें अन्तर्निहित मूल्य, उसके तत्त्व और उपादान, अनुभूति और अभिव्यक्ति का सम्बन्ध, उसमें निहित सत्य, युगबद्धता और युगमुक्तता आदि प्रश्नों का समाधान डॉ. नगेन्द्र ने अत्यन्त स्पष्ट और सुलझे हुए रूप में किया है। डॉ. नगेन्द्र, साहित्य को मूलत: आत्माभिव्यक्ति मानते हैं। उनकी दृष्टि में रचनाकार के व्यक्तित्व का कृति में प्रत्यक्ष या परोक्ष प्रतिफलन आत्माभिव्यक्ति का ही एक प्रकार है। वे मानते हैं कि "सौन्दर्य कोई निरपेक्ष वस्तु नहीं है उसका निर्माण भी तो कलाकार की अपनी भावनाओं और धारणाओं के आधार पर ही होता है।" (आलोचक की आस्था, पृ. 3) डॉ. नगेन्द्र आनन्द को ही काव्य का आत्यंतिक प्रयोजन मानते हैं। आनन्द के समानान्तर वे लोक कल्याण और चेतना के संस्कार इन दो प्रयोजनों को भी विचारणीय मानते हैं किन्तु उनकी दृष्टि में ये दोनों भी आत्यंतिक प्रयोजन नहीं हो सकते। "लोकहित को प्रयोजन मानकर चलने वाला साहित्यकार लोक में अपने स्व का विस्तार करके आनन्द लाभ ही करता है। इसी प्रकार चेतना के परिष्कार की परिणति भी आनन्द की अनुभूति में ही होती है। इसलिए लोक कल्याण और चेतना का परिष्कार आनन्द की उपलब्धि में बाधक नहीं होते।" अपने समय की कविता के बारे में डॉ.नगेन्द्र की धारणा है, "छंद कविता नहीं है, यह मान्यता प्राय: आरम्भ से ही रही है। आज इसका रूप उलट कर यह हो गया है कि कविता छंद नहीं है, अर्थात् कविता के लिए छंद की आवश्यकता नहीं है, बिम्ब मात्र कविता के लिए पर्याप्त है। बात यहीं रुक जाती तब भी ठीक था पर वह तो और आगे बढ़ गई है। कविता अर्थ भी नहीं है, कविता, कविता भी नहीं है—कविता अकविता है। ये सब आस्थाहीन चिन्तन के चमत्कार हैं जो बाल मनोवृत्ति के लोगों को ही आकृष्ट कर सकते हैं।" (आलोचक की आस्था, पृ. 15)

डॉ. नगेन्द्र ने अपनी प्रथम आलोचनात्मक कृति 'सुमित्रानन्दन पंत' के प्रकाशन के साथ ही हिन्दी आलोचना जगत में अपनी खास पहचान बना ली थी। इस पुस्तक की सराहना आचार्य रामचन्द्र शुक्ल ने भी की थी। उन्होंने लिखा, "काव्य की छायावाद कही जाने वाली शाखा चले काफी दिन हुए, पर ऐसी कोई समीक्षा—पुस्तक देखने में न आई जिसमें उक्त शाखा की रचना-प्रक्रिया (TechniQue) प्रसार की भिन्न-भिन्न भूमियाँ सोच-समझकर निर्दिष्ट की गई हों। केवल प्रो. नगेन्द्र की 'सुमित्रानन्दन पंत' पुस्तक ही ठिकाने की मिली है।" (हिन्दी साहित्य का इतिहास, पृ. 564)

नगेन्द्र जी की यह कृति उनकी व्यावहारिक आलोचना का पहला उदाहरण है। इसमें उन्होंने सबसे पहले छायावाद के महत्त्व और उसकी सीमा का निर्धारण किया है। इसके बाद पन्त जी के भाव जगत और उनकी विचारधारा तथा उनकी काव्य कला का अनुशीलन किया है। इस कृति के उत्तरार्ध में—जो बाद में जोड़ा गया है, उन्होंने पन्त जी की परवर्ती कृतियों की समीक्षा भी की है। छायावाद को उन्होंने 'स्थूल के प्रति सूक्ष्म का विद्रोह' कहकर सबका ध्यान आकृष्ट किया था। (द्रष्टव्य, सुमित्रानन्दन पंत, पृ. 2) इतना ही नहीं, इस विद्रोह को भी उन्होंने बहुत व्यापक आधार दिया। इसे उन्होंने उपयोगिता के विरुद्ध भावुकता का विद्रोह, काव्य के बन्धनों के विरुद्ध स्वच्छंद कल्पना का विद्रोह और आभिजात्य काव्य परम्परा के विरुद्ध रोमानी काव्य संवेदना के रूप में विश्लेषित किया है। इसी तरह उन्होंने प्रगतिवाद को सूक्ष्म के प्रति स्थूल का विद्रोह कहा। उन्होंने लिखा है, "स्थूल ने एक बार फिर सूक्ष्म के विरुद्ध विद्रोह किया। यह प्रतिक्रिया दो रूपों में व्यक्त हुई—एक तो छायावाद की पलायन वृत्ति के विरुद्ध, दूसरी उसकी अमूर्त-उपासना के विरुद्ध...इन्हीं दोनों प्रवृत्तियों का सम्मिलित रूप आज प्रगतिवाद के नाम से पुकारा जाता है।" (उपर्युक्त, पृ. 132)

डॉ. नगेन्द्र ने पन्त के अलावा आचार्य रामचन्द्र शुक्ल, रवीन्द्रनाथ टैगोर, मैथिलीशरण गुप्त, प्रसाद, निराला, हाली, राहुल सांकृत्यायन, चन्द्रधर शर्मा गुलेरी, महादेवी वर्मा, बालकृष्ण शर्मा नवीन, सियारामशरण गुप्त, दिनकर, बच्चन, अज्ञेय, गिरिजा कुमार माथुर आदि की अनेक कृतियों की व्यावहारिक समीक्षाएँ की हैं। उनकी समीक्षा प्रामाणिक, विश्वसनीय और पूर्वग्रहरहित है।

फिलहाल, एक ओर उन्होंने हिन्दी साहित्य की प्रवृत्तियों, सिद्धान्तो, वादों, रचनाकारों और उनकी महत्त्वपूर्ण कृतियों पर आलोचनात्मक निबन्ध लिखे तो दूसरी ओर 'रीति काव्य की भूमिका' तथा 'देव और

उनकी कविता' लिखकर रीतिकालीन साहित्य के मूल्यांकन का भी सफल प्रयास किया। इसके अलावा उनके आलोचना कर्म का महत्त्वपूर्ण पक्ष उनका 'रस सिद्धान्त' नामक ग्रंथ है जो उनकी अनुसन्धानपरक आलोचना का उत्कृष्ट उदाहरण है। ऐसी दशा में डॉ. नगेन्द्र को किसी खास आलोचना की कोटि में रखना कठिन है। रस सिद्धान्त की विस्तृत व्याख्या करके उन्होंने भारतीय काव्यशास्त्र की परम्परा में आस्था व्यक्त की है और आचार्य रामचन्द्र शुक्ल के प्रभाव को सहर्ष स्वीकार किया है। डॉ. रामचन्द्र तिवारी के शब्दों में रस को यह व्याप्ति देकर डॉ. नगेन्द्र ने उसे प्राचीन एवं नवीन, भारतीय एवं पाश्चात्य, सभी काव्य-कृतियों के मूल्यांकन की शक्ति प्रदान कर दी है। (हिन्दी का गद्य साहित्य, पृ. 1076)

रस सिद्धान्त के अलावा नाटक पर भी उनकी आलोचनात्मक पुस्तक है, मिथक पर भी और शैली विज्ञान पर भी। निश्चित रूप ने डॉ. नगेन्द्र की आलोचना का दायरा बहुत विस्तृत है। डॉ. रामचन्द्र तिवारी का भी निष्कर्ष है, "डॉ. नगेन्द्र ने प्राय: सभी आधुनिक काव्य-प्रवृत्तियों का भी विश्लेषण किया है। ये विश्लेषण बहुत कुछ प्रमाण रूप में स्वीकृत हो चुके हैं। अत: सिद्धान्त-निरूपण और आलोच्य कृतियों की व्याख्या एवं विवेचना दोनों ही दृष्टियों से डॉ. नगेन्द्र का कृतित्व विशेष गौरव का अधिकारी है। वस्तुत: आचार्य शुक्ल के बाद उनकी परम्परा को समग्र रूप में परिष्कृत और विकसित करने वाले आलोचकों में डॉ. नगेन्द्र का योगदान अन्यतम है।" (हिन्दी का गद्य साहित्य, पृ. 1080)

डॉ. नगेन्द्र ने अपने स्फुट निबन्धों में प्राय: उन्हीं कवियों की समीक्षा की है जो गांधीवाद से प्रभावित हैं। सुमित्रानन्दन पंत, सियारामशरण गुप्त, रामधारी सिंह दिनकर, हरिवंशराय बच्चन, नरेन्द्र शर्मा, रामेश्वर शुक्ल अंचल, गिरिजाकुमार माथुर आदि की समीक्षाएँ इस तथ्य को प्रमाणित करती हैं।

इसी तरह अपनी पुस्तक 'साकेत : एक अध्ययन' में साकेत के सांस्कृतिक आधार का विवेचन करते हुए उन्होंने धार्मिक, सामाजिक-राजनीतिक आदर्श तथा भौतिक जीवन के साथ ही गांधीवाद के प्रभाव की चर्चा की है। डॉ. नगेन्द्र के इस अध्ययन पर विश्वनाथ त्रिपाठी की टिप्पणी है, "साकेत के मार्मिक स्थलों की भावपूर्ण व्याख्या इस पुस्तक में अत्यन्त समर्थ रूप में की गई है इसमे कोई सन्देह नहीं। 'साकेत में विरह', 'साकेत के भावपूर्ण स्थल' और 'साकेत का सांस्कृतिक आधार' इस आलोचना-पुस्तक के मुख्य अंश हैं जो डॉ. नगेन्द्र की रस-ग्राहिणी शक्ति का परिचय देते हैं। 'साकेत का सांस्कृतिक आधार' अध्ययन के अन्तर्गत कवि के काव्य पर गांधीवाद का प्रभाव भी दिखाया है और इस प्रकार साकेत में युग भावनाओं की अभिव्यक्ति को भी दिलाने की ओर ध्यान दिया है। गांधी-युग का प्रभाव उर्मिला के विरह वर्णन पर भी पड़ा है। उर्मिला का विरह सूरदास की गोपियों के विरह से भिन्न है। उर्मिला अन्य प्रोषितपतिकाओं से भी सहानुभूति रखती है। यह सहानुभूति अर्थात् अपने दुख के साथ-साथ दूसरों के दुखों का भी ध्यान रखना गांधीवादी विचारों का प्रभाव है...। इसी प्रकार कैकेयी के चरित्र का जो उज्ज्वलीकरण (white washing) की गई है, उस पर गांधी जी के 'पाप से घृणा करो किन्तु पापी से प्रेम' सिद्धान्त वाक्य का प्रभाव दिखाई पड़ता है। (हिन्दी आलोचना, पृ. 162)

देवराज

रामपुर (उ.प्र.) में जन्मे, प्रयाग से पढ़े-लिखे डॉ. देवराज (1917-2000) वास्तव में दर्शन के क्षेत्र के व्यक्ति हैं। 'संस्कृति का दार्शनिक विवेचन' तथा 'भारतीय संस्कृति : महाकाव्यों के आलोक में' जैसी पुस्तकें उनकी दर्शन और संस्कृति के प्रति गहरी आस्था का संकेत करती हैं। वे सर्जनात्मक मानववाद की स्थापना पर जोर देते हैं। सर्जनात्मक मानववाद के प्रसंग में वे समाज में व्याप्त व्यापक मूल्यहीनता, राजनीतिक अवसरवाद और राष्ट्रीय स्तर पर चिन्तन की दरिद्रता पर काफी असन्तुष्ट दिखाई देते हैं। एक सांस्कृतिक चिन्तक के रूप में डॉ. देवराज भारतीय संस्कृति के नाम पर जातिवाद के कटु आलोचक हैं और इनसे मुक्त समाज की रचना ही उनके सर्जनात्मक मानवतावाद की मुख्य चिन्ता है। इस तरह वे संस्कृति और इतिहास को जोड़कर साहित्य की समीक्षा में प्रवृत्त होते हैं।

प्रो. विश्वनाथ त्रिपाठी ने उचित ही कहा है कि, "कुछ आलोचक हैं जिन्हें किसी विशिष्ट विचारधारा का आलोचक नहीं कहा जा सकता...ऐसे आलोचकों में डॉ. देवराज प्रमुख हैं।" (हिन्दी आलोचना, पृ. 167) मैंने उन्हें गांधीवादी आलोचकों की कोटि में रखा है। इसका कारण यह है कि अध्ययन की सुविधा के लिए सभी आलोचकों की तरह मुझे इन्हें भी किसी न किसी श्रेणी में रखना था। गांधीवादी आलोचना की श्रेणी इस दृष्टि से सर्वाधिक उपयुक्त थी।

डॉ. देवराज की आलोचनात्मक पुस्तकों में 'साहित्य चिन्ता', 'विचार के प्रवाह', 'आधुनिक समीक्षा : कुछ समस्याएँ', 'प्रतिक्रियाएँ', 'छायावाद का पतन', 'साहित्य, समीक्षा और संस्कृतिबोध' प्रमुख है।

छायावाद का पतन लिखकर देवराज अचानक चर्चित हो गए थे। उन्होंने लिखा कि "छायावाद के पतन का कारण उसका असामाजिक अथवा गलत विषय से उलझना नहीं था...हमारा विश्वास है कि अधिकांश हिन्दी पाठक जो छायावाद से असन्तोष महसूस करते रहे हैं, मार्क्सवाद के अनुयायी नहीं हैं और न विश्व की आर्थिक राजनैतिक व्यवस्था बदलने को ही विशेष उत्सुक रहे हैं। प्रगतिवादी आलोचक ऐसे पाठकों की अनुभूति का सफल विश्लेषण नहीं कर पाए हैं। इसीलिए उनसे वे सब पाठक और आलोचक जो वादग्रस्त नहीं है, असन्तुष्ट हैं। इसीलिए हमारा विश्वास है कि प्रगतिववादी आलोचक आधुनिक हिन्दी कविता का उचित पथ-प्रदर्शन नहीं कर पाए हैं।" (छायावाद का पतन, पृ. ७) विश्वनाथ त्रिपाठी के शब्दों में, "डॉ. देवराज छायावाद के पतन का कारण शब्द-मोह, चित्र-मोह और कल्पना-मोह को मानते हैं। यानी जो छायावादी काव्य की शक्तियाँ हैं, उन्हीं को वे उसकी कमजोरियाँ मानते हैं।" (हिन्दी आलोचना, पृ. 169)

डॉ. देवराज साहित्य में समग्रता का आग्रह करने के कारण ही बड़े फलक की रचनाओं—नाटक, उपन्यास, महाकाव्य—को अधिक उपयुक्त मानते हैं। वे समीक्षक से बड़ी अपेक्षाएँ रखते हैं और गम्भीर आलोचना कर्म में प्रवृत्त होने वाले आलोचक से वे गम्भीर और व्यापक तैयारी की माँग करते हैं। वे लिखते है कि "जहाँ समाजशास्त्रीय विश्लेषण यह अपेक्षा रखता है कि समीक्षक का अपने युग के जीवन तथा विचारों से परिचय हो, वहाँ कृतित्व के नाप-जोख के लिए यह आवश्यक है कि समीक्षक का विश्व साहित्य के श्रेष्ठ कलाकारों एवं कृतियों से गहरा परिचय हो। स्पष्ट ही इस प्रकार का आदर्श समीक्षक बनना साधारण प्रतिभा एवं साधना वाले लेखकों के लिए साध्य नहीं है।" (आधुनिक समीक्षा, पृ. 111)

आचार्य रामचन्द्र शुक्ल से डॉ. देवराज सर्वाधिक प्रभावित हैं। इसका कारण बताते हुए वे लिखते हैं, "शुक्ल जी की सबसे बड़ी शक्ति है रसग्राहिता, इतनी ठोस रसज्ञतावाले पाठक और आलोचक बहुत कम पैदा होते हैं। जो कोई भी शुक्ल जी से गहरे सम्पर्क में आता है, वह इनकी इस शक्ति से चकित और अभिभूत हुए बिना नहीं रह सकता। स्वदेश अथवा विदेश में रसग्राहिता के ऐसे असन्दिग्ध क्षमता सम्पन्न समीक्षक कम मिलेंगे।" (प्रतिक्रियाएँ पृ. 21)

क्लासिकल साहित्य के महत्त्व को रेखांकित करते हुए वे उसे इन शब्दों में परिभाषित करते हैं, "अतीत के साहित्य को हम इसलिए पढ़ते हैं कि वह आज भी हमारे जीवन-स्पंदन को वेगपूर्ण एवं समृद्ध बनाने की क्षमता रखता है। आज भी वह यथार्थ की अर्थवती छवियों में हमारी चेतना का प्रसार करता हुआ हमारे व्यक्तित्व को अधिक सचेत, रसमय और सृजनशील बनाता है। जिस साहित्य की यह क्षमता इतिहास के वर्तमान समय बिन्दु तक नि:शेष नहीं हुई है वह क्लासिकल साहित्य है।" (आधुनिक समीक्षा : कुछ समस्याएँ, पृ. 27)

विश्वनाथ त्रिपाठी के शब्दों में, "क्लासिकल साहित्य की इतनी स्पष्ट सारवान परिभाषा अन्यत्र दुर्लभ है।" (हिन्दी आलोचना, पृ. 172)

प्रभाकर माचवे

ग्वालियर (म.प्र.) में जन्मे, उज्जैन और इंदौर में पढ़े-लिखे तथा आकाशवाणी से जुड़े रहे प्रभाकर माचवे (26.12.1917–17.06.1991) की हिन्दी, अंग्रेजी और मराठी में एक सौ से अधिक रचनाएँ प्रकाशित हैं, जिनमें कविता-संग्रह, उपन्यास, कहानी-संग्रह, लघुकथाएँ, जीवनी, बाल साहित्य, यात्रा-वृत्तान्त, व्यंग्य, अनुवाद और आलोचना शामिल है। उनकी समीक्षात्मक पुस्तकों में 'कबीर', 'नामदेव : जीवन और कविताएँ', 'भारतीय साहित्य के चार दशक', 'भारतीय साहित्य की समस्याएँ', 'राहुल सांकृत्यायन' आदि प्रमुख हैं। मूलत: मराठी भाषी प्रभाकर माचवे कई भाषाओं के विद्वान हैं। अपनी पुस्तक 'व्यक्ति और वाङ्मय' में उन्होंने संस्कृत, प्राकृत, हिन्दी, बांग्ला, मराठी, तमिल, कन्नड़, मलयालम, गुजराती, पंजाबी आदि के कुल इकतीस और सर्वाधिक प्रतिष्ठित साहित्यकारों की विस्तृत समीक्षाएँ की हैं। आलोचना के विषय में उनका कहना है,

"आलोचना करते समय आलोचक रचना को तो आँखों के सामने रखता ही है, परन्तु वह रचनाकार की उस रचना के पीछे रहने वाली स्पष्ट अथवा अस्पष्ट तस्वीर को भी नहीं भुला सकता। नवीन आलोचना दृष्टि में वैज्ञानिक तटस्थता, पृथगात्मता, पूर्वग्रहरहित होना अधिक चाहा जाता है। मगर साहित्य, चाहे समाजोपयोगी हो, चाहे गर्भित सामाजिक प्रयोजनवती वस्तु हो, निर्मित होता है व्यक्ति द्वारा ही और पढ़ा-गुना भी जाता

है व्यक्ति ही के द्वारा—सिवा नाटक या चित्रपट जैसे साहित्य-प्रकारों के, जहाँ सामूहिक आनन्द-ग्रहण ही सम्भव होता है। ऐसी अवस्था में वाङ्‌मय की रचना से जब व्यक्ति काटकर अलग नहीं किया जा सकता तब आलोचना में वह कैसे सँभव है?" (व्यक्ति और वाङ्‌मय, भूमिका)

प्रभाकर माचवे तारसप्तक के कवि भी हैं। उनकी रचनाओं पर गांधीजी का व्यापक प्रभाव है। माचवे जी की शादी महात्मा गांधी ने अपने आश्रम की एक अनाथ लड़की से कराई थी और गांधी जी ने खुद अपने हाथ से सूत कातकर उसकी माला पहनाई थी। इस शादी में कुल 54 पैसे खर्च हुए थे। इसमें खान अब्दुल गफ्फार खाँ, सरोजिनी नायडू, मौलाना अबुल कलाम आजाद, राजकुमारी अमृत कौर, महादेव देसाई और कृपलानी जैसे लोग मौजूद थे। कस्तूरबा ने अपने हाथ से बनाई साड़ी उपहार में दी थी। कहा जाता है कि उन्होंने अपने जीवन काल में सिर्फ दो लोगों को ही उनकी शादी में ऐसी साड़ी उपहार में दी थी जिनमें एक इन्दिरा गांधी थीं। माचवे जी ने गांधी जी के कहने पर आजीवन खादी पहनने का संकल्प लिया था जिसे उन्होंने आजीवन निभाया।

रघुवंश

हरदोई (उ.प्र.) जिले के 'गोपामऊ' कस्बे में जन्मे, इलाहाबाद से पढ़े-लिखे और इलाहाबाद विश्वविद्यालय में शिक्षक रहे डॉ. रघुवंश (30.06.1921-23.08.2013) का पूरा नाम रघुवंश सहाय वर्मा है। वे आधुनिक साहित्य के समीक्षक हैं। गांधी और लोहिया के विचारों का प्रभाव उन पर सहज ही देखा जा सकता है। वे न तो साम्यवाद को स्वीकार करते हैं और न पूँजीवाद को। वे लिखते हैं, "इतिहास का सच्चा और सही विश्लेषण बतलाएगा कि स्वतंत्रता और बराबरी के मूल्यों के अनुभावन के लिए यूरोप के महान राष्ट्रों ने एशिया, अफ्रीका तथा लातीनी अमरीका के देशों को निरन्तर पराधीन रखा है और उनका आर्थिक शोषण किया है। इसी प्रकार वर्गों के शोषण को मिटाने के लिए, वर्गहीन समाज की रचना के लिए साम्यवादी देशों को अपने प्रभाव क्षेत्र कायम करने पड़े हैं, उपनिवेश बनाने पड़े हैं और आज भी आर्थिक प्रभाव क्षेत्र बनाए रखने के प्रयत्न जारी हैं।" ('क ख ग', अक्टूबर, 65) इन दोनों से मुक्ति की आकांक्षा उन्हें गांधीवाद की ओर ले जाती है जिसे उन्होंने 'प्रजातांत्रिक समाजवाद' कहा है। वे कहते हैं, "मूलत: मेरे चिन्तन का आधार गांधी-विचार रहा है। अत: मेरी सत्य, न्याय और अहिंसा पर पूरी आस्था रही है।" ('क ख ग', अक्टूबर, 65, पृ. 116) गांधी दर्शन में अपनी आस्था व्यक्त करते हुए वे लिखते हैं, "गांधी का समस्त मानववाद, विश्वबन्धुत्व, सत्याग्रह, अहिंसावाद और सर्वोदय—न केवल देश की परम्पराओं में गृहीत और विकसित हुआ है, वरन् इनकी सारी परिकल्पना में देश के यथार्थ की गहरी पकड़ रही है। इस प्रकार गांधी के व्यक्तित्व और चिन्तन में वे सारी सम्भावनाएँ निहित रही हैं जिनके आधार पर भारत की बौद्धिक परिस्थिति, आधुनिकीकरण की प्रक्रिया को गतिशील करने में सक्षम हो सकती थी।" ('क ख ग', अप्रैल 66)

रघुवंश जी ने वाल्मीकि और तुलसी से लेकर होमर और मिल्टन तक का हवाला देते हुए लिखा है कि "श्रेष्ठ साहित्कार चूँकि आन्तरिक विवेक से साहित्य-रचना करते हैं, बुद्धि से नहीं, इसलिए वे अपनी विचारधारा और वर्गचेतना से परे होते हैं।" इस पर डॉ. नन्दकिशोर नवल की टिप्पणी है, "कहने की आवश्यकता नहीं होनी चाहिए कि उक्त श्रेण्य साहित्यकारों में से कोई भी अपनी वर्ग-चेतना से परे नहीं है। यह बात और है कि उनकी विचारधारा और वर्ग-चेतना कहीं प्रत्यक्ष रूप में अभिव्यक्त हुई है तो कहीं अप्रत्यक्ष रूप में।" (हिन्दी आलोचना का विकास, पृ. 316) प्रगतिवादी कविता पर रघुवंश जी की टिप्पणी है, "प्रगतिवादी कविता 'कुत्सित समाजशास्त्री आलोचकों' के प्रभाव से वर्ग-संघर्ष तथा सामाजिक क्रान्ति का अयथार्थ स्वर भरती रही है। अधिकतर प्रगतिवादी कवि अपने देश के सामाजिक यथार्थ से अपरिचित रहकर रूस तथा चीन की सामाजिक क्रान्ति के गीत गाते रहे हैं।" (साहित्य का नया परिप्रेक्ष्य, पृ. 126) इसी तरह स्वाधीनता आन्दोलन के युग तथा महात्मा गांधी जैसे नेताओं का हवाला देते हुए वे छायावादी कविता के बारे में कहते हैं, "जिस प्रकार जनता का जीवन समस्त आदर्श कल्पनाओं, स्वप्नों तथा प्रेरणाओं के बावजूद अन्दर से खोखला और बौना था, उसी प्रकार इस काव्य का सारा सौन्दर्य, सारी कल्पना, सारे आदर्श वायवी रहे हैं। जिस प्रकार जनता के जीवन का सारा अध्यात्म, भक्ति, समर्पण, आन्तरिक आस्था तथा विश्वास पर आधारित न होकर मात्र बाह्य आकर्षण और चमत्कार से प्रेरित था, उसी प्रकार छायावाद का सारा रहस्यवाद आनन्दवाद, मानवतावाद अन्त: अथवा बाह्य यथार्थ के सन्दर्भ से हीन, मात्र खोखला था।" (साहित्य का नया परिप्रेक्ष्य, पृ. 142) इस तरह छायावादी कविता की मुक्तिकामी चेतना को पकड़ न पाने के कारण वे उसका एकपक्षीय मूल्यांकन करते हैं।

रघुवंश जी मुख्यत: प्रयोगवाद और नई कविता के आलोचक हैं। प्रयोगवाद और नई कविता के कुछ कवियों पर रघुवंश जी ने विस्तार से लिखा है। अज्ञेय उनकी नजर में सर्वश्रेष्ठ कवि हैं क्योंकि "उनका सुशिक्षित और सुसंस्कृत मस्तिष्क तथा संवेदनशील और संयत विद्रोही व्यक्तित्व ही काव्य को छायावादी शब्द जाल, प्रगतिवादी व्यक्तित्वहीनता तथा उत्तरछायावादी रोमैंटिकों के भावावेश से मुक्त कर युग के यथार्थ से सम्पृक्त और व्यक्ति की अद्वितीयता तथा विशिष्टता से सम्पन्न करने में समर्थ हुआ।" (समसामयिक और आधुनिक हिन्दी कविता, पृ. 20) प्रयोगवाद और नई कविता के उन कवियों को रघुवंश जी ने अधिक महत्त्व नहीं दिया है जिनमें किसी न किसी रूप में रोमानीपन या भावुकता पाई जाती है। धर्मवीर भारती, गिरिजाकुमार माथुर, नेमिचन्द्र जैन, भारतभूषण अग्रवाल, नरेश मेहता, विजयदेवनारायण साही, जगदीश गुप्त आदि ऐसे ही कवि हैं।

'साहित्य का नया परिप्रेक्ष्य', 'समसामयिकता और आधुनिक हिन्दी कविता', 'आधुनिकता और सर्जनशीलता', 'भारती का काव्य', 'प्रकृति और काव्य' (हिन्दी खंड), 'प्रकृति और काव्य' (संस्कृत खंड), 'नाट्यकला', 'कबीर : एक नई दृष्टि', 'जायसी : एक नई दृष्टि', 'आधुनिक कवि निराला', 'हिन्दी साहित्य की समस्याएँ' आदि रघुवंश जी की प्रमुख आलोचना पुस्तकें हैं। आलोचना में वातावरण, परिस्थिति, युग जीवन, सांस्कृतिक मूल्य, रचना प्रकिया, विसंगति की मन:स्थिति आदि को वे पर्याप्त महत्त्व देते हैं। नन्द किशोर नवल के शब्दों में, "उनके (रघुवंश) साहित्य सम्बन्धी चिन्तन में उलझाव है और उनकी आलोचना की शक्ति सीमित है। उनकी पद्धति शास्त्रीय नहीं है, पर उस पर पाश्चात्य आलोचना का स्पष्ट प्रभाव है। जहाँतक रघुवंश जी की आलोचना की भाषा का प्रश्न है, वह सूक्ष्म विश्लेषण की क्षमता से युक्त है, पर उस क्रम में वह प्राय: अमूर्त होने लगती है।" (हिन्दी आलोचना का विकास, पृ. 328)

हाथों से अपंग होने के कारण रघुवंश जी को लिखने के लिए पैर की उंगलियों का सहारा लेना पड़ता था। इस तथ्य का उल्लेख करते हुए आचार्य हजारीप्रसाद द्विवेदी ने लिखा है, "डॉ. रघुवंश हिन्दी के विचारशील तरुण लेखक हैं। यद्यपि विधाता ने इनके हाथ की बनावट पूरी करने में बहुत कृपणता का परिचय दिया है—इनके हाथ इतने दुर्बल और नि:शक्त हैं कि वे उनसे लिख भी नहीं सकते, पैरों की सहायता से हाथों को हिलाकर लेखनी चलाते हैं—परन्तु फिर भी तीक्ष्ण बुद्धि और उदार मन देकर उन्होंने अपनी कृपणता का कलंक मिटा दिया है। इन्होंने संस्कृत, हिन्दी और अंग्रेजी साहित्य का खूब मनन किया है। किसी भी साहित्यिक प्रभाव का वे बड़ी बारीकी से विश्लेषण करते हैं, उसकी तह में जाते हैं और उसका वास्तविक स्वरूप समझने का प्रयत्न करते हैं...किसी वस्तु के यथार्थ तक पहुँचने के लिए वे उसका सूक्ष्म विश्लेषण करते हैं। वस्तुत: वह भेदक दृष्टि वाले आलोचक हैं। उनका अध्ययन विशाल है और दृष्टि विश्लेषणप्रवण श्री रघुवंश जी अथक परिश्रम करने वाले लोगों में है। वे सदा लिखने-पढ़ने में लगे रहते हैं।" (प्रकृति और काव्य, (संस्कृत खंड), रघुवंश, हजारीप्रसाद द्विवेदी (परिचय), पृ. 1, 2)

विजयदेवनारायण साही

कबीर चौरा, वाराणसी में जन्मे, काशी में पढ़े-लिखे और इलाहाबाद में अंग्रेजी के शिक्षक रहे विजयदेवनारायण साही (07.10.1924-05.11.1982) ने बहुत कम लिखा है किन्तु जो भी लिखा है वह बहुत ही सुचिन्तित, सारगर्भित और मौलिक है। वे अज्ञेय द्वारा सम्पादित 'तीसरा सप्तक' में सम्मिलित कवि हैं और अज्ञेय द्वारा प्रवर्तित नई कविता के महत्त्वपूर्ण सिद्धान्तकार भी। गांधी का उन पर गहरा प्रभाव था। राजनीति में सक्रिय होकर उन्होंने समाजवादी पार्टी के टिकट पर बाकायदा चुनाव भी लड़ा था और हार गए थे। मलिक मोहम्मद जायसी पर लिखी गई उनकी आलोचना की पुस्तक 'जायसी' बहुत महत्त्वपूर्ण है। इसके अलावा उनकी अन्य समीक्षात्मक कृतियाँ हैं—'छठा दशक', 'साहित्य क्यों', 'साहित्य और साहित्यकार का दायित्व' तथा 'वर्धमान और पतनशील'। उनका एक प्रसिद्ध लम्बा निबन्ध, 'लघुमानव के बहाने हिन्दी कविता पर एक बहस' 'नई कविता' नामक पत्रिका के संयुक्तांक में प्रकाशित हुआ था, जिसरी खूब चर्चा हुई थी। उनका दूसरा निबन्ध, 'शमशेर की काव्यानुभूति की बनावट' को भी काफी सराहा गया था।

साही का दृष्टिकोण साहित्य में धर्म सम्प्रदाय निरपेक्ष मनुष्य को प्रतिष्ठित करना था। जायसी उन्हें इसलिए प्रिय थे क्योंकि सर्जनात्मक संवेदना ही उनकी रचना की केन्द्रीय विशेषता है। जायसी को वे बीसवीं सदी का ही कवि मानते हैं, क्योंकि भले ही उन्होंने सोलहवीं सदी में लिखा हो, शुक्ल जी द्वारा आविष्कृत वे बीसवीं शताब्दी में ही हुए। उनका मत है, "जायसी विधिवत किसी सम्प्रदाय में दीक्षित नहीं थे। न किसी

घराने से उनका, दीक्षा का सम्बन्ध ही बनता है।" (जायसी, पृ. 5) उनका यह भी मानना है कि 'पद्मावत' की कथा जायसी की रची हुई है। वह इतिहास-प्रसिद्ध नहीं है, क्योंकि जायसी के पहले किसी इतिहासकार ने उसका उल्लेख नहीं किया है। इतिहास-ग्रंथों में 'पद्मावत' के बाद ये चीजें आई हैं। साही जी जायसी को भक्त न मानने का मुख्य तर्क यह देते हैं कि जहाँ सभी भक्त कवियों ने किसी न किसी ईश्वर का गुणगान किया है—चाहे वह सगुण हो या निर्गुण ब्रह्म, वहीं जायसी ने सांसारिक चरित्रों को लेकर अपनी कथा रची है, "जायसी एकमात्र कवि हैं जिनके सामने हिन्दू-मुसलमान अलग-अलग नहीं हैं। वे घुल-मिलकर सामान्य पाठक या श्रोता हो गए हैं।...। जायसी इस या उस धार्मिक या साम्प्रदायिक गिरोह की समीक्षा नहीं करते, न इस या उस कर्मकांड के सुधार या स्वीकृति की ही उनकी अभिलाषा है। अपने युग से जायसी ने जो बौद्धिक उन्मेष खोज निकाला, वह अनोखा था। उनकी समीक्षा का विषय धर्म नहीं, मनुष्य है।" (जायसी, पृ. 64) जायसी पर लिखी उनकी समीक्षा पर रामस्वरूप चतुर्वेदी की टिप्पणी है,

"यहाँ उन्होंने अपने को समकालीन वितंडा से खींच लिया और जायसी के अध्ययन और उनके काव्य विशेषत: 'पद्मावत' की व्याख्या में अपने को पूरी तरह से दे दिया। कवित्त-रस में वे बूड़े और फिर स्वभावत: तिरे। जायसी के जीवन-वृत्त, पाठ और 'पद्मावत' के कथानक की ऐतिहासिकता से लेकर उसके कवित्व की सूक्ष्मतम व्याख्या में उनका मन खूब रमा। विद्वत्ता और सहृदयता का मणिकांचन योग इस अध्ययन में दिखता है। मध्यकालीन हिन्दी की अकेली ट्रेजेडी के रूप में साही द्वारा 'पद्मावत' की व्याख्या सर्जनात्मक आलोचना का बहुत अच्छा उदाहरण है।" (हिन्दी साहित्य संवेदना का विकास, पृ. 309)

इस तरह उनकी सृजनशीलता कैसे एक व्यापक अर्थ में आधुनिक है इसे साही जी ने विस्तार से प्रमाणित किया है। परमानन्द श्रीवास्तव के शब्दों में, "अगर रामविलास शर्मा को लगता है कि आलोचना के क्षेत्र में शुक्ल जी का सबसे बड़ा काम जायसी ग्रंथावली की भूमिका है तो साही का प्रयास असहमति के बावजूद शुक्ल जी के ही काम को आगे बढ़ाने वाला है।" (हिन्दी आलोचना के सौ बरस, पृ. 88)

गोपेश्वर सिंह के अनुसार, "सत्यप्रकाश मिश्र ने साही को कुजात मार्क्सवादी कहा है। राम मनोहर लोहिया ने गांधीवादियों की तीन कोटियाँ बनाई थीं—मठी गांधीवादी, सरकारी गांधीवादी और कुजात गांधीवादी। लोहिया के अनुसार कुजात गांधीवादी वे लोग थे जो गांधीवाद का रचनात्मक विकास कर रहे थे। साही नरेन्द्रदेव की प्रेरणा से समाजवादी आन्दोलन में गए थे। नरेन्द्रदेव मार्क्सवादी थे। लेकिन उनका मार्क्सवाद लोकतंत्र की जमीन पर खड़ा था। उसमें भारत की परम्पराएँ समाहित थीं। साही ने मार्क्सवाद के इसी सारतत्त्व को ग्रहण किया था। जब उन्हें कुजात मार्क्सवादी कहा जाता है तो उसका आशय यही है।" (https://smalochan.blogspot.com, जनवरी 02,2020)। अपने बहुचर्चित निबन्ध 'लघुमानव के बहाने हिन्दी कविता पर एक बहस' में साही ने छायावाद युग को सत्याग्रह युग की संज्ञा दी और गांधी को 'हिन्दुस्तान की ज़िन्दगी की लय की अभिव्यक्ति' माना। प्रसाद को उन्होंने छायावाद के केन्द्र में रखा है और अज्ञेय को नई कविता के केन्द्र में।

'मछलीघर' 'संवाद तुमसे', 'आवाज हमारी जाएगी' तथा 'साखी' उनकी काव्यकृतियाँ हैं।

प्रेमशंकर

प्रेमशंकर : (1930-2002) की आलोचना का क्षेत्र मुख्यत: छायावाद और भक्ति साहित्य है। उन्होंने आचार्य नन्ददुलारे वाजपेयी के सान्निध्य में अपनी रचना-यात्रा की शुरू की थी। 'प्रसाद का काव्य', 'हिन्दी स्वच्छंदतावादी काव्य', 'भक्तिचिन्तन की भूमिका', 'भक्तिकाव्य की भूमिका', 'रामकाव्य और तुलसी', 'कृष्णकाव्य और सूर', 'भक्तिकाव्य का समाजशास्त्र', 'नई कविता की भूमिका' आदि उनकी आलोचनात्मक पुस्तकें हैं। उनकी आलोचना में उनकी वस्तुवादी शोध-दृष्टि प्रमुखता के साथ अभिव्यक्त हुई है। छायावाद को उन्होंने स्वच्छंदतावादी काव्य कहना अधिक उपयुक्त माना है किन्तु पश्चिम के रोमैंटिसिज्म से अन्तर स्पष्ट करते हुए वे लिखते हैं, "हिन्दी स्वच्छंदतावादी काव्य अपने देश, समाज की उपज है और इतिहास के ऐसे दौर में उसका आगमन हुआ जब रचना के सामने कई जोखिम थे। उसकी सीमाएँ अपने समय की सीमाएँ कही जा सकती हैं, पर इसमें सन्देह नहीं कि उसने रचना का दायित्व निभाने में ईमानदार कोशिश की है। स्वच्छंदतावाद का इस्तेमाल मैंने इसीलिए किया है क्योंकि मेरा विचार है कि इससे उस रचना के व्यक्तित्व का, उसकी विभिन्न दिशाओं का सही भान होता है, जिसमें वैयक्तिक अनुभूति से लेकर राष्ट्रीय सांस्कृतिक सन्दर्भों तक का हिस्सा है।" (हिन्दी स्वच्छंदतावादी काव्य, पृ. 9)

प्रेमशंकर, आलोचना से अपने समय की समानान्तर-यात्रा की अपेक्षा करते हैं और युगीन भावबोध के आधार पर ही आलोचना-प्रतिमानों के निर्माण और विकास पर बल देते हैं। उनकी आलोचना दृष्टि उदार है। प्रगतिवाद के प्रति सकारात्मक दृष्टि का परिचय देते हुए उन्होंने लिखा है, "मैं उन लोगों से सहमत नहीं हूँ जो स्वच्छंदतावाद को प्रगतिशीलता के विरोध में रखकर देखना चाहते हैं। स्वच्छंदतावाद की सीमाएँ हैं, पर मैंने उसकी प्रगतिशील सांस्कृतिक चेतना का उल्लेख भी यथास्थान किया है और इस प्रयास में मुझे मार्क्सवादी चिन्तन से सहायता मिली है।" (हिन्दी का स्वच्छंदतावादी काव्य, पृ. 10)

अपनी पुस्तक 'हिन्दी का स्वच्छंदतावादी काव्य' में उन्होंने प्रसाद, निराला और पंत पर विस्तार से लिखा है। उनका मानना है कि "गांधी ने सत्याग्रह, असहयोग आन्दोलन के साथ अहिंसा का जो दर्शन अपनाया, उसे राजनीति में एक आध्यात्मिक तत्त्व कहा जाएगा। सत्याग्रह अथवा अहिंसा व्यक्तिगत स्तर पर कई बार अपनाए गए हैं और बौद्ध, जैन दर्शन में करुणा को विशेष बल दिया गया, पर परतंत्र राष्ट्र की अहिंसा का पाठ पढ़ाने का यह गांधीवादी प्रयोग इतिहास की विलक्षण घटना है।" (वही, पृ. 119) जयशंकर प्रसाद के साहित्य की समीक्षा करते हुए वे कहते हैं, "प्रसाद के व्यक्तित्व को निर्मित करने में गांधीवादी युग की राष्ट्रीय चेतना का भी हिस्सा है।" (पृ. 143) उनका निष्कर्ष है कि "गांधी ने धीरे-धीरे अपने व्यक्तित्व से राष्ट्र की गतिविधि का नेतृत्व किया और आजादी के पहले का समय गांधीयुग के नाम से सम्बोधित किया जाता है।" (उपर्युक्त, पृ. 348)

युगेश्वर

बिहार के 'शेखपुर' नामक गाँव में जन्मे, काशी में पढ़े-लिखे और काशी में ही शिक्षक रहे प्रो. युगेश्वर (10.01.1934-28.04.2012) मुख्यत: कथाकार हैं। 'सीता', 'राम', 'रावण', 'हनुमान', 'भरत', 'पार्थ', 'कृष्ण' आदि मिथकीय पात्रों की उन्होंने रोचक जीवनी लिखी है। इसके साथ ही उन्होंने समाजवादी राजनीति, साहित्य एवं अध्यात्म के विभिन्न क्षेत्रों में विपुल लेखन किया है। उनके द्वारा लिखित आलोचनात्मक पुस्तकों में 'तुलसीदास : आज के सन्दर्भ में', 'तुलसी का प्रतिपक्ष', 'भक्ति : आज के सन्दर्भ में', 'सबके प्रेमचन्द', 'प्रसाद काव्य का नया मूल्यांकन', 'कबीर समग्र' (दो खंडों में), 'आपातकाल का धूमकेतु', 'समाजवाद : आचार्य नरेन्द्रदेव, डॉ. लोहिया और जयप्रकाश जी की दृष्टि में', 'मानस निबन्ध' आदि प्रमुख हैं। उनके समस्त लेखन में उनकी समाजवादी विचारधारा का प्रभाव सहज ही देखा जा सकता है।

विजयबहादुर सिंह

आंबेडकर नगर (उ.प्र.) जिले के 'जयमलपुर' नामक गाँव में जन्मे, कोलकाता और सागर से उच्च शिक्षा हासिल करके मध्य प्रदेश के विभिन्न महाविद्यालयों में शिक्षक रहे विजयबहादुर सिंह (जन्म—16.02.1940) हिन्दी कविता और उपन्यास की आलोचना के क्षेत्र में अपनी विशिष्ट पहचान बना चुके हैं। वे साहित्य की लोकतांत्रिकता में विश्वास करने वाले आलोचक हैं। उन्होंने अपनी आलोचना की शुरुआत नई कविता की आलोचना से की। 'आधुनिकता और हिन्दी कविता' शीर्षक उनका पहला लेख 1964-65 के आस-पास प्रकाशित हुआ। उन्होंने डॉक्टरेट छायावाद पर किया। धूमिल और राजकमल चौधरी पर लिखने के क्रम में वे भवानीप्रसाद मिश्र और नागार्जुन के सम्पर्क में आए और उसके बाद उनके ऊपर मार्क्स, लोहिया और गांधी का व्यापक प्रभाव पड़ा। इस तरह विजयबहादुर सिंह की आलोचना दृष्टि के निर्माण में गांधी, लोहिया और मार्क्स तीनों के दर्शनों का सम्मिलित प्रभाव है। उनके चिन्तन की जमीन भारतीय है। उन्होंने नागार्जुन और भवानीप्रसाद मिश्र को अपनी आलोचना के केन्द्र में रखकर एक ऐसी स्वाधीन आलोचना-दृष्टि विकसित की है जो शास्त्रीय जकड़बन्दियों और वादग्रस्त संकीर्णताओं को न केवल झुठला सकी बल्कि उनकी साम्प्रदायिकताओं को भी उजागर करने में आगे रही। साहित्यालोचन में उनकी अन्तर्दृष्टि निरन्तर नवनिर्माणकारी सृजनशीलता पर रही, न कि उस राजनीति पर जो प्रतिभाओं के ईमानदार मूल्यांकन से कहीं अधिक उन्हें दिग्भ्रमित करने की होती है।

विजयबहादुर सिंह पर मार्क्सवादी विचारधारा का गहरा प्रभाव है और यदि कोई चाहे तो इन्हें प्रगतिवादी आलोचकों की श्रेणी में भी रख सकता है, किन्तु जिस निष्ठा से उन्होंने भवानीप्रसाद मिश्र, नन्ददुलारे वाजपेयी और दुष्यन्त कुमार के साहित्य की समीक्षा की है उसे देखकर उन्हें गांधीवादी आलोचकों की श्रेणी में रखना मुझे अधिक उचित लगा। 'छायावाद के कवि : प्रसाद, निराला और पन्त', 'नागार्जुन का रचना संसार', 'नागार्जुन

संवाद', 'कविता और संवेदना', 'उपन्यास : समय और संवेदना', 'महादेवी के काव्य का नेपथ्य', 'मुक्ति संघर्ष और साहित्यकार की भूमिका', 'लोकप्रिय कविता की कसौटियाँ' आदि उनकी प्रमुख आलोचना कृतियाँ हैं। 'आलोचक का स्वदेश' जैसी महत्त्वपूर्ण जीवनी से उन्हें काफी ख्याति मिली। इसके बारे में कान्तिकुमार जैन ने लिखा है, "'आलोचक का स्वदेश' अनायास अपने दौर की साहित्यिक वीथिका भी है और पत्रकार दीर्घा भी। 'आलोचक का स्वदेश' का गद्य इतना आकर्षक और व्यंजक है कि पाठक को लगता है कि वह ऐतिहासिक उपन्यास के पृष्ठों से गुजर रहा है। यह पुस्तक आलोचक का स्वदेश ही नहीं विजयबहादुर सिंह के गद्य का स्वदेश भी है।" ('आलोचक का स्वदेश' के फ्लैप से) आठ खंडों में 'भवानीप्रसाद मिश्र ग्रंथावली', चार खंडों में 'दुष्यन्त कुमार ग्रंथावली' और फिर आठ खंडों में 'नन्ददुलारे वाजपेयी रचनावली' का सम्पादन करके उन्होंने अपनी शोध-दृष्टि और सम्पादन क्षमता का भी परिचय दे दिया है।

विजयबहादुर सिंह से नागार्जुन का भी गहरा और आत्मीय सम्पर्क रहा है। इसी आत्मीय सम्पर्क के आधार पर वे नागार्जुन के रचना संसार से प्रामाणिक साक्षात्कार करा पाने में सफल हो सके हैं। नागार्जुन के मूल्यांकन का उनका आधार क्या है—इस पर टिप्पणी करते हुए उन्होंने लिखा है, "नागार्जुन को समझने के लिए समाजवाद के लिए संघर्ष की देशी शैलियों को समझना होगा। तब हम उनके साहित्य का महत्त्व समझ पाएँगे।" (नागार्जुन का रचना संसार, पृ. 154)

विजयबहादुर सिंह की महत्त्वपूर्ण विशेषता उनकी भाषा की सरलता और सहजता है। वो गम्भीर से गम्भीर विषय को अपनी सरल भाषा में बड़ी ही सहजता से व्यक्त कर देते हैं। एक बातचीत में उन्होंने मुझे बताया कि नागार्जुन ने उन्हें गुरुमंत्र की तरह 'जनोन्मुखी बौद्धिकता' नामक शब्द दिया था जिसे उन्होंने अपने लेखन और चिन्तन का अनिवार्य हिस्सा बना लिया। 'जनोन्मुखी बौद्धिकता' का तात्पर्य है कि जो भी सोचें या लिखें उसका रिश्ता आम जनता से होना चाहिए और भाषा भी उसी तरह की होनी चाहिए।

विजयबहादुर सिंह अपनी परम्परा को टटोलने और उसे निरन्तर पुनर्नवा करने में भरोसा रखते हैं। अपनी परम्परा की अर्थवत्ता पर उनका गहरा विश्वास है। मार्क्स से गहरे प्रभावित होने के बावजूद वे इस तथ्य को भली-भाँति समझते हैं कि जहाँ मार्क्स दार्शनिक मात्र हैं वहाँ हमारे गांधी प्रयोक्ता।

विजयबहादुर सिंह ने अज्ञेय, मुक्तिबोध, भवानीप्रसाद मिश्र, नागार्जुन, कुँवरनारायण, शलभ श्रीराम सिंह, मैत्रेयी पुष्पा, बसंत पोद्दार तथा शंकरगुहा नियोगी पर विस्तार से लिखा है। वे एक आलोचक का दायित्व भली-भाँति समझते हैं। इसीलिए वे आलोचना करते समय मूल्य-निर्धारण भी करते हैं किन्तु वह सब कुछ अपनी भारतीय जमीन पर करते हैं। उनकी दृष्टि में नागार्जुन और रामविलास शर्मा दो ऐसे मार्क्सवादी हैं जो भारतीय जमीन पर खड़े हैं।

'आजादी के बाद के लोग' उनके स्वातंत्र्योत्तर भारतीय समाज की चारित्रिक प्रगति और पतन से सम्बन्धित लेखों की चर्चित पुस्तक है। हिन्दू धर्म, भारतीय संस्कृति के सवालों पर भी विजयबहादुर सिंह ने स्वयं को जब-तब एक सचेत नागरिक की जिम्मेदारियों के बतौर केन्द्रित किया है।

उनके आलोचना कर्म के बारे में उदयप्रकाश ने लिखा है, "हिन्दी की आलोचना और चिन्तन में उनका महत्त्वपूर्ण योगदान है। मार्क्सवाद को उन्होंने किसी जड़ राजनीतिक सिद्धान्त या रणनीति की तरह नहीं, एक ऐसे माध्यम के बतौर बरता है, जिसमें भारतीय दर्शनमीमांसा और विचारों को समन्वित करने की तरलता और नम्यता है। वे भारतीय समाज और संस्कृति की मीमांसा के लिए बहुत दूर तक पश्चिम की ओर रवाना नहीं होते, लौटकर अपनी परम्परा और अपनी जमीन की स्थानिकताओं में समस्याओं की जड़ों को खोजने लग जाते हैं।" ('आलोचना का देशज विवेक' के फ्लैप से)

आचार्य नन्ददुलारे वाजपेयी के वे प्रिय शिष्य रहे हैं। इसीलिए उनकी ग्रंथावली का सम्पादन करते हुए वाजपेयी जी की प्रामाणिक और तर्कसंगत समीक्षा कर पाने में वे सफल हो सके हैं। उनके अनुसार, "जिस तरह गांधी 'स्वराज' को हिन्द (या भारत) के सन्दर्भ में एक मौलिक दृष्टि से सम्पन्न करते हैं उसी तरह नन्ददुलारे वाजपेयी 'आधुनिकता' को आधुनिक भारतीय सन्दर्भों से जोड़कर उसे अभिनव अर्थ देते हैं। इस आधुनिकता को वे उस विशाल परम्परा का नया चरण मानते हैं जिसके एक छोर पर वेद, उपनिषद, बुद्ध हैं तो दूसरे पर गांधी। भारत को अपनी आधुनिकता का संस्कार इसी परम्पराभूमि पर करना होगा।" उनका कहना है कि "जैसे पश्चिम में कवि और इतिहासकार अपने विकास की समष्टि को एक इकाई के रूप में देखकर अपने वर्तमान को समझने और भविष्य के लिए दिशाएँ खोजने का प्रयत्न कर रहे हैं वैसे ही हमें भी

अपनी समष्टि को इकाई के रूप में देखकर अपना मार्ग तय करना है।" (आलेचना का देशज विवेक, पृ. 93)

विजयबहादुर सिंह प्रकारान्तर से अपना निष्कर्ष देते हुए स्मरण दिलाते हैं कि "याद रखने की जरूरत है कि बीसवीं सदी भारत के लिए स्वाधीनता की तलाश और उसके लिए किए जाने वाले सामूहिक संघर्ष की सदी है। राजनीति में इस स्वाधीनता और स्वराज का नेतृत्व अगर गांधी करते हैं तो कविता में प्रसाद और निराला। हिन्दी आलोचना में इसका नेतृत्व करने वाले आलोचक का नाम है, नन्ददुलारे वाजपेयी। वाजपेयी पश्चिम के महत्त्व को अंगीकार करते हुए भी साहित्य के 'स्वदेश' और 'स्वराज' की लड़ाई छायावाद का समर्थन करते हुए भी लड़ते हैं और प्रयोगवाद, कलावाद, व्यक्तिवाद का विरोध करते हुए भी।" (उपर्युक्त, पृ. 94)

विश्वनाथप्रसाद तिवारी

कुशीनगर (उ.प्र.) जिले के 'भेड़िहारी' नामक गाँव में जन्मे, गोरखपुर में पढ़े-लिखे और गोरखपुर विश्वविद्यालय में शिक्षक रहे, साहित्य अकादमी के पूर्व अध्यक्ष विश्वनाथप्रसाद तिवारी (जन्म—20.6.1940) मूलत: कवि हैं किन्तु एक निर्भीक और तटस्थ आलोचक के रूप में भी उन्होंने अपनी पहचान बनाई है। 'नए साहित्य का तर्कशास्त्र', 'आधुनिक हिन्दी कविता', 'समकालीन हिन्दी कविता', 'हजारीप्रसाद द्विवेदी, 'रचना के सरोकार', 'गद्य के प्रतिमान', छायावादोत्तर हिन्दी गद्य साहित्य, 'कविता क्या है?', 'आलोचना के हाशिए पर', 'कबीर', 'कुबेरनाथ राय', 'गद्य का परिवेश' आदि उनकी प्रमुख आलोचना पुस्तकें हैं।

तिवारी जी के शब्दों में, "राज्य, समाज, धर्म और विचारधारा—ये चारों जब कट्टर होते हैं और अपने सच को अन्तिम मानने लगते हैं तो रचनाकार के शत्रु बन जाते हैं। राज्य का सर्वसत्तावादी तानाशाही रूप, समाज का संकीर्ण रूढ़िवादी रूप, धर्म का कर्मकांडी साम्प्रदायिक रूप और विचारधारा का पार्टी पिछलग्गू रूप—ये चारों रचनाकार के शत्रु हैं, क्योंकि ये एक अपना तंत्र विकसित कर लेते हैं, फिर उसकी सुरक्षा इनकी चिन्ता का मुख्य विषय बन जाती है।" (आलोचना के हाशिए पर, पृ. 1) उनके विचार से राजनीति को नारा या मैनीफेस्टो न बनाकर उसका कलात्मक उपयोग किया जाना चाहिए।

तिवारी जी ने गद्य और पद्य सब पर गहरी संलग्नता से लिखा है। एक स्वाधीन दृष्टिसम्पन्न मनुष्य होने के अतिरिक्त तिवारी जी भारतीय सौन्दर्य-दृष्टि वाले गम्भीर प्रकृति के आलोचक हैं। उनकी आलोचना की भाषा में स्वत:स्फूर्त संयम है और एक खास तरह के नैतिक विवेक से वह परिचालित है।

तिवारी जी के आचार और विचार दोनों पर गांधी का गहरा प्रभाव है। उनकी मंगल दृष्टि सिर्फ मानव समाज की ओर ही नहीं, मुष्येतर शेष सृष्टि की ओर भी उसी निष्ठा और उत्कंठा से जाती है। उन्होंने लिखा है, "मनुष्य केन्द्रित चिन्तन की सीमा यह है कि उसने अपने को ही सर्वोपरि और सर्वश्रेष्ठ मानकर शेष सृष्टि को अपना भोग्य मान लिया है। ऐसे में शेष सृष्टि के साथ उसका सम्बन्ध समता और भ्रातृत्व का नहीं, स्वामी और भृत्य का होगा। कृतज्ञता और विनम्रता का नहीं, अधिकार और दंभ का होगा। मांसाहारी अपने पक्ष में तर्क दे सकते हैं कि मनुष्य होने के नाते उन्हें अन्य जीवों का वध करने और उन्हें भोज्य बनाने का अधिकार है।...साहित्य मनुष्य की इस संकुचित दृष्टि का समर्थन नहीं कर सकता। उसका केन्द्रीय भाव 'सहित' का भाव है। यह 'सहित' भाव केवल मनुष्य के साथ नहीं है, सम्पूर्ण सृष्टि के साथ है, समूचे परिवेश के साथ है, जिसे आचार्य शुक्ल ने शेष सृष्टि कहा था।" (आलोचना के हाशिए पर, पृ. 11) वे केवल हिंसा, संघर्ष आदि को प्रश्रय देने वाले साहित्य को वांछनीय नहीं मानते और एक सच्चे मानववादी के रूप में अपनी दो टूक राय देते हुए कहते हैं, "महान साहित्य घृणा नहीं, करुणा पैदा करता है। घृणित चरित्र के प्रति भी एक गहरी करुणा। यदि साहित्य घृणा, हिंसा और असहिष्णुता पैदा करने लगे तो दुनिया बदरंग हो जाएगी। रचना हृदय परिवर्तन की एक अहिंसक प्रक्रिया है। वह हिंसा का विकल्प नहीं है।" (आलोचना के हाशिए पर, पृ. 13) जाहिर है, यही गांधी का भी दर्शन है।

जहाँ भी अवसर मिला है तिवारी जी ने पश्चिम की मशीनी सभ्यता का विरोध किया है। इस विषय पर उनके एक प्रिय मित्र और आलोचक रेवती रमण लिखते हैं, "प्रश्न उठता है कि पश्चिम की विकास और प्रगति वाली कसौटी क्या हमारे लिए सही है? आप किस सांस्कृतिक विकास की बात करते हैं? क्या यह कहने का कोई आधार है कि ब्रिटेन, रूस, अमेरिका, सांस्कृतिक दृष्टि से अधिक उन्नत हैं? फिर किस आधार पर एफ्रो-एशियाई दुनिया को तीसरी दुनिया या पिछड़ी हुई दुनिया कहने का साहस करते हैं? उनकी तरकीब यही है कि हम अपने को दुर्बल, असहाय, परमुखापेक्षी मानकर उनके सामने समर्पण कर दें। क्या

यह उपनिवेशवाद का विकृत चेहरा नहीं है? देवता का मुखौटा लगा लेने से शैतान देवता नहीं हो जाता। इस मुखौटे को पहचानकर ही गांधी जी ने पश्चिमी सभ्यता को 'शैतानी सभ्यता' कहा था। 'हिन्द स्वराज' में, और हर क्षेत्र में पश्चिमी बर्बर शोषण पर केन्द्रित आधुनिकता से बचने की सलाह दी थी। आलोचक विश्वनाथप्रसाद तिवारी इसी गांधी-दृष्टि को एवं वैष्णव-दृष्टि को मानने वाले आलोचक हैं और 'हिन्द स्वराज' के चिन्तन ने उनकी मनोभूमिका का दूर तक निर्माण किया है।" (विश्वनाथप्रसाद तिवारी : साहित्य का स्वाधीन विवेक, पृ. 302)

तिवारी जी की आलोचनात्मक कृतियों में 'रचना के सरोकार', 'छायावादोत्तर हिन्दी गद्य साहित्य', 'गद्य के प्रतिमान' और 'आलोचना के हाशिए पर' विशेष महत्त्वपूर्ण हैं। रचना के सरोकार अट्ठाइस निबन्धों का संग्रह है। परम्परा और आधुनिकता, अभिव्यक्ति स्वातंत्र्य और प्रतिबद्धता, राष्ट्रवाद और राष्ट्रीय भावना, रचनात्मक ईमानदारी, अनुभूति की प्रामाणिकता, काव्य भाषा, श्लीलता-अश्लीलता, रचना की भारतीय अवधारणा, सम्प्रेषण और प्रासंगिकता जैसे विषयों पर तिवारी जी ने अत्यन्त गम्भीरतापूर्वक विचार किया है। 'छायावादोत्तर हिन्दी गद्य साहित्य' उनकी शोधपरक कृति है। 'गद्य के प्रतिमान' समय-समय पर लिखे गए लेखों का संग्रह है। इसके आरम्भिक पाँच लेख तो प्रेमचन्द के साहित्य और विचार से सम्बन्धित हैं। इसके अलावा इस कृति में आचार्य रामचन्द्र शुक्ल, रामविलास शर्मा, नामवर सिंह और अशोक वाजपेयी के साहित्यिक अवदान पर भी लेख हैं।

'आलोचना के हाशिए पर' उनकी एक अत्यन्त महत्त्वपूर्ण आलोचना कृति है। इसमें तेईस लेख हैं। हमारी परम्परा द्वारा स्थापित मान्यता है कि 'न हि मानुषात् श्रेष्ठतरं हि किंचित्'—मनुष्य से श्रेष्ठ कुछ भी नहीं है। चंडीदास ने भी कहा है, "सबार उपरे मानुष बड़, ताहार उपरे नेई।" इस अवधारणा का विरोध करते हुए तिवारी जी कहते हैं, "प्रकृति की शक्तियों से ही जिस मनुष्य का अस्तित्व सम्भव हुआ है, उस मनुष्य का अपने को सर्वश्रेष्ठ और सर्वोपरि मानना दंभ नहीं तो और क्या है? मनुष्य खुद को सर्वोपरि मानकर अन्य प्राणियों के प्रति न्याय नहीं कर पाता। सच तो यह है कि मनुष्य से भी श्रेष्ठ और उससे भी ऊपर उसी के बनाए-कमाये और अर्जित किए हुए मूल्य होते हैं, जिनके लिए वह अपने प्राण उत्सर्ग कर देता है।" (विशवनाथप्रसाद तिवारी : साहित्य का स्वाधीन विवेक, पृ. 342) इसलिए साहित्य का लक्ष्य केवल मनुष्य नहीं हो सकता। करुणा को तिवारी जी महाभाव कहते हैं। "करुणा ही वह भीतर की नमी है जिसके सूख जाने पर मनुष्य में कोई कल्याणकारी भाव पैदा हो ही नहीं सकता।" (विशवनाथप्रसाद तिवारी : साहित्य का स्वाधीन विवेक, पृ. 342)

आजकल दलित विमर्श के विवाद ज़ोरों पर हैं। दलित लेखकों द्वारा उठाए गए सहानुभूति और स्वानुभूति के मुद्दे पर विचार करते हुए वे सवाल करते हैं कि "दलित जीवन का वस्तुपरक चित्रण जरूरी है या दलित द्वारा किया गया चित्रण?" वे संवेदनशीलता, कल्पनाशीलता, परकाया-प्रवेश और भाषिक क्षमता को एक रचनाकार की बुनियादी शक्ति मानते हैं। तिवारी जी सवाल करते हैं कि "क्या प्रेमचन्द की दलित विषयक कहानियों को पढ़ते हुए अत्याचार और उत्पीड़न के प्रति क्रोध और घृणा नहीं पैदा होती?" ('समीक्षा', अक्टूबर-दिसम्बर, 2017, पृ. 26)

विश्वनाथप्रसाद तिवारी की आलोचना दृष्टि को समझने के लिए उनके दो बहुचर्चित आलोचनात्मक निबन्धों से गुजरना जरूरी है, पहला है, 'रामविलास शर्मा की बरसी पर आलोचना का कट्टरवाद' और दूसरा है ''हंस' के सम्पादक के छलात्कार'। 'दस्तावेज' में छपने के बाद इन दोनों निबन्धों ने साहित्य की दुनिया में भारी वैचारिक कोलाहल पैदा किया था। अपने समय की साहित्यिक हलचलों में सक्रिय रहते हुए भी वे कभी किसी गुट से नहीं जुड़े। विनम्रता के साथ दृढ़ता, उदारता किन्तु अपने विचारों के प्रति प्रतिबद्धता, भारतीय मूल्यों के साथ विश्व चेतना तिवारी जी की समीक्षा की मुख्य विशेषताएँ हैं। अकेले दम पर गोरखपुर जैसी छोटी जगह से 'दस्तावेज' जैसी पत्रिका का अविकल सम्पादन करके उन्होंने एक कीर्तिमान स्थापित किया है।

कृष्णदत्त पालीवाल

फर्रुखाबाद जिले (उ.प्र.) के 'सिकंदरपुर' नामक कस्बे में जन्मे और दिल्ली विश्वविद्यालय में हिन्दी के प्रोफेसर एवं अध्यक्ष रहे कृष्णदत्त पालीवाल (4.3.1943–8.2.2015) का आलोचना-फलक व्यापक है। उनकी आलोचना-दृष्टि मध्यकालीन भक्ति साहित्य से लेकर आज के दलित और स्त्री-साहित्य तक विस्तृत है। 'पं. रामनरेश त्रिपाठी का काव्य', 'महादेवी वर्मा की रचना प्रक्रिया', 'मैथिलीशरण गुप्त : प्रासंगिकता के

अन्त:सूत्र', 'भवानीप्रसाद मिश्र का काव्य संसार', 'सर्वेश्वर और उनकी कविता', 'आचार्य रामचन्द्र शुक्ल का चिन्तन जगत', 'मध्ययुगीन हिन्दी काव्यों में नायक', 'भक्तिकाव्य से साक्षात्कार', 'हिन्दी आलोचना का सैद्धान्तिक आधार', 'माखनलाल चतुर्वेदी तथा अन्य निबन्ध', 'भारतीय नई कविता', 'गिरिजाकुमार माथुर', 'उत्तर आधुनिकतावाद की ओर', 'हिन्दी आलोचना : समकालीन परिदृश्य', 'हिन्दी का आलोचना पर्व', 'हिन्दी आलोचना के नए वैचारिक सरोकार', 'डॉ. आंबेडकर : समाज-व्यवस्था और दलित साहित्य', 'स्त्री-विमर्श के स्वर', 'निर्मल वर्मा (विनिबन्ध)', 'उत्तर आधुनिकतावाद और दलित साहित्य', 'सृजन का अन्तर्पाठ' आदि उनकी प्रमुख आलोचनात्मक पुस्तकें हैं। उन्होंने 'मैथिलीशरण गुप्त ग्रंथावली (12 खंड)', तथा 'अज्ञेय रचनावली (18 खंड)' का कुशल सम्पादन किया है। इसके अलावा उन्होंने भारतेन्दु हरिश्चन्द्र, रामचन्द्र शुक्ल, लक्ष्मीकान्त वर्मा, टॉलस्टाय, खलील जिब्रान, रवीन्द्रनाथ टैगोर जैसे रचनाकारों के रचना संचयन का भी सम्पादन किया है।

कृष्णदत्त पालीवाल की खूबी यह है कि वे किसी राजनीतिक विचारधारा से बँधे नहीं हैं इसलिए, रचना के मूल्यांकन के लिए प्राय: रचना के भीतर से ही मानदंड खोजने के आग्रही हैं। किन्तु गांधी के दर्शन का उनके ऊपर सबसे ज्यादा प्रभाव देखा जा सकता है। कृति की आलोचना करते समय वे कृति में पूरी तरह डूब जाते हैं इसलिए उनकी आलोचना अधिक विश्वसनीय होती है।

कृष्णदत्त पालीवाल ने मध्यकालीन काव्य से लेकर आधुनिक काल के अपने समकालीन कवियों तक के बारे में विस्तार से लिखा है। उनकी पुस्तक 'हिन्दी का आलोचना पर्व' में मैथिलीशरण गुप्त, रामनरेश त्रिपाठी, अज्ञेय, सर्वेश्वर, कुँवरनारायण, गिरिजाकुमार माथुर, भवानी प्रसाद मिश्र, रघुवीर सहाय, धूमिल, राजकमल चौधरी, बालकृष्ण राव और विनोद कुमार शुक्ल तक पर लिखे गए आलोचनात्मक लेख हैं। इस ग्रंथ में उनकी मुख्य चिंता हिन्दी की राष्ट्रीय काव्यधारा को विस्मृति और उपेक्षा के कुहासे से बाहर लाना है।

कृष्णदत्त पालीवाल के सबसे प्रिय कवि अज्ञेय हैं। 'अज्ञेय रचनावली' के सम्पादन के अलावा भी उन्होंने अज्ञेय के साहित्य पर केन्द्रित 'अज्ञेय के सामाजिक-सांस्कृतिक सरोकार' तथा 'अज्ञेय से साक्षात्कार' जैसी पुस्तकें लिखी हैं। अज्ञेय के निबन्धों, भूमिकाओं, संस्मरणों, यात्रा साहित्य तथा उनके द्वारा आयोजित व्याख्यान मालाओं और यात्रा शिविरों में लेखकों, विद्वानों, कला-मर्मज्ञों के व्याख्यानों का अन्तर्पाठ करते हुए इस पुस्तक में दिखाया गया है कि अज्ञेय ने भारतीय समाज, हिन्दी भाषा, साहित्य और संस्कृति को औपनिवेशिक आधुनिकता से मुक्त कराने और भारतीय आधुनिकता को दिशा प्रदान करने का प्रयास किया। 'अज्ञेय से साक्षात्कार' शीर्षक पुस्तक से अज्ञेय के रचना कर्म और उनकी वैचारिक यात्रा के समूचे इतिहास का साक्षात्कार किया जा सकता है।

'तारसप्तक' तथा सप्तकों की भूमिकाएँ बहुत विवादित रही हैं। कवि-कर्म से सम्बन्धित जितनी अवधारणाएँ, चिन्तन और वाद-विवाद पिछले छह दशकों में पैदा हुए हैं उनका केन्द्र 'तारसप्तक' ही है। प्रयोग, परम्परा, आधुनिकता, काव्य सत्य, जटिल संवेदना, काव्यानुभूति, काव्यभाषा, काव्य-प्रतीक, काव्य-बिंब और लय आदि को लेकर उस दौर में जो तमाम बहसें उठ खड़ी हुईं, उनका उत्तर अज्ञेय ने निबन्ध लिखकर या साक्षात्कार देकर दिया था। इस पुस्तक में उनमें से अधिकांश सवालों का जवाब मिल जाएगा।

'आलोचक अज्ञेय की उपस्थिति' शीर्षक अपने लम्बे लेख में वे कहते हैं, "अज्ञेय ने आलोचना चिन्तन में रूपवाद-व्यक्तिवाद का समर्थन कभी नहीं किया, हर कीमत पर 'सौंदर्यबोध और शिवत्व बोध' का समर्थन किया है तथा स्वच्छंदतावादी-रसवादी चिन्तन के विरोध की निरन्तर अगुआई की है...इस अगुआई का ही नतीजा है कि उन्होंने भारतीय भूमि पर खड़े होकर अपने को पश्चिम के आतंक से मुक्त रखा है और चिन्तन में पश्चिमी औपनिवेशिक आधुनिकता की कठोर आलोचना की है। मानव को निरन्तर माँजनेवाली, संस्कार देने वाली मानवीयता और मुक्ति प्रदान करने वाली देसी आधुनिकता का या भारतीयता का पक्ष ग्रहण किया है।...अज्ञेय में आत्म-बोध, ज्ञान-बोध और विचार-बोध की जागृत क्लासिकल संवेदना है और इसी क्लासिकल संवेदना के मूल्य-बोध ने उनके आलोचक का निर्माण एवं परिष्कार किया है।" (hindisamay.com)

उनकी मान्यता है कि "रस-सिद्धान्त, रस-विकास, रसवाद से अज्ञेय कभी आश्वस्त नहीं रहे। अज्ञेय के साथ नई कविता के सभी रचनाकारों ने रस-चिन्तन के प्रतिमान को अस्वीकार किया। हरिऔध का 'रसकलश', आचार्य रामचन्द्र शुक्ल का 'रस-मीमांसा' का चिन्तन और डॉ. नगेन्द्र का 'रस-सिद्धान्त' कभी भी अज्ञेय को रास नहीं आया। रसानुभूति की अनिर्वचनीयता, अखंडता, तन्मयता, ब्रह्मानन्द सहोदरता, सम्बन्धित विश्रुति

विश्रांति में अज्ञेय का दूर-दूर तक विश्वास नहीं है। अज्ञेय की अनुभव-सम्पदा के अनुसार आज के बुद्धि-प्रधान युग में मानव की अनुभूतियाँ रागात्मक नहीं रह गई हैं—नए रागात्मक सम्बन्धों के उदय ने उनका पूरा संसार बदल दिया है...

जो लोग अज्ञेय को पश्चिम का नकलची, व्यक्तिस्वातंत्र्यवाद का पूँजीवादी प्रचारक, रूपवादी कलावादी कहकर बदनाम करते रहे हैं उन्हें पुनर्विचार की जरूरत है। उन्हें 'इतिहास और स्वातंत्र्यबोध', 'निरन्तरता और स्वतंत्रता', 'स्वाधीन कर्तृत्व का ऊर्जास्रोत', 'मेरी स्वाधीनता सबकी स्वाधीनता', 'सभ्यता का संकट', 'समग्र परिवेश की राजनीति', 'देशीयता और मौलिकता', 'स्थान भाषा : समस्या के कुछ पहलू', 'भाषा कला और औपनिवेशिक मानस' तथा 'साहित्य, संस्कृति और समाज परिवर्तन की प्रक्रिया' जैसे चिन्तन-प्रधान निबन्धों पर अवश्य ध्यान देना होगा।" (hindisamay.com)

'अज्ञेय रचनावली' का सम्पादन करते हुए अपने निवेदन में वे लिखते हैं, "अज्ञेय उन गिने-चुने भारतीय रचनाकारों में से एक हैं जिन्होंने बीसवीं शताब्दी में भारतीय संस्कृति, भारतीय परम्परा, भारतीय आधुनिकता के साथ साहित्य-कला-संस्कृति, भाषा की बुनियादी समस्याओं, चिंताओं, प्रश्नाकुलताओं से प्रबुद्ध पाठकों का साक्षात्कार कराया है। व्यक्तित्व की खोज, अस्मिता की तलाश, प्रयोग-प्रगति, परम्परा-आधुनिकता, बौद्धिकता, आत्म-सजगता, कवि-कर्म में जटिल संवेदना की चुनौती, रागात्मक सम्बन्धों में बदलाव की चेतना, रूढ़ि और मौलिकता, आधुनिक संवेदन और सम्प्रेषण की समस्या, रचनाकार का दायित्व, नई राहों की खोज, पश्चिम से खुला संवाद, औपनिवेशिक आधुनिकता के स्थान पर देशी आधुनिकता का आग्रह, नवीन कथ्य और भाषा-शिल्प की गहन चेतना, संस्कृति और सर्जनात्मकता आदि तमाम सरोकारों को अज्ञेय किसी न किसी स्तर पर रचना-कर्म के केन्द्र में लाते रहे हैं।" (निवेदन, अज्ञेय रचनावली)

अज्ञेय की रचनावली का सम्पादन करते हुए और उनके रचना संसार का अध्ययन-विवेचन के बाद कृष्णदत्त पालीवाल की स्थापना है कि अज्ञेय की दृष्टि में साहित्य का सर्वोपरि मूल्य है स्वातंत्र्य। भारतीयता, सामाजिकता और आधुनिकता—तीनों को विलक्षण ढंग से साधने वाले अज्ञेय अपनी रचनाओं से पाठक की स्वाधीन चेतना और आत्मबोध जगाने का निरन्तर प्रयास करते हैं।

पालीवाल जी के दूसरे प्रिय कवि राष्ट्रकवि मैथिलीशरण गुप्त हैं जिनकी ग्रंथावली का उन्होंने पूरे मनोयोग से सम्पादन किया है। मैथिलीशरण गुप्त के विषय में उनकी मान्यता है कि "राष्ट्रीय सांस्कृतिक नवजागरण ने हमारी संस्कृति-सभ्यता के इतिहास और साहित्य में विश्वास का जो स्वर उत्पन्न किया था, उसकी अधिकाधिक स्पष्ट अभिव्यक्ति सबसे पहले मैथिलीशरण गुप्त की सर्जनात्मकता में ही हुई। हिन्दी प्रदेशों के साथ भारतीय राष्ट्रीय सांस्कृतिक चेतना का मैथिलीशरण गुप्त ने पचास वर्ष तक नेतृत्व किया। गुप्त जी ने अनुभव किया कि लोक-वेदना और लोक-चिन्ता को वाणी दिए बिना कवि-कर्म का दायित्व पूरा नहीं होता। फलत: वे अपने देश और काल की समस्याओं-चुनौतियों के अनुरूप काव्य-सृजन में पूरे मनोयोग से प्रवृत्त हो गए। उन्होंने हिन्दी कविता को रीतिवाद से मुक्त करते हुए देश-प्रेम, राष्ट्रीयता, साम्राज्यवाद-विरोध की दिशा में मोड़कर दम लिया।" (मैथिलीशरण गुप्त ग्रंथावली, पहला खंड, संस्करण 2008, निवेदन, पृ. 6)

वे आगे लिखते हैं, "गुप्त जी गांधी युग के प्रतिनिधि कवि हैं। गांधी युग की प्राय: समस्त मूल प्रवृत्तियाँ-अंग्रेजी शासन के अत्याचार और उनके विरुद्ध संघर्ष, सत्याग्रह, सविनय अवज्ञा आन्दोलन, किसान-मजदूर आन्दोलन, जेल-जीवन, स्वतंत्रता का उल्लास, विभाजन की विभीषिका, गांधी जी की हत्या, संसद की गतिविधि, महँगाई की समस्या, चीन का आक्रमण, राजभाषा का प्रश्न, दलित-समस्या, उपेक्षिताओं के उद्धार की समस्या, नारी अस्मिता के खौलते प्रश्न, अशिक्षा की समस्या, पाश्चात्य सम्पर्क के शुभ-अशुभ प्रभाव, पारिवारिक जीवन-विधान में होने वाले परिवर्तन, ग्राम्य जीवन का चित्रण आदि विद्यमान हैं। अद्भुत बात यह है कि उनमें प्रगति और परम्परा, आधुनिकता और समसामयिकता, इतिहास और संस्कृति, परिवर्तन और निरन्तरता दोनों का सन्तुलित योग है। युगबोध की दृष्टि से अपने समकालीन साहित्यकारों में वे प्रेमचन्द के समकक्ष खड़े हैं।" (उपर्युक्त, पृ. 7)

विजयदेव नारायण साही भी पालीवाल जी के प्रिय आलोचकों में से हैं। उन्होंने अपने बहुत से निबन्धों में अनेक बार अपनी मान्याताओं को पुष्ट करने के लिए साही को उद्धृत किया है। उनकी मान्यता है कि "विजयदेव नारायण साही की स्मृति नई पीढ़ी के दिमाग में बसी इतिहास, समाज, संस्कृति और परम्परा के चिन्तन-सूत्रों की वह कभी न खत्म होने वाली स्मृति है, जो हमारी प्रगतिशीलता और भारतीयता के दोनों किनारों

को गर्म रखती है।" (उद्धृत, 'हिन्दी का आलोचना पर्व' की अवजिनेश अवस्थी द्वारा की गई समीक्षा से, aajtak.in/india-today-hindi/,11 फरवरी 2012) वे साही के प्रसिद्ध निबन्ध 'लघुमानव के बहाने हिन्दी कविता पर एक बहस' के सम्बन्ध में लिखते हैं, "अकेले इसी लेख ने साही को हिन्दी समीक्षा के केन्द्र में ला दिया है। इस लेख के वाक्यों को विवश होकर मार्क्सवादी आलोचकों ने अपना हनुमान चालीसा बनाया तथा जोर-जोर से गाकर अपना भय दूर किया।" (उपर्युक्त)

'भक्तिकाव्य से साक्षात्कार' नामक अपनी महत्त्वपूर्ण पुस्तक में उन्होंने भक्ति आन्दोलन के इतिहास, उसका महत्त्व और उसकी विशेषताओं के साथ ही कबीर, जायसी, तुलसी, सूर, मीरा, रसखान, रहीम आदि के काव्य की बहुत ही सूक्ष्म और विस्तृत समीक्षा की है। भक्ति-साहित्य को देखने की उनकी अपनी दृष्टि है जिसका उल्लेख उन्होंने अपनी पुस्तक की भूमिका में विस्तार से किया है। वे लिखते हैं, "आधुनिकता-विशेषकर यूरोपीय आधुनिकता भविष्य पूजन में जीती है और स्मृति-परम्परा अतीत को पोंछकर मिटा देना चाहती है। वहीं प्रोटेस्टेंट धर्म और यूरोपीयता को आधुनिकता का पर्याय बताया गया। इसीलिए अरविन्द, कुमारस्वामी, विवेकानन्द, गांधी पश्चिम की आधुनिकता से भयभीत रहे हैं। फिर हमारा भक्ति-काव्य और भक्ति-आन्दोलन लोक जागरण की धुरी रहा है। उसे आज मध्ययुगीनता कहकर कैसे ठुकरा दें। जबकि हमारा मध्ययुगीन बोध पश्चिम का मध्ययुगीन बोध है भी नहीं। यहाँ लोक प्रबल है—शास्त्र बल कमजोर। इसलिए भक्ति-काव्य को ब्राह्मणवादी-पुरोहितवादी काव्य कहना गले नहीं उतरता। मेरे मन में यह गूँज बराबर रही है कि पश्चिमी प्रतिमानों से चाहे वे मार्क्सवादी या मनोविश्लेषणवादी प्रतिमान हों, भक्ति-काव्य का मूल्यांकन नहीं हो सकता, नहीं करना चाहिए। ऐसी प्रगतिशीलता किस काम की जो अपने ही हाथों अपनी नाक कटवाकर नक्कटा कहलवाने पर आमादा हो। इसलिए मैं दामोदरन, सतीशचन्द्र और सुवीरा जायसवाल जैसे इतिहासकारों के भक्ति-पाठ से सहमत नहीं हो सका। जरूरत भक्ति, भक्ति-काव्य, और भक्ति-शास्त्र के दमित अर्थ को टेक्स्ट के भीतर से निकालने की थी, जिस ओर अपेक्षित ध्यान नहीं दिया गया। मैंने मिशेल फूको के विमर्श सिद्धान्त को ओट में रखकर भक्ति-काव्य से साक्षात्कार किया है—अपनी सम्पूर्ण सीमाओं के साथ और गफलत से दूर रहकर।" (भक्ति काव्य से साक्षात्कार, पहला संस्करण-2007, प्रस्तावना, पृ. 9-10)

कृष्णदत्त पालीवाल ने अज्ञेय, मैथिलीशरण गुप्त और विजयनारायण साही के अलावा निर्मल वर्मा, शमशेर, मुक्तिबोध, भवानी प्रसाद मिश्र, माखनलाल चतुर्वेदी से लेकर केदारनाथ अग्रवाल, नागार्जुन और त्रिलोचन शास्त्री जैसे प्रगतिशीलों के साहित्य पर भी पूरी निष्ठा से लिखा है। उनकी स्मृति बहुत उर्वर थी और बहुत से कवियों और लेखकों के पाठ उन्हें कंठस्थ रहते थे।

पालीवाल जी की एक अन्य महत्त्वपूर्ण खूबी यह है कि उनकी समीक्षा में उनकी भाषा, विषय के अनुकूल ढल जाती है। उनके एक प्रिय समीक्षक शशिभूषण द्विवेदी के शब्दों में, "उनकी भाषा हिन्दी आलोचना के एक तबके की धूर्तता, उसके काइयांपन, उसकी उजाड़ो-बसाओं की राजनीति और उसकी बेईमानी के प्रतिरोध में खड़ी वह ताल ठोंकती भाषा है जिसमें मर्दानगी का बाँकपन और समय-सन्दर्भों की शब्दावली की सहज-सामाजिकता का ऐसा सम्मिश्रण है, जो उन्हें ईर्ष्या या आलोचना का पात्र बनाता रहा है। फिर वे नामी-गिरामी नाम-'वरों' से लोहा लेते रहे हैं और उनकी चीर-फाड़ करते रहे हैं।" (दस्तावेज, अंक 146, पृ. 26)

निस्सन्देह कृष्णदत्त पालीवाल स्वाधीन विवेक के और व्यापक फलक वाले आलोचक हैं।

नन्दकिशोर आचार्य

बीकानेर (राजस्थान) में जन्मे, आईआईटी में शिक्षक रहे नन्दकिशोर आचार्य (जन्म—31.08.1945) की पहचान कवि और नाटककार के रूप में अधिक है किन्तु उन्होंने अच्छी समीक्षाएँ भी लिखी हैं। 'अज्ञेय की काव्य तितीर्षा' उनकी बहुचर्चित आलोचना कृति है। इसके अलावा 'साहित्य का अध्यात्म', 'लेखक की साहित्यिकी', 'सभ्यता का विकल्प', 'शिक्षा का सत्याग्रह', 'संस्कृति की सामाजिकी', 'रचना का सच', 'सर्जक का मन', 'अनुभव का भव', 'साहित्य का स्वभाव' आदि उनकी अन्य आलोचनात्मक कृतियाँ हैं।

काव्य-समीक्षा के क्रम में उन्होंने मुख्य रूप से काव्य-भाषा और संरचना पर ही विशेष बल दिया है। किन्तु उन्होंने यह भी बताया है कि भाषा और संरचना का बदलाव यथार्थ के नए रूपों और नई उद्‌भावनाओं को सम्भव बनाने के क्रम में ही होता है। वे मानते हैं कि किसी भी उन्नत समाज को अपनी अस्मिता की रक्षा के लिए अपनी कविता, कला और भाषा की विश्वसनीयता बनाए रखना आवश्यक है। साहित्य पर

नन्दकिशोर आचार्य की अटूट आस्था है। उन्होंने लिखा है, "जो समाज अपनी कविता को, कला को, भाषा की विश्वसनीयता को बनाए रखना सीख जाता है वह अपनी राजनीतिक लड़ाई भी कभी नहीं हारता, जबकि इसके बिना कई बार राजनीतिक लड़ाई में सफल होकर भी वह अपनी अस्मिता खो देता है, जो स्थायी पराजय है।" (अनुभव का भव, पृ. 211)

नन्दकिशोर आचार्य के ज्यादातर निबन्ध भी आलोचनात्मक हैं। 'रचना के अन्तरंग' में संकलित निबन्धों में 'कला की जैविक प्रासंगिकता', 'विरचनात्मक निर्मिति है पाठ', 'साहित्य-अध्ययन के अन्तर-अनुशासनिक तुलनात्मक आयाम', 'अभेद साधना है संस्कृति', 'रचना के अन्तरंग की पहचान', 'शल्य : हिन्दी की दार्शनिक सर्जनात्मकता', 'महादेवी : स्थूल से सूक्ष्म की तलाश', 'भाषा में अविचार' आदि प्रमुख हैं। इनमें अज्ञेय, निर्मल वर्मा, मुक्तिबोध, प्रेमचन्द आदि के सृजन में मिलने वाली अन्तरंग अनुभूतियों को प्रस्तुत किया गया है।

नन्दकिशोर आचार्य राजनीतिविद् और इतिहासकार भी हैं। "क्या गांधीवाद कभी भी पूरी तरह स्वीकार्य होगा?" प्रश्न के जवाब में वे कहते हैं, "मनुष्य की स्वतंत्रता के लिए और कोई रास्ता ही नहीं है। सवाल गांधी का नहीं है, गांधीवाद का है। सवाल है कि क्या प्रत्येक मनुष्य अपने स्वातंत्र्य को अनुभव कर सकता है, दूसरे के स्वातंत्र्य को क्षति पहुँचताए बिना? यही गांधी है। यदि हम इसे स्वीकार नहीं करते हैं तो शायद अपने को ही स्वीकार नहीं करते। मैं एक अदम्य आशावादी हूँ जो मानव चेतना के निरन्तर विकसित होते जाने में विश्वास करता है। रास्ता लम्बा हो सकता है, भटकावों से भरा भी, लेकिन मनुष्य में विकास की प्रक्रिया जारी है तो अन्ततः मंजिल वही होगी।" (https://www.bhaskar.com/news)

शम्भुनाथ

देवघर (झारखंड) में जन्मे, कोलकाता में पढ़े-लिखे और कलकत्ता विश्वविद्यालय में शिक्षक रहे शम्भुनाथ (जन्म—21.05.1948) आधुनिक साहित्य के महत्त्वपूर्ण आलोचक हैं। हिन्दी नवजागरण के व्याख्याता के रूप में उनकी भूमिका उल्लेखनीय है। 'साहित्य और जनसंघर्ष', 'तीसरा यथार्थ', 'मिथक और आधुनिक हिन्दी कविता', 'बौद्धिक उपनिवेशवाद की चुनौती और रामचन्द्र शुक्ल', 'प्रेमचन्द का पुनर्मूल्यांकन', 'दूसरे नवजागरण की ओर', 'धर्म का दुखान्त', 'संस्कृति की उत्तरकथा', 'दुस्समय में साहित्य', 'हिन्दी नवजागरण और संस्कृति', 'सभ्यता से संवाद', 'कवि की नई दुनिया', 'भारतीय अस्मिता और हिन्दी', 'उपनिवेशवाद और हिन्दी आलोचना' आदि उनके महत्त्वपूर्ण समीक्षात्मक ग्रंथ हैं। उन्होंने साहित्य अकादमी के लिए रामविलास शर्मा पर विनिबन्ध भी लिखा है। 'जातिवाद और रंगभेद', 'गणेश शंकर विद्यार्थी और हिन्दी पत्रकारिता', 'राहुल सांकृत्यायन', 'आधुनिकता की पुनर्व्याख्या', 'भारतेन्दु और भारतीय नवजागरण', 'संस्कृति का प्रश्न : एशियाई परिदृश्य', 'प्रसाद और राष्ट्रीय मुक्ति आन्दोलन', 'सामाजिक क्रान्ति के दस्तावेज' (दो खंड), 'हिन्दी पत्रकारिता : हमारी विरासत' (दो खंड), 'हिन्दी नवजागरण : बंगीय विरासत' (दो खंड) तथा 'हिन्दी साहित्य ज्ञानकोश' (सात खंड) उनके सम्पादित ग्रंथ हैं। प्रेमचन्द, रामचन्द्र शुक्ल और रामविलास शर्मा पर लिखी गई उनकी समीक्षाएँ पर्याप्त सन्तुलित हैं।

शम्भुनाथ जी अतीतजीवी आलोचक नहीं हैं। वे आधुनिक साहित्य के आलोचक हैं और उनकी नजर बराबर अपने समय पर रहती है। भारतेन्दु, प्रेमचन्द, रामचन्द्र शुक्ल और रामविलास शर्मा उनके प्रिय लेखक हैं। हिन्दी नवजागरण की पृष्ठभूमि का विश्लेषण करते हुए उन्होंने प्रकारान्तर से रामविलास शर्मा के योगदान को रेखांकित किया है और कहा है, "भारतेन्दु हरिश्चन्द्र पर काम करते हुए रामविलास शर्मा को बंगला नवजागरण के बुद्धिवाद की तुलना में 1857 के स्वाधीनता संग्राम के राष्ट्रवाद ने ज्यादा आकर्षित किया था। दुनिया के देशभक्त और राष्ट्रीयतावादी मार्क्सवादियों की परम्परा में रामविलास शर्मा अन्यतम हैं। साम्राज्यवाद, सामंतवाद और पूँजीवाद के नए-नए खतरों पर जितनी उन्होंने निगाह रखी, भारत के बहुत कम बुद्धिजीवियों ने रखी। वे 19वीं सदी के हिन्दी नवजागरण को 1857 के स्वाधीनता संग्राम से जोड़कर मुख्यतः यही कहते हैं कि भारत में कोई भी जागरण साम्राज्यवाद के प्रति सचेत हुए बिना अर्थहीन है और साम्प्रदायिक भाईचारा के बिना, सामंती प्रभेदों-रूढ़ियों से उठे बिना साम्राज्यवाद से मुकाबला नहीं किया जा सकता।" ('आधुनिक साहित्य : मूल्यांकन के नए परिप्रेक्ष्य' में संकलित निबन्ध, हिन्दी नवजागरण की अवधारणा, पृ. 126)

रामविलास शर्मा की हिन्दी जाति सम्बन्धी अवधारणा के महत्त्व का आकलन करते हुए वे कहते हैं, "हिन्दी जाति की पहचान मीर, भारतेन्दु हरिश्चन्द्र, इकबाल, धीरेन्द्र वर्मा, सुनीति कुमार चटर्जी, फैलेन,

फ्रेडरिक पिंकाट आदि ने काफी पहले आड़ी-तिरछी रेखाओं में की थी। किन्तु उन रेखाओं को एक सुन्दर विशाल चित्र का रूप दिया रामविलास शर्मा ने। इन्होंने भारत को बहुजातीय राष्ट्र कहते हुए हिन्दी भाषियों को भी तमिल, बंगला, मराठी, असमिया जातियों की तरह एक जाति माना।" (उपर्युक्त, पृ. 121)

प्रेमचन्द पर जब वे बात करते हैं तो उन्हें अमर्त्य सेन के विचार भी याद आते हैं, बल्कि अमर्त्य सेन से वे प्रेमचन्द की तुलना करके दोनों के समाज दर्शन का विश्लेषण करने लगते हैं और उसके आलोक में हमारे समाज के यथार्थ का विश्लेषण करने लगते हैं। वे लिखते हैं, "प्रेमचन्द और अमर्त्य सेन दो भिन्न युगों के बुद्धिजीवी हैं। दोनों को साथ रखकर देखना कुछ विचित्र लगेगा। फिर भी इस समानता की ओर दृष्टि जानी चाहिए कि दोनों ने अपने लेखन में भारत के गरीब और वंचित लोगों का प्रश्न उठाया है। उपनिवेश में गरीब बढ़ रहे थे। आज राष्ट्र में उभरती अर्थव्यवस्था के बावजूद गरीबी रेखा के नीचे तीस करोड़ लोग हैं। ये बुरी दशाओं में जी रहे हैं। इनके हालात से रूबरू होने के बाद ज्याँ द्रेज और अमर्त्य सेन की एक किताब आई है 'ऐन अनसर्टेन ग्लोरी : इंडिया ऐंड इट्स कंट्राडिक्शन्स'। इन्होंने आर्थिक वृद्धि पर हो रही चर्चाओं के बीच विषमता और गरीबी के मुद्दों पर फोकस किया है। विस्मय हो सकता है कि इस पुस्तक में शिक्षा और स्वास्थ्य से वंचित और राजनीतिक चेतना से दूर गरीबों को लेकर लगभग वही चिन्ता है जो प्रेमचन्द के लेखन में हैं।" (gadyakosh.org। 'प्रेमचन्द और अमर्त्य सेन' शीर्षक लेख से) और अन्त में अपना निष्कर्ष देते हैं,

"प्रेमचन्द कभी विदेश नहीं जा सके। वे यूरोप के बड़े लेखकों और आइंस्टीन से नहीं मिल सके। उन घटनाओं से दूर रहकर उन्होंने भारत के गरीब और वंचित लोगों के बारे में जो सोचा, स्वप्न देखा और लिखा, वह अमर्त्य सेन की चिन्ताओं से कहाँ कम है, मुझे समझना अभी बाकी है।" (gadyakosh.org। 'प्रेमचन्द और अमर्त्य सेन' शीर्षक लेख से)

शम्भुनाथ जी की समीक्षा-दृष्टि सन्तुलित और विश्लेषण-पद्धति वैज्ञानिक व तर्कसंगत है। रामविलास शर्मा के बारे में वे लिखते हैं, "रामविलास शर्मा के चिन्तन में केन्द्रवाद काम करता है, पर यह पर्याप्त लचीला है। उसमें बुद्धिपरक समावेशिकता है। वह परम्पराओं में जाते हुए कभी रूढ़िवाद में नहीं फँसते, आधुनिकता को अपनाते हुए कभी औपनिवेशिक आधुनिकता या व्यक्तिवाद में नहीं जाते और मार्क्सवाद के पक्ष में खड़े होते हुए यांत्रिक भौतिकवाद या राजनीतिक संकीर्णता में नहीं फँसते। आज टेक्नालॉजी की जितना वृद्धि हो रही है, विचार की कमी होती जा रही है। आलोचना जब मैनेजमेंट बनती जा रही है, रामविलास शर्मा हमें सोचने के लिए, परम्पराओं और समकालीनताओं पर विचार करने के लिए और वर्तमान समय को खोलने के लिए एक ठोस जमीन देते हैं। इसमें राष्ट्रीय पुनर्जागरण के लिए काफी ईंधन है।" (राष्ट्रीय पुनर्जागरण और रामविलास शर्मा, भूमिका, पृ. 11)

रामचन्द्र तिवारी के शब्दों में, "साहित्य को संस्कृति और इतिहास की मूलभूत अन्त:शक्ति मानने वाले शम्भुनाथ आज के साहित्यिक दौर को वैसा ही विपर्यय काल मानते हैं जैसा भक्तिकाल के बाद रीतिकाल एक विपर्यय के रूप में आया था और स्पष्ट करते हैं कि इसका प्रत्युत्तर सिर्फ दूसरा नवजागरण है, जिसे हमें अपने विवेक, संवेदना और सृजन-चेतना के बल पर सम्भव करना होगा।" (हिन्दी का गद्य साहित्य, पृ. 146)

शम्भुनाथ जी आरम्भ से ही लोहिया के विचारों से प्रभावित रहे हैं। बाद में उन पर मार्क्स के दर्शन का भी प्रभाव पड़ा और उसके बाद गांधी दर्शन का। इस तरह उनकी समीक्षा-दृष्टि के निर्माण में लोहिया, मार्क्स और गांधी—तीनों के दर्शनों का सम्मिलित प्रभाव देखा जा सकता है। वे हमारे समय को सांस्कृतिक गुलामी के दौर के रूप में देखते हैं और मानते हैं कि इससे मुक्ति के लिए दीर्घकालीन सांस्कृतिक पुनर्निर्माण का अभियान चलाना होगा।

एक आलोचक के दायित्व के बहाने शम्भुनाथ जी स्वयं अपने कार्यभार का विश्लेषण इन शब्दों में करते हैं, "यदि किसी समाज में हिंसा और शृंगार-कामुकता बड़े पैमाने पर छा जाए, सोच लीजिए उस समाज में विचारशक्ति का जबरदस्त ह्रास हो गया है। वीरगाथा और शृंगारकाल नए रूप में आ गए हैं। ऐसे ही समय आलोचना में नई आग की जरूरत होती है। यह चुनौती सामने आती है कि आलोचना को कैसे संकीर्णता और शुष्कता से बाहर निकाला जाए, आलोचना को लोकप्रियता की परवाह किए बिना कैसे अधिक आलोचनात्मक बनाया जाए, भारतीय रूढ़िवाद और पश्चिम के नए पतित पूँजीवाद पर कैसे ज्यादा तीखी चोटें की जाएँ और इन लक्ष्यों तक पहुँचने के लिए आलोचना के औजारों को कैसे निरन्तर संस्कारा जाए। हर जमाने में आलोचना का यही काम है कुछ 'डिमिस्टिफाई' करना, कुछ 'डिकोलोनाइज' करना और कट्टरताओं के बीच जीवन के लिए थोड़ी जगह बनाना।" (राष्ट्रीय पुनर्जागरण का प्रश्न और रामविलास शर्मा, पृ. 304)

'हिन्दी नवजागरण : बंगीय विरासत', 'सामाजिक क्रान्ति के दस्तावेज' तथा 'हिन्दी साहित्य ज्ञानकोश' का सम्पादन करके शम्भुनाथ जी ने हिन्दी की श्रीवृद्धि में उल्लेखनीय योगदान किया है। हिन्दी नवजागरण में बांग्ला नवजागरण के नायकों की महत्त्वपूर्ण भूमिका है। 'हिन्दी नवजागरण : बंगीय विरासत' में बांग्ला नवजागरण के नायकों से जुड़ी महत्त्वपूर्ण सामग्री है। इसी तरह 'सामाजिक क्रान्ति के दस्तावेज' में उन्होंने भारतीय नवजारण के अग्रदूतों के लेखन और उनके महत्त्वपूर्ण भाषणों का चयन किया है।

'हिन्दी साहित्य ज्ञान कोश' (सात खंड) भारतीय भाषा परिषद की एक महत्त्वकांक्षी परियोजना का सुफल है जिसके सम्पादक मंडल में राधावल्लभ त्रिपाठी, जवरीमल्ल पारख, अधधेश प्रधान, अवधेश कुमार सिंह तथा अवधेश प्रसाद सिंह शामिल हैं। भाषा सम्पादक राजकिशोर हैं। शम्भुनाथ जी इसके प्रधान सम्पादक हैं। इसमें समाज विज्ञान, संस्कृति, मीडिया, कला-साहित्य, पर्यावरण, मानवाधिकार आदि ज्ञान के विविध अनुशासनों से जुड़ी हुई सामग्री शामिल है।

अभी हाल ही में शम्भुनाथ जी की दो नई पुस्तकें प्रकाशित हुई हैं, 'भारतीय नवजागरण : एक असमाप्त सफर' तथा 'हिन्दी नवजागरण : भारतेन्दु और उसके बाद'। 'भारतीय नवजागरण : एक असमाप्त सफर' में नवजागरण के भारतीय परिप्रेक्ष्य का विस्तृत विश्लेषण है। "यह पुस्तक इस तथ्य पर रोशनी डालती है कि भारत का नवजागरण किस अर्थ में यूरोपीय दिनेसां से भिन्न है, उसकी राह में कैसी बाधाएँ थीं, फिर भी उसने किस तरह धार्मिक कूपमंडूकता, जाति लैंगिक भेदभाव तथा किसानों से जुड़े प्रश्न उठाए, साथ ही औपनिवेशिक आधुनिकता से बाहर आकर किस तरह उदारवादी राष्ट्रीय आत्म पहचान का संघर्ष तेज किया।" (वाणी प्रकाशन के 24.02.2022 के फेसबुक पोस्ट से) उनकी दूसरी पुस्तक 'हिन्दी नवजागरण : भारतेन्दु और उनके बाद' में 19वीं सदी से लेकर महावीरप्रसाद द्विवेदी और प्रेमचन्द युग तक के राष्ट्रीय परिदृश्य में हिन्दी-उर्दू विवाद, धर्म, जाति, स्त्री और किसान के प्रश्नों पर विस्तृत विमर्श है।

तमाम झंझावातों के बावजूद शम्भुनाथ को भारतीय संस्कृति और उसकी परम्परा में आस्था है। वे लिखते हैं, "भारतीय समाज भीतर-बाहर के दबाव में कई बार आत्मनिर्वासन के दौर से गुजरा, फिर भी उसका आत्मसंघर्ष कभी खंडित नहीं हुआ। समाज के आत्मसंघर्ष में विचारधारा का आत्मसंघर्ष ही व्यक्त होता है। विचारधारा समाजनिरपेक्ष नहीं होती। धर्म, सम्प्रदायवाद, सामाजिक अन्याय, बाजारतंत्र और मुख्यत: विचारधारा के संकट पर हर स्तर पर जारी बहस इसका प्रमाण है कि भारतीय समाज विचारधारात्मक आत्मसंघर्ष के एक नए ऐतिहासिक मोड़ से गुजर रहा है। इस आत्मसंघर्ष से ही विकसित होगा नया परम्परा-विवेक और विकास-विवेक। विचारधारा का आत्मसंघर्ष ही विचारधारा को उसके संकट से मुक्त करेगा और पुनर्निर्माण का एक नया रास्ता निकालेगा। भारत की जनता में यह शक्ति है। यही वजह है कि हमारे देश में धर्मनिरपेक्ष संस्कृति का राष्ट्रीय दुर्ग चोटें खाकर भी अजेय है।" (धर्मनिरपेक्षता और विचारधारा का आत्मसंघर्ष, पृ. 31)

कहना न होगा, धर्मनिरपेक्ष संस्कृति का राष्ट्रीय दुर्ग चोटें खाकर भी अजेय नहीं है। यह देश धर्म के नाम पर ही आजादी के साथ दो टुकड़ों में बँट चुका है और आज भी आए दिन साम्प्रदायिक दंगों में हजारों निरपराध अपनी जान गँवाते हैं। फिर भी शम्भुनाथ जी की आस्था यदि बरकरार है तो यह शुभ लक्षण है और भविष्य के प्रति हमें आश्वस्त करती है

शम्भुनाथ जी ने सैद्धान्तिक पक्ष पर अधिक लिखा है और रचनाकारों पर व्यावहारिक समीक्षाएँ अपेक्षाकृत कम। वे अपनी भाषा में चमत्कार उपस्थित करने की कोशिश करते हैं तो पाठकों की बोधगम्यता प्रभावित होने लगती है। जैसे, "भारत के लोगों का राष्ट्र ऐसा है, जिसकी भोर होते होते रात आ गई।" (राष्ट्रीय पुनर्जागरण और रामविलास शर्मा, भूमिका, पृ. 9)

श्रीभगवान सिंह

बिहार के एक गाँव 'निखती कलाँ', जिला सिवान में जन्मे, पटना विश्वविद्यालय तथा जेएनयू में अध्ययन करने के बाद भागलपुर विश्वविद्यालय में हिन्दी के प्रोफेसर रहे श्रीभगवान सिंह (जन्म—1.1.1954) की ख्याति गांधी के अध्येता के रूप में है। स्वयं को गांधीवादी कहने में वे गौरव का अनुभव करते हैं।

श्रीभगवान सिंह की आलोचनात्मक पुस्तकों में 'तुलसी और गांधी', 'हिन्दी साहित्य और नेहरू', 'आधुनिकता और तुलसीदास', 'आलोचना के मुक्त वातायन', 'गांधी और हिन्दी राष्ट्रीय जागरण', 'गांधी

और दलित भारत जागरण', 'गांधी और हमारा समय', 'गांधी : एक खोज', 'समालोचना : पाठ-पुनर्पाठ', 'आलोचना के देसी ठाट', 'समय संवाद' आदि प्रमुख हैं।

'तुलसी और गांधी' उनकी सर्वाधिक महत्त्वपूर्ण शोधपरक आलोचनात्मक कृति है। वस्तुत: यह तुलसी का गांधीवादी पुनर्पाठ है। यह पुस्तक आठ अध्यायों में विभक्त है जिसके शीर्षक हैं—लोक सम्बद्धता, प्रजा वत्सलता, दलित पक्षधरता, नर-नारी पूरकता, वर्णाश्रम और सामाजिक समरसता, धर्म की सर्वोपरिता, समन्वय की अपरिहार्यता तथा रामराज्य और स्वराज्य में सादृश्यता। कहना न होगा, इन सारे अध्यायों में प्रतिपादित विषयों के माध्यम से लेखक ने एक ओर आज के वामपंथियों, दलितविमर्शकारों और नारीवादियों द्वारा तुलसी पर लगाए गए विभिन्न आरोपों का भरपूर प्रमाणों और तर्कों से जवाब दिया है तो दूसरी ओर यह भी प्रमाणित किया है कि किस तरह उक्त सभी मुद्दों पर गांधी ने तुलसी का उदारतापूर्वक प्रभाव ग्रहण किया है।

ग्रंथ के आरम्भ में ही अपने 'झरोखा' शीर्षक भूमिका में उन्होंने ग्रंथ में की जाने वाली अपनी स्थापनाओं का संकेत दे दिया है। दोनों मनीषियों में समानता के सूत्रों का संकेत करते हुए उन्होंने लिखा है कि "काल की दृष्टि से दोनों (तुलसी और गांधी) में एक लम्बा अन्तराल है, किन्तु जहाँ धर्म प्रधान मध्यकाल में तुलसी, राजनीति को अपने लोक सरोकारों का एक महत्त्वपूर्ण अभिन्न अंग बनाते हैं, तो आधुनिक काल में गांधी अपने तमाम राजनीतिक-सामाजिक सरोकारों में धर्म की अपरिहार्यता को स्वीकृति देते हैं। इस दृष्टि से तुलसी, गांधी की प्रभावशाली पूर्वपीठिका के रूप में सामने आते हैं, तो गांधी उनका आधुनिक राजनीतिक संस्करण बनकर।" (पृ. 9)

प्रजा प्रतिबद्धता, वर्णाश्रम और सामाजिक समरसता, धर्म की सर्वोपरिता तथा रामराज्य और स्वराज्य में सादृश्यता को लेकर लेखक की स्थापनाओं में विवाद की गुंजाइश बहुत कम है। किन्तु दलित पक्षधरता, नर-नारी पूरकता और समन्वय की अपरिहार्यता आदि अध्यायों में तुलसी और गांधी में अनिवार्य रूप से साम्य दिखाने के लिए लेखक ने कहीं-कहीं तर्क और प्रमाण को गौण बना दिया है और विषय के प्रति श्रद्धा के कारण अपनी अवधारणाओं को थोपने का प्रयास किया है। लेखक के गांधीवादी पूर्वग्रह का ही यह परिणाम है।

तुलसी के अलावा श्रीभगवान सिंह के मूल्यांकन का क्षेत्र आधुनिक साहित्य है। उन्होंने भारतेन्दु से लेकर प्रेमचन्द, प्रसाद, महादेवी वर्मा, रामचन्द्र शुक्ल, नन्ददुलारे वाजपेयी, रामविलास शर्मा, जैनेन्द्र, रामबृक्ष बेनीपुरी, सुभद्राकुमारी चौहान, नागार्जुन, नामवर सिंह, विजयदेवनारायण साही, विश्वनाथप्रसाद तिवारी और मैनेजर पांडेय तक के साहित्य पर लिखा है।

प्रेमचन्द के उपन्यास 'रंगभूमि' का नायक 'सूरदास' उनकी दृष्टि में 'गांधी की साहित्यिक प्रतिमूर्ति' है। (आलोचना के देसी ठाट, पृ. 111) गांधीवादी मूल्यों को जीने वाला सूरदास, उपन्यास में मशीनीकरण के विरुद्ध एक सशक्त योद्धा के रूप में हमारे सामने आता है, जो सत्य-अहिंसा के अस्त्र से पांडेपुर गाँव में जॉन सेवक द्वारा सिगरेट की फैक्ट्री लगाने के विरोध में दृढ़ता से खड़ा दिखाई देता है। (आलोचना के देसी ठाट, पृ. 111) इसी तरह जयशंकर प्रसाद के साहित्य से अनेक उद्धरणों को उद्धृत करते हुए वे घोषित करते हैं, "वस्तुत: गांधीजी की तरह प्रसाद भी आधुनिक यांत्रिक सभ्यता का विश्लेषण कर इस निष्कर्ष पर पहुँचे दिखाई देते हैं कि मशीनी सभ्यता का अतिशय विकास मनुष्य जाति के लिए शुभ नहीं है।" (आलोचना के देसी ठाट, पृ. 115)

महाप्राण निराला के साहित्य-कर्म का विश्लेषण करते हुए उन्होंने निराला पर गांधीजी के व्यापक प्रभाव का जिक्र किया है और बताया है कि अछूतों के पृथक निर्वाचक मंडल की माँग के विरोध में गांधी द्वारा अनशन किए जाने पर निराला ने 'सुधा' (अक्टूबर, 1932) के सम्पादकीय में गांधी का समर्थन किया था और लिखा था कि "महात्मा गांधी संसार के सर्वश्रेष्ठ पुरुष हैं।" उन्होंने यह भी लिखा कि "महात्मा जी भारत के लिए एक दैवी प्रसाद हैं।" (उद्धृत, आलोचना के देसी ठाट, पृ. 123) निराला पर गांधी के इन प्रभावों को देखते हुए डॉ. रामविलास शर्मा ने स्वीकार किया है कि "सत्याग्रह द्वारा अंग्रेजी राज का विरोध, अछूतोद्धार के लिए उपवास, अंग्रेजी के स्थान पर हिन्दी को राष्ट्रभाषा बनाने के लिए प्रचार—निराला की दृष्टि में गांधीजी को महापुरुष बनाने वाले ये तीन कार्य थे।" (निराला की साहित्य साधना-2, पृ. 79)

श्रीभगवान सिंह ने गांधी जी से इन रचनाकारों के मतभेद के बारे में लिखा है, "जहाँ तक गांधी जी के साथ इन रचनाकारों के मतभेद का प्रश्न है, इसे वैसे ही समझना चाहिए जैसे पिता-पुत्र में या भाई-भाई में भी कई बार मतभेद हो जाया करते हैं। कई मतभेदों के बावजूद पिता-पुत्र, भाई-भाई के सम्बन्धों के सत्य को नकारा नहीं जा सकता। ठीक उसी तरह गांधी के साथ इन रचनाकारों के मतभेदों के बावजूद समग्रता में इनकी सोच को गांधी विरोधी नहीं कहा जा सकता।" (आलोचना के देसी ठाट, पृ. 128)

इसी तरह श्रीभगवान सिंह ने जैनेन्द्र द्वारा लिखित और 1969 ई. में प्रकाशित 'महात्मा जी और मेरा सृजन' शीर्षक लेख का विस्तार से जिक्र किया है और बताया हैं कि किस तरह जैनेन्द्र ने अपने ऊपर गांधी के व्यापक प्रभाव को स्वीकार किया है। श्रीभगवान सिंह ने 'जैनेन्द्र का सृजन और गांधी' शीर्षक अपने लेख में जैनेन्द्र की कई कृतियों से उदाहरण देकर इस प्रभाव को दिखाया भी है। (आलोचना के देसी ठाट, पृ. 132) रामबृक्ष बेनीपुरी के साहित्य का जिक्र करते हुए वे लिखते हैं, "बेनीपुरी द्वारा इतिहास में भारतीय स्त्री की शक्ति का अन्वेषण जो स्पष्टत: गांधी जी के नेतृत्व में चल रहे राष्ट्रीय आन्दोलन में स्त्रियों की सहभागिता की साहित्यिक अभिव्यक्ति भी है और उसे त्वरा प्रदान करने वाली कला भी।" (आलोचना के देसी ठाट, पृ. 145)

श्रीभगवान सिंह ने आचार्य नन्ददुलारे वाजपेयी के साहित्य का विस्तृत मूल्यांकन किया है और अपना निष्कर्ष देते हुए लिखा है, "अपने लेखन के आरम्भिक दौर से ही नन्ददुलारे जी ने हिन्दी आलोचना में महात्मा गांधी के रूप में जिस राष्ट्रीय और सांस्कृतिक प्रवर्तन को रेखांकित करना शुरू किया उसी के निकष पर वे बींसवीं सदी के पूर्वार्ध के छायावाद समेत शेष हिन्दी साहित्य की विवेचना करते रहे। मार्क्सवाद, समाजवाद या प्रगतिवाद से उन्हें वितृष्णा नहीं रही, किन्तु इन सबकी एकाँगिता से असन्तुष्ट वाजपेयी जी के साहित्यिक मूल्यांकन के केन्द्र में गांधीवादी चिन्तन ही रहा। सच कहा जाए तो वाजपेयी जी ने ही हिन्दी आलोचना में गांधीवादी मूल्यों की वह आधारशिला रखी जिससे प्रेरित होकर नामवर सिंह जैसे मार्क्सवादी समीक्षक को भी यह स्वीकार करना पड़ा कि "राजनीतिक ढंग से जो कार्य गांधीवाद ने किया, साहित्यिक ढंग से वही कार्य छायावाद ने किया।" (छायावाद, पृ. 74) सचमुच वाजपेयी जी ने गांधीवाद की पीठिका पर खड़े होकर छायावाद की जिस राष्ट्रीय एवं सांस्कृतिक चेतना को उकेरा, वही बाद में रामविलास शर्मा, नामवर सिंह जैसे मार्क्सवादी आलोचकों की भी छायावाद के सम्बन्ध में साम्राज्यवाद, सामंतवाद विरोधी मूल्यांकन-दृष्टि का पाथेय बनी।" (समालोचना, पाठ-पुनर्पाठ, पृ. 53)

'गांधी और हिन्दी राष्ट्रीय जागरण' पुस्तक में श्रीभगवान सिंह ने पर्याप्त प्रमाणों से यह रेखांकित किया है कि कैसे उत्तरी प्रान्त में उभरे हिन्दी जागरण को गांधीजी ने अखिल राष्ट्रीय जागरण में बदल देने का ऐतिहासिक कार्य किया था। उन्होंने हिन्दी के विकास को एक नए परिप्रेक्ष्य में देखने की हमें दृष्टि दी। इस पुस्तक में गांधीजी के साहित्य सम्बन्धी चिन्तन पर भी प्रकाश डाला गया है। लेखक ने इसमें साहित्यिक रचनाओं को लेकर समय-समय पर गांधीजी द्वारा की गई टिप्पणियों के आधार पर उनके सुसंगत साहित्य चिन्तन को सामने लाने का सफल प्रयास किया है।

श्रीभगवान सिंह हमारे समय के ऐसे विरले आलोचकों में हैं जो धोती-कुर्ता जैसे अपने पहनावे के माध्यम से भी भारतीयता और देसी ठाट का परिचय देते हैं।

अवधेश प्रधान

गाजीपुर (उ.प्र.) के 'सुल्तानपुर' नामक गाँव में जन्मे, काशी में पढ़े-लिखे और काशी में ही शिक्षक रहे अवधेश प्रधान (जन्म—14.07.1954) ने 'मार्क्सवादी इतिहास दर्शन के परिप्रेक्ष्य में हिन्दी सहित्य की रूपरेखा' विषय पर डॉक्टरेट किया है। 'हिन्दी साहित्य के इतिहास की समस्याएँ', 'कीर्तिलता और विद्यापति का युग', 'साहित्य और समय' जैसी पुस्तकों के वे लेखक हैं। उन्होंने 'काव्य और अर्थबोध', 'कवि त्रिलोचन', 'मेरा जीवन संघर्ष (स्वामी सहजानन्द की आत्मकथा)', 'खेत मजदूर और झारखंड के किसान' आदि कृतियों का सम्पादन किया है। विचारधारा के स्तर पर उन्हें मार्क्सवादी कहा जा सकता है किन्तु अपने परवर्ती काल में उनका मार्क्सवाद से मोहभंग होता हुआ दिखाई देता है और उनकी आस्था गांधी और लोहिया के निकट बढ़ती हुई दिखाई देती है। फिलहाल, अवधेश प्रधान की पहचान एक अच्छे वक्ता के रूप में भी है।

पुरुषोत्तम अग्रवाल

ग्वालियर (म.प्र.) में जन्मे, ग्वालियर और जेएनयू में पढ़े-लिखे तथा जेनयू में ही शिक्षक रहे हमारे समय के विशिष्ट आलोचक पुरुषोत्तम अग्रवाल (जन्म—25.08.1955) प्रभावी वक्ता भी हैं। वे ज्वलंत सामाजिक-सांस्कृतिक एवं राजनीतिक विषयों पर विभिन्न टी.वी. चैनलों की परिचर्चाओं में अपनी प्रखर और विचारोत्तेजक बहसों के लिए भी जाने जाते हैं। हिन्दी और अंग्रेजी, दोनों भाषाओं पर उनका समान अधिकार है। उनकी आलोचना और चिन्तन का दायरा इतना विस्तृत है कि उन्हें सभ्यता-समीक्षक कहा जा सकता है। पुरुषोत्तम

अग्रवाल पर मार्क्सवाद का गहरा प्रभाव है किन्तु, गांधीवादी आलोचकों की श्रेणी में इन्हें शामिल करना मुझे अधिक निरापद लगा।

'संस्कृति : वर्चस्व और प्रतिरोध', 'तीसरा रुख', 'विचार का अनन्त', 'शिवदान सिंह चौहान', 'निज ब्रह्म विचार', 'कबीर : साखी और सबद', 'अकथ कहानी प्रेम की : कबीर की कविता और उनका समय', 'मजबूती का नाम महात्मा गांधी' (पुस्तकाकार रूप में प्रकाशित लम्बा व्याख्यान) आदि उनकी प्रमुख आलोचनात्मक पुस्तकें हैं।

'अकथ कहानी प्रेम की : कबीर और उनका समय' पुरुषोत्तम अग्रवाल की सर्वाधिक चर्चित आलोचनात्मक कृति है। जहाँ कबीर पर हिन्दी में अनेक पुस्तकें लिखी जा चुकी हों, जिसमें हजारीप्रसाद द्विवेदी की प्रसिद्ध पुस्तक 'कबीर' भी शामिल हो, वहाँ कबीर पर फिर से कुछ लिखने का साहस करना और अपनी मौलिक स्थापनाओं के लिए चर्चित होना एक असाधारण घटना है। इस पुस्तक में कबीर की कविता की समीक्षा के बहाने पुरुषोत्तम अग्रवाल की स्थापना है कि साम्राज्यवाद के जरिए बाकी समाजों में पहुँची यूरोपीय आधुनिकता ने उन समाजों की जड़ता को तोड़ने वाली प्रगतिशील भूमिका नहीं, बल्कि देशज आधुनिकता को अवरुद्ध करने की भूमिका निभाई थी। इस अवरोध के कारण भारत समेत तमाम गैर यूरोपीय समाजों में जो सांस्कृतिक संवेदना-विच्छेद उत्पन्न हो गया है, उसे दूर किए बिना न तो अतीत को ठीक से समझा जा सकता है, न ही भविष्य की सम्भावनाओं और चुनौतियों को। वे मानते हैं कि देश भाषा स्रोतों से संवाद किए बिना भारतीय इतिहास को समझना असम्भव है। उनकी स्थापना है कि कबीर तथा अन्य संतों को हाशिए की आवाज देशज आधुनिकता और भक्ति के लोकवृत्त ने नहीं, औपनिवेशिक आधुनिकता ने बनाया है।

आधुनिक होने का दावा करने वाले पश्चिमी समाज को, कबीर के बहाने भक्ति आन्दोलन की आधुनिकता के महत्त्व से परिचित कराने में पुरुषोत्तम अग्रवाल ने ऐतिहासिक भूमिका निभाई है। उन्होंने कोलम्बिया विश्वविद्यालय, इमोरी विश्वविद्यालय, राइस विश्वविद्यालय, अमेरिकन एकेडमी ऑफ रिलिजन आदि के विभिन्न मंचों पर कबीर की भक्ति तथा अन्य विषयों पर अनेक व्याख्यान दिए और भारतीय भक्ति आन्दोलन के महत्त्व को रेखांकित किया।

'संस्कृति : वर्चस्व और प्रतिरोध' पुस्तक के एक निबन्ध 'जातिवादी कौन?' की कुछ पंक्तियाँ वे स्वयं उद्धृत करते हुए लिखते हैं, "समाज को बदलने की कोई भी सार्थक यात्रा खुद से आरम्भ होती है। यह आरम्भ में ही समझ लेना हितकारी होगा कि भारतीय समाज की बनावट ही ऐसी है कि यहाँ न धक्कामार ब्राह्मणवाद चल सकता है न धक्कामार गैर-ब्राह्मणवाद। किसी धार्मिक, सांस्कृतिक या भाषायी अल्पसंख्या के विरुद्ध सतत घृणा के आधार पर कोई दूरगामी राजनीति भारत में सम्भव नहीं है। यह अल्पसंख्या चाहे मुसलमानों / ईसाइयों की हो, चाहे ब्राह्मणों की।" ('संस्कृति : वर्चस्व और प्रतिरोध' की भूमिका से)

उनकी पुस्तक 'निज ब्रह्म विचार : धर्म, समाज और धर्मेतर अध्यात्म' 'जनसत्ता' में 'मुखामुखम' स्तम्भ के अन्तर्गत प्रकाशित छब्बीस लेखों का संग्रह है जिसमें पुस्तक के शीर्षक के अनुसार ही सामग्री है। पुरुषोत्तम अग्रवाल लक्ष्य करते हैं कि सावरकर और जिन्ना दोनों नास्तिक थे, लेकिन धर्म को दोनों ने जिस तरह अपनाया, वह आज भी चिन्ता और चिन्तन का विषय है। भारत में ही नहीं, बल्कि पूरी दुनिया में धर्म, राजनीति के लिए हथियार का काम करता है। जवाहरलाल नेहरू और कार्ल मार्क्स के विचारों के आलोक में पुरुषोत्तम अग्रवाल ने इस पुस्तक में धर्म और अध्यात्म के आपसी सम्बन्धों को समझने की कोशिश की है।

इस तरह पुरुषोत्तम अग्रवाल की छवि आलोचक से अधिक एक चिन्तक की है। उनके निम्नलिखित कथन से उनकी विचारधारा को समझा जा सकता है। अपने समय की यथास्थिति पर टिप्पणी करते हुए वे लिखते हैं,

"किसी समाज के बुद्धिविरोधी समाज में बदल जाने का इससे बड़ा प्रमाण क्या होगा कि 'बुद्धिजीवी' शब्द धिक्कार के लिए बरता जाने लगे। संसद में मंत्रीजी 'बुद्धिजीवी आतंकवाद' जैसी शब्दावली का प्रयोग करें। यह बात किसी एक राजनैतिक दृष्टि तक सीमित हो, ऐसी बात नहीं है। बुद्धिजीवियों को 'गण-शत्रु' मानने का इतिहास वामपंथी राजसत्ताओं और विचारधाराओं का भी रहा है। हमारी मौजूदा हालत इसलिए और भी दुखद लगती है क्योंकि भारतीय समाज और सत्तातंत्र पारम्परिक रूप से इस लिहाज से विलक्षण रहा है कि यहाँ निरक्षर व्यक्ति भी विद्वानों, गुणियों का सम्मान करता रहा है। रावण और अन्य ऐसे राजाओं को अत्याचारी मानने का एक कारण यह भी रहा है कि वे अपने समय के बुद्धिजीवियों (अर्थात् ऋषियों) को सताते थे। इसलिए यह और भी दुखद लगता है कि अपनी सांस्कृतिक स्मृतियों से एकदम उलट हम अपनी शिक्षा पद्धति तक को एक बुद्धिविरोध की नर्सरी ही बनाए दे रहे हैं। बुद्धि और संवेदना की घोर उपेक्षा करते

हुए राजनेता, कारपोरेट और 'ओपीनियन मेकर्स'—सब के सब 'स्किल डेवलपमेंट' के गीत गा रहे हैं। इसी को कसौटी बनाकर सरकार को जाँच रहे हैं।" (आउटलुक, 17 जुलाई 2017 में प्रकाशित, 'सवाल करके बवाल ना करें, वाट्सऐप बाँच लेवे हैं', शीर्षक टिप्पणी से)

हाल ही में उनके द्वारा लिखित और सम्पादित पुस्तक 'कौन है भारत माता' प्रकाशित हुई है और खूब चर्चित भी। इस पुस्तक में पं. जवाहरलाल नेहरू के चुने हुए लेख संकलित हैं। यह किताब नेहरू और उनकी विचारधारा को समझने का अवसर तो देती ही है, पुरुषोत्तम अग्रवाल की विचारधारा को भी समझने का एक बेहतरीन जरिया है। इस पुस्तक पर आई टिप्पणियों का जवाब देते हुए उन्होंने 'द लल्लनटाप' के पोर्टल पर कहा है, "निश्चित ही राष्ट्रवाद एक बहुत दिलचस्प अवधारणा है, जो किसी देश के इतिहास के एक ख़ास दौर में जिन्दगी, उन्नति, ताकत और एकता का संचार करता है, वहीं दूसरी ओर, यह एक तरह की संकीर्णता भी लाता है, क्योंकि लोग सोचने लगते हैं कि उनका देश बाकी दुनिया से कुछ अलग है। तब राष्ट्रवाद का सन्दर्भ बदल जाता है और कोई केवल अपने संघर्षों, अपनी ख़ासियतों, अपनी असफलताओं को ही सोचता रहता है और दूसरे विचारों को उसमें जगह नहीं मिलती। नतीजा यह होता है कि वही राष्ट्रवाद जो कि लोगों की उन्नति का प्रतीक है, एक तरह से उसी उन्नति के दिमागी ठहराव का प्रतीक बन जाता है। जब राष्ट्रवाद सफलता पाता है तो कभी-कभी वो अपना फैलाव आक्रामक अन्दाज में करने लगता है और दुनिया के लिए ख़तरा बन जाता है। आप चाहे जिस विचार के हों, आप इस निष्कर्ष पर जरूर पहुँचेंगे कि एक प्रकार का सन्तुलन बनाना बहुत जरूरी है। वरना कोई चीज जो अच्छी थी, एक बुराई भी बन सकती है। संस्कृति बुनियादी तौर पर अच्छी चीज है, लेकिन कभी-कभी गलत नजरिये से चीजों को देखने के कारण न केवल जड़ता बल्कि संघर्ष और नफरत को पोषित करनेवाली भी हो जाती है। आपको ये सन्तुलन कैसे मिलेगा, मुझे नहीं पता। इस समय की राजनीतिक और आर्थिक समस्याओं के अलावा, सम्भवत: ये आज की सबसे बड़ी समस्या है, क्योंकि इसके पीछे मनुष्य की आन्तरिक चेतना का भयंकर संघर्ष छिपा है, ऐसी खोज की बेचैनी छुपी है जिसमें वह चेतना सफल नहीं हो पा रही है।" (mayank.kumar@lallantop.com, Feb. 16, 2021)

पुरुषोत्तम अग्रवाल ने 'नाकोहस' नाम से उपन्यास भी लिखा है और 'स्कोलेरिस की छाँव में' शीर्षक से व्यंग्य भी। 'हिन्दी सराय : अस्त्राखान वाया येरेवान' शीर्षक उनका यात्रा-ख्यान भी प्रकाशित है। एक फिल्म समीक्षक और स्तम्भकार के रूप में भी पुरुषोत्तम अग्रवाल का लेखन महत्त्वपूर्ण है।

गोपेश्वर सिंह

गोपालगंज (बिहार) जिले के 'बड़कागाँव पकड़ियार' नामक गाँव में जन्मे, पटना से पढ़े-लिखे तथा पटना, हैदराबाद और दिल्ली के विश्वविद्यालयों में शिक्षक रहे गोपेश्वर सिंह (जन्म 24.11.1955) की रुचि मुख्यत: भक्ति साहित्य के मूल्यांकन में है। उन पर लोहिया के समाजवादी विचारों का व्यापक प्रभाव है किन्तु उन्होंने खुद स्वीकार किया है कि डॉ. लोहिया ने वास्तव में गांधी के विचारों को ही आगे बढ़ाया है। 18 मार्च 2018 को अपने ब्लॉग में वे लिखते हैं, "विकास का जो पूँजीवादी मॉडल हमने अख्तियार किया है वह भारत जैसे देश में सम्भव नहीं होगा। गांधी के ही विचारों को आगे बढ़ाने वाले लोहिया, किशन पटनायक और सच्चिदानन्द सिन्हा जैसे विचारकों ने बार-बार इस बात को रेखांकित किया है कि पूँजीवाद जिन देशों में आया वह उपनिवेशों की लूट से ही सम्भव हो सका। भारत किसे उपनिवेश बनाएगा कि यहाँ पूँजीवादी विकास सम्भव होगा? अगर पूँजीवादी विकास की यह नीति रही तो देश में ही आन्तरिक उपनिवेश बनेंगे। नर्मदा घाटी में विशाल बाँधों के निर्माण, वहाँ से विस्थापन की भारी समस्या और मेधा पाटकर के संघर्ष को आज याद करें तो पूँजीवादी विकास नीति की व्यर्थता सामने आएगी और गांधी के कुटीर उद्योग का महत्त्व भी समझ में आएगा।" (महात्मा गांधी और भक्तिकाव्य, 10 मार्च, 2018 के ब्लॉग से) उन्होंने गांधी के दर्शन के समर्थन में लुई फिशर को उद्धृत करते हुए लिखा है, "जिन लोगों को तुलसी के राम-राज्य में सिर्फ वर्ण-व्यवस्था का समर्थन और हिन्दूपन दिखाई देता है उन्हें 'गांधी की कहानी' लिखने वाले लुई फिशर का यह कथन ध्यान में रखना चाहिए—धर्म विहीन जिन्ना एक धार्मिक राज्य बनाना चाहते थे। पूर्णतया धार्मिक गांधी, धर्म-निरपेक्ष राज्य चाहते थे।" (उपर्युक्त)

भक्ति साहित्य के अलावा गोपेश्वर सिंह ने आचार्य नलिनविलोचन शर्मा तथा शमशेर पर भी पुस्तकें लिखी हैं। 'नलिनविलोचन शर्मा', 'आलोचना का नया पाठ', 'भक्ति आन्दोलन के सामाजिक आधार', 'साहित्य से संवाद', 'आलोचना के परिसर', 'कल्पना का उर्वशी विवाद', 'भक्ति आन्दोलन और काव्य' आदि उनकी

आलोचनात्मक पुस्तकें हैं। उन्होंने नलिनविलोचन शर्मा की रचनाओं का संकलन 'नलिनविलोचन शर्मा : रचना संचयन' शीर्षक से किया है। मार्क्सवाद की भी उन्हें अच्छी समझ है और उनके आलोचनात्मक विवेक को देखते हुए उन्हें मार्क्सवादी समीक्षकों की श्रेणी में भी रखा जा सकता है। अज्ञेय, शमशेर, नागार्जुन, मुक्तिबोध से लेकर वेणुगोपाल तक तथा प्रेमचन्द, रेणु, भीष्म साहनी, महावीरप्रसाद द्विवेदी, रामविलास शर्मा, नलिनविलोचन शर्मा, विजयदेवनारायण साही, रमेशचन्द्र शाह से लेकर दूधनाथ सिंह तक की समीक्षा उन्होंने की है।

भक्ति आन्दोलन का मूल्यांकन वे इस रूप में करते हैं, "भक्ति आन्दोलन ने पद्धतियों-पंथों का जनतंत्रीकरण किया और यह सुविधा भी दी कि हर किसी को अपनी पूजा-पद्धति कायम करने का और उसके अनुसार चलने का अधिकार है। उपासना-पद्धति में आए इस जनतंत्र के कारण ही भक्तिकाल सैकड़ों-हजारों तेजस्वी संतों की उपस्थिति से जगमगा जाता है। सबकी वाणी के केन्द्र में मनुष्यता और प्रेम है।" (भक्ति आन्दोलन और काव्य, 'पुस्तक के बारे में' शीर्षक भूमिका से)

अपनी समीक्षा में उन्होंने बार-बार स्थापित किया है कि अच्छी कविता मनुष्य को संस्कारित करती है। भक्ति-कविता के संस्कार से मनुष्य की जीवन दिशा कैसे बदल जाती है, इसके सर्वोत्तम उदाहरण महात्मा गांधी हैं।

उन्होंने 'जनसत्ता' में प्रकाशित एक लेख में साहित्य और राजनीति के सम्बन्ध के बहाने गांधी के महत्त्व को रेखांकित करते हुए लिखा है, "भक्ति साहित्य ने यदि उन्हें मोहनदास करमचन्द गांधी से महात्मा गांधी बनने में बड़ी भूमिका निभाई तो आधुनिक साहित्य से प्राप्त गहरे संस्कारों ने भी उनके आत्मबल को मजबूत किया। गांधी जब दाँढी मार्च पर जाने को थे और उसकी सफलता को लेकर बहुतों के मन में सन्देह था, तब टैगोर ने अपने प्रसिद्ध गीत 'एकला चलो रे' पर पोस्टर बना कर कलकत्ते में लगाया था और गांधी को इस तरह अपना नैतिक समर्थन दिया था। उस पोस्टर के चित्र नन्दलाल बोस ने बनाए थे।" (आज के समय में गांधी, जनसत्ता, 1 अक्टूबर 2017)

आचार्य रामचन्द्र शुक्ल भी गोपेश्वर सिंह के प्रिय लेखक हैं। कुछ लोगों द्वारा आचार्य शुक्ल पर ब्राह्मणवाद का आरोप लगाने का उन्होंने दृढ़ता के साथ खंडन किया है और कहा है कि शुक्लजी को ब्राह्मणवादी कहने का अर्थ अपनी प्रगतिशील परम्परा को साम्प्रदायिक शक्तियों के हवाले करना है।

दयाशंकर

मिर्जापुर (उ.प्र.) जिले के 'बरबसा राजा' नामक गाँव में जन्मे, इलाहाबाद से पढ़े-लिखे और गुजरात के सरदार पटेल विश्वविद्यालय में शिक्षक प्रो. दयाशंकर (जन्म—10.03.1961) बहुत सुलझे हुए और परिश्रमी आलोचक हैं। उनकी आलोचना का मुख्य क्षेत्र मध्यकालीन और आधुनिक काव्य है। 'कबीर और तुलसी : युग और परम्परा', 'कबीर और तुलसी के काव्य की अन्तर्वस्तु का तुलनात्मक अनुशीलन', 'लोक-जीवन, प्रकृति, कलाएँ एवं सूर का काव्य', 'आधुनिक हिन्दी साहित्य : कुछ सन्दर्भ', 'आधुनिक हिन्दी कविता के प्रमुख हस्ताक्षर', 'नए यथार्थबोध के कवि नागार्जुन', 'भक्ति काव्य : पुनर्पाठ', 'दलित वैचारिकी और साहित्य', 'हिन्दी काव्य में खड़ी बोली का विकास एवं अन्य निबन्ध' तथा 'आदिवासी सवाल और साहित्य' आदि उनकी प्रमुख प्रकाशित पुस्तकें हैं।

मध्यकालीन भक्ति आन्दोलन और आधुनिक साहित्य उनके अध्ययन और आलोचना के प्रिय क्षेत्र हैं। 'भक्तिकाव्य पुनर्पाठ' नामक अपनी नवीनतम पुस्तक में कबीर का मूल्यांकन करते हुए उनकी टिप्पणी है, "कबीर सामाजिक-धार्मिक भेद का कारण जानने और भेदने में सफल हो जाते हैं, लेकिन राजसत्ता और अर्थसत्ता के उनसे गहरे सम्बन्ध को अन्य भक्तों की तरह वे ठीक से देख और समझ नहीं पाते। सवाल यह है कि यदि समाज से जाति-पाँति और धर्मगत भेदभाव समाप्त हो जाए, लेकिन राजसत्ता और अर्थसत्ता आधारित विशेषाधिकार कायम रहे तो उसमें मानवाधिकार की संकल्पना कैसे और क्योंकर पूरी होगी? मानवाधिकार की संकल्पना को सार्थक बनाने के लिए इन सभी भेदों को जड़ से मिटाना आवश्यक नहीं, बल्कि अनिवार्य भी है।" (इसी पुस्तक के फ्लैप से)

प्रो. दयाशंकर, विश्वविद्यालय के आचार्य हैं। शोध निर्देशन भी उनका काम है। स्वाभाविक रूप से उनकी ज्यादातर पुस्तकें उच्च शिक्षा के विद्यार्थियों तथा शोधार्थियों को ध्यान में रखकर लिखी गई हैं। यही कारण है कि उनकी आलोचनात्मक कृतियों पर उनके अध्यापन शैली का पूरा प्रभाव है। विमर्श के लिए वे जो भी विषय उठाते हैं उसे भली-भाँति विश्लेषण करके बोधगम्य बना देते हैं।

राष्ट्रभाषा के सवाल पर भी प्रो. दयाशंकर बहुत गम्भीर हैं। गांधीजी की राष्ट्र-राज्य भाषा नीति पर विचार करते हुए उनका स्पष्ट मत है कि राष्ट्र भाषा के बारे में महात्मा गांधी की सोच एक सर्वोत्तम आदर्श स्थिति है।

राजीव रंजन गिरि

पूर्वी चंपारन (बिहार) में जन्मे, जेएनयू से पढ़े-लिखे, गांधीदर्शन और हिन्दी के विकास में निष्ठा के साथ लगे हुए राजीव रंजन गिरि (जन्म—22.12.1978) नई पीढ़ी के ऊर्जावान आलोचक हैं। 'संविधान सभा और भाषा विमर्श' तथा 'अथ साहित्य : पाठ और प्रसंग' शीर्षक उनकी कृतियाँ प्रकाशित हैं। उनकी आलोचना का कोई एक निश्चित क्षेत्र नहीं है। उन्होंने लघु पत्रिका आन्दोलन, स्त्री विमर्श तथा भक्ति-आन्दोलन पर भी लिखा है किन्तु उनके लेखन में सर्वत्र गांधीवादी दृष्टि की अन्तर्धारा प्रवाहित होती हुई देखी जा सकती है। राजीव रंजन गिरि में पर्याप्त सम्भावनाएँ हैं।

ग्यारहवाँ सोपान

प्रगतिवादी आलोचना

प्रगतिवादी आलोचना की दार्शनिक पृष्ठभूमि

प्रगतिवादी आलोचना को मार्क्सवादी आलोचना भी कहा जाता है। मार्क्सवादी जीवन दर्शन की साहित्यिक अभिव्यक्ति ही प्रगतिवाद है। मार्क्सवाद दर्शन के क्षेत्र में द्वंद्वात्मक भौतिकवाद के आधारभूत सिद्धान्तों पर अवस्थित है तथा समाज, साहित्य और संस्कृति की व्याख्या इसी द्वंद्वात्मक भौतिकवाद से उद्भूत ऐतिहासिक भौतिकवाद के आधार पर करता है।

भौतिकवाद जहाँ एक दर्शन है, वहाँ द्वंद्वात्मक एक चिन्तन प्रणाली है। द्वंद्व अंग्रेजी के डाइलेक्टिक (Dialectic) का पर्याय है जो मूलत: यूनानी डाइलेगो (Dialego) शब्द से निर्मित है। इसका अर्थ है दो आदमियों की बातचीत। पुरातन काल में यह किसी सत्य पर अपने विरोधियों की असंगतियों को खोलकर पहुँचने की कला थी। पुराने दर्शनिकों को इसमें विश्वास था कि किसी आदमी के तर्कों के विरोधाभास जुटाने और उनकी असंगतियों और अन्तर्विरोधों का उनसे विपरीत तर्कों द्वारा उद्घाटन करने से एक सत्य पर पहुँचा जा सकता है। किन्तु बाद में यह द्वंद्ववाद की पद्धति, समाज तथा अन्य समस्त विज्ञान पर लागू होने लगी।

द्वंद्ववादी, प्रकृति को अनवरत रूप से गतिशील और परिवर्तनशील मानते हैं। द्वंद्ववाद प्रत्येक वस्तु के मूल में अन्तर्विरोधों को मानता है। उसके अनुसार अन्तर्विरोध अनवरत चला करते हैं और इन्हीं के कारण आगे विकास होता रहता है। मार्क्स के अनुसार चेतना मनुष्य के अस्तित्व का निर्धारण नहीं करती बल्कि उसका सामाजिक अस्तित्व उसकी चेतना का निर्धारण करता है। भौतिक जीवन की उत्पादन प्रणाली और आर्थिक व्यवस्था ही वह आधार है जिसके अनुसार सभी राजनीतिक, धार्मिक और सामाजिक स्वरूप निर्धारित होते हैं। विचार जगत का इतिहास यही सिद्ध करता है कि समस्त बौद्धिक विकास भौतिक परिस्थितियों के साथ ही परिवर्तित होता रहता है। शोषित वर्ग का संगठन करके शोषकों की सत्ता को मिटाना और उनके हाथ से राजनीतिक शक्ति छीन लेना मार्क्सवाद का प्रथम उद्देश्य है।

सामान्यत: द्वंद्वात्मक भौतिकवादी चिन्तन की परिणति निम्नलिखित रूपों में होती है—1. ईश्वर में अनास्था। 2.प्रत्येक वस्तु गत्यात्मक है। 3. प्रत्येक वस्तु अपने में अन्तर्विरोध लिए हुए है तथा उन अन्तर्विरोधों में गुणात्मक परिवर्तन होने पर एक नवीन वस्तु का सृजन होता है। 4. आत्मा मस्तिष्क का ही परिष्कृत रूप है। 5. समाज, साहित्य, संस्कृति तथा प्रकृति आदि का विश्लेषण इसी द्वंद्वात्मक भौतिकवाद के आधार पर ही किया जा सकता है।

प्रगतिवाद इन्हीं दार्शनिक सिद्धान्तों को लेकर अग्रसर हुआ है। द्वंद्वात्मक भौतिकवाद की आर्थिक और राजनीतिक व्याख्या मार्क्सवाद है तथा साहित्यिक व्याख्या प्रगतिवाद।

हिन्दी की प्रगतिवादी समीक्षा का विकास प्रगतिवादी काव्यधारा के विकास के साथ ही स्वीकार किया जा सकता है। छायावाद की अतिशय वैयक्तिकता एवं समाज निरपेक्षता की प्रतिक्रिया में समाजोन्मुख काव्य-रचना की प्रवृत्ति प्रगतिवादी काव्यधारा के विकास की पृष्ठभूमि बनी। मार्क्सवादी दर्शन ने इस प्रवृत्ति को प्रोत्साहित किया। पंत, निराला, दिनकर आदि कवियों की परवर्ती रचनाओं में इस बदलती मन:स्थिति का स्वर स्पष्ट परिलक्षित होता है।

प्रगतिशील लेखक संघ की भूमिका के बारे में मैं सज्जाद जहीर के हवाले से ही थोड़े विस्तार से चर्चा करूँगा। उन दिनों की वैश्विक परिस्थितियों के बारे में सज्जाद जहीर जो उस समय लंदन में कानून के विद्यार्थी थे, लिखते हैं,

"सन् 1935 से पहले के दो साल का जरा ख्याल कीजिए। सारी दुनिया पर मुसीबत की तरह टूट पड़ने वाले आर्थिक संकट का राजनीतिक प्रभाव जर्मनी में हिटलर और उसकी नाजी पार्टी के डिक्टेटरशिप के रूप में प्रकट हुआ। हमको लंदन में और पेरिस में जर्मनी से भागे या निकाले हुए संकटग्रस्त लोग मिलते थे। फासिज्म के जुर्म की दर्द भरी कहानियाँ हर तरफ सुनाई देती थीं। जर्मनी में स्वाधीनता-प्रेमियों और कम्यूनिस्टों को पूँजीपतियों के गुंडे तरह-तरह के शारीरिक कष्ट पहुँचा रहे थे। वे खौफनाक तस्वीरें जिनमें जनता जनार्दन के प्यारे नेताओं की पीठ और कूल्हे कोड़े के निशानों से काले पड़े हुए दिखाई देते थे। वे खौफनाक घटनाएँ जो समय-समय पर जल्लाद के हथौड़े से किसी बड़े कम्यूनिस्ट लीडर के सर कलम होने के बारे में अखबारों में छपतीं, वह विषादपूर्ण अँधेरा जो ज्ञान और विज्ञान की उस चमकदार दुनिया से, जिसका नाम जर्मनी था, फैलता हुआ सारे यूरोप पर अपनी डरावनी परछाइयाँ डाल रहा था। इन सबने हमारे दिल और दिमाग की भीतरी निष्ठा और चैन को मिटा दिया था। सिर्फ एक शक्ति इस बर्बरता के तूफान का मुकाबला कर सकती थी और वह थी कारखानों के मजदूरों की एकत्र शक्ति। उस संस्था की शक्ति जो इकट्ठा होकर काम करने से, भागीदारी से, पूँजीपतियों के अत्याचारों का हर दिन डटकर मुकाबला करने से, लगातार वर्ग-संघर्ष का अनुभव प्राप्त करके एक ऐसे इंकलाबी संगठन की चेतना पैदा करती जा रही थी जो उस समाज को नीचे घसीटने वाले पूँजीवाद को पराजित करने और भविष्य की नागरिकता का निर्माण करने के योग्य बनाती थी। क्या वह सिर्फ हमारी उम्मीद थी? सिर्फ एक ख्वाहिश? एक अँधेरे में खोए हुए मुसाफिर की तमन्ना कि कहीं से भी रोशनी की एक धुँधली किरण अँधेरे की चादर को चीर दे। (प्रगतिशील सांस्कृतिक आन्दोलन, पृ. 21-22)

नाजियों द्वारा बर्लिन विश्वविद्यालय की लाइब्रेरी को जलाने की घटना की खबर बिलकुल ताजा थी। बर्लिन के ओपेरा स्क्वायर पर सत्तर हजार लोगों की भीड़ के बीच ट्रकों में भर कर बीस हजार से ज्यादा किताबें लाई गईं और उन्हें आग के हवाले कर दिया गया। इनमें जर्मनी के प्रसिद्ध लेखकों हाइनरिष मान, एरिष मारिया रिमार्क आदि की किताबें थीं। इसी तरह देश के दूसरे बड़े शहरों में भी किताबें जलाई गईं। जिनकी किताबें जलाई गईं उनमें ज्यादातर समाजवादी, शान्तिवादी और यहूदी लेखक शामिल थे। यह सारा काम नाजी पार्टी के छात्र-संगठनों के नेतृत्व में हुआ। रेडियो पर उनका सीधा प्रसारण किया गया जिसमें कहा गया कि नैतिक पतन और गिरावट के खिलाफ, परिवार में अनुशासन और नैतिकता बहाल करने के लिए हम हाइनरिष मान, ऐर्न्स्ट ग्लेजर और एरिष केस्टनर की किताबें आग की भेंट करते हैं। यही लोग बाद में होलोकॉस्ट को अमल में ले आए। नाजियों का कहना था कि दुनिया से यहूदियों को मिटाना जर्मन लोगों और पूरी इनसानियत के लिए फायदेमन्द होगा। हालाँकि असल में यहूदियों की ओर से उन्हें कोई खतरा नहीं था। यहूदियों को मारने के लिए उम्र, लिंग, आस्था या काम की परवाह नहीं की गई। लगभग साठ लाख यहूदी गैस चैम्बरों में तड़पा-तड़पा कर मार दिए गए जिसमें पन्द्रह हजार तो सिर्फ बच्चे थे।

प्रगतिशील लेखक संघ के गठन की भूमिका के लिए उक्त वैश्विक परिस्थिति को समझना जरूरी है। सज्जाद जहीर जिन लोगों को साथ लेकर भारत में प्र.ले.स. का गठन कर सके उनमें से उनके अभिन्न सहयोगी और अंग्रेजी के लेखक मुल्कराज आनन्द भी थे। वे भी उस समय लंदन में ही थे और सृजन-रत थे। सज्जाद जहीर लिखते हैं, "मुल्कराज आनन्द का उपन्यास 'अछूत' (अनटचेबुल) छप चुका था और 'कुली' छपने वाला ही था। रीजेंट स्क्वायर की चौथी मंजिल के एक छोटे से कमरे में वह व्यक्ति बैठा लिखा ही करता या फिर उसी के कमरे में हम सब जमा होकर बातें करते और चाय पीते या फिर वह अपनी किसी प्रेमिका से लड़-झगड़कर अपनी करुण कहानी सुनाता।" (उपर्युक्त, पृ. 24) उनके दोस्तों में प्रसिद्ध लेखक रॉल्स फॉक्स भी थे। वे लिखते हैं, "अंग्रेजों में तो हम बहुतों से मिलते-जुलते रहते, लेकिन इनमें से एक व्यक्ति काबिले-जिक्र है, रॉल्स फॉक्स। गो हमसे वय में आठ-दस साल बड़ा रहा होगा, लेकिन वह हमसे इस तरह घुल-मिल जाता कि नस्ल, उम्र, भाषा का अन्तर मिट जाता और यह भी नहीं मालूम होता था कि वह एक प्रसिद्ध और विवेकवान अंग्रेज लेखक है और हम सिर्फ लेखक बनने के इच्छुक।" (उपर्युक्त, पृ. 25)

फिर सज्जाद जहीर इंडियन प्रोग्रेसिव राइटर्स एसोसेशन के औपचारिक गठन का विवरण देते हुए लिखते हैं,

"एक दिन कई आदमियों की सलाह से मेरे कमरे में बाकायदा मीटिंग हुई जिसमें छह-सात आदमी से ज्यादा न थे और हमने इंडियन प्रोग्रेसिव राइटर्स एसोसिएशन को संगठित करने के लिए एक कमेटी बनाई थी। पहले तो काम बहुत ढीला-ढाला रहा। लेकिन शीघ्र ही सबकी दिलचस्पी बढ़ने लगी और यह तय हुआ कि अपने उद्देश्यों का संक्षिप्त परिचय एक मैनिफेस्टो के माध्यम से देना चाहिए।

चार या पाँच आदमियों के सुपुर्द यह काम किया गया। आनन्द (मुल्कराज आनन्द) ने पहला मसविदा तैयार किया। वह लम्बा बहुत था। फिर यह काम डॉक्टर घोष (डॉ. ज्योति घोष) के सुपुर्द हुआ। उन्होंने अपना मसविदा कमेटी के सामने पेश किया। फिर मेरे जिम्मे यह काम दिया गया कि आनन्द और घोष के मसविदा में तरमीम करके (जिनके बारे में कई-कई बार घंटों बहसें की गई थीं) आखिरी मसविदा कमेटी के सामने पेश करूँ। बड़े झगड़े-बखेड़े और एक-एक जुमले और नुक्ते पर लम्बी बहसों के बाद आखिर सभी ने मसविदा मंजूर किया। हमने बड़े प्रबन्ध के साथ अपनी पहली बाकायदा मीटिंग आयोजित की। इस दौरान लंदन, ऑक्सफोर्ड और कैम्ब्रिज के साहित्यिक रुचि रखने वाले भारतीयों में हमने काफी प्रचार कर लिया था। लंदन का एक चीनी रेस्टोरेंटवाला हम पर विशेष कृपालु था। वह हमें अपने गरीब परवर रेस्तराँ का एक पीछे का कमरा अपनी मीटिंगों के लिए मुफ्त दे दिया करता था। इस छोटे से बिना हवा के तहखाने के कमरे में चालीस-पचास आदमी ठुँस सकते थे। वहीं हमारी नियमानुसार पहली बैठक हुई। मुल्कराज आनन्द अध्यक्ष चुने गए और फिर हमने कमेटी की तरफ से मेनिफेस्टो का मसविदा पेश किया जो चन्द तरमीमों के बाद एसोसिएशन ने स्वीकार किया। हम तीन-चार जो एसोसिएशन की कार्यकारिणी में चुने गए, इस मीटिंग से बहुत सन्तुष्ट थे। लंदन में तीस-पैंतीस हिन्दुस्तानियों को इकट्ठा कर लेना ही बहुत बड़ी बात थी। दूसरे यह कि मेनिफेस्टो का तैयार हो जाना हमारे अपने ख्यालात को, जो अभी तक बिखरे से थे मजबूत करता था। प्रगतिशीलता क्या है? प्रगतिशील लेखकों का उद्देश्य क्या है? इन्हें किस तरह काम करना चाहिए? इन सवालों का आरम्भिक रूप हमारी घोषणा में मौजूद था और यह बड़ी बात थी।" (उपर्युक्त, पृ. 26)

प्रेमचन्द इन सारी गतिविधियों से वाकिफ थे। लंदन में हुई उक्त बैठक के बारे में उन्होंने अपने 'हंस' में टिप्पणी लिखी, "हमें यह जानकर सच्चा आनन्द हुआ कि हमारे सुशिक्षित और विचारशील युवकों में भी साहित्य में एक नई स्फूर्ति और जागृति लाने की धुन पैदा हो गई है। लंदन में 'दि इंडियन प्रोग्रेसिव राइटर्स एसोसिएशन' की एक उद्देश्य से बुनियाद डाली गई है और उसने जो अपना मैनिफेस्टो भेजा है, उसे देखकर यह आशा होती है कि अगर यह सभा अपने इस नए मार्ग पर जमी रही तो साहित्य में नवयुग का उदय होगा।" (हंस, जनवरी 1936)

फासीवाद और नाजीवाद के खिलाफ सारी दुनिया में संवेदनशील लेखक संगठित हो रहे थे। इसके कुछ दिन पहले यानी, 1934 ई. में सोवियत संघ में मैक्सिम गोर्की के नेतृत्व में सोवियत लेखक संघ का गठन हो चुका था। इस अवसर पर रोम्याँ रोलाँ, आँद्रे जीद, हेनरी बारबूस, जॉर्ज बर्नार्ड शॉ आदि ने बधाइयाँ और समर्थन के सन्देश भेजे थे। इसी तरह 1935 ई. में पेरिस में हेनरी बारबूस के नेतृत्व में संस्कृति की रक्षा के लिए 'वर्ल्ड काँग्रेस आफ राइटर्स फॉर द डिफेन्स ऑफ कल्चर' का अधिवेशन सम्पन्न हुआ था जिसके संयोजकों में मैक्सिम गोर्की, रोम्याँ रोलाँ, आँद्रे मालरो, टामस मान, वाल्डो फ्रैंक जैसे लेखक थे। इस अधिवेशन का मुख्य उद्देश्य फासिज्म के खिलाफ उत्पीड़ित राष्ट्र के शोषित जनगण के समर्थन में एवं विचार स्वातंत्र्य की रक्षा के लिए लेखकों की आवाज बुलंद करना था। सज्जाद जहीर भी इसमें शामिल हुए थे। (द्रष्टव्य, 'हंस', जनवरी 1948, 'वे दिन जो बीत चुके हैं।')

भाषा के प्रश्न पर प्रेमचन्द हिन्दी-उर्दू एकता के समर्थक थे। 1936 ई. के जनवरी महीने में हिन्दुस्तानी एकेडमी, इलाहाबाद का सालाना जलसा हो रहा था। यह हिन्दी-उर्दू का संयुक्त मंच था। प्रेमचन्द इस जलसे में शरीक हुए। यहीं उनकी मुलाकात रघुपति सहाय फिराक, अहमद अली, मुंशी दयानारायण निगम और सज्जाद जहीर से हुई तथा प्रगतिशील लेखक संघ को सारे हिन्दुस्तान में व्यापक पैमाने पर प्रचारित करने व संगठित करने के बारे में भी बातें हुईं।

रेखा अवस्थी ने लिखा है, "शिवदान सिंह चौहान के हवाले से पता चलता है कि सज्जाद जहीर के भारत वापस आ जाने पर दिसम्बर 1935 के अन्तिम दिनों में ही इलाहाबाद में भारतीय प्रगतिशील लेखक संघ का गठन कर लिया गया था और ड्राप्ट मेनिफेस्टो पर निराला और पंत ने भी हस्ताक्षर किए थे। और प्रगतिशील लेखक संघ को प्रारम्भ में ही रवीन्द्रनाथ टैगोर, जवाहरलाल नेहरू, जयप्रकाश नारायण, आचार्य नरेन्द्र देव आदि के सहयोग का आश्वासन प्राप्त हो गया था।" (प्रगतिशील सांस्कृतिक आन्दोलन, पृ. 41)

इलाहाबाद में सज्जाद जहीर को प्रगतिशील लेखक संघ चलाने के लिए जिनका सहयोग मिला उनमें अहमद अली, रघुपति सहाय फिराक, सैयद एजाज हुसैन, प्रो. एहतेशाम हुसैन, वकार अजीम, सुमित्रानन्दन पंत, शिवदान सिंह चौहान, नरेन्द्र शर्मा आदि के नाम उल्लेखनीय हैं।

10 अप्रैल 1936 ई. को लखनऊ में प्रगतिशील लेखक संघ की नीव डाली गई और कलकत्ता में इसकी एक शाखा खोली गई। इसके संस्थापक सदस्यों में सज्जाद जहीर, मुल्कराज आनन्द, अहमद अली, रशीद जहाँ और महमूदुज्जफर जैसे प्रतिष्ठित साहित्यकार थे। प्रेमचन्द, फैज अहमद फैज, नागार्जुन, फकीर मोहन सेनापति, जोश मलीहाबादी जैसे बड़े साहित्यकार प्रगतिशील आन्दोलन का हिस्सा बने। फैज अहमद फैज लखनऊ की बैठक में भी उपस्थित थे।

इस बैठक की अध्यक्षता मुंशी प्रेमचन्द ने की थी। उन्होंने अपने ऐतिहासिक भाषण में कहा था,

"हमें सुन्दरता की कसौटी बदलनी होगी। अभी तक यह कसौटी अमीरी और विलासिता के ढंग की थी। हमारा कलाकार अमीरों का पल्ला पकड़े रहना चाहता था, उन्हीं की कद्रदानी पर उसका अस्तित्व अवलम्बित था और उन्हीं के सुख-दुख, आशा-निराशा, प्रतियोगिता और प्रतिद्वंद्विता की व्याख्या कला का उद्देश्य था। उसकी निगाह अन्त:पुर और बंगलों की ओर उठती थी। झोंपड़े और खंडहर उसके ध्यान के अधिकारी न थे। उन्हें वह मनुष्यता की परिधि के बाहर समझता था। कभी इनकी चर्चा भी करता तो उनका मजाक उड़ाने के लिए, ग्रामवासी की देहाती वेषभूषा और तौर-तरीके पर हँसने के लिए। उसका शीन काफ दुरुस्त न होना या मुहाविरों का गलत उपयोग उसके व्यंग्य-विद्रूप की स्थायी सामग्री थी। वह भी मनुष्य है, उसके भी हृदय हैं और उसमें भी आकांक्षाएँ हैं—यह कला की कल्पना के बाहर की बात थी...उपवास और नग्नता में भी सौन्दर्य का अस्तित्व सम्भव है, इसे कदाचित वह स्वीकार नहीं करता। उसके लिए सौन्दर्य सुन्दर स्त्री में है। उस बच्चों वाली गरीब रूप-रहित स्त्री में नहीं, जो बच्चे को खेत की मेंड़ पर सुलाए पसीना बहा रही है। उसने निश्चय कर लिया है कि रंगे होंठों, कपोलों और भौंहों में निस्सन्देह सुन्दरता का वास है—उसके उलझे हुए बालों, पपड़ियाँ पड़े हुए होंठों और कुम्हलाए हुए गालों में सौन्दर्य का प्रवेश कहाँ?

पर यह संकीर्ण-दृष्टि का दोष है। अगर उसकी सौन्दर्य देखने वाली दृष्टि में विस्तृति आ जाए तो वह देखेगा कि रंगे होंठों और कपोलों की आड़ में अगर रूप-गर्व और निष्ठुरता छिपी है, तो इन मुरझाए हुए होंठों और कुम्हलाए गालों के आँसुओं में त्याग, श्रद्धा और कष्ट सहिष्णुता है। हाँ, उनमें नफासत नहीं, दिखावा नहीं, सुकुमारता नहीं...।

"हम साहित्य को केवल मनोरंजन और विलासिता की वस्तु नहीं समझते। हमारी कसौटी पर वही साहित्य खरा उतरेगा, जिसमें उच्च चिन्तन हो, स्वाधीनता का भाव हो, सौन्दर्य का सार हो, सृजन की आत्मा हो, जीवन की सच्चाइयों का प्रकाश हो—जो हममें गति और बेचैनी पैदा करे, सुलाए नहीं, क्योंकि अब और ज्यादा सोना मृत्यु का लक्षण है।" (साहित्य का उद्देश्य से)

हिन्दी साहित्य में प्रगतिवादी आलोचना ने जो सबसे महत्त्वपूर्ण कार्य किया वह था साहित्य में पारम्परिक और प्रभाववादी आलोचना पद्धति का निष्कासन। प्रगतिवादियों के लिए साहित्य एक सामाजिक कृति है और उसका मूल्यांकन भी सामाजिक उपयोगिता की दृष्टि से करना उसका अभीष्ट है। प्रगतिवादी समीक्षा की दृष्टि से वही साहित्य उत्कृष्ट होता है जिसमें समाज के शोषित वर्ग का समर्थन हो और जिसमें एक शोषणहीन वर्गहीन समाज की स्थापना पर जोर दिया गया हो। मार्क्सवादी आलोचना, साहित्य की वह आलोचना है जो साहित्य की ऐतिहासिक व्याख्या करती है, समाज और साहित्य के अन्योन्याश्रय तथा गतिशील सम्बन्ध का उद्घाटन करती है और सचेत रूप में समाज को बदलने वाले साहित्य की सृष्टि की ओर लेखक का ध्यान आकृष्ट करती है।

प्रगतिवादी साहित्य में सौन्दर्यबोध का मान भी बदला। प्रगतिवादियों के अनुसार लोक-जीवन के गहरे और व्यापक यथार्थ को उद्घाटित करने से ही साहित्य के सौन्दर्य की सृष्टि होती है। प्रगतिवादियों ने सौन्दर्य को जीवन के बीच देखा। प्रगतिवाद ने समाज के तथाकथित छोटे, अनपढ़, गँवार मनुष्यों और उनके जीवन के अँधेरे में पड़ी समस्याओं और पीड़ाओं को उद्घाटित कर सच्चे अर्थों में यथार्थवाद का स्वरूप आलोकित किया। प्रगतिवादियों को प्रकृति का वही रूप सुन्दर दिखाई पड़ा जो आम जन के संघर्षमय जीवन से जुड़ा हुआ था। प्रगतिवादी समीक्षा ने इसी सौन्दर्य से मंडित साहित्य को वास्तव में 'सुन्दर साहित्य' कहा। प्रगतिवादी समीक्षक हिन्दी साहित्य की परम्परा को मूलत: एक जनवादी परम्परा के रूप में ही देखते हैं।

प्रगतिवादी समीक्षा काव्य में प्रेषणीयता को महत्त्व देती है और भाषा-शैली की सुबोधता का समर्थन करती है। सामान्य जीवन से गृहीत भाषा और शैली के तत्त्व स्थायी और अपेक्षाकृत अधिक प्रभावोत्पादक होते हैं। भाषा, छंद, अलंकार सभी में लोक-जीवन की सहजता और सादगी को देखने पर बल दिया गया। इस प्रकार इस समीक्षा के अन्तर्गत भाषा-शैली को भी जनवादी मूल्यांकन की परिधि में लिया गया।

विषयवस्तु की प्रधानता इस समीक्षा की अन्य महत्त्वपूर्ण विशेषता है। कला और विषयवस्तु दोनों ही समान रूप से साहित्य रचना के लिए निर्णायक नहीं हैं। निर्णायक भूमिका हमेशा विषयवस्तु की होती है। जिसके पास उच्च कोटि के विचार नहीं हैं, यथार्थ का गहरा ज्ञान नहीं है, वह सिर्फ कला को निखारने की कोशिश करके उत्कृष्ट साहित्य नहीं रच सकता। इस तरह प्रगतिवादी समीक्षा ने साहित्य को व्यवस्था-परिवर्तन और सामाजिक-क्रान्ति का हथियार अवश्य माना किन्तु साहित्य की भावात्मक और अनुभूत्यात्मक स्थिति की उपेक्षा नहीं की।

प्रगतिवादी आलोचना का ही एक पक्ष जनवादी आलोचना भी है। जनवादी लेखक संघ के गठन के बाद जनवादी साहित्य का तेजी से विकास हुआ। अनेक साहित्यकार संगठनों से जुड़े और उन्हें राजनीतिक प्रश्रय मिला क्योंकि जनवादी लेखक संघ वस्तुत: भारत की कम्यूनिस्ट पार्टी (मार्क्सवादी) द्वारा गठित हिन्दी-उर्दू लेखकों का संगठन है। इसी तरह प्रगतिशील लेखक संघ का सम्बन्ध भारतीय कम्यूनिस्ट पार्टी से है। साहित्य में आम आदमी की समस्याओं के चित्रण को महत्त्व, सामाजिक विद्रूपताओं और विसंगतियों का उद्‌घाटन, वर्गीय दृष्टिकोण, वैज्ञानिक चेतना, व्यवस्था के दमन और तानाशाही का प्रतिरोध, आजादी, लोकतंत्र, संविधान और कानून के खोखलेपन का चित्रण करने वाले साहित्य को महत्त्व देने वाली रचनाओं की प्रतिष्ठा प्रगतिवादी समीक्षा का मुख्य उद्‌देश्य है।

हिन्दी में इस समीक्षा पद्धति का पर्याप्त विकास हुआ। शिवदान सिंह चौहान, प्रकाशचन्द्र गुप्त, रामविलास शर्मा, मुक्तिबोध, अमृत राय, रांगेय राघव, नामवर सिंह, शिवकुमार मिश्र आदि अनेक समीक्षकों ने इसी आधार पर साहित्य का मूल्यांकन किया है। यह समीक्षा प्रणाली अब भी सक्रिय है और इसका भविष्य उज्ज्वल है।

प्रकाशचन्द्र गुप्त

प्रगतिशील लेखक संघ के गठन के काल से ही प्रकाशचन्द्र गुप्त (16.03.1908–10.11.1970) साहित्यालोचना के क्षेत्र में सक्रिय रहे हैं। 'नया हिन्दी साहित्य : एक दृष्टि' नामक उनकी पहली आलोचनात्मक कृति 1941 ई. में प्रकाशित हुई जिसमें उन्होंने मार्क्सवादी नजरिए से आधुनिक हिन्दी साहित्य का मूल्यांकन किया है। उनकी अन्य आलोचनात्मक पुस्तकों में 'आधुनिक हिन्दी साहित्य : एक दृष्टि', 'हिन्दी साहित्य की जनवादी परम्परा', 'साहित्यधारा', 'आज का हिन्दी साहित्य', 'प्रेमचन्द' आदि प्रमुख हैं। इनमें 'हिन्दी साहित्य की जनवादी परम्परा' और 'प्रेमचन्द' नामक पुस्तकें खासी चर्चित हुईं। 'हिन्दी साहित्य की जनवादी परम्परा' शीर्षक अपनी प्रसिद्ध पुस्तक में वे तुलसी से लेकर प्रेमचन्द और फणीश्वरनाथ रेणु तक के साहित्य का मूल्यांकन करते हैं।

इस पुस्तक की भूमिका में उन्होंने लिखा है, "हिन्दी साहित्य की परम्परा मूलत: एक जनवादी परम्परा रही है। हिन्दी के साहित्यकारों ने पूर्वकाल से ही भारतीय जनता की भावनाओं को अपने साहित्य में व्यक्त किया है, उसके दुख-सुख के गीत गाए हैं और लोक कल्याण के आदर्श को सदैव ही अपने सामने रक्खा है। हिन्दी के भक्त कवि इसी श्रेणी में आते हैं। भारत के लम्बे सामंती युग में ऐसे क्षण भी आए हैं, जब कि जीवन के ठहरे पानी में ही साहित्य प्रतिबिम्बित हुआ है। रीतिकाल का साहित्य ऐसा ही साहित्य था। हिन्दी का आधुनिक साहित्य भारत के नव-जागरण का साहित्य है और प्रेमचन्द कथाकार उसके उज्ज्वल प्रतीक हैं।" (हिन्दी साहित्य की जनवादी परम्परा, भूमिका)

प्रकाशचन्द्र गुप्त की आलोचना-दृष्टि के बारे में मधुरेश ने लिखा है, "वे न तो तुलसी के अन्तर्विरोधों को अनदेखा करते हैं और न ही उन पर एकांगी रूप में आक्रमण करते हैं। वे सिर्फ उन्हें समझने के बाद उन्हें छोड़कर हिन्दी साहित्य की जनवादी परम्परा के विकास पर बल देते हैं। अपने इस अभियान में वे कबीर से लेकर प्रेमचन्द तक आते हैं। प्रेमचन्द को वे आधुनिक भारत के तीन महालेखकों—रवीन्द्रनाथ, शरच्चन्द्र और प्रेमचन्द—के बीच रखकर उनका मूल्यांकन करते हैं।" (हिन्दी आलोचना का विकास, पृ. 159)

प्रकाशचन्द्र गुप्त ने किसी साहित्यिक रचना का साहित्येतर मानदंडों पर किए जाने वाले मूल्यांकन का विरोध किया है। उनकी दृष्टि में ऐतिहासिक उपन्यास भी अन्तत: साहित्य का एक रूप है, उसे इतिहास के विवादास्पद मुद्दों को सुलझाने की रणभूमि नहीं बनाया जा सकता। शेक्सपियर के अनेक नाटकों का उल्लेख करते हुए उन्होंने बताया कि उनमें रोमन इतिहास सम्बन्धी अनेक असंगतियों के बावजूद वे साहित्य की अमर कृतियों के रूप में समादृत हैं।

प्रकाशचन्द्र गुप्त एक उदार दृष्टिसम्पन्न मार्क्सवादी आलोचक हैं। जो लेखक घोषित रूप से प्रगतिवादी नहीं हैं उन पर भी उन्होंने उसी उदारता और निष्ठा के साथ लिखा है। उन्होंने प्रसाद, पंत, महादेवी वर्मा, दिनकर, नरेन्द्र शर्मा से लेकर बच्चन, जैनेन्द्र, भगवतीचरण वर्मा और अज्ञेय पर भी लिखा। उनकी आलोचना निषेध, नकार और विध्वंस की नहीं बल्कि स्वीकार और सहमति पर जोर देने वाली स्वस्थ और उदारदृष्टि वाली आलोचना है। मधुरेश के शब्दों में, "प्रकाशचन्द्र गुप्त मार्क्सवादी आलोचना के चयनवादी सिद्धान्त और संकीर्णता के विरुद्ध थे क्योंकि कुल मिलाकर वह रचना के विरोध में जाने वाली दृष्टि थी। इसीलिए जब साहित्य में संयुक्त मोर्चों का सवाल उठाया गया, प्रकाशचन्द्र गुप्त ने उत्साहपूर्वक उसका समर्थन किया। अपने आलोचनात्मक प्रतिमानों को अनावश्यक रूप से लचीला बनाए बिना उन्होंने उन बहुत से लेखकों को साथ लेकर चलने की बात की थी जो घोषित रूप से प्रगतिवादी न होने पर भी कम से कम प्रगतिविरोधी नहीं थे और साहित्य एवं समाज के अन्तर्सम्बन्धों को स्वीकृति देते थे।" (हिन्दी आलोचना का विकास, पृ. 160)

प्रकाशचन्द्र गुप्त अपने रिपोर्ताजों के लिए भी जाने जाते हैं। 'अल्मोड़ा का बाजार' तथा 'बंगाल का अकाल' उनके प्रमुख रिपोर्ताज हैं।

भगवतशरण उपाध्याय

बलिया (उ.प्र.) जिले के 'उजियारपुर' नामक गाँव में जन्मे, काशी से पढ़े-लिखे भारतीय इतिहास, संस्कृति एवं पुरातत्त्व के गहन अध्येता और विक्रम विश्वविद्यालय में इतिहास के शिक्षक रहे डॉ. भगवतशरण उपाध्याय (अक्टूबर,1910-12.08.1982) का व्यक्तित्व विलक्षण और बहुआयामी है। वे इतिहास और संस्कृति के साथ-साथ संस्कृत साहित्य के भी मर्मज्ञ विद्वान और चिन्तक हैं। वे कथाकार हैं, कोशकार हैं, यात्रावृत्तकार हैं, रिपोर्ताजकार हैं और समीक्षक हैं। उनकी दृष्टि मार्क्सवादी है इसीलिए अपने इतिहास और संस्कृति के प्रति उनकी दृष्टि वैज्ञानिक और विश्वसनीय है।

भगवतशरण उपाध्याय की कृतियों की संख्या एक सौ से ऊपर है। 'कालिदास का भारत', 'सांस्कृतिक निबन्ध', 'समीक्षा के सन्दर्भ', 'विश्व साहित्य की रूपरेखा', 'साहित्य और कला', 'खून के छींटे इतिहास के पन्नों पर' आदि उनकी प्रमुख आलोचनात्मक पुस्तकें हैं। इसमें 'कालिदास का भारत' बहुत महत्त्वपूर्ण पुस्तक है जो मूलत: अंग्रेजी में प्रकाशित हुई और बाद में हिन्दी में भी। उनकी दूसरी पुस्तक 'सांस्कृतिक निबन्ध' में वेद और परवर्ती संस्कृत साहित्य पर प्रामाणिक लेख हैं जिनसे भारतीय समाज और संस्कृति को समझने में मदद मिलती है। राहुल, यशपाल, दिनकर, हजारीप्रसाद द्विवेदी आदि की कृतियों की उन्होंने समीक्षा की है। अपनी समीक्षा-दृष्टि के विषय में उन्होंने स्वयं लिखा है, "आलोचना के क्षेत्र में मैं शत्रु-मित्र नहीं मानता। अनेक बार मित्रों और गुरुजनों की कृतियाँ क्षत-विक्षत हो गई हैं, परिचितों की प्रशंसित। आलोचक सहृदय होकर भी साहित्यिक भाव-सत्ता का दंडधर होता है। यदि महानों की महत्ता ने उसे आतंकित कर दिया, उनकी लघुता उसके दृष्टिपथ से ओझल हो गई अथवा उदीयमानों के प्रति प्रतिष्ठित समीक्षकों की उदासीनता उनकी उपेक्षा का कारण बनी तो समीक्षा का अर्थ असिद्ध हो गया, दंडधर कर्तव्यच्युत हो गया। मेरे सामने व्यक्ति नहीं, सदैव उसकी कृति रही है।" (समीक्षा के सन्दर्भ, भूमिका, पृ. 5)

अपनी समीक्षाओं में रचना को ऐतिहासिक आधार पर आमतौर पर वे खारिज करते रहते हैं। हाँ, हजारीप्रसाद द्विवेदी की 'बाणभट्ट की आत्मकथा' उन्हें खूब पसन्द आई है।

'भारतीय संस्कृति के स्रोत' भगवतशरण उपाध्याय की अत्यन्त महत्त्वपूर्ण पुस्तक है जिसके आधार पर उनकी आलोचनात्मक दृष्टि का आकलन किया जा सकता है। वे इतिहास को एक नैरंतर्य में देखते हैं। उनकी दृष्टि में इतिहास क्रमिक इतिवृत्त है। इतिहास का अतीत होता है, वर्तमान होता है और भविष्य भी होता है। वे इतिहास में सामान्य जन को अधिक महत्त्व देते हैं।

उन्होंने नागरी प्रचारिणी सभा, काशी द्वारा प्रकाशित 'हिन्दी विश्वकोश' (चार खंड) तथा 'भारतीय व्यक्ति कोश' (तीन खंड) का सम्पादन करके हिन्दी की श्रीवृद्धि में बड़ा योगदान किया है।

इस तरह भगवतशरण उपाध्याय रूढ़ अर्थ में हिन्दी के आलोचक नहीं हैं क्योंकि उनका लेखन और चिन्तन का क्षेत्र बहुत व्यापक है, किन्तु समाज, संस्कृति और साहित्य को देखने की उनकी वैज्ञानिक दृष्टि समाज, साहित्य और संस्कृति को गति प्रदान करने वाली है।

शमशेर बहादुर सिंह

अपने ननिहाल देहरादून में जन्मे, इलाहाबाद में पढ़े-लिखे, आजीवन अभावों से जूझते रहने वाले शमशेर बहादुर सिंह (03.01.1911-12.05.1993) मुख्यत: कवि हैं और 'कवियों के कवि' के रूप में जाने जाते हैं, किन्तु एक समीक्षक के रूप में भी उनकी प्रतिष्ठा है। शमशेर की समीक्षाओं का एक संकलन 'दो-आब' नाम से प्रकाशित है जिसमें 'हंस' और 'नया साहित्य' में समय-समय पर प्रकाशित उनके द्वारा लिखी गई महत्त्वपूर्ण कृतियों की समीक्षाएँ संकलित हैं। इसके अलावा 'शमशेर बहादुर सिंह की कुछ गद्य रचनाएँ' 1989 में तथा 'कुछ और गद्य रचनाएँ' 1992 में प्रकाशित हुई हैं जिनमें उनकी समीक्षाएँ प्रकाशित हैं। 'दो-आब' में उन्होंने 'मुसद्दस' और 'भारत भारती' की तुलना करते हुए सुन्दर समीक्षा की है। इसी में उन्होंने 'तार सप्तक' की समीक्षा करते हुए लिखा है कि प्रयोग ही 'तार सप्तक' का नारा है, किन्तु इस दिशा में इसकी कोई खास विशेषता नहीं लक्षित होती। उन्होंने 'तार सप्तक' के कुछ प्रमुख कवियों, खासकर रामविलास शर्मा, भारतभूषण अग्रवाल, गिरिजाकुमार माथुर, प्रभाकर माचवे और नेमिचन्द्र जैन की अन्तर्वृत्तियों का सूक्ष्म परीक्षण किया है।

'चाँद का मुँह टेढ़ा है' की विस्तृत भूमिका शमशेर ने लिखी है। यह भूमिका मुक्तिबोध की कविताओं का बहुत ही सार्थक और विवेकवान विश्लेषण है जिसमें एक कवि की संवेदनशील एवं पैनी दृष्टि दिखाई पड़ती है।

रमण सिन्हा से एक बातचीत में उन्होंने मार्क्सवादी विचारधारा के महत्त्व का उल्लेख करते हुए कहा है, "दो चीजें जरूरी है—एक ऑक्सीजन, दूसरे मार्क्सवाद। ऑक्सीजन कैसे प्राप्त होता है, एक तो खुले में रहने से, बन्द-बन्द जगहों में बँधे-खिंचे रहने से वह प्राप्त नहीं होता, जैसा कि होना चाहिए। देहात में रहने वाले इसीलिए कमजोर चाहे दिखें लेकिन उनके पंजर में एक गर्मी, एक आग, एक अजब स्वास्थ्य की लहर होती है। दूसरे मार्क्सवाद, जो बौद्धिक-मानसिक स्वास्थ्य के लिए आवश्यक है। वो आधुनिक हिन्दू की गीता है और आधुनिक मुस्लिम के लिए कुरान की आयतें हैं। मेरा मार्क्सवाद में विश्वास है लेकिन मार्क्सवाद के इतने स्कूल हैं, इतनी किस्में हो गई हैं कि मैं किन्हीं में अपना नाम दर्ज नहीं कराना चाहता।" (उद्धृत, पक्षधर, शमशेर विशेषांक, जुलाई-2011, पृ. 24)

समीक्षक शमशेर की सर्वाधिक महत्त्वपूर्ण विशेषता यह है कि उन्होंने हिन्दी के साथ ही उर्दू के साहित्यकारों की भी समीक्षा की है। यदि उनके बाद की आलोचना उनके द्वारा दिखाए गए मार्ग पर आगे बढ़ती तो हिन्दी और उर्दू की दूरी बहुत कम हो गई होती। 'कुछ और गद्य रचनाएँ' शीर्षक ग्रंथ में उन्होंने निराला, सुभद्राकुमारी चौहान, नरेन्द्र शर्मा, केदारनाथ अग्रवाल, बालकृष्ण राव, कैफी आजमी, उपेन्द्रनाथ अश्क, मुक्तिबोध, नामवर सिंह आदि के सम्बन्ध में अत्यन्त आत्मीय भाव से समीक्षाएँ लिखी हैं। इसके अलावा उन्होंने अमूर्त कला तथा कला और साहित्य में प्रयोगवाद जैसे सैद्धान्तिक विषयों पर भी समीक्षाएँ लिखी हैं। यदि वे समीक्षा के क्षेत्र में आगे बढ़े होते तो निश्चय ही हिन्दी समीक्षा और भी अधिक समृद्ध होती।

शमशेर बहादुर सिंह रचनावली छ: खंडों में प्रकाशित है जिसका सम्पादन रंजना अरगड़े ने किया है। शमशेर के जीवन का उत्तरकाल रंजना अरगड़े के यहाँ, उन्हीं की देखभाल में बीता और उन्होंने ही पूरी निष्ठा से सारी जिन्मेदारियाँ भी निभाईं। अहमदाबाद में उन्हीं के घर शमशेर का निधन भी हुआ।

रामविलास शर्मा

कलकत्ता विश्वविद्यालय का भाषा विज्ञान विभाग देश का सबसे पुराना भाषा विज्ञान विभाग है। यहाँ सुनीति कुमार चाटुर्ज्या और सुकुमार सेन जैसे भाषा वैज्ञानिक अध्यापन कर चुके हैं। एक दिन मैंने उस विभाग के एक प्रतिष्ठित और वरिष्ठ प्रोफेसर से पूछा कि क्या वे भाषा विज्ञान के क्षेत्र में रामविलास शर्मा (10.10.1912-30.5.2000) के अवदानों से परिचित हैं? तो उन्होंने उनके अवदानों से ही नहीं, उनके नाम से भी अपनी अनभिज्ञता जाहिर की। मैं हतप्रभ था, सोचने लगा कि यदि रामविलास शर्मा ने भाषा विज्ञान की अपनी किताबें अंग्रेजी में लिखी होतीं तो कलकत्ता विश्वविद्यालय के भाषा विज्ञान विभाग के शिक्षक, रामविलास शर्मा से परिचय की कौन कहे उन्हें कोर्स में रखने के लिए बाध्य होते। भाषा विज्ञान के क्षेत्र में उनकी अनेक स्थापनाएँ इतनी महत्त्वपूर्ण हैं कि उनसे परिचित हो जाने के बाद किसी भी ईमानदार भाषावैज्ञानिक के लिए उनकी उपेक्षा कर पाना सम्भव न होता।

मार्क्सवादी ऋषि रामविलास शर्मा लखनऊ विश्वविद्यालय से अंग्रेजी साहित्य के गोल्डमेडलिस्ट थे, डॉक्टरेट थे और बलवंत राजपूत कॉलेज, आगरा में अंग्रेजी के प्रोफेसर थे। वे आजीवन अंग्रेजी पढ़ाते रहे किन्तु उन्होंने अपना सारा महत्त्वपूर्ण लेखन अपनी जातीय भाषा हिन्दी में किया—यह जानते हुए भी कि अंग्रेजी में लिखने से वे सहज ही अन्तरराष्ट्रीय लेखक बन सकते थे। उन्होंने भाषा विज्ञान की किताबें हिन्दी में लिखकर यहाँ के बुद्धिजीवी वर्ग की औपनिवेशिक जड़ मानसिकता पर प्रहार तो किया ही, अपनी जाति के प्रति त्याग की एक अद्‌भुत मिसाल कायम की।

रामविलास शर्मा के महान कार्य का आज तक समुचित मूल्यांकन नहीं हो सका है। इसका एक कारण यह भी है कि वे एक कॉलेज में अंग्रेजी पढ़ाते रहे। उनके पास हिन्दी पढ़ने वाले शिष्यों की न तो बड़ी सेना थी और न विश्वविद्यालयों में उनके अनुयायी और रिश्तेदार ही थे जिनका उन्हें समय-समय पर समर्थन मिल पाता। अपने जीवन के बहुमूल्य बीस साल उन्होंने सिर्फ भाषा विज्ञान के अध्ययन को दिया जिसका सुफल क्या निकला—इसका उदाहरण वह प्रसंग है जिसका उल्लेख मैंने ऊपर किया है।

उत्तर प्रदेश के 'ऊँचगाँव सानी', जिला उन्नाव में जन्मे रामविलास शर्मा हिन्दी के महान आलोचक, भाषा वैज्ञानिक, निबन्धकार, कवि, अनुवादक और चिन्तक हैं। वे ऋग्वेद और मार्क्स के गहरे अध्येता, इतिहास वेत्ता और राजनीति-विशारद हैं। उन्हें सभ्यता समीक्षक कहा जा सकता है। उन्होंने सौ से अधिक पुस्तकों की रचना की है। उनकी प्रमुख आलोचनात्मक पुस्तकें हैं, प्रेमचन्द', 'प्रेमचन्द और उनका युग', 'भारतेदु हरिश्चन्द्र', 'निराला की साहित्य साधना' (तीन खंड) 'स्वाधीनता और राष्ट्रीय साहित्य', 'महावीरप्रसाद द्विवेदी और हिन्दी नवजागरण', 'आचार्य रामचन्द्र शुक्ल और हिन्दी आलोचना', 'मार्क्स और पिछड़े हुए समाज', 'भारत में अंग्रजी राज और मार्क्सवाद', 'संस्कृति और साहित्य', 'प्रगति और परम्परा', 'लोक-जीवन और साहित्य', 'आस्था और सौन्दर्य', 'साहित्य : स्थायी मूल्य और मूल्यांकन', 'प्रगतिशील साहित्य की समस्याएँ', 'नई कविता और अस्तित्ववाद', 'सन् सत्तावन की राज्यक्रान्ति और मार्क्सवाद', 'कथा विवेचना और गद्य-शिल्प', 'भारतीय सौन्दर्यबोध और तुलसीदास', 'भारतीय संस्कृति और हिन्दी प्रदेश' (दो खंड), 'स्वाधीनता संग्राम : बदलते परिप्रेक्ष्य', 'मार्क्स, त्रात्सकी और एशियाई समाज', 'पश्चिमी एशिया और ऋग्वेद', 'भारतीय नवजागरण और यूरोप', 'इतिहास दर्शन', 'भारतीय साहित्य की भूमिका', 'गांधी, आंबेडकर, लोहिया और भारतीय इतिहास की समस्याएँ', 'मेरे साक्षात्कार', 'आज के सवाल और मार्क्सवाद', 'पाश्चात्य दर्शन और सामाजिक अन्तर्विरोध—थेल्स से मार्क्स तक', 'लोकजागरण और हिन्दी साहित्य', 'रूप तरंग और प्रगतिशील कविता की वैचारिक पृष्ठभूमि', 'प्रगतिशील काव्यधारा और केदारनाथ अग्रवाल' आदि।

उनकी रचनात्मक पुस्तकों में 'चार दिन' (उपन्यास), 'पाप के पुजारी' (नाटक), 'महाराजा कठपुतली सिंह' (प्रहसन), 'अपनी धरती अपने लोग' (तीन खंड, आत्मकथा), 'बुद्ध वैराग्य तथा प्रारम्भिक कविताएँ', 'सदियों से सोए जाग उठे' आदि (कविताएँ), 'मित्र संवाद', 'अत्र कुशलम् तत्रास्तु' (पत्र साहित्य) आदि प्रमुख हैं। उन्होंने 'समालोचक' नामक पत्र का सम्पादन भी किया है और प्रगतिशील लेखक संघ के महासचिव के रूप में लेखकों के संगठन का सफलतापूर्वक नेतृत्व भी किया है। अपने विशाल मौलिक कार्य के द्वारा हिन्दी आलोचना को उत्कर्ष तक पहुँचाने में डॉ. शर्मा ने अद्‌भुत प्रतिभा का परिचय दिया है।

रामविलास शर्मा के सबसे प्रिय आलोचक हैं आचार्य रामचन्द्र शुक्ल। आचार्य शुक्ल प्रगतिशील दृष्टिसम्पन्न आलोचक हैं, लेकिन उनकी आलोचना में यदा-कदा असंगतियाँ भी दिखाई देती हैं। ये असंगतियाँ उनके दार्शनिक दृष्टिकोण से सम्बन्धित हैं और उनके सामाजिक, राजनीतिक तथा साहित्यिक दृष्टिकोण से भी। उदाहरणार्थ अपने दार्शनिक विचारों में वे भौतिकवादी प्रतीत होते हैं पर वे यह भी मानते हैं कि इस संसार का स्रष्टा एक अगोचर सत्ता है। यह भौतिकवाद नहीं, अपितु 'वस्तुनिष्ठ भाववाद' है। अपने 'हिन्दी साहित्य का इतिहास' में उन्होंने एक ओर कबीरदास की प्रशंसा इसलिए की है कि मनुष्य की सामान्य भावना को आगे करके निम्न श्रेणी की जनता में उन्होंने आत्मगौरव का भाव जगाया और दूसरी ओर अपनी 'गोस्वामी तुलसीदास' नामक पुस्तक में उन्होंने तुलसीदास द्वारा समर्थित वर्ण व्यवस्था को समाज के लिए 'आदर्श व्यवस्था' कहकर पेश किया है।

डॉ. शर्मा ने मार्क्सवादी दृष्टिकोण की सहायता से हिन्दी आलोचना को ऐसी तमाम विसंगतियों से मुक्त किया। शुक्ल जी ने तुलसी, जायसी और सूर पर विस्तृत आलोचना लिखकर मध्यकालीन हिन्दी साहित्य की प्रगतिशील परम्परा का अनुसन्धान किया था जबकि डॉ. शर्मा प्रमुखत: आधुनिक काल के साहित्य के

आलोचक हैं। उन्होंने प्रेमचन्द, भारतेन्दु, निराला, रामचन्द्र शुक्ल और महावीरप्रसाद द्विवेदी पर आलोचनात्मक पुस्तकें लिखकर आधुनिक हिन्दी साहित्य की प्रगतिशील धारा का उद्‌घाटन किया। तुलसीदास पर उनकी कृति बहुत बाद में आई।

अपनी मान्यताओं के बारे में डॉ. शर्मा लिखते हैं कि "यह अत्यन्त आवश्यक है कि हम अपने साहित्य की पुरानी परम्पराओं से परिचित हों। परिचित होने के साथ-साथ हमें उनके श्रेष्ठ तत्त्वों को ग्रहण भी करना चाहिए...मेरा उन लोगों से मतभेद है जो साहित्य को समाजहित या अहित से परे मानकर केवल रूप की प्रशंसा करके आलोचना की इति कर देते हैं। उनके लिए बिहारी और तुलसीदास समान रूप से वंदनीय हैं। प्राचीन साहित्य का मूल्यांकन करते हुए मेरी दृष्टि में समाज का हित और अहित भूल नहीं जाना चाहिए। यदि दरबारों में राजाओं की चाटुकारिता करते हुए भी श्रेष्ठ साहित्य रचा जा सकता था तो इसे संत कवियों की सनक ही माननी चाहिए कि वे दरबारों में आनन्दपूर्वक समय न बिताकर चिमटा बजाते हुए रूढ़िवादियों का विरोध सहन करते रहे।" (संस्कृति और साहित्य, भूमिका, पृ. 6-7)

डॉ. शर्मा के अनुसार साहित्य की प्रगतिशीलता का प्रश्न वास्तव में समाज पर साहित्य के शुभ और अशुभ प्रभाव का प्रश्न है। प्रगतिशील साहित्य तभी प्रगतिशील है, जब वह साहित्य भी है तथा श्रेष्ठ साहित्य सदा प्रगतिशील होता है। प्रगतिशील जीवनदृष्टि के कारण ही उन्होंने आदर्शवाद, निराशावाद, प्रतीकवाद, मनोविश्लेषणवाद, अभिव्यंजनावाद तथा राजनीति के क्षेत्र में साम्राज्यवाद, सामंतवाद, प्रतिक्रियावाद तथा साम्प्रदायिकता, धार्मिक रूढ़िवादिता आदि सभी ऐसी धारणाओं का प्रतिरोध किया है जो प्रतिक्रियावादी अथवा यथास्थितिवादी है।

सौन्दर्य के प्रति रूढ़ मान्यताओं के विरुद्ध डॉ. शर्मा की दृष्टि मार्क्सवादी है। सौन्दर्य और नैतिकता के अनिवार्य रिश्ते को रेखांकित करते हुए उनका कहना है कि इन्द्रियबोध के स्तर तक जो सौन्दर्य सीमित है, उससे जरा ऊँचे उठकर जहाँ आप भावना और विचार के सौन्दर्य के स्तर पर जाते हैं वहीं नैतिकता का सवाल खड़ा हो जाता है। साहित्य से आनन्द मिलता है यह अनुभव सिद्ध बात है, लेकिन साहित्य शास्त्र यहाँ समाप्त नहीं होता, बल्कि यहीं से उसका श्रीगणेश होता है। माना कि साहित्य से आनन्द आता है, उससे आपके कर्ममय जीवन पर किस तरह का प्रभाव पड़ता है? किस तरह के संस्कार आप के मन में बनते-बिगड़ते है? सौन्दर्य का नैतिकता से सम्बन्ध स्वीकार करने का मतलब है सौन्दर्य की उपयोगिता स्वीकार करना। डॉ. शर्मा कहते हैं कि सहृदय कवियों के लिए सुन्दर कर्म से बाहर सौन्दर्य की सत्ता है ही नहीं। उनका साहित्य मानव कर्म से ही प्रभावित होता है, मानव कर्म को प्रभावित करने के लिए होता है।

डॉ. शर्मा के के अनुसार कला के दोनों आयाम रूप और वस्तु परस्पर अभिन्न हैं। पर रचना प्रक्रिया में निर्णायक भूमिका विषयवस्तु की होती है। यही कारण है कि जैसी विषयवस्तु होती है प्राय: वैसा ही साहित्य का रूप भी होता है। डॉ. शर्मा ने बिहारी और मीरा की कविताओं के उदाहरण से इस तथ्य की पुष्टि की है। बिहारी रस और अलंकारों के महान ज्ञाता थे, परन्तु उनकी विषयवस्तु का सामाजिक आधार कमजोर था। 'हुकुमपाय जैसाह' उन्होंने बड़े कलात्मक दोहे लिखे, परन्तु उस कलात्मकता में मध्यकालीन समाज का मनुष्य पराधीनता के बन्धनों में बँधकर रह गया है। इसके विपरीत मीरा ने विभिन्न रूपों में इसी मुक्तिभावना की चेष्टा को व्यक्त किया है।

रामचन्द्र शुक्ल के अलावा भारतेन्दु हरिश्चन्द्र, महावीरप्रसाद द्विवेदी, प्रेमचन्द और निराला, रामविलास शर्मा के सर्वाधिक प्रिय लेखक हैं। भारतेन्दु और उनके युग के साहित्य की प्रशंसा करते हुए उन्होंने लिखा कि "भारतेन्दु युग का साहित्य हिन्दी भाषी जनता का जातीय साहित्य है। वह हमारे जातीय नवजागरण का साहित्य है। भारतेन्दु युग की जिन्दादिली, उसके व्यंग्य और हास्य, उसके सरल-सरस गद्य और लोक संस्कृति से उसकी निकटता से सभी परिचित हैं। ये उसकी जातीय विशेषताएँ हैं। अंग्रेजी साम्राज्यवाद और अंग्रेजी साहित्य एक ही वस्तु नहीं है। भारतेन्दु युग के साहित्य ने न केवल अंग्रेजी साहित्य से वरन् बंगला साहित्य से भी प्रेरणा पाई है। लेकिन उनके साहित्य की जड़ें इसी धरती में हैं और ऊपर से बताई हुई उसकी जातीय विशेषताएँ उसकी अपनी हैं, मौलिक हैं।" (भारतेन्दु युग और हिन्दी भाषा की विकास परम्परा, तीसरे संस्करण की भूमिका)

रामविलास जी के अनुसार आचार्य महावीरप्रसाद द्विवेदी की विशेषता यह है कि वे अंग्रेजी साम्राज्यवाद के विरुद्ध लड़ने वाली जनता की प्रमुख शक्तियों—किसान और मजदूर को पहचानते थे। वे देश के औद्योगिक विकास को महत्त्व देते थे। हिन्दी को उसका अधिकार दिलाने के लिए सचेष्ट थे। वे हिन्दी भाषी प्रदेश के

नवजागरण के प्रतीक थे। उनका निश्चित मत है कि "साहित्य में जो रीति-विरोधी क्रान्ति शुरू हुई उसका पहला चरण है द्विवेदी युग और उसी का विकास छायावाद और प्रगतिवाद में होता है। ये तीनों युग एक-दूसरे से भिन्न है, साथ ही एक-दूसरे के पूरक भी हैं। द्विवेदी युग की भूमिका आधुनिक साहित्य का मार्ग प्रशस्त करने वाले अग्रदल की भूमिका है।" (महावीरप्रसाद द्विवेदी और हिन्दी नवजागरण, पृ. 277)

आलोचना के क्षेत्र में आचार्य शुक्ल के महत्त्व की प्रतिष्ठा के लिए ही डॉ. शर्मा ने' आचार्य रामचन्द्र शुक्ल और हिन्दी आलोचना' नामक पुस्तक लिखी। इस पुस्तक में उन्होंने शुक्ल जी पर विभिन्न आलोचकों ने जो आक्षेप लगाए हैं उनका समुचित उत्तर दिया है और समग्र रूप से शुक्ल जी की आलोचना-दृष्टि तथा उनके आलोचना-कर्म का मूल्यांकन किया है। उन्होंने यथास्थान शुक्ल जी की असंगतियों का भी निर्देश किया है जिससे यह स्पष्ट होता गया है कि किस तरह शुक्लजी के बाद हिन्दी आलोचना वैज्ञानिक ढंग से विकसित हुई है।

उन्होंने प्रेमचन्द को बहुत महत्त्व दिया है। प्रेमचन्द को महत्त्व देने का मुख्य कारण यह है कि उन्होंने जनता को अपनी कला का शक्ति-स्रोत माना है। वे इस बात के प्रमाण हैं कि जनता से अलग रहकर महान साहित्य की रचना सम्भव नहीं है। वे ऐसे विरले लेखक हैं जिनकी रचनाओं से बाहर के साहित्य प्रेमी हिन्दुस्तान को पहचानते हैं। उन्होंने अपनी रचनाओं से साम्राज्यवादियों द्वारा फैलाए हुए भ्रमों को छिन्न-भिन्न कर दिया।

निराला साहित्य की समीक्षा रामविलास शर्मा के समीक्षक व्यक्तित्व के चरम उत्कर्ष का प्रमाण है। उन्होंने तीन खंडों में निराला की साहित्य साधना लिखकर जो ऐतिहासिक कार्य किया है उस तरह का आलोचना कार्य दूसरा नहीं दिखाई देता। विचारधारा, भावबोध, कला, गद्य साहित्य और परम्परा शीर्षकों के अन्तर्गत उन्होंने निराला के साहित्य की विशद समीक्षा की है। निराला की कविताओं से उदाहरण देते हुए उन्होंने उनकी रचना-पद्धति का भी विशद विश्लेषण किया है।

निराला के बाद रामविलास शर्मा ने मुख्यत: मुक्तिबोध, शमशेर और नागार्जुन के मूल्यांकन में विशेष रुचि ली है। मुक्तिबोध के काव्य का विस्तृत मूल्यांकन करते हुए उन्होंने उनके अन्तर्विरोधों को पहचाना है। उनकी दृष्टि में मुक्तिबोध का काव्य उनके आत्मसंघर्ष का काव्य है। उनके काव्य में अस्तित्ववाद का लघुमानव भी है और रहस्यवाद का विराट पुरुष भी। उनकी दृष्टि में मुक्तिबोध पर आरम्भ से ही भाववादी विचारकों का प्रभाव था। 1942 से उन्होंने मार्क्सवादी विचारधारा को अपनाया, किन्तु भाववाद के प्रभाव से वे मुक्त नहीं हो सके।

रामविलास शर्मा की इतिहास दृष्टि मार्क्सवादी है। वे इतिहास की भौतिकवादी व्याख्या करते हैं। सामंती और पूँजीवादी व्यवस्था में लिखे गए साहित्य की मूल प्रवृत्तियों का विश्लेषण करते हुए वे प्रगतिशील और प्रतिक्रियावादी तत्त्वों की अलग-अलग पहचान बताते हैं। उन्होंने प्रत्येक युग के महत्त्वपूर्ण कवियों व साहित्यकारों की रचनाओं को परखकर उनमें सामाजिक जीवन की गतिमयता के लिए जितना पोषक और स्वास्थ्यकर है, उतने को पूरी शक्ति और विश्वास के साथ प्रस्तुत किया है। इसीलिए प्राचीन काल से लेकर आज तक के साहित्यकारों में उन्होंने कबीर, तुलसी, मीरा, भारतेन्दु, महावीरप्रसाद द्विवेदी, रामचन्द्र शुक्ल, प्रेमचन्द, वृन्दावनलाल वर्मा, निराला, प्रसाद, नरेन्द्र शर्मा, केदारनाथ अग्रवाल, शमशेर, मुक्तिबोध और नागार्जुन आदि को महत्त्व देते हुए अपने सिद्धान्तों को व्यावहारिक स्तर पर पुष्ट किया है। हिन्दी साहित्य के इतिहास के पूरे ढाँचे को वे बदल देने का प्रयास करते हैं। उदाहरणार्थ आचार्य रामचन्द्र शुक्ल ने आदि काल और मध्यकाल को अलग-अलग रखा है। रामविलास जी दोनों को सामंती युग के अन्तर्गत रखते हुए कहते हैं, "शुक्ल जी का आदिकाल वास्तविक मध्यकाल है। हिन्दी जनपदों के इतिहास का सामंतकाल है।" (मानव सभ्यता का विकास, पृ. 97) इसी तरह आचार्य शुक्ल ने जिसे पूर्व मध्यकाल कहा है उसे वे 'लोकजागरण काल' कहते हैं। क्योंकि इस काल में सामंती ढाँचे के भीतर व्यापारिक पूँजीवाद के विकास के फलस्वरूप नए आर्थिक सम्बन्ध विकसित हो चुके थे और एक नई सांस्कृतिक चेतना भक्त-कवियों के माध्यम से जागृत हो चुकी थी। उनके अनुसार 1857 ई. के स्वतंत्रता संग्राम के समय जो राष्ट्रीय चेतना जागृत हुई थी, भारतेन्दु काल उससे सीधे जुड़ा हुआ है।

रामविलास जी की कुछ कमजोरियाँ भी हैं। उन्होंने यशपाल, राँगेय राघव, राहुल सांकृत्यायन, रेणु आदि रचनाकारों के साथ न्याय नहीं किया है। वे यद्यपि स्वीकार करते हैं कि "कथा साहित्य में राहुल जी और यशपाल ने नया कदम उठाया है, अपनी कथाओं में अछूते विषयों पर लेखनी उठाई है और अनूठी कथावस्तु

का गठन किया है।" (संस्कृति और साहित्य, पृ. 55) यशपाल को वे आचार्य रामचन्द्र शुक्ल से मार्क्सवादी समझ लेने की सलाह देते हैं। वे कहते हैं, "यशपाल जी को मार्क्सवाद पर पुस्तकें लिखने का शौक है। वे अपनी गलत धारणाएँ शुक्ल जी के अध्ययन से दूर कर सकते हैं।" (आचार्य रामचन्द्र शुक्ल और हिन्दी आलोचना, पृ. 8) इसी तरह 'मैला आँचल' के विषय में वे लिखते हैं, "उसकी चित्रण-पद्धति यथार्थवाद से अधिक प्रकृतवाद के निकट है। गतिशील यथार्थ में कौन से तत्त्व अधिक प्रगतिशील हैं, कौन से मरणशील, किन-किन पर व्यंग्य करना चाहिए, वातावरण, घटनाओं आदि के चित्रण पर वर्णन में कितनी बातें छोड़ देनी चाहिए और कितनी का उल्लेख करना चाहिए, कथा शिल्प की इन विशेषताओं में मैला आँचल का लेखक इन परम्पराओं से दूर जा पड़ा है।" (आस्था और सौन्दर्य, पृ. 111)

यद्यपि डॉ. रामविलास शर्मा मूलत: आलोचक हैं, किन्तु उनका भाषा चिन्तन सम्बन्धी कार्य उनके जीवन के प्रौढ़काल का कार्य है और इस कार्य में उन्होंने अपने जीवन के बहुमूल्य बीस वर्ष लगाए। उन्होंने भाषा विज्ञान से सम्बन्धित अपने कार्यों को कितना महत्त्व दिया है—इसका आकलन इसी तथ्य से किया जा सकता है।

रामविलास शर्मा और भाषा विज्ञान की समस्याएँ

भाषा समस्या और भाषा विज्ञान पर केन्द्रित उनकी प्रमुख कृतियाँ हैं—'भाषा और समाज' (1961), 'भारतेन्दु युग और हिन्दी भाषा की विकास परम्परा' (1975), 'भारत की भाषा समस्या' (1978), 'आर्य और द्रविड़ भाषा परिवारों का सम्बन्ध' (1979), 'भारत के प्राचीन भाषा परिवार और हिन्दी' (तीन खंड, क्रमश: 1979, 1980 और 1981 में प्रकाशित) तथा 'ऐतिहासिक भाषा विज्ञान और हिन्दी भाषा' (2001)।

रामविलास शर्मा का सारा लेखन सोद्‌द्‌श्य है। भारतीय समाज को बेहतर बनाने के लिए है। भाषा विज्ञान के क्षेत्र में जाने के पीछे भी कुछ महत्त्वपूर्ण कारण हैं। उन्होंने भाषा विज्ञान के क्षेत्र में प्रचलित कुछ बुनियादी अवधारणाओं पर प्रश्न खड़े किए क्योंकि वे अध्ययन गलत तथ्यों पर आधारित तो थे ही, हमारे समाज के बुद्धिजीवियों में औपनिवेशिक मानसिकता को पुष्ट करने वाले भी थे। इससे हमारी जातीय अस्मिता और स्वाभिमान पर चोट पड़ती थी। इतना ही नहीं, उनके अनुसार, "परम्परागत ऐतिहासिक भाषा विज्ञान मगध, कोसल, कुरु आदि इतिहास प्रसिद्ध गणसमाजों की भाषायी विशेषताएँ पहचानने नहीं देता, वह द्रविड़ भाषाओं से आर्य भाषाओं के बहुमुखी सम्बन्धों को विजित-विजेता के एकमुखी सम्बन्ध बना देता है। वह पड़ोसी क्षेत्रों से हमारे भाषायी सम्बन्ध विकृत रूप में प्रस्तुत करता है। आधुनिक भाषाओं के समस्त विकास को ह्रास का इतिहास बना देता है। ऐतिहासिक भाषा विज्ञान ने भाषा समुदायों के बारे में जिन धारणाओं का प्रचार किया है, उनका गहरा असर भारतीय जनता के सामाजिक जीवन पर पड़ा है। विभिन्न राजनीतिक दलों की कार्यवाही उक्त धारणाओं से प्रभावित होती है। राजनीति ऐतिहासिक भाषा विज्ञान से असम्पृक्त नहीं है, न ऐतिहासिक भाषा विज्ञान राजनीति से असम्पृक्त है। भाषावैज्ञानिक चिन्तन की प्रगति के लिए और भारतीय जनता की सामाजिक-सांस्कृतिक प्रगति के लिए आवश्यक है कि हम पूँजीवादी भाषा विज्ञान की रूढ़ियों से मुक्त हों।" (भारत के प्राचीन भाषा परिवार और हिन्दी, खंड-3, पृ. 355)

रामविलास शर्मा स्वीकार करते हैं कि द्वितीय विश्वयुद्ध के बाद योरप में भाषा विज्ञान के क्षेत्र में बहुत काम हुआ है। इसमें विवरणात्मक भाषा विज्ञान के प्रमुख आचार्य अमरीकी भाषावैज्ञानिक ब्लूमफील्ड और उनके बाद परिणामी (जेनरेटिव) व्याकरण के आचार्य नॉम चाम्स्की का अध्ययन अत्यन्त महत्त्वपूर्ण है। इन दोनों भाषावैज्ञानिकों ने पाणिनि के महत्त्व को अत्यन्त श्रद्धा के साथ स्वीकार किया है। किन्तु रामविलास जी लक्ष्य करते हैं कि "स्वयं भारत में पाणिनि का जो मूल्यांकन अपेक्षित था, वह नहीं हुआ। पाणिनि और संस्कृत के भाषा वैज्ञानिक रिक्थ से प्रेरित होकर भारतीय भाषा विज्ञान को जो प्रगति करनी चाहिए थी, वह उसने नहीं की। इसका मुख्य सामाजिक कारण भारतीय सामंतवाद का ह्रास और उसके ह्रास काल में यहाँ अंग्रेजों का प्रभुत्व था।" (भाषा और समाज, दूसरे संस्करण की भूमिका, पृ. 26)

इतना ही नहीं, रामविलास जी के अनुसार ब्लूमफील्ड का विवरणात्मक भाषा विज्ञान यांत्रिक भौतिकवाद से प्रभावित था और इसकी प्रतिक्रिया के रूप में चॉम्स्की का जो परिणामी भाषा विज्ञान आया वह भाववाद से प्रभावित है। चॉम्स्की के जेनरेटिव भाषा विज्ञान की मूल धारणा यह है कि एक विश्वजनीन व्याकरण का ढाँचा प्रत्येक मनुष्य की चेतना में विद्यमान रहता है। इस विश्वजनीन आधार पर विभिन्न भाषाओं के व्याकरण का प्रतिफलन होता है। रामविलास जी के अनुसार, "चॉम्स्की की मान्यताएँ 19वीं सदी और उसके पहले

के भाववादी पाश्चात्य वैयाकरणों के चिन्तन पर आधारित है। चॉम्स्की ने विवरणात्मक भाषा विज्ञान की जो आलोचना की है वह अनेक रूपों में महत्त्वपूर्ण और सारगर्भित है। उन्होंने और उनके सहयोगियों ने भाषाओं के विश्लेषण में ऐसी अनेक बातें कही हैं जिनसे पुराने विवरणात्मक भाषा विज्ञान की कुछ खामियाँ दूर की जा सकती हैं। पर यह परिणामी व्याकरण शास्त्र है उसी विवरणात्मक भाषा विज्ञान का अंग।" (उपर्युक्त, पृ. 27)

यहाँ उल्लेखनीय है कि 'भाषा और समाज' नामक अपनी महत्त्वपूर्ण पुस्तक के दूसरे संस्करण की भूमिका में रामविलास जी ने लिखा है, "भाषा और समाज लिखने के समय परिणामी वैयाकरण सम्प्रदाय का जन्म हो रहा था, उसका विकास बाद में हुआ। किन्तु इस पुस्तक के पहले अध्याय में जहाँ इस मत का खंडन किया गया है कि मनुष्य भाषा की रचना अपनी विशेष बुद्धि के कारण करता है, वहाँ उस भाववाद का भी खंडन किया गया है जो परिणामी सम्प्रदाय की आधारभूमि है।" (उपर्युक्त, पृ. 27) जाहिर है रामविलास जी रूपवादी या भाववादी नहीं, द्वंद्वात्मक भौतिकवादी पद्धति के अनुयायी हैं।

रामविलास शर्मा की मुख्य देन ऐतिहासिक भाषा विज्ञान की कमजोरियों का निराकरण है। ऐतिहासिक भाषा विज्ञान की धारणा है कि प्रत्येक भाषा परिवार का जन्म किसी आदि भाषा से हुआ है। इस प्रकार आदि आर्य, आदि द्रविड़, आदि सामी भाषाओं की कल्पना की गई है। एक आदि भाषा जननी और दूसरी भाषाएँ उसकी पुत्रियाँ। ऐतिहासिक भाषा विज्ञान के नाम पर जिस एक भाषा परिवार पर सबसे ज्यादा काम हुआ है वह भारोपीय अथवा इंडोयूरोपियन है। ऐतिहासिक भाषा विज्ञान की इस परम्परागत अवधारणा के अनुसार इस परिवार की प्राचीन और नवीन भाषाएँ एक आदि इंडोयूरोपियन भाषा से उत्पन्न हुई हैं। इस आदि भाषा की अनेक शाखाएँ हुईं जिनमें से एक शाखा के लोग भारत आए। ये भारतीय आर्य थे। आर्य विजेताओं ने यहाँ के मूल निवासियों को या तो पीछे खदेड़ दिया या फिर उन्हें परास्त करके दासों की तरह जीवन यापन करने के लिए बाध्य कर दिया। इसी भारतीय आर्यभाषा से क्रमश: प्राकृतों और अपभ्रंशों का विकास हुआ। इसी सिद्धान्त के तहत भाषा का विकास दिखाने के लिए आदि मध्य और आधुनिक आर्यभाषा अर्थात् संस्कृत> प्राकृत >अपभ्रंश और आधुनिक भाषाओं की सुगम नसेनी तैयार की गई।

रामविलास जी ने भाषाओं के विकास का अध्ययन समाज भाषा विज्ञान की पद्धति पर किया और भाषा परिवारों के सम्बन्धों का वैज्ञानिक विश्लेषण, उनकी ध्वनि प्रकृति, भाव प्रकृति और मूल शब्द भंडार आदि के आधार पर करते हुए जो प्रामाणिक निष्कर्ष दिए वे विश्वसनीय तो हैं ही, हमारी राष्ट्रीय एकता और जातीय स्वाभिमान को पुष्ट करने वाले हैं।

रामविलास शर्मा ने अध्ययन करके बताया कि जिसे हम भाषा कहते हैं वह स्वयं सामाजिक विकास की एक निश्चित मंजिल में ही सुलभ होती है। आदि मानव समाज का साधारण नियम है बोलियों का बिखराव। जैसे किसी आदि पुरुष से मानव परिवार की उत्पत्ति नहीं हुई वैसे ही किसी आदि भाषा से कोई भाषा परिवार नहीं बना। भाषाओं के परिवार होते जरूर हैं किन्तु उनके निर्माण की प्रक्रिया यह नहीं है कि आदि भाषा के विकृत या परिवर्तित होने से नई-नई भाषाएँ पैदा हो गई हैं।

रामविलास जी के अनुसार भाषा परिवार स्थिर और जड़ इकाई नहीं है। उसका विकास दूसरे परिवारों के साथ रहकर होता है। उन्होंने लिखा है, "भाषा परिवार के निर्माण काल में उस परिवार की भाषाएँ बोलने वाले मानव समुदाय गण समाजों में संगठित होते हैं। ये गण, कबीले, ट्राइब हजारों साल तक घुमंतू जीवन बिताते हैं। सामाजिक विकास क्रम में कृषि सभ्यता की मंजिल काफी देर से आती है। कृषि सभ्यता का आरम्भ होने से पहले अपने घुमंतू जीवन के कारण विभिन्न गण समाज एक-दूसरे के सम्पर्क में आते हैं। भाषा परिवारों के मूल तत्त्वों का निर्माण गण व्यवस्था की इस पहली मंजिल में होता है जब कबीले अधिकतर घुमंतू जीवन बिताते हैं। स्वभावत: ये मूल तत्त्व किसी एक कबीले के नहीं होते अनेक कबीलों के होते हैं। उन्हें ये कबीले अनेक स्रोतों से प्राप्त करते हैं।" (भारत के प्राचीन भाषा परिवार और हिन्दी, खंड-1, भूमिका, पृ. 11)

इतना ही नहीं, "कृषि सभ्यता का विकास आरम्भ होने पर गण समाजों का आपसी सम्पर्क समाप्त नहीं हो जाता वरन् और बढ़ता है, सुदृढ़ होता है। मिले और चल दिये की स्थिति से निकलकर निश्चित आवास भूमि में रहने वाले गण समाज आपस में अधिक टिकाऊ सम्बन्ध कायम करते हैं।" (उपर्युक्त, पृ. 11)

ऐतिहासिक भाषा विज्ञान में एक अन्य पूर्वग्रह भी था जिसका सम्बन्ध औपनिवेशिक मानसिकता से है। "पूर्वग्रह यह है कि भारत में सदा बाहर से लोग आकर बसते रहे हैं। यहाँ के आदमी बाहर निकलकर कहीं बसने नहीं गए। भारत में जो भी आकर बस गया वह नए आक्रमणकारियों से पराजित हुआ। भारत का इतिहास

यहाँ के जनसमुदायों की अटूट पराजय-शृंखला का इतिहास है। भाषा विज्ञान के लिए इससे यह निष्कर्ष निकलता है कि भारत प्राचीन काल से अब तक भाषा तत्त्वों का आयात केन्द्र रहा है, भाषा तत्त्वों का निर्यात केन्द्र कभी नहीं रहा। भारत का अपना भाषायी रिक्थ कुछ भी नहीं है। केवल आर्य नहीं, द्रविड़-कोल-नाग भी अपने भाषा तत्त्व बाहर से लाए। संसार के सभी भाषा परिवारों का निर्माण भारत से बाहर हुआ है, यहाँ किसी भाषा परिवार का निर्माण नहीं हुआ। आर्य, द्रविड़, कोल, नाग—इन चार परिवारों की भाषाएँ बोलने वाले जनसमुदायों में कोई भी भारत का मूल निवासी नहीं है।" (उपर्युक्त, पृ. 12)

रामविलास शर्मा को इन सारे पूर्वग्रहों की तह में जाकर सच्चाई का पता लगाना था। उन्हें इस देश की सांस्कृतिक विरासत पर भरोसा था और इसीलिए वे इस काम में एकनिष्ठ होकर लग गए। उन्होंने तत्कालीन भाषाओं की भाव प्रकृति, ध्वनि प्रकृति और मूल शब्द-भंडार का वैज्ञानिक विश्लेषण और तुलनात्मक अध्ययन करके यह स्थापित किया कि "तथाकथित भारत यूरोपीय परिवार की संस्कृत, लैटिन, ग्रीक, स्लाव आदि भाषाएँ स्वतंत्र कुलों की भाषाएँ हैं। इनमें जो सामान्य तत्त्व मिलते हैं उनका आधार इन भाषाओं या इनसे मिलती-जुलती भाषाओं के बोलने वालों का परस्पर सम्पर्क है, न कि एक आदि भाषा से उनका जन्म। इस प्रकार संस्कृत आदि—भारत-यूरोपीय-भाषा का उच्छिष्ट और विकृत रूप न होकर स्वतंत्र भारतीय भाषा सिद्ध होती है। यूरोप की भाषाओं पर संस्कृत और उसके समानान्तर बोली जाने वाली भाषाओं का असर पड़ा है न कि किसी कल्पित आदि आर्य भाषा से अनार्य सम्पर्क के कारण संस्कृत की उत्पत्ति हुई।" (भाषा और समाज, भूमिका, पृ. 13)

दरअसल ऐतिहासिक भाषा विज्ञान के विकास के दौर में भारत अंग्रेजों का उपनिवेश था। अंग्रेजों ने बड़े सूझ-बूझ से धर्म, जाति और भाषा के नाम पर यहाँ विभिन्न जातीय समूहों को लड़ाने का प्रयास किया और उसमें सफल भी हुए। रामविलास जी ने लक्ष्य किया कि भाषा के क्षेत्र में अंग्रेजों को यहाँ मुख्यत: दो भाषा समूह दिखाई दिये, "एक उत्तर भारतीय आर्य भाषा समूह और दूसरा दक्षिण भारतीय द्रविड़ भाषा समूह। यदि यह सिद्ध किया जाए कि आर्य आक्रमणकारियों ने भारत आकर द्रविड़ भाषाओं का दमन किया तो इसकी प्रतिक्रिया अंग्रेजों के लिए लाभप्रद होगी। कुछ ईसाई धर्म प्रचारकों ने बड़ी लगन से और बड़ी सूझ-बूझ से द्रविड़ भाषाओं पर कार्य किया किन्तु उनके इस बहुत अच्छे काम का एक उद्‌देश्य यह भी था कि वे द्रविड़ भाषियों को समझाएँ कि उत्तर भारत के ब्राह्मणों ने तुम पर अपनी भाषा लादी है, इसलिए तुम्हारा कर्तव्य न केवल संस्कृत के चंगुल से निकलना है वरन् ब्राह्मण धर्म की दासता से मुक्त होना भी है।" (भारत के प्राचीन भाषा परिवार और हिन्दी, खंड-1,पृ. 36)

इस तरह रामविलास शर्मा ने ऐतिहासिक भाषा विज्ञान की कमजोरियों को पहचाना, साम्राज्यवादियों की साजिशों का पर्दाफाश किया तथा भारत को एक भाषायी क्षेत्र प्रतिष्ठापित किया। भाषा के विकास को लेकर पहले से प्रचलित एक जननी भाषा संस्कृत और उससे विकसित आधुनिक भारतीय भाषाओं की अवधारणा को खारिज किया। उन्होंने बताया कि भाषाओं का विकास वंश-वृक्ष की तरह नहीं हुआ है अपितु भाषाओं का विकास नदी की धारा की तरह होता है। जिस तरह पहाड़ों के बीच से निकलने वाली नदी जब समुद्र तक की यात्रा पूरी करती है तो उसके मार्ग के बीच-बीच में अनेक छोटी-बड़ी नदियाँ मिलती और उसमें समाहित होती रहती हैं। उसी तरह भाषाओं का भी विकास होता है। हम जितना ही अपने अतीत में जाएँगे, भाषाओं की संख्या बढ़ती जाएगी। आज जो भी भाषाएँ जीवित हैं उनका विकास संस्कृत से नहीं बल्कि उन्हीं के पुराने रूपों से हुआ है।

अपनी अवधारणाओं की पुष्टि में रामविलास शर्मा को सबसे ज्यादा सहारा मिला है आचार्य किशोरीदास वाजपेयी की मान्यताओं से। आचार्य वाजपेयी की स्पष्ट अवधारणा है कि वैदिक भाषा एक सुदीर्घ विकास का परिणाम है। "जब वेदों की रचना हुई उससे पहले ही भाषा का वैसा पूर्ण विकास हो चुका होगा। (भारतीय भाषा विज्ञान, वाराणसी, पृ. 113) वैदिक भाषा का आधार एक जनभाषा थी। उसमें बहुत-सा साहित्य रचा गया। वेदों की रचना से पहले छोटा-मोटा और हलका-भारी न जाने कितना साहित्य बना होगा तब वेदों का नंबर आया होगा। वह सब काल कवलित हो गया।" (भारत के प्राचीन भाषा परिवार और हिन्दी, खंड-1, भूमिका, पृ. 14)

रामविलास शर्मा ने लक्ष्य किया कि ऐतिहासिक भाषा विज्ञान में भाषा के रूप तत्त्व पर अधिक जोर दिया गया, अर्थ तत्त्व की उपेक्षा की गई। जबकि, इनमें किसी भी स्तर पर भाषा का विवेचन अर्थ तत्त्व को ध्यान में रखे बिना सम्भव नहीं है। उन्होंने अपने गम्भीर अध्ययन और विश्लेषण से निष्कर्ष निकाला कि "समाजी

भाषा विज्ञान, ऐतिहासिक भाषा विज्ञान और विवरणात्मक भाषा विज्ञान परस्पर सम्बद्ध हैं, इन तीनों के मेल से बृहत्तर भाषा शास्त्र की इकाई निर्मित होती है, ध्वनि तंत्र, विन्यास तंत्र (रूपतंत्र +वाक्य तंत्र) परस्पर सम्बद्ध हैं। इस इकाई में अर्थतत्त्व प्राण की तरह प्रतिष्ठित है।" (उपर्युक्त, पृ. 22) उन्होंने ऐतिहासिक भाषा विज्ञान सम्बन्धी मान्यताओं की पुष्टि में प्रसिद्ध अमरीकी समाजविज्ञानी बोआस की स्थापनाओं का उल्लेख किया है और लिखा है, "ऐतिहासिक भाषा विज्ञान की विश्लेषण पद्धति की आलोचना अमरीकी समाज विज्ञान के प्रवर्तक बोआस ने भी की थी। विशेष रूप से एक ही आदि भाषा से किसी परिवार की अनेक भाषाओं के उत्पन्न होने के सिद्धान्त का उन्होंने खंडन किया था।" (भाषा और समाज, भूमिका, पृ. 23) किन्तु यह परम्परा आगे नहीं चली। स्विस भाषा वैज्ञानिक फर्डीनान्ड द सास्युर (1857-1913) का प्रभाव अधिक निर्णायक सिद्ध हुआ। सास्युर को आधुनिक भाषा विज्ञान का जनक माना जाता है। उन्होंने भाषावैज्ञानिक अध्ययन के लिए भाषा के कालक्रमिक या ऐतिहासिक सन्दर्भ के स्थान पर एककालिक सन्दर्भ को उचित ठहराया। भाषा को उन्होंने लांग (भाषा-व्यवस्था) और पैरोल (भाषा-व्यवहार) के द्वंद्वात्मक सम्बन्ध के रूप में समझना चाहा। भाषा को उन्होंने यादृच्छिक प्रतीकों की व्यवस्था कहा और संरचनात्मकता पर बल दिया अर्थात् प्रत्येक स्तर पर (ध्वनि, पद, वाक्य) इकाइयों के अन्तःसम्बन्धों की व्यवस्था पर बल। इस तरह सास्युर ने ऐतिहासिक भाषा विज्ञान का निषेध करके विकास की नई दिशाएँ सुझाईं और भाषा विज्ञान का आगामी विकास इन्हीं में से कुछ दिशाओं में हुआ। यह आगामी विकास विवरणात्मक भाषा विज्ञान के रूप में सामने आया। बीसवीं सदी में विवरणात्मक भाषा विज्ञान को व्यवस्थित रूप देने का श्रेय अमरीकी भाषावैज्ञानिक ब्लूमफील्ड को है।

रामविलास जी ने भाषा विज्ञान के अध्ययन के लिए जिस शाखा को आधार बनाया उसे सोसियोलिंग्विस्टिक्स या समाज भाषा विज्ञान (रामविलास जी ने उसे समाजी भाषा विज्ञान कहा है) कहा जाता है। डॉ. शर्मा के अनुसार "चॉम्स्की से आरम्भ होकर जो भाववादी विश्लेषण पद्धति आगे बढ़ी थी, इसे उसकी प्रतिक्रिया कहा जा सकता है।" (भाषा और समाज, दूसरे संस्करण की भूमिका, पृ. 47)

रामविलास शर्मा ने इस क्षेत्र में विलियम ब्राइट (सोसियोलिंग्विस्टिक्स, 1971) तथा गुम्पर्ज और हाइम्स (डाइरेक्शन्स इन सोसियोलिंग्विस्टिक्स,1972) का उल्लेख आदर के साथ किया है जिन्होंने कहा है कि समाजों के आपसी सम्बन्धों और सामाजिक विकास की प्रक्रिया को समझे बिना भाषा का ऐतिहासिक विवेचन असम्भव है।

रामविलास शर्मा की हिन्दी जाति सम्बन्धी अवधारणा

हिन्दी जाति के गठन और उसके विकास पर रामविलास शर्मा का काम अत्यन्त महत्त्वपूर्ण है। उनके अनुसार किसी जाति के गठन में चार चीजें आवश्यक होती हैं—सामान्य भाषा, सामान्य भौगोलिक क्षेत्र, सामान्य संस्कृति और सामान्य आर्थिक जीवन। इन चारों में सर्वाधिक महत्त्वपूर्ण एक सामान्य भाषा है। रामविलास जी के सामने सबसे पहली समस्या तो यह थी कि इस देश में, बल्कि पूरी दुनिया में जातियों की अवधारणाएँ रेखांकित की गई हैं किन्तु हिन्दी जाति की अवधारणा से ही अनेक भाषा वैज्ञानिक और इतिहासकार इनकार करते हैं। आश्चर्य यह है कि इनमें कई भारतीय भी हैं। इन्हीं में सुनीति कुमार चाटुर्ज्या और अशोक रामचन्द्र केलकर जैसे लेखक हैं। रामविलास जी के अनुसार, "इस सन्दर्भ में डॉ. सुनीति कुमार और डॉ. केलकर में अन्तर यह है कि डॉ. सुनीति कुमार पहले हिन्दी जाति और उसके क्षेत्र का अस्तित्व पहचानते थे और उसका स्पष्ट वर्णन करते थे। स्वाधीनता प्राप्ति के बाद जैसे-जैसे प्रादेशिक पूँजीवादी राष्ट्रवाद ने सर उठाया, वैसे-वैसे ये पुरानी मान्यताएँ बदलने लगीं। डॉ. केलकर ने इस समस्या पर तब लिखा जब यह प्रादेशिक पूँजीवादी राष्ट्रवाद हिन्दी द्वेष की आग भड़का रहा था और अमेरिकी साम्राज्यवाद को इस बात से विशेष दिलचस्पी हो गई थी कि भारत सुदृढ़ और शक्तिशाली राष्ट्र के रूप में संगठित होकर आगे न बढ़े।" (भाषा और समाज, दूसरे संस्करण की भूमिका, पृ. 51)

रामविलास शर्मा ने इस विषय पर विस्तार से लिखा। इसके हर पहलू पर लिखा और अन्तिम दिनों तक इस मुद्दे पर सक्रिय बने रहे। उन्होंने गणों से सामंतयुगीन लघुजातियों और फिर पूँजीवादी महाजाति के निर्माण का विस्तृत और प्रामाणिक अध्ययन किया है और निष्कर्ष निकाला कि प्राक्सामंतीय जनों और सामंतयुगीन लघुजातियों के विघटन और एकीकरण से महाजातियों का निर्माण होता है। महाजाति का निर्माण एक सुदीर्घ प्रक्रिया है। पश्चिम के उन देशों में भी—जहाँ पूँजीवाद का विकास सबसे अधिक हुआ है। यह प्रक्रिया पूरी

तरह अभी भी सम्पन्न नहीं हुई है, किन्तु महाजातियों के निर्माण के पहले हम उनकी जातीय भाषाओं की कल्पना भी नहीं कर सकते।

रामविलास जी का मत है कि "जातीय भाषाएँ किसी आर्थिक व्यवस्था का सांस्कृतिक प्रतिबिंब नहीं हैं। उनके भाषा तत्त्वों का निर्माण आर्थिक आधार पर नहीं होता। बोलियों या किन्हीं लघु जातियों की भाषाओं के रूप में उनका अस्तित्व पहले भी रहता है, किन्तु महाजातियों की भाषा के रूप में उनका अस्तित्व पहले नहीं होता। उदाहरण के लिए दिल्ली या आगरे की जो बोली हिन्दी-उर्दू के रूप में विकसित हुई, वह पहले एक छोटे से क्षेत्र में सीमित थी। जब वह अवध, बुन्देलखंड, भोजपुरी प्रदेशों की सम्मिलित भाषा बनी, तब उसका क्षेत्र व्यापक हो गया, वह हमारी जातीय भाषा बनी।" (भाषा और समाज, पृ. 258)

रामविलास शर्मा की महत्त्वपूर्ण पुस्तक 'भाषा और समाज' का एक पूरा अध्याय जातीय भाषा के गठन और प्रसार पर केन्द्रित है। इसमें उन्होंने भाषा के विकास की प्रक्रिया का भी वैज्ञानिक ढंग से विश्लेषण किया है। उनकी दृष्टि में, "भाषाओं के परिवर्तन के दो मुख्य कारण हैं—आन्तरिक और बाह्य।...मनुष्य निरन्तर प्रकृति के संसर्ग में अपना विकास करता रहा है और निरन्तर इस प्रकृति पर हावी होने का प्रयत्न करता रहा है। मनुष्य और प्रकृति का अन्तर्विरोध सनातन है। समस्त सभ्यता का विकास इस अन्तर्विरोध को हल करने का परिणाम है। जीवित रहने के लिए मनुष्य जिस प्रकृति के मुकाबले खड़ा होता है उस पर वह सामुदायिक प्रयत्न से ही क्रमश: विजय पाता है। उसके जीवन की आवश्यकताएँ निरन्तर बढ़ती जाती हैं, प्रकृति का ज्ञान प्राप्त करने, उस पर विजय प्राप्त करने की आवश्यकताएँ निरन्तर बढ़ती जाती हैं। भाषा में परिवर्तन और विकास का यह मुख्य कारण है।

"समाज में व्यक्तिगत सम्पत्ति के उद्भव, नए श्रम-विभाजन के चलन और वर्गों के निर्माण के साथ समाज के भीतर नए अन्तर्विरोध उत्पन्न होते हैं। सभ्यता और ज्ञान के प्रसार के साथ भाषा में परिवर्तन और विकास अपेक्षित होता है। यह दूसरी तरह का अन्तर्विरोध भाषागत परिवर्तन का दूसरा कारण है।" (ऐतिहासिक भाषा विज्ञान और हिन्दी भाषा, पृ. 44)

जातीय भाषा के क्रमिक विकास का विश्लेषण करते हुए रामविलास शर्मा लिखते हैं, "भाषा बोलने वाला समुदाय विकास की विभिन्न अवस्थाओं में एकरूप नहीं रहता। मनुष्य के पहले छोटे-छोटे गण समाजों में संगठित होते हैं। फिर ये विभिन्न गण समाज अपने गणसंघ बनाते हैं। गणसंघ बनाने के समय किसी भी गणविशेष की भाषा की वही स्थिति न रहेगी जो उसके अलगाव के समय में थी। परस्पर विनिमय के बढ़ने के साथ भाषा तत्त्वों का विनिमय भी बढ़ता है। गणव्यवस्था समाप्त होने पर सामंती व्यवस्था का चलन होता है। रक्त सम्बन्ध पर आधारित गण समाज टूट जाते हैं या बड़े समाजों में समेट लिए जाते हैं। वर्णाश्रम धर्म वाला यह छोटे पैमाने का उत्पादन करने वाला समाज जनपदों में गठित होता है। पुन: व्यापार के प्रसार और पूँजीवादी सम्बन्धों के निर्माण के साथ ये जनपद अलगाव की स्थिति में नहीं रह जाते। सामंती व्यवस्था के जनपद टूट जाते या और बड़े संगठनों में समेट लिए जाते हैं। इस नए संगठन का नाम है जाति।" (उपर्युक्त, पृ. 44)

रामविलास शर्मा के अनुसार जातीय भाषा के प्रसार का सबसे अधिक श्रेय व्यापार को है। औद्योगिक क्रान्ति से देश के विभिन्न भागों के बीच सम्पर्क बढ़ता है, जातीय बाजार का गठन और भी सुदृढ़ होता है। जातीय भाषा का और भी अधिक प्रचार-प्रसार होता है किन्तु जातीय भाषा बन चुकी होती है किसी बोली के आधार पर व्यापार के कारण पहले ही।

इस तरह रामविलास शर्मा जातीय भाषा के विकास का सम्बन्ध औद्योगिक पूँजीवाद से पहले की मंजिल व्यापारिक पूँजीवाद से जोड़ते हैं—सोलहवीं-सत्रहवीं सदी से। इसी समय उत्तर भारत के बिखरे हुए बाजार एक-दूसरे से सम्बद्ध हुए। योरप के व्यापारी अवध का बना हुआ कपड़ा आगरे में खरीदते थे। रामविलास जी लिखते हैं, "पेलसार्ट ने लिखा था कि गुजरात, सिंध, लाहौर, दकन हर तरफ का माल आगरे से गुजरता है। सड़कों पर बेशुमार माल—खासकर सूती माल—ढोया जाता है। पटना, बनारस, लखनऊ—ये सभी शहर सूती कपड़ों के व्यापार-केन्द्र थे। मुगल शासन के अन्तर्गत आर्थिक और राजनीतिक दोनों रूपों में वे परस्पर सम्बद्ध थे। इन बड़े नगरों में आस-पास के देहात से जुलाहों की बड़ी तादाद सिमट आती थी। रोटी-रोजी की तलाश में अलग-अलग बोलियाँ बोलने वाले लोग इन शहरों में इकट्ठा होते थे। इनमें आपस के व्यवहार के लिए किसी सामान्य भाषा की आवश्यकता थी। इस आवश्यकता को पूरा किया व्यापारी वर्ग से सम्बद्ध खड़ी बोली ने।" (भाषा और समाज, पृ. 274)

यह खड़ी बोली मूलत: दिल्ली की बोली थी। हिन्दी भाषी प्रदेश में दिल्ली व्यापार और राजनीतिक जीवन का केन्द्र रहा है। दिल्ली की बोली के आधार पर हिन्दी-उर्दू का विकास हुआ। आगरा भी दिल्ली से ज्यादा दूर नहीं है। अवधी और भोजपुरी के क्षेत्रों में भी अनेक व्यापार केन्द्र कायम हुए थे किन्तु वे दिल्ली और आगरे के समान शक्तिशाली न थे बल्कि उनके अधीन थे। इसके अलावा तुर्क और मुगलों के शासन काल में दिल्ली, उत्तर भारत में राजसत्ता का बहुत बड़ा केन्द्र थी। इस कारण भोजपुरी या अवधी जातीय भाषा के रूप में विकसित न हो सकी। जातीय भाषा बनी दिल्ली केन्द्र वाली खड़ी बोली।

रामविलास शर्मा का दृढ़ मत है कि जो लोग हिन्दी जाति का अस्तित्व अस्वीकार करते हैं और हिन्दी भाषा की एकता खंडित करना चाहते हैं, वे कहीं न कहीं भारत की राष्ट्रीय एकता का भी विरोध करते हैं। कारण यह कि इस राष्ट्रीय एकता को सुदृढ़ करने का माध्यम हिन्दी ही है।

इतना ही नहीं, उनका स्पष्ट मत है कि "जो भाषा विज्ञानी ब्रज, अवधी आदि पुरानी जनपदीय भाषाओं के साहित्य को हिन्दी से अलग करते हैं वे जातीय विकास की प्रक्रिया के प्रति अपना अज्ञान प्रकट करते हैं।...जिन लघु जातियों के मिलने से जाति का निर्माण होता है उनकी भाषाओं में रचा हुआ पुराना या नया साहित्य उस जाति का साहित्य तो माना ही जाएगा। फिर यदि ब्रज भाषा लिखने वाले आधे से ज्यादा ब्रज के बाहर के हों, तो उनके रचे हुए साहित्य को केवल ब्रज जनपद का साहित्य कैसे कहा जा सकता है? हिन्दी प्रदेश में जो साहित्य रचा गया है वह चाहे ब्रजभाषा में हो, चाहे अवधी में, चाहे खड़ी बोली हिन्दी में, यह ऐतिहासिक तथ्य है कि उसका प्रसार किसी एक जनपद तक सीमित नहीं रहा। हिन्दी द्वेषी भाषा विज्ञानी इस प्रयत्न में हैं कि हिन्दी की सारी साहित्यिक विरासत से हिन्दी जनता को वंचित कर दिया जाए, फिर हिन्दी भाषा के क्षेत्र को स्वतंत्र जनपदों में बाँटकर उसके जातीय अस्तित्व को छिन्न भिन्न कर दिया जाए। इस तरह जब हिन्दी की एकता नष्ट हो जाएगी तब उन विद्वानों की अपनी भाषाओं की बहुसंख्यक श्रेष्ठता सिद्ध हो जाएगी और सबसे महत्त्वपूर्ण बात यह कि तब भारत में हिन्दी नहीं, अंग्रेजी राष्ट्र भाषा बनी रहेगी।" (भाषा और समाज, दूसरे संस्करण की भूमिका, पृ. 56)

रामविलास शर्मा ने अपनी पुस्तक 'भाषा और समाज' के दूसरे संस्करण की भूमिका में उक्त बातें कही थीं। यह भूमिका 1976 ई. में लिखी गई थी किन्तु उनकी आशंका आज आकार ग्रहण कर रही है। वर्ष 2003 में हिन्दी की एक बोली मैथिली को संविधान की आठवीं अनुसूची में शामिल करके उसे हिन्दी से अलग कर दिया गया और आज जब मैं यह आलेख लिख रहा हूँ तो मुझे आशंका है कि आज से कुछ दिन बाद ही हिन्दी की दो सबसे महत्त्वपूर्ण बोलियों—भोजपुरी और राजस्थानी को संविधान की आठवीं अनुसूची में शामिल कर लिया जाएगा क्योंकि इसकी पूरी भूमिका बना ली गई है।

रामविलास शर्मा ने लक्ष्य किया कि हमारे देश में साम्राज्यवादी प्रभुत्व और सामंती अवशेषों के कारण जातीय निर्माण की प्रक्रिया अवरुद्ध रही है। इसलिए यहाँ इस तरह के प्रश्न महत्त्वपूर्ण हैं कि ब्रज या बुन्देलखंड की भाषा किसी स्वतंत्र जाति की भाषा है या वह हिन्दी भाषा की बोली है। सामंती व्यवस्था में लघुजातियों के निर्माण और पूँजीवादी व्यवस्था में उनके विघटन की प्रक्रिया समझे बिना इस प्रश्न का उत्तर नहीं दिया जा सकता। रामविलास शर्मा ने गणों से लघुजातियों और लघुजातियों से महाजातियों के विकास का विस्तार से अध्ययन किया है और बताया है कि महाजातियों का निर्माण पूँजीवादी दौर में ही सम्भव है। भोजपुरी, राजस्थानी, छत्तीसगढ़ी आदि को स्वतंत्र भाषा बताना सामंती मानसिकता का परिचय देना है। उन्होंने बार-बार इंगित किया कि यदि भोजपुर क्षेत्र की जनपदीय चेतना सिर्फ भोजपुरी में और अवध की जनपदीय चेतना सिर्फ अवधी में ही सम्भव है तो फिर कबीर और तुलसी की संवेदना से राजस्थान से लेकर बिहार तक का विविध बोली भाषी क्षेत्र सांस्कृतिक ऐक्य का अनुभव कैसे कर सका? ध्यान रहे रामविलास जी मनुष्य के सांस्कृतिक इतिहास को भाषा के इतिहास से अभिन्न मानते हैं। आखिर भाषा मनुष्य की महत्त्वपूर्ण अर्जित सम्पत्ति है। हमारे पूर्वजों ने किस तरह भाषा की सम्पत्ति अर्जित की, इसकी जानकारी राष्ट्रीय अस्मिता की पहचान के लिए आवश्यक है।

तात्पर्य यह कि हिन्दी या हिन्दुस्तानी एक जाति है। यह भारत की सबसे बड़ी जाति है। इसका अपना एक क्षेत्र है। इसका गठन उसी पद्धति से हुआ है जिस पद्धति से रूसी, फ्रांसीसी तथा ब्रिटिश आदि जातियों का हुआ अर्थात् व्यापार द्वारा पूँजीवादी सम्बन्धों के प्रसार से। भारत में अकेले हिन्दुस्तानी जाति का गठन नहीं हुआ। यहाँ बांग्ला, मराठी, गुजराती आदि भाषाएँ बोलने वाली जातियों का भी गठन हुआ। किन्तु अनेक कारणों से हिन्दी जाति में अन्य जातियों की तुलना में जातीय चेतना का अभाव पाया जाता है। रामविलास जी

ने उन कारणों की विस्तृत पड़ताल की है। 1857 का प्रथम स्वाधीनता संग्राम (जो खास तौर पर हिन्दी क्षेत्र में लड़ा गया और जिसके नाते यह क्षेत्र अंग्रेजों द्वारा विशेष रूप से दबाया गया) विशाल क्षेत्र, बहुकेन्द्रियता और असन्तुलित विकास आदि इसके प्रमुख कारण हैं।

डॉ. रामविलास शर्मा की आलोचना पद्धति के विषय में नन्दकिशोर नवल की टिप्पणी उल्लेखनीय है। "डॉ. शर्मा की आलोचना शैली न भारतीय है, न पाश्चात्य है। वह मार्क्सवादी है। तात्पर्य यह है कि उन्होंने भारतीय और पाश्चात्य आलोचना शैली में से जो तत्त्व ग्रहण करने योग्य थे उन्हें ग्रहण करके मार्क्सवादी आलोचना की पद्धति पर अपनी आलोचना शैली का विकास किया है। उन्होंने आवश्यक होने पर भाव, रस, गुण, अलंकार और शब्द-शक्ति के साधनों से भी काम लिया है और पाश्चात्य आलोचना शैली के वस्तु एवं रूप सम्बन्धी विश्लेषण के साधनों से भी। उनकी आलोचना की भाषा शुक्ल जी की आलोचना की भाषा से एक भिन्न स्तर की भाषा है। उसमें जितनी सरलता है उतनी ही रोचकता भी है। ये दोनों चीजें धोखा देने वाली हैं। सरल और रोचक भाषा अपने भीतर गम्भीर विचार और विश्लेषण छिपाए रहती है जिसे देखने के लिए सधी हुई निगाह आवश्यक है। उसमें जो हास्य-व्यंग्य के तत्त्व हैं वे भारतेन्दु और शुक्लजी में मिलने वाले हास्य-व्यंग्य के तत्त्वों का विकसित रूप हैं। डॉ. शर्मा की आलोचना में उन्हीं आलोचकों जैसी निर्भीकता भी है। उसमें सूर्य की किरणों जैसी तीक्ष्णता है जो सारे आडम्बर को चीर कर वास्तविकता का ज्ञान करा देती है। उनकी आलोचना न तो पुस्तकीय है, न पांडित्यपूर्ण। वह जीवन में काम आने वाली आलोचना है। वह पाठकों के साथ चलती है और साहित्य के सम्बन्ध में उन्हें इस तरह शिक्षित करती है कि उसे पहचानकर जीवन में उसका ठीक-ठीक उपयोग कर सकें। डॉ. शर्मा ने ध्वंसात्मक शैली में प्रचुर मात्रा में आलोचना लिखी है, लेकिन उनकी ध्वंसात्मक आलोचना भी सृजनात्मक है, क्योंकि वह केवल ध्वंस नहीं करती निर्माण भी करती है। उनमें हम हमेशा एक चीज को टूटने और दूसरी चीज को बनते देखते हैं। उन्होंने विचारधारा के क्षेत्र में न कभी समझौता किया न किसी भटकाव को माफ किया है। इस कारण उन्होंने प्रगतिशील साहित्यकारों की भी कटु आलोचना की है। उन पर संकीर्णतावादी और कुत्सित समाजशास्त्री होने का आरोप लगाया गया है जो पूर्णतया निराधार है। वे हिन्दी के पहले आलोचक हैं जिन्होंने मार्क्सवादी सौन्दर्यशास्त्र को ठीक से समझकर उसे साहित्य के क्षेत्र में लागू किया है और उसके आधार पर आलोचना लिखी है। मार्क्सवादी सौन्दर्यशास्त्र को लेकर हिन्दी में तरह तरह की भ्रान्तियाँ प्रचलित हैं। डॉ. शर्मा की आलोचना ने सबों का निवारण किया है। उनके सिद्धान्त और व्यवहार में पूर्ण संगति है। उन्होंने जिस किसी साहित्यकार पर विचार किया है, उसकी समग्रता में। उन्होंने हिन्दी की प्रगतिशील साहित्यिक परम्परा की व्यख्या की है और बतलाया है कि यह परम्परा जितनी जातीय है उतनी ही राष्ट्रीय भी। उनके पहले हिन्दी आलोचना वस्तुत: कविता की ही आलोचना थी। उन्होंने कविता, कथा साहित्य, नाटक और आलोचना, इन सबों की आलोचना की है। कहने की आवश्यकता नहीं कि डॉ. शर्मा एक प्रतिबद्ध ही नहीं, पक्षधर आलोचक हैं। हिन्दी आलोचना को उनकी सबसे बड़ी देन यह है कि उन्होंने साहित्य में शुक्ल जी के भौतिकवादी दृष्टिकोण को वैज्ञानिक रूप से विकसित कर उसे सामाजिक परिवर्तन के एक सांस्कृतिक अस्त्र के रूप में और अधिक कारगर बना दिया है।" (हिन्दी आलोचना का विकास, पृ. 276)

रामविलास शर्मा अकेले ऐसे आलोचक हैं जिनकी आलोचना प्रक्रिया में केवल साहित्य ही नहीं होता, बल्कि वे समाज, इतिहास, राजनीति आदि को एक साथ लेकर उसका मूल्यांकन करते हैं। उनके मूल्यांकन की कसौटी यह होती है कि उस रचनाकार ने अपने समय के साथ कितना न्याय किया है।

रामविलास शर्मा के अनुसार यदि भारत के इतिहास का सही-सही मूल्यांकन करना है तो हमें अपने प्राचीन ग्रंथों का अध्ययन करना होगा। अँग्रेजों ने जान-बूझकर भारतीय इतिहास को नष्ट किया है। भारत में व्याप्त जाति, धर्म के अलगाव का जितना गहरा प्रकटीकरण अँग्रेजों के आने के बाद होता है, उतना गहरा प्रभाव पहले के इतिहास में मौजूद नहीं है। समाज को बाँटकर ही अँग्रेज इस महान राष्ट्र पर शासन कर सकते थे और उन्होंने वही किया भी है।

हिन्दी साहित्य और साहित्यकारों के विषय में रामविलास शर्मा की स्थापनाएँ प्राय: स्वीकार कर ली गई हैं। भारतेंदु हरिश्चन्द्र, महावीरप्रसाद द्विवेदी, जयशंकर प्रसाद, प्रेमचन्द, निराला, रामचन्द्र शुक्ल आदि के बारे में जो छवि रामविलास जी ने निर्मित की है वह लगभग सर्वस्वीकृत है। हाँ, सुमित्रानन्दन पंत, राहुल सांकृत्यायन, यशपाल और मुक्तिबोध पर उन्होंने जो लिखा है वह हिन्दी के बौद्धिक जगत में विवादास्पद बना हुआ है। किन्तु, अपनी ईमानदारी, चरित्र और विचारों के प्रति आस्था को लेकर वे असाधारण रूप से निर्विवाद हैं।

अपनी कथनी और करनी में साम्य के लिए मशहूर रामविलास शर्मा को अपने जीवनकाल में अनेक सम्मान मिले। सम्मान के साथ धनराशि भी मिलती थी। उन्हें जितने सम्मान मिले, उसका सम्मान तो उन्होंने स्वीकार कर लिया, किन्तु कोई धनराशि ग्रहण नहीं की। सारा धन उन्होंने हिन्दी के विकास अथवा बच्चों के शिक्षार्थ दान कर दिया। यहाँ तक कि जब उन्हें सोवियत लैंड नेहरू पुरस्कार मिला तो पुरस्कार के साथ उन्हें पन्द्रह दिन तक सोवियत संघ की यात्रा का निमंत्रण भी मिला। उन्होंने सम्मान लिया और यात्रा ठुकरा दी। रामविलास शर्मा ऐसे साहित्यकार हैं जो कभी विदेश नहीं गए। उनका कोई चित्र किसी नेता या मंत्री के साथ नहीं मिलता। जब उन्हें व्यास सम्मान मिला तो खुद बिड़ला जी उन्हें वह सम्मान देने उनके घर गए। यह बिड़ला जी का बड़प्पन भी था और डॉ. शर्मा के प्रति उनका सम्मान भी।

मार्क्सवाद को रामविलास शर्मा सिद्धान्त से अधिक चिन्तन पद्धति मानते हैं। इसीलिए मार्क्सवाद से सम्बन्धित उनकी कई अवधारणाएँ सामान्य मार्क्सवादियों को नहीं पचतीं। उदाहरणार्थ सर्वहारा की तानाशाही का सिद्धान्त वे नहीं मानते हैं। उनका कहना है कि सर्वहारा का वर्चस्व व्यवस्था में हो, तानाशाही में नहीं, क्योंकि किसी भी स्थिति की तानाशाही अन्ततः तानाशाही को ही बढ़ावा देती है। मार्क्सवादी सिद्धान्तकार के रूप में उनका योगदान यह है कि उन्होंने इस चिन्तन पद्धति का उपयोग स्वतंत्र रूप से भारतीय सन्दर्भ में किया और हिन्दी के पाठकों के दिमाग से यह भ्रम दूर कर दिया कि मार्क्सवाद विदेशी विचारधारा है। उन्होंने कहा कि भारत को समझने के लिए वेदों सहित तमाम संस्कृत साहित्य को पढ़ना होगा और उन्होंने उनका गहन अध्ययन भी किया। रामविलास शर्मा ऐसे मार्क्सवादी हैं जिन्होंने ऋग्वेद पर ग्रंथ लिखे, जिन्हें वाल्मीकि, कालिदास, तुलसीदास जैसे कवि सबसे ज्यादा पसन्द हैं। उन्होंने बताया कि तुलसी का पूरा साहित्य ही सामंतवाद विरोधी मूल्यों से भरा पड़ा है। इसके लिए उन्होंने 'तुलसी-साहित्य के सामंत विरोधी मूल्य' नाम से लम्बा निबन्ध लिखकर आलोचकों का मुँह बन्द कर दिया।

रामविलास शर्मा को साहित्य अकादमी पुरस्कार, व्यास सम्मान, शताब्दी सम्मान, शलाका सम्मान, भारत भारती सम्मान आदि बहुत से सम्मान मिल चुके हैं। किन्तु उनके लेखन, वैचारिक प्रतिबद्धता और आचरण को देखते हुए सारे पुरस्कार और सम्मान छोटे पड़ जाते हैं। इन सबके प्रति वे निस्पृह थे। उनके लेखन को केन्द्र में रखकर कई पुस्तकें प्रकाशित हैं जिनमें रविभूषण लिखित 'रामविलास शर्मा का महत्त्व' विशेष उल्लेखनीय है। 'दस्तावेज', 'वसुधा', 'कल के लिए', 'उद्‌भावना', 'समकालीन भारतीय साहित्य' आदि पत्रिकाओं ने उनके ऊपर विशेषांक प्रकाशित किए हैं।

ऐसे लेखक, जो इस समाज को सुन्दर बनाने के लिए अपनी कलम का सर्वोत्तम इस्तेमाल करते हैं और व्यवस्था से कभी समझौता नहीं करते, उनमें रामविलास शर्मा अन्यतम हैं।

गजानन माधव मुक्तिबोध

मध्य प्रदेश के 'श्योपुर', जिला मुरैना में जन्मे और राजनाँदगाँव के कॉलेज में अध्यापक रहे। मूलतः मराठी भाषी गजानन माधव मुक्तिबोध (13.11.1917–11.9.1964) जितने बड़े कवि हैं उतने ही बड़े आलोचक भी। यद्यपि उन्होंने अपने समय की आलोचना-प्रवृत्ति से असन्तुष्ट होकर आलोचनाएँ लिखी हैं। मात्र 46 वर्ष की उम्र में मुक्तिबोध ने जो साहित्य हमें दिया वह उन्हें एक असाधारण प्रातिभ साहित्यकार प्रमाणित करने के लिए पर्याप्त है। उनकी समीक्षा के प्रति लोगों का ध्यान उनकी मृत्यु के बाद आकृष्ट हुआ। उनकी गद्य कृतियों का प्रकाशन भी काफी देर से हुआ। शमशेर बहादुर सिंह ने उनके ऊपर घटित इस यथार्थ पर टिप्पणी करते हुए लिखा है, "एकाएक क्यों 64 के मध्य में गजानन माधव मुक्तिबोध विशेष रूप से महत्त्वपूर्ण हो उठे? क्यों 'धर्मयुग', 'ज्ञानोदय', 'लहर', 'नवभारत टाइम्स'—प्रायः सभी साप्ताहिक, मासिक और दैनिक उनका परिचय पाठकों को देने लगे और दिल्ली की साहित्यिक, हिन्दी दुनिया में एक नई हलचल-सी आ गई?

इसलिए कि गजानन माधव मुक्तिबोध एकाएक हिन्दी संसार की एक घटना बन गए। कुछ ऐसी घटना जिसकी ओर से आँख मूँद लेना असम्भव था। उनकी एकनिष्ठ तपस्या और संघर्ष, उनकी अटूट सच्चाई, उनका पूरा जीवन, सभी एक साथ हमारी भावना के केन्द्रीय मंच पर सामने आ गए और हमने अब उनके कवि और विचारक को एक नई आश्चर्य-दृष्टि से देखा।" ('चाँद का मुँह टेढ़ा है' की 'एक विलक्षण प्रतिभा' शीर्षक भूमिका से, पृ. 9)

'एक साहित्यिक की डायरी', 'कामायनी एक पुनर्विचार', 'नई कविता का आत्मसंघर्ष', 'नए साहित्य का सौन्दर्यशास्त्र' तथा 'भारत इतिहास और संस्कृति' मुक्तिबोध की महत्त्वपूर्ण आलोचनात्मक कृतियाँ हैं।

'चाँद का मुँह टेढ़ा है' तथा 'भूरी भूरी खाक धूल' उनके काव्य संग्रह हैं, 'काठ का सपना' तथा 'सतह से उठता आदमी' उनके कहानी संग्रह हैं और 'विपात्र' उपन्यास है।

उन्होंने सैद्धान्तिक और व्यावहारिक दोनों प्रकार की समीक्षाएँ लिखी हैं। 'नई कविता का आत्मसंघर्ष तथा अन्य निबन्ध' के अधिकांश निबन्ध सैद्धान्तिक विषयों पर हैं, जैसे 'काव्य की रचना प्रक्रिया', 'सौन्दर्य प्रतीति और सामाजिक दृष्टि', 'नवीन समीक्षा का आधार', 'समीक्षा की समस्याएँ', 'साहित्य और जिज्ञासा' आदि। व्यावहारिक समीक्षा की दृष्टि से 'शमशेर मेरी दृष्टि में', 'सुमित्रानन्दन पंत : एक विश्लेषण' आदि महत्त्वपूर्ण हैं। किन्तु उनकी व्यावहारिक समीक्षा की सबसे महत्त्वपूर्ण पुस्तक 'कामायनी : एक पुनर्विचार' है। नेमिचन्द्र जैन के सम्पादन में उनकी ग्रंथावली 'मुक्तिबोध रचनावली' के नाम से छह खंडों में प्रकाशित हो चुकी है।

मुक्तिबोध की आलोचना, लेखक और रचना के प्रति गहरी हार्दिकता के कारण विश्वसनीय आलोचना है। यह कृति और कृतिकार के माध्यम से अपनी सभ्यता की व्यापक समीक्षा में प्रवृत्त आलोचना है। मुक्तिबोध ने छायावादी कविता के प्रति सकारात्मक रुख अपनाया और उसकी प्रगतिशील भूमिका का समर्थन किया। मार्क्सवादी नजरिए से उनके द्वारा की गई कामायनी की समीक्षा बहुत महत्त्वपूर्ण है। कामायनी की समीक्षा करते हुए उन्होंने प्रतिपादित किया है कि जीवन यथार्थ से उत्पन्न समस्याओं का जो समाधान प्रसाद ने प्रस्तुत किया है वह वायवीय और अव्यावहारिक है। 'कामायनी एक पुनर्विचार' के आरम्भ में ही उन्होंने अपना दृष्टिकोण व्यक्त करते हुए लिखा है, "आलोचक का यह धर्म है कि वह कामायनी में उपस्थित जीवन-समस्या की, उस आवयविक रूप से संलग्न परिवेश-परिस्थिति की तथा इन दोनों के सम्बन्ध में कवि-दृष्टि की तथा उस जीवन-समस्या के कवि-कृत निदान की, समीक्षा करे।" (कामायनी : एक पुनर्विचार, मुक्तिबोध रचनावली-4, पृ. 195) वे अपनी मार्क्सवादी आलोचना दृष्टि का परिचय देते हुए प्रसाद में वैज्ञानिक इतिहास-दृष्टि की अपेक्षा करते हैं। वे लिखते हैं, "प्रसाद के पास ऐतिहासिक बुद्धि थी पर कोई वैज्ञानिक इतिहास-दृष्टि न थी। वैदिक कथानक उनके लिए एक विशाल फैन्टेसी का काम करता है।" (उपर्युक्त, पृ. 203) वे लिखते हैं, "अधिक से अधिक प्रसाद जी के सम्बन्ध में यह कहा जा सकता है कि उनका दर्शन एक उदार पूँजीवादी व्यक्तिवादी दर्शन है, जो यदि एक मुँह से वर्ग-विषमता की निन्दा करते हैं तो दूसरे मुँह से वर्गातीत, समाजातीत, व्यक्तिमूलक चेतना के आधार पर समाज के वास्तविक द्वंद्वों का वायवीय तथा काल्पनिक प्रत्याहार करते हुए अभेदानुभूति के आनन्द का ही सन्देश देते है। निश्चय ही समाजातीत, वर्गातीत, व्यक्तिमूलक, आनन्दवादी अद्वैतवाद अपने अन्तिम निष्कर्षों में उसी विषमतापूर्ण समाज की स्थिति में कुछ सतही ऊपरी परिवर्तन करके सन्तुष्ट है।" (कामायनी : एक पुनर्विचार, मुक्तिबोध रचनावली-4, पृ. 236)

मुक्तिबोध की आलोचना दृष्टि के संघर्ष का बड़ा हिस्सा नई कविता के व्यक्तिवादी-कलावादी अन्तर्मुखी साहित्य-सिद्धान्तों से मुठभेड़ को लेकर है। वे जड़ीभूत सौन्दर्याभिरुचि के सिद्धान्तों पर प्रहार करते हैं। 'काव्य : एक सांस्कृतिक प्रक्रिया' नामक निबन्ध में मुक्तिबोध स्थापित करते हैं कि काव्य में सांस्कृतिक परम्परा का समाहार होता है और उसके मूल्य वैयक्तिक न होकर सामाजिक होते हैं। वे इसी अर्थ में प्रयोगवाद तथा नई कविता को भी सांस्कृतिक परम्परा का अंग मानते हैं। मुक्तिबोध के अनुसार मन के भीतर अन्तर्तत्त्व को कला वस्तु बनने के लिए मन की आँखों के सामने क्रमश: तरंगायित, उद्घाटित, आलोकित और अभिव्यक्ति के लिए आतुर होना आवश्यक है। इसी क्रम में मुक्तिबोध कला के तीन क्षणों की व्याख्या प्रस्तुत करके कला की रचना-प्रक्रिया को स्पष्ट करते हैं। वे कहते हैं, "तरंगायित होने का सम्बन्ध आवेग से है। उद्घाटित होने की अवस्था का सम्बन्ध बोध-पक्ष से है। ऐसे बोध-पक्ष से जो ज्ञानात्मक आधार पर स्थित होकर व्यक्तिबद्धता की स्थिति से अनुभवकर्ता को ऊँचा कर देता है। वस्तुत: यहीं से रूप-पक्ष भी आरम्भ हो जाता है। मनस्तत्त्व यहाँ रूप लेकर प्रस्तुत होता है।" (मुक्तिबोध रचनावली-5, पृ. 101)

कला का द्वितीय क्षण तब से आरम्भ होता है जब वह मनस्तत्त्व अन्य अनुभवों से जुड़कर अधिक संश्लेषित और कल्पनालोकित हो जाता है। इस स्थिति में उसमें व्यापक अर्थ आ जाता है, वह अधिक सामान्य हो जाता है। व्यक्तिबद्धता की स्थिति समाप्त हो जाती है और अनुभवकर्ता इस सामान्यीकृत मनस्तत्त्व को शब्द-स्वर-रंग में अभिव्यक्त करने के लिए आतुर हो जाता है। यहाँ से कला का तीसरा क्षण आरम्भ होता है। इस तीसरे क्षण में जब मनस्तत्त्व बाह्योन्मुख होकर अपने अनुकूल रूप लेकर मूर्त होता है तब प्रथम और द्वितीय क्षणों से प्राप्त रूप पक्ष बहुत कुछ बदल जाते हैं। परिणामत: पूर्ण की हुई कविता, पूर्ण की हुई कलाकृति, अपनी पूर्वगत तत्त्वानुभूति की वास्तविकता से बहुत कुछ भिन्न हो जाती है।" (उपर्युक्त, पृ. 102)

अपनी इस पूरी स्थापना को निष्कर्ष के रूप में प्रस्तुत करते हुए मुक्तिबोध कहते हैं, "जिस प्रकार हम जीवन में बाह्य-जीवन-जगत को अपने आभ्यंतर में संशोधित सम्पादित कर आत्मसात करते जाते हैं, उसी तरह हम शब्दों द्वारा आत्मसातकृत को बाह्यगत करते जाते हैं, चाहे ये शब्द साधारण बातचीत में प्रकट हों, भाषणों में, लेखों में प्रकट हों अथवा छंद-लय में उद्घाटित हों।" (उपर्युक्त, पृ. 102) मुक्तिबोध मानते हैं कि छायावादियों और प्रगतिवादियों की तरह नई कविता के पास कोई दार्शनिक विचारधारा नहीं है। नई कविता को बौद्धिकता की कविता कहते हुए वे उसकी सीमा तय कर देते हैं।

रचना के प्रति अपनी समाजशास्त्रीय दृष्टि का परिचय देते हुए वे लिखते हैं, "हम जिस समाज, संस्कृति, परम्परा, युग और ऐतिहासिक आवर्त में रहते हैं उन सबका प्रभाव हमारे हृदय का संस्कार करता है। हमारी आत्मा में जो कुछ है वह समाज प्रदत्त है—चाहे वह निष्कलुष अनिंद्य सौन्दर्य का आदर्श ही क्यों न हो। हमारा सामाजिक व्यक्तित्व हमारी आत्मा है। आत्मा का सारा सार तत्त्व प्राकृत रूप से सामाजिक है। व्यक्ति और समाज का विरोध बौद्धिक विक्षेप है, इस विरोध का कोई अस्तित्व नहीं।" (नई कविता का आत्मसंघर्ष, मुक्तिबोध रचनावली-5, पृ. 188)

मुक्तिबोध वर्ग-संघर्ष, जन-क्रान्ति, सामाजिक-सांस्कृतिक पुनर्निर्माण तथा मानव की वृहत्तर सम्भावनाओं में निष्ठा रखने वाले समीक्षक हैं। साहित्य में वे व्यक्तिवादी मूल्यों के खंडन के साथ ही सामाजिक तथा लोकमंगलवादी मूल्यों की प्रतिष्ठा के प्रति निरन्तर सचेष्ट रहते हैं। कलाकार को सौन्दर्यपरक भावों की अभिव्यक्ति तक सीमित करने का प्रयास संसार भर के कलावादी आरम्भ से ही करते आए हैं। यह सिद्धान्त मुक्तिबोध की दृष्टि में मानव विरोधी तथा जन विरोधी है, इसलिए मुक्तिबोध जीवनानुभूति तथा सौन्दर्यानुभूति में पार्थक्य स्थापित करने वाले इस सिद्धान्त को एक खतरनाक सिद्धान्त और पूँजीवादी साजिश मानते हैं।

'ज्ञानात्मक संवेदना' मुक्तिबोध द्वारा प्रयुक्त एक चर्चित पारिभाषिक शब्द है जिसका प्रयोग उन्होंने रचना प्रक्रिया को स्पष्ट करते हुए नई कविता के सन्दर्भ में किया है। मुक्तिबोध ज्ञान का सम्बन्ध वाह्य जगत से मानते हैं जबकि संवेदना का सम्बन्ध व्यक्ति के अन्तर्जगत से है। इस प्रकार 'ज्ञानात्मक संवेदना' का तात्पर्य हुआ, वह संवेदना जो ज्ञान से परिपूर्ण हो। ज्ञानात्मक संवेदना की स्थिति में रचनाकार स्व से ऊपर उठ जाता है। मुक्तिबोध के ही शब्दों में, "अपने से परे जाने, अपने से ऊपर उठने, दूसरों से अपने को मिलाने, विशिष्ट से सामान्य पर पहुँचने की यह जो ज्ञानात्मक संवेदना की दशा है, ज्ञानात्मक अनुभवों की दशा है, वह सबमें होती है।" (उपर्युक्त, पृ. 189)

इस तरह 'ज्ञानात्मक संवेदना' और 'संवेदनात्मक ज्ञान' को एकमेक करके ही लेखक जीवन विवेक विकसित करता है। मुक्तिबोध के अनुसार लेखक अपनी मूल्य भावना के अनुसार आभ्यंतर भावों को प्रस्तुत करता है और उसके अन्त:करण में एक मूल्य भावना होती है जो उसे किन्हीं विशेष भावों को प्रकट करने के लिए तैयार करती रहती है। दूसरे शब्दों में लेखक अपना एक एस्थेटिक्स तैयार कर लेता है। इस तरह मुक्तिबोध ने मार्क्सवादी सौन्दर्यशास्त्र को हिन्दी में नए ढंग से प्रस्तुत किया है।

मुक्तिबोध ने भक्ति आन्दोलन का भी नई दृष्टि से मूल्यांकन किया और स्थापित किया कि यह मूलत: निचली जातियों का सवर्ण जातियों के खिलाफ विद्रोह था। बाद में सवर्ण जातियों ने इस महान आन्दोलन पर नियंत्रण कर लिया।

अपने समीक्षा सिद्धान्तों में मुक्तिबोध ने कलाकार की व्यक्तिगत ईमानदारी को बहुत महत्त्व दिया है। उनका विश्वास है कि यदि लेखक ईमानदार है, तो उसे अपने प्रति और अपने युग के प्रति अधिक उत्तरदायी होना होगा। अधिक साहस और ज्यादा हिम्मत से काम लेना होगा। अपनी सौन्दर्याभिरुचि के सेन्सर्स के वशीभूत होना ठीक नहीं है। अनुभव वृद्धि के साथ-साथ सौन्दर्याभिरुचि का विस्तार और पुन: संस्कार होना आवश्यक है। मुक्तिबोध इसीलिए 'ऑनेस्टी' तथा 'सिंसियरिटी' दोनों को कलाकार की ईमानदारी में आवश्यक मानते हैं। उन्होंने रचना प्रक्रिया का विवेचन भाववादी चिन्तन-पद्धति से मुक्त होकर किया है। इसलिए वे रचना प्रक्रिया के मानसिक व्यापार तक ही सीमित न होकर उसके वस्तुपरक आकलन तक आते हैं और रचना को क्षण-विशेष की उपज न मानकर सुदीर्घ मन: प्रक्रिया का परिणाम मानते है। इस तरह मुक्तिबोध की आलोचना में रचनाकार की ईमानदारी को जितना महत्त्व दिया गया है उतना ही आलोचक के चरित्र को भी।

फिलहाल, मार्क्सवादी समीक्षकों में मुक्तिबोध की पहचान किंचित विवादास्पद रही है। रामविलास शर्मा ने उन पर अस्तित्ववाद का प्रभाव भी अनुभव किया है और उनके महत्त्व के आकलन में कोताही बरती है। कुछ

लोगों का मानना है कि भाववादी चिन्तन के संस्कार उनमें अन्त तक बने रहे। दरअसल मुक्तिबोध आत्मालोचन करते हैं, अपने से लड़ते हैं, आत्मसंघर्ष करते हैं। इसे ही कुछ लोगों ने उनके भीतर के अन्तर्विरोध के रूप में रेखांकित किया है। वस्तुत: इसे एक सच्चे लेखक के आत्मसंघर्ष के रूप में रेखांकित किया जाना चाहिए। इस सम्बन्ध में एक तथ्य यह भी है कि उन्होंने प्रगतिवादी समीक्षा की कमजोरियों को भी बड़ी बेबाकी से 'समीक्षा की समस्याएँ' शीर्षक अपने निबन्ध में रेखांकित किया है। आम मार्क्सवादी समीक्षकों को इसे सहज स्वीकार कर पाना आसान नहीं है।

मुक्तिबोध को सभ्यता समीक्षक के रूप में रेखांकित करते हुए मैनेजर पांडेय ने लिखा है, "मुक्तिबोध सभ्यता समीक्षा के लिए सत्-चित्-आनन्द के बदले सत्-चित्-वेदना का बोध जरूरी समझते हैं, जिससे पैदा होती है सत्ताओं द्वारा सताए हुए लोगों के प्रति गहरी संवेदनशीलता, जो मुक्तिधर्मी आलोचना की शक्ति का स्रोत है और उसकी सामाजिकता की एक जरूरी शर्त भी। सभ्यता समीक्षा रचना और आलोचना के बीच समानधर्मिता स्वीकार करती है। वह आलोचना से रचना के साथ चलने की माँग करती है, उसके पीछे-पीछे नहीं। इसलिए वह आलोचना को रचना की सीमाओं से सावधान और मुक्त करने की स्वतंत्रता भी देती है।" (उद्धृत, दस्तावेज,-152 / जुलाई-सितम्बर 2016, पृ. 8)

वर्ष 2017 मुक्तिबोध का जन्म—शताब्दी वर्ष था। इस वर्ष मुक्तिबोध पर भरपूर विवेचन-विश्लेषण हुआ। उन पर हिन्दी की अधिकांश महत्त्वपूर्ण पत्रिकाओं ने विशेषांक प्रकाशित किए। देश के विभिन्न हिस्सों में उन पर गोष्ठियाँ हुईं। इन सबसे मुक्तिबोध के महत्त्व की व्यापक स्वीकृति का पता चलता है।

शिवदान सिंह चौहान

आगरा (उ.प्र.) जिले के 'बमानी' नामक गाँव में जन्मे, इलाहाबाद से पढ़े-लिखे प्रतिबद्ध मार्क्सवादी आलोचक शिवदान सिंह चौहान (15.03.1918–29.08.2000) लेखक होने के साथ-साथ राजनीतिक कार्यकर्ता भी थे। 1936 में ही उन्होंने भारतीय कम्यूनिस्ट पार्टी की सदस्यता ग्रहण कर ली थी। 'आलोचना' पत्रिका के वे संस्थापक सम्पादक थे। उन्होंने मार्क्सवाद को केवल विचारों के स्तर पर ही नहीं, अपितु अपने जीवन में भी उतारा। इसके बावजूद मार्क्सवादी विचारधारा के प्रति वे प्रर्याप्त उदार थे। उन्होंने लिखा है, "विश्व के महान विचारकों की पाँत में मार्क्स भी एक महान सत्यान्वेषी विचारक हैं, लेकिन यह समझ लेना कि वह त्रिकालदर्शी थे और उनके साथ ही सत्यान्वेषण की प्रक्रिया समाप्त हो गई, सर्वथा गलत है।" (आलोचना के मान, पृ. 100)

शिवदान सिंह चौहान की प्रमुख आलोचनात्मक पुस्तकें हैं—'प्रगतिवाद', 'हिन्दी गद्य साहित्य', 'हिन्दी साहित्य के अस्सी वर्ष', 'साहित्यानुशीलन', 'आलोचना के मान', 'साहित्य की समस्याएँ', 'साहित्य की परख', 'आलोचना के सिद्धान्त', 'आधुनिक संस्कृति के निर्माता', 'प्रगतिशील स्मृति प्रवाह' तथा 'परिप्रेक्ष्य को सही करते हुए' आदि।

उनका अधिकांश लेखन आलोचनात्मक और वैचारिक निबन्धों के रूप में हुआ है। किसी भी लेखक पर उनकी स्वतंत्र आलोचनात्मक पुस्तक नहीं है। उनकी दो पुस्तकें खासी चर्चित रही हैं—'हिन्दी आलोचना के अस्सी वर्ष' और 'आलोचना के सिद्धान्त'। 'हिन्दी आलोचना के अस्सी वर्ष' के लेखन के प्रति अपना दृष्टिकोण स्पष्ट करते हुए उनका कहना है कि आधुनिक काल से पहले तक हम हिन्दी भाषा समूह का इतिहास लिखते हैं जिसमें मैथिली, अवधी, ब्रज, राजस्थानी आदि को शामिल किया जाता है। खड़ी बोली हिन्दी के साहित्य का शुभारम्भ वे 1873 ई. में प्रकाशित भारतेन्दु के प्रहसन 'वैदिकी हिंसा हिंसा न भवति' से मानते हैं। 'हिन्दी साहित्य के अस्सी वर्ष' का लेखन काल 1953 है। इसलिए इन अस्सी वर्षों की कालावधि को ही वे हिन्दी साहित्य की सम्पूर्ण काल सीमा मानते हैं।

फिलहाल, शिवदान सिंह की उक्त थीसिस को परवर्ती साहित्यकारों ने स्वीकार नहीं किया और ज्यादातर उसकी नोटिस भी नहीं ली गई। निश्चय ही, सिर्फ खड़ी बोली हिन्दी के साहित्य का अलग से और स्वतंत्र इतिहास लेखन की उनकी दृष्टि अव्यावहारिक, एकांगी और जातीय एकता को खंडित करने वाली है।

शिवदान सिंह चौहान के अनुसार आलोचना भी एक सामाजिक कर्म है। एक आलोचक अपनी रुचि से श्रेष्ठ कृति का चयन करता है और उसके मूल्यांकन द्वारा पाठक की प्रतीति, अनुभूति और संवेदना का विस्तार करता है, रचना के सौन्दर्य का उद्‌घाटन करता है। साहित्य जीवन का ही प्रतिबिम्ब है, इसलिए मूल्यांकन के मान जीवन के व्यापक सत्य पर आधारित होने चाहिए। शिवदान सिंह चौहान कहते हैं, "कोई कृति कितनी

महान है, कितने स्थायी मूल्य की है, इसका निर्णय व्यापक जीवन की अपेक्षा में रखकर ही किया जा सकता है।" (आलोचना के सिद्धान्त, पृ. 185)

'आलोचना' पत्रिका की जरूरत के कारणों का जिक्र करते हुए उन्होंने 'आलोचना क्यों?' नाम से 'आलोचना' के पहले अंक का जो सम्पादकीय लिखा है उसे पढ़ने पर साहित्य और समाज के विषय में उनकी समझ और आलोचनात्मक दृष्टि का कुछ संकेत मिल सकता है। उनके लम्बे सम्पादकीय का एक अंश है, "प्रगतिवादी आलोचना के क्षेत्र में विकृत समाजशास्त्रीयता का प्रतिपादन करने वाली एक नकारात्मक संकीर्ण मतवादी प्रवृत्ति ने अपना अकांड तांडव रचकर ऐसी असैद्धान्तिक और अबुद्धिवादी आलोचना पद्धति चलाई जिसके आतंक के सामने प्रेरणा और अनुभूति के स्रोत बन्द होने लगे, वस्तु सत्य की संवेदनशील प्रतिभा के पौधे मुरझाने लगे और साहित्यालोचन के मानदंड इस स्वेच्छाचारी संकीर्ण दृष्टिकोण की बेदी पर बलिदान कर दिए गए।

इसके विपरीत मनोविज्ञान का आधार लेकर आलोचना क्षेत्र में जो विचारकोण बनाया गया वह अन्ततः साहित्य के सामाजिक प्रयोजनों और दायित्वों को त्यागकर केवल प्रतीकवादी प्रयोगों तक ही सीमित रह गया और साहित्य और समाज के आधारभूत प्रश्नों के प्रति उसकी अभिरुचि एकांगी और आनुषंगिक ही रही। इसके अतिरिक्त प्राचीन अलंकार-ग्रंथों की परिपाटी का अनुसरण करने वाले आलोचक एक प्रकार से लकीर के फकीर ही बने रहे और उन्होंने आचार्य शुक्ल के समान आधुनिक चेतना और सामाजिक जीवन-वास्तव के अनुकूल उन सिद्धान्तों का नव संस्कार करने की भी कोई उल्लेखनीय प्रवृत्ति नहीं दिखाई। यहाँ तक कि सत् साहित्य का मूल्यांकन करने वाली 'लोकमंगल' और 'लोकरंजन' की शास्त्रीय कसौटियाँ भी उनके निकट मात्र एक रूढ़, अमूर्त विचार बनकर रह गईं—ऐसे काम्य आदर्श न रहीं जो प्रत्येक युग के सामयिक संघर्ष में जनता का हित-साधन करने वाली सजग चेतना का ठोस आधार लेकर बदलते और विकास करते जाते हैं और स्वयं ऐतिहासिक सत्य के सारवाही विचारों का मूर्त-सजीव युग-रूप धारण करके साहित्य में मानव मूल्यों और जन हितों के संरक्षक बनते हैं। आज के संघर्षपूर्ण संक्रान्ति युग में हमारे साहित्यिक और सांस्कृतिक जगत का यह गतिरोध तो हमारी राष्ट्रीय स्वाधीनता और प्रगति के मार्ग में और भी बाधा बना हुआ है। 'आलोचना' इस गतिरोध को तोड़ने का संकल्प लेकर जन्मी है।" ('आलोचना', प्रथम अंक, अक्टूबर 1951 के सम्पादकीय से)

अपनी अन्तिम कृति 'परिप्रेक्ष्य को सही करते हुए' में अपनी समूची आलोचना यात्रा का सिंहावलोकन करते हुए आत्मालोचन की मुद्रा में उन्होंने लिखा है, "पहली बार मुझे अहसास हुआ कि सन् 1937 से लेकर अब 1997 तक की अवधि में लगातार बीमारियों से जूझते हुए स्वतंत्रता संग्राम और वामपंथी राजनीति में स्वेच्छापूर्वक एक स्वयंसेवक की भूमिका निभाते हुए अपनी खानाबदोश जिन्दगी में प्रेमचन्द जी के मासिक 'हंस' और बाद में त्रैमासिक 'आलोचना' जैसी प्रमुख पत्रिकाओं का सम्पादन करते हुए मैंने साहित्य और आलोचना सम्बन्धी जो निबन्ध लिखे उनमें अन्तर्निहित बौद्धिक भावना 'प्रगतिशील' और 'प्रगतिवाद' की प्रवृत्ति और विचारधारा को मार्क्सवाद की वैज्ञानिक तथा मानवतावादी दृष्टि से समझने-समझाने और परिभाषित करने के एक अनवरत प्रयास का अंग रही है।" (उद्धृत, 'आलोचना', सहस्राब्दी अंक तीन, अक्टूबर-दिसम्बर-2000, पृ. 7)

उल्लेखनीय है कि एक ही विचारधारा के होने के बावजूद शिवदान सिंह चौहान और रामविलास शर्मा के बीच कुछ मुद्दों को लेकर हमेशा विवाद होता रहा और चर्चा का विषय भी बना रहा।

शिवदान सिंह चौहान ने लगभग तीन दर्जन पुस्तकों का अनुवाद किया है और अनेक कृतियों का सम्पादन भी किया है जिनमें 'ताज की छाया में', 'गद्यनिकुंज', 'नवकथा मंजरी', 'आधुनिक एकांकी', 'आधुनिक कहानियाँ', 'युगछाया' आदि प्रमुख हैं।

अमृतराय

वाराणसी में जन्मे प्रेमचन्द के कनिष्ठ पुत्र अमृत राय (03.09.1921-14.08.1996) की पहचान मुख्यरूप से प्रेमचन्द की जीवनी 'कलम का सिपाही' के नाते है जिस पर उन्हें साहित्य अकादमी पुरस्कार मिल चुका है। इसके अलावा उन्होंने अमरीकी उपन्यासकार हावर्ड फास्ट के कई उपन्यासों का तथा अन्य कई विशिष्ट कृतियों का अनुवाद भी किया है।

आलोचना में उनकी पहचान एक उदारदृष्टि वाले आलोचक के रूप में होती है। उनकी आलोचनात्मक पुस्तकों में 'साहित्य में संयुक्त मोर्चा', 'नई समीक्षा', 'आधुनिक भावबोध की संज्ञा', 'सहचिन्तन', 'प्रेमचन्द की प्रासंगिकता' आदि प्रमुख हैं। गोर्की, रोमां रोलां, रवीन्द्रनाथ, प्रेमचन्द, महादेवी वर्मा, यशपाल, भगवतीचरण

वर्मा, उपेन्द्रनाथ अश्क, भगवतशरण उपाध्याय, रामवृक्ष बेनीपुरी आदि की कृतियों का उनके द्वारा किया गया मूल्यांकन उल्लेखनीय है।

मार्क्सवाद के सैद्धान्तिक पक्ष को लेकर जितना विवेचन अमृतराय ने किया है उतना बहुत कम समीक्षकों ने किया है। मार्क्सवादी आलोचना को परिभाषित करते हुए उन्होंने कहा है, "मार्क्सवादी आलोचना की कोई परिभाषा देना चाहे तो कहेंगे कि मार्क्सवादी आलोचना साहित्य की वह समाजशास्त्रीय आलोचना है जो साहित्य की ऐतिहासिक व्याख्या करते हुए समाज और साहित्य के अन्योन्याश्रय तथा गतिशील सम्बन्ध का उद्घाटन करती है और सचेतन रूप से समाज को बदलने वाले साहित्य की ओर लेखक का ध्यान आकर्षित करती है।" (नई समीक्षा, पृ. 5) लेकिन इसी के साथ वे यह भी लिखते हैं कि "मार्क्सवादी आलोचक सब साहित्यकारों से मार्क्सवादी बनने की अपेक्षा नहीं रखते, जीवन के प्रति सच्चा बनने की अपेक्षा रखते हैं।" (उपर्युक्त, पृ. 26)

मधुरेश के शब्दों में, "उनके (अमृतराय) आलोचनात्मक निबन्धों के रूप में किए गए उनके आलोचना कर्म की सबसे बड़ी सार्थकता यही है कि वे संकीर्ण और चयनवादी दृष्टि के विरोध में मुखर हस्तक्षेप के उदाहरण हैं।" (हिन्दी आलोचना का विकास, पृ. 164)

अमृत राय ने 'हंस' और 'नई कहानी' जैसी पत्रिकाओं का सम्पादन भी किया है।

रांगेय राघव

मात्र 39 वर्ष की उम्र और डेढ़ सौ से अधिक ग्रंथों का प्रणयन। ग्रंथ भी साधारण नहीं। कई बहुचर्चित और बहुप्रशंसित। मातृभाषा तेलुगू किन्तु अंग्रेजी, हिन्दी, संस्कृत, तमिल पर समान अधिकार। अंग्रेजी, जर्मन और फ्रेंच के साहित्यकारों की कृतियों का भी हिन्दी में अनुवाद। अनुवाद भी ऐसा कि शेक्सपियर के नाटकों के अनुवाद देखकर लोग उन्हें 'हिन्दी का शेक्सपियर' कहने लगे। वे एक साथ उपन्यासकार, कहानीकार, नाटककार, रिपोर्ताजकार, निबन्धकार, कवि, आलोचक, अनुसंधित्सु और अनुवादक थे। उन्होंने आगरा विश्वविद्यालय से डॉक्टरेट भी किया था। अगर सारे प्रमाण उपलब्ध न होते तो भला हम विश्वास कैसे कर पाते? उनके बारे में कहा जाता था कि जितने समय में कोई एक किताब पढ़ता है, उतने में वे एक किताब लिख देते हैं।

आगरा में जन्म लेने वाले रांगेय राघव (17.01.1923–12.09.1962) मूलत: तेलुगू भाषी थे और उनका मूल नाम तिरुमल्लै नंबाकम वीर राघव आचार्य था। इनकी माता श्रीमती कनकवल्ली और पत्नी का नाम श्रीमती सुलोचना था। उन्होंने स्वयं अपना साहित्यिक नाम 'रांगेय राघव' रखा।

रांगेय राघव की पहचान एक प्रतिष्ठित मार्क्सवादी आलोचक की भी है। 'अधुनिक हिन्दी कविता में विषय और शैली', 'आधुनिक हिन्दी कविता में प्रेम और शृंगार', 'काव्य, कला और शास्त्र', 'प्रगतिशील साहित्य के मानदंड', 'समीक्षा और आदर्श', 'काव्य यथार्थ और प्रगति', 'काव्य के मूल विवेच्य', 'भारतीय संत परम्परा और समाज', 'भारतीय पुनर्जागरण की भूमिका' आदि उनकी प्रमुख आलोचनात्मक पुस्तकें हैं।

अपने समय के साहित्यिक विवादों में लगातार हस्तक्षेप करने वाले रांगेय राघव प्रगतिवादी आलोचना के सैद्धान्तिक चिन्तन से आक्रांत होने पर अपनी गहरी चिन्ता प्रकट करते हैं और अनेक मुद्दों पर रामविलास शर्मा से अपनी असहमति प्रकट करते हैं। साहित्य और कला के मूल्यांकन में वर्ग-संघर्ष की भूमिका स्वीकार करते हुए भी वे इसे ही साहित्य के मूल्यांकन का एकमात्र आधार मानने से इनकार करते हैं और प्रगतिशील चिन्तन की व्यापकता पर विशेष बल देते हैं। विचारों से मार्क्सवादी होने के बावजूद एक लेखक के लिए पार्टी की अपेक्षा जनता के प्रति प्रतिबद्धता को वे अधिक महत्त्व देते हैं। किसी भी राजनीतिक दल को वे जन-जीवन के विकल्प के रूप में स्वीकार नहीं करते। किसी भी रचनाकार पर पार्टी के अंकुश को वे सिरे से खारिज करते हैं। उनकी दृष्टि में यदि तुलसी के काल में 'रामचरित मानस' के प्रकाशन का निर्णय अकबर के दरबारी मुल्लाओं और कबीर के बारे में सिकंदर लोदी के सभासदों को करना होता तो इतना महत्त्वपूर्ण साहित्य कभी प्रकाशित ही नहीं हो पाता।

चन्द्रबली सिंह

गाजीपुर (उ.प्र.) जिले में जन्मे, आगरा और वाराणसी में अंग्रेजी के शिक्षक रहे चन्द्रबली सिंह (20.04.1924–23.05.2011) 'जनवादी लेखक संघ' के प्रमुख संस्थापकों में से एक हैं। लेखकों के संगठनकर्ता के रूप में उनकी पहचान अधिक है। उनके आलोचनात्मक निबन्धों का संग्रह 'लोक-दृष्टि और हिन्दी साहित्य' शीर्षक से प्रकाशित है। इस पुस्तक में उन्होंने गिरिजाकुमार माथुर, सुमित्रानन्दन पंत, केदारनाथ अग्रवाल, अज्ञेय,

देवकीनन्दन खत्री, दिनकर, प्रेमचन्द आदि की रचनाओं की समीक्षा की है। देवकीनन्दन खत्री और उनकी 'चन्द्रकान्ता संतति' की उनके द्वारा की गई समीक्षा बहुत चर्चित हुई थी। उन्होंने लिखा है, "भारतेन्दु युग हमारे समाज में एक आन्दोलन का युग है, जो मध्यवर्ग के उत्थान के साथ शुरू होता है। उस युग में समाज राजे-रजवाड़ों की पकड़ के बाहर निकलने लगा और उसका नेतृत्व मध्यवर्ग के हाथों में आने लगा। भारतेन्दु युग के लेखकों ने अपनी अनेक रचनाओं में राजे-रजवाड़ों के हाथों से समाज की बागडोर निकलने के चित्र प्रस्तुत किए। उन्होंने राजदरबारों के षड्यंत्रों का भंडाफोड़ किया। उस पर छाई हुई वासना और विलासिता और उनकी दिन-दिन गिरती हुई आर्थिक स्थिति की ओर संकेत किया...संतति में भारतेन्दु युग के जीवन का एक अंग जो सड़ गया था, बड़ी अच्छी तरह प्रतिबिम्बित है।" (वही, पृ. 132-33) विश्वनाथ त्रिपाठी ने बताया है कि "चन्द्रबली सिंह ने चन्द्रकान्ता संतति के कई स्थलों को उद्धृत करके दिखाया है कि किस प्रकार उसके पात्र और वर्णन, सामंती विवाह प्रथा, काशी के मठाधीश, नीच समझी जाने वाली जातियों, हिन्दू-मुसलमान आदि की समस्याओं पर प्रगतिशील दृष्टि का प्रतिनिधित्व करते हैं।" (हिन्दी आलोचना, पृ. 210) और "श्री चन्द्रबली सिंह ने हिन्दी में पहली बार इस अत्यन्त लोकप्रिय रचना के प्रगतिशील तत्त्वों की ओर संकेत करके महत्त्वपूर्ण कार्य किया है।" (हिन्दी आलोचना, पृ. 210)

उन्होंने आगे लिखा है, "श्री सिंह ने देवकीनन्दन खत्री तथा भारतेन्दु युग के अन्य गद्यकारों की भाषा पर एक अत्यन्त महत्त्वपूर्ण टिप्पणी की है जिससे पता चलता है कि भाषा की सरलता और सजीवता की उनमें कितनी गहरी पकड़ है। वे लिखते हैं कि "अगर हमने भारतेन्दु युग के शैलीकारों की व्यंग्य और हास्यमिश्रित प्रवाहमयी भाषा से सीख ली होती तो हमने भी किसी लैम्ब को उत्पन्न किया होता।" (उद्धृत, हिन्दी आलोचना, पृ. 210)

छायावाद के विषय में की गई उनकी टिप्पणी से उनकी पैनी आलोचना दृष्टि का सहज ही अनुमान किया जा सकता है। वे लिखते हैं, "प्रगतिशील साहित्य को ठीक-ठीक समझने के लिए छायावाद को ठीक-ठीक, विशेष रूप से उसके विकास के अन्तिम चरण को समझना आवश्यक है। छायावाद ने अपने प्रथम चरण में स्वयं क्रान्तिकारी कार्य किया था, और वह था हिन्दी कविता को, द्विवेदी के थोथे आदर्शवाद की बेड़ियों में पड़े जीवन को अनुभूतियों और कल्पनाओं के एक अभिनव विस्तृत लोक में लाकर उन्मुक्त करना...किन्तु उसके द्वारा उत्तेजित अहं ही उसके ह्रास का भी कारण बना।...वह आदर्शों और मान्यताओं से शून्य अनिश्चयात्मक समाज स्थिति का कवि बन गया। जो बच्चन और नरेन्द्र की पूर्व कविताओं से परिचित हैं उनको छायावाद के अन्तिम चरण की यह व्याख्या भ्रामक न जान पड़ेगी। और हिन्दी के प्रगतिशील साहित्य का ऐतिहासिक कार्य यहीं से आरम्भ हुआ। उसने साहित्य की 'क्षय' की बाढ़ को रोका।" (लोकदृष्टि और हिन्दी साहित्य, पृ. 1)

अत्यन्त प्रतिभाशाली आलोचक होने के बावजूद, चन्द्रबली सिंह ने किसी साहित्यकार पर अथवा साहित्य-धारा पर ही कोई स्वतंत्र आलोचनात्मक पुस्तक नहीं लिखी है। हाँ, उनकी एक और पुस्तक 'साहित्य आलोचना का जनपक्ष' भी चर्चित हुई। उन्होंने पाब्लो नेरूदा, मायकोवस्की, एमिली डिकिन्सन, वाल्ट ह्विटमैन, नाजिम हिकमत आदि लेखकों की रचनाओं का हिन्दी में अनुवाद करके हिन्दी के पाठकों का बड़ा उपकार किया।

विश्वम्भरनाथ उपाध्याय

इटावा (उ.प्र.) जिले के 'अधासी' नामक गाँव में जन्मे, राजस्थान विश्वविद्यालय में शिक्षक और कानपुर विश्वविद्यालय के कुलपति रहे विश्वम्भरनाथ उपाध्याय (07.01.1925–23.10.2008) कवि, उपन्यासकार, नाटककार के साथ आलोचक भी हैं। उनकी आलोचना दृष्टि का विकास रामविलास शर्मा के सम्पर्क में हुआ। रामविलास शर्मा के सम्पादन में निकलने वाली 'समालोचक' नामक पत्रिका के वे अन्त तक सह सम्पादक रहे। 'पंत जी का नूतन काव्य दर्शन', 'हिन्दी साहित्य की दार्शनिक पृष्ठभूमि', 'निराला की साहित्य साधना', 'हरिऔध जी और प्रिय प्रवास', 'संत वैष्णव काव्य पर तांत्रिक प्रभाव', 'द्वंद्व प्रति द्वंद्व', 'समकालीन सिद्धान्त और साहित्य', 'जलते और उबलते प्रश्न', 'समकालीन कविता की भूमिका', 'विचारधारा और समकालीन लेखन', 'समकालीन मार्क्सवाद', 'कबीरदास', 'स्वातंत्र्योत्तर कथा साहित्य', 'भारतीय काव्यशास्त्र का इतिहास' आदि उनकी आलोचनात्मक पुस्तकें हैं। इसके अतिरिक्त 'सरहपा' शीर्षक से उन्होंने साहित्य अकादमी के लिए एक विनिबन्ध भी लिखा है।

उपाध्याय जी अपनी समीक्षाओं में विचारधारा के विश्लेषण पर अधिक बल देते हैं, रूप तत्त्व पर कम। उनका द्वंद्वात्मक भौतिकवाद के आलोक में भारतीय काव्यशास्त्र का अध्ययन एक महत्त्वाकांक्षी प्रयास

है। उनकी मान्यता है कि भारतीय काव्यशास्त्र की भौतिकवादी पुनर्व्याख्या प्रकारान्तर से रीतिकालीन हिन्दी काव्यशास्त्र की भी पुनर्व्याख्या है। उनकी मान्यता है कि "आज हिन्दी आलोचना जगत में सबसे बड़ा अभाव वैज्ञानिक विश्लेषण का है। कारण यह है कि पूर्वग्रह के फलस्वरूप आलोचक का दृष्टिकोण विकृत हो जाता है। अपने मन में पूर्व निर्मित साँचे में कवि को कस देने के प्रयत्न में तथ्यों को तोड़ना-मरोड़ना पड़ता है और परिणाम यह होता है कि कवि का स्वस्थ रचनात्मक रूप हमारे सामने नहीं आ पाता।" (निराला : काव्य कला और कृतियाँ, भूमिका से) वे समकालीन कविता को अपने समय में मुख्य अन्तर्विरोधों और द्वंद्वों की कविता मानते हैं। इसे 'काल क्षण' की कविता की अपेक्षा 'काल प्रवाह' के आघात और विस्फोट की कविता मानते हैं। (समकालीन कविता की भूमिका, पृ. 4)

डॉ. उपाध्याय आलोचना को मात्र वैज्ञानिक परीक्षण नहीं मानते। वह उसे रचनात्मक कृति भी स्वीकार करते हैं क्योंकि आस्वादन की समस्या के समाधान में आलोचक की तटस्थता या ऑब्जेक्टिविटी के साथ-साथ रसज्ञता या सहृदयता की भी आवश्यकता होती है। उनकी आलोचना मात्र कृति परीक्षण तक सीमित नहीं रहती। वे कृति को मूल्य के धरातल पर परखते हैं। किसी भी कृति की महत्ता उनकी दृष्टि में उसकी मूल्यवत्ता में निहित होती है।

डॉ. उपाध्याय ने भारतीय समीक्षा सिद्धान्तों का भी गहन अध्ययन किया है और उसके विषय में अपनी स्पष्ट राय रखते हुए लिखा है, "यह कहा जा सकता है कि जब तक सामाजिक विकास के सम्बन्ध में हमारी धारणा प्रगतिशील नहीं होगी तब तक रस, ध्वनि, वक्रोक्ति आदि तथा योरोपीय काव्य-सिद्धान्तों का समन्वय अपूर्ण मानदंडों की ही सृष्टि करेगा। काव्य के मर्म की पकड़ हमारे प्राचीन काव्यशास्त्रियों में गजब की है किन्तु उनमें समाज के विकास को समझने की शक्ति नहीं थी। अत: दोनों पद्धतियों से हम लाभ उठा सकते हैं।" (आधुनिक हिन्दी कविता : सिद्धान्त और समीक्षा, भूमिका से) उनकी कृति 'आधुनिक हिन्दी कविता : सिद्धान्त और समीक्षा' में भारतेन्दु युग से लेकर प्रयोगवाद तक विभिन्न काव्य धाराओं के जन्म, विकास एवं प्रवृत्तियों का मूल्यांकन किया गया है। वर्तमान आलोचकों में ज्ञान-विज्ञान के अधुनातन शोधों और उनकी निष्पत्तियों के साथ अपने को जोड़े रखने की ललक के अभाव के प्रति डॉ. उपाध्याय चिन्ता व्यक्त करते हैं। साथ ही प्रायोजित आलोचना के प्रचलन से साहित्य के स्वस्थ अध्ययन पर होने वाले आघातों की ओर भी वे संकेत करते हैं।

'सरहपा' की कविता से उन्होंने यह प्रमाणित किया है कि भारतीय रहस्यवाद कोरा रहस्यवाद नहीं, सामाजिक रहस्यवाद या सामाजिक अध्यात्मवाद है। साधना के क्षेत्र में वह मर्यादाओं या वर्जनाओं का विरोधी है। स्वेच्छाचारी है किन्तु उसने संस्कृत काव्य-परम्परा के विपरीत कविता का श्रीगणेश किया। यह तथ्य कम ध्यान देने योग्य नहीं है।

डॉ. उपाध्याय ने मुक्तिबोध, केदारनाथ अग्रवाल, धर्मवीर भारती, धूमिल, अज्ञेय जैसे कवियों के साथ-साथ कथा साहित्य में प्रेमचन्द, यशपाल और कमलेश्वर जैसे कथाकारों का भी मूल्यांकन किया है। अपने मूल्यांकन में उन्होंने रचनाओं की विशेषताओं का विश्लेषण सामाजिक-ऐतिहासिक परिप्रेक्ष्य की कसौटी पर किया है। निर्मल वर्मा की कहानियाँ उन्हें नई कविता के अत्यन्त निकट दीख पड़ती हैं। निर्मल वर्मा को वह पाठक में छिपे दर्द को कुरेदने वाला कथाकार मानते हैं।

इस तरह विश्वम्भरनाथ उपाध्याय वैज्ञानिक दृष्टिसम्पन्न, साहित्य के व्यापक क्षेत्र को अपनी परिधि में समेटने वाले समीक्षक हैं। उनका समीक्षा-कार्य जितना व्यापक है उसके अनुरूप उनका मूल्यांकन होना अभी बाकी है।

नामवर सिंह

चन्दौली (उ.प्र.) जिले के जीयनपुर कस्बे में जन्मे, काशी में पढ़े-लिखे, काशी, सागर, जोधपुर और जेएनयू में शिक्षक रहे नामवर सिंह (28.07.1926-19.02.2019) असाधारण प्रतिभासम्पन्न आलोचक हैं। असाधारण इसलिए कि उनकी पुस्तक 'बकलम खुद' 1951 में छपी जब वे सिर्फ 24 साल के थे। 'हिन्दी के विकास में अपभ्रंश का योग' 1952 में छपी जब वे 25 साल के थे, 'आधुनिक साहित्य की प्रवृत्तियाँ' 1954 में छपी जब वे 27 साल के थे और उनकी बहुचर्चित पुस्तक 'छायावाद' 1955 में छपी जब उनकी उम्र मात्र 28 वर्ष की थी। बतौर काशीनाथ सिंह उन्होंने 'छायावाद' पुस्तक मात्र ग्यारह दिनों में लिखकर पूरी की थी। इसी तरह उन्होंने 'पृथ्वीराज रासो की भाषा' अट्ठारह दिनों में और 'दूसरी परम्परा की खोज' दस-बारह दिनों में

ही लिखी। जीयनपुर के गँवई परिवेश से काशी में आकर और भयंकर आर्थिक समस्याओं से जूझते हुए इतनी कम उम्र में ऐसी ऐतिहासिक कृतियों का लेखन सामान्य प्रतिभा के वश की बात नहीं है।

नामवर सिंह ने 'छायावाद' नामक पुस्तक लिखकर हमें छायावाद की विशेषताओं से परिचित कराया और उसके सकारात्मक मूल्यों को रेखांकित किया। अपनी उक्त पुस्तक में उन्होंने छायावाद की सामान्य प्रवृत्तियों के विश्लेषण के साथ ही छायावाद के चार प्रमुख स्तम्भों—प्रसाद, निराला, पंत और महादेवी वर्मा—की विशिष्टताओं पर भी व्यापक रूप से प्रकाश डाला। उन्होंने छायावाद को सामाजिक विकास क्रम में रखकर उसके प्रगतिशील तत्त्वों को रेखांकित किया, साथ ही उसकी सीमाओं की ओर भी संकेत किया। उन्होंने लिखा है, "छायावाद क्लासिक काव्यों की तुलना में एकदेशीय ही रहा। जैसा कि किसी ने कहा है, ताजा हवा पाने के उत्साह में कुछ खिड़कियाँ टूटती ही हैं, इसी तरह काव्यात्मक आवेग में जीवन के कुछ पहलू छूट ही जाते हैं। छायावाद ऐसा ही आवेग था, जिसमें जीवन के कुछ पक्ष छूट गए। इस आवेग का कारण उसका व्यक्तिवाद है। इस व्यक्तिवादी प्रवृत्ति ने ही उसका सम्पर्क व्यापक जन-जीवन से भली-भाँति न जुड़ने दिया—उस जन-जीवन से जो युग-युग के साहित्य, कला और संस्कृति को अपने अक्षय-स्रोत से उत्पन्न और विकसित करता आ रहा है और जिससे अलग होकर कोई साहित्य, कला अथवा संस्कृति जी नहीं सकती। छायावाद की सीमाएँ भावी काव्य के लिए उसी अक्षय-स्रोत से सम्पर्क स्थापित करने का सन्देश देती हैं। प्रगतिशील साहित्य उसी सन्देश की पुकार है।" (छायावाद, पृ. 156)

बहरहाल, यह पुस्तक इतनी लोकप्रिय हुई कि 1968 में जब उसका दूसरा संस्करण आया तो उसके फ्लैप पर विज्ञप्ति छपी, 'यह पुस्तक दृष्टि की मौलिकता, विवेचन की स्पष्टता तथा आलोचना शैली की सर्जनात्मकता के लिए पिछले दशक की सबसे लोकप्रिय पुस्तक रही है।'

आर्थिक तंगी के बावजूद नामवर सिंह में स्वाभिमान कूट-कूट कर भरा हुआ था। संघर्ष से कभी न थकने वाली क्षमता थी। मार्क्सवाद के प्रति प्रतिबद्धता अलग। वे काशी से जोधपुर गए। सुनते हैं कि वहाँ राही मासूम रजा का उपन्यास 'आधा गाँव' को पाठ्यक्रम में लगाना चाहते थे जिसका जमकर विरोध हुआ और अन्ततः वहाँ की नौकरी गँवानी पड़ी। सागर की नौकरी गँवाने के पीछे भी उनकी वामपंथी विचारधारा ही रही। सागर और जोधपुर से होते हुए अन्त में जवाहरलाल नेहरू विश्वविद्यालय में आए और वहाँ अपनी प्रतिभा और क्षमता का परिचय दिया। जे.एन.यू. में आने के बाद उनका महत्त्व तेजी से बढ़ा। अपने जे.एन.यू. को तो उन्होंने सुयोग्य शिक्षकों और संसाधनों से समृद्ध किया ही, दिल्ली के अलावा हिन्दी के दो बड़े केन्द्रों—काशी और इलाहाबाद में भी उनके रिश्तेदार, शिष्य और अनुयायी बड़ी संख्या में सम्मानजनक जगह बनाने में सफल हुए। कहा जा सकता है कि अब हिन्दी जगत में नामवर जी की तूती बोलने लगी। उनके अवकाश ग्रहण कर लेने के भी लगभग एक दशक बाद देश के अधिकांश बड़े शहरों में उनके शिष्यों और समर्थकों ने 'नामवर के निमित्त' कार्यक्रम आयोजित किए। नामवर सिंह की स्थापनाओं की प्रतिष्ठा में उनके इस प्रभा मंडल की महती भूमिका है। अकारण नहीं है कि राजेन्द्र यादव ने 'घर का जोगी जोगड़ा' के विषय में लिखा है, "अगर ऐसी कलम हो तो हिटलर को भी भगवान बुद्ध का अवतार बनाकर पेश किया जा सकता है। ('घर का जोगी जोगड़ा' के फ्लैप से) राजेन्द्र यादव का यह कथन काशीनाथ सिंह की लेखनी पर तो बेहतरीन टिप्पणी है ही, नामवर सिंह के कृतित्व पर भी एक टिप्पणी है।

नामवर सिंह से सम्बन्धित उक्त यथार्थ की ओर मुझे इसलिए संकेत करना पड़ रहा है क्योंकि मैं उनकी आलोचना के कुछ स्याह पक्ष की ओर भी संकेत करना चाहता हूँ। अमूमन नामवर सिंह के विषय में उनके धनात्मक पक्ष पर ही लिखा गया है। हिन्दी आलोचना को उनके ऐतिहासिक योगदान के लिए मैं भी उनका कायल हूँ किन्तु, यह भी सच है कि अपनी असाधारण प्रतिभा और आलोचना-क्षमता का उपयोग करते हुए नामवर सिंह ने हिन्दी कविता के स्वाभाविक प्रवाह को गलत दिशा में मोड़ने में प्रमुख भूमिका निभाई, हिन्दी कविता की एक प्रमुख धारा मानो उनकी समीक्षा-दृष्टि की अनुगामिंनी हो गई और उससे हिन्दी कविता की अपूर्णीय क्षति हुई।

नामवर सिंह की पुस्तक 'छायावाद' की चर्चा ऊपर की जा चुकी है। जिस जमाने में छायावादी कविता लिखी जा रही थी वह दौर राष्ट्रीय चेतना धारा की कविता का भी था। हिन्दी में छायावाद और भारत की राजनीति के रंगमंच पर महात्मा गांधी का आना लगभग एक साथ हुआ। यह वही समय है जब हिन्दी कविता को मैथिलीशरण गुप्त, रामधारी सिंह दिनकर, माखन लाल चतुर्वेदी, सुभद्रा कुमारी चौहान, बालकृष्ण शर्मा नवीन, रामेश्वर शुक्ल अंचल, सियारामशरण गुप्त आदि कवि समय की माँग के अनुकूल राष्ट्रीय चेतना से

सम्पन्न कविताओं से हिन्दी साहित्य को समृद्ध कर रहे थे, देश की जनता को जगा रहे थे और आजादी की लड़ाई में प्रकारान्तर से अपनी हिस्सेदारी निभा रहे थे। उस समय की यही माँग थी। महान व्यक्ति वह होता है जो इतिहास की स्वाभाविक दिशा को पहचान सके और उसे गति देने में अपनी समुचित भूमिका निभा सके। छायावाद के साथ ही नामवर सिंह ने यदि उस दौर की राष्ट्रीय चेतना धारा की कविता को भी पर्याप्त महत्त्व दिया होता और उसी स्तर की किसी पुस्तक का प्रणयन करके उसे भी प्रतिष्ठित किया होता तो हिन्दी कविता के विकास की दिशा कुछ भिन्न होती। नामवर सिंह ने हिन्दी की इस स्वाभाविक काव्यधारा की उपेक्षा की और उसके बरक्स छायावाद को प्रतिष्ठित किया। इसका दूरगामी प्रभाव हिन्दी की काव्य-परम्परा पर पड़ा।

'कविता के नए प्रतिमान' नामक पुस्तक की भूमिका हिन्दी कविता के लिए और अधिक घातक साबित हुई। इस पुस्तक में नामवर सिंह ने कविता के जिन नए प्रतिमानों को रेखांकित किया है उनकी दृष्टि में वे यथार्थवादी कविता के प्रतिमान हैं...इस पुस्तक की भूमिका में वे लिखते हैं, "कविता के नए प्रतिमान के केन्द्र में मुक्तिबोध हैं...इस पुस्तक का आधार यह धारणा है कि नई कविता में मुक्तिबोध की स्थिति वही है जो छायावाद में निराला की थी। निराला के समान ही मुक्तिबोध ने भी अपने युग के सामान्य काव्य मूल्यों को प्रतिफलित करने के साथ ही उनकी सीमा को चुनौती देकर उस सर्जनात्मक विशिष्टता को चरितार्थ किया जिससे समकालीन काव्य का सही मूल्यांकन सम्भव हो सका।" (कविता के नए प्रतिमान, भूमिका)

नामवर सिंह ने अपनी इस पुस्तक में काव्य भाषा की विशिष्टता, काव्य बिम्ब और सपाटबयानी, नाटकीय काव्य संरचना, विसंगति और विडम्बना, अनुभूति की जटिलता और तनाव तथा ईमानदारी और प्रामाणिक अनुभूति को कविता के नए प्रतिमान माना है। उन्होंने उनका कहीं सैद्धान्तिक और कहीं व्यावहारिक रूप से विवेचन किया है और हिन्दी आलोचना में उन्हें स्थापित करने का प्रयास किया है। ये प्रतिमान रूप से भी सम्बन्धित है और वस्तु से भी। काव्यभाषा, सपाटबयानी और संरचना सम्बन्धी प्रतिमान कविता के रूप से सम्बन्धित हैं जबकि विसंगति और विडम्बना, अनुभूति की जटिलता और ईमानदारी सम्बन्धी प्रतिमान वस्तु से। निश्चय ही नामवर जी की यह विशेषता है कि उन्होंने किसी प्रतिमान का विवेचन स्वतंत्र रूप से नहीं किया है। रूपगत और वस्तुगत प्रतिमानों का अत्यन्त सफल विवेचन वे इसलिए कर सके हैं कि उन्होंने इन दोनों के द्वंद्वात्मक सम्बन्ध को समझा है। निश्चय ही यह द्वंद्वात्मक दृष्टि मार्क्सवाद की देन है। पुस्तक के अन्त में उन्होंने मुक्तिबोध की मशहूर कविता 'अँधेरे में' का विस्तृत विश्लेषण किया है और इसकी व्याख्या करते हुए इसे उन्होंने 'अस्मिता की खोज' घोषित किया है...।

बहरहाल, इस पुस्तक में वे पूरी तरह नई कविता के पक्ष में खड़े दिखाई देते हैं और छायावादी दृष्टि और संस्कारों की आलोचना करते हैं। प्रगतिवाद के जो तत्त्व छायावाद के तत्त्वों से जुड़ते हैं उनकी चर्चा वे छोड़ देते हैं और उन पक्षों को उठाते हैं जिनकी आलोचना नई कविता के पक्ष में जाती है।

नामवर सिंह के चतुर्दिक व्याप्त व्यापक प्रभा-मंडल के बावजूद उनकी इस पुस्तक की सर्वत्र प्रशंसा नहीं हुई। उनकी स्थापनाओं के प्रतिकूल प्रतिक्रियाएँ भी आईं। जिम्मेदार, समझदार और निर्भीक लेखकों ने 'कविता के नए प्रतिमान' के दूरगामी दुष्प्रभाव की ओर नामवर सिंह का ध्यान आकृष्ट किया और उन्हें सचेत किया। नेमिचन्द्र जैन ने लिखा कि "नामवर सिंह का विश्लेषण उस प्रवृत्ति को समर्थन देता जान पड़ता है जो कहता है कि कविता की दुनिया एक स्वायत्त दुनिया है। जिसका मूल्यों से, किसी सामाजिक सार्थकता से कोई सम्बन्ध नहीं।" (उद्धृत, कविता के नए प्रतिमान, द्वितीय संस्करण की भूमिका से)

नामवर सिंह ने दूसरे संस्करण की भूमिका में इस तथ्य का उल्लेख करते हुए अपनी स्थापनाओं को न्यायसंगत ठहराने का प्रयास किया है। कोई भी ईमानदार और तटस्थ पाठक समझ सकता है कि उनके पक्ष कितने लचर हैं। नामवर सिंह लिखते हैं, "इस पुस्तक से कुछ मित्रों को रूपवादी झुकाव की शिकायत है। खासतौर से उन्हें जो मुझसे सुसंगत मार्क्सवादी आलोचना-दृष्टि की अपेक्षा रखते हैं। इस दृष्टि से सबसे पहले विचारणीय है श्री नेमिचन्द जैन की समीक्षा, जो 12 जनवरी 1969 के 'साप्ताहिक हिन्दुस्तान' में 'प्रायदृष्टि' स्तम्भ के अन्तर्गत 'कविता के प्रतिमानों की खोज' शीर्षक से प्रकाशित हुई थी। नेमि जी की जो बात बहुत अजीब लगी वह है, "मार्क्सवादी नामवर सिंह का सर्वथा रूपवादी आलोचना-दृष्टि की ओर क्रमशः झुकाव।" (कविता के नए प्रतिमान, द्वितीय संस्करण की भूमिका)

नामवर सिंह को नेमिचन्द्र जैन की प्रतिक्रिया 'अजीब' लग सकती है किन्तु आज लगभग आधी सदी बाद इतिहास ने प्रमाणित कर दिया है कि नेमिचन्द्र जैन की प्रतिक्रिया बिलकुल सही थी। नामवर सिंह ने

कविता के जिन प्रतिमानों की खोज की उन प्रतिमानों के सहारे विकसित हुई नई कविता और उसके प्रतिनिधि कवि मुक्तिबोध कभी भी बहुसंख्यक समाज में स्वीकृत नहीं हो सके। हिन्दी समाज में मुक्तिबोध की पहचान एक जटिल कवि के रूप में हो चुकी है और उनकी तुलना में नागार्जुन ज्यादा लोकप्रिय और जनपक्षधर कवि के रूप में पहचाने जाते हैं। यहाँ तक कि मुक्तिबोध की जिस प्रसिद्ध कविता 'अँधेरे में' की विस्तृत व्याख्या खुद नामवर सिंह ने अपनी पुस्तक में की है और पुस्तक के दूसरे संस्करण में दुबारा उसकी व्याख्या की है, उसकी बाद में भी लगभग एक दर्जन आलोचकों ने व्याख्याएँ की हैं। तब भी वह कविता पाठकों को ठीक से समझ में नहीं आती। यह उस कविता की दशा है जो बकौल नामवर सिंह नई कविता की चरम उपल्ब्धि है।, "'अँधेरे में' मुक्तिबोध के प्रतिनिधि काव्य संकलन चाँद का मुँह टेढ़ा है की ही अन्तिम कविता नहीं, कदाचित उनकी अन्तिम रचना भी है जिसे कवि-कर्म की चरम परिणति भी कहा जा सकता है। कुल मिलाकर इसे यदि नई कविता की भी चरम उपलब्धि कहा जाए तो अतिशयोक्ति न होगी।" (कविता के नए प्रतिमान, पृ. 230)

मुक्तिबोध और नागार्जुन की कविता की भिन्न बनावट और भिन्न जमीन की हकीकत को स्वयं नामवर सिंह भी स्वीकार करते हैं। 'पूर्वग्रह' के एक अंक में उन्होंने लिखा है, "नागार्जुन, त्रिलोचन आदि ठेठ भारतीय कवियों की रचनाओं का सिंहावलोकन करता हूँ तो लगता है कि ये कविताएँ काव्य-चिन्तन के एक अन्य ढाँचे की अपेक्षा रखती हैं, मुक्तिबोध केन्द्रित कविता के नए प्रतिमान से यह ढाँचा निश्चय ही भिन्न होगा।" (पूर्वग्रह, 44-45) और बाद में यह 'भिन्न ढाँचा' ही वास्तव में हिन्दी कविता के स्वाभाविक विकास की दिशा तय करने वाला ढाँचा प्रमाणित हुआ।

आज हिन्दी कविता की स्वाभाविक परम्परा नागार्जुन, त्रिलोचन, केदारनाथ अग्रवाल और उन तमाम गीतकारों की है जिनकी लोक में तो खूब स्वीकृति है किन्तु हिन्दी के पाठ्यक्रमों से लेकर सम्मानों-पुरस्कारों की दुनिया से वे अधिकतर बाहर हैं। इतिहास की पुस्तकों में भी उनका उल्लेख उपेक्षा के साथ किया जाता है। दुष्यन्त कुमार जैसे श्रेष्ठ गजलकार को हिन्दी साहित्य के इतिहास में भी मुश्किल से जगह मिल पाती है। हिन्दी के पाठ्यक्रमों से वे अमूमन गायब हैं।

'कविता के नए प्रतिमान' द्वारा स्थापित हिन्दी कविता की परम्परा से आज गीत यदि बहिष्कृत हैं, गजलों की चर्चा नहीं होती तो उसी सीमा तक लोक ने भी इस नई कविता से दूरी बना ली है। कवि-सम्मेलन, जो कभी श्रेष्ठ कविता की कसौटी हुआ करते थे, निराला, नागार्जुन जैसे कवि मंच से कविता पढ़कर अपनी धाक जमा लेते थे, आज उन मंचों पर भद्दे हास्य करने वाले भड़ैतों का कब्जा हो चुका है। न तो श्रेष्ठ कवि वहाँ कविता पढ़ने जाते हैं और न तो गम्भीर श्रोता कविता सुनने ही। आखिर उर्दू कविता में इस तरह का स्पष्ट विभाजन क्यों नहीं हो पाया? अली सरदार जाफरी, कैफी आजमी, जावेद अख्तर, निदा फाजली जैसे शायर फिल्मों में भी लिखते हैं, मुशायरों में भी पढ़ते हैं और पाठ्यक्रमों में भी पढ़े-पढ़ाए जाते है। क्या हिन्दी कविता की आज की इस दुर्दशा के पीछे नामवर सिंह की पुस्तक 'कविता के नए प्रतिमान' की कोई भूमिका है?

कविता के बाद नामवर सिंह ने कहानी में दिलचस्पी दिखाई है। 'कहानी : नई कहानी' नामक पुस्तक की भूमिका में वे लिखते हैं, "हिन्दी आलोचना जो अभी तक काव्य-समीक्षा रही है, कविता से इतर कथा, नाटक आदि साहित्य रूपों का विधिवत विश्लेषण करके ही अपने को सुसंगत एवं समृद्ध बना सकती है... इसीलिए मेरे निकट उनका महत्त्व केवल कहानियों की समीक्षा तक सीमित न होकर एक व्यापक समीक्षा पद्धति के निर्माण की दिशा में है।" निस्सन्देह नामवर सिंह की कहानी सम्बन्धी आलोचना, हिन्दी आलोचना की महत्त्वपूर्ण उपलब्धि है। अपनी इस पुस्तक में उन्होंने पहले ही स्थापित कर दिया था कि 'नई कहानी' ने कहानी की अब तक की चली आ रही परिभाषा को ही बदल दिया है। विश्वनाथ त्रिपाठी ने लिखा है कि "उनकी आलोचना का सबसे मजबूत पक्ष कथा आलोचना ही है। इनके पहले हिन्दी में कहानी आलोचना सतही थी।"

'दूसरी परम्परा की खोज' पुस्तक की स्थापनाएँ भी कम विवादास्पद नहीं हैं। आचार्य हजारीप्रसाद द्विवेदी को दूसरी परम्परा का आलोचक सिद्ध करते हुए नामवर जी लिखते हैं, "द्विवेदी जी ने कम से कम हिन्दी में रवीन्द्रनाथ की प्रेरणा से वह दिया जो उनसे पहले किसी ने नहीं दिया था। मिसाल के लिए कबीर का क्रान्तिकारी रूप, कबीर के माध्यम से जाति धर्म निरपेक्ष मानव की प्रतिष्ठा का श्रेय तो द्विवेदी जी को ही है। एक प्रकार से यह दूसरी परम्परा है।" (दूसरी परम्परा की खोज, पृ. 15) इस विषय पर विश्वनाथ प्रसाद तिवारी की टिप्पणी को उद्धृत करना यथेष्ट होगा, "इस पुस्तक के पाठक को साफ लगेगा, नामवर जी ने आचार्य शुक्ल के कमजोर पक्ष को ही सामने रखने की कोशिश की है और तुलना में द्विवेदी जी के चमकीले

पक्ष को। नामवर जी की आलोचना की यह एक कमजोरी है कि वे जब जिस लेखक को उठाना चाहते हैं, उसकी चमकीली झांकियाँ प्रस्तुत करते हैं और उसी के अनुरूप अपना तर्कशास्त्र गढ़ लेते हैं और उसकी तुलना में जिन लेखकों पर प्रहार करना चाहते हैं उनके कमजोर स्थलों को उद्धृत कर व्यंग्य कटाक्ष करने लगते हैं।" (नामवर के विमर्श, पृ. 272) आगे चलकर अपनी बात स्पष्ट करते हुए वे लिखते हैं, "नामवर जी की दूसरी परम्परा की कसौटी एक शब्द में कहें तो लोकधर्मिता है। द्विवेदी जी का अपने लोक-जीवन से लगाव है। इसीलिए वे दूसरी परम्परा के हैं। क्या लोक-जीवन का यह लगाव शुक्ल जी में कम था?" (वही, 273) निस्सन्देह आचार्य द्विवेदी और शुक्ल जी की परम्परा इतनी भिन्न नहीं है। बल्कि मेरी दृष्टि में आचार्य द्विवेदी की आलोचना वस्तुत: आचार्य शुक्ल की आलोचना का ही अगला विकास लगता है। द्विवेदी जी ने शुक्ल जी की आलोचना परम्परा को और अधिक समृद्ध किया है।

कहना न होगा कि नामवर सिंह की आलोचना में अन्तर्विरोध भी कम नहीं है। मार्क्सवादी आलोचक रामविलास शर्मा पर उनके दो बहुचर्चित निबन्ध इसके प्रमाण हैं। एक रामविलास शर्मा के जीवन काल में प्रकाशित 'केवल जलती मशाल' और दूसरा उनके निधन के तत्काल बाद 'इतिहास की शव साधना'। उनकी आलोचना पद्धति के विषय में कर्मेन्दु शिशिर की टिप्पणी है, "नामवर सिंह ने जहाँ भी हस्तक्षेप किया है, वह चाहे जितना संक्षिप्त हो, कोई न कोई नई बात, नई दृष्टि अथवा उसे देखने-समझने का नया नजरिया जरूर मिल जाएगा। चाहे वे कबीर पर लिख रहे हों अथवा मैथिलीशरण गुप्त पर। नई कविता से समकालीन कविता के बीच कविता के नए प्रतिमान को अगर अपवाद मानें, तो वे समग्र कालखंड के व्यवस्थित मूल्यांकन की कभी कोई कोशिश ही नहीं करते। दरअसल ऐसी उनकी प्रकृति ही नहीं रही। इसलिए समकालीनता के दीर्घ विचार विस्तार में सम्भव है आपको उनमें एकसूत्रता का अभाव मिले और अन्तर्विरोध भी।" (पांखी, अक्टूबर 2010, पृ. 65)

बावजूद इसके आलोचना के प्रति अपनी व्यापक दृष्टि का परिचय देते हुए नामवर सिंह लिखते हैं, "वस्तुत: साहित्य में राजनीतिक मतभेदों को अनावश्यक तूल देने वाले वामपंथी लेखक यह मोटी सी बात भूल जाते हैं कि मार्क्सवाद केवल एक राजनैतिक सिद्धान्त नहीं, बल्कि एक विश्व-दृष्टि है—राजनीति जिसका एक पक्ष है, निस्सन्देह अत्यन्त महत्त्वपूर्ण पक्ष। यह विश्व-दृष्टि लेखक को अपने समय की वास्तविकता को उसकी समग्र जटिलता के साथ समझने में सहायक होती है। इसलिए लेखकों के बीच कायदे से विश्व-दृष्टि पर बहस होनी चाहिए, राजनीतिक लाइन पर नहीं।" (आलोचना, अप्रैल-जून, 74)

नामवर सिंह के अध्ययन का क्षेत्र विशाल है। साहित्य की समीक्षा के लिए वे इतिहास, समाजशास्त्र, दर्शन आदि का अध्ययन आवश्यक समझते है। दुनिया भर के नए विमर्शों और नवीनतम अवधारणाओं से वे अपने को जोड़े रखते हैं। इतना ही नहीं, उन्होंने मार्क्सवादी समीक्षा को अधुनातन साहित्य चिन्तन से जोड़ा।

वाचिक परम्परा के आलोचक के रूप में भी उनकी ख्याति है। उनकी आलोचनात्मक पुस्तकों में, 'छायावाद', 'इतिहास और आलोचना', 'कहानी : नई कहानी', 'कविता के नए प्रतिमान', 'आधुनिक साहित्य की प्रवृत्तियाँ' 'दूसरी परम्परा की खोज', 'वाद विवाद संवाद' प्रमुख हैं। हिन्दी के विकास में अपभ्रंश का योग' तथा 'पृथ्वीराज रासो की भाषा' उनकी शोधपरक पुस्तकें हैं। 'कहना न होगा' तथा 'बात बात में बात' उनके साक्षात्कार हैं। आशीष त्रिपाठी के सम्पादन में आई उनकी आठ किताबों की श्रृंखला क्रमश: 'कविता की जमीन और जमीन की कविता', 'हिन्दी का गद्यपर्व', 'प्रेमचन्द और भारतीय समाज', 'जमाने से दो दो हाथ, 'साहित्य की पहचान', 'आलोचना और विचारधारा', 'सम्मुख', और 'साथ-साथ' प्रकाशित है। जे.एन.यू. के क्लास नोट्स भी उनके तीन छात्रों—शैलेश कुमार, मधुप कुमार और नीलम सिंह ने मिलकर 'नामवर के नोट्स' शीर्षक से सम्पादित किया है। नामवर सिंह ने 'जनयुग' साप्ताहिक और 'आलोचना' (त्रैमासिक) का लम्बे समय तक सम्पादन किया है।

नामवर सिंह हिन्दी के अकेले ऐसे आलोचक हैं जिनके जीवन काल में ही उनके साहित्यिक अवदान का आकलन करने वाले अनेक ग्रंथ प्रकाशित हो चुके हैं जिनमें रणधीर सिन्हा द्वारा सम्पादित 'आलोचक नामवर सिंह', सुधीश पचौरी द्वारा सम्पादित 'नामवर के विमर्श', कमला प्रसाद, सुधीर रंजन सिंह और राजेन्द्र शर्मा द्वारा सम्पादित 'नामवर सिंह : आलोचना की दूसरी परम्परा', भारत यायावर द्वारा सम्पादित, 'आलोचना के रचना पुरुष : नामवर सिंह', श्रीप्रकाश शुक्ल की कृति 'नामवर की धरती', सुमन केसरी द्वारा सम्पादित 'जे.एन.यू. में नामवर सिंह' तथा 'पहल', 'पूर्वग्रह', 'दस्तावेज', 'पांखी' व 'बहुवचन' जैसी पत्रिकाओं के नामवर सिंह पर केन्द्रित विशेषांक उल्लेखनीय हैं।

नामवर सिंह की आलोचना पद्धति पर अपने विचार व्यक्त करते हुए नन्दकिशोर नवल लिखते हैं, "नामवर जी की आलोचना शैली मार्क्सवादी है और उसी के अनुरूप वह पूर्ववर्ती आलोचना के उन सभी औजारों को काम में लाती है जो आज भी साहित्य की व्याख्या और मूल्यांकन की दृष्टि से उपयोगी हैं। उनकी आलोचना हिन्दी की प्रगतिशील आलोचना की महत्त्वपूर्ण कड़ी है। स्वभावत: वह आचार्य रामचन्द्र शुक्ल और रामविलास शर्मा की विरासत को समेट कर चलती है। नामवर जी की आलोचना की भाषा सामान्य भाषा का ही एक उन्नत रूप है, पर उसमें शास्त्र-ज्ञान और तज्जनित गम्भीरता छिपी हुई है। उसमें सादगी और पैनापन तो है ही, गजब की हार्दिकता है जो साहित्य के प्रति उनकी गहरी आत्मीयता की देन है। हिन्दी में पिछले दिनों सृजनात्मकता की बहुत चर्चा हुई है। नामवर जी की आलोचना शास्त्रीय आलोचना की तरह व्यवस्थित, सांगोपांग और तार्किक परिणतियों तक जाने वाली और सृजनात्मक आलोचना की तरह मौलिक और नवीन है।" (हिन्दी आलोचना का विकास, पृ. 374)

नामवर सिंह हिन्दी आलोचना के शिखर पुरुष के रूप में ख्यात हैं। उनकी इस प्रतिष्ठा के पीछे उनके लेखन के अतिरिक्त उनकी वक्तृत्व कला, उनकी अध्यापन शैली, उनकी शिक्षण संस्था, उनकी मित्र-मंडली और उनके शिष्यों की विशाल सेना है। नामवर सिंह को वाचिक परम्परा का आचार्य कहा जाता है। उनकी वक्तृत्व कला से हिन्दी की सामर्थ्य का बोध होता है। एक अध्यापक के रूप में उनकी प्रतिष्ठा का जिक्र करते हुए उनके ही एक छात्र डॉ. विश्वनाथ त्रिपाठी ने लिखा है, "बेहद विद्यार्थीप्रिय अध्यापक थे। उनकी क्लास खचाखच भरी रहती थी। जिधर से निकलते नामवर जी जा रहे है, नामवरजी जा रहे हैं की फुसफुसाहट होती।" इसी तरह के विचार उनके एक दूसरे छात्र और प्रख्यात ललित निबन्धकार डॉ. कृष्णबिहारी मिश्र का भी है जिसे उन्होंने मुझसे एक दिन बतकही में व्यक्त किया था—जवाहरलाल नेहरू विश्वविद्यालय का भारतीय भाषा केन्द्र एक जमाने में देश के हिन्दी विभागों के लिए एक मॉडल के रूप में प्रसिद्ध था। आज भी हिन्दी-उर्दू का एक ही संयुक्त विभाग देश में शायद दूसरा नहीं है। इसकी परिकल्पना नामवर जी की ही है। इस विभाग में नामवर जी के अलावा केदारनाथ सिंह, मैनेजर पांडेय, वीरभारत तलवार, पुरुषोत्तम अग्रवाल जैसे अध्येताओं और समीक्षकों ने समृद्ध किया तो इसके पीछे नामवर जी की महत्त्वपूर्ण भूमिका रही। नामवरजी की मित्र-मंडली में साहित्य के प्राचीन केन्द्र काशी और आधुनिक केन्द्र दिल्ली दोनों के महारथी रहे हैं। उनके प्रिय और सुयोग्य शिष्य तो देशभर में फैले हुए हैं। नामवर जी की प्रतिष्ठा में इन सबकी भूमिका है।

नामवर जी के निधन के बाद उनकी श्रद्धांजलि के बहाने हिन्दी के सुप्रसिद्ध कवि-पत्रकार मंगलेश डबराल ने नामवर जी के महत्त्व और हिन्दी आलोचना में उनके योगदान का बड़ा ही सन्तुलित मूल्यांकन किया है। वे लिखते हैं, "नामवर सिंह हिन्दी के उन व्यक्तित्वों में थे, जिनके पास हिन्दी ही नहीं, बल्कि सम्पूर्ण भारतीय भाषाओं के साहित्य की एक विहंगम और समग्र दृष्टि थी। इसीलिए दूसरी भाषाओं में हिन्दी के जिस व्यक्ति को सबसे पहले याद किया जाता रहा, वे नामवर सिंह ही हैं। उन्हें हिन्दी का ब्रांड एम्बेसेडर कहा जा सकता है। प्रगतिशील-प्रतिबद्ध साहित्य का एजेंडा तय करने से लेकर 'आलोचना' पत्रिका के सम्पादक के तौर पर साहित्यिक वैचारिकता का पक्ष मजबूत करने तक और जवाहरलाल नेहरू विश्वविद्यालय (जेएनयू) में पढ़ाने का काम, कहीं भी उनका कोई सानी नहीं था। कक्षा में उनका पढ़ाने का तरीका इतना सम्प्रेषणीय और प्रभावशाली होता था कि दूसरी कक्षाओं के छात्र व अध्यापक भी उनकी कक्षा में आकर बैठते थे...। उनकी किताब 'कविता के नए प्रतिमान' का प्रकाशन (साल 1968) किसी परिघटना से कम नहीं था, जिसने समकालीन हिन्दी कविता की आलोचना में एक प्रस्थापना-परिवर्तन किया। उससे पहले तक हिन्दी साहित्य में आधुनिक छायावादोत्तर कविता को प्रगतिशील नजरिये से पढ़ने की व्यवस्थित दृष्टि का अभाव था। ये वह दौर था जब अकादमिक क्षेत्र में डॉ. नगेन्द्र की रस-सिद्धान्तवादी मान्यताओं का बोलबाला था। जब विश्व राजनीति में पूँजीवादी और समाजवादी ब्लॉक के बीच शीतयुद्ध का दौर चल रहा था तो उसकी छाया से साहित्य भी अछूता नहीं रहा। हिन्दी के शीतयुद्ध में एक तरफ सच्चिदानन्द हीरानन्द वात्स्यायन 'अज्ञेय' थे तो दूसरी तरफ प्रगतिशील साहित्य के मोर्चे की बागडोर तमाम आपसी मतभेदों के बावजूद डॉ. रामविलास शर्मा और डॉ. नामवर सिंह के हाथों में रही। 'कविता के नए प्रतिमान', इसी दौर की कृति है, जिसने डॉ. नगेन्द्र के साथ-साथ अज्ञेय के साहित्यिक आभामंडल को ढहाने का काम किया।" वे आगे लिखते हैं,

"नामवर सिंह आलोचना में एक और परम्परा के लिए भी याद किए जाते हैं और वह है वाचिक परम्परा। द्विवेदी जी बहुत कुछ लिखने के अलावा उस वाचिक धारा के भी समर्थक थे, जिसकी लीक कबीर,

नानक, दादू आदि की यायावरी और प्रवचनों से बनी थी। कहानी उनकी निगाह में 'गल्प' थी। 'गप्प' का तत्सम रूप। नामवर जी ने भी जीवन के उत्तरार्ध में वाचिक शैली में ही काम किया जिसका कुछ उपहास भी हुआ। 'दूसरी परम्परा की खोज' के बाद उनकी करीब एक दर्जन किताबें आईं जिनमें आलोचक के मुख से, कहना न होगा, कविता की जमीन और जमीन की कविता, बात बात में बात आदि प्रमुख हैं। लेकिन वे ज्यादातर लिखी हुई नहीं, बोली हुई हैं। पाँच दशक से भी ज्यादा समय तक नामवर सिंह हिन्दी साहित्य की प्रस्थापनाओं, बहसों और विवादो के केन्द्र में रहे।" ('प्रभात खबर', कोलकाता, पृ. 9)

नामवर सिंह द्वारा 'आलोचना' पत्रिका का लम्बे समय तक सम्पादन करना भी एक ऐतिहासिक कार्य माना जाएगा। इस पत्रिका ने आलोचना के क्षेत्र में कई प्रतिमान बनाए, कई आलोचकों को प्रतिष्ठित किया। किन्तु सहारा श्री के अखबार 'राष्ट्रीय सहारा' से जुड़ने और बिहार के एक अपराधी प्रवृत्ति के नेता की पुस्तक का विमोचन करने जैसे कार्यों के लिए उन्हें खरी-खोटी भी सुननी पड़ी।

शिवकुमार मिश्र

कानपुर (उ.प्र.) जिले के 'महोली' नामक गाँव में जन्मे, कानपुर तथा सागर में पढ़े-लिखे और सरदार पटेल विश्वविद्यालय, वल्लभविद्यानगर, गुजरात में शिक्षक रहे शिवकुमार मिश्र (02.02.1931–21.06.2013) प्रतिबद्ध मार्क्सवादी आलोचक हैं। 'जनवादी लेखक संघ' के राष्ट्रीय महासचिव और बाद में अध्यक्ष के रूप में उन्होंने लम्बे समय तक लेखक संगठन का नेतृत्व किया। उनकी समीक्षा साफ-सुथरी और निर्णयात्मक है। 'कामायनी और प्रसाद की कविता गंगा', 'वृंदावनलाल वर्मा : उपन्यास और कला', 'प्रगतिवाद', 'यथार्थवाद', 'मार्क्सवादी साहित्य चिन्तन : इतिहास तथा सिद्धान्त', 'साहित्य और सामाजिक सन्दर्भ', 'प्रेमचन्द : विरासत का सवाल', 'भक्तिकाव्य और लोक-जीवन', 'दर्शन, साहित्य और समाज', 'हिन्दी आलोचना की परम्परा और आचार्य रामचन्द्र शुक्ल', 'आलोचना के प्रगतिशील आयाम', 'नया हिन्दी काव्य', 'आधुनिक कविता और युग सन्दर्भ', 'मार्क्सवाद देवमूर्तियाँ नहीं गढ़ता', 'साहित्य : इतिहास और संस्कृति', 'साम्प्रदायिकता और हिन्दी उपन्यास' आदि उनकी प्रमुख आलोचनात्मक पुस्तकें हैं।

मिश्र जी की आलोचनाएँ सैद्धान्तिक भी हैं और व्यावहारिक भी। 'यथार्थवाद', 'प्रगतिवाद', 'मार्क्सवादी साहित्य चिन्तन : इतिहास तथा सिद्धान्त' आदि ग्रंथ उनकी सैद्धान्तिक आलोचना के प्रमाण हैं। दूसरी ओर उन्होंने प्रेमचन्द, आचार्य रामचन्द्र शुक्ल, निराला और मुक्तिबोध के अलावा भक्तिकालीन कवियों, खासकर सूर और तुलसी की बहुत ही व्यवस्थित और सन्तुलित समीक्षाएँ लिखी हैं। भक्ति आन्दोलन के प्रगतिशील तत्त्वों को समझने में उनकी समीक्षा बड़ी कारगर साबित हुई है। 'मार्क्सवादी साहित्य चिन्तन : इतिहास तथा सिद्धान्त' नामक उनकी पुस्तक मार्क्सवाद के नए अध्येताओं के लिए अत्यन्त उपयोगी है। इस पुस्तक पर उन्हें सोवियत लैंड नेहरू पुरस्कार मिला था। चार खंडों में विभाजित इस पुस्तक में उन्होंने मार्क्सवादी दर्शन, उसके प्रमुख आधार स्तम्भ, मार्क्सवादी चिन्तन की पृष्ठभूमि तथा इतिहास, मार्क्सवादी साहित्य-चिन्तन के प्रमुख पुरस्कर्ता, मार्क्सवाद के मूल साहित्यिक प्रश्न तथा हिन्दी में मार्क्सवादी साहित्य चिन्तन का विस्तृत विश्लेषण किया है। उनकी दृष्टि की व्यापकता को इसी से समझा जा सकता है कि उन्होंने मार्क्सवादी साहित्य चिन्तन की परम्परा का विश्लेषण करते हुए भारतीय रस सिद्धान्त का भी उसी परिप्रेक्ष्य में विस्तृत विश्लेषण किया है और साधारणीकरण के महत्त्व को स्वीकार किया है। वे अपनी दो टूक राय देते हुए लिखते हैं, "मार्क्सवादी समीक्षकों का रस सिद्धान्त से मूल मतभेद उसके भाववादी चिन्तन, उसकी दार्शनिक परिणति और उसकी लोकोत्तर व्याख्याओं से है। काव्यानुभूति और काव्यास्वाद के मानवीय धरातल पर उसकी अनेक निष्पत्तियाँ मार्क्सवादी विचारकों को स्वीकार हैं। यही बात साधारणीकरण के लिए भी सत्य है।" (मार्क्सवादी साहित्य चिन्तन : इतिहास तथा सिद्धान्त, पृ. 510)

मिश्र जी ने साहित्य और कला को विशिष्ट मानवीय उपलब्धि स्वीकार करते हुए भाववादी कला चिन्तकों के विपरीत उसे सामाजिक सन्दर्भों से जोड़ा है तथा उसके मूल्यांकन के लिए सामाजिक प्रतिमानों को स्वीकार किया है। उनका मानना है, "साहित्य और कलाओं के सामाजिक प्रतिमान का वास्तविक महत्त्व इस बात में है कि साहित्य और कलाएँ जीवन को दूसरे बुनियादी पक्षों से स्वतंत्र नहीं, वरन् उनका ही एक अंग हैं और जीवन के दूसरे बुनियादी प्रश्नों से उनके महत्त्व का एकान्त मूल्यांकन नहीं किया जा सकता।" (मार्क्सवादी साहित्य चिन्तन : इतिहास तथा सिद्धान्त, पृ. 405)

मिश्र जी के सर्वाधिक प्रिय लेखक प्रेमचन्द हैं। प्रेमचन्द पर उनकी दो पुस्तकें हैं, 'प्रेमचन्द : विरासत का सवाल' तथा 'प्रेमचन्द की विरासत और गोदान'। मिश्र जी का प्रेमचन्द से जुड़ाव का मुख्य कारण है कि प्रेमचन्द का सम्पूर्ण साहित्य समाज सापेक्ष है। उन्हें मुक्तिबोध की रचना प्रक्रिया भी खास तौर पर प्रभावित करती है क्योंकि, "रचना प्रक्रिया सम्बन्धी मुक्तिबोध के विवेचन का यह सामाजिक आधार ही उसका सबसे महत्त्वपूर्ण पक्ष है। यहाँ इस तथ्य का स्मरण रखना भी आवश्यक है कि विवेचन के सामाजिक आधार के बावजूद जहाँ तक साहित्य और कला की अपनी विशिष्ट प्रकृति का प्रश्न है मुक्तिबोध उनके प्रति पूरी तरह सचेष्ट रहे हैं।" (साहित्य और सामाजिक सन्दर्भ, पृ. 56)

'भक्तिकाव्य और लोकजीवन' नामक उनकी पुस्तक भी खूब सराही गई। उन्होंने अपनी इस पुस्तक में भक्ति आन्दोलन के प्रगतिशील मूल्य को पहचाना और संत साहित्य को लोक जागरण के काव्य के रूप में प्रतिष्ठित करने में महत्त्वपूर्ण भूमिका निभाई।

मिश्र जी की स्मरण शक्ति अद्भुत थी। साहित्य के किसी भी विषय पर वे घंटों बोल सकते थे और बोलते थे। उनको सुनना रोचक संस्मरण सुनने जैसा होता था—मगर तथ्यपरक और उतना ही ज्ञानवर्धक भी। विषय पर उनकी पकड़ जितनी मजबूत और अवधारणाएँ जितनी स्पष्ट हैं, भाषा भी उनकी उतनी ही सरल है। इतना ही नहीं, उनका आचरण भी उनकी भाषा की तरह ही सरल था।

अन्तत: मुरलीमनोहर प्रसाद सिंह के शब्दों में, "समालोचना के क्षेत्र में मार्क्सवादी विश्लेषण पद्धति को वे अनूठे ढंग से उपयोग में लाते हैं और किसी भी रचना के मूलभूत पाठ पर गहराई से विचार करते हैं। इसके साथ ही इतिहास की गतिमानता में किसी भी पाठ के बदलते हुए अभिप्रायों और संकेतों के आधार पर अपना निष्कर्ष निकालते हैं। घटनाओं की सापेक्षता और मानव सम्बन्धों की क्रिया-प्रतिक्रिया में झाँकने की उनकी आलोचनात्मक अन्तर्दृष्टि अनोखी है। वे परम्परा में पगे हुए रसज्ञ पाठक की विचारभूमि से रचना प्रक्रिया को सन्दर्भ से काटकर कभी नहीं देखते।" (वाणी प्रकाशन समाचार, जून 2016, पृ. 5)

विश्वनाथ त्रिपाठी

सिद्धार्थनगर, उत्तर प्रदेश के 'बिस्कोहर' नामक गाँव में जन्मे और बनारस तथा चंडीगढ़ से उच्च शिक्षा प्राप्त करने के बाद दिल्ली विश्वविद्यालय में प्रोफेसर रहे विश्वनाथ त्रिपाठी (जन्म—16.2.1931) हमारे समय के बहुत महत्त्वपूर्ण और संवेदनशील आलोचक है। 'हिन्दी आलोचना', 'लोकवादी तुलसीदास', 'मीराँ का काव्य', 'देश के इस दौर में', 'कुछ कहानियाँ : कुछ विचार', 'पेड़ का हाथ', 'उपन्यास का अन्त नहीं हुआ है', 'कहानी के साथ-साथ', 'आलोचक का सामाजिक दायित्व' आदि उनकी प्रमुख समीक्षा-कृतियाँ हैं। 'व्योमकेश दरवेश' नाम से आचार्य हजारीप्रसाद द्विवेदी की जीवनी लिखकर उन्होंने अच्छी ख्याति पाई है। उनकी कृति 'देश के इस दौर में' हरिशंकर परसाई पर केन्द्रित है जबकि 'पेड़ का हाथ' केदारनाथ अग्रवाल पर। इस तरह त्रिपाठी जी ने नए और पुराने दोनों ही प्रकार के साहित्य पर अपनी समीक्षाएँ लिखी हैं। आग्रह मुक्त और विवेक सम्मत दृष्टि उनकी आलोचना की विशेषता है।

तुलसीदास के महत्त्व को रेखांकित करते हुए वे लिखते हैं, "तुलसीदास की लोकप्रियता का कारण यह है कि उन्होंने अपनी कविता में अपने देखे हुए जीवन का बहुत गहरा और व्यापक चित्रण किया है। उन्होंने राम के परम्परा-प्राप्त रूप को अपने युग के अनुरूप बनाया है। उन्होंने राम की संघर्ष-कथा को अपने समकालीन समाज और अपने जीवन की संघर्ष-कथा के आलोक में देखा है। उन्होंने बाल्मीकि और भवभूति के राम को पुन: स्थापित नहीं किया है, अपने युग के नायक राम को चित्रित किया है। उनके दर्शन और चिन्तन के राम ब्रह्म हैं लेकिन उनकी कविता के राम लोकनायक हैं।" (लोकवादी तुलसीदास, भूमिका, पृ. 9)। इसी तरह मीरा को भी उन्होंने मध्यकालीन सामंती व्यवस्था से पीड़ित नारी के रूप में ही देखा है। मीरा के प्रेम की लौकिक व्याख्या और सामंती समाज से उसका द्वंद्व विश्वनाथ त्रिपाठी की आलोचना की मुख्य स्थापना है।

हिन्दी की कथा समीक्षा पर केन्द्रित उनकी पुस्तक 'कुछ कहानियाँ : कुछ विचार' भी आलोचकों में बहुत समादृत है। इस पुस्तक के अन्तिम दो आलेखों के बारे में निर्मला जैन लिखती है, "अन्तिम दो 'समकालीन कहानी : कुछ विचार' और 'बदलते समय के रूप' समकालीन कथा-परिदृश्य के सम्बन्ध में विश्वनाथ त्रिपाठी की समझ और विश्लेषण-क्षमता दोनों के प्रमाण हैं। पूर्वकथन में उन्होंने लिखा है कि 'रचना के कुछ पोर होते हैं, जैसे बाँस या गन्ने के, जिन्हें फोड़ने में अतिरिक्त सावधानी की जरूरत पड़ती है।' कहना न होगा कि लेखक

के पास इन पोरों को पहचानने वाली मेधा भी है और उन्हें फोड़ने का कौशल भी, जिसका प्रयोग वे सूत्रवत छोटे-छोटे वाक्यों में बड़े सहज गद्य-विन्यास में करते चलते हैं। इन दोनों लेखों के माध्यम से पाठक उस दौर के पूरे कहानी-परिदृश्य की खूबियों और खामियों को भली-भाँति पहचान सकता है। सूत्रों में विश्वनाथ जी ने उस दौर के अधिकांश कहानीकारों पर महत्त्वपूर्ण टिप्पणियाँ की हैं। सार्थक सूत्रों में मूल्यांकनपरक निर्णय देते चलना उनकी आलोचना की खूबी है।" (हिन्दी आलोचना का दूसरा पाठ, निर्मला जैन, पेपरबैक संस्करण 2014, पृ. 143-144) इसी तरह 'कहानी के साथ-साथ' शीर्षक कथा समीक्षा की उनकी एक और पुस्तक बहुत चर्चित है।

'व्योमकेश दरवेश' आचार्य हजारीप्रसाद द्विवेदी के जीवन और रचना-कर्म पर लिखी गई अपने ढंग की अकेली और अनोखी पुस्तक है। त्रिपाठी जी ने आचार्य द्विवेदी के सान्निध्य में रहकर शिक्षा ही नहीं ग्रहण की है अपितु एक शिष्य के रूप में उनका आना-जाना द्विवेदी जी के घर के भीतर तक था। इसीलिए पुस्तक की प्रामाणिकता असन्दिग्ध है। यह पुस्तक संस्मरण शैली में है। प्रयास किया गया है कि प्रसंगों और स्थितियों को यथासम्भव प्रामाणिक स्रोतों से ही ग्रहण किया जाए। काशी की तत्कालीन साहित्य-मंडली अनायास ही पुस्तक में आ गई है। इस पुस्तक की भाषा का सौंदर्य देखते ही बनता है। पुस्तक में वे लिखते हैं कि घास काटती हुई औरतों का गाना सुना तो लगा घासें ही गा रही हैं। खेत में काम करती औरतों का गाना खेत के पौधों का संगीत लगा। सड़क पर चलती औरतों की बातचीत नीम, आम, सड़क, अमलताश की बातचीत लगती। इस तरह उनके कहने का अंदाज सबसे अलग और निराला है।

विश्वनाथ त्रिपाठी हिन्दी के अकेले ऐसे आलोचक हैं जिन्होंने एक ओर अपने गुरु आचार्य हजारीप्रसाद द्विवेदी की 'व्योमकेश दरबेश' नाम से जीवनी लिखी तो दूसरी ओर अपने प्रिय शिष्यों पर 'गुरु जी की खेतीबारी' शीर्षक से पुस्तक लिखी। निस्सन्देह उनके हृदय में अपने शिष्यों के प्रति भी असीम स्नेह और आत्मीयता है। त्रिपाठी जी की स्मृति विलक्षण है। वे जब बोलते हैं तो साहित्य, राजनीति, संगीत, इतिहास, लोक, सबको साथ-साथ लेकर चलते हैं। वे मानव मन के सूक्ष्मदर्शी हैं।

उनके द्वारा लिखित 'हिन्दी आलोचना' हिन्दी के विद्यार्थियों में सर्वाधिक लोकप्रिय पुस्तकों में से है। इसमें भारतेन्दु युग से लेकर नामवर सिंह तक की आलोचना-यात्रा का बहुत ही तर्कसंगत, प्रामाणिक और सोदाहरण विश्लेषण है।

विचारधारा के स्तर पर वे मार्क्सवादी कहे जा सकते हैं किन्तु अन्य बहुतेरे मार्क्सवादियों की तरह वे जड़सूत्रवाद के शिकार नहीं हैं। वे नरम दल के मार्क्सवादी हैं। 'हिन्दी आलोचना' पुस्तक के आरम्भ में भारतेन्दु युग के महत्त्व का आकलन करते हुए वे लिखते हैं, "भारतेन्दु और उनके साथी वे साहित्यकार थे जिन्होंने साहित्य को सामाजिक उत्तरदायित्व की चेतना से युक्त किया। ऐसा करने में वे समर्थ हो पाए क्योंकि वे सामाजिक समस्याओं के प्रति सचेत थे और उनके प्रति अपनी जिम्मेदारी महसूस करते थे। इस युग का साहित्य केवल मनोविनोद या विलास की सामग्री नहीं प्रस्तुत करता, अपितु समाज का चित्रण करता है और उसके विकास की प्रेरणा देता है। जीवन को समझने-बूझने और देखने की भारतेन्दु की निश्चित दृष्टि है।" (हिन्दी आलोचना, पृ. 14) दरअसल समाज को देखने की इस दृष्टि की पहचान वही व्यक्ति कर सकता है जिसके पास अपनी वैज्ञानिक दृष्टि हो और वह वैज्ञानिक दृष्टि मार्क्सवादी ही हो सकती है।

किसी भी विषय पर वे विवादों से यथासम्भव दूर रहना पसन्द करते हैं। आचार्य रामचन्द्र शुक्ल, आचार्य नन्ददुलारे वाजपेयी, आचार्य हजारीप्रसाद द्विवेदी, रामविलास शर्मा, नामवर सिंह और नगेन्द्र पर उन्होंने विस्तार से लिखा है। इन सभी आलोचकों के आलोचना कर्म में अनेक विषयों को लेकर व्यापक मतभेद है किन्तु त्रिपाठी जी ने इन सबकी बहुत ही व्यवस्थित और प्रामाणिक समीक्षा करते हुए अद्भुत सन्तुलन का परिचय दिया है।

आचार्य नन्दददुलारे वाजपेयी को वे आचार्य रामचन्द्र शुक्ल की परम्परा का आलोचक मानते हैं। वे लिखते हैं, "पं. नन्ददुलारे वाजपेयी की समीक्षा कृतियों को देखने पर ज्ञात होता है कि वे आचार्य रामचन्द्र शुक्ल की परम्परा के समीक्षक हैं। उनकी सामर्थ्य शुक्ल जी का विरोध करने में नहीं, बल्कि उनका समर्थन करने या उनके द्वारा निकाली हुई समीक्षा-पद्धति पर चलने में प्रकट हुई है। वाजपेयी जी को इस बात का श्रेय मिलेगा कि छायावाद, प्रगतिवाद, महावीरप्रसाद द्विवेदी, पं. रामचन्द्र शुक्ल, मैथिलीशरण गुप्त, प्रसाद, निराला, दिनकर की और प्रयोगवादी रचनाओं की उन्होंने गम्भीर या विस्तृत समीक्षा की।" (उपर्युक्त, पृ. 140)

आचार्य हजारीप्रसाद द्विवेदी के बारे में उनका विश्वास है कि "शुक्ल जी के बाद हिन्दी पाठकों, अध्यापकों और आलोचकों की दृष्टि और रुचि पर जितना अधिक प्रभाव द्विवेदी जी की कृतियों का पड़ा है, उतना

किसी आलोचक का नहीं। रसग्राहिता द्विवेदी जी की सबसे बड़ी शक्ति है और यहाँ स्मरण रखना चाहिए कि आलोचक की भी सबसे बड़ी कसौटी रसग्राहिता ही है। कबीर, सूरदास, कालिदास और अपभ्रंश साहित्य पर लिखी गई रचनाओं में द्विवेदी जी की रसग्राहिता के प्रचुर प्रमाण मिलेंगे।" (उपर्युक्त, पृ. 150) उनकी दृष्टि में द्विवेदी जी साहित्य को सामाजिक सन्दर्भों में देखने और परखने का आग्रह करते हैं। सामाजिकता का यह आग्रह ही उन्हें मानवतावादी बनाता है। इसी आधार पर वे घोषित करते हैं कि "मानवतावादी और प्रगतिशील दृष्टि के कारण ही द्विवेदी जी, प्रेमचन्द साहित्य की महानता को समझ सके हैं। ध्यान देने की बात यह है प्रगतिवादी आलोचकों को छोड़ दें तो हिन्दी के वरिष्ठ आलोचकों यानी, वाजपेयी, द्विवेदी और नगेन्द्र में प्रेमचन्द को प्रथम श्रेणी का साहित्यकार केवल द्विवेदी जी ही मानते हैं।" (उपर्युक्त, पृ. 153)

रामविलास शर्मा के विषय में वे कहते हैं, "जब डॉ. शर्मा अपने किसी प्रिय साहित्यकार या विषय पर लिखते हैं तब उनकी भाव तरलता और सहृदयता देखने लायक होती है। तुलसीदास, भारतेन्दु, प्रेमचन्द, निराला, रामचन्द्र शुक्ल, पढ़ीस आदि पर लिखे गए उनके निबन्धों को पढ़ने पर ज्ञात होता है कि उनमें इतिहास-बोध की प्रखर प्रतिभा ही नहीं, रसग्राहिणी शक्ति भी है। जिस आलोचक ने भारतेन्दु, प्रेमचन्द, निराला, शुक्ल जैसे महान साहित्यकारों पर इतना परिश्रम करके पुस्तकें लिखी हों, जिसने इन साहित्यकारों को हिन्दी की जातीय प्रगतिशील परम्परा से जोड़ा, उसे केवल प्रखर आलोचक कहकर टालने की कोशिश करना अनुचित है...। इतना अर्थगर्भित निर्दोष और आडम्बरहीन गद्य लिखनेवाला हिन्दी में दूसरा कोई नहीं दिखलाई पड़ता।" (उपर्युक्त, पृ. 198) और नामवर सिंह के बारे में उनका कहना है कि "यदि प्रगतिशील आलोचना को जातीय और हिन्दी पाठकों की दृष्टि में विश्वसनीय बनाने का कार्य डॉ. रामविलास शर्मा ने किया है तो उसे सक्रिय आन्दोलन के रूप में जीवित रखने और हिन्दी भाषी बुद्धिजीवी-युवकों में तत्सम्बन्धी रुचि जाग्रत करने का कार्य डॉ. नामवर सिंह कर रहे हैं।" (उपर्युक्त, पृ. 198)

विश्वनाथ त्रिपाठी अपनी मान्यताओं की पुष्टि के लिए भी रामविलास शर्मा को ही उद्धृत करते हैं और कहते हैं, "भारतेन्दु युग का साहित्य जनवादी इस अर्थ में है कि वह भारतीय समाज के पुराने ढाँचे से सन्तुष्ट न रहकर उसमें सुधार भी चाहता है। वह केवल राजनीतिक स्वाधीनता का साहित्य न होकर मनुष्य की एकता, समानता और भाईचारे का भी साहित्य है। भारतेन्दु स्वदेशी आन्दोलन के ही अग्रदूत न थे। वे समाज सुधारकों में भी प्रमुख थे। स्त्री-शिक्षा, विधवा-विवाह, विदेश-यात्रा आदि के वे समर्थक थे।" (उद्धृत, हिन्दी आलोचना, पृ. 13) वे कहते हैं, "इस प्रकार यथार्थ-बोध, विषमता-बोध और इस विषमता से उबरने की छटपटाहट, ये तीन भेदक लक्षण हैं जो भारतेन्दु-युग को रीतिकालीन साहित्य से अलग करते हैं और इन्हीं कारणों से भारतेन्दु युग हिन्दी के आधुनिक साहित्य का प्रवर्तक युग है।" (उपर्युक्त, पृ. 14)

निष्कर्ष यह कि त्रिपाठी जी का समस्त आलोचना-कर्म हमारे समय की जरूरत और समाज हित से अनुस्यूत है। तुलसी और मीरा के साहित्य की व्याख्या उन्होंने इसी दृष्टि से की है। रामचन्द्र शुक्ल, हजारीप्रसाद द्विवेदी, नन्ददुलारे वाजपेयी, रामविलास शर्मा, नगेन्द्र, नामवर सिंह तथा अन्य आलोचकों का मूल्यांकन करते हुए उन्होंने लोकहित को कभी ओझल नहीं होने नहीं दिया। परसाई के व्यंग्य-निबन्धों, केदारनाथ अग्रवाल की कविताओं तथा कहानी-समीक्षा से सम्बन्धित पुस्तकों के प्रणयन में भी त्रिपाठी जी ने इसका ख्याल रखा है। इस तरह हिन्दी की प्रगतिवादी आलोचना को समृद्ध करने वालों में त्रिपाठी जी का महत्त्वपूर्ण स्थान है। उन्होंने हजारीप्रसाद द्विवेदी, रामविलास शर्मा और नामवर सिंह की आलोचना-परम्परा को आगे बढ़ाया है।

विश्वनाथ त्रिपाठी जैसा लालित्यपूर्ण गद्य लिखने वाले बहुत कम हैं। सजीवता, सरसता, जीवंतता और चित्रात्मकता उनके गद्य की प्रमुख विशेषताएँ हैं। छोटे-छोटे सरस चित्रात्मक वाक्य और उसमें गँवईं संस्कृति की छाप त्रिपाठी जी के गद्य की पहचान है। काव्यात्मकता उनके गद्य का सहज वैशिष्ट्य है। इसीलिए उनकी आलोचना में रचना का सा स्वाद मिलता है।

आलोचना से इतर अपने स्मृति आख्यान 'नंगातलाई का गाँव' से भी उन्हें खूब ख्याति मिली है। 'व्योमकेश दरवेश' के लिए उन्हें भारतीय ज्ञानपीठ का मूर्तिदेवी पुरस्कार प्राप्त हुआ है।

रमेश कुन्तल मेघ

बुंदेलखंड के एक छोटे से शहर 'सागर ताल' में जन्मे, इलाहाबाद और वाराणसी से पढ़े-लिखे, चंडीगढ़ और अमृतसर में प्रोफेसर रहे रमेश कुंतल मेघ (रमेशप्रसाद मिश्र) (जन्म—01.06.1931) साहित्य के

मूल्यांकन के लिए मार्क्सवादी नजरिए को सर्वाधिक उपयुक्त मानते हैं। 'मिथक और स्वप्न : कामायनी की मनस्सौन्दर्य सामाजिक भूमिका', 'आधुनिक बोध और आधुनिकीकरण', 'मध्यकालीन रस-दर्शन और समकालीन सौन्दर्यबोध', 'तुलसी : आधुनिक वातायन से', 'कला शास्त्र और मध्यकालीन भाषिकी क्रान्तियाँ', 'सौन्दर्यमूल्य और मूल्यांकन', 'क्योंकि समय एक शब्द है', 'अथातो सौन्दर्य जिज्ञासा', 'साक्षी है सौन्दर्य प्राश्निक', मन खंजन किनके' आदि उनकी प्रमुख समीक्षा-कृतियाँ हैं।

अभी हाल ही में उनका विशालकाय ग्रंथ 'विश्वमिथक सरित्सागर' प्रकाशित हुआ है जो अपने ढंग का हिन्दी में अकेला ग्रंथ है। इस पुस्तक में मेघ जी ने देश-विदेश के समाजों, संस्कृतियों, विचारों, मूल्यों, परम्पराओं, ग्रंथों, इतिहासों, कहानियों, प्रतीकों, दृष्टांतों, नृत्यों, खेलों, इमारतों, नाटकों आदि सभी कुछ को समेट लिया है। विश्व भर के मिथकों का अस्तित्व मुख्यत: दो प्रश्नों पर टिका हुआ है—पहला यह कि सृष्टि कैसे बनी और कैसे चलती है और दूसरा यह कि मानव कैसे जन्मा? लेखक ने मिथकीय परिप्रेक्ष्य में इन दोनों प्रश्नों के जवाब तलाशने की भी कोशिश की है।

मेघ जी का अध्ययन फलक व्यापक है। उनकी समीक्षा-दृष्टि के विकास में मिथकों से लेकर समाजशास्त्र, मनोविज्ञान, नृतत्त्वशास्त्र, सौन्दर्यशास्त्र आदि सबकी भूमिका है। जयशंकर प्रसाद और तुलसी के अलावा उन्होंने आधुनिक कविता, कहानी, उपन्यास, निबन्ध आदि सभी क्षेत्रों से चुनी हुई कृतियों की समीक्षा की है। उपन्यासों में 'बाणभट्ट की आत्मकथा', 'मृगनयनी', 'झूठा सच', 'बलचनमा', 'चारुचन्द्रलेख', 'धरती धन न अपना' आदि कृतियों की सन्तुलित समीक्षाएँ की हैं। मिथकों पर किया हुआ उनका कार्य ऐतिहासिक और हिन्दी में अद्वितीय है।

मेघ जी की आलोचना पद्धति पर सटीक टिप्पणी करते हुए निर्मला जैन लिखती हैं, "साहित्यिक आलोचना के आयतन को विस्तृत करने का एक अलग ढंग का प्रयास डॉ. रमेश कुन्तल मेघ ने किया। उन्होंने रचनाओं को नृविज्ञान, कला शास्त्र, मनोविश्लेषण शास्त्र, समाजविज्ञान आदि के संश्लेष से समझने की वकालत भी की और प्रयोग भी कर दिखाए। 'तुलसी' और 'कामायनी' के आधुनिक मिथकीय अध्ययनों ने इन रचनाओं के अध्ययन की मौलिक पद्धति तो सुझाई और उसका व्यवहार भी कर दिखाया पर उनकी आलोचना की शब्दावली इतनी मेघाच्छन्न और दुरूह हो गई कि उसकी राह से गुजरकर रचना के स्वरूप को समझ पाना दुष्कर था। कृति की अर्थ-छवि उद्घाटित होने के बजाय अप्रचलित पारिभाषिक शब्दावली (स्वरचित) के वाग्जाल में उलझकर रह गई। इस हद तक कि उनके गुरु आचार्य हजारी प्रसाद द्विवेदी ने ही एक बार परिहास में उनकी रचनाओं के 'हिन्दी अनुवाद' कराने की सिफारिश कर डाली।" (हिन्दी आलोचना का दूसरा पाठ, पृ. 151)

निश्चित रूप से मेघ जी ने हिन्दी की मार्क्सवादी आलोचना के फलक को व्यापक बनाया है तथा आलोचना में अन्तरानुशासन को खास महत्त्व दिया है। उनके लेखन का क्षेत्र साहित्य नहीं, बल्कि समाजविज्ञान है। वे मानते हैं कि सौन्दर्य के साथ चिन्तन जरूर आना चाहिए और चिन्तन की परिधि में राजनीति, अर्थनीति समाजशास्त्र आदि का आना अनिवार्य है।

मेघ जी अपने को 'आलोचिन्तक' कहते हैं। यानी, आलोचक और चिन्तक का संयुक्त रूप। इतना ही नहीं, वे अपने आप को कार्ल मार्क्स का 'ध्यान शिष्य' और आचार्य हजारीप्रसाद द्विवेदी का 'अकिंचन शिष्य' मानते हैं। उनकी अन्यतम कृति 'विश्वमिथक सरित्सागर' पर उन्हें 2017 का प्रतिष्ठित साहित्य अकादमी पुरस्कार प्राप्त हुआ है।

वे आज भी सक्रिय हैं और मार्क्सवादी आलोचना दृष्टि पर उनकी आस्था आज भी बरकरार है।

विष्णुचन्द्र शर्मा

काशी में जन्मे और वहीं पढ़े-लिखे घुमक्कड़ प्रकृति के लेखक विष्णुचन्द्र शर्मा (01.04.1933–02.11.2020) कोरोना के संक्रमण से दिवंगत होने वाले लेखकों में से हैं। वे कवि, कथाकार और आलोचक है। उनकी ख्याति मुख्यरूप से काजी नजरुल इस्लाम, मुक्तिबोध और महापंडित राहुल सांकृत्यायन की उनके द्वारा लिखित जीवनियों के लिए अधिक है। इसके अलावा 'काल से होड़ लेता शमशेर', 'राहुल का भारत', 'गालिब और निराला', 'नागार्जुन : एक लम्बी जिरह', 'दस विशिष्ट कवि' आदि उनकी आलोचनात्मक पुस्तकें हैं। दस विशिष्ट कवियों में उन्होंने मुक्तिबोध, शमशेर, त्रिलोचन, नागार्जुन, केदारनाथ अग्रवाल, भवानी प्रसाद मिश्र, केदारनाथ सिंह, दुष्यन्त कुमार, रामदरश मिश्र और कीर्ति चौधरी को चुना है। उनकी दृष्टि में यही हिन्दी

कविता की विशिष्ट प्रगतिशील धारा है। विष्णुचन्द्र शर्मा की आलोचना की एक सामान्य प्रवृत्ति यह है कि अपनी बात को कहने से अधिक वे दूसरों के अभिमतों और धारणाओं को आधार बनाकर आगे बढ़ते हैं।

विष्णुचन्द्र शर्मा ने 'सर्वनाम' और 'कवि' जैसी पत्रिकाओं का सम्पादन भी किया था। वे वर्षों से राजधानी के सादतपुर में एकाकी जीवन जी रहे थे।

नवल किशोर

दौसा (राजस्थान) जिले के 'गुढ़ा कटला' में जन्मे, राजस्थान में शिक्षक रहे उदयपुर के प्रतिष्ठित आलोचक नवल किशोर (23.04.1933–16.05.2021) साहित्य में मानववाद के पक्षधर हैं। 'मानववाद और साहित्य', 'आधुनिक हिन्दी उपन्यास और मानवीय अर्थवत्ता', 'कृति और सन्दर्भ', 'प्रेमचन्द की प्रगतिशीलता' आदि उनकी प्रमुख आलोचनात्मक पुस्तकें हैं।

प्रो. नवल किशोर की दृष्टि मानवतावादी है। साहित्य में मानवीय मूल्यों की खोज उनकी आलोचना का आधारभूत प्रतिमान है। अपनी पुस्तक 'मानववाद और साहित्य' में वे कहते है, "जिस साहित्यकार को मैं पसन्द न करूँ अभिव्यक्ति की उसकी स्वतंत्रता के पक्ष में जरूरत होने पर खड़ा हो सकूँ, इस पूर्व शर्त का वामपंथी हूँ।"

नवल किशोर जी मार्क्सवादी हैं किन्तु मार्क्सवाद को ज्यों का त्यों ग्रहण नहीं कर लेते। मार्क्सवाद के भीतर की हिंसा उन्हें स्वीकार्य नहीं है। उनके मानववादी चिन्तन की संरचना में कार्ल मार्क्स और सार्त्र के मानववादी विचारों का महत्त्वपूर्ण योग है। अपने आधुनिक और वामपंथी झुकाव वाले मानववादी चिन्तन के साथ महात्मा गांधी के विचारों का प्रभाव भी उनके चिन्तन में है। इस तरह नवल किशोर जी की मानववादी आलोचना में मार्क्स, सार्त्र और गांधी—तीनों के विचारों की समन्वित परिणति एक साथ दिखाई देती है।

मुद्राराक्षस

लखनऊ के 'बेहटा' नामक गाँव में जन्मे, लखनऊ में पढ़े-लिखे, आकाशवाणी से जुड़े मुद्राराक्षस (21.06.1933-13.06.2016) का मूल नाम सुभाष चन्द्र वर्मा है। वे बहुमुखी प्रतिभा के व्यक्ति हैं। उन्होंने बीस से ज्यादा नाटकों का निर्देशन किया है और दस से ज्यादा नाटकों का लेखन। इसके अलावा उनके लगभग एक दर्जन उपन्यास और कहानी संग्रह प्रकाशित हैं। वे व्यंग्यकार भी हैं। उनके द्वारा रचित पुस्तकों की संख्या पाँच दर्जन से अधिक है।

मुद्राराक्षस की कई आलोचनात्मक पुस्तकें भी प्रकाशित हैं, जिनमें 'आलोचना का समाजशास्त्र', 'भारतीय संस्कृति और वामपंथ', 'समाज, संस्कृति और राजनीतिक सत्ता', 'स्त्री, दलित और जातीय देश', 'धर्मग्रंथों का पुनर्पाठ', 'साहित्य समीक्षा : परिभाषाएँ और समस्याएँ' आदि प्रमुख हैं। मार्क्सवादी सिद्धान्तों में उनका विश्वास जीवन के अन्तिम दिनों तक बना रहा। दलितों की समस्याओं को लेकर वे जीवन भर संघर्ष करते रहे और उन्होंने कभी किसी छोटे-मोटे स्वार्थ के लिए अपने विचारों से समझौता नहीं किया।

उन्होंने 'ज्ञानोदय' (कलकत्ता) का सम्पादन भी किया था।

धनंजय वर्मा

बस्तर (छत्तीसगढ़) जिले के 'जगदलपुर' नामक गाँव में जन्मे धनंजय वर्मा (जन्म—14.07.1935) की प्रगतिवादी समीक्षकों में विशिष्ट पहचान है। उनकी प्रमुख आलोचना कृतियाँ हैं—'आस्वाद के धरातल', 'निराला काव्य का पुनर्मूल्यांकन', 'हस्तक्षेप', 'आलोचना की रचना यात्रा', 'आधुनिकता के बारे में तीन अध्याय', 'आधुनिकता के प्रतिरूप', 'समावेशी आधुनिकता', 'हिन्दी कहानी का रचनाशास्त्र', 'हिन्दी कहानी का सफरनामा', 'हिन्दी उपन्यास का पुरावतरण', 'आलोचना के सरोकार', 'परम अभिव्यक्ति की खोज : मुक्तिबोध का पुनर्मूल्यांकन', 'आलोचना की जरूरत', 'आलोचना का अन्तरंग', 'आलोचना के सीमांत', 'आलोचना के आयाम', 'आधुनिक कवि विमर्श' आदि। इस तरह कहानी और काव्य-आधुनिक साहित्य की दोनों ही महत्त्वपूर्ण विधाएँ उनकी आलोचना के केन्द्र में हैं।

आलोचना के विषय में अपनी अवधारणा स्पष्ट करते हुए उन्होंने लिखा है, "अपने वक्त और जिन्दगी के भरे-पूरे एहसास और जीवन-दृष्टि की समृद्धि के लिए रचना के साथ और अलावा भी आलोचना जरूरी है। वह जरूरी इसलिए भी है कि हमारी मानवीय संवेदनशीलता और विवेक पर सान चढ़े। जीवन और रचना

अनुभव की परस्पर अन्तर्क्रिया की पड़ताल के जरिए वह हमारे एहसास की शिद्दत और बोध की समग्रता बढ़ाती है।" (आलोचना की रचना यात्रा, पृ. 16) छायावादोत्तर काव्य और आधुनिकता पर केन्द्रित उनके तीन ग्रंथ हैं, 'आधुनिकता के बारे में तीन अध्याय', 'आधुनिकता के प्रतिरूप' और 'समावेशी आधुनिकता'। मधुरेश के शब्दों में, "यहाँ वे आधुनिकता के विकास की गम्भीर पड़ताल करते हुए समूची योरोपीय पृष्ठभूमि की छानबीन करते हैं। आधुनिकता को वे सामाजिक प्रतीति और प्रासंगिकता के रूप में देखते हैं। आधुनिकता के देशज संस्कार के रूप में वे नागार्जुन को केन्द्र में रखते हैं। अज्ञेय और भारती के काव्य को वे आधुनिकता की रूपवादी-व्यक्तिवादी परिणति के रूप में व्याख्यायित करते हैं।" (हिन्दी आलोचना का विकास, पृ. 247) 'समावेशी आधुनिकता' में वे इसका प्रतिपक्ष प्रस्तुत करते हैं—नागार्जुन, सुमन, मुक्तिबोध, शमशेर आदि के रूप में। इन कवियों में मुक्तिबोध की कविता के ऐन्द्रजालिक संसार के वस्तुगत आधार पर टिप्पणी करते हुए वे लिखते हैं, "वह समकालीन मनुष्य के आतंक, संत्रास, दारुण यातना और संघर्ष के अनुभवों को तो मूर्त करती ही है, आधुनिक मनुष्य के चेतन और अवचेतन स्तरों की अन्तर्यात्रा का साक्ष्य भी देती है। उनकी काव्य-यात्रा का संचरण ऊर्जा के एक विस्फोट की तरह है।" (समावेशी आधुनिकता, पृ. 317)

बिजेन्द्र नारायण सिंह

समस्तीपुर (बिहार) के 'विभूतिपुर' नामक गाँव में जन्मे, पटना से पढ़े-लिखे और हैदराबाद विश्वविद्यालय में प्रोफेसर रहे विजेन्द्र नारायण सिंह (06.01.1936-13.08.2012) मार्क्सवादी आलोचक हैं। 'वक्रोक्ति सिद्धान्त और छायावाद', भारतीय काव्य समीक्षा में वक्रोक्ति सिद्धान्त, 'उर्वशी : उपलब्धि और सीमा', 'दिनकर : एक पुनर्मूल्यांकन', 'अशुद्ध काव्य की संस्तुति में' आदि उनके महत्त्वपूर्ण आलोचना ग्रंथ हैं। 'रामधारी सिंह दिनकर' शीर्षक से साहित्य अकादमी के लिए उन्होंने एक विनिबन्ध भी लिखा है। हिन्दी नवजागरण को वे सामंतविरोधी मूल्य और बुद्धिवाद की प्रतिष्ठा के कारण अधिक महत्त्व देते हैं। प्रेमचन्द के विषय में उनकी मान्यता है कि मध्यवर्ग, किसान और दलित—यही उनके रचना कर्म का सोपान-क्रम है। करुणा और यथार्थवादी आकलन की दृष्टि से वे अपने अन्तिम चरण में ही सर्वाधिक सफल हैं।

विजेन्द्र नारायण सिंह मूलत: कविता के आलोचक हैं। कविता की परिभाषा करते हुए वे लिखते हैं कि काव्य समष्टि मन से साक्षात्कार की सृजनात्मक परिणति है। यह भावन तब तक नहीं होता जब तक भाव रस नहीं बनता है। स्थायी भाव, विभाव आदि से जुड़कर सामाजिकता को प्राप्त होता है और तब काव्य कहलाता है। इसी अर्थ में विश्वनाथ ने रसात्मक वाक्य को काव्य कहा है। आलोचना के सम्बन्ध में उनकी स्पष्ट मान्यता है कि महान रचना हो अथवा श्रेष्ठ आलोचना, काल की चेतना से मुक्त होकर नहीं लिखी जाती।

मुरलीमनोहर प्रसाद सिंह

बिहार के 'बरौनी' नामक गाँव में जन्मे, पटना से पढ़े-लिखे और दिल्ली में शिक्षक रहे मुरलीमनोहर प्रसाद सिंह (जन्म—29.06.1936) प्रतिबद्ध मार्क्सवादी आलोचक हैं। वे लम्बे समय तक 'जनवादी लेखक संघ' के महासचिव के रूप में लेखक संगठन का दायित्व सफलतापूर्वक निभाते रहे हैं। संगठन की पत्रिका 'नया पथ' के कई अंकों का भी उन्होंने सम्पादन किया है। 1857 के प्रथम स्वाधीनता आन्दोलन पर उनका कार्य सराहनीय है। 'आधुनिक हिन्दी साहित्य : विवाद और विवेचना' उनकी प्रमुख आलोचनात्मक कृति हैं।

मुरलीमनोहर प्रसाद सिंह अपने अतीत के प्रति निषेधवादी दृष्टि का विरोध करते हैं। भारतेन्दु युगीन राष्ट्रीय नवजागरण में वे आर्यसमाज और स्वामी दयानन्द सरस्वती की केन्द्रीय भूमिका स्वीकार करते हैं। वे लिखते हैं, "अगर हम आर्यसमाज और स्वामी दयानन्द सरस्वती की उपेक्षा कर तत्कालीन साहित्यिक इतिहास लिखने का प्रयास करें तो यह भी इतिहासविरोधी दृष्टकोण होगा।" (आधुनिक हिन्दी साहित्य : विवाद और विवेचना पृ. 25) मुरलीमनोहर प्रसाद सिंह आधुनिक कविता के विकास की चर्चा विभिन्न काल-खंडों में बाँटकर करते हैं और भारतेन्दु युग से शुरू करके प्रगतिवाद तक आते हैं। उन्होंने नागार्जुन के मूल्यांकन में विशेष रुचि ली है और 'जन-मुक्ति के गायक' कहकर उनके महत्त्व को रेखांकित किया है।

'पाश्चात्य दर्शन और सामाजिक अन्तर्विरोध', 'प्रगतिशील सांस्कृतिक आन्दोलन', 'श्रीलाल शुक्ल : जीवन ही जीवन', '1857 इतिहास कला साहित्य', 'नागार्जुन : अन्तरंग और सृजन-कर्म', 'हिन्दी उर्दू साझा संस्कृति', 'देवीशंकर अवस्थी निबन्ध संचयन', 'संचार माध्यम और पूँजीवादी समाज', 'प्रेमचन्द : विगत

महत्ता और वर्तमान अर्थवत्ता' आदि उनकी सम्पादित पुस्तकें हैं। इनमें से अधिकांश पुस्तकों का सम्पादन उन्होंने चंचल चौहान के साथ मिलकर किया है और कुछ का रेखा अवस्थी के साथ मिलकर।

लल्लन राय

आजमगढ़ (उ.प्र.) के एक गाँव में जन्मे, काशी और पंजाब से पढ़े-लिखे तथा पंजाब और शिमला में शिक्षक रहे लल्लन राय (जन्म—20.08.1936) सम्भवत: हिन्दी के अकेले ऐसे मार्क्सवादी आलोचक हैं जिन्होंने रीतिकाव्य का गम्भीर मूल्यांकन किया है। उनकी आलोचनात्मक कृतियों में 'रत्नाकर और उनका उद्धवशतक', 'रत्नाकर का काव्य', 'तुलसी की साहित्य साधना', 'घनानन्द' आदि प्रमुख है। साहित्य अकादमी के लिए घनानन्द पर लिखा हुआ उनका मोनोग्राफ विशेष रूप से उल्लेखनीय है।

लल्लन राय की पहचान मुक्तिबोध की कविता के मूल्यांकन से भी है जो उनकी चर्चित आलोचना कृति 'मुक्तिबोध का साहित्य-विवेक और उनकी कविता' के माध्यम से अभिव्यक्त हुई है। उन्होंने मुक्तिबोध के साहित्य के सामाजिक सरोकारों वाले चिन्तन को ही मुक्तिबोध सम्बन्धी अपने मूल्यांकन का आधार बनाया है। इसी तरह अपनी दूसरी चर्चित आलोचना कृति 'हिन्दी की प्रगतिशील कविता' में प्रगतिशील काव्यधारा को हिन्दी की स्वाभाविक काव्यधारा के रूप में रेखांकित किया है। इसमें राष्ट्रीयता की भावना, स्वाधीनता के प्रति प्रेम, वामपंथी रुझान, सोवियत संघ के प्रति लगाव, शोषित-उत्पीड़ित जनता के प्रति पक्षधरता और राजनीतिक विडम्बनाओं आदि के परिप्रेक्ष्य में इस काव्यधारा का मूल्यांकन किया गया है। उन्होंने प्रगतिशील काव्यधारा की शिल्पगत प्रवृत्तियों पर भी विचार किया है। अपनी आलोचना का निष्कर्ष प्रस्तुत करते हुए वे लिखते हैं, "जनजीवन के प्रति अपनी सहानुभूति तथा कल्पना का विस्तार करते हुए अपनी मध्यवर्गीय सीमाओं का अतिक्रमण करके ही वर्तमान की ठोस परिस्थितियों का वस्तुगत मूल्यांकन सम्भव है।" (हिन्दी की प्रगतिशील कविता, पृ. 236)

स्वभाव से लल्लन राय अत्यन्त विनम्र, अहंकार रहित और राजनीतिक छल-छद्म से दूर रहने वाले व्यक्ति हैं। वे जनवादी लेखक संघ से अन्त तक जुड़े रहे और हिमाचल प्रदेश में जनवादी लेखक संघ की स्थापना में उन्होंने महत्त्वपूर्ण भूमिका निभाई थी।

दूधनाथ सिंह

बलिया (उ.प्र.) जिले के 'सोबंधा गाँव' में जन्मे, इलाहाबाद से पढ़े-लिखे और इलाहाबाद विश्वविद्यालय में अध्यापक रहे दूधनाथ सिंह (17.10.1936-12.01.2018) मूलत: कथाकार हैं, किन्तु निराला, महादेवी और मुक्तिबोध का विस्तृत मूल्यांकन करके आलोचना के क्षेत्र में भी उन्होंने अपनी मौलिक प्रतिभा का परिचय दिया है। 'निराला : आत्महंता आस्था', 'महादेवी', 'मुक्तिबोध : साहित्य में नई प्रवृत्तियाँ' उनकी बहुचर्चित आलोचनात्मक कृतियाँ है। 'कहा-सुनी' में उनके साक्षात्कार हैं जिनमें उनकी आलोचनात्मक मान्यताएँ भी मुखरित हुई हैं।

पंत के बारे में दूधनाथ सिंह ने लिखा है, "एक लेखक समय के समग्र शिल्प में जीवित रहता है। उसके किसी एक भाग में नहीं। जो लेखक समय के समग्र शिल्प में जीवित नहीं रहता उसकी विकलांगता निश्चित है।" किसी भी रचनाकार के मूल्यांकन के लिए दूधनाथ सिंह का यह कथन कसौटी की तरह है। दूधनाथ सिंह का अपना सृजन भी उनके इस कथन का प्रमाण है। निश्चित रूप से समय की कसौटी पर खरा उतरने के लिए ही उन्होंने 'आखिरी कलाम' जैसे उपन्यास का प्रणयन किया।

'निराला : आत्महंता आस्था' दूधनाथ सिंह की सर्वाधिक चर्चित आलोचना कृति है। अपनी इस कृति के बारे में वे स्वयं लिखते हैं, "शायद कुछ लोगों को भ्रम हो कि मैंने अपनी पुस्तक में निराला को आत्महंता सिद्ध करने की कोशिश की है। ऐसा कुछ नहीं है। दरअसल कला और रचना को लेकर मेरी एक व्यक्तिगत धारणा है। मुझे लगता है कि एक बार पूरी तौर पर रचना के प्रति अपने समर्पण के बाद व्यक्ति कोई भी दूसरी जिम्मेदारी सच्चे मायने में और मुकम्मल तौर पर नहीं निभा सकता। वह कोशिश कर सकता है, वह सन्तुलन बनाए रखने का उत्कट प्रयत्न कर सकता है लेकिन अक्सर वह अपने को इसमें असफल पाता है। इसके लिए उसे दोषी भी नहीं ठहराया जा सकता। कला रचना के प्रति एकांत समर्पण की अन्तिम परिणति यही होती है। यह जीभ पर अपने ही खून का स्वाद लगने की तरह है। यह लगातार, अनवरत, निरन्तर अपने को

ही खाते रहना है। इस आत्म-बुभुक्षा से सच्चे और मौलिक रचनाकार की कहीं कोई मुक्ति नहीं है। इसी में वह सृजन के सघन क्षणों को रचना में मूर्त करता है।" (आत्महंता आस्था-भूमिका से)

दूधनाथ सिह द्वारा की गई निराला की कविताओं की समीक्षा के बारे में ए. अरविन्दाक्षन ने लिखा है कि "वह निराला की रचनाओं का विश्लेषण भर नहीं है। वह निराला की कविताओं के अन्तस को खोजने वाली रचना है। दरअसल वे निराला की कविता के सौन्दर्य को एक शिल्पी की तरह गढ़ रहे हैं। एक शिल्पी अपनी शिल्प-रचना में सौन्दर्य का ही आह्वान करता है, शिल्प सापेक्ष सौन्दर्य का आह्वान। दूधनाथ सिंह के आह्वान में शिल्प-सापेक्ष सौन्दर्य के आह्वान के अतिरिक्त एक कॉस्मिक सौन्दर्य का संगुंफन भी मिलता है। यही उनके लावण्य-चिन्तन की खूबी है। अपनी आलोचना में वे न निराला को महिमा मंडित करते हैं और न उन्हें अतिशय उदारता के शिखर तक पहुँचा देते हैं। दूधनाथ सिंह यह जरूर चिह्नित करते हैं कि काल की सामान्य परिगणना से परे जाने वाली निराला द्वारा परिकल्पित काल-परिगणना है जो उनकी कविताओं को सार्वकालिकता और सार्वभौमिकता प्रदान करती है और वही उनके कॉस्मिक रेंज का निदान है।" (पक्षधर, अंक-24, पृ. 158)

दूधनाथ सिंह ने निराला की रचनात्मकता के बारे में लिखा है, "निराला की काव्यात्मक उपलब्धि उनकी शुरुआतों का कहीं अन्त न होना ही है। उनकी कविता का सजग-सचेत अन्त कहीं नहीं होता। वह लगातार अपनी अर्थ-छवियों और अपनी 'पीन-मधु' से पाठक को आन्दोलित करती चलती है और सर्वथा नए असन्तोष का सृजन करती है। इस रूप में निराला का कहीं भी अन्त नहीं होता। उनकी रचनात्मकता का कोई अन्तिम पूर्णविराम नहीं है।"

निराला की बहुत सी रचनाएँ प्रगतिशील-दृष्टिसम्पन्न हैं। 'कुकरमुत्ता' आदि इसके उदाहरण हैं। इसी आधार पर आलोचकों ने निराला पर मार्क्सवाद का प्रभाव देखा है। दूधनाथ सिंह की इससे असहमति है और वे इसे उनके व्यक्तित्व का मनुष्योन्मुखी पक्ष मानते हैं। एक बात और। दूधनाथ सिंह की आलोचना में उनका रचनाकार प्रभावी ढंग से उन पर हर कहीं छाया हुआ है।

ओमप्रकाश ग्रेवाल

भिवानी (हरियाणा) जिले के 'बामला' गाँव में जन्मे, दिल्ली में पढ़े-लिखे और कुरुक्षेत्र विश्वविद्यालय में अंग्रेजी के शिक्षक रहे ओमप्रकाश ग्रेवाल (11.07.1937-24.01.2006) ने लिखा कम है किन्तु साहित्य की उनकी समझ बहुत वैज्ञानिक और यथार्थपरक है। वे जनवादी लेखक संघ के राष्ट्रीय उपाध्यक्ष और महासचिव रहे। वे जनवादी सांस्कृतिक मंच, हरियाणा एवं हरियाणा ज्ञान-विज्ञान समिति के संस्थापकों में से थे। जनवादी कविता की विरासत की पहचान वे मुक्तिबोध, नागार्जुन, त्रिलोचन और शील से करते हैं। आलोचना में उनकी दृष्टि यथार्थवादी है। उनकी आलोचना पर जार्ज लूकाच का विशेष प्रभाव दिखाई देता है। 'साहित्य और विचारधारा' हिन्दी में प्रकाशित उनकी महत्त्वपूर्ण कृति है जिसमें उनके आलोचनात्मक लेख संकलित हैं। साहित्यिक कृति में किसी न किसी विचारधारा की अनिवार्यता पर जोर देते हुए वे यह सवाल भी उठाते हैं कि रचना के मूल्यांकन में उसे कितना महत्त्व दिया जाना चाहिए। विचारधारा के साथ ही वे लेखक की बौद्धिक एवं संवेदनात्मक क्षमताओं को भी मूल्यांकन के आधार बनाए जाने को जरूरी समझते हैं। एक बेहतर समाज बनाने का उद्देश्य ही वे लेखन की सार्थकता मानते हैं।

कुँवरपाल सिंह

अलीगढ़ जनपद के एक गाँव के किसान परिवार में जन्मे, अलीगढ़ मुस्लिम विश्वविद्यालय से शिक्षा प्राप्त करके उसी विश्वविद्यालय में शिक्षक रहे कुँवरपाल सिंह (6.6.1937–9.11.2009) को एक प्रतिष्ठित आलोचक की जगह जरूरतमन्दों की सहायता करने वाले एक बेहतरीन इनसान के रूप में स्मरण करना मुझे अधिक उपयुक्त प्रतीत हो रहा है। उनका पूरा जीवन अपने शिष्यों और दूसरे जरूरतमन्दों की हर तरह से सहायता करने और उन्हें वैज्ञानिक दृष्टि से समृद्ध करने में बीत गया। उनके विषय में प्रख्यात आलोचक विश्वनाथ त्रिपाठी ने बिलकुल ठीक लिखा है, "के.पी. एक व्यक्ति नहीं, सच्चे अर्थों में एक संस्था हैं, संस्थान है और सबसे बढ़कर एक जीवित आन्दोलन हैं।" (कल हमारा है, प्रो. कुँवरपाल सिंह अभिनन्दन ग्रंथ, पृ. 36) वे आगे लिखते हैं, "के.पी. के व्यक्तित्व के अनेक पहलू हैं। मेरी दृष्टि में सर्वाधिक मोहक पहलू है उनके जैसे

विद्वान, बुद्धिजीवी प्रोफेसर का जमीनी कार्यकर्ता बने रहना। मेरे मित्र डॉ. वेदप्रकाश ने यह बात कई बार बताई कि वे अलीगढ़ क्षेत्र के आसपास संगठन के काम से गाँव में जाकर दौरा करते रहते हैं। वे इस जमाने में भी सिर्फ बुद्धिजीवी वामपंथी नहीं हैं। वामपंथ आज जिस दौर से गुजर रहा है, उसमें बुद्धिजीवी का जमीनी कार्यकर्ता बने रहना बहुत दुर्लभ और कम हो गया है। के.पी. में और सारे गुण होते, लेकिन अगर वे पार्टी के जमीनी कार्यकर्ता न होते, तो मैं उनका इतना सम्मान न करता और वे मेरे लिए इतने प्रेरक न होते। जमीनी कार्यकर्ता की जिन्दगी चुनौती भरी होती है। जो लोग फील्ड वर्कर नहीं होते, वे कल्पना भी नहीं कर सकते कि किसान-मजदूरों के बीच जाकर साम्प्रदायिकता से मोर्चा लेने का क्या मतलब होता है। यह काम केवल किताबें पढ़ने से नहीं होता।" (उपर्युक्त, पृ. 37)

किन्तु जमीनी कार्यकर्ता के साथ-साथ कुँवरपाल सिंह एक प्रतिष्ठित आलोचक भी हैं। उनकी प्रमुख आलोचनात्मक पुस्तकें हैं, 'साहित्य और हमारा समय', मार्क्सवादी सौन्दर्यशास्त्र और हिन्दी उपन्यास', 'भक्ति आन्दोलन और लोकसंस्कृति', 'हिन्दी उपन्यास : सामाजिक चेतना', 'प्रेमचन्द और समसामयिक हिन्दी कथा साहित्य' आदि। इसके अलावा उन्होंने राही मासूम रजा पर साहित्य अकादमी के लिए विनिबन्ध भी लिखा है। उनके द्वारा सम्पादित पुस्तकें हैं, '1857 और जनप्रतिरोध', 'हिन्दी उपन्यास : जनवादी परम्परा', 'भक्तिकाल, इतिहास और संस्कृति', 'यशपाल पुनर्मूल्यांकन', 'राही मासूम रजा और उनका रचना-संसार', 'साहित्य समीक्षा और मार्क्सवाद', 'साहित्य और राजनीति', 'प्रेमचन्द और जनवादी साहित्य की परम्परा' आदि। 'वर्तमान साहित्य' नामक पत्रिका का उन्होंने लम्बे समय तक सफलतापूर्वक सम्पादन किया।

मार्क्सवादी दृष्टिकोण से भक्ति आन्दोलन और हिन्दी कथा साहित्य की व्याख्या करके उन्होंने साहित्य की प्रगतिशील भूमिका को बल प्रदान किया है। प्रेमचन्द के प्रसंग में वे उनके गांधीवादी माने जाने के कारणों का विश्लेषण करते हुए उन्हें एक विकासमान लेखक के रूप में देखते हैं। प्रेमचन्द के रचनात्मक विकास पर टिप्पणी करते हुए वे लिखते हैं, "किसानों-मजदूरों को हर प्रकार के शोषण और अन्याय से मुक्ति की आकांक्षा या सामंती एवं महाजनी व्यवस्था के पूर्ण उन्मूलन की बात यकायक नहीं है बल्कि यह उनकी सम्पूर्ण सोच का अंग है।" (कलम, प्रेमचन्द विशेषांक, पृ. 66)

रामविलास शर्मा के सम्बन्ध में उनकी मान्यता है कि बीसवीं शताब्दी की हिन्दी आलोचना के पूर्वार्ध में जो महत्त्व शुक्ल जी का है, उत्तरार्ध में वही महत्त्व रामविलास शर्मा का है। जो लोग वेद और भारतीय संस्कृति पर लिखने के कारण ही रामविलास शर्मा को पुनरुत्थानवादी और स्खलित आलोचक के रूप में देखते हैं, कुँवरपाल सिंह उनका उग्र विरोध करते हैं।

राही मासूम रजा उनके घनिष्ठ दोस्त थे। उन्होंने राही मासूम रजा पर केन्द्रित 'अभिनव कदम' के एक विशेषांक का भी सम्पादन किया है। राही के साहित्य की समीक्षा करते हुए कुँवरपाल सिंह ने जो लिखा है उससे उनकी अपनी विचारधारा और प्रतिबद्धता का भी पता चलता है, "राही के सरोकार बहुत बड़े थे। इतना बेबाक और बहादुर और सच्ची बात कहने वाला लेखक हिन्दी-उर्दू में शायद ही हो। जो कहना हुआ सफाई से कहा। साम्प्रदायिकता को राही कोढ़ मानते थे। उनके लिए हिन्दू, मुस्लिम और सिख साम्प्रदायिकता में कोई भेद नहीं था। कम्यूनिस्टों ने केरल में जब मुस्लिम लीग से चुनावी गठबन्धन किया तब कम्यूनिस्ट पार्टी का सदस्य होने के बाद भी राही ने उसका खुलकर विरोध किया।" (संवाद, 15 मार्च 2020 में प्रकाशित लेख से)

कुँवरपाल सिंह ने लेखन के साथ-साथ हिन्दी पाठकों में वैज्ञानिक चेतना विकसित करने के लिए भी सराहनीय कार्य किया है। उन्होंने जनवादी लेखक संघ को संगठित करने में भी महत्त्वपूर्ण भूमिका निभाई है। वे जलेस के गठन के समय से ही उसके कोषाध्यक्ष रहे। बाद में वे जलेस के उपाध्यक्ष भी रहे। प्रगतिशील और जनतांत्रिक विचारों के प्रचार-प्रसार के कामों में वे अपने अन्तिम दिनों तक लगे रहे। वे हमेशा प्रयास करते रहे कि देश में हिन्दी से सम्बन्धित प्रतिष्ठित पदों पर सुयोग्य व्यक्ति नियुक्त या मनोनीत हों।

कुँवरपाल जी के निधन के बाद उनके जीवन और साहित्य पर केन्द्रित 'कल हमारा है' शीर्षक से एक अभिनन्दन ग्रंथ प्रकाशित है जिसका सम्पादन प्रदीप सक्सेना ने किया है। इस ग्रंथ के सम्पादकीय में उन्होंने लिखा है, "यह कितनी महत्त्वपूर्ण बात है कि मार्क्सवादी संगठनों, दलों, व्यक्तियों, विचार-प्रणालियों और देशों से मोहभंग के इस दौर में कॉमरेड के.पी. सिंह दृढ़ता से और चेतनापूर्वक उसी पथ पर खड़े हैं जिस पर लगभग अर्धशताब्दी पूर्व उन्होंने कदम बढ़ाए थे और यहाँ तक पहुँचे। आजकल के जो साँचे-ढाँचे हैं उनमें उन्हें उन्हीं के शब्दों में 'क्लासिकल मार्क्सवाद' के दौर के कॉमरेड माना जा सकता है। उनकी आस्था

पुस्तक केन्द्रित नहीं है, जीवन केन्द्रित है। जैसा अक्सर होता है अपने आरम्भिक और मध्यकालीन जीवन-दौरों में व्यक्ति अधिकतम उपलब्धियों की ओर बढ़ता है और उत्तर जीवन में वह थक जाता है। इस थकान के फलस्वरूप उसमें बहुत सी दरारें पड़ जाती हैं। परिस्थितियों को उलटने की सामर्थ्य कम होती जाती है और उनका प्रभाव बढ़ने लगता है। कॉ. के.पी. सिंह भी इसके अपवाद क्यों हों? लेकिन बीमारी अवस्था, संकट इन सबके बीच रखकर उन्हें देखा जाएगा तो वे हिन्दी-प्रदेश, हिन्दी-वाम-सांस्कृतिक आन्दोलन के एक स्तम्भ की तरह दिखाई देंगे, जिसे उनके चाहने वालों ने अपने सम्पर्क की एक मजबूत प्राचीर से घेर रखा है। मैं भी इस प्राचीर का मसाला हूँ। ईंटों को जोड़े-पकड़े।" (कल हमारा है, प्रो. कुँवरपाल सिंह अभिनन्दन ग्रंथ, सम्पादकीय से)

निस्सन्देह, प्रो.कुँवरपाल सिंह जैसे जमीनी कार्यकर्ता आलोचक विरल हैं। न जाने कितने गरीब बच्चों की फीस, पढ़ाई का खर्च, पुस्तकें तथा अन्य दूसरे तरह की सहायता उन्होंने की होगी। भारत ज्ञान विज्ञान समिति से जुड़कर उन्होंने लाखों के भीतर वैज्ञानिक दृष्टि विकसित करने की सफल कोशिश की है। आज भी उनके अधूरे काम को उनकी पत्नी और प्रख्यात कथाकार नमिता सिंह आगे बढ़ा रही हैं।

नन्दकिशोर नवल

वैशाली (बिहार) जिले के 'चांदपुरा' नामक गाँव में जन्मे, पटना से पढ़े-लिखे, पटना विश्वविद्यालय में ही शिक्षक रहे और पटना में ही दिवंगत हुए प्रो. नन्दकिशोर नवल (2.9.1937–12.5.2020) पाठ-केन्द्रित समकालीन आलोचना के आदर्श कहे जा सकते हैं।

'हिन्दी आलोचना का विकास', 'कविता की मुक्ति', 'प्रेमचन्द का सौन्दर्य शास्त्र', 'शब्द जहाँ सक्रिय है', 'यथा प्रसंग', 'मुक्तिबोध : ज्ञान और संवेदना', 'समकालीन काव्य यात्रा', 'दृश्यालेख', 'निराला : कृति से साक्षात्कार', 'रचना का पक्ष', 'शताब्दी की कविता', 'पार्श्वच्छबि', 'निराला : काव्य की छबियाँ', 'निराला और मुक्तिबोध : चार लम्बी कविताएँ', 'कविता : पहचान का संकट', 'आधुनिक हिन्दी कविता का इतिहास', 'हिन्दी कविता : अभी बिलकुल अभी', 'कविता से आर पार', 'सूरदास', 'तुलसीदास', 'मैथिलीशरण', 'रीतिकाव्य', 'उत्तरछायावाद और रामगोपाल शर्मा 'रुद्र', 'दिनकर : अर्धनारीश्वर कवि', 'निकष', 'क्रमभंग', 'पुनर्मूल्यांकन', 'मुक्तिबोध की कविताएँ : बिम्ब प्रतिबिम्ब', 'हासिया', 'रचनालोक', 'कवि अज्ञेय', 'नागार्जुन और उनकी कविता' आदि उनकी महत्त्वपूर्ण समीक्षा कृतियाँ हैं। उन्होंने साहित्य अकादमी के लिए महावीरप्रसाद द्विवेदी और मुक्तिबोध के लिए मोनोग्राफ भी लिखा है। निराला रचनावली (आठ खंड) तथा दिनकर रचनावली (चौदह खंडों मे, तरुण कुमार के साथ) का उन्होंने सम्पादन किया है। इसके अलावा उन्होंने 'रुद्र समग्र' (रामगोपाल शर्मा 'रुद्र' का सम्पूर्ण काव्य), 'काव्य समग्र : रामजीवन शर्मा 'जीवन', 'राकेश समग्र' 'अलक्षित रामइकबाल सिंह 'राकेश', 'रामावतार शर्मा : प्रतिनिधि संकलन', 'अंधेरे में ध्वनियों के बुलबुले' (वैशाली जनपद के कवियों की कविताओं का संकलन), 'नामवर सिंह संचयिता', 'मुक्तिबोध : कवि-छबि (मुक्तिबोध पर चुने हुए हिन्दी के श्रेष्ठ निबन्ध), 'निराला : कवि-छबि' (निराला पर चुने हुए हिन्दी के श्रेष्ठ निबन्ध), 'स्वतंत्रता पुकारती' (हिन्दी के तेईस कवियों की राष्ट्रीय कविताओं का संकलन), 'कामायनी परिशीलन' (कामायनी पर चुने हुए हिन्दी के श्रेष्ठ निबन्ध), 'हिन्दी की कालजयी कहानियाँ', 'हिन्दी साहित्य : बीसवीं सदी' आदि का भी सम्पादन किया है।.

नामवर सिंह के साथ 'आलोचना' पत्रिका के सहायक सम्पादक के रूप में वे लम्बे समय तक जुड़े रहे और इससे उन्हें विशेष प्रतिष्ठा मिली। इसके अलावा उन्होंने 'ध्वजभंग', 'सिर्फ', 'धरातल', 'उत्तरशती' तथा 'कसौटी' जैसी पत्रिकाओं का भी समय-समय पर सम्पादन किया।

नवल जी आलोचना में पाठ को बहुत महत्त्व देते हैं। निराला और मुक्तिबोध उनके सर्वाधिक प्रिय कवियों में से हैं। इन कवियों के साहित्य की समीक्षा करते हुए उन्होंने उनके काव्य की पाठ परम्परा पर सबसे ज्यादा जोर दिया है। निराला पर लिखते हुए वे कहते हैं, "उन्होंने (निराला ने) अपने सम्पूर्ण कवि-जीवन में दो महान कविताओं की रचना की—'सरोज स्मृति' और 'राम की शक्ति पूजा'। इनमें से पहली कविता पुत्री-प्रेम की कविता है और दूसरी पत्नी प्रेम की। क्या यह आकस्मिक है? इस प्रश्न का सही उत्तर तब मिलता है, जब हम उनके सम्पूर्ण साहित्य और विचारधारा पर दृष्टि डालते हैं...। जिस समाज में नारी के रूप में जन्म लेना ही पाप माना जाता हो, जिसमें नारी को कोई सामाजिक और राजनीतिक अधिकार न प्राप्त हो, जिसमें वह सम्पत्ति की हकदार न मानी गई हो, जिसमें पति की मृत्यु के बाद उसे जिन्दा जला देने का धार्मिक विधान

रहा हो और जिसमें माता-पिता द्वारा नवजात पुत्रियों की हत्या तक कर देने की परम्परा चली आती हो, उसमें पत्नी-प्रेम और पुत्री-प्रेम की कविता लिखना, पत्नी की मुक्ति के लिए अपनी एक आँख तक निकालकर देवता को चढ़ाने को उद्यत हो जाना और पुत्री की मृत्यु पर विलाप करना तथा अपने पितृत्व की निरर्थकता का एहसास करना निश्चय ही एक मानवीय ही नहीं, क्रान्तिकारी कार्य है।" (निराला और मुक्तिबोध : चार लम्बी कविताएँ, नन्दकिशोर नवल, पृ. 12-13)

आलोचना को लेकर अपनी मान्यता को स्पष्ट करते हुए नवल जी लिखते हैं, "इतना अवश्य मानने लगा हूँ कि प्रत्येक श्रेष्ठ कवि की एक अपनी दुनिया होती है और न केवल यह कि उसकी दुनिया की टकराहट दूसरे कवि की दुनिया से हो सकती है, बल्कि यह भी कि उस दुनिया को जाँचने के नियम भी दूसरे कवि की दुनिया के नियमों से भिन्न हो सकते हैं। ऊपर से उनमें अन्तर्विरोध दिखलाई पड़ सकते हैं लेकिन जरूरी नहीं कि गहराई में भी वे अन्तर्विरोध बरकरार रहें। (समकालीन काव्य यात्रा, भूमिका, पृ. 7)

अपूर्वानन्द ने उनकी रचना-यात्रा पर टिप्पणी करते हुए कहा है, "(उनकी) साहित्यिक रुचि का निर्माण उत्तर छायावादी दौर में हुआ लेकिन जल्दी ही नई कविता से उनका परिचय हुआ और उनके सामने एक नई खिड़की सी खुल गई। अकविता और अकहानी, युवा कविता, भूखी पीढ़ी, श्मसानी पीढ़ी की भीषण उथल-पुथल और रोमांचकारी बहसों में वे शामिल हुए। इस समय के स्वभाव के अनुसार ही उन्होंने 'ध्वजभंग' और 'सिर्फ' नामक पत्रिकाएँ भी निकालीं। इसी समय वे नक्सलवादी आन्दोलन के सम्पर्क में आए और उनकी राजनीतिक सक्रियता आरम्भ हुई। कुछ वक्त बाद वे भारतीय कम्यूनिस्ट पार्टी के सदस्य बन गए। इस रूप में भी वे एक समर्पित कार्यकर्ता थे। पार्टी से उनका लगाव और उसके प्रति उनका समर्पण पूरा था। पिछली सदी के आठवें दशक में जब प्रगतिशील लेखक संघ का पुनर्गठन हुआ तो वे जोश के साथ उसमें संगठनकर्ता के तौर पर सक्रिय हुए। उनकी और खगेंद्र ठाकुर की जोड़ी के बिना बिहार प्रगतिशील लेखक संघ का कार्यक्रम सम्भव न था। इस दौर में बने उनके मार्क्सवादी आग्रह ने उन्हें साहित्य को पढ़ने की एक अलग निगाह दी। इसी कारण उन्हें मार्क्सवादी आलोचक माना जाता है। लेकिन कोई दो दशक बाद वे नामवर सिंह की इस बात से सहमत हुए कि लेखक या आलोचक के आगे मार्क्सवादी जैसे विशेषण की कोई जरूरत नहीं। इस दरमियान उन्होंने जो लिखा उस पर यह मार्क्सवादी आग्रह हावी दिखता है। चाहे 'प्रेमचन्द का सौन्दर्यशास्त्र' हो या 'कविता की मुक्ति', इन संकलनों के निबन्धों में इसी दृष्टिकोण से लेखकों पर विचार किया गया है। लेकिन साहित्य मात्र की अपनी सत्ता को लेकर भी वे सजग थे। लेखक को उसकी सारी जटिलता में अपने लिए उद्घाटित करना आलोचक का दायित्व है, इस समझ ने उन्हें जड़ हो जाने से बचा लिया। सोवियत संघ में ग्लास्नोस्त और पेरेस्त्रोयिका के समय से पार्टी से उनका मोहभंग शुरू हुआ और वे लेखक संघ से भी विरत हो गए।" (द वायर,13.5.2020)

डॉ. रामचन्द्र तिवारी ने उनकी आलोचना-पद्धति पर टिप्पणी करते हुए कहा है, "नवल की विशेषता यह है कि वे कविता की अन्तर्वस्तु और रूप पक्ष दोनों को महत्त्व देते हैं और दोनों की संश्लिष्ट स्थिति का विवेचन करते हुए पूरी कविता का मूल्यांकन करते हैं। अत्यन्त जटिल कवि मानस के रचनाकार शमशेर की कविताओं का विवेचन करते हुए आप ने यदि एक ओर वर्तमान समाज की भयावह स्थिति से उत्पन्न पीड़ा को लक्षित किया है तो दूसरी ओर उसमें प्राप्त विशिष्ट बिम्बों, चित्र-विधानों, लय-बोधों तथा भाषिक वक्रताओं की ओर भी इंगित किया है।" (हिन्दी का गद्य साहित्य, पृ. 125)

अपूर्वानन्द ने कहा है, "वे उन चन्द लेखकों में थे जो सच्चे अर्थ में साहित्य-व्यसनी अध्यापक कहे जा सकते थे। वे आलोचक, सम्पादक के तौर पर जाने जाते हैं लेकिन अपने छात्रों के लिए वे एक समर्पित अध्यापक ही रहे। बल्कि वे हमेशा कहा करते थे कि उन्होंने अध्यापन से ही लिखना सीखा, वही उनके लेखन का स्रोत था।" (द वायर,13.5.2020)

मधुरेश के शब्दों में, "वे प्रगतिवादी धारा के प्रमुख कवियों—नागार्जुन, केदारनाथ अग्रवाल, मुक्तिबोध, शमशेर और त्रिलोचन को केन्द्र में रखकर ही यथार्थवादी काव्य-विकास की पड़ताल करते हैं। अज्ञेय और श्रीकान्त वर्मा आदि को वे क्षयिष्णु और पतनशील काव्य प्रवृत्तियों के प्रतीक के रूप में प्रस्तुत करते हैं।" (हिन्दी आलोचना का विकास, पृ. 244)

एक आलोचक के दायित्व को नवल जी अच्छी तरह समझते हैं और किसी की भी वे झूठी प्रशंसा या निंदा नहीं करते। उनके लिए एक रचनाकार की सबसे बड़ी कसौटी उसकी रचनाएँ ही होती हैं। 'निराला'

के एक प्रश्न कि "आधुनिक हिन्दी कविता का इतिहास आपने धूमिल पर ही लाकर खत्म कर दिया है। क्या धूमिल के बाद कोई आधुनिक कवि नहीं दिखा आपको?" वे जवाब देते हैं,

"धूमिल के बाद हिन्दी में कोई कवि अब तक नहीं हो सका है, जिसके रचनात्मक व्यक्तित्व का निर्माण पूरी तरह से हो गया हो। सब अभी मेकिंग प्रोसेस में हैं। विनोद कुमार शुक्ल, विष्णु खरे, आलोक धन्वा, मंगलेश डबराल, ज्ञानेंद्रपति, राजेश जोशी, उदय प्रकाश, अरुण कमल की कविताओं को हमने देखा, जाना, पढ़ा है। इनकी कविताओं पर ठीक से एक लेख तक नहीं लिखा जा सकता, आलोचना की पुस्तक में शामिल करने की तो बात ही दूर। जीवित कवियों में सिर्फ कुँवर नारायण और केदारनाथ सिंह, दो ही ऐसे हैं, जिनके रचनात्मक व्यक्तित्व का निर्माण हो गया है, इसलिए हमने उन्हें शामिल किया है।" (सत्याग्रह, 17 मई 2020)

इसी तरह उनका मानना है कि "शमशेर, नागार्जुन, त्रिलोचन, केदारनाथ अग्रवाल, मुक्तिबोध जैसे कवियों ने भी एक भी कविता राष्ट्रीय स्वतंत्रता आन्दोलन पर लिखी ही नहीं है। वे कवि मानते थे कि स्वतंत्रता आन्दोलन बुर्जुआ आन्दोलन है, सर्वहारा आन्दोलन चाहिए। जबकि मैथिली शरण गुप्त जैसे कवि कांग्रेस के साथ रहते हुए भी उसके खिलाफ, गांधी के विरोध में कविताएँ लिख रहे थे। तब मैंने पाया, मैंने महसूस किया कि शमशेर, नागार्जुन, त्रिलोचन, केदारनाथ अग्रवाल, मुक्तिबोध जैसे कवि एक खास विचारधारा की पक्षधरता की जकड़न में थे। उनमें देश और समाज के प्रति उस स्तर पर कमिटमेंट नहीं था।" (सत्याग्रह, 17 मई 2020)

आज के अस्मिता विमर्शों पर अपनी प्रतिक्रिया देते हुए उन्होंने कहा है, "ये सारे अस्मिताई लेखन और विमर्श उधार और नकल के हैं। अमेरिका के ब्लैक मूवमेंट से दलित विमर्श आया, यूरोप के फेमिनिज्म से स्त्री विमर्श। इसके पैरोकार बहुत कुछ बेजा बोलते रहते हैं। कहते हैं, स्त्री ही स्त्री की पीड़ा समझेगी, दलित ही दलित की पीड़ा समझेगा। डॉ. धर्मवीर जैसे लेखक भी हैं, जिन्हें साहित्य का ज्ञान नहीं लेकिन कुछ भी बकते रहते हैं। तोलस्तोय ने घोड़े पर एक मशहूर और क्लासिक कहानी लिखी थी—इनसान और हैवान। तोलस्तोय घोड़ा तो नहीं थे! प्रेमचन्द ने दलितों को केंद्र में रखकर जो कहानियाँ लिखी हैं, उन्हें इस आधार पर खारिज कर दें कि वे दलित नहीं थे। लेखन परकाया प्रवेश कर होता है, जाति के आधार पर नहीं।" (सत्याग्रह, 17 मई 2020)

परवर्ती कालखंड में नवल जी अपनी आलोचना को अधिक उदार बनाना चाहते थे। उन्होंने साहित्य में वैचारिक संकीर्णता का हश्र देख लिया था। उन्होंने साहित्यिक आयोजनों में जाना भी छोड़ दिया था। रामविलास शर्मा जी की तरह वे जमकर काम करना चाहते थे। उन्होंने किया भी। निश्चय ही सोवियत संघ के पतन के बाद प्रगतिशील आन्दोलन और वामपंथ की राजनीति के प्रति उनका रुख आलोचनात्मक हो गया था।

निस्सन्देह नवल जी के अध्ययन एवं लेखन का क्षेत्र व्यापक और प्रामाणिक है। निराला एवं मुक्तिबोध उनके अध्ययन के केंद्र में अवश्य हैं किन्तु नए से नए कवियों की रचनाओं पर भी उनकी पैनी नजर रही है।

नवल जी कवि भी हैं और 'कहाँ मिलेगी पीली चिड़िया', 'जनपद', 'द्वाभा', 'नील जल कुछ और भी धुल गया', 'पथ यहाँ से अलग होता है' जैसे उनके कविता-संग्रह प्रकाशित हैं।

खगेन्द्र ठाकुर

गोड्डा (झारखंड) जिले के 'मालिनी' गाँव में जन्मे, भागलपुर और पटना विश्वविद्यालय से उच्च शिक्षा प्राप्त करके कुछ वर्ष तक सुल्तानगंज के मोरारका कॉलेज में हिन्दी का अध्यापन करने के बाद नौकरी से त्यागपत्र देकर सीपीआई के सांगठनिक कार्यों से आजीवन जुड़े रहने वाले खगेन्द्र ठाकुर (9.9.1937–13.1.2020) सामाजिक सरोकार की खोज के आलोचक हैं। उनकी आलोचना का क्षेत्र मूलत: आधुनिक साहित्य है। 'विकल्प की प्रक्रिया', 'आज का वैचारिक संघर्ष और मार्क्सवाद', 'आलोचना के बहाने', 'समय, समाज और मनुष्य', 'कविता का वर्तमान', 'छायावादी काव्यभाषा की विवेचना', 'दिव्या का सौन्दर्य', 'रामधारीसिंह दिनकर : व्यक्तित्व और कृतित्व', 'कहानी : परम्परा और प्रगति', 'कहानी : संक्रमणशील कला', 'उपन्यास की महान परम्परा', 'नागार्जुन का कविकर्म', 'प्रगतिशील आन्दोलन के इतिहास पुरुष' आदि उनकी प्रमुख आलोचनात्मक कृतियाँ हैं। भगवतशरण उपाध्याय पर उन्होंने विनिबन्ध लिखा है।

खगेन्द्र ठाकुर एक प्रतिबद्ध आलोचक हैं। उनके अनुसार लेखक की भूमिका केवल बिम्बों और प्रतीकों की योजना में ही न होकर समाज को अधिक मानवीय और सुसंस्कृत बनाने में है। लेखक के लिए वे 'जनता के बुद्धिजीवी' होने पर जोर देते हैं। वे मानते हैं कि "लेखक पक्षधर होता है, लेकिन इस पक्षधरता का निर्माण

वैचारिक प्रतिबद्धता से नहीं बल्कि सामाजिक सरोकार और सामाजिक न्याय की खोज से होता है। यह पक्षधरता परम्परा से चले आते हुए मानववाद का ही नया रूप है।" (आलोचना, अंक-75, पृ. 22)

दुनिया भर में मार्क्सवाद के पतन से खगेन्द्र ठाकुर हताश और निराश नहीं हैं। वे मानते हैं कि सही विचारधारा ही साहित्य की श्रेष्ठता का निर्धारण करती है। कबीर का महत्त्व जातिवाद, सम्प्रदायवाद और रूढ़िवाद के विरुद्ध उनके संघर्ष में ही निहित है।

दिनकर और नागार्जुन खगेन्द्र जी के सर्वाधिक प्रिय कवि हैं। 'नागार्जुन का कविकर्म' उनकी महत्त्वपूर्ण कृतियों में से है। जयप्रकाश नारायण के नेतृत्व में चले आन्दोलन के दौरान नागार्जुन जब जेल से बाहर आए तो उन्होंने पहला साक्षात्कार खगेन्द्र ठाकुर को दिया जिसमें उन्होंने आन्दोलन को लेकर काफी तल्ख टिपणियाँ की थीं। नागार्जुन के अलावा खगेंद्र ठाकुर ने रामधारी सिंह दिनकर और भगवतशरण उपाध्याय पर पुस्तकें लिखी हैं। दिनकर की काव्य चेतना पर जब वे विचार करते हैं तो उनकी अपनी आलोचना-दृष्टि की व्यापकता का पता चलता है। वे लिखते हैं, "कुरुक्षेत्र की चिन्ता मनुष्यता और मानव समाज की चिन्ता है, और यही बात कविता का उदात्तीकरण करती है। स्वतंत्रता संग्राम कविता का अत्यन्त महत्त्वपूर्ण विषय था, लेकिन वह तात्कालिक या अल्पकालिक विषय था। क्योंकि देश के आजाद होते ही बहुतेरे कवियों का विषय लुप्त हो गया। दिनकर का जागरूक और क्रियाशील कवि आजादी की धमक पाकर ही राष्ट्र से ऊपर उठकर मानवता के भवितव्य के बारे में सोचने लगता है। कलिंग विजय से कुरुक्षेत्र तक यह चिंता सक्रिय है। कविता में दिया गया समाधान विचारणीय जरूर है, लेकिन वह अन्तिम नहीं है। समाधान तो कविता से अधिक दिनकर की चेतना में है।" (दिनकर की काव्य चेतना, हिन्दी समय डाट काम से)

वे हरिवंशराय बच्चन से दिनकर की तुलना के बहाने दिनकर के काव्य में निहित स्थायी मूल्य की ओर संकेत करते हुए आगे लिखते हैं, "दिनकर की शक्ति और विशिष्टता यह है कि आधुनिक कविता में किसी एक प्रवृत्ति और धारा के साथ न होकर भी वे आधुनिक कविता के विकास में अपनी सार्थकता और महत्ता सिद्ध करते हैं। उत्तेजना और संवेदना का सामंजस्य अपनी रचनात्मक भाषा में करने का विलक्षण प्रयोग उन्होंने किया है। उनकी इस रचनात्मक सामर्थ्य को व्यापक स्वीकृति प्राप्त है। दिनकर किसी काव्य प्रवृत्ति के प्रवर्तक नहीं हैं, वे इतिहास चेतना के साथ मजबूती से चलते रहे हैं। बच्चन उनके समकालीन कवि हैं। एक समय में दोनों ही युवा पीढ़ी में अत्यन्त लोकप्रिय रहे। बच्चन भी विकासमान काव्य चेतना के साथ कदम मिलाने की कोशिश करते हैं, लेकिन सफल नहीं हो पाते। दिनकर सफल इस अर्थ में हैं कि नई कविता और उसके बाद भी कोई उन्हें पिछड़ा हुआ या पीछे पड़ा हुआ कवि नहीं कहता। प्रवृत्ति विधायक कवि नहीं होने के कारण दिनकर किसी दौर में न आते हुए रचनाकारों को प्रभावित नहीं कर सके, फिर भी स्वातंत्र्योत्तर काल के कवियों और पाठकों से भी उन्हें अत्यधिक आदर मिला।" (उपर्युक्त)

खगेन्द्र जी भक्ति काव्य को अपनी प्रगतिशील धारा की विरासत मानते हैं और खुद को उसका वारिस। वे लिखते हैं, "भक्ति आन्दोलन और भक्ति काव्य हमारी विरासत है। हम उस महान जागरण और सृजन के वारिस हैं। विरासत एक ऐतिहासिक जवाबदेही है। हमारे उन पुरखों ने जिस सत्य और न्याय के लिए संघर्ष किया और अपना दायित्व अधूरा छोड़ गए, उसे अपने आज के संघर्ष से जोड़कर उसे पूरा करने की जवाबदेही कबूल करना ही विरासत को स्वीकार करना है। हम उसे हू-ब-हू नहीं कबूल करते, उसकी समीक्षा करके उसकी सीमाओं से बचकर, आज की अपेक्षाओं को विकसित करके ही हम विरासत को मंजिल तक ले चलने में सफलता हासिल कर सकते हैं। हमें अपनी विरासत पर नाज है। इस विरासत को आधुनिक युग में प्रगतिशील आन्दोलन ने ग्रहण किया है।

"भक्ति-काव्य की विरासत को कबूल करते हुए हमें इतना ध्यान में रखना होगा कि आज हमारी लड़ाई पूँजीवाद या विश्व पूँजीवाद के खिलाफ है। आज का पूँजीवाद, वित्तीय पूँजीवाद है, मनुष्यता का सबसे बड़ा दुश्मन। इस दुश्मन को पराजित किए बिना हम अपनी विरासत और उद्देश्य को चरितार्थ नहीं कर सकते।" (भक्ति आन्दोलन : पुनर्मूल्यांकन, हिन्दी समय डॉट काम से)

भक्ति आन्दोलन से अपनी प्रगतिशीलता को जोड़ते हुए खगेन्द्र जी उसका पुनर्मूल्यांकन करते हैं और उसके उद्भव के विषय में जॉर्ज ग्रियर्सन, आचार्य रामचन्द्र शुक्ल और आचार्य हजारीप्रसाद द्विवेदी की स्थापनाओं को प्रश्नांकित करते हुए उसका सम्बन्ध सूफियों तथा बौद्ध मत से जोड़ते हैं। वे कहते हैं, "ऐसे सूफी संत 1192 में पृथ्वीराज चौहान की हार के बाद भारत आए थे और बाद में अजमेर जाकर बस गए थे,

जिनमें ख्वाजा मोइनुद्दीन चिश्ती का बड़ा नाम रहा है। बौद्ध आन्दोलन के समानांतर बहुत हद तक उसके प्रसार का विरोध करते हुए यह भक्ति आन्दोलन फैला। इस प्रसंग में उल्लेखनीय है कि उत्तर भारत में भक्ति आन्दोलन का उद्‌भव और प्रसार प्राय: चार पाँच-सौ वर्ष बाद में हुआ। इसका ऐतिहासिक और सामाजिक कारण यह है कि उत्तर में बौद्ध प्रभाव के कारण दलितों पर अत्याचार दक्षिण की तुलना में कम था।" (उपर्युक्त)

प्रगतिशील लेखक संघ, बिहार के तत्त्वावधान में पटना में मनाए जा रहे मुक्तिबोध जन्मशताब्दी समारोह की अध्यक्षता करते हुए खगेन्द्र जी ने जो कहा उससे उनकी वैज्ञानिक और दूर-दृष्टि तथा सामाजिक यथार्थ की समझ का अनुमान किया जा सकता है। उन्होंने कहा था, "मैं भी मुक्तिबोध की तरह नेहरू के विचारों से पहले सहमत नहीं था। लेकिन जिस तरह अक्सर नेहरू की खबर रखते हुए अन्त समय में मुक्तिबोध कहने लगे थे कि—नेहरू के बाद फासिस्ट आ जाएगा इसलिए नेहरू का होना जरूरी है—वैसे ही आज मैं भी मानता हूँ कि नेहरू अच्छे थे। उनके जाने के बाद फासिस्ट का खतरा है। और यह भी सच है कि आज वे सत्ता में आ गए हैं लेकिन अभी तक फासिज्म आया नहीं है। और इसके लिए कांग्रेस खुद ही जिम्मेदार है। जब-जब वामपंथ कमजोर होता है, जनतंत्र कमजोर होता है।"

मुक्तिबोध के बारे में रामविलास शर्मा और नामवर सिंह की मान्यताओं पर अपनी असहमति दर्ज करते हुए उन्होंने कहा कि, "रामविलास शर्मा जो उन्हें वाम और दक्षिण अवसरवाद का जंक्शन मानते थे और नामवर सिंह जो उन्हें अस्मिता की खांज वाला कवि कहते हैं। इन दोनों ने ही इनका मूल्यांकन गलत किया है। जिस तरह उनकी कविता 'अँधेरे में' को पिछले कुछ वर्षों से बढ़ा-चढ़ा कर प्रस्तुत किया जा रहा है, जितना उनके व्यक्तित्व का बखान किया जा रहा है उतना वे हैं नहीं। सबसे बड़े कवि के रूप में नागार्जुन हैं, और मुक्तिबोध से कई मायने में बेहतर और जनवादी कवि हैं। मुक्तिबोध की कविता का अंधेरा पूँजीवाद का अंधेरा है जो दिखाई नहीं देता इस कारण वो खतरनाक है। लोगों को सामंती फासीवाद दिखता है जबकि पूँजीवादी फासीवाद सबसे खतरनाक है।" (जानकीपुल, 29 जुलाई 2017, प्रभातरंजन की रिपोर्ट, नागार्जुन मुक्तिबोध से बड़े कवि : खगेन्द्र ठाकुर)

'कहानी : परम्परा और प्रगति' कथा आलोचना पर केन्द्रित खगेन्द्र ठाकुर की महत्त्वपूर्ण कृति है। इस पुस्तक में कहानी के विकास की विभिन्न अवस्थाओं के साथ रचनात्मक विशेषताओं का भी परिचय मिल जाता है। हिन्दी कहानी के इतिहास को समझने की दृष्टि से यह पुस्तक बहुत उपयोगी है, यद्यपि यह कहानी के इतिहास की पुस्तक नहीं है। इसमें कहानी की प्रवृत्तियों की समीक्षात्मक खोज करने की कोशिश है। इसके साथ ही इसमें कहानी के विकास के निमित्त बने अनेक प्रमुख कहानीकारों की कहानी कला का मूल्यांकन भी है। पुस्तक में 1901 में प्रकाशित माधवराव सप्रे की कहानी 'टोकरी भर मिट्‌टी' से चल कर अद्यतन कहानीकार की रचनाशीलता का विवेचन किया गया है। खगेन्द्र जी किसी कहानी का मूल्यांकन करते समय सबसे पहले कहानी के कथा-तत्त्व की व्याख्या करते हैं और फिर कथ्य को पकड़ते हुए उसके महत्त्व को रेखाँकित करते हैं। कहानी के मूल्यांकन की उनकी यह विशिष्ट पद्धति है। वे अपनी आलोचना में कभी आक्रामक नहीं होते और हमेशा अपना विवेक और सन्तुलन कायम रखते हैं।

आलोचना के महत्त्व और उसके दायित्व बारे में खगेन्द्र जी की मान्यता है कि "आलोचना सिर्फ लेखकों के लिए नहीं होती है, सम्पूर्ण समाज और समय काल के लिए होती है। नई पीढ़ी के रचनाकार अगर आलोचना से प्रेरणा नहीं लेते हैं तो यह विडम्बना है। आलोचक और रचनाकार के सम्बन्ध पर नागार्जुन की एक कविता है, 'कलाकार ने फिर-फिर सोचा / कीर्ति का फल चखना है, तो आलोचक को खुश रखना है। आलोचक ने फिर-फिर सोचा / कीर्ति का फल चखना है तो कलाकार को नाथे रखना है।' मेरा अपना आलोचकीय अनुभव है कि मैंने जिनकी आलोचना लिखी, उन्होंने मुझे बताया कि आपकी आलोचना से मैंने प्रेरणा ली।" (उपर्युक्त)

खगेन्द्र जी एक बेहतरीन और ईमानदार संगठनकर्ता रहे हैं। वे आजीवन कम्यूनिस्ट पार्टी से जुड़े रहे। वर्ष 1993 से 1999 तक वे प्रगतिशील लेखक संघ के राष्ट्रीय महासचिव रहे। इससे पूर्व 1974 से 1993 तक प्रलेस के प्रदेश महासचिव रहे। इसी दौरान बिहार के गया में उन्होंने प्रलेस का राष्ट्रीय सम्मेलन आयोजित किया। प्रलेस बिहार की पत्रिका 'उत्तरशती' का उन्होंने 1981 से 1985 तक सम्पादन किया। कम्यूनिस्ट पार्टी के अखबार 'जनशक्ति' से उन्होंने अपनी शुरुआत व्यंग्य कॉलम लिखने से की और बाद में अपनी प्रोफेसरी की सुरक्षित नौकरी छोड़कर उसके पूर्णकालिक सम्पादक बन गए और दो वर्ष तक उसका सम्पादन किया।

खगेन्द्र ठाकुर ने कविताएँ भी लिखी हैं। 'धार एक व्याकुल', 'आजादी का परचम' और 'रक्त कमल परती पर' उनके कविता-संग्रह हैं। 'देह धरे को दंड' और 'ईश्वर से भेंटवार्ता' उनके व्यंग्य संग्रह हैं। 'उत्तरशती' पत्रिका के अलावा उन्होंने 'प्रेमचन्द प्रतिनिधि संकलन', 'आचार्य रामचन्द्र शुक्ल' तथा 'आलोचक के मुख से (नामवर सिंह के व्याख्यानों का संकलन)' का सम्पादन भी किया है।

कमला प्रसाद

सतना (म.प्र.) जिले के 'रैगाँव' नामक गाँव में जन्मे, रीवा में अध्यापक रहे और अपने साथियों तथा शुभचिन्तकों में कमांडर के नाम से ख्यात कमला प्रसाद (14.02.1938-25.03.2011) एक आलोचक के साथ-साथ लेखकों के संगठनकर्ता के रूप में भी मशहूर रहे हैं। वे 'प्रगतिशील लेखक संघ' के महाचसिव रहे और प्रगतिशील लेखक संघ की पत्रिका 'वसुधा' का लम्बे समय तक उन्होंने सम्पादन किया। 'साहित्य और विचारधारा', 'आधुनिक हिन्दी कविता और आलोचना की द्वंद्वात्मकता', 'दरअसल', 'समकालीन हिन्दी निबन्ध', 'मध्ययुगीन रचना और मूल्य', 'कविता तीरे', 'आलोचक और आलोचना' आदि उनकी प्रमुख आलोचनात्मक पुस्तकें हैं। निराला, नागार्जुन, नरेन्द्र शर्मा, त्रिलोचन, केदारनाथ अग्रवाल आदि कवियों की उनके द्वारा की गई समीक्षाएँ उल्लेखनीय हैं।

कमला प्रसाद समय की सही पहचान में ही लेखक की प्रगतिशील सम्भावनाओं की पहचान ढूँढ़ते हैं। उनके अनुसार आलोचक का मुख्य काम यही है कि वह लेखक में परिवर्तन की इस आकांक्षा की पड़ताल करे। वे लिखते हैं, "व्यवस्था के सपने के बिना परिवर्तन की इच्छा लगभग अराजक होती है, जो प्रगतिशील या विकासमूलक नहीं। यह भी सम्भव है कि प्रगतिशील सपने, व्यवस्था के निश्चित आदर्शों के बावजूद, रचना के भीतर वे प्रक्रियाएँ न ढल सकी हों।" (रचना और आलोचना की द्वंद्वात्मकता, पृ. 235) इसीलिए वे आलोचक से यह अपेक्षा करते हैं कि प्रगतिशील रचना के मूल्यांकन में भी वह भीतरी अन्तर्विरोधों की उपेक्षा नहीं करेगा। एक जिम्मेदार आलोचक की भूमिका का निर्वाह करते हुए उन्होंने 'प्रतिबद्धता', 'राजनीति और साहित्य', 'साहित्यकार का दायित्व' जैसे विषयों पर विस्तार से लिखा है। समाज में कवि की भूमिका पर उनकी टिप्पणी उल्लेखनीय है, "वर्ग समाज में कवि खोई हुई आवाज तलाशता है और उसे अभिव्यक्ति देता है। वह एक प्रति-संसार की कल्पना करता है। वह समाज के पिछड़े वर्ग के लिए नेतृत्वकारी भूमिका भी अदा करता है।" (दरअसल, पृ. 159)

कमला प्रसाद मध्य प्रदेश कला परिषद के सचिव और केन्द्रीय हिन्दी संस्थान, आगरा के उपाध्यक्ष भी रहे।

राजेश्वर सक्सेना

राजा की मंडी (आगरा) में जन्मे, सागर में पढ़े-लिखे राजेश्वर सक्सेना (जन्म—1938) ने मार्क्सवाद के सैद्धान्तिक पक्ष पर अधिक लिखा है और व्यावहारिक आलोचनाएँ कम। इस दृष्टि से उनकी पुस्तक 'उत्तरआधुनिक सौन्दर्य शास्त्र और द्वंद्ववाद' बहुत महत्त्वपूर्ण है। इसे पहले 'सापेक्ष' ने विशेषांक के रूप में प्रकाशित किया था।

राजेश्वर सक्सेना की अन्य आलोचनात्मक पुस्तकों में 'छायावाद : स्वरूप और व्याख्या', 'भारतीय काव्य चिन्तन : शैव सौन्दर्यबोध और काव्य दर्शन', 'रचना का इतिहास दर्शन', 'इतिहास, विचारधारा और साहित्य', 'काव्य के जीवनदायी द्वंद्व और रामचन्द्र शुक्ल', 'परम्परा का द्वंद्व और आलोचना' आदि प्रमुख हैं।

राजेश्वर सक्सेना की सबसे बड़ी कमजोरी है उनके ग्रंथों की अपठनीय और कृत्रिम भाषा। अपनी सर्वाधिक महत्त्वपूर्ण पुस्तक 'उत्तर आधुनिकता और द्वंद्ववाद' की भूमिका में उन्होंने स्वयं लिखा है, "यह एक अलग तरह की किताब है। चूँकि यह किताब हिन्दी में है, इसलिए 'यह बहुत कठिन है', इसकी 'भाषा भी बहुत कठिन है' कहकर इसे नहीं पढ़ने का मन बनाया जा सकता है।" यानी, लेखक खुद ही अपनी कमजोरी स्वीकार करता है।

नित्यानन्द तिवारी

गाजीपुर (उ.प्र.) जिले के 'डेहमा' नामक गाँव में जन्मे, इलाहाबाद में पढ़े-लिखे और दिल्ली में शिक्षक रहे प्रो.नित्यानन्द तिवारी (जन्म—08.04.1938) ने अधिक नहीं लिखा है किन्तु उन्होंने जो भी लिखा है उसमें विषय की सूक्ष्म पकड़ तथा वैज्ञानिक और तटस्थ आलोचना दृष्टि की स्पष्ट झलक दिखाई देती है। 'आधुनिक साहित्य और इतिहासबोध', 'आलोचना के वस्तुवादी सरोकार', 'सृजनशीलता का संकट' आदि उनकी प्रमुख

आलोचनात्मक पुस्तकें हैं। आचार्य रामचन्द्र शुक्ल के विषय में उनका मत है, "आचार्य रामचन्द्र शुक्ल जिस पुराणवाद, शास्त्रवाद, कलावाद, कल्पनावाद, अध्यात्मवाद और अति उत्साही क्रान्तिवाद का विरोध करते हैं, वह यथार्थवाद के लिए किए जाने वाले संघर्ष में आज भी प्रासंगिक है। यथार्थवादी आलोचना की परम्परा के सम्बन्ध में शुक्ल जी की स्थिति अनिवार्य स्रोत की तरह है।" ('आलोचना', अप्रैल-जून, 1985, पृ. 106) उन्होंने 'मैला आँचल' को वर्तमान सृजनशीलता का साक्ष्य कहकर उसे प्रतिष्ठित किया है।

नित्यानन्द तिवारी ने दिखाया है कि रचना-प्रक्रिया का विश्लेषण किसी कविता का संरचनात्मक विश्लेषण मात्र नहीं है। उनका प्रसिद्ध आलोचनात्मक निबन्ध 'सृजनशीलता का संकट : रघुवीर सहाय की कविता' इस दृष्टि से बहुत महत्त्वपूर्ण है। नित्यानन्द तिवारी के अनुसार रघुवीर सहाय की कविता में जो अकेलापन है वह अज्ञेय जैसे व्यक्तिचेतन और आत्मचेतन व्यक्तित्व की मौलिकता के कारण नहीं है। वह उनकी रचना-प्रक्रिया का अनिवार्य हिस्सा है।

रविरंजन के शब्दों में, "साहित्य को समाजविज्ञान का उपनिवेश बनने से बचाते हुए इतिहास, राजनीतिशास्त्र, समाजशास्त्र एवं मनोविज्ञान के सिद्धान्तों का नई-पुरानी साहित्यिक कृतियों के विश्लेषण-क्रम में यथासमय समानुपातिक प्रयोग करके रचना के विचारधारात्मक अर्थ को उद्घाटित करने में प्रोफेसर तिवारी को महारत हासिल है। अपने दूसरे गुरुभाइयों की तरह साहित्यिक कृतियों को इतिहास की धारा में रखकर देखना और विवेचन-विश्लेषण प्रस्तुत करना उनकी आलोचनात्मक प्रक्रिया की विशेषता है। इस क्रम में वे संग्रह-त्याग का विवेक बखूबी रखते हैं और भारत की सामासिक संस्कृति और धर्मनिरपेक्षता की पुरजोर वकालत करते हैं। (http://gadyakosh.org, नित्यानन्द तिवारी : मध्ययुगीन काव्य की सामयिक व्याख्या, रविरंजन)

नित्यानन्द तिवारी जितने महत्त्वपूर्ण आलोचक हैं उतने ही महत्त्वपूर्ण अध्यापक के रूप में भी उनकी ख्याति है।

चंचल चौहान

एटा (उ.प्र.) जिले के एक गाँव में जन्मे, दिल्ली से पढ़े-लिखे और दिल्ली में ही अंग्रेजी के शिक्षक रहे चंचल चौहान (जन्म—02.01.1941) एक प्रतिबद्ध मार्क्सवादी आलोचक हैं। वे आरम्भ से ही 'जनवादी लेखक संघ' से जुड़े रहे हैं और उसके महासचिव के रूप में प्रमुख संगठनकर्ता हैं। वे जनवादी लेखक संघ की पत्रिका 'नया पथ' के सम्पादकीय दायित्व से भी जुड़े हैं। वे मुख्यत: आधुनिक साहित्य के समीक्षक हैं। 'मुक्तिबोध : प्रतिबद्ध कला के प्रतीक', 'जनवादी समीक्षा', 'मुक्तिबोध के प्रतीक और बिम्ब', 'आलोचना की शुरुआत', 'आलोचना यात्रा', 'हिन्दी कथा साहित्य : विचार और विमर्श' आदि उनकी प्रमुख समीक्षा पुस्तकें हैं। 'कामायनी', 'राम की शक्तिपूजा', 'कनुप्रिया', 'आत्मजयी', 'संशय की एक रात' आदि रचनाओं की उन्होंने मार्क्सवादी नजरिए से समीक्षा की है। उनकी स्पष्ट मान्यता है कि वर्तमान जनवादी प्रतिबद्ध समीक्षा ने अपने को अतीत की प्रगतिशील परम्परा से जोड़ा है और एक वैज्ञानिक विश्वदृष्टि से लैस होकर उसे आगे बढ़ाने के प्रयत्न में लगी हुई है। उनके आक्रमण का प्रमुख क्षेत्र हिन्दी आलोचना में व्याप्त बुर्जुआ सामंती रूपवाद है।

अंग्रेजी साहित्य के गहरे अध्येता होने के नाते उनकी आलोचना दृष्टि पर पश्चिम के आलोचकों का प्रभाव सहज ही देखा जा सकता है। वे आज भी सक्रिय और सृजनरत हैं।

मैनेजर पांडेय

गोपालगंज (बिहार) जिले के गाँव 'लोहटी' में जन्म लेने वाले और जवाहरलाल नेहरू विश्वविद्यालय में प्रोफेसर रहे मैनेजर पांडेय (जन्म—23.9.1941) हमारे समय के सबसे गम्भीर और जिम्मेदार समीक्षकों में हैं। वे आलोचना में आधुनिकताबोध के प्रतिमान हैं। दुनिया भर के समकालीन विमर्शों, सिद्धान्तों और सिद्धान्तकारों पर उनकी पैनी नजर रहती है। उन्होंने हिन्दी की मार्क्सवादी आलोचना को, सामाजिक-आर्थिक परिवर्तनों के आलोक में, देश-काल और परिस्थितियों को ध्यान में रखते हुए अधिक सम्पन्न और सृजनशील बनाया है। वैश्विक विवेक और आधुनिकता बोध उनकी आलोचना की प्रमुख विशेषताएँ हैं। 'साहित्य और इतिहास दृष्टि', 'शब्द और कर्म', 'साहित्य के समाजशास्त्र की भूमिका', 'भक्ति आन्दोलन और सूरदास का काव्य', 'आलोचना की सामाजिकता', 'हिन्दी कविता का अतीत और वर्तमान', 'आलोचना में सहमति असहमति', 'भारतीय समाज में प्रतिरोध की परम्परा', 'अनभै सांचा' आदि पांडेय जी की महत्त्वपूर्ण समीक्षात्मक कृतियाँ हैं।

पांडेय जी की पुस्तक 'भक्ति आन्दोलन और सूरदास का काव्य' भक्ति आन्दोलन की सामाजिक महत्ता और लोकभाषाओं तथा उसके साहित्य के प्रति उनकी रुचि का प्रमाण है। इसमें उन्होंने सूर के काव्य को समकालीन किसान जीवन से जोड़ करके देखा है। वे घोषित करते हैं कि "हिन्दी में सूर से बड़ा प्रेम का कवि दूसरा कोई नहीं है। सूर का वात्सल्य वर्णन अमानवीय व्यवस्था के बीच भी मनुष्य की मनुष्यता को जगाने और उसकी रक्षा करने में समर्थ है। सूर का भक्तिमार्ग प्रेममार्ग है।" (भक्ति आन्दोलन और सूरदास का काव्य, प्रथम संस्करण की भूमिका से) उनका निष्कर्ष है कि "सूर की कविता हिन्दी क्षेत्र में रहने वाले लोगों के जातीय जीवन और सांस्कृतिक परम्पराओं को व्यक्त करने वाली कविता है। वह हिन्दी भाषा के जातीय रूप का निर्माण करने वाली, हिन्दी साहित्य के जातीय काव्यरूपों को विकसित करने वाली कविता है। सूर की कविता की सबसे बड़ी विशेषता यह है कि वह शास्त्र और सत्ता के आतंक से मुक्त है, इसलिए वह ऐसे आतंक से मुक्ति दिलाने वाली कविता भी है।" (उपर्युक्त)

पांडेय जी की एक अन्य महत्त्वपूर्ण पुस्तक 'आलोचना की सामाजिकता' चार भागों में बँटी है—आलोचना का समाज, संस्कृति की राजनीति, कविता का समय और उपन्यास का लोकतंत्र। जाहिर है इस पुस्तक में उन्होंने कविता, उपन्यास और आलोचना के साथ-साथ संस्कृति की समस्याओं पर भी विस्तार से विचार किया है। उनके विमर्श की परिधि में साहित्येतर विषय भी शामिल रहते हैं। उनकी यह पुस्तक इसका प्रमाण है। इसमें उन्होंने जहाँ एक ओर लोकप्रिय साहित्य और मार्क्सवाद के सम्बन्धों का विश्लेषण किया है तो वहीं दूसरी ओर साहित्य के समाजशास्त्र के अध्ययन की आवश्यकता पर भी बल दिया है। इस पुस्तक में 'राजनीति की भाषा', 'भाषा की राजनीति' और 'भाषा की रात में मनुष्य' आदि लेख बेहद विचारोत्तेजक हैं। पुस्तक की भूमिका में ही अपनी स्थापनाओं के सम्बन्ध में उन्होंने संकेत दे दिया है। वे लिखते हैं, "किसी भी समाज में आलोचना का स्वास्थ्य उस समाज के बौद्धिक वातावरण पर निर्भर होता है। अगर समाज का बौद्धिक वातावरण उन्मुक्त और संवादधर्मी होगा तो आलोचना भी मूलगामी, उत्सुक, तेजस्वी, प्रश्नाकुल और सत्यनिष्ठ होगी, लेकिन अगर बौद्धिक वातावरण रूढ़िवादी, पीछे देखू और सहमतिवादी होगा तो आलोचना वैसी ही होगी। हिन्दी आलोचना के बेजान और बीमार होने का एक कारण हमारे समाज का वह बौद्धिक वातावरण है जिसमें साहित्यवाद का सहयोगी सहमतिवाद है। ऐसे वातावरण में पलने वाली आलोचना अगर असामाजिक हो तो आश्चर्य की क्या बात है। हिन्दी आलोचना को असामाजिक बनाने में कुछ भूमिका उन आलोचकों की भी है जो अतिरंजना, सरलीकरण, धमकी, फतवा, आशीर्वाद और दुविधा की भाषा में आलोचना लिखते हैं। ऐसी आलोचना गैरजिम्मेदार होती है, इसीलिए असामाजिक होती है।" (आलोचना की सामाजिकता, भूमिका से)

मैनेजर पांडेय की आलोचना के केन्द्र में साहित्य और आलोचना, मनुष्य और समाज, सभ्यता और संस्कृति के प्रति इतिहास-बोध और इतिहास-दृष्टि है। उदारीकरण, निजीकरण और भूमंडलीकरण के दौर में इतिहास के अन्त की घोषणा की गई थी। पांडेय जी का मानना है कि इतिहास का कभी अन्त नहीं होगा। 'साहित्य और इतिहास-दृष्टि' पुस्तक में उन्होंने इतिहास-विरोधी आठ आलोचनात्मक सिद्धान्तों—प्रभाववादी, मनोवैज्ञानिक, नई समीक्षा, मिथकीय और आद्यबिम्बात्मक, बिम्बवादी, संरचनावादी, शैली-वैज्ञानिक और सौन्दर्यशास्त्रीय आलोचना पर विचार किया है। उनकी यह पुस्तक अत्यन्त लोकप्रिय है। इस पुस्तक में वे बताते हैं कि "साहित्य की रचना और आलोचना की अधिकांश समस्याएँ साहित्य के इतिहास की समस्याएँ होती हैं, इसलिए साहित्य के इतिहास के बोध से ही ऐसी समस्याओं के समाधान खोजे जा सकते हैं। वास्तव में साहित्यविवेक के विकास के लिए इतिहासबोध आवश्यक है। इतिहासबोध के बिना साहित्यविवेक अंधा होगा और साहित्यविवेक के बिना इतिहासबोध लंगड़ा।" (साहित्य और इतिहास दृष्टि, भूमिका, पृ. viii)

पांडेय जी की यह पुस्तक न सिर्फ साहित्येतिहास से जुड़े सैद्धान्तिक प्रश्नों से हमारा परिचय कराती है बल्कि इस पुस्तक में हिन्दी आलोचना के तीन शीर्षस्थ आलोचकों—आचार्य रामचन्द्र शुक्ल, आचार्य हजारीप्रसाद द्विवेदी और डॉ. रामविलास शर्मा के बारे में बहुत ही गम्भीर अन्तर्दृष्टि के साथ विचार किया गया है। इसी तरह 'साहित्य के समाजशास्त्र की भूमिका' हिन्दी में इस विषय पर अपने ढंग की एकमात्र पुस्तक है। इस पुस्तक के माध्यम से उन्होंने हिन्दी में साहित्य के समाजशास्त्र की अवधारणा को पहली बार विकसित किया है। इस पुस्तक के बगैर हिन्दी में इस विषय पर अध्ययन-अध्यापन की कोई भी परिकल्पना अधूरी रहेगी।

मैनेजर पांडेय कहते हैं कि "हिन्दी में कुछ आलोचकों ने अपनी सुविधा को सिद्धान्त बनाकर यह घोषणा कर दी है कि आलोचना तो केवल व्यावहारिक होती है। अगर यही सच होता तो न तो भारतीय साहित्यशास्त्र

विकसित होता न पश्चिम का साहित्यचिन्तन। कल्पना कीजिए कि यदि रामचन्द्र शुक्ल ने काव्यालोचन से सम्बन्धित सैद्धान्तिक निबन्ध नहीं लिखे होते तो हिन्दी में कविता की आलोचना का आधार और ढाँचा कैसे निर्मित होता! यही नहीं, अगर मुक्तिबोध ने अपने समय के साहित्य सम्बन्धी सैद्धान्तिक सवालों पर सोच-विचार न किया होता तो उसके बाद की साहित्यिक समझदारी का क्या हाल होता। बिना सैद्धान्तिक समझ के व्यावहारिक आलोचना अन्धी होती है और बिना व्यावहारिक आलोचना के सैद्धान्तिक चिन्ता बन्ध्या।" (आलोचना में सहमति असहमति, भूमिका)

मैनेजर पांडेय की आलोचना की एक महत्त्वपूर्ण विशेषता उनकी अनुसन्धानपरक दृष्टि है। इसके कारण उनकी आलोचना की प्रामाणिकता में किसी तरह के सन्देह की गुंजाइश नहीं रह जाती। उनका मानना है कि आलोचना में असहमति स्वाभाविक है किन्तु उसके पीछे तर्क और प्रमाण होने ही चाहिए। वे लिखते हैं, "आलोचना में चाहे सहमति हो या असहमति, उसका साधार और सप्रमाण होना जरूरी है तभी सहमति या असहमति विश्वसनीय होती है। आलोचना की विश्वसनीयता को सबसे अधिक खतरा होता है मनमानेपन से। आलोचना में तर्क-वितर्क, खंडन-मंडन, आरोप-प्रत्यारोप के लिए जगह होती है, पर उतनी ही जितनी विचारशीलता में सत्यनिष्ठा और सच्चाई के लिए जरूरी है। आलोचना सहमति या असहमति के नाम पर मनमाने की बात नहीं है। जब आलोचना में मनमानेपन का विस्तार होता है तो वह गैर-जिम्मेदार हो जाती है। गैर-जिम्मेदार आलोचना से वैचारिक अराजकता पैदा होती है। आलोचना में सहमति-असहमति का सन्तुलन तब बिगड़ता है जब खुद को सही मानने की जिद दूसरों को गलत साबित करने की कोशिश बनती है।" (आलोचना में सहमति असहमति, भूमिका, पृ. 5)

प्रेमचन्द, मैनेजर पांडेय के सर्वाधिक प्रिय लेखकों में से हैं। उनकी पुस्तक 'आलोचना की सामाजिकता' में प्रेमचन्द पर केन्द्रित उनके दो महत्त्वपूर्ण लेख हैं। उपन्यास को लेकर भी उन्होंने गम्भीर काम किया है। 'भारतीय उपन्यास की भारतीयता' उनका गम्भीर आलोचनात्मक लेख है। उपन्यास पर लिखते हुए उन्होंने प्रेमचन्द से लेकर फणीश्वरनाथ रेणु, दूधनाथ सिंह, मैत्रेयी पुष्पा, संजीव और गीतांजलिश्री के उपन्यासों पर भी लिखा है। 'उपन्यास और लोकतंत्र' में मैनेजर पांडेय लिखते हैं, "उपन्यास केवल यथार्थ की खोज और उसकी गति की पहचान का आख्यान नहीं है, वह सम्भावनाओं की तलाश का आख्यान भी है। उसमें वर्तमान की सीमाओं के बोध के पार जाने की आकांक्षा के कारण सम्भावित संसार की रचना की कोशिश भी होती है। उपन्यास के माध्यम से ऐसी निर्मिति की जाती है जो पाठकों को वास्तव में सम्भव लगे। ऐसी दुनिया रचने वाला उपन्यासकार ही सम्भावनाओं का व्याख्याकार भी कहा जा सकता है। आजकल ऐसे उपन्यास लिखे जा रहे हैं जो पूँजीवाद की बर्बरता से मुक्ति की आकांक्षा के कारण एक बेहतर दुनिया की कल्पना पाठकों के सामने रखते हैं।" (आलोचना की सामाजिकता, पृ. 243)

उक्त समीक्षात्मक पुस्तकों के अलावा 'मेरे साक्षात्कार', 'मैं भी मुँह में जबान रखता हूँ' तथा 'संवाद-परिसंवाद' जैसी कृतियों में भी उनकी समीक्षा सम्बन्धी मान्यताएँ व्यक्त हुई हैं। इन कृतियों में उनके साक्षात्कार तथा समय-समय पर उनसे किए गए संवाद संकलित हैं।

पांडेय जी ने आजादी के पूर्व अंग्रेजों द्वारा प्रतिबंधित कृतियों के उद्धार और उनके सम्पादन का सराहनीय कार्य किया है। मुंशी नवजादिकलाल श्रीवास्तव द्वारा लिखित लगभग 30 देशों की आजादी के संघर्ष का इतिहास और मुगल बादशाहों द्वारा रचित ब्रजभाषा काव्यों का संकलन और सम्पादन उनकी अमूल्य देन है। उन्होंने बांग्ला लेखक सखाराम गणेश देउस्कर की पुस्तक 'देशेर कथा' के प्रकाशन (1904) के सौ साल पूरे होने पर उसका बाबूराव विष्णु पराड़कर द्वारा किए गए हिन्दी अनुवाद 'देश की बात' को एक विस्तृत भूमिका के साथ प्रकाशित किया। इसी तरह उन्होंने आचार्य महावीरप्रसाद द्विवेदी की बहुचर्चित पुस्तक 'सम्पत्ति शास्त्र' की भी विस्तृत प्रस्तावना लिखी और उसे प्रकाशित कराया।

नवजागरण और स्वाधीनता आन्दोलन की चेतना के साथ पूँजीवाद-साम्राज्यवाद विरोध उनकी आलोचना की प्रमुख विशेषता है। हिन्दी नवजागरण के बारे में उनकी दृष्टि बिलकुल स्पष्ट है और वे उसे बांग्ला नवजागरण अथवा मराठी नवजागरण से भिन्न रूप में देखते हैं। वे कहते हैं कि हिन्दी नवजागरण के निर्माता हिन्दी के साहित्यकार थे। वे बंगाल या महाराष्ट्र के नवजागरण के नायकों की तरह समाज सुधारक नहीं थे। हिन्दी नवजागरण की चेतना हिन्दी के साहित्यकारों की कृतियों में व्यक्त हुई है। 'मुगल बादशाहों की हिन्दी कविता' उनके द्वारा सम्पादित और संकलित एक नए तरह का शोधपूर्ण कार्य है। 'संकट के बावजूद'

पुस्तक में उनकी साम्राज्यवाद विरोधी चेतना को देखा जा सकता है। इसी तरह 'सीवान की कविता' जैसी पुस्तकें साहित्य को अभिजनवाद से मुक्त करने के प्रयास की तरह देखी जा सकती हैं। हाशिए के समाज की समस्याओं और साहित्य को लेकर भी वे लगातार सक्रिय रहे हैं। दलित साहित्य के सन्दर्भ में उनके दर्जनों आलेख हैं। वैश्वीकरण के इस दौर में जो नई समस्याएँ जन्म ले रही हैं उन पर भी वे गम्भीरता से विचार करते रहे हैं जिन्हें उनके साक्षात्कारों में सहज ही देखा जा सकता है। 'संवाद-परिसंवाद' और 'मैं भी मुँह में जबान रखता हूँ' इस दृष्टि से महत्त्वपूर्ण हैं।

आलोचना लिखते समय पांडेय जी की दृष्टि बहुत व्यापक होती है। साहित्य को सामाजिक सन्दर्भों में रखकर आकलन करने वालों में पांडेय जी अग्रणी हैं। भारतीय और पाश्चात्य दोनों साहित्यों के गम्भीर अध्येता पांडेय जी की आलोचना दृष्टि तार्किक और वस्तुनिष्ठ है। मध्यकाल से लेकर आधुनिक काल तक के साहित्य का प्रामाणिक विश्लेषण उन्होंने किया है और वे आज भी समीक्षा लेखन में संलग्न हैं।

पांडेय जी की "आलोचना भाषा में दार्शनिक गम्भीरता और सहजता का अद्‌भुत संयोग है। जहाँ वे सैद्धान्तिक बहस में शामिल होते हैं वहाँ भाषा दार्शनिक स्वरूप ले लेती है और जहाँ वे व्यावहारिक आलोचना में रहते हैं, वहाँ भाषा किसी वेगवती पहाड़ी नदी का रूप ले लेती है। बिलकुल सहज निर्मल। लेकिन इस सन्दर्भ में यह देखना महत्त्वपूर्ण है कि वे जहाँ जाते हैं वहाँ भाषा रूपी नदी के वेग को अपने ढंग से मोड़ लेते हैं।" (आलोचना की सामाजिकता के फ्लैप से)

जहाँ तक मुझे सूचना है, मैनेजर पांडेय के आलोचना कर्म का मूल्यांकन करने वाली अब तक दो मौलिक और तीन सम्पादित पुस्तकें प्रकाशित हो चुकी हैं। प्रणय कृष्ण द्वारा प्रणीत 'मैनेजर पांडेय का आलोचनात्मक संघर्ष' तथा कमलेश वर्मा एवं सुचिता वर्मा द्वारा लिखित 'दूसरी परम्परा का शुक्ल पक्ष' उन पर केन्द्रित मौलिक पुस्तकें हैं। उन पर सम्पादित पुस्तकों के नाम हैं—'आलोचना का आत्मसंघर्ष' (सं. रविरंजन), 'आलोचना की चुनौतियाँ' (सं. दीपक प्रकाश त्यागी तथा राजेन्द्र प्रसाद चतुर्वेदी) एवं 'आलोचना और समाज' (सं. रविकान्त एवं आकांक्षा सिंह)। इसके अलावा 'संकट के बावजूद' शीर्षक से मैनेजर पांडेय पर केन्द्रित 'संवेद' का एक अंक भी किशन कालजयी के सम्पादन में प्रकाशित हो चुका है।

निश्चित ही हिन्दी आलोचना को स्तरीय बनाने और उसे समृद्ध करने में मैनेजर पांडेय की भूमिका बहुत अधिक है।

पी.एन. सिंह

गाजीपुर (उ.प्र.) के 'वासुदेवपुर' नामक गाँव में जन्मे, गाजीपुर के ही एक महाविद्यालय में अंग्रेजी के शिक्षक रहे पी.एन.सिंह (जन्म—01.07.1942) को सिर्फ आलोचक के रूप में देखना उनके कृतित्व को कम करके आँकना है। वे एक विचारक भी हैं। उनके लेखन में आलोचना के अलावा लोकतंत्र की नागरिक चिन्ताएँ तथा व्यापक सामाजिक सरोकारों की ईमानदारी से गम्भीर चर्चा है। अंग्रेजी के प्राध्यापक होने के नाते वैश्विक साहित्य की समझ के साथ-साथ उन्होंने आधुनिक वैज्ञानिक बोध और मार्क्सवादी दृष्टि से संस्कारित अपनी विचारशीलता को गांधी, नेहरू, आंबेडकर और लोहिया की भारत निर्माण की चिन्ताओं से भी जोड़कर देखा है।

अध्ययन और अध्यापन करने के बाद गाजीपुर में ही स्थायी रूप से रहने वाले पी.एन. सिंह एक तरह से गाजीपुर की पहचान हैं। लोग कहते हैं कि वे खुद एक जीती-जागती किताब हैं। वहाँ उनकी पहचान एक समाजवादी चिन्तक की है।

पी.एन. सिंह वैचारिक रूप से वामपंथ के पक्षधर हैं, किन्तु कहीं-कहीं उनकी रचनात्मक-दृष्टि वामपंथ का भी अतिक्रमण करती है, जिसके कारण वे गांधी को शान्तिपुरुष स्वीकार करते हैं। भारत के सन्दर्भ में आंबेडकर और लोहिया के चिन्तन के महत्त्व को भी उन्होंने स्वीकार किया है। वे मानते हैं कि मार्क्सवाद अपने समय और समाज के लिए एक क्रान्तिकारी दर्शन था किन्तु आज हम एक लोकतंत्र में रह रहे हैं और इस लोकतंत्र में सर्वहारा लगभग खत्म हो चुका है। ऐसी दशा में उसे क्रान्ति के लिए संगठित कर पाना सम्भव नहीं है इसीलिए समाजवाद के लक्ष्य तक पहुँचने के लिए आज गांधी के अहिंसा और सत्याग्रह का मार्ग ज्यादा उपयोगी साबित हो सकता है।

पी.एन. सिंह की प्रमुख आलोचनात्मक पुस्तकें हैं—'साहित्य, विचारधारा और संस्कृति', 'गांधी, आंबेडकर और लोहिया', 'आंबेडकर, प्रेमचंद और दलित समाज', 'आंबेडकर चिन्तन और दलित साहित्य', 'नामवर-

सन्दर्भ और विमर्श', 'कुबेरनाथ राय : साहित्यिक-सांस्कृतिक दृष्टि', 'समय की प्रतिध्वनियाँ', 'गांधी और उनकी वर्धा', 'रामविलास शर्मा और हिन्दी जाति', 'समृतियों की दुनिया' आदि।

उन्होंने 'समकालीन सोच' नामक त्रैमासिक पत्रिका का लम्बे समय तक संपादन भी किया है।

राजेश जोशी

नरसिंहगढ़ (म.प्र.) में जन्मे, प्रख्यात कवि राजेश जोशी (जन्म—18.07.1946) कवि के साथ-साथ कथाकार, नाटककार और आलोचक भी हैं। समीक्षाओं की उनकी दो पुस्तकें—'एक कवि की नोटबुक' तथा 'एक कवि की दूसरी नोटबुक' के नाम से प्रकाशित हैं। ये दोनों पुस्तकें वास्तव में व्यवस्थित ढंग से लिखी गई आलोचनाएँ न होकर समय-समय पर लिखी गई टिप्पणियों व आलोचनात्मक निबन्धों के संकलन हैं। उनकी पहली नोटबुक कविता केन्द्रित है और दूसरी में कविता और गद्य दोनों का लेखा-जोखा है।

राजेश जोशी के आलोचनात्मक लेखन का क्षेत्र समकालीन साहित्य ही है। अपने से वरिष्ठों में उन्होंने मुक्तिबोध, शमशेर, नागार्जुन, त्रिलोचन, केदारनाथ अग्रवाल, रघुवीर सहाय और केदारनाथ सिंह पर और अपने समकालीनों में विष्णु नागर, अरुण कमल, ज्ञानेन्द्रपति, वेणुगोपाल, कुमार विकल, चन्द्रकान्त देवताले, धूमिल, विनोदकुमार शुक्ल आदि और अपने बाद की पीढ़ी के देवीप्रसाद मिश्र, बद्रीनारायण, लीलाधर मंडलोई, सुदीप बनर्जी, विनय दुबे, मनमोहन, कात्यायनी और नीलेश रघुवंशी तक की रचनाओं पर टिप्पणियाँ की हैं। किन्तु विस्तार के साथ उन्होंने किसी पर नहीं लिखा। हाँ, उसमें साहित्य की विशिष्टताओं, उसके संकटों, उसके शिल्प और भाषा, रचना-समय आदि पर उनकी दृष्टि रही है। उन्होंने नरेश मेहता एवं शिवमंगल सिंह सुमन तथा गद्यकाल में हरिशंकर परसाई की व्यंग्य रचनाओं की विशिष्टताओं का भी मूल्यांकन किया है। उन्होंने प्रेमचन्द के 'शतरंज के खिलाड़ी', श्रीलाल शुक्ल के 'राग दरबारी' और दूधनाथ सिंह के 'आखिरी कलाम' पर भी लिखा है। निस्सन्देह राजेश जोशी की टिप्पणियाँ और नोट्स यह प्रमाणित करती हैं कि उनकी चौकन्नी और पैनी दृष्टि अपने समय के साहित्य पर चारों तरफ है।

निर्मला जैन के शब्दों में, "राजेश जोशी के कवि की इस नोटबुक में कविता और कवियों के बारे में उनकी पसन्द-नापसन्द को, विचार की परिधि के विस्तार को, आलोचक की अन्तर्बेधी दृष्टि और विवेक को और इस सबसे अधिक भाषा की रचनात्मकता को पंक्ति-पंक्ति में विशेषकर नोट्स के शीर्षकों में सराहा जा सकता है।" (हिन्दी आलोचना का दूसरा पाठ, पृ. 167)

रविभूषण

बिहार के मुजफ्फरपुर जिले के 'चैनपुर-धरहरवा' गाँव में जन्मे और राँची विश्वविद्यालय में प्रोफेसर रहे रविभूषण (जन्म—17.12.1946) अपनी आलोचना में वैकल्पिक भारत की तलाश करने वाले आलोचक हैं। फिलहाल अभी तक उनकी सिर्फ दो आलोचनात्मक पुस्तकें प्रकाशित हैं किन्तु उनका प्रचुर लेखन विभिन्न अखबारों तथा पत्र-पत्रिकाओं में बिखरा पड़ा है। 'प्रभात खबर' नामक दैनिक समाचार-पत्र में पिछले लगभग 26 वर्ष से विभिन्न सामाजिक, राजनीतिक, सांस्कृतिक और साहित्यिक विषयों पर उनके नियमित स्तम्भ प्रकाशित हो रहे हैं जो उनकी सूक्ष्म और वस्तुनिष्ठ आलोचना दृष्टि के परिचायक हैं। इसी तरह एक अन्य हिन्दी दैनिक 'जनसन्देश टाइम्स' में भी उनके नियमित स्तम्भ प्रकाशित हो रहे हैं। वे प्रतिवर्ष 'प्रभात खबर' के शारदीय अंक का भी सम्पादन करते हैं। इसके अधिकांश अंक विशेषांक के रूप में प्रकाशित हैं और संग्रहणीय हैं। विभिन्न प्रतिष्ठित पत्र-पत्रिकाओं में छपे उनके अनेक आलोचनात्मक लेख संकलन की प्रतीक्षा में हैं। वर्ष 2018 में उनकी जिन दो आलोचनात्मक पुस्तकों का एक साथ प्रकाशन राजकमल प्रकाशन से हुआ है उनके नाम हैं, 'रामविलास शर्मा का महत्त्व' और 'वैकल्पिक भारत की तलाश'।

निरन्तर अध्ययन, चिन्तन-मनन और लेखन में संलग्न रहने वाले रविभूषण की आलोचना-दृष्टि वैज्ञानिक भी है और व्यापक भी। भारतीय राजनीति की भी उन्हें अच्छी समझ है। वे साहित्य को हमेशा समाज से जोड़कर देखते हैं। कभी-कभी तो सन्देह होने लगता है कि वे वास्तव में साहित्य के व्यक्ति हैं या राजनीति अथवा संस्कृति के। रविभूषण हिन्दी के अकेले ऐसे आलोचक हैं जिनके चिन्तन का फलक बहुत व्यापक है। उन्होंने शिकागो स्कूल ऑफ इकोनामिक्स पर भी लिखा और अन्तिम किला गिरने की चिन्ता के नाम पर भारत की न्यायपालिका पर भी। कोरोना को लेकर जब दुनिया भर में हाहाकार मचा हुआ था और लोग

इसके लिए चीन और अमरीका को जिम्मेदार बता रहे थे, रविभूषण ने नॉम चाम्स्की के हवाले से कोरोना को नवउदारवाद की उपज बताकर सबको चौंका दिया था। राष्ट्रीय और अन्तरराष्ट्रीय राजनीतिक घटनाओं पर वे पत्र-पत्रिकाओं तथा समाचार-पत्रों में लगातार टिप्पणियाँ करते रहते हैं, किन्तु सक्रिय राजनीति में उन्होंने कभी हिस्सा नहीं लिया।

'रामविलास शर्मा का महत्त्व' पुस्तक में उनके द्वारा 1994 से 2012 के बीच समय-समय पर लिखे गए आठ लेख संकलित हैं। रविभूषण के सर्वाधिक प्रिय आलोचक रामविलास शर्मा ही हैं। उनके शब्दों में, "एक साथ कई मोर्चों पर उन्होंने (रामविलास शर्मा) लड़ाई लड़ी। साठ वर्ष तक साम्राज्यवाद का निरन्तर विरोध करने वाला उनके समान विश्व में और कौन आलोचक, विचारक और चिन्तक है? उनकी चिन्ता में देश की प्रगति थी और विरोधी, प्रतिगामी ताकतों से उनका संघर्ष सुविदित है। साम्राज्यवाद से 'आर्थिक और राजनीतिक सम्बन्ध-विच्छेद' के बिना देश की प्रगति में उनका विश्वास नहीं था। हिन्दी में पहली बार उन्होंने सबाल्टर्न इतिहास की आलोचना की, उसकी सीमाएँ बताईं।" (भूमिका, पृ. ८) उनकी दृष्टि में रामविलास शर्मा उन भारतीय लेखकों, विचारकों, बुद्धिजीवियों और मार्क्सवादी चिन्तकों में अग्रणी हैं जिन्होंने अपने समय में लेखन के जरिये निरन्तर और सार्थक हस्तक्षेप किया है, अपने समय और समाज की समस्याओं पर विचार किया है और उनके निदान भी सुझाए हैं। इसीलिए रामविलास शर्मा की आलोचना परम्परा को आगे बढ़ाने में रविभूषण जी आज भी निरन्तर लगे रहते हैं।

रविभूषण जी के अनुसार रामविलास शर्मा ने सदैव नए युग की आँखों को महत्त्व दिया। आज जब बहुत-सारे युवाओं ने हथियार डाल दिए हैं, और लेखक-आलोचक उत्तर-आधुनिकता और उत्तर-संरचनावाद जैसी बहसों में लिप्त हैं, हमें रामविलास जी की अडिगता, अविचलता और मार्क्सवादी दर्शन में अटूट आस्था तथा जन-संघर्षों में विश्वास को याद करने की जरूरत है। उनके अनुसार भारतेंदु हरिश्चन्द्र, महावीरप्रसाद द्विवेदी, प्रेमचन्द, आचार्य रामचन्द्र शुक्ल और निराला की अगली कड़ी रामविलास शर्मा ही हैं।

रामविलास शर्मा की हिन्दी जाति सम्बन्धी अवधारणा से रविभूषण जी पूर्ण सहमति व्यक्त करते हैं। वे मानते हैं कि भाषा का प्रश्न मात्र सामाजिक-सांस्कृतिक प्रश्न नहीं है। यह राजनीतिक प्रश्न भी है। अंग्रेजी ने इसे राजनीतिक प्रश्न बना दिया है। हिन्दी को वे साम्राज्यविरोधी भाषा के रूप में रेखांकित करते हैं और मानते हैं कि हिन्दी अपनी शक्ति के बल पर ही विकसित हुई है।

भोजपुरी, राजस्थानी, छत्तीसगढ़ी आदि हिन्दी की बोलियों का संविधान की आठवीं अनुसूची में शामिल करने की माँग के विषय में रविभूषण जी की दो-टूक राय है, "हिन्दी प्रदेश में जिस प्रकार नए-नए प्रदेशों—पूर्वांचल, हरित प्रदेश, बुन्देलखंड आदि की माँग उठती है, उसी प्रकार बोलियों को हिन्दी से स्वतंत्र करने की माँग भी है। जिस प्रकार नए राज्यों के गठन से समस्याएँ हल नहीं होंगी, उसी प्रकार हिन्दी की बोलियाँ हिन्दी से अलग होकर न अपना भला करेंगी न हिन्दी का भला करेंगी। दोनों के बीच की पारस्परिकता और सौहार्दता नष्ट होगी। फायदा किसे होगा? हिन्दी के कुछ बड़े लेखक भी इस अभियान में शामिल हैं, जबकि उन्होंने अपनी बोली में साहित्य सृजन नहीं किया है। हिन्दी से उसकी बोलियों के अलग होने के बाद हिन्दी भाषियों की संख्या स्वत: कम हो जाएगी। लाभान्वित कौन होगा? बोलियों का विकास उसमें रचना कर्म के जरिए सम्भव है। पाँचवी-छठवीं कक्षा तक शिक्षा में अपनी बोलियों को स्थान दिलाने वाले क्या सचमुच सक्रिय हैं? आज के विखंडन के दौर में एकता जरूरी है। हिन्दी से उसकी बोलियों को अलग कर उसे स्वतंत्र दर्जा दिलाने की माँग अनुचित है।" (अपनी भाषा की लोकयात्रा, "विखंडन के दौर में भाषायी एकता की आवश्यकता" शीर्षक निबन्ध, पृ. 162)

'वैकल्पिक भारत की तलाश' शीर्षक पुस्तक में रविभूषण जी के सपनों का भारत झिलमिलाता हुआ दिखाई देता है जिसको साकार बनाने के लिए एक सचेत बुद्धिजीवी की भूमिका निभाने में वे निरन्तर लगे रहते हैं। इस पुस्तक में रविभूषण जी ने अपने उन आलेखों को शामिल किया है जिन्हें उन्होंने समय-समय पर एक चिन्तनशील नागरिक और बौद्धिक के रूप में अपनी जिम्मेदारी समझते हुए लिखा है। पुस्तक का विषय-क्रम देश के समय को एक-एक चरण में पार करते हुए आज तक आता है। दादाभाई नौरोजी और विवेकानन्द से शुरू करते हुए वे आजादी, बाद की सत्ता और समाज के चरित्र से होते हुए राष्ट्रवाद तक आते हैं।

पुस्तक के बारे में वे लिखते हैं, "इस पुस्तक में संकलित सभी दस लेख नई आर्थिक नीति और नवउदारवादी अर्थव्यवस्था के बाद के हैं। 1991 से अब तक लिखे गए लेखों में से इन लेखों का चयन एक

विशेष मकसद से किया गया है। वह मकसद वैकल्पिक भारत की तलाश का है।" (वैकल्पिक भारत की तलाश, 'इस पुस्तक के बारे' में शीर्षक भूमिका, पृ. 7)

रविभूषण जी ने स्वामी विवेकानन्द का मूल्यांकन करते हुए लिखा है, "1993 से अब तक बार-बार मैंने भाजपा के 'हिन्दुत्व' और 'हिन्दू राष्ट्र' की आलोचना की है। भाजपा विवेकानन्द को अपना पथ-प्रदर्शक मानती है। विवेकानन्द साम्प्रदायिक और धर्मांध शक्तियों की मृत्यु चाहते थे। ये शक्तियाँ आज कहीं अधिक फनफना रही हैं। विवेकानन्द ने आस्था और कर्मकांड का विरोध किया था। उनका सारा बल, विवेक और तर्कशक्ति पर था। वे जाति-प्रथा और वर्ण-व्यवस्था के विरोधी थे। गरीबों और दलितों की स्वतंत्रता से उन्होंने राष्ट्र की स्वतंत्रता जोड़ी थी। राष्ट्रप्रेम उनके लिए राष्ट्र के निवासियों से प्रेम था और उन्होंने हिन्दू धर्म की आलोचना भी की थी। आज जब उपभोक्तावाद चारों ओर फैल चुका है, विवेकानन्द ने 'भोग' को 'लाख फनों वाला सर्प' कहा था। उन्होंने जिस 'नए भारत का स्वप्न' देखा था, वह नया भारत आज तक नहीं बना। विवेकानन्द ने स्त्रियों को भी दलित वर्ग के अन्तर्गत रखा। 'अस्पृश्यता' उनके लिए 'मानसिक व्याधि' थी। (वैकल्पिक भारत की तलाश, पृ. 8)

प्रेमचन्द रविभूषण जी के सर्वाधिक प्रिय कथाकार हैं। प्रेमचन्द के महत्त्व का आकलन करते हुए वे कहते हैं, "प्रेमचन्द का केवल साहित्यिक पाठ नहीं होना चाहिए। वे भारतीय समाज के राजनैतिक-सामाजिक सांस्कृतिक और आर्थिक पाठ यानी समग्र पाठ के लिए हमें आमंत्रित करते हैं। 21वीं सदी के हमारे समय के ज्यादातर सवालों के सन्दर्भ में प्रेमचन्द का साहित्य और उनके विचार सर्वाधिक प्रासंगिक हैं। प्रेमचन्द राजनैतिक पार्टियों से बहुत पहले सामाजिक-आर्थिक न्याय की बात करते थे। उनके पास स्पष्ट इतिहास-दृष्टि, समाज-दृष्टि, वर्ग-दृष्टि और नैतिक-दृष्टि थी। वर्ण-व्यवस्था और साम्प्रदायिक कट्टरता के वे मुखर विरोधी थे। प्रेमचन्द एक नया भारत एक वैकल्पिक भारत की तलाश करते रहे। आज का समय प्रतिगामिता, कुतर्क, झूठ, उन्माद, अंधआस्था, मिथ्यावाद और छद्म राष्ट्रवाद का समय है, जिनसे संघर्ष की दृष्टि प्रेमचन्द ने हमें दी है।" (जनसंस्कृति मंच के 15वें राष्ट्रीय सम्मेलन, पटना में बोलते हुए)

रविभूषण जी एक सुधी और ओजस्वी वक्ता भी हैं और सांस्कृतिक मोर्चे पर अधिक सक्रिय हैं। उनका सारा लेखन सोद्देश्य होता है और वह उद्देश्य है एक समतामूलक शोषणविहीन समाज का निर्माण। वे लम्बे समय तक नवजनवादी सांस्कृतिक मोर्चा से सम्बद्ध रहे और आज भी 'जन संस्कृति मंच' के राष्ट्रीय कार्यकारी अध्यक्ष हैं।

कर्णसिंह चौहान

नोयडा (उ.प्र.) के 'सदरपुर' नामक गाँव में जन्मे, दिल्ली से पढ़े-लिखे और दिल्ली में ही शिक्षक रहे कर्णसिंह चौहान (जन्म—28.02.1948) की पहचान एक कवि और कथाकार के रूप में भी है। 'आलोचना के नए मान', 'साहित्य के बुनियादी सरोकार', 'प्रगतिवादी आन्दोलन का इतिहास' और 'एक समीक्षक की डायरी' कर्णसिंह चौहान की आलोचनात्मक कृतियाँ हैं। वे एक प्रतिबद्ध मार्क्सवादी आलोचक हैं। उन्होंने मार्क्सवाद के सैद्धान्तिक पक्ष पर अधिक लिखा है और व्यावहारिक समीक्षाएँ कम लिखी हैं। 'प्रगतिवादी आन्दोलन का आलोचनात्मक इतिहास' पुस्तक उनके निजी आग्रहों और स्थापनाओं की अपेक्षा तथ्यों और प्रमाणों को अधिक महत्त्व देने के कारण ही महत्त्वपूर्ण है।

कर्णसिंह चौहान ने लू शुन, स्तालिन, ज्दानोव, लूकाच आदि के महत्त्वपूर्ण साहित्य का अनुवाद करके हिन्दी के प्रगतिशील साहित्य को समृद्ध करने का उल्लेखनीय कार्य किया है। उन्होंने मार्क्सवादी नजरिए से 'यूरोप में अन्तर्यात्राएँ' तथा 'अमेरिका के आर-पार' शीर्षक से यात्रा विवरण भी लिखा है। 'हिमालय नहीं है वितोशा' शीर्षक से उनका कविता-संग्रह छपा है और 'यमुना कछार का मन' शीर्षक से कहानी संग्रह।

विजय कुमार

मुम्बई में जन्मे, मुम्बई में ही पढ़े-लिखे, बैंक के अधिकारी रहे डॉ. विजय कुमार (जन्म—11.11.1948) हमारे समय के महत्त्वपूर्ण कवि भी है और आलोचक भी। 'साठोत्तरी कविता की परिवर्तित दिशाएँ', 'कविता की संगत', 'अंधेरे समय में विचार', 'कविता के पते ठिकाने', 'खिड़की के पास कवि' आदि उनकी आलोचनात्मक कृतियाँ हैं। आलोचक मलयज के कृतित्व पर उन्होंने साहित्य अकादमी के लिए एक मोनोग्राफ भी लिखा है।

देश निर्मोही ने विजय कुमार के जन्मदिन के अवसर पर अपने फेसबुक पर बहुत सटीक टिप्पणी की है, "हिन्दी कविता की रचनाशीलता के स्रोतों की पहचान करनी हो तो हमें समकालीन आलोचकों में से विजय कुमार के पास जाना पड़ता है। उनके पास एक गहरी अन्तर्दृष्टि तो है ही साहित्य और समाज के रिश्तों की जटिलताओं के भीतर से रास्ता खोजने और दिखाने की सामर्थ्य भी है।" (11 नवंबर 2018 की फेसबुक पोस्ट से) 'कविता की संगत' का गद्य सुगठित और नएपन से भरा हुआ है। उसमें बोझिलता बिलकुल नहीं है।

श्याम कश्यप

पंजाब के 'नवाशहर' में जन्मे, साहित्य के साथ-साथ पत्रकारिता से भी जुड़े, दिल्ली में शिक्षक रहे श्याम कश्यप (21.11.1948-14.11.2018) की विभिन्न विषयों पर पचास से अधिक पुस्तकें प्रकाशित हैं। 'मुठभेड़', 'सृजन और संस्कृति', 'साहित्य की समस्याएँ और प्रगतिशील दृष्टिकोण, 'मार्क्स एलाइनेशन सिद्धान्त और साहित्य' आदि उनकी प्रमुख आलोचनात्मक कृतियाँ हैं। इसके अलावा 'हिन्दी साहित्य का इतिहास : पुनर्लेखन की समस्याएँ', 'हिन्दी की प्रगतिशील आलोचना', 'रास्ता इधर है', 'स्वाधीनता संग्राम : बदलते परिप्रेक्ष्य', 'भारतीय इतिहास और ऐतिहासिक भौतिकवाद', 'भारतीय नवजागरण और यूरोप' आदि कृतियों का उन्होंने सम्पादन किया है। उन्होंने 'हरिशंकर परसाई संकलित रचनाएँ' का भी सम्पादन किया है।

'हरिशंकर परसाई संकलित रचनाएँ' की भूमिका के इस अंश से उनकी आलोचना शैली का सौन्दर्य आंका जा सकता है। वे लिखते हैं, "प्रेमचन्द को हमारे स्वाधीनता आन्दोलन के दौर का प्रतिनिधि लेखक माना जाता है। हरिशंकर परसाई ठीक इसी अर्थ में स्वातंत्र्योत्तर भारत के प्रतिनिधि लेखक हैं। मुक्तिबोध की तरह फैंटेसी उनका सबसे प्रिय माध्यम है। वे बीसवीं शताब्दी के उत्तरार्ध के ठीक वैसे ही एकमात्र प्रतिनिधि कथाकार और गद्यलेखक हैं, जैसे कि मुक्तिबोध एकमात्र प्रतिनिधि कवि द्वितीय विश्वयुद्ध के बाद की देश और दुनिया की सभी घटनाओं, आन्दोलनों, मनोवृत्तियों और महत्त्वपूर्ण चरित्रों के कलात्मक व्यंग्य-चित्र उनकी रचनाओं में मिल जाएँगे। चन्द शाब्दिक रेखाओं से वे एक भरापूरा चित्र मूर्त कर देते हैं। उनकी भाषा की तरलता और उसका क्षिप्र प्रवाह इस चित्र को गतिशील बनाकर जीवंत कर देते हैं।" (भूमिका से)

कर्मेन्दु शिशिर

बक्सर (बिहार) जिले के 'उनवाँस' नामक गाँव में जन्मे, बिहार में पढ़े-लिखे और बिहार में अध्यापक रहे हिन्दी नवजागरण के मार्क्सवादी व्याख्याकार कर्मेन्दु शिशिर (जन्म—26.08.1953) हमारे समय के अत्यन्त अध्ययनशील, वैज्ञानिक दृष्टिसम्पन्न और हर परिस्थिति में अपने उसूलों पर अडिग रहने वाले आलोचक हैं। हिन्दी नवजागरण पर उनका विशेष काम है। 'नवजागरण और संस्कृति', 'राधामोहन गोकुल और हिन्दी नवजागरण', 'हिन्दी नवजागरण और जातीय गद्य परम्परा', '1857 की राज्यक्रान्ति : विचार और विश्लेषण', 'भारतीय नवजागरण और समकालीन सन्दर्भ', 'डॉ.रामविलास शर्मा : नवजागरण एवं इतिहास लेखन', 'निराला और राम की शक्ति-पूजा' आदि उनकी प्रमुख आलोचनात्मक पुस्तकें हैं।

कर्मेन्दु शिशिर ने कई महत्त्वपूर्ण पुस्तकों एवं पुरानी पत्रिकाओं के चयनित अंश का सम्पादन भी किया है जिनमें प्रमुख हैं, 'सोमदत्त की गद्य रचनाएँ', 'ज्ञानरंजन और पहल', 'राधामोहन गोकुल समग्र' (दो भाग), 'राधाचरण गोस्वामी की रचनाएँ', 'सत्यभक्त और साम्यवादी पार्टी', 'नवजागरण पत्रकारिता और सारसुधानिधि' (दो खंड), 'नवजागरण पत्रकारिता और मतवाला' (तीन खंड), 'नवजागरण पत्रकारिता और मर्यादा' (छः खंड), 'पहल की मुख्य कविताएँ और वैचारिक लेखों का संकलन' (दो भाग) आदि। उनके तीन कहानी संग्रह और एक उपन्यास भी प्रकाशित है।

हाल ही में भारतीय ज्ञानपीठ से उनकी अत्यन्त महत्त्वपूर्ण पुस्तक दो खंडों में प्रकाशित हुई है जिसका शीर्षक है, 'भारतीय मुसलमान : इतिहास का सन्दर्भ'। इसके पहले खंड में भारत में इस्लाम के आगमन से लेकर मुगल काल के पतन तक का और दूसरे खंड में 1857 की राज्य क्रान्ति से लेकर मुस्लिम नवजागरण के महानायक मौलाना अबुल कलाम आजाद तक की सांस्कृतिक विरासत का प्रामाणिक आकलन किया गया

है। इस पुस्तक की भूमिका में वे लिखते हैं, "मोटे तौर पर भारत में इस्लाम का प्रसार दो तरीकों से हुआ। एक तो सूफीवाद की प्रेमिल भावधारा वाली आध्यात्मिकता, साहित्य और संगीत के माध्यम से समाज तक पहुँची तो दूसरी धारा राजनीति के माध्यम से समाज तक आई। पहले वाले माध्यम को लेकर हिन्दी में भी विपुल मात्रा में उत्कृष्ट कार्य हुए हैं और वह परम्परा समाज के रग-रग में पसरी हुई है। सच पूछिए तो जिस साझी संस्कृति की बात होती है, उसकी प्राणधारा इसी परम्परा से प्रवाहित होती है; जिसकी एक समृद्ध विरासत है, जिस पर भारतीय समाज को गर्व है और सहजीवन की यह मिसाल उसे पूरी दुनिया में आज भी अद्वितीय बनाए हुए है। यह बात बहुत कम लोग जानते होंगे कि दुनिया में आज भी भारत ही ऐसा इकलौता देश है जिसमें इस्लाम की तमाम पंथिक धाराओं के अनुयायी मौजूद हैं। ऐसा गौरव और किसी देश को हासिल नहीं है। विरोधाभासों से भरे इस विशाल देश में विभिन्न जातियों, नस्लों और धर्मों का जमावड़ा परस्पर सौहार्द और निजता के साथ मौजूद है।" (भारतीय मुसलमान : इतिहास का सन्दर्भ, अपनी बात, पृ. 12)

यह पुस्तक भारतीय मुसलमान और इतिहास के सन्दर्भ में अनेक बन्द गवाक्ष खोलती है। इससे इतिहास के अनेक भ्रम दूर हो सकते हैं। उदाहरणार्थ राम जन्मभूमि पर बने मन्दिर को गिराकर बाबरी मस्जिद का निर्माण कराने वाले के रूप में कुख्यात बाबर के वसीयतनामे का यह अंश द्रष्टव्य है,

"हिन्दुस्तान का मुल्क भिन्न-भिन्न धर्मों का गहवारा है...यह मुनासिब है कि तूँ अपने दिल से सभी धर्मों की तरफ अगर कोई बदगुमानी है तो उसे निकाल दे और हर मिल्लत अथवा सम्प्रदाय के साथ उनके अपने तरीके से उनका न्याय कर और विशेष रूप से गाय की कुरबानी से बिलकुल परहेज कर, क्योंकि इससे तूँ हिन्दुस्तान के दिल को जीत लेगा और इस मुल्क की रिआया का दिल इस अहसान से दबकर तेरी बादशाही के संग रहेगी। तेरे साम्राज्य में हर धरम के जितने मन्दिर और पूजाघर हैं, उनको नुकसान न हो। इस्लाम की तरक्की जुल्म की तेग के मुकाबले अहसान की तेग से ज्यादा अच्छी तरह हो सकती है...प्रकृति के पाँचों तत्त्वों की तरह विविध धर्मों के पैरोकारों के प्रति व्यवहार करना ताकि सल्तनत के जिस्म विविध व्याधियों से पाक और साफ हो।" (भारतीय मुसलमान : इतिहास का सन्दर्भ, खंड-1, पृ. 182)

प्रश्न उठता है कि जो बाबर मन्दिर न तोड़ने और धार्मिक भेदभाव न करने की सीख अपने बेटे हुमायूँ को दे रहा था उसने भला राम जन्मभूमि पर स्थित मन्दिर क्यों तोड़ा होगा? जाहिर है हिन्दुत्व के उभार तथा इस्लामिक आतंकवाद के इस युग में यह पुस्तक अत्यन्त प्रासंगिक है।

इस पुस्तक में उनकी स्थापना है कि "भारत और पाक का विभाजन हमारे लिए हिन्दू और मुसलमान का विभाजन नहीं था, पाकिस्तान के लिए भले ही यह हिन्दू-मुसलमान का विभाजन था। बाद में पाकिस्तान के मेंटर बने मौलाना मौदूदी के लिए और उन जैसों के लिए बेशक यह हिन्दू-मुसलमान का बँटवारा रहा हो, मगर भारत के लिए यह सहअस्तित्व था, सहजीवन और मुस्लिम कौम की कट्टरता का विभाजन था... एक विशाल मुस्लिम आबादी ने महान विरासत वाली साझी संस्कृति की सोच का चयन किया। पाकिस्तान ने सोचा, उसने हिन्दू-मुसलमान का बँटवारा कर लिया। भारत ने कहा, यह तो साझी संस्कृति की सोच वाले मुसलमानों से कट्टर और हठीली सोचवाले मुसलमानों का बँटवारा हुआ। भारत–पाकिस्तान का विभाजन तात्त्विक और मूल्यगत स्तर पर मुसलमानों का मुसलमानों के बीच बँटवारा बन गया। इस तात्त्विक और मूल्यगत विभाजन ने पकिस्तान को एकदम से बौना कर दिया।" (उपर्युक्त, खंड-2, पृ. दस)

कर्मेन्दु शिशिर ने हिन्दी नवजागरण पर विशेष काम किया है। उनका मामना है कि हिन्दी क्षेत्र में वैसा नवजागरण नहीं दिखाई देता, जैसा बंगाल अथवा महाराष्ट्र में था। इसका कारण यह है कि हिन्दी क्षेत्र अन्य क्षेत्रों से काफी भिन्न था। पूरे हिन्दी क्षेत्र में कोई बन्दरगाह नहीं था। कुछ व्यापारिक केन्द्र जरूर थे जो न तो ज्यादा विकसित थे और न ही उत्पादन की कोई विकसित या सामूहिक प्रणाली थी। सबसे बड़ी बात यह कि हिन्दी क्षेत्र को लेकर अंग्रेज भी पूर्वग्रह ग्रस्त थे। अंग्रेजों ने अन्तिम लड़ाई हिन्दी क्षेत्र में ही चौसा-बक्सर में लड़ी थी और उसके ठीक सौ साल बाद 1857 की क्रान्ति की शुरुआत भी इसी क्षेत्र से हुई। अंग्रेजी हुकूमत के प्रति जो रोष, जो नफरत, जो प्रतिरोध हिन्दी क्षेत्र में था, वह महाराष्ट्र या बंगाल में नहीं था। उन्होंने इस ओर भी संकेत किया है कि हिन्दी क्षेत्र में महाराष्ट्र या बंगाल की तरह कोई सुधारवादी शक्ल वाला नवजागरण जैसा मुखर आन्दोलन भी नहीं हुआ। मसलन् हिन्दी क्षेत्र में गतिहीनता ज्यादा थी। यहाँ हिन्दी लेखकों को ज्यादा प्रतिकूल स्थितियों में परिवर्तन करना था। (द्रष्टव्य, 'डॉ. रामविलास शर्मा : नवजागरण एवं इतिहास लेखन' शीर्षक पुस्तक का 'हिन्दी नवजागरण : वाद-विवाद और आधुनिक सन्दर्भ' शीर्षक लेख)

उल्लेखनीय है कि भारतीय नवजागरण की परम्पराओं के क्रम में 'मर्यादा' बीसवीं सदी के उन हिन्दी पत्रों में है, जिसने अपने अथक संघर्ष से भारतीय मानस का निर्माण किया। स्वाधीन चेतना और हिन्दी नवजागरण का स्वरूप निर्मित करने में 'मर्यादा' का विशेष महत्त्व है। कर्मेन्दु शिशिर ने अत्यन्त सूझ-बूझ और अध्यवसाय के साथ 'मर्यादा' की चुनिन्दा सामग्री का छः खंडों में संकलन करके ऐतिहासिक काम किया है

रवि श्रीवास्तव

जमालपुर (बिहार) में जन्मे, पटना और जेएनयू में पढ़े-लिखे तथा राजस्थान में शिक्षक रहे रवि श्रीवास्तव (जन्म—31.07.1954) की आलोचना दृष्टि व्यापक और वैज्ञानिक है। उनकी स्थापनाएँ अपेक्षित प्रमाणों से पुष्ट होती हैं। आधुनिक साहित्य का विश्लेषण उनका मुख्य क्षेत्र है। अपने आलोचनात्मक विवेक की परिधि में वे समाज के दूसरे ज्ञानानुशासनों मसलन् संस्कृति, मिथक, इतिहास, कला आदि को भी समेटते चलते हैं...'नागार्जुन की कविता : संवेदना और कला', 'समाज और आलोचना', 'परम्परा, इतिहासबोध और साहित्य', 'शब्द, सम्प्रेषण और संस्कृति', 'संस्कृति के सवाल और दलित', 'उत्तरआधुनिकता : विभ्रम और यथार्थ', 'आलोचना की सत्ता', 'रामविलास शर्मा : मिथकों के विरुद्ध एक आलोचक' आदि उनकी प्रमुख आलोचनात्मक पुस्तकें हैं।

रवि श्रीवास्तव की आलोचना दृष्टि सौन्दर्यवादी है किन्तु यह सौन्दर्य यथार्थ से अनुप्रेरित है। वे आलोच्यकृति में निहित जीवन के सौन्दर्य की खोज करते हैं। उनकी धारणा है कि मनुष्य के सौन्दर्यबोध का क्षेत्र इतना ही बड़ा है जितना उसके इन्द्रियबोध का। इन्द्रियबोध का क्षेत्र जितना व्यापक होगा सौन्दर्यबोध का दायरा उतना ही विस्तृत होगा।

रवि श्रीवास्तव मानते हैं कि किसी कृति की व्याख्या या विश्लेषण एक ऐसी कला है जो रचना और रचनाकार के अध्ययन की ऐकान्तिकता से कहीं अधिक इन सामाजिक मूल्यों, राजनीति और समाज की शक्ति-संरचना के जटिल अन्तर्सम्बन्धों को उद्घाटित करती है जिनसे वर्तमान मानव जीवन संगठित एवं संचालित होता है।

एक मार्क्सवादी आलोचक के रूप में रवि श्रीवास्तव साहित्य और संस्कृति के प्रश्नों पर विचार करते समय उनकी परम्पराओं पर विशेष ध्यान देते हैं। मसलन् परम्परा के किसी मिथक अथवा लोकवृत्त को लेकर लिखी गई किसी विधा पर विचार करते समय वे बराबर इस बात का ध्यान रखते हैं कि रचनाकार ने जिन सांस्कृतिक प्रतीकों अथवा मिथकों को परम्परा के रूप में स्वीकार किया है, परिवर्तन और विकास की निरन्तरता और व्यापकता में वे लोकोपयोगी हैं या नहीं। रवि श्रीवास्तव मानते हैं कि आज के जमाने में परम्परा को सचेत रूप से चुनकर निर्मित भी किया जाता है। अतीत के विपुल खजाने से हम वही चुनते हैं जो हमारी वर्तमान की आवश्यकताओं के अनुकूल होते हैं। अतः ऐसी रचनाओं पर विचार करते समय वे यह विश्लेषण करने की कोशिश करते हैं कि वे किसी आदर्श को प्रक्षेपित करती हैं या जीवंत समाज को।

फिलहाल रवि श्रीवास्तव ऐसे मार्क्सवादी आलोचक हैं जिनकी धारणा है कि रचना में भावधारा प्रधान होती है विचारधारा नहीं। अगर भावबोध गहरे जीवनानुभवों से सम्पृक्त है तो वे विचारधारा की ज्यादा चिन्ता नहीं करते, क्योंकि सौन्दर्यानुभूति उसी में निहित होती है।

विनोद शाही

चरखी दादरी (हरियाणा) में जन्मे, पंजाब में शिक्षक रहे विनोद शाही (जन्म—01.01.1955) कवि हैं, कथाकार हैं, रंगकर्मी हैं, नाटककार हैं और आलोचक है। क्रान्तिकारी आन्दोलन, भारतीय इतिहास, दर्शन, मार्क्सवाद आदि विनोद शाही की विचार-यात्रा के पाथेय हैं, जिसके सहारे वे हमारे युग के सवालों से टकराते हैं।

'प्राच्यवाद और प्राच्य भारत', 'रामकथा : एक पुनर्पाठ', 'आलोचना की जमीन', 'जयशंकर प्रसाद : एक पुनर्मूल्यांकन', 'बुल्लेशाह : समय और पाठ', 'समय के बीज आख्यान', 'वारिस शाह : समय और पाठ', 'हिन्दी साहित्य का इतिहास : एक उत्तरऔपनिवेशिक विमर्श', 'हिन्दी आलोचना की सैद्धान्तिकी', 'संस्कृति और राजनीति', 'साहित्य का द्वंद्वात्मक जीवित' आदि उनकी आलोचनात्मक पुस्तकें हैं।

'जगदीश चन्द्र रचनावली' (चार खंड), 'तमस : एक पुनर्पाठ', 'गांधी : अहिंसक इन्कलाब और हिन्द स्वराज', 'भगत सिंह : इन्कलाबी चिन्तन के दस्तावेज', 'पंजाब की हिन्दी कहानी', 'जगदीश चन्द्र : एक रचनात्मक सफर' आदि का उन्होंने सम्पादन किया है।

उनकी पुस्तक 'हिन्दी आलोचना की सैद्धान्तिकी' में उनकी आलोचना सम्बन्धी मान्यताएँ व्यक्त हुई हैं। कुल तीन खंडों 'आलोचना और सिद्धान्त', 'आलोचना और विधा-विमर्श' व 'आलोचना और आधुनिक युग-धाराओं' में बँटी उनकी पुस्तक में तेईस महत्त्वपूर्ण लेख हैं। इस पुस्तक की भूमिका में वे आचार्य रामचन्द्र शुक्ल को मौलिक चिन्तन करने वाला पहला आधुनिक आचार्य मानते हैं।

अपने लेख 'रस की समकालीनता' में वे रस के साधारणीकरण को नए अर्थों के साथ विवेचित करते हैं। उनका मानना रहा है कि हमारे साहित्य-चिन्तन में जिस सिद्धान्त को बचाए जाने की ज्यादा जरूरत थी, वह साधारणीकरण का सिद्धान्त था।

पुस्तक के अन्त में उन्होंने 'रामचन्द्र शुक्ल, मुक्तिबोध, अज्ञेय, शिवदान सिंह चौहान व नामवर सिंह' के आलोचना कर्म के सहारे हिन्दी आलोचना के मौलिक परिदृश्य को सामने लाने का महत्त्वपूर्ण काम किया है। मुक्तिबोध की आलोचना के बीज-शब्दों-ज्ञान और संवेदना को विनोद शाही, रामचन्द्र शुक्ल के बोध और भावानुभूति के विस्तार व रूपांतर की तरह देखते हैं। अज्ञेय को वे आलोचक की अपेक्षा साहित्य-चिन्तक की तरह परिभाषित करते हैं। उनका मानना है कि अज्ञेय में हमें कहीं भी साहित्य के सिद्धान्त-निरूपण वाला व्यवस्थित अनुशासन नजर नहीं आता, बल्कि उनकी प्रतिबद्धता केवल सृजन की बेचैनी के प्रति ही दिखती है। शिवदान सिंह चौहान को वे एक व्यवस्थित व सन्तुलित मार्क्सवादी आलोचक की तरह देखते हैं, जिन्होंने वाम की मौलिक सैद्धान्तिकी के निर्माण का महान काम किया। उक्त सारे विवेचन-विश्लेषण के बाद शाही इस निष्कर्ष पर पहुँचते हैं कि अब हमें आनन्दवर्धन के साथ खड़े होकर मुख्यार्थ को गौण बनाकर दमित अर्थों के संसार को नई सैद्धान्तिकी के साथ विवेचित करने की दिशा में आगे बढ़ना चाहिए।

उनकी पुस्तक 'संस्कृति और राजनीति' के एक प्रसंग पर तरसेम गुजराल की टिप्पणी है, "विनोद शाही ने समुद्र-मंथन के मिथक की नई व्याख्या प्रस्तुत की है। समुद्र मंथन में दैत्य अधिक ताकतवर होने की वजह से शेषनाग के विष उगलते मुख वाले हिस्से को पकड़ते हैं और सुविधापसन्द देवता शेषनाग की पूँछ को। समुद्र-मंथन से निकली सम्पत्ति का विभाजन उक्त श्रम-विभाजन की तरह ही अन्यायपूर्ण है। अधिक श्रम करने वाले व्यक्तियों के हाथ अमृत की एक बूँद नहीं आती। थोड़ा अमृत राहु के मुख में चला जाता है तो तुरंत उसका शीश धड़ से अलग कर दिया जाता है।

यहाँ विनोद शाही ने इस मिथक की जो व्याख्या की है वह समझने लायक है। वह कहते हैं कि तीसरी दुनिया के लोग यानी, हमारा अधिकांश एशिया, अफ्रीका और लातिन अमेरिका उन दैत्यों के समान हैं जो मुख्यत: श्रमशीर हैं। दुनिया भर के लिए उत्पादन करते हैं। परन्तु उत्पादन से जो अकूत सम्पत्ति एकत्र होती है उसका वितरण विकसित देश अन्यायपूर्ण तरीके से करते हैं। वे अधिकांश हिस्से को खुद हड़पते हुए दिखाई देते हैं।" (अपने दौर के जनतंत्र को उत्तर औपनिवेशिक समय पाठ की तरह पढ़े हुए लेख से)

अजय तिवारी

दिल्ली से पढ़े-लिखे और दिल्ली में ही शिक्षक रहे अजय तिवारी (जन्म—06.05.1955) का हिन्दी के समकालीन मार्क्सवादी आलोचकों में प्रमुख स्थान है। उनकी तार्किक और वैज्ञानिक दृष्टि, विश्लेषण क्षमता और अपने समाज व इतिहास का व्यापक अध्ययन किसी भी रचना के मूल्यांकन में गलती नहीं करने देता। 'प्रगतिशील कविता के सौन्दर्य मूल्य', 'कुलीनतावाद और समकालीन कविता', 'साहित्य का वर्तमान', 'पश्चिम का काव्य-विचार', 'आलोचना और संस्कृति', 'नागार्जुन की कविता', 'हिन्दी कविता : आधी शताब्दी', 'जनवादी समस्या और साहित्य', 'विवेकानन्द का क्रान्तिकारी वेदान्त' आदि उनकी प्रमुख आलोचना पुस्तकें हैं। 'संगीत कविता हिन्दी और मुगल बादशाह' शीर्षक पुस्तक उनके गम्भीर शोध और संग्रहवृत्ति की उपलब्धि है।

अजय तिवारी की आलोचना के केन्द्र में नागार्जुन और केदारनाथ अग्रवाल जैसे कवि हैं। वे अपने समय और समाज के विश्लेषण में धोखा नहीं खाते। नई कविता के बहाने आज के भारतीय समाज और राजनीतिक परिस्थितियों का विश्लेषण करते हुए वे स्पष्ट लिखते हैं, "नवस्वाधीन भारत की विकासशील और संघर्षशील परिस्थितियों में अस्तित्ववाद को मोहक बनाने का काम लोहियावाद करता है। जर्मनी जैसे उन्नत देश में 'समाजवाद' ने हिटलर का समर्थन किया। भारत जैसे तीसरी दुनिया के देशों में 'समाजवाद' प्रतिक्रियावाद का समर्थन करता है। नवनिर्माण वाले प्रगतिशील अगर नेहरू की जनवादी भूमिका को अतिरंजित करके देखते थे तो लोहियावादी बुद्धिजीवी 'नेकनाम नेहरू' की किसी भी जनतांत्रिक भूमिका को अस्वीकार करते थे।

अतिवादी प्रवृत्तियाँ रोमांटिक भावुकता की उपज होती हैं। नई कविता रोमांटिक साहित्य का विरोध करते-करते खुद रोमांटिसिज्म के दलदल में धँस गई, यह बात अधिकांश नए कवि ही कहने लगे थे।" (हिन्दी कविता : आधी शताब्दी, भूमिका, पृ. 15) लोहिया के समाजवाद के विषय में उनकी स्पष्ट मान्यता है कि "लोहिया के 'शाश्वत प्रतिपक्ष' का अर्थ समाज में परिवर्तन नहीं है। इस राजनीतिक दर्शन का साहित्यिक अनुवाद है 'यथार्थ की स्वीकृति'।" जाहिर है, एक मार्क्सवादी परिवर्तन का आकांक्षी होता है यथार्थ की स्वीकृति का नहीं।

अजय तिवारी की आलोचना का प्रमुख क्षेत्र आधुनिक साहित्य है। वे किसी भी रचना का मूल्यांकन समग्रता में करते हैं। विषय के साथ-साथ उसके शिल्प पर भी उतना ही ध्यान देते हैं। प्रतिरोध की कविता की हिमायत उनके आलोचक का स्वभाव है, किसी भी परिस्थिति में वे कवि से, जनता के हित में खड़े होने की अपेक्षा नहीं छोड़ते।

अजय तिवारी की पैनी आलोचना-दृष्टि को समझने के लिए उनके द्वारा की गई आधुनिक काल के दो लोकप्रिय कवियों (नागार्जुन और धूमिल) की तुलना के प्रसंग को देखा जा सकता है। वे लिखते हैं, "नागार्जुन और धूमिल दोनों प्रखर राजनीतिक चेतना वाले कवि हैं। दोनों की विशेषता यह है कि वे राजनीति को सामाजिक हितों के प्रश्न से अलग करके नहीं देखते। राजनीति और समाज के परस्पर सम्बन्धों का चित्रण दोनों कवि जिस दृष्टि से करते हैं, उसका सम्बन्ध भारतीय राजनीति में वामपक्ष से रहा है। इसलिए अक्सर उनमें समानता की खोज की जाती है। वामपंथी दृष्टिकोण के चलते दोनों कवि भारतीय जीवन और समाज की ऐसी अनेक समस्याएँ उठाते हैं, जो समानता की इस खोज को पुष्ट करती हैं। जाति बिरादरी, सामंती उत्पीड़न, पूँजीवादी जनतंत्र, शोषण और क्रान्तिकारी परिवर्तन, ऐसे अनेक विषय हैं।" (हिन्दी कविता : आधी शताब्दी, पृ. 37) इन समानता के सूत्रों का उल्लेख करने के बाद वे लिखते हैं,

"लेकिन ये सभी समानताएँ केवल ऊपरी हैं। यदि गम्भीरता से विचार किया जाए तो नागार्जुन की काव्य-दृष्टि अधिक सूक्ष्म भी है और अधिक व्यापक भी। धूमिल वर्ण और वर्ग के सम्बन्धों को लेकर बहुत उलझे हुए हैं। मोचीराम न गाँव का चमार है, न औद्योगिक श्रमिक। वह परिधि पर स्थित असंगठित सर्वहारा है, जिसे लेनिन 'लुंपेन प्रोलिटेरिएट' कहते थे। उसकी पीड़ा का चित्रण करना, उसकी ऊर्जा और सम्भावना का निदर्शन करना उचित है लेकिन भारतीय समाज के जटिल विधान में वह सभी शोषितों और दलितों का एकमात्र प्रतीक नहीं हो सकता। वह जितना गाँव की सामंती सम्बन्ध-व्यवस्था से बाहर खड़ा है, उतना ही शहर की पूँजीवादी सम्बध-व्यवस्था से भी बाहर खड़ा है।" (उपर्युक्त, पृ. 37)

इसके बाद अजय तिवारी 'मोचीराम' कविता पर आते हैं और लिखते हैं, "सजीव सामाजिक प्रक्रिया से बाहर खड़ा करके ही धूमिल ने उसे प्रतिनिधि की जगह प्रतीक बनाया है। इस प्रतीक निर्माण में उन्होंने न सिर्फ अपनी धारणाओं और आग्रहों का, बल्कि अपनी भाषा का भी मोचीराम पर आरोपण किया है। यह आरोपण जनतांत्रिक काव्य-दृष्टि का परिचायक नहीं है। अहंकार का परिचायक है। यह अहंकार धूमिल को मोचीराम की नहीं, सामंत वर्ग की बिरादरी में खड़ा करता है। चरित्र की वस्तुगत सत्ता को मिटाकर लेखक जब उस पर आरोपण करता है, तब यथार्थवादी कला के बजाय रोमांटिक कला जन्म लेती है।" (उपर्युक्त, पृ. 38)

दूसरी ओर नागार्जुन की 'हरिजन गाथा' कविता में उन्हें गाँव के हरिजनों की वास्तविक दशा और उनकी अपनी भाषा के दर्शन होते हैं और वे कहते हैं, "(हरिजन गाथा में) समाज के सम्बन्धों में स्थित चरित्र हमारे यथार्थ का पूरा परिदृश्य उपस्थित करते हैं। सामंतों और भूमिहीनों के बीच बढ़ते आर्थिक टकराव के साथ ऊँची और नीची जाति की भावनाएँ जुड़ जाती हैं। इस तरह वर्ण और वर्ग के उलझे हुए रिश्ते की सच्चाई उभरती है।" (उपर्युक्त, पृ. 38)

उनकी दृष्टि में नागार्जुन प्रगतिशील आन्दोलन की उपज हैं और धूमिल साठोत्तरी मानसिकता के। प्रगतिवादी दौर में भारतीय जनता साम्राज्यवाद से लड़ रही थी, भविष्य निर्माण का स्वप्न देख रही थी, जहाँ-जहाँ साम्राज्यवाद-विरोधी संघर्ष चल रहे थे, वहाँ-वहाँ की जनता से अपना सम्बन्ध जोड़ रही थी, जबकि धूमिल जिस दौर में कविता रच रहे थे उस दौर में जनता और बुद्धिजीवी के बीच काफी अलगाव आ चुका था। मोहभंग की मानसिकता घर कर चुकी थी। और वे निष्कर्ष देते हुए कहते हैं, "'पटकथा' जैसी महत्त्वाकांक्षी रचना भी मुक्तिबोध की कविता 'अँधेरे में' की भद्दी नकल बनकर रह जाती है। इसीलिए नागार्जुन में हास्य और व्यंग्य है, धूमिल में चिड़चिड़ापन। नागार्जुन में उम्मीद है, धूमिल में पराजयबोध। नागार्जुन में भविष्य है, धूमिल में भविष्यहीनता।" (उपर्युक्त, पृ. 39)। कहना न होगा, व्यक्ति की चेतना का निर्माण समाज में ही होता

है। यही मार्क्सवादी नजरिया है। नागार्जुन और धूमिल के समय की ऐतिहासिक परिस्थितियों का विश्लेषण करते हुए अजय तिवारी अपने इसी मार्क्सवादी दृष्टिकोण का परिचय देते हैं।

अजय तिवारी नई कविता की एक कुलीनतावादी धारा को चिह्नित करते हैं जिसमें मृत्यु-शृंगार-अनन्त-पतंग भी अमूर्त भाव प्रतीक बनकर ही आते हैं। उनकी एक पुस्तक ही है 'समकालीन कविता और कुलीनतावाद'।

अजय तिवारी ने समकालीन कथा साहित्य पर भी लिखा है। यहाँ भी समकालीन उपन्यासों पर लिखते समय, सबसे पहले उनकी दृष्टि सोवियत संघ के विघटन के बाद पैदा हुई परिस्थितियों और वैश्वीकरण के बाद उपस्थित भारतीय यथार्थ पर ही जाती है और वे कहते हैं कि आज हिन्दी में जो समकालीन उपन्यास लिखे गए हैं उनका एक ठोस ऐतिहासिक सन्दर्भ है। जाहिर है उनकी दृष्टि में मूल्यांकन इसी परिप्रेक्ष्य में होना चाहिए।

एक सुलझे हुए मार्क्सवादी आलोचक का परिचय देते हुए अजय तिवारी गैरप्रगतिशील कथाकारों के प्रति अन्याय नहीं करते और उन्हें भरपूर प्रतिष्ठा देते हैं। चित्रा मुद्गल के उपन्यास 'आवाँ' पर टिप्पणी करते हुए वे निःसंकोच कहते हैं, "कम से कम दो लेखिकाएँ ऐसी हैं—मृदुला गर्ग और चित्रा मुद्गल, दोनों का मार्क्सवाद से कोई सम्बन्ध नहीं है, लेकिन दोनों ने सम्पत्ति-सम्बन्ध की विशेषता से दाम्पत्य-सम्बन्ध की विशेषता को जोड़ा। स्त्री के आर्थिक स्वावलम्बन को स्त्री की मुक्ति के लिए अनिवार्य शर्त बताया। पितृसत्ता एक ऐसी सार्वभौमिक व्यवस्था है जिसका सम्बन्ध सम्पत्ति के स्वामित्व से है, यह बात इन लोगों ने बहुत ही स्पष्ट शब्दों में कही।" (उपन्यास का वर्तमान, पृ. 71)

अस्मिताओं के उभार के बाद जो उपन्यास लिखे गए हैं उनमें स्त्री सम्बन्धी उपन्यासों की तो वे प्रशंसा करते हैं किन्तु दलित उपन्यास के बारे में कहते हैं कि "मुझे बड़े अफसोस के साथ कहना पड़ रहा है कि कोई दलित उपन्यास ऐसा नहीं आया जो कहने-सुनने लायक हो।" (उपर्युक्त, पृ. 71) और वे इसका कारण भी बताते हैं और लिखते हैं, "सब्जेक्टिविटी उपन्यास के शिल्प का, उपन्यास के स्वर का निर्माण करने में सहायक हो सकती है, लेकिन उस दुनिया का चुनाव, उन घटनाओं का चुनाव, उस तथ्य, विषयवस्तु या अन्तर्वस्तु का चुनाव सब्जेक्टिविटी के आधार पर नहीं किया जा सकता। वह सब्जेक्टिविटी अन्तर्वस्तु का, संसार का, घटना का निर्माण नहीं कर सकती, जिसे अपनी सबसे बड़ी पूँजी दलित लेखक मानते हैं। इसीलिए दलित उपन्यासकार आत्मकथा लेखक बनकर रह गए।" (उपर्युक्त, पृ. 71)

अजय तिवारी के सर्वाधिक प्रिय आलोचक रामविलास शर्मा हैं। कहा जा सकता है कि उन्होंने रामविलास शर्मा की आलोचना परम्परा को आगे बढ़ाया है।

प्रदीप सक्सेना

बदायूँ (उ.प्र.) में जन्मे और अलीगढ़ में शिक्षक रहे प्रदीप सक्सेना (जन्म—13.10.1955) की ख्याति आलोचक के साथ-साथ अप्रतिम संपादक के रूप में भी है। उन्होंने 'पहल' के इतिहास अंक, 'पहल' के मार्क्सवादी आलोचना अंक, 'उद्‌भावना' का 1857 महाविशेषांक और 'उद्‌भावना' का ही 'प्रतिरोध ही सौन्दर्य है' शीर्षक रामविलास शर्मा महाविशेषांक तथा 'बनास जन' का रमेश कुंतल मेघ पर केन्द्रित महाविशेषांक का संपादन किया है। संपादन के क्षेत्र में ये सभी अंक मील के पत्थर हैं। इसके अलावा उन्होंने 'साम्य', 'पहल' और 'उद्‌भावना' के लिए समय-समय पर पुस्तिकाएँ लिखीं जो खूब चर्चित हुईं। इन पुस्तिकाओं में 'क्या मार्क्सवाद पराजित हो गया है ?', 'सांस्कृतिक संकट गहरा रहा है', 'पेरेस्त्रोइका और ग्लासनोस्त का सारतत्त्व', 'मार्क्सवाद की जय और पराजय का वास्तविक अर्थ', 'संघ परिवार का दार्शनिक आधार' आदि प्रमुख हैं।

'1857 और भारतीय नवजागरण', 'तिलिस्मी साहित्य का साम्राज्यवाद विरोधी चरित्र', '1857 महाक्रान्ति या महाविद्रोह', 'अथातो साहित्य' आदि उनकी प्रमुख आलोचना पुस्तकें हैं। प्रदीप सक्सेना की मार्क्सवाद में अटूट आस्था है। मार्क्सवाद को जानना, उसकी कमजोरियों को पकड़ना, उस पर बहस करना और उसे समृद्ध करना प्रदीप सक्सेना के लेखन का एक खास लक्ष्य है। अपनी पुस्तिकाओं में उन्होंने हिन्दुस्तान के वाम दलों की असफलताओं और असावधानियों को भी उजागर करने में संकोच नहीं किया है। संगठनों के निर्माण और सांस्कृतिक मोर्चे पर भी वे सदा सक्रिय रहते हैं। रामविलास शर्मा की सादगी, साधना और संघर्ष से प्रेरणा ग्रहण करने वाले प्रदीप सक्सेना रामविलास शर्मा की आलोचना दृष्टि को आगे बढ़ाने में सतत सक्रिय हैं।

कृष्णा सोबती के 'जिन्दगीनामा' पर उन्होंने जो टिप्पणी की है उससे उनके आलोचनात्मक विवेक और भाषा की भी परख की जा सकती है, "जिन्दगीनामा का हादसा हिन्दी आलोचना में इसीलिए घटा है, क्योंकि उसका तत्त्वबोध प्राय: आलोचक महोदयों की पकड़ से बाहर रहा। वर्जीनिया वुल्फ की परमचर्चित कृति 'अ रूम ऑफ वन्स ओन' तो बहुत ही सरल भाषा में लिखा गया था—क्या वह इसी से सबको समझ में आ गया था ? प्रगतिशील, जनवादी, मार्क्सवादी आलोचना तो उसे अभी तक समझने से बचती रही है। तो कृष्णा सोबती का तत्त्वबोध अभी भी व्याख्याओं की अपेक्षा करता है। वह एक चिन्तक का सुदृढ़ कलाबोध है, प्रचलित तौर-तरीकों की सीमाओं में न अँट सकने वाला। पर्याप्त संश्लिष्ट। बहती रेखाओं वाला जिसमें तहें अलग नहीं दिखाई पड़तीं। उनका अपना प्रगति का विचार। क्रिस्टलीकृत। पुरुष आलोचना के बरक्स मैं नहीं हम और—'हम, किसी से कम नहीं।' बहरहाल आप असहमत हो सकते हैं। ठीक वैसे ही, जैसे हम आप से असहमत हैं।" ('उपन्यास का वर्तमान' में संकलित लेख 'हृदय और बुद्धि के बीच इतिहास और समाज : दिलोदानिश' शीर्षक लेख से, पृ. 107) इसी तरह अपनी पुस्तक 'तिलिस्मी साहित्य का साम्राज्यविरोधी चरित्र' में वे देवकीनंदन खत्री के उपन्यास 'चंद्रकान्ता' और 'चंद्रकान्ता संतति' का विशद अध्ययन करते हैं और दूसरे लोगों के अध्ययन के निष्कर्ष से भिन्न निष्कर्ष निकालते हुए स्थापित करते हैं कि चंद्रकान्ता हिन्दुस्तान के लिए एक अच्छे प्रशासक की तलाश-गाथा है। वे उस युग का नाम 'प्रेमचंद पूर्व युग' न करके 'देवकीनंदन खत्री युग' का प्रस्ताव करते हैं।

'अनुवाद दर्शन' और 'अनुवाद सैद्धान्तिकी' भी प्रदीप सक्सेना की अन्य चर्चित कृतियाँ हैं।

अभय कुमार दुबे

इटावा (उ.प्र.) में जन्मे प्रख्यात राजनीतिक विश्लेषक, पूर्व पत्रकार और सीएसडीएस (विकासशील समाज अध्ययन पीठ) के फेलो तथा भारतीय भाषा कार्यक्रम के निदेशक अभय कुमार दुबे (जन्म—29.09.1956) मुख्य रूप से समाज वैज्ञानिक हैं, किन्तु साहित्य समीक्षा के क्षेत्र में भी उनके कुछ कार्य उल्लेखनीय हैं। उन्होंने साहित्यिक कृतियों को समाजवैज्ञानिक दृष्टि से परखने का सार्थक प्रयास किया है। हिन्दी भाषा, साहित्य के साथ-साथ आधुनिकता, दलित एवं स्त्री-विमर्श आदि पर उन्होंने समान अधिकार से लिखा है। उनका लेखन भरपूर प्रमाणों के साथ व बहुआयामी होता है। रामविलास शर्मा पर उन्होंने विस्तार से लिखा है जिसमें रामविलास शर्मा के इतिहास लेखन, समाज चिन्तन तथा उनके भाषा चिन्तन का विस्तृत तथा प्रामाणिक विवेचन है। इसी तरह हिन्दी पर विचार करते हुए जहाँ एक ओर वे राज भाषा एवं राष्ट्रभाषा के रूप में हिन्दी की हैसियत का आकलन करते हैं वहीं दूसरी ओर 'अंग्रेजी में हिन्दी' के माध्यम से भाषायी इतिहास की उलट यात्रा की पड़ताल करते हैं। वे 'हिन्दी में हिन्दू सेकुलर' तथा 'हिन्दी का ह्यूमिलिएशन' आदि की विस्तार से चर्चा करते हैं।

उनकी प्रमुख आलोचनात्मक पुस्तकों में 'हिन्दी में हम : आधुनिकता के कारखाने में भाषा और विचार', 'फुटपाथ पर कामसूत्र (नारीवाद और सेक्सुअलिटी : कुछ भारतीय निर्मितियाँ)', 'साहित्य में अनामंत्रित' आदि प्रमुख हैं। इसके अलावा उन्होंने 'आधुनिकता के आईने में दलित', 'बीच बहस में सेकुलरवाद', 'हिन्दी की आधुनिकता : एक पुनर्विचार (तीन खंड)', 'साम्प्रदायिकता के स्रोत', 'लोकतंत्र के सात अध्याय', 'भारत का भूमंडलीकरण', 'स्त्री भूमंडलीकरण : पितृसत्ता के नए रूप', 'राजनीति की किताब : रजनी कोठारी का कृतित्व', 'सत्ता और समाज : धीरूभाई शेठ का कृतित्व' आदि का सम्पादन किया है।

सम्पादन के क्षेत्र में अभय कुमार दुबे ने छह खंडों में 'समाज विज्ञान विश्वकोश' का सम्पादन करके एक कीर्तिमान स्थापित किया है। समाज विज्ञान और मानविकी में इस तरह का हिन्दी ज्ञानकोश पहली बार प्रकाशित हुआ है। इसके विषय में आशीष नन्दी ने लिखा है, "आने वाले समय में समाज-विज्ञान और मानविकी का यह हिन्दी ज्ञान कोश भारतीय समाज विज्ञान को नए दौर में ले जाने वाली रचना के तौर पर देखा जाएगा।" (https//hi.wikipedia.org/wiki/ अभय कुमार दुबे)

अभय कुमार दुबे समाजविज्ञान और मानविकी की पत्रिका 'प्रतिमान : समय समाज संस्कृति' के प्रधान सम्पादक भी हैं। इसके अलावा उन्होंने लगभग एक दर्जन महत्त्वपूर्ण कृतियों का हिन्दी में अनुवाद भी किया है।

सदानन्द शाही

कुशीनगर (उ.प्र.) जिले के 'सिंगहा' नामक गाँव में जन्मे, गोरखपुर में पढ़े-लिखे और बीएचयू में शिक्षक प्रो. सदानन्द शाही (जन्म 07.08.1958) कवि के साथ-साथ आलोचक के रूप में भी प्रतिष्ठित हैं। आदिकालीन व मध्यकालीन साहित्य में उनकी विषेष रुचि है। उनकी प्रमुख आलोचनात्मक पुस्तकें हैं, 'परम्परा और प्रतिरोध', 'अपभ्रंश के धार्मिक मुक्तक और हिन्दी संत काव्य', 'दलित साहित्य की अवधारणा और प्रेमचन्द', 'स्वयंभू' आदि। उन्होंने 'जनपदीय अध्ययन की भूमिका', 'मुक्तिबोध : आत्मा के शिल्पी', 'गोदान को फिर से पढ़ते हुए' तथा 'हरिऔध रचनावली' (दस खंडों में) का सम्पादन भी किया है। 'साखी', 'कर्मभूमि' तथा 'भोजपुरी जनपद' जैसी पत्रिकाओं का भी उन्होंने सम्पादन किया है। हिन्दी के समानान्तर भोजपुरी को संविधान की आठवीं अनुसूची में शामिल करने के लिए 'जन भोजपुरी मंच' नामक संगठन के माध्यम से वे आन्दोलन कर रहे हैं।

रवि रंजन

मुजफ्फरपुर (बिहार) में जन्मे, जेएनयू में पढ़े-लिखे और हैदराबाद में शिक्षण कार्य करने वाले रविरंजन (जन्म—01.01.1962) की आलोचना का मुख्य क्षेत्र मध्यकालीन और आधुनिक काव्य है। रामचन्द्र शुक्ल, प्रेमचन्द, त्रिलोचन, दिनकर से लेकर नामवर सिंह, शमशेर, श्रीलाल शुक्ल, विनोद कुमार शुक्ल के रचना कर्म और नित्यानन्द तिवारी के आलोचना कर्म पर भी उन्होंने पूरी ईमानदारी से लिखा है। 'नवगीत का विकास और राजेन्द्र प्रसाद सिंह', 'प्रगतिवादी कविता में वस्तु और रूप', 'सृजन और समीक्षा : विविध आयाम', 'लोकप्रिय कविता का समाज शास्त्र', 'भक्तिकाव्य का समाजशास्त्र और पद्मावत', 'अनमिल आखर', 'साहित्य का समाजशास्त्र और सौन्दर्यशास्त्र : व्यावहारिक परिदृश्य' आदि उनकी प्रमुख आलोचनात्मक पुस्तकें हैं। 'आलोचना का आत्मसंघर्ष' नामक पुस्तक का उन्होंने सम्पादन किया है।

मैनेजर पांडेय के आलोचना कर्म पर रविरंजन ने विशेष काम किया है। 'आलोचना का आत्मसंघर्ष' नामक उनकी पुस्तक मैनेजर पांडेय के आलोचना कर्म पर केन्द्रित है। आचार्य रामचन्द्र शुक्ल को उन्होंने सभ्यता समीक्षक कहा है। उनके बारे में वे लिखते हैं, "आचार्य रामचन्द्र शुक्ल हिन्दी के पहले प्रोफेसर-आलोचक हैं...दूसरी बात यह कि शुक्ल जी केवल हिन्दी साहित्य के आलोचक नहीं हैं। वे भारतीय आलोचना की उस महान परम्परा एवं संस्कृति की एक महत्त्वपूर्ण कड़ी हैं जो भरतमुनि से शुरू होती है। तीसरी महत्त्वपूर्ण बात यह कि हमारे जमाने में केवल सिद्धान्त बघारकर खुद को महान घोषित करने-करवाने वाले कुछ आलोचकों की तरह वे शुद्ध सैद्धान्तिक आलोचक मात्र नहीं हैं...उनकी आलोचना सच्चे अर्थों में सभ्यता समीक्षा सिद्ध होती है।" (http://www.hindisamaya.com, आलोचना की संस्कृति और आचार्य रामचन्द्र शुक्ल)

अपूर्वानन्द

मुजफ्फरपुर (बिहार) में जन्मे, पटना में पढ़े-लिखे और दिल्ली में शिक्षक अपूर्वानन्द (जन्म—25.09.1962) की छवि एक आलोचक की जगह जनतांत्रिक विचारों के समर्थक बुद्धिजीवी की है। वे नियमित स्तम्भकार और राजनीतिक टिप्पणीकार हैं। 'साहित्य का एकान्त' शीर्षक उनकी एक आलोचनात्मक पुस्तक प्रकाशित है। विभिन्न पत्र-पत्रिकाओं और दैनिक समाचार-पत्रों में सामाजिक और राजनीतिक मुद्दों पर उनके लेख लगातार छपते रहते हैं। दृश्य-माध्यमों पर उन्हें बराबर बहस करते हुए देखा जाता है। साहित्य की दुनिया में अमूमन देखने को मिलता है कि कुछ रचनाकार बहुत कम लिखकर भी समाज को बहुत अधिक दे देते हैं। अपूर्वानन्द उन्हीं में से एक हैं। आलोचनात्मक पुस्तकें उनकी अधिक नहीं हैं। 'सुन्दर का स्वप्न' नाम से भी उनकी एक सम्पादित पुस्तक है। अपूर्वानन्द दलित समुदाय में बढ़ती ब्राह्मणवादी मानसिकता, भारत में बढ़ रहे नए तरह के राष्ट्रवाद, वामपंथी विचारधारा का पतन आदि मुद्दों पर लगातार लिख और बोल रहे हैं। वे इलेक्ट्रॉनिक मीडिया का भरपूर और बेहतरीन इस्तेमाल कर रहे हैं।

अपूर्वानन्द के अनुसार साहित्य में कोई राष्ट्रवाद नहीं होता। शेक्सपियर, टॉलस्टॉय किस राष्ट्रवादी विचार के थे? वे कहते हैं कि यदि टॉलस्टॉय नहीं होते तो गांधी नहीं होते। प्रेमचन्द नहीं होते, मुक्तिबोध नहीं होते। गांधी की अहिंसा टॉलस्टॉय, थोरो, रस्किन और बाइबल से मिलकर बनती है। उनका कहना है कि "साहित्य

सार्वभौमिक, सार्वभौगोलिक और सार्वकालिक होता है।" (दैनिक भास्कर, दिल्ली, 9 जुलाई 2017) वे मानते हैं कि लेखक का लेखन ही ऐक्टिविज्म है। मुक्तिबोध के बारे में उनकी धारणा है कि जो मुक्तिबोध में सिर्फ अंधेरा, भीषण या भयानक ही देखते हैं वे उन्हें जानते ही नहीं हैं।

कविता के साथ-साथ कथा साहित्य भी अपूर्वानन्द की आलोचकीय चिन्ता में शामिल है। उन्होंने मैथिलीशरण गुप्त, दिनकर, नागार्जुन, पंत, रघुवीर सहाय तथा प्रेमचन्द पर सर्वथा नई दृष्टि से विचार किया है।

गोपाल प्रधान

बर्दवान (प. बंगाल) जिले के रूपनारायणपुर नामक कस्बे में जन्मे और दिल्ली में शिक्षक गोपाल प्रधान (01.07.1965) नई पीढ़ी के सम्भावनाशील समीक्षक हैं। उनका क्षेत्र आधुनिक साहित्य है। वे आधुनिक साहित्य को सामाजिक राजनीतिक बदलावों के सन्दर्भ में देखने के पक्षपाती हैं। उनकी दृष्टि में साहित्य व्यापक सामाजिक सक्रियता और हस्तक्षेप का ही एक रूप है। साहित्य और राजनीति को एक-दूसरे के विरुद्ध खड़ा करना उनकी दृष्टि में अनुचित है। साहित्य की सभी विधाओं में वैचारिक अन्त: प्रवाह उन्हें आपस में जोड़े रखता है। उनकी दृष्टि में साहित्य लेखन भी व्यापक ज्ञान उत्पादन का एक अंग है। नई रचनाशीलता के साथ-साथ पश्चिम के गम्भीर मार्क्सवादी साहित्य के अध्ययन में उनकी अधिक रुचि है। वे भाषा की पठनीयता को आलोचना की शक्ति मानते हैं। 'छायावाद युगीन साहित्यिक वाद विवाद', तथा 'हिन्दी नवरत्न' उनकी प्रमुख आलोचनात्मक पुस्तकें हैं। इसके अलावा उन्होंने अन्तोन चेखव की जीवनी लिखी है, 'गोरख पांडेय : व्यक्ति और रचना' का सम्पादन किया है और पश्चिम की कई बेहतरीन पुस्तकों का अनुवाद भी किया है।

सुभाष चन्द्र

हरियाणा में जन्मे, हरियाणा में पढ़े-लिखे और हरियाणा में ही शिक्षण कार्य कर रहे सुभाष चन्द्र (जन्म—05.10.1965) 'देश हरियाणा' जैसा संगठन चलाते हैं और उसकी ओर से 'देश हरियाणा' द्वैमासिक पत्रिका का सम्पादन करते हैं। वे आलोचक कम ऐक्टिविस्ट अधिक हैं। उनके सामने जो प्रमुख चुनौतियाँ हैं उनमें साम्प्रदायिकता और दलित मुक्ति के प्रश्न प्रमुख हैं। अपनी रचनाओं तथा रचनात्मक कार्यों द्वारा इन दोनों समस्याओं से जूझने वाले सुभाष चन्द्र के पास वैज्ञानिक दृष्टि है। इसके लिए उन्हें जहाँ संत रविदास तथा सावित्रबाई फुले से ऊर्जा मिलती है वहाँ साम्प्रदायिकता का हल उन्हें अपनी साँझी संस्कृति की विरासत से प्राप्त होती है। सुभाष चन्द्र की प्रमुख आलोचनात्मक कृतियाँ हैं, 'साँझी संस्कृति', 'साम्प्रदायिकता', 'साँझी संस्कृति की विरासत', 'दलित मुक्ति की विरासत : संत रविदास', 'दलित मुक्ति आन्दोलन : सीमाएँ और सम्भावनाएँ', 'दलित आत्मकथाएँ : अनुभव से चिन्तन', 'अल्ताफ हुसैन हाली : चिन्तन और सृजन', 'भीष्म साहनी : साहित्य और जीवन दर्शन', 'हरियाणा की कविता : जनवादी स्वर', 'भारत की पहली शिक्षिका : सावित्रीबाई फुले' आदि। उनके सृजन और कर्म में हरियाणा के लोगों के भीतर जातीय चेतना विकसित करने का लक्ष्य भी अनुभव किया जा सकता है, यद्यपि इसके पीछे कहीं भी क्षेत्रीयता की संकीर्णता नहीं दिखाई देती।

सुभाष चन्द्र ने भारत में 'साम्प्रदायिकता : इतिहास और अनुभव', 'आजाद भारत में साम्प्रदायिकता और साम्प्रदायिक दंगे', 'छिपने से पहले' (नाटक), 'हरियाणा की राजनीति : धन और जाति का खेल' जैसी कृतियों का अनुवाद भी किया है।

प्रणय कृष्ण

इलाहाबाद में जन्मे, जेएनयू में छात्रसंघ के अध्यक्ष रहे और इलाहाबाद में अध्यापन कार्य करने वाले प्रणय कृष्ण (01.10.1966) प्रतिबद्ध मार्क्सवादी आलोचक, ऐक्टिविस्ट और राजनीतिक मोर्चे पर भी सक्रिय रहने वाले आलोचक हैं। प्रणय कृष्ण की आलोचना में उनकी विचारधारा प्रभावी भूमिका में रहती है। नक्सलबाड़ी विद्रोह के सांस्कृतिक पक्ष पर उनकी टिप्पणी से उनकी विचारधारा का सहज अनुमान किया जा सकता है। वे लिखते हैं, "नक्सलबाड़ी किसान विद्रोह (1967) ने भारत की एक नई कल्पना का सृजन किया जिसने कला, संस्कृति और साहित्य पर गहरा अखिल भारतीय असर डाला। किसी आन्दोलन में उतार-चढ़ाव, आत्म संघर्ष, निराशा, बिखराव और उत्साह के तमाम मंजर आते और जाते रह सकते हैं, लेकिन नक्सलबाड़ी से

प्रेरित आन्दोलनों के भू-राजनीतिक विस्तार से कहीं बड़ा रहा है उसकी सृजनात्मक कल्पना और सपनों का आकाश।" (समकालीन जनमत, 25 मई 2018)

प्रणय कृष्ण ने हिन्दी आलोचना में उत्तरऔपनिवेशिक सिद्धान्तों की गहराई से पड़ताल की है। वे मानते हैं कि आलोचना का दायरा बहुत बड़ा है। उसका सम्बन्ध शोध, इतिहास, साहित्य सिद्धान्त, सौन्दर्य शास्त्र तथा अन्य साहित्येतर कला माध्यमों से घनिष्ठ रूप से जुड़ा हुआ है। ऐसे में समकालीन रचनाओं पर केन्द्रित व्यावहारिक आलोचना समग्र आलोचना का महज एक पाठ है।

'समय का पहिया', 'अज्ञेय का काव्य', 'उत्तर औपनिवेशिकता के स्रोत', 'शती स्मरण', 'प्रसंगवश : साहित्य और समाज की चन्द बहसें', 'मैनेजर पांडेय का आलोचनात्मक संघर्ष, 'समकालीन कविता : एक साक्ष्य विमर्श और आलोचना' आदि उनकी आलोचनात्मक कृतियाँ हैं।

आशुतोष कुमार

पटना (बिहार) के मूल निवासी, पटना और जेएनयू में पढ़े-लिखे और दिल्ली में अध्यापन कर रहे 'जन संस्कृति मंच' से जुड़े आशुतोष कुमार (जन्म—17.10.1968) की आलोचना पुस्तक 'समकालीन कविता और मार्क्सवाद' समकालीन हिन्दी कविता के बहाने मार्क्सवादी आलोचना की दशा और दिशा की पड़ताल करती है। यह पुस्तक मार्क्सवादी आलोचना को समकालीन विमर्शों से मिलने वाली चुनौतियों के सन्दर्भ में पुनरीक्षित करने का आलोचनात्मक उद्यम है।

आशुतोष कुमार ऐसे विरले आलोचकों में हैं जो बहुत कम लिखते हैं किन्तु जब लिखते हैं तो पूरी तरह विषय में डूब कर लिखते हैं। 'मुक्तिबोध की कविताएँ : कि बेबीलोन सचमुच नष्ट होगा क्या?' मुक्तिबोध की कविताओं का मूल्यांकन करने वाला ऐसा ही एक असाधारण लेख है।

पत्र-पत्रिकाओं और ई-पत्रिकाओं में यशपाल, भगवतीचरण वर्मा, भीष्म साहनी, हजारीप्रसाद द्विवेदी, मुक्तिबोध, वीरेन डंगवाल, गोरख पांडेय तथा अदम गोंडवी आदि पर उनके आलोचनात्मक लेख और सामाजिक-राजनीतिक मुद्दों पर टिप्पणियाँ प्रकाशित हैं। सम्प्रति आशुतोष कुमार हिन्दी की प्रतिष्ठित पत्रिका 'आलोचना' के सम्पादन का महत्त्वपूर्ण दायित्व निभा रहे हैं।

आशीष त्रिपाठी

सतना (म.प्र.) जिले के 'जमुनिहाई' नामक गाँव में जन्मे और काशी में अध्यापन कार्य कर रहे आशीष त्रिपाठी (जन्म—21.09.1973) ने आलोचना के क्षेत्र में अपनी खास पहचान बना ली है। उनकी आलोचना का परिसर विस्तृत है। उन्होंने नाटक और रंगमंच की समीक्षाएँ भी की हैं और काव्य की भी। किन्तु उनकी पहचान का मुख्य आधार नामवर सिंह की दस आलोचना पुस्तकों का सम्पादन है। नामवर सिंह उनके सर्वाधिक प्रिय आलोचक हैं। उनकी जिन आलोचना पुस्तकों का आशीष त्रिपाठी ने सम्पादन किया है वे हैं, 'जमाने से दो दो हाथ', 'प्रेमचन्द और भारतीय समाज', 'हिन्दी का गद्यपर्व', 'कविता की जमीन और जमीन की कविता', 'आलोचना और विचारधारा', 'साहित्य की पहचान', 'सम्मुख', 'साथ-साथ', 'आलोचना और संवाद', तथा 'पूर्वरंग'। इसके अलावा उन्होंने नामवर सिंह के साथ 'रामचन्द्र शुक्ल रचनावली' के आठ खंडों का भी सम्पादन किया है। आशीष त्रिपाठी की एक महत्त्वपूर्ण पुस्तक 'समकालीन हिन्दी रंगमंच और रंगभाषा' नाम से भी प्रकाशित है जिसमें उनकी लोकाभिमुखता और अनुसन्धान-वृत्ति स्पष्ट परिलक्षित होती है।

यह सच है कि आशीष त्रिपाठी की रुचि सम्पादन में अधिक है किन्तु उनकी उम्र, समझ और काम की रफ्तार को देखते हुए हम उम्मीद कर सकते हैं कि वे आलोचना के क्षेत्र में हिन्दी जगत को कुछ मौलिक और विशिष्ट अवश्य देंगे। आशीष त्रिपाठी एक प्रतिष्ठित कवि भी हैं।

वैभव सिंह

उन्नाव (उ.प्र.) में जन्मे जेएनयू में पढ़े-लिखे और दिल्ली में अध्यापन कर रहे वैभव सिंह (जन्म—04.09.1974) नई पीढ़ी के चन्द प्रतिभाशाली मार्क्सवादी आलोचकों में है। आलोचना और अनुवाद उनके लेखन का मुख्य क्षेत्र है। 'इतिहास और राष्ट्रवाद', 'भारतीय उपन्यास और आधुनिकता', 'शताब्दी का प्रतिपक्ष', 'कहानी : विचारधारा और यथार्थ', 'भारत : एक आत्मसंघर्ष' आदि उनकी महत्त्वपूर्ण आलोचनात्मक कृतियाँ हैं। 'अरुण

कमल : सृजनात्मकता के आयाम' का उन्होंने सम्पादन किया है। इसके अलावा टेरी इगलटन की कृति 'मार्क्सवाद और साहित्यालोचन' तथा पवन कुमार वर्मा की कृति 'भारतीयता की ओर' का उन्होंने अनुवाद किया है। उनका लेखन हमें नई पीढ़ी के प्रति आश्वस्त करता है।

वैभव सिंह के पास रचना को परखने की अपनी मौलिक और वैज्ञानिक दृष्टि है जो उन्हें दूसरे आलोचकों से अलग करती है। चन्द्रधर शर्मा गुलेरी की मशहूर कहानी 'उसने कहा था' को आलोचकों ने एक प्रेम कथा की तरह समझा था। इस कहानी का मूल्यांकन करते हुए वैभव सिंह लिखते हैं, "प्रेम इसका मुख्य नहीं, बल्कि गौण प्रतिपाद्य प्रतीत होता है। इससे पहले विश्वयुद्ध में भारतीय फौजियों की त्रासदी, औपनिवेशिकता के हाथों देश के युवाओं के बल-आत्मविश्वास की दुर्दशा और वचनबद्धता की परम्परा का सटीक चित्रण करने वाली कथा के रूप में भी हिन्दी साहित्य में स्थान प्राप्त होना चाहिए।" ('हिन्दी समय' में संकलित 'उसने कहा था : क्या यह महज प्रेमकथा है?' शीर्षक आलोचनात्मक लेख से)

चन्द्रभूषण तिवारी भी जनवादी लेखक संघ से जुड़े एक प्रतिभासम्पन्न समीक्षक हैं। कम लिखकर भी समीक्षकों में उन्होंने अपनी साख पैदा की। उन्होंने सत्तर के दशक में 'वाम' नामक पत्रिका का सम्पादन किया और उसी के सम्पादकीय के रूप में उन्होंने आलोकधन्वा की कविता 'गोली दागो पोस्टर' और अशोक वाजपेयी के 'जबरजोत' को लेकर 'पहचान के दो मुहावरे' शीर्षक से अपनी लम्बी समीक्षात्मक टिप्पणी लिखी जिसकी खूब चर्चा हुई। उनके आलोचनात्मक निबन्धों का एकमात्र संग्रह 'आलोचना की धार' नाम से प्रकाशित है। 'बीच के लोग', 'सुखान्त', और 'फर्क' जैसे कहानी संग्रहों पर लिखी गई उनकी टिप्पणियों से उनकी प्रगतिशील और प्रखर आलोचनात्मक दृष्टि का पता चलता है। प्रतिष्ठित कवि **विजेन्द्र** ने भी आलोचनाएँ लिखी हैं। 'कविता और मेरा समय' तथा 'सौन्दर्यशास्त्र : भारतीय चित्त और कविता' उनकी बहुचर्चित आलोचनात्मक कृतियाँ हैं। विजेन्द्र जी ने कई डायरियाँ लिखी हैं। 'कवि की अन्तर्यात्रा', 'सतह के नीचे', 'धरती के अदृश्य दृश्य' आदि उनकी डायरियाँ हैं। इन डायरियों से उनकी लोकरुचि और सौन्दर्यबोध को आसानी से समझा जा सकता है। सामाजिक-आर्थिक विषयों पर लगातार टिप्पणी करते रहने वाले **अरुण माहेश्वरी** ने आलोचनाएँ भी लिखी हैं। उनका क्षेत्र केवल साहित्य नहीं है। समाज, राजनीति और इतिहास की समस्याओं पर भी वे लगातार लिखते रहे हैं। आलोचना के सैद्धान्तिक पक्ष पर उन्होंने अधिक लिखा है। 'साहित्य में यथार्थ : सिद्धान्त और व्यवहार', 'आरएसएस और उसकी विचारधारा', 'नई आर्थिक नीति : कितनी नई', 'कला और साहित्य के सौन्दर्यशास्त्रीय मानदंड', 'पाब्लो नेरुदा : एक कैदी की खुली दुनिया', 'सिरहाने ग्राम्शी', 'हरीश भादानी', 'धर्म, संस्कृति और राजनीति', समाजवाद की समस्याएँ' आदि उनकी प्रमुख आलोचनात्मक पुस्तकें हैं। टेलीफोन विभाग जैसे तकनीकी क्षेत्र में सेवा करते हुए भी आलोचना जैसे कठिन विषय पर काम करना आसान नहीं है। **कपिलदेव** ने यह चुनौती स्वीकार की है। 'अन्तर्वस्तु का सौंदर्य' नाम से कपिलदेव की एक महत्त्वपूर्ण आलोचना-कृति प्रकाशित है। **अनिल राय** के कुछ लेख बहुत महत्त्वपूर्ण हैं। मसलन् 'सुन्दर का स्वप्न देखते हुए', 'तमस : उत्तर औपनिवेशिक पाठ और विन्यास', 'प्रेमचन्द के लेखों में सांस्कृतिक वैचारिकी का आधार', 'मार्क्सवादी सौन्दर्यशास्त्र की रूप चिन्ता', 'समकालीन आलोचना पर चिन्ता-प्रस्ताव', 'आलोचना रचना का भाष्य नहीं' आदि। इनसे अनिल राय की गम्भीर आलोचना दृष्टि और जनपक्षधरता को आसानी से समझा जा सकता है। उन्होंने कम लिखा है फिर भी जितना लिखा है वह काफी महत्त्वपूर्ण है। वे अच्छे वक्ता और गम्भीर आलोचक हैं। **राजेश मल्ल** सामाजिक संघर्षों में भी लगातार हिस्सा लेते रहे हैं। पत्र-पत्रिकाओं तथा समाचार-पत्रों में भी वे लगातार लिखते रहे हैं। 'आचार्य विश्वनाथप्रसाद मिश्र : साहित्य और इतिहास दृष्टि', 'हिन्दी का दलित साहित्य', 'हरिवंशराय बच्चन का गद्य साहित्य', 'कबीर के साहित्य पर इस्लामिक प्रभाव', 'इक्कीसवीं सदी में किसान' आदि राजेश मल्ल की आलोचनात्मक पुस्तकें हैं। **रविकान्त** की आलोचनात्मक पुस्तकें आश्वस्त करती हैं। 'आधागाँव में मुस्लिम अस्मिता', 'आजादी और राष्ट्रवाद' तथा 'आलोचना और समाज' जैसी पुस्तकें इस बात की गवाह हैं कि रविकान्त के पास समाज को वैज्ञानिक ढंग से देखने की दृष्टि है। उनकी पुस्तक 'मीडिया की भाषा लीला' भी खासा चर्चित रही।

प्रतिकूल परिस्थितियों के बावजूद इस आलोचना पद्धति की गति अभी भी ठहरी हुई नहीं है और इसमें आगे काफी सम्भावनाएँ हैं।

बारहवाँ सोपान

हिन्दुत्ववादी आलोचना

हिन्दुत्ववादी आलोचना की दार्शनिक पृष्ठभूमि

जिस प्रकार प्रगतिवादी आलोचना के विकास के पीछे मार्क्सवादी जीवन दर्शन है, उसी तरह आधुनिक भारत में हिन्दुत्ववादी आलोचना का भी विकास हुआ है और उसके पीछे हिन्दुत्ववादी जीवन दर्शन है। इस दर्शन का वैचारिक स्रोत राष्ट्रीय स्वयंसेवक संघ है जिसे संक्षेप में 'संघ' अथवा 'आरएसएस' भी कहते हैं। इसलिए यदि कोई चाहे तो इसे 'संघवादी आलोचना' भी कह सकता है।

राष्ट्रीय स्वयंसेवक संघ एक दक्षिणपंथी हिन्दू राष्ट्रवादी स्वयंसेवी संगठन है और वह व्यापक रूप से भारत के राजनीतिक दल भारतीय जनता पार्टी का पैतृक संगठन माना जाता है। राष्ट्रीय स्वयंसेवक संघ की स्थापना 27 सितम्बर 1925 को विजया दशमी के दिन 'मोहिते के बाड़े' नामक स्थान पर डॉ. केशव बलिराम हेडगेवार ने की थी। पाँच स्वयंसेवकों के साथ शुरू हुई विश्व की पहली शाखा आज 50 हजार से अधिक शाखाओं में बदल चुकी है। डॉ. हेडगेवार ने शुरू से संघ का कोई संविधान नहीं बनाया और न तो संघ के दर्शन या उद्‍देश्य के बारे में ही कुछ लिखा। दूसरे सरसंघचालक माधवराव सदाशिवराव गोलवलकर ने' वी आर आवर नेशनहुड डिफाइंड' शीर्षक से एक पुस्तक लिखी जिसमें पहली बार संघ की विचारधारा और उसके उद्‍देश्यों के बारे में विवेचन है। लोगों ने इसे 'संघ की गीता' कहा है। बाद में 'बंच ऑफ थाट्स' नाम से उनके भाषणों आदि का एक संकलन तथा छः खंडों में 'श्री गुरु जी समग्र दर्शन' भी प्रकाशित हुआ। राष्ट्र के सम्बन्ध में अपनी अवधारणा के बारे में गोलवलकर लिखते है,

"हिन्दुस्तान हिन्दुओं की भूमि है जिसका पुरखों से प्राप्त एक क्षेत्र है। इस देश में प्रागैतिहासिक काल से महान हिन्दू जाति रहती है। इस महान हिन्दू जाति का प्रख्यात हिन्दू धर्म है। इस धर्म से दिशा निर्देश लेकर इस जाति ने सामाजिक-राजनीतिक तमाम क्षेत्रों में एक संस्कृति विकसित की है जो पिछली दस सदियों से मुसलमानों और यूरोपियनों की अधोपतित सभ्यताओं के घातक सम्पर्क में आने के बाद भी विश्व में सबसे श्रेष्ठ संस्कृति है।" (वी आर आवर नेशनहुड डिफाइंड, पृ. 4)। उनका मानना है कि सिर्फ वे लोग ही राष्ट्रवादी देशभक्त हैं जो अपने हृदय में हिन्दू जाति और राष्ट्र की शान बढ़ाने की आकांक्षा रखते हैं और इस लक्ष्य को प्राप्त करने के लिए प्रयत्नशील रहते हैं।

वास्तव में 'हिन्दुत्व' कोई उपासना पद्धति नहीं, बल्कि एक जीवन-शैली है। इसीलिए राष्ट्रीय स्वंयसेवक संघ के विचारक 'हिन्दू' शब्द की व्याख्या करते हुए अमूमन कहते हैं कि 'हिन्दू' वह व्यक्ति है जो भारत को अपनी 'पितृ-भूमि' और अपनी 'पुण्य-भूमि' दोनों मानता है। 'हिन्दुत्व' शब्द केवल हिन्दू जाति के कोरे धार्मिक और आध्यात्मिक इतिहास को ही अभिव्यक्त नहीं करता। इसका अर्थ बहुत व्यापक है। इस समुदाय के लोग विभिन्न मत-मतान्तरों व पंथों का अनुसरण करते हैं, जिसे सामूहिक रूप से हिन्दू मत या हिन्दूवाद नाम दिया जा सकता है। इस विचारधारा के लोगों का मानना है कि हर भारतवासी की रगों में हिन्दू का खून दौड़ रहा है। इसमें से जो देश भक्त हैं वे किसी भी पंथ या सम्प्रदाय को मानने वाले हो सकते हैं।

संघ की विचारधारा में राष्ट्रवाद, हिन्दुत्व, हिन्दू राष्ट्र, राम जन्मभूमि, अखंड भारत, समान नागरिक संहिता जैसे विषय हैं। श्यामाप्रसाद मुखर्जी और दीनदयाल उपाध्याय जैसे विचारक संघ की वैचारिक ऊर्जा के स्रोत हैं। संघ जिन मौलिक प्रश्नों को उठाता है वे हैं भारतीय सन्दर्भ में राष्ट्रीयता क्या हैं? पंथनिरपेक्षता का तात्पर्य क्या है? और बहुसंस्कृतिवाद का भारतीय संस्करण क्या है? ऐसे प्रश्नों पर जब संघ विमर्श

करता है तो उसका लक्ष्य—मैं भारतीय हूँ, इस कथन को सांस्कृतिक एवं सभ्यता का धरातल प्रदान करना है। आरएसएस के एक प्रचार माध्यम अंग्रेजी साप्ताहिक 'ऑर्गनाइजर' के पहले अंक 3 जुलाई 1947 के मुखपृष्ठ पर 'तेजोमय हिन्दू राष्ट्र' और अंग्रेजी में 'ग्लोरियस हिन्दू नेशन' छपा है, जो उसके उद्देश्य की ओर सीधा संकेत है।

संघ के स्वयंसेवक बड़े ही अनुशासित और अपनी संस्कृति व कर्तव्य के प्रति निष्ठावान होते थे, किन्तु उनके अनुशासन के बारे में गांधी जी के मत को उनके निजी सचिव प्यारे लाल ने उद्धृत करते हुए लिखा है, "गांधी जी की टोली के एक आदमी ने टोककर कहा कि आरएसएस के लोगों ने वाह शरणार्थी कैम्प में बहुत अच्छा काम किया है। उन्होंने अनुशासन, साहस और कठिन परिश्रम की क्षमता प्रकट की है। गांधी जी ने उत्तर दिया था 'लेकिन मत भूलो कि हिटलर के नाजी और मुसोलिनी के फासिस्ट भी ऐसे ही थे।' उन्होंने आरएसएस का चरित्रांकन एक सर्वाधिकारवादी दृष्टिकोण वाले साम्प्रदायिक संगठन के रूप में किया।" (प्यारे लाल, महात्मा गांधी : द लास्ट फेज, भाग-2, पृ. 440)

आम तौर पर आरएसएस, सेकुलर विचारधारा के लोगों और बुद्धिजीवियों के खिलाफ है। गांधी जी ने संघ की तुलना यदि हिटलर और मुसोलिनी के नाजीवाद और फासीवाद से की है तो उनके मन में नाजियों और फासिस्टों की संस्कृति की छवि जरूर रही होगी। उल्लेखनीय है कि हिटलर जब जर्मनी का चांसलर बन गया तो उसके साढ़े चार महीने बाद ही 10 मई 1933 को बर्लिन विश्वविद्यालय के सामने अंटर डैन लीडेन चौक पर हिटलर के तूफानी दस्ते के छात्रों ने विश्वविद्यालय के पुस्तकालय से किताबें निकालकर उसके विशाल ढेर में आग लगा दी थी। पुस्तकों को जलाने की घटनाएँ उस समय जर्मनी के दूसरे कई शहरों में भी घटी थीं। उल्लेखनीय है कि नाजी काल में किसी भी महत्त्वपूर्ण लेखक की कोई भी पुस्तक जर्मनी में प्रकाशित नहीं हुई थी। टामस मान के नेतृत्व में प्राय: सभी लेखक जर्मनी छोड़कर चले जाने को मजबूर हुए थे। जो थोड़े से रह गए वे या तो चुप हो गए या चुप करा दिए गए। अकारण नहीं है कि आज भी आरएसएस की विचारधारा के विरोधी आलोचक उस पर फासिस्ट विचारधारा के प्रभाव को रेखांकित करते हैं। यही कारण है कि आज भी ऐसी विचारधारा के समर्थक लेखक बहुत कम देखे जाते हैं।

महात्मा गांधी की हत्या और 6 दिसम्बर 1992 को अयोध्या स्थित राम जन्मभूमि का विवादित ढाँचा गिराए जाने के लिए आरएसएस को जिम्मेदार बताया जाता है। वामपंथी विचारों वाले लोगों की दृष्टि में भारतीय राजनीति में आरएसएस एक ऐसी शक्ति है जो राष्ट्र, राज्य, जनतंत्र, समाज-सुधार, आर्थिक विकास, सामाजिक न्याय तथा संघीय ढाँचे के सर्वथा विरुद्ध है, जिन्हें आजादी के लिए संघर्ष की प्रक्रिया में आधुनिक भारतीय राष्ट्र ने अकूत त्याग और बलिदानों के जरिए अर्जित किया है।

सोवियत संघ के विघटन और भारत में वामपंथी ताकतों के कमजोर पड़ने के कारण अर्थात् भूमंडलीकरण के बाद राष्ट्रीय स्वयंसेवक संघ की ताकत में अभूतपूर्व इजाफा हुआ। इसके पहले अर्थात् संघ के गठन के पचास वर्ष बाद 1975 में जब आपातकाल की घोषणा हुई तब आरएसएस की एक घटक तत्कालीन राजनीतिक पार्टी जनसंघ पर भी संघ के साथ प्रतिबंध लगा दिया गया था। आपातकाल हटने के बाद जनसंघ का विलय जनता पार्टी में हुआ और केन्द्र में मोरारजी देसाई के नेतृत्व में मिलीजुली सरकार बनी। 1975 के बाद से धीरे-धीरे इस संगठन का महत्त्व बढ़ता गया और अन्त में इसकी परिणति भाजपा जैसे राजनीतिक दल के रूप में हुई जिसे आमतौर पर संघ की राजनीतिक शाखा के रूप में देखा जाता है। संघ की स्थापना के 75 वर्ष बाद सन् 2000 में श्री अटलबिहारी वाजपेयी के नेतृत्व में एनडीए गठबन्धन की सरकार भारत की केन्द्रीय सत्ता पर आसीन हुई और उसके बाद सन् 1914 में नरेन्द्र मोदी के नेतृत्व में भाजपा की पूर्ण बहुमत की सरकार बनी जिससे राष्ट्रीय स्वयं सेवक संघ की शक्ति में अभूतपूर्व विस्तार हुआ। संघ के दूसरे नेताओं की तुलना में अटलबिहारी वाजपेयी उदारवादी विचारधारा के राजनेता थे। वे स्वयं कवि भी थे। बुद्धिजीवियों और लेखकों के एक समूह पर उसका सकारात्मक प्रभाव पड़ा। कुछ सत्ता से लाभ पाने की ललक में भी उधर झुके और इस तरह हिन्दी में हिन्दुत्ववादी आलोचना की एक धारा का विकास हुआ। भाजपा की पूर्ण बहुमत वाली सरकार बनने के बाद देश में हिन्दुत्ववादी आलोचना की धारा पुष्ट होती हुई दिखाई देती है। यद्यपि आज भी इस धारा में प्रतिष्ठित आलोचक बहुत कम हैं।

मैंने प्रो. विष्णुकान्त शास्त्री, डॉ. कमलकिशोर गोयनका और डॉ. कन्हैया सिंह जैसे आलोचकों को इस श्रेणी में रखने का प्रयास किया था क्योंकि ये आलोचक आरम्भ से ही आरएसएस से जुड़े रहे हैं और

यदि कोई व्यक्ति किसी खास सांस्कृतिक संगठन से जुड़ा है तो इसका तात्पर्य यही है कि वह व्यक्ति उस संगठन की विचारधारा से सहमत है। किन्तु जब मैंने इनके आलोचना साहित्य का अनुशीलन किया तो पाया कि अपने लेखन में ये आलोचक ज्यादातर संघ की विचारधारा से मुक्त और तटस्थ हैं। ऐसी दशा में मुझे इन्हें हिन्दुत्ववादी आलोचक कहने में संकोच हुआ क्योंकि किसी आलोचक के बारे में कोई भी अवधारणा उसकी आलोचनात्मक कृतियों के आधार पर ही बनाई जा सकती है। केवल प्रो. कमलकिशोर गोयनका की आलोचना में हमें संघ की विचारधारा का व्यापक प्रभाव दिखाई दिया। यद्यपि उन्हें भी कथा समीक्षकों की श्रेणी में रखा जा सकता था। हम यहाँ प्रो. कमलकिशोर गोयनका सहित कुछ अन्य आलोचकों के आलोचना-कर्म का संक्षिप्त परिचय दे रहे हैं।

कमलकिशोर गोयनका

बुलंदशहर (उ.प्र.) के एक व्यवसायी परिवार में जन्मे और जाकिर हुसेन कॉलेज (सांध्य), दिल्ली विश्वविद्यालय में प्रोफेसर रहे कमल किशोर गोयनका (जन्म—11.10.1938) हिन्दुत्ववादी आलोचना के शीर्षस्थ आलोचक हैं। उन्होंने अपने जीवन का तीन चौथाई हिस्सा प्रेमचन्द के अध्ययन और अनुसन्धान में खपा दिया। उन्होंने प्रेमचन्द साहित्य पर अपनी पी-एच.डी. और डी.लिट्. तो किया ही, उसके बाद भी प्रेमचन्द साहित्य का अनुशीलन और सम्पादन करते हुए उन पर 30 से अधिक पुस्तकें रच डालीं। उन्होंने प्रेमचन्द के हजारों पृष्ठ, लुप्त और अज्ञात साहित्य को खोजकर हिन्दी जगत के सामने पहली बार प्रस्तुत किया और प्रगतिशील लेखकों द्वारा बनायी गई प्रेमचन्द की सेकुलर और सामंतवाद-पूँजीवाद विरोधी छवि को नई हिन्दुत्ववादी लेखक की छवि के रूप में निर्मित करने का प्रयास किया। वे हिन्दी के पहले बड़े आलोचक हैं जिन्हें मैंने संघवादी या हिन्दुत्ववादी आलोचक कहने का साहस किया है क्योंकि उनकी आलोचना-दृष्टि पर राष्ट्रीय स्वयं सेवक संघ की विचारधारा का व्यापक प्रभाव देखा जा सकता है।

प्रेमचन्द साहित्य पर प्रकाशित गोयनका जी की प्रमुख पुस्तकें हैं, 'प्रेमचन्द के उपन्यासों का शिल्प विधान', 'प्रेमचन्द—कुछ संस्मरण', 'प्रेमचन्द और शतरंज के खिलाड़ी', 'प्रेमचन्द—अध्ययन की नई दिशाएँ', 'रंगभूमि—नए आयाम', 'प्रेमचन्द विश्वकोश (दो खंड)', 'प्रेमचन्द—चित्रात्मक जीवनी', 'प्रेमचन्द का अप्राप्य साहित्य (दो खंड)', 'प्रेमचन्द की हिन्दी-उर्दू कहानियाँ', 'प्रेमचन्द—अनछुए प्रसंग', 'प्रेमचन्द—वाद, प्रतिवाद और समवाद', 'प्रेमचन्द (मोनोग्राफ)', 'प्रेमचन्द—प्रतिनिधि संचयन', 'प्रेमचन्द—सम्पूर्ण दलित कहानियाँ', 'प्रेमचन्द—कालजयी कहानियाँ', 'प्रेमचन्द : कहानी रचनावली (6 खंड)', 'प्रेमचन्द की कहानियों का कालक्रमानुसार अध्ययन' आदि।

प्रेमचन्द साहित्य के अलावा प्रभाकर माचवे, अभिमन्यु अनत, जगदीश चतुर्वेदी, मन्मथनाथ गुप्त, रवीन्द्रनाथ त्यागी, हजारीप्रसाद द्विवेदी, विष्णु प्रभाकर, यशपाल, अभिमन्यु अनत आदि पर भी उन्होंने पुस्तकें लिखी हैं। 'गांधी—पत्रकारिता के प्रतिमान' तथा 'हिन्दी का प्रवासी साहित्य' भी उनकी महत्त्वपूर्ण पुस्तकें हैं। किन्तु उनकी ख्याति का आधार उनका प्रेमचन्द पर प्रकाशित प्रचुर आलोचना-कर्म ही है।

कमलकिशोर गोयनका के अनुसार प्रेमचन्द को साधारण जन का कहानीकार कहना उचित नहीं है क्योंकि उनकी संवेदना एवं सहिष्णुता का संसार बहुत ही व्यापक है। वे यह भी मानते हैं कि प्रेमचन्द ने अपने साहित्य सिद्धान्त आदर्शोन्मुख यथार्थवाद के द्वारा जीवन के समग्र एवं विराट रूप को संग्रथित करने का प्रयत्न किया है, किन्तु हिन्दी के प्रगतिशील आलोचकों ने प्रेमचन्द को आदर्शवादी तथा यथार्थवादी दो रूपों में विभक्त करके आदर्शवादी प्रेमचन्द के विरुद्ध यथार्थवादी प्रेमचन्द को खड़ा कर दिया है, जबकि प्रेमचन्द जीवन की सम्पूर्णता के लिए साहित्य में यथार्थ और आदर्श दोनों को अनिवार्य मानते हैं। उनकी यह भी स्थापना है कि प्रेमचन्द आर्थिक दृष्टि से गरीब नहीं थे और उनके निधन के समय उनकी अन्तिम यात्रा में भी बड़े-बड़े साहित्यकार मसलन् जयशंकर प्रसाद जैसे साहित्यकार शामिल हुए थे।

कमल किशोर गोयनका के अनुसार, "प्रेमचन्द के समाजवाद-दर्शन पर विवेकानन्द और गांधी का प्रभाव स्पष्ट रूप से दिखाई देता है। वे एक स्थान पर तो विवेकानन्द की ही शब्दावली में समाजवाद का सम्बन्ध वेदांत के एकात्मवाद से जोड़ते हैं और लिखते हैं, "यहाँ तो वेदान्त के एकात्मवाद ने पहले ही समाजवाद के लिए मैदान साफ कर दिया है। हमें इस एकात्मवाद को केवल व्यवहार में लाना है। जब सभी मनुष्यों में एक ही आत्मा का निवास है, तो छोटे-बड़े अमीर-गरीब का भेद क्यों? ('हंस', अक्टूबर-नवंबर, 1932)

इसी तरह एक जगह वे जोर देकर कहते हैं कि "अत: प्रेमचन्द का समाजवाद निश्चय ही मार्क्सवाद का समाजवाद नहीं है...भारतीयता और भारतीय जीवन-मूल्य, जो हिन्दू संस्कृति की देन हैं, उनके समाजवाद के अंग हैं।" (प्रेमचन्द और समाजवाद, बहुवचन-61-62, पृ. 28) और "प्रेमचन्द की इस भारतीय आत्मा में पुरातन भारत के सत्यम्, शिवम्, सुन्दरम् के साथ धर्म की मानवीय और आध्यात्मिक चेतना का योगदान है।" (वही, पृ. 29)

लखनऊ में प्रगतिशील लेखक संघ की बैठक की अध्यक्षता करते हुए प्रेमचन्द ने 1936 में जो ऐतिहासिक भाषण दिया था उसका हवाला देते हुए गोयनका जी कहते हैं, "वे सत्य, शिव, सुन्दर की प्रवृत्तियों की चर्चा करते हैं और लगभग बारह स्थानों पर आध्यात्मिक तृप्ति, आध्यात्मिक सामंजस्य, आध्यात्मिक सुख, आध्यात्मिक बन्धन, भक्ति, वैराग्य, अध्यात्म, आध्यात्मिक उच्चता, आध्यात्मिक और भागवत सभ्यता आदि विभिन्न सन्दर्भों और प्रश्नों की व्याख्या में शब्दों का प्रयोग करके यह स्थापित कर देते हैं कि उनका साहित्य तथा समाजवाद का दर्शन हिन्दू धर्म एवं अध्यात्म की मूल आत्मा पर ही स्थापित है। इस व्याख्यान में मार्क्स, मार्क्सवाद और उसकी शब्दावली की भी चर्चा नहीं है। यहाँ तक कि 'बन्धुत्व और समता' की स्थापना के लिए उन्होंने महात्मा बुद्ध, हजरत ईसा तथा हजरत मुहम्मद आदि धर्म-प्रवर्तकों का तो उल्लेख किया तथा उन्हें श्रेय भी दिया, किन्तु यहाँ भी उन्होंने मार्क्स का उल्लेख तक नहीं किया।" (वही, पृ. 30)

इस सम्बन्ध में उल्लेखनीय है कि लखनऊ में सम्पन्न प्रगतिशील लेखक संघ की बैठक से पहले 1935 में ही लंदन में सज्जाद जहीर और मुल्कराज आनन्द के नेतृत्व में प्रगतिशील लेखक संघ की एक बैठक हो चुकी थी और उसके घोषणा-पत्र पर राय-मशविरा हो चुका था। प्रगतिशील लेखक संघ के गठन के मूल में प्रथम विश्वयुद्ध के बाद की परिस्थितियाँ थीं जिसके पीछे जर्मनी और इटली में क्रमश: हिटलर और मुसोलिनी की तानाशाही और फ्रांस की पूँजीवादी सरकार की जनविरोधी नीतियों से पूरी दुनिया पर बढ़ रहा साम्राज्यवाद और फासिज्म का खतरा था, साथ ही सोवियत संघ में स्थापित समाजवादी सरकार का भी प्रभाव था।

गोयनका जी ने जिस लेख के सन्दर्भ में महात्मा बुद्ध, हजरत मूसा आदि का उल्लेख किया है प्रेमचन्द के लेख का वह अंश इस तरह है, "बन्धुत्व और समता, सभ्यता तथा प्रेम, सामाजिक जीवन के आरम्भ से ही, आदर्शवादियों का सुनहला स्वप्न रहे हैं। धर्म प्रवर्तकों ने धार्मिक, नैतिक और आध्यात्मिक बन्धनों से इस स्वप्न को सच बनाने का सतत किन्तु निष्फल प्रयत्न किया है। महात्मा बुद्ध, हजरत ईसा, हजरत मुहम्मद आदि सभी पैगंबरों और धर्म-प्रवर्तकों ने नीति की नीव पर इस समता की इमारत खड़ी करनी चाही, पर किसी को सफलता न मिली और छोटे-बड़े का भेद जिस निष्ठुर रूप में आज प्रकट हो रहा है, शायद कभी न हुआ था।" (साहित्य का उद्देश्य, पृ. 19) इसी क्रम में वे आगे लिखते हैं,

"आजमाए को आजमाना मूर्खता है, इस कहावत के अनुसार यदि हम अब भी धर्म और नीति का दामन पकड़कर समानता के ऊँचे लक्ष्य पर पहुँचना चाहें, तो विफलता ही मिलेगी...हमें एक ऐसे नए संगठन को सर्वांगपूर्ण बनाना है, जहाँ समानता केवल नैतिक बन्धनों पर आश्रित न रहकर अधिक ठोस रूप प्राप्त कर ले।" (साहित्य का उद्देश्य, पृ. 20) 'अधिक ठोस रूप' से प्रेमचन्द किस ओर संकेत कर रहे हैं—इसे आसानी से समझा जा सकता है।

आरएसएस के तीसरे सबसे बड़े दुश्मन साम्यवादी हैं। गोयनका जी के अनुसार प्रेमचन्द साम्यवादी विचारों के तो हैं किन्तु उनका साम्यवाद 'भारतीय समाजवाद' है। वे लिखते हैं, "उनके इस भारतीय समाजवाद पर मार्क्स के प्रभाव को देखना और सिद्ध करना राजनीतिक छल-कपट है।" (बहुवचन-61-62, पृ. 31) निस्सन्देह प्रेमचन्द खूनी क्रान्ति से मिलने वाले साम्यवाद में विश्वास नहीं करते किन्तु मार्क्स के प्रभाव को सिरे से नकार देना '(वैज्ञानिक) समाजवाद' को ही नकार देना है। स्वदेशी के अतिरिक्त आग्रह के चलते ही गोयनका जी मार्क्सवाद को 'विदेशी विचारधारा' कहते हुए उसे त्याज्य मानते हैं। (बहुवचन-61-62, पृ. 45) यह उचित नहीं है। विचारधाराएँ स्वदेशी-विदेशी अवश्य होती हैं किन्तु उनका प्रभाव वैश्विक होता है, वरना हम विश्वगुरु होने का सपना कैसे देख पाते?

"गोयनका जी के लेखन में बंकिमचन्द्र, दयानन्द सरस्वती, विवेकानन्द और गांधी बार-बार आते हैं। उन्होंने रामविलास शर्मा के विषय में कहा है कि, "डॉ. रामविलास शर्मा ने लगभग सौ पृष्ठों में मेरे मतों को उद्धृत करते हुए अपना विवेचन किया है और मेरी कुछ मान्यताओं का खंडन किया है।" और वे, "प्रेमचन्द को लेकर अपने मार्क्सवादी पूर्वग्रहों, तर्कहीन आक्षेपों तथा तथ्यों को तोड़ने-मरोड़ने एवं उनकी उपेक्षा की प्रवृत्ति से मुक्त नहीं हो पाए हैं।" (वही, पृ. 45)

निस्सन्देह गोयनका जी जिसे रामविलास शर्मा का 'पूर्वग्रह' कह रहे हैं वह उनका अपना पूर्वग्रह भी हो सकता है। मेरी दृष्टि में यह दो विचारधाराओं और दृष्टिकोणों का टकराव है जिसके कारण एक ही लेखक के विषय में अध्ययन करने पर दो अलग-अलग निष्कर्ष निकाले गए हैं। यह बिलकुल स्वाभाविक है और इससे दोनों महान आलोचकों में से किसी के भी मूल्यांकन को कम करके नहीं आंका जा सकता। पाठक अपनी-अपनी क्षमता, समझदारी और अध्ययन-दृष्टियों के आधार पर निष्कर्ष निकाल ही लेंगे। यही अध्ययन की जनतांत्रिक पद्धति भी है।

संघ के निष्ठावान प्रवक्ता की तरह गोयनका जी को साम्यवादियों में कोई गुण नहीं दिखाई देता। 'रंगभूमि' के सम्बन्ध में वे एक जगह लिखते हैं, "विनय अपनी गोली से आत्महत्या करता है, लेकिन सूरदास पुलिस की गोली से मरता है और शहीद हो जाता है। विनय अपने सामंतीय संस्कारों के कारण सूरदास जैसी गौरवपूर्ण मृत्यु से वंचित रहता है। जनसेवक और साम्यवादी में यही अन्तर है।"

इस उद्धरण के अन्तिम वाक्य पर ध्यान दीजिए। साम्यवादियों के प्रति गोयनका जी का पूर्वग्रह यहाँ इस रूप में व्यक्त हुआ है कि उनकी दृष्टि में एक 'साम्यवादी', किसी 'जनसेवक' से भिन्न होता है।

इस लेख के अन्त में प्रेमचन्द के साहित्य के अनेक चरित्रों को गोयनका जी ने उदाहरण के रूप में पेश किया है और उनके बहाने साम्यवादियों को 'चरित्रहीन', 'उन्मुक्त काम का उपासक', 'स्वार्थी', 'धोखेबाज', 'गद्दार' और 'झूठी गवाही देने वाला' साबित किया है।

आरएसएस की विचारधारा में भारत सिर्फ अंग्रेजों का गुलाम नहीं था। मुस्लिम शासकों के शासन-काल को भी वे गुलामी का दौर ही मानते हैं। कमलकिशोर गोयनका के विचार भी कुछ ऐसे ही हैं। जयप्रकाश मानस द्वारा पूछे गए एक प्रश्न के जवाब में वे कहते हैं, "जो देश एक हजार वर्ष की गुलामी से नहीं टूटा, उसे वे धर्मनिरपेक्षतावादी स्वार्थी लोग कभी नहीं तोड़ पाएँगे और भारतीयता अखंडित रहेगी।" (वही, पृ. 245)

उल्लेखनीय यह है कि गोयनका जी ने 'धर्मनिरपेक्षतावादियों' को भी स्वार्थी कहकर उन्हें देश को तोड़ने का प्रयास करने वाला बताया है। उन्होंने यह भी कहा है, "इस प्रकार मार्क्सवाद, ईसाई एवं इस्लाम धर्म के समान है, जो विश्व को अपना अनुयायी बनाना चाहते हैं।" (वही, पृ. 246) कहना न होगा, ईसाई, इस्लाम और कम्युनिज्म को समान रूप से दुश्मन मानना आरएसएस की विचारधारा है। गोयनका जी का आरोप है कि प्रगतिवादी आलोचकों ने प्रेमचन्द की कुछ चुनी हुई रचनाओं को ही आधार बनाकर उनका मूल्यांकन किया है और अपने अनुकूल निष्कर्ष निकाल लिया है। दरअसल, प्रेमचन्द के विचार उनके अध्ययन और अनुभव के क्रम में निरन्तर बदलते रहे हैं। निश्चय ही उन पर आर्यसमाज का भी प्रभाव पड़ा था, विवेकानन्द का भी, महात्मा गांधी का भी और मार्क्स का भी। ऐसी दशा में विचारधारा के स्तर पर उनका मूल्यांकन करने के लिए यदि उनके अन्तिम दिनों की रचनाओं, मसलन् 'कफन' और 'पूस की रात' जैसी कहानियों, 'गोदान' और 'मंगलसूत्र' (अधूरा) जैसे उपन्यासों, 'महाजनी सभ्यता' जैसे लेख और प्रगतिशील लेखक संघ के अध्यक्ष पद से दिए गए उनके भाषण को आधार बनाया जाता है तो यह उचित ही है।

फिलहाल, गोयनका जी को इस बात का श्रेय है कि उन्होंने अपने अभूतपूर्व अध्ययन और अनुशीलन के बहाने प्रेमचन्द पर ढेर सारी नई बहसें शुरू कीं जिससे प्रेमचन्द-साहित्य की उन दिशाओं की ओर भी खिड़कियाँ खुलीं जिनकी ओर अभी आलोचकों की नजर नहीं पहुँची थी।

सदानन्द प्रसाद गुप्त

गिरिडीह (झारखंड) में जन्मे, गोरखपुर में पढ़े-लिखे और गोरखपुर में शिक्षक रहे सदानन्द प्रसाद गुप्त (जन्म—19.02.1952) के अध्ययन का कोई निश्चित क्षेत्र नहीं है। अज्ञेय, रामचन्द्र शुक्ल, निर्मल वर्मा, पंत आदि उनके प्रिय साहित्यकार हैं। 'हिन्दी साहित्य : विविध परिदृश्य', तथा 'राष्ट्रीय अस्मिता और हिन्दी साहित्य' इनकी प्रमुख आलोचनात्मक कृतियाँ हैं। डॉ. गुप्त ने 'राष्ट्रीयता के अनन्य साधक महन्थ अवेद्यनाथ' (तीन खंड) 'संस्कृति का कल्पतरु कल्याण', 'आचार्य रामचन्द्र शुक्ल', निर्मल वर्मा का रचना संसार', 'अज्ञेय : सृजन के आयाम', 'संस्कृति संवाद' तथा 'सुमित्रनन्दन पंत' जैसी पुस्तकों का सम्पादन भी किया है। 'समन्वय' पत्रिका का भी उन्होंने लम्बे समय तक सम्पादन किया है। रामविलास शर्मा, शिवकुमार मिश्र, नामवर सिंह

आदि अधिकांश मार्क्सवादी आलोचकों ने रामचन्द्र शुक्ल पर पुस्तकें लिखी हैं और उनमें प्रगतिशील मूल्यों की पहचान करते हुए उनसे वे ऊर्जा ग्रहण करते हैं। किन्तु सदानन्द प्रसाद गुप्त को आचार्य रामचन्द्र शुक्ल इसलिए भी प्रिय हैं क्योंकि,

"आचार्य शुक्ल के लेखन से एक महत्त्वपूर्ण निष्कर्ष यह भी निकलता है कि वे हिन्दू जीवन-पद्धति को व्यापक महत्त्व देते हैं। हिन्दू जीवन पद्धति के व्यापक महत्त्व की स्वीकृति शुक्ल जी के लेखन में स्थान-स्थान पर मिलती है। उन्होंने इस कारण 'पद्मावत' महाकाव्य में नागमती वियोग वर्णन का विश्लेषण करते हुए हिन्दू दाम्पत्य जीवन के अकृत्रिम निर्मल माधुर्य को उद्घाटित करने के लिए मलिक मोहम्मद जायसी की भूरि-भूरि प्रशंसा की है। 'रामचरितमानस' का विवेचन करते हुए तुलसीदास द्वारा निरूपित हिन्दू जीवन-पद्धति के आदर्श को शुक्ल जी महत्त्व देते हैं। मनोविकारों से सम्बन्धित विषयों पर लिखे गए अपने निबन्धों में भी उन्होंने हिन्दू जीवन-पद्धति की प्रशंसा की है।" (साहित्य भारती का आचार्य रामचन्द्र शुक्ल विशेषांक, भूमिका, पृ. xii)

इस धारा में अभी प्रतिष्ठित आलोचकों का अभाव है। किन्तु हिन्दुत्ववादी राजनीति का संरक्षण प्राप्त होने से इसका निकट भविष्य उज्ज्वल है।

तेरहवाँ सोपान

नई आलोचना

हिन्दी की नई आलोचना का सम्बन्ध पश्चिम के 'न्यू क्रिटिसिज्म' से जोड़ा जाता है। यद्यपि दोनों आलोचना प्रणालियों में पर्याप्त अन्तर है। 'न्यू क्रिटिसिज्म' का जन्म इंग्लैंड में हुआ और विकास अमेरिका में। इसका नामकरण सहज रूप से सन् 1911 ई. में कोलम्बिया विश्वविद्यालय के प्रोफेसर स्पिन गर्न (W.E. Spingurn) द्वारा 'न्यू क्रिटिसिज्म' के सम्बोधन से माना जाता है और इसकी मान्य परिभाषा जॉन क्रो रैन्सम (John Crowe Ransom) ने पहली बार अपनी पुस्तक 'दि न्यू क्रिटिसिज्म' (1941) की भूमिका में प्रस्तुत की है। आरम्भ में काफी समय तक नई समीक्षा का स्वरूप अधिक स्थिर नहीं हो पाया। एफ.आर. लीविस, इबोर विन्टर्स आदि अनेक लेखक, जिनकी समीक्षा में नवीन दृष्टि का उन्मेष, आधुनिक भाव-बोध और कविता को नई दृष्टि से समझने-परखने की आकांक्षा थी, नई समीक्षा के वृत्त में परिगणित होते रहे। जिस समीक्षक में परम्परा प्राप्त, रोमानी अथवा भाव प्रवण काव्य चेतना से भिन्न, नई काव्य चेतना का उन्मेष दिखाई दिया उसी को नया समीक्षक मान लिया गया। किन्तु चौथे दशक के अन्त में, अमेरिका के साहित्यक क्षेत्र में पहुँचकर, यह प्रवृत्ति प्राय: लक्षणबद्ध हो गई और एक विशिष्ट समीक्षा-दृष्टि का प्रतिनिधित्व करने लगी।

नई आलोचना के विकास में टी.एस. इलियट (T.S. Eliot) और आई.ए. रिचर्ड्स (I.A. Richards) का अत्यधिक योगदान है। जॉन क्रो रैन्सम ने तो नई आलोचना की शुरुआत ही रिचर्ड्स से मानी है। फिर भी सामान्य रूप से नई आलोचना के उन्नायकों में अमेरिका के जान क्रो रैन्सम, एलेन टेट (Allen Tate), आई.ए. रिचर्ड्स, ब्लैकमूर (R.P. Blackmur), राबर्ट पेन वारेन (Robert Penn Waren), आइवर विन्टर (Ivor Winter), क्लीन्थ ब्रुक्स (Cleanth Brooks) तथा इंग्लैंड के विलियम एम्पसन (William Empson) के नाम विशेष रूप से उल्लेखनीय हैं। इन समीक्षकों ने समीक्षा के नए उपकरणों पर बल दिया मसलन् रैन्सम के अनुसार कविता की रूप रचना में गठन (Texture) और संरचना (Structure) दोनों का संश्लेष होता है। टेट के अनुसार कविता का अस्तित्व तनाव (Tension) पर स्थित होता है। राबर्ट पेन वारेन ने काव्य भाषा में व्यंग्य, विरोधाभास और प्रतीक पर विशेष बल दिया, ब्लैकमूर ने सांकेतिक भाषा (Language of Gesture) के प्रयोग को अधिक महत्त्व दिया और क्लीन्थ ब्रुक्स ने विसंगति (Paradox) और एम्पसन ने अनेकार्थता (ambiguity) को।

हिन्दी में नई समीक्षा ठीक उसी रूप में नहीं आई जिस रूप में न्यू क्रिटिसिज्म ने उसे प्रतिष्ठित किया था। हिन्दी साहित्य में नई कविता, नई कहानी आदि के साथ ही नई आलोचना का भी विकास हुआ। हिन्दी के नए आलोचकों ने काव्य के सन्दर्भ में भाषा के महत्त्व को स्वीकार किया, कवि के अनुभव संसार के विस्तार और भाषा संसार के प्रसार की समानान्तरता का निरूपण किया। काव्य भाषा के सन्दर्भ में बिम्ब, तनाव, विसंगति और विडम्बना के महत्त्व को सराहा, काव्य के रूप पक्ष और संवेद्य तत्त्व की संश्लिष्टता को स्वीकार किया, रचनाओं के गहन पाठ को महत्त्व दिया किन्तु कविता को पूर्णत: ऐतिहासिक सन्दर्भ से काट कर देखने के आग्रह को अस्वीकार कर दिया। बहरहाल, नवीन साहित्य के मूल्यों और प्रतिमानों का विवेचन, शिल्प-विधि का नया विवेचन, साहित्य का इतिहास दर्शन, परम्परा और आधुनिक बोध, साहित्य की स्वाधीनता आदि नई समीक्षा के विमर्श के मुख्य विषय हैं।

नए समीक्षकों के अनुसार नवलेखन में व्यक्त होने वाला भावबोध और शिल्प दोनों अपने स्वभाव और उद्देश्य में इतने भिन्न हैं कि उनका मूल्यांकन प्राचीन मानदंडों से नहीं हो सकता। फलत: हिन्दी में

प्रचलित आलोचना के सभी पुराने प्रतिमानों का निषेध किया गया और पश्चिम की नई आलोचना प्रणाली को अधिकांशत: स्वीकार कर लिया गया।

हिन्दी जगत के पुराने समीक्षा सिद्धान्तों एवं प्रतिमानों को अस्वीकार करते हुए नया समीक्षक और सर्जक कहता है कि उसके साहित्य का उद्देश्य और स्वभाव रस या आनन्द प्रदान करना मात्र नहीं है, बल्कि जीवन की जटिलताओं को समझना और उसके सन्दर्भ में नए भाव-मूल्यों को परखना भी है। सर्जना में आनन्द का स्फुरण और दायित्वबोध दोनों जुड़े हुए हैं। वह आनन्द ही नहीं देता, जीवन चेतना को समझने की सही दृष्टि भी देता है।

इस प्रकार नई समीक्षा सर्जन में सहायक तत्त्वों और मूल्यों का परीक्षण, सर्जन की प्रक्रिया के आधार पर करती है। सर्जक के सृजन में मौलिक रूप से कौन से तत्त्व आते हैं, इसका विवेचन नई समीक्षा करती है। वह सृजन की मूल प्रक्रिया से इतर दृष्टियों से गृहीत तत्त्वों या सत्यों को नहीं स्वीकारती, चाहे वे सत्य कितने ही मूल्यवान क्यों न हों। चाहे रस हो, चाहे प्रेषणीयता का प्रश्न हो, चाहे भाषा का सवाल हो, चाहे बड़े-बड़े सहित्यिक मूल्यों की समस्या हो, चाहे आधुनिक भावबोध हो, चाहे परम्परागत प्रतीतियाँ हों, चाहे श्लीलता-अश्लीलता का सवाल हो, सभी को नई समीक्षा सृजन के मूल प्रश्नों के साथ सम्बद्ध करके देखने का प्रयत्न करती है।

नए समीक्षक और सर्जक दोनों ही साहित्य को रसवादी दृष्टि से देखने के पक्षपाती नहीं हैं। उनका कहना है कि समकालीन जीवन चेतना अपनी अभिव्यक्ति में रसमयी ही नहीं होती, वह हमारी बौद्धिक चेतना को जगाती भी है और मन को केवल तुष्ट ही नहीं करती, प्रश्नाकुल भी करती है।

दूसरा सवाल प्रेषणीयता का है। नया समीक्षक मानता है कि सर्जक के सामने प्रेषणीयता का नहीं, अभिव्यक्ति का प्रश्न रहता है। वह अपने को पूरी ईमानदारी से व्यक्त करना चाहता है, लेकिन साहित्य का माध्यम शब्द है और शब्द सामूहिक सम्पत्ति है। अत: वह अपने को व्यक्त करने के बाद प्रेषित भी होता है। लेकिन प्रेषित होने में उसकी कला-कुशलता और पाठक की जागरूकता दोनों सहायक होते हैं। हिन्दी समीक्षा ने सैद्धान्तिक स्तर पर प्रेषणीयता का महत्त्व स्वीकार किया है। किन्तु ऐसा लगता है कि पाठक और लेखक के बीच की दूरी को भरने के लिए नई समीक्षा ने अपना दायित्व पूरा नहीं किया।

नई समीक्षा की एक बड़ी उपलब्धि है शिल्प-विधि का चिन्तन। नई समीक्षा ने भाषा को भाव से, अर्थ से अलग करके नहीं देखा। ऐसा नहीं है कि प्राचीन साहित्य में भाषा का महत्त्व स्वीकार नहीं किया गया है। शब्द और अर्थ की एकता पर बल देकर प्राचीन आचार्यों और कवियों ने दोनों को एक-दूसरे से सम्पृक्त माना है—"वागर्थाविव सम्पृक्तौ"। किन्तु सर्जन की प्रक्रिया के स्तर पर भाषा पर विचार करने की प्रवृत्ति का विकास नवलेखन में विशेष रूप से हुआ है, जिसे नई समीक्षा ने खास तौर पर रेखांकित किया है।

नव लेखन की भाषा का सबसे महत्त्वपूर्ण अंग है उसकी बिम्ब योजना। आज की जटिल, खंडित संवेदनाओं और बोधों को व्यक्त करने के लिए बिम्बों और विशेषतया खंडित बिम्बों और मुक्त साहचर्य की योजना हो रही है। बिम्बों की योजना नई कविता की अनिवार्य आवश्यकता है। आज की कविता में शब्द के चरम अर्थ को न लेकर उसके उन्मुक्त वैकल्पिक अर्थ को ग्रहण किया जाता है। प्रतीक योजना भी आज ही नहीं, सदैव कविता की आवश्यकता रही है। किन्तु आज के युग में उसकी अनिवार्यता अधिक बढ़ गई है। प्रतीक योजना से कविता दुरूह तो बनती है किन्तु वह काव्य के सत्य को व्यक्त करने के लिए कहीं-कहीं अपरिहार्य हो उठती है। अज्ञेय ने 'आत्मनेपद के प्रतीकों का महत्त्व' शीर्षक निबन्ध में प्रतीक योजना को जीवंत भारतीय काव्य की मुख्य विशेषता माना है। सर्वाधिक जीवंत जन साहित्य सदा से और सबसे अधिक प्रतीकों और अन्योक्तियों के सहारे ही अपना प्रभाव डालता है। नई समीक्षा में इन्हें अतिरिक्त महत्त्व दिया गया।

संक्षेप में नवीनता के प्रति आग्रह, समकालीन वास्तविकता की अभिव्यक्ति पर बल, प्रेषण और तदर्थ शिल्पगत नए प्रयोग को महत्त्व, व्यक्तिवादी आत्मपरक दृष्टि, नूतन अर्थवत्ता, व्यापक मानवतावादी दृष्टिकोण, यथार्थ और समकालीन वास्तविकता की अभिव्यक्ति पर बल, रचना-प्रक्रिया का विश्लेषण आदि नई समीक्षा की प्रमुख विशेषताएँ हैं।

आलोचक और कवि के गठजोड़ की संस्कृति का विकास

फिलहाल, "हिन्दी कविता लोक से कट चुकी है"—आज के समय की यह सामान्य अवधारणा है। हिन्दी के विद्वान वर्षों से इसका कारण तलाश रहे हैं ताकि हल भी ढूँढ़ा जा सके। न कारण दिखाई दे रहा है और न हल सूझ रहा है। मजे की बात यह है कि कविताओं के प्रकाशन में कहीं कोई कमी नहीं है, बल्कि इजाफा ही हो रहा है। कविगण भी मस्त हैं। कविता की लोकप्रियता में ह्रास से वे हताश बिलकुल नहीं हैं। उनमें निराशा दूर-दूर तक नहीं है। वे खूब छप रहे हैं, उनकी कविताओं की प्रशंसाएँ—माफ करें, समीक्षाएँ भी छप रही हैं, किसिम-किसिम के पुरस्कार भी मिल रहे हैं। विश्वविद्यालयों से लेकर स्कूल-कॉलेजों के पाठ्यक्रमों में भी उनकी कविताएँ रखी जा रही हैं। फिर उन्हें किस बात का गम?

नए कवियों ने अपना पाठक चुन लिया है। अब लोक अथवा आम जनता से उनका कोई लेना-देना नहीं है। लोक के लिए लिखने वालों को लोक भला क्या देगा? वह तो खुद फटेहाल है, दर-दर की ठोकरें खा रहा है। उसकी सिफारिश पर एक भी ईनाम मिलता है क्या? अब लोक के लिए वही लिख रहा है जिसने अपने लिए इस जीवन में सारी उम्मीदें छोड़ दी हैं। जिन्हें ईनाम नहीं चाहिए, जिन्हें पत्र-पत्रिकाओं में प्रायोजित समीक्षाएँ भी नहीं चाहिए, जो आस लगाए रहते हैं कि उनकी कविता की दो पंक्तियाँ लोगों की जबान पर चढ़ जाएँ, उनकी रची कविता किसी हताश नौजवान में आशा का संचार कर दे। कितने लोग हैं इस मिजाज के?

हिन्दी की नकली कविताओं का यह सिलसिला कब शुरू हुआ और कैसे इसने हिन्दी की लोकधर्मी कविता की समृद्ध विरासत पर कब्जा जमा लिया? हिन्दी की कविता आम जमता से क्यों दूर हो गई? इस हकीकत को समझने के लिए और उसकी जड़ तक पहुँचने के लिए थोड़ा पहले जाना होगा। नई कविता से पहले प्रयोगवाद तक अपनी नजर दौड़ानी होगी। क्योंकि इस समस्या की जड़ वहीं है।

याद करें 'तारसप्तक' का प्रकाशन (1943), जहाँ से प्रयोगवाद का आरम्भ माना जाता है। यह वही कालखंड है जब समूची दुनिया द्वितीय विश्वयुद्ध की आग में झुलस रही थी। द्वितीय विश्वयुद्ध की शुरुआत एक सितम्बर 1939 को हुई थी और समाप्ति दो सितम्बर 1945 को। लगभग 6 वर्ष तक चलने वाले इस विश्वयुद्ध में दुनिया के तीस देशों ने सीधे हिस्सा लिया था। भारत यद्यपि अंग्रेजों का गुलाम था, किन्तु इस लड़ाई में भारत के भी 15 लाख नागरिक मारे गए थे—लगभग 38 हजार सिपाहियों के अलावा। 6 अगस्त 1945 को पहला एटम बम जापान के हिरोशिमा पर गिरा और 9 अगस्त को दूसरा और अन्तिम बम नागासाकी पर। इसमें 7 करोड़ तीस लाख की आबादी वाले जापान के 60 लाख निरीह नागरिक मारे गए। 65 लाख नागरिक सिर्फ सोवियत संघ के मारे गए जबकि एक करोड़ तैंतीस लाख सिपाही मारे गए। उस समय सोवियत संघ की आबादी उन्नीस करोड़ थी।

इतना ही नहीं 'तार सप्तक' के प्रकाशन के ठीक एक साल पहले यानी, 1942 में महात्मा गांधी का 'भारत छोड़ो' आन्दोलन हुआ था। इस आन्दोलन में बीस हजार निहत्थे और निरीह लोग मारे गए, साठ हजार लोग गम्भीर रूप से घायल हुए, एक लाख पचास हजार लोग जेल गए, पन्द्रह लाख रुपए जुर्माने के रूप में वसूले गए। घरों को जलाने, लूटने, मिलिटरी व पुलिस द्वारा प्रताड़ित आदि करने का कोई लेखा-जोखा नहीं है। ऐसे कठिन समय में 'तार सप्तक' का प्रकाशन हुआ था और उस 'तार सप्तक' की विचारधारा का अनुमान उसमें संकलित कवियों तथा सम्पादक के वक्तव्यों से लगाया जा सकता है। 'तार सप्तक' के कवि हैं—मुक्तिबोध, नेमिचन्द्र जैन, भारतभूषण अग्रवाल, प्रभाकर माचवे, गिरिजाकुमार माथुर, रामविलास शर्मा और अज्ञेय।

'तार सप्तक' के सम्पादक अज्ञेय अपनी भूमिका में संकलित कवियों के बारे में टिप्पणी करते हुए लिखते हैं, "...वे किसी स्कूल के नहीं हैं, किसी मंजिल पर पहुँचे हुए नहीं हैं, अभी राही हैं, राही नहीं, राहों के अन्वेषी। उनमें मतैक्य नहीं है, सभी महत्त्वपूर्ण विषयों पर उनकी राय अलग-अलग है। जीवन के विषय में, समाज और धर्म और राजनीति के विषय में, काव्यवस्तु और शैली के, छंद और तुक के, कवि के दायित्वों के—प्रत्येक विषय में आपस में मतभेद है। काव्य के प्रति एक अन्वेषी का दृष्टिकोण उन्हें समानता के सूत्र में बाँधता है।" (भूमिका से)

आश्चर्य होता है यह देखकर कि जब दुनिया द्वितीय विश्वयुद्ध की आग में झुलस रही थी और हमारे देश में भी आजादी की लड़ाई अपने अन्तिम चरण में और अपने सघनतम रूप में जारी थी, गांधी जी का भारत छोड़ो आन्दोलन चल रहा था, उस दौर में देश और दुनिया की इन परिस्थितियों पर ध्यान न देकर

'तार सप्तक' के सम्पादक 'राहों के अन्वेषण' की बात कर रहे हैं। किसी भी संवेदनशील इनसान के लिए देश और दुनिया की उक्त परिस्थितियों को देखकर उनसे आँखें हटा लेना कैसे सम्भव है? दुनिया जल रही हो, देश के असंख्य लोग आजादी के लिए कुर्बानियाँ दे रहे हों, ऐसे समय में इन सबसे नजरें हटाकर राहों के अन्वेषण की बात करना किसी भी तरह से मनुष्यता की निशानी नहीं है। 'तार सप्तक' के सम्पादक का वक्तव्य और उनके द्वारा चुनी और संकलित कविताएँ न तो अपने युग का प्रतिनिधित्व करती हैं और न अपने समय की जनता से लगाव को ही प्रमाणित करती हैं।

'दूसरा सप्तक' 1951 में छपा। इसमें संकलित कवियों के नाम हैं—भवानीप्रसाद मिश्र, शकुन्त माथुर, हरिनारायण व्यास, शमशेरबहादुर सिंह, नरेश मेहता, रघुवीर सहाय तथा धर्मवीर भारती।

उल्लेखनीय है कि 1950 से 60 के बीच के दस वर्षों के समय को आमतौर पर नई कविता का समय माना जाता है। तीसरा सप्तक 1959 में छपा, जिसके कवि हैं—कुँवरनारायण, केदारनाथ सिंह, विजयदेवनारायण साही, सर्वेश्वरदयाल सक्सेना, कीर्ति चौधरी, मदन वात्स्यायन तथा प्रयागनारायण त्रिपाठी। और लगे हाथ चौथे सप्तक की बात भी कर ली जाए, जो 1979 में छपा और इसमें संकलित हुए अवधेश कुमार, रामकुमार कुम्भज, स्वदेश भारती, नन्दकिशोर आचार्य, सुमन राजे, श्रीराम वर्मा और राजेन्द्र किशोर। इसी अवधि में सत्तर का दशक भी आया जिसमें अकविता, नकविता, श्मशानी पीढ़ी की कविता, दिगंबरी कविता जैसी ऊलजलूल कविताओं का अराजक दौर भी चला जिसमें राजकमल चौधरी, निर्भय मल्लिक, मणिका मोहिनी, मोना गुलाटी आदि ने अपनी-अपनी भूमिकाएँ निभाईं। आज की नई कविता भी इसी परम्परा को आगे बढ़ा रही है। हम जब भी आज की नई कविता का मूल्यांकन करेंगे हमें इसकी परम्परा पर निगाह दौड़ानी ही पड़ेगी।

ऊपर कहा जा चुका है कि नई कविता के अधिकांश कवि समीक्षक भी हैं जिसकी परम्परा 'तार सप्तक' से अज्ञेय ने ही शुरू की। 'तीसरा सप्तक' की भूमिका में कवियों को आलोचना कर्म की ओर प्रवृत्त करने के लिए उन्होंने लिखा था कि नई कविता का अपने पाठक और स्वयं के प्रति उत्तरदायित्व बढ़ गया है। यह मानकर कि शास्त्रीय आलोचकों से उसे सहानुभूतिपूर्ण तो क्या पूर्वग्रहरहित अध्ययन भी नहीं मिला है यह आवश्यक हो गया है कि स्वयं आलोचक तटस्थ और निर्मम भाव से उसका परीक्षण करें। दूसरे शब्दों में परिस्थिति की माँग यह है कि कविगण स्वयं एक-दूसरे के आलोचक बनकर सामने आएँ।

उस दौर में साहित्य जगत में अज्ञेय की तूती बोलती थी। उनके आह्वान का परिणाम यह हुआ कि नए कवि एक-दूसरे की कविताओं के पक्ष में उठ खड़े हुए। परिस्थितियाँ उनके अनुकूल थीं और वे ऐसे ही किसी अवसर की प्रतीक्षा में थे। अमूमन ये कवि किसी न किसी पत्रिका के सम्पादक भी रहे। ऐसी दशा में अपनी-अपनी पत्रिकाओं में एक-दूसरे की कविताओं को छापना और उनकी प्रशंसात्मक समीक्षाएँ प्रकाशित करना या अपने साथियों से लिखवाना इसी दौर में शुरू हुआ। इस दौर के ज्यादातर कवि किसी न किसी विश्वविद्यालय के अध्यापक भी रहे, इसलिए विश्वविद्यालयों के पाठ्यक्रमों में अपने सहयात्रियों को रखवाना भी इनके लिए आसान था। अधिकांश कवियों के पास कोई न कोई पत्रिका तो होती ही है। ऐसी दशा में नई कविता के नाम पर जो कविता पाठकों के सामने आई उससे जनता का सरोकार बहुत कम था। ये कवि जनता की परवाह भी कम करते थे। जिन्हें कविता रचने की तमीज नहीं उन्हें प्रतिष्ठित करने के लिए फालतू प्रतिमान तक गढ़ लिए गए। नामवर सिंह की पुस्तक 'कविता के नए प्रतिमान' ने रही-सही कसर पूरी कर दी। जनता के लिए जटिल और दुरूह कवि मुक्तिबोध को आधार बनाकर कविता के मूल्यांकन के प्रतिमान गढ़े गए। प्रामाणिकता, तनाव, ईमानदारी, नाटकीयता, विसंगति, विडम्बना, सपाटबयानी जैसे प्रतिमान गढ़ना और सम्प्रेषणीयता तथा लयात्मकता की उपेक्षा करना इसी कुटिल उद्देश्य से प्रेरित है।

इस तरह नई कविता को जनता से दूर करने वाला सबसे बड़ा कारण है कवियों और समीक्षकों का आपसी गठजोड़ और उनका अघोषित समझौता। यह बाकी सामाजिक-सांस्कृतिक कारणों के अतिरिक्त एक बड़ा कारण है।

उल्लेखनीय है कि इसी अवधि में हरिवंशराय बच्चन, नरेन्द्र शर्मा, रामेश्वर शुक्ल अंचल, माखनलाल चतुर्वेदी, सियारामशरण गुप्त, बालकृष्ण शर्मा नवीन, भगवतीचरण वर्मा, सुभद्राकुमारी चौहान, रामधारी सिंह दिनकर, त्रिलोचन शास्त्री, रांगेय राघव, श्रीकान्त वर्मा, मैथिलीशरण गुप्त, जानकीवल्लभ शास्त्री, दुष्यन्त कुमार, नागार्जुन, शील, केदारनाथ अग्रवाल, शिवमंगल सिंह सुमन, गोपालदास नीरज, रामावतार त्यागी, हंसराज रहबर, शलभ श्रीराम सिंह, श्रीपाल सिंह क्षेम, शम्भुनाथ सिंह, सोम ठाकुर, ठाकुर प्रसाद सिंह आदि

अनेक कवि हैं जो सप्तकों में शामिल नहीं हैं किन्तु, कवि-आलोचकों के तमाम कुचक्रों और दुर्नीतियों के बावजूद लोक में जिन्होंने जगह बना ली। अपने गीतों से असंख्य राष्ट्र भक्तों की आँखों में पानी भरने वाले गीतकार प्रदीप का नाम हिन्दी कवियों की किसी लिस्ट में नहीं मिलता। 'साकेत', 'भारत भारती', 'कुरुक्षेत्र' की लोकप्रियता किसी से छिपी नहीं है। 'साए में धूप' की कई गजलों को मैंने पिछले दिनों अन्ना हजारे के आन्दोलन के दौरान अरविन्द केजरीवाल और उनके साथियों द्वारा सामूहिक रूप से जन सभाओं में गाते हुए सुना और देखा है। सच्चे और महान कवि की यही पहचान होती है और यही उसकी कसौटी भी। किन्तु आज भी दुष्यन्त का नाम हिन्दी की किसी भी काव्य धारा में शामिल नहीं है। किसी भी बड़े आलोचक ने दुष्यन्त का नाम लेना जरूरी नहीं समझा। ऐसी कोई काव्य-धारा बनाई ही नहीं गई जिसमें दुष्यन्त जैसे लोकोन्मुखी कवि को रखा जा सके।

अज्ञेय ने कभी प्रतिमानों के मैले होने और प्रतीकों के देवता के कूच करने की बात की थी किन्तु दुष्यन्त ने दिखा दिया कि सैकड़ों साल पुराने छंद गजल में भी जब लोक के यथार्थ को समानुभूति के साथ सहज-सरल और सटीक शब्दों में कहा जाता है तो लोगों के दिलों में उतरते देर नहीं लगती। मनुष्यता कभी पुरानी नहीं पड़ती, दर्द भी कभी भोथरा नहीं होता। लोक का दर्द अनुभव करते हुए जब वाणी देंगे तो प्रतीकों और बिम्बों में नयापन स्वत: आ जाएगा। किन्तु आज भी गिरोहबद्ध शातिर आलोचकों द्वारा स्थापित प्रयोगवाद और नई कविता की काव्य-धारा में ऐसे बड़े कवियों को जगह नहीं मिली। वहाँ केंचुआ और रबर छंद लिखने वाले, कविता के नाम पर पहेली बुझाने वाले, किताबी किस्म के छपने-छपाने वाले कवियों को ही जगह दी गई है। हिन्दी साहित्य की यह एक बहुत बड़ी साजिश है जिसका अब अवश्य पर्दाफाश होना चाहिए, ताकि नकली कवियों की पहचान करके उन्हें बाहर का रास्ता दिखाया जा सके। छंद और लय में गति नहीं है, प्रतीकों और बिम्बों का प्रयोग आता नहीं, भाषा दुरूह है तो कविता के सरोवर में क्यों डूब-उतरा रहे हैं? गद्य क्यों नहीं लिखते?

कवि सम्मेलन, जो कमोबेश कविता की लोकप्रियता की कसौटी हुआ करते थे और निराला, दिनकर, नागार्जुन जैसे कवि, इन्हीं कवि-सम्मेलनों से होते हुए आम जनता में अपनी जगह बना सके थे, अब विरल हो गए हैं। आठवें-नवें दशक तक हर छोटे-बड़े शहर में आए दिन कवि-सम्मेलनों का आयोजन होता रहता था। अमूमन कवि-सम्मेलन सुबह सूरज निकलने के साथ समाप्त होते थे। अब वे कवि-सम्मेलन सपना हो गए क्योंकि अज्ञेय के अनुयायी सुविधामार्गी और छपने-छपाने में भरोसा करने वाले नए कवियों में मंच पर टिकने की क्षमता नहीं थी। वहाँ जनता से सीधे मुखातिब होना पड़ता है, जो इनके बूते की बात नहीं थी। इस तरह हिन्दी कविता दिन प्रति दिन आम जनता से दूर होती चली गई और अपने छपे हुए रूप में ही पाठकों के लिए रह गई। हिन्दी के इन कवियों ने उर्दू कविता से भी सबक नहीं लिया। उर्दू में मंचीय कविता की परम्परा आज भी जिन्दा है। वहाँ मुशायरों में पढ़ने वाले कवि विश्वविद्यालयों के पाठ्यक्रमों में भी पढ़ाए जाते हैं। कैफी आजमी, फैज अहमद फैज, अली सरदार जाफरी, अहमद फराज, निदा फाजली, जावेद अख्तर, शीन काफ निजाम आदि शायर मंच पर भी उसी शिद्दत से कविता पढ़ते रहे, फिल्मों में भी गाए जाते रहे और आज विश्वविद्यालयों में भी पढ़ाए जाते हैं। निस्सन्देह जनता से सीधे मुखातिब होने पर पाप्युलिज्म का खतरा बना रहता है। बावजूद इसके निराला, नागार्जुन आदि सभी जनता से सीधे मुखातिब होते थे और वाहवाही भी लूटते थे।

निदा फाजली का एक दोहा है,

बच्चा बोला देखकर मस्जिद आलीशान / अल्ला! तेरे एक का इतना बड़ा मकान।

दोहा हजारों साल पुराना और बहु प्रचलित छंद है। अपभ्रंश काल में अनेक कृतियाँ दोहों में लिखी गई हैं। फिर भी निदा फाजली ने उस छंद का इस्तेमाल किया और हमारे समय के एक यथार्थ का चित्रण अत्यन्त मार्मिक ढंग से सरल शब्दों में किया और परिणाम यह कि दोहा लोगों की जबान पर आ गया। इसी तरह उनकी दो पंक्तियाँ हैं,

बच्चों के नन्हे हाथों को तुम चाँद-सितारे छूने दो,
दो-चार किताबें पढ़कर वरना हम जैसे हो जाएँगे।

और अदम गोंडवी ने लिखा,

घर में चूल्हे पर अगर खाली पतीली है/ बता दो कैसे लिख दूँ धूप फागुन की नशीली है।

जाहिर है, इन पंक्तियों के काव्य-सौन्दर्य की अलग से व्याख्या करने की जरूरत नहीं होगी।

हिन्दी के कवियों का कवि-सम्मेलनों से भाग खड़े होने का परिणाम यह हुआ कि देखते-देखते इन कवि-सम्मेलनों पर हास्य कवियों का कब्जा हो गया। इनमें से अधिकांश हास्य कवि, कविता के नाम पर भड़ैती करते हैं। इन्होंने तो श्रोताओं की रुचियाँ ही बदल डालीं। इतना ही नहीं, इस दौर में श्रोताओं की रुचियाँ सबसे अधिक बदल रहा था टेलीविजन। इन्होंने उसके हिसाब से अपनी कविता ही बदल डाली।

नई कविता के कवित्व पर भी थोड़ा नजर दौड़ाना जरूरी है। रामचन्द्र शुक्ल का प्रसिद्ध निबन्ध है 'कविता क्या है'। यह निबन्ध भी 1939 ई. में ही 'चिन्तामणि' में प्रकाशित हुआ था, जो बाद में 'रस मीमांसा' में भी संकलित हुआ। इसमें शुक्ल जी ने कहा है, "जिस प्रकार आत्मा की मुक्तावस्था ज्ञानदशा कहलाती है उसी प्रकार हृदय की यह मुक्तावस्ता रस दशा कहलाती है...हृदय की इसी मुक्ति की साधना के लिए मनुष्य की वाणी जो शब्दविधान करती आई है उसे कविता कहते हैं।" (रसमीमांसा, पृ. 5) और उन्होंने लोकहृदय में लीन होने की दशा को ही रस दशा कहा। कविता के महत्त्व का आकलन करते हुए उन्होंने कहा कि "कविता ही मनुष्य के हृदय को स्वार्थ सम्बन्धों के संकुचित मंडल से ऊपर उठाकर लोकसामान्य भावभूमि पर ले जाती है जहाँ जगत की नाना गतियों के मार्मिक स्वरूप का साक्षात्कार और शुद्ध अनुभूतियों का संचार होता है।" (उपर्युक्त, पृष्ट-5)

जहाँ कविता का इतना व्यापक उद्‌देश्य था, रसानुभूति के लिए साधारणीकरण को अनिवार्य माना गया था, कविता की जरूरत मनुष्यता को बचाए रखने के लिए जरूरी मानी गई थी, वहाँ वह पहेली बना दी गई। रसानुभूति को अप्रासंगिक कह दिया गया। कविता न समझ पाना कवियों की नहीं, पाठकों की कमजोरी बताई जाने लगी। ऐसी स्थिति में भला कविता का कवित्व कैसे बचा रह सकता है? आचार्य शुक्ल ने कहा था कि कवि का उद्‌देश्य अर्थ ग्रहण कराना नहीं, बिम्ब ग्रहण कराना होता है। जब कविता की भाषा ही गरिष्ठ होगी तो बिम्ब बनेंगे कैसे? नागार्जुन, त्रिलोचन, केदारनाथ अग्रवाल आदि की कविताओं में बिम्बों का प्रयोग देखते ही बनता हैं। नागार्जुन की मशहूर कविता 'अकाल और उसके बाद' पूरी की पूरी बिम्ब है। उसके शब्द इतने सरल हैं कि कानों में पड़ते ही पूरी कविता भीतर तक उतर जाती है। चूल्हे का रोना, चक्की का उदास होना, कानी कुतिया का उसके पास सोना, भीत पर छिपकलियों का गश्त लगाना, चूहों की हालत का शिकश्त होना और जब घर में दाने आ गए तो आंगन के ऊपर धुएँ का उठना, घर भर की आँखो में चमक आ जाना और कौवे का पंख खुजलाना—इतने सारे बिम्ब एक साथ। भाषा इतनी सरल कि एक अनपढ़ गँवार के भीतर भी पूरी कविता सीधे उतर जाती है। कविता की यह परम्परा कहीं खोई नहीं है, उपेक्षित पड़ी है।

पिछले दिनों नई कविता के नाम पर जो अकूत सामग्री छपकर आई है उसे देखकर तो यही लगता है कि अब कविता के लिए संवेदना अप्रासंगिक हो गई है। बस थोड़े से बौद्धिक श्रम की जरूरत है। कविता पहेली बन गई है। जबकि इसी के समानान्तर हिन्दी गजलकारों, गीतकारों और लोकधर्मी कवियों की समृद्ध परम्परा हिन्दी में चल रही है, लेकिन किताबी कवियों और शातिर आलोचकों की साँठ-गाँठ से बड़े ही सुनियोजित तरीके से उनकी कविताओं को मुख्यधारा में शामिल करने से परहेज किया जाता है।

बहरहाल, छायावाद के बाद की जो कविता पाठकों से कटी हुई है वह निस्सन्देह प्रयोगवाद और उसे आगे ले जाने वाली नई कविता की परम्परा है। गीत, गजल या प्रगतिशील धारा की लयात्मक कविताओं के सामने लोकप्रियता की समस्या नहीं है।

एक बात और, समकालीन कविता की लोकप्रियता में ह्रास का एक बड़ा कारण है कवियों में लोक सम्पृक्ति का अभाव। जब तक कविता में लोक का सुख-दुख, लोक का हास-विलास, लोक की आशाएँ-आकाँक्षाएँ नहीं मिलेंगी पाठक उन्हें क्यों पढ़ेगा? पढ़ने से उसे क्या मिलेगा? उल्लेखनीय है, बड़े रचनाकार सदा जन-संघर्षों की उपज होते हैं। नई कविता के दौर में ही नागार्जुन और त्रिलोचन जैसे कवियों के सामने लोकप्रियता की समस्या कभी नहीं रही।

कविता और गद्य में अन्तर होता है और रहेगा भी। छायावाद के युग में 'गद्य काव्य' नाम की एक विधा हुआ करती थी। वियोगी हरि जैसे लेखकों ने जो गद्यकाव्य लिखा है उसमें आज की नई कविता की तुलना में

ज्यादा कवित्व है। यह सही है कि चित्रात्मकता तथा बिम्बों और प्रतीकों का प्रयोग गद्य में भी होता है और पद्य में भी। किन्तु लयात्मकता गद्य नहीं, कविता की विशेषता है। छंद भले ही जरूरी न हो किन्तु कविता के लिए लय अनिवार्य है।

निष्कर्ष यह कि नई कविता को प्रतिष्ठित करने में नए कवियों और आलोचकों की संयुक्त भूमिका है। नए आलोचकों में अज्ञेय, गिरिजाकुमार माथुर, लक्ष्मीकान्त वर्मा, विजयदेवनारायण साही, मलयज, परमानन्द श्रीवास्तव, रामस्वरूप चतुर्वेदी, रमेशचन्द्र शाह, जगदीश गुप्त, विश्वनाथप्रसाद तिवारी, चन्द्रकान्त बांदिवडेकर, प्रभाकर श्रोत्रिय, रघुवंश, नन्दकिशोर आचार्य, अशोक वाजपेयी आदि प्रमुख हैं। लगभग ये सभी कवि भी हैं। इन नए समीक्षकों में सभी एक विचारधारा के नहीं हैं। नए समीक्षकों से हमारा तात्पर्य उन समीक्षकों से है जो आधुनिक भावबोध को केन्द्र में रखकर समीक्षा कर्म में प्रवृत्त हुए हैं। जो साहित्य में व्याप्त विसंगति, तनाव, असहायता, निरुद्देश्यता, एकाकीपन, अजनबीयत, ऊब आदि से साक्षात्कार करते हैं। अस्मिता के संकट को झेलते हैं। एक सीमा तक अनुभूति की प्रामाणिकता और व्यक्तित्व की अद्वितीयता को स्वीकार करते हैं और इस तरह उनके अनुसार वे मानव मुक्ति का मार्ग टटोल रहे हैं।

सच्चिदानन्द हीरानन्द वात्स्यायन 'अज्ञेय'

कुशीनगर (उ.प्र.) में एक पुरातत्त्व विभाग की खुदाई-शिविर में जन्मे, बी.एस-सी. तक की पढ़ाई कर पाने वाले बहुमुखी प्रतिभा के रचनाकार अज्ञेय (07.03.1911-04.04.1987) नई आलोचना के मशालची कहे जा सकते हैं। वे कवि हैं, उपन्यासकार हैं, कहानीकार हैं, निबन्धकार हैं और आलोचक हैं। उनके आलोचना कर्म पर टिप्पणी करते हुए निर्मला जैन लिखती हैं,

"शुद्ध आलोचक न होते हुए भी अपने आलोचनात्मक विचारों के लिए हिन्दी आलोचना के इतिहास में (अज्ञेय) इसलिए उल्लेखनीय हैं कि उन्होंने नई कविता के आस्वाद और मूल्यांकन के लिए उपयुक्त नई आलोचना के लिए आधार तैयार किया है।" (हिन्दी आलोचना का दूसरा पाठ, पृ. 113) 'तीसरा सप्तक' की भूमिका में कवियों को आलोचना कर्म की ओर प्रवृत्त करने के लिए उन्होंने लिखा है, "नई कविता का अपने पाठक और स्वयं के प्रति उत्तरदायित्व बढ़ गया है। यह मानकर कि शास्त्रीय आलोचकों से उसे सहानुभूति तो क्या पूर्वग्रहरहित अध्ययन भी नहीं मिला है, यह आवश्यक हो गया है कि स्वयं आलोचक तटस्थ और निर्मम भाव से उसका परीक्षण करें। दूसरे शब्दों में परिस्थिति की माँग यह है कि कविगण स्वयं एक-दूसरे के आलोचक बनकर सामने आएँ।" (तीसरा सप्तक, भूमिका भाग)

जिस दौर में अज्ञेय तीसरा सप्तक का सम्पादन कर रहे थे उस दौर में अज्ञेय की प्रतिष्ठा अपने शिखर पर थी। निस्सन्देह उनके इस आह्वान का व्यापक प्रभाव हिन्दी आलोचना पर पड़ा और अधिकांश कविगण आलोचक भी बन गए। फिर क्या था, एक-दूसरे की कविताओं की प्रशंसा करना, उन्हें प्रकाशित और पुरस्कृत करना ही कवि-आलोचकों का प्रधान धर्म बन गया। फिर धीरे-धीरे हिन्दी कविता किताबी बनती गई और जीवन से दूर होती गई। इसका जिक्र हमने आरम्भ में कुछ विस्तार से किया है।

अपने निबन्धों तथा सम्पादित कृतियों, खासतौर से सप्तकों की भूमिकाओं में उन्होंने अपनी समीक्षा-दृष्टि का संकेत दिया है। डॉ. रामचन्द्र तिवारी के शब्दों में, "प्रयोगशीलता, आत्माभिव्यक्ति, संवेदना का पुन: संस्कार, मानववाद, साधारणीकरण और सम्प्रेषण, परम्परा और आधुनिकता, तथ्य और सत्य, संकटग्रस्त अस्मिता, अनुभव की अद्वितीयता, अहं का विलयन, स्वाधीन चेतना और सर्जनात्मक क्षमता, वरण की स्वतंत्रता और नैतिकता की सम्भावना, मृत्यु का संत्रास और जिजीविषा आदि वे विषय सूत्र हैं जिन पर अज्ञेय ने विचार किया है और जो उनकी परम्परा के आलोचकों के लिए प्रेरणास्रोत रहे हैं।" (हिन्दी का गद्य साहित्य, पृ. 134)

अज्ञेय का साहित्य चिन्तन उनके द्वारा सम्पादित काव्य-संग्रहों की भूमिकाओं के अतिरिक्त 'त्रिशंकु', 'आत्मनेपद', 'भवन्ती', 'अन्तरा', 'आलवाल', 'अद्यतन', 'युगसन्धियों पर', 'धार और किनारे' आदि निबन्ध संग्रहों में बिखरा हुआ है। इसके अलावा 'आधुनिक हिन्दी साहित्य' शीर्षक उनकी कृति में उनके साहित्य सम्बन्धी विचार व्यवस्थित रूप से अभिव्यक्त हुए हैं।

विश्वनाथप्रसाद तिवारी के शब्दों में, "जिस सीमित अर्थ में आलोचक शब्द का इस्तेमाल किया जाता है उस अर्थ में अज्ञेय आलोचक नहीं हैं। बल्कि उनके लिए आलोचक से ज्यादा उपयुक्त शब्द

होगा—विचारक या चिन्तक। हिन्दी साहित्य की व्यावहारिक आलोचना अज्ञेय ने प्राय: नहीं के बराबर की है। उनकी कुछ पुस्तकों में, अन्त:प्रक्रियाओं और भूमिकाओं में, केशवदास, मैथिलीशरण गुप्त, सियारामशरण गुप्त, पंत, गिरिजाकुमार माथुर, शमशेर, नागार्जुन, धर्मवीर भारती, रघुवीर सहाय, सर्वेश्वरदयाल सक्सेना आदि पर कुछ टिप्पणियाँ मिल जाएँगी या फिर कुछ कविमित्रों पर चुहलबाजियाँ। लेकिन ये सब प्रसंगवश ही हैं। वस्तुत; यह क्षेत्र अज्ञेय की आलोचना का नहीं है। उनकी आलोचना इससे ज्यादा व्यापक और गहरी है। उनकी चिन्ता के केन्द्र में साहित्य ही है पर उसका क्षेत्र बहुत विस्तृत और बहुआयामी है। इसीलिए अपने चिन्तन में वे धर्म, दर्शन, संस्कृति, समाज, राजनीति, नीति, मूल्य, भाषा, रचना, सम्प्रेषण तथा साहित्य-विवेक के इतने सारे प्रश्न उठाते हैं कि उनमें मानव जीवन के शाश्वत मूल्यों से लेकर समकालीन लेखकों की आपसी गुटबन्दियों तक की चिन्ताएँ एक साथ झाँकती नजर आती हैं।" (आलोचना के सौ बरस, पृ. 93)

अज्ञेय भाषा को शक्ति मानते हैं, क्योंकि वही रचनाशीलता का उत्स है। व्यक्ति के लिए भी और समाज के लिए भी। 'तारसप्तक' के पुनश्च में वे लिखते हैं, "आज भी मेरे सामने जो समस्या है और जिसका हल पा लेना मैं अपने कवि कर्म की चरम उपलब्धि मानूँगा, वह अर्थवान शब्द की समस्या है। काव्य सबसे पहले शब्द है और सबसे अन्त में भी यही बात बच जाती है कि काव्य शब्द है। सारे कवि-कर्म इसी परिभाषा से नि:सृत होते हैं।" (तारसप्तक, भूमिका)

विशवनाथप्रसाद तिवारी ने अज्ञेय को महिमा-मंडित करते हुए लिखा है, "अज्ञेय को सही सन्दर्भ में रखें तो वे एक भारतीय चिन्तक हैं। ठीक वैसे ही जैसे राजनीति में गांधी। जैसे गांधी ने अपने राजनीतिक जीवन में प्राचीन भारतीय चिन्तन के मूल्यवान अंश को सामयिक बना दिया वैसे ही अज्ञेय ने भारतीय शास्त्रीय दृष्टि को प्रासंगिक बना दिया। जैसे गांधी की सारी शब्दावली प्राचीन चिन्तन की शब्दावली है वैसे ही अज्ञेय के चिन्तन में भी एक शास्त्रीय गरिमा है। यह अकारण नहीं है कि अज्ञेय परम्परा को स्वीकार करते हैं और संस्कारवान होने की क्रिया को ही आधुनिकता मानते हैं। उनके अनुसार अपनी विकासशील संवेदना और विवेक के चलते ही व्यक्ति निरन्तर संस्कार प्राप्त करता है। कहना न होगा, अज्ञेय का सारा चिन्तन इसी संस्कार से उद्‌भूत है।" (आलोचना के सौ बरस, पृ. 96)

निस्सन्देह अज्ञेय बड़े लेखक और चिन्तक हैं किन्तु उनकी तुलना महात्मा गांधी से करना गांधी के महत्त्व को बहुत कम करके आँकना है। जहाँ तक समाज और राष्ट्र के प्रति एक लेखक के उत्तरदायित्व का प्रश्न है, अज्ञेय की दृष्टि बहुत संकुचित है। इसका अनुमान 'तार सप्तक' के सम्पादन के समय के वैश्विक परिदृश्य और 'तार सप्तक' की भूमिका पढ़ने से हो जाता है।

ऐसे भीषण समय में सुकून के साथ 'तार सप्तक' का सम्पादन करना और उसमें संकलित कवियों को 'राहों का अन्वेषी' कहना समाज के प्रति अज्ञेय की दायित्वबोध विहीन दृष्टि का परिचायक नहीं है तो क्या है?

बच्चन सिंह

जौनपुर (उ.प्र.) जिले के 'भदवार' नामक गाँव में जन्मे, काशी में पढ़े-लिखे तथा काशी और शिमला में शिक्षक रहे बच्चन सिंह (02.07.1919-05.04.2008) ने अपने आलोचना कर्म की शुरुआत 'क्रान्तिकारी कवि निराला' से की। इस कृति को निराला सम्बन्धी मूल्यांकन के प्रारम्भिक प्रयासों के रूप में देखा जाता है। 'क्रान्तिकारी कवि निराला' के अलावा 'रीतिकालीन कवियों की प्रेम व्यंजना', 'आलोचक और आलोचना' 'भारतीय और पाश्चात्य काव्यशास्त्र का तुलनात्मक अध्ययन' 'हिन्दी नाटक', 'समकालीन साहित्य : आलोचना को चुनौती', 'बिहारी का नया मूल्यांकन', 'आधुनिक हिन्दी आलोचना के बीज शब्द', 'साहित्य का समाजशास्त्र और रूपवाद' आदि उनकी अन्य आलोचनात्मक पुस्तकें हैं। 'हिन्दी साहित्य का दूसरा इतिहास' नामक कृति में भी उनकी इतिहास दृष्टि तथा साहित्यकारों पर की गई उनकी टिपपणियों से उनकी आलोचना-दृष्टि और आलोचनात्मक विवेक का पता चलता है।

कविता की आलोचना के अलावा बच्चन सिंह ने कथा साहित्य की भी अच्छी समीक्षा की है। 'गोदान', 'बाणभट्ट की आत्मकथा', 'शहर में घूमता आईना' आदि पर लिखी गई उनकी समीक्षाएँ उल्लेखनीय हैं। 'अस्तित्ववाद : एक अधूरा जीवन दर्शन' तथा 'ऊल जलूल नाटक की शुरुआत' जैसी कृतियों में उन्होंने

पश्चिम की विचारधाराओं की खबर ली है। उन्होंने संरचनावाद और विखंडन जैसी अधुनातन आलोचना पद्धतियों पर भी तर्कसंगत ढंग से विचार किया है। अपनी पुस्तक 'साहित्य का समाजशास्त्र और रूपवाद' में वे साहित्य के समाजशास्त्र के निर्माण में मार्क्सवाद से लेकर ग्राम्शी तथा रूसी रूपवाद तक का विश्लेषण करते हैं। फिलहाल, बच्चन सिंह की इन आलोचनाओं का स्तर बहुत साधारण है और इनमें वे कुछ भी मौलिक नहीं कह पाते।

बच्चन सिंह की आलोचना का क्षेत्र वैविध्यपूर्ण है। उन्होंने छायावादी कवि निराला पर भी लिखा और कथा साहित्य पर भी, रीतिकालीन कवियों पर भी लिखा और पाश्चात्य साहित्यिक अवधारणाओं तथा काव्यशास्त्र पर भी। ऐसी दशा में उन्हें किसी एक समीक्षा पद्धति के साथ जोड़ना बहुत तर्कसंगत नहीं लगता। इसीलिए इन्हें नई आलोचना की परम्परा में रखना मुझे निरापद लगा।

गिरिजाकुमार माथुर

गुना (म.प्र.) जिले के पछार (अशोक नगर) नामक कस्बे में जन्मे, लखनऊ से पढ़े-लिखे और दिल्ली दूरदर्शन के वरिष्ठ उपमहानिदेशक पद से अवकाश ग्रहण करने वाले गिरिजाकुमार माथुर (22.08.1919-10.01.1994) मूलत: कवि और नाटककार हैं। 'तारसप्तक' में उनकी भी कविताएँ संकलित हैं। किन्तु उनकी 'नई कविता : सीमाएँ और सम्भावनाएँ' शीर्षक पुस्तक उनके आलोचक व्यक्तित्व का प्रमाण प्रस्तुत करती है। 'तारसप्तक' की भूमिका में उन्होंने लिखा है, "विषय की मौलिकता का पक्षपाती होते हुए भी मेरा विश्वास है कि टेकनीक के अभाव में कविता अधूरी रह जाती है।" (तारसप्तक, पंचम संस्करण, पृ. 168) उन्होंने नई कविता की ऐतिहासिक पीठिका, नूतन भावबोध, मानवीय मूल्यों का परिप्रेक्ष्य जैसे मुद्दों पर गभीरतापूर्वक विचार किया है। अकविता के सामयिक दबाव के कारण उन्होंने' अस्वीकृति का नवोन्मेष' शीर्षक विचारोत्तेजक लेख लिखा था।

लक्ष्मीकान्त वर्मा

बस्ती (उ.प्र.) जिले के 'टँडौठी' नामक गाँव में जन्मे, गांधी जी के आह्वान पर आजादी की लड़ाई में शामिल होने के कारण उच्च शिक्षा हासिल न कर पाने वाले लक्ष्मीकांत वर्मा (15.02.1922-18.10.2002) का नाम नई समीक्षा के अग्रणी समीक्षकों में है। वे परिमल के प्रमुख प्रवक्ता और सिद्धान्तकार हैं। 'नई कविता के प्रतिमान' उनकी बहुचर्चित समीक्षाकृति है जो 1957 में प्रकाशित हुई थी और जिसमें नई कविता के नए सन्दर्भ और नए भाव स्तर को समझने की कोशिश की गई थी। एक विशिष्ट अर्थ में 'लघुमानव' शब्द को हिन्दी में प्रयुक्त करने वाले लक्ष्मीकान्त वर्मा ही है। उनकी दूसरी समीक्षा पुस्तक 'नए प्रतिमान पुराने निकष' है जिसमें अज्ञेय, शमशेर, सर्वेश्वर, धर्मवीर भारती, कुँवरनारायण आदि की समीक्षा है।

वर्मा जी रसबोध के आधार पर नई कविता के मूल्यांकन का विरोध करते हैं। उनका कहना है कि रस के आधार पर नई कविता का मूल्यांकन करना वस्तुत: यूरोप के नक्शे पर बनारस ढूँढ़ना है। युग की संवेदना के साथ काव्य मूल्यों में भी परिवर्तन होता है। यह एक स्वाभाविक और शाश्वत प्रक्रिया है। नई कविता के कवियों के युग की संवेदना बेहद अस्तव्यस्त और उलझी हुई है। जीवन में धर्म, दर्शन, नैतिक मूल्यों, परम्परागत सम्बन्धों का स्वरूप वैसा ही नहीं रह गया है जैसा वह था। स्वाभाविक है कि अपनी अभिव्यक्ति के लिए उसे नए उपकरण ढूँढ़ने होंगे।

वर्मा जी ने अज्ञेय, भगवतीचरण वर्मा, इलाचन्द्र जोशी, जैनेन्द्र आदि की औपन्यासिक कृतियों की समीक्षाएँ भी लिखी हैं।

रामदरश मिश्र

गोरखपुर (उ.प्र.) जिले के गाँव 'डुमरी' में जन्मे, काशी में पढ़े-लिखे और दिल्ली में शिक्षक रहे रामदरश मिश्र (जन्म—15.08.1924) की ख्याति कवि और कथाकार के रूप में अधिक है किन्तु उन्होंने समीक्षाएँ भी लिखी हैं। उन्होंने कविता, कथा और आलोचना के विकास की अच्छी पड़ताल की है। उनकी प्रमुख आलोचनात्मक पुस्तकें हैं, 'हिन्दी उपन्यास : एक अन्तर्यात्रा', 'हिन्दी कहानी : अन्तरंग पहचान', 'हिन्दी कविता : आधुनिक आयाम', 'छायावाद का रचनालोक', 'हिन्दी समीक्षा के स्वरूप और सन्दर्भ' तथा 'आधुनिक हिन्दी कविता के सर्जनात्मक सन्दर्भ'। मिश्र जी किसी निश्चित विचारधारा के प्रति प्रतिबद्ध नहीं हैं और मानते हैं कि "प्रत्येक

कवि युग-चेतना की सापेक्षता में नया सर्जन करता है। इसलिए पिछले युगों की सापेक्षता में हर नए युग का सर्जक कवि आधुनिक बोध वाला होता है।" (आधुनिक हिन्दी कविता सर्जनात्मक सन्दर्भ, पृ. 10)

डॉ. रामचन्द्र तिवारी के शब्दों में, "मिश्र जी कविता के भीतर जिन्दगी के अनुभव सत्य को देखते हैं। किसी बाहरी जीवन-सत्य को कविता पर आरोपित नहीं करते, किन्तु जहाँ किसी जटिल कविता के कई आयाम, कई स्तर और कई अर्थ-सम्भावनाएँ होती हैं, वहाँ कविता के मूल-स्वर को पहचानने के लिए कवि की अन्य कविताओं, उसकी समीक्षाओं (यदि हैं तो) तथा उसके जीवन-सन्दर्भों से भी सहायता लेते हैं। इसलिए आपकी समीक्षाएँ सामान्यत: साफ-सुथरी और बोधगम्य होती हैं।" (हिन्दी का गद्य साहित्य, पृ. 160)

रामदरश मिश्र की कई दर्जन पुस्तकें प्रकाशित हैं जिनमें कविता-संग्रह, कहानी संग्रह, उपन्यास, ललित निबन्ध, यात्रासाहित्य, आत्मकथा, संस्मरण, डायरी, बाल साहित्य आदि सब कुछ है। उनकी पुस्तकें रामदरश मिश्र रचनावली के रूप में 14 खंडों में प्रकाशित हो चुकी हैं।

जगदीश गुप्त

हरदोई (उ.प्र.) जिले के 'शाहाबाद' में जन्मे, इलाहाबाद से पढ़-लिखे और इलाहाबाद में ही शिक्षक रहे जगदीश गुप्त (05.07.1926-16.05.2001) नई कविता के प्रमुख कवियों में से हैं किन्तु उन्होंने आलोचनाएँ भी लिखी हैं। उनकी 'अर्थ की लय' सम्बन्धी स्थापना ने आलोचकों का ध्यान विशेष रूप से आकृष्ट किया है। उन्होंने अर्थ की लय का सम्बन्ध नई कविता के रूप विधान से जोड़ा है। गुप्त जी की एक अन्य स्थापना रसानुभूति के समकक्ष सहानुभूति सम्बन्धी है। गुप्त जी मानते है कि नई कविता में प्राचीन आचार्यों द्वारा निरूपित रसानुभूति सम्भव नहीं, क्योंकि इसमें व्यक्तित्व का परिहार नहीं होता, कवि और भावक दोनों के व्यक्तित्वों की सह स्थिति बनी रहती है। 'नई कविता : स्वरूप और समस्याएँ' उनकी महत्त्वपूर्ण समीक्षा-कृति है।

मधुरेश के शब्दों में, "अपने अन्य सहयोगियों की अपेक्षा जगदीश गुप्त बड़े फलक पर नई कविता का मूल्यांकन करते हैं और अधिक वस्तुपरकता का निर्वाह करते हैं। लेकिन व्यावहारिक स्तर पर वे लक्ष्मीकान्त वर्मा और उन्हीं जैसे अन्य कवियों की अमूर्त और निष्प्रयोजन कविताओं पर अधिक ध्यान केन्द्रित करते हैं। नई कविता में ही प्रगतिशील धारा के जो कवि सक्रिय थे—नागार्जुन, केदारनाथ अग्रवाल, त्रिलोचन शास्त्री आदि—उनकी वे उपेक्षा करते हैं। यह नई कविता का वह दौर था जिसमें मुक्तिबोध एक दूरदराज क्षेत्र में लगभग गुमनामी की जिन्दगी जी रहे थे। न उनके पास ढंग की नौकरी थी, न ही प्रकाशक और आलोचक। जगदीश गुप्त की आलोचना से ऐसा कोई साक्ष्य जुटा पाना कठिन है कि वे उस दौर में मुक्तिबोध के महत्त्व और उनके कवि कर्म को सही परिप्रेक्ष्य में समझ रहे थे।" (हिन्दी आलोचना का विकास, पृ. 215)

गुप्त जी ने महादेवी वर्मा और केशवदास की कविताओं की समीक्षा में अधिक रुचि ली है।

कुँवरनारायण

अयोध्या (उ.प्र.) में जन्मे, लखनऊ में पढ़े-लिखे, जीविका के लिए अपना पैतृक व्यवसाय करने वाले कुँवरनारायण (19.09.1927-15.11.2017) 'तीसरा सप्तक' के प्रमुख कवि हैं और उनकी ख्याति कवि के रूप में ही है, किन्तु उन्होंने आलोचना के क्षेत्र में भी काफी काम किया है। कुँवरनारायण को अपनी रचनाशीलता में इतिहास और मिथक के जरिए वर्तमान को देखने के लिए जाना जाता है। 'आज और आज से पहले', 'साहित्य के कुछ अन्तर्विषयक सन्दर्भ' तथा 'मेरे साक्षात्कार' उनकी प्रमुख आलोचनात्मक पुस्तकें हैं जिनमें उनकी आलोचनात्मक मान्यताएँ देखी जा सकती हैं।

कुँवरनारायण सिर्फ साहित्य ही नहीं, कला की दूसरी विधाओं में भी गहरी रुचि रखने वाले विचारक है। मिथकों पर उनकी गहरी आस्था है। उन्हें अपनी रचनाशीलता में इतिहास और मिथक के माध्यम से वर्तमान को देखने के लिए जाना जाता है।

महावीर अग्रवाल के एक प्रश्न का जवाब देते हुए वे आलोचना सम्बन्धी अपना दृष्टिकोण व्यक्त करते हुए कहते हैं, "आलोचना सम्बन्धी कुछ शब्दों और पदों पर गहराई से विचार करना चाहिए, जैसे आलोचना, समीक्षा, विवेचना, मूल्यांकन, अध्ययन, व्याख्या, आकलन, विश्लेषण, रिव्यू आदि जो एक कृति या रचना पर सोच-विचार से जुड़े पद हैं। इनके अभिप्राय और आशय एक से लगते हुए भी एक से

नहीं हैं। एक कृति के गुण-दोष निर्धारण में इन पदों के बीच फर्क का आभास मिलते रहना चाहिए। पदों को लेकर असावधानी और थोकपन की वजह से भी अनेक भ्रान्तियाँ उत्पन्न होती हैं। किसी भी कृति को केवल एक ही दृष्टि से और एक ही तरफ से देखना भी पर्याप्त नहीं है, क्योंकि एक रचना के स्वभाव में भी बहुलता और अनेकता होती है। उसे कई तरह से जाँचना-परखना जरूरी होता है। अपने पूर्वग्रह अपनी जगह लेकिन समीक्षा की जाँच-पड़ताल में अगर भरसक निष्पक्षता और तटस्थता हो तो शायद वह मानक समीक्षा के आदर्श के ज्यादा नजदीक मानी जा सकती है। रचना जीवन-सापेक्ष होती है। वह जीवन की सच्चाइयों से हमारा सामना कराती है। आज कबीर या तुलसी को हम उन्हीं सच्चाइयों के लिए पढ़ते हैं। उस भावनात्मक उद्रेक के लिए पढ़ते हैं जो एक स्थायी मानवीय यथार्थ है, भले ही उनके रहस्यवाद या भक्ति को लेकर हम आज भिन्न तरह से सोचते हों।

क्लासिक्स और समकालीन लेखन को लेकर भी दोहरे मानदंड नहीं होने चाहिए कि एक को तो हम मानवीय गुणों के कारण स्वीकृति दें और दूसरे को वैचारिक मतभेद के आधार पर खारिज कर दें। एक कृति पर विचार-विमर्श जरूरी है, मतभेद भी सम्भव है, लेकिन जब हम एक कृति को गवाह बनाकर अपना पक्ष पुष्ट करना चाहते हैं उस समय यह सावधानी जरूरी है कि कृति के अपने पक्ष को कमजोर करके या विकृत करके न पेश किया जाए।" (https://www.sahityashilpi.com महावीर अग्रवाल की बातचीत)

कुँवरनारायण ने अपनी मशहूर काव्यकृति 'आत्मजयी' में मृत्यु सम्बन्धी शाश्वत समस्या को कठोपनिषद का माध्यम बनाकर अद्‌भुत व्याख्या के साथ प्रस्तुत किया। मृत्यु के विषय में उनके मन में जो स्थायी अवधारणा बनी उसके बारे में उन्होंने लिखा है, "मृत्यु का यह साक्षात्कार व्यक्तिगत स्तर पर तो था ही (उनकी बड़ी बहन की मृत्यु मात्र 19 वर्ष की उम्र में हो गई थी।) सामूहिक स्तर पर भी था। द्वितीय विश्वयुद्ध खत्म होने के बाद सन् पचपन में मैं पोलैंड गया था। विश्वनाथ प्रताप सिंह भी गए थे मेरे साथ। वहीं मैंने युद्ध के विध्वंस को देखा। तब मैं सत्ताईस साल का था। इसीलिए मैं अपने लेखन में जिजीविषा की तलाश करता हूँ। मनुष्य की जो जिजीविषा है, जो जीवन है, वह बहुत बड़ा यथार्थ है।" (bharatdiscovery.org । कुँवरनारायण)

कविता व आलोचना के अलावा कुँवरनारायण ने कहानी, सिनेमा, रंगमंच जैसी दूसरी कलाओं पर भी खूब लिखा है। उनकी मान्यता है कि "कला, फिल्म, संगीत ये सभी मिलकर एक संस्कृति, मानव संस्कृति की रचना करते हैं लेकिन हरेक की अपनी जगह है, जहाँ से वह दूसरी कलाओं से संवाद स्थापित करें।" (bharatdiscovery.org / कुँवरनारायण) उन्होंने अन्य अनेक भाषाओं के कवियों की कविताओं का हिन्दी में अनुवाद भी किया है।

देवीशंकर अवस्थी

उन्नाव (उ.प्र.) जिले के 'सथनी बाला खेड़ा' नामक गाँव में जन्मे, कानपुर में पढ़े-लिखे और कानपुर तथा दिल्ली में शिक्षक रहे देवीशंकर अवस्थी (05.04.1930-13.01.1966) बहुत कम उम्र में दुर्घटना के शिकार हो गए। इसके बावजूद उनकी पहचान हमारे समय के प्रतिष्ठित समीक्षक के रूप में है। अवस्थी जी के जीवन काल में उनकी एक ही मौलिक कृति प्रकाशित हो सकी थी। शेष कृतियाँ उनकी पत्नी कमलेश अवस्थी के प्रयत्न से बाद में प्रकाशित हुईं। जिनमें 'आलोचना और आलोचना', 'रचना और आलोचना', 'आलोचना का द्वंद्व', 'अठारहवीं शताब्दी के ब्रजभाषा काव्य में प्रेमाभक्ति', 'विवेक के कुछ और रंग', 'भक्ति का सन्दर्भ' प्रमुख है। इसके अलावा 'नई कहानी : सन्दर्भ और प्रकृति', 'कहानी विविधा', तथा 'साहित्य विधाओं की प्रकृति' उनकी सम्पादित पुस्तकें हैं।

कथा समीक्षा के सम्बन्ध में उनकी दृष्टि का पता उनके निम्नलिखित कथन से लगाया जा सकता है, "कथाकृति की पूरी समझ या व्याख्या के लिए उस जीवन की गहराई की माप आवश्यक है जहाँ से लेखक की कला-दृष्टि (और इसीलिए नैतिक दृष्टि भी) उदित होती है। इसीलिए भाषा वाली कसौटी की अपेक्षा अनुभव की दुर्निवारता या प्रामाणिकता की टोह के लिए प्रतीकों या बिम्बों का नहीं, चरित्र-निर्माण क्षमता, कथानक—संघटन-शक्ति आदि का विश्लेषण ही कथा-समीक्षा के लिए महत्त्वपूर्ण होता है। कहना न होगा, कि इसके लिए जिस समीक्षा-भाषा की आवश्यकता होगी वह कविता की भाषा से अलग होगी।" ('नई कहानी : सन्दर्भ और प्रकृति', पृ. 21)

निस्सन्देह देवीशंकर अवस्थी के चिन्तन और विवेचन का क्षेत्र बहुत विस्तृत है। उनकी आलोचना सैद्धान्तिक भी है और व्यावहारिक भी। उन्होंने निराला, प्रसाद, महादेवी वर्मा, प्रतापनारायण मिश्र और प्रेमचन्द पर तो लिखा ही है, कालिदास पर भी लिखा है और ग्रीक पौराणिक गाथाओं पर भी। आलोचना, नाटक, रंगमंच, कविता, कहानी, रिपोर्ताज, पत्र, डायरी आदि साहित्य की लगभग सभी विधाओं पर उनकी लेखनी चली है। जीवन के इतने कम वर्ष मिलने के बावजूद देवीशंकर अवस्थी का चिन्तन और लेखन हमें चकित करता है।

रामस्वरूप चतुर्वेदी

कानपुर (उ.प्र.) में जन्मे, इलाहाबाद में पढ़े-लिखे और इलाहाबाद में ही शिक्षक रहे रामस्वरूप चतुर्वेदी (06.05.1931-24.07.2003) ऐसे विरले समीक्षक है जिन्होंने कवियों में अपना नाम दर्ज नहीं कराया। उनकी समीक्षा का केन्द्रीय विषय काव्य-भाषा है। वे मानते हैं कि सर्जन मूलत: भाषिक संरचना है। उनके अनुसार भाषा का आधारभूत रूप वह है जो रचनाकार समाज से ग्रहण करता है और उसी के अनुकूल उसकी संवेदना निखरती है जिसे वह फिर अपनी कkव्य-भाषा में व्यक्त करता है। यह काव्य-भाषा कवि के व्यक्तित्व के अनुकूल रूपाकार ग्रहण करती है। वे लिखते हैं, "आज की कविता को जाँचने के लिए, जो अब सचमुच 'प्रास के रजतपाश' से मुक्त हो चुकी है, अलंकारों की उपयोगिता अस्वीकार कर चुकी है और छंदों की पायलें उतार चुकी है, काव्य-भाषा का प्रतिमान ही शेष रह गया है, क्योंकि कविता के संगठन में भाषा प्रयोग की मूल और केन्द्रीय स्थिति है।" (भाषा और संवेदना, पृ. 43) किन्तु सब कुछ भाषा नहीं है। उन्हें इस बात की परवाह है कि "यदि हम अपना ध्यान केन्द्रित करते हैं शब्दों पर, उनकी संगीतात्मकता और चित्रमयता पर, उनकी चयन और क्रम सम्बन्धी शिल्पगत कुशलता पर—जैसा कि आधुनिक कवि और नए समीक्षक हमसे आशा करते हैं—तो कविता की भाषा अपारदर्शी हो जाती है, हम उसी को देखते हैं, उसके माध्यम से कुछ और नहीं।" (भाषा और संवेदना, पृ. 30)

रामस्वरूप चतुर्वेदी के अनुसार रचना ही एकमात्र आलोचना का प्रतिमान हो सकती है। बनेबनाए प्रतिमानों के आधार पर रचना का समुचित मूल्यांकन सम्भव नहीं है। वे लिखते हैं, "किसी भी रचना के लिए कोई भी पूर्वनिर्धारित मानदंड नहीं होना चाहिए। हृदय जब मुक्तावस्था में होगा, रचना भी मुक्त होगी, तो आलोचना जो अपेक्षाकृत बहुत बाद में विकसित हुई, वृद्धावस्था में नहीं रह सकती।" (पूर्वग्रह-118, (सं.) मदन सोनी, पृ. 55)।

रामस्वरूप चतुर्वेदी की छोटी-बड़ी लगभग सत्ताईस आलोचनात्मक पुस्तकें प्रकाशित हैं जिनमें 'हिन्दी नवलेखन', 'भाषा और संवेदना', 'अज्ञेय और आधुनिक रचना की समस्या', 'हिन्दी साहित्य की अधुनातन प्रवृत्तियाँ', 'कामायनी का पुनर्मूल्यांकन', 'मध्यकालीन हिन्दी काव्यभाषा', 'कविता यात्रा : रत्नाकर से अज्ञेय तक', 'सर्जन और भाषिक संरचना', 'इतिहास और आलोचक-दृष्टि', 'हिन्दी साहित्य और संवेदना का विकास', 'काव्यभाषा पर तीन निबन्ध', 'प्रसाद, निराला अज्ञेय', 'कविता का पक्ष', 'भाषा, संवेदना और सर्जन', 'हिन्दी गद्य : विन्यास और विकास', 'आधुनिक कविता यात्रा', 'आचार्य रामचन्द्र शुक्ल : आलोचना का अर्थ और अर्थ की आलोचना', 'भक्तिकाव्य यात्रा', 'हिन्दी काव्य-संवेदना का विकास', 'आलोचकथा' 'शरत् के नारी पात्र', 'नई कविता : एक साक्ष्य' आदि प्रमुख हैं। दूधनाथ सिंह के अनुसार, "वे आचार्य रामचन्द्र शुक्ल के बाद दूसरे आलोचक हैं जिन्होंने हिन्दी साहित्य का इतिहास लिखने की कठिन चुनौती स्वीकार की और 'हिन्दी साहित्य और संवेदना का विकास' लिखकर दिखा दिया। इस इतिहास में आधुनिक काल पर अधिक बल है, जिसके वे मास्टर आलोचक हैं। उन्होंने आधुनिक काल को ही अपनी आलोचना के लिए चुना और उसमें भी आश्चर्यजनक रूप से कविता को।" (माध्यम, अक्टूबर-दिसम्बर-2003, पृ. 6)

अज्ञेय, चतुर्वेदी जी के प्रिय कवि हैं और रामचन्द्र शुक्ल उनके प्रिय आलोचक। उन्होंने आचार्य रामचन्द्र शुक्ल के दिखाए मार्ग पर ही अपनी आलोचना का विकास किया है। जिस प्रकार आचार्य रामचन्द्र शुक्ल आलोचना की सबसे बड़ी विशेषता 'कवियों की विशेषताओं का अन्वेषण और उनकी अन्त:प्रकृति की छानबीन' मानते हैं, उसी प्रकार रामस्वरूप चतुर्वेदी आलोचना को 'रचना की पुनर्रचना' मानते हैं। रामचन्द्र शुक्ल की भाँति ही वे भी अपनी आलोचना में किसी भी विचारधारा से आतंकित नहीं होते और उनका अपनी जरूरत और देशकाल के अनुसार इस्तेमाल कर लेते हैं किन्तु रचनाकारों के प्रति आचार्य शुक्ल की बेबाक और तटस्थ दृष्टिकोण रामस्वरूप चतुर्वेदी के पास नहीं है।

'कामायनी का पुनर्मूल्यांकन' शीर्षक पुस्तक में कामायनी के सन्दर्भ में उन्होंने लिखा है कि कामायनी को समझने की अब तक की पद्धतियाँ रही हैं—महाकाव्य के रूप में, रूपक के रूप में, ऐतिहासिक इतिवृत्त के रूप में, दार्शनिक रचना के रूप में या ऐसा ही कुछ अन्य पक्षों को आधार बनाकर। पर कामायनी को महाकाव्य की दृष्टि से देखना या कि उसके चरित्रांकन की व्याख्या करना, उसमें रस की स्थापना करना या रूपकत्व पर बल देना या उसके दर्शन को महत्त्व लगाना आधुनिक हिन्दी काव्य की एक महत्त्वपूर्ण रचना के वैशिष्ट्य को अनदेखा करने का सफल प्रयास है। जरूरत इसे समग्रता में देखने की है।

मैनेजर पांडेय ने इतिहास लेखकों की एक 'बहिष्कारवादी श्रेणी' का जिक्र किया है जिसमें रामस्वरूप चतुर्वेदी को रखा है। उन्होंने 'हिन्दी साहित्य और संवेदना का विकास' शीर्षक पुस्तक पर अपनी उचित प्रतिक्रिया व्यक्त की है और लिखा है कि हिन्दी साहित्य के इस इतिहास में आधुनिक काल में विवेचन के कवि के रूप में त्रिलोचन के नाम का उल्लेख तक नहीं है। कवि नागार्जुन का विवेचन केवल चार-पाँच वाक्यों में है। यही नहीं, कथाकारों के विवेचन में कृष्णा सोबती के नाम का उल्लेख है और उनकी केवल एक रचना का जिक्र। यही स्थिति राही मासूम रजा, श्रीलाल शुक्ल और शानी आदि की है।

रामस्वरूप चतुर्वेदी के आलोचना कर्म पर गम्भीर काम करने वाले डॉ. महेन्द्र प्रसाद कुशवाहा से मैंने जब यह जानना चाहा कि कहीं यह सब भूल से तो नहीं हुआ है, तो उन्होंने कहा कि ऐसा चतुर्वेदी जी ने सचेत रूप में और पूरी तरह सोच-समझ कर किया है। अज्ञेय को उन्होंने बहुत महत्त्व दिया है और प्रगतिवादी काव्यान्दोलन को विदेश की नकल मानकर उसकी उपेक्षा की है। उनकी दृष्टि में प्रगतिवाद की जड़ें भारत में नहीं हैं।

वास्तव में रामस्वरूप चतुर्वेदी प्रसाद, निराला और अज्ञेय को लेकर आधुनिक हिन्दी कविता का एक विकास-क्रम देखते हैं। उनकी दृष्टि में ये ही आधुनिक हिन्दी कविता के तीन शीर्ष विन्दु हैं। उनकी एक पुस्तक ही है 'प्रसाद–निराला-अज्ञेय'। इनमें भी अज्ञेय विशेष प्रिय। कभी-कभी तो लगता है कि वे अपनी आलोचना के प्रतिमान अज्ञेय के साहित्य से निर्मित करते हैं।

उक्त कमजोरियों के बावजूद रामस्वरूप चतुर्वेदी की उक्त पुस्तक आज की सबसे ज्यादा पढ़ी जाने वाली साहित्येतिहास की पुस्तकों में से एक है। साहित्य के अलावा संस्कृति, सभ्यता, दर्शन, शिक्षा, राजनीति आदि पर भी रामस्वरूप चतुर्वेदी समय-समय पर लिखते रहे हैं। जिनमें से बहुत से लेख उनकी दो पुस्तकों—'साहित्य का नया दायित्व' तथा 'भारत और पश्चिम : संस्कृति के अस्थिर सन्दर्भ' में संकलित हैं।

कुमार विमल

लखीसराय (बिहार) जिले के 'पचीना' नामक गाँव में जन्मे, मगध और पटना विश्वविद्यालयों में शिक्षक रहे कुमार विमल (12.10.1931-26.11.2011) कवि और आलोचक के रूप में जाने जाते हैं। 'सौन्दर्यशास्त्र के तत्त्व', 'छायावाद का सौन्दर्यशास्त्रीय अध्ययन', 'मूल्य और मीमांसा', 'कला विवेचन', 'आलोचना और अनुशीलन', 'चिन्तन, मनन और विवेचन', 'महादेवी का काव्य सौष्ठव' आदि कुमार विमल की आलोचनात्मक कृतियाँ हैं।

ओम निश्चल के शब्दों में, "सौन्दर्यशास्त्र के अध्येता के रूप में न केवल उनका नाम विरल कोटि का है बल्कि प्रो. सुरेन्द्र बारलिंगे और हिन्दी में रमेशकुन्तल मेघ के अलावा इस क्षेत्र में उनका कोई हमकदम नहीं है।" (इंडिया टुडे, 3 दिसम्बर 2011)

अपनी बहुचर्चित पुस्तक 'सौन्दर्यशास्त्र के तत्त्व' में उन्होंने काव्य के प्रमुख तत्त्वों यथा—सौन्दर्य, कल्पना, बिम्ब और प्रतीक का विशद और रोचक शैली में वर्णन किया है। इसमें सौन्दर्यशास्त्र को व्यावहारिक आलोचना के धरातल पर उतारा गया है जिसका प्रमाण द्वितीय खंड में प्रस्तुत छायावादी कविता का सौन्दर्यशास्त्रीय अध्ययन है। इस पुस्तक की दूसरी विशेषता है सौन्दर्यशास्त्र की स्वीकृत मान्यताओं के आधार पर काव्यशास्त्रीय अवधारणाओं का विश्लेषण करना।

विषय को देखने की कुमार विमल की दृष्टि तार्किक व सन्तुलित है। नई आलोचना के महत्त्व का आकलन करते हुए वे लिखते हैं, "नई आलोचना के माध्यम से हिन्दी आलोचना की एक ऐतिहासिक आवश्यकता सम्पूर्त होना चाहती है। नई आलोचना की आकाँक्षा है कि रचनात्मक और आलोचनात्मक साहित्य एक-दूसरे को प्रकाश दें। कारण, नई आलोचना को यह स्वीकार्य नहीं है कि शास्त्रनिष्ठता के नाम पर आलोचना

अपने युग के रचनात्मक साहित्य की प्रगति में बाधा डाले। माना कि श्रेष्ठ आलोचक साहित्य और संस्कृति के मूल्य-मानों का संरक्षक तथा दिशा निर्देशक होता है, किन्तु वह नई प्रगति का बाधक नहीं होता, अर्थात् आलोचना सर्जनात्मक साहित्य की युग दिशा के साथ चलती है, साथ चलकर ही उसका अध्ययन विश्लेषण करती है, लेकिन उसकी दिशा को बदल नहीं सकती, उसे उखाड़ नहीं सकती और न अवरुद्ध कर सकती है। यह एक तथ्य है कि आलोचना प्रतिकूल होकर भी श्रेष्ठ कृति का अपकार नहीं कर सकती। सर्जनात्मक साहित्य की प्रत्येक श्रेष्ठ कृति श्रेष्ठ व्यक्ति की तरह अपने प्रशंसकों और विरोधियों—दोनों को प्रभावित करती है।" (शुक्लोत्तर समीक्षा, पृ. 80)

साहित्यिक हलके में कुमार विमल को हिन्दी का विश्वकोश माना जाता था। उनके दिलो-दिमाग में साहित्य की देशव्यापी गतिविधियाँ हर वक्त तरोताजा रहती थीं।

कान्तिकुमार जैन

सागर (म.प्र.) के 'देवरीकलाँ' नामक गाँव में जन्मे, सागर में पढ़े-लिखे और सागर में ही शिक्षक रहे कान्ति कुमार जैन (09.09.1932—27.04.2021) की ख्याति उनके संस्मरणों के कारण विशेष है किन्तु उन्होंने आलोचनाएँ भी लिखी हैं। उनका आलोचना कार्य बहुआयामी है। उन्होंने छत्तीसगढ़ की जनपदीय बोलियों पर शोध किया है। 'छत्तीसगढ़ी बोली : व्याकरण और कोश', 'इक्कीसवीं शताब्दी की हिन्दी' जैसी पुस्तकें उनकी भाषा सम्बन्धी शोध दृष्टि की परिचायक हैं। 'नई कविता', 'भारतेन्दु पूर्व हिन्दी गद्य', 'कबीरदास', 'छायावाद की पहाड़ी और मैदानी शैलियाँ', 'महागुरु मुक्तिबोध : जुम्मा टैंक की सीढ़ियों पर', 'शिवकुमार श्रीवास्तव : शब्द और कर्म की सार्थकता' आदि उनकी अन्य आलोचनात्मक पुस्तकें हैं।

मुक्तिबोध ने संघर्षपूर्ण जीवन जिया और उस संघर्ष को अपनी विराट रचनात्मकता का आधार बनाया। कान्तिकुमार जैन से उनके आत्मीय सम्बन्ध रहे हैं। 'महागुरु मुक्तिबोध' में उन्होंने संस्मरणात्मक शैली में मुक्तिबोध के रचना संघर्ष का रोचक दास्तान चित्रित किया है।

कान्ति कुमार जैन ने बुंदेलखंड की संस्कृति पर केन्द्रित 'ईसुरी' नामक शोध पत्रिका का सम्पादन किया है। उन्होंने भारतीय लेखक के परसाई अंक का 'परसाई की खोज' के नाम से अतिथि सम्पादन भी किया है। संस्मरण विधा को हिन्दी साहित्य में प्रमुख स्थान दिलाने में कान्ति कुमार जैन का महत्त्वपूर्ण योगदान है।

निर्मला जैन

दिल्ली के एक व्यवसायी परिवार में जन्मीं, दिल्ली में पढ़ी-लिखीं और दिल्ली में शिक्षक रहीं निर्मला जैन (जन्म : 28.10.1932) आलोचना में पुरुष वर्चस्व के सामने पहली चुनौती हैं। वे हिन्दी की पहली महिला आलोचक हैं जिन्होंने आलोचना को अपना प्रमुख कर्मक्षेत्र चुना। यद्यपि एक स्त्री के रूप में उन्होंने महसूस किया है कि "आलोचना मुश्किल डगर है और उस पर अगर स्त्री हो तो रास्ता अधिक कठिन हो जाता है।" (विशाल कुमार सिंह द्वारा लिए गए एक साक्षात्कार से)। इसके बावजूद वे आज भी आलोचना को स्त्रीवादी नजरिए से देखने के खिलाफ हैं।

निर्मला जैन की प्रमुख आलोचनात्मक पुस्तकें हैं, 'रस सिद्धान्त और सौन्दर्यशास्त्र', 'हिन्दी आलोचना की बीसवीं सदी', 'आधुनिक साहित्य : मूल्य और मूल्यांकन', 'आधुनिक हिन्दी काव्य में रूप-विधाएँ', 'प्लेटो के काव्य सिद्धान्त', 'पाश्चात्य साहित्य चिन्तन', 'कविता का प्रति-संसार', 'कथासमय में तीन हमसफर', 'कथा-प्रसंग यथा-प्रसंग', 'डॉ. नगेन्द्र', 'काव्य चिन्तन की पश्चिमी परम्परा', 'हिन्दी आलोचना का दूसरा पाठ', 'प्रेमचन्द : भारतीय साहित्य सन्दर्भ', 'आधुनिक हिन्दी समीक्षा' आदि। 'अन्तस्तल का पूरा विप्लव : अँधेरे में', 'महादेवी साहित्य (4 खंड)' 'जैनेन्द्र रचनावली (12 खंड)', 'रामचन्द्र शुक्ल : प्रतिनिधि संकलन', 'नई समीक्षा के प्रतिमान', साहित्य का समाजशास्त्रीय चिन्तन' तथा 'निबन्धों की दुनिया' का उन्होंने सम्पादन किया है। 'उदात्त के विषय में', 'बंगला साहित्य का इतिहास', 'समाजवादी साहित्य : विकास की समस्याएँ', 'एडविना और नेहरू', 'सच, प्यार और थोड़ी-सी शरारत' (खुशवंत सिंह की आत्मकथा), 'भारत की खोज' आदि का उन्होंने अनुवाद किया है। 'दिल्ली : शहर दर शहर' उनके संस्मरण का बेहतरीन उदाहरण है। उनकी आत्मकथा 'जमाने में हम' भी खासी चर्चित हुई।

निर्मला जैन की आलोचना सैद्धान्तिक भी है और व्यावहारिक भी। एक ओर उन्होंने आधुनिक मनोविज्ञान के आलोक में रस सिद्धान्त की व्याख्या की है तो दूसरी ओर छायावाद से लेकर नई कविता और समकालीन कथा साहित्य का मूल्यांकन किया है। उन्होंने अनुसन्धान, सिद्धान्त निरूपण, इतिहास आदि को साहित्य के मूल्यांकन के लिए जरूरी मानते हुए भी आलोचना को इनसे अलग रखने पर जोर दिया है। उन्होंने लिखा है, "ऐसे सर्व संग्रही प्रयत्नों से हिन्दी आलोचना चाहे जितनी समृद्ध दिखती हो, वास्तविक आलोचना के विकास की रेखा धुंधली होती है।"(हिन्दी आलोचना की बीसवीं सदी, भूमिका भाग)। निर्मला जी सिद्धान्त निरूपण को उपयोगी मानते हुए ठेठ आलोचना की बात करती हैं और रचना प्रक्रिया को समझने पर जोर देती हैं। ठेठ आलोचना के तात्पर्य को समझाते हुए वे आचार्य रामचन्द्र शुक्ल की आलोचना का उदाहरण देती हैं और कहती हैं, "उन्होंने कैसे भक्तिकाल के तीन बड़े कवियों (तुलसी, सूर, जायसी) को चुना। उसमें भी उनका आग्रह बहुत-साफ और स्पष्ट है। एक वरीयता क्रम उनकी दृष्टि में गोचर होता है साथ ही साथ बहुत-सारी चीजें उनकी आलोचना से सिद्धान्त के रूप में निकल कर सामने आती हैं। जैसे उन्होंने मुक्तक की तुलना में प्रबन्ध को बेहतर समझा, तत्पश्चात् उन्होंने लोकमंगल की सिद्धावस्था और साधनावस्था की बात कही। उसमें भी साधनावस्था का जो कर्म का सौन्दर्य है उसे उन्होंने सबसे महत्त्वपूर्ण अवस्था माना है। इस तरह से ठेठ आलोचना मैं इसको कहती हूँ।" (विशाल कुमार सिंह द्वारा निर्मला जैन से लिए गए साक्षात्कार से)

आज के स्त्री विमर्श पर अपनी प्रतिक्रिया देती हुई निर्मला जी कहती हैं, "मैं इस तथाकथित स्त्रीवादी आन्दोलन से बिलकुल प्रभावित नहीं हूँ, क्योंकि जहाँ मूल समस्याएँ हैं वहाँ ये आन्दोलन तो होते ही नहीं। कुछ सीमित समस्याओं को लेकर लिखने को मैं स्त्री विमर्श नहीं मानती। विमर्शों के नाम पर ये बस अपनी पहचान बनाने की कोशिश है। जिनको कलम चलाने की तमीज नहीं है वे आज स्त्री विमर्शों के सरोकार बन बैठे हैं और जो सम्पन्न परिवार से आती हैं उनकी अलग समस्याएँ हैं। हर घर की अपनी-अपनी समस्याएँ हैं। असलियत से कोसों दूर रहकर और रचनाओं में अन्याय-अत्याचार के विरूद्ध लिख देने से स्त्री विमर्श नहीं होता। असली विमर्श वहाँ होता है जब कोई नीचे तबके के लोगों की समस्याओं को समझते हैं। छोटी-छोटी लड़कियों के साथ हो रहे हिंसक व्यवहार बहुत गहरी समस्याएँ हैं। इन समस्याओं को ऐसे नहीं आँका जा सकता, ये सब जानते हैं। जहाँ तक आपका सवाल है, प्रचलित 'स्त्रीवादी दृष्टिकोण' जिसको कहते हैं, वह सिर्फ उसी साहित्य का ठीक-ठीक मूल्यांकन कर सकता है जो स्त्रीवादी दृष्टिकोण से रचा गया हो। ये लोग तो स्त्री हैं ही। एक सीमा तक स्त्री का दृष्टिकोण उसमें आएगा। अनायास आएगा। लेकिन जिसे स्त्रीवाद कहते हैं यह जो वाद है इससे बड़े खतरे पैदा होते हैं। दुराग्रहपूर्वक जो नहीं है, उसे निकालने की कोशिश करते हैं। जैसे मान लीजिए प्रगतिवाद, और आपने प्रगतिवादी दृष्टिकोण लागू किया अगर वह वाद प्रतिफलित नहीं हो रहा है रचना में तो आप उसका अवमूल्यन करेंगे। तो जब भी किसी वाद से बँधकर रचना को देखेंगे तो वहाँ गड़बड़ है। तो स्त्रीवादी दृष्टिकोण से न इन्होंने लिखा और न ही उन्हें देखा जाना चाहिए। बाद के लोगों में बहुत ऐसे हैं जिन्होंने स्त्रीवादी दृष्टिकोण से लिखा।" (उक्त साक्षात्कार से)

'कथा समय में तीन हमसफर' में निर्मला जी ने कृष्णा सोबती, मन्नू भंडारी तथा उषा प्रियंवदा के साथ के अपने निजी सम्बन्धों के साथ ही उनके कथा संसार का भी विश्लेषण किया है। उनके विषय में निर्मला जी कहती हैं, "इन तीनों महिलाओं ने न किसी प्रचार माध्यम का सहारा लिया और न ही किसी आन्दोलन में हिस्सेदारी की। मैं उनके इस साहस को दाद देती हूँ। वैसे भी हम तीनों में काफी मित्रता है, और मित्रता से ज्यादा समझदारी। इसलिए जब मैं उनकी आलोचना करती हूँ तो ये पक्षपात का भाव भी नहीं रहता कि किसी के बारे में कम लिखूँ या ज्यादा। जो भी लिखती हूँ मुक्त भाव से लिखती हूँ। कोई नहीं कहता कि मेरे साथ कोई दुराग्रह हुआ है और दूसरे के साथ कोई फेवॉराईटीजिम हुआ है। तीनों बहुत मैच्योर, प्रौढ़, व्यक्तिगत सम्बन्धों को महत्त्व देने वाली लेखिकाएँ हैं। मैंने व्यक्तिगत और व्यावसायिक सम्बन्धों को कभी नहीं मिलाया। अर्थात् मित्रता एक जगह और लेखक-आलोचक का सम्बन्ध एक जगह।" (उक्त साक्षात्कार से)

दलित विमर्श पर निर्मला जैन की टिप्पणी है, "दलित विमर्श की मूल संकल्पना की सबसे बड़ी सीमा यही है कि वह दलित-सवर्ण संघर्ष को मूल्य रूप में प्रस्तावित करता है।...प्रतिरोध, आक्रोश, संघर्ष,

समाज की वास्तविकता तो हो सकते हैं, उन्हें रचनाओं की पहचान भी बनाया जा सकता है, पर मूल्यांकन के लिए प्रतिमान का दर्जा देने में व्यावहारिक कठिनाई पैदा होती है। इसलिए और भी कि ये सीमा-पार के दूसरे आलोचकों की नीयत और क्षमता दोनों को सन्देह की दृष्टि से देखते हैं। ऐसी स्थिति में यह एक सीमित आरक्षित क्षेत्र के रचनाकारों के बीच रचने और सराहने का मामला होकर रह जाता है। इस साहित्य से जो नया बोध और युक्तियाँ सामने आईं उन्होंने क्रमश: रूढ़ियाँ विकसित कर लीं और ऐसी ब्रांडधर्मिता पैदा हो गई जिसके कारण दोहराव और आपसी टकराव की सम्भावना बढ़ने लगी।

'स्त्री' और 'दलित' प्रश्न पर केन्द्रित सरोकारों ने पिछली सदी के अन्तिम दशक में जिस रचनाधर्मिता को प्रेरित और सवंर्धित किया था, उसके पीछे गम्भीर सामाजिक चिन्ता थी। पर क्रमश: उसका स्खलन ब्रांडधर्मी लेखन में होने लगा। ऐसी रचनाओं का अम्बार लग गया जिनका 'उत्पादन' इस 'ठप्पे' के सहारे साहित्य की दुनिया में मान्यता प्राप्त करने की लालसा से लगभग 'उद्योग' की तरह किया जा रहा था। इस तथाकथित साहित्य की अपनी रूढ़ियाँ और मार्केटिंग के अपने तौर-तरीके विकसित हो गए। 'सामाजिक न्याय' की गम्भीर चिंता से प्रेरित रचनाओं के बीच 'असल' और 'नकल' की पहचान दुष्कर और श्रमसाध्य हो चली। इस कठिनाई ने निश्चित रूप से पाठकों की संख्या को प्रभावित किया है।" (उद्धृत, मुक्तांचल, जनवरी-मार्च 2019, पृ. 32)

छायावाद को निर्मला जी ने 'स्वच्छंदता का स्वाभाविक पथ' माना है। लम्बी छायावादी कविताओं में 'प्रलय की छाया' और 'राम की शक्तिपूजा' पर उन्होंने स्वतंत्र रूप से विचार किया है। 'राम की शक्तिपूजा' को वे निराला की काव्य-शक्ति का प्रमाण ही नहीं मानतीं बल्कि हिन्दी के शक्ति-काव्य का प्रतिमान घोषित करती हैं। प्रेमचन्द, निराला, जैनेन्द्र, इलाचन्द्र जोशी जैसे रचनाकारों पर उन्होंने विस्तार से लिखा है।

आलोचकों का मूल्यांकन करते हुए आचार्य रामचन्द्र शुक्ल की तरह निर्मला जी सूत्रवाक्यों का इस्तेमाल करती हैं और बाद में उन सूत्रवाक्यों की व्याख्या करती रहती हैं। उदाहरणार्थ "मिश्रबन्धुओं की आलोचना दृष्टि मुख्यरूप से कृतिनिष्ठ थी।" "शुक्ल जी के विवेचन की सबसे बड़ी विशेषता यह थी कि वे किसी भी सिद्धान्त में उसके रूढ़ रूप को छोड़कर मूल मंतव्य तक पहुँचने का प्रयास किया करते थे।" "सुमित्रानन्दन पंत की देन मुख्यत: काव्यभाषा और शिल्प के क्षेत्र में दिखाई पड़ती है।" "गद्य को जीवन-संग्राम की भाषा मानने वाले निराला की आलोचनाएँ प्राय: विवादात्मक हैं।" "प्रसाद ने अपने विचार-क्रम में जिन प्रश्नों को उठाया है उनके सूत्र आचार्य शुक्ल की आलोचना में निहित हैं।" "हजारीप्रसाद द्विवेदी साहित्य की हर प्रवृत्ति और व्यक्ति को देश काल व्यापी सांस्कृतिक सन्दर्भ में रखकर देखने-समझने के आग्रही थे।" "आज के हिन्दी पाठक में और विशेषकर विद्वत्समाज में काव्यशास्त्रीय अध्ययन के प्रति रुचि जगाने और सजगता उत्पन्न करने में डॉ.नगेन्द्र का विशेष योगदान है।" "रामविलास शर्मा ने मार्क्सवादी दृष्टि से समूचे हिन्दी साहित्य की परम्परा की नई व्याख्या प्रस्तुत करके मार्क्सवादी आलोचना का सामर्थ्य स्थापित कर दिखाया।" "मुक्तिबोध ने मार्क्सवादी आलोचना को सतहीपन से उबारकर गहराई तक ले जाने का प्रयास किया है।" "हिन्दी के आधुनिक आलोचकों में नामवर सिंह का स्थान इस दृष्टि से विशिष्ट है कि वे समाजवादी जीवन-दृष्टि और नई कविता की भाव भूमि के समवेत बोध को लेकर आलोचना में प्रवृत्त हुए" आदि।

निर्मला जी के अनुसार आलोचना बहुत धीरज का काम है। आलोचक को बहुत पढ़ना पड़ता है। जबकि, "आजकल लोग लिखना बहुत बाद में चाहते हैं पर प्रशस्ति उसकी पहले चाहते हैं। व्यक्ति में आत्म निरीक्षण और आत्मालोचन जैसी प्रवृत्ति की कमी होती जा रही है। किन्तु एक अच्छे लेखक होने के लिए जरूरी है कि आप आत्मालोचन करें। आप जब अपने खामियों के बारे में स्वयं सहज-सतर्क नहीं होंगे तब अच्छा कैसे लिखेंगे...।" (विशाल कुमार सिंह द्वारा लिए गए साक्षात्कार से)

समकालीन आलोचना के पतन की दशा देखकर निर्मला जी अत्यन्त दुखी किन्तु बेबस हैं। वे लिखती हैं, "जीवन में मूल्यबोध और विचारधारात्मक चिन्तन का जिस हद तक क्षरण हुआ है, उसका प्रभाव साहित्यिक गतिविधि में सबसे अधिक आलोचना कर्म पर पड़ा है। उसके मुख्य दायित्व-प्रतिमानों का कमोबेश निर्धारण, पूर्ववर्ती रचनाओं का पुन: पाठ, नई कृतियों की विवेक-सम्मत व्याख्या और अन्तत: उनका मूल्यांकन, गौण हो चले हैं। बचा है प्रायोजित विवरणधर्मी प्रशंसात्मक समीक्षाओं का अम्बार। ऐसा करना या फिर आलोचना-कर्म से विरत हो जाना गम्भीर आलोचक की विवशता हो गई है। क्योंकि

वस्तुनिष्ठ आलोचना का आग्रह तो बहुत है पर उसे सहने की ताब नहीं के बराबर। अगर आलोचना अनुकूल नहीं है तो वह बदनीयती या नासमझी से प्रेरित मानी जाएगी। यानी, आलोचना के राजमार्ग पर वही चले जिसने बचाव के रास्ते पहले खोज रखे हों। वरना करिए लोकार्पण / विमोचन, पाइए पुष्प गुच्छ, दीजिए आशीर्वाद-पाने वाला प्रसन्न और देने वाला निरापद। और लिखने-छपने का व्यापार यूँ ही फलता-फूलता रहे—घालमेली, ब्रांडधर्मी रचनाओं से।

ऐसे माहौल में आलोचना अकाल-ग्रस्त होने के लिए अभिशप्त है। पर दूर-दूर तक फैले इस रेगिस्तान में हरियाली के जो कुछ द्वीप नजर आ रहे हैं, उन्हें चीन्हते और उनकी उपस्थिति दर्ज करते रहना भी उतना ही जरूरी है क्योंकि भविष्य तो आखिर इन्हीं में निहित है।" (हिन्दी आलोचना का दूसरा पाठ, भूमिका से पृ. 9)

निर्मला जैन किसी खास विचारधारा की आग्रही नहीं हैं। उनकी आलोचना में उनका अध्यापक व्यक्तित्व निखरा हुआ दिखाई देता है। हिन्दी आलोचना को सैद्धान्तिक दृष्टि से समृद्ध करने का उन्होंने महान कार्य किया है। अपनी आत्मकथा 'जमाने में हम' के लिए भी वे खासा चर्चित रही हैं। इस तरह उनकी आलोचना दृष्टि व्यापक और सन्तुलित है।

निर्मला जी एक प्रतिष्ठित नृत्यांगना भी हैं। उन्होंने नृत्य की शिक्षा कत्थक गुरु अच्छन महाराज (बिरजू महाराज के पिता) से ग्रहण की है।

चन्द्रकांत बांदिवडेकर

रत्नागिरि (महाराष्ट्र) के 'डोर्ले' नामक कस्बे में जन्मे, मुम्बई से पढ़े-लिखे और महाराष्ट्र में ही शिक्षक रहे चन्द्रकांत बांदिवडेकर (जन्म—05.11.1932) कुशल अनुवादक और प्रतिष्ठित समीक्षक हैं। उपन्यास और कविता की आलोचना में उनकी प्रवृत्ति अधिक रही है। अज्ञेय उनके प्रिय कवि है और उनके काव्य के मूल्यांकन से उन्हें विशेष प्रतिष्ठा मिली है। 'अज्ञेय की कविता : एक मूल्यांकन', 'हिन्दी उपन्यास : स्थिति और गति', 'कविता की तलाश', 'जैनेन्द्र के उपन्यास : मर्म की तलाश', 'आधुनिक हिन्दी उपन्यास: सृजन और आलोचना', 'कथाकार अज्ञेय', 'चन्द्रकान्त देवताले की कविता : कविता का स्वभाव', 'गोविन्द मिश्र : सृजन के आयाम' आदि उनकी प्रमुख आलोचना कृतियाँ हैं। एक समन्वयशील समीक्षक के रूप में वे स्वीकार करते हैं कि उनके लिए प्रेमचन्द और अज्ञेय, यशपाल और जैनेन्द्र, रेणु और मोहन राकेश, मुक्तिबोध और शमशेर, धूमिल और केदारनाथ सिंह, अपनी-अपनी क्षमताओं और सीमाओं के साथ ग्रहणीय हो जाते हैं। असल में रचना क्या दे सकती है, क्या देना उसके स्वभाव में, प्रकृति में है, यह विवेक न कर जब हम अपनी अपेक्षाएँ लादकर रचना को देखते हैं, तब आस्वाद की बहुत बड़ी गलतियाँ होती हैं।

चन्द्रकान्त बांदिवडेकर की आलोचना का दायरा काफी बड़ा है और हिन्दी के अधिकांश महत्त्वपूर्ण उपन्यासों पर उन्होंने लिखा है। जैनेन्द्र और अज्ञेय के बाद इनकी पसन्द के अन्य लेखकों में रेणु और धर्मवीर भारती हैं। उन्होंने धर्मवीर भारती ग्रंथावली का नौ खंडों में सम्पादन किया है। वे अपने प्रिय लेखकों से अमूमन कहीं कोई वैचारिक या कलागत मुठभेड़ नहीं करते। वे केवल उसके सकारात्मक पक्षों को रेखांकित करना ही अपना लक्ष्य मानकर चलते हैं। 'हिन्दी और मराठी के सामाजिक उपन्यासों का तुलनात्मक अधययन' भी उनकी महत्त्वपूर्ण कृति है।

बांदिवडेकर जी ने अपने बहुमूल्य और प्रचुर अनुवाद कार्य के द्वारा हिन्दी और मराठी के बीच सेतु निर्मित करने का महान कार्य किया है। उनकी बहुत सी पुस्तकें मराठी में भी प्रकाशित हैं। एक मराठी भाषी होते हुए और महाराष्ट्र में रहते हुए उन्होंने हिन्दी भाषा और साहित्य के क्षेत्र में जो काम किया है वह हमें चकित करता है।

केदारनाथ सिंह

बलिया (उ.प्र.) जिले के 'चकिया' नामक गाँव में जन्मे, काशी में पढ़े-लिखे और जेएनयू में शिक्षक रहे केदारनाथ सिंह (20.11.1934-19.03.2018) सुप्रसिद्ध कवि हैं, किन्तु उन्होंने आलोचनाएँ भी लिखी हैं। 'कल्पना और छायावाद', 'आधुनिक हिन्दी कविता में बिम्ब विधान', 'मेरे समय के शब्द' और 'मेरे साक्षात्कार' उनकी प्रमुख आलोचनात्मक पुस्तकें हैं। आधुनिक कविता में बिम्ब विधान पर उन्होंने शोध किया है जिसका प्रभाव उनकी अपनी कविताओं पर भी देखने को मिल जाता है। उनकी कविताओं में बिम्बों का

बहुत सुन्दर प्रयोग हैं। 'मेरे समय के शब्द' उनकी महत्त्वपूर्ण आलोचना पुस्तक है जिसमें संकलित लेखों के शीर्षकों से केदार जी की आलोचना की परिधि का अनुमान किया जा सकता है। 'हिन्दी आधुनिकता का अर्थ : विशेषत: कविता के सन्दर्भ में', 'आचार्य शुक्ल की काव्य-दृष्टि और आधुनिक कविता', 'सन् 60 के बाद की हिन्दी कविता', 'तारसप्तक : ऐतिहासिकता और प्रासंगिकता', 'पंत की परवर्ती कविताएँ', 'अज्ञेय का आरम्भिक काव्य', 'नागार्जुन : खतरनाक ढंग से कवि होने का साहस', 'ताप के ताए त्रिलोचन', 'एक आलोचक का काव्यलोक : रामविलास शर्मा की कविताएँ', 'श्रीकान्त वर्मा की एक कविता : घर-धाम' आदि उनके लेखों के शीर्षक हैं।

उन्होंने आधुनिकता और समकालीनता के परिप्रेक्ष्य को अच्छी तरह समझा था और उसे हिन्दी कविता की रचनाशीलता में पहचानने की कोशिश की है। आलोचना में अपनी असहमतियों को उन्होंने पूरी ईमानदारी और निर्भीकता के साथ व्यक्त किया है। 'आचार्य शुक्ल की काव्य दृष्टि और आधुनिक कविता' शीर्षक अपने लेख में वे शुक्ल जी की कई मान्यताओं पर सवाल उठाते हैं। वे कहते हैं कि शुक्लजी केवल शिक्षित जनता की बाह्य और आभ्यंतर स्थिति के साथ सामंजस्य को महत्त्व देते हैं जो उनके कथन के आशय को थोड़ा सीमित करता है। यह तत्कालीन काव्यबोध पर क्रमश: विकसित होते हुए नवशिक्षित मध्यवर्ग में बढ़ते हुए दबाव का परिणाम है। इसी तरह आचार्य शुक्ल के काव्य में प्रकृति तत्त्व की प्रमुखता वाले विचार की आलोचना करते हुए केदार जी ने लिखा है कि काव्य में व्यक्ति-वैचित्र्य का विरोध करने वाले आचार्य शुक्ल का यह प्रकृति-प्रेम भी कई बार विशेष प्रकार का वैचित्र्य ही जान पड़ता है। वे यह भी कहते हैं कि प्राचीन कविता के सन्दर्भ में आचार्य शुक्ल की काव्य-दृष्टि जितनी स्पष्ट और प्रखर रूप में हमारे सामने आती है उतनी आधुनिक कविता के सन्दर्भ में नहीं।

कृष्णचन्द्र लाल के शब्दों में, "त्रिलोचन, नामवर, सोमदत्त, श्रीकान्त वर्मा और अज्ञेय पर केदार जी ने बहुत ही मार्मिक ढंग से लिखा है। किन्तु उस मार्मिकता में इन व्यक्तियों के उन पक्षों पर भी खुलकर बात की है जिनसे एक तरह से केदार जी की आलोचनात्मक दृष्टि का भी पता चलता है। इसी तरह 'प्रतिबद्धता केवल विचार नहीं है', 'युद्ध और मानवीय संवेदना', 'हिंसा और लोकतंत्र', 'भाषा की राजनीति', 'एक स्तम्भ का अकेलापन', 'मैं बोलता हूँ इसलिए लिखता हूँ' जैसी टिप्पणियों से केदार जी के खुले हुए विचारों को अच्छी तरह जाना जा सकता है। केदार जी हमेशा एक रचनाकार के रूप में चीजों की तह में जाकर सत्य का अन्वेषण करने वाले आलोचक हैं, वे तात्कालिक और किसी का पक्ष-पोषण करने वाले व्यक्ति नहीं हैं। उनके यहाँ विचारों की दुनिया में मित्रता का भी हस्तक्षेप नहीं है।" (दस्तावेज-158, पृ. 12)

अपने एक साक्षात्कार में केदार जी कहते हैं, "मैने विधिवत आलोचना नहीं लिखी है। जब-तब अपनी पसन्द की कृतियों को समझने की कोशिश-भर करता रहा हूँ। इस कोशिश में आलोच्य कवि को समझने के साथ-साथ खुद उसके भीतर से अपने लिए भी कुछ अर्जित करना मेरा उद्‌देश्य रहा है। मेरा ख्याल है कि एक कवि के द्वारा लिखी गई आलोचना का एक मुद्दा यह भी होता है। जहाँ तक मेरे एप्रोच का सवाल है, मैं मानता हूँ कि काव्यगत शब्द के अलावा कविता में प्रवेश करने का कोई दूसरा विश्वसनीय आधार नहीं है। इसलिए मैं जब कभी किसी कविता को देखता हूँ तो मेरी पहली कोशिश यह होती है कि उसमें आए हुए बीज-शब्दों की तलाश की जाए। ये बीज-शब्द कविता के कलात्मक गुण और उसकी अन्तर्वस्तु दोनों को आलोकित करते हैं। मैं अपनी आलोचना में उसी आलोक-विन्दु तक पहुँचने की कोशिश करता हूँ।" (उद्धृत, दस्तावेज-158, पृ. 12)

परमानन्द श्रीवास्तव

बाँसगाँव (गोरखपुर, उ.प्र.) में जन्मे, आगरा और गोरखपुर में पढ़े-लिखे तथा गोरखपुर में शिक्षक रहे परमानन्द श्रीवास्तव (10.2.1935-5.11.2013) नई आलोचना के एक प्रमुख स्तम्भ हैं। देशभर की साहित्यिक संगोष्ठियों में अपनी भागीदारी, ओजस्वी वक्तृत्व-कला, पत्र-पत्रिकाओं में निरन्तर लेखन और नई प्रतिभाओं की तलाश व उन्हें अवसर प्रदान करने की पहल के कारण परमानन्द श्रीवास्तव अपने समय में लगातार चर्चा के केन्द्र में रहे।

परमानन्द श्रीवास्तव कवि भी है और आलोचक भी। उनकी प्रमुख आलोचनात्मक कृतियाँ हैं, 'नई कविता का परिप्रेक्ष्य', 'कविकर्म और काव्य भाषा', 'समकालीन कविता का व्याकरण', 'शब्द और मनुष्य',

'समकालीन कविता का यथार्थ', 'कविता का अर्थात्', 'कविता का उत्तरजीवन', 'कविता का पाठ और काव्यमर्म', समकालीन कविता : नए प्रस्थान', 'हिन्दी कहानी की रचना प्रक्रिया', 'जैनेन्द्र के उपन्यास', 'उपन्यास का पुनर्जन्म', 'उपन्यास का जनपद और उपन्यास की मुक्ति', 'उपन्यास का यथार्थ और रचनात्मक भाषा', 'आलोचना की संस्कृति', 'अंधेरे समय में शब्द', 'प्रतिरोध की संस्कृति और साहित्य', 'उत्तर समय में साहित्य', 'दूसरा सौन्दर्यशास्त्र क्यों?' 'उपन्यास के विरुद्ध उपन्यास', 'आलोचना का स्वराज', 'आलोचना का रहस्यवाद', 'अतल का अन्तरीप', और 'समकालीन सम्प्रेषण का संकट'। इसके अलावा 'निराला' और 'जायसी' शीर्षक से उन्होंने साहित्य अकादमी के लिए विनिबन्ध भी लिखा है।

उन्होंने 'समकालीन हिन्दी कविता', 'समकालीन हिन्दी आलोचना', 'महादेवी', 'निराला की कविताएँ : मूल्यांकन और मूल्यांकन', 'शेखर एक जीवनी का महत्त्व' तथा 'प्रतिनिधि कविताएँ : केदारनाथ सिंह' जैसी कृतियों का सम्पादन किया है। 'उजली हँसी के छोर पर', 'अगली शताब्दी के बारे में' 'चौथा शब्द' तथा 'एक अनायक का वृत्तान्त' उनके काव्य संग्रह हैं और 'रुका हुआ समय' उनकी कहानियों का संग्रह है। 'मेरे साक्षात्कार' शीर्षक से उनका साक्षात्कार तथा 'एक विस्थापित की डायरी' शीर्षक से उनकी डायरी भी प्रकाशित है। कुछ वर्ष तक उन्होंने 'आलोचना' तथा 'साखी' पत्रिकाओं का सम्पादन भी किया है।

अपने समय के साहित्य से निरन्तर जुड़े रहने वाले परमानन्द श्रीवास्तव की आलोचना का प्रधान क्षेत्र आधुनिक साहित्य है और उसमें भी मुख्य रूप से कविता की आलोचना। उन्होंने मध्ययुगीन सूफी कवि जायसी पर भी बेहतरीन पुस्तक लिखी है। जायसी का मूल्यांकन करते हुए उन्होंने सर्वाधिक प्रशंसा जायसी के काव्य के लोकपक्ष, खासतौर पर उनकी लोकसंस्कृति और लोकभाषा की, की है। आधुनिक कवियों में उन्होंने निराला, अज्ञेय, नागार्जुन, केदारनाथ अग्रवाल, शमशेर, मुक्तिबोध, त्रिलोचन, रघुवीर सहाय, कुँवरनारायण, सर्वेश्वर, श्रीकान्त वर्मा, केदारनाथ सिंह, धूमिल, कुमार विकल, अरुण कमल, आलोकधन्वा, अशोक वाजपेयी, विनोदकुमार शुक्ल, लीलाधर जगूड़ी, विष्णु खरे, मंगलेश डबराल, राजेश जोशी और ज्ञानेन्द्रपति तक की कविताओं की समीक्षा की है।

'शब्द और मनुष्य' परमानन्द जी की महत्त्वपूर्ण आलोचनात्मक कृति है। इसमें 1980 से लेकर 1987 के बीच लिखे गए उनके आलोचनात्मक निबन्ध संकलित हैं। इस पुस्तक में समकालीन कविता और काव्य-मूल्यों की पड़ताल के बहाने एक लम्बे काव्यात्मक संघर्ष को समझने की कोशिश की गई है। पुस्तक में जीवन राग, जीवन संशक्ति और जीवन धर्मिता को समकालीन कविता के विवेचन में लगभग प्रतिमान की तरह स्वीकार किया गया है। इस पुस्तक के प्रयोजन को स्पष्ट करते हुए उन्होंने लिखा है, "आज की कविता यदि समय की जटिलताओं के साक्षात् के प्रति सजग या प्रतिबद्ध है तो उसे अनुभव और रूप की विविधता में जीवन यथार्थ की अभिव्यक्ति की सम्भावनाएँ खोजनी होंगी। निजी और सामाजिक के बीच का द्वंद्व समृद्ध विवेक, समझ और संवेदना का विस्तार और जीवन-दृष्टि (व्यापक अर्थ में कहें, एक प्रकार की विश्वदृष्टि)—आज की कविता कहाँ तक इन्हें अपने अनुभव लोक और रूपतंत्र के भीतर साध पा रही है और कहाँ वह कुछ खास अभिप्रायों, काव्यरूढ़ियों, रेटारिक-जैसी आलंकारिक युक्तियों में सिमटकर रह गई है—यह देखने की कोशिश इस पुस्तक का खास प्रयोजन है।" ('शब्द और मनुष्य', भूमिका भाग)

आलोचना के क्रम में परमानन्द जी, सबसे पहले रचना को समग्रता में देखते हैं और उसे एक संश्लिष्ट सृष्टि मानकर उसका मूल्यांकन करते हैं। वे इसे आलोचक का दायित्व मानते हैं कि वह 'असली और नकली कविता' तथा 'चालाक और ईमानदार लेखन' की पहचान करे और उसके भेद को भी स्पष्ट करे।

अच्छी आलोचना के बारे में परमानन्द जी कहते हैं, "अच्छी आलोचना तो वह है जो यथार्थ को लेकर प्रश्न पूछती है, सवाल उठाती है, हस्तक्षेप करती है। अगर आलोचना भी हमारी संवेदना, हमारे विवेक का विस्तार या विकास नहीं करती तो उसकी सामाजिक सार्थकता में भी मुझे सन्देह है। आलोचना को आलोचना होते ही एक 'जवाबदेही' भी होना है।" (मेरे साक्षात्कार, पृ. 48)

परमानन्द जी के शब्दों में, "आलोचना कोई साझा कार्यक्रम नहीं है। वह मेरे लिए रचनात्मक कार्य है और मेरा स्वधर्म है, आपद्धर्म नहीं।" (आलोचना कोई साझा कार्यक्रम नहीं है, ओम निश्चल से बातचीत, मेरे साक्षात्कार, पृ. 151) वे अन्यत्र कहते हैं, "आलोचना एक बड़ी रचना की तरह है क्योंकि वह जोखिम उठाती है तथा अच्छे और महान साहित्य में फर्क करती है। सबसे पहले वह एक सघन आस्वाद है, फिर विश्लेषण और फिर मूल्यांकन।" (अनिल त्रिपाठी से बातचीत, मेरे साक्षात्कार, पृ. 13)

परमानन्द श्रीवास्तव की मान्यता है कि "आज यदि सचमुच हम अपेक्षाकृत बदली हुई काव्य-रुचि के आधार पर इस पूरे काव्य-विकास को समझना चाहते हैं तो सिर्फ भाषायी विन्यास को देखना मुख्य समस्या को अधूरा देखना होगा। भाषायी विन्यास के साथ ही भाव-बोध, विचारधारा, जीवन-मूल्य, वर्ग-संस्कार जैसी चीजें जुड़ी हुई हैं। सामाजिक यथार्थ को हम कहाँ से और किस आग्रह से देख रहे हैं वह समूचा परिप्रेक्ष्य महत्त्वपूर्ण होता है।" (शब्द और मनुष्य, पृ. 191)

'कविता का उत्तर जीवन' की भूमिका में वे लिखते हैं, "कविता संगीत की हद को भी छूना चाहती है, इससे पहले वह समय की तात्कालिक जटिलताओं से भी बच नहीं सकती। देखते-देखते कविता को सस्तेपन की ओर, भद्दी तुकबन्दियों की ओर और अश्लील मनोरंजन तक सीमित करने का जो दुष्चक्र साम्प्रदायिक ताकतों के एजेंडा पर है, उसे देखते हुए भी कहा जा सकता है कि कविता की जीवनी-शक्ति असन्दिग्ध है। यही समय है कि गालिब, मीर, दादू, कबीर भी हमारे समकालीन हो सकते हैं।" (कविता का उत्तरजीवन, पूर्वकथन) वे मानते हैं कि कविता वस्तुत: शब्दों में और शब्दों से तो लिखी जाती है पर साथ ही अपने आस-पास वह स्पेस भी छोड़ती चलती है जिसे पाठक अपनी कल्पना और समय के अनुरूप भर सकता है।

परमानन्द जी ने कविता के अलावा कहानी, नाटक, उपन्यास आदि विधाओं से सम्बन्धित साहित्य की भी गम्भीर आलोचना की है लेकिन उन्हें कविता और कहानी की आलोचना में विशेष सफलता मिली है। 'कहानी की रचना प्रक्रिया' कहानी की आलोचना पर केन्द्रित उनकी महत्त्वपूर्ण पुस्तक है। इसी तरह 'उपन्यास का यथार्थ और रचनात्मक भाषा' शीर्षक अपनी पुस्तक में उन्होंने हिन्दी के प्रमुख उपन्यासों का नए ढंग से मूल्यांकन किया है। 'गोदान', 'शेखर : एक जीवनी' से लेकर गिरिराज किशोर के 'जुगलबन्दी' से गुजरते हुए वे उपन्यास के यथार्थ के साथ-साथ रचनात्मक भाषा का प्रश्न भी उठाते हैं। जाहिर है, उनकी चिन्ता में कथ्य के साथ-साथ शिल्प भी है और वे रचना को एक समग्र अन्विति के रूप में देखते हैं।

डॉ. कृष्णचन्द्र लाल ने उनकी आलोचना की विशेषताओं को रेखांकित करते हुए लिखा है, "उनकी (परमानन्द श्रीवास्तव की) समीक्षा न तो नई समीक्षा की तरह 'नीबू निचोड़वादी' समीक्षा है, न कविता के अवयवों को तार-तार कर उसे बिखरा देने वाली शैली वैज्ञानिक समीक्षा। वे भाषा के माध्यम से कविता में अन्त:प्रवेश को सार्थक और महत्त्वपूर्ण मानते हैं तथा कविता के मर्म तक पहुँचना उनका अभीष्ट है। उनका मानना है कि 'कविता प्रतिमानों से नहीं बनती है' बल्कि वह 'प्रतिमानों से हर हालत में बड़ी होती है' और 'उससे भी बड़ा है जीवन-दुनिया की तमाम महत्त्वपूर्ण कविताएँ मिलकर जिस जीवन-समग्रता को पाना चाहती हैं और जो निरन्तर कवियों के लिए चुनौती है'। उनकी दृष्टि में कविता में अभिव्यक्त संश्लिष्ट एवं जटिल जीवन-यथार्थ को उसकी समग्रता में उपलब्ध करना आलोचना का उद्देश्य है।" (सहचर, फरवरी 1996, पृ. 9) वे इसी क्रम में आगे लिखते हैं, "परमानन्द जी की कविता सम्बन्धी आलोचना समकालीन हिन्दी कविता को समझने और मूल्यांकन की नवीन दृष्टि विकसित करने के लिए बहुत उपयोगी है। उनकी आलोचना में न तो कठमुल्लापन है, न फतवे देने की प्रवृत्ति। वे विकसनशील समीक्षा-दृष्टि वाले समीक्षक हैं किन्तु उनकी समीक्षाओं में अराजकता या विचारों में घालमेल की प्रवृत्ति नहीं है।" (उपर्युक्त, पृ. 10)

डॉ. कृष्णचन्द्र लाल के शब्दों में, "परमानन्द जी को नई रचनाशीलता की अचूक पहचान थी। वे जिस नए रचनाकार का नाम ले लेते थे, वह कालांतर में अपनी रचनात्मकता का श्रेष्ठ प्रमाण भी देता था...कुल मिलाकर परमानन्द जी का कथेतर गद्य, विशेष रूप से आलोचनात्मक गद्य बहुत समृद्ध और समीक्षा-दृष्टि को सम्पन्न करने वाला है। उनकी विशिष्ट आलोचना भाषा और शैली अलग से अपनी चमक का पता देती है। वह ऐसी गद्य भाषा है जो परमानन्द जी की ही भाषा होने का प्रमाण देती है।" (शहरनामा गोरखपुर, पृ. 176)

डॉ. लाल ने अन्यत्र एक प्रसंग का उल्लेख बहुत रोचक ढंग से किया है, "परमानन्द जी का सम्पूर्ण व्यक्तित्व एक साहित्यिक व्यक्तित्व का उत्कृष्ट उदाहरण है। कविता और काव्यात्मकता से उनका इतना गहरा रिश्ता है कि वे खूबसूरत चेहरे में भी काव्यात्मकता की तलाश करते हैं। एक बार एक सुन्दर युवती की बात चलने पर उन्होंने कहा, 'उसका चेहरा बड़ा काव्यात्मक है।' मैं थोड़ी देर तक सोचता रहा कि परमानन्द जी को चेहरा आकृष्ट कर रहा है या काव्यात्मकता?" (सहचर, फरवरी 1996, भूमिका, पृ. 2)

लेखक संगठनों की भूमिका और उसमें अपनी भागीदारी के बहाने अपनी विचारधारा के बारे में मदन मोहन के एक प्रश्न का जवाब देते हुए उन्होंने कहा है, "प्रगतिशील लेखक संघ से जुड़ा हूँ और जो समान

विचारधारा वाले साहित्यिक-सांस्कृतिक संगठन हैं। उनमें अक्सर जाता रहता हूँ। उनके कई आयोजनों में। सबको मिलाकर एक बड़े पाठक समुदाय का पता चलता है और उससे संवाद करने की इच्छा बनी रहती है। जो बहुत घोषित रूप से फ्री थिंकर्स सरीखे हैं उनमें दूसरों को पढ़ने का चलन ही नहीं है। अक्सर वे रुग्ण आत्मग्रंथि के शिकार हैं। हमारे इन लेखक संगठनों में कुछ साझेदारी के काम भी हैं। पिछले दिनों साम्प्रदायिकता के विरुद्ध लड़ने का हमारा एक संयुक्त मोर्चा जैसा बना जिसमें रंगकर्मी, गायक, शिल्पकार, चित्रकार भी शामिल थे। यह पक्षधरता सामाजिक महत्त्व की है और छोटी चीज नहीं है। इसके लिए खतरा भी उठाना पड़ता है, प्रलोभन भी छोड़ने पड़ते हैं। संगठन से जुड़कर भी मैंने रचनात्मकता के रूप में कुछ खोया नहीं है। पाया बहुत कुछ है। जैसे असंख्य पाठक। उनसे संवाद कई बार सार्थक जीवंत जान पड़ा है।" (मदन मोहन से बातचीत, सहचर, फरवरी 1996, पृ. 79)

मुझे लगता है कि हिन्दी की नई कविता पर प्रेषणीयता का अभाव, लय और तुक की उपेक्षा और उसके कारण लोकप्रियता में आई कमी का जो आरोप लगता है उसके पीछे परमानन्द श्रीवास्तव जैसे आलोचकों की भी भूमिका है। परमानन्द जी की अपनी कविताएँ भी इसी श्रेणी की हैं और उन्होंने 'रबर और केंचुआ' छंद वाली ऐसी कविताओं की सराहना भी की है। मुझे तो उनकी पुस्तकों के नाम तक अबूझ पहेली जैसे लगते हैं जैसे 'शब्द और मनुष्य', 'कविता का अर्थात्', 'उपन्यास का पुनर्जन्म', 'अतल का अन्तरीप', 'कविता का उत्तरजीवन', 'चौथा शब्द', 'उजली हँसी के छोर पर' आदि। कम से कम शीर्षक पढ़कर विषय के बारे में कुछ न कुछ अनुमान तो होना ही चाहिए।

मलयज

आजमगढ़ (उ.प्र.) जिले के 'महुई' नामक गाँव में जन्मे, इलाहाबाद में पढ़े-लिखे और आजीवन कठिनाइयों से जूझते रहने वाले मलयज (15.08.1935-26.04.1982) का मूल नाम भरत श्रीवास्तव है। वे एक संवेदनशील कवि और मर्मी समीक्षक हैं। इनसे बड़ी सम्भावनाएँ थीं किन्तु असमय ही इनका निधन हो गया और एक सम्भावनाशील समीक्षक और कवि हिन्दी जगत से जल्दी ही उठ गया।

मलयज के आलोचनात्मक निबन्धों के दो संग्रह प्रकाशित हैं जिनके नाम हैं—'कविता से साक्षात्कार' तथा 'संवाद और एकालाप'। वे कहते हैं कि "कविता मेरे लिए एक आत्मसाक्षात्कार है और आलोचना उसी कविता से साक्षात्कार।" आचार्य रामचन्द्र शुक्ल पर इनकी लिखी और अधूरी पुस्तक 'रामचन्द्र शुक्ल' नाम से प्रकाशित है जिसका सम्पादन नामवर सिंह ने किया है। मलयज की आलोचना पद्धति पर नामवर सिंह की टिप्पणी है, "मलयज ने आलोचना के शास्त्रीय प्रत्ययों के अन्दर जाकर आचार्य शुक्ल के सामान्य मनुष्य की जिस प्रतिमा का निर्माण किया है वह निश्चित रूप से हिन्दी आलोचना के क्षेत्र में एक मौलिक सृष्टि है, किन्तु इससे भी अधिक महत्त्वपूर्ण वह पद्धति है, जिससे उस प्रतिमा के उपादान और तत्त्व खोजे गए हैं।" (रामचन्द्र शुक्ल, भूमिका भाग) निस्सन्देह, आचार्य रामचन्द्र शुक्ल की आलोचना-दृष्टि को पुनर्व्याख्यायित करने में मलयज का महत्त्वपूर्ण योगदान है।

मलयज ने निराला, शमशेर, अज्ञेय, विजयदेवनारायण साही, सर्वेश्वरदयाल सक्सेना, त्रिलोचन, प्रभाकर माचवे, श्रीराम वर्मा आदि कवियों की कविताओं की समीक्षाएँ की हैं। उनके सम्बन्ध में कुँवरनारायण की टिप्पणी उल्लेखनीय है, "साहित्य में उनकी उपस्थिति एक ऐसे गम्भीर साहित्य-चिन्तक की उपस्थिति थी, जिसने अपने समय को और अपने समय के लेखन को एक क्लासिकल स्तर की पहचान देने की कोशिश की।" (आज और आज से पहले, पृ. 205)

मलयज के दो कविता-संग्रह 'जख्म पर धूल' और 'अपने होने को अप्रकाशित करता हुआ' प्रकाशित हैं। उनके निधन के बाद प्रकाशित 'मलयज की डायरी' (तीन खंड) का सम्पादन नामवर सिंह ने किया है जो खासी चर्चित हुई।

रमेश दवे

शाजापुर (म.प्र.) में जन्मे और मध्य प्रदेश में ही अंग्रेजी के शिक्षक रहे रमेश दवे (जन्म—07.11.1935) की आलोचना का दायरा विस्तृत है। वे उन थोड़े से आलोचकों में हैं जिन्होंने कृति की राह से ही कृति तक पहुँचने का सफल प्रयास किया है। एक आलोचक के रूप में उनकी पहचान 'समकालीन अफ्रीकी साहित्य'

से हुई। इस पुस्तक के माध्यम से हिन्दी पाठकों को पहली बार अफ्रीकी साहित्य की विविध विधाओं और वहाँ की प्रमुख कृतियों से परिचित होने का अवसर मिला। 'समकालीन रचना और विचार' शीर्षक पुस्तक में उनकी रूसी एवं जापानी कवियों के साथ-साथ प्रेमचन्द, वीरेन्द्रकुमार जैन, मुक्तिबोध और प्रभाकर श्रोत्रिय पर लिखी गई समीक्षाएँ संकलित हैं। 'आलोचना की उत्तर-परम्परा', 'कृष्ण बलदेव वैद-गल्प का विकल्प', 'आलोचना-समय और साहित्य', 'राजी सेठ : संवेदना का कथा दर्शन', 'हिन्दी आलोचना : अन्त का आरम्भ' आदि दवे जी की अन्य आलोचनात्मक कृतियाँ हैं। रामचन्द्र तिवारी के शब्दों में, "(रमेश दवे) उन थोड़े से आलोचकों में हैं जिन्होंने कृति की राह से कृति के साथ सीधा संवाद रचने का सुदीर्घ अनुभव अर्जित करने के उपरान्त ही आधुनिक आलोचना के व्यापक सन्दर्भों में रचना का विश्लेषण किया है।" (हिन्दी का गद्य साहित्य, पृ. 166)

रमेश दवे की आलोचना में भी रोचकता बनी हुई है। कृष्ण बलदेव वैद की समीक्षा करते हुए वे लिखते हैं, "कृष्ण बलदेव की कथाभूमि पर विचरण न किसी हरी दूब पर क्षण भर विचरण जैसा है और न चीड़ों पर चाँदनी के साथ सूनी-सूनी सड़क पर विचरण जैसा। एक समूची सृष्टि देहवत बिछी हुई है, अब चलना है आप को। सोचें भी आप कि देह पर पैर धर कर चलें या देह से ऊपर पैर करके चलें। सम्भवत: दोनों ही... उनकी गल्प-देह पर देह के पैरों की बजाय मन के पैरों से चलना होगा, आँखों से चलना होगा, अहसासों से चलना होगा..।" ('कृष्ण बलदेव वैद-गल्प का विकल्प', की भूमिका से)

उक्त आलोचनात्मक कृतियों के अलावा, अनेक लेखकों और उनकी कृतियों तथा सैद्धान्तिक आलोचना पर केन्द्रित उनके सैकड़ों लेख विभिन्न पत्र-पत्रिकाओं में प्रकाशित हैं जिनमें आधुनिक और उत्तरआधुनिक आलोचना पर गहराई से विचार किया गया है। दवे जी के अनुसार, "हिन्दी आलोचना में इतिहास ही नहीं, बल्कि अतीत के अवदान की भी लगभग मृत्यु हो गई है।...यदि हमारी आलोचना इतिहास दृष्टि-सम्पन्न विवेक के साथ उसकी विकासात्मक प्रवृत्तियों में देखी जाए तो इतिहास की इमारत में वे दरारें भी पहचाननी होंगी, जिनके कारण आज तक हम आलोचना में विश्वसनीय गद्य की स्थापना नहीं कर पाए।" (आलोचना—समय और साहित्य, पृ. 165)

रमेश दवे कवि, कथाकार और नाटककार भी हैं।

रमेशचन्द्र शाह

अल्मोड़ा (उत्तराखंड) में जन्मे, आगरा तथा इलाहाबाद में पढ़े-लिखे और भोपाल में शिक्षक रहे रमेशचन्द्र शाह (जन्म—15.11.1937) मूलत: कवि, कथाकार व निबन्धकार हैं। किन्तु इनकी कई आलोचनात्मक पुस्तकें भी प्रकाशित हैं। इन आलोचनात्मक पुस्तकों में 'छायावाद की प्रासंगिकता', 'समानान्तर', 'वागर्थ', 'सबद निरन्तर', 'भूलने के विरुद्ध', 'अज्ञेय : वागर्थ का वैभव', 'आलोचना का पक्ष' आदि उल्लेखनीय हैं। साहित्य अकादमी के लिए उन्होंने अज्ञेय पर विनिबन्ध भी लिखा है।

रमेशचन्द्र शाह के साहित्यिक संस्कार इलाहाबाद में परिमल की गतिविधियों के बीच विकसित हुए। स्पष्ट ही इनकी आलोचना का प्रस्थान विन्दु एक ओर यदि छायावाद है तो दूसरी ओर नई कविता। नए कवियों में अज्ञेय इनके सर्वाधिक प्रिय कवि हैं। अज्ञेय की तरह रमेशचन्द्र शाह भी भाषा को ही रचनाशीलता का उत्स मानते हैं। उनके अनुसार, "रचना का स्वभाव अन्तत: आत्मदान के द्वारा अपने असाध्य से लगने वाले अधूरेपन और अकृतार्थता के भाव से उबरने की प्रवृत्ति है।" (सबद निरन्तर, पृ. 14)

रमेशचन्द्र शाह की आलोचना-दृष्टि के निर्माण में पाश्चात्य साहित्य के अनुशीलन के अलावा पुराणों की कथाएँ, कालिदास का काव्य, हितोपदेश, श्रीमद्‌भगवद्‌गीता, भारतीय दर्शन से लेकर अरविन्द, गांधी और आधुनिक मनोविज्ञान तक की भूमिका है।

डॉ. रामचन्द्र तिवारी के शब्दों में, "रचनाकार जब आत्मदान के द्वारा ही अपने अधूरेपन के बोध से मुक्त हो सकता है तो आत्मदान ही सच्चे सृजन का मूलाधार माना जाएगा। असाध्यवीणा में अज्ञेय ने इसी तत्त्व की प्रतिष्ठा की है। श्री शाह, अज्ञेय के विचारों से बहुत दूर तक सहमत और प्रभावित हैं। अज्ञेय की भाँति आप भी भाषा को ही रचनाशीलता का उत्स मानते हैं। इसलिए आपकी दृष्टि में भाषिक विश्लेषण आलोचना का प्रथम और अन्तिम दायित्व है। श्री शाह ने अज्ञेय के अतिरिक्त भवानीप्रसाद मिश्र, श्रीकान्त वर्मा, सर्वेश्वर, धूमिल आदि कवियों की रचनाओं का भाषिक विश्लेषण करके उनके मर्म का

उद्घाटन भी किया है। इस विश्लेषण में उन्होंने आज की परिस्थिति और परिवेश से उपजे हुए तनाव को भी लक्षित किया है। इस प्रकार उनका विश्लेषण रचना को सामाजिक सन्दर्भ से जोड़ता भी है।" (हिन्दी का गद्य साहित्य, पृ. 142)

रमेशचन्द्र शाह की पचास से अधिक पुस्तकें जिनमें, काव्य-संग्रह, कथा-संग्रह, उपन्यास, निबन्ध-संग्रह, यात्रा-साहित्य, नाटक आदि हैं, प्रकाशित हैं।

प्रभाकर श्रोत्रिय

मध्य प्रदेश के 'जावरा' में जन्मे, उज्जैन में पढ़े-लिखे और भोपाल में शिक्षक रहे प्रभाकर श्रोत्रिय (19.12.1938-15.09.2016) का अध्ययन फलक व्यापक है। 'साक्षात्कार', 'वागर्थ'', नया ज्ञानोदय' आदि पत्रिकाओं के कुशल सम्पादक तथा भारतीय भाषा परिषद् कोलकाता एवं भारतीय ज्ञानपीठ, नई दिल्ली के निदेशक के रूप में उन्होंने अपनी विशिष्ट पहचान बनाई है। उन्होंने 'अक्षरा' और 'पूर्वग्रह' का भी कुछ समय तक सम्पादन किया। अपने सम्पादन काल में उन्होंने सैकड़ों उदीयमान प्रतिभाओं की खोज की और जतन के साथ उन्हें स्थापित किया। वे संस्कृत कविता के भी अध्येता हैं और कालिदास उनके प्रिय कवि हैं। 'सुमन : मनुष्य और स्रष्टा', 'प्रसाद का साहित्य : प्रेमतात्त्विक दृष्टि', 'कविता की तीसरी आँख', 'संवाद', 'कालयात्री है कविता', 'रचना एक यातना है', 'अतीत के हंस : मैथिलीशरण गुप्त', 'जयशंकर प्रसाद की प्रासंगिकता', 'मेघदूत : एक अन्तर्यात्रा', 'शमशेर बहादुर सिंह', 'नरेश मेहता', 'कवि परम्परा : तुलसी से त्रिलोचन', 'साहित्य के नए प्रश्न' आदि उनकी प्रमुख आलोचना कृतियाँ हैं।

प्रभाकर श्रोत्रिय पूरे आधुनिक काव्यान्दोलन को खेमों में बाँटकर नहीं देखते और लोक कल्याण को साहित्य का केन्द्रीय मूल्य मानते हैं। अरविन्द त्रिपाठी ने उनका मूल्यांकन करते हुए लिखा है, "मेरी दृष्टि में कम से कम उनकी तीन पुस्तकें, 'कविता की तीसरी आँख', 'अतीत के हंस : मैथिलीशरण गुप्त' और 'मेघदूत : एक अन्तर्यात्रा' ऐसी आलोचना दृष्टि का साक्ष्य उपस्थित करती हैं कि जो उनके आलोचनात्मक विवेक के साथ उनके आलोचना संसार की विविधता भरे रेंज का आभास कराता है।" (दस्तावेज-152, जुलाई-सितम्बर, 2016 पृ. 13)

उनकी सर्वाधिक उल्लेखनीय आलोचना पुस्तक है 'कविता की तीसरी आँख'। इस पुस्तक के माध्यम से उन्होंने पौर्वात्य और पाश्चात्य काव्य की परम्पराओं में प्रवेश करके नए काव्य की सर्जना के लिए नए मानदंडों को स्थिर करने की कोशिश की है। वे खुद लिखते हैं, "कविता के सच्चे मूल्यांकन के लिए आधुनिकता के छद्मों को रेखांकित करना जितना जरूरी है, उतना ही जरूरी शास्त्र के नाम पर मरी हुई परम्परा को अस्वीकार करना भी। काव्य का सारा चिन्तन कविता से हमारी अन्तरंग और साक्षात् मुलाकात के लिए ही तो है, वरना कविता अलग और कविता का शास्त्र अलग, क्या मानी है! ऐसे शास्त्र के जो कविता की बजाय अपने को कहता है। कसौटी क्या खुद आँकने के लिए होती है?" (उद्धृत, दस्तावेज-152, जुलाई-सितम्बर 2016, पृ. 14) बहरहाल, श्रोत्रिय की आलोचना दृष्टि में परम्परा के साथ आधुनिकता पर भी पर्याप्त जोर है। इतना ही नहीं उनकी आलोचना की भाषा में पठनीयता का एक अलग ही स्वाद है।

प्रभाकर श्रोत्रिय के निबन्धों में भी उनके आलोचना सम्बन्धी दृष्टिकोण व्यक्त हुए हैं। इन पुस्तकों में 'हिन्दी : दशा और दिशा', 'सौन्दर्य का तात्पर्य', 'समय का विवेक', 'समय समाज साहित्य' आदि प्रमुख हैं। प्रभाकर श्रोत्रिय ने 'इला', 'साँच कहूँ तो', 'फिर से जहाँपनाह' नाम से नाटक भी लिखे हैं।

हरदयाल

बदायूँ (उ.प्र.) में जन्मे और दिल्ली में शिक्षक रहे डॉ. हरदयाल (जन्म—24.03.1939) की प्रमुख आलोचना पुस्तकें हैं—'कविराज बांकीदास : जीवन और साहित्य', 'आधुनिक हिन्दी कविता का अभिव्यंजनाशिल्प', 'आधुनिक हिन्दी गद्य साहित्य', 'हिन्दी कविता का समकालीन परिदृश्य', 'आधुनिक बोध और विद्रोह', 'कालजयी कथाकृति और अन्य निबन्ध', 'समकालीन अनुभव और कविता की रचना-प्रक्रिया', 'हिन्दी कविता : आठवाँ दशक', 'साहित्य और सामाजिक मूल्य', 'हिन्दी कविता की प्रकृति', 'आलोचना कर्म', 'आधुनिक हिन्दी कविता', 'अखबार में अँधेरा', 'फूल-पत्थर', 'कंकाल आग', 'आज की हिन्दी कविता', 'हिन्दी कहानी : परम्परा और प्रगति' और 'विचारों के बिंब' आदि।

हरदयाल ने अपना अधिकांश आलोचना-कर्म शोध और सर्वेक्षण के दायरे में ही किया है। मधुरेश के शब्दों में, "वे मानते हैं कि आधुनिक हिन्दी कविता में युगान्तकारी परिवर्तन हुए हैं। ये परिवर्तन उसकी अन्तर्वस्तु और अभिव्यंजना-शिल्प दोनों ही स्तरों पर हुए हैं। सामाजिक विकास के क्रम में न केवल कविता की अन्तर्वस्तु बदलती है, उसके अभिव्यंजना शिल्प में भी परिवर्तन होता है। इसीलिए उनका आग्रह है कि अभिव्यंजना शिल्प का अध्ययन हमेशा रूपवादी अध्ययन नहीं होता।" (हिन्दी आलोचना का विकास, मधुरेश, पृ. 256)

हरदयाल की एक महत्त्वपूर्ण आलोचना कृति है 'आधुनिक हिन्दी कविता'। इस पुस्तक में उन्होंने भारतेन्दु हरिश्चन्द्र से लेकर नवें दशक तक की हिन्दी कविता का प्रवृत्यात्मक अध्ययन प्रस्तुत किया है। इसे एक तरह से आधुनिक हिन्दी कविता का प्रवृत्यात्मक इतिहास कहा जा सकता है। यहाँ उन्होंने कालक्रमानुसार हिन्दी कविता का प्रवृत्तिगत विकास प्रस्तुत किया है जिसमें भारतेन्दु युग, द्विवेदी युग, छायावाद, उत्तरछायावाद, प्रगतिवाद और प्रयोगवाद—नई कविता जैसे परिचित काव्यान्दोलनों एवं प्रवृत्तियों को यथावत् स्वीकार करते हुए इनकी विशेषताओं का विश्लेषण किया है। (हिन्दी आलोचना का विकास, पृ. 256)

डॉ. नगेन्द्र द्वारा सम्पादित 'हिन्दी साहित्य का इतिहास' के परिवर्धित संस्करण का सम्पादन डॉ. हरदयाल ने ही किया है।

अशोक वाजपेयी

दुर्ग (म.प्र.) में जन्मे, दिल्ली में पढ़े-लिखे, भारतीय प्रशासनिक सेवा में अधिकारी रहे अशोक वाजपेयी (जन्म—16.01.1941) कवि के रूप में प्रसिद्ध हैं किन्तु एक सुधी समीक्षक के रूप में भी उनकी पहचान है। वे हिन्दी के ऐसे विरल आलोचक हैं जिनकी समीक्षा-दृष्टि के दायरे में साहित्य के अलावा संगीत, चित्र, स्थापत्य आदि अन्य कलाएँ भी शामिल हैं। संस्कृति का क्षेत्र भी इस दायरे में आ जाता है। वे आलोचना में एक 'समावेशी परिसर' बनाने की वकालत करने वाले आलोचक हैं।

'फिलहाल', 'कुछ पूर्वग्रह', 'कविता का गल्प', 'कवि कह गया है' आदि उनकी प्रमुख आलोचनात्मक कृतियाँ हैं। इसके अतिरिक्त 'मेरे साक्षात्कार' में भी उनकी आलोचनात्मक मान्यताएँ देखी जा सकती हैं। आधुनिक कवियों में अज्ञेय, मुक्तिबोध, रघुवीर सहाय, श्रीकान्त वर्मा, केदारनाथ सिंह, विजयदेवनारायण साही, कुँवरनारायण आदि के साहित्य की उन्होंने समीक्षाएँ की हैं। अपने अन्य समकालीन कवियों—धूमिल, लीलाधर जगूड़ी, वेणु गोपाल, ऋतुराज, चन्द्रकान्त देवताले, प्रयाग शुक्ल, विष्णु खरे, सोमदत्त, राजेश जोशी, दूधनाथ सिंह, कुमार विमल, मणि मधुकर, राजकमल चौधरी, गंगाप्रसाद विमल, जगदीश चतुर्वेदी, श्याम परमार, सौमित्र मोहन, कैलाश वाजपेयी आदि कवियों पर उन्होंने टिप्पणियाँ लिखी हैं। प्रगतिशील कविता के त्रयी—नागार्जुन, त्रिलोचन और केदारनाथ अग्रवाल पर उनके द्वारा की गई समीक्षाओं पर सवाल उठते रहे हैं। हाँ, अरुण कमल और उदय प्रकाश के कवि-कर्म की उन्होंने सराहना की है।

अपने आलोचना कर्म के विषय में अशोक वाजपेयी ने लिखा है, "हर आलोचना के, जैसे कि हर रचनाकार के भी पूर्वग्रह होते हैं। आलोचना, समकालीन परिदृश्य में हस्तक्षेप है। वह उदासीन तटस्थ या पूर्वग्रहहीन नहीं हो सकती। हमारी आलोचना में रुचि का केन्द्र प्राय: इन पूर्वग्रहों की पहचान और रचना से सामना होने पर उसमें आए तनाव और परिवर्तन होते हैं। यही आलोचना को उसकी सार्थकता और बुनियादी मानवीयता प्रदान करता है। ...कुछ पूर्वग्रह अपनी अर्जित दृष्टि और अनुभव के हैं, कुछ समकालीन रचना से आते हैं और कुछ परिवेश में आज की स्थिति के आकलन से मिले हैं। पर इन सभी के केन्द्र में साहित्य, संस्कृति और समकालीन जीवन है।" (कुछ पूर्वग्रह, भूमिका)

उन्होंने अन्यत्र लिखा है, "आलोचना का काम सिर्फ पहले की या उसके समकालीन रचनाओं का विश्लेषण, मूल्यांकन, प्रवृत्ति-निर्धारण ही नहीं है, उससे कहीं आगे जाकर उसकी जिम्मेदारी है समकालीन समाज में रचना के लिए जगह बनाना। उसकी स्वतंत्रता, उसकी स्वायत्तता के लिए सम्भावना बनाना। उन शक्तियों से लोहा लेना भी जो साहित्य का शोषण करती हैं या करना चाहती हैं। चूँकि, आलोचना एक वैचारिक प्रक्रिया भी है, उसकी जिम्मेदारी साहित्य और विचारों के बीच सम्बन्ध खोजना और स्थापित करना है। साहित्यिक-विचार या साहित्य-सिद्धान्तों को सिद्धान्त-जगत में उचित स्थान और मान्यता दिलाना भी है। सबसे बढ़कर साहित्य को वैचारिक संवाद में अवस्थित करना और उसे वहाँ लगातार बनाए रखना है।" (अशोक वाजपेयी : पाठ कुपाठ, सम्पादक-सुधीश पचौरी, पृ. 403)

कवि-आलोचकों द्वारा लिखित आलोचना को वे अधिक महत्त्व देते हैं और इसे ही 'तीसरा साक्ष्य' कहकर प्रस्तुत करते हैं। इस आलोचना को ही वे रचनात्मक आलोचना कहते हैं। आलोचकों द्वारा लिखित आलोचना को कभी 'अकादमिक' आलोचना कहकर खारिज करते हैं तो कभी 'धंधई' आलोचना कहकर।

अशोक वाजपेयी आलोचना में 'विचारधारा' की अपेक्षा 'विचार' को महत्त्व देते हैं। वे किसी एक विचारधारा या शिविर में आबद्ध लेखन के पक्ष में नहीं हैं। उनके अनुसार समकालीन समीक्षा इसीलिए विचार और रचना के भीतरी तनावों और परिवर्तनों को रेखांकित करती है।

वाजपेयी जी की दृष्टि में, "सजग आलोचना वह है जो किसी भी समाज में व्याप्त वैचारिक एकरूपता का लगातार, रचना के साक्ष्य से और अपनी निरंतर विचारशीलता से परीक्षण करे और उसे विचलित करती रहे। उसका अध्यात्म शायद हमारे समय में, इस समाज में यही है कि वह कविता के लिए कम होती जाती जगह को बचाने और बढ़ाने के लिए और उसकी स्वतंत्रता और स्वाभिमान को, उसे मनुष्य की अन्तरात्मा के एक अक्षय साक्ष्य के रूप में सुरक्षित रखने का संघर्ष कभी भी शिथिल न होने दे। सारे शोरगुल के बीच कविता की आवाज दब न पाए और अलग और स्पष्ट सुनाई देती रहे, यही आलोचना की चेष्टा का अचूक लक्ष्य हो सकता है।" (अशोक वाजपेयी : पाठ कुपाठ, पृ. 409)

अशोक वाजपेयी की आलोचना के कुछ बीज शब्द हैं। आलोचना का जनतंत्र, कला की स्वायत्तता, पुनर्वास, एकरूपता की तानाशाही, रचनात्मक बहुलता आदि। मगर मधुरेश के शब्दों में, "अशोक वाजपेयी के जनतंत्र की राह बहुत सँकरी है और उसमें रचना की सामाजिक भूमिका के लिए तो कोई जगह है ही नहीं। वे हमेशा अपने निकट के आठ-दस लेखकों, कवियों के नाम दोहराते हैं और उसके माध्यम से ही देश और विदेश में समूचे हिन्दी साहित्य की पहचान का आग्रह करते हैं।" (हिन्दी आलोचना का विकास, पृ. 249) अशोक वाजपेयी की समीक्षा के बारे में सुधीश पचौरी की टिप्पणी है, "अशोक वाजपेयी अपनी आलोचना को आतंककारी और रहस्यात्मक बनाने में अधिक विश्वास करते हैं (अशोक वाजपेयी : पाठ कुपाठ, पृ. 265) और गोपाल राय के शब्दों में, "अशोक वाजपेयी की आलोचना को कविता के बारे में एक कवि का इलहाम कहा जा सकता है, जो तर्कातीत होती है।" (वही, पृ. 68)

अमूमन कवियों पर की गई उनकी टिप्पणियाँ सूत्रवाक्यों की तरह हैं जो व्याख्येय हैं। जैसे, "मुक्तिबोध एक ऐसे कवि हैं जो अपने समय में अपने पूरे दिल और दिमाग के साथ, अपनी पूरी मनुष्यता के साथ रहते हैं।" (फिलहाल, पृ. 109) "धूमिल मात्र अनुभूति के नहीं, विचार के भी कवि हैं। उनके यहाँ अनुभूतिपरकता और विचारशीलता, अहसास और समझ एक-दूसरे से मिले हुए हैं।" (फिलहाल, पृ. 24) "माचवे का काव्य-संसार कुछ-कुछ गोदामों जैसा है जहाँ जाने क्या-कुछ भरा-लदा पड़ा है।" (फिलहाल, पृ. 69) आदि।

बहरहाल, अशोक वाजपेयी की समीक्षा में अन्तर्विरोध भी कम नहीं है। उनकी आलोचना पर रूपवाद का प्रभाव अधिक हैं। वे 'जनसत्ता' के अपने 'कभी कभार' कालम के लिए खास तौर पर जाने जाते हैं। भोपाल में भारत भवन की स्थापना तथा रजा फाउंडेशन के माध्यम से कला और संस्कृति के क्षेत्र में उन्होंने जो योगदान किया है उसके लिए भी वे हमेशा याद किए जाएँगे।

गोपेश्वर सिंह के शब्दों में, "उनका (अशोक वाजपेयी) राजनीतिक विश्वास गांधी और लोहिया के आस -पास निर्मित हुआ है। धार्मिक सहिष्णुता, जाति निरपेक्ष और भेदभाव रहित समाज व्यवस्था में उनका भरोसा है। उनका भरोसा भारत की बहुलता में है। वे मार्क्सवादी राजनीति और साहित्य -चिंतन के आत्यंतिक रूप से कायल नहीं हैं। वे किसी भी तरह की वैचारिक तानाशाही के खिलाफ हैं। विश्व सहित भारत में उदार-दृष्टि पर हो रहे हमलों से वे चिन्तित हैं। वे मानते हैं कि साहित्य को किसी पार्टी में शामिल हुए बिना राजनीति की निगरानी का काम करना चाहिए।" (likhat-padhat.blogspot.com, 15 जनवरी, 2021 की पोस्ट से)

ए. अरविन्दाक्षन

केरल में जन्मे, केरल में पढ़े-लिखे और केरल (कोच्चि) में ही शिक्षक रहे प्रो. ए. अरविन्दाक्षन (जन्म—10.6.1949) के रूप में मशहूर प्रो. अप्पुकुट्टन अरविन्दाक्षन कवि और अनुवादक के साथ-साथ एक प्रतिष्ठित आलोचक भी है। अमूमन देखा जाता है कि दक्षिण के प्रतिष्ठित हिन्दी विद्वानों और साहित्यकारों की शिक्षा उत्तर भारत के काशी और प्रयाग जैसे शिक्षा केन्द्रों से मिली होती है। प्रो. ए. अरविन्दाक्षन दक्षिण के अकेले ऐसे साहित्यकार हैं जिनका जन्म केरल में हुआ, वहीं शिक्षा हुई और उन्होंने वहीं पर अध्यापन भी किया, किन्तु उनकी भाषा

अथवा भाषण को सुनकर कोई उन्हें अहिन्दीभाषी मानने के लिए सहमत नहीं होगा। उनकी सूक्ष्म और पैनी आलोचना-दृष्टि, विश्लेषण-क्षमता तथा संवेदनशीलता उन्हें आलोचक के रूप में अलग और विशिष्ट पहचान दिलाती है। उनके पास सही अर्थों में आलोचनात्मक विवेक है। वे बहुभाषाभाषी ही नहीं हैं, बल्कि, हिन्दी, मलयालम और अंग्रेजी साहित्य के गहरे अध्येता भी हैं और उसका स्पष्ट प्रभाव उनके सृजन पर दिखाई देता है।

प्रो. अरविन्दाक्षन की आलोचना का क्षेत्र आधुनिक साहित्य है। अज्ञेय उनके प्रिय कवि हैं। 'महादेवी वर्मा के रेखाचित्र', 'अज्ञेय की उपन्यास यात्रा', 'महादेवी वर्मा', 'समकालीन हिन्दी कविता', 'कविता का थल और काल', 'आधार शिला', 'कविता सबसे सुन्दर सपना है', 'कविता आज', 'राग लीलावती', 'रचना के विकल्प', 'प्रेमचन्द : भारतीय कथाकार', 'समकालीन कविता की भारतीयता', 'विश्वनाथप्रसाद तिवारी : सृजनात्मकता का विस्तार' आदि उनकी प्रमुख आलोचनात्मक कृतियाँ हैं। 'नागार्जुन', 'प्रेमचन्द के आयाम', 'हमारे समय में मुक्तिबोध', 'अनुवाद : अनुसृजन', 'उपन्यास शिल्पी : गिरिराज किशोर', 'कविता अज्ञेय', 'निराला : एक पुनर्मूल्यांकन' आदि कृतियों का उन्होंने सम्पादन किया है। मैं उनके विपुल कविता-संग्रहों, मलयालम, कोंकणी और बंगला से किए गए उनके अनुवाद कार्य तथा मलयालम की कृतियों का जिक्र यहाँ नहीं कर रहा हूँ।

प्रो. अरविन्दाक्षन ने श्रेष्ठ कविता के गुणों का विश्लेषण करते हुए लिखा है, "कवि होने के कारण रचना के दौरान झेले गए आत्मसंघर्ष का अपना महत्त्व है। कविता को वागाडम्बर का चमत्कार न मानकर परिवेश-सम्पृक्ति मानने के पीछे निहित मूल्य-दृष्टि ही ग्राह्य है। अक्सर यह देखने को मिलता है कि जीवन की व्यावहारिकता मूल्य-दृष्टि को रौंदती-कुचलती जाती है। तब व्यावहारिकता को कुचलने की आत्मशक्ति अर्जित करना कवि का दायित्व बन जाता है, क्योंकि वह शब्दों की क्रीड़ा नहीं कर रहा है। यह बोध निराला में था।" (समकालीन हिन्दी कविता, पृ. 49)

प्रो. अरविन्दाक्षन रचना के मूल्यांकन के लिए बाहर से मानदंड लाने के आग्रही नहीं हैं। रचना को देखने और समझने की उनकी दृष्टि बहुत व्यापक है। साहित्य का अनुशीलन करते समय उनकी दृष्टि जल और जमीन जैसे जीवन के अनिवार्य तत्त्वों पर रचित साहित्य पर पहले जाती है और वे 'जल और जमीन की बिम्बात्मकता बनाम साहित्य की पारदर्शी संवेदना' शीर्षक लेख लिखते हैं। इसमें वे वर्तमान पूँजीवादी सभ्यता की सीमाओं और उसके भयावह परिणाम की ओर हमारा ध्यान आकृष्ट करते हैं। वे विश्वनाथ प्रसाद तिवारी की कविता 'आरा मशीन' की समीक्षा के बहाने यंत्र संस्कृति के दूरगामी परिणाम की ओर संकेत करते हुए कहते हैं कि "विश्वनाथ प्रसाद तिवारी की यह कविता मात्र प्राकृतिक सम्पदा के नष्ट होने से उत्पन्न भीषणता को ही शब्द नहीं दे रही है, बल्कि यह मानवीयता के विरुद्ध हो रहे विध्वंस के प्रतिपक्ष में अपना अस्तित्व-तर्क प्रस्तुत कर रही है।" (पारिस्थितिक संकट और समकालीन रचनाकार, पृ. 20) इसी तरह अरुण कमल की कविता 'गंगा को प्यार' की समीक्षा के बहाने वे जोर देकर कहते हैं कि गंगा का जीवनदायिनी स्वरूप हमारी सभ्यता का सबसे भव्य यथार्थ है।

किन्तु इस व्यापकता के साथ ही उनकी निरीक्षण की दृष्टि अत्यन्त सूक्ष्म होती है। विश्वनाथ प्रसाद तिवारी द्वारा लिखे गए पोस्टकार्ड पर उनकी प्रतिक्रिया उल्लेखनीय है। वे लिखते हैं, "कार्ड मैं ध्यान से देखता था। उनकी लिखावट मुझे अच्छी लगती थी। उस लिखावट में कलात्मकता और सहजता दोनों थीं। कुछ समय के बाद मैंने अनुभव किया कि उनकी लिखावट में आत्मीयता भी है। शब्दों में, शब्दों के बीच के मौन में एक सहज व्यक्ति की आत्मीयता मैंने महसूस की।" (विश्वनाथ प्रसाद तिवारी : साहित्य का स्वाधीन विवेक, पृ. 29)

प्रो. अरविन्दाक्षन की मातृभाषा मलयालम है। स्वाभाविक है कि अपनी समीक्षाओं में वे हिन्दी और मलयालम के बीच समानता के सूत्र ढूँढ़ने तथा उनका तुलनात्मक विश्लेषण करने में समय-समय पर बहुत रस लेते हैं। इस दृष्टि से वे दोनों भाषाओं के साहित्य के बीच सेतु निर्मित करने वाले समीक्षक हैं। मलयालम काव्य में सर्वधर्म समभाव का विश्लेषण करते हुए वे लिखते हैं, "मलयालम की रोमांटिक कविता के सशक्त कवि कुमारन आशान हैं। हिन्दी के किसी एक कवि के साथ उनकी तुलना अस्वाभाविक लगती है। जयशंकर प्रसाद और निराला के सम्मिलित गुण उनमें पाए जा सकते हैं।" (भारतीय काव्य में सर्वधर्म समभाव, पृ. 99)

उन्होंने कोचीन के विज्ञान एवं प्रौद्योगिकी विश्वविद्यालय में स्थित हिन्दी विभाग को अपने परिश्रम और सूझ-बूझ से इतना समृद्ध बना दिया कि हिन्दी क्षेत्रों में भी ऐसे समृद्ध विभाग बहुत कम देखने को मिलते हैं। हिन्दी के प्रति अपनी निष्ठा से भी उन्होंने एक सच्चे हिन्दी सेवी का परिचय दिया है। अवकाश ग्रहण करने के बाद भी वे केरल में ही रहते हैं और साहित्य-सेवा में पूरी निष्ठा से लगे हैं।

अरुण कमल

रोहतास (बिहार) जिले के 'नासीरगंज' में जन्मे, पटना में अंग्रेज़ी के शिक्षक रहे प्रतिष्ठित कवि अरुण कमल (जन्म—15.02.1954) की 'कविता और समय' तथा 'गोलमेज' जैसी आलोचनात्मक कृतियाँ प्रकाशित हैं। 'कविता और समय' पुस्तक के बारे में उनकी आत्मस्वीकृति है कि यह पत्रिकाओं की आदेश-पूर्ति का फल है। यह सत्रह-अठ्ठारह वर्षों में लिखित और प्रकाशित आलोचनात्मक निबन्धों व टिप्पणियों का संकलन है। इस पुस्तक में उनकी आलोचनात्मक मान्यताओं के साथ उनके प्रिय कवियों की व्यावहारिक समीक्षाएँ भी हैं। वैसे आलोचना उनके लेखन का अनिवार्य अंग नहीं है। वर्षों से कविगण आलोचकों पर सवाल उठाते रहे हैं कि आज के आलोचक समकालीन कविता के साथ न्याय नहीं कर पाते। कई बार अरुण कमल भी इस तरह का सवाल उठाते रहे हैं। ऐसे कवियों की राय है कि कवि को अपनी कविता की ठीक समझ पाठक तक पहुँचाने के लिए स्वयं आलोचना का मोर्चा भी सँभालना होगा।

अरुण कमल के प्रिय आलोचक, नामवर सिंह हैं। 'कविता और समय' में संकलित 'हिन्दी के हित का अभिमान' तथा 'जनतंत्र और आलोचना' शीर्षक निबन्धों में उन्होंने नामवर सिंह के बहाने भारतीय और दूसरे देशों की चिन्तन प्रणाली तथा आलोचना के प्रतिमानों की पड़ताल की है। अरुण कमल का कहना है, "आलोचना और आलोचक का सबसे पहला काम शायद यही रहा है और है भी—लोगों को जगाए रखना। जब सब सो रहे हों तब जाकर कुँडी पीटना और कविता के ही सवालों पर नहीं। कविता के मार्फत जीवन और सभ्यता-संस्कृति के सवालों पर।" ('कविता और समय', पृ. 164) इसके साथ ही श्रेष्ठ आलोचना की पहली शर्त अरुण कमल के अनुसार यह है कि "वह हमारे काव्य-विवेक को सजग और समर्थ बनाती है। आलोचना वह सिल है जिस पर विवेक की छुरी सान चढ़ती है और इसलिए हर श्रेष्ठ आलोचना शुरू होती है काव्य-प्रेम से।" (उपर्युक्त, पृ. 167)

अरुण कमल ने आलोचना के मूल्यों और सिद्धान्तों पर बात करते हुए निराला, नागार्जुन, त्रिलोचन, शमशेर, फैज, रघुवीर सहाय, मलयज, केदारनाथ सिंह, श्रीकान्त वर्मा, कुमार विकल, परमानन्द श्रीवास्तव, अशोक वाजपेयी जैसे कवियों तथा विजयदान देथा और हरिशंकर परसाई जैसे कथाकारों के साहित्य की समीक्षा की है।

निराला पर लिखते हुए वे कहते हैं, "अभी जो हिन्दी कविता है यानी समकालीन कविता उसका निराला से बहुत गहरा रिश्ता है। निराला इसके रक्त, इसकी मज्जा में हैं। यह उन्हीं के बीज का प्रसार है। निराला ने जो नया 'वायुमंडल' रचा, समकालीन कविता ने अपना ऑक्सीजन वहीं से लिया।" (उपर्युक्त, पृ. 19) निराला के बाद उनके सबसे प्रिय कवि नागार्जुन हैं, जिनकी कविताओं पर विचार करते हुए वे दो मुख्य सवाल उठाते हैं—कविता किसके लिए और कविता की उपयोगिता क्या है? शमशेर के बहाने अरुण कमल ने हिन्दी-उर्दू की साझी विरासत की विस्तार से चर्चा की है। गालिब और मीर की वे बार-बार चर्चा करते हैं जो उनके प्रिय कवि हैं।

विकीपीडिया के अनुसार, "अरुण कमल की आलोचना खासी अनौपचारिक किस्म की आलोचना को प्रचलित शब्द-रूढ़ियों से बचाकर कविता की संवेदनात्मक बनावट में प्रवेश करती है और सहज भाव-बोध की सतह पर उसे उतारती है। सच कहा जाए तो अरुण कमल की आलोचना जीवनधर्मी रचना की पहचान के लिए सक्रिय-सन्नद्ध आलोचना है। यूं तो कोई भी रचना कभी जीवन विरोधी नहीं होती, लेकिन ठोस सामाजिक आशय से सम्पृक्त न होने पर वह पाठक को अमूर्त-भाव स्थितियों की ओर ले जा सकती है। अरुण कमल के लिए रचना की जीवन-धर्मिता का अर्थ है उसकी सामाजिक सम्पृक्ति।"

अरुण कमल ने 'आलोचना' पत्रिका का लम्बे समय तक सम्पादन भी किया है।

रेवती रमण

चंपारण (बिहार) के 'महमदा चौबे टोला' नामक गाँव में जन्मे, बिहार में पढ़े-लिखे और मुजफ्फरपुर में शिक्षक रहे रेवती रमण (16.02.1955-17.05.2021) ने आचार्य जानकीवल्लभ शास्त्री की कविताओं की समीक्षा 'उत्तम पुरुष' नाम से की है। इसके अलावा उनकी अन्य आलोचनात्मक कृतियों में 'जातीय मनोभूमि की तलाश', 'कविता में समकाल', परम्परा का पुनरीक्षण', 'उजाड़ में आवाज के परिंदे', 'समकालीन कविता का परिप्रेक्ष्य', 'कविता और मानवीय संवेदना', 'प्रसाद और उनका स्कंदगुप्त', 'भारत दुर्दशा : कथ्य और

शिल्प', 'हिन्दी आलोचना : बीसवीं सदी', 'काव्य विमर्श : निराला' तथा 'महाकाव्य से मुक्ति' आदि प्रकाशित हैं। रेवती रमण ने मैथिलीशरण गुप्त और त्रिलोचन पर साहित्य अकादमी के लिए विनिबन्ध भी लिखा है।

रेवती रमण की आलोचना का क्षेत्र मुख्य रूप से आधुनिक साहित्य है। उनकी आलोचना ज्यादातर पाठ आधारित होती है और उसी परिप्रेक्ष्य में देश काल और परिस्थिति के अनुसार वे रचना के महत्त्व का आकलन करते हैं। साहित्य की दुनिया में व्याप्त राजनीति एवं छल-प्रपंचों से मुक्त रेवती रमण एक पूर्णकालिक निष्ठावान लेखक और अध्यापक रहे हैं। उन्होंने 'ऋतुगंध', 'अभिधा' व 'सम्भवा' जैसी पत्रिकाओं का सम्पादन भी किया है।

माधव हाड़ा

उदयपुर (राजस्थान) में शिक्षक रहे माधव हाड़ा (जन्म—09.05.1958) कवि भी हैं और आलोचक भी। किन्तु उनकी पहचान मीरा के जीवन व रचना-कर्म पर केन्द्रित उनकी पुस्तक 'पंचरंग चोला पहिर सखी री' के नाते है जिसमें उन्होंने मीराँ की नए ढंग से और शोध-परक समीक्षा की है।

मीराँ के विषय में उनकी स्थापना है, "मीराँ के सम्बन्ध में इस समय दो छवियाँ चलन में हैं। एक उसकी रहस्यवादी संत-भक्त और रूमानी कवयित्री की पारम्परिक छवि है, जो मध्यकालीन धार्मिक-साम्प्रदायिक चरित्र आख्यानों और उपनिवेशकालीन इतिहासकारों ने गढ़ी है। मीराँ की इस छवि में संत-भक्तों का जोर चमत्कारिक घटनाओं और अतिरंजनाओं पर है, तो उपनिवेशकालीन इतिहासकारों ने यूरोपीय हितों के तहत उसके स्त्री अनुभव और संघर्ष की जगह भक्ति, रोमांस और प्रेम को सर्वोपरि बना दिया है। मीराँ की दूसरी छवि वंचित-उत्पीड़ित हाशिए की विद्रोही स्त्री की है, जो कुछ वामपंथी समालोचकों और इधर के स्त्रीविमर्शकारों की देन है। इन विमर्शकारों की निगाह में भारतीय समाज पूरी तरह ब्राह्मण निर्देशात्मक ग्रंथों पर निर्भर और ठंडा तथा ठहरा हुआ है। मीराँ उनके अनुसार इस समाज का सामान्य स्वर नहीं हैं। वे मानते हैं कि यह इस समाज के हाशिए का स्वर है। मीराँ सम्बन्धी ये दोनों छवियाँ निर्मित हैं। इनका इतिहास और यथार्थ से कोई सम्बन्ध नहीं है। इन निर्मित छवियों के कारण मीराँ के भौतिक स्त्री अस्तित्व का अनुभव और संघर्ष अनदेखा रह गया है। मीराँ संत-भक्त से पहले एक स्त्री हैं, जो अन्याय और दमन के प्रतिरोध में खड़ी हैं। उनका यह प्रतिरोध असाधारण और हाशिए का प्रतिरोध नहीं है।" (https://www.hindisamay.com मीराँ की कविता में उसका स्त्री अनुभव और संघर्ष)

'कविता का पूरा दृश्य' तथा 'तनी हुई रस्सी पर' उनकी अन्य समीक्षा-कृतियाँ है। उनकी दो महत्त्वपूर्ण पुस्तकें मीडिया पर भी केन्द्रित हैं जिनके नाम हैं, 'सीढ़ियाँ चढ़ता मीडिया' तथा 'मीडिया : साहित्य और संस्कृति'। 'सीढ़ियाँ चढ़ता मीडिया' पुस्तक परिशिष्ट के साथ बारह अध्यायों में बँटी है। इसमें तकनीक और मीडिया के विस्तार, उनके अन्तर्सम्बन्ध, मीडिया के दो प्रमुख रूप—इलेक्ट्रॉनिक और प्रिंट, मुद्रण माध्यमों में स्थानीयकरण, समाचार-पत्रों की बदलती भाषा आदि का प्रामाणिक और विस्तृत विवेचन है।

अरविन्द त्रिपाठी

गोरखपुर (उ.प्र.) जिले के 'कोहड़ाभाँवर' नामक गाँव में जन्मे गोरखपुर से पढ़े-लिखे और आकाशवाणी में अधिकारी रहे अरविन्द त्रिपाठी (जन्म—31.12.1959) की ख्याति एक कवि और आलोचक की है। वे समकालीन हिन्दी आलोचना में नए तेवर के साथ उपस्थित होने वाले आलोचक हैं। अरविन्द त्रिपाठी की प्रमुख आलोचना पुस्तकें हैं—'शताब्दी, मनुष्य और नियति', 'आलोचना की साखी', 'कवियों की पृथ्वी', 'हमारे समय की कविता', 'श्रीकान्त वर्मा', 'देवीशंकर अवस्थी'। 'स्वप्न और यथार्थ के कवि : विश्वनाथप्रसाद तिवारी', (सं.) 'आलोचना के सौ बरस' (तीन खंड, सं.) 'श्रीकान्त वर्मा रचनावली' (सं.) आदि।

उनकी आलोचना का अधिकांश हिस्सा श्रीकान्त वर्मा से सम्बद्ध है। यद्यपि उन पर मार्क्सवाद का प्रभाव है किन्तु उनकी आलोचना में मार्क्सवादी विचारधारा का असर कम दिखाई देता है। 'कवियों की पृथ्वी' में संकलित आलेखों में उन्होंने साठोत्तरी कविता के अधिकांश प्रमुख कवियों के काव्य-संग्रहों की समीक्षा की है और उनमें से प्रगतिशील मूल्यों के उद्घाटन का प्रयास किया है। उनकी सम्पादित पुस्तक 'आलोचना के सौ बरस' से निश्चित रूप से हिन्दी आलोचना समृद्ध हुई है।

उन्होंने अपनी आलोचना-दृष्टि को स्पष्ट करते हुए लिखा है, "आलोचना अगर संवाद है तो सबसे पहले रचना से संवाद है, फिर समाज और संस्कृति से। इस संवाद में जिरह, असहमति, नोक-झोंक तो है

ही, पर यह संवाद व्यक्तिगत नहीं सामाजिक और सैद्धान्तिक होता है।" (उद्धृत, 'शहरनामा गोरखपुर', पृ. 190) उन्होंने यह भी लिखा है, "हिन्दी आलोचना के इन पचास वर्षों में जो टनों निरामिष प्राध्यापकीय आलोचनाएँ 'आलोचना की धंधई' के नाम पर लिखी गई हैं उनमें जरा भी काँटा नहीं दिखता। इसीलिए वह उबाऊ, जड़, रसहीन, गन्धहीन और बेस्वाद है।" (उद्धृत', शहरनामा गोरखपुर', पृ. 191)

इस तरह अरविन्द त्रिपाठी निस्तेज आलोचना को आलोचना नहीं मानते। उनसे अभी काफी उम्मीदें हैं।

साधना अग्रवाल

बरेली (उ.प्र.) के 'बहेड़ी' नामक गाँव में जन्मीं और दिल्ली में शिक्षण कार्य कर रहीं साधना अग्रवाल (जन्म—14.12.1962) एक सुलझी हुई दृष्टि-सम्पन्न आलोचक हैं। उन्होंने आधुनिक हिन्दी साहित्य को ही आलोचना का क्षेत्र चुना है। उनकी अब तक आलोचना की पाँच पुस्तकें प्रकाशित हो चुकी हैं, उनके नाम हैं, 'वर्तमान हिन्दी महिला कथा लेखन और दाम्पत्य जीवन', 'साहित्य का सच', 'आलोचना का पुनर्पाठ', 'हिन्दी उपन्यास : विमर्श के नए क्षितिज' तथा 'हिन्दी की साहित्यिक पत्र-पत्रिकाओं में विवाद'। साधना अग्रवाल द्वारा सम्पादित पुस्तकों में बहुचर्चित कृति 'हमारे युग का खलनायक : राजेन्द्र यादव' भी है जिसका सम्पादन उन्होंने भारत भारद्वाज के साथ मिलकर किया है।

साधना अग्रवाल की एक डायरी भी प्रकाशित है, 'बेतरतीब तिथियों में कहीं मैं फिर मिलूँ' शीर्षक से। उन्होंने चीनी कवि तियाँहे की कविताओं का हिन्दी में अनुवाद भी किया है।

दुर्गाप्रसाद गुप्त

बस्ती (उ.प्र.) जिले के 'जसईपुर' नामक गाँव में जन्मे, जेएनयू में पढ़े-लिखे और दिल्ली में शिक्षण कार्य कर रहे दुर्गाप्रसाद गुप्त (जन्म—05.06.1963) कवि और आलोचक दोनों हैं। उनकी आलोचना का क्षेत्र आधुनिक साहित्य है। मुक्तिबोध उनके प्रिय कवि हैं। उनकी आलोचनात्मक पुस्तकों में 'आधुनिकतावाद', 'हिन्दी में आधुनिकतावाद', 'अपने पत्रों में मुक्तिबोध', 'संस्कृति का अकेलापन', 'सृजन का राग' आदि प्रमुख हैं। उन्होंने 'आस्थाओं का कोलाज' नाम से रामशरण जोशी के लेखों का चयन और सम्पादन किया है। नवजागरण की लघु पत्रिकाएँ और लघु पत्रिकाओं के नवजारण विषय से सम्बद्ध उनके कई महत्त्वपूर्ण अनुसन्धानपरक लेख प्रकाशित हो चुके हैं।

ज्योतिष जोशी

गोपालगंज (बिहार) के 'धर्मगता' नामक गाँव में जन्मे, दिल्ली से पढ़े-लिखे और ललित कला अकादमी (संस्कृति मंत्रालय) से जुड़े ज्योतिष जोशी (जन्म—06.04.1965) कवि, कथाकार और कला-समीक्षक के साथ-साथ एक प्रतिष्ठित आलोचक भी हैं। साहित्य, कला और संस्कृति की समीक्षा इनका मुख्य क्षेत्र है। 'आलोचना की छवियाँ', 'विमर्श और विवेचना', 'जैनेन्द्र और नैतिकता', 'साहित्यिक पत्रकारिता', 'विधा की उपलब्धि : त्यागपत्र', 'कला विचार', 'कला परम्परा', 'आधुनिक भारतीय कला के मूर्धन्य', 'पुरखों का पक्ष', 'कृति-आकृति', 'रंग-विमर्श', 'संस्कृति विचार-विमर्श और विवेचना', 'उपन्यास की समकालीनता', 'साहित्यिक पत्रकारिता', 'नेमिचन्द्र जैन', 'भारतीय कला के हस्ताक्षर', 'आलोचना का समय', 'रूपंकर', 'शमशेर का अर्थ' आदि उनकी आलोचनात्मक कृतियाँ हैं।

ज्योतिष जोशी की आलोचना में विषय के साथ ईमानदारी, तटस्थता और वस्तुनिष्ठता सहज ही अनुभव की जा सकती है। कुँवरनारायण की पुस्तक 'शब्द और देशकाल' की समीक्षा करते हुए वे लिखते हैं, "पूरी पुस्तक में कुँवरनारायण एक ऐसे सजग बौद्धिक और चिन्तक के रूप में सामने आते हैं जिनकी सोच से उस प्रत्येक व्यक्ति की सोच मिल सकती है जिसमें दुराग्रह न हो। पुस्तक में शायद ही कोई विचार ऐसा हो जिसके पक्ष में कुँवरनारायण ने स्पष्ट तर्क और विश्लेषण न दिया हो। पुस्तक में रचना, आलोचना, साहित्य की सामाजिकता, इतिहास और मिथक से लेकर भाषा और संस्कृति के उन सभी जटिल पक्षों पर विमर्श दिखाई देता है जिनसे या तो हम टकराने से बचते हैं या जिन्हें शब्दों के गुँजलक में उलझाने के अभ्यस्त हो गए हैं।" (https://samalochan.blogspot.com परख : शब्द और देशकाल (कुँवरनारायण): ज्योतिष जोशी, प्रकाशित जून 14, 2014)

हाल ही में उनकी एक पुस्तक 'अनासक्त आस्तिक' शीर्षक से जैनेन्द्र कुमार की जीवनी प्रकाशित हुई है। इसमें उन्होंने जैनेन्द्र कुमार के विराट व्यक्तित्व को देखने और उनके क्रमिक विकास को परखने का बहुत अच्छा प्रयास किया है।

अरुण होता

सोनपुर (उड़ीसा) में जन्मे, शान्तिनिकेतन में पढ़े-लिखे और पश्चिम बंगाल के एक प्रतिष्ठित विश्वविद्यालय में अध्यापन कर रहे प्रो. अरुण होता (जन्म-10.06.1965) हमारे समय के प्रतिष्ठित आलोचक हैं। वे ओड़िया भाषी हैं। अंग्रेजी, बांग्ला और नेपाली पर भी समान अधिकार रखते हैं, मगर लिखते हिन्दी में हैं। इस तरह अरुण होता हिन्दी के अकेले ऐसे आलोचक हैं जिनकी गति हिन्दी के अलावा बांग्ला, ओड़िया और नेपाली साहित्य में भी है। उनकी समृद्ध और पैनी आलोचना-दृष्टि पर ओड़िया, बांग्ला और अंग्रेजी की साहित्यिक-सांस्कृतिक विरासत का स्पष्ट प्रभाव देखा जा सकता है। अरुण होता की आलोचना का मुख्य क्षेत्र आधुनिक काव्य और कथा-साहित्य है। यद्यपि उन्होंने ब्रजबुलि की भाव सम्पदा पर भी काम किया है। 'तुलनात्मक साहित्य : हिन्दी और ओड़िया के परिप्रेक्ष्य में', 'आधुनिक हिन्दी कविता : युगीन सन्दर्भ', 'कविता का समकालीन प्रमेय', 'समकालीन कविता : चुनौतियाँ और सम्भावनाएँ', 'सृजन का आयतन', 'भूमंडलीकरण, बाजार और समकालीन कहानी', 'जितेन्द्र श्रीवास्तव : एक शिनाख्त' आदि उनकी प्रमुख आलोचनात्मक पुस्तकें हैं।

'भूमंडलीकरण, बाजार और समकालीन कहानी' अरुण होता की नई प्रकाशित पुस्तकों में से है। यह पुस्तक भूमंडलीकरण के बाद के बदलते परिदृश्य, मूल्यबोध और उसके प्रभाव के चलते कहानी के मुहावरों में होने वाले परिवर्तनों को समझने में बहुत उपयोगी है। इसमें भूमंडलीकरण, निजीकरण, मुक्त व्यापार, बाजारवाद, साम्प्रदायिकता आदि के कारण समाज में होने वाले बदलाव और उसके फलस्वरूप हिन्दी कहानी के कथ्य और शिल्प में तेजी से होने वाले परिवर्तनों का बड़ा ही संतुलित मूल्यांकन किया गया है। अरुण होता नए से नए कवि-कथाकारों की प्रतिभा को पहचानने में सिद्धहस्त हैं और अपने समय के साथ कदम से कदम मिलाकर चलने वाले आलोचक हैं। इस पुस्तक में उन्होंने शिवमूर्ति, सुधा अरोड़ा, विश्वेश्वर, असगर वजाहत, भालचन्द्र जोशी, पंकज मित्र से लेकर गीताश्री, हरिओम, अनन्त कुमार, किरण सिंह, ज्योति चावला और प्रज्ञा रोहिणी तक की कहानियों की सुन्दर समीक्षा की है।

एक आदर्श आलोचक का बुनियादी काम यह भी होता है कि वह समाज में दबे और उपेक्षित रचनाकारों की पहचान करे और उसे यथोचित प्रतिष्ठा देने में अपने सामर्थ्य का सदुपयोग करे। अरुण होता ने विश्वेश्वर तथा भालचंद जोशी जैसे अल्पज्ञात कथाकारों की प्रतिभा को पहचाना और उनके कथा साहित्य पर स्वतंत्र लेख लिखकर उन्हें प्रतिष्ठित करने का सराहनीय कार्य किया है। इस पुस्तक में 'बाजार और साहित्य : एक आलोचकीय कथोपकथन' अकेला ऐसा लेख है जिसमें कहानी के साथ-साथ आज की कविता की भी शिनाख्त की गई है। 'हिन्दी कहानी का मौजूदा समय : युवाओं का संसार' शीर्षक लेख पूर्णत: कथा-केन्द्रित है। इसमें नब्बे के बाद के कथा साहित्य का विस्तृत और प्रामाणिक विश्लेषण है। अरुण होता ने इसमें जिन कथाकारों के कथा साहित्य की समीक्षा की है उनमें पंकज मित्र, संजय कुंदन, हरिओम और गीताश्री प्रमुख हैं। इसी तरह 'मनुष्य विरोधी शक्तियों को पराजित करती युवा कहानी' शीर्षक लेख में उन्होंने प्रेम भारद्वाज, सत्यनारायण पटेल, वंदना राग तथा अजय नावरिया के कथा साहित्य का विश्लेषण किया है। 'हिन्दी कहानी और किसान जीवन' शीर्षक इस ग्रंथ का अन्तिम लेख भी बहुत ही सारगर्भित हैं।

अरुण होता की एक विशेषता यह भी है कि वे कथाकार विशेष की समीक्षा करते हुए अन्त में कथाकार के बारे में सूत्रवाक्यों में भी अपनी टिप्पणियाँ कह देते हैं। ये टिप्पणियाँ कथाकार के कथा-वैशिट्य की सार होती हैं। उदाहरण के लिए अज्ञेय की 'रोज' कहानी के बारे में, "रोज शीर्षक कहानी से हिन्दी कहानी साहित्य में नई भूमि तैयार होती है।" (पृ. 12) रेणु के बारे में, "रेणु के पात्र छोटे-छोटे सपने देखते हैं। जब ये छोटे सपने पूरे होते हैं तो आनन्दोल्लास से भर उठते हैं।...रेणु ने अपनी कहानियों में युगीन यथार्थ के सतरंगी बिंबों को अंकित किया है।" (पृ. 19) शिवमूर्ति के बारे में, "उनकी एक-एक कहानी में उपन्यास के तत्त्व भरे पड़े हैं। जिस प्रकार निराला की लम्बी कविता 'महाकाव्यात्मक' कविता कही जाती है ठीक उसी प्रकार शिवमूर्ति की कहानियों में 'उपन्यासात्मक कथा' समावेशित है।" (पृ. 59) विश्वेश्वर की कहानी 'महतारी' के सन्दर्भ में,

"कहानी, खास करके कोई भी महत्त्वपूर्ण कहानी केवल कहानी होती है। वादों और आन्दोलनों से पूर्णतया मुक्त होती है।" (पृ. 65) असगर वजाहत के बारे में, "उनकी कहानियाँ वक्त की शिनाख्त करती हैं। जीवन तथा जगत को अधिक सुन्दर बनाने के मकसद लेकर उनकी कहानियाँ पाठकों के समक्ष प्रस्तुत होती हैं, यथार्थ के विभिन्न परतों को उघाड़ती हैं। उनकी कहानी जहाँ समाप्त होती है वहीं से पाठकों की अन्तर्क्रियाएँ शुरू होती हैं।" (पृ. 77) आदि।

अरुण होता के प्रिय कवियों में मदन कश्यप और जितेन्द्र श्रीवास्तव प्रमुख हैं। मदन कश्यप के लगभग सभी काव्य-संग्रहों की उन्होंने समीक्षा की है। मदन उन्हें इसलिए प्रभावित करते हैं क्योंकि उनकी कविता का फलक बड़ा है, "कविता, राजनीति, इतिहास, जनान्दोलन और आदिवासी जीवन का अध्ययन इस कवि का कार्यक्षेत्र रहा है। व्यापक जीवनानुभव से समृद्ध यह कवि अपनी पीढ़ी का सर्वाधिक महत्त्वपूर्ण रचनाकार है। ध्यान देने की बात है कि जहाँ हमारे समय के अत्यंत महत्त्वपूर्ण कवि चार-पाँच कविताओं के अलावा अपने संग्रहों में अपने को रिपोर्ट करते चले आ रहे हैं वहाँ मदन अपने प्रत्येक कविता-संग्रह में अपने को दुहराव से बचाते आए हैं। हर नए संग्रह में यह कवि कंटेंट हो अथवा अभिव्यक्ति के ढंग में कुछ नया न भी हो तो भी ताजा टटकापन लेकर आता है।" (हिन्दी समय.काम से)

अरुण होता मानते हैं कि रचनाकार अपने समय और समाज का जाग्रत प्रहरी होता है। वह समय और समाज पर पैनी नजर रखे रहता है। अपनी दृष्टि, अनुभव आदि के आधार पर वह युगीन सन्दर्भों और चिंताओं को रूपायित करने का प्रयास करता है। रचना की अर्थवत्ता और गुणवत्ता का परीक्षण भी समय और समाज की धड़कनों की सफल अभिव्यक्ति के आधार पर होता है। उनकी दृष्टि में रचना वह है जिसमें बड़ी ईमानदारी और शिद्दत के साथ युग स्पंदन सुनाई पड़ता है जो मानव और मानवता को पुष्ट करे। इस दृष्टि से उन्हें मदन कश्यप बेहद खरे कवि के रूप में दिखाई देते हैं। उनका विश्वास है कि "भूमंडलीकरण के असली चरित्र को मदन समझते हैं। जड़ों की तलाश कवि की कोशिश है तो जड़ों से उसे उखाड़ना भूमंडलीकरण का प्रयास है। जड़ों से उखड़ना कवि के लिए सबसे बड़ी त्रासदी है। इसलिए कवि अपने रचना संसार में अपनी जड़ और जमीन को बचाने की सम्भावनाओं को तलाशता है।" (उपर्युक्त)

इसी तरह जितेन्द्र श्रीवास्तव की कविताओं का मूल्यांकन करने से पहले वे देश और दुनिया की राजनीतिक-सांस्कृतिक परिस्थितियों पर विस्तृत टिप्पणी करते हैं। वे भूमंडलीकरण और उसके दुष्प्रभावों की ओर सबसे पहले हमारा ध्यान आकृष्ट करते हैं, उसके बाद जितेन्द्र श्रीवास्तव की कविताओं का विवेचन करते हुए स्मरण दिलाते हैं कि इन्हीं परिस्थितियों में युवा कवि जितेन्द्र का कविता के क्षेत्र में आगमन होता है। वे जितेन्द्र श्रीवास्तव की कविताओं का मूल्यांकन करने के साथ ही आधुनिक हिन्दी कविता मात्र पर उपस्थित चुनौतियों पर भी चिन्ता व्यक्त करते हैं। वे कहते हैं, "समकालीन कविता के सामने सबसे बड़ी चुनौती है कविताई को कैसे बचाया जाए? पद्य नहीं रह गया है। गद्य की भरमार है। कविता की तमीज नहीं, पर कवि बनने का दंभ छूटता नहीं। धर-पकड़ से पुरस्कृत भी होते जा रहे हैं कई कवि। ऐसे अराजक समय में जितेन्द्र का कवि-कर्म आश्वस्त करता है। (हिन्दी कविता का समकालीन परिदृश्य और जितेन्द्र श्रीवास्तव का कवि-कर्म, हिन्दी समय.काम से)

उनका निष्कर्ष है कि "जितेन्द्र की कविताएँ सघन अनुभूति और गहराई से उत्पन्न हैं। गाँव, शहर, पहाड़ और महानगर के जीवनानुभवों को कवि ने काव्यात्मकता के सूत्र में पिरोया है। फलस्वरूप ये कविताएँ कपोल कल्पित नहीं, हवा-हवाई नहीं हैं। इस अर्थ में जितेन्द्र का काव्य-संसार भिन्न और विशिष्ट है। उसके सृजन का आयतन व्यापक है, गहरा है। हिन्दी काव्य के आयतन को विस्तार प्रदान करता है। कवि की सामाजिक, राजनीतिक, आर्थिक तथा सांस्कृतिक व्याकुलता तथा विभिन्न सन्दर्भों में उसकी संलग्नता उसे अपने समकालीनों में अलग स्थान प्रदान करती है।" (जितेन्द्र श्रीवास्तव : एक शिनाख्त, भूमिका, पृ. 8)

अरुण होता ने कोरोना काल की बेहतरीन कविताओं का सम्पादन 'तिमिर में ज्योति जैसे' शीर्षक से किया है। इसमें अशोक वाजपेयी और राजेश जोशी जैसे वरिष्ठ कवियों से लेकर कुमार मंगलम् और गोलेन्द्र पटेल जैसे छात्र-कवियों की कविताएँ भी संकलित हैं। उन्होंने इसकी चौदह पृष्ठ की लम्बी भूमिका लिखी है जिसमें वे स्वीकार करते हैं कि "जीवन की हर स्थिति में कविता एक सच्चे मित्र की भूमिका का निर्वहन करती है। हताश, उदास और निराश करना कविता का धर्म नहीं होता।" (भूमिका, पृ. 8) वे यह भी मानते हैं कि "कविता-सृजन जिम्मेदारी का काम है। इसके लिए रचयिता को सामाजिक होना पड़ता है। बिना सामाजिक

हुए कविता सृजन की अर्थवत्ता नहीं होती है। किसी भी कालखंड में लिखना एक साहसिक काम है। जोखिम भरा भी है। लिखते रहना और भी साहस का काम है। रचयिता को प्रचलित सत्ता, व्यवस्था, पद्धति आदि की चुनौतियों से लड़ना-जूझना पड़ता है।" (उपर्युक्त, पृ. ४) जाहिर है, कविताओं के चयन में उनकी इस दृष्टि का हर कहीं अनुभव किया जा सकता है। इसमें संकलित कविताएँ कोरोना काल की दस्तावेज हैं। इसमें उस दौर की अकल्पनीय पीड़ा तो है ही, उससे मुक्ति की छटपटाहट और उम्मीद भी है।

अरुण होता एक कुशल अनुवादक भी हैं। उन्होंने 'हँसध्वनि', 'ओड़िया की प्रगतिशील कहानियाँ', 'मँगनी की बैलगाड़ी', 'विधवा का बेटा अनन्ता' जैसी कृतियों का ओड़िया से हिन्दी में अनुवाद भी किया है।

मेरे शहर कोलकाता के रहने वाले प्रो. अरुण होता हिन्दी और ओड़िया के बीच 'हावड़ा ब्रिज' की तरह मजबूत सेतु बनने की प्रक्रिया में हैं।

कृष्णमोहन

चन्दौली (उ.प्र.) के 'डेढ़गाँवा' नामक गाँव में जन्मे और काशी में शिक्षक प्रो. कृष्णमोहन (जन्म—20.06.1970) ने युवा पीढ़ी के आलोचकों में अपनी विशिष्ट पहचान बना ली है। 'मुक्तिबोध : स्वप्न और संघर्ष', 'आधुनिकता और उपनिवेश', 'कहानी समय', 'आईना खाना' आदि उनकी प्रमुख आलोचनात्मक पुस्तकें हैं।

हिन्दी आलोचना के सम्बन्ध में समकालीन साहित्यकारों के रवैये से कृष्णमोहन सन्तुष्ट नहीं हैं और वे मानते हैं कि आजकल हिन्दी में आलोचना की निन्दा करने और उसे अनावश्यक ठहराने का चलन है। इस काम में हवा के साथ बह जाने वाले मतदाताओं जैसी सादगी के साथ बहुत से साहित्य प्रेमी लगे हुए हैं। आलोचना के बारे में उनका मानना है कि "रचना अगर जीवन की पुनर्रचना है तो आलोचना रचना की पुनर्रचना है। आलोचक रचना में समाहित अनेक तत्त्वों में से किसी एक को प्रमुख मानकर अपनी समझ के मुताबिक रचना के प्रधान पक्ष का उद्‌घाटन करता है। इस प्रक्रिया में प्रासंगिक उद्धरण और उनकी व्याख्या उसके औजार होते हैं। उद्धरणों के चुनाव का विशेषाधिकार उसका होता है, किन्तु उनकी व्याख्या का वस्तुनिष्ठ और तर्कसंगत होना अनिवार्य है अन्यथा आलोचना अविश्वसनीय हो जाती है।" (हिन्दी समय में संकलित 'आलोचना के बारे में' शीर्षक लेख से)

कृष्णमोहन ने सुधीर कक्कड़ के अंग्रेजी उपन्यास 'द एसेटिक ऑव डिजायर' का 'कामयोगी' के नाम से तथा डेल कार्नेगी द्वारा लिखित अब्राहम लिंकन की 'अब्राहम लिंकन : द अननोन' नामक जीवनी का 'अब्राहम लिंकन : अनजानी शख्सियत' के नाम से अनुवाद भी किया है। 'परख' नामक पत्रिका के कुछ अंकों का उन्होंने सम्पादन भी किया है।

पंकज चतुर्वेदी

इटावा (उ.प्र.) में जन्मे, दिल्ली में पढ़े-लिखे और उत्तर प्रदेश में शिक्षण कार्य कर रहे, कानपुर देहात के 'तिश्ती' गाँव के मूल निवासी पंकज चतुर्वेदी (जन्म—24.08.1971) की पहचान कवि की भी है और आलोचक की भी। उनकी आलोचनात्मक पुस्तकों में 'आत्मकथा की संस्कृति', 'निराशा में भी सामर्थ्य', 'जीने का उदात्त आशय : कुँवरनारायण की कविता' आदि प्रमुख हैं। इसके अलावा उन्होंने साहित्य अकादमी के लिए रघुवीर सहाय पर इसी शीर्षक से एक विनिबन्ध भी लिखा है। उन्होंने 'यही तुम थे' शीर्षक से वीरेन डंगवाल पर एकाग्र आलोचनात्मक संस्मरण तथा 'जीने का उदात्त आशय' में कुँवरनारायण की कविता की विस्तृत और व्यवस्थित समीक्षा की है। उनकी दृष्टि में आदर्श और यथार्थ, ज्ञान और संवेदना, समय और इतिहास की द्वंद्वात्मक संहति से कुँवरनारायण की कविता संशिष्ट, गहन और विचारोत्तेजक घटित हुई है। उससे हम अपनी आत्मा को आलोकित और समृद्ध कर सकते हैं, क्योंकि उसमें वाग्जाल नहीं एक मार्मिक पारदर्शिता और जीवन सत्य का दुर्लभ विवेक है।

वे लिखते हैं, "शायद इसकी कोई सार्थकता है तो यह रेखांकित करने में कि कुँवरनारायण विचारों की बहुलता, दार्शनिक बेचैनी, आत्मवत्ता, प्रेम, जीवन की समृद्धि, सौन्दर्य, अपरिग्रह और सत्य के प्रति अदम्य आस्था के कवि ही नहीं, गुलामी और अन्याय के विभिन्न रूपों के प्रति युयुत्सा और प्रतिरोध से सम्पन्न गहरे विडम्बना-बोध, करुणा, व्यंग्य और परिवर्तन एवं प्रगति की कामना के भी कवि हैं।" (https//www.pustak.org/index.php/bookdetails)

विनोद तिवारी

देवरिया (उ.प्र.) में जन्मे, इलाहाबाद में पढ़े-लिखे और दिल्ली में अध्यापन करने वाले विनोद तिवारी (जन्म—23.03.1973) की नई पीढ़ी के आलोचकों में खास जगह है। उनकी आलोचनात्मक दृष्टि सुलझी हुई और स्थापनाएँ सन्तुलित हैं। लेखन और अध्यापन के लिए ही पूर्णत: समर्पित विनोद तिवारी की 'परम्परा, सर्जन और उपन्यास' तथा 'नई सदी की दहलीज पर' जैसी पुस्तकें प्रकाशित हैं। 'विजयदेव नारायण साही' नाम से उन्होंने साहित्य अकादमी के लिए विनिबन्ध भी लिखा है।

कवि अशोक वाजपेयी की समीक्षा करते हुए उन्होंने जो लिखा है उससे उनकी समीक्षा-दृष्टि और उसकी शैली को आसानी से समझा जा सकता है। वे लिखते हैं, "कविता सम्बन्धी अशोक वाजपेयी की आलोचनात्मक समझ का परिसर अत्यन्त ही विस्तृत और व्यापक है। उसमें साहित्य का, संगीत का अन्य दूसरी कलाओं का ललित गुणात्मक बलाघात है। इसी बलाघात की हिमायत करते हुए अशोक वाजपेयी 'आलोचना के जनतंत्र' का सवाल उठाते हैं, आलोचना में एक 'समावेशी परिसर' बनाने की वकालत करते हैं। वास्तव में, यह ललित गुणात्मक बलाघात ही उन्हें एक साथ 'रूप' के स्तर पर रूपवादी और कलावादी बनाता है और वस्तु के स्तर पर आधुनिक और उत्तर-आधुनिक। एक ऐसा उत्तर-आधुनिक जिसे यह समय भी चाहिए पर इसी के पड़ोस में अपना अतीत भी चाहिए।" (https://pahlieebarswordpress.com आलोचना का समाज क्या है? कहाँ है? शीर्षक लेख से)

विनोद तिवारी 'पक्षधर' नाम की पत्रिका का सम्पादन कर रहे हैं। विनम्र स्वभाव वाले विनोद तिवारी से हिन्दी जगत को काफी उम्मीदें हैं।

जितेन्द्र श्रीवास्तव

देवरिया (उ.प्र.) जिले के 'सिलहटा' नामक गाँव में जन्मे, दिल्ली में पढ़े-लिखे और इग्नू में शिक्षक जितेन्द्र श्रीवास्तव (जन्म—08.04.1974) प्रतिष्ठित कवि भी हैं और आलोचक भी। उनकी आलोचना की परिधि में कथा साहित्य और समकालीन कविता है। मुख्य रूप से आधुनिक साहित्य की ही उन्होंने समीक्षाएँ की हैं। अपनी आलोचना में वे अमूमन पाठ को खोलने की एक कुंजी उपलब्ध कराने का प्रयास करते हैं। वे रचना के भीतर से ही आलोचना के सूत्र तलाशते हैं। इनकी आलोचना में संस्कृति के प्रश्न भी शामिल हैं। आलोचना करते समय वे अपने समय के संकटों से भी रूबरू होते हैं। उन्होंने प्रेमचन्द, प्रसाद, नागार्जुन, महापंडित राहुल सांकृत्यायन, रवीन्द्रनाथ टैगोर, मैनेजर पांडेय आदि के साथ-साथ उर्दू साहित्य को भी अपनी आलोचना का विषय बनाया है। वली दकनी, मिर्जा गालिब, कैफी आजमी, इस्मत चुगतई जैसे साहित्यकारों पर लिखकर उन्होंने आधुनिक आलोचना की परिधि का विस्तार किया है।

'कहानी का क्षितिज', 'भारतीय समाज, राष्ट्रवाद और प्रेमचन्द', 'भारतीय समाज की समस्याएँ और प्रेमचन्द', 'शब्दों में समय', 'रचना का जीवद्रव्य', 'आलोचना का मानुष-मर्म' 'सर्जक का स्वप्न', 'विचारधारा, नए विमर्श और समकालीन कविता', 'उपन्यास की परिधि' आदि उनकी प्रमुख आलोचनात्मक पुस्तकें हैं।

वे बड़े सजग और सभी मोर्चों पर सक्रिय आलोचक हैं। सोशल मीडिया पर भी उनकी सक्रियता निरन्तर बनी रहती है।

दीपकप्रकाश त्यागी

जौनपुर (उ.प्र.) जिले के 'ओइना' नामक गाँव में जन्मे, इलाहाबाद में पढ़े-लिखे और गोरखपुर में शिक्षक प्रो. दीपक प्रकाश त्यागी (जन्म—02.04.1974) एक सम्भावनाशील युवा आलोचक हैं। 'प्रस्थान' पत्रिका के माध्यम से वे अपनी वैचारिकी को बराबर स्पष्ट करते रहते हैं। समकालीन कविता और उपन्यास की आलोचना में उनकी खास दिलचस्पी है। रामधारी सिंह 'दिनकर', मैनेजर पांडेय, सत्यप्रकाश मिश्र, निर्मल वर्मा, प्रेमचन्द आदि पर उन्होंने 'प्रस्थान' के विशेषांक निकालकर अपनी वैचारिक प्रतिबद्धता का परिचय दे दिया है। 'मुझे चाँद चाहिए : अन्तर्वस्तु और शिल्प', 'साहित्य का अन्त:करण', 'हिन्दी काव्य चिन्तन की परम्परा', 'प्रेमचन्द और दलित सन्दर्भ', 'उपन्यास का उदय', 'उपन्यास का शिल्प', 'कविता का साहचर्य' आदि उनकी प्रमुख आलोचना पुस्तकें हैं।

राहुल सिंह

राँची (झारखंड) जिले के 'हटिया' में जन्मे, दिल्ली में पढ़े-लिखे और झारखंड में अध्यापन कर रहे राहुल सिंह (जन्म—13.01.1981) नई पीढ़ी के आलोचकों में महत्त्वपूर्ण हैं। तुलसीराम, अखिलेश, शिवमूर्ति जैसे कथाकारों की कृतियों की उन्होंने अच्छी समीक्षाएँ की हैं। अज्ञेय के बारे में उनकी मान्यता है कि "हिन्दी साहित्य में आधुनिकता को बहस के केन्द्र में लाने का श्रेय सच्चिदानन्द हीरानन्द वात्स्यायन अज्ञेय को दिया जा सकता है। अज्ञेय से पहले हिन्दी साहित्य के आलोचक सर्जक आधुनिकता की अवधारणा के प्रति सचेत अवश्य थे पर वह उनकी चिन्ता और चेतना में एक एजेंडा के तौर पर शामिल नहीं था।" (https://www.hindisamay.com अज्ञेय : दिक् और काल के बरक्स, शीर्षक लेख)

साहित्य की समीक्षा के साथ-साथ राहुल सिंह फिल्म-समीक्षाएँ भी लिखते हैं। उन्होंने 'मातृभूमि', 'लंचबॉक्स', 'धोबी-घाट' आदि फिल्मों की सुन्दर समीक्षाएँ की हैं। समाज को देखने की उनकी वैज्ञानिक दृष्टि का स्पष्ट प्रभाव उनकी समीक्षाओं में दिखाई देता है, इसीलिए उनकी समीक्षाएँ प्रभावशाली भी हैं और विश्वसनीय भी। आधुनिक काल का साहित्य, खासतौर पर कविता और कथा-साहित्य को ही उन्होंने अपनी आलोचना का क्षेत्र चुना है।

राहुल सिंह कहानियाँ भी लिखते हैं और 'भूतों के इर्द गिर्द' शीर्षक से उनका एक कथा-संग्रह प्रकाशित है।

कुछ ऐसे आलोचक भी हैं जिनके सृजन का मुख्य क्षेत्र आलोचना नहीं है किन्तु आलोचना के क्षेत्र में जितना भी उनका कार्य है उसका उल्लेख किए बिना नई आलोचना पर बात अधूरी रहेगी। इनमें प्रख्यात कवि-कथाकार **अजित कुमार** का नाम प्रमुख है। उनकी 'इधर की हिन्दी कविता' तथा 'कविता का जीवित संसार' नाम से दो आलोचनात्मक कृतियाँ प्रकाशित हैं। **राजेन्द्र कुमार** कवि और कथाकार के साथ-साथ सुलझे हुए आलोचक भी हैं। आधुनिक साहित्य उनकी आलोचना का प्रिय विषय है। उनके द्वारा सम्पादित आलोचनात्मक कृतियाँ हैं, 'साही के बहाने समकालीन रचनाशीलता पर एक बहस', 'आलोचना का विवेक', 'अमन बनाम आतंक', 'प्रेमचन्द की कहानियाँ : परिदृश्य और परिप्रेक्ष्य', 'स्वाधीनता की अवधारणा और निराला' आदि। **सुवास कुमार** व्यंग्यकार, कथाकार और भाषावैज्ञानिक हैं, किन्तु आलोचना के क्षेत्र में भी उनकी कई महत्त्वपूर्ण पुस्तकें प्रकाशित हैं, जिनमें 'मध्यकालीन फैंटेसी : सूरदास और चंडीदास का काव्य', 'आधुनिक हिन्दी कविता : आत्मनिर्वासन और अकेलेपन का सन्दर्भ', 'आंचलिकता, यथार्थवाद और फणीश्वरनाथ रेणु', 'साहित्यिक समझ, विवेक तथा प्रतिबद्धता' आदि प्रमुख हैं। **शचीरानी गुर्टू** ने भिन्न-भिन्न विषयों पर प्रचुर लेखन किया है। हिन्दी आलोचना से सम्बन्धित उनकी पुस्तकें हैं, 'वैचारिकी : साहित्य समालोचन', 'साहित्य दर्शन', 'कला के प्रणेता', 'महादेवी वर्मा', 'सुमित्रानन्दन पंत : काव्यकला और जीवन-दर्शन' आदि। 'हिन्दी के आलोचक' शीर्षक पुस्तक का उन्होंने सम्पादन भी किया है। कवि, कथाकार, पत्रकार और अनुवादक के साथ **नीलाभ अश्क** एक अच्छे आलोचक भी हैं। 'प्रतिमानों की पुरोहिती' तथा 'पूरा घर है कविता' शीर्षक उनकी दो आलोचनात्मक कृतियाँ प्रकाशित हैं। उन्होंने मैथिलीशरण गुप्त, प्रसाद, पंत, निराला, महादेवी वर्मा, नागार्जुन, मुक्तिबोध, त्रिलोचन, रघुवीर सहाय, धूमिल, सर्वेश्वर से लेकर गोरख पांडेय तक तथा प्रेमचन्द के साथ गालिब और मीर तक के साहित्य की सुन्दर समीक्षाएँ की हैं। निर्मला जैन के शब्दों में, "उन्होंने बड़े बेलाग ढंग से श्रोतानुकूलित और अवसरानुकूलित आलोचना की खबर ली। सदा सर्वदा मंच पर विराजित मठाधीशों के लिखित में अन्तर्विरोध और असंगतियों की तरफ ध्यान दिलाया।" (हिन्दी आलोचना का दूसरा पाठ, पृ. 177) 'हिन्दी साहित्य का मौखिक इतिहास' (चार खंडों में) उनकी बहुत ही लोकप्रिय पुस्तक है। **गिरधर राठी** की 'ऊहापोह' नामक आलोचना पुस्तक प्रकाशित है। उन्होंने साहित्य अकादमी की पत्रिका 'समकालीन भारतीय साहित्य' तथा अन्तरराष्ट्रीय अंग्रेजी त्रैमासिक 'ऑल्टरनेटिव्स' का भी लम्बे समय तक सम्पादन किया है। उनकी ख्याति मुख्यत: एक कुशल अनुवादक और कवि की है।

'कविता और संघर्ष चेतना' **यश गुलाटी** की महत्त्वपूर्ण आलोचना पुस्तक है। इसमें नई कविता, वाम कविता, विचार कविता और आठवें दशक की कविता के ऊपर महत्त्वपूर्ण लेख संकलित है जिनमें आधुनिक हिन्दी कविता का विस्तृत और व्याख्यात्मक विश्लेषण है। उनकी दूसरी पुस्तक 'प्रतिनिधि हिन्दी उपन्यास' में हिन्दी के प्रमुख और एक दर्जन से अधिक उपन्यासों का विस्तृत मूल्यांकन किया गया है। इस विवेचन से हिन्दी के पूरे औपन्यासिक परिदृश्य का सहज ही आकलन किया जा सकता है।

यश गुलाटी की आलोचना-दृष्टि अमूमन रचना के पाठ पर केन्द्रत रहती है जिसे लोगों ने कृति की राह से गुजरना कहा है। इसीलिए उनकी आलोचना में एक खुलापन और विश्लेषण के नाते विश्वसनीयता मिलती है। उनकी सम्पादित कृतियों में भी चयनित विषयों में एक सुव्यवस्था और अध्ययन की एक सुविचारित तथा तर्कसंगत प्रणाली हमारा अलग से ध्यान आकृष्ट करती है। 'हिन्दी के श्रेष्ठ काव्यों का मूल्यांकन' भी उनकी आलोचनात्मक पुस्तक है।

भारतीय संस्कृति और संस्कृत के विद्वान तथा मिर्जा गालिब पर काम करने वाले **वागीश शुक्ल** ने 'राम की शक्तिपूजा' की टीका 'छंदछंद पर कुंकुम' नाम से लिखी है। मुख्य रूप से कवि और कथाकार के रूप में प्रतिष्ठित। **जगदीश नारायण श्रीवास्तव** ने आलोचनाएँ भी लिखी हैं। उनकी पहली आलोचना पुस्तक 'समकालीन कविता पर एक बहस' जब 1976 में पहली बार प्रकाशित हुई तो साहित्य क्षेत्र में एक नई हलचल पैदा हो गई। 'उपन्यास की शर्त' उनकी दूसरी आलोचना कृति है जिसने कई महत्त्वपूर्ण उपन्यासों की ओर लोगों का ध्यान आकृष्ट किया। 'उत्तर प्रदेश का साहित्यिक परिदृश्य' भी उनकी दो खंडों में प्रकाशित एक अनुसन्धानपरक आलोचनात्मक कृति है जिसमें पूर्वांचल की साहित्यिक विरासत का विस्तार से और आलोचनात्मक दृष्टि से विवेचन किया गया है। पूर्वोत्तर के आदिवासी जीवन पर कई बेहतरीन उपन्यास रचने वाले **श्रीप्रकाश मिश्र** की भी आलोचनात्मक पुस्तकें प्रकाशित हैं जिनमें 'यह जो आ रहा है हरा', 'यूरोप के आधुनिक कवि', 'युग की नब्ज' प्रमुख हैं। प्रतिष्ठित कवि **श्रीप्रकाश शुक्ल** ने 'साठोत्तरी हिन्दी कविता में लोक सौन्दर्य', तथा 'नामवर की धरती' नाम से आलोचनाएँ लिखी हैं। **गोविन्द प्रसाद** की आलोचनात्मक कृतियों के नाम हैं 'त्रिलोचन के बारे में', तथा 'मलयज की डायरी'। छत्तीगढ़ के पुलिस महानिदेशक रहे और मूलत: कवि रूप में पहचान बनाने वाले **विश्वरंजन** ने धनंजय वर्मा पर एकाग्र पुस्तक 'शिलाओं पर तराशे मजमून', तथा अज्ञेय की आलोचना पर केन्द्रित कृति 'कठिन प्रस्तर में अग्नि सुराख' और शमशेर पर केन्द्रित आलोचना कृति 'ठंडी, धुली सुनहरी धूप' लिखकर व्यावहारिक आलोचना के क्षेत्र में अपनी जगह बना ली है।

मूलत: कवि के रूप में चर्चित **अनन्त मिश्र** का शोध-ग्रंथ 'स्वातंत्र्योत्तर हिन्दी कविता' के नाम से प्रकाशित है और एक महत्त्वपूर्ण आलोचनात्मक पुस्तक के रूप में इसकी पहचान है। उनकी दूसरी आलोचना-कृति का नाम है, 'ये शब्द इसी जनपद के हैं'। अनन्त मिश्र ने विशेष रूप से समकालीन हिन्दी कविता का ही विश्लेषण-मूल्यांकन किया है। उनका 'आठवें दशक की हिन्दी आलोचना' शीर्षक लेख खासा चर्चित रहा। **पंकज पाराशर** कवि, कथाकार और अनुवादक हैं किन्तु उन्होंने आलोचना के क्षेत्र में भी अच्छी पहचान बनाई है। उनकी आलोचना का क्षेत्र मुख्य रूप से समकालीन साहित्य है। मैनेजर पांडेय के आलोचना कर्म की उन्होंने सुन्दर समीक्षा की है। उनकी प्रमुख आलोचनात्मक कृतियाँ हैं, 'पुनर्वाचन', 'रचना का सामाजिक पाठ' तथा 'कविता के प्रश्न और प्रतिमान'। 'पूर्वग्रह' और 'समास' जैसी पत्रिकाओं के सम्पादक और अनुवादक के रूप में अपनी पहचान बनाने वाले **मदन सोनी** आलोचक और अनुवादक हैं। 'कविता का व्योम और व्योम की कविता', 'विषयान्तर', 'कथापुरुष' तथा 'उत्प्रेक्षा' उनकी आलोचनात्मक पुस्तकें हैं। हिन्दी गद्य की विधाओं में उपन्यास को वे सर्वाधिक महत्त्व देते हैं और मानते हैं कि आधुनिक मनुष्य के आख्यान को उपन्यास में ही सबसे ज्यादा व्यवस्थित ढंग से उकेरा जा सकता है। रेणु के उपन्यास 'परती परिकथा' पर उनका लम्बा लेख सर्वाधिक चर्चित लेखों में से एक है। उन्होंने अशोक वाजपेयी की चुनी हुई रचनाओं का दो खंडों में सम्पादन किया है और 'प्रेम के रूपक' शीर्षक से हिन्दी की प्रेम कविताओं का भी संचयन किया है। कवि रूप में पहचान बनाने वाले **गणेश पांडेय** की आलोचनात्मक कृतियों में 'आलोचना का सच' तथा 'इक्कीसवीं सदी और हिन्दी कविता' उल्लेखनीय हैं। उनकी आलोचना-दृष्टि और शैली दोनों परिपाटी से अलग और स्वतंत्र है।

ओजस्वी वक्ता तथा जनतांत्रिक मूल्यों में विश्वास रखने वाले **चित्तरंजन मिश्र** ने अधिक नहीं लिखा है किन्तु जितना लिखा है उससे उनकी सूक्ष्म, सन्तुलित और पैनी आलोचना-दृष्टि का परिचय मिल जाता है। 'आठवें दशक की हिन्दी कविता', 'आठवें दशक की हिन्दी आलोचना', 'अज्ञेय : नई राहों का अन्वेषी' जैसे लेखों के अतिरिक्त उन्होंने मुक्तिबोध, शमशेर, केदारनाथ अग्रवाल, दिनकर, भीष्म साहनी, विश्वनाथप्रसाद तिवारी, परमानन्द श्रीवास्तव आदि के कवि-कर्म पर विस्तार से लिखा है। 'नई धारा' के यशस्वी सम्पादक **शिवनारायण** यद्यपि मुख्य रूप कवि और कथाकार हैं किन्तु आलोचना के क्षेत्र में भी उनकी कई महत्त्वपूर्ण पुस्तकें प्रकाशित हैं। इनमें 'रचना का जनपक्ष', 'संस्कृति का विवेक', 'प्रतिरोध का कथाशिल्प', 'कला,

साहित्य और समय', 'समय के सरोकार' आदि प्रमुख हैं। 'हिन्दी विज्ञापनों का समकालीन विमर्श' तथा 'हिन्दी पत्रकारिता का समकालीन विमर्श' उनकी समकालीन पत्रकारिता का विश्लेषण करने वाली कृतियाँ हैं। माधवेन्द्र पांडेय यद्यपि मुख्य रूप से अनुवादक हैं किन्तु नवगीतों पर उन्होंने अच्छा काम किया है। उनकी दो पुस्तकें 'सौन्दर्यबोध और हिन्दी नवगीत' तथा 'हिन्दी नवगीतों का बिम्ब विधान' प्रकाशित है। **सुरेश चन्द्र** ने अपने लिए किसी क्षेत्र विशेष का चयन नहीं किया है। किन्तु दलित साहित्य और स्त्री साहित्य में उनकी विशेष रुचि देखी जा सकती है। 'समकालीन मूल्यबोध और संशय की एक रात', 'रचनाधर्मिता की परख', 'बीसवीं सदी का रामकाव्य और मूल्यबोध', 'दलित चिन्तन की दिशाएँ', 'नरेश मेहता की काव्य साधना', 'दलित विमर्श से आलोचना तक', 'आधी दुनिया का पूरा सच' आदि उनकी आलोचनात्मक पुस्तकें हैं। कवयित्री **मनीषा झा** की भी अब तक चार आलोचनात्मक पुस्तकें प्रकाशित हो चुकी हैं, 'प्रकृति, पर्यावरण और समकालीन कविता', 'कविता का सन्दर्भ', 'समय, संस्कृति और समकालीन कविता' तथा 'साहित्य की संवेदना'। उनकी पुस्तक 'साहित्य की संवेदना' में कथा साहित्य व कविता की समीक्षा से सम्बन्धित लेख संकलित हैं। 'समय, संस्कृति और समकालीन कविता' में हमारे समय के ज्वलंत प्रश्नों से मुठभेड़ करने की कोशिश की गई है। इसमें स्त्री विमर्श और दलित विमर्श तो है ही, पर्यावरण विमर्श भी है।

प्रफुल्ल कोलख्यान कवि है और प्रबुद्ध आलोचक भी। 'साहित्य, समाज और जनतंत्र', 'बाजारवाद और जनतंत्र' तथा 'आजादी और राष्ट्रीयता का मतलब' उनकी आलोचनात्मक पुस्तकें हैं। संस्कृति के सवाल उनकी चिन्ता के मुख्य विषय हैं। **आलोक गुप्त** की दो महत्त्वपूर्ण आलोचनात्मक कृतियाँ प्रकाशित हैं, 'मुक्तिबोध : युग चेतना और अभिव्यक्ति' तथा 'रचना और आलोचना का वर्तमान परिप्रेक्ष्य'। **सुधीर रंजन सिंह** कवि भी हैं और आलोचक भी। 'कविता के प्रस्थान' तथा 'हिन्दी समुदाय और राष्ट्रवाद' नामक उनकी दो महत्त्वपूर्ण आलोचनात्मक पुस्तकें प्रकाशित हैं। उनकी आलोचना में प्रगतिशील तत्त्व अधिक हैं। युवा आलोचक **आलोक पांडेय** का मुख्य आलोचनात्मक कार्य आधुनिक काल से सम्बन्धित है। उन्होंने पत्रकारिता, मीडिया, सिनेमा और साहित्य के क्षेत्र में खास तौर पर आलोचनाएँ लिखी हैं। उनकी प्रमुख आलोचनात्मक कृतियाँ हैं, 'अर्थांतर', 'सत्ता साहित्य और पत्रकारिता', 'बहरहाल' तथा 'इत्यादि'। फिल्मों के लिए पटकथाएँ तथा यात्रा वृत्तान्त लिखने वाले **अनन्त विजय** की दो आलोचनात्मक कृतियाँ भी प्रकाशित हैं, 'प्रसंगवश' तथा 'विधाओं का विन्यास'। इधर बिलकुल युवा आलोचक **मृत्युंजय पांडेय** की कई आलोचनात्मक कृतियाँ काफी जल्दी-जल्दी प्रकाशित हुई हैं। उनकी आलोचना का क्षेत्र कविता और कथा साहित्य दोनों है। 'कहानी का अलक्षित प्रदेश', 'कहानी से संवाद', 'साहित्य, समय और आलोचना', 'रेणु का भारत' उनकी प्रमुख आलोचनात्मक पुस्तकें हैं। मृत्युंजय पांडेय ने जितेन्द्र श्रीवास्तव के काव्य कर्म का मूल्यांकन करते हुए भी एक पुस्तक लिखी है जिसका नाम है, 'कवि जितेन्द्र श्रीवास्तव'। हिन्दी साहित्य और भोजपुरी भाषा साहित्य के अध्ययन-मूल्यांकन में विशेष दिलचस्पी रखने वाले **विमलेश मिश्र** की आलोचनात्मक कृतियों में 'समकालीन भोजपुरी काव्य की सामाजिक चेतना', 'हिन्दी साहित्य : विविध सन्दर्भ', 'सगुण भक्तिधारा के प्रतिनिधि कवि', 'हिन्दी भाषा, भाषा विज्ञान और देवनागरी लिपि', 'भोजपुरी कहानी : परम्परा और प्रयोग' आदि प्रमुख हैं।

फिलहाल, नई आलोचना को समृद्ध करने वाले समीक्षकों की सूची बहुत लम्बी है। उन सबका यहाँ उल्लेख कर पाना सम्भव नहीं है।

चौदहवाँ सोपान

लोकधर्मी काव्यालोचना

लोकधर्मी काव्य : गीत और गजल तथा साहित्य की राजनीति

प्रयोगवाद के समय से ही हिन्दी में जो नई समीक्षा विकसित हुई उसने जहाँ एक ओर उस युग की मुख्य काव्य धारा—राष्ट्रीय काव्य धारा की उपेक्षा की, वहीं उसने उत्तरछायावाद की काव्य धारा अर्थात् हालावाद को भी आड़े हाथों लिया। इतना ही नहीं, इस दौर के अनेक गीतकारों और गजलकारों की प्रशंसा में आलोचकों ने मानो चुप्पी साध ली थी। अज्ञेय तथा उनके खेमे के अन्य कवियों, आलोचकों ने सुनियोजित ढंग से उन कवियों की उपेक्षा की जिनकी कविताएँ और गीत उस दौर में भी लोगों की जबान पर चढ़े हुए थे। इन गीतकारों की दुनिया इतनी बड़ी है कि नचिकेता, अवधेशनारायण मिश्र और यशोधरा राठौर ने जिस 'गीतवसुधा' का सम्पादन किया है उसमें दो सौ सोलह गीतकारों के गीत संकलित हैं। यद्यपि उन्होंने इसमें 1958 ई. के बाद के प्रतिष्ठित गीतकारों को ही शामिल किया है।

नई आलोचना की उपेक्षा के शिकार इन लोकधर्मी कवियों, गीतकारों और गजलकारों ने अपने हक की लड़ाई खुद लड़नी शुरू की, तब जाकर उन्हें थोड़ी-बहुत प्रतिष्ठा मिल सकी।

नचिकेता

जहानाबाद (बिहार) जिले के 'केउर' नामक गाँव में जन्मे, यांत्रिक अभियंता, प्रख्यात गीतकार नचिकेता (जन्म—23.08.1945) ने गीत व गजल की प्रतिष्ठा के लिए आलोचनाएँ भी लिखी हैं। अवधेशनारायण मिश्र तथा यशोधरा राठौर के साथ 'गीत वसुधा' का सम्पादन करते हुए उन्होंने 'समकालीन गीत का आत्मसंघर्ष' शीर्षक से जो लम्बी भूमिका लिखी है उसमें उन्होंने बहुत ही व्यवस्थित, तर्कसंगत तथा सप्रमाण, गीत को कविता की मुख्यधारा से बाहर किए जाने की साजिश का विस्तार से उल्लेख किया है। उनके मन की पीड़ा को उनके इन शब्दों में आसानी से महसूस किया जा सकता है, "यह एक विडम्बना नहीं तो और क्या है कि जिस भारतीय समाज ने अपने सैकड़ों-हजारों साल गीत के सहारे काटे हों, जिसका अधिकांश जीवन-व्यापार गीत के शब्दों, छंदों, संगीतात्मकता, रागात्मकता और उसकी लय के साथ सम्पादित होता रहा हो, जिसकी पीढ़ी-दर-पीढ़ी गीत गाते-गुनगुनाते, सुनते-गुनते उसमें उतरते-उतराते और उसे खुद में उतारते बड़ी होती रही हो, बीतती रही हो, आज उसी भारतीय साहित्य की मुख्य धारा से, गम्भीर साहित्य विमर्श से गीत को जबरन या तो देश निकाला दे दिया गया अथवा देशबदर कर देने की कोशिश की जा रही है।" (गीत वसुधा, सम्पादकीय, पृ. 11)

अपनी उक्त भूमिका में वे आगे लिखते हैं, "खासकर प्रगतिवाद के बाद, प्रयोगवाद और नई कविता के युग से गम्भीर काव्य विमर्श से गीत को विस्थापित कर दिया गया है। इस चिन्ता से आक्रान्त होकर ही अरुण कमल ने जिज्ञासा प्रकट की है कि आज कविता दो श्रेणियों में बँट गई है। कविता अलग, गीत अलग। ऐसा क्यों हुआ? कब हुआ? हालाँकि यह कोई अबूझ पहेली या सात पर्दे में छिपा गोपन रहस्य नहीं है। अगर अरुण कमल आधुनिक हिन्दी साहित्य की विकास यात्रा के इतिहास पर सरसरी निगाह भी डालने की जहमत उठाते तो बहुत ही आसानी से मालूम हो जाता कि 'कविता-64' की अपनी पत्रात्मक प्रतिक्रिया में 'नई कविता और नवगीत', इस प्रकार के नामों से तो एक कृत्रिम विभाजन ही आगे बढ़ेगा और नई कविता की विभिन्न प्रवृत्तियों को समझने में बाधा ही अधिक होगी।" जैसा सकारात्मक सोच रखने वाले अज्ञेय ने ही घोषित कर दिया कि "यों तो हिन्दी में गीत अब भी लिखे जाते हैं और नई कविता के साथ नवगीत की

भी एक धारा चलाई जा रही है। लेकिन गीत की धारा कभी हिन्दी काव्य की मुख्य धारा नहीं हो सकती और न कभी हुई है, उस युग में भी नहीं, जब काव्य को गाकर प्रस्तुत करने का चलन था।" कविता के विस्तृत फलक से गीत/नवगीत को जबरन धकियाकर काव्य-विमर्श से देशनिकाला दे देने का ही परिणाम है नवगीत का कविता से अलग स्वतंत्र अस्तित्व और अस्मिता की रक्षा का संघर्ष। यहीं पर ध्यान देने वाली बात यह है कि अज्ञेय जिस चिन्ता में दुबले हो रहे थे, वैसी आकांक्षा नवगीतकारों की कभी नहीं रही है।" (गीत वसुधा, सम्पादकीय, पृ. 18)

इस तरह नवगीत की उपेक्षा के पीछे की साजिश की ओर नचिकेता ने स्पष्ट संकेत कर दिया है। 'गीत रचना की नई जमीन' शीर्षक से उनकी एक आलोचना की पुस्तक भी प्रकाशित है।

ज्ञानप्रकाश विवेक

बहादुर गढ़ (हरियाणा) में जन्मे, कवि, गजलकार और कथाकार ज्ञान प्रकाश विवेक (जन्म—30.01.1949) ने 'हिन्दी गजल की विकास यात्रा' नाम से एक महत्त्वपूर्ण आलोचनात्मक पुस्तक लिखी है जिसमें उन्होंने हिन्दी गजल के महत्त्व और उसकी विकास यात्रा का सुन्दर और व्यवस्थित आकलन किया है। गजलकारों की पीड़ा का बयान करते हुए वे लिखते हैं, "हिन्दी काव्य जगत में कवि जितने आत्मसम्मान और रुतबे के साथ चर्चा में रहते हैं, पत्र-पत्रिकाओं के कई-कई पृष्ठों में एक साथ छपते हैं, वह माहौल हिन्दी गजलकारों को कभी हासिल नहीं हुआ। वहाँ हिन्दी गजलकारों का न रुतबा है, न हैसियत। उनकी गजलों का प्राय: फिलर के रूप में छपना, औकात का अहसास कराता है।" (जनसत्ता, कोलकाता, 22 मई 2016, पृ. 5)। वे आगे लिखते हैं, "औकात और हैसियत का खेल हिन्दी काव्य में अनायास या संयोगवश नहीं हुआ। ऐसा जानबूझकर नामवर आलोचकों (और कुलीन कवियों) द्वारा किया जाता रहा। हिन्दी कविता चर्चा के केन्द्र में रही, पर हिन्दी गजल हाशिए पर तड़पती रही। नतीजा क्या निकला? हिन्दी गजल हाशिए की विधा और हिन्दी कविता पाठकविहीन विधा।" (वही, पृ. 5) जबकि "हिन्दी गजल के एक-एक शेर में अवाम की बेचैनी, समाज की निस्संगता, संघर्ष, जद्दोजहद, कष्ट, अकेलापान, रिश्तों का विखंडन, सियासत के प्रपंच बड़ी सलाहियत से व्यक्त हुए हैं। हिन्दी गजल समाज की गजल है। वैचारिकता उसके रंग-रेशे (मिसरों, काफिया-रदीफ और विषयवस्तु तक) में शामिल है। (वही, पृ. 5) हिन्दी गजल को जरा संवेदनशील नजरों से देखें और इत्मीनान से इसका मुतालिया (अध्ययन) करें तो समझ में आएगा कि यह हमारे समय की सबसे सशक्त कविता है, जिसमें लय है, रवानी है, मितकथन है और दो पंक्तियों (एक शेर) में भरपूर बात कहने की हुनरमन्दी है।" (वही, पृ. 5)

वे आगे लिखते है, "आलोचनाहीनता के बावजूद हिन्दी गजल में कुछ अच्छे काम हो रहे हैं। प्राय: हर लघु पत्रिका देवनागरी में लिखी जा रही गजलें छाप रही है। हिन्दी गजल पर केन्द्रित अनेक विशेषांक प्रकाशित हुए हैं। आलोचकों ने हिन्दी गजल को हमेशा की तरह खारिज नहीं किया, बल्कि उसके प्रति भरोसा जताया है। समकालीन कवियों और लघु पत्रिकाओं के सम्पादकों के विचारों से स्पष्ट होता है कि हिन्दी गजल के प्रति न कोई वैरभाव है न कोई पूर्वग्रह।" (वही, पृ. 5)

'हिन्दी गजल : दुष्यन्त के बाद' शीर्षक उनकी एक अन्य आलोचनात्मक कृति है। ज्ञानप्रकाश विवेक के दर्जनों उपन्यास, कहानी-संग्रह व कविता-संग्रह भी प्रकाशित हैं।

वशिष्ठ अनूप

गोरखपुर (उ.प्र.) जिले के 'सहड़ौली' नामक गाँव में जन्मे, गोरखपुर में पढ़े-लिखे और काशी में अध्यापन कर रहे वशिष्ठ अनूप (जन्म—01.01.1962) प्रतिष्ठित गजलकार और गीतकार हैं। गद्यात्मक कविता के बरक्स गीत और गजल की प्रतिष्ठा तथा कविता के कवित्व को बचाए रखने के लिए निरन्तर संघर्षशील वशिष्ठ अनूप की कई आलोचनात्मक पुस्तकें भी प्रकाशित हैं जिनमें 'हिन्दी की जनवादी कविता', 'हिन्दी गजल का स्वरूप और महत्त्वपूर्ण हस्ताक्षर' 'जगदीश गुप्त का काव्य संसार', 'हिन्दी गजल की प्रवृत्तियाँ', 'हिन्दी गीत का विकास और प्रमुख गीतकर', 'अंधेरे में : एक पुनर्विचार', 'असाध्य वीणा की साधना' आदि प्रमुख हैं।

वशिष्ठ अनूप ने हिन्दी कविता की मुख्यधारा में गजल के महत्त्व को स्थापित करने का सराहनीय प्रयास किया है। वे मानते हैं कि आज गजल विधा इतनी समृद्ध हो गई है कि उसमें हम आसानी से कबीर

और निराला का दुख देख सकते हैं, घनानन्द के प्रेम की पीर देख सकते हैं, साथ ही मीरा और रसखान का प्यार भी देख सकते हैं। वशिष्ठ अनूप अब गजल को सिर्फ मनोरंजन करने वाली विधा ही नहीं मानते बल्कि व्यवस्था परिवर्तन में उसकी भूमिका के संकेत का भी अनुभव करते हैं।

अपनी पुस्तक, 'हिन्दी गजल का स्वरूप और महत्त्वपूर्ण हस्ताक्षर' में वशिष्ठ अनूप ने दुष्यन्त कुमार, गोपालदास नीरज, रामदरश मिश्र, सूर्यभानु गुप्त, कुँवर बेचैन, बालस्वरूप राही, शेरजंग गर्ग, शलभ श्रीरामसिंह, चन्द्रसेन विराट, देवेन्द्रशर्मा 'इंद्र', रामकुमार कृषक, अदम गोंडवी, महेश अश्क, कमलेश भट्ट कमल आदि पच्चीस गजलकारों की गजलों का सुन्दर और व्यवस्थित मूल्यांकन किया है। इनकी समीक्षा की खासियत यह है कि इन्होंने गजलों की परख अपनी वैचारिक प्रतिबद्धता के कारण सिर्फ पूर्वनिर्धारित प्रतिमानों के आधार पर न करके, गजलों के अन्दर से निकलने वाली नई प्रवृत्तियों के आधार पर भी किया है।

इंदीवर ने भी इस क्षेत्र में काफी काम किया है। इंदीवर के अनुसार अधिकांश समकालीन कविताएँ विदेशी कथ्य और शिल्प का परिणाम हैं। नवगीत ही भारतीय काव्य-परम्परा की अधुनातन कड़ी है। उनकी आलोचना, साहित्य में भारतीयता की चेतना और सांस्कृतिक बोध की खोज करने वाली आलोचना है। इंदीवर की प्रमुख आलोचनात्मक कृतियाँ हैं, 'गीत, नवगीत और शम्भुनाथ सिंह', 'नवगीत में लोकचेतना', 'नवगीत का दस्तावेज', 'अपनी सदी के स्थविर : अज्ञेय', 'सार्थक कविता की तलाश और नवगीतनामा' तथा 'तुलसी का क्रान्तिदर्शी कवि और जीवन खोज' आदि। लखनऊ में जन्मे और काशी में अध्यापन कर रहे **अवधेश नारायण मिश्र** ने भी नवगीतों की समीक्षा की है। हिन्दी नवगीतों की समीक्षा पर केन्द्रित उनकी प्रमुख पुस्तकें हैं, 'हिन्दी नवगीत : सार्थक कृतियाँ', 'हिन्दी नवगीत का संक्षिप्त इतिहास', 'जनवादी गीत : स्वरूप और समस्याएँ', 'हिन्दी नवगीत का रचना विधान', 'उत्तर-संस्कृति, दलित विमर्श और निराला' आदि।

पन्द्रहवाँ सोपान

कथा आलोचना

हिन्दी कथा-आलोचना और उसका इतिवृत्त

हिन्दी में कहानी तो बहुत पहले से लिखी जाती रही किन्तु कथा-साहित्य की व्यवस्थित समीक्षा का विकास नई कहानी आन्दोलन के साथ ही हुआ। दरअसल स्वाधीनता के बाद नई कहानी के रूप में एक ऐसा कहानी आन्दोलन चला जिसने कहानी के पारम्परिक प्रतिमानों को नकार दिया और अपने मूल्यांकन के लिए नई कसौटियाँ निर्धारित कीं। सरस्वती प्रेस से भैरव प्रसाद गुप्त के सम्पादन में निकलने वाली 'कहानी' पत्रिका का 1956 में 'नव वर्षांक' प्रकाशित हुआ जिसमें अपने लेख 'आज की हिन्दी कहानी' में नामवर सिंह ने पहली बार सवाल उठाया कि "नई कविता की तरह नई कहानी नाम की भी कोई चीज है या नहीं?" सन् 1960 से 'नई कहानियाँ' नामक पत्रिका का सम्पादन भैरव प्रसाद गुप्त ने शुरू किया। 1961 में इसके विशेषांक में राजेन्द्र यादव ने 'आज की कहानी : परिभाषा के नए सूत्र' शीर्षक के अन्तर्गत लिखा कि "कथाकार व्यक्ति को उसकी समग्रता में देखने का आग्रह करता है। व्यक्ति को उसके सामाजिक परिवेश, मानसिक अन्तर्द्वन्दों तथा व्यावहारिक जीवन के तकाजों और आवश्यकताओं की एक संश्लिष्ट प्रक्रिया के रूप में पाना उसका लक्ष्य है।" 1961 में 'नई कहानियाँ' पत्रिका में 'हाशिये पर' स्तम्भ के अन्तर्गत नामवर सिंह ने नई कहानियों का अलग-अलग विश्लेषण किया। नई कहानी के आन्दोलनकारियों, जिनमें राजेन्द्र यादव, मोहन राकेश और कमलेश्वर के नाम प्रमुख हैं, ने बदले हुए यथार्थ और नए अनुभव सम्बन्धों की प्रामाणिक अभिव्यक्ति पर बल दिया। नए कहानीकारों ने परिवेश की विश्वसनीयता, अनुभूति की प्रामाणिकता और अभिव्यक्ति की ईमानदारी का प्रश्न उठाया और आग्रह किया कि नई कहानी अपने युग सत्य से सीधे जुड़ी हुई है जिसका मूल उद्देश्य है पाठक को उसके समकालीन यथार्थ से, यथार्थ रूप में परिचित कराना। राजेन्द्र यादव ने 'एक दुनिया समानान्तर' नामक पुस्तक का सम्पादन करके नई कहानी का एक प्रामाणिक संग्रह प्रस्तुत किया। नई कहानी से जुड़ा 'नई' शब्द पहले की कहानी से मात्र पार्थक्य स्पष्ट करने के लिए ही नहीं प्रयुक्त हुआ, बल्कि उसके पीछे कहानी की नई संवेदना, नई दृष्टि और नए रूप बंध को रेखांकित करने की भावना थी। महानगरीय, कस्बाई एवं ग्रामीण जीवनबोध, जटिल जीवन यथार्थ की व्यापक स्वीकृति, व्यक्ति की प्रतिष्ठा, आधुनिकताबोध, सांकेतिकता, ऐतिहासिक मोहभंग, मध्यवर्गीय जीवन का मार्मिक अंकन, सामाजिक एवं पारिवारिक सम्बन्धों के बिखराव और निर्मिति की सही पहचान, नवीन भाषा शिल्प आदि नई कहानी की उल्लेखनीय विशेषताएँ हैं।

नई कहानी में स्थूल कथानकों के स्थान पर सूक्ष्म कथातंतुओं को प्रधानता मिली, सांकेतिकता, प्रतीकात्मकता और बिम्बात्मकता का प्राधान्य हुआ। नए कहानीकारों ने कहानी का नया आलोचना शास्त्र तैयार करने की पहल की और नामवर सिंह ने 'कहानी : नई कहानी' पुस्तक के माध्यम से नई कहानी के मूल्यांकन की कसौटियाँ रेखांकित कीं। इसी दौर में प्रकाशित कमलेश्वर की 'नई कहानी की भूमिका', देवीशंकर अवस्थी द्वारा सम्पादित 'नई कहानी : सन्दर्भ और प्रकृति', राजेन्द्र यादव की 'कहानी : स्वरूप और संवेदना' जैसी पुस्तकें विशेष उल्लेखनीय हैं।

सातवें दशक के आरम्भ होने के साथ ही नई कहानी आन्दोलन की आन्दोलनात्मक प्रतिक्रियाएँ 'सचेतन कहानी' और 'अ-कहानी' के रूप में सामने आईं। निर्मला जैन के शब्दों में, "सचेतन कहानी का नारा देने वाले कहानीकारों ने कहानी सम्बन्धी किसी नई दृष्टि या समझ का प्रमाण देने के बजाय कुछ लेखकों के

द्वारा सामूहिक रूप से एक नारे की आड़ में अपने को प्रतिष्ठित करने के प्रयत्न का आभास ही अधिक दिया। इनमें प्राय: ऐसे लेखक शामिल थे जो नई कहानी में सम्मिलित न हो सके थे। इनमें महीप सिंह, मनहर चौहान, रवीन्द्र कालिया और गंगा प्रसाद विमल ने अ-कहानी का झंडा उठाकर नई कहानी की तुलना में अपनी अत्याधुनिकता की घोषणा की। इसमें सन्देह नहीं कि अ-कहानी की बात उठाकर इस वर्ग के लेखकों ने कहानी में कथानक का विरोध किया, अपने कथ्य में ये निश्चय ही नए कहानीकारों की अपेक्षा कहीं अधिक साहसी दिखाई पड़े, किन्तु अत्याधुनिकता की दावेदारी के अतिरिक्त कथा समीक्षा का कोई ठोस और टिकाऊ सिद्धान्त इनकी विरोध प्रक्रिया के माध्यम से सामने नहीं आया। परिणामत: यह आन्दोलन भी टिक न सका।" (हिन्दी आलोचना की बीसवीं सदी, पृ. 97)

उपन्यास भी कथा साहित्य की प्रमुख विधा है जो अपेक्षाकृत अधिक नवीन है। कहानी तो पहले श्रव्य थी किन्तु उपन्यास कभी भी श्रव्य नहीं रहा। पाठक, उपन्यास की बुनियादी जरूरत है। हिन्दी में प्रेस की स्थापना के साथ उन्नीसवी सदी के अन्तिम दशकों में उपन्यास लेखन की शुरुआत हुई। जाहिर है, रचना के साथ ही आलोचना की शुरुआत भी हो जाती है किन्तु यहाँ कथा-समीक्षा के लिए हमने वही समय निर्धारित किया है जो कहानी-समीक्षा के लिए, क्योंकि नई कहानी के साथ ही उपन्यास के क्षेत्र में भी इस दौर में नए-नए प्रयोग हुए और उपन्यास का दायरा इतना बढ़ा कि वह साहित्य की केन्द्रीय विधा के रूप में स्थापित हो गया। यद्यपि इसके पहले ही प्रेमचन्द ने कहानी की तरह ही उपन्यास को भी अपनी लेखनी से शीर्ष तक पहुँचा दिया था। इसके बावजूद औपनिवेशिक पराधीनता से मुक्ति के बाद हिन्दी उपन्यास के सामने नवीन यथार्थ का एक ऐसा नवीन परिदृश्य उपस्थित हुआ कि उसमें बहुमुखी विचरण की अनन्त सम्भावनाएँ थीं। आजादी के बाद के अपने विगत छ: दशकों में उपन्यास ने देश के बदलते हुए जीवन के यथार्थ को उसके पूरे विस्तार, वैविध्य और संवेदनशीलता के साथ अभिव्यक्त किया है। समकालीन यथार्थ का शायद ही कोई पक्ष हो जिसे उपन्यास विधा ने अंकन न किया हो। किसानों, दलितों, स्त्रियों, आदिवासियों आदि का जीवन तो आज उपन्यास के केन्द्र में ही है किन्तु इसके साथ ही कला साहित्य, पत्रकारिता, परिसर की विकृतियाँ, राजनीति में आई गिरावट, मूल्यहीनता आदि के साथ ही इतिहास, पुराण आदि सभी को उपन्यास ने अपने आगोश में ले लिया है। इसीलिए हमने कहानी की तरह ही बीसवीं सदी के छठें दशक से ही उपन्यास की आलोचना को अपने अध्ययन का विषय बनाया है।

जिस प्रकार नई कहानी की समीक्षा के लिए नए मानदंडों की जरूरत महसूस हुई उसी तरह उपन्यास के क्षेत्र में भी हुए नए प्रयोगों के साथ ही उपन्यास समीक्षा की नई पद्धति के विकास की जरूरत महसूस की जाने लगी। रेणु के उपन्यास 'मैला आँचल', अज्ञेय के 'शेखर : एक जीवनी' तथा 'नदी के द्वीप' आदि की समीक्षा पुराने और घिसे पिटे मानदंडों पर सम्भव नहीं थी। इन्हीं कारणों से नेमिचन्द्र जैन ने 'हिन्दी उपन्यास की एक नई दिशा' शीर्षक देकर 'मैला आँचल' की समीक्षा की तथा निर्मल वर्मा ने 'कथा शिल्प का नया प्रयोग' शीर्षक देकर 'परती परिकथा' का मूल्यांकन किया। इन समीक्षाओं से इस बात का संकेत मिलता है कि कहानी की तरह उपन्यास के लिए भी कथानक, चरित्र चित्रण, देश काल, वातावरण आदि के पुराने बने बनाए मानदंड अप्रभावी हो चुके थे।

इस तरह उपन्यासों की शिल्प-विधि में हो रहे विकास के साथ ही उसकी समीक्षा पद्धति में भी विकास अवश्यम्भावी हो गया था। यही कारण है कि उस दौर में समीक्षकों ने समीक्ष्य उपन्यासों को ध्यान में रखकर ही अपनी समीक्षा पद्धति में नए प्रयोग किए, जैसे देवीशंकर अवस्थी ने 'चारुचन्द्र लेख' की समीक्षा 'एक टूटा दर्पण' शीर्षक से की, 'अंधेरे बन्द कमरे' की समीक्षा श्रीकान्त वर्मा ने 'दूसरों का नरक' नाम से की और 'झूठा-सच' की समीक्षा कुँवरनारायण ने 'कवि-दृष्टि का अभाव' नाम से की। इस तरह उपन्यास की समीक्षा का नया तेवर इसी कालखंड में दिखाई देता है।

हम यहाँ प्रमुख कथा-समीक्षकों का संक्षिप्त परिचय दे रहे हैं। स्मरणीय है कि जिन समीक्षकों की चर्चा अन्यत्र हो चुकी है उनकी चर्चा हम यहाँ नहीं कर रहे है, भले ही उन्होंने कथा-समीक्षा में विशेष योगदान किया हो जैसे कि नामवर सिंह की चर्चा हमने यहाँ नहीं की है यद्यपि नई कहानी की आलोचना के क्षेत्र में उनकी भूमिका बहुत महत्त्वपूर्ण है। यहाँ हमने उन्हीं समीक्षकों की चर्चा की है जिनका मुख्य योगदान कथा समीक्षा के क्षेत्र में ही है।

पदुमलाल पुन्नालाल बख्शी

खैरागढ़ (छ.ग.) में जन्मे, कवि, कथाकार, निबन्धकार और आलोचक पदुमलाल पुन्नालाल बख्शी (27.05.1894-18.12.1971) का नाम द्विवेदी युग के प्रमुख साहित्यकारों में लिया जाता है। उन्होंने आरम्भ में कविताएँ लिखीं और बाद में आलोचना के क्षेत्र में आए। उन्होंने 'हिन्दी साहित्य विमर्श' और 'विश्वसाहित्य' नामक दो आलोचनात्मक पुस्तकों के माध्यम से आलोचना के क्षेत्र में प्रवेश किया। द्विवेदी युग की तुलनात्मक आलोचना का असर भी इनकी आलोचना में दिखाई देता है। बख्शी जी की उक्त कृतियों में भारतीय एवं पाश्चात्य साहित्य सिद्धान्तों का सुन्दर सामंजस्य मिलता है। 'विश्व साहित्य' में यूरोपीय साहित्य तथा पाश्चात्य काव्य मत पर उनके महत्त्वपूर्ण आलोचनात्मक आलेख संकलित हैं।

आलोचना के क्षेत्र में बख्शी जी की ख्याति उनकी दो परवर्ती आलोचनात्मक पुस्तकों 'हिन्दी कथा साहित्य' और 'हिन्दी उपन्यास साहित्य' पर आधारित है। अपनी उक्त दोनों पुस्तकों के माध्यम से उन्होंने हिन्दी कथा-साहित्य की सन्तुलित समीक्षा का उस समय सफल प्रयास किया जब कथा-साहित्य भी अपने आरम्भिक चरण में था। उपन्यास को जनता के साहित्य के रूप में स्वीकृति देते हुए उन्होंने जन जीवन के अंकन को ही उपन्यास का मुख्य प्रयोजन माना। जनता और कला के पारस्परिक सम्बन्ध पर उनकी स्पष्ट और दो टूक टिप्पणी है, "जनता के जीवन से जिस साहित्य का सम्पर्क नहीं, उसके द्वारा जनता में न सच्ची कर्तृत्व शक्ति आ सकती है और न जीवन के प्रति गौरव की कोई कामना उत्पन्न हो सकती है। जो कला जनता के जीवन में नव-प्रेरणा नहीं दे सकती, वह चिरंतन सौन्दर्य की निष्प्राण प्रतिभा की तरह व्यर्थ रहती है।" (हिन्दी कथा साहित्य, पृ. 77)

बख्शी जी की दृष्टि में आलोचक का काम मूल्यांकन से अधिक लोकरुचि का निर्माण और परिष्कार है। वास्तव में द्विवेदी युग के नैतिकतावादी संस्कारों से बख्शी जी मुक्त नहीं हैं, फिर भी उनकी मूल चेतना रसवादी है। वे कहानी की मुख्य विशेषता उसमें निहित कथारस को मानते हैं। कृति के आनन्दबोध पर ही वे कृति का उत्कर्ष मानते हैं। उनके अनुसार आलोचक का काम वस्तुत: पाठक में इसी आनन्दबोध का विकास है। कला की लोकप्रियता के वे पक्षधर हैं। इसी कारण वे देवकीनन्दन खत्री के कथा साहित्य के चमत्कारिक प्रभाव को पूरी निष्ठा के साथ और सफलतापूर्वक रेखांकित करते हैं। देवकीनन्दन खत्री के साहित्य के जादुई प्रभाव को रेखांकित करने वाले वे पहले आलोचक हैं। उनकी दृष्टि में प्रेमचन्द का महत्त्व यह है कि उन्होंने कल्पना के इस तिलस्म को ग्राम-ग्राम, घर-घर में प्रेम, स्नेह और त्याग के वास्तविक तिलिस्म में बदल दिया। बख्शी जी के अनुसार प्रेमचन्द के चमत्कारिक सफलता का रहस्य यह है कि उनके पात्र हमारे समाज के ही व्यक्ति हैं, उनकी कथाओं में हमारे ही घरों के चित्र अंकित हैं और उनकी समस्याएँ हमारी ही अपनी हैं। उन्होंने प्रसाद, किशोरीलाल गोस्वामी, जैनेन्द्र, उग्र आदि के कथा साहित्य की सन्तुलित समीक्षा की है। अज्ञेय के 'शेखर : एक जीवनी' के शेखर में वे विद्रोह की भावना और महत्त्व की आकांक्षा पर सन्तोष व्यक्त करते हैं।

बख्शी जी ने उपन्यास को जीवन के सम्पूर्ण साक्षात्कार के रूप में देखा है, जिसमें एक ओर यदि व्यक्ति और समाज के बीच सन्तुलन अपेक्षित है तो दूसरी ओर कला और जीवन के बीच भी। वे लिखते हैं, "सच्चे भाव की सच्ची अभिव्यक्ति ही साहित्य में सच्ची कला का निर्माण करती है। जीवन में जो सत्य है वही कला में सौन्दर्य की प्रतिष्ठा करता है। जीवन से बिलकुल पृथक कर देने से कला में जो सौन्दर्य निर्मित किया जाता है वह निष्प्राण हो जाता है।" (हिन्दी कथा साहित्य, पृ. 129)

बख्शी जी के अनुसार कथारस और पात्रों की सजीव उपस्थिति—ये दो ऐसे तत्त्व हैं जो उपन्यास के भविष्य को सुरक्षित रखते हैं। उपन्यास का पाठक उपन्यास में अपने मन के सच्चे मनुष्य की खोज करता है। उसकी रुचि जीवन की वास्तविकता और उसकी समस्याओं में उतनी नहीं होती। इसीलिए उपन्यास में कल्पना की एक विशिष्ट भूमिका होती है। बख्शी जी ने 1920 से 1927 तक 'सरस्वती' का सम्पादन भी किया था।

इलाचन्द्र जोशी

अल्मोड़ा (उत्तराखंड) में जन्मे प्रख्यात मनोविश्लेणवादी कथाकार इलाचन्द्र जोशी (13.12.1902-14.12.1982) की ख्याति एक उपन्यासकार के रूप में है, किन्तु आलोचना के क्षेत्र में भी उनकी अच्छी पहचान है। 'साहित्य सर्जना' 'विवेचना', 'विश्लेषण', 'देखा परखा' आदि कृतियों में उनकी आलोचनात्मक दृष्टि प्रकट हुई है।

'शरत् : व्यक्ति और कलाकार', 'रवीन्द्रनाथ' आदि ग्रंथों में उनकी व्यावहारिक आलोचना का रूप देखा जा सकता है। फ्रायड, एडलर आदि मनोवैज्ञानिकों का उन्होंने गम्भीर अध्ययन किया है। उनका अध्ययन फलक काफी बड़ा है। संस्कृत साहित्य का भी उन्होंने गम्भीर अध्ययन किया है। साथ ही जिस अधिकार के साथ उन्होंने रवीन्द्रनाथ, चंडीदास और शरच्चन्द्र पर लिखा है उससे बांग्ला साहित्य पर भी उनकी पकड़ का अनुमान किया जा सकता है। पश्चिम में शेक्सपियर, गेटे और दोस्तोएवस्की उनके प्रिय लेखक हैं।

यद्यपि जोशी जी को मनोविश्लेषणवादी आलोचक के रूप में पहचाना जाता है फिर भी महात्मा गांधी का उन पर गहरा प्रभाव है। उनकी औपन्यासिक कृति 'निर्वासित' में गांधी जी की अहिंसा और हृदय परिवर्तन के सिद्धान्त को भलीभाँति देखा जा सकता है। उपन्यास का नायक महीप अपने क्रान्तिकारी साथियों को समझाते हुए कहता है, "मैं जानता हूँ कि आप लोगों के उबलते हुए खून में अहिंसा का ठंडा मंत्र जल्दी असर पैदा नहीं करेगा, पर आशा करता हूँ कि एक दिन निश्चय ही ऐसा आवेगा जब आप लोग और संसार भर के लोग यह महसूस करेंगे कि महात्मा गांधी की अहिंसात्मक नीति ही संसार भर की राजनीति तथा आर्थिक बुराइयों से लड़ने के लिए एकमात्र उपयुक्त साधन है।" (निर्वासित, पृ. 358)

फ्रायड, एडलर और युंग के मनोविश्लेषण सम्बन्धी सिद्धान्तों का प्रभाव साहित्य की अन्य विधाओं के साथ ही आलोचना पर भी पड़ा। हिन्दी में मनोविश्लेषण के सिद्धान्तों का सबसे ज्यादा प्रभाव इलाचन्द्र जोशी पर ही दिखाई देता है।

इस आलोचना पद्धति का मूल उद्देश्य रचना के पात्रों की मन:स्थितियों एवं अन्त: प्रेरणाओं का विश्लेषण करना है। साहित्य निर्माण की प्रेरणा मानव के चेतन मन से नहीं, अवचेतन मन से प्राप्त होती है। साहित्य में बौद्धिकता नहीं, अपितु प्रवृत्तियाँ क्रियाशील रहती हैं। प्रवृत्तियाँ ही हमें सत्य का साक्षात्कर कराती हैं। साहित्य सामाजिक होने की अपेक्षा व्यक्तिगत अधिक है। उसमें जो कुछ सामाजिक तत्त्व परिलक्षित होते हैं, वे साहित्यकार के सामाजिक दायित्व के अनुभव के परिणाम नहीं, अपितु वे सामाजिक दबाव के परिणाम होते हैं। इन समीक्षकों के अनुसार पुरानी मान्यताएँ व्यर्थ और आरोपित हैं। पाप-पुण्य, भले-बुरे, छोटे-बड़े—ये बँधे-बँधाए पैमाने झूठे हैं। वे मनुष्य का विनाश करते हैं क्योंकि वे मनुष्य के अवचेतन में स्थित वेगवान वासनाओं की तुष्टि नहीं, उनका दमन करते हैं। यह दमन मानव के विकास को बाधित करता है। अत: नैतिकता के झूठे परदे के नीचे मनुष्य का ह्रास होता है।

मनोविश्लेषणवाद से गहरे प्रभावित होने के बावजूद इलाचन्द्र जोशी ने उसी साहित्य को उत्कृष्ट माना है जो जीवनी शक्ति प्रदान करने में समर्थ हो। यदि कलाकार अपनी दमित वासनाओं की अभिव्यक्ति और हीनता की क्षतिपूर्ति स्वस्थ दिशा में करता है तो वह महान रचना का सृजन कर सकता है।

मनोविश्लेषणवाद के प्रभाव के कारण ही साहित्य की सामाजिक भूमिका के प्रति उनका कोई विशेष आग्रह नहीं है। वे लिखते हैं, "जब तक कोई लेखक अवचेतन मन के छाया स्वप्नों को सचेतन मन की निहाई पर रखकर विवेक के हथौड़े की चोटों से उसका नव निर्माण नहीं करता, तब तक वह वास्तविक अर्थ में साहित्य-निर्माता नहीं हो सकता और न उसका कच्ची अवस्था में दिया हुआ साहित्य-पदार्थ स्वस्थ और मांगलिक ही हो सकता है।" (विवेचना, पृ. 22)

जोशी जी के अनुसार, "कला का मूल उत्स आनन्द है। फूल देखने से हमें आनन्द प्राप्त होता है किन्तु उससे हमारा कोई स्वार्थ सिद्ध नहीं होता। प्रभात की उज्ज्वलता और संध्या की स्निग्धता देखकर चित्त को एक अपूर्व शान्ति प्राप्त होती है, पर उससे हमें कोई शिक्षा नहीं मिलती और न कोई सांसारिक लाभ ही होता है। विश्व की इस अनन्त सृष्टि की तरह कला भी आनन्द का ही प्रकाश है। उसके भीतर नीति तत्त्व अथवा शिक्षा का स्थान नहीं। उसके अलौकिक माया चक्र से हमारे हृदय की तंत्री आनन्द की झंकार से बज उठती है। यही हमारे लिए परम लाभ है। उच्च अंग की कला के भीतर किसी तत्त्व की खोज करना सौन्दर्य देवी के मन्दिर को कलुषित करना है।" (साहित्य सर्जना, पृ. 11-12)

इस प्रकार जोशी जी ने कला का एकमात्र उद्देश्य आनन्द स्वीकार किया है और उसे ही सर्वोपरि स्थान दिया है। कला यदि शिक्षा और उपदेश देने के स्तर पर उतर आती है तो उसका स्वरूप अशुद्ध हो जाता है और वह कला न रहकर कुछ और हो जाता है।

प्रेमचन्द को भी उन्होंने विशेष महत्त्व नहीं दिया है। वे समूचे प्रगतिवादी हिन्दी साहित्य के प्रति न सिर्फ अपना असन्तोष प्रकट करते हैं अपितु जब तब उसकी तीखी भर्त्सना भी करते हैं। जोशी जी के अनुसार

हिन्दी का भक्ति-साहित्य दमित काम-कुंठा का ही प्रतीक है। छायावादी काव्य में भी उन्होंने यौन सम्बन्धी मनोभावनाओं को ही शब्दजाल में अवगुंठित शालीन स्थित के रूप में देखा है और उसकी मौलिकता और तेजस्विता के प्रति उदासीन रहे हैं। उनके अनुसार छायावादी कवि अपनी निपट अक्षमता की पूर्ति केवल कल्पनालोक से विशेषता प्राप्त करके ही नहीं करते रहे हैं बल्कि अपनी छायामयी कल्पना को क्षुधा-तृष्णा पीड़ित मर्त्य लोक से दूर और अधिक दूर ले जाने की होड़ आपस में लगाते रहे हैं। (विवेचना, पृ. 59) जिस सौन्दर्य की चर्चा करते छायावादी कवि कभी अघाते नहीं थे उसके बारे में जोशी जी की मान्यता है कि उसके माध्यम से कवियों ने अपनी दमित भावनाओं, कुंठाजन्य निराशा, अतृप्त वासना आदि को अभिव्यक्त करने का प्रयत्न किया है।

बहरहाल, जोशी जी की आलोचना शैली बहुत ही स्पष्ट और हृदयग्राही है। उन्हें पश्चिमी साहित्य की नवीनतम प्रवृत्तियों का विशद ज्ञान है और अमूमन उन्हीं कसौटियों पर उन्होंने भारतीय साहित्य को परखने का प्रयास किया है।

इन्द्रनाथ मदान

शाहपुर (पंजाब) में जन्मे, लाहौर में पढ़े-लिखे और पंजाब में शिक्षक रहे इंद्रनाथ मदान (01.03.1910-14.01.1984) की प्रमुख आलोचनात्मक कृतियाँ हैं, 'समकालीन साहित्य : एक नई दृष्टि', 'हिन्दी आलोचना : पहचान और परख', हिन्दी कहानी', 'आधुनिकता और हिन्दी साहित्य', 'हिन्दी उपन्यास : एक नई दृष्टि', 'तुलसीदास : चिन्तन और कला', 'उपन्यासकार अश्क', 'हिन्दी कलाकार', 'प्रेमचन्द : एक विवेचन' आदि। 'प्रेमचन्द : एक विवेचन' शीर्षक अपनी पुस्तक में प्रेमचन्द के महत्त्व का आकलन करते हुए वे लिखते हैं, "उनकी कृतियाँ इसलिए महत्त्वपूर्ण नहीं हैं कि उनमें किसानों और निम्न मध्यवर्ग के लोगों का वर्णन है, बल्कि इसलिए भी कि उन्होंने अपने युग की प्रतिगामी प्रवृत्तियों का भी विरोध किया है। यद्यपि उनके अपने वर्ग के सीमित दृष्टिकोण और आदर्श ने उनके मार्ग में बाधा पहुँचाई तथापि वह इस ऐतिहासिक युग के एक प्रगतिशील लेखक थे..।" (प्रेमचन्द : एक विवेचन, भूमिका, पृ. 6)

डॉ. मदान मूलत: कथा साहित्य के समीक्षक हैं किन्तु यदा-कदा उन्होंने साहित्य की अन्य विधाओं के मूल्यांकन का भी प्रयास किया है। आधुनिकता और समकालीनता को विवेचित और विश्लेषित करने की उनकी कोशिश उल्लेखनीय है। उन्होंने समकालीन हिन्दी आलोचना को वाद मुक्त करके कृति की राह से गुजरने की पद्धति का समर्थन किया। वे मानते हैं कि किसी वाद या मूल्य का प्रतिमान समीक्षा का आधार नहीं बन सकता। युगीन सन्दर्भों में रचना का मूल्यांकन होना चाहिए और उसका मुख्य आधार कृति ही होनी चाहिए। डॉ. मदान समकालीन समीक्षा के ऐसे हस्ताक्षर हैं जिन्होंने समकालीन साहित्य की लगभग प्रत्येक विधा पर अपनी आलोचनात्मक दृष्टि केन्द्रित की है और अनेक नए लेखकों को प्रेरित किया है। डॉ. मदान की एक खूबी यह भी है कि वे लगातार अध्ययन और चिन्तन-मनन करते रहे हैं और जरूरत होने पर अपनी मान्यताओं को बिना किसी हिचक के बदलते रहे हैं। अपनी कमियों को स्वीकार करने में वे तनिक भी नहीं हिचकते।

डॉ. मदान ऐसे विरले लेखकों में हैं जिन्होंने हिन्दी और अंग्रेजी दोनों माध्यमों में तो लिखा ही है, अंग्रेजी के माध्यम से हिन्दी के बारे में लिखा है। 'मॉडर्न हिन्दी लिटरेचर', 'शरच्चन्द्र चटर्जी', 'प्रेमचन्द' आदि उनकी पुस्तकें अंग्रेजी में हैं।

धर्मवीर भारती

इलाहाबाद में जन्मे, इलाहाबाद में ही पढ़े-लिखे और प्रसिद्ध पत्रिका 'धर्मयुग' के यशस्वी सम्पादक रहे धर्मवीर भारती (25.12.1926-04.09.1997) कवि, निबन्धकार, कथाकार, नाटककार और पत्रकार हैं। फिलहाल उनकी दो आलोचनात्मक कृतियाँ भी प्रकाशित हैं—'मानव मूल्य और साहित्य' तथा 'पश्यन्ती'। 'प्रगतिवाद : एक समीक्षा' नामक उनकी एक पुस्तक सन् 1949 में ही प्रकाशित हो गई थी। प्रगतिवादी मूल्यों की तुलना में उन्होंने साहित्य में प्राचीन, स्थायी और शाश्वत मूल्यों को अधिक महत्त्व दिया है। भारती ने नई कविता को सैद्धान्तिक स्तर पर स्थापित करने का प्रयास किया है, किन्तु कथा साहित्य की समीक्षा में उनका मन अधिक रमा है। भारती की निगाह में आर्थिक या सामाजिक संकट से अधिक मानवजीवन के मौलिक प्रतिमानों का संकट है। इसीलिए उनकी दृष्टि में वैयक्तिक स्वतंत्रता हमारे लिए ज्यादा जरूरी है। किन्तु वैयक्तिक स्वतंत्रता

की सीमाओं के प्रति भी वे सचेत हैं और लिखते हैं, "वैयक्तिक स्वतंत्रता की इस अदम्य घोषणा का अर्थ अराजकता, उच्छृंखलता, निरंकुशता और दायित्वहीनता नहीं है। उसके साथ एक दायित्व भी है—मूल्यों की खोज, उनकी मानववादी सामाजिक व्याख्या और आचरण में इसकी सक्रिय परिणति।" (मानवमूल्य और साहित्य, पृ. 27)

मार्क्सवादी विचारधारा के प्रति धर्मवीर भारती की अवधारणाओं का विश्लेषण करते हुए मधुरेश ने लिखा है, "धर्मवीर भारती मार्क्सवाद की मूल स्थापनाओं से दूर तक सहमत होते हुए भी सोवियत संघ में उसकी व्यावहारिक परिणति से अधिक क्षुब्ध थे। सोवियत संघ की आलोचना में वे वस्तुपरकता से काम न लेकर उसकी एकांगी भर्त्सना ही अधिक करते हैं। वे सोवियत समाज की उपलब्धियों, शिक्षा और सामाजिक विकास को न देखकर सिर्फ उसकी राजसत्ता के निरंकुश दमन और लेखक की स्वतंत्रता का सवाल ही अधिक उत्साहपूर्वक उठाते हैं।" (हिन्दी आलोचना का विकास, पृ. 206)

मधुरेश के अनुसार, "अपने समय की समस्याओं के कथित रूप में स्थूल और विवरणात्मक चित्रण की दृष्टि से ही वे प्रेमचन्द की आलोचना करते हैं और जयशंकर प्रसाद को वरीयता देते हैं। उनका विचार था कि जिस व्यापक और उदार राष्ट्रीयता का महत्त्व सोवियत संघ में युद्ध के बाद पहचाना गया, प्रसाद ने अपने नाटकों में बहुत पहले उसका महत्त्व स्थापित कर दिया था। लेकिन सोवियत संघ के अन्तर्विरोध के कारण धर्मवीर भारती सोवियत जनता की उस प्रतिरोध चेतना पर कोई टिप्पणी नहीं करते जिसका उल्लेख मुक्तिबोध सोवियत संघ के युद्धकालीन साहित्य पर लिखते हुए विस्तारपूर्वक करते हैं।" (उपर्युक्त, पृ. 205)

सन् 1954 में धर्मवीर भारती और उनके सहयोगियों के सम्पादन में आलोचना का एक उपन्यास विशेषांक प्रकाशित हुआ था जिसमें प्रेमचन्द के महत्त्व के आकलन में कोताही बरती गई और मनोवैज्ञानिक तथा प्रयोगशील उपन्यासों की परम्परा को ही उपन्यास की मुख्य धारा के रूप में रेखांकित किया गया।

बहरहाल, धर्मवीर भारती ने कविता की तुलना में कथा साहित्य की आलोचना में अधिक रुचि दिखाई है और विस्तार से लिखा है। इसलिए इन्हें कथा आलोचकों की श्रेणी में रखना मुझे अधिक निरापद लगा।

निर्मल वर्मा

शिमला में जन्मे, दिल्ली में पढ़े-लिखे, ज्यादातर यूरोप में रहे प्रतिष्ठित पत्रकार, निबन्धकार, कथाकार और चिन्तक निर्मल वर्मा (03.04.1929-20.10.2005 ने समीक्षाएँ भी लिखी हैं। 'शब्द और स्मृति', 'कला का जोखिम', 'ढलान से उतरते हुए', 'भारत और यूरोप : प्रतिश्रुति के क्षेत्र', 'दूसरे शब्दों में', 'आदि अन्त और आरम्भ' आदि उनकी प्रमुख आलोचनात्मक कृतियाँ हैं। रेणु, मुक्तिबोध और मलयज पर उन्होंने गहरी संवेदना के साथ लिखा है। संस्कृति और आलोचना का गहरा रिश्ता उनकी आलोचना की प्रधान विशेषता है। विदेशों में लम्बा प्रवास और यूरोपीय साहित्य चिन्तन का असर उनकी आलोचना में साफ झलकता है।

निर्मल वर्मा की दृष्टि में भारतीय साहित्य की प्रमुख समस्या है, "बने-बनाए मूल्यों, वैचारिक रहस्यीकरणों और नैतिक पूर्वग्रहों के सारे बोझ से मुक्त होने की, जिसने कि कलात्मक कल्पना को प्राणवान बनाने वाली मूल प्रेरणा को ही कुंठित कर दिया है।" (शब्द और स्मृति, पृ. 21) उनका सारा चिन्तन सृजन-प्रक्रिया पर केन्द्रित है। वे लिखते हैं, "बाहर की कोई भी घटना, चाहे वह ऐतिहासिक रूप से कितनी ही क्रान्तिकारी क्यों न हो, लेखक को उस समय तक परेशान नहीं करती जब तक वह घटना स्वयं उसकी सृजन-प्रक्रिया की अनिवार्य शर्त न बन जाए।" (उपर्युक्त, पृ. 33) सृजन के बाद कलाकृति की स्वायत्तता के बारे में निर्मल वर्मा का मानना है कि एक बार जन्म लेने के बाद हर कलाकृति की अपनी एक अलग जिन्दगी हो जाती है—कलाकार और उसके सन्दर्भ से सर्वथा मुक्त, स्वयं अपनी शर्तों पर आधारित। (उपर्युक्त, पृ. 33) निर्मल वर्मा का सारा चिन्तन इन्हीं सूत्रों से परिचालित है।

प्रेमचन्द और रेणु के किसान पात्रों की तुलना करने का उनका पैमाना सबसे अलग है। वे कहते हैं, "रेणु का मैला आँचल, परती परिकथा पढ़ें तो लगेगा कि किसान के भीतर एक प्रफुल्लता, स्वतंत्रता का आभास, नई चीज उसकी जिन्दगी में आ रही है। ये चीजें प्रेमचन्द के किसान में विपन्नता, उदासीनता, आर्थिक कठिनाइयों के भीतर दिखना बहुत मुश्किल लगता है। ये प्रेमचन्द की शक्ति भी है। भारतीय किसान का जो कठिन रूप है, इतना अधिक दयनीय, बमुश्किल दो वक्त का खाना जुटा पाने की समस्याएँ हैं, वो उसमें इतना ज्यादा जुटे रहे कि किसान का जीवन कुछ और भी हो सकता है, लय, नृत्य, संगीत, दिन भर काम करने के

बाद वो वसंत, बरसात, विभिन्न ऋतुओं के मौसम को इंगित करता हुआ नृत्य और गान कर सकता है, यह सब रेणु में दिखेगा, प्रेमचन्द में नहीं। और यह अच्छी बात भी है। क्योंकि हम अपने पिछले लेखकों के प्रति तभी जिम्मेवारी निभा सकते हैं, उनकी नकल करके नहीं, बल्कि उन्होंने जो खाली जगह छोड़ दी है उनके भरने के प्रयास में।" (https://web.archive.org, 'स्वस्थ साहित्य किसी की नकल नहीं करता' शीर्षक लेख से)

निस्सन्देह निर्मल वर्मा के विचार और चिन्तन का फलक व्यापक है। उन्होंने सौन्दर्य, प्रासंगिकता का प्रश्न, लेखकीय आस्था, सम्प्रेषण का संकट, समाज व्यवस्था, परम्परा और इतिहास बोध, मिथक और यथार्थ, काल और सृजन, धर्म और राजनीति आदि विषयों पर गहराई से विचार किया है। फणीश्वरनाथ रेणु, अज्ञेय और मुक्तिबोध पर लिखी गई उनकी समीक्षाएँ अत्यन्त सन्तुलित हैं।

राजेन्द्र यादव

आगरा में जन्मे, आगरा में पढ़े-लिखे और दिल्ली में रहकर साहित्य साधना करने वाले प्रख्यात कथाकार राजेन्द्र यादव (28.08.1929-28.10.2013) नई कहानी के सिद्धान्तकारों में पहले स्थान पर रखे जा सकते हैं। कमलेश्वर और मोहन राकेश के साथ उन्होंने नई कहानी आन्दोलन की शुरुआत की। उनकी पुस्तक 'कहानी : स्वरूप और संवेदना' तथा 'एक दुनिया समानान्तर' की 72 पृष्ठों की लम्बी भूमिका ने नई कहानी को प्रतिष्ठित होने में बड़ी मदद की। नई कहानी के आन्दोलन और उस आन्दोलन से जुड़ी कहानियों को एकाग्र दृष्टि से समझने के लिए 'एक दुनिया समानान्तर' का महत्त्व निर्विवाद है। नई कहानी आन्दोलन की सामाजिक-राजनैतिक पृष्ठभूमि का विश्लेषण करते हुए वे लिखते हैं, "नौजवान लोगों के पास कोई अतीत नहीं है और भविष्य उनसे छीन लिया गया है। न वे भविष्य के यूटोपियन सपनों में भाग सकते हैं न अतीत के फ्लैशबैकीय संसार में। वर्तमान उनके लिए आशा और अतीत में छलाँग लगाने का निमित्त बनकर नहीं, ऐसा अनिवार्य बनकर आया है, जिससे छुटकारा नहीं है। बड़ी-बड़ी कल्पनाएँ की थीं, मधुरतम यादों में खोए रहे थे, लेकिन वर्तमान को झुठलाया नहीं जा सकता। अब अगला-पिछला, वर्तमान को समझने के लिए आए तो आए। हर प्राचीन झूठ था और भविष्य एक छलावा...बाहर और भीतर कोई दर्शन, कोई संस्था, कोई व्यवस्था, कोई आदर्श नहीं—इसलिए कहीं और से दृष्टि लेकर अपनी समस्या को हल कर लेने का भी सवाल नहीं है।" (एक दुनिया समानान्तर, भूमिका, पृ. 63)

इस तरह राजेन्द्र यादव के अनुसार नई कहानी व्यापक मोहभंग की स्थिति में नए सम्बन्धों और सम्पर्क-सूत्रों की खोज की कहानी है।

राजेन्द्र यादव नई कहानी को मूलत: सम्बन्धों की कहानियाँ मानते हैं जिनकी प्रभावान्विति पुरानी कहानी की तरह अन्त के लिए सुरक्षित नहीं रखी जाती बल्कि वह पूरी कहानी में व्याप्त रहती है। राजेन्द्र यादव ने अपनी पत्रिका 'हंस' के माध्यम से नई कहानी आन्दोलन को हमेशा चर्चा में बनाए रखा। वे खास तौर पर स्त्री विमर्श को उसके अतिवादी रूप तक ले जाने के लिए भी सदा याद किए जाएँगे।

मार्कंडेय

जौनपुर (उ.प्र.) जिले के 'बराईं' नामक गाँव में जन्मे, इलाहाबाद में पढ़े-लिखे और इलाहाबाद में ही रहने वाले मार्कंडेय (05.05.1930-17.03.2010) मूलत: कथाकार और कवि हैं किन्तु उन्होंने कथा समीक्षाएँ भी लिखी हैं। कथा समीक्षा से सम्बन्धित उनकी पुस्तकें हैं 'कहानी की बात', 'हिन्दी कहानी : यथार्थवादी नजरिया', तथा 'प्रगतिशील साहित्य की जिम्मेदारी'। नई कविता के समीक्षकों की तरह वे कहानी के प्रतिमान जीवन से ग्रहण किए जाने पर बल देते हैं। उन्होंने अमरकान्त, भीष्म साहनी और शेखर जोशी की कहानियों को मुख्यरूप से आधार बनाकर नई कहानी के सकारात्मक तत्त्वों की व्याख्या की है। मधुरेश के अनुसार, "यशपाल, अज्ञेय और जैनेन्द्र पर मार्कंडेय की जो टिप्पणियाँ हैं—जिन्हें एक साथ रखकर प्राय: निबन्ध के रूप में देवीशंकर अवस्थी ने, 'नई कहानी : सन्दर्भ और प्रकृति' में प्रकाशित किया है—उनका महत्त्व इन लेखकों को समझ सकने की दृष्टि से उतना नहीं है जितना नई कहानी के सन्दर्भ में उनकी सीमाओं के आकलन की दृष्टि से। कहानी के सन्दर्भ में पाठ विश्लेषण की बात वे भी करते हैं लेकिन उनका पाठ-विश्लेषण कहीं भी नामवर सिंह की तरह सघन और रचना-केन्द्रित पाठ का उदाहरण नहीं बन सका है।" (हिन्दी आलोचना का विकास, पृ. 271)

मार्कंडेय ने 1969 ई. में अनियतकालीन पत्रिका 'कथा' की शुरुआत की जिसके चौदह अंक बहुत महत्त्वपूर्ण हैं। हैदराबाद से निकलने वाली पत्रिका 'कल्पना' में 'चक्रधर' नाम से वे पूरे पन्द्रह वर्ष तक स्तम्भ भी लिखते रहे।

कमलेश्वर

मैनपुरी (उ.प्र.) में जन्मे, इलाहाबाद में पढ़े-लिखे महान कथाकार कमलेश्वर (06.01.1932—27.01.2007) का पूरा नाम कमलेश्वर प्रसाद सक्सेना है। नई कहानी को सैद्धान्तिक मर्यादा देने वाले लोगों में उनकी प्रमुख भूमिका है। वे उपन्यासकार, कहानीकार, नाटककार, संस्मरण लेखक, स्तम्भ लेखक, पत्रकार और पटकथा-लेखक हैं। उन्होंने 12 उपन्यास, 17 कहानी-संग्रह और सौ से अधिक फिल्मों की पटकथाएँ लिखी हैं। वे 'बिहान', 'नई कहानियाँ', 'सारिका', 'कथायात्रा', 'गंगा', 'इंगित', 'श्रीवर्षा' जैसी पत्रिकाओं तथा 'दैनिक जागरण' एव 'दैनिक भास्कर' जैसे समाचार-पत्रों के सम्पादक रहे हैं। कमलेश्वर दूरदर्शन के अतिरिक्त महानिदेशक भी रहे। इतना सब होने के साथ ही कमलेश्वर एक संवेदनशील आलोचक भी हैं। 'नई कहानी की भूमिका', 'नई कहानी के बाद', 'मेरा पन्ना' तथा 'दलित साहित्य की भूमिका' उनकी आलोचनात्मक पुस्तकें हैं।

उनकी पुस्तक 'नई कहानी की भूमिका' में नई कहानी की बनावट, उसके शिल्प-विधान से लेकर पहले की कहानी से उसकी भिन्नता की विस्तार से चर्चा है। नई कहानी के सन्दर्भ में उनका आग्रह है कि सर्जनात्मक साहित्य को साहित्य शास्त्र की अपेक्षा समाजशास्त्र द्वारा ही सही सन्दर्भों में विश्लेषित किया जा सकता है। मधुरेश के शब्दों में, "साहित्य की इन बदली हुई चिंताओं और अपेक्षाओं को ही वे परिवर्तित भाव-बोध कहकर रेखांकित करने की कोशिश करते हैं और नई कहानी को उसी का एक समर्थ और प्रतिनिधि साहित्य रूप मानते हैं।" (हिन्दी आलोचना का विकास, पृ. 270) नई कहानी के वैशिष्ट्य को रेखांकित करते हुए वे लिखते हैं, "पुरानी कहानी में व्यक्ति शारीरिक रूप से आता था और वैचारिक रूप से कथाकार—नई कहानी में यह विचार उसी शरीर में अवस्थित बुद्धि से उपजता है जिसे प्रस्तुत किया जाता है...तब विचारों को हाड़-मांस प्रदान किया जाता था। अब हाड़-मांस के इनसान के विचारों को भी प्रस्तुत किया जाता है।" (खोई हुई दिशाएँ, भूमिका, पृ. 9)

नई कहानी का जन्म इसी द्वंद्व से ही शुरू होता है कि कहानी को विचार प्रधान होना चाहिए या घटना प्रधान? विचार जीवन का वायवीय आधार है, मगर उसका ठोस रूप जीवन की घटनाओं तथा परिघटनाओं से निर्मित होता है। इस विषय पर खुद कमलेश्वर लिखते हैं, "विचार को स्वयं अपने यथार्थ से उभरना चाहिए, यदि किसी यथार्थवादी साँचे में विचार या सरोकार को फिट किया जाएगा तो कहानी प्राणहीन हो जाएगी।" (https://www.pustak.org कमलेश्वर की श्रेष्ठ कहानियाँ, भूमिका से)

नई कहानी के स्त्री पात्रों पर टिप्पणी करते हुए वे कहते हैं, "आधुनिक नारी अब अपनी पूरी गरिमा, देह-सम्पदा और वास्तविक सम्मान के साथ आई है।" (नई कहानी की भूमिका, पृ. 18)

गोपाल राय

बक्सर (बिहार) जिले के 'चुन्नी' नामक गाँव में जन्मे, पटना से पढ़े-लिखे और पटना में ही शिक्षक रहे प्रो. गोपाल राय (13.07.1932-25.09.2015) मूल्यवादी कथा समीक्षा के प्रतिमान कहे जा सकते हैं। वे शोधकर्ता और समीक्षक दोनों हैं। 'हिन्दी उपन्यास का इतिहास', 'हिन्दी कहानी का इतिहास', 'उपन्यास का शिल्प', 'अज्ञेय और उनके उपन्यास' 'उपन्यास की संरचना' आदि उनकी महत्त्वपूर्ण आलोचना पुस्तकें हैं। 'हिन्दी उपन्यास कोश' (दो खंड) उनके अध्यवसाय और सृजनशीलता का अनुपम उदाहरण है।

यद्यपि अपनी पुस्तक 'हिन्दी उपन्यास का इतिहास' में उन्होंने हिन्दी की अधिकांश औपन्यासिक कृतियों पर अपनी प्रतिक्रियाएँ दी हैं किन्तु 'गोदान', 'रंगभूमि', 'मैला आँचल', 'शेखर : एक जीवनी', 'दिव्या' आदि पर उन्होंने विस्तार से लिखा है। गोपाल राय शोधाभिमुख आलोचक हैं। उनकी आलोचनाएँ सूचनापरक हैं। औपन्यासिक शिल्प को गोपाल राय खास महत्त्व देते हैं, इसीलिए सार्थक शिल्प प्रयोग की दृष्टि से वे हजारीप्रसाद द्विवेदी, रेणु, नागार्जुन आदि को अधिक महत्त्व देते हैं। उन्होंने उपन्यास और कहानी दोनों के ऐतिहासिक विश्लेषण में रचनाकाल क्रम को तो ध्यान में रखा ही है, कृतियों का प्रभावशाली मूल्यांकन भी किया है। उनका अधिकांश लेखन साहित्य की उच्च कक्षाओं के शिक्षकों और विद्यार्थियों के लिए भी अत्यन्त उपयोगी है। इसीलिए उनकी अधिकांश कृतियों के पेपरबैक संस्करण और उनके पुनर्मुद्रण होते रहते हैं।

डॉ. गोपाल राय किसी एक विचारधारा के प्रति आग्रही समीक्षक नहीं हैं। वे एक चिन्तनशील, विवेकशील निज-दृष्टिसम्पन्न समीक्षक हैं। उन्होंने अपनी विचारधारा, नैतिकता और स्वाभिमान को लेकर कभी समझौता नहीं किया। किसी से वे डरने वाले भी नहीं थे। उन्होंने लेखकों की कमजोरियों को भी पूरी ईमानदारी से रेखांकित किया है और उनकी विशेषताओं को भी खुले हृदय से और पूरे उत्साह के साथ उकेरा है। उदाहरणार्थ भारतीय उपन्यास के विकास के बारे में समीक्षकों की मान्यताओं को पूरी निष्ठा और प्रमाण के साथ खंडित करते हुए उन्होंने लिखा है, "यूरोपीय उपन्यास के विकास में पूँजीवादी अर्थतंत्र और मध्यवर्ग का योगदान बहुत महत्त्वपूर्ण माना जाता है और अक्सर इस अवधारणा को हिन्दी उपन्यास के इतिहास पर भी चस्पाँ कर दिया जाता है। पर हिन्दी क्षेत्र की परिस्थितियों को देखते हुए हिन्दी उपन्यास के सम्बन्ध में इस सामान्यीकरण को संगत नहीं माना जा सकता। 1870-90 की अवधि में हिन्दी क्षेत्र में न तो पूँजीवादी अर्थतंत्र का कोई वर्चस्व था, न ही कोई मजबूत मध्यवर्ग पैदा हुआ था। इस समय भारत, ब्रिटिश उपनिवेशवाद के चंगुल में तड़फड़ा रहा था और एक विदेशी पूँजीवादी उसका चौतरफा शोषण कर रहा था। इस विदेशी पूँजावाद की भाषा अँगरेजी थी। इस व्यवस्था के पोषक और सहायक के रूप में अंगरेजी पढ़ा-लिखा मध्य वर्ग वजूद में आ रहा था, पर वह अधिकतर अहिन्दी भाषी, विशेष रूप से बँगला भाषी था। दरअसल हिन्दी उपन्यास हिन्दी भाषी जनता की राष्ट्रीय आकांक्षाओं की अभिव्यक्ति था।" (हिन्दी उपन्यास का इतिहास, पहला पाठ्यपुस्तक संस्करण 2005, पृ. 64)

गोपाल राय कभी न हारने वाले अनवरत सृजनरत अप्रतिम योद्धा थे। वे विकलांग थे किन्तु अपनी विकलांगता को धता बताने वाले ऐसे अप्रतिहत योद्धा से न जाने कितने लोगों ने ऊर्जा अर्जित की होगी। वे नियमित रूप से प्राणायाम और योग साधना भी करते थे। एक खुद्दार अध्यापक की सारी खूबी उनमें विद्यमान थी। इसीलिए उनका लेखन हमारे लिए इतना विश्वसनीय लेखन बन सका है।

पुरानी पीढ़ी के हिन्दी साहित्यकारों में बहुत कम होंगे जो आधुनिक तकनीकों का भरपूर इस्तेमाल करते हों। डॉ. गोपाल राय लिखने के लिए कम्प्यूटर का ही इस्तेमाल करते थे। कलम उन्होंने बहुत पहले ही छोड़ दी थी। इस तरह वे विचारों में ही नहीं, आचरण, अध्ययन और लेखन में भी पूरी तरह आधुनिक थे।

डॉ. गोपाल राय द्वारा सम्पादित 'समीक्षा' पत्रिका, पुस्तक समीक्षा के लिए समर्पित अपने चरित्र और उद्देश्य में अकेली पत्रिका है। प्रसिद्ध आलोचक डॉ. रामदरश मिश्र के अनुसार, "गोपाल जी साहित्य के योद्धा थे। जो ठान लेते थे, उसे पूरा करके ही रहते थे। अपने बलबूते पर वे वर्षों तक 'समीक्षा' पत्रिका निकालते रहे। स्पष्ट है कि मार्ग में अनेक व्यवधान आए होंगे किन्तु गोपाल जी के दृढ़ निश्चयी मन ने हार नहीं मानी बल्कि व्यवधानों को पराजित करते रहे। 'समीक्षा' शुद्ध समीक्षा पत्रिका है। खंड-खंड रूप में प्राय: सभी पत्र-पत्रिकाएँ पुस्तक समीक्षा छापती हैं किन्तु 'समीक्षा' पूर्णत: पुस्तक समीक्षा की पत्रिका है। गोपाल जी किसी दल से आबद्ध नहीं थे। वे स्वतंत्र चेता थे। अत; अन्य अनेक सम्पादकों के बरक्स 'समीक्षा' के लिए आई हुई सभी पुस्तकों की समीक्षा वे देते थे। यानी कि 'समीक्षा' पत्रिका समीक्षा का खुला मंच रही है। हाँ, पुस्तकों के महत्त्व के अनुसार उन्हें ज्यादा या थोड़ा महत्त्व दिया जाता रहा है।...वे अपने सम्पादकीय लेखों में प्रमाण के साथ विस्तार से असत्य का प्रतिरोध करते थे और सत्य को उजागर करते थे। वे बहुत निर्भीक और सत्यनिष्ठ आलोचक थे। वे अपने स्वाध्याय और चिन्तन-मनन से अपनी राह खुद बनाते थे। पुस्तकों का मूल्यांकन अपने विवेक से करते थे। जिन पुस्तकों की जय बोली जा रही हो, उनकी सीमाओं को भी निर्भीक भाव से दिखाते थे और अपने निष्कर्ष निकालते थे"। (सामयिक सरस्वती, अक्टूबर-दिसम्बर, 2015, पृ. 7)

सुरेन्द्र चौधरी

गया (बिहार) में जन्मे, पटना में पढ़े-लिखे और गया में शिक्षक रहे सुरेन्द्र चौधरी (13.06.1933-09.05.2001) की पहचान प्रमुख रूप से कहानी के समीक्षक के रूप में है। 'हिन्दी कहानी: प्रक्रिया और पाठ' पुस्तक 1963 में उस समय प्रकाशित हुई थी जब कहानी समीक्षा पर हिन्दी में पुस्तकों का लगभग अभाव था। शम्भु गुप्त ने इस पुस्तक के बारे में लिखा है, "निश्चय ही हिन्दी कहानी-आलोचना की परम्परा में यह पहली पुस्तक है जिसमें एक रचना विधा के रूप में कहानी का स्वतंत्र / सम्प्रभु आलोचनाशास्त्र निर्मित किए जाने की प्रामाणिक कोशिश की गई है। यह विवेचन आज भी उपयोगी लगता है, बल्कि कई दृष्टियों से अद्वितीय भी।" (उद्धृत, आलोचना के सौ बरस, भाग-1, पृ. 238)

अमरकान्त और रेणु उनके प्रिय कहानीकारों में से है जिन पर उन्होंने गम्भीर समीक्षाएँ लिखी हैं। सुरेन्द्र चौधरी प्रगतिशील लेखक संघ से जुड़े रहे हैं। मार्क्सवाद और साहित्य के अन्तस्सम्बन्ध पर उन्होंने काफी विचार किया है। मैनेजर पांडेय ने सुरेन्द्र चौधरी की समीक्षा पर विचार करते हुए उन्हें नई कहानी का समर्थ आलोचक ही नहीं, बल्कि नामवर सिंह का पूरक माना है। वह इसलिए कि नामवर सिंह ने उस दौर के जिन कहानीकारों पर नहीं लिखा उन पर सुरेन्द्र चौधरी ने विस्तार से और मनोयोग के साथ लिखा है। ऐसे कहानीकारों में रेणु, मुक्तिबोध, अमरकान्त, भीष्म साहनी और हरिशंकर परसाई प्रमुख हैं। इन कहानीकारों पर लिखकर सुरेन्द्र चौधरी ने नई कहानी की प्रगतिशील परम्परा की उपलब्धियों का मूल्यांकन किया है और हिन्दी कहानी की आलोचना को पूर्णता प्रदान की है।

मैनेजर पांडेय ने उनकी समीक्षा के बारे में लिखा है, "सुरेन्द्र चौधरी ऐसे आलोचक हैं जिनकी आलोचना में गम्भीर साहित्य-विवेक है और उसका जीवन-विवेक तथा जगत-विवेक से गहरा सम्बन्ध है। उनकी चाहे नई कहानी और बाद की कहानियों की आलोचना हो, 'गोदान' का विश्लेषण हो, 'मैला आँचल' का विवेचन हो या 'मुक्ति-प्रसंग' का मूल्यांकन हो, इन सबके सावधान पाठकों को सुरेन्द्र चौधरी के साहित्य-विवेक, जीवन-विवेक और जगत-विवेक का साक्षात्कार अवश्य होगा।" (आलोचना में सहमति सहमति, पृ. 183)

उदयशंकर के सम्पादन में सुरेन्द्र चौधरी का अधिकांश संकलित-असंकलित साहित्य तीन खंडों में क्रमश: 'इतिहास : संयोग और सार्थकता', 'हिन्दी कहानी : रचना और परिस्थिति' तथा 'साधारण की प्रतिज्ञा : अँधेरे से साक्षात्कार' शीर्षकों से प्रकाशित है। इसके दूसरे खंड में मुक्तिबोध, भीष्म साहनी, प्रेमचन्द और रेणु की कहानियों की विस्तृत समीक्षा है। इसके अलावा मार्क्सवादी सौन्दर्शास्त्र पर भी बहस है। 'हिन्दी व्यंग्य की जातीय परम्परा और परसाई' शीर्षक आलेख में एक विधा के रूप में व्यंग्य की आवश्यकता और शक्ति को पहचानने की केशिश की गई है।

इसके अलावा 'फणीश्वरनाथ रेणु' शीर्षक से साहित्य अकादमी के लिए उनके द्वारा लिखा गया मोनोग्राफ भी विशेष रूप से उल्लेखनीय है।

नरेन्द्र मोहन

लाहौर (अब पाकिस्तान) में जन्मे, विभाजन के समय लम्बे समय तक अमृतसर के शरणार्थी शिविरों में रहने वाले, पंजाब में ही पढ़े-लिखे और पंजाब, जम्मू और दिल्ली में शिक्षक रहे, प्रतिष्ठित कवि और नाटककार नरेन्द्र मोहन (30.07.1935-11.05.2021) ने आलोचनाएँ भी लिखी हैं। उन्होंने कविता और कथा साहित्य दोनों विधाओं की समीक्षा की है। उनकी प्रमुख आलोचनात्मक कृतियाँ हैं, 'आधुनिक हिन्दी कविता में अप्रस्तुत विधान' 'आधुनिक और समकालीन रचना सन्दर्भ', 'कविता की वैचारिक भूमिका', 'समकालीन कहानी की पहचान', 'आधुनिकता के सन्दर्भ में हिन्दी कहानी', 'पंजाब के लोक-गाथा गीत', 'शास्त्रीय आलोचना से बिदाई', 'समकालीन कविता के बारे में', 'बीसवीं शताब्दी का उत्तरार्ध : हिन्दी कहानी', 'रचना का सच', 'विभाजन की त्रासदी : भारतीय कथा दृष्टि' आदि। फिलहाल, 'नरेन्द्र मोहन रचनावली' (आठ खंड) प्रकाशित हो चुकी है।

नरेन्द्र मोहन रचना के भीतर से ही उसके प्रतिमानों की तलाश करते हैं। उनके विचार तत्त्व और रचना प्रक्रिया सम्बन्धी विचारों पर मुक्तिबोध का गहरा प्रभाव अनुभव किया जा सकता है। उनके अनुसार कविता में अन्त: ग्रथित विचार विभिन्न जीवन-प्रसंगों, सन्दर्भों, परिस्थितियों और टकरावों से पैदा होते हैं। परिवेश के जितने गहरे दबाव और संघातों से विचार निकलेंगे उनमें सृजनात्मक शक्ति उतनी ही अधिक होगी। 'समकालीन कहानी की पहचान' नामक कृति में उन्होंने नई कहानी, अकहानी, सचेतन कहानी और समकालीन कहानी की नव्यतम कथा-धाराओं का अनेक कहानीकारों एवं कहानियों के हवाले से विस्तृत विश्लेषण किया है।

विजयमोहन सिंह

शाहाबाद (बिहार) में जन्मे, बिहार में पढ़े-लिखे, दिल्ली और शिमला में शिक्षक रहे विजयमोहन सिंह (01.01.1936-25.03.2015) कथाकार भी हैं और आलोचक भी। आलोचक के रूप में विजयमोहन सिंह का विकास नई कहानी आन्दोलन के बाद की परिघटना है। 'छायावादी कवियों की आलोचनात्मक दृष्टि' के अतिरिक्त 'अज्ञेय : कथाकार और विचारक', 'हिन्दी उपन्यासों में प्रेम की परिकल्पना', 'आज की कहानी' 'कथा-समय' 'बीसवीं शताब्दी क्रा हिन्दी साहित्य' 'भेद खोलेगी बात ही', 'उपन्यास की कहानी', 'समय

और साहित्य, 'आधुनिक हिन्दी गद्य साहित्य', 'विकास और विश्लेषण' आदि उनकी प्रमुख आलोचना पुस्तकें हैं। 'आज की कहानी' में चन्द्रधर शर्मा गुलेरी, प्रेमचन्द, मुक्तिबोध, धर्मवीर भारती, मोहन राकेश, निर्मल वर्मा, मन्नू भंडारी, अमरकान्त, शेखर जोशी आदि की कहानियों की विस्तृत समीक्षा की गई है जबकि 'कथा समय' में प्रसाद, रेणु, अमरकान्त आदि की। इसी पुस्तक के दूसरे खंड में उन्होंने कुछ चुने हुए उपन्यासों की समीक्षा की है जिनमें 'जिन्दगीनामा', 'कसप', 'दूसरी तरफ', 'बेघर' आदि की समीक्षाएँ उल्लेखनीय हैं। विजयमोहन सिंह ने अपनी कथा-आलोचना में जिस लगाव और शिद्दत के साथ शब्दों के अर्थ और अर्थ के सन्दर्भों की तलाश की है वह उनकी आलोचना का एक खास वैशिट्य है। प्रामाणिकता, प्रासंगिकता, भोगा हुआ यथार्थ, रूमानीपन, फैंटेसी और रूपक जैसे तमाम शब्द रोजमर्रा आलोचना में निरर्थक ढंग से प्रयोग किए जा रहे हैं, पर हिन्दी के कथा-साहित्य और उससे जुड़े हमारे देश काल के व्यापक बुनियादी सवालों से मुठभेड़ होने पर वे यहाँ कुछ और ही रंग-रूप में सामने आते हैं।

रामनिहाल गुंजन ने विजयमोहन सिंह की कथा-समीक्षा पर टिप्पणी करते हुए लिखा है, "दरअसल विजयमोहन सिंह ने वर्गीय अवधारणा के तहत कहानियों का विश्लेषण नहीं किया है, इसलिए वे प्रेमचन्द या किसी भी प्रगतिशील या जनवादी कथाकार को किसी खास वर्ग का लेखक नहीं मानते हैं। यहाँ तक कि वे जिन कथाकारों—रवीन्द्र कालिया, महेन्द्र भल्ला आदि को प्रिय कथाकार मानते हैं उन्हें भी वे किसी खास समूह या वर्ग का नहीं मानते हैं जबकि यह बात स्पष्ट है कि कोई भी रचनाकार किसी न किसी वर्ग का प्रतिनिधित्व करता ही है।" (मुक्तांचल, अप्रैल-जून 2015, पृ. 41) इतना ही नहीं, रामनिहाल गुंजन आगे यह भी कहते हैं कि "विजयमोहन सिंह जब इस बात का उल्लेख करते हैं कि रवीन्द्र कालिया, गंगाप्रसाद विमल और महेन्द्र भल्ला की कहानियाँ एक भिन्न मानदंड की माँग करती हैं तो वह कौन सा मानदंड होगा, इसका वे जिक्र नहीं करते।" (उपर्युक्त, पृ. 412)

विजयमोहन सिंह की पुस्तक 'भेद खोलेगी बात ही' की समीक्षा करते हुए विष्णुचन्द्र शर्मा लिखते हैं, "जहाँ पुस्तक समीक्षा हिन्दी में एक उबाऊ और व्यर्थ का लेखन बन चुकी है, वहाँ विजयमोहन की पुस्तक समीक्षा इस तलाशहीन दौर में एक उर्वर विचारशीलता की उपज है।" (रीतिबद्धता को तोड़ते हुए, इंडिया टुडे, 1 मार्च 2004, पृ. 60)

मधुरेश

बरेली (उ.प्र.) में जन्मे, बरेली में पढ़े-लिखे और बदायूँ में शिक्षक रहे कथा समीक्षा के एकांतिक साधक मधुरेश (जन्म-10.01.1939) का मूल नाम रामप्रकाश शंखधर है। उनकी पहचान मुख्यत: कथा-समीक्षक के रूप में है। 'हिन्दी कहानी : अस्मिता की तलाश', 'नई कहानी : पुनर्विचार', 'आज की हिन्दी कहानी : विचार और प्रतिक्रिया', 'सिलसिला : समकालीन कहानी की पहचान', 'देवकीनन्दन खत्री', 'सम्प्रति : समकालीन हिन्दी उपन्यास में संवेदना और सरोकार', 'रांगेय राघव', 'राहुल का कथा-कर्म', 'हिन्दी कहानी का विकास', 'हिन्दी उपन्यास का विकास', 'नई कहानी : पुनर्विचार', 'अमृतलाल नागर : व्यक्तित्व और रचना संसार', 'भैरव प्रसाद गुप्त', 'मार्क्सवादी आलोचना और शिवदान सिंह चौहान', 'दिव्या का महत्त्व', 'हिन्दी उपन्यास : सार्थक की पहचान', 'कहानीकार जैनेन्द्र कुमार : पुनर्विचार', 'हिन्दी आलोचना का विकास', 'यशपाल के उपन्यास', 'यशपाल : रचनात्मक पुनर्वास की एक कोशिश', 'आलोचना : प्रतिवाद की संस्कृति', 'समय, समाज और उपन्यास', 'स्त्री की दुनिया', 'ऐतिहासिक उपन्यास : इतिहास और इतिहास-दृष्टि', 'राधेश्याम कथावाचक', 'मार्क्सवादी जीवन-दृष्टि और रांगेय राघव', 'आलोचक का आकाश', 'मैं और वे', 'होना भीष्म साहनी का', 'काले दौर में एक चेतावनी की तरह', 'संवाद और सहकार', 'आलोचना का संकट', 'अमरकान्त, (मोनोग्राफ)', 'ये इश्क नहीं आसाँ' (साक्षात्कार), 'उपन्यास सीढ़ियों पर', 'मेरे अपने रामविलास' आदि मधुरेश की आलोचनात्मक पुस्तकें हैं।

इनके अलावा 'यशपाल के पत्र', 'क्रान्तिकारी यशपाल : एक समर्पित व्यक्तित्व', 'मैला आँचल का महत्त्व', 'यशपाल रचना संचयन', 'बाणभट्ट की आत्मकथा : पाठ और पुर्नपाठ', 'मार्क्सवादी आलोचना और फणीश्वर नाथ रेणु', 'रजिया सुल्तान बेगम उर्फ रंगमहल में हलाहल : किशोरीलाल गोस्वामी', 'जुझार तेजा : लज्जाराम मेहता', 'अश्क के पत्र', 'मल्लिका देवी वा बंग सरोजिनी', 'माधव-माधवी वा मदन-मोहिनी', 'चित्रलेखा का महत्त्व', 'रागदरबारी का महत्त्व' आदि का उन्होंने सम्पादन किया है। जाहिर है, कथा-समीक्षा पर इतना प्रचुर लेखन कम लोगों ने किया है।

यद्यपि मधुरेश ने कहानी एवं उपन्यास दोनों की आलोचना में पर्याप्त श्रम किया है, फिर भी कहानी-समीक्षक के रूप में उनकी पहचान अधिक है। साधना अग्रवाल के एक प्रश्न के जवाब में उन्होंने जो कहा है उससे उनकी कथा-समीक्षा की तकनीक और वैचारिक दृष्टि का पता चलता है। वे कहते हैं, "हवाई और सैद्धान्तिक आलोचना के दौर में भी मेरी भरसक यही कोशिश रही कि आलोचना लेखकों और कृतियों पर केन्द्रित हो। मैंने देवकीनन्दन खत्री, राहुल सांकृत्यायन, यशपाल, रांगेय राघव, अमृतलाल नागर, भैरव प्रसाद गुप्त आदि पर पुस्तकें और मोनोग्राफ लिखे हैं। 'नई कहानी : पुनर्विचार' में भी नई कहानी आन्दोलन के दौर के सोलह लेखकों पर समग्रता से विचार करने की कोशिश की गई है। मुझे इस बात का सन्तोष है कि अपने विचारों से बाहर के अनेक लेखकों पर मैंने विस्तार से लिखा है। इसका नया उदाहरण जैनेन्द्र की कहानियों पर मेरी किताब है। आपकी यह बात शायद ठीक है कि मैंने आलोचना के व्यावहारिक पक्ष पर ही अधिक लिखा है। हिन्दी में जनवादी आलोचना के दौर में घोर सैद्धान्तिक लेखन हुआ और बाद में पूर्वग्रह घराने के लेखकों ने विचार को लगभग आलोचना से निष्कासित करके साहित्य में स्वायत्तता के नाम पर निर्जन, वीरान टापू बसाने की कोशिश की। मेरा मानना है कि सिद्धान्त रचना में ही अर्जित और विकसित होने चाहिए। पूर्वग्रह घराने के लोग आलोचना को जब विचारों का उपनिवेश बनाने की प्रवृत्ति का विरोध करते हैं तो वे वस्तुत: समय के वैचारिक दबावों से रचना को अलग और ऊपर रखने की ही वकालत करते हैं। रचना के मूल्यांकन का यह अवैज्ञानिक और अतार्किक रूप है। अपने समय के प्रति सच्ची रचना ही आगे आने वाले समय में भी पुनर्पाठ की सम्भावनाएँ जगाती है। किसी सैद्धान्तिक समझ के अभाव में सार्थक व्यावहारिक आलोचना नहीं लिखी जा सकती। मेरी कोशिश रही है कि सिद्धान्तों के किसी बाहरी जाप के बजाय व्यावहारिक आलोचना में से ही वे सिद्धान्त उभर के आएँ। ऐसी आलोचना अपनी प्रकृति में अधिक ग्राह्य, विश्वसनीय और पठनीय होगी।" ('मैं कहानी का होलटाइमर समीक्षक हूँ', शीर्षक से साधना अग्रवाल की मधुरेश से बातचीत, 'वांग्मय हिन्दी पत्रिका', 11 मई 2008 को प्रकाशित)

उपन्यास की समीक्षा पर केन्द्रित उनकी तीन पुस्तकें 'समय समाज और उपन्यास', 'ऐतिहासिक उपन्यास : इतिहास और इतिहास-दृष्टि' तथा 'शिनाख्त' बहुत महत्त्वपूर्ण हैं। 'ऐतिहासिक उपन्यास : इतिहास और इतिहास-दृष्टि' में कुछ स्वतंत्र आलेखों के अलावा 'एक म्यान में दो तलवारें', 'आग का दरिया', 'पट्ट महादेवी शान्तला', 'पर्व', 'दुर्दम्य', 'दासी की दास्तान', 'ययाति', 'कई चाँद थे सरे आसमाँ', 'जुझार तेजा', 'गदर', 'दिव्या', 'मुर्दों का टीला', 'कालिदास', 'विश्वबाहु परशुराम' तथा 'पानीपत' की विस्तृत समीक्षा की गई है। इसी तरह 'शिनाख्त' में भी लगभग पचीस प्रतिनिधि उपन्यासों की समीक्षाएँ हैं। उन्होंने हिन्दी के आरम्भिक उपन्यासों से लेकर 'काशी का अस्सी' तक की समीक्षाएँ की हैं। अपनी पुस्तक 'शिनाख्त' के बारे में उनकी टिप्पणी है, "शिनाख्त को हिन्दी उपन्यास की शिनाख्त के साथ ही मेरी आलोचना की शिनाख्त के तौर पर भी लिया जा सकता है।" (शिनाख्त, भूमिका, पृ. ८)

महान आलोचक रामविलास शर्मा ने भी मुक्तिबोध, रांगेय राघव और यशपाल पर कई बार ऐसी टिप्पणियाँ की हैं जिन पर सवाल उठते रहे हैं। मधुरेश ने उनका बड़े साहस के साथ बिना किसी संकोच के जवाब दिया है। 'रामविलास शर्मा और यशपाल' शीर्षक अपने लेख में वे यहाँ तक कहते हैं कि "यशपाल और दूसरे विरोधी लेखकों की आलोचना करते समय वह (रामविलास शर्मा) गैर-जिम्मेदार भी हैं और बदनीयत भी। गैर-जिम्मेदार इसलिए कि आधुनिक कथा-साहित्य की किसी प्रामाणिक समझ के अभाव में लेखक की रचना-प्रक्रिया और सरोकारों की एकदम उपेक्षा करते हुए स्थूल नैतिकतावादी प्रतिमानों से चीजों को नापते-तोलते हैं और मनमाने निष्कर्ष निकालते हैं। बदनीयत वे इसलिए हैं कि सन्दर्भों से अलग करके उद्धरण जुटाते हैं, और इस कला में वे सचमुच माहिर हैं, जिसमें लेखक के पक्ष की उपेक्षा ही नहीं करते बहुत हल्के-फुल्के ढंग से व्यंग्य की फूँक से उसे उड़ाने की भी कोशिश की जाती है। समान विचार बिन्दुओं वाले लेखकों की आलोचना की तो बात ही अलग है, एकदम विरोधी विचारधारा के महत्त्वपूर्ण लेखकों को भी इतने हल्के ढंग से नहीं नकारा जा सकता।" (www.debateonline.in, पृ. 3)

'आलोचना सदैव एक सम्भावना है' में संकलित रविभूषण का विस्तृत आलेख मधुरेश के लेखन की सामर्थ्य एवं सीमा दोनों का सुचिन्तित एवं संतुलित विश्लेषण है। उक्त आलेख के अन्त में रविभूषण जी का निष्कर्ष द्रष्टव्य है—"किसी भी कथालोचक की तुलना में उन्होंने कहानियों का व्यापक अध्ययन किया है। उनके लेखन से उनका श्रम झाँकता है। उनमें डगमगाहट कम है। उनकी कथालोचना को पुस्तक-समीक्षाओं ने

प्रभावित किया है। वे निरन्तर सक्रिय हैं। उनकी उपेक्षा नहीं की जा सकती। जहाँ तक उनकी आलोचना-दृष्टि का सवाल है, वह खुली, उदार और सन्तुलित है।" (आलोचना सदैव एक सम्भावना है, पृ. 173)

फिलहाल, मधुरेश प्रगतिशील विचारों के हैं। विवादों से प्राय: दूर रहते हुए लगभग एक साधक की तरह उन्होंने कहानियों और उपन्यासों की समीक्षा की है तथा गैर प्रगतिशील लेखकों की कृतियों का भी यथोचित सम्मान दिया है।

मोहन कृष्ण बोहरा

जोधपुर (राजस्थान) में जन्मे, वहीं पढ़े-लिखे और राजस्थान सरकार के महाविद्यालयों में शिक्षक रहे मोहन कृष्ण बोहरा (जन्म—27.07.1939) की सर्वाधिक प्रिय लेखिका तसलीमा नसरीन हैं। उनके जीवन और रचना संघर्ष पर बोहरा की दो किताबें प्रकाशित हैं। इसी से मोहन कृष्ण बोहरा की आलोचना दृष्टि और विचारधारा का अनुमान किया जा सकता है। अपनी पुस्तक 'तसलीमा : संघर्ष और साहित्य' में उन्होंने तसलीमा की पुस्तकों की विषयवस्तु को पूरे विस्तार से समेटते हुए उसका तार्किक विश्लेषण किया है। इसमें लेखक ने तसलीमा को एक विद्रोही, बेबाक और व्यक्ति की पूर्ण स्वतंत्रता के पक्षधर व्यक्तित्व के रूप में देखने की ईमानदार कोशिश की है। बोहरा ने तसलीमा की आत्मकथा के प्रसंगों को उद्धृत करते हुए कम उम्र से ही उनके अन्याय-विरोध की भावना को रेखांकित किया है।

'आलोचना के पूर्व आयाम', 'तसलीमा के हक में', 'एलियट और हिन्दी साहित्य चिन्तन', 'समकालीन उपन्यास : पाठ और पुनर्पाठ', 'समकालीन आलोचना के अन्तर्विरोध', 'समकालीन कहानी का नया वितान', 'रचनाकार का संकट' आदि उनकी अन्य आलोचनात्मक पुस्तकें हैं।

पुष्पपाल सिंह

मेरठ (उ.प्र.) के 'भदस्याना' नामक गाँव में जन्मे, कोलकाता और जम्मू में पढ़े-लिखे और पटियाला में शिक्षक रहे पुष्पपाल सिंह (04.11.1941 - 29.08.2015) का नाम समकालीन कथा समीक्षकों में उल्लेखनीय है। 'समकालीन कहानी : नया परिप्रेक्ष्य, 'कमलेश्वर : कहानी का सन्दर्भ', 'समकालीन कहानी : युगबोध का सन्दर्भ', 'समकालीन हिन्दी कहानी', 'कहानी का उत्तर समय : सृजन सन्दर्भ', '21वीं शती का हिन्दी उपन्यास', 'समकालीन कहानी : रचना मुद्रा', 'समकालीन कहानी : सोच और समझ', 'बीसवीं शती कृष्ण कथा-काव्य', 'भूमंडलीकरण और हिन्दी उपन्यास', 'हिन्दी कहानीकार कमलेश्वर : पुनर्मूल्यांकन' आदि उनकी कथा केन्द्रित आलोचना पुस्तकें हैं।

इसके अलावा उन्होंने 'हिन्दी की क्लासिक कहानियाँ (छह खंड')', 'सुनीता जैन समग्र' (चौदह खंड), 'भारतीय साहित्य के स्वर्णाक्षर', 'प्रेमचंद', 'जयशंकर प्रसाद', 'हिन्दी का प्रथम उपन्यास : देवरानी जेठानी की कहानी' आदि का संपादन किया है। 'कबीर ग्रंथावली सटीक', 'भ्रमरगीत सार : समीक्षा और व्याख्या', 'वैश्विक गाँव और आम आदमी' तथा 'राजकमल बृहत् हिन्दी शब्दकोश' आदि उनकी अन्य संपादित पुस्तकें हैं।

पुष्पपाल सिंह की अधिकांश आलोचना या तो शोधकार्य के रूप में हैं या फिर अकादमियों और संस्थानों के लिए लिखे गए लेखन के रूप में। उन्होंने बीसवीं सदी के अन्तिम दशक से लेकर इक्कीसवीं सदी के अपने समय तक प्रकाशित कथा साहित्य की समीक्षा में एक बड़ा हस्तक्षेप किया है और हिन्दी पाठकों को बताया है कि वैश्वीकरण के बाद हिन्दी कथा साहित्य का परिदृश्य किस तरह से बदला है। इस तरह उनकी कथा-समीक्षा का दृष्टिकोण व्यापक है। वे अत्यन्त अध्ययनशील व्यक्ति थे और नई से नई प्रकाशित होने वाली औपन्यासिक कृतियों की समीक्षा के लिए सतत तत्पर रहते थे। उन्होंने अपनी पुस्तक '21वीं सदी का हिन्दी उपन्यास' की भूमिका में लिखा है, "इक्कीसवीं सदी के बारह बरस तो बीत चले और तेरहवें का आधे से अधिक समय गत हो चला है। हमारा प्रयास रहा है कि इस अध्ययन के द्वारा 21वीं शती के हिन्दी उपन्यास का अद्यतन इतिहास प्रस्तुत कर उसके कथ्य और शिल्प का व्यापक और गहन अध्ययन प्रस्तुत किया जाए।" और वे अपने उद्देश्य में एक सीमा तक सफल भी रहे।

'समकालीन कहानी : नया परिप्रेक्ष्य' पुस्तक कहानी समीक्षा की दृष्टि से बहुत महत्त्वपूर्ण है। इसमें उन्होंने 1965 से लेकर इक्कीसवीं सदी के प्रथम दशक तक की कहानी का मूल्यांकन उसके ऐतिहासिक परिप्रेक्ष्य में किया है। इसमें हिन्दी कहानी पर पूँजीवाद, नव साम्राज्यवाद, बाजारवाद, उपभोक्तावाद आदि के प्रभाव का

बेहतरीन विश्लेषण किया गया है। उन्होंने समकालीन कहानीकारों की चार श्रेणियाँ बनाई हैं। एक, नई कहानी आन्दोलन से पूर्व के कहानीकार, दूसरी, नई कहानी के हस्ताक्षर, तीसरी, समकालीन कथाकारों की पीढ़ी तथा चौथी, आन्दोलनबद्ध दृष्टि से असंपृक्त लेखक। उन्होंने नई कहानी और समकालीन कहानी के बीच के सूक्ष्म अन्तर को बखूबी पहचाना है। स्त्री विमर्श, दलित विमर्श, वैश्वीकरण जैसे मुद्दे भी उनके चिन्तन के केन्द्र में रहे हैं लेकिन विमर्शों, सैद्धान्तिक स्थापनाओं की जगह उनकी दृष्टि कहानियों पर अधिक केन्द्रित रही है।

साहित्य की उपयोगिता के बारे में उनका मंतव्य है, "साहित्य का दायित्व मनुष्य के सामने पसरे घने अँधेरों और कुहासों से लड़ने और संस्कृति के श्रेष्ठ मूल्यों को बचाने का है जिससे यह जीवन निरन्तर जीने योग्य बना रहे...इस दुर्धर्ष परिवेश और इसके अनेक अँधेरों से लड़ने की शक्ति शब्द की ही हो सकती है।" (21वीं शती का हिन्दी उपन्यास)

रमेश उपाध्याय

एटा (उ.प्र.) जिले के 'बढ़ारी बैस' नामक गाँव में जन्मे, राजस्थान और दिल्ली में पढ़े-लिखे और दिल्ली में ही शिक्षक रहे रमेश उपाध्याय (01.03.1942-24.04.2021) ने जनवादी कहानी की अवधारणा और उसकी प्रतिष्ठा में मुख्य भूमिका निभाई है। वे आरम्भ से ही 'जनवादी लेखक संघ' से जुड़े रहे हैं 'जनवादी कहानी: पृष्ठभूमि से पुनर्विचार तक' उनकी इस विषय पर एकमात्र पुस्तक है। इसके अलावा 'बेहतर दुनिया की तलाश', 'साहित्य और भूमंडलीय यथार्थ', 'भूमंडलीय यथार्थ की पृष्ठभूमि' आदि उनकी दूसरी समीक्षात्मक पुस्तकें हैं। उन्होंने 'कथन' नामक पत्रिका का अनेक वर्षों तक सम्पादन किया है। जनवादी कहानी की प्रतिष्ठा में 'कथन' का खास योगदान रहा है। उन्होंने 'जनवादी लेखक संघ' की स्थापना अर्थात् 1982 को अपना प्रस्थान विन्दु बनाकर जनवादी कहानी की प्रकृति और अन्तर्वस्तु का विस्तृत विश्लेषण किया है। उनकी पुस्तक में गोष्ठियों की रपटों, घोषणा-पत्रों और लेखकों के वक्तव्यों आदि के रूप में प्रचुर सामग्री संकलित है। जनवादी कहानी की अवधारणा और उसके मूल्यांकन में इस सामग्री का पर्याप्त महत्त्व हैं। नन्द भारद्वाज ने रमेश उपाध्याय के समीक्षा कर्म पर टिप्पणी करते हुए लिखा है, "भूमंडलीय यथार्थ के तमाम पक्षों-पहलुओं पर जितनी संजीदगी और मेहनत से हिन्दी के वरिष्ठ कथाकार और विद्वान डॉ. रमेश उपाध्याय ने जो काम किया है, वह अपने आप में एक मिसाल है। भूमंडलीय यथार्थ और साहित्य के गहन रिश्ते पर उनकी कितनी ही कृतियाँ सामने आ चुकी हैं। अपनी पत्रिका 'कथन' में वे वर्षों तक उन पर बराबर लेखकों और विचारकों से आग्रहपूर्वक लिखवाते रहे।" (दस्तावेज-152 / जुलाई-सितम्बर,2016, पृ. 8)

आज के भूमंडलीय यथार्थ पर अपनी चिन्ता व्यक्त करते हुए रमेश उपाध्याय ने लिखा है, "आज की दुनिया का सबसे अहम प्रश्न है, क्या पूँजीवाद की वैश्विक व्यवस्था की जगह कोई दूसरी उससे बेहतर वैश्विक व्यवस्था सम्भव है? अगर हाँ, तो उसकी रूपरेखा क्या है और वह व्यवस्था किन आधारों पर किन शक्तियों के द्वारा और कौन-कौन से तरीकों से बनाई जा सकती है? इस प्रश्न का उत्तर भूमंडलीय यथार्थवाद के आधार पर ही दिया जा सकता है, क्योंकि इसका उत्तर देने के लिए यह आवश्यक है कि आज की दुनिया के यथार्थ को भौगोलिक के साथ-साथ ऐतिहासिक दृष्टि से भी देखा जाए और ऐतिहासिक दृष्टि को केवल अतीत को देखने वाली दृष्टि नहीं, बल्कि वर्तमान और भविष्य को भी देखने वाली ऐसी सर्जनात्मक-दृष्टि मानकर चला जाए, जो आने वाले कल की बेहतर दुनिया बनाने के लिए हमें आज ही प्रेरित और सक्रिय कर सके।" (उद्धृत, दस्तावेज-152 / जुलाई-सितम्बर, 2016)

वीरेन्द्र यादव

जौनपुर, उ.प्र. में जन्मे और लखनऊ वासी वीरेन्द्र यादव (जन्म—05.03.1950) प्रतिभा-सम्पन्न कथा समीक्षक हैं। 'आलोचना', 'कथा', 'तद्भव', 'पहल', 'हंस' आदि में लगातार उनकी कथा समीक्षाएँ प्रकाशित होती रहती हैं। 'उपन्यास और वर्चस्व की सत्ता' वीरेन्द्र यादव की चर्चित आलोचना पुस्तक हैं। वे मानते हैं कि "उपन्यास साहित्यिक रचना के साथ-साथ सामाजिक निर्मिति भी है। और उसकी जनतांत्रिकता केवल रचाव की कला से नहीं आती, औपन्यासिक विमर्श की सामाजिक दृष्टि से भी निर्मित होती है। इसीलिए वे 'गोदान',

'झूठासच', 'आधा गाँव', 'राग दरबारी', 'आग का दरिया' व 'उदास नस्लें' सरीखे कालजयी उपन्यासों का विश्लेषण करते हुए सबाल्टर्न इतिहास-दृष्टि की मदद से इन उपन्यासों में किसानों, दलितों, स्त्रियों और अन्य अधीनस्थ वर्गों की उपस्थिति-अनुपस्थिति और उनकी यातना, सामाजिक सजगता तथा संघर्षशीलता की पहचान का आख्यान खोजते हैं।" (https://www.amazon.in पर उपलब्ध टिप्पणी से)

वीरेन्द्र यादव याद दिलाते हैं कि "आज का समय लेखकों की समूची जमात के लिए आत्मालोचना और आत्मावलोकन का भी समय है। हमें याद रखना चाहिए प्रेमचन्द ने अपने जीवन के जिस अन्तिम वर्ष (1936) में लखनऊ के प्रगतिशील लेखक संघ के स्थापना-सम्मेलन में साहित्य के सौन्दर्य की कसौटी बदलने की बात कही थी, तब तक वे अपने लेखन और विचार में इसे बदल चुके थे। यह महज संयोग नहीं था। 1936 ही वह वर्ष था जिस वर्ष उन्होंने 'गोदान' सरीखा उपन्यास और 'साम्प्रदायिकता और संस्कृति' व 'महाजनी सभ्यता' सरीखे लेख लिखे थे।" (नवभारत टाइम्स, 9 मार्च 2014 में प्रकाशित 'बहिष्कृत होती हाशिए के समाज की चिन्ताएँ' शीर्षक लेख से)

सूरज पालीवाल

मथुरा (उ.प्र.) में जन्मे, राजस्थान तथा मध्य प्रदेश में शिक्षक रहे सूरज पालीवाल (ज़न्म—08.09.1951) एक प्रतिष्ठित आलोचक हैं। सूरज पालीवाल के प्रिय कथाकार हैं प्रेमचन्द, फणीश्वरनाथ रेणु और भीष्म साहनी। व्यावहारिक समीक्षा ही उनका मुख्य क्षेत्र है। रचना और आलोचना में सामंजस्य बैठाते हुए चलना उनकी आलोचना की खास विशेषता है। अपनी आलोचना-दृटि के बारे में वे लिखते हैं, "बाजारवाद के इस घटाटोप अँधेरे और उदारीकरण के मानवविरोधी समय में हम सब बाजारवाद के शिकार होकर एक जिंस बना दिए गए हैं। हमारी रचना और आलोचना पूरी ताकत से इसके विरोध में खड़ी है, यह दिखाना ही मेरा उद्देश्य है।" (इक्कीसवीं सदी का पहला दशक और हिन्दी कहानी, भूमिका से)

'फणीश्वरनाथ रेणु का कथा साहित्य', 'संवाद की तह में', 'रचना का सामाजिक आधार', 'आलोचना के प्रसंग', 'साहित्य और इतिहास-दृष्टि', 'महाभोज : एक विमर्श', 'समकालीन हिन्दी उपन्यास', 'हिन्दी में भूमंडलीकरण का प्रभाव और प्रतिरोध', 'इक्कीसवीं सदी का पहला दशक और हिन्दी कहानी', 'कथा विवेचन का आलोक', 'इक्कीसवीं सदी का दूसरा दशक और हिन्दी उपन्यास' आदि सूरज पालीवाल की आलोचनात्मक पुस्तकें हैं। ज्ञानरंजन की पत्रिका 'पहल' में वे नियमित स्तम्भ लिखते रहे हैं और इसी क्रम में उन्होंने ममता कालिया, मृणाल पाँडेय, चित्रा मुद्गल, मधु कांकरिया, महेश कटारे, संजीव, अब्दुल बिस्मिल्लाह, ऋषिकेश सुलभ आदि सोलह कथाकारों की कृतियों की सांगोपांग समीक्षा की है।

सूरज पालीवाल की खूबी यह है कि वे नए से नए रचनाकारों की रचनाओं पर लिखना अपना दायित्व समझते हैं। 'इक्कीसवीं सदी का पहला दशक और हिन्दी कहानी' में सूरज पालीवाल ने गीत चतुर्वेदी, प्रभात रंजन, सोनी सिंह, आरती झा, दीपक श्रीवास्तव, स्नोवॉ बॉर्नो, मनोज कुमार पांडेय, जयशंकर, प्रत्यक्षा, नीलाक्षी सिंह, कुणाल सिंह, मो. आरिफ, रामकुमार सिंह, अल्पना मिश्र, शिल्पी, कैलाश वनवासी, सत्यनारायण पटेल, चन्दन पांडेय, राकेश मिश्र एवं पंकज मित्र की रचनाशीलता की समीक्षा की है। इन पर लिखते हुए सूरज पालीवाल का निष्कर्ष है, "इस दौर में बहुत ही कम कहानीकार ऐसे हैं जिनके पास राजनैतिक दृष्टि है। अधिकांश कहानीकार अपने अनुभव जगत को भाषा या शिल्प के चमत्कार के साथ रूपायित कर रहे हैं। जाहिर है, हर नई पीढ़ी अलग दिखने के लिए अपनी नई भाषा गढ़ती है, गढ़नी भी चाहिए। इस युवा पीढ़ी के पास बहुत अच्छी और टटकी भाषा है पर भाषा का नयापन वैचारिक दृष्टि के अभाव में बहुत देर तक साथ नहीं देता।" (इक्कीसवीं सदी का पहला दशक और हिन्दी कहानी, भूमिका से)

सूरज पालीवाल आज भी पूरी निष्ठा से समीक्षा कार्य में लगे हैं। वे आजकल 'अक्सर' पत्रिका का सम्पादन कर रहे हैं। और उनसे काफी उम्मीदें हैं।

शम्भु गुप्त

भरतपुर (राजस्थान) जिले के 'हलैना' नामक गाँव में जन्मे, आगरा से पढ़े-लिखे तथा राजस्थान व वर्धा में शिक्षक रहे शम्भु गुप्त (जन्म—27.08.1953) की प्रमुख समीक्षात्मक पुस्तकें हैं, 'कहानी : समकालीन चुनौतियाँ', 'अनहद गरजै', 'साहित्य सृजन : बदलती प्रक्रिया', 'कहानी : वस्तु और अन्तर्वस्तु', 'कहानी की

अंदरूनी सतह', 'कहानी : यथार्थवाद से मुक्ति' तथा 'कहानी कभी भी खत्म नहीं होती' आदि। इनकी पुस्तक 'कहानी : वस्तु और अन्तर्वस्तु' में कहानी की समीक्षा के लिए प्रतिमानों की तलाश की गई है। शम्भु गुप्त पाठ आधारित आलोचना को अधिक महत्त्व देते हैं। उनकी पहचान पाठ की आस्वाद प्रक्रिया से गुजरते हुए रचना के मूल्यांकन की ओर प्रवृत्त होने वाले समीक्षक की है। वे आलोचना कर्म को हलके में नहीं लेते और बड़े ही व्यवस्थित रूप से योजनाबद्ध तरीके से आलोचना कर्म में प्रवृत्त होते हैं। इसीलिए उनकी आलोचना की मुख्य विशेषता उसकी विश्वसनीयता है।

शम्भु गुप्त की कथा समीक्षा के बहाने हिन्दी कथा समीक्षा की दो भिन्न पद्धतियों का बड़ा ही सुन्दर विश्लेषण निर्मला जैन ने किया है। वे लिखती है, "इस तरह की (शम्भु गुप्त की) पुस्तकों से हिन्दी कहानी में समकालीन परिदृश्य का जायजा तो लिया जा सकता है, पर कथा समीक्षा की जो शैली कभी नामवर सिंह की 'कहानी : नई कहानी' में सुरेन्द्र चौधरी और बाद में विजयमोहन सिंह और विश्वनाथ त्रिपाठी की कथा समीक्षा में नजर आई थी उसका ढब कुछ अलग ही था। कुछ विशेष कहानियों को चुनकर उनकी अन्तर्वस्तु और शिल्प का सूक्ष्म विश्लेषण करने की पद्धति कथा साहित्य के इतिहास या विकास का ब्योरा प्रस्तुत करने से प्रकृत्या भिन्न होती है। पहली में कहानियों की बनावट के विश्लेषण के द्वारा उसके मर्म की पहचान और उद्घाटन का प्रयास किया जाता है और दूसरी में उसकी प्रवृत्तिगत विकास यात्रा का ब्योरा प्रस्तुत कर उसमें आने वाले परिवर्तनों को रेखांकित किया जाता है। दोनों दो तरह की जरूरतों को पूरा करती हैं। एक में आलोचकीय विवेक की प्रमुखता होती और दूसरी में इतिहास-दृष्टि की।" (हिन्दी आलोचना का दूसरा पाठ, पृ. 153)

सत्यकाम

पटना में जन्मे और दिल्ली में शिक्षक प्रो. सत्यकाम (जन्म—02.12.1959) की आलोचनात्मक पुस्तकों में 'उपन्यास : पहचान और प्रगति', 'आलोचनात्मक यथार्थवाद और प्रेमचन्द', 'प्रेमचन्द की कहानियाँ : पुनरावलोकन', 'नई कहानी नए सवाल' तथा 'भारतीय उपन्यास की दिशाएँ' प्रमुख हैं।

'भारतीय उपन्यास की दिशाएँ' शीर्षक अपनी पुस्तक में सत्यकाम यह सिद्ध करते हैं कि भारतीय उपन्यास अंग्रेजी उपन्यास की नकल नहीं है। वे इस विषय पर गम्भीर शोध करते हैं और पूरे आत्मविश्वास से स्थापित करते हैं कि भारत में उपन्यास के उदय के समय पहले से ही हमारी एक समृद्ध कथा-परम्परा मौजूद थी। इसमें वे भारतीय उपन्यास के उदय से लेकर हिन्दी उपन्यास के उदय तक और लोक-जीवन से लेकर राष्ट्रीय-जीवन व संस्कृति तक पर पूरी गम्भीरता से विचार करते हैं। वे रवीन्द्रनाथ, प्रेमचन्द और फकीरमोहन सेनापति के अलावा मराठी, बांग्ला तथा दूसरी भारतीय भाषाओं के श्रेष्ठ उपन्यासों से भी प्रमाण जुटाते हैं। उनकी स्थापना है कि भारत में जैसे-जैसे उपन्यास अपना स्वरूप विकसित करता गया, उसके द्वारा नए विमर्शों की तलाश भी निरन्तर की जाती रही।

सत्यकाम ने कई पुस्तकों का सम्पादन भी किया है जिनमें 'दिनकर : व्यक्तित्व और रचना के आयाम', तथा 'माटी की महक' प्रमुख हैं। इतना ही नहीं, वे एक श्रेष्ठ अनुवादक भी हैं और उन्होंने कई महत्त्वपूर्ण कृतियों का अनुवाद किया है जिनमें देवेन्द्र झा की पुस्तक 'महात्मा गांधी, कांग्रेस और भारत का विभाजन' तथा सलिल मिश्र की किताब 'साम्प्रदायिक राजनीति का आख्यान' प्रमुख है। सत्यकाम हिन्दी भाषा और साहित्य के क्षेत्र में अभिनव प्रयोग के समर्थक हैं और इस क्षेत्र में उन्होंने काम भी किया है।

प्रो. गोपाल राय द्वारा आरम्भ की गई पत्रिका 'समीक्षा' का वे सम्पादन भी कर रहे हैं।

देवेन्द्र चौबे

बक्सर (बिहार) जिले के 'अहिरौली' नामक गाँव में जन्मे, जेएनयू में पढ़े-लिखे और जेएनयू में शिक्षक प्रो. देवेन्द्र चौबे (जन्म—29.12.1965) नए आलोचकों में अपनी खास पहचान बना चुके हैं। 'आलोचना का जनतंत्र', 'आधुनिक साहित्य में दलित विमर्श', 'समकालीन कहानी का समाजशास्त्र', 'कथाकार अमृतलाल नागर', 'शहर की संस्कृति और इतिहास के कुछ सवाल' आदि उनकी प्रमुख प्रकाशित पुस्तकें हैं। 'हाशिये का वृत्तान्त', 'साहित्य का नया सौन्दर्यशास्त्र', 'चिन्तन की परम्परा और दलित साहित्य' तथा '1857 : भारत का पहला मुक्ति संघर्ष' जैसी पुस्तकों का उन्होंने सम्पादन किया है। कथा साहित्य, इतिहास और सामाजिक अस्मिता से जुड़े लेखन और उनकी समीक्षा में देवेन्द्र चौबे की गहरी दिलचस्पी है। उनकी मान्यता

है कि साहित्य का अपने समय से गहरा सम्बन्ध होता है और एक जिम्मेदार लेखक अपने समय के सवालों से टकराते हुए अपनी लेखनी चलाता है। उनके अनुसार विचार और अन्ततः सिद्धान्त समकालीन समय की प्रक्रियायों को समझने में मदद करते हैं।

देवेन्द्र चौबे की आलोचना का फलक व्यापक है। वे आज के परिप्रेक्ष्य में एक लेखक के दायित्व को इन शब्दों में व्यक्त करते हैं, "दरअसल साहित्य और विचारधारा की दुनिया मुख्यतः सामाजिक विकास की ऐतिहासिक प्रक्रियाओं से निर्धारित और नियंत्रित होती है। पिछले दो-तीन दशकों का साहित्य, समकालीन साहित्य की उन्हीं सामाजिक और ऐतिहासिक स्थितियों का प्रतिफलन है जिनके निर्माण की प्रकिया दूसरे विश्वयुद्ध और देश विभाजन के बाद शुरू हुई थी। आज हम जिस दौर में रह रहे हैं वहाँ समाज के सामने अनेक प्रकार की चुनौतियाँ हैं जिसमें सबसे बड़ी चुनैती है मनुष्य के अस्तित्व की रक्षा कैसे की जाए? क्या मनुष्य के अस्तित्व की रक्षा का दायित्व लेखक संगठनों, राजनीतिक पार्टियों, सामाजिक संस्थाओं आदि पर छोड़ दिया जाए अथवा इसे समाज की एक सामूहिक जिम्मेदारी मानकर उन विध्वंसकारी ताकतों का सामना किया जाए, जो मानवीय अस्मिता और चेतना के निर्माण अथवा पुनर्निर्माण में अवरोधक हैं।" (https://www.forwardpress.in जून 2, 2016 'जन-जन का साहित्य' शीर्षक लेख से)

संजीव कुमार

पटना में जन्मे और दिल्ली में शिक्षण कार्य कर रहे संजीव कुमार (जन्म—10.11.1967) नई पीढ़ी के कथा समीक्षकों में बहुत महत्त्वपूर्ण हैं। वे अध्ययनशील हैं, प्रगतिशील हैं, वैज्ञानिक दृष्टिसम्पन्न हैं और रचना के पाठ के प्रति अतिरिक्त रूप से सजग हैं। उनके पास कथा साहित्य को परखने की पैनी आलोचनात्मक दृष्टि है। 'हिन्दी कहानी की इक्कीसवीं सदी' तथा 'जैनेन्द्र और अज्ञेय : सृजन का सैद्धान्तिक नेपथ्य' उनकी चर्चित आलोचनात्मक कृतियाँ हैं। 'हिन्दी कहानी की इक्कीसवीं सदी' समकालीन कथा समीक्षा की अत्यन्त मूल्यवान पुस्तक है। कुल तेईस शीर्षकों में विभाजित इस समीक्षा-कृति में संकलित लेख वास्तव में 'हंस' में 'खरामा खरामा' स्तम्भ के अन्तर्गत प्रकाशित कड़ियाँ हैं और बतौर संजीव कुमार, "इन्हें इनके प्रकाशन क्रम में ही इस संग्रह में भी रखा गया है।" इसमें इक्कीसवीं सदी अर्थात् पिछले अट्ठारह वर्ष में प्रकाशित कुछ चुनी हुई कहानियों की बेहतरीन समीक्षा की गई है।

संजीव कुमार की दृष्टि में कहानियाँ मनोरंजन के अलावा दुनिया को जानने और दुनिया के बारे में बताने का साधन हैं इसीलिए खुद उस साधन को भी बाहर-भीतर जानने की आवश्यकता है। मूल्यांकन के लिए कहानी का चयन करने से पहले वे पूरी तैयारी करते हैं। वे कहानी के रेशे-रेशे को उधेड़ते हैं और अन्त में निष्कर्ष भी देते हैं। उदाहरण के लिए 'पानी' की विस्तृत आलोचना लिखने के बाद वे संक्षेप में अपनी मान्यताएँ इन शब्दों में व्यक्त करते हैं, "पानी मुख्यतः एक भरी-पूरी, लगभग सन्तुलित और समरस, प्राक्-आधुनिक गँवई जीवन-व्यवस्था के तहस-नहस होने की कहानी है जिसकी शुरुआत निजी सम्पत्ति और मुनाफाखोरी की हवस के तहत पर्यावरण के साथ किए गए खिलवाड़ से होती है।" (पृ. 62)

संजीव कुमार कहानियों की समीक्षा करते हुए, बीच-बीच में सूत्रवाक्यों के रूप में अपनी मान्यताएँ व्यक्त करते रहते हैं जैसे, "'द्रौपदी पीक' में रचनाकार की परिपक्व राजनीतिक-सामाजिक दृष्टि कहानी के कहानीपन को समृद्ध करती है, उसकी हानि नहीं करती।" (पृ. 72) "पिछले लगभग सौ सालों में कहानी के विकास की दिशा को हम कहानी के संक्षेपण की समस्या के आलोक में पहचान सकते हैं। कहानियाँ संक्षेपणीय से असंक्षेपणीय होने की दिशा में विकसित हुई हैं।" (पृ. 86) "कुच्ची का कानून(शिवमूर्ति) पढ़ते हुए लगता है कि कुच्ची अपने रचयिता के हाथों सुन्नत का शिकार हो गई है।" (पृ. 161) "कहन की, या अधिक सावधानी बरतें तो कहन प्रधानता की, इस बदले हुए रूप में वापसी को बाद के कहानीकारों ने आगे बढ़ाया है।" (210) आदि।

संजीव कुमार के आलोचना की एक बड़ी विशेषता उनकी भाषा की रचनात्मकता है। आलोचना की भाषा भी ऐसी रचनात्मक हो सकती है यह सहज विश्वास नहीं होता। चन्दन पांडेय की कहानी 'भूलना' की समीक्षा करते हुए वे लिखते हैं, "पठन के दौरान गुलशन की त्रासदी तक जाते कितने ही धागे हमारी उंगलियों में उलझते जाते हैं और कहानी खत्म करने के बाद हम पाते हैं कि हर उंगली को हिलाने पर उस त्रासदी की अन्तर्वस्तु में कहीं कुछ हरकत होती है।" (पृ. 102)

संजीव कुमार एक अच्छे अनुवादक भी हैं और कई महत्त्वपूर्ण कृतियों का उन्होंने अंग्रेजी से हिन्दी में अनुवाद किया है। 'तीन सौ रामायणें और अन्य निबन्ध' उनकी बहुचर्चित सम्पादित कृति है। इसके अलावा उन्होंने वसुधा डालमिया के साथ 'बाला बोधिनी' का भी सह सम्पादन किया है। इस समय संजीव कुमार हिन्दी आलोचना की प्रसिद्ध पत्रिका 'आलोचना' का सह सम्पादन भी कर रहे हैं।

पल्लव

उदयपुर (राजस्थान) में जन्मे, उदयपुर से पढ़े-लिखे और दिल्ली में अध्यापन कर रहे नई पीढ़ी के उदीयमान समीक्षकों में पल्लव (जन्म—02.10.1977) बहुत महत्त्वपूर्ण हैं। कथा-आलोचना ही उनका मुख्य क्षेत्र है किन्तु साहित्य की अन्य विधाओं में भी उनकी रुचि है। कहानी में उनकी रुचि इसलिए ज्यादा है क्योंकि नई जीवनशैली में कहानी ऐसी विधा है जो जीवन के सामान्य रंगों के साथ-साथ विडम्बनाओं-विविधताओं को बेहतरी से देखना चाहती है, और दूसरी महत्त्वपूर्ण बात यह है कि अपनी प्रकृति में यह विधा जनवादी है, अत: उनके अनुसार यहाँ कलावादी चोंचले नहीं टिक पाते। पल्लव के अनुसार आलोचना के समक्ष यह जिम्मेदारी है कि वह अपने समय की सही रचनाशीलता की पहचान करे और उसे पाठकों तक सही ढंग से पहुँचाए। 'कहानी का लोकतंत्र', 'लेखकों का संसार', 'मीरा : एक पुनर्मूल्यांकन', 'अस्सी का काशी', 'गल्पेतर गल्प का ठाठ', 'कफन : एक पुनर्पाठ', 'गपोड़ी से गपशप' आदि उनकी आलोचनात्मक पुस्तकें हैं। इसके अलावा उन्होंने कई पुस्तकों का सम्पादन भी किया है। सम्प्रति वे 'बनास जन' का सम्पादन कर रहे हैं। उनसे अभी बहुत उम्मीदें हैं।

कवि, कथाकार, निबन्धकार, नाटककार, अनुवादक आदि के रूप में प्रसिद्ध **गंगाप्रसाद विमल** ने आलोचनाएँ भी लिखी हैं। 'प्रेमचन्द', 'समकालीन कहानी का रचना विधान', 'आधुनिकता : साहित्य का सन्दर्भ' आदि उनकी प्रमुख आलोचनात्मक पुस्तकें हैं। मलयालम के प्रसिद्ध कवि कुमारन आशान के काव्य की भी उन्होंने सुन्दर समीक्षा की है। **देवराज उपाध्याय** का नाम मनोवैज्ञानिक समीक्षकों में शामिल किया जाता है। उन्होंने हिन्दी कथा साहित्य की मनोवैज्ञानिक दृष्टि से अच्छी समीक्षा की है। 'साहित्य का मनोवैज्ञानिक अध्ययन' नाम से उनकी एक महत्त्वपूर्ण कृति प्रकाशित है जिसमें साहित्य के सम्बन्ध में उनके विचार विस्तार से व्यक्त हुए हैं। कथाकार **बटरोही** का भी कथा समीक्षकों में विशिष्ट स्थान है। 'कहानी : रचना प्रक्रिया और स्वरूप', 'हिन्दी कहानी : 15 पग-चिह्न' तथा 'कहानी : संवाद का तीसरा आयाम', 'हिन्दी कहानी के अठारह कदम' उनकी प्रमुख आलोचना पुस्तकें हैं। इनमें 'कहानी : संवाद का तीसरा आयाम' में स्वातंत्र्योत्तर हिन्दी कहानी सम्बन्धी उनके लेखों का संग्रह है। **रामविनय शर्मा** भी महत्त्वपूर्ण कथा-समीक्षक हैं। उनकी कथा-आलोचना पर केन्द्रित पुस्तकें हैं, 'गल्प के अन्त: सूत्रों की खोज', 'यथार्थ की कथा-दृष्टि', 'भीष्म साहनी के साहित्य का सरोकार', तथा 'पूर्वांचल का ग्राम समाज हिन्दी उपन्यास और परिवर्तन की दिशाएँ' आदि। कथाकार **अखिलेश** ने 'तद्भव' जैसी पत्रिका का सम्पादन करके पर्याप्त प्रतिष्ठा अर्जित की है। 'श्रीलाल शुक्ल की दुनिया' सहित कुछ अन्य कथा केन्द्रित कृतियों का उन्होंने सम्पादन भी किया है।

प्रगतिशील दृष्टिसम्पन्न नए कथाकारों में **राकेश बिहारी** कथा समीक्षक भी हैं। 'केन्द्र में कहानी' शीर्षक से उनकी कथा-समीक्षा पर केन्द्रित पुस्तक प्रकाशित है। वे नए से नए कहानीकारों की कहानियों पर लगातार टिप्पणियाँ करते रहे हैं। उनका विश्वास है कि अपने समय की विशेषताओं और विवशताओं से टकराते हुए आज की कहानियाँ अपने समय और सभ्यता की लगातार समीक्षा कर रही हैं। **आनन्द प्रकाश** की कथा आधारित एक महत्त्वपूर्ण पुस्तक प्रकाशित है जिसका नाम है, 'हिन्दी कहानी की विकास प्रक्रिया।' इस पुस्तक से कहानी के प्रति उनकी अभिरुचि और समर्पण का पता चलता है। इसमें उन्होंने चन्द्रधर शर्मा गुलेरी और प्रेमचन्द से लेकर भैरवप्रसाद गुप्त और शेखर जोशी तक की कहानियों का विस्तृत मूल्यांकन किया है।

व्यंग्य विधा में अपनी पहचान बनाने वाले **प्रेम जनमेजय** की आलोचनात्मक पुस्तकें हैं, 'प्रसाद के नाटकों में हास्य-व्यंग्य', 'हिन्दी व्यंग्य का समकालीन परिदृश्य' तथा 'श्रीलाल शुक्ल : विचार विश्लेषण और जीवन' आदि। **रघुवीर सिन्हा** की एक महत्त्वपूर्ण आलोचनात्मक कृति' हिन्दी कहानी : समाजशास्त्रीय दृष्टि' शीर्षक से प्रकाशित है। **ललित कार्तिकेय** की आलोचनात्मक कृति 'सामने का समय' काफी चर्चित रही है। कथा आलोचना के क्षेत्र में अन्य बहुत से नाम हैं जिनकी चर्चा अपेक्षित है किन्तु अपनी सीमाओं के चलते मैं उनका उल्लेख नहीं कर पा रहा हूँ।

सोलहवाँ सोपान

नाट्य साहित्य आलोचना

नाटक और रंगमंच की परम्परा और उसकी आलोचना का इतिवृत्त

साहित्य की प्राचीनतम विधा नाटक है। दुनिया भर की सभ्य संस्कृतियों में सबसे प्राचीन साहित्यिक विधा के रूप में नाटक मौजूद है। एक ओर त्रासदी पर प्लेटो और अरस्तू जैसे दार्शनिकों के विचार मौजूद हैं तो दूसरी ओर हमारे यहाँ नाट्य विधा का विश्लेषण करने वाला भरत कृत 'नाट्यशास्त्र' जैसा प्राचीनतम ग्रंथ।

रंगमंचीय गत्यात्मकता नाटक का मूल मर्म है। नाटक की भाषा हरकत की भाषा होती है। अभिनय के लिए नए प्रयोग किए जाने वाले शब्द या वाक्य तभी सार्थक माने जाते हैं जब वे कायिक, वाचिक, सात्विक एवं आहार्य अभिनय को उकसाते या प्रेरित करते हैं। नाट्य प्रदर्शन को कालिदास ने चाक्षुष यज्ञ कहा है।

संस्कृत साहित्य में नाट्य रचना और रंगमंचीय प्रदर्शनों का एक लम्बा इतिहास है। किन्तु मध्य युग में आकर प्रेक्षागृहों और नाट्य-प्रदर्शनों का क्रमश: ह्रास होता गया। मनु और याज्ञवल्क्य स्मृतियों में नटों के प्रति हेय भावना व्यक्त किए जाने के कारण रंगकर्मियों एवं अभिनेताओं की प्रतिष्ठा घटी। विदेशी आक्रमणों ने भी राजप्रासादों से जुड़ी हुई रंगशालाओं को तहस-नहस कर दिया।

मध्यकाल में लोकधर्मी नाट्य परम्पराएँ पूरे भारत में अनेक नाम और रूपों में व्याप्त रही हैं। उत्तर भारत में 'लीला', 'रास' और 'नौटंकी', मध्यभारत और राजस्थान में 'ख्याल', गुजरात में 'भवाई' बंगाल में 'जात्रा', बिहार में 'कीर्तनिया' और 'अंकिया', महाराष्ट्र में 'ललित' और 'दशावतार' तथा दक्षिण में 'यक्षगान' के रूप में लोकनाट्य परम्परा बराबर जीवित रही है। वस्तुत: बौद्ध दर्शन के दुखवादी दृष्टिकोण ने जिस प्रकार प्राचीन संस्कृत नाटकों की रसवादी या आनन्दवादी परम्परा पर गहरा आघात किया था उसी प्रकार इस्लाम की कट्टर सामाजिक नैतिकता ने हिन्दी नाटकों का मार्ग अवरुद्ध किया। बाद में अंग्रेजी राज स्थापित होने पर रंग-कर्म एवं नाट्य-प्रदर्शनों को पुन: नया जीवन मिला। पारसी रंग-कम्पनियाँ स्थापित हुईं और नाट्य-प्रदर्शन के व्यवसाय में लगीं। बीसवीं सदी के प्रथम दशक में आकर पारसी थियेटर के हिन्दी नाटकों का स्वर बदलने लगा। इस थियेटर से सीधे जुड़े हुए कतिपय नाटककार जैसे नारायणप्रसाद बेताब, मुंशी मुहम्मदशाह आगा 'हश्र', तथा राधेश्याम कथावाचक आदि भारतीय संस्कार और नैतिक मूल्यबोध के नाटकों की रचना में प्रवृत्त हुए। बाद में भारतेन्दु ने भी इनसे नाट्य-शिल्प और रंग-रूढ़ियों के कुछ तत्त्व ग्रहण किए।

फिलहाल, हिन्दी के साहित्यिक नाटकों की परम्परा भारतेन्दु से ही आरम्भ होती है। भारतेन्दु ने अपने समय के नाटकों में होने वाले आवश्यक परिवर्तनों की ओर संकेत करते हुए लिखा है,

"पूर्वकाल के लोकातीत असम्भव कार्य की अवतारणा सभ्य जनों को जैसी हृदयहारिणी होती थी, वर्तमान काल में नहीं होती। स्वाभाविकी रचना ही इस काल के सभ्यगण की हृदयहारिणी है। इससे अब अलौकिक विषय का आश्रय करके नाटकादि दृश्यकाव्य प्रणयन करना उचित नहीं है। अब नाटक में कहीं आशी: प्रभृति नाट्यालंकार, कहीं प्रकरी, कहीं विलोभन, कहीं सफेट, कहीं पंचसंधि वा ऐसे ही अन्य विषयों की कोई आवश्यकता नहीं रही।" (भारतेन्दु नाटकावली, द्वितीय भाग, परिशिष्ट, पृ. 374)

भारतेन्दु की सभी मौलिक नाट्य-कृतियों में देश-प्रेम की भावना व्यक्त हुई है। उन्होंने शिल्प में भी नवीन प्रयोग किए। उसका व्यापक प्रभाव हिन्दी समाज पर पड़ा। निस्सन्देह भारतेन्दु का 'नाटक' हिन्दी का प्रथम नाटयशास्त्र है। हिन्दी में व्यावहारिक आलोचना भी नाट्यालोचना से ही आरम्भ हुई। बालकृष्ण भट्ट और बदरीनारायण चौधरी प्रेमघन ने लाला श्रीनिवास दास के 'संयोगिता स्वयंवर' नाटक की जो विस्तृत समीक्षा

लिखी थी, उसका हिन्दी आलोचना में ऐतिहासिक महत्त्व है। आचार्य रामचन्द्र शुक्ल ने स्वीकार किया है कि हिन्दी में सम्यक आलोचना का सूत्रपात इन्हीं समीक्षाओं से होता है।

इसके बाद प्रसाद के आविर्भाव के साथ हिन्दी नाट्य साहित्य के इतिहास में एक नया अध्याय जुड़ता है। सभी नाट्य समीक्षक एक स्वर से यह मानते हैं कि प्रसाद ने हिन्दी नाट्य-सृजन को एक नई शैली दी जिससे प्रेरणा ग्रहण करते हुए हिन्दी नाटक का बहुमुखी विकास हुआ। 1928 ई. में प्रकाशित 'माधुरी' के अंकों में बाबू शिवपूजन सहाय ने 'नागरी नाटक मंडली', 'हिन्दी नाट्य समिति', 'काशी नागरी नाटक मंडली', 'बंगीय रंगमंच' आदि अव्यावसायिक नाट्य-संगठनों का परिचय प्रस्तुत किया। उन्होंने इन नाट्य-संगठनों से संलग्न नाटकों, नाटककारों, निर्देशकों, अभिनेताओं, दर्शकों की प्रवृत्ति तथा राष्ट्रीय रंगमंच के आयामों को इंगित करने का प्रयत्न किया है। नाट्य-कर्म के सम्बन्ध में वस्तु, नेता, रस एवं नाट्य-वर्जनाओं की पिष्टपेषित लीक से हटकर रंगकर्मियों एवं उसके कर्मों पर विचार करने की यह व्यावहारिक दृष्टि हिन्दी नाट्यालोचना के विकास में एक नई कड़ी थी। बाद में चलकर रंगमंचों की अवधारणाओं का विस्तृत विवेचन डॉ. कुँवर चन्द्रप्रकाश सिंह ने 'हिन्दी नाट्य साहित्य और रंगमंच की मीमांसा' नामक अपने ग्रंथ में प्रस्तुत किया।

बाद में जगदीशचन्द्र माथुर और मोहन राकेश जैसे नाटककारों ने रंग शिल्प के नए प्रयोग द्वारा ऐतिहासिक एवं पौराणिक नाट्य लेखन में नया रंग भरा जिससे नया नाटक लिखने की एक नई शुरुआत हुई। नया नाटक आजादी के बाद सपनों के क्रमशः टूटने से उत्पन्न विवशता और निराशा की संवेदना का नाटक है। हिन्दी के नए नाटककार पश्चिम के नए प्रयोगों जैसे ब्रेख्त के महाकाव्यात्मक रंगमंच, सैमुएल बेकेट के एब्सर्ड नाट्यलेखन की शैली तथा अस्तित्ववादी चेतना के नाटक की संवेदना और शिल्प से बहुत प्रभावित हुए हैं। इतना ही नहीं, बांग्ला और मराठी के समृद्ध रंगमंच का प्रभाव भी हिन्दी रंगमंच पर पड़ा। इस दृष्टि से बांग्ला के बादल सरकार, मराठी के विजय तेंदुलकर और कन्नड़ के गिरीश कारनाड ने हिन्दी रंगमंच को बहुत प्रभवित किया है।

नाटक और रंगमंच के विकास में इप्टा (इंडियन पीपुल्स थियेटर एसोसिएशन) ने महत्त्वपूर्ण भूमिका निभाई है। इप्टा का गठन 1942 में हुआ। इसके पीछे देश में फैला प्रगतिशील आन्दोलन था। इप्टा के मंच पर तमाम बुद्धिजीवी, प्रगतिशील साहित्यकार, चित्रकार, कलाकार, गीतकार आदि एक मंच पर आए और राष्ट्रीय स्तर पर एक सांस्कृतिक राजनैतिक आन्दोलन पैदा करने में अंशतः सफल हुए। कुछ वर्षों बाद इप्टा की शक्ति भी क्षीण हो गई किन्तु उससे निकलने वाले चेतन आनन्द, उदय शंकर, शम्भु मित्र, के.ए. अब्बास, बलराज साहनी और उत्पल दत्त जैसे महान कलाकारों ने सिनेमा में जगह बनाई और उनमें विचारधारा के स्तर पर भटकाव भी कम आया। वहाँ उन्होंने सार्थक फिल्मों के निर्माण में खास भूमिका निभाई है।

1953 ई. में दिल्ली में संगीत नाटक अकादमी और राष्ट्रीय नाट्य विद्यालय की स्थापना हुई। इसके अनुकरण पर सभी राज्यों में संगीत नाटक अकादमियों की स्थापनाएँ हुईं। इन संस्थाओं ने नाटकों की प्रस्तुति पर विशेष बल दिया और नाटकों के क्षेत्र में नए प्रयोगों के लिए अनुकूल अवसर उपलब्ध हुए। फलस्वरूप हिन्दी नाटक निरन्तर प्रयोग की स्थिति से गुजरता हुआ मंचीय आवश्यकताओं के अनुकूल ढलने लगा। इस अवधि में हिन्दी को इब्राहीम अल्काजी, बी.बी. कारंत, बृजमोहन शाह, सत्यदेव दुबे, श्यामानन्द जालान, हबीब तनवीर, राजिन्दर नाथ, ओम शिवपुरी, मोहन महर्षि और देवेन्द्रराज अंकुर जैसे अनुभवी और कल्पनाशील निर्देशकों का मार्गदर्शन मिला जिससे हिन्दी नाटक और रंगमंच समृद्धतर हुआ। इस दौर में 'खामोश अदालत जारी है', 'आषाढ़ का एक दिन', 'एवम् इन्द्रजित', 'अंधायुग', 'आधे अधूरे', 'सुनो जनमेजय', 'आगरा बाजार', 'शुतुरमुर्ग', 'एक और द्रोणाचार्य', 'गिनीपिग', 'बकरी' जैसी नाट्य-कृतियों ने अपनी-अपनी भाषाओं की दीवारें लांघकर राष्ट्रीय स्तर पर अपनी पहचान बनाई। हिन्दी क्षेत्रों में भी इनके अनेक सफल मंचन हुए जिससे हिन्दी के रंगमंच में कलात्मक इजाफा हुआ।

इसी क्रम में एकांकी नाटकों और गीति-नाटकों के महत्त्व की चर्चा भी जरूरी है। विद्वानों ने हिन्दी में 1940 ई. के आस-पास से एकांकी नाटकों के लिखे जाने की परम्परा का उल्लेख किया है। कुछ लोग रामकुमार वर्मा के एकांकी 'पृथ्वीराज की आँखें' को हिन्दी का पहला एकांकी मानते हैं जिसका प्रकाशन 1938 ई. में हुआ था। रेडियो के विस्तार के बाद रेडियो नाटकों का तेजी से विस्तार हुआ। ये भी एक तरह के एकांकी ही होते हैं। आज भी एकांकी नाटकों की परम्परा जारी है।

आधुनिक नाटकों की एक अन्य विधा गीति-नाट्यों की भी है। आलोचकों के अनुसार निराला का 'पंचवटी प्रसंग' हिन्दी का पहला गीति नाट्य है। कुछ लोग प्रसाद के 'करुणालय' को पहला गीति नाट्य

मानते हैं। धर्मवीर भारती का 'अंधायुग', दुष्यन्त कुमार का 'एक कंठ विषपाई' और भारतभूषण अग्रवाल का 'अग्निलीक' हिन्दी के मशहूर गीति नाट्य हैं।

नाटक के क्षेत्र में नुक्कड़ नाटक अपेक्षाकृत नया प्रयोग है। आठवें दशक से यह नाट्य रूप काफी लोकप्रिय हुआ और इससे कई प्रख्यात नाटककार और रंगकर्मी जुड़े। यह ऐसी नाट्य विधा है जिसे किसी सड़क पर, गली या चौराहे पर या किसी फैक्ट्री के गेट पर खेला जा सकता है। जैसे सड़क पर मदारी अपना खेल दिखाने के लिए मजमा लगाते हैं। नाट्य प्रस्तुति का यह रूप जनता से सीधे संवाद स्थापित करने में मदद करता है। नुक्कड़ नाटक में न तो अंक-परिवर्तन होता है और न दृश्य-परिवर्तन। कथानक में परिवर्तन को ऐसे रंग संकेतों के माध्यम से पेश किया जाता है जिसे दर्शक आसानी से ग्रहण कर सके। वेशभूषा भी बार-बार नहीं बदली जाती और न ही नाटक को इतना लम्बा किया जा सकता है कि सड़क पर खड़े और बैठे दर्शक के लिए धैर्य रखना मुश्किल हो जाए। 1973 ई. में जब जनम (जन नाट्य मंच) का गठन हुआ तो उसके बाद नुक्कड़ नाटकों का तेजी से विस्तार हुआ। आठवें दशक में, एक ओर यदि जन नाट्य मंच द्वारा प्रस्तुत किए जा रहे नुक्कड़ नाटकों को राष्ट्रीय स्तर पर जन साधारण के बीच व्यापक स्वीकृति और ख्याति मिल रही थी तो दूसरी ओर स्थापित और परम्परावादी रंगकर्मियों, नाट्य समीक्षकों और अभिजात कला-मंडलियों में नुक्कड़ नाटक को रंगकर्म मानने से इनकार करने वालों की भरमार थी। लम्बे संघर्ष के बाद इसे एक नाट्य-कर्म के रूप में स्वीकृति मिली।

नुक्कड़ नाटकों को स्थापित और समृद्ध करने में जनवादी विचारों वाले लेखकों और पत्र-पत्रिकाओं की प्रमुख भूमिका है। 'उत्तरगाथा', 'उत्तरार्ध', 'कथन' आदि पत्रिकाएँ, गुरुशरण सिंह और असगर वजाहत जैसे नाटककार तथा 'जनम' और 'सहमत' (सफदर हाशमी मेमोरियल ट्रस्ट) के साथियों ने नुक्कड़ नाटकों को प्रतिष्ठित करने में प्रमुख भूमिका निभाई है।

यह सही है कि वैश्वीकरण और इलेक्ट्रॉनिक मीडिया के अभूतपूर्व विस्तार के कारण नाटकों पर भी प्रतिकूल प्रभाव पड़ा है। किन्तु नाटक के क्षेत्र में आज भी भरपूर प्रयोग हो रहे हैं, क्योंकि सिनेमा और टेलीविजन नाटक और रंगमंच के विकल्प नहीं हो सकते। नाटक और इलेक्ट्रॉनिक मीडिया के चरित्र में मौलिक भेद है। जहाँ मीडिया सत्ता पोषित भी है और सत्ता पोषक भी वहाँ नाटक और रंगमंच का मूल चरित्र ही व्यवस्था विरोध का है। मीडिया ने उपभोक्तावाद और उपभोक्तावाद ने बाजार को असीमित और सर्वशक्तिमान बना दिया है। ऐसी दशा में नाटक और रंगमंच की जरूरत और भी बढ़ गई है। हाँ, नाटक और रंगमंच के क्षेत्र में चुनौतियाँ भी बहुत अधिक हैं। आजादी के इतने वर्ष बाद भी आज हिन्दी की एक समन्वित रंग-परम्परा नहीं है। हिन्दी की मुख्यधारा का जो रंगमंच है वह या तो विदेशी नाटकों के अनुवाद से चल रहा है या अन्य भारतीय भाषाओं के नाट्यरूपान्तर के भरोसे। यह समृद्ध तो तब होता जब हम भारत की इस सबसे बड़ी जाति—हिन्दी जाति की समूची जातीय नाट्य परम्परा का अवलोकन करते और वहाँ से नाट्य सामग्री ग्रहण करके हिन्दी की मुख्य धारा के रंगमंच को समृद्ध करते। हिन्दी जाति के विभिन्न क्षेत्रों में 'नाच', 'विदेसिया', 'तमाशा', 'नाचा', 'बिदापत', 'नौटंकी' और 'कीर्तनिया' आदि क्षेत्रीय लोक नाट्य-शैलियों की अत्यन्त समृद्ध परम्परा रही है। लोक-नाट्य की यह अत्यन्त समृद्ध परम्परा अब तेजी से खत्म हो रही है। बाजार की गर्म हवा से सब कुछ सूख रहा है। नाचा अथवा विदेसिया जैसी उपर्युक्त लोक नाट्य परम्पराएँ यदि हिन्दी के रंगमंच का प्रमुख हिस्सा बन सकें तो हिन्दी का रंगमंच कितना समृद्ध होगा।

नाटक एक ऐसी विधा है जिसकी उत्कृष्ट समीक्षा वही कर सकता है जो स्वयं नाटक और रंगमंच से जुड़ा हो। इसीलिए नाट्य समीक्षा के अधिकांश ख्यात व्यक्तित्व उत्कृष्ट रंगकर्मी भी हैं।

हिन्दी के कुछ प्रसिद्ध नाट्य समीक्षकों की समीक्षा-दृष्टि का संक्षिप्त परिचय यहाँ दिया जा रहा है—

दशरथ ओझा

वाराणसी (उ.प्र.) जिले के 'तारगाँव' नामक गाँव में जन्मे और दिल्ली में शिक्षक रहे दशरथ ओझा (18.01.1909-04.04.1994) ने कई मौलिक नाटक लिखे हैं, कुछ नाटकों का सम्पादन किया है, संगीत नाटक अकादमी के तत्त्वावधान में 'हिन्दी नाटक कोश' के प्रथम खंड का भी उन्होंने सम्पादन किया है। इसके अलावा उनकी कई आलोचनात्मक पुस्तकें भी हैं जिनमें 'रास और रासान्वयी काव्य', 'समीक्षा शास्त्र', 'नाट्य समीक्षा' आदि प्रमुख हैं। किन्तु उनकी सर्वाधिक चर्चित पुस्तक है, 'हिन्दी नाटक : उद्‌भव और विकास'।

'हिन्दी नाटक : उद्भव और विकास' हिन्दी नाटक के इतिहास को समझने की दिशा में पहली महत्त्वपूर्ण पुस्तक हैं जिसका परिप्रेक्ष्य बहुत व्यापक है। परिशिष्ट सहित कुल 12 अध्यायों में विभाजित इस ग्रंथ में हिन्दी नाटकों के विकास का विस्तृत व प्रामाणिक विवेचन है। आचार्य हजारीप्रसाद द्विवेदी ने इसकी भूमिका लिखी है। वे अपनी भूमिका में इस पुस्तक की विशेषताओं की ओर संकेत करते हुए कहते हैं,

"प्रस्तुत पुस्तक में ओझा जी ने हिन्दी नाटकों की दीर्घकालीन परम्परा और उसकी विशाल पृष्ठभूमि का अध्ययन किया है। यद्यपि हिन्दी में नए ढंग के नाटक बहुत हाल में लिखे जाने लगे हैं, परन्तु इसका मतलब यह नहीं है कि हिन्दी में नाटकों की परम्परा नई शुरू हुई है। हिन्दी के लोकनाट्य की परम्परा बहुत पुरानी है। संस्कृत साहित्य से हम उसके अंश मात्र से परिचित हो सकते हैं, परन्तु पूरी लोक परम्परा का ज्ञान हमें उस साहित्य के द्वारा नहीं हो सकता। इसमें कोई सन्देह नहीं कि संस्कृत के साहित्यकार लोक परम्परा के बहुत से रूपकों और उपरूपकों का भी आकलन अपने ग्रंथ में कर लेते थे। कई रूपक-भेदों के तो उदाहरण भी संस्कृत साहित्य में नहीं मिलते क्योंकि मूलत: वे लोक प्रचलित मनोरंजन मात्र थे। परन्तु फिर भी उससे पूरी लोक परम्परा का ज्ञान नहीं होता। केवल इस प्रकार की विशाल परम्परा का आभास मात्र मिल जाता है। ओझा जी ने परिश्रम के साथ उन संकेतों को ढूँढ़ा है और प्राकृत, अपभ्रंश आदि पूर्ववर्ती और बंगला, गुजराती आदि पार्श्ववर्ती साहित्यों में पाए जाने वाले संकेतों के आधार पर प्राचीन नाटकीय परम्परा के छिन्न सूत्रों को खोज निकालने का प्रयास किया है और महत्त्वपूर्ण निष्कर्षों पर पहुँचे हैं। रास लीला के उद्भव और विकास का नवीन रूप में अध्ययन के लिए जिस प्रकार पुराने साहित्य के इंगित सहायक हैं, उसी प्रकार लोक परम्परा के अनेक मनोरंजक नाट्यरूप भी सहायक हैं। ओझा जी ने सावधानी से दोनों परम्पराओं के सम्भावित प्रभावों के अध्ययन का प्रयास किया है।" (हिन्दी नाटक : उद्भव और विकास, भूमिका, पृ. ख)

अपनी भूमिका को समाप्त करते हुए निष्कर्ष के रूप में आचार्य द्विवेदी लिखते हैं,

"इस प्रकार काफी व्यापक दृष्टि लेकर उन्होंने हिन्दी नाटकों का अध्ययन किया है और बहुत ही महत्त्वपूर्ण निष्कर्षों पर पहुँचे है। ये निष्कर्ष निस्सन्देह विद्वानों के परीक्षण और मनन की अपेक्षा रखते हैं। परन्तु इतना कहने में कोई संकोच नहीं कि प्रथम बार इतनी विशाल पटभूमि पर रखकर हिन्दी के नाटक देखे और जाँचे गए हैं। मेरा विश्वास है कि इस पुस्तक से हिन्दी नाटकों के अध्ययन को बहुत बल मिलेगा और वह हिन्दी संसार के विद्यार्थियों द्वारा आदर-मान प्राप्त करेगी।" (उपर्युक्त, काशी, दिनांक 5.7.1954)

दशरथ ओझा की एक अन्य पुस्तक 'नाट्य निबन्ध' शीर्षक से है। इस पुस्तक में कुल 21 निबन्ध हैं जिनमें 'आधुनिक हिन्दी के प्रथम नाट्यकार', 'अभिनेय नाटक के लक्षण', 'प्रसाद की नाट्यकला पर आक्षेप एवं समाधान', 'रूपक के परिवर्तित प्रतिमान', 'अखिल भारतीय नाट्य परम्परा के परिप्रेक्ष्य में हिन्दी नाटक', 'स्वातंत्र्योत्तर हिन्दी नाटक', 'हिन्दी नाट्यक्षेत्र में अनुसन्धान', 'हिन्दी में नाट्यशास्त्र' आदि प्रमुख हैं। मेरी दृष्टि में इन्हें निबन्ध की जगह आलोचनात्मक निबन्ध ही कहना उचित है।

नेमिचन्द्र जैन

आगरा में जन्मे, 'तारसप्तक' के कवि, प्रख्यात नाट्य समीक्षक, कवि, पत्रकार, शिक्षक, अनुवादक, आधुनिक नाट्यालोचना के जनक नेमिचन्द्र जैन (16.8.1919-25.03.2005) का मुख्य क्षेत्र नाटक और रंगमंच ही है। अपने पिता की व्यापारिक विरासत को सम्हालने से इनकार करने वाले नेमिचन्द्र जैन ने अंग्रेजी में एम.ए. करने के बाद मुक्तिबोध के साथ उसी विद्यालय में अध्यापन किया और साथ-साथ मार्क्सवाद का पाठ पढ़ा। कुछ दिन बाद वहाँ से वे कलकत्ता आए और 'स्वाधीनता' से भी जुड़े। उसके बाद संगीत नाटक अकादमी के सहायक सचिव बने, जेएनयू के कला अनुशीलन केन्द्र के वे फेलो रहे और बाद में 1965 से नियमित रूप से निकलने वाली नाटक और रंगमंच की मशहूर त्रैमासिक पत्रिका 'नटरंग' का उन्होंने आजीवन सम्पादन किया। 'तारसप्तक' के अपने वक्तव्य में उन्होंने लिखा है, "साहित्य की प्रगतिशीलता में मेरा विश्वास है और उसके लिए एक सचेष्ट प्रयत्न का भी मैं पक्षपाती हूँ, किन्तु कला की सच्ची प्रगतिशीलता कलाकार के व्यक्तित्व की सामाजिकता में है, व्यक्तिहीनता में नहीं।"

नेमिचन्द्र जैन की प्रतिभा का विकास, कथा और खासतौर पर नाट्य साहित्य की समीक्षा में हुआ है, 'अचानक हम फिर', 'रंगदर्शन : बदलते परिप्रेक्ष्य', 'जनांतिक', 'भारतीय नाट्य परम्परा', 'नए हिन्दी लघु नाटक', 'मोहन राकेश के सम्पूर्ण नाटक', 'अधूरे साक्षात्कार', 'दृश्य-अदृश्य', 'रंग परम्परा', 'रंगकर्म

की भाषा', 'तीसरा पाठ' आदि नेमिचन्द्र जैन के प्रमुख समीक्षा ग्रंथ हैं। नेमि जी ने दूसरी भाषाओं से दर्जनों नाट्यकृतियों, कहानियों, आलोचनात्मक ग्रंथों आदि का अनुवाद किया है। नाट्य साहित्य को समर्पित अपनी पत्रिका 'नटरंग' के माध्यम से उन्होंने हिन्दी नाटक और रंगमंच के विकास तथा उसकी गतिविधियों और चुनौतियों पर लगातार हस्तक्षेप किया है। नाट्य साहित्य के मूल्यांकन में इस अकेली पत्रिका का अद्वितीय योगदान है। इसके अलावा उन्होंने 'मुक्तिबोध रचनावली' का सम्पादन भी किया है।

नेमिचन्द्र जैन, नाटक के अध्ययन और उसकी रचना प्रक्रिया को भी रंग प्रयोग से अभिन्न मानकर चलते हैं। प्रारम्भ वे नाटक के अध्ययन से ही करते हैं लेकिन उसके विभिन्न तत्त्वों—आकार, पात्र, संवाद आदि का विवेचन वे रंगकर्म के सन्दर्भ में ही करते हैं। वे लिखते हैं, "जब तक हिन्दी नाटक के अध्येता नाटक को एक व्यावहारिक कला के रूप में, उसे अभिनय-प्रदर्शन तथा दर्शक-वर्ग से प्रत्यक्षत: सम्बद्ध अभिव्यक्ति-माध्यम के रूप में नहीं समझेंगे, तब तक हिन्दी के साहित्यकार और रंगकर्मी के बीच, नाटककार और रंगकर्म के बीच तथा साहित्य और रंगकला के बीच मौजूद दूरी कम नहीं हो सकेगी। किसी भी सशक्त कलात्मक रंगमंच के विकास की यह सर्वथा तात्कालिक और अनिवार्य आवश्यकता है।" (रंगदर्शन, पृ. 31) शास्त्रीय आलोचना में उसके शास्त्रीय तत्त्वों को आधार बनाकर नाटक की आलोचना की जाती थी। नेमिचन्द्र जैन ने नाट्य प्रदर्शन के तत्त्वों पर बल देकर पूर्ववर्ती शास्त्रीय आलोचना की व्यर्थता सिद्ध कर दी। वे सबसे पहले निर्देशक पर विचार करते हैं और उसके बाद रंगशिल्प, अभिनय आदि पर।

समकालीन हिन्दी नाटकों के महत्त्व का आकलन करते हुए उन्होंने लिखा है, "समकालीन हिन्दी नाटकों का सबसे महत्त्वपूर्ण पक्ष है उनके प्रस्तुतीकरण में अनेक प्रतिभाशाली और कल्पनाशील निर्देशकों का योगदान। बहुत बार निर्देशकों ने ही उपलब्ध नाटकों की रंगमंचीय और कलात्मक सम्भावना को पहचाना और फिर अपने प्रदर्शनों द्वारा उसे दूसरों के आगे उद्घाटित किया।" (संकल्प : समीक्षा दशक, सं. निर्मला जैन, पृ. 72) आज जब नाट्य साहित्य पर सूचना क्रान्ति और इलेक्ट्रॉनिक मीडिया का सबसे ज्यादा और प्रतिकूल प्रभाव पड़ा है, नेमिचन्द्र जैन ने इस विधा को शक्ति और गति देने का सर्वाधिक प्रयास किया है।

देवेन्द्रराज अंकुर ने नेमिचन्द्र जैन के नाटक और रंगमंच के क्षेत्र में किए गए योगदान का मूल्यांकन करते हुए लिखा है, "नेमिचन्द्र जैन का कार्यकलाप रंगमंच की दुनिया में कम से कम छ: दशकों तक फैला हुआ है। इसमें सन् 1965 से लगातार मृत्युपर्यन्त 'नटरंग' जैसी नाटक और रंगमंच से जुड़ी महत्त्वपूर्ण पत्रिका का प्रकाशन और सम्पादन करके रंगमंचीय दुनिया में आपने अपनी एक अलग पहचान बनाई। 'नटरंग' के हर अंक में हिन्दी और दूसरी भाषाओं के किसी एक नाटक, देश के सभी छोटे-बड़े नगरों, शहरों और कस्बों में होने वाले नाटकों का रिपोर्ताज और चित्र, महत्त्वपूर्ण रंगकर्मियों के साक्षात्कारों के माध्यम से पूरे देश के रंगकर्म के बीच एक पुल की ऐतिहासिक भूमिका निभाई। आपने स्वयं भी जाकर वहाँ की रंग-गतिविधियों को देखा और उसके बाद अपने सैद्धान्तिक और व्यावहारिक विश्लेषणों को 'रंग दर्शन', 'दृश्य अदृश्य', 'तीसरा पाठ', 'रंगकर्म की भाषा' और 'भारतीय रंगमंच' जैसी महत्त्वपूर्ण पुस्तकों के माध्यम से पूरी तरह से नई, ताजी, आधुनिक दृष्टि और चिन्तन को भारतीय रंगमंच के सन्दर्भ में प्रतिष्ठित किया। पहली बार उन्होंने नाट्य समीक्षा को उसके शास्त्रीय, पुस्तकीय और बनेबनाए ढाँचे से बाहर निकालकर सीधे-सीधे उसके प्रस्तुति पक्ष को रेखांकित किया। ऐसा नहीं कि उन्होंने नाटकों के साहित्यिक मूल्यों को पूरी तरह से नकारा हो वरन् इसके विपरीत उन्होंने एक खुली दृष्टि के तहत उन नाटकों को भी अपने विश्लेषण का आधार बनाया जो भले ही अपने लेखन और प्रकाशन काल में न खेले जा सके हों, तथापि जिनमें रंगमंचीय सम्भावनाओं के स्पष्ट इंगित दिखलाई पड़ते हों।

संक्षेप में कह सकते हैं कि नेमिचन्द्र जैन यद्यपि स्वयं एक व्यावहारिक रंगकर्मी नहीं थे लेकिन उसके व्यवहार पक्षों के बहुत गहरे जानकार थे। इसीलिए वे इस दिशा में एक नई आलोचना पद्धति को स्थापित कर सके।" (भारतीय रंगकोश, भाग दो, देवेन्द्रराज अंकुर की टिप्पणी से)

हृषिकेश सुलभ ने उनकी समीक्षा-दृष्टि पर टिप्पणी करते हुए कहा है, "नेमिचन्द्र जैन ने साहित्यिक मूल्यों के साथ-साथ रंगमूल्यों के प्रश्न उठाए। नाट्यालेख को रंगमंच से काटकर परखने और विश्लेषित करने की परम्परा को अनुचित बताया। नाटक के पाठ के भीतर छिपे रंगतत्त्वों की खोज के लिए नाट्यालोचना के नए उपकरणों को आविष्कृत किया। (इसके पहले) हिन्दी के पास रंगप्रस्तुति की समीक्षा की कोई परम्परा नहीं थी। साहित्यिक धारणाओं के आधार पर ही प्रस्तुतियों का मूल्यांकन होता आया था।

नेमि जी ने नाटक रचे जाने की सम्पूर्ण प्रक्रिया के विविध आयामों को अपनी आलोचना-पद्धति में शामिल करते हुए उसके लिखे जाने, मंचित होने और दर्शकों तक पहुँचने के क्रम को एक सूत्र में बाँधा। उन्होंने इसे समग्र प्रक्रिया के रूप में रेखांकित किया। दृश्यकाव्य कहे जाने वाले नाटक की काव्यात्मक संवेदना के साथ-साथ रंगकर्म के व्यवहार-पक्ष को भी हमेशा महत्त्व दिया। नेमि जी की इस दृष्टि ने भारतेन्दु और प्रसाद जैसे नाटककारों तक पहुँचने के लिए रास्तों की खोज की।" (रंगायन-2, सबद vatsanurag.blogspot.com)

नेमिचन्द्र जैने द्वारा दिल्ली में स्थापित 'नटरंग प्रतिष्ठान' का भी विशेष महत्त्व है। नाट्य सम्बन्धी संग्रहशाला एवं ग्रंथालय के रूप में यह प्रतिष्ठान कार्यरत है और अनेक अलभ्य दस्तावेजों का भंडार होने के कारण अध्येताओं के लिए अत्यन्त उपयोगी है।

नेमिचन्द्र जैन ने नाट्य साहित्य की आलोचना के अलावा कथा साहित्य की भी आलोचना की है। उन्होंने स्वातंत्र्योत्तर प्रतिनिधि उपन्यासों को चुनकर उनकी बड़ी ही सन्तुलित समीक्षा की है। वे उपन्यास हैं—'उसका बचपन', 'नदी के द्वीप', 'मैला आँचल', 'यह पथ बन्धु था', 'बूँद और समुद्र', 'झूठा-सच', 'भूले बिसरे चित्र', 'जयवर्धन', और 'चारुचन्द्र लेख'।

फिलहाल, नाट्यालोचन के क्षेत्र में नेमिचन्द्र जैन का आलोचना कार्य अप्रतिम है। उन्होंने राष्ट्रीय नाट्य विद्यालय में अध्यापन भी किया था। इसके अलावा वे दैनिक 'स्टेट्समैन' के नाट्य समीक्षक, 'दिनमान' तथा 'नवभारत टाइम्स' के स्तम्भकार भी रहे।

लक्ष्मीनारायण लाल

बस्ती (उ.प्र.) जिले के 'जलालपुर' नामक गाँव में जन्मे, इलाहाबाद से पढ़े-लिखे और इलाहाबाद में ही अध्यापक रहे लक्ष्मीनारायण लाल (04.03.1927-20.11.1987) मुख्यत: कथाकार और नाटककार है। किन्तु इसी के साथ उन्होंने समीक्षाएँ भी लिखी हैं। 'हिन्दी कहानियों की शिल्प-विधि का विकास' तथा 'आधुनिक हिन्दी कहानी' उनकी कथा समीक्षा की पुस्तकें हैं। जबकि 'रंगमंच और नाटक की भूमिका', 'पारसी हिन्दी रंगमंच' 'आधुनिक हिन्दी नाटक और रंगमंच', 'रंगमंच : देखना और जानना', 'रंगभूमि : भारतीय नाट्य सौन्दर्य' आदि उनकी नाट्य समीक्षा-केन्द्रित पुस्तकें हैं।

लक्ष्मीनारायण लाल पर गांधी का बहुत गहरा प्रभाव है। वे अक्सर कहा करते थे कि इस राष्ट्र की नस को, इस राष्ट्र की राष्ट्रीयता को यदि किसी ने पकड़ा है तो वह गांधी ही थे। इसीलिए उनकी सभी रचनाओं पर गांधी के प्रभाव को किसी न किसी रूप में देखा जा सकता है।

उन्होंने नाटक, रंगमंच, निर्देशक, अभिनेता, नाट्य समीक्षक के साथ-साथ दर्शक को भी नाटक की रंगमंचीय प्रस्तुति का अनिवार्य अंग माना है। उनका मानना है कि बिना दर्शक के न सार्थक नाटक बन सकता है और न पूर्ण रंगमंच। अपने नाटक 'सुन्दर रस' की भूमिका में वे लिखते हैं, "मैंने अनुभव किया है कि जैसे व्यक्ति पूर्णत: अपने प्रत्यक्ष रूप और शरीर में नहीं, अपने कर्मों के दर्पण में दिखता है। ठीक इसी भाँति नाटक, पांडुलिपि में नहीं, अपने अन्तर्निहित रंगमंच में अभिव्यक्त होता है और तभी इस आत्मिक कसौटी से पांडुलिपि में छिपे नाटक की निर्बलता और शक्ति का प्रत्यक्ष ज्ञान और अनुभव व्यावहारिक प्रस्तुतीकरण से प्राप्त होता है। इसी अनुभव से लाभ उठाते हुए, प्रस्तुतीकरण के उपरान्त मैंने फिर से सुन्दर रस को लिखा।" (सुन्दर रस, भूमिका से)

नई पीढ़ी के जिन-जिन नाटककारों ने स्वातंत्र्योत्तर हिन्दी नाटक को शैली, कथ्य तथा शिल्प की दृष्टि से नई चेतना, नई दृष्टि और कला की नई प्रखरता प्रदान की है, उनमें लक्ष्मीनारायण लाल का नाम विशेष उल्लेखनीय है।

प्रतिभा अग्रवाल

काशी के 'भारतेन्दु भवन' में जन्मीं, कोलकाता में पढ़ी-लिखीं और कोलकाता में ही अध्यापक रहीं प्रतिभा अग्रवाल (जन्म—10.08.1930) ने दो ऐतिहासिक कार्य किए हैं। पहला, कोलकाता में 'नाट्य शोध संस्थान' की स्थापना और दूसरा 'भारतीय रंगकोश' का सम्पादन। 1981 ई. में कोलकाता में उपचार ट्रस्ट द्वारा स्थापित नाट्य शोध संस्थान, अखिल भारतीय स्तर पर रंगमंच से सम्बन्धित सूचनाएँ व सामग्री का संग्रह तथा उनका संरक्षण करने वाला अनूठा संस्थान है। इसमें नाट्य सम्बन्धी पुस्तकें, पत्र-पत्रिकाएँ, हस्तलिखित मूल नाटक, छायाचित्र, सेट मॉडल, ऑडियो तथा वीडिओ रिकार्डिंग, पोस्टर, स्मारिकाएँ, अखबार की कतरनें, मुखौटे, कठपुतलियाँ तथा

पोशाक आदि संग्रहीत हैं। संस्थान के पुस्तकालय और संग्रहालय में थियेटर पर हजारों पुस्तकें, दुर्लभ पांडुलिपियाँ और चार सौ व्यक्तियों के इंटरव्यू उपलब्ध हैं। नाटक और रंगमंच के लिए यह एक म्यूजियम जैसा है।

प्रतिभा अग्रवाल का दूसरा ऐतिहासिक कार्य हैं 'भारतीय रंगकोश' (तीन खंड) का सम्पादन। इसके पहले खंड में रंग प्रस्तुतियाँ हैं, दूसरा खंड रंग व्यक्तित्व पर केन्द्रित है और तीसरा खंड नाट्य दल पर। इस तरह का दूसरा कोई कार्य हिन्दी में अब तक देखने को नहीं मिला था। इसके सम्पादन की कठिनाइयों और स्रोत का जिक्र करते हुए उन्होंने अपनी भूमिका में लिखा है,

"इस ग्रंथ में प्रकाशित तथ्यों का आधार स्वयं व्यक्तियों द्वारा उपलब्ध कराई गई सामग्री, उनके द्वारा लिखी या कही गई बातें, संस्थाओं की स्मारिकाएँ, फोल्डर, पत्र-पत्रिकाओं में प्रकाशित नाट्य समीक्षाएँ, लेख के अलावा 'हिन्दी साहित्य कोश', खंड 2, 'हिन्दी नाट्य साहित्य', ग्रंथ पुटी 1863-1965 (सम्पादक कृष्णाचार्य, प्रकाशक, अनामिका, कोलकाता), साहित्य अकादमी द्वारा प्रकाशित हू इज हू तथा विभिन्न व्यक्तियों पर प्रकाशित पुस्तकें हैं।

प्रतिभा अग्रवाल ने अभिनय, अनुवाद, नाट्य-निर्देशन और नाट्यालोचन के क्षेत्र में भी गम्भीर कार्य किया है। 'सृजन का सुख-दुख' नामक रंग संस्मरण, 'हबीब तनवीर : एक रंग व्यक्तित्व', 'मास्टर फिदा हुसैन : पारसी रंगमंच पर पचास वर्ष', 'प्यारे हरिचन्द जू', 'कहानी मदन बाबू की' और 'मोहन राकेश' आदि उनकी नाट्यालोचना केन्द्रित पुस्तकें हैं। 'हिन्दी मुहावरे : विश्लेषणात्मक विवेचन' शीर्षक से उनका शोध-प्रबन्ध प्रकाशित है, जिसकी पर्याप्त ख्याति है।

नाटक और रंगमंच के प्रति प्रतिभा अग्रवाल के समर्पण का जिक्र करते हुए डॉ. कृपाशंकर चौबे लिखते हैं, "रंगमंच के प्रति प्रतिभा जी की प्रतिबद्धता का एक उदाहरण : सन् 1959 में पिता मृत्यु-शैया पर थे। दिल्ली में 'नए हाथ' का मंचन था। 12 अगस्त को पिता की इहलीला समाप्त हुई। प्रतिभा 18 को दिल्ली गईं, 19 अगस्त को नाटक किया और 21 अगस्त की सुबह लौटकर दशकर्म विधान में भाग लिया। रंगमंच से उनकी इस प्रतिबद्धता और समर्पण के पीछे अभिनय, संगीत और साहित्य के वे गहरे संस्कार रहे जो उन्हें विरासत में मिले। पिता बालकृष्ण दास बनारस में रंगमंच की मशहूर शख्सियत थे और दादा रायकृष्ण दास प्रसिद्ध लेखक थे। वे भारतेन्दु हरिश्चन्द्र के सगे फुफेरे भाई थे।" (हिन्दी समय, 'बंगाल में रंगमंच का इतिहास और वर्तमान' से)

प्रतिभा अग्रवाल का विवाह 15 वर्ष का आयु में ही हो गया था और वे कलकत्ता आ गईं थीं। उसके बाद आगे की पढ़ाई बंगाल में शान्ति निकेतन और कलकत्ता में हुई। उन्होंने पी-एच.डी. और डी.लिट्. किया तथा साथ-साथ रंगमंच और नाटक से जुड़ी रहीं।

सत्येन्द्र कुमार तनेजा

दिल्ली में शिक्षक सत्येन्द्र कुमार तनेजा (जन्म—07.02.1933) की महत्त्वपूर्ण आलोचनात्मक पुस्तकें हैं, 'नाटककार भारतेन्दु की रंग-परिकल्पना' तथा 'प्रसाद का नाट्यकर्म तथा हिन्दी नाटक : पुनर्मूल्यांकन'। 'नाटककार भारतेन्दु की रंग परिकल्पना' में उन्होंने भारतेन्दु के नाटकों में रंग दृष्टि पर खास तौर से विचार किया है। इसमें भारतेन्दु की रंग परिकल्पना को पहचानने का प्रयास किया गया है। इस पुस्तक में नाट्यालोचन को नई दिशा देने एवं नए प्रतिमान स्थापित करने की कोशिश की गई है।

'प्रसाद का नाट्यकर्म' पुस्तक में उनके शोधपरक आलेख हैं। ग्यारह अध्यायों में बँटी इस आलोचनात्मक कृति में 'हृदय की बात', 'छोटे से जीवन की बड़ी कथाएँ', 'मेरे नाटकों को किसी टेक की जरूरत नहीं', 'प्रसाद युगीन रंग परिदृश्य', 'नाट्य कर्म : नाटक और रंगमंच के अन्त:सम्बन्धों में संगति', 'प्रसाद का नाट्य चिन्तन : रस और द्वंद्व के बीच अन्तर्विरोध', 'रंगजगत और प्रसाद' आदि ग्यारह शीर्षकों में प्रसाद के नाट्य व्यक्तित्व के विकास का पूर्ण और सन्तुलित अध्ययन किया गया है। इसमें स्कन्दगुप्त की विस्तृत समीक्षा भी है।

गिरीश रस्तोगी

बदायूँ, उ.प्र. में जन्मीं, लखनऊ से पढ़ी-लिखीं और गोरखपुर में शिक्षक रहीं गिरीश रस्तोगी (12.07.1935-16.01.2015) की ख्याति 'रूपान्तर' नामक रंगमंच के नाते अधिक है। उन्होंने नाटक के क्षेत्र में अनेक नए प्रयोग किए। बेशक उन्होंने नाट्य समीक्षा के क्षेत्र में भी महत्त्वपूर्ण कार्य किया है। 'बीसवीं शताब्दी का हिन्दी नाटक और रंगमंच', 'हिन्दी नाटक का आत्म संघर्ष', 'हिन्दी नाटक : सिद्धान्त और अध्ययन', 'आधुनिक हिन्दी नाटक', 'समकालीन हिन्दी नाटककार', 'समकालीन हिन्दी नाटक की संघर्ष चेतना', 'नाटक और

रंग-परिकल्पना', 'हिन्दी नाटक और रंगमंच : नई दिशाएँ नए प्रश्न', 'रंगभाषा', 'मोहन राकेश और उनके नाटक' आदि उनकी नाट्य समीक्षा से सम्बन्धित कृतियाँ हैं। उन्होंने 'ध्रुवस्वामिनी', 'अंधायुग', 'ताम्बे के कीड़े', 'कोणार्क', 'पहला राजा', 'लहरों के राजहंस', 'आधे अधूरे', 'कर्फ्यू', 'आठवाँ सर्ग', 'हानूश', 'कबिरा खड़ा बजार में', 'एक और द्रोणाचार्य', 'कोर्टमार्शल' आदि हिन्दी की प्रमुख नाट्यकृतियों की सुन्दर समीक्षाएँ की हैं। 'रूपान्तर' के माध्यम से उन्होंने इनमें से अधिकांश की नाट्य प्रस्तुतियाँ भी की हैं, इसीलिए उनके द्वारा की गई समीक्षाएँ रंगमंच को ध्यान में रखकर की गई हैं और बहुत ही व्यावहारिक हैं। गिरीश रस्तोगी के अनुसार', भारतेन्दु और प्रसाद हिन्दी के दो ऐसे नाटककार हैं जिनमें भारतीय लोक परम्पराएँ, शास्त्रीय एवं सास्कृतिक परम्पराएँ ही नहीं, बल्कि हमारा समूचा राष्ट्रीय संघर्ष, चरित्र और आधुनिक भारतीय द्वंद्व चेतना अन्तर्निहित है।" (हिन्दी नाटक का आत्म संघर्ष, पृ. 55) मोहन राकेश की प्रशंसा करते हुए, उनके नाटक 'आषाढ़ का एक दिन' के विषय में वे लिखती हैं, "आषाढ़ का एक दिन मोहन राकेश का पहला और सर्वोत्तम नाटक ही नहीं, आज के हिन्दी नाटक की पहली महत्त्वपूर्ण उपलब्धि भी है। यह नाटक राकेश को हिन्दी के शीर्षस्थ नाटककारों में प्रतिष्ठित करता है और हिन्दी नाटक और रंगमंच को भारतीय नाटकों और रंगमंच के समकक्ष लाता है।" (हिन्दी नाटक का आत्म संघर्ष, पृ. 132)

गिरीश रस्तोगी आज के हिन्दी नाटक के बारे में कुछ सवाल उठाती हैं जो निश्चित रूप से हमें सोचने के लिए मजबूर करते हैं, जैसे, आधुनिक हिन्दी नाटक बार-बार, आज तक इतिहास, पुराण, अतीत की ओर, साथ ही नाटक और काव्य के आन्तरिक सघन लयात्मक उपयोग की ओर लौटता रहा है, दूसरे, हिन्दी नाट्य लेखन, कथ्य और शिल्प के विषय में अनिश्चय की स्थिति में रहा है और बार-बार नवीनता की तलाश में, प्रयोगों में उलझा रहा है और इस अनिश्चित स्थिति के कारण प्राय: शिल्प-रचना तंत्र या रंगमंचीय प्रयोगों की सतर्कता उसमें बढ़ती गई है। तीसरे, रंगमंच और निर्देशक के बीच के अन्तराल ने नाटककार को क्षुब्ध किया है और यह सोचने के लिए विवश किया है कि क्या कवि और कथाकार की तरह नाटककार का कोई अस्तित्व नहीं है?

गिरीश रस्तोगी ने 'बाणभट्ट की आत्मकथा' और 'रागदरबारी' जैसे उपन्यासों का क्रमश: 'बाणभट्ट' तथा 'रंगनाथ की वापसी' नाम से नाट्यरूपान्तर किया है और उनकी अनेक सफल नाट्य-प्रस्तुतियाँ कर चुकी हैं। नाट्य भाषा पर उन्होंने विशेष काम किया है और इस क्षेत्र में उनकी सजगता की छाप उनकी रंग-प्रस्तुतियों पर देखी जा सकती हैं। उनका विश्वास है कि कलाकार भाषा को बदल कर ही पुराने कथानकों को नया रूप दे सकता है।

नाट्यलोचन के अतिरिक्त रस्तोगी जी ने 'प्रसाद का कथा साहित्य', 'मुक्तिबोध और अँधेरे में', 'भारतेन्दु और अँधेर नगरी', 'उदयशंकर भट्ट', 'भुवनेश्वर' जैसे आलोचना ग्रंथों के माध्यम से साहित्य की अन्य विधाओं की भी समीक्षा की है।

जयदेव तनेजा

ओकाड़ा (आज के पाकिस्तान) में जन्मे, दिल्ली में पढ़े-लिखे जयदेव तनेजा (जन्म—15.03.1943) की पहचान नाट्य समीक्षा को लेकर ही है। उनके शोध का विषय ही था, 'हिन्दी रंगान्दोलन के सन्दर्भ में मोहन राकेश के नाटकों का योगदान'। बाद में उन्होंने नाटक और रंगमंच को ही अपने अध्ययन का मुख्य क्षेत्र बना लिया। उन्होंने 'लहरों के राजहंस' एवं 'अंधायुग' जैसे नाटकों पर स्वतंत्र पुस्तकें लिखकर हिन्दी रंगमंच के विकास में इन पुस्तकों के महत्त्व को स्थापित किया।

'लहरों के राजहंस : विविध आयाम', 'अंधायुग : पाठ और प्रदर्शन', 'रंगकर्मी कोश : भारत के आधुनिक वंशज', 'मोहन राकेश : रंगशिल्प और प्रदर्शन', 'आधुनिक भारतीय रंगलोक', 'समसामयिक हिन्दी नाटकों में चरित्र-सृष्टि', 'समकालीन हिन्दी नाटक और रंगमंच', 'हिन्दी रंगकर्म : दशा दिशा', 'आज के हिन्दी रंगनाटक : परिवेश और परिदृश्य', 'नई रंगचेतना और हिन्दी नाटककार', 'हिन्दी नाटक : आजकल', 'रंगकर्म और मीडिया' आदि उनकी आलोचनात्मक पुस्तकें हैं।

भारतीय नाटक और रंगमंच के इतिहास पर टिप्पणी करते हुए वे लिखते हैं, "आधुनिक भारतीय नाटक और रंगमंच के इतिहास में सन् 1960 से 1970 तक का समय अपनी महत्त्वपूर्ण उपलब्धियों के लिए सदैव याद किया जाएगा। बादल सरकार, गिरीश कारनाड, आद्य रंगाचार्य, विजय तेंदुलकर और मोहन राकेश की 'एवम् इन्द्रजित', 'तुगलक', 'सुनो जनमेजय', 'खामोश! अदालत जारी है' तथा 'आधे अधूरे' उसी दौर की रचनाएँ

हैं। यह एक आश्चर्यजनक तथ्य है कि राकेश की मृत्यु के बाद उस तीव्र एवं व्यापक रंग आन्दोलन में एक जबरदस्त ठहराव आ गया। उस पीढ़ी के ये सभी नाटककार जल्दी ही अपनी उपलब्धियों को भुनाने के लिए या तो व्यावसायिक नाटककार बन गए या फिर अन्य क्षेत्रों में व्यस्त हो गए। लगभग यही नियति इस काल के अधिकांश रंगकर्मियों की भी हुई। इधर नई पीढ़ी के रचनाकार मौलिकता और श्रेष्ठता की दृष्टि से कोई नया प्रतिमान स्थापित नहीं कर सके। राष्ट्रीय स्तर पर आज भी उन्हीं चार-पाँच नाटककारों की ही चर्चा-प्रशंसा होती है और उन्हीं के वही पाँच-सात पुराने नाटक सर्वत्र खेले भी जाते हैं।" (समकालीन हिन्दी नाटक और रंगमंच, भूमिका)

अपने समय की चुनौतियों की ओर संकेत करते हुए जयदेव तनेजा लिखते हैं, "इस समय सबसे बड़ी आवश्यकता यह है कि रंग समीक्षा मूल्यांकनवादी न होकर विवेचन-विश्लेषणवादी हो और वह प्रस्तुति के रचनात्मक विन्दुओं का उद्घाटन करके उस नए रंग आन्दोलन में अपनी विशिष्ट और ऐतिहासिक भूमिका का समुचित निर्वाह करे। रंग-समीक्षा की सही शब्दावली और उसके नए व्याकरण की तलाश की जाए। यह तलाश रंगकर्मी और रंग-समीक्षक के पारस्परिक विश्वासपूर्ण सामंजस्य और सहयोग के बिना सम्भव नहीं है।" (समकालीन हिन्दी नाटक और रंगमंच, पृ. 196)

जयदेव तनेजा की नाट्य-दृष्टि व्यापक है। उनका अध्ययन क्षेत्र भी बड़ा है। 'आज के हिन्दी रंग नाटक' शीर्षक अपनी पुस्तक में तनेजा ने उपेन्द्रनाथ अश्क, जगदीशचन्द्र माथुर, धर्मवीर भारती, मोहन राकेश, लक्ष्मीनारायण लाल, ज्ञानदेव अग्निहोत्री, ललित सहगल, सुरेन्द्र वर्मा आदि द्वारा लिखित अधिकांश नाटकों की समीक्षा की है।

निस्सन्देह नाटक और रंगमंच की समीक्षा के क्षेत्र में जयदेव तनेजा का ऐतिहासिक योगदान है।

देवेन्द्रराज अंकुर

सिरसा (हरियाणा) में जन्मे, दिल्ली में पढ़े-लिखे देवेन्द्रराज अंकुर(जन्म—04.06.1948) का पूरा जीवन ही नाटक और रंगमंच के लिए समर्पित है। उनमें रंगमंच और नाटक के क्षेत्र में कुछ नया करने का ऐसा जुनून था कि उन्होंने अपनी एम. ए. की परीक्षा छोड़कर राष्ट्रीय नाट्य विद्यालय में प्रवेश लिया और वहाँ से प्रशिक्षण लेने के बाद नाटक और रंगमंच की दुनिया में पूरी तरह खो गए। नाट्य निर्देशन, अनुवाद के साथ-साथ उन्होंने आलोचनाएँ और रंग आलोचनाएँ भी लिखी हैं। देवेन्द्रराज अंकुर को हिन्दी के अलावा बांग्ला, ओड़िया, कन्नड़, पंजाबी, कुमायुंनी, तमिल, तेलुगू, मलयालम, अंग्रेजी, सिंहली, रूसी आदि भाषाओं में रंग कर्म का अनुभव है। 'पहला रंग', 'रंग कोलाज', 'दर्शन-प्रदर्शन', 'अन्तरंग बहिरंग', 'रंगमंच का सौन्दर्यशास्त्र', 'पढ़ते सुनते देखते', 'दूसरे नाट्यशास्त्र की खोज', 'रंगमंच के सिद्धान्त', 'सातवां रंग' आदि देवेन्द्रराज अंकुर की प्रमुख आलोचनात्मक पुस्तकें है। रंगमंच के पाठकों, दर्शकों, समीक्षकों और अध्येताओं के लिए देवेन्द्रराज अंकुर की उक्त पुस्तकें अनिवार्य और अपरिहार्य हैं। उनकी नाट्यालोचना पर केन्द्रित पुस्तकों के विषय में महेश आनन्द की टिप्पणी है,

"इन पुस्तकों में देवेन्द्रराज अंकुर भारतीय रंगमंच के परिप्रेक्ष्य में हिन्दी नाटक और रंगमंच से जुड़े बुनियादी सवालों पर गम्भीर विमर्श करते हैं। इस कोशिश में उन्होंने सिद्धान्त, इतिहास, नाटक-लेखन, निर्देशन और अभिनय की प्रक्रिया को एक साथ समेटते हुए इस बहस को व्यापक धरातल दिया है। इनकी नई पुस्तक 'रंगमंच का सौन्दर्यशास्त्र' इसी प्रयास का साररूप है।" (भारतीय रंगकोश, खंड-2 से)

देवेन्द्रराज अंकुर 'कहानी के रंगमंच' के प्रणेता हैं। उन्होंने कहानियों के नाट्य रूपान्तर की दिशा में महत्त्वपूर्ण कार्य करके रंगकर्म की नई सम्भावनाओं का संकेत दिया है। दो सौ से अधिक कहानियों और कई उपन्यासों का वे मंचन कर चुके हैं।

'आषाढ़ का एक दिन' की समीक्षा करते हुए देवेन्द्रराज अंकुर ने लिखा है, "इसमें कोई सन्देह नहीं कि अपनी सारी सीमाओं और सम्भावनाओं के बावजूद 'आषाढ़ का एक दिन' सिर्फ हिन्दी रंगमंच का ही नहीं, वरन् सम्पूर्ण भारतीय रंगमंच का एक महत्त्वपूर्ण नाटक है, जिसने पहले अपने प्रकाशन और बाद में अपने मंचन से आजादी के बाद के आधुनिक हिन्दी रंगमंच का सूत्रपात किया। यह आधुनिक हिन्दी रंगमंच, इतिहास अथवा अतीत को समकालीनता से जोड़ने वाला रंगमंच है। यह आधुनिक रंगमंच व्यक्ति की नई सोच, नई संवेदना का रंगमंच है और यह यथार्थवादी रंगमंच के सन्दर्भ में कथ्य और शिल्प के स्तर पर किस तरह से भारतीय और पश्चिमी दृष्टिकोण और संरचना का मिश्रण करके एक नई शैली का निर्माण करता है जो अपनी

भाषा, अपने मुहावरे और तेवर में अन्ततः नितांत हमारा अपना हो जाता है। इसका प्रतिनिधि है 'आषाढ़ का एक दिन'।" ('हिन्दी समय' में संकलित 'आषाढ़ का एक दिन : एक रंगमंचीय अध्ययन', शीर्षक आलेख से)

वे राष्ट्रीय नाट्य विद्यालय, रंगमंडल के साथ आधुनिक भारतीय रंगमंच में एक बिलकुल नई विधा कहानी का रंगमंच के प्रणेता हैं जिसका देश के दूसरे हिस्सों में भी व्यापक अनुकरण हुआ है। देवेन्द्रराज अंकुर राष्ट्रीय नाट्य विद्यालय, दिल्ली के निदेशक भी रहे।

रीतारानी पालीवाल

मैनपुरी (उ.प्र.) जिले के 'खैरगढ़' नामक गाँव में जन्मीं और दिल्ली में शिक्षक रीतारानी पालीवाल (जन्म—03.09.1949) का मुख्य क्षेत्र नाटक और रंगमंच तथा अनुवाद कार्य है। 'रंगमंच : नया परिदृश्य', 'रंगमंच और जयशंकर प्रसाद के नाटक', 'जयशंकर प्रसाद और मोहन राकेश की रंगदृष्टि का तुलनात्मक अध्ययन' आदि उनकी प्रमुख आलोचनात्मक पुस्तकें हैं।

जापान में रहते हुए रीतारानी पालीवाल ने जापानी रंगमंच पर महत्त्वपूर्ण काम किया है और उनकी दो पुस्तकें जापानी रंगमंच पर प्रकाशित हैं। पुस्तकों के नाम हैं 'जापानी रंग परम्परा नोह काबुकी और बुनराकु' तथा 'जापान के विविध रंगराग'। 'अनुवाद की सामाजिक भूमिका' तथा 'अनुवाद प्रक्रिया और परिदृश्य' उनकी अनुवाद केन्द्रित पुस्तकें हैं। उन्होंने कुछ महत्त्वपूर्ण जापानी कविताओं का हिन्दी में अनुवाद भी किया है। उनकी एक महत्त्वपूर्ण पुस्तक 'यूनानी और रोमी काव्यशास्त्र' भी है।

अन्य नाट्य समीक्षकों में **सुरेश अवस्थी** का नाम उल्लेखनीय है। उन्होंने 'अंधायुग' और 'लहरों के राजहंस' की विस्तृत समीक्षा की है। वे 'अंधायुग' का मूल्यांकन कवि-दृष्टि से न करके रंग-दृष्टि से किए जाने पर बल देते हैं। इसकी वस्तु-योजना और रंग-विधान में उन्हें विसंगति दिखाई देती है। अपने दृष्टिकोण को स्पष्ट करते हुए उन्होंने लिखा है, "हिन्दी नाट्यालोचन को अब असमंजस से उबरना ही होगा और नाट्यकृतियों का मूल्यांकन दूसरी ही दृष्टियों और कलामानों से करना होगा, यदि वह वस्तु-संघटना और चरित्र-चित्रण के ही विश्लेषण में उलझती रही तो हमारा नाटक कभी भी रंगमंच की अनेक कलाओं से विभूषित और प्राणवंत न हो सकेगा।" (विवेक के रंग, सं. देवीशंकर अवस्थी, पृ. 392) 'लहरों के राजहंस' के महत्त्व को वे हिन्दी नाटक की एक नई उपलब्धि के रूप में रेखांकित करते हैं।

व्यंग्य रचनाओं के लिए खास तौर पर पहचाने जाने वाले **सिद्धनाथ कुमार** ने नाटक की आलोचना के क्षेत्र में भी महत्त्वपूर्ण काम किया है। 'हिन्दी एकांकी की शिल्पविधि का विकास' उनकी बहुचर्चित आलोचना-कृति है। उनकी एक अन्य आलोचनात्मक कृति है 'रेडियो नाट्यशिल्प'। उनके अनेक मौलिक नाटक भी प्रकाशित हैं। **कमलेशदत्त त्रिपाठी** का प्रमुख योगदान संस्कृत रंगपरम्परा की प्रासंगिकता के रेखांकन से सम्बन्धित है। वे लम्बे समय तक कालिदास अकादमी, उज्जैन से सम्बद्ध रहे और कालिदास के नाटकों पर उन्होंने विशेष कार्य किया है। 'कालिदास का रंगमंच' शीर्षक अपने निबन्ध में उन्होंने कालिदास के समाज के सन्दर्भ में उनके नाट्य प्रयोगों की चर्चा की है। कालिदास के रंगमंच के सम्बन्ध में उन्होंने प्रेक्षागृह, अभिनय, नेपथ्य ध्वनि, रंग-विधान आदि के सन्दर्भ में भी विचार किया है। **महेश आनन्द** ने प्रसाद के नाटकों पर बहुत गम्भीर काम किया है। 'जयशंकर प्रसाद : रंगदृष्टि-1' (नाटक के लिए रंगमंच) तथा 'जयशंकर प्रसाद : रंगदृष्टि-2' (रंगमंच के लिए नाटक) शीर्षक से उनकी दो अत्यन्त महत्त्वपूर्ण पुस्तकें प्रकाशित हैं। **हृषीकेश सुलभ** की नाट्यालोचन पर केन्द्रित पुस्तकों के नाम हैं, 'रंग अरंग' तथा 'रंगमंच का जनतंत्र'। **प्रयाग शुक्ल** ने 'दिनमान' से नाट्य समीक्षा का लेखन आरम्भ किया। उन्होंने राष्ट्रीय नाट्य विद्यालय की पत्रिका 'रंग प्रसंग' का लम्बे समय तक सम्पादन भी किया। इनकी पुस्तक 'साक्षा समय' खासी चर्चित रही जिसमें मनोहर सिंह तथा ब.व. कारंत पर संस्मरण संकलित हैं। इनके अलावा **सोमनाथ गुप्त** ('हिन्दी नाटक साहित्य का इतिहास') **कुसुम कुमार** ('हिन्दी नाट्य चिन्तन') **शिखरचन्द जैन** ('हिन्दी के तीन प्रमुख नाटककार') **रमेश गौतम** ('हिन्दी नाटक : नई परख') और **सुषम बेदी** ('हिन्दी नाट्य : प्रयोग के सन्दर्भ में') आदि भी हिन्दी के महत्त्वपूर्ण नाट्य समीक्षक है।

सत्रहवाँ सोपान

लोक-साहित्य आलोचना

लोक-साहित्य का स्वरूप और उसका चरित्र

किसी भी समाज में भाषा के तीन स्तर होते हैं, एक शासक वर्ग की भाषा जिसके माध्यम से मुख्यत: शासन संचालित होता है तथा जिसमें तथाकथित शिष्ट साहित्य का सृजन होता है, दूसरा स्तर जातीय भाषाओं का होता है और तीसरा जनपदीय भाषाओं अथवा बोलियों का। ये स्तर भेद वैसे ही होते हैं जैसे समाज में वर्ग-भेद। कहने के लिए समाज दो वर्गों में बँटा है—शोषक और शोषित। परन्तु इन दोनों वर्गों के बीच एक मध्य वर्ग भी होता है। इतिहास में इस मध्य वर्ग के चरित्र की बड़ी आलोचना की गई है—इसकी ढुलमुल नीति को लेकर।

बहरहाल, सबसे निचले स्तर पर जनपदीय भाषाओं अथवा बोलियों में रचा गया साहित्य होता है जिसमें बहुसंख्यक समाज की भावनाएँ अभिव्यक्त होती हैं। इस साहित्य का बड़ा हिस्सा मौखिक होता है। इसे ही लोक-साहित्य कहते हैं क्योंकि मौखिक परम्परा से संचित होने के कारण अमूमन इसके रचनाकारों के बारे में पता नहीं होता। यहाँ इस तथ्य का उल्लेख करना भी जरूरी है कि आज की बोलियाँ कही जाने वाली जनपदीय भाषाएँ भी उतनी ही पुरानी हैं जितनी की कोई भी जातीय भाषा।

लोकभाषाओं में संचित आंचलिक साहित्य और शासक वर्ग की भाषा में रचित शिष्ट साहित्य के बीच का चरित्रगत भेद उसके साहित्य में साफ दिखाई देता है भले ही उस पर अभी पंडितों की पैनी और वैज्ञानिक दृष्टि न पड़ी हो। आंचलिक साहित्य, जिसे मैं लोक-साहित्य कहना अधिक उपयुक्त समझता हूँ बहती नदी के समान होता है, फलत: बहने के क्रम में धारा बहुत कुछ छोड़ देती है और इसी तरह नए तत्त्वों को अपने साथ बहाकर ले भी जाती है। लोक अपने आनन्द में उसी तरह उत्फुल्ल होता है जैसे प्रकृति होती है। इसीलिए लोक का रचनात्मक आनन्द कहीं भी व्यक्तिगत नहीं है। इस आनन्द पर सबका अधिकार है। लोक गायकी में व्यक्तिगत गायकी है ही नहीं। औरत और पुरुष सामूहिक रूप से सोहर, फाग, कजरी, चैता आदि गाते हैं। अनेक सुरों की एकतानता से न किसी का अहंकार व्यक्त होता है न किसी की हीनता। लोक की समस्त जीवन पद्धति और उसकी समस्त कला संरचनाओं का मूल लक्ष्य सत्य के करीब पहुँचने के साथ आत्म-मुक्ति के आनन्द को प्राप्त करना होता है। अपनी भावनाओं के विस्तार के लिए उसने प्राकृतिक उद्दीपनों को अपनी काव्य चेष्टाओं में अभिव्यक्त किया है। वसंत, वर्षा, शरद्, ग्रीष्म आदि के अनुभवों ने उसके भीतर जो संवेदनाएँ जागृत कीं उन्हीं संवेदनाओं के परिणामस्वरूप उसने लोक कलाओं के स्फुरणों को समेटा है। चांचर, फाग, धमार, कजरी जैसी लोक गायकी में ऋतु उद्दीपनों के साथ जैविक अनुभूतियों की अनुगूँज भी लय संरचना के रूप में रही होगी। उसके विषय वृत्त में क्रमश: फैलाव आता गया।

लोक और शिष्ट समुदाय के वाद्य भी अलग-अलग हैं। हुड़का, करताल, झाँझ, मृदंग, ढोलक, नगाड़ा, मजीरा, झाल, खँजड़ी, सिंघा आदि हिन्दी क्षेत्र के प्रचलित लोक वाद्य हैं।

लोक-साहित्य से मिलता-जुलता एक शब्द 'जन साहित्य' भी प्रचलन में है। लोक-साहित्य और जन साहित्य के बीच विभेदक रेखा खींचते हुए नामवर सिंह ने लिखा है, "इधर जब से जन साहित्य शब्द का प्रचलन हुआ है, लोक-साहित्य की सीमा रेखा निर्धारित करने के लिए उसका भी ध्यान रखना आवश्यक हो उठा हैं। पार्थक्य की स्पष्ट रेखा खींचने की कठिनाई के बावजूद इतना तो कहा ही जा सकता है कि जन

साहित्य औद्योगिक क्रान्ति से उत्पन्न समाज व्यवस्था की भूमिका में प्रवेश करने वाले सामान्य जन का साहित्य है। इसलिए जन साहित्य, लोक-साहित्य से इसी अर्थ में भिन्न है कि लोक-साहित्य जहाँ जनता के लिए जनता ही द्वारा रचित साहित्य है वहाँ जन साहित्य जनता के लिए व्यक्ति विशेष द्वारा रचित साहित्य हैं।" (इतिहास और आलोचना, पृ. 126)

भक्ति काल को हिन्दी साहित्य का स्वर्णयुग कहा जाता है। रामविलास शर्मा ने इस काव्य को लोक जागरण का काव्य कहा है। ब्रजी और अवधी जैसी जनपदीय भाषाओं में रचा गया इस काल का सारा साहित्य वस्तुत: आंचलिक साहित्य ही है। महापंडित राहुल सांकृत्यायन ने हजारीप्रसाद द्विवेदी का हवाला देते हुए हिन्दी के समूचे संत साहित्य को लोक-साहित्य के भीतर समाविष्ट करने का प्रस्ताव किया है। वे लिखते हैं, "हिन्दी साहित्य के निर्माण में लोक-साहित्य के तत्त्व प्रचुर परिमाण में पाए जाते हैं। अत: कुछ विद्वानों के मतानुसार इन्हें लोक-साहित्य की श्रेणी में रखा जा सकता है। डॉ. हजारीप्रसाद द्विवेदी ने इस विषय में गम्भीर विवेचन करते हुए लिखा है, "इन मध्य युग के संतों का लिखा हुआ साहित्य—कई बार तो यह लिखा भी नहीं गया, कबीर ने तो 'मसि कागद' छुआ ही नहीं था—लोक-साहित्य कहा जा सकता है या नहीं? क्यों कबीर की रचना लोक-साहित्य नहीं है? सच पूछा जाए तो कुछ थोड़े से अपवादों को छोड़कर मध्ययुग के सम्पूर्ण देशी भाषा के साहित्य को लोक-साहित्य के अन्तर्गत घसीटकर लाया जा सकता है।" (हिन्दी साहित्य का बृहद् इतिहास, षोडश भाग, सम्पादकीय, पृ. 15) महापंडित राहुल सांकृत्यायन की तो स्पष्ट मान्यता है कि "हमारी सम्मति में हिन्दी साहित्य के वीरगाथा काल तथा भक्तिकाल की अधिकांश रचनाओं को लोक-साहित्य में अन्तर्भुक्त किया जा सकता है।" (हिन्दी साहित्य का बृहद् इतिहास, षोडश भाग, सम्पादकीय, पृ. 15)

बहरहाल, इस मुद्दे पर विवाद हो सकता है किन्तु भक्तिकालीन साहित्य का लोक-साहित्य से अनिवार्य और अविभाज्य सम्बन्ध से इनकार नहीं किया जा सकता। आचार्य रामचन्द्र शुक्ल ने 'सूरसागर' के गीतों का वैशिष्ट्य निरूपित करते हुए सम्भावना व्यक्त की है कि उनका सम्बन्ध लोकगीतों की मौखिक परम्परा से था। वे लिखते हैं, "इन पदों के सम्बन्ध में सबसे पहली बात ध्यान देने की यह है कि चलती हुई ब्रज भाषा में सबसे पहली साहित्यिक रचना होने पर भी ये इतने सुडौल और परिमार्जित हैं। अत: सूरसागर किसी चली आती हुई गीत काव्य परम्परा का, चाहे वह मौखिक ही रही हो—पूर्ण विकास सा प्रतीत होता है।" (हिन्दी साहित्य का इतिहास, रामचन्द्र शुक्ल, पृ. 113)

निस्सन्देह हम कह सकते हैं कि लगातार मिटते रहने के बावजूद आज भी लोकगीतों, लोकगाथाओं, लोककथाओं, लोकनाट्यों और लोकोक्तियों-कहावतों आदि के रूप में विशाल साहित्य हमारे यहाँ मौजूद है जो पूरी तरह प्रतिपक्ष का साहित्य है, शोषित वर्ग का साहित्य है। उसमें अभाव का दर्द और दुख की टीस जरूर है किन्तु उल्लास की जीवंतता भी है।

लोक मानस में मनोरंजन का मुख्य आधार लोक गाथाएँ होती हैं। भारत के कोने-कोने के लोक-जीवन में लोक गाथाएँ बिखरी पड़ी हैं। अकेले भोजपुरी लोक में आल्हा, लोरिकायन, सोरठी बृजाभार, बिहुला विषधरी, गोपीचन्द, राजा भरथरी, कुँवर बिजयमल, राजा ढोलन, नयकवा बनजारा, चनैनी, बाला लखंदर आदि अनेक लोकगाथाएँ प्रचलित हैं। अनेक लोक कवियों, लोक कथाकारों और लोक नाटककारों ने अपनी रचनाओं से इस लोक-साहित्य को समृद्ध किया है। भिखारी ठाकुर ने बिदेसिया के माध्यम से बिहार और उत्तर प्रदेश के पूर्वी हिस्सों में लोक-जीवन पर जो असर डाला उसका अन्यत्र उदाहरण मिलना कठिन है।

1857 का प्रथम स्वाधीनता संग्राम, जिसे अंग्रेजों और कुछ 'काले अंग्रेजों' ने भी सिपाहियों का विद्रोह कहा है, मुख्यत: सिपाहियों और किसानों द्वारा और खास तौर पर हिन्दी क्षेत्र में लड़ा गया। इस लड़ाई में अंग्रेजों के विरुद्ध संघर्ष का बिगुल बजानेवाले रणबांकुरों की वीरता के गीतों से लोक-साहित्य भरा पड़ा है। बाबू कुँवर सिंह, अमर सिंह, राना बेनी माधो सिंह, रानी लक्ष्मी बाई, तात्या टोपे आदि पर असंख्य गीत लोक कवियों द्वारा रचे गए। शासकों के इतिहास से अलग यह जनता का इतिहास है। वे क्रान्तिकारी जो शासकों के लिए डकैत, बलवाई या गुंडे थे, जनता के लिए नायक थे।

सामाजिक यथार्थ और ईमानदारी लोक-साहित्य का प्राण है। पितृसत्तात्मक समाज होने के कारण सदियों से नारी जाति पुरुष के अंकुश में रही है, भोग्या रही है। स्त्री-पुरुष सम्बन्धों के इस सत्य को लोक कवियों

ने तरह-तरह से व्यक्त किया है। ब्रज के एक लोकगीत में विवाह के अवसर पर एक यथार्थ को इस तरह प्रकट किया गया है—

काए कूँ धाए परदेस रे सुनि बाबुल मेरे...
हम तो रे बाबुल तेरी अँगना की चिरियाँ, चुगि चुगि के उड़ि जाहिं रे सुनि बाबुल मेरे।
हम तो रे बाबुल तेरे खूँटा की गइयाँ, जिती हाँकि हाँकि जाहि रे सुनि बाबुल मेरे।

उपर्युक्त गीत में 'अँगना की चिरियाँ' और 'खूँटा की गइयाँ' भारतीय सामंती समाज में नारी जाति की हकीकत का सबसे प्रामाणिक दृष्टान्त हैं।

इसी तरह एक राजस्थानी लोकगीत में गाया जाता है कि यदि गर्भवती स्त्री पुत्र को जन्म देगी तो उसकी खाट ओबरिए (घर के केन्द्रीय कक्ष) में बिछाई जाएगी और उसकी हर तरह से देखभाल की जाएगी किन्तु यदि वह पुत्री को जन्म देगी तो उसका कोई ख्याल नहीं करेगा—

जे थै जनमौली डावड़ों (लड़का) जी / थारी ओबरिए खाट घलाँय, चिन्ता थारी म्हें करौं जी।
जे थै जनमौली डावड़ी (लड़की) जी / थारी चौड़ा में खाट घलाँय, चिन्ता थारी कुण करै जी।

भोजपुरी वह क्षेत्र है जहाँ के मेहनतकश लोग दुनिया के कोने-कोने में रोजी-रोटी की तलाश में गए या धोखे से ले जाए गए, परन्तु जहाँ भी गए वहाँ जंगल काटे, पहाड़ तोड़े और जमीन को सोना उगलने वाली बना दिया। भारत के अलावा मारीशस, फिजी, गुयाना, ट्रीनीडाड, सूरीनाम आदि मुल्कों की हरीतिमा इन्हीं के श्रम का परिणाम है। भोजपुरी क्षेत्र की एक नारी का पति परदेश चला गया है। क्यों गया? इसे वह अच्छी तरह समझती है। पैसे के लिए आदमी को क्या-क्या उद्यम नहीं करना पड़ता? कहाँ कहाँ नहीं जाना पड़ता?

रेलिया न बैरी, जहजिया न बैरी हई पइसवा बैरी ना।
पिया के देसवा-विदेसवा घुमावे हई पइसवा बैरी ना।

दहेज और गरीबी अनमेल विवाह के मूल कारण हैं। आम तौर पर बेटी की शादी में माँ की भूमिका नगण्य रहती थी। कभी-कभी तो शादी के लिए दरवाजे पर आने के समय ही बेटी और माँ दूल्हे को देख पाती थीं। ऐसे ही एक अनमेल विवाह को एक माँ शिव-पार्वती के माध्यम से इस तरह खारिज कर रही है—

धिया ले के उड़बों, धिया ले के बुड़बों, धिया ले के जइबों पताल।
अइसन तपसिया के गउरा न देबों बरु गउरा रहिहें कुँवार।

शिष्ट समाज के प्रतिनिधि महाकवि कालिदास को भले ही शिव-पार्वती की जोड़ी (पार्वतीपरमेश्वरौ) आदर्श प्रतीत होती हो किन्तु एक लोक कवि की प्रत्यक्ष दृष्टि कभी धोखा नहीं खा सकती और उसकी साफगोई के क्या कहने? वह शिव-पार्वती की जोड़ी को आदर्श नहीं मान सकती।

अपने जीवन की दर्दभरी दास्तान से ऊब चुकी नारी को दैव से यह बिनती, उसकी कारुणिक दशा का स्वत: बयान कर देती है—

चाँद सुरुज तोरे पइयाँ लागूँ, तिरिया जनम जनि देहु।

भारतीय लोक-जीवन में बिखरे इस विशाल लोक-साहित्य का अनुशीलन करने से पता चलता है कि इसमें लोक-जीवन का यथार्थ है, पीड़ा है, दुख है, मगर उस दुख और पीड़ा से जूझने का संकल्प भी है, मुठभेड़ करने का साहस भी है। इस लोक-साहित्य में कोई बड़ा दर्शन, काव्यगत कलात्मकता, चमत्कार आदि नहीं मिलेगा। यहाँ सादगी है, प्रेम है, निष्ठा है, ईमानदारी है और सुसंस्कार है। हमारे लोक-साहित्य में लोक का जो उदात्त चरित्र चित्रित है वह शिष्ट साहित्य में दुर्लभ है। शिष्ट साहित्य और लोक-साहित्य के बीच का फासला वस्तुत: दो वर्गों के बीच का फासला है। यह दूसरा वर्ग समाज का बहुसंख्यक वर्ग है और इसके पास संवेदनाओं से सराबोर अपार साहित्य है। अवश्य ही यह लोक-साहित्य है किन्तु अपनी समृद्धि में किसी भी तरह शिष्ट साहित्य से कमतर नहीं है। यह इस देश की सत्तर फीसदी गाँवों में रहने वाली आबादी का साहित्य है जिस पर सबसे कम काम हो रहा है।

भारतेन्दु युग के बाद सभी जनपदीय भाषाओं के क्षेत्र में खड़ी बोली हिन्दी की व्यापक प्रतिष्ठा हुई और इन सभी क्षेत्रों में अधिकांश प्रतिष्ठित साहित्यकारों ने साहित्य सृजन के लिए अपने-अपने क्षेत्र की जनपदीय भाषाओं की तुलना में खड़ी बोली को वरीयता दी। इसका प्रमुख कारण यह था कि इस समूचे क्षेत्र में बुनियादी शिक्षा के माध्यम की भाषा के रूप में खड़ी बोली हिन्दी ही अपनाई गई। इस खड़ी बोली हिन्दी का क्षेत्र बहुत व्यापक था और प्राथमिक शिक्षा के माध्यम-भाषा की प्रतिष्ठा के नाते यह सबके लिए मातृभाषा जैसी ही थी। वास्तव में जिसे आज हिन्दी-भाषी क्षेत्र कहा जाता है वह पूरा का पूरा क्षेत्र द्विभाषी है। हम एक साथ खड़ी बोली हिन्दी भी बोलते हैं और भोजपुरी, अवधी, ब्रजी, छत्तीसगढ़ी, मगही, बुन्देली आदि अपने-अपने क्षेत्र की जनपदीय भाषाएँ भी। हमारे संविधान ने भी इस क्षेत्र को हिन्दी-भाषी क्षेत्र के रूप में स्वीकृति देकर इसे 'क' श्रेणी में रखा है। स्वाधीनता के बाद जब खड़ी बोली हिन्दी को राजभाषा का दर्जा मिला तब जनपदीय भाषाओं की तुलना में खड़ी बोली हिन्दी का महत्त्व और भी बढ़ गया। ऐसी दशा में स्वाभाविक है कि इस समूचे क्षेत्र के साहित्यकार अपने साहित्य सृजन की भाषा के रूप में खड़ी बोली हिन्दी का चयन करें। इससे सहज ही उनकी परिधि का विस्तार हो जाता है और उनके पाठकों की संख्या भी कई गुना बढ़ जाती है। किन्तु इसके बावजूद आज भी जनपदीय भाषाओं में साहित्य सृजन की परम्परा जारी है और कुछ स्तरीय साहित्य भी प्रकाश में आया है और स्वाभाविक रूप से इस साहित्य की समीक्षाएँ भी हो रही हैं। हम इनकी चर्चा आगे करेंगे किन्तु उसके पहले हिन्दी क्षेत्र की व्यापकता और उसमें फैले लोक-साहित्य की विविधता का थोड़ा विवेचन जरूरी है।

हिन्दी लोक-साहित्य का वैविध्य और विस्तार

हिन्दी का क्षेत्र बहुत विस्तृत है। राजस्थान से लेकर झारखंड और उधर हिमाचल प्रदेश से लेकर छत्तीसगढ़ तक फैले इस व्यापक क्षेत्र में विविधता और बहुकेन्द्रीयता तो होगी ही जबकि यह सारा क्षेत्र अलग-अलग दस राज्यों में बँटा हुआ है। लोक-साहित्य, लोकगीत, लोक गाथा, लोक नृत्य आदि की विविधता इस क्षेत्र का यथार्थ है किन्तु इनके बीच सतत प्रवाहित रस की एक सामान्य भावधारा स्रोतस्विनी की तरह बहती दिखाई देती है। नौटंकी, रामलीला, रासलीला, भाँड़, ख्याल, स्वांग, कीर्तनिया, बिदेसिया, जाट-जटिन, माच, नाचा, गम्मत, फड़, राई, गवरी, नकल आदि हिन्दी के जातीय लोकनृत्य हैं। इसी तरह कहँरवा, बिरहा, लोरिकायन, सोरठी बृजाभार, बाला लखंदर, आल्हा, फाग, माढ़, चन्दैनी, पंडवानी, पंथी, सुवा, करमा, ददरिया, पवाड़ा, जागर आदि हिन्दी क्षेत्र की प्रचलित लोकगाथाएँ हैं।

इस समूचे क्षेत्र में महाभारत और राम की आधार कथा ने भक्ति आन्दोलन के प्रभाव से अपना एक विशिष्ट लीला रूप धारण किया। यद्यपि रामलीला को धार्मिक रंगमंच का रूप माना जाता है पर इसमें भक्ति और धर्म पर अतिरिक्त बल आम तौर पर नहीं दिया जाता। लीला का दूसरा नाट्य रूप रासलीला संगीत नृत्य पर आधारित है। जहाँ रामलीला में अभिनय का रूप सहज है वहाँ रासलीला का नृत्यात्मक। रासलीला को रामलीला से प्राचीन माना जाता है। राजस्थानी गाथाओं—नाटकों के मिले-जुले लोक रूप रास, रासो या रासक से इस नाट्य रूप का विकास माना जाता है। डॉ. दशरथ ओझा के शब्दों में, "रास के दो मुख्य तत्त्व हैं एक नृत्य और दूसरा रूपकत्व। इन दोनों की शैली और परम्परा संस्कृत की नाट्य शैली से सर्वथा भिन्न है। इससे यह अनुमान प्रमाणित होता है कि रास हिन्दी नाटकों की स्वतंत्र शैली है जिसके प्रभाव से ही आगे चलकर गीतिनाट्य की सृष्टि हुई।" (हिन्दी नाटक : उद्‌भव और विकास, पृ. 74)

राजस्थान की इस रासक परम्परा ने भक्ति आन्दोलन के समय विशेष रूप से कृष्ण भक्तों को अपनी ओर आकर्षित किया। वल्लभाचार्य, हरिदास, हितहरिवंस, नारायण भट्ट आदि ने रासक की संगीत-नृत्य-नाट्य परम्परा को कृष्ण के अवतारी कृत्यों के अनुकूल पाया। इस तरह सोलहवीं शताब्दी में रासलीला का प्रारम्भ हुआ। नन्द दास, परमानन्द दास, चतुर्भुज दास, ध्रुव दास, वृन्दावन दास, नागरी दास, दामोदर स्वामी, व्रजवासी दास आदि ने लीला के अनुरूप रचनाएँ कीं। कृष्ण-भक्ति शाखा के कवियों पर इसका गहरा प्रभाव पड़ा।

उल्लेखनीय यह है कि लोकरंग की परम्परा को हिन्दू और मुसलमान—दोनों ने मिलकर समृद्ध किया है। स्वांग परम्परा को नया आयाम देने वाले इंदरमन अखाड़े के पं.नत्थाराम शर्मा गौड़ के दल में मुल्लाराय के साथ-साथ बन्दी खलीफा और मैकू उस्ताद भी थे। पं. नत्थाराम शर्मा ने विविध विषयों पर लगभग एक सौ स्वांगों की रचना की है। वे श्रेष्ठ स्वांगकार के साथ-साथ श्रेष्ठ निर्देशक, प्रबन्धक, संगीतज्ञ और अभिनेता थे। इसी तरह श्रीकृष्ण पहलवान की नौटंकी कम्पनी की चार शाखाएँ एक ही समय देश के विभिन्न भागों

का दौरा करती थीं। प्रत्येक शाखा ऐसे साधनों से लैस रहती थी कि एक साथ बैठकर लगभग पन्द्रह हजार लोग प्रदर्शन देख सकते थे। इनके सहयोगियों में त्रिमोहन लाल, भोला बाबू, मिश्रीलाल, पन्ना लाल और नैयर साहब के साथ यासीन मियाँ भी थे।

उन्नीसवीं सदी में ही 'स्वांग' और 'नौटंकी' की तरह 'ख्याल' और 'माच' नामक शैलियों का वर्तमान राजस्थान और मध्य प्रदेश में उदय हुआ। प्रसिद्ध नाटककार हमीदुल्ला ने 18वीं सदी से इसका प्रारम्भ माना है। (राजस्थान की सांस्कृतिक परम्परा—हमीदुल्ला, सम्पादक-जयसिंह नीरज, पृ. 150) डॉ. श्याम परमार के अनुसार 'ख्याल' मिश्रित ढंग की रचना है तो भी उसके पृष्ठ में 'रास', 'यात्रा' और 'भवाई' का प्रभाव निस्सन्देह रहा होगा। (लोक नाट्य परम्परा—डॉ. श्याम परमार, पृ. 34) ख्याल के कई घराने विकसित हुए जैसे कुचामनी ख्याल, शेखावटी ख्याल, जयपुरी ख्याल, तुर्राकलंगी ख्याल, किशनगढ़ी ख्याल आदि। इनके साथ ही नौटंकी ख्याल, माच ख्याल तथा हाथरसी ख्याल भी ख्याल के भेद माने जाते हैं। तुर्राकलंगी ख्याल को मेवाड़ के शाह अली और तुकनगीर नाम के दो संत पीरों ने लगभग चार सौ वर्ष पूर्व रचा और यह नाम दिया। 'तुर्रा' को महादेव और 'कलंगी' को पार्वती का प्रतीक मानकर इस ख्याल को शिव-शक्ति के विचारों का वाहक बनाया गया। तुकनगीर 'तुर्रा' के पक्षकार थे तथा शाह अली 'कलंगी' के।

उन्नीसवीं सदी में ख्याल की परम्परा से ही माच का उदय हुआ। माच के प्रथम गुरु बालमुकुन्द ने 1844 ई. में मालवा उज्जैन के जयसिंहपुरा में पहला खेल प्रस्तुत किया। 'माच', वास्तव में 'मंच' शब्द का तद्भव रूप है जो रूढ़ हो चुका है। माच यानी मंच बनाकर खेले जाने वाले खेल अर्थात् नाट्य प्रस्तुतियाँ। इसकी पहचान आज भी मालवा के विशिष्ट नाट्य रूप के रूप में है।

हिन्दी क्षेत्र की लोक रंग परम्परा में बीसवीं सदी 'विदेशिया', 'गम्मत' और 'नाचा' के विकास की सदी है। छत्तीसगढ़ का प्रतिनिधि लोकनाट्य 'नाचा' है। हबीब तनवीर के आधुनिक रंग प्रयोगों ने प्रेक्षकों, चिन्तकों का ध्यान इस रूप की ओर आकर्षित किया। पूर्वी उत्तर प्रदेश और बिहार के भोजपुर क्षेत्र की विदेशिया शैली का प्रादुर्भाव भिखारी ठाकुर से जुड़ा है। लोकनाट्यों पर व्यक्ति विशेष का इतना गहरा प्रभाव बहुत कम दिखाई देता है। कमाने के लिए परदेश जाने से होने वाले अलगाव, बाल विवाह, अनमेल विवाह, विधवा बहिष्कार, अंधविश्वास, बहु विवाह, स्त्री तिरस्कार आदि को उन्होंने अपना विषय बनाया। उनके नाटकों को मिलने वाली अपार लोकप्रियता अन्यत्र बहुत कम दिखाई देती है।

हाल के दिनों में छत्तीसगढ़ की 'पंडवानी' को मिलने वाली लोकप्रियता भी उल्लेखनीय है। सावली मित्र और तीजनबाई ने इसे लोकप्रियता की पराकाष्ठा तक पहुँचा दिया। पंडवानी में पांडवों या महाभारत की किसी कथा को एक ही कलाकार अपने गान, गतियों और मुद्राओं द्वारा प्रस्तुत करता है। मेवात क्षेत्र में प्रचलित 'पंडून कौ कड़ा' अर्थात् पांडवों की कथा विशेष प्रचलित है। इस लोक कथा के रचनाकार जनकवि सादुल्ला और नबी खाँ को माना जाता है। कवि सादुल्ला भरतपुर महाराजा सूरजमल के समकालीन थे। मेवाती के इस लोक महाभारत का मेवात क्षेत्र के जनजीवन पर गहरा प्रभाव है। इसी तरह राजस्थान की 'फड़', 'गवरी' आदि लोकरंग की परम्पराएँ भी हैं। समूचे हिन्दी प्रदेश में प्रचलित 'बहुरूपिया' और 'भाड़' की लोक रंग विधाएँ भी प्रचलन में थीं जो आज लगभग समाप्तप्राय है।

समूचे हिन्दी प्रदेश में प्रचलित इन लोकरंग परम्पराओं की तीन सबसे महत्त्वपूर्ण विशेषताएँ हैं। पहली यह कि इनका आधार विषय या तो रामकथा है या महाभारत की कथा। दूसरी महत्त्वपूर्ण विशेषता है कि लोकरंग की इन सारी विधाओं में हिन्दू और मुसलमान दोनों समुदाय के लोगों ने समान रूप से योगदान दिया है, और तीसरी विशेषता यह है कि शैली और शिल्प की दृष्टि से इनमें अद्भुत समानता है। स्वांग का असर लगभग सभी रंगविधाओं पर देखा जा सकता है। हाँ, क्षेत्र की व्यापकता के कारण लोकरंग की परम्परा में वैविध्य स्वाभाविक है किन्तु उनमें विषय, समुदाय और शिल्प तीनों ही क्षेत्रों में एकरूपता इन्हें एक ही संस्कृति का हिस्सा प्रमाणित करती हैं इसलिए यह एक ही जाति की विरासत है।

यही कारण है कि जो लोग उर्दू में लोक-साहित्य को ढूँढ़ने निकलते हैं उन्हें आम तौर पर निराशा ही हाथ लगती है। डॉ. ताहिरा परवीन ने उर्दू लोक-साहित्य के अन्तर्गत लोरियाँ, कजली और बारहमासे को गिनाते हुए नजीर अकबराबादी की कविताओं का जिक्र किया है और लिखा है, "गर्ज कि नजीर अकबराबादी के जरिये उर्दू की अवामी शायरी की प्रथा परवान चढ़ी, वहीं पर यह भी हुआ कि दबे पाँव उर्दू शायरी में लोक-साहित्य और लोक तत्त्व भी दाखिल हुए।"

जाहिर है, शासक वर्ग की अनवरत साजिशों के बावजूद आज भी लोक मानस में हिन्दी-उर्दू का भेद जड़ नहीं जमा सका है। यह समूचा क्षेत्र एक जातीय क्षेत्र है जिसमें 'हिन्दी' या 'हिन्दुस्तानी' जाति बसती है और जिसे विभिन्न जनपदीय भाषाएँ अपने रंग-बिरंगे आंचलिक साहित्य से समृद्ध करती हैं। यह हिन्दी का लोक अपने परिमाण और वैविध्य में अद्वितीय है।

'हिन्दी साहित्य का वृहत् इतिहास' के अनुसार, भारतीय लोक-साहित्य के प्रारम्भिक अनुसन्धानकर्ताओं में दो प्रकार के व्यक्ति दृष्टिगोचर होते हैं—1. अंग्रेज सिविलियन तथा 2. ईसाई मिशनरी। प्रथमोक्त इस देश पर शासन करने के लिए आए थे और अपरोक्त अपने धर्म प्रचार के हेतु। परन्तु दोनों इस बात को अच्छी तरह समझते थे कि जब तक इस देश की विभिन्न भाषाओं तथा साहित्यों का सम्यक् अध्ययन नहीं किया जाता तब तक जनता से सम्पर्क स्थापित नहीं हो सकता। धर्म प्रचार के लिए साधारण जनता की भाषा और साहित्य को जानना अत्यधिक आवश्यक था। इसी समान प्रेरणा से प्रेरित होकर इन दोनों श्रेणियों के लोगों ने भारतीय इतिहास के शोध के साथ ही भारतीय भाषा तथा साहित्य का अध्ययन प्रारम्भ किया। (हिन्दी साहित्य का वृहत् इतिहास, षोडश भाग, पृ. 22)

सबसे पहले कर्नल जेम्स टॉड ने इस महान कार्य के अध्ययन का श्रीगणेश किया। टॉड राजस्थान के अनेक देशी राज्यों में रेजीडेंट थे। अत: उन्हें वहाँ के स्थानीय इतिहास, रस्म-रिवाज, रहन-सहन आदि के अध्ययन का सुअवसर प्राप्त हुआ। इसके बाद जे. ऐबट, रेवरंड एस. हिल्सप, चार्ल्स ई. गोवर, डाल्टन, डी. एच. डेमेंट, जे. रॉबिन्सन और जॉर्ज अब्राहम ग्रियर्सन का नाम विशेष उल्लेखनीय है।

हिन्दी में लोक-साहित्य के अध्ययन की परम्परा का जिक्र करते हुए नामवर सिंह ने लिखा है, "हमारे यहाँ लोक कथाओं, लोकगीतों, तथा लोक प्रथाओं का अध्ययन 19वीं सदी के उत्तरार्ध में सम्भवत: ईसाई मिशनरियों ने आरम्भ किया। ये मिशनरी यूरोप के उन देशों से आए थे जहाँ औद्योगिक उत्थान, मध्यवर्ग का उदय तथा राष्ट्रीयता की जागृति बहुत पहले ही हो चुकी थी और इसलिए उनके यहाँ लोक-साहित्य का अध्ययन बहुत पहले ही आरम्भ हो चुका था। हमारे देश में प्रचार करते समय उन्होंने प्राय: अपना क्षेत्र पिछड़ी हुई आदिम जातियों के बीच बनाया। धर्म प्रचार के लिए आवश्यक था कि उन जातियों की भाषा और संस्कृति से परिचय हो। इसलिए उन्होंने उन जातियों की भाषा, साहित्य तथा प्रथाओं का अध्ययन किया।" (इतिहास और आलोचना, पृ. 124) वे आगे लिखते हैं, "लोक-साहित्य के अध्ययन की ओर सहज भाव से स्वदेशी मध्यवर्ग राष्ट्रीय आन्दोलन आरम्भ होने के बाद ही उन्मुख हुआ। इसका श्रेय गांधी जी को है। पं. रामनरेश त्रिपाठी को उसी लहर से प्रेरणा मिली और वे इस क्षेत्र के पहले नहीं तो प्रारम्भ करने वालों में से एक हैं ही, जिन्होंने लोक-साहित्य का संग्रह किसी डिग्री के लिए नहीं, बल्कि रुचि और रस वश किया। उनके बाद इसी के पीछे पड़ने वाले देवेन्द्र सत्यार्थी का दृष्टिकोण बहुत रोमांटिक ही रहा। इसीलिए इन अध्येताओं का ध्यान प्राय: लोकगीतों तक ही सीमित रहा।" (वही, पृ. 124)

नामवर सिंह के अनुसार, "लोक-साहित्य के अध्ययन का अगला चरण वह आता है जब राष्ट्रीय आन्दोलन में लोक शक्तियाँ आगे बढ़कर भाग लेती हैं और जनता सम्पूर्ण राजनीतिक तथा सांस्कृतिक आन्दोलनों का केद्र हो जाती है, स्वतंत्रता का स्वरूप अधिक स्पष्ट होता है, लोकतंत्र की मान्यता अधिक विस्तृत होती है। यह परिवर्तन लगभग इसी सदी के चौथे दशक से दिखाई पड़ता है। इस भूमिका में लोक-साहित्य हमारी रोमानी भावना का उत्तेजक और उत्प्रेरक मात्र नहीं रहता बल्कि वह युग निर्माता प्रतीत होता है, क्योंकि स्वयं लोकशक्तियाँ भी इतिहास विधायक रूप में प्रकट होती हैं। उस समय महापंडित राहुल सांकृत्यायन, डॉ. वासुदेवशरण अग्रवाल, पं. बनारसीदास चतुर्वेदी आदि की जनपदीय योजना तथा अखिल भारतीय प्रगतिशील लेखक संघ के जनपदीय कार्यक्रम का आरम्भ इसी चेतना की सूचना देता है।" (वही, पृ. 125)

देश की बहुसंख्यक आबादी के इस जीवंत साहित्य को जिन चन्द शोधकर्ताओं और आलोचकों ने समृद्ध किया उनकी भी इतिहास में भरपूर उपेक्षा हुई है। यहाँ उनमें से कुछ आलोचकों के बारे में सूचनाएँ भर दे रहा हूँ।

रामनरेश त्रिपाठी

जौनपुर (उ.प्र.) जिले के 'कोइरीपुर' नामक गाँव में जन्मे राष्ट्रीय चेतना-धारा के प्रख्यात कवि रामनरेश त्रिपाठी (04.03.1889-16.01.1962) कवि के अलावा कथाकार, नाटककार और सम्पादक तो हैं ही, उन्होंने ग्राम गीतों के संकलन-सम्पादन का महान कार्य किया है। इनकी प्रसिद्ध सम्पादित कृति 'कविता कौमुदी'

का पाँचवाँ भाग 'ग्राम साहित्य' नाम से है। ग्राम साहित्य के संकलन, सम्पादन और उनके भावात्मक भाष्य प्रस्तुत करने की दृष्टि से इनके कार्य विशेष उल्लेखनीय हैं। हिन्दी में इस तरह का कार्य इसके पहले लगभग नहीं हुआ था। अपनी पुस्तक की भूमिका में वे नए साहित्यकारों से बड़े ही आग्रह के साथ निवेदन करते हैं,

"मैने सन् 1925 से प्रारम्भ करके आठ-दस वर्षों तक ग्राम गीतों के संग्रह का काम किया था। उसी समय मैंने कुछ कहावतें भी एकत्र कर ली थीं। सन् 1931 में मैंने घाघ और भड्डरी की कहावतों का एक छोटा-सा संग्रह हिन्दुस्तानी एकैडमी, इलाहाबाद से प्रकाशित कराया था। उसके बाद गत उन्नीस वर्षों में दो ही तीन हिन्दी साहित्यकारों ने संग्रह का काम आगे बढ़ाया है। साहित्यकारों की यह दीर्घसूत्रता चिन्तनीय है। भारत की कई बोलियों और भाषाओं जैसे बंगला, मराठी, मेवाड़ी और मालवी आदि के संग्रह प्रकाशित हो चुके हैं, पर हिन्दी में विद्वानों का ध्यान भी इस ओर आकर्षित नहीं हुआ है। अतएव मैं हिन्दी के युवक साहित्यकारों से अनुरोध करता हूँ कि एक-एक बोली का प्रान्त छाँट लें और गाँव-गाँव में घूमकर देहातियों की बातों में कान लगाकर उनमें से कहावतें निकाल लें और उन्हें प्रकाशित कराके साहित्य की एक बड़ी कमी की पूर्ति कर दें।" (ग्राम गीत, भूमिका, 1 जनवरी 1952)

रामनारायण उपाध्याय से एक बातचीत में उन्होंने बताया कि, "पहली जनवरी 1925 को मैंने अपनी गीत-यात्रा शुरू कर दी। पंजाब, कश्मीर, राजस्थान, गुजरात, महाराष्ट्र और दक्षिण के प्राय: सभी प्रान्त, बिहार, डिब्रूगढ़ तथा आसाम और पंजाब के कुछ हिस्सों की मैंने पैदल, रेल, लारी और इक्के से यात्रा की। इसमें करीब 9-10 वर्ष लगे। इस तरह 9-10 वर्षों में मेरे पास लगभग 20 हजार गीतों का संग्रह हो गया। इस पर भी मैं कह सकता हूँ कि यह समुद्र में एक बूँद के बराबर भी नहीं है।" (जिन्हें भूल न सका, रामनारायण उपाध्याय, पृ. 165)

राहुल सांकृत्यायन

आजमगढ़ (उ.प्र.) जिले के 'पंदहा' नामक गाँव में जन्मे, अपनी घुमक्कड़ी के लिए मशहूर असाधारण प्रतिभा के साहित्यकार महापंडित राहुल सांकृत्यायन (09.04.1893-14.04.1963) के बचपन का नाम केदारनाथ पांडेय था। केदारनाथ पांडेय ने बचपन में ही घर छोड़ दिया। वे पहले सनातनी बने और मठ के संन्यासी का जीवन जिया फिर बौद्ध बनकर चीवर धारण किया और अन्तत: कम्यूनिस्ट पार्टी के सदस्य बने। मगर वहाँ भी वैचारिक मतभेद के चलते एक निष्ठावान कर्यकर्ता के रूप में उन्हें स्वीकृति नहीं मिली। जीवन के ये सारे अनुभव किसी न किसी रूप में उनकी आलोचना में भी दिखाई देते हैं।

राहुल सांकृत्यायन ने विविध विधाओं में लगभग डेढ़ सौ ग्रंथों की रचना की है। इनमें आलोचनात्मक साहित्य बहुत कम है।

राहुल सांकृत्यायन ने 'हिन्दी साहित्य का वृहद् इतिहास' के सोलहवें खंड का सम्पादन किया है। यह खंड लोक-साहित्य पर केन्द्रित एक असाधारण कार्य है। इसके लेखन में उन्होंने कुल 23 विद्वानों का सहयोग लिया है जिनके नाम हैं, श्री राम इकबाल सिंह, श्रीमती सम्पत्ति आर्याणी, श्रीकान्त मिश्र, रामानन्द, डॉ. कृष्णदेव उपाध्याय, सत्यव्रत अवस्थी, श्रीचन्द्र जैन, दयाशंकर शुक्ल, कृष्णानन्द गुप्त, डॉ. सत्येन्द्र, संतराम अनिल, नारायण सिंह भाटी, डॉ. श्याम परमार, श्री कृष्णचन्द्र शर्मा 'चन्द्र', देवेन्द्र सत्यार्थी, रामनाथ शास्त्री, ओंकार सिंह गुलेरी, शमी शर्मा, डॉ. गोविन्द चातक, मोहनचन्द उपरेती, डॉ. कमला सांकृत्यायन, पद्मचन्द्र कश्यप और हरि प्रसाद। लोक-साहित्य के अनन्तर्गत उन्होंने लोकगीत, लोकगाथा, लोक कथा, लोक नाट्य, और लोक सुभाषित को रखा है।

इसके सम्पादन की परिकल्पना और विषय का संयोजन देखकर लोक-साहित्य के विषय में उनके विचार और उनकी आलोचना-दृष्टि का पता चलता है।

इस ग्रंथ में उन्होंने मैथिली, मगही, भोजपुरी, अवधी, बघेली, छत्तीसगढ़ी, बुंदेली, ब्रज, कनउजी, राजस्थानी, मालवी, कौरवी, पंजाबी, डोगरी, कोंकड़ी, गढ़वाली, कुमाऊँनी, नेपाली, कुलुई तथा चंबियाली जैसी जनपदीय बोलियों के साहित्य को शामिल किया है। आज इसमें से पंजाबी, नेपाली, मैथिली और डोगरी हमारे संविधान की आठवीं अनुसूची में शामिल हो चुकी हैं और इसीलिए अब उनका हिन्दी से स्वतंत्र अस्तित्व है। ऐसी दशा में इन भाषाओं के लोक-साहित्य को हिन्दी के लोक-साहित्य के अन्तर्गत शामिल करना असंवैधानिक माना जाएगा।

अपने सम्पादकीय वक्तव्य में महापंडित राहुल सांकृत्यायन ने लोक-साहित्य के महत्त्व का आकलन करने हुए लिखा है, "किसी देश के शिष्ट साहित्य से पूर्णतया परिचित होने के लिए उसके लोक-साहित्य का अध्ययन अत्यन्त आवश्यक है। शिष्ट साहित्य का लोक-साहित्य से घनिष्ट सम्बन्ध है।" (हिन्दी साहित्य का वृहत् इतिहास, षोडस भाग, सम्पादकीय वक्तव्य) लोक-साहित्य के प्रति अपनी व्यापक दृष्टि का परिचय देते हुए वे लिखते हैं, "इस भक्तिकाल के साहित्य पर विचार करने पर उसके अन्तस्तल में लोक-साहित्य की आत्मा स्पष्ट झलकती हुई दिखाई पड़ती है। निर्गुण शाखा के प्रधान कवि महात्मा कबीर की रचना को बिना किसी प्रतिवाद के लोक-साहित्य कहा जा सकता है। आज भी गाँवो में अनेक 'निर्गुण' और भजन गाए जाते हैं, जिनमें कबीरदास का नाम बराबर पाया जाता है। कबीर के अनेक दोहे राजस्थान की सुप्रसिद्ध प्रेमगाथा 'ढोला मारू रा दूहा' में ज्यों के त्यों उपलब्ध होते हैं। सूरसागर के सम्यक् विश्लेषण से भी अनेक महत्त्वपूर्ण लोकतत्त्वों का पता चल सकता है। सूर के पदों में से अनेक स्थल हैं जो ब्रज प्रदेश के लोक संस्कृति की ओर संकेत करते हैं।" (हिन्दी साहित्य का वृहत् इतिहास, पृ. 14)

भोजपुरी में उन्होंने कुछ नाटक और कहानियाँ भी लिखी हैं। जिसमें उनका 'जोंक' नाटक बहुत मशहूर है।

सत्येन्द्र

लोक-साहित्य के अध्येताओं और समीक्षकों में सत्येन्द्र (जन्म—06.02.1907) का नाम महत्त्वपूर्ण है। वे ब्रजी लोक-साहित्य के गम्भीर अध्येता और आलोचक हैं। लोक-साहित्य के शोध और समीक्षा पर केन्द्रित उनकी प्रमुख पुस्तकें हैं, 'ब्रज लोक-साहित्य का अध्ययन' तथा 'मध्ययुगीन हिन्दी साहित्य का लोकतात्विक अध्ययन'। ये दोनों पुस्तकें वास्तव में उनके पी-एच.डी. व डी.लिट्. के शोध प्रबन्धों के परिमार्जित संस्करण हैं। उनकी अन्य आलोचनात्मक पुस्तकों में 'लोक-साहित्य विज्ञान', 'पांडुलिपि विज्ञान', 'साहित्य की झांकी', 'समीक्षा के सिद्धाँत', 'गुप्तजी की कला', 'प्रेमचन्द और उनकी कहानी कला', 'कला, कल्पना और साहित्य', 'हिन्दी साहित्य में आधुनिक प्रवृत्तियाँ' आदि प्रमुख हैं। सत्येंद्र की ख्याति ब्रज लोक-साहित्य के गम्भीर अध्येता के रूप में हैं।

लोक-साहित्य के अलावा उनकी दूसरी महत्त्वपूर्ण आलोचना की पुस्तक 'प्रेमचन्द और उनकी कहानी कला' है। उनकी यह पुस्तक तब लिखी गई जब हिन्दी में कहानी की आलोचना की कोई पृष्ठभूमि नहीं थी। मैथिलीशरण गुप्त पर लिखी गई उनकी पुस्तक भी महत्त्वपूर्ण है।

कृष्णदेव उपाध्याय

बलिया (उ.प्र.) जिले के 'सोनबरसा' नामक गाँव में जन्मे, काशी में पढ़े-लिखे और काशी में ही शिक्षक रहे कृष्णदेव उपाध्याय (27.08.1910 - 17.06.1997) ने लोक-साहित्य के संकलन, संपादन और उसके विश्लेषण आदि के कार्य में ही अपना पूरा जीवन समर्पित कर दिया। उन्होंने नागरी प्रचारिणी सभा, वाराणसी द्वारा प्रकाशित 'हिन्दी साहित्य का वृहत् इतिहास' के सोलहवें भाग 'लोक-साहित्य' का महापंडित राहुल सांकृत्यायन के साथ मिलकर संपादन किया है और उसकी 180 पृष्ठ की लम्बी तथा सारगर्भित भूमिका लिखी है। उन्होंने 'भोजपुरी लोक-साहित्य' तथा 'भोजपुरी लोकगीत' (दो भाग) का भी संपादन किया है। कृष्णदेव उपाध्याय के ये कार्य लोक-साहित्य के अध्ययन के क्षेत्र में मील के पत्थर साबित हुए हैं। 'भोजपुरी लोक-साहित्य का अध्ययन', 'भोजपुरी ग्राम-गीत', 'भोजपुरी और उसका साहित्य', 'लोक-साहित्य की भूमिका', 'भोजपुरी लोक संस्कृति', 'हिन्दी प्रदेश के लोकगीत' आदि उनकी अन्य आलोचनात्मक पुस्तकें हैं।

लोक-साहित्य के क्षेत्र में कृष्णदेव उपाध्याय के कार्य ज्यादातर मौलिक और श्रमसाध्य हैं। 'भोजपुरी और उसका साहित्य' की प्रस्तावना में वे लिखते हैं, "जहाँ तक मुझे ज्ञात है भोजपुरी भाषा और साहित्य के इतिहास को संक्षिप्त रूप में प्रस्तुत करने का यह सर्वप्रथम प्रयास है। इन पृष्ठों में जो सामग्री दी गई है वह सर्वथा मौलिक है।" (प्रस्तावना से)

लोक-साहित्य के संपादन के दौरान होने वाली कठिनाइयों का उल्लेख करते हुए उन्होंने 'वक्तव्य' शीर्षक अपनी भूमिका में लिखा है, "लोक संस्कृति की रक्षा की दृष्टि को ध्यान में रखकर प्रस्तुत लेखक भोजपुरी लोक-साहित्य के संरक्षण के लिए अनेक वर्षों से सतत उद्योग कर रहा है। आज से लगभग बीस वर्ष पहले

उसने भोजपुरी साहित्य के संग्रह का कार्य प्रारम्भ किया था तबसे यह कार्य अनवरत गति से होता चला आ रहा है। इन गीतों, गाथाओं और कथाओं के संग्रह में उसे जिन कठिनाइयों का सामना करना पड़ा है उसका थोड़ा वर्णन उसने अपनी 'भोजपुरी लोकगीत भाग दो' नामक पुस्तक के वक्तव्य में किया है। एक-एक गीत के संग्रह में अनेक दिन लगाने पड़े हैं और लम्बी-लम्बी भोजपुरी गाथाओं के संग्रह में महीनों का बहुमूल्य समय खपाना पड़ा है। भोजपुरी प्रदेश में परदे की प्रथा अधिक होने के कारण गीत-संग्रह का कार्य और भी कठिन है। दूसरे, गवैये सदा गाने के लिए तैयार भी नहीं रहते। वे तो किसी विशेष ऋतु के आने पर ही उस ऋतु का गाना गाते हैं। अत: ऋतु सम्बन्धी गीतों को लिपिबद्ध करने के लिए हमें अनेक मासों की प्रतीक्षा करनी पड़ी है। इसके अतिरिक्त इन गीतों के संग्रह के लिए अनेक अस्पृश्य जातियों—जो बहुत गन्दे स्थानों में निवास करती हैं—के घर में भी जाना पड़ा है।" (भोजपुरी लोक-साहित्य, वक्तव्य)

अपनी समीक्षा-दृष्टि का स्वयं परिचय देते हुए वे लिखते हैं, "यद्यपि इस निबन्ध में लोक-साहित्य के सभी अंगों की समीक्षा की गई है परन्तु लेखक ने लोकगीतों को ही विशेष महत्ता दी है और उसी का विस्तृत विवेचन प्रस्तुत किया है। इस वर्णन को प्रस्तुत करते समय लेखक की दृष्टि सदा तुलनात्मक रही है। जहाँ लेखक ने भोजपुरी बारहमासे का वर्णन किया है वहाँ राजस्थानी और बंगला बारमाशी से उसकी तुलना की है। इसी प्रकार भोजपुरी सोहर और ऋतु गीतों की तुलना मैथिली और राजस्थानी गीतों से की गई है तथा उनमें निहित भावों की विशेषता भी बतलाई गई है। भोजपुरी साहित्य की चर्चा करते समय लेखक ने ऐतिहासिक पद्धति को अपनाया है और क्रम के अनुसार सारा विवेचन किया है।" (भोजपुरी लोक-साहित्य, भूमिका)

कृष्णदेव उपाध्याय का निधन जिन दिनों हुआ उन्हीं दिनों भूमंडलीकरण की आँधी उठनी शुरू हुई थी। पिछले तीन दशकों में इस भूमंडलीकरण ने हमारे समाज के सांस्कृतिक ढाँचे को पूरी तरह छिन्न-भिन्न कर दिया है और उसे पश्चिम के रंग में ढाल दिया है। हमारा लोक-जीवन भी अपनी सांस्कृतिक परम्पराओं का बड़ा हिस्सा छोड़ चुका है। आज भोजपुरी लोक-साहित्य का जो हिस्सा सुरक्षित है उसके लिए कृष्णदेव उपाध्याय जैसे एकनिष्ठ अध्येता मनीषियों की बड़ी भूमिका है।

बद्री प्रसाद

औरंगाबाद (बिहार) जिले के 'बक्सर प्रताप' नामक गाँव में जन्मे, गया में पढ़े-लिखे और बिहार के विभिन्न महाविद्यालयों तथा राँची विश्वविद्यालय में प्रोफेसर रहे डॉ. बद्री प्रसाद (जन्म—23.10.1944) लोक-साहित्य के अनुसंधाता, समीक्षक और लोकभाषा के गम्भीर विश्लेषक हैं। लोक-साहित्य पर केन्द्रित दो महान पुस्तकें उनके असाधारण श्रम और अनुसंधान की मिसाल हैं।

पहली पुस्तक है, 'भारतीय छऊ नृत्य : इतिहास, संस्कृति और कला'। यह पुस्तक दो खंडों में है। इसे संगीत नाटक अकादमी ने प्रकाशित किया है। इसमें उन्होंने पश्चिम बंगाल, उड़ीसा और झारखंड में प्रचलित छऊ के सारे रूपों यथा मयूरभंज, सराईकेला तथा पुरुलिया शैलियों का गहन अनुशीलन किया है। ग्रंथ के दूसरे भाग में सन्दर्भगत चित्रों के साथ छऊ नृत्य की तीनों शैलियों का विवेचन किया गया है। उनका तुलनात्मक विवेचन करते हुए छऊ नृत्य की उपलब्धियों, सम्भावनाओं व सीमाओं की खोज भी की गई है। अन्त में छऊ का ग्राम्यांचलिक सर्वेक्षण किया गया है, जिससे यह ग्रंथ नृत्य के जिज्ञासुओं के समक्ष छऊ नृत्य का एक सम्पूर्ण चित्र प्रस्तुत करता है।

डॉ. बद्री प्रसाद की स्थापना है, "छऊ नृत्य की तकनीकी परम्परा आज तक मौखिक ही चलती रही है। छऊ की दीझा, गुरु से लेकर शिष्य तक सैद्धान्तिक रूप से कम, किन्तु व्यावहारिक रूप से इसे इतने सघन और सिद्ध रूप में भरने की चेष्टा की जाती है कि वह आज तक लगभग अपनी विशुद्धता को अक्षुण्ण रखने में समर्थ है।" (भूमिका से) डॉ. प्रसाद ने इसे पूरा करने में लगभग पन्द्रह वर्ष का समय लगाया है।

उनकी दूसरी पुस्तक 'झूमर : गीत, संगीत और नृत्य' छह खंडों में है। इसे भी संगीत नाटक अकादमी ने ही छापा है। उत्तर भारत के असम से लेकर राजस्थान तक के झूमर नृत्य की विभिन्न शैलियों की विस्तृत व्याख्या इसमें की गई है। डॉ. प्रसाद ने न केवल ग्रंथ के भाष्य खंड में विभिन्न भाषाओं के झूमर गीतों के अर्थ-सौन्दर्य पर प्रकाश डालते हुए इसकी समीक्षा के विविध आयामों को पाठकों के सामने रखा है बल्कि इसकी गायकी की पुरानी और अत्यन्त दुर्लभ रिकार्डिंग को भी पेन ड्राइव में सँजोकर रखा है। निश्चय ही यह लोक-संस्कृति को सँजोकर रखने का एक अनुकरणीय और वन्दनीय कार्य है।

'हिन्दी में तुलनात्मक आलोचना', 'प्रगतिवादी हिन्दी उपन्यास', 'मैला आँचल : शिल्प और दृष्टि', 'छऊ नृत्य कला' आदि उनकी अन्य प्रकाशित पुस्तकें हैं।

अरुणेश नीरन

देवरिया (उ.प्र.) में जन्मे और कुशीनगर में शिक्षक रहे अरुणेश नीरन (जन्म—20.06.1946)ने कविता, कहानी, यात्रा-वृत्तान्त, संस्मरण, रिपोर्ताज आदि के साथ भोजपुरी साहित्य की आलोचनाएँ भी लिखी हैं। उन्होंने 'भोजपुरी वैभव', 'पुरइन पात', 'हमार गाँव', 'प्रतिनिधि भोजपुरी कहानियाँ', 'भोजपुरी के अमर लोकगीत' (चार खंड)आदि का सम्पादन करते हुए उनकी जो भूमिकाएँ लिखी हैं उनसे उनकी आलोचना-दृष्टि का परिचय मिल जाता है। रामविलास शर्मा की तरह वे भी बोलियों को 'जनपदीय भाषाएँ' कहकर सम्बोधित करते हैं और उन्हें यथेष्ट सम्मान देते हैं। जनपदीय भाषाओं की शक्ति के बारे में वे लिखते हैं, "जनपदीय या लोकभाषा की सबसे बड़ी शक्ति है प्रतिरोध। प्रतिरोध उस समाज से, जिसने जीने की स्थितियाँ छीन ली हैं, सत्ता से, जिसने लगातार शोषण किया है, ईश्वर से, जिसने हमारी रक्षा नहीं की।" ('हिन्दी समय' में संकलित 'जनपदीय भाषाएँ, हिन्दी से अन्तर्सम्बन्ध और अन्तर्विरोध तथा आंचलिकता की आधुनिकता' शीर्षक लेख से)

नन्द भारद्वाज

बाड़मेर (राजस्थान) के 'माडपुरा' नामक गाँव में जन्मे, दूरदर्शन से जुड़े, कवि, कथाकार और समीक्षक नन्द भारद्वाज (जन्म—10.08.1948) की राजस्थानी में लिखी गई एक महत्त्वपूर्ण समीक्षाकृति प्रकाशित है जिसका नाम है, 'दौर अर दायरौ'। अपनी इस पुस्तक की भूमिका में वे लिखते हैं, "आज राजस्थानी में लिखते-पढ़ते हर संजीदा रचनाकार को बराबर दो स्तरों पर स्वयं को तैयार करना पड़ता है—पहलेपहल मौलिक सृजन की माँग पूरी करने के लिए और दूसरे, दौर-विशेष के सृजन की सहेज-परख के लिए। इसी भाषा में पढ़ते-लिखते अपने अनुभव के आधार पर सोचने-समझने और कथनी की आकांक्षा को सहेजते भाषा, साहित्य और संस्कृति के जो जुड़ते सवाल मेरे सामने आए, उन्हें सुलझाने-समझाने की जद्दोजहद में इस पूरे दौर और दायरे की सावधानी से सहेज-परख करनी पड़ी।" (उद्धृत, दस्तावेज-152 / जुलाई-सितम्बर, 2016 पृ. 10)

वास्तव में नन्द भारद्वाज का उक्त कथन सभी जनपदीय भाषाओं के साहित्यालोचकों पर लागू होता है। 'साहित्य परम्परा और नया रचना कर्म' नाम से उनकी एक अन्य महत्त्वपूर्ण आलोचना-कृति प्रकाशित हैं। 'संस्कृति जन संचार और बाजार' शीर्षक से उनकी मीडिया समीक्षा पर भी पुस्तक प्रकाशित है।

अन्य आलोचकों में **रामनारायण उपाध्याय** की लोक-साहित्य में विशेष रुचि है। गाँव तथा गांधी को अपने जीवन में प्रेरणा का स्रोत मानने वाले रामनारायण उपाध्याय ने लोक-साहित्य और गांधी साहित्य पर ही विशेष रूप से कार्य भी किया है। कहानी, निबन्ध, संस्मरण, रिपोर्ताज, रेखाचित्र आदि विविध विधाओं में कलम चलाने वाले रामनारायण उपाध्याय की लगभग 30 पुस्तकें प्रकाशित है। 'हम तो बाबुल तेरे बाग की चिड़िया', 'निमाड़ का सांस्कृतिक इतिहास' जैसी उनकी कृतियाँ विशेष रूप से उल्लेखनीय हैं। लोक-साहित्य के नए समीक्षकों में **शैलेन्द्रकुमार शर्मा** का काम उल्लेखनीय है। मालवी लोक-साहित्य उनका मुख्य क्षेत्र है। 'मालवा का लोकनाट्य माच और अन्य विधाएँ' जैसी उनकी महत्त्वपूर्ण सम्पादित कृति है। 'हरियाले आँचल का हरकारा : हरीश निगम', 'मालवी भाषा और साहित्य', 'सोंधवाड़ी साहित्य, संस्कृति और व्याकरण', 'मालव सुत पं. सूर्यनारायण व्यास', 'मालव मनोहर', 'लोककवि झलक निगम', 'हरीश प्रधान : व्यक्ति और काव्य' आदि उनकी आलोचनात्मक पुस्तकें हैं। उनका विश्वास है कि लोक और जनजातीय साहित्य और संस्कृति जीवन की अक्षय निधि के स्रोत हैं। यह धारा कभी सूखती नहीं है। लोक-साहित्य निरन्तर बहता हुआ वर्तमान है। विविध लोकाभिव्यक्तियाँ जीवन की एकरसता को तोड़ती हैं, विकास के नए प्रतिमान एक जैसेपन को बढ़ाते हैं, इसके विपरीत लोक-साहित्य और संस्कृति एक जैसेपन और एकरसता के विरुद्ध हैं। मनुष्य की सर्जनात्मक सम्भावनाओं का प्रतिबिम्बन लोक और जनजातीय कला-माध्यमों में सदियों से होता आ रहा है। उन्हें लेकर नित नूतन दृष्टि से शोध की आवश्यकता है। **शची मिश्र** ने इधर 'भोजपुरी के संस्कार गीत' शीर्षक से भोजपुरी के गीतों के संकलन का ऐतिहासिक कार्य किया है। उत्तर प्रदेश हिन्दी संस्थान से प्रकाशित इस पुस्तक की लम्बी भूमिका से उनकी आलोचनात्मक दृष्टि का परिचय मिल जाता है। उन्होंने सम्भवत: पहली बार रेखांकित किया है कि भोजपुरी संस्कार गीत थोड़े-बहुत परिवर्तनों के साथ हिन्दू और

मुसलमान—दोनों समुदायों के यहाँ समान रूप से प्रचलित हैं। 'भोजपुरी के संस्कार गीत', 'गितियन खनके अंगनवाँ', 'भोजपुरी की लोक कथाएँ' तथा 'भोजपुरी के प्रणयगीत नकटा' नामक उनके चार सम्पादित ग्रंथ प्रकाशित हैं जिनमें लम्बी-लम्बी आलोचनात्मक भूमिकाएँ हैं।

लोक-साहित्य के अन्य अध्येताओं में **श्याम परमार** उल्लेखनीय हैं। मालवा के लोक-साहित्य का उन्होंने गम्भीर अध्ययन किया है। लोक-साहित्य पर केन्द्रित उनकी पुस्तकों में 'भारतीय लोक-साहित्य', 'मालवा की कहानियाँ', 'मालवा की लोक कथाएँ' आदि प्रमुख हैं। **संतराम 'अनिल'** ने कन्नौज के लोक-साहित्य की सुन्दर समीक्षा की है। उनकी पुस्तकें हैं, 'कनौजी लोक-साहित्य' तथा 'कनउजी लोकगीत'। **लक्ष्मीकुमारी चूडावत** ने राजस्थानी लोक-साहित्य पर विशेष काम किया है। उनकी पुस्तकें हैं 'रजवाड़ी लोकगीत' तथा 'राजस्थानी के सांस्कृतिक लोकगीत'। **गोविन्द चातक** गढ़वाल के हैं। उनकी पुस्तक का नाम है, 'गढ़वाली लोकगीत'। **हरिश्रेष्ठ** ने 'नेवारी लोकगीत' का प्रणयन किया है। **दिनेश्वर प्रसाद** की आलोचनात्मक कृति का नाम है, 'लोक-साहित्य और संस्कृति'। **सोहनदास चारण** की पुस्तक है, 'राजस्थानी लोक-साहित्य का सैद्धान्तिक विवेचन'। **कोमल कोठारी** की आलोचना का क्षेत्र भी राजस्थान ही है। उन्होंने 'राजस्थानी लोक-साहित्य' विषय पर केन्द्रित पुस्तक का लेखन किया है। **मनोहर शर्मा** की पुस्तक है, 'लोक-साहित्य की सांस्कृतिक परम्परा'। **कुन्दनलाल उप्रेती** की पुस्तक का नाम है, 'लोक-साहित्य के प्रतिमान' **सुरेशचन्द्र त्यागी** की पुस्तक का नाम है 'लोक-साहित्य'। **स्वर्ण लता** की लोक-साहित्य केन्द्रित कृति का नाम है, 'लोक-साहित्य विमर्श'। **गणेश चौबे** की पुस्तक हैं, 'भोजपुरी भाषा आ सहित्य : कुछ समस्या समाधान', तथा **हवलदार त्रिपाठी सहृदय** ने एक छोटी सी पुस्तक 'भोजपुरी साहित्य के इतिहास' लिखी है।

लोक-साहित्य की समीक्षा से सम्बन्धित अन्य बहुत-सी कृतियाँ प्रकाशित हैं जिनका उल्लेख अपनी सीमाओं के चलते हम नहीं कर पाए हैं। रावत नाच महोत्सव की ओर से दशकों से प्रतिवर्ष प्रकाशित होने वाली और **कालीचरण यादव** द्वारा सम्पादित पत्रिका 'मड़ई' की भी लोक-साहित्य की आलोचना में उल्लेखनीय भूमिका है।

अठारहवाँ सोपान

शैली वैज्ञानिक आलोचना

शैली वैज्ञानिक आलोचना की अवधारणा और उसकी सीमाएँ

शैली विज्ञान अपेक्षाकृत एक नवीन आलोचना प्रणाली है, जो रचना का पूर्वग्रहहीन, वस्तुनिष्ठ, व्यवस्थित भाषायी विश्लेषण कर उसके मर्म को उजागर करने का दावा करती है। इसका आविर्भाव-क्षेत्र भाषा विज्ञान और कार्य-क्षेत्र साहित्य है। भाषा विज्ञान, भाषा का विश्लेषण भर करता है, जबकि शैली विज्ञान इससे और गहरे जाकर साहित्य के मार्मिक कथ्य की पड़ताल का दावा करता है। वस्तुत: शैली विज्ञान भी साहित्य को समझने-समझाने की एक दृष्टि है जो शैली के साक्ष्य पर एक ओर साहित्यिक कृति की संरचना (स्ट्रक्चर) और गठन (टेक्सचर) पर प्रकाश डालती है और दूसरी ओर कृति का विश्लेषण करते हुए उसमें अन्तर्निहित साहित्यिकता का उद्घाटन करती है। वस्तुत: शैली विज्ञान, भाषा के रास्ते चलकर काव्य-कृति के प्रकाशमान अन्तर्जगत में प्रवेश करने की विधि का आलोचना शास्त्र है। इस तरह शैली विज्ञान मूलत: भाषा विज्ञान की एक शाखा है जो साहित्य की समीक्षा में भाषा-विश्लेषण के महत्त्व को रेखांकित करती है।

पाश्चात्य काव्यशास्त्र में शैली सम्बन्धी विवेचन के सूत्र अरस्तू के काव्यशास्त्र में मिल जाते हैं, किन्तु आधुनिक शैली विज्ञान की प्रतिष्ठा बीसवीं सदी के प्रारम्भ में प्रसिद्ध भाषा विज्ञानी फर्डिनान्द द सास्युर (1857-1913) की स्थापना से आरम्भ होती है। नई समीक्षा की भाँति ही शैली विज्ञान भी कृति को स्वायत्त मानता है। इस पद्धति में भाषा के सभी अभिव्यंजक उपादानों—ध्वनि-विज्ञान, छंदशास्त्र, पद-विज्ञान, वाक्य-विज्ञान, शब्द-शास्त्र का समावेश किया गया है। नई समीक्षा और शैली विज्ञान में अन्तर यह है कि शैली विज्ञान, भाषा विज्ञान का पूरा-पूरा आधार ग्रहण करके विश्लेषण में प्रवृत्त होता है। जबकि नई समीक्षा ऐसा नहीं करती। उसमें विसंगति, विडम्बना, अनेकार्थता, संकेतार्थ, सन्तुलन आदि जिन औजारों का प्रयोग किया जाता है वे भाषा विज्ञान के औजार नहीं हैं। उनका सम्बन्ध काव्य-न्याय (लॉजिक आफ पोयट्री) से है।

वास्तव में भाषा का प्रयोग मुख्यत: बाह्य जगत सम्बन्धी सामान्य सूचनाएँ देने के लिए होता है, जबकि साहित्य की भाषा में प्रकट अर्थ के अतिरिक्त किसी आभ्यंतर अर्थ के उद्घाटन की क्षमता भी होनी चाहिए। जहाँ वह भाषा मात्र सामान्य सूचना देती प्रतीत होती है वहाँ भी उसमें अनेक अर्थ छिपे होते हैं। शैली वैज्ञानिक समीक्षा यह देखती है कि रचनाकार की भाषा उस आभ्यंतर अर्थ का उद्घाटन करने में सक्षम है या नहीं, और यह कार्य वह किस तरह सम्पन्न कर रही है।

रेने वेलेक जैसे आलोचक भी मानते हैं कि सामान्यत: भाषा का 'नार्म' से हटा हुआ अर्थात् मानक रूप का अतिक्रमण करने वाला रूप ही काव्य में प्रयुक्त होता है और शैली विज्ञान मूलत: इस विचलित रूप का अध्ययन करता है। ये विचलन या अतिक्रमण भी क्रमश: अपने तरीके से नियमबद्ध होकर एक नई समीक्षा को जन्म देने लगते हैं। शैली वैज्ञानिक समीक्षा अतिक्रमित भाषा के माध्यम से भी कृति में अन्तर्निहित कथ्य की पहचान तथा विश्लेषण की चेष्टा करती है। उसके लिए रचनाकार की संकल्पना, विचारधारा तथा इनसे प्रेरित कथ्य का भी महत्त्व है।

इस तरह शैली वैज्ञानिक समीक्षा साहित्य को सामान्य भाषा के रूप में नहीं, बल्कि विशिष्ट अभिव्यक्ति-साहित्य (गद्य, पद्य आदि) के रूप में ग्रहण करती है जिसमें भाव और रचनाकार की जीवन-दृष्टि को भी नजर में रखना जरूरी होता है। समीक्षक के लिए आवश्यक होता है कि वह भाषा के माध्यम से उस कथ्य और जीवन-दृष्टि तक भी पहुँचे। समीक्षक को भाषा विज्ञान तथा शैली विज्ञान ही नहीं, साहित्य शास्त्र का भी ज्ञान

होना चाहिए क्योंकि कृति के अर्थ तक पहुँचने के लिए, यह देख पाने के लिए कि शैली के उपकरणों का सही और सार्थक प्रयोग हुआ है या नहीं, उसे सहित्य शास्त्र सम्बन्धी उपकरणों से भी अपना सन्दर्भ जोड़ना होगा। उदाहरणार्थ 'कनक कनक ते सौ गुनी मादकता अधिकाय / वा खाये बौराय नर या पाए बौराय' में 'कनक' शब्द की द्वयर्थकता, यमक अलंकार के प्रयोग और बौराने की प्रक्रिया के भिन्न अर्थों पर विचार न किया जाए तो इसका भाषिक विश्लेषण अधूरा ही रहेगा। इस प्रकार अलंकार का प्रयोग भी शैली का ही अंग है। इसे देखते हुए हम कह सकते हैं कि शैली विज्ञान में भाषा विज्ञान तथा साहित्य शास्त्र का संगम हो गया है। इनमें से किसी एक के बिना भी शैली वैज्ञानिक समीक्षा अधूरी है।

भारत में शैली विज्ञान के सर्वाधिक महत्त्वपूर्ण समीक्षक रवीन्द्रनाथ श्रीवास्तव के अनुसार शैली विज्ञान भी साहित्य को समझने-समझाने की एक दृष्टि है जो शैली के साक्ष्य पर एक ओर साहित्यिक कृति की संरचना (स्ट्रक्चर) और गठन (टेक्सचर) पर प्रकाश डालती है तो दूसरी ओर कृति का विश्लेषण करते हुए उसमें अन्तर्निहित 'साहित्यिकता' का उद्‌घाटन करती है।

केदारनाथ सिंह की चर्चित कविता 'इस अनागत को करें क्या' की शैली वैज्ञानिक व्याख्या रवीन्द्रनाथ श्रीवास्तव ने की है। इस व्याख्या की परीक्षा करने के बाद डॉ. बच्चन सिंह की टिप्पणी है, "स्पष्ट है कि विवरणात्मक शैली वैज्ञानिक प्रणाली के आधार पर वाक्यों, उपवाक्यों, संज्ञा, सर्वनाम, पद, पदबंध आदि के माध्यम से कविता की जो परीक्षा की गई है वह उसकी शव परीक्षा बन जाती है। इसमें जिस व्याकरण की सहायता ली गई है वह कविता को छोटे-छोटे खंडों में काट तो देता है पर उसे संश्लेषित नहीं कर पाता। इस व्यवच्छेदन व्यापार से मूल्यांकन का सम्बन्ध नि:शेष हो जाता है।" (आलोचना, जुलाई-सितम्बर,1974, पृ. 7)

बच्चन सिंह की उक्त टिप्पणी शैली वैज्ञानिक समीक्षा की सीमाओं को रेखांकित कर देती है। रवीन्द्रनाथ श्रीवास्तव पुन: उक्त टिप्पणी पर प्रतिवाद करते हैं और कहते हैं, "काव्यकृति को स्वायत्त मानने का अर्थ है विश्लेषण और परीक्षा की आधारशिला तथा मूल केन्द्रक के रूप में स्वयं कृति की स्वीकृति। अत: आलोचक के लिए यह जरूरी है कि वह पहले इसी आधारविन्दु से आगे बढ़े पर दृष्टि की समग्रता की माँग को भी उसे नहीं भूलना चाहिए। उसे यह भी नहीं भूलना चाहिए कि इस आधार विन्दु से ऊपर उठकर उसे साहित्यिक और सांस्कृतिक समग्रता की पृष्ठभूमि में रखकर कृति को एक संश्लिष्ट घटक के रूप में भी देखना है।" (आलोचना, अप्रैल-जून 1977, पृ. 51)

फिलहाल, इस प्रकरण पर रामचन्द्र तिवारी की टिप्पणी पर्याप्त है, "वस्तुत: प्रश्न सिद्धान्त का नहीं, व्यवहार का है और निष्कर्ष यह है कि व्यवहार के धरातल पर हिन्दी में शैलीवैज्ञानिक आलोचना अभी अपनी मूल्यवत्ता प्रमाणित नहीं कर सकी है।" (हिन्दी का गद्य साहित्य, पृ. 154)

यद्यपि शैली विज्ञान को पश्चिम से आयातित माना गया है किन्तु भारतीय काव्यशास्त्र में भी अत्यन्त प्राचीन काल से भाषा तत्त्व पर बल रहा है। वामन ने 'विशिष्ट पदरचना' को 'रीति' नाम देते हुए उसे काव्य की आत्मा माना था तो भामह ने 'असामान्य कथन' या 'वक्रोक्ति' को। कुंतक कवि-स्वभाव, कवि-प्रतिभा आदि पर बल देते हुए काव्य की अनुभूति या सन्देश पक्ष के साथ ही उसकी अभिव्यक्ति को भी महत्त्व देते हैं। वे कविता की भाषा तथा सामान्य भाषा का अन्तर दिखलाते हुए वक्रता को काव्यभाषा का अनिवार्य गुण मानते हैं और साहित्य के सृजन में भाषा के स्वरूप के महत्त्व को रेखांकित करते हैं। इस प्रकार भारतीय काव्यशास्त्र में काव्य तथा उसकी भाषा शैली के अनिवार्य सम्बन्ध को स्वीकार किया गया है और भाषा शैली के विविध पक्षों के विवेचन पर ध्यान रखा गया है।

फिलहाल, कृति केन्द्रित होने के नाते यह समीक्षा पद्धति रचना की विशेषताओं का अधिक अच्छी तरह मूल्यांकन कर सकती है किन्तु इसी के साथ यह कमी भी जुड़ जाती है कि इस पद्धति में रचना के सामाजिक तथा नैतिक मूल्य पूरी तरह उपेक्षित रह जाते हैं।

हिन्दी आलोचना-जगत में शैली विज्ञान को लोकप्रिय बनाने का श्रेय रवीन्द्रनाथ श्रीवास्तव को है। उनके लेखन का इतना प्रभाव पड़ा कि बहुत कम अवधि में ही शैली विज्ञान पर केन्द्रित कई पुस्तकें प्रकाश में आ गईं। कृष्ण कुमार शर्मा तथा सुरेश कुमार के अलावा डॉ. नगेन्द्र और पं. विद्यानिवास मिश्र जैसे लेखकों तक ने शैली विज्ञान पर ग्रंथ लिखे। विश्वविद्यालयों में शोध के लिए बहुत सी कृतियों की शैलीवैज्ञानिक समीक्षाएँ कराई गईं किन्तु, धीरे-धीरे शैली विज्ञान का महत्त्व घटने लगा और आज शैली विज्ञान की चर्चा करने वाले बहुत कम लोग हैं।

रवीन्द्रनाथ श्रीवास्तव

बलिया (उ.प्र.) में जन्मे, लेनिनग्राद और कैलीफोर्निया में पढ़े-लिखे और भारत में शैली विज्ञान को प्रतिष्ठित करने वाले प्रो. रवीन्द्रनाथ श्रीवास्तव (09.07.1936-03.10.1992) मूलत: विज्ञान के विद्यार्थी थे लेकिन उन्होंने भाषा विज्ञान और साहित्य के अध्ययन का रास्ता चुना। भारत में आने के बाद अपनी प्रतिभा और लेखन से यहाँ के भाषा विज्ञान और साहित्य के अध्ययन की पद्धतियों को व्यापक रूप से प्रभावित किया। उन्होंने श्रवणिक ध्वनिविज्ञान, सैद्धान्तिक भाषा विज्ञान, शैली विज्ञान, समाज भाषा विज्ञान, अनुवाद विज्ञान, भाषा शिक्षण और कंप्युटेशनल भाषा विज्ञान आदि भाषा विज्ञान के विविध पक्षों पर कार्य किया है। उन्होंने साहित्य, संस्कृति, शिक्षा और सम्प्रेषण से सम्बन्धित विविध विषयों पर पुस्तकें लिखी हैं।

रवीन्द्रनाथ श्रीवास्तव की मौलिक पुस्तकों में 'प्रगतिशील आलोचना', 'शैली विज्ञान और आलोचना की नई भूमिका', 'भाषा शिक्षण', 'संरचनात्मक शैली विज्ञान', 'प्रयोजनमूलक हिन्दी व्याकरण', 'भाषायी अस्मिता और हिन्दी', 'हिन्दी भाषा का समाजशास्त्र', 'हिन्दी भाषा संरचना के विविध आयाम', 'भाषा विज्ञान : सैद्धान्तिक चिन्तन', 'अनुप्रयुक्त भाषा विज्ञान : सिद्धान्त और प्रयोग', 'साहित्य का भाषिक चिन्तन' आदि महत्त्वपूर्ण हैं। अंग्रेजी में भी उनकी कई पुस्तकें प्रकाशित हैं, जिनमें 'लिटरेसी', 'स्टाइलिस्टिक्स', 'बाई/मल्टीलिंगुअलिज्म', 'अप्लॉएड लिंग्विस्टिक्स', 'हिन्दी लिंग्विस्टिक्स', 'लैंग्वेज थियरी एंड लैंग्वेज स्ट्रक्चर' तथा 'जेनेरेटिव फोनोलॉजी' प्रमुख हैं। इसके अलावा 'प्रयोजनमूलक हिन्दी', 'हिन्दी भाषा : संरचना और प्रयोग', 'व्यावहारिक हिन्दी', 'हिन्दी का शैक्षिक व्याकरण', 'अनुप्रयुक्त भाषा विज्ञान', 'साहित्य अध्ययन की दृष्टियाँ', 'भाषा के सूत्रधार', 'अनुवाद : सिद्धान्त समस्याएँ', 'भाषा विज्ञान परिभाषा कोश', 'हिन्दी के सन्दर्भ में सैद्धान्तिक एवं अनुप्रयुक्त भाषा विज्ञान' आदि उनकी सम्पादित पुस्तकें हैं।

रवीन्द्रनाथ श्रीवास्तव ने भाषा को प्रतीक व्यवस्था माना है तथा भारतीय बहुभाषिकता को बहुभाषी एवं बहुसांस्कृतिक समाज की सहज सम्प्रेषण व्यवस्था के रूप में प्रमाणित किया है। उनकी मान्यता है कि "भाषा का गहरा सम्बन्ध समाज से है और इसी कारण वह विषमरूपी होने की नियति से बँधी है। भाषा वस्तुत: प्रयोजनसिद्ध शैलियों के समुच्चय का दूसरा नाम है। किसी एक भाषा की विभिन्न शैलियाँ आपस में अन्तत: या तो सामंजस्य की स्थिति में रहती हैं या फिर तनाव की स्थिति में। सामंजस्य की स्थिति शैलियों को प्रयोजन से बाँधती है और तनाव की स्थिति उनमें प्रतिस्पर्धा का कारण बनती है। भाषा न केवल व्यक्ति के संज्ञानात्मक बोध का प्रतिबिम्ब है बल्कि इस सम्प्रदाय में वह ऐसा दर्पण भी है जिसमें आधारभूत शैली अन्य आरोपित शैलियों के साथ अपने सम्बन्धों का चित्र भी प्रतिबिंबित करती है। इसीलिए भाषा वैज्ञानिकों का दायित्व है कि किसी भाषा के व्याकरण के भीतर वे शैलीभेद सम्बन्धी चर-संयुक्त उपनियमों की व्यवस्था को भी समेटें।" (भाषायी अस्मिता और हिन्दी, पृ. 10)

रवीन्द्रनाथ श्रीवास्तव के अनुसार, "हिन्दी मात्र व्याकरण नहीं है और न ही वह केवल विशिष्ट भाषिक संरचना है। भाषा के रूप में वह एक सामाजिक संस्था भी है, संस्कृति के रूप में सामाजिक प्रतीक भी है और साहित्य के रूप में वह एक जातीय परम्परा भी है।" (उपर्युक्त, पृ. 12)

रवीन्द्रनाथ श्रीवास्तव ने हिन्दी के सवाल को भारतीय सांस्कृतिक एवं सामाजिक प्रश्न से जोड़कर देखने की आवश्यकता को रेखांकित करते हुए कहा है, "हम अपनी सामाजिक अस्मिता को पहचानें और इस सन्दर्भ में भाषायी अस्मिता के सवाल पर एक बार फिर गौर करें। अगर हिन्दी-उर्दू भाषा आम जनता के लिए एक है तो इसी कारण कि वह शैक्षणिक स्तर पर बनाए गए कृत्रिम विभाजन को स्वीकार नहीं करती। वह हिन्दी और उर्दू की अपनी मूल संरचना, प्रकृति और नियमों के आधार पर भाषा का प्रयोग करती है और इस दृष्टि से हिन्दी और उर्दू एक भाषा, एक जबान ठहरती है। इस एक जबान को बोलने वालों में न कोई भेदभाव है और न सामाजिक अस्मिता के धरातल पर कोई दुराव।" (सामाजिक अस्मिता और हिन्दी-उर्दू का सवाल, पृ. 40-41)

उनके भाषा चिन्तन के बारे में प्रो. दिलीप सिंह ने लिखा है, "उनका सम्पूर्ण लेखन उनके भाषानुरागी मन का स्वच्छ चमकीला प्रतिबिम्ब है। उनके लेखन के साथ चलना पूर्व और पश्चिम के भाषा चिन्तन की सधी रज्जु पर चलना है। अपनी सम्पूर्ण सजग चेतना के साथ। इस चेतना के बिना उनके लेखन की गहराई को माप पाना सहज नहीं है।" (वे भाषा के अनुरागी थे, दिलीप सिंह, पूर्णकुंभ, सितम्बर 1996, रवीन्द्रनाथ श्रीवास्तव स्मृति ग्रंथ, पृ. 33)

पांडेय शशिभूषण शीतांशु

शैली वैज्ञानिक समीक्षकों में पांडेय शशिभूषण शीतांशु (जन्म—13.05.1941) का नाम अग्रगण्य है। 'अद्यतन भाषा विज्ञान : प्रथम प्रामाणिक विमर्श', 'भाषा विमर्श : नव्य भाषा वैज्ञानिक सन्दर्भ', 'पाश्चात्य व्याकरण विश्वकोश', 'शैली विज्ञान का इतिहास', 'शैली विज्ञान : प्रतिमान और विश्लेषण', 'शैली विज्ञान : प्रकार और प्रतिमान', 'शैली और शैली विश्लेषण', 'शैली विज्ञान और भारतीय काव्यशास्त्र : तुलनात्मक सन्दर्भ', 'शैली विज्ञान : सिद्धान्त, प्रतिमान और विश्लेषण', 'रचना सन्दर्भ : काव्यभाषा, 'रचना सन्दर्भ : कथाभाषा', 'भारती की काव्यभाषा', 'रामचरितमानस : संकेत विसंरचनात्मक प्रोक्ति-शैली विज्ञान सन्दर्भ' आदि उनके द्वारा प्रणीत पुस्तकें हैं। डॉ. शीतांशु ने एक ओर सास्युर द्वारा निरूपित 'लांग' और 'पेरोल' को व्यापक रूप में विश्लेषित किया है तो दूसरी ओर नॉम चॉम्स्की द्वारा विवेचित भाषा-क्षमता और भाषा-व्यवहार का भी विस्तार के साथ विश्लेषण किया है। इसके अलावा उन्होंने भाषा के विविध रूपों मसलन् मूल भाषा, सम्पर्कभाषा, मानकभाषा, राष्ट्रभाषा, राजभाषा, राज्यभाषा, मृतभाषा, समाजभाषा, व्यक्तिभाषा, कूटभाषा, 'पिचिन', 'क्रियोल' आदि के स्वरूप को तार्किक ढंग से विश्लेषित किया है।

समाज में भाषा के विविध प्रकारों को रेखांकित करते हुए प्रो. शीतांशु ने समाज भाषा विज्ञान के स्वरूप का विस्तार से विश्लेषण किया है। उन्होंने प्रयुक्ति (Register) को भी समुदाय और आजीविका की भाषा के व्यवहार-रूप में चिन्तन-मनन का विषय माना है। प्रयुक्ति को मूल रूप से संगीत क्षेत्र का पारिभाषिक शब्द बताया है। एक ही भाषा के शब्द विभिन्न सन्दर्भों, क्षेत्रों, विषयों, वृत्तियों में कैसे अलग-अलग अर्थरूपों में व्यवहृत होते हैं, इसे प्रयुक्ति निरूपित करती है। एक ही व्यक्ति घर में, परिवार में, अपने कार्य स्थल में, बाजार में अथवा न्यायालय में भिन्न-भिन्न प्रयुक्तियों का प्रयोग करता है। 'नोट्स' शब्द क्लास रूम में नोट्स के लिए और बैंक में करेंसी नोट्स के लिए व्यवहृत होता है। उनकी दृष्टि में 'पिजिन' और 'क्रियोल' भी समाज भाषा विज्ञान का ही विषय है। 'रामचरितमानस' के प्रोक्ति-सन्दर्भ पर विचार करते हुए प्रोक्ति के अन्तर्गत उन्होंने भाषा व्यवहार शास्त्र के सिद्धान्त का निरूपण भी किया है।

प्रो. शीतांशु ने पहली बार यह स्थापित किया कि आधुनिक पश्चिमी भाषा विज्ञान की बहुतेरी स्थापनाएँ आज से डेढ़ हजार वर्ष पूर्व आचार्य भर्तृहरि के 'वाक्यपदीयम्' नामक व्याकरण ग्रंथ में पूर्व विवेचित और स्थापित हो चुकी हैं। निस्सन्देह उन्होंने वैश्विक स्तर पर भाषा विज्ञान की पीठिका पर विकसित शैली विज्ञान को सिद्धान्त और व्यवहार दोनों रूपों में पर्याप्त ऊँचाई पर पहुँचाया। उन्होंने प्रमाणित कर दिया कि वाचिक और लिखित दोनों भाषारूप अब भाषा विज्ञान के अध्ययन के क्षेत्र के अन्तर्गत आते हैं और दोनों ही भाषा विज्ञान के क्षेत्र के विवेच्य विषय हैं।

कृष्णकुमार गोस्वामी

खानेवाल नगर (सम्प्रति पाकिस्तान) में जन्मे, दिल्ली में पढ़े-लिखे, केन्द्रीय हिन्दी संस्थान में शिक्षक रहे, भाषा शिक्षण व अनुवाद विज्ञान के विशेषज्ञ प्रो. कृष्ण कुमार गोस्वामी (15.07.1942-23.04.2021) ने यद्यपि माखनलाल चतुर्वेदी और जयशंकर प्रसाद पर भी समीक्षात्मक पुस्तकें लिखी हैं और काव्यशास्त्र पर भी, किन्तु उनकी समीक्षा का मुख्य क्षेत्र शैली विज्ञान और भाषा प्रौद्योगिकी है। उन्होंने आचार्य रामचन्द्र शुक्ल की भाषा का शैलीवैज्ञानिक अध्ययन किया है। उनकी मान्यता है कि साहित्य, सौन्दर्य और भाषा के बीच निहित रहता है। इसमें सौन्दर्य आधेय है और भाषा आधार। इस दृष्टि से साहित्य एक अनुभूतिजन्य संरचना है, जिसके सर्जनात्मक और कलात्मक प्रयोगों का अध्ययन शैली विज्ञान करता है जो आलोचना का भाषापरक प्रतिमान है। भाषापरक होने के कारण यह आलोचना साहित्यिक कृति को स्वायत्त शाब्दिक कला मानती है। कृष्णकुमार गोस्वामी की प्रमुख आलोचनात्मक पुस्तकें हैं, 'शैली विज्ञान और आचार्य रामचन्द्र शुक्ल की भाषा', 'जयशंकर प्रसाद : मूल्यांकन और मूल्यांकन', 'भारतीय आत्मा माखनलाल चतुर्वेदी', 'साहित्य भाषा और साहित्य शिक्षण', 'दक्खिनी भाषा और साहित्य : विश्लेषण की दिशाएँ', 'शैक्षिक व्याकरण और व्यावहारिक हिन्दी', 'प्रयोजनमूलक हिन्दी और कार्यालयी हिन्दी', 'भाषा के विविध रूप और अनुवाद', 'आधुनिक हिन्दी : विविध आयाम', 'अनुवाद विज्ञान की भूमिका', 'हिन्दी का सामाजिक और भाषिक परिदृष्य' आदि।

डॉ. एम.एल. गुप्ता आदित्य के अनुसार, गोस्वामी के मतानुसार साहित्य एक अनुभूतिजन्य संरचना है जिसकी सर्जनात्मकता और कलात्मकता को भाषा ही साकार रूप प्रदान करती है। भाषा साहित्य का एकमात्र सशक्त और जीवंत माध्यम तो है ही किन्तु यह कहना भी असमीचीन नहीं होगा कि साहित्य का जन्म भाषा के गर्भ से ही होता है। अत: गोस्वामी जी कहते हैं कि किसी साहित्यिक कृति की साहित्यिकता और सर्जनात्मकता का केंद्र-बिंदु भाषा है और भाषापरक उपकरणों से साहित्यिक कृति का अध्ययन शैली विज्ञान करता है जो भाषा विज्ञान की अनुप्रयोगिक शाखा है। साहित्य के अध्ययन में शैली विज्ञान मार्क्सवादी, मनोविश्लेषणवादी, समाजशास्त्रीय, मिथकीय आदि आलोचना-प्रणालियों को साहित्येतर उपादान मानता है जो साहित्यिक कृतियों के बाह्य सम्बन्धों की खोज करता है तथा समाज, संस्कृति आदि के परिप्रेक्ष्य में साहित्य का मूल्यांकन करता है। शैली विज्ञान तो साहित्य के कलात्मक और सौंदर्यपरक रूपों को उजागर करता है। प्रो. गोस्वामी ने आचार्य रामचन्द्र शुक्ल, प्रेमचन्द, निराला, जयशंकर प्रसाद, महादेवी वर्मा, अज्ञेय की रचनाओं का शैलीवैज्ञानिक अध्ययन किया है।" (https://hindimedia.in 'भारत भाषा प्रहरी : कृष्ण कुमार गोस्वामी' से)

कृष्णकुमार गोस्वामी ने 'साहित्य भाषा और साहित्य शिक्षण', 'दक्खिनी भाषा और साहित्य विश्लेषण की दिशाएँ', 'भारत की राजभाषा नीति', 'अनुवाद मूल्यांकन', 'अनुवाद की नई परम्परा और आयाम', 'आलोचना के प्रतिमान और नई समीक्षा' आदि कृतियों का सम्पादन किया है। उनका बहुत बड़ा योगदान कोश निर्माण को लेकर है। उन्होंने 'अंग्रेजी-हिन्दी पदबंध कोश', 'अंग्रेजी-हिन्दी शब्दकोश', 'अंग्रेजी–पंजाबी : पंजाबी-अंग्रेजी शब्दकोश' तथा 'मिनी अंग्रेजी-हिन्दी कोश' के निर्माण का ऐतिहासिक कार्य किया है।

सुरेन्द्र दुबे (जन्म—01.07.1953) ने शैली विज्ञान पर विशेष काम किया है। 'कामायनी का शैली वैज्ञानिक अध्ययन', 'दिनकर की काव्यभाषा का संरचनात्मक अध्ययन' तथा 'काव्यादर्श और काव्यभाषा' उनकी प्रमुख प्रकाशित पुस्तकें हैं। काव्यभाषा को समीक्षा का नया और सर्वथा उपयोगी प्रतिमान मानते हुए उन्होंने नई कविता की काव्यभाषा के साथ ही निराला, दिनकर, रामचन्द्र शुक्ल, अज्ञेय, परमानन्द श्रीवास्तव आदि की भाषा की समीक्षा की है। उनकी पुस्तक 'काव्यादर्श और काव्यभाषा' के पूर्वार्ध में उनकी सैद्धान्तिक मान्यताएँ हैं और उत्तरार्ध में व्यावहारिक समीक्षाएँ की गई हैं, किन्तु सिद्धान्त और व्यवहार का कोई स्पष्ट वर्गीकरण उनकी इस पुस्तक में नहीं है।

उन्नीसवाँ सोपान

उर्दू साहित्य आलोचना

उर्दू साहित्य—हिन्दी जाति का साहित्य

डॉ. धीरेन्द्र वर्मा ने 'हिन्दी साहित्य' (1962 में प्रकाशित) का सम्पादन करते हुए उसकी भूमिका में लिखा है, "यद्यपि हिन्दी भाषा और साहित्य का इतिहास गत एक हजार वर्ष से अधिक पुराना नहीं है, परन्तु उसकी परम्पराएँ अत्यन्त प्राचीन हैं। हिन्दी भाषा का क्षेत्र वर्तमान राजस्थान से बिहार तथा हिमाचल प्रदेश और पूर्वी पंजाब से मध्य प्रदेश का विस्तृत भू-भाग है। प्रशासनिक आधार पर इसमें पंजाब (पूर्वी भाग), हिमाचल प्रदेश, दिल्ली, राजस्थान, उत्तर प्रदेश, मध्य प्रदेश और बिहार—आठ अलग-अलग इकाइयाँ हैं, परन्तु भाषा की दृष्टि से यह सम्पूर्ण क्षेत्र एक अविभाज्य इकाई है, जिसकी जनसंख्या लगभग बाईस करोड़ है। भाषा की इस इकाई को यदि 'हिन्दी प्रदेश' कहा जाए तो अनुचित न होगा। विस्तार और जनसंख्या में ही नहीं, सांस्कृतिक दृष्टि से भी इस हिन्दी प्रदेश का विशेष महत्त्व रहा है। प्राचीन काल के वृहत्तर 'मध्यदेश' का ही यह आधुनिक भाषा क्षेत्र है, जिसे उत्तर भारत और अनेक अंशों में सम्पूर्ण भारत की संस्कृति का केन्द्र कहा जा सकता है। हिन्दी भाषा आर्यों की उस भाषा की अन्यतम प्रतिनिधि है जिसमें उसका प्राचीनतम साहित्य और सांस्कृतिक इतिहास उपलब्ध हुआ है।" (हिन्दी साहित्य, प्रथम खंड, प्रस्तावना से) इसी पुस्तक में भाषा का इतिहास लिखते हुए प्रसिद्ध भाषावैज्ञानिक डॉ. हरदेव बाहरी का कहना है, "हिन्दी भाषा का इतिहास वैदिक काल से उपलब्ध होता है। उससे पहले इस आर्यभाषा का स्वरूप क्या था, यह सब कल्पना का विषय बन गया है। आर्य चाहे कहीं बाहर से भारत में आए हों अथवा यहीं सप्तसिन्धु प्रदेश के मूल निवासी हों, यह निश्चित और निर्विवाद सत्य है कि वर्तमान हिन्दी प्रदेश में आने से पहले उनकी भाषा वही थी जिसका साहित्यिक रूप ऋग्वेद में प्राप्त होता है। एक तरह से यह कहना ठीक होगा कि वैदिक भाषा ही प्राचीनतम हिन्दी है। इस भाषा के इतिहास का यह दुर्भाग्य है कि युग-युग में इसका नाम परिवर्तित होता रहा है। सन् ईसवी पूर्व की तमिल और आज की तमिल में नाम भेद नहीं किया जाता, भले ही आधुनिक तमिल के पंडित के लिए प्राचीन तमिल वैसी ही कठिन और दुर्बोध हो जैसी हिन्दी जानने वाले के लिए संस्कृत। समूल परिवर्तन हो जाने पर भी अंग्रेजी अंग्रेजी ही है और जर्मन जर्मन। काल-भेद से हम उनके विभिन्न रूपों को प्राचीन अंग्रेजी, प्राचीन जर्मन, मध्यकालीन अंग्रेजी, मध्यकालीन जर्मन, आधुनिक अंग्रेजी और आधुनिक जर्मन कह देते हैं, किन्तु हिन्दी के अति प्राचीन रूप को वैदिक, प्राचीन रूप को संस्कृत, पूर्व मध्यकालीन को पालि, मध्यकालीन को प्राकृत, उत्तर मध्यकालीन को अपभ्रंश एवं आधुनिक रूप को हिन्दी कहते हैं। कहने का तात्पर्य यह है कि जिस भाषा का साहित्यिक रूप वेद में सुरक्षित है, उसी की उत्तराधिकारिणी हिन्दी है। हिन्दी भाषा के मूल तत्त्व वैदिक भाषा में विद्यमान हैं।" (वही, पृ. 135)

जाहिर है डॉ. हरदेव बाहरी हिन्दी भाषा को वैदिक संस्कृत की उत्तराधिकारिणी मानते हैं। इसीलिए मैं भी वेदों और उपनिषदों सहित रामायण, महाभारत आदि हिन्दी प्रदेश में रचित संस्कृत के असंख्य महान ग्रंथों को हिन्दी जाति की विरासत मानता हूँ। मैं मानता हूँ कि वैदिक और लौकिक संस्कृत, पालि, प्राकृत और अपभ्रंश की रचनाएँ हिन्दी जाति की रचनाएँ नहीं हैं, मगर हैं वे हिन्दी जाति की ही विरासत। उससे हमारा भारत गौरवान्वित है, दुनिया में भारत की प्रतिष्ठा है। वह हमारे समृद्ध भारतीय साहित्य का हिस्सा है।

हम उसे 'हिन्दी जाति का साहित्य' इसलिए भी नहीं कह रहे हैं क्योंकि उस समय 'हिन्दी जाति' गठित नहीं हुई थी। पूरा क्षेत्र विभिन्न जनपदों में बँटा हुआ था जिसका जिक्र पहले किया जा चुका है। हिन्दी भाषा में रचा गया साहित्य ही वस्तुतः हिन्दी जाति का साहित्य है।

वस्तुत: हिन्दी साहित्य के इतिहास में जिसे हम अब तक रीतिकाल कहते आए हैं वह रीतिकालीन ब्रजभाषा का साहित्य हमारे जातीय साहित्य की मुख्य धारा का हिस्सा नहीं है, क्योंकि यह साहित्य तत्कालीन बहुसंख्यक जनता की चित्तवृत्तियों को प्रतिबिम्बित नहीं करता। अपवादों को छोड़ दें तो दो सौ वर्षों से भी अधिक समय तक के इस कालखंड के सभी हिन्दी कवि दरबारी रहे और अपने पतनशील आश्रयदाता सामंतों की विकृत रुचियों को तुष्ट करने के लिए शृंगारिक कविता या नायिका भेद लिखते रहे। इस कालखंड की बहुसंख्यक जनता की चेतना वस्तुत: उस कविता में व्यक्त हुई है जिसे हमने उर्दू कविता के नाम पर अपने जातीय साहित्य की परिधि से बाहर कर दिया है। हम यदि तथाकथित उर्दू साहित्य को भी हिन्दी के जातीय साहित्य के भीतर सम्मिलित करने का नेक और जायज निर्णय लेते हैं तो हमें रीतिकाल की अब तक की समूची अवधारणा बदलनी होगी। इसी कालखंड के ब्रजभाषा के कवि जब 'काजर के कोरवारे भारे अनियारे नैन' के तीरों से बिद्ध हो रहे थे तो 'सौदा' (1706-1781) और 'मीर' (1725-1810) जहानाबाद (दिल्ली) की बर्बादी (नादिरशाह के लूटने से) का कारुणिक चित्र खींच रहे थे और घुट-घुट कर रो रहे थे—

गुलों के साथ जहाँ बुलबुलें करी थीं किलोल,
जहानाबाद तो कब इस सितम के काबिल था।
मगर कभी किसी आशिक का यह नगर दिल था,
कि यों मिटा दिया गोया कि नक्शे बातिल था।

(मिर्जा मुहम्मद रफी 'सौदा')

दिल्ली जो एक शहर था आलम में इंतिखाब,
रहते थे मुंतसिब ही जहाँ रोज यार के,
उसको फलक ने लूट के वीरान कर दिया
हम रहने वाले हैं उसी उजड़े दराज के।

(मीर तकी 'मीर')

महाकवि मिर्जा गालिब (1796-1869) दुख के भीतर से जीने की राह खोज रह थे—

रंज से खूँगर हुआ इंशाँ तो मिट जाता है रंज,
मुश्किलें मुझ पर पड़ीं इतनी कि आसाँ हो गईं।

आतिश (मृत्यु 1846) मजहबी कट्टरता के खिलाफ जंग लड़ रहे थे और दिलों को जोड़ने की बात कर रहे थे।—

बुतखाना खोद डालिए मस्जिद को ढाइए,
दिल को न तोड़िए ये खुदा का मुकाम है। (ख्वाजा हैदर अली 'आतिश')

इसी कालखंड में अन्तिम मुगल बादशाह बहादुरशाह 'जफर' (1735-1830) थे जो एक ओर अंग्रेजों को ललकार रहे थे तो दूसरी ओर जनता को आगाह भी कर रहे थे।—

हिन्दियों में बू रहेगी जब तलक ईमान की
तख्ते लंदन तक चलेगी तेग हिन्दुस्तान की।

और

दुनिया है यह रैन बसेरा बीत गई रही थोड़ी सी,
उनसे कह दो सो ना जावें नींद में जो कि निंदासे हैं।

इसी जमाने में जनसाधारण के असाधारण कवि नजीर 'अकबराबादी' (1735-1830) सही अर्थों में हिन्दी जाति की सामासिक संस्कृति की नीव पुख्ता कर रहे थे और जमाने का यथार्थ रच रहे थे। नजीर ने सिर्फ होली पर 26 कविताएँ रची हैं। कन्हैया जी की लीलाओं का उन्होंने इन शब्दों में चित्रण किया है—

तारीफ करूँ अब मैं क्या-क्या उस मुरली अधर बजैया की,
नित सेवा कुँज फिरैया की और बन-बन गऊ चरैय्या की।

गोपाल बिहारी बनवारी दुखहरन नेह करैया की,
गिरधारी सुन्दर स्यामबरन और हलधर जू के भैया की,
यह लीला है उस उस नन्द ललन मनमोहन जसुमति छैया की
रख ध्यान सुनौ दंडौत करौ जै बोलो किशन कन्हैया की।"

उनकी एक मशहूर कविता की कुछ पंक्तियाँ हैं—

क्या थाल कटोरी चाँदी की, क्या पीतल की डिबिया ढँकनी
क्या बर्तन सोने चाँदी के क्या मिट्टी की हँड़िया चपनी,
सब ठाठ पड़ा रह जाएगा जब लाद चलेगा बंजारा।

फिराक गोरखपुरी ने उनके विषय में बिलकुल ठीक कहा है कि "नजीर अकबराबादी उर्दू के ऐसे निराले कवि हैं जो वास्तव में अपने समय से बहुत पहले पैदा हो गए या यूँ कह लीजिए कि उन्होंने इस ढंग से कविता लिखी कि जिसका मूल्यांकन डेढ़-दो सौ वर्षों बाद ही किया जा सकता था।" (उर्दू भाषा और साहित्य, द्वितीय संस्करण 1779, पृ. 46)

प्रो. एहतेशाम हुसेन के शब्दों में, "नजीर से पूर्व अधिकतर कवि साधारण विषयों पर लिखने और जनता के जीवन का चित्रण करने में संकोच करते थे, परन्तु नजीर ने उच्च वर्ग के विचारों में एक ऐसा चोर दरवाजा बना दिया, जिसमें से होकर जनता का जुलूस साहित्य भवन में घुस आया। कविता की इस महान परम्परा के साथ नजीर अकबराबादी का नाम सदैव जीवित रहेगा। वास्तव में तो यह वही परम्परा थी, जिसे अमीर खुसरो ने जन्म दिया था, परन्तु बीच में जीवन से उसका वह पहला सा घनिष्ठ सम्बन्ध नहीं रह गया था। नजीर ने उसे प्रबल, व्यापक और लोकप्रिय बनाया। अमीर खुसरो के पश्चात् भक्त कवियों ने, गोलकुंडा के कुली कुतुबशाह ने, दिल्ली के फाइज ने उसे विनाश से बचाया था, नजीर ने उसे आकाश तक ऊँचा उठा दिया।" (उर्दू साहित्य का आलोचनात्मक इतिहास, संस्करण 2002, पृ. 98)

उर्दू कविता में धर्मनिरपेक्षता और हमारी जातीय संस्कृति पर यदि ठीक से शोध कार्य हो तो वह हमारी आंखें खोलने वाला साबित होगा। समूचा उर्दू साहित्य कृष्ण भक्ति और कृष्ण लीला गान की परम्परा से भरा पड़ा है। सागर निजामी, एहसान बिन दानिश, नजीर बनारसी, अख्तर शीरानी, जोश मलीहाबादी, हामिद उल्लाह हमसफर, अर्श मलस्यानी, ब्रजनारायण चकबस्त, हाफिज जालंधरी, अकबर सोहानी, अब्दुल असर जालंधरी, अशरफ महमूद, मौलाना आजाद अजीमाबादी, आशिक हुसैन, इंशा अल्लाह खाँ, गुलाम मुस्तफा अली खाँ, मौलाना जफर अली खाँ आदि अनेक कवि हैं जिनके काव्य का विषय कृष्ण चरित्र है।

हाफिज जालंधरी लिखते हैं,

दुनिया से निराला, यह बाँसुरी वाला, गोकुल का ग्वाला
वह गोपियों के साथ, हाथ में दिए हाथ, रक्शाँ हुआ ब्रजनाथ
आजा मेरे काले, भारत के उजाले, दामन में छुपा ले
ऐ हिन्द के राजा, इक बार तूँ आजा दुख-दर्द मिटा जा।

जोश मलीहाबादी की 'मुरली' नामक कविता की कुछ पंक्तियाँ देखिए—

यह किनने बजाई मुरलिया हिरदे में बदरी छाई।
गोकुल बन में बरसा रंग बाजा घर घर में मृदंग।
खुद से खुला हर एक जुड़ा हर एक गोपी मुस्कराई।

शाह अजीमाबादी की कविता 'जमुना की लहरें उठती हैं' की चन्द पंक्तियाँ द्रष्टव्य हैं,

शीशे से भी नाजुक लहरों पर कितनी परछाईं पड़ती है।
जब ताज महल कुछ कहता है, मुमताज की सूरत हँसती है।
गीता की हँसी ख्वाबों से परे घनश्यामी बंशी बजती है
जमुना की लहरें उठती हैं, कुछ कहती हैं, कुछ गाती हैं।

आधुनिक कवि नजीर बनारसी की एक कविता की कुछ पंक्तियाँ देखें—

दौड़ा दी मुहब्बत नस नस में बंशी के बजाने वाले ने
संकट में लिया है छुप के जनम संकट से छुड़ाने वाले ने,
संसार के मन को मोह लिया, इक गाय चराने वाले ने
फिर चीर हरन के बाद कोई नंगी नहिं उतरी जमुना में
हर एक का परदा रखा है उस परदा उठाने वाले ने
घनश्याम तुम्हारे बल पर, हम अब भी गरज कर कहते हैं
आजाद किया इनसानों को, इक जेल में जाने वाले ने।

महात्मा गांधी की हत्या पर नजीर बनारसी की कही गई दो पंक्तियाँ हमें बार-बार याद आती हैं—

जमीं वालों ने तेरी कद्र जब कम की मेरे बापू,
जमीं से ले गए तुमको उठाकर आसमाँ वाले।

उर्दू के नाम पर हिन्दी वालों के लिए अछूत करार दे दिया गया यह सारा साहित्य वस्तुत: हिन्दी के जातीय साहित्य का अभिन्न हिस्सा है, किन्तु इससे हम सिर्फ इसलिए अनभिज्ञ हैं क्योंकि यह फारसी लिपि में लिखा गया है, इसके रचनाकार ज्यादातर मुसलमान हैं और हमारे इतिहासकारों ने इसे हिन्दी साहित्य के इतिहास में शामिल नहीं किया है।

यह दिलचस्प है कि उर्दू साहित्य के इतिहास लेखक भी उर्दू साहित्य के लेखन की शुरुआत अमीर खुसरो से मानते हैं और हिन्दी साहित्य के इतिहास लेखक भी। आरम्भिक उर्दू गद्य की पुस्तकों—बैताल पचीसी, सिंहासन बत्तीसी, रानी केतकी और कुँवर उदयभान की कहानी आदि कृतियों से लेकर मुंशी प्रेमचन्द, कृष्ण चन्दर, सहादत हसन मंटो, राही मासूम रजा, राजेन्द्र सिंह बेदी, इस्मत चुगताई आदि रचनाकार हिन्दी और उर्दू में समान रूप से पढ़े-पढ़ाये जाते है। फिल्मों से जुड़े गीतकार जैसे कैफी आजमी, साहिर लुधियानवी, मजरूह सुल्तानपुरी, जोश मलीहाबादी, निदा फाजली, जावेद अख्तर आदि हिन्दी कवियों-गीतकारों की तुलना में जनता में अधिक लोकप्रिय हैं, यद्यपि इनके लिए हिन्दी साहित्य के इतिहास में जगह नहीं है। हमने साहित्य और कला की यह कैसी दुनिया बनाई है जहाँ तुलसी को पढ़ने वाला गालिब को नहीं पढ़ सकता और इकबाल को पढ़ने वाला निराला के बारे में नहीं जानता? विश्वविद्यालयों में हमने हिन्दी और उर्दू के नाम पर जो अलग-अलग विभाग बनाए हैं, ऐसा लगता है कि उनका मुख्य काम अपने जातीय साहित्य का बँटवारा करना है। हम हिन्दी साहित्य के अन्तर्गत चन्द बरदाई को पढ़ते हैं जो राजस्थानी के हैं, विद्यापति को पढ़ते हैं जो मैथिली के हैं, तुलसी और जायसी को पढ़ते हैं जो अवधी के हैं, कबीर को पढ़ते हैं जो भोजपुरी के हैं और ये सब हमें कठिन नहीं लगते लेकिन मिर्जा गालिब और मीर तकी 'मीर' हमें कठिन लगते हैं और उन्हें हिन्दी वाले नहीं पढ़ते जो खड़ी बोली के हैं और जिन्होंने खुद अपनी जबान को 'हिन्दी' कहा है।

उर्दू के रचनाकारों का जो साहित्य देवनागरी में उपलब्ध है उसमें सिर्फ अरबी-फारसी के कुछ कठिन शब्द होते है और आम तौर पर उनके हिन्दी अर्थ दिए होते हैं। मात्र इतने से ही उनकी कविताएँ आसानी से समझ में आ जाती हैं। मुझे बराबर लगता है कि गालिब, इकबाल, फैज और फिराक की तुलना में कबीर, जायसी, केशव और घनानन्द अधिक कठिन हैं। अगर हिन्दी-उर्दू एक ही भाषा की दो शैलियाँ हैं और दोनों शैलियों में रची गई रचनाएँ एक ही क्षेत्र की साहित्यिक उपलब्धियाँ हैं तो हमारे साहित्य के विद्यार्थियों को अपनी दोनों ही परम्पराओं से समान रूप से परिचय का अवसर मिलना चाहिए। उर्दू का सारा श्रेष्ठ साहित्य दिल्ली, आगरा और लखनऊ में रचा गया। हिन्दी का क्षेत्र भी यही है। जो लोग इस साहित्य को हिन्दी जाति का साहित्य मानने के पक्ष में नहीं हैं वे बताएँ कि यह किस जाति का साहित्य है? क्या उर्दू नाम की भी कोई जाति बसती है? यदि ऐसा है तो उसका भौगोलिक क्षेत्र कौन सा है? क्या एक ही क्षेत्र में एक साथ दो जातियाँ बसती हैं? क्या दुनिया में कहीं ऐसा भी सम्भव है?

उर्दू का अलग साहित्य मानने के पीछे यदि यह तर्क है कि उसकी लिपि उर्दू है, देवनागरी नहीं तो यह तर्क बिलकुल बेबुनियाद है। आज हम अपनी हिन्दी को रोमन तक में लिखते हैं। आज की नई पीढ़ी हिन्दी का एसएमएस रोमन में भेजने की अभ्यस्त हो चुकी है जबकि यह रोमन लिपि हिन्दी भाषा के लिए अत्यन्त

अवैज्ञानिक है। लिपि बदलने से भाषा नहीं बदल जाती। इतना ही नहीं, लिपि लिखने के काम आती है न कि बोलने के। हमारे देश में आज भी एक तिहाई से ज्यादा लोग ऐसे हैं जो लिखना-पढ़ना नहीं जानते। उनके बारे में हम कैसे तय करेंगे? हम उर्दू के सारे साहित्यकारों को उर्दू लिपि में भी पढ़ सकते हैं और देवनागरी में भी। जो उर्दू नहीं जानते वे देवनागरी में पढ़ेंगे। इसमें क्या बुराई है? एक भाषा दो लिपियों में पढ़ी जाए तो इसमें हर्ज क्या है? कलकत्ता विश्वविद्यालय में संस्कृत भाषा बांग्ला लिपि में पढ़ाई जाती है और मैं देखता हूँ कि उससे कोई असुविधा नहीं पैदा होती।

आज तो देखने में यह आता है कि उर्दू के सभी बड़े साहित्यकार उर्दू के साथ-साथ देवनागरी में भी छप जाते हैं। निदा फाजली, कैफी आजमी और जावेद अख्तर का श्रेष्ठ साहित्य पूरा का पूरा देवनागरी में भी उपलब्ध है। हिन्दी फिल्मों में इनके गीत हम गाते नहीं अघाते और दूसरी ओर इन्हें हिन्दी का नहीं मानते। यह दोहरा मापदंड क्यों?

भले ही हमारे नेताओं ने उर्दू और हिन्दी दोनों को संविधान की आठवीं अनुसूची में शामिल करके अलग-अलग भाषा का दर्जा दे दिया है, वोट के लिए उर्दू को अघोषित रूप से इस्लाम से जोड़ दिया है, किन्तु अभी तक किसी भाषा वैज्ञानिक ने हिन्दी और उर्दू को अलग-अलग भाषा नहीं माना है। भाषा वैज्ञानिकों की राय ही हमारे लिए सर्वोपरि है, इसलिए हम कह सकते हैं कि हिन्दी और उर्दू एक ही जाति की एक ही भाषा की दो शैलियाँ हैं और इसीलिए दोनों शैलियों में रचा गया हमारा साहित्य इस देश की सबसे बड़ी जाति—हिन्दी जाति का साहित्य है।

एक बात और, 'उर्दू' शब्द बहुत पुराना है, किन्तु भाषा के अर्थ में इसका व्यापक प्रयोग उन्नीसवीं सदी के आरम्भ में ही व्यवहार में आ सका। 19वीं सदी के प्रथम 25 वर्षों में एक ओर हिन्दी—देवनागरी-संस्कृत-हिन्दू शब्दों को जोड़ दिया गया तो दूसरी ओर हिन्दुस्तानी-रेख्ताँ या उर्दू—फारसी लिपि-अरबी फारसी—मुसलमान शब्दों को और इस प्रकार हिन्दी-उर्दू का वर्तमान रूप तय हो गया। शम्सुर्रहमान फारूकी ने इस पूरे प्रसंग को एक घटना के हवाले से इस तरह व्यक्त किया है,

"आधुनिक हिन्दुस्तानी इतिहासकारों में डॉ. ताराचन्द ने उर्दू-हिन्दी मामले के पीछे छिपी हुई राजनीति का खुल्लमखुल्ला जिक्र किया है। 1939 में ऑल इंडिया रेडियो, देहली ने 'हिन्दुस्तानी क्या है' शीर्षक से कुछ व्याख्यान आयोजित किए। व्याख्याता थे डॉ. ताराचन्द, मौलवी अब्दुल हक, डॉ. राजेन्द्र प्रसाद, डॉ. जाकिर हुसैन, पंडित दत्तात्रेय कैफी और आसिफ अली। वह समय और वह विषय, दोनों ही आवेश और भावनाओं से भरे हुए थे। उर्दू का मामला पंडित कैफी और मौलवी अब्दुल हक ने सबसे ज्यादा शक्ति और तर्क के साथ पेश किया। डॉ. ताराचन्द ने मामले की ऐतिहासिक पृष्ठभूमि और विश्लेषण औरों की तुलना में अधिक विस्तार और सफाई से बयान किया। ये व्याख्यान उपर्युक्त छ: व्यक्तियों ने उपर्युक्त लिखित क्रम से 20 फरवरी, 1939 से 25 फरवरी, 1939 तक ऑल इंडिया रेडियो, दिल्ली से पेश किए। इसके कुछ समय बाद इन्हें मक्तबाए जामिया ने ऑल इंडिया रेडियो की अनुमति से 'हिन्दुस्तानी' शीर्षक से किताब के रूप में छापा। ताराचन्द ने कहा,

"हिन्दुओं के लिए लल्लूलाल जी, सदल मिश्र, बेनी नारायण को (फोर्ट विलियम कॉलेज की आलाकमान से) हुक्म मिला कि गद्य की किताबें तैयार करें। उन्हें और भी अधिक मुश्किलों का सामना करना पड़ा। अदब या साहित्य की भाषा तो ब्रज थी लेकिन इसमें गद्य नाम ही के लिए था। क्या करते उन्होंने रास्ता ये निकाला कि मीर अम्मन, अफसोस वगैरा की भाषा को अपनाया। पर इसमें फारसी-अरबी के शब्द छाँट दिए और संस्कृत और हिन्दी (ब्रज और दूसरी बोलियों के) शब्द रख दिए...इस तरह दस साल से भी कम मुद्दत में दो नई भाषाएँ अपने असली पालने से सैकड़ों कोस की दूरी पर विदेशियों के इशारे पर बन-सँवर, रंगमंच पर आ खड़ी हुईं। दोनों की सूरत-मूरत एक थी, क्योंकि दोनों एक ही माँ की बेटियाँ थीं। फिर दोनों के सिंगार, कपड़े और जेवर में कुछ फर्क न था। पर दोनों के मुख एक-दूसरे से फिरे हुए थे। इस जरा सी बेरुखी ने देश को दुविधा में डाल दिया और उस दिन से आज तक हम अलग-अलग दुराहों पर भटक रहे हैं...।" (उर्दू का आरम्भिक युग, शम्सुर्रहमान फारूकी, पृ. 42)

फारूकी साहब ने अपनी उक्त पुस्तक के आरम्भ में ही लिखा है, "हिन्दी / उर्दू साहित्य के इतिहास के नाम से आज तक जो धारणाएँ हमारे देश में प्रचलित हैं, उनका बड़ा हिस्सा केवल नामकरण के संयोग पर आधारित है। हम लोग इस बात को अक्सर भूल जाते हैं कि जिस भाषा को आज हम उर्दू कहते हैं, पुराने जमाने

में उसी भाषा को 'हिन्दवी', 'हिन्दी', 'देहलवी', 'गूजरी', 'दकनी' और फिर 'रेख़्ताँ' कहा गया है। और ये नाम लगभग उसी क्रम में प्रयोग में आए, जिस क्रम में मैंने इन्हें दर्ज किया है। यह जरूर है कि इस भाषा का जो रूप दकन (दक्षिण) में बोला और लिखा जाता था, उसे सत्रहवीं शताब्दी से लेकर उन्नीसवीं शताब्दी के लगभग मध्य तक 'दकनी' ही कहते थे। और उत्तर भारत में एक बड़े समय तक 'रेख़्ताँ' और 'हिन्दी' दोनों ही इस भाषा के नाम की हैसियत से साथ-साथ इस्तेमाल होते रहे।" (उर्दू का आरम्भिक युग, शम्सुर्रहमान फारूकी, पृ. 11)

फिलहाल, डॉ. ताराचन्द, ग्राहम वेली, एहतेशाम हुसेन आदि अधिकांश विद्वानों ने मुसहफी के निम्नलिखित शेर को उद्धृत किया है और बताया है कि भाषा के अर्थ में 'उर्दू' शब्द का यही पहला प्रयोग है। मुसहफी का वह शेर निम्नलिखित है—

खुदा रख्खे जबाँ हमने सुनी है मीर ओ मिर्जा की
कहें किस मुँह से हम ऐ मुसहफी उर्दू हमारी है।

मुसहफी की मृत्यु 1824 ई. में हुई थी, इसलिए अनुमान किया जा सकता है कि 1800 ई. के आस-पास यह शेर लिखा गया होगा। शम्सुर्हमान फारूकी लिखते हैं, "ऐसा प्रतीत होता है कि यहाँ मिर्जा से मुराद मिर्जा मुहम्मद रफी सौदा हैं। सौदा का निधन जून 1781 में हुआ। इसलिए अनुमान लगाया जा सकता है कि यह शेर जून 1781 ई. से पहले का होगा। लेकिन कितना पहले का, यह बात साफ नहीं होती।" (उर्दू का आरम्भिक युग, पृ. 13) फिर उन्होंने बड़ी छान-बीन के बाद निष्कर्ष निकाला है कि "इसलिए यह शेर 1771 और 1773 के बीच का हो सकता है।" (उपर्युक्त, पृ. 13)

वैसे यह भी ध्यान रखने की बात है कि मुसहफी के पहले दीवान (संकलन काल लगभग 1785 ई.) में यह शेर भी संकलित है—

मुसहफी फारसी को ताक पे रख, अब है अशआर-ए-हिन्दवी का रिवाज

बहरहाल, आधुनिक परिनिष्ठित हिन्दी की तरह उर्दू भी मूलत: दिल्ली के आस-पास की खड़ी बोली पर आधारित है, जिसमें कुछ रूप पूर्वी पंजाबी, बांगरू तथा ब्रजी के भी हैं। इस प्रकार व्याकरणिक दृष्टि से हिन्दी-उर्दू कुछ अपवादों को छोड़कर प्राय: एक ही है। अन्तर केवल शब्दावली का है। उर्दू को हिन्दी का अरबी-फारसी शब्दावली से युक्त शैली कहना ही अधिक समीचीन है। दोनों का व्याकरण पूर्णतया एक होने और भौगोलिक क्षेत्र एक होने के कारण इन्हें अलग भाषाएँ मानना न तो व्यावहारिक है और न वैज्ञानिक।

उर्दू आलोचना का इतिवृत्त और उसका वर्ग-चरित्र

उर्दू आलोचना का जिक्र करने के पहले मैं यह कहना जरूरी समझता हूँ कि उर्दू आलोचकों की दुनिया, उर्दू के उन्हीं बौद्धिकों की दुनिया है जिन्होंने मतरूकात के सिद्धान्त पर अमल किया, जिन्होंने उर्दू साहित्य को हिन्दी से अलग करने के लिए सुनियोजित तरीके से उसे अरबी-फारसी शब्दों से बोझिल और दुरूह बनाया, जिन्होंने नजीर अकबराबादी जैसे जनता के कवियों की उपेक्षा की और मध्यवर्गीय दुरूह कवियों को प्रतिष्ठित किया। सच यह है कि उर्दू-हिन्दी के अलगाव को बढ़ाने में संस्कृतनिष्ठता के समर्थक हिन्दी वालों की जितनी भूमिका है, मतरूकात के सिद्धान्त के समर्थक उर्दू के आलोचकों की उससे भी अधिक है।

उर्दू आलोचना का आरम्भिक रूप 'तजगिरे' को माना जा सकता है। लेखक अथवा सम्पादक द्वारा लिपिबद्ध किए गए कवियों के वृत्तान्त 'तजगिरा' कहलाते हैं। ये 'तजगिरे' बहुधा वर्णमाला के अक्षरों के अथवा काल के क्रमानुसार तैयार किए जाते थे। इनमें कवियों का जीवनवृत्त, व्यक्तित्व एवं रचनाओं का संकलन होता था। आगे चलकर धीरे-धीरे इनमें कवियों की रचनाओं के बारे में आलोचनात्मक टिप्पणियाँ भी लिखी जाने लगीं। इस दृष्टि से विशेष उल्लेखनीय है मुहम्मद हुसैन आजाद (1833-1910) का तजगिरा 'आबे-हयात'। यद्यपि इसका महत्त्व एक आलोचना ग्रंथ की तुलना में शोध कार्य के रूप में अधिक है।

उर्दू आलोचना के विशुद्ध रूप का प्रवर्तन मो. अल्ताफ हुसैन हाली से माना जाता है। अपनी पुस्तक 'शेर-ओ-शायरी' (1893) के लिए जो विशद भूमिका उन्होंने लिखी वह बाद में 'मुकद्दमा-ए-शेर-ओ-शायरी' के नाम से एक स्वतंत्र पुस्तक के रूप में प्रकाशित हुई। इस पुस्तक में शायरी और समाज के परस्पर सम्बन्ध, कवि की नैसर्गिक प्रेरणा, उसके व्यक्तिगत अनुभव और गजल को जीवन के निकटतर लाने की

आवश्यकता पर बल दिया गया। इसी समय मौलाना शिबली ने 'शेर-उल-अज्म' के नाम से फारसी साहित्य का इतिहास लिखा। इस पुस्तक में उर्दू शायरी की भी चर्चा की गई। इस पुस्तक में उन्होंने अनीस और दबीर का तुलनात्मक अध्ययन करके तुलनात्मक आलोचना की परम्परा की शुरुआत की। उल्लेखनीय है कि इसी तरह की तुलनात्मक आलोचना की परम्परा पद्मसिंह शर्मा और लाला भगवानदीन जैसे लेखकों ने बिहारी और देव के सिलसिले में की थी। बाद में नियाज फतेहपुरी ने अपने साहित्यिक मासिक पत्रिका 'निगार' के माध्यम से उर्दू समीक्षा को अधिक व्यवस्थित बनाया। उन्होंने अनेक प्रसिद्ध कवियों पर विशेषांक निकाले और उनकी रचनाओं के पुनर्मूल्यांकन के लिए प्रोत्साहित किया। उन्होंने कथ्य के अनूठेपन, भावना की सघनता, प्रस्तुति की नवीनता और शब्दों के कलात्मक प्रयोग पर बल दिया। सैयद मसूद हसन रिजवी की पुस्तक 'हमारी शायरी' में पाश्चात्य और प्राच्य समीक्षा सिद्धान्तों का सन्तुलित रूप उभरा। प्रभाववादी आलोचना सिद्धान्तों का उर्दू में प्रतिपादन किया अब्दुर्रहमान बिजनौरी ने। उन्होंने भी पूरब और पश्चिम के साहित्य और आलोचना नियमों के तुलनात्मक अध्ययन पर बल दिया। फिराक गोरखपुरी की 'अंदाजे', 'हाशिए', 'उर्दू की इश्किया शायरी' और 'उर्दू गजलगोयी' जैसी पुस्तकें प्रभाववादी आलोचना का उदाहरण मानी जा सकती हैं।

फिलहाल, उर्दू आलोचना का व्यवस्थित विकास अख्तर रायपुरी के 'अदब और जिन्दगी' शीर्षक लेख से दिखाई देता है जिसे उन्होंने 1935 में लिखा था। इस लेख में उन्होंने साहित्य के सामाजिक परिप्रेक्ष्य पर विस्तार से चर्चा की है। इसके बाद 1936 ई. में लखनऊ में हुई प्रगतिशील लेखक संघ की बैठक में अध्यक्ष पद से प्रेमचन्द ने जो वक्तव्य दिए उसका व्यापक असर केवल हिन्दी पर ही नहीं, उर्दू साहित्य पर भी पड़ा। 'साहित्य का उद्‌देश्य' नाम से वह व्याख्यान प्रकाशित हुआ। इस बैठक में उर्दू के सज्जाद जहीर भी उपस्थित थे। इस दौर में सज्जाद जहीर के अलावा डॉ. अब्दुल अलीम, फैज अहमद फैज, सिप्ते हसन, अली सरदार जाफरी, मुमताज हुसैन आदि ने मार्क्सवादी विचारधारा के आधार पर साहित्य और जीवन के सम्बन्धों की व्याख्या की। फलस्वरूप हिन्दी की तरह उर्दू में भी मार्क्सवादी अथवा प्रगतिवादी आलोचना का विकास हुआ।

वस्तुत: उर्दू साहित्य में प्रगतिशील और मानवतावादी परम्पराएँ बहुत मजबूत रही हैं। चाहे गद्य हो या पद्य, उर्दू साहित्य को समृद्ध करने वालों में ज्यादातर बड़े रचनाकार प्रगतिशील दृष्टिसम्पन्न रहे हैं, मसलन् उर्दू के आरम्भिक शायर वली से लेकर मुहम्मद रफी सौदा, ख्वाजा मीर दर्द, अनीस, दबीर, दाग, मीर तकी मीर, मीर अब्दुल हई ताबाँ, मिर्जा गालिब, अमीर मीनाई, आतिश, हाली, जौक, नजीर अकबराबादी, अकबर इलाहाबादी, दुर्गा सहाय सुरूर, कृश्नचन्दर, राजेन्द्र सिंह बेदी, जिगर मुरादाबादी, डॉ. इकबाल, पंडित रतनलाल सरसार, ख्वाजा हसन निजामी, रघुपति सहाय फिराक, ख्वाजा अहमद अब्बास, इस्मत चुगताई, सज्जाद जहीर, अहमद नदीम कासिमी, उपेन्द्रनाथ अश्क, मिर्जा अदीब, हाजिरा मसरूर, हयातुल्लाह, अली सरदार जाफरी, फैज अहमद फैज, मौलाना मुहम्मद हुसैन आजाद, कैफी आजमी, मखदूम, जमील मजहरी, अख्तर अंसारी आदि की बहुत लम्बी फेहरिस्त है।

जिस समय हिन्दी साहित्य में नई कविता का दौर चल रहा था उस समय उर्दू कविता भी उससे अप्रभावित नहीं रही। यहाँ भी प्रयोगवाद, प्रतीकवाद, अस्पष्टता और निरुद्‌देश्यता के घने बादल उर्दू कविता पर तेजी से छा रहे थे, मनोविश्लेषणवाद का प्रभाव यहाँ भी पड़ रहा था, सार्त्र और कामू को पसन्द करने वाले यहाँ भी थे, यहाँ तक कि ऐंटी पोयट्री, बीट्स जेनरेशन, आइडेंटिटी क्राइसिस, एलिएनेशन प्रॉब्लम यहाँ भी था। मीराजी, राशिद और मुख्तार सिद्‌दीकी जैसे लोग इसका नेतृत्व कर रहे थे किन्तु यहाँ आलोचकों और कवियों का कुत्सित गठजोड़ नहीं बन पाया और आलोचकों ने ऐसी कविता पर तीखा प्रहार करके उर्दू कविता को लोक विमुख होने से बचा लिया। प्रख्यात आलोचक डॉ. एहतेशाम हुसैन लिखते हैं, "बदली हुई परिस्थितियों में नई कविता का जन्म स्वाभाविक है। किन्तु उसी कविता मात्र को नई कहने का आग्रह समझ में आने वाली बात नहीं है, जो जीवन के मूल्यों का बहिष्कार करती हो और सामाजिक चेतना को काव्य रचना में बाधक जानती हो।" (उर्दू साहित्य का आलोचनात्मक इतिहास, पृ. 274) उन्होंने आगे लिखा है, "इससे उत्पन्न होने वाली सभी विचारधाराएँ मानववाद और समाजवाद के विरुद्ध जाती हैं, इसलिए अधिकांश नए कवि चेतनापूर्वक और अनजाने में सामाजिक उन्नति के प्रतिकूल ही विचारों को प्रोत्साहित करते हैं और इसे 'विचार स्वतंत्रता' का नाम देते हैं।" (उर्दू साहित्य का आलोचनात्मक इतिहास, पृ. 275)

हाँ, यह सही है कि उत्तर आधुनिक आलोचना का जो स्वरूप हिन्दी आलोचना में है, उर्दू आलोचना में उसका स्वरूप अपेक्षाकृत कम है, किन्तु है अवश्य। उदाहरण के लिए भूमंडलीकरण के बाद हिन्दी

आलोचना में दलित विमर्श, स्त्री विमर्श और आदिवासी विमर्श तेजी से उभरा है। इन विमर्शों का एक बड़ा हिस्सा अस्मिताई संकीर्णताओं में उलझकर कर साम्राज्यवादियों के उपयोग की चीज बन चुका है। किन्तु उर्दू आलोचना में ये विमर्श हिन्दी की तुलना में कमजोर हैं।

इसका कारण मुझे यह लगता है कि आजादी के बाद सत्ताधारी वर्ग द्वारा धीरे-धीरे जिस तरह वोट की लालच में अघोषित रूप से उर्दू को मुसलमानों की भाषा के रूप में प्रस्तुत किया गया उसका दूरगामी प्रभाव पड़ा और उर्दू पढ़ने वाले आमतौर पर मुसलमान ही बच गए। आज उर्दू भाषा और साहित्य का अध्ययन करने वाले गैर मुस्लिम हमारे देश में गिने-चुने हैं। एक ही जाति (नेशनलिटी) के होने के बावजूद मुस्लिम समुदाय में जातिगत (कास्टिज्म) स्तरभेद कम है। हिन्दुओं की तरह छुआछूत और ऊँच-नीच का भेदभाव मुसलमानों के यहाँ देखने को नहीं मिलता। मुसलमानों के यहाँ मस्जिद में नमाज पढ़ते वक्त छोटे-बड़े, ऊँच-नीच, अमीर-गरीब सभी एक साथ बैठकर नमाज पढ़ते हैं। रमजान के महीने में एक साथ बैठकर रोजा खोलते हैं। वहाँ स्तरभेद कम देखने को मिलता है। ऐसी दशा में मुसलमानों के यहाँ आत्मकथा लिखने वाले दलित लेखक नहीं पैदा हुए क्योंकि उनके पास हिन्दू दलितों की तरह स्वानुभवों का उस तरह का भंडार नहीं है, जिन्हें अभिव्यक्त करने की उन्हें ललक हो। इसीलिए उर्दू में दलित विमर्श बहुत कम है और जब दलित विमर्श की समृद्ध परम्परा नहीं है तो फिर भला दलित साहित्य आलोचना की समृद्ध परम्परा कैसे विकसित हो सकती है?

इसी तरह, मेरी दृष्टि में हिन्दुओं की तुलना में मुसलमान स्त्रियों की दशा अधिक दयनीय है। शिक्षा की दृष्टि से भी मुस्लिम औरतें पीछे हैं। उनके समुदाय में आज भी ऐसे लोगों की बड़ी संख्या है जो अपने बच्चों की शिक्षा की शुरुआत मदरसों से करते हैं। परिणाम यह होता है कि बच्चों में वैज्ञानिक दृष्टि विकसित होने की जगह अंधविश्वास की जड़ें मजबूत होती हैं। लड़कियों की तो अमूमन मदरसे की तालीम के बाद शादी कर दी जाती है। इस्लाम में आज भी चार शादियाँ करने का कानूनी हक मिला हुआ है। इनका इस्तेमाल भले ही कम होता हो। इसीलिए अपने हक की लड़ाई लड़ने की क्षमता रखने वाली मुस्लिम महिलाओं में नारीवाद उस तरह उर्दू में विकसित नहीं हुआ जिस तरह हिन्दी में। किन्तु उर्दू में भी दलित विमर्श है और स्त्री विमर्श भी, परिमाण की दृष्टि से भले ही कम हो। मुसलमानों में व्याप्त मजहबी कट्टरता और अंधविश्वास का ही फायदा उठाकर मुल्लाओं की माँग पर कभी शाहबानो केस के बहाने संविधान में संशोधन करके और कभी मुल्लाओं को वेतन देकर अधिकांश सरकारें उन्हें खुश रखने का प्रयास करती हैं ताकि उनके माध्यम से मुसलमानों का थोक के भाव से वोट हासिल किया जा सके। आज भी समय-समय पर फतवा जारी करके मुल्ला अपनी ताकत का एहसास कराते रहते हैं। अन्यथा भारत का प्रगतिशील आन्दोलन मुसलमानों के योगदान से अटा पड़ा है।

उर्दू आलोचना के बारे में एक और तथ्य उल्लेखनीय है। वह यह है कि आलोचना लिखना सामान्य व्यक्ति या कम पढ़े-लिखे व्यक्ति के बूते की बात नहीं है। विषय पर तो आलोचक की गहरी पकड़ होनी ही चाहिए, विषय से जुड़े ज्ञान के दूसरे अनुशासनों की भी जानकारी होनी चाहिए। उर्दू के विकास के दौर में फारसी हमारे देश की राज-काज की भाषा थी। फारसी हमारे देश में लगभग छ: सौ वर्ष तक शासन की भाषा रही। फारसी विद्वानों की भाषा मानी जाती थी। बचपन में मैंने कहावत सुनी है—

पढ़ें फारसी बेचें तेल / यह देखो किस्मत का खेल।

यानी, फारसी पढ़ा-लिखा व्यक्ति बेरोजगार नहीं रह सकता था। उर्दू के लगभग सभी प्रतिष्ठित आलोचक फारसी के भी विद्वान थे। इसीलिए उनकी भाषा पर फारसी का गहरा प्रभाव दिखाई देता है। उनकी उर्दू, फारसी से बोझिल और दुरूह हो गई है। उर्दू के कवियों की तरह उनकी उर्दू आसान नहीं है।

उर्दू आलोचना का प्रारम्भिक युग

उर्दू की आरम्भिक आलोचना के स्वरूप पर प्रकाश डालते हुए कलीमुद्दीन अहमद ने लिखा है, "उर्दू कविता में शब्दों को, विचारों, भावनाओं तथा आवेगों की अपेक्षा अधिक महत्त्वपूर्ण समझा गया है। कुछ ओस्तादों को छोड़कर लोगों ने कविता को केवल एक दिलचस्प पहेली, एक शाब्दिक खेल समझ रखा था। इसलिए कविता और शेरों पर जो मतमतान्तर हुए, वे शब्दों, मुहावरों और छंदों तक ही सीमित रहे। वह चीज

जो कवित्व का प्राण है और जिसके अभाव में सुन्दर शब्द, चुस्त मुहावरे, संगीतमय छंद निष्प्राण ढाँचों की हैसियत रखते हैं, उस चीज की किसी को पहचान नहीं। शेर की जाँच-पड़ताल की नौबत आई, तो मुहावरा या भाषा की शुद्धता पर दृष्टिपात किया और यदि कहीं पर किसी मुहावरे या भाषा की खामी नजर आई, तो उस पर मतमतान्तर किए गए।" (उर्दू समालोचना पर एक दृष्टि, पृ. 44)।

इस तरह उर्दू आलोचना के आरम्भिक युग में भी हिन्दी आलोचना की तरह काव्य के गुण-दोष विवेचन तथा कविता की शब्दावली तथा शैली आदि पर ही अधिक ध्यान दिया जाता था। किन्तु जिस तरह भारतेन्दु के आने के बाद हिन्दी में नए युग का सूत्रपात हुआ और साहित्य में नई चेतना विकसित हुई, गद्य की विविध विधाओं का विकास हुआ, पत्र-पत्रिकाएँ प्रकाशित होने लगीं, उसी तरह, सर सैयद अहमद खाँ के साहित्यिक-सामाजिक दुनिया में आगमन के असर को भी महसूस किया जा सकता है। हिन्दी में 'गद्य काल' की तरह उर्दू में भी इसे 'गद्य युग' कहा जाता है। जिस तरह इस कालखंड को हम 'भारतेन्दु युग' कहते हैं उसी तरह उर्दू में भी उस काल-खंड को 'सर सैयद का युग' कहा जाता है, क्योंकि इस युग के कई बड़े लेखक उनके सम्पर्क में थे और उनसे गहरे प्रभावित थे, ठीक उसी तरह जैसे बनारस में भारतेन्दु मंडल से जुड़े लेखकों पर भारतेन्दु का असर था। फर्क सिर्फ इतना था कि भारतेन्दु सिर्फ 35 साल की उम्र पाए और उस अवधि में भी उन्होंने अंग्रेजों की न तो चाकरी की और न उनका दरबार। इसके विपरीत सर सैयद अहमद खाँ ने अंग्रेजों की चाकरी भी की और उनकी खिदमत भी। वे लम्बी उम्र भी पाए।

सर सैयद अहमद खाँ (1817-1898) का जन्म दिल्ली में एक सम्पन्न प्रतिष्ठित परिवार में हुआ था। शिक्षा-दीक्षा भी अच्छी हुई। 1838 में उन्होंने अंग्रेजी कम्पनी में नौकरी शुरू की। 1841 ई. में मुंसिफ हो गए और 1855 ई. में सदर अमीन होकर बिजनौर गए। वहीं थे तभी 1857 का गदर हो गया। उन्होंने इस विद्रोह में अंग्रेजों का साथ दिया और अंग्रेज कर्मचारियों को बचाने में उनकी भरपूर मदद की। इससे गदर के बाद अंग्रेजों में उनकी प्रतिष्ठा बहुत बढ़ गई। 1866 ई. में उन्होंने 'ब्रिटिश इंडियन एसोसिएशन' नाम से एक संस्था बनाई जिसका उद्देश्य अंग्रेजों से मैत्री स्थापित करना और उससे लाभ लेना था। 1870 ई. में उन्होंने अपनी प्रसिद्ध पत्रिका 'तहजीवुल-इखलाक' का प्रकाशन आरम्भ किया। इससे लोगों को नए उर्दू गद्य का नमूना देखने को मिला। 1875 ई. में उन्होंने अलीगढ़ में विश्वविद्यालय की नीव डाली। 1886 ई. में उन्होंने 'मोहम्मडन एजुकेशनल कांफ्रेंस' नामक संस्था की स्थापना की। सैयद एहतेशाम हुसैन के शब्दों में, "सर सैयद मुसलमानों के कांग्रेस में सम्मिलित होने के विरोधी थे और उन व्यक्तियों और संस्थाओं का अनुमोदन करते थे, जो राजभक्त थीं। उनका विचार था कि मुसलमान गदर में बरबाद हो चुके हैं, अगर फिर उन पर विपदा पड़ी तो कहीं के न रहेंगे। सर सैयद की विचारधारा का अध्ययन करते हुए यह भी याद रखना चाहिए कि वह आरम्भ में हिन्दू-मुसलमानों को एक ही राष्ट्र समझते थे और कहते थे कि हिन्दुस्तान के सभी रहने वालों को केवल हिन्दू कहना चाहिए। उनका यह भी विचार था कि हिन्दुस्तानियों को ऊँचे से ऊँचा पद मिलना चाहिए और उनमें तथा अंग्रेजों में हर प्रकार की समानता होनी चाहिए। बाद में यह विचार बदल गए।" (उर्दू साहित्य का आलोचनात्मक इतिहास, पृ. 192)

सर सैयद इस युग की महान शख्सियत थे। उनका भारतीय जीवन और विशेषकर मुसलमानों के जीवन के विविध पक्षों पर गहरा प्रभाव पड़ा। वे अंग्रेजों से मैत्री स्थापित करके देश की और विशेषकर मुसलमानों की उन्नति चाहते थे। उनकी स्पष्ट धारणा थी कि अंग्रेजी शिक्षा और अंग्रेजी सभ्यता के बल पर ही भारत की उन्नति हो सकती है। उनका दृष्टिकोण पूरी तरह सुधारवादी था।

सर सैयद ने छोटी-बड़ी तीस से अधिक पुस्तकें लिखी हैं। उनकी सबसे प्रसिद्ध पुस्तक 'खुतबाते अहमदीया' मानी जाती है जिसमें उन्होंने मुसलमानों के रसूल पर लगाए गए उन आरोपों का जवाब दिया है जो ईसाई लेखक उन पर लगाते थे। सर सैयद को लोगों ने उर्दू निबन्ध का जन्मदाता कहा है। उनका गद्य गम्भीर होने के साथ-साथ प्रभावपूर्ण भी है। एहतेशाम हुसैन के शब्दों में, "चाहे उनके विचार वाद-विवाद का विषय हों परन्तु उनकी साहित्यिक रचनाओं से उर्दू साहित्य अवश्य मालामाल हो गया।" (उर्दू साहित्य का आलोचनात्मक इतिहास, पृ. 194)

इस मुद्दे को लेकर लगभग आम सहमति है कि उर्दू आलोचना का विधिवत प्रारम्भ ख्वाजा अल्ताफ हुसैन हाली से हुआ। हाली पर सर सैयद के विचारों का व्यापक प्रभाव था किन्तु सैयद एहतेशाम हुसैन के शब्दों में "सर सैयद के मुकाबले वे ज्यादा प्रगतिशील कहे जा सकते हैं।" (उपर्युक्त, पृ. 196)

ख्वाजा अल्ताफ हुसैन हाली

पानीपत (हरियाणा) में जन्मे, दिल्ली से लाहौर तक रोजगार की तलाश में भटकते रहने वाले, सर सैयद के मित्र और अनुयायी ख्वाजा अल्ताफ हुसैन हाली (11.11.1837-30.09.1914) की मशहूर कृति 'मुकद्दमा-ए-शेरो-शायरी' से उर्दू आलोचना का आरम्भ माना जाता है। हाली ने सबसे पहले ब्योरों से दृष्टि हटाकर आधारभूत सिद्धान्तों पर विचार किया। उन्होंने उर्दू में पहली बार शायरी के बुनियादी सिद्धान्तों को निरूपित करने की कोशिश की और साहित्य के रूप और अन्तर्वस्तु तथा पाठक और शायर के आपसी रिश्तों के बारे में विस्तार से विवेचन किया। हाली बुनियादी तौर पर आदर्शवादी थे। अत: उनके अनुसार शेर में ऐसी बातें की जानी चाहिए जैसी कि दुनिया में हमेशा हुआ करती हैं या होनी चाहिए। हाली का प्रस्ताव है, "प्रभाव पाठक और श्रोतागण की अवस्था के अधीन है। यदि पाठक और श्रोता में कम से कम पाठक के दिल में वास्तविक रूप में कोई भाव मौजूद है तो उसका विवरण अवश्य प्रभावशाली होगा।" (मुकद्दमा-ए-शेरो-शायरी, पृ. 181)

'मुकद्दमा-ए-शेरो-शायरी' के दो भाग हैं। पहले भाग में बुनियादी चीजों का विस्तृत विवेचन है और दूसरे भाग में उर्दू कविता के विभिन्न रूपों के संशोधन-उन्नयन के लिए परामर्श दिए गए हैं। इसमें उन्होंने गजल, मसनवी, कसीदा और अन्य दूसरे काव्य रूपों की विशेषताओं की भी विस्तृत समीक्षा की है, जो उनकी आलोचनात्मक सूक्ष्म-दृष्टि का प्रमाण है। शाफे किदवई के शब्दों में, "हाली पूर्वीय काव्यशास्त्र के गूढ़ दृष्टा थे, मगर पश्चिमी आधारभूत सिद्धान्तों से अधिक परिचित न थे। फिर भी उन्होंने उन सिद्धान्तों के व्यावहारिक नमूने भी पेश किए और एक नया काव्यशास्त्र निर्मित करने का प्रयास किया, जिसका खमीर पश्चिमी सिद्धान्तों से उठा है। यह उपनिवेशवादी विचारों के प्रभाव का अकाट्य और ठोस इल्मी सबूत भी है।" (बीसवीं शताब्दी में उर्दू आलोचना, पृ. 235)

हाली, मिर्जा गालिब की जीवनी 'यादगार-ए-गालिब' लिखने के लिए भी मशहूर हैं। उनकी मशहूर कृति 'मुसद्दसे हाली' के बारे में नवजागरण के अध्येता कर्मेन्दु शिशिर ने लिखा है, "अगर मुसद्दस को उर्दू नवजागरण का महाकाव्य कहा जाए तो कोई गलत बात न होगी। यह एक ऐतिहासिक तथ्य है कि मुसद्दस की अनुकृति के रूप में ही हिन्दी में मैथिलीशरण गुप्त ने 'भारत भारती' लिखी।" (pahalpatrika.com/frontcover/getrecord/86) वे आगे लिखते हैं, "हाली ने जिस तरह उर्दू साहित्य में उर्दू कविता के प्रचलित ढर्रे और ढाँचे को तोड़कर एक सर्वथा नई शैली विकसित की उसी तरह उर्दू आलोचना में भी उन्होंने मुहम्मद हुसैन आजाद की तरह एक नई राह कायम की। उनकी भाषा बेहद सरल लेकिन वैचारिक नजरिए से गम्भीर थी। उनकी आलोचना भी उर्दू के लिए एकदम नई शैली वाली थी। इसमें सन्देह नहीं कि वे अपने समय से आगे थे और वे उर्दू में नए युग का सूत्रपात कर रहे थे।" (उपर्युक्त)

'यादगार-ए-हाली', 'हयात-ए-हाली', 'हयात-ए-जावेद' आदि भी हाली की मशहूर कृतियाँ हैं।

इमदाद इमाम असर

पटना (बिहार) जिले के 'करापर सराय सालारपुर' के एक प्रतिष्ठित परिवार में जन्मे और पटना में इतिहास और अरबी के शिक्षक रहे इमदाद इमाम असर(05.05.1849-11.05.1933) का नाम उर्दू आलोचना में बहुत आदर के साथ लिया जाता है। ख्वाजा अल्ताफ हुसैन हाली की प्रसिद्ध कृति 'मुकद्दमा-ए-शेरो-शायरी' के बाद उस दौर की सर्वाधिक चर्चित आलोचनात्मक कृति इमदाद इमाम असर की 'काशिफुल हकाईक' थी। असर ने अपनी पुस्तक में शायरी का सम्बन्ध जीव-विज्ञान, कृषि-विज्ञान तथा अन्य दूसरी विद्याओं से जोड़ा और इस तरह उर्दू आलोचना के आकाश का विस्तार किया। वे पाश्चात्य साहित्य के गम्भीर अध्येता थे और उनके इस अध्ययन का असर उनकी आलोचना में स्पष्ट दिखाई देता है। ख्वाजा अल्ताफ हुसैन हाली के विपरीत 'काशिफुल हकाईक' की खूबी यह है कि इसके लेखक ने सीधा पश्चिमी साहित्य का अध्ययन किया है और पाश्चात्य शायरों के अलावा दूसरे देशों की शायरी से अपनी किताब में बात की है। और शायरी को कई भागों में विभाजित कर उसका निरीक्षण किया है। कथित और आन्तरिक शायरी के सन्दर्भ में बात की है और उर्दू शायरी की विभिन्न विधाओं और शेरों की आकृतियों पर व्यापक बहस की है। विभिन्न विधाओं की विशेषताओं का बहुत अच्छी तरह उल्लेख किया है। संगीत और चित्रकला से शायरी के रिश्ते की उचित व्याख्या की है। इसके अलावा 'काशिफुल हकाईक' के लेखक उर्दू के शायद ऐसे अकेले आलोचक हैं जिन्होंने कृषि-विज्ञान पर 'कीमिया-ए-जराअत' शीर्षक किताब लिखी और पौधों के हवाले से 'किताबुल

असमार' लिखी। ये दोनों किताबें इसलिए अहम हैं कि इन विषयों पर उर्दू में बहुत कम किताबें उपलब्ध हैं।" (www.rekhta.org/poets/imdad-imam-asar/profile)

'काशिफुल हकाईक' के पहले खंड में उन्होंने मिस्र, यूनान, इटली और अरब की शायरी का उल्लेख किया है और अरबी शायरी में उन्होंने अम्रऊलकैस, मुत्नबी के अलावा दूसरे शायरों पर बहस करते हुए अम्रऊलकैस का मीर व गालिब से तुलनात्मक अध्ययन भी पेश किया है। उन्होंने मिस्र, यूनान, इटली के शायरों पर भी विस्तार से बात की है।

दूसरे खंड में उन्होंने फारसी और उर्दू दोनों भाषाओं की विधाओं की विवेचना प्रस्तुत की है और तुलनात्मक तथा समीक्षात्मक अध्ययन भी किया है। उन्होंने संस्कृत की काव्य परम्परा पर भी अपना ध्यान केन्द्रित किया है और यह लिखा है कि अगर संस्कृत की शायरी पर तवज्जोह दी जाती तो विधा के स्तर पर उर्दू शायरी को और व्यापकता उपलब्ध होती। उनका यह ख्याल है कि 'रामायण' और 'महाभारत' जैसे महाकाव्य फारसी में भी नहीं हैं। उन्होंने मीर, गालिब, जौक वगैरह पर बहुत विस्तार से रौशनी डाली है। (www.rekhta.org/poets/imdad-imam-asar/profile)

यह ठीक है कि उर्दू में आधुनिक किस्म की आलोचना का विकास हाली के 'मुकद्दमा-ए-शेरो-शायरी' से ही होता है किन्तु इस आलोचना में शेरो-शायरी का जीवन से क्या रिश्ता होना चाहिए—इस विषय पर अमूमन खामोशी है। इनकी नजर में साहित्य आनन्द का साधन मात्र ही है। कविता को लेकर हाली, अरस्तू के विचारों से सहमत हैं। आम जनता के लिए कविता को वे कोई जरूरी चीज नहीं मानते। उनकी नजर में यह तो सही है कि कविता कोई खेल नहीं है। वह मनुष्य के महत्त्वपूर्ण एवं उच्च कोटि की मानसिक क्रियाओं का दर्पण है। इसके द्वारा पूर्ण शान्ति, चिरंतन आनन्द मिलता है। किन्तु साहित्य हमारे जीवन को दिशा दे सकता है, व्यवस्था को बदलने और बेहतर समाज बनाने में मदद पहुँचा सकता है—इसकी व्याख्या प्रगतिशील साहित्य द्वारा ही सम्भव हो पाया।

उनकी अन्य किताबों में 'मिरातुल हुकमा', 'पसाना-ए-हिम्मत', 'किताबुल असमार', 'कीमिया-ए-जराअत', 'फवाएद दारिन' और 'दीवान-ए-असर' प्रमुख हैं। वे उपन्यासकार और शायर भी हैं।

मौलाना शिब्ली नोमानी

आजमगढ़ (उ.प्र.) जिले के 'बँदवाल' नामक गाँव में जन्मे, सर सैयद अहमद खाँ के सान्निध्य में अलीगढ़ में शिक्षक रहे, शिब्ली नेशनल कॉलेज आजमगढ़ के संस्थापक मौलाना शिब्ली नोमानी (03.06.1857-18.11.1914) बहुमुखी प्रतिभा के व्यक्ति थे। उनकी गिनती उर्दू आलोचना के संस्थापकों में होती है। उन्हें सामान्यत: पूर्वी काव्यशास्त्र और अलंकार शास्त्र का सबसे बड़ा मर्मज्ञ माना जाता है। उनकी मशहूर पुस्तक 'शेर उल अजम' साहित्यिक आलोचना की एक महत्त्वपूर्ण उपलब्धि है। 'शेर उल अजम' का मुख्य उद्देश्य पूर्वी साहित्य विशेषकर फारसी काव्य को अंग्रेजीदाँ लोगों के लिए स्वीकार्य बनाकर पेश करना था। शिब्ली नोमानी के विचार से कविता के असली तत्त्व मुहाकात और कल्पना शक्ति है। उनके अनुसार "मुहाकात का अर्थ है किसी वस्तु या किसी विशिष्ट दशा को इस प्रकार व्यक्त करना कि उस वस्तु का चित्र आँखों में फिर जाए।" (उद्धृत, उर्दू समालोचना पर एक दृष्टि, पृ. 70) मुहाकात का विस्तृत विवेचन करने के बाद वे स्वीकार करते हैं कि यद्यपि मुहाकात और कल्पना दोनों ही शेर के अंग हैं किन्तु यथार्थ बात यह है कि कवित्व वास्तव में कल्पना शक्ति का नाम है। मुहाकात में जो प्राण का संचार होता है वह कल्पना के ही द्वारा होता है।

शिब्ली नोमानी की कल्पना सम्बन्धी अवधारणा को देखने पर हिन्दी के आचार्य रामचंद्र शुक्ल के कल्पना के सिद्धान्त का सहज स्मरण हो जाता है। शुक्ल जी से पहले कल्पना सम्बन्धी अवधारणा पर हिन्दी में किसी ने भी कुछ नहीं लिखा था। उल्लेखनीय है कि मौलाना शिब्ली, आचार्य शुक्ल से काफी पहले हो चुके हैं। हाँ, शुक्ल जी की तरह उनके कल्पना सिद्धान्त पर भी कॉलरिज की कल्पना सम्बन्धी अवधारणा का व्यापक प्रभाव देखा गया है। शाफे किदवई लिखते हैं—

"शिब्ली की कल्पना की धारणा को साधारणतया कॉलरिज से लिया गया बताया जाता है और बहुधा आलोचकों को शिब्ली के चिन्तन पर सौन्दर्यशास्त्र की छाया दृष्टिगोचर होती है। शिब्ली ने साहित्य की माहियत (हकीकत) साहित्य सृजन की विशिष्ट कलात्मक खूबियों और शाइर की विश्व-संकल्पना को विवाद का विषय बनाया है। शिब्ली के विषय में कहा जाता है कि उन्होंने पूर्वी काव्य का बचाव पूर्वीय

धारणाओं और काव्यशास्त्र के परिप्रेक्ष्य में किया है। वास्तविकता यह है कि शिब्ली ने फारसी शाइरी की खूबियों को उजागर करने में अपने काल में प्रचलित पश्चिमी विचारधारा, शास्त्रीय सिद्धान्तों और साहित्यिक संकल्पना से पूरे तौर पर लाभ उठाया है।" (बीसवीं शताब्दी में उर्दू आलोचना, शाफे किदवई का लेख, पृ. 236)

शिब्ली ने काव्य के सौन्दर्य, आनन्द और उसके आध्यात्मिक स्वाद की धारणा पर भी विचार किया है और कविता की मौखिक परम्परा का भी। कविता की मौखिक परम्परा को भाषण कला से भिन्न बताते हुए वे लिखते हैं, "खिताबत (भाषण कला) में शाइरी की तरह भावनाओं और अनुभूतियों को उत्तेजित करना उद्देश्य होता है। खिताबत का अभिप्राय उपस्थित गण से सम्बोधन करना होता है। इसके विपरीत कवि को दूसरों से गरज नहीं होती। वह यह नहीं जानता कि कोई उसके सम्मुख है या नहीं। शाइरी तन्हा बैठने और आत्माध्ययन का परिणाम होती है। शाइर अगर अपने आत्म के बजाय दूसरों से सम्बोधित होता है, दूसरों की भावनाओं को उभारना चाहता है—तो शाइर नहीं खतीब (भाषणकर्ता) है।" (उद्धृत, बीसवीं शताब्दी में उर्दू साहित्य, पृ. 236)

'मवाजिना-ए-अनीस-ओ-दबीर' उनकी एक दूसरी महत्त्वपूर्ण आलोचनात्मक कृति है। इसमें मर्सिए की विधा की विशेषताओं और अनीस की काव्यात्मक विशेषताओं का सुन्दर विश्लेषण किया गया है। उर्दू की व्यावहारिक आलोचना का यह एक बेहतरीन नमूना है। मौलाना शिब्ली नोमानी की भाषा पर फारसी का गहरा प्रभाव है और इसीलिए उनकी आलोचना की भाषा अपेक्षाकृत दुरूह हो गई है।

फिलहाल, मौलाना शिब्ली नोमानी की मुख्य रूप से पहचान फारसी और उर्दू के शायर के रूप में है।

पंडित ब्रजमोहन दत्तात्रेय कैफी

दिल्ली में जन्मे, अल्ताफ हुसैन हाली के शिष्य और मौलवी अब्दुल हक के परम सहयोगी पंडित ब्रजमोहन दत्तात्रेय कैफी (13.12.1866-01.10.1955) की पहचान कवि, आलोचक, अनुसन्धानकर्ता, नाटककार आदि अनेक रूपों में है। कैफी के प्रसिद्ध समीक्षा ग्रंथ का नाम 'कैफिया' है। इसमें उर्दू के इतिहास और रचनाकारों के सम्बन्ध में अनेक खोजपूर्ण तथ्यों का उल्लेख है। उन्होंने इसकी प्रस्तावना में लिखा है, "बरसों की तहकीक (अनुसन्धान), मुतालअ (समीक्षा) और सोच-विचार के नतीजे इस किताब में महफूज कर दिए गए हैं, इसके पढ़ने के पहले क्वायद उर्दू की वाकफियत जरूरी है, वरना इससे पूरा फायदा उठाना मुश्किल होगा।" (उद्धृत, उर्दू आलोचना : स्वरूप और विकास, पृ. 167)

'कैफिया' के अन्तिम भाग में उर्दू शायरों की समीक्षा है। दर्द, सौदा, मीर, गालिब आदि के सम्बन्ध में उनके बहुमूल्य निष्कर्ष हैं।

मौलवी अब्दुल हक

हापुड़, उ.प्र. में जन्मे, अलीगढ़ में पढ़े-लिखे, हैदराबाद में शिक्षक रहे और पाकिस्तान में दिवंगत हुए मौलवी अब्दुल हक (20.04.1870-16.08.1961) उर्दू की प्रतिष्ठा के लिए जाने जाते हैं। माना जाता है कि पाकिस्तान की राष्ट्रभाषा उर्दू होने के पीछे भी इन्हीं की मुख्य भूमिका है। इन्हें 'बाबा-ए-उर्दू' कहा जाता है। इन्हें पंजाबी भाषा का शत्रु भी कहा जाता है और माना जाता है कि इन्हीं के कारण पाकिस्तान के बहुसंख्यक पंजाबियों की भाषा खत्म होने के कगार पर पहुँच गई।

मौलवी अब्दुल हक की आलोचना में अनुसन्धान के तत्त्व अधिक हैं। उन्होंने बड़ी संख्या में तजकिरों का सम्पादन किया है। उनके द्वारा सम्पादित तजकिरों में 'निकातुश्शोअरा', 'तजकिरा रेख्ता गोयान', 'मखजने-निकात', 'चमनिस्ताने-शोअरा', 'गुले-अजायब', 'इक्दे-सुरैया', 'तजकिरा-ए-हिन्दी', 'रियाजुल-फुसहा' और 'मखजने-शोअरा' शामिल है। तजकिरे कवियों के जीवन वृत्तान्त और उनके काव्य से सम्बन्धित जानकारी का महत्त्वपूर्ण स्रोत होते हैं। शोध में उनके महत्त्व को नजरअन्दाज नहीं किया जा सकता। मौलवी अब्दुल हक जिस पुस्तक पर आलोचना लिखते हैं उस पर पूर्ण अधिकार प्राप्त कर लेने के बाद ही कलम उठाते हैं। वे पुस्तक के गुण-दोष दोनों पहलुओं का विवेचन करते हैं और निष्पक्ष निर्णय लेते हैं।

आलोचना के विषय में उनकी राय है, "आलोचना पर केवल वही व्यक्ति लिख सकता है और दूसरों का नेतृत्व कर सकता है, जिसका अनुभव विस्तृत, अध्ययन गहरा और नजर पारदर्शी हो। जो केवल विशुद्ध सुरुचि ही न रखता हो, बल्कि साहित्य सागर का तैराक भी हो, जिसने दीर्घ काल तक अध्ययन और मनन-चिन्तन के बाद उन विषयों के सम्बन्ध में अपने निजी विचार स्थिर किए हों और इन विचारों

को व्यक्त करने की क्षमता भी रखता हो और दूसरों को हृदयंगम करा सकता हो।" (उद्धृत, उर्दू समालोचना पर एक दृष्टि, पृ. 81)

उनकी आलोचनात्मक किताबों में 'इंतिखाब कलाम-ए-मीर', 'लुगत-ए-कबीर उर्दू', 'खुत्ब-ए-सदारत', 'मखजन-ए-नीकात', 'नुसरती', सर सैयद अहमद खाँ, 'अंजुमन तरक्की उर्दू का अलमिया', 'अफ्कार-ए-हाली', 'जिक्र-ए-मीर' आदि प्रमुख हैं। इसके अलावा उनके अन्य शोधपूर्ण और आलोचनात्मक लेखों के संग्रह 'मुकद्माते-अब्दुलहक', 'तन्कीदाते-अब्दुलहक', 'चन्द हम अस्र' आदि के नाम से भी प्रकाशित हैं।

श्रीराम देहलवी

अनुसन्धानपरक आलोचना लिखने वालों में श्रीराम देहलवी (1875-1929) का नाम भी उल्लेखनीय है। उन्होंने उर्दू कवियों का एक ऐसा तजकिरा लिखा जिसके चार भाग उनके जीवन काल में छपे और पाँचवाँ भाग उनके निधन के बाद पंडित दत्तात्रेय कैफी ने पूरा किया। यह तजकिरा 'खुमखानए-जावेद' के नाम से प्रकाशित है। यह कृति उनकी अनुसन्धान-दृष्टि का एक बेहतरीन उदाहरण है।

हाफिज महमूद शीरानी

टोंक (राजस्थान) में जन्मे, लाहौर में पढ़े-लिखे और लाहौर तथा पंजाब में शिक्षक रहे हाफिज महमूद शीरानी (05.10.1880-15.02.1946) अनुसन्धानपरक आलोचकों में उल्लेखनीय हैं। उन्होंने उर्दू भाषा की उत्पत्ति के सम्बन्ध में एक महत्त्वपूर्ण अनुसन्धानपरक पुस्तक 'पंजाब में उर्दू' नाम से लिखी है। आलोचना के लिए उन्होंने इतिहास, भाषा, कोश आदि की पूरी सहायता ली है। उर्दू जबान के सम्बन्ध में उन्होंने कई मौलिक स्थापनाएँ की हैं। उनकी स्थापना है कि मुसलमानों का यहाँ के लोगों से सम्पर्क पंजाब में हुआ। इसलिए उर्दू का वर्तमान स्वरूप भी इसी क्षेत्र में निर्मित हुआ। अपनी इस स्थापना के लिए उन्होंने प्रचुर प्रमाण एकत्र किए और बहुत सी प्राचीन रचनाएँ सामने रखीं जो लगभग लुप्त हो चुकी थीं। ग्राहम वेली ने इनकी स्थापनाओं का समर्थन किया है और बहुत महत्त्व दिया है। 'पृथ्वीराज रासो' नाम से भी उनकी एक शोधपूर्ण पुस्तक प्रकाशित है। इसके अलावा उन्होंने मौलाना शिबली के 'शेर उल अजम' तथा आजाद के 'आबेहयात' की भी बेहतरीन समीक्षाएँ लिखी हैं।

वे प्रख्यात उर्दू कवि अख्तर शीरानी के पिता हैं।

सैयद मसूद हसन रिजवी अदीब

बहराइच, उ.प्र. में जन्मे, लखनऊ में पढ़े-लिखे और लखनऊ में ही शिक्षक रहे सैयद मसूद हसन रिजवी अदीब (29.07.1893-29.11.1975) ने अनेक पुराने कवियों और लेखकों के साहित्य पर अनुसन्धान किया है। उन्होंने मर्सिया, ड्रामा, दास्तान और तजकिरा पर भी काम किया है। 'हमारी शायरी', 'रूह-ए-अनीस', 'दीवान-ए-फाइज', 'फैजे-मीर', 'मजलिस-ए-रंगीन', 'मुत-फर्रिकात-ए-गालिब', 'उर्दू ड्रामा और स्टेज', 'वाजिद अली शाह का ड्रामा', 'राधा-कन्हैया का किस्सा', 'अमानत की इंदरसभा', रजब अली बेग सुरूर का 'फसाना-ए-इब्रत' आदि उनकी महत्त्वपूर्ण आलोचनात्मक एवं सम्पादित पुस्तकें हैं।

उन्होंने उर्दू नाटक और रंगमंच का इतिहास भी लिखा है जो उनकी चर्चित और साहित्य अकादमी से पुरस्कृत कृति है।

काजी अब्दुल वदूद

पटना (बिहार) में जन्मे पटना और अलीगढ़ में पढ़े-लिखे काजी अब्दुल वदूद (08.05.1896-25.01.1984) का अध्ययन-क्षेत्र व्यापक है। वे अरबी, फारसी, अंग्रेजी और फ्रेंच के मर्मज्ञ हैं। उनकी रचनाओं पर इसका प्रभाव देखा जा सकता है। वे उर्दू के ऐसे आलोचक हैं जो दूसरों की शोध सम्बन्धी त्रुटियों पर बराबर नजर रखते हैं और गलतियों पर बिना किसी संकोच के कठोर टिप्पणी भी करते हैं। उन्होंने मीर, मुसहफी, इंशा और मोमिन की शोधपूर्ण समीक्षाएँ लिखी हैं। उनकी लिखित और सम्पादित पुस्तकों में 'तजकिरा-ए-इब्ने तूफान', 'गालिब बहैसियत मुहक्किक', 'जहाने गालिब', 'मुहम्मद हुसैन आजाद बहैसियत मुहक्किक', 'आसारे-गालिब', 'आवारा गर्द अश्आर' आदि उल्लेखनीय हैं। सैयदा जाफर के शब्दों में, "काजी अब्दुल वदूद ने उर्दू के साहित्यकारों में

अनुसन्धान के मिजाज को परवान चढ़ाने में महत्त्वपूर्ण हिस्सा लिया। उर्दू के अनुसधानकर्ताओं ने उनसे सीख लेकर शोध में सावधानी और एहतियात का मार्ग अपनाया।" (बीसवीं शताब्दी में उर्दू साहित्य, पृ. 284)

इम्तियाज अली अर्शी

इम्तियाज अली अर्शी (08.12.1904-25.02.1981) ने उर्दू शोध को ही अपने जीवन का मुख्य लक्ष्य बना लिया था। 'वकाये आलम शाही', 'तारीखे-मुहम्मदी', 'तारीखे-अकबरी', 'महावराते-बेगमात', 'तर्जुमा-मजालिसे-रंगीन', 'फजलुल खिताबुल उमर बिन खिताब' आदि उनकी दो दर्जन से अधिक शोधपरक पुस्तकें प्रकाशित हैं। इम्तियाज अली अर्शी को खास तौर पर उनके गालिब पर किए गए काम के लिए जाना जाता है। उन्होंने 'दीवान-ए-गालिब' का सम्पादन किया है जिसमें गालिब के मूल पाठ को पूरी प्रामाणिकता के साथ प्रस्तुत किया गया है। उनकी दूसरी पुस्तक 'मकतीबा-ए-गालिब' में गालिब के पत्र संकलित हैं जिसकी बेहतरीन भूमिका से भी अर्शी साहब की शोध-दृष्टि का अंदाज होता है। उनकी एक और रचना 'इंतिखाब-ए-गालिब' है।

मलिक राम

फलिया (आज के पाकिस्तान) में जन्मे, लाहौर में पढ़े-लिखे भारतीय विदेश सेवा के अधिकारी रहे मलिक राम(22.12.1906-16.04.1993) मिर्जा गालिब की शायरी के दीवाने थे। उन्होंने गालिब पर विशेष काम किया है। 'तजकिरा-ए-गालिब', 'तालमिजा-ए-गालिब' आदि कृतियों में गालिब के जीवन के विविध पहलुओं और उनकी रचनाओं का शोधपूर्ण विवेचन है। 'जिक्रे-गालिब' में उन्होंने गालिब के जीवन के हालात का शोधपूर्ण विश्लेषण किया है। 'फसाना-ए-गालिब' में उनके पन्द्रह लेख संकलित हैं जो गालिब के जीवन के विविध पहलुओं पर केन्द्रित हैं।

मलिक राम की मातृभाषा पंजाबी है किन्तु वे अरबी, फारसी और अंग्रेजी के भी अच्छे जानकार है। इन्हीं कारणों से उनकी समीक्षा बहुत प्रौढ़ है। उन्होंने 'तहरीर' नामक उर्दू की त्रैमासिक पत्रिका का सफलतापूर्वक सम्पादन भी किया।

नसीरुद्दीन हाश्मी ने अपना समस्त जीवन शोध-कार्य में ही समर्पित कर दिया। उनकी शोध कृति 'दकन में उर्दू' पहली बार 1923 में छपी। बाद में उसके अनेक संस्करण आए। इसमें बहमनी से लेकर आसफी काल तक के कवियों और साहित्यकारों का विवरण मौजूद है। इसके बाद इसी तरह की अनेक पुस्तकें लोगों ने लिखीं जैसे 'बंगाल में उर्दू', 'मैसूर में उर्दू', 'गुजरात में उर्दू' आदि। 'ख्वातीने दकन की उर्दू खिदमात', 'मिलाकाते-हाशमी', 'सलातीने दकन की हिन्दुस्तानी शायरी' आदि उनकी अन्य आलोचनात्मक पुस्तकें हैं। फखरे-दीं निजामी की मसनवी 'कदमराव पदमराव' की खोज करने का श्रेय भी उन्हें ही है। उनकी पुस्तक 'दक्खिनी हिन्दू और उर्दू' में 1600 ई. तक के उन हिन्दू साहित्यकारों के जीवन और रचनाओं का विवरण है जिन्होंने दकनी साहित्य की सेवा की है।

नवाब नसीर हुसैन ख्याल की पुस्तकें 'दास्ताने-उर्दू' तथा 'मुगल और उर्दू' में उर्दू भाषा की उत्पत्ति और प्रगति के सम्बन्ध में शोधपूर्ण निबन्ध संकलित हैं। दकनी साहित्य के क्षेत्र में अनुसन्धानपरक आलोचनाएँ लिखने वालों में **शम्सुल्ला कादरी** का नाम सबसे पहले लिया जाना चाहिए। उन्होंने 'प्राचीन उर्दू कवि' शीर्षक से शोध लेखों की एक श्रृंखला 1917 ई. में ही प्रकाशित की थी जो बाद में 1925 में 'उर्दू-ए-कदीम' यानी 'प्राचीन उर्दू कवि' के नाम से पुस्तक के रूप में प्रकाशित हुई। इस पुस्तक में दकनी साहित्य के प्रारम्भ से लेकर औरंगजेब के दौर तक के कवियों और लेखकों के जीवन-वृत्तान्त और उनकी रचनाओं का प्रामाणिक विवरण है। इस कृति में बहमनी शासन, कुतुबशाही शासन और आदिलशाही शासन, गुजरात शासन और औरंगाबाद के सहित्यकारों के जीवन व उनकी कृतियों का परिचय दिया गया है। उन्होंने उर्दू दुनिया का ध्यान पहली बार दकनी सहित्य की ओर खींचा।

मुहीउद्दीन कादरी 'जोर' उद्भट विद्वान, अनुसंधाता और आलोचक हैं। उन्होंने दकनी के प्राचीन लेखकों के साहित्य के अनुसन्धान का विशेष कार्य किया है। हैदराबाद के कवियों का परिचय कराने के लिए उन्होंने एक ग्रंथमाला प्रकाशित की थी। 'कैफे-सुखन', 'रम्जे-सुखन', 'फैजे-सुखन', 'बादे-सुखन' और 'मताए-सुखन' इसकी कड़ियाँ हैं। 'रूहे-तन्कीद', 'तन्कीदी मकालात', 'कुल्लियात मुहम्मद कुली

कुतुब शाह', 'दास्ताने-अदब-हैदराबाद', 'दकनी अदब की तारीख' आदि उनकी अनेक कृतियाँ प्रकाशित हैं। **अब्दुल जब्बार मल्कापुरी** की पुस्तक 'तजकिरा औलियाए-दकन' दो खंडों में प्रकाशित है। पहला खंड 1912 ई. में और दूसरा 1913 ई. में प्रकाशित हुआ। इन दोनों खंडों में वर्णानुक्रम से साहित्यकारों और उनकी रचनाओं का परिचय दिया गया है। **अब्दुल कादिर सर्वरी** की गणना दकन के बड़े शोधकर्ताओं में की जाती है। 'फूलबन' तथा 'किस्सा बेनजीर' जैसी मसनवियों के सम्पादन में उन्होंने अपनी सूक्ष्म आलोचनात्मक-दृष्टि का परिचय दिया है। उनकी पुस्तक 'उर्दू मसनवी का इर्तका' में दकनी दौर से लेकर नए दौर तक की मसनवियों का जायजा लिया गया है। 'कुल्लियाते-सिराज' उनकी एक महत्त्वपूर्ण शोधकृति है। 'उर्दू की अदबी तारीख' में आलोचना और शोध का सुन्दर समन्वय है। उनकी अन्य अनुसन्धानपरक आलोचनात्मक कृतियों में 'जदीद-उर्दू शायरी', 'दुनियाए-अफसाना' आदि प्रमुख हैं।

हफीज कतील ने ख्वाजा बन्दानवाज से सम्बन्धित 'मेराजुल आशिकीन' के विषय में नई शोध सामग्री प्रस्तुत की। ख्वाजा बन्दानवाज को अब तक उर्दू का प्रथम गद्यकार माना जाता था और 'मेराजुल आशिकीन' को उर्दू गद्य का पहला नमूना कहा जाता था किन्तु उन्होंने इस अवधारणा पर प्रश्नचिन्ह लगा दिया। 'मास्टर राम चन्दर और उर्दू नस्र का इर्तका' **सैयद जाफर** की महत्त्वपूर्ण अनुसन्धानपरक कृति है जिसमें उन्होंने यह सिद्ध किया है कि सर सैयद अहमद खाँ उर्दू के पहले निबन्धकार नहीं थे, बल्कि पहले निबंधकार मास्टर राम चन्दर थे। **मुहम्मद अली असर** की अनुसन्धानपरक पुस्तकों में 'गव्वासी कला और व्यक्तित्व तहकीकी नकूश', 'दकनी गजल', 'मसनवी इश्तियाकनामा' प्रमुख हैं। **गुलाम उमर खाँ** ने 'मैना सतवंती' और 'लैला मजनूँ' जैसी कृतियों का सम्पादन किया है। **मुहम्मद हुसैन आजाद** ने अपने 'आबे-हयात' में पहली बार कवियों के हालात और उनकी रचनाओं को बड़े व्यवस्थित ढंग से पेश किया है। 'आबे हयात' ने उर्दू साहित्य का इतिहास लिखने की ओर लेखकों का ध्यान आकृष्ट किया।

महमूद इलाही ने 'तजकिरा-ए-शोरिश' का मूल पाठ तैयार किया है। उनकी पुस्तक 'उर्दू कसीदा निगारी का तन्कीदी जायजा' में भी उनकी अनुसन्धानपरक आलोचना का नमूना देखा जा सकता है। उन्होंने मीर के तजकिरे 'निकातुश्शोअरा' को भी सम्पादित करके प्रकाशित किया है। उन्होंने मौलवी करीमुद्दीन के उपन्यास 'खत्ते-तकदीर' को उर्दू का पहला उपन्यास सिद्ध किया है। **नूरुल हसन हाशिमी** की ज्यादातर आलोचनाएँ अनुसन्धानपरक हैं। 'तजकिरा मुशायरा-ए-संडीला', 'देहली का दबिस्तान-ए-शायरी', 'अदब क्या है?', 'अदब का मकसद' आदि उनकी प्रमुख आलोचनात्मक पुस्तकें हैं। 'कुल्लियाते-वली' के अलावा सादिक खाण अख्तर की मस्नवी 'सरापासोज', जाफर अली हसरत देहलवी की मस्नवी 'तूतीनामा', और 'तजकिरा मशपीरे-सन्देला' फरयाद काकोरवी की पुस्तक 'फसाना-ए-एजाज' आदि का भी उन्होंने प्रामाणिक सम्पादन किया है। उन्होंने 'जामिया' और 'फरोग-ए-उर्दू' का लम्बे समय तक सम्पादन भी किया।

रशीद हसन पाठ सम्पादन में सिद्धहस्त हैं। अपनी महत्त्वपूर्ण रचना 'अदबी तहकीक : मसाइल और तजजिया' में उन्होंने अनुसन्धान के विविध पहलुओं पर भी रोशनी डाली है और शोध सिद्धान्तों की व्याख्या की है। उनकी गणना उर्दू के बेहतरीन और ईमानदार शोधकर्ताओं में की जाती है। 'फसाना-ए-अजायब', 'बागो-बहार' और 'मस्नवी गुलजारे-नसीम' के अलावा उन्होंने 'मस्नवियाते-शौक' का भी प्रकाशन किया है जिसमें तीन मस्नवियों—'फरेबे-इश्क', 'बहारे-इश्क' और 'जहरे-इश्क' के पाठ शामिल हैं।

ज्ञानचन्द जैन के 'उर्दू की नस्त्री दास्तानें', 'उर्दू मस्नवी शुमाली हिन्द में', 'तफसीरे-गालिब', 'तजजिए', 'रमूजे-गालिब', 'हकाइक', 'जिक्रो-फिक्र, 'तहकीक का फन', आदि अनेक अनुसन्धानपरक ग्रंथ प्रकाशित हैं। इनके बारे में सैयदा जाफर ने लिखा है, "उन्होंने (ज्ञानचन्द जैन) अपने आप को शोध के कामों के लिए वक्फ कर दिया है। ज्ञानचन्द जैन इस समुद्र के तैराक और गोताखोर हैं। त्रुटियों की निशानदेही करना, शोध के कामों की छानबीन करना, परिणामों को निकालना और दलीलों, तर्कों, गवाहियों की छान-फटक करना, शुद्धियों-अशुद्धियों के बारे में राय स्पष्ट करना, बड़ी सूझ-बूझ, बारीक बीनी और साहित्यिक अनुराग का काम है।...ज्ञानचन्द जैन ने उर्दू की दास्तानों पर पहली बार शोध-दृष्टि डाली, उनके स्त्रोतों से बहस की और इन दास्तानों के रचयिताओं से सम्बन्धित प्रामाणिक मालूमात मुहैया की।" (बीसवीं शताब्दी में उर्दू साहित्य, पृ. 290) **तनवीर अहमद अल्वी** का नाम भी अनुसन्धानपरक आलोचकों में आदर के साथ लिया जा सकता है। 'उसूले-तहकीक व तरतीबे मत्न' उनकी अनुसन्धानपरक आलोचना का बेहतरीन उदाहरण है।

इसी तरह जौक के जीवन पर केन्द्रित उनकी पुस्तक 'जौक-सवानह और इंतकाद' में भी उनकी शोध-दृष्टि देखी जा सकती है।

मौलाना सुलेमान नदवी को मौलाना शिब्ली नोमानी का उत्तराधिकारी कहा जाता है। उनकी दो पुस्तकें 'नकू-शो-सुलैमानी' तथा 'खैयाम' में संकलित अधिकतर लेख अनुसन्धानपरक हैं। **सैयद जामिन अली** ने मरसिए पर अनुसन्धान किया है। इसके अलावा 'वाकयाते-कर्बला' तथा 'उर्दू जबान और अदब' नामक उनकी आलोचनात्मक कृतियाँ प्रकाशित हैं। **हफीज सैयद** ने काजी महमूद 'बहरी' के साहित्य पर अनुसन्धान किया है। **अन्दलीप शादानी** की आलोचनात्मक कृतियों के नाम हैं, 'तहकीकात', 'तहकीकात की रोशनी में', 'दौरे हाजिर की उर्दू गजलगोई' आदि। **अब्दुल्लाह** की पुस्तकों में 'बहसो-नजर', 'मुबाहिस', 'वली से इकबाल तक', 'उर्दू तजकिरे' आदि मशहूर हैं।

इस क्षेत्र में और बहुत से काम हो चुके हैं तथा आज भी लगातार काम हो रहे हैं। अपनी सीमाओं के नाते मैं उनका उल्लेख नहीं कर पा रहा हूँ।

उर्दू की प्रगतिवादी आलोचना

हिन्दी में प्रगतिवादी आलोचना की परम्परा सबसे ज्यादा समृद्ध है, किन्तु उर्दू की प्रगतिवादी आलोचना उससे भी ज्यादा समृद्ध है। इसका मुख्य कारण यह है कि सन् 36 में लखनऊ में होने वाले प्रगतिशील लेखक संघ की जिस बैठक की अध्यक्षता मुंशी प्रेमचन्द ने की थी उसकी बुनियाद डालने वाले सज्जाद जहीर उर्दू के थे। उनके बारे में अली सरदार जाफरी ने लिखा है, "सज्जाद जहीर एक चिंगारी थे—सारी इनसानियत का एक तड़पता हुआ शोला।" (प्रगतिशील सांस्कृतिक आन्दोलन, पृ. 286)

इतिहास गवाह है कि हर भारतीय भाषा के साहित्य पर प्रगतिशील लेखक संघ का गहरा प्रभाव पड़ा था। इस आन्दोलन ने ब्रिटिश साम्राज्यवाद के साथ सामंती ताकतों और मूल्यों को खत्म करने में बहुत बड़ी भूमिका निभाई। साहित्य के साथ कला के विभिन्न माध्यमों—चित्रकला, मूर्ति कला, स्थापत्य, संगीत, अभिनय, सिनेमा, रंगमंच आदि सभी क्षेत्रों में नए-नए प्रयोगों के माध्यम से कला को जनोन्मुखी बनाया। किन्तु सबसे ज्यादा प्रभाव उर्दू साहित्य पर पड़ा। उर्दू साहित्य की सभी विधाओं में प्रगतिशील विचारों की शानदार परम्परा देखी जा सकती हैं। उर्दू आलोचना पर भी इसका गहरा असर देखा जा सकता है। हम यहाँ प्रमुख प्रगतिवादी आलोचकों का सामान्य परिचय दे रहे हैं।

रघुपति सहाय 'फिराक'

गोरखपुर में जन्मे, इलाहाबाद में पढ़े-लिखे और आईसीएस की नौकरी छोड़कर इलाहाबाद में ही अंग्रेजी के प्रोफेसर रहे, साहित्य अकादेमी, ज्ञानपीठ, सोवियत लैंड नेहरू अवार्ड और पद्मविभूषण जैसे सम्मानों से नवाजे गए मशहूर शायर फिराक गोरखपुरी (28.08.1896- 03.03.1982) ने आलोचनाएँ भी लिखी हैं। उनके निबन्धों के दो संग्रह 'अंदाजे' और 'हाशिए' में उनकी समीक्षा-दृष्टि देखी जा सकती है। उनकी अन्य आलोचनात्मक किताबें हैं, 'उर्दू की इश्किया शायरी' और 'उर्दू गजल गोई'। उन्होंने हिन्दी में 'उर्दू भाषा और साहित्य' के नाम से उर्दू साहित्य का इतिहास भी लिखा है।

फिराक को प्रगतिवादी आलोचकों की श्रेणी में रखा जा सकता है, यद्यपि कुछ लोगों ने उन पर प्रगतिवादी विचारधारा के प्रभाव से इनकार किया है। ऐसे लोगों में अली सरदार जाफरी भी हैं। वे लिखते हैं, "उनकी (फिराक गोरखपुरी) आलोचना का स्तर भावात्मक है और उन्होंने जो कुछ लिखा है प्रभाववादी ढंग से लिखा है, जिसमें भाषा और वर्णन शैली का बड़ा रस है।" (उद्धृत, उर्दू समालोचना पर एक दृष्टि, पृ. 217) किन्तु, फिराक के बारे में ऐसा कहना एक तरह का सरलीकरण है। फिराक अन्य मार्क्सवादियों की तरह अपनी रचनाओं में मार्क्सवाद को हावी नहीं होने देते थे, किन्तु उन पर प्रगतिवादी आन्दोलन का गहरा प्रभाव था। हाँ, उनकी रुचि प्रभाववाद और सौन्दर्यशास्त्र की ओर भी थी।

फिराक एक गम्भीर चिन्तक भी हैं। वे कहते हैं, "उर्दू अदब ने अभी तक औरत की कल्पना को जन्म नहीं दिया। उर्दू जबान में शकुंतला, सावित्री और सीता नहीं। जब तक उर्दू अदब देवीयत को नहीं अपनाएगा उसमें हिन्दोस्तान का तत्त्व शामिल नहीं होगा और उर्दू सांस्कृतिक रूप से हिन्दोस्तान की तर्जुमान नहीं हो

सकेगी। क्योंकि हिन्दोस्तान कोई बैंक नहीं जिसमें रूमानी और सांस्कृतिक रूप से अलग-अलग खाते खोले जा सकें।" (https://rekhta.org फिराक गोरखपुरी)

लाहौर से प्रकाशित होने वाली पत्रिका 'नुकूश' के संपादक को लिखे एक पत्र में उन्होंने जो लिखा है उससे उनकी विचारधारा को आसानी से समझा जा सकता है, "रही बात भौतिकता या आध्यात्मिकता की। निन्यानबे प्रतिशत साहित्यिक और असाहित्यिक कामों में यह झगड़ा उठता ही नहीं। जब जंगल में आग लगती है तो वे समस्त जन्तु, जो एक दूसरे को खा जाते हैं, चुपचाप एक स्थान पर खड़े हो जाते हैं। आज इसकी बिलकुल आवश्यकता नहीं है कि जो साहित्यकार भौतिकवाद के समर्थक हैं उनका एक धड़ा हो, जो अध्यात्मवाद के पक्षपाती हैं उनका दूसरा। भूख, बेकारी, बेरोजगारी, चोरबाजारी, रिश्वत, जीवन के हर विभाग की अव्यवस्था, साम्राजी शक्तियों के षड्यंत्र और विनाशात्मक प्रयत्न हजार में से नौ सौ निन्यानबे व्यक्तियों की दरिद्रता, पाकिस्तान, हिन्दुस्तान, एशिया, अफ्रीका और यूरोप के भी कई देशों का जीवन नरक बनाए हुए हैं। फिर तीसरे महायुद्ध का खतरा मुसलमानों के ही नहीं, संसार भर के जीवन और मृत्यु का प्रश्न बन गया है। इस समय नमकहलाल साहित्यकार के सम्मुख इस्लामी और गैर इस्लामी, आस्तिक और नास्तिक साहित्य के प्रश्न नहीं हैं, बल्कि एक ही प्रकार की मुसीबत में गिरफ्तार मुस्लिम और गैर मुस्लिम दुनिया को एक ही उद्‌देश्य के साहित्य की आवश्यकता है—अर्थात् इन विश्वव्यापी समस्याओं का विवेक पैदा करना, सामूहिक संघर्ष और संगठित आन्दोलनों के महत्त्व का बोध पैदा करना और अपने देश, एशिया, अफ्रीका और यूरोप के जन-आन्दोलनों का साथ देने की तत्परता पैदा करना और इन क्रियात्मक प्रस्तावों को उत्तम साहित्यिक रचनाओं द्वारा आगे बढ़ाना। वर्तमान का बोध और वर्तमान में जिस उज्ज्वल भविष्य की सम्भावनाएँ संसार भर के लिए निहित हैं, उन सम्भावनाओं का बोध। यही वह साम्यवादी सत्यता (Socialist Realism) है जिसके सहारे साहित्य रचना होगी। यह सत्यता न इस्लामी है, न ईसाई है, न हिन्दू है, बल्कि साम्यवादी सत्यता है।" (फिराक गोरखपुरी और उनकी शायरी, प्रकाश पंडित में उद्धृत)

मुबारक ने लिखा है, "इस लेख को लिखने वाला बरसों इस शायर को एक मुस्लिम शख्स तसलीम करता आया है, और जब उस पर भेद खुला कि फिराक गोरखपुरी असल में रघुपति सहाय हैं तो धार्मिक पहचान बेमानी होने का उसका विश्वास और ज्यादा मजबूत हुआ।" (www.thelallantop.com, 28 अगस्त, 2018)

निदा फाज़ली ने उनके बारे में लिखा है, "गालिब अपने युग में आने वाले कई युगों के शायर थे। अपने युग में उन्हें इतना नहीं समझा गया, जितना बाद के युगों में पहचाना गया। हर बड़े दिमाग की तरह वह भी अपने समकालीनों की आँखों से ओझल रहे। ऐन यही बात फिराक गोरखपुरी के बारे में कही जा सकती है।" (उपर्युक्त)

अपने विद्वान होने पर उन्हें फख्र था। वे मजाक में कहा करते थे, "हिन्दुस्तान में सही अंग्रेजी सिर्फ ढाई लोगों को आती है। एक मैं, एक डॉ. सर्वपल्ली राधाकृष्णन और आधा जवाहरलाल नेहरू।" (उपर्युक्त)

फारसी, हिन्दी, ब्रजभाषा और भारतीय संस्कृति की गहरी समझ के कारण उनके लेखन में भारत की मूल पहचान रच-बस गई है।

मजनूँ गोरखपुरी

संत कबीर नगर (उ.प्र.) जिले के छोटे से गाँव 'पल्दा' में जन्मे, आगरा और इलाहाबाद में पढ़े-लिखे और अलीगढ़ में अध्यापक रहे (10.05.1904-04.06.1988) मजनूँ गोरखपुरी का मूल नाम अहमद सिद्‌दीक है। वे उर्दू साहित्य के प्रतिष्ठित मार्क्सवादी आलोचकों में से एक हैं। इकबाल, मीर, गालिब से लेकर इस्मत चुगताई तक के साहित्य की उन्होंने विस्तृत समीक्षा की है। उन्होंने इकबाल की शायरी के प्रेरक विषयों से लेकर उसकी शैलीगत विशेषताओं पर विस्तार से लिखा है और उसके काव्य-सौन्दर्य का आकलन किया है।

मजनूँ गोरखपुरी का सौन्दर्यबोध और आलोचनात्मक विवेक कहीं-कहीं भोंड़ा और बदरंग हो गया है। उदाहरण के लिए इस्मत चुगताई पर लिखते हुए वे कहते हैं, "इस्मत चुगताई ने एक बिन्दु को सारी जिन्दगी समझ लिया है। हमारी काम-भावना निस्सन्देह एक सृजन-शक्ति है, जिसके स्वास्थ्य और खैरियत की ओर से हमको भी उदासीन नहीं होना चाहिए और सामंती और महाजनी संस्कृति-तंत्र ने हमारे काम-जीवन में तरह-तरह की खामियाँ पैदा कर दी हैं, जो सुधार चाहती हैं। लेकिन हर समय इन्हीं खामियों पर नजर रखना और उन्हीं में लीन रहना ऐसा ही है जैसे अपने को किसी कोढ़ीखाने में बन्द कर देना, जहाँ सिवाए

रंग-बरंग के कोढ़ के घावों और दागों के और कुछ नजर न आए। हमको अपने शरीर के कोढ़ से परिचित रहना चाहिए और इसका निवारण भी करना चाहिए लेकिन उसी के ध्यान में खोए रहना स्वास्थ्य-रक्षा के सिद्धान्त से हटी हुई हरकत होगी।" (उद्धृत, बीसवीं शताब्दी में उर्दू आलोचना, पृ. 241)

इस पर शाफे किदवई की टिप्पणी है, "काम भावना को कोढ़ के समतुल्य करार देना और उसे इस्मत की कला के आकलन का बुनियादी हवाला बनाना आलोचक के अपरिपक्व आलोचनात्मक विवेक का द्योतक है।" (उपर्युक्त, पृ. 241)

उनकी प्रमुख आलोचनात्मक पुस्तकें हैं, 'तन्कीदी हाशिए', 'अदब और जिन्दगी', 'अफसाना', 'शेरो गजल', 'दोशो फर्दा', 'नकूशो अफकार' आदि। मजनूँ गोरखपुरी आरम्भ में सौन्दर्यवादी और रूपवादी दृष्टिकोण के थे और रचनाकारों की व्यक्तिवादिता पर जोर देते थे किन्तु बाद में उन पर मार्क्सवाद का प्रभाव पड़ा और धीरे-धीरे उनका दृष्टिकोण अधिक जनतांत्रिक और मानवीय होता गया।

1968 में वे अपनी बेटी के पास पाकिस्तान चले गए और कराँची विश्वविद्यालय में प्रोफेसर बन कर वहीं रह गए।

एहतेशाम हुसैन

आजमगढ़ (उ.प्र.) जिले के 'माहुल' नामक गाँव में जन्मे, इलाबहाबाद में पढ़े-लिखे और इलाहाबाद में ही अध्यापक रहे सैयद एहतेशाम हुसैन (21.04.1912-01.12.1972) प्रतिष्ठित मार्क्सवादी आलोचक हैं। उनका विचार है कि साहित्य को समझने के लिए प्रगतिशील सामाजिक दृष्टिकोण सबसे अधिक उपयोगी साबित हो सकता है। आलोचना और आत्मालोचना के मार्ग पर चलकर ही सच्चाई को ढूँढ़ने में सफल हुआ जा सकता है। शाफे किदवई के शब्दों में,

"प्रगतिशील आलोचकों में सबसे महत्त्वपूर्ण नाम सैयद एहतेशाम हुसैन का है। एहतेशाम हुसैन ने साहित्य की सैद्धान्तिक समस्याओं के अतिरिक्त सृजनात्मक कलाकारों का भी मार्क्सवादी सौन्दर्यशास्त्र की रौशनी में अध्ययन किया। उन्होंने क्रिस्टोफर कॉडवेल, लूकाच और कुछ अन्य मार्क्सवादी चिन्तकों के माध्यम से मार्क्सवादी काव्यशास्त्र संकलित करके फिर उसके व्यावहारिक नमूनों की निशानदेही की। उन्होंने यह भी विश्वास दिलाया कि साहित्य सांस्कृतिक प्रक्रिया की धुरी पर घूमने वाला ऐसा अमल है जो बाज मूल्यों के हवाले से स्वरूप ग्रहण करता है। साहित्य, समाज में सक्रिय विभिन्न वर्गों के परस्पर सम्बन्धों का भी दर्पण होता है। अत: साहित्यिक कलाकृति का मूल्यांकन उसी अवस्था में अर्थपूर्ण हो सकता है, जब तक सामाजिक चेतना को विवाद का केन्द्र विन्दु न बनाया जाए।" (बीसवीं शताब्दी में उर्दू साहित्य, शाफे किदवई का लेख, पृ. 239)

एक आलोचक के अध्ययन का क्षेत्र और उसके दायित्व की ओर संकेत करते हुए एहतेशाम हुसैन लिखते हैं, "आलोचना उन सारी विद्याओं से सम्बद्ध हो जाती है जिनसे मानव-संस्कृति तथा सभ्यता का सृजन एवं निर्माण हुआ है।...विश्लेषण के लिए इन सारी विद्याओं की जानकारी की जरूरत है, जो मानव-प्रकृति और ज्ञान के स्वाभाविक तथा ऐच्छिक निरूपण से सम्बन्ध रखती है।...आलोचक को मनोविज्ञान-वेत्ता, शिक्षाविद्, राजनीति-विशारद, नीतिशास्त्र-ज्ञाता की हैसियत से साहित्य का अवलोकन करना चाहिए...यदि आलोचना कोई विद्वत्तापूर्ण काम है और महज भावप्रवणता का वर्णन नहीं, तो उन सभी नई विद्याओं से काम लेना होगा जिनसे जिन्दगी और साहित्य को समझा जा सकता है।" (उद्धृत, उर्दू समालोचना पर एक दृष्टि, पृ. 165)

सैयद एहतेशाम हुसैन ने काव्य और कथा साहित्य दोनों विधाओं की समान रूप से आलोचनाएँ की हैं। प्रगतिशील आन्दोलन से पहले कथा-साहित्य को ज्यादा महत्त्व नहीं दिया जाता था। सैयद एहतेशाम हुसैन ने उपन्यास और कहानी की सैद्धान्तिक समस्यायों पर वस्तुपरक अंदाज में लिखा। उदाहरणार्थ प्रगतिशील आन्दोलन के समय जब नग्नतावाद (प्रकृतवाद) और यथार्थवाद को समतुल्य करार दिया जाने लगा तो एहतेशाम हुसैन ने लिखा, "चूँकि यथार्थवाद और नग्नता की हदें प्राय: एक-दूसरे से मिल जाती हैं, इसलिए कभी-कभी दोनों को एक समझ लिया जाता है। हालाँकि सबसे बड़ा अन्तर जो दोनों में है, वह यही है कि यथार्थवाद के सिलसिले में यदि नग्नता की अभिव्यक्ति भी हो जाए तो वह ध्येय नहीं होता, एक साधन होता है। यदि उसकी अभिव्यक्ति केवल नग्नता तथा आमोद-प्रमोद के लिए हो तो वही ध्येय करार पाता है। वह केवल उत्तेजना पैदा करके छोड़ देता है।...ऐसा साहित्य अच्छा साहित्य नहीं है। इस का मिटना, मिटा देना ही हमारा फर्ज है।" (तन्कीदी जायजे, पृ. 145)

इसी तरह अपने पुराने साहित्य के प्रति हमारा दृष्टिकोण क्या होना चाहिए—इस पर अपने विचार व्यक्त करते हुए वे लिखते हैं, "अतीत के साहित्य से सम्बन्धित हमारी भावुक प्रतिक्रिया हर हाल में वह तो कभी नहीं हो सकती जो उन शताब्दियों के लोगों की रही होगी। लेकिन प्रश्न तो यह है कि उसके प्रति हमारा रवैया क्या होना चाहिए, केवल यह कि जो था ठीक था। उस समय के आस्वादन के सम्बन्ध में हमें कुछ कहने का हक नहीं है। यहीं अतीत के साहित्य के अध्ययन की समस्या हमारे लिए मुसीबत बनती है, क्योंकि कोई आलोचक न तो पूर्ण रूप से उस काल की सारी भावना कैफीयत को अपने भाव-बोध पर हावी कर सकता है और न अपने जमाने की चेतना को दबाकर अतीत को समझ सकता है। रास्ता कहीं दरमियान में होगा।" (जदीद अदब, मंजर और पस मंजर, पृ. 80)

एहतेशाम हुसैन ने कहानी व उपन्यास के पात्रों का अध्ययन भी किया। उन्हें विश्वास था कि लेखक की वैचारिक आस्थाओं का अनुमान उसके सृजित पात्रों से लगाया जा सकता है। उन्होंने मूल रूप से हिन्दी में 'उर्दू साहित्य का आलोचनात्मक इतिहास' भी लिखा है जो अब तक उर्दू साहित्य के इतिहास की सबसे बेहतरीन कृति मानी जाती है। इसकी भूमिका में अपने दृष्टिकोण को रेखांकित करते हुए उन्होंने लिखा है, "जब तक इस बात को अच्छी तरह नहीं समझा जाएगा कि साहित्य राष्ट्रीय, सामाजिक जीवन, सांस्कृतिक परम्परा और ऐतिहासिक उन्नति-अनुन्नति का प्रतिबिम्ब होता है और उसकी भावनात्मक एवं मानसिक आकांक्षाओं का रचना-विधान प्रस्तुत करता है, उस समय तक साहित्य-इतिहास बदलते हुए साहित्यिक-दृष्टिकोण का प्रामाणिक उल्लेख नहीं कर सकता। साहित्य समाज का जीवित अंग होता है, उसका ऐतिहासिक विश्लेषण इसी ढंग से होना चाहिए। जिस इतिहास से यह स्पष्ट न हो सके कि साहित्य-चिन्तन में एक युग से दूसरे युग में किस प्रकार अन्तर उत्पन्न हो जाता है और एक रूप-विधान दूसरे के लिए अस्वीकार क्यों हो जाता है, वह इतिहास कुछ साहित्यिक जानकारी प्राप्त करने का माध्यम तो बन जाता है परन्तु सन्तोषजनक साहित्यिक चेतना और संवेदना नहीं पैदा कर सकता।...मैंने इस छोटी सी पुस्तक की सीमाओं के भीतर इसकी चेष्टा की है कि उर्दू साहित्य की जो रूपरेखा दी जाए, वह उसका सही-साफ परिचय दे सके कि कौन सी ऐतिहासिक परिस्थितियाँ थीं, जिनमें साहित्य-विकास तथा परिवर्तन का क्रम जारी रहा।" (उर्दू साहित्य का आलोचनात्मक इतिहास, प्रस्तावना)

'तन्कीदी नजरियात', 'रवायत और बगावत', 'अदब और समाज', 'तन्कीद और अमली तन्कीद', 'जौके-अदब और शऊर', 'अफकारो मसायल', 'अक्स और आईने', आदि उनकी प्रमुख आलोचनात्मक पुस्तकें हैं। 'हिन्दुस्तानी लिसानियत का खाका' भाषा विज्ञान से सम्बन्धित पुस्तक है। 'गालिब का तफक्कुर' और 'प्रेमचन्द की तरक्की पसन्दी' जैसे लेख उनके आलोचना सिद्धान्तों के प्रमाण हैं।

अख्तर हुसैन रायपुरी

रायपुर (छ.ग.) में जन्मे, पेरिस से डॉक्टोरेट और अमृतसर में अध्यापन करने वाले तथा विभाजन के समय पाकिस्तान चले जाने वाले अख्तर हुसैन रायपुरी (12.06.1912-24.04.1973) भी एक महत्त्वपूर्ण प्रगतिवादी आलोचक हैं। वे रूसी साहित्य की प्रशंसा करते हुए लिखते हैं, "उसने हमको वास्तविक संसार से दूर हट जाने की शिक्षा कभी नहीं दी। बल्कि उसी में अनुरक्त रहकर उसको बदलने और सँवारने की कोशिश करता रहा। रूस के स्वभाव में प्राकृतिक रूप से वास्तविकता का अधिक सम्मान है, जो उसके साहित्य में भी विद्यमान रहता है। परिणाम यह है कि रूस ने आज सारे संसार की सभ्यता की धारा पलटकर रख दी। जो कोई भी अन्य देश न कर सका।" (उद्धृत, उर्दू समालोचना पर एक दृष्टि, पृ. 152)

'अदब और इन्कलाब', 'गोर्की की आपबीती', 'रोशन मीनार : तन्कीदी मजमीन का मजमुआ' आदि उनकी आलोचनात्मक पुस्तकें हैं। उन्होंने बांग्ला के काजी नजरुल इस्लाम की कविताओं तथा कालिदास के संस्कृत नाटक 'अभिज्ञान शाकुन्तलम्' का अनुवाद भी किया है। वे हिन्दुस्तानी में लिखते थे। हिन्दुस्तानी की जगह हिन्दी को भारत की राज भाषा बनाए जाने के प्रस्ताव पर वे इतने दुखी हो गए कि हिन्दी में लिखना पूरी तरह बन्द कर दिया।

अली सरदार जाफरी

गोंडा (उ. प्र.) जिले के बलरामपुर में जन्मे, अलीगढ़, लखनऊ और दिल्ली में पढ़े-लिखे प्रख्यात शायर अली सरदार जाफरी (29.11.1913-01.08.2000) ने आलोचनाएँ भी लिखी हैं। उन्होंने 'पैगंबराने-सुखन', 'इकबाल

एक तश्कील' और 'इन्तिखाबे-कलामे-मीर' जैसी कृतियों के माध्यम से प्रगतिशील आलोचना के क्षितिज को विस्तृत किया है। उन्होंने इकबाल के दार्शनिक सरोकारों को मार्क्सवादी सिद्धान्तों के रिश्ते से जोड़कर उसकी एक नई तरह की व्याख्या की है। इसके अलावा उन्होंने गालिब के दीवान का भी सम्पादन किया है और उसकी लम्बी और बेहतरीन भूमिका लिखी है जिससे उनकी आलोचनात्मक-दृष्टि का पता चलता है।

सरदार जाफरी ने स्वयं के परिचय के साथ कबीर, मीर, गलिब और मीरा बाई की रचनाओं का भी सम्पादन किया है। उन्होंने साहित्यिक पत्रिका 'गुफ्तगू' का भी सम्पादन किया।

अली सरदार जाफरी तत्कालीन प्रधानमंत्री अटल बिहारी वाजपेयी के साथ पाकिस्तान गए थे तब सरहद पर एक ऑडियो एल्बम भी बनाया गया। स्क्वार्डन लीडर अनिल सहगल इसके निर्माता थे और सीमा सहगल ने उसे गाया था। इस ऑडियो एल्बम को प्रधानमंत्री श्री अटल बिहारी वाजपेयी ने पाकिस्तान के प्रधानमंत्री श्री नवाज शरीफ को 20-21 फरवरी 1999 को लाहौर सम्मिट में भेंट स्वरूप प्रदान किया था।

अन्य मार्क्सवादी आलोचकों में इलाहाबाद के **एजाज हुसैन** की प्रमुख आलोचनात्मक पुस्तकें हैं—'आइनए-मआरफत', 'मुख्तसर तारीखे-अदब-उर्दू', 'नए अदबी रुजहानात', 'उर्दू अदब आजादी के बाद', 'मजहब और शाइरी' और 'अदब और अदीब'। उनकी एक महत्त्वपूर्ण किताब 'उर्दू शाइरी का समाजी पसमंजर' प्रकाशित है। एजाज हुसैन की दृष्टि में साहित्य जीवन संघर्ष का प्रतिबिम्ब है। अंग्रेजी साहित्य के गम्भीर अध्येता एजाज हुसैन की आलोचना दृष्टि का फलक काफी व्यापक है।

मुमताज हुसैन मार्क्सवादी विचारधारा के प्रति प्रतिबद्ध आलोचक हैं। उन्होंने साहित्य के साथ-साथ दर्शन, समाज-विज्ञान, मनोविज्ञान आदि का भी गहरा अध्ययन किया है। 'नकदहयात', 'नए गोशे', 'अदब और शऊर', 'तन्कीदी मसायल', 'नई कदरें' आदि उनकी प्रमुख आलोचनात्मक पुस्तकें हैं। **अब्दुल अलीम** ने साहित्य और जिन्दगी के सम्बन्ध पर वैज्ञानिक ढंग से विचार किया है तथा मार्क्सवादी सौन्दर्यशास्त्र के परिदृश्य में साहित्य और समाज के अपरिहार्य सम्बन्ध की रूपरेखा स्पष्ट की है। **कमर रईस** ने मुख्यत: कथा साहित्य को अपने अध्ययन का विषय बनाया है। उन्हें प्रेमचन्द का विशेषज्ञ माना जाता है। 'प्रेमचन्द का फन' उनकी मशहूर किताब है। अली सरदार जाफरी पर भी उनकी पुस्तक बहुत मशहूर है। उन्होंने उज्बेकिस्तान के साहित्य पर भी 'बीसवीं सदी की उज्बेक शायरी' के नाम से किताब लिखी है।

रशीद अहमद सिद्दीकी मुख्यत: व्यंग्यकार हैं और अपने लेखन की विशिष्ट नई शैली के नाते प्रसिद्ध हैं, किन्तु 'गालिब की शख्सियत और शायरी' जैसी महत्त्वपूर्ण आलोचनात्मक पुस्तक लिखकर उन्होंने अपनी सुव्यवस्थित आलोचना दृष्टि का परिचय दे दिया है। **मुहम्मद हसन** की आलोचनात्मक कृतियाँ है, 'अदबी तन्कीद', 'उर्दू में रोमानी तहरीक', 'मुतालए-सौदा', 'जलाल लखनवी', 'देहली में उर्दू शायरी का फिकरी' और 'तहजीबी पसमंजर' आदि। इन कृतियों में उनकी प्रगतिवादी आलोचना दृष्टि स्पष्ट देखी जा सकती है। **सैयद मोहम्मद अकील रिज्वी** ने सैद्धान्तिक और व्यावहारिक दोनों ही आलोचना के क्षेत्र में काम किया है। उनकी पुस्तक 'सामाजिक आलोचना और व्यावहारिक आलोचना' विषय केन्द्रित विश्लेषणात्मक आलोचना का एक उत्तम उदाहरण है। उन्होंने उपन्यास की कला पर भी लिखा है और गजल की दिशाओं पर भी। शारिब रदौलवी, असलम परवेज, अब्दुस्समी खुर्शीद आदि का नाम भी प्रगतिवादी आलोचकों में लिया जाता है।

उर्दू की नई आलोचना

जिन परिस्थितियों में और जिन कारणों से हिन्दी में नई आलोचना आकार ग्रहण करती है, लगभग उन्हीं परिस्थितियों और उन्हीं कारणों से उर्दू में भी नई आलोचना विकसित होती दिखाई देती है। प्रगतिवादी आन्दोलन की राजनीतिक प्रतिबद्धता और यथार्थवाद की एकांगिकता की प्रतिक्रिया होनी स्वाभाविक है। जिन परिस्थितियों में नई आलोचना विकसित हुई उनका विश्लेषण करते हुए शाफे किदवई लिखते हैं,

"छठें दशक में प्रगतिशील आन्दोलन के विरुद्ध प्रतिक्रिया की तीव्रता ने एक प्रबल रुझान की शक्ल इख्तियार कर ली, जिसे जदीदियत (आधुनिकता) के नाम से पुकारा गया। सामग्री की सतह पर जदीदियत ने निजता, आत्म-टूटन, स्वप्नों का खंडित होना, आन्तरिकता, व्याकुलता, बेगानगी, अविश्वास और हताशा पर आग्रह किया और यह भी यकीन दिलाया कि कलाकृति एक स्वाधीन और स्वावलम्बी अस्तित्व रखती है। यह भी कहा गया कि साहित्य को पहले मूल्यांकन और फिर कला की अनिवार्यताओं पर निर्भर होना

चाहिए। आधुनिकता और अस्तित्ववाद ने दार्शनिक आधार उपलब्ध कराया और नई आलोचना ने अमरीकी नई आलोचना के आकारपरक मॉडल (रूप विधान) का अनुसरण किया। कलाकृति के आन्तरिक और बाह्य रूप को दृष्टि-केन्द्र बनाकर व्यावहारिक आलोचना का प्रवर्तन किया गया। पाठ केन्द्रित अध्ययन का क्रम आरम्भ किया और कलाकृति के आकारगत तथ्यों की निशानदेही आलोचना का प्राथमिक ध्येय ठहरा। शम्सुर्रहमान फारूकी और गोपीचन्द नारंग की गणना नई आलोचना का आधार रखने वालों में होती है। शम्सुर्रहमान फारूकी ने साहित्यिक मूल्यों की बहाली को प्राथमिक महत्त्व दिया। उन्होंने विषय पर आधारित प्रगतिशील आलोचना के अवगुणों और सीमाओं को चिह्नित किया और अपने आलेखों के माध्यम से यह विश्वास दिलाया कि साहित्य के मूल्यांकन के लिए विश्वव्यापी सिद्धान्तों और नियमावली का निर्धारण आलोचना का बुनियादी कर्म है। सामूहिक अनुभव के बजाय व्यक्तिगत अनुभव पर आग्रह उनकी आलोचना की पहचान है।" (बीसवीं शताब्दी में उर्दू आलोचना, पृ. 245)

हम यहाँ नई आलोचना के साथ ही उत्तरआधुनिक विमर्शों को आलोचना के केन्द्र में लाने वाले कुछ विशिष्ट आलोचकों के आलोचना-कर्म का सामान्य परिचय दे रहे हैं।

कलीमुद्दीन अहमद

पटना (बिहार) में जन्मे, पटना में अंग्रेजी के शिक्षक रहे कलीमुद्दीन अहमद (15.09.1908-22.12.1983) उर्दू आलोचना के क्षेत्र में विशिष्ट स्थान रखते हैं। उनकी आलोचना-दृष्टि समकालीनों से अलग और पाश्चात्य सिद्धान्तों से प्रभावित है। 'उर्दू शायरी पर एक नजर' तथा 'उर्दू तन्कीद पर एक नजर' उनकी बहुचर्चित और विवादित समीक्षा पुस्तकें हैं। अपनी किताबों में उन्होंने ज्यादातर रचनाकारों की निर्भीक होकर कटु आलोचना की है। कलीमुद्दीन अहमद उस व्यावहारिक आलोचना पर बल देते हैं जो कवि की विचारधारा के महत्त्व को अस्वीकार करती है और वह केवल शब्दों और उनके उचित सम्बन्धों से पैदा होने वाले अर्थ को देखती है।

कलीमुद्दीन अहमद की आलोचना के बारे में अपने विचार व्यक्त करते हुए शाफे किदवई लिखते हैं, "उर्दू शायरी और उर्दू आलोचना पर उनकी आपत्तियाँ सार्थक और विचारणीय हैं, तथापि पश्चिमी साहित्य के आम होने के कारण कलीमुद्दीन उस नुक्ते से अवश्य परिचित होंगे कि किसी भी भाषा के साहित्य को किसी अन्य भाषा अथवा संस्कृति के फ्रेम वर्क के परिदृश्य में नहीं समझा जा सकता। इसके अतिरिक्त साहित्य में अर्थ के बीजारोपण की प्रक्रिया अपने सांस्कृतिक विमर्श का अपरिहार्य भाग होती है। गजल को सांस्कृतिक सन्दर्भ से अलग करके देखना एक किस्म की आलोचनात्मक आसानपसन्दी को लक्षित करती है। कलीमुद्दीन ने दास्तानों पर अपनी किताब 'दास्तानगोई' में इस विधा की विशिष्टताएँ सांस्कृतिक सन्दर्भ में स्पष्ट की हैं और दास्तान के भुला दिए जाने वाले काव्यशास्त्र को अध्ययन का विषय बनाया है।" (बीसवी शताब्दी में उर्दू आलोचना, पृ. 244)

'उर्दू जबान और फन-ए-दास्तानगोई', 'तहलील-ए-नफसी, 'अदबी तन्कीद के उसूल', 'मेरी तन्कीद एक बाजदीद', 'मीर अनीस', 'इकबाल एक मुतालेआ', 'कदीम मगरिबी तन्कीद', 'अमली तन्कीद', 'अपनी तलाश में' आदि उनकी अन्य आलोचना पुस्तकें हैं। अंग्रेजी में उनकी एक मशहूर किताब है, 'Psychoanalysis and Literary criticism'।

आले-अहमद सुरूर

बदायूँ (उ.प्र.) में जन्मे, आगरा में पढ़े-लिखे और अलीगढ़ में शिक्षक रहे आले अहमद सुरूर (09.09.1911-09.02.2002) की उर्दू आलोचना में एक खास जगह है। सुरूर आरम्भ में प्रगतिशील विचारों से प्रभावित थे किन्तु बाद के दिनों में वे प्रयोगवाद की ओर बढ़ गए। उनकी आलोचना में पश्चिम और पूर्व के साहित्य का सामंजस्य दिखाई देता है।

आलोचना के बारे में उनके विचार हैं, "अच्छी आलोचना मनुष्य को सर्जनात्मक साहित्य की ओर प्रवृत्त करती है। वह स्वयं सर्जनात्मक होती है। पढ़ने वाले की मानसिक शक्ति पर मुहर नहीं लगाती, उसकी बुद्धि का पोषण करती है। रचनात्मक साहित्य में आलोचनात्मक चेतना क्रियाशील होती है। आलोचना उसको स्पष्ट कर देती है। आलोचना संक्षेपण या छिद्रान्वेषण नहीं है। मगर उसका सर्जना के आधारभूत विचार तक पहुँचना

आवश्यक है। जनश्रुति में यह सर्जना कार्य के ऊपर शल्यक्रिया भी करती है। मगर यह क्रिया कविसुलभ ढंग से होती है।...प्रतिष्ठित आलोचना सर्जनात्मक साहित्य से किसी प्रकार घटकर नहीं होती, प्रत्युत स्वयं ही सर्जना हो जाती है।...कविता के लिए एक मधुर उन्माद और आलोचना के लिए पवित्र सौम्यता की आवश्यकता होती है।...अच्छी आलोचना महज ज्ञानार्जन नहीं करती, बल्कि वह वे सारे काम करती है, जो एक इतिहासकार, मनोविज्ञान वेत्ता, एक कवि और एक पैगंबर करता है। आलोचना बुद्धि को प्रकाशमान करती है।" (उद्धृत, उर्दू आलोचना पर एक दृष्टि—पृ. 118) वे आगे लिखते हैं, "आलोचना महज तस्वीर के दोनों रुख को दिखाने का नाम नहीं है। न तो उसमें मनुष्य समझौते या सन्धि की कोशिश करता है और न महज 'उसके दोष भी कह दो'—से कृतकार्य होता है। बल्कि दोनों पहलुओं पर नजर रखने के बाद किसी के महत्त्व को स्वीकार करना आवश्यक है।" (उपर्युक्त, पृ. 119)

इस तरह आलोचना के बारे में आले अहमद सुरूर की अवधारणा से उनकी दृष्टि में उसके महत्त्व व व्यापकता के बारे में सहज ही अनुमान किया जा सकता है। वे लिखते हैं, "अच्छी आलोचना के लिए सामाजिक सम्बन्धों, मानव इतिहास, मनोविज्ञान और सांस्कृतिक रचनाओं का ज्ञान आवश्यक है।" (उद्धृत उपर्युक्त, पृ. 131)

'तन्कीदी इशारे', 'नए-पुराने चिराग', 'तन्कीद क्या है?' तथा 'अदब और नजरिया' उनकी महत्त्वपूर्ण आलोचनात्मक पुस्तकें हैं।

मोहम्मद हसन अस्करी

बुलंदशहर (उ.प्र.) में जन्मे, इलाहाबाद में पढ़े-लिखे और विभाजन के समय पाकिस्तान चले जाने वाले मोहम्मद हसन अस्करी (05.11.1919-18.01.1978) प्रख्यात आलोचक, अनुवादक और कथाकार हैं। उन्हें पाश्चात्य साहित्य का भी गहरा अध्ययन था। उन्होंने सैद्धान्तिक और व्यावहारिक दोनों तरह की आलोचना को समृद्ध किया है। शाफे किदवई के शब्दों में, "मोहम्मद हसन अस्करी ने साहित्य में नग्नता की समस्या, प्रगतिशील साहित्य, रूपक का भय, छोटी बहर की समस्या, साहित्य में विशेषण के उपयोग, आदमी और इनसान, उर्दू में ड्रामा क्यों नहीं?, उर्दू की अदबी (साहित्यिक) परम्परा जैसे सैद्धान्तिक विषयों पर अत्यन्त सारगर्भित लेख लिखे और कतिपय रचनाकारों मसलन् मीर तकी मीर, मोहसिन काकोरवी, मंटो, इस्मत चुगताई आदि पर गम्भीर लेख लिखे। अस्करी की तहरीरें नए कलाकारों में विवेक पैदा करती हैं। उनके अनुसार उर्दू की साहित्यिक परम्परा वस्तुत: धार्मिक परम्परा के अधीन है। अस्करी आलोचना के नए विवादों से हैरतअंगेज तौर पर आगाह करते रहते थे। पाँचवें और छठें दशक में ही अस्करी ने लेवी स्ट्राउस, सास्युर और फूको की अवधारणाओं को चर्चा का विषय बना दिया था, जबकि पश्चिम में भी उनकी चर्चा आम नहीं थी।" (बीसवीं शताब्दी में उर्दू साहित्य, पृ. 243-244)

'बीसवीं सदी का मिजाज', 'इंतिखाब-ए-तिलिस्म-ए-होशरुबा', 'मजमुआ मोहम्मद हसन असकरी' आदि उनकी प्रसिद्ध पुस्तकें हैं।

गोपीचन्द नारंग

अविभाजित भारत के बलूचिस्तान में 'दुक्की' नामक एक छोटे से कस्बे में जन्मे और दिल्ली विश्वविद्यालय से उच्च शिक्षा ग्रहण करने के बाद दिल्ली विश्वविद्यालय में प्रोफेसर पद से अवकाश ग्रहण करने वाले गोपीचन्द नारंग (जन्म—11.02.1931) ने विभाजन की त्रासदी को बहुत करीब से देखा और झेला था। इसकी पीड़ा उन्हें जीवन भर रही। वे मानते हैं कि "विभाजन से भारतीय उपमहाद्वीप ने जो मोड़ लिया वो प्राकृतिक नहीं था। मुझे नहीं मालूम कि तारीख इसके बारे में क्या फैसला करेगी। लेकिन इससे सीमा के दोनों ओर की संस्कृति को बहुत नुकसान पहुँचा। देश का विभाजन साम्प्रदायिक राजनीति की वजह से हुआ था लेकिन इसी साम्प्रदायिक राजनीति के मुँह पर तब चपत पड़ी जब बंगलादेश बना। ये साबित हो गया कि भाषा की ताकत धर्म और जाति की ताकत से अधिक होती है। कभी किसी ने पूछा कि मराठी हिन्दू की जबान है या मुसलमान की, गुजराती का धर्म क्या है, मलयालम का क्या मजहब है? उर्दू और हिन्दी पर ही यह लेबल क्यों लगा? इसकी वजह यह है कि इन्हें साम्प्रदायिक राजनीति का हथियार बनाया गया।" (उर्दू और हिन्दी एक-दूसरे की ताकत, गोपीचन्द नारंग, bbc.com/hindi/entertainment/2009)

वे आगे लिखते हैं, "मैं उर्दू वालों को समझाता हूँ कि डेढ़ ईंट की मस्जिद अलग मत बनाओ। तुम हिन्दी से अलग नहीं हो। तुम्हारी सबसे बड़ी ताकत हिन्दी है। तुम इस धरती की पैदावार हो। उर्दू की 70 प्रतिशत शब्दावली देशी है जबकि केवल 30 प्रतिशत अरबी-फारसी की है। इसी तरह मैं हिन्दी वालों से भी कहता हूँ कि उर्दू तुम्हारी सबसे बड़ी ताकत है। उर्दू और हिन्दी में नाखून और गोश्त का रिश्ता है जो अलग हो ही नहीं सकता।" (उपर्युक्त)

उर्दू में शैली विज्ञान और रूपवादी आलोचना के संस्थापकों में गोपीचन्द नारंग प्रमुख हैं। एक भाषाविद् और आलोचक के रूप में डॉ. गोपीचन्द नारंग की विशेष ख्याति है। उन्हें पद्मश्री, पद्मभूषण, तथा इकबाल पर किए गए शोधकार्य के लिए पाकिस्तान के राष्ट्रपति का विशेष स्वर्ण पदक 'तमग-ए-इम्तियाज' प्राप्त हो चुका है। उनकी आलोचना की किताब 'सख्शियात पस-सख्शियात और मशरीकी शेरियात' के लिए उन्हें साहित्य अकादमी से सम्मानित किया गया है।

गोपीचन्द नारंग ने मुख्यत: कथा-साहित्य की आलोचना पर अपने को केन्द्रित किया है। अपनी कथा समीक्षा से सम्बन्धित पुस्तक 'फिक्शन शेरियात : तश्कील-ओ-तन्कीद' (कथा का शास्त्र : रचना और समीक्षा) में उन्होंने प्रेमचन्द, मंटो, राजिन्दर सिंह बेदी, कृश्न चन्दर, बलवंत सिंह, इंतिजार हुसैन, गुलजार, सुरेन्द्र प्रकाश और साजिद रशीद आदि कथाकारों की कहानियों का पाठ आधारित विस्तृत विश्लेषण किया है। कहानियों के मूल्यांकन में उन्होंने विचारधारा, दर्शन, इतिहास, सौंदर्यशास्त्र और भाषा-शास्त्र के साथ ही सांस्कृतिक परिप्रेक्ष्य को भी ध्यान में रखा है। गोपीचन्द नारंग की आलोचना की प्रमुख विशेषताओं की ओर संकेत करते हुए शाफे किदवई लिखते हैं,

"गोपीचन्द नारंग ने आकारपरक और शैलीपूर्ण आलोचना के अलावा आर्कीटाइपल आलोचना को भी, जिसके व्याख्याकारों में नार्थरोप फ्राई और लेवी स्ट्राउस के नाम सूची में शीर्ष पर हैं, उर्दू में प्रचलित किया। इस सम्बन्ध में सर्वाधिक प्रतिष्ठित और विचारशील लेख 'बेदी के फन की इस्तआराती (रूपक सम्बन्धी) और असातीरी (देवमालायी) जड़ें' है। इस मजमून में गोपीचन्द नारंग ने बेदी की कई कहानियों और उपन्यासिका 'एक चादर मैली सी' के माध्यम से यह सिद्ध किया है कि साहित्यिक पाठ स्वयं एक सांस्कृतिक स्वरूप की हैसियत रखता है, जिसकी बुनियाद आर्कीटाइप और अस्तूर (देवमाला) पर कायम है।" (बीसवीं शताब्दी में उर्दू साहित्य, पृ. 247)। वे आगे लिखते हैं, "बेदी के अतिरिक्त मंटो और इंतजार हुसैन की कला को भी नारंग साहब ने अध्ययन का विषय बनाया और उनकी कला की कुछ बिलकुल नई दिशाओं को चिह्नित किया। इंतजार हुसैन के बुनियादी विषयों का विवरण देते हुए नारंग साहब ने लिखा है कि सामाजिक यादों की कहानियाँ, इनसान के रूहानी एवं नैतिक पतन और अस्तित्ववादी समस्याओं की कहानियाँ, राजनीतिक समस्याओं की कहानियाँ, मनोवैज्ञानिक कहानियाँ, बौद्ध जातक और हिन्दू देवमाला की कहानियाँ और आज की समस्याओं के परिदृश्य में उनका नया अर्थ सम्बन्धी रूप-विधान इंतजार हुसैन की कला का अपरिहार्य भाग है। कलात्मक स्तर पर उन्होंने प्रचलित साँचों को पलटकर कहानी को एक नई शक्ल और नया जायका दिया है।" (बीसवीं शताब्दी में उर्दू साहित्य, पृ. 247)

गोपीचन्द नारंग ने कवियों में गालिब, इकबाल, अनीस, मीर, फिराक, फैज, अली सरदार जाफरी से लेकर शहरयार तक के काव्य का मूल्यांकन किया है और अपनी विशिष्ट आलोचनात्मक दृष्टि और शैली के अनुसार उनकी भाषिक विशिष्टताओं और उनकी शायरी के सांस्कृतिक मूल्यों का विवेचन किया है। मीर के बारे में गोपीचन्द नारंग की समीक्षा पर टिप्पणी करते हुए खुर्शीद अहमद ने लिखा है कि नारंग साहब का यह वाक्य, "मीर दरअस्ल पूरी उर्दू जुबान के पूरे शायर हैं।" नक्दे मीर (मीर की समालोचना) में लोकोक्ति का दर्जा रखता है।

गोपीचन्द नारंग की सर्वाधिक महत्त्वपूर्ण पुस्तकों में 'सख्शियात पस-सख्शियात और मशरीकी शेरियात' (संरचनावाद, उत्तरसंरचनावाद और प्राच्यकाव्यशास्त्र) का प्रमुख स्थान है। इसमें उत्तर आधुनिक आलोचनात्मक अवधारणाओं का विस्तृत विश्लेषण है। उत्तर आधुनिकतावाद, उर्दू में उत्तर आधुनिकता, साहित्यिक आलोचना और शैली विज्ञान, आलोचना की बदलती वरीयताएँ और वैचारिक रवैये आदि विषयों और आलोचना की नई से नई अवधारणाओं पर उन्होंने विस्तार से लिखा है।

"पुस्तक में संस्कृत काव्यशास्त्र, अरबी-फारसी काव्यशास्त्र और संरचनावाद के बीच त्रिकोणीय संवाद प्रस्तुत करने का प्रयत्न है। नारंग ने प्राय: उपेक्षित प्राच्य काव्यशास्त्र को अपने अनुसंधित्सु मन की ज्योति

से जीवंत किया है और प्राचीनतम काल से लेकर समकालीन साहित्य-सिद्धान्तों के प्रारम्भिक लक्षणों तक का समाहार किया है। अन्त:साक्ष्य सुस्पष्ट और व्यावहारिक होने के नाते विश्वसनीय हैं। संरचनावाद और उत्तरसंरचनावाद से प्राच्य काव्यशास्त्र को जोड़कर नारंग आलोचना के नए प्रतिमान पर समृद्ध बहस की शुरुआत करते हैं। यह बहस एक सार्वभौम और राष्ट्रीय अस्मिता की निरन्तर खोज की पड़ताल करती है।" (साहित्य अकादमी के प्रतिवेदन से)

अपने एक साक्षात्कार में वे उत्तर आधुनिकतावाद के बारे में कहते हैं,

"उत्तर आधुनिकता ऐसा दर्शन है जो पाठक-वर्ग पर असर कायम करता है और असर कायम करने का अर्थ है उसे बदलना। हाँ, यह बदलाव पुराने दर्शनों की तरह किसी पार्टी के फॉर्मूलों से नियोजित नहीं है क्योंकि सारे पार्टीबद्ध दर्शन और नजरिए अन्तत: डाग्मैटिक हो जाते हैं और मानवीय स्वतंत्रता को परिमित करते हैं। उत्तर आधुनिकतावाद को मैं तरफें खोलने वाले, जब्र के खिलाफ आवाज उठाने वाले और जिन्दगी को सेलीब्रेट करने वाले दर्शन के तौर पर देखता हूँ। ऐसा दर्शन जो पुराने पूँजीवाद का दर्शन नहीं है।" (उर्दू का खुलता दरीचा, पृ. 637)

उन्होंने 'फैज को कैसे पढ़ें?' शीर्षक निबन्ध के माध्यम से फैज की रचनाओं का विश्लेषण करते हुए संरचनावाद का व्यावहारिक उदाहरण भी प्रस्तुत किया है। इस तरह उर्दू में उत्तर आधुनिक आलोचनात्मक विमर्श को लाने का श्रेय गोपीचन्द नारंग को है।

गोपीचन्द नारंग ने साहित्य में संकीर्णतावाद, धार्मिक कट्टरता और सामाजिक अन्याय का निरन्तर विरोध किया है। साहित्य में विचारधारा के महत्त्व को स्वीकार करते हुए भी वे एक सीमा तक ही उसे स्वीकार करते हैं। उर्दू को वे सद्भाव और सौहार्द की भाषा मानते हैं जिसने हिन्दुओं, सिखों और मुसलमानों के बीच हमेशा से सेतु का काम किया है।

गोपीचन्द नारंग के आलोचनात्मक ग्रंथों में 'अमीर खुसरो का हिन्दवी काव्य', 'उस्लूबियाते-मीर', 'सफर आशाना', 'इकबाल का फन', 'राजेन्दर सिंह बेदी', 'इकबाल : जामिया के मुसन्नफीन की नजर में', 'अनीस-शनासी', 'गालिब', 'सज्जाद जहीर', 'उर्दू अफसाना-रिवायत और मसायल','भारतीय लोक कथाओं पर आधारित उर्दू-मसनवियाँ' 'आजादी के बाद उर्दू अफसाना', 'जदीदियत के बाद', 'नया उर्दू अफसाना', 'बलवंत सिंह के बेहतरीन अफसाने', 'उर्दू गजल और हिन्दुस्तानी जेह्न-वो-तहजीब', 'उर्दू की नई बस्तियाँ', 'उर्दू की नई किताब', 'उर्दू जबान और लिसानियत', 'कागज-ए-आतिश-जदह', 'हिन्दुस्तान की तहरीक-ए-आजादी और उर्दू शायरी', 'उर्दू की तालीम की लिसानियती पहलू', 'हिन्दुस्तान के उर्दू मुसन्नफीन और शोरा', 'अदबी तन्कीद और उस्लूबियात', 'देखना तकरीर की लज्जत', 'वजाहती किताबियत' आदि प्रमुख हैं। उनकी कुछ किताबें हिन्दी और कुछ अंग्रेजी में भी हैं।

गोपीचन्द नारंग साहित्य अकादमी के अध्यक्ष भी रह चुके हैं।

शम्सुर्रहमान फारूकी

उत्तर प्रदेश के आजमगढ़ जिले में जन्मे, गोरखपुर में पले-बढ़े और इलाहाबाद विश्वविद्यालय से अंग्रेजी में एम.ए. करके कुछ दिन अध्यापन करने के बाद आई.ए.एस. बनकर पोस्ट मास्टर जनरल के पद से अवकाश ग्रहण करने वाले शम्सुर्रहमान फारूकी (30.9.1935-25.12.2020) उर्दू की नई आलोचना के प्रमुख स्तम्भ हैं। क्लासिक्स के प्रति गहरा अनुराग होने के बावजूद वे आधुनिक साहित्य और आलोचना पद्धति के प्रति बहुत सजग हैं। उन्होंने साहित्यिक आलोचना के पश्चिमी सिद्धान्तों को आत्मसात किया और बाद में उन्हें उर्दू साहित्य में लागू किया। उन्हें उर्दू आलोचना का टी.एस. इलियट कहा जाता है। काव्य समीक्षा के सभी पहलुओं पर फारूकी साहब की नजर गई है और उन्होंने उसकी बारीकी से जाँच-पड़ताल की है।

हिन्दी और उर्दू में प्रगतिशील आन्दोलन एक साथ विकसित हुए थे। शम्सुर्रहमान फारूकी जैसे विद्वान साहित्यकार उसकी वैचारिक पृष्ठभूमि से अपरिचित हों—यह असम्भव है किन्तु एक प्रतिष्ठित नौकरशाह का जीवन जीते हुए समाज के शोषित वर्ग की पीड़ा और आकांक्षा उन्हें प्रभावित न कर सकी हो, यह स्वाभाविक ही है। उनके पास वर्ग-संघर्ष की वैज्ञानिक दृष्टि का अभाव है। प्रेम कुमार नजर से एक बातचीत में उन्होंने मीर के एक शेर का जिक्र किया है और कहा है कि अली सरदार जाफरी जैसे साहित्यकारों ने भी इसकी गलत व्याख्या की है। मीर का वह शेर है,

अमीरजादों के लड़कों से मत मिला कर मीर,
कि हम गरीब हुए हैं इन्हीं की दौलत से।

इस पर टिप्पणी करते हुए फारूकी कहते हैं—

"तो दौलत का मतलब लोगों ने धन-दौलत से निकाल लिया जो कि गलत है। यहाँ दौलत का मतलब बदौलत से है यानी इनकी वजह से। लेकिन इसे दौलत से जोड़ दिया गया। जाफरी साहब ने कहा कि ये गरीब और अमीर तबके के बारे में कहा गया है, जबकि ऐसा था नहीं।"

जाफरी साहब प्रगतिशील हैं और उन्होंने अपनी नजर से बिलकुल ठीक कहा है। वैज्ञानिक समाजवाद मानता है कि धन का असमान बँटवारा भूख और गरीबी की मुख्य जड़ है। हजारों झोंपड़ियों की कब्र पर ही एक अट्टालिका निर्मित होती है।

शम्सुर्रहमान फारूकी ने प्रगतिवादी आलोचना की सीमाओं की ओर संकेत किया और आत्म-व्यग्रता, स्वप्न-भंग, सम्प्रेषणीयता की समस्या आदि को नई आलोचना की विशेषताओं के रूप में रेखांकित करते हुए उनका विश्लेषण किया। इसी विषय पर उनका एक निबन्ध 'आधुनिक समाज का मनुष्य तन्हाई के वीराने में' शीर्षक से प्रकाशित है। फारूकी साहब के मशहूर लेख 'शेर,गैर शेर और नस्र' को लोगों ने नई आलोचना का घोषणा-पत्र कहा है। इसमें उन्होंने शेर और नस्र की विशेषताओं का विस्तार से विश्लेषण किया है।

शम्सुर्रहमान फारूकी ने अपनी पुस्तक 'अफसाने की हिमायत' में कहानी को कविता की तुलना में दूसरे दर्जे का माना है। उनकी इस स्थापना पर कई लोगों ने एतराज किया है जो स्वाभाविक भी है। फारूकी साहब की आलोचना की सीमाओं की ओर संकेत करते हुए शाफे किदवई लिखते हैं, "शम्सुर्हमान फारूकी के आलोचनात्मक ज्ञान और उनकी तर्कसंगत अभिव्यक्ति शैली की परिपक्वता में सन्देह नहीं, मगर एक तो आकार सम्बन्धी अनिवार्यता पर हद से ज्यादा आग्रह, दूसरे उन्होंने साहित्य को अधिक विस्तीर्ण सांस्कृतिक विमर्श के एक अंग के तौर पर स्वीकार नहीं किया, इस लिहाज से सांस्कृतिक अर्थविषयक सरोकार पसे-पुश्त जा पड़े और उनकी आलोचना बड़ी हद तक यांत्रिक और एकांगी हो गई।" (बीसवीं शताब्दी में उर्दू साहित्य, पृ. 247)

शम्सुर्रहमान फारूकी की आलोचना में अनुसन्धान के तत्त्व भी हैं और इतिहास के भी। इतिहास में उनकी गहरी रुचि है। वे अपनी स्थापनाएँ देने से पहले उसे भली-भाँति जाँच-परख कर लेते हैं और पूर्ण रूप से सन्तुष्ट हो जाने के बाद ही उसे स्थापित करते हैं। उदाहरणार्थ अनेक तर्कों और प्रमाणों से पुष्ट करने के बाद वे लिखते हैं, "अत: अमीर खुसरो और शेख खूब मुहम्मद चिश्ती, उर्दू काव्यशास्त्र के प्रथम सिद्धान्तकार ठहरते हैं।" (उर्दू का आरम्भिक युग, पृ. 77) इसी तरह कविता के स्वभाव का विश्लेषण करते हुए सनअती के हवाले से वे कहते हैं, "इस प्रकार सनअती यह सिद्धान्त बताते हैं कि कविता में देशी हवा और रंग होना चाहिए, न बहुत अधिक संस्कृत, न बहुत अधिक फारसी। लेकिन छंद-अलंकार, कलात्मक गूढ़ता और शिल्प की जगह फिर भी है। सनअती की नजर में कविता मनुष्य के तमाम कामों से बढ़कर है। इसमें बेहिसाब हुनरमन्दी है और यह किसी बाहरी सत्ता के सामने नहीं झुकती। यह न संस्कृत के आगे घुटने टेकती है, न फारसी-अरबी के आगे। प्राचीन उर्दू साहित्यिक काव्यशास्त्र के बारे में सम्भवत: सबसे अधिक ध्यान देने योग्य और महत्त्वपूर्ण बात यह है कि इसमें हर जगह आजादी और आत्मनिर्भरता का वातावरण पाया जाता है। सैद्धान्तिक स्वतंत्रता की यह परम्परा दकन में उसके अन्तिम बड़े क्लासिकी साहित्यकार मौलाना बाकर आगा (1745-1806) तक लगातार बनी रही।" (उपर्युक्त पृ. 82)

उनकी आलोचना के वितृत फलक पर टिप्पणी करते हुए सफदर इमाम कादरी ने लिखा है, "कविता, पुस्तक समीक्षा और सैद्धान्तिक विषय-वस्तु पर आरम्भिक काल में उन्होंने अधिक ध्यान दिया था। मगर धीरे-धीरे वे अलंकार शास्त्र, भाषा विज्ञान, कथा साहित्य विवेचना के साथ शब्दकोश विज्ञान, मुहावरा विधान और भाषा शुद्धीकरण तक की भूली-बिसरी कहानियों तक आए। उर्दू के साथ फारसी और अंग्रेजी में उनका लगभग समान अधिकार था। इसका उन्होंने लाभ उठाया और इससे अपने लेखन को विस्तार दिया।" (हमारी पीढ़ी ने शम्सुर्रहमान फारूकी को कैसे देखा, 'सबलोग', 31 दिसम्बर 2020)

हसन जमाल ने गोपीचन्द नारंग और शम्सुर्हमान फारूकी के बीच चलने वाले शीतयुद्ध पर चुटकी लेते हुए लिखा है, "उर्दू अदब व तन्कीद में दो खेमे साफ तौर पर नजर आते हैं। एक खेमा प्रो. गोपीचन्द नारंग

का है, दूसरा शम्सुर्रहमान फारूकी का है और परस्पर आरोप-प्रत्यारोप चलते रहते हैं। मजे की बात यह है कि कभी दोस्त रहे दोनों हजरात जाती तौर पर एक-दूसरे को सराहते हैं, मगर रकाबत का जबा तो है ही, जो छुपाए नहीं छुपता है। प्रो. गोपीचन्द नारंग का पलड़ा इसलिए भारी है कि वो फारूकी साहब के बरक्स जरूरतमन्दों को नवाजने में बड़े माहिर हैं।" (pahalpatrika.com/frontcover/getrecord/49, दिसम्बर 2013)

उन्होंने गालिब, मीर तकी 'मीर', अनीस, दर्द और इकबाल पर विस्तार से लिखा है और उन्हें मौलिक ढंग से तथा नई सूझ-बूझ के साथ पेश किया है। उनकी पुस्तक 'शेर-ए-शोर अंगेज' तीन जिल्दों में है और उसके कई संस्करण हो चुके हैं। इसमें मीर तकी 'मीर' की रचनाओं का सम्पादन करते हुए उन्होंने उसकी विस्तृत समीक्षा की है। 'जदीद उर्दू तन्कीद', 'फारूकी के तबसरे', 'लफ्ज-ओ-माअनी', 'अरुज, आहंग और बयान', 'दरसे बलागत', 'अन्दाज-ए-गुफ्तगू क्या है!', 'अफसाने की हिमायत में' 'उर्दू का आरम्भिक युग', 'अकबर इलाहाबादी पर एक और नजर', 'हाउ टू रीड इकबाल', 'तफहीम-ए-गालिब', 'गालिब पर चार तहरीरें', 'आईना-ए-बलागत', 'द फ्लावर-लिट् रोड : एस्सेज इन उर्दू लिटरेरी थियरी एंड क्रिटिसिज्म' आदि उनकी प्रमुख आलोचनात्मक पुस्तकें हैं। उनकी आलोचनात्मक कृति 'तन्कीदी अफकार' के लिए उन्हें साहित्य अकादमी पुरस्कार से नवाजा गया है।

उनकी कृति 'कई चाँद थे सरे आसमाँ' बहुत मशहूर हुई। 'कब्ज-ए-जमाँ', 'अजब सह्न बयाँ था', 'द सन दैट रोज फ्राम द अर्थ', 'द मिरर ऑफ ब्यूटी' (कई चाँद थे सरे आसमाँ का अंग्रेजी अनुवाद), 'मजलिस-ए-अफक में परवाना सान', 'खुर्शीद का सामान-ए-सफर', 'गंजे सोख्ता', 'सवार और दूसरे अफसाने' आदि उनकी अन्य रचनात्मक पुस्तकें हैं। साहित्यिक पत्रिका 'शबखून' का उन्होंने सम्पादन किया था। उन्हें दास्तानगोई शैली के पुनरुद्धार का श्रेय दिया जाता है।

ख्वाजा अहमद फारूकी को भी इसी धारा के आलोचकों में शामिल करना उचित है। इनकी आलोचना अनुसन्धानपरक होती है। ये किसी भी विचारधारा से बंधे नहीं हैं और रचना के मूल्यांकन के लिए रचना को ही आधार बनाते हैं। उनकी आलोचनात्मक पुस्तकों में 'मिर्जा शौक लख़नवी', 'मीर तकी मीर : हयात और शाइरी', 'क्लासिकी अदब', 'जौको-जुस्तजू' आदि प्रमुख हैं। जामिया मिल्लिया इस्लामिया यूनिवर्सिटी के कुलपति रहे **मसूद हुसैन खाँ** बहुमुखी प्रतिभा के धनी हैं। उनकी आलोचनात्मक पुस्तकों में 'उर्दू जबान की तारीख़', 'उर्दू-जबान-ओ-अदब' आदि उल्लेखनीय हैं। उनकी सर्वाधिक चर्चित पुस्तक भाषा विज्ञान की है जिसका नाम है, 'मुकद्दमा-ए-तारीख-ए-जबान-ए-उर्दू', जिसमें उर्दू भाषा की व्युत्पत्ति से सम्बन्धित विभिन्न मत-मतान्तरों पर विचार किया गया है। **देवेन्द्र इस्सर** उर्दू, हिन्दी, पंजाबी और अंग्रेजी चारों भाषाओं के जानकार हैं और चारों में लिखा भी है। ये मूलत: कहानीकार हैं और इनकी पच्चीस से अधिक पुस्तकें प्रकाशित हैं। 'अदब और नफ्सियात', 'फिक्र और अदब', 'गालिब पर चार तहरीरें', 'फारूकी के तबसिरे', 'अदब और जदीद जहीन', 'अदब की आबरू, तथा 'मुस्तकबिल के रू-ब-रू' इनकी प्रमुख आलोचनात्मक पुस्तकें हैं।

शकीलुर्रहमान की प्रमुख आलोचनात्मक पुस्तकों के नाम हैं—'जबान और कल्चर', 'अदबी कदरें' 'नफ्सियात' आदि। **मसीहुज्जमाँ** की आलोचनात्मक कृतियों में 'उर्दू तन्‌कीद की तारीख़', 'हर्फे-गजल', 'उर्दू मरसिए का इर्तका' आदि प्रमुख हैं। **खलीक अंजुम** ने 'मिर्जा रफी सौदा', 'गालिब नादिर तहरीरें', 'मतनी तनकीद' आदि आलोचनात्मक पुस्तकें लिखी हैं। **जाफर रजा** प्रेमचन्द के विशेषज्ञ माने जाते हैं। 'प्रेमचन्द—कहानी का रहनुमा' उनकी मशहूर पुस्तक है। **वकार अजीम** की आलोचनात्मक पुस्तकें हैं 'नया अफसाना', 'हमारी दास्तानें' आदि। **अख्तर ओरेन्वी** ने 'बिहार में उर्दू' और 'जबान-ए-अदब' जैसी पुस्तकें लिखी हैं। **अख़्तर अंसारी** की पुस्तकों के नाम हैं, 'गजल और दर्से-गजल', 'एक अदबी डायरी' आदि। अन्य आलोचकों में खुर्शीदुल इस्लाम, अतीकुल्लाह, अबरार रहमानी, बाकर मेहदी, इबादत बरेल्वी, सैयद महमूदुल हसन रिज्वी आदि तथा पाकिस्तान के वजीर आगा, जमील जालबी आदि उल्लेखनीय है।

बीसवाँ सोपान

अस्मितावादी आलोचना : विखंडन और नए विमर्श

वैश्वीकरण, उत्तरआधुनिक परिस्थितियाँ तथा हिन्दी आलोचना

सोवियत संघ का विघटन, द्वितीय विश्वयुद्धोत्तर दुनिया की सबसे बड़ी घटना है। इसके साथ ही दुनिया भर से वामपंथी आन्दोलन कमजोर पड़ गए, तीसरी दुनिया की अवधारणा इतिहास का विषय हो गई, दुनिया एकध्रुवीय हो गई और दुनिया का थानेदार अमेरिका हो गया। अब बहुराष्ट्रीय कम्पनियों को मुनाफा कमाने की सुविधा मुहैया कराना और उनके लिए बाजार खोलना ही दुनिया भर की सरकारों का पहला लक्ष्य हो गया। वैश्वीकरण वास्तव में दुनिया भर की बहुराष्ट्रीय कम्पनियों और उनके लिए काम करने वाली विभिन्न देशों की सरकारों के संगठित रूप का ही दूसरा नाम है।

वैश्विक स्तर पर इसके सांस्कृतिक पक्ष को उत्तरआधुनिकतावाद के रूप में रेखांकित किया गया। उत्तरआधुनिकता की इस अवधारणा के सिद्धान्तकारों में ल्योतार (Jean Francois Lyotard), बौद्रिआ (Jean Baudrillard) और फ्रेडरिक जेमसन (Fredric Jameson) प्रमुख हैं। ल्योतार की पुस्तक 'द पोस्ट मॉडर्न कंडीशन : ए रिपोर्ट ऑन नॉलेज' (प्रकाशन 1979) से इसका आरम्भ माना जाता है। आज के समय को ल्योतार उत्तरआधुनिक स्थितियाँ कहते हैं। ल्योतार के अनुसार उत्तर आधुनिकतावाद महावृत्तान्त (Grand Narration) के विरुद्ध है। अब महावृत्तान्त का अन्त हो चुका है। ईसाइयत, मार्क्सवाद और वैज्ञानिक प्रगति का मिथ महावृत्तान्त है। ल्योतार के अनुसार मैक्रो और ग्लोबल की जगह माइक्रो और ऐथनिक विमर्श के केन्द्र में आ रहे हैं। छोटे-छोटे अस्मिता समूहों का उदय वस्तुत: सकलतावादी विश्व-व्यवस्था के खिलाफ उत्तर आधुनिक आवाज का परिणाम है।

फ्रेडरिक जेमसन ने अपनी पुस्तक 'पोस्ट मॉडर्निज्म : द कल्चरल लॉजिक ऑफ लेट कैपिटलिज्म' में उत्तरआधुनिकता को पूँजीवाद के विकास की खास अवस्था कहा है। इसे वे उपभोक्ता पूँजीवाद या वृद्ध पूँजीवाद (Late Capitalism) भी कहते हैं। अन्तरराष्ट्रीय मुद्रा कोष, तीसरी दुनिया की कर्जदारी, माध्यमों के नए ढंग की अन्त:निर्भरता, कम्प्यूटर, उपभोक्ता वस्तुओं का भूमंडलीय चयन आदि इस विश्व बाजार के लक्षण हैं। ल्योतार के अनुसार ज्ञान की अवस्था बदल जाती है जब समाज उत्तर-औद्योगिक युग में और संस्कृति उत्तर आधुनिक युग में प्रवेश करती है। यह बदलाव कम से कम 1950 के दशक के अन्त से चालू है।

इस तरह उत्तर आधुनिकतावादियों के सिद्धान्त हमारे सामने एक बिलकुल नए समाज के आगमन की सूचना देते हैं। यह नई सामाजिक व्यवस्था न तो पुराने पूँजीवाद को मानती है और न सर्वत्र विद्यमान वर्ग-संघर्ष को। इनके अनुसार औद्योगिक क्रान्ति और ज्ञानोदय के बाद का पूरा विश्व-इतिहास बाजार की क्रीड़ा का इतिहास है। भूमंडलीकरण के इस दौर में बाजार ने अपने विरोध में खड़ी शक्तियों को विवशता की स्थिति में ला दिया है। सोवियत संघ का विघटन और चीन की व्यवस्था का उदारीकरण इसका प्रमाण है। आज जो चीज बिक्री के योग्य नहीं है वह मूल्यहीन है। कला, संस्कृति, खेल, ज्योतिष, भगवान, इतिहास, देश-भक्ति, अपराध, फाँसी, तलाक आदि सब कुछ बिकाऊ है।

बाजार ने उपभोक्ता संस्कृति को जन्म दिया है। आज की विश्व अर्थव्यवस्था उपभोग केन्द्रित है। बाजार ज्यादा से ज्यादा उपभोग को बढ़ावा दे रहा है, जिसका शिकार मध्यवर्ग हो रहा है। बड़ी कम्पनियाँ रोज नए-नए उत्पाद के रूप में नई इच्छाएँ पैदा कर रही हैं। विज्ञापन को वे अपने सबसे महत्त्वपूर्ण अस्त्र के रूप में इस्तेमाल करती हैं। तकनीकी क्रान्ति ने मीडिया को मास मीडिया (Mass Media) में बदल दिया है। मास

मीडिया यथार्थ को अतियथार्थ में तब्दील कर रहा है। इसने एक सस्ती लोकप्रिय संस्कृति को जन्म दिया है। व्यक्ति, दर्शक और उपभोक्ता में परिवर्तित हो रहे हैं। मीडिया, बाजार और राजनीति ने आपस में गठबन्धन कायम कर लिया है। मीडिया द्वारा हत्या, बलात्कार जैसे जघन्य कृत्य भी स्टोरी बनाकर बेचे जा रहे हैं। उनके पास मूल्यों के परवाह की कोई जरूरत नहीं रह गई है।

आधुनिकता के जिन विचारों से उत्तरआधुनिकता का झगड़ा है उनमें प्रमुख हैं तार्किकता, किसी तरह के भेद से ऊपर उठकर मानव-मानव में अनुभव की एकता, महावृत्तान्तों की प्रमुखता, व्यक्ति की स्वायत्तता, सकलतावादी दृष्टिकोण, सार्वभौमिक सत्य की कल्पना और भाषा की पारदर्शिता। एक व्यापक दृष्टिकोण से उत्तरआधुनिकता के तीन केन्द्रीय तत्त्व हैं, पहला, समग्रतावादी सार्वभौमिक सत्यों का नकार, दूसरा तर्कवाद का नकार और तीसरा आधुनिकतावाद की सक्षमता का नकार।

इस तरह उत्तरआधुनिकता सार्वभौमिक समग्रतावादी सत्यों पर प्रश्नचिह्न लगाती है। वह तार्किकता पर भी प्रश्नचिह्न लगाती है। वह वस्तुत: हमारे आत्मबोध को ही संकटग्रस्त करती है। अपने विकास तथा शिक्षा के क्रम में हमने जो मूल्य, जो संस्कार अर्जित किए थे, वे उत्तरआधुनिकता के द्वारा सवाल के कटघरे में लाए गए हैं।

उत्तरआधुनिकता विचारधारा का अन्त, लेखक की मृत्यु, इतिहास का अन्त, कला का अन्त, आलोचक की मृत्यु, मनुष्य की मृत्यु आदि अनेक मृत्युओं की घोषणा करती है। विचारधारा के अन्त की घोषणा डेनियल बेल (Daniel Bell) ने 1960 ई. में की, विचारधारा ही जीवन में संगति तथा सम्बद्धता लाने का प्रयास करती है। विचारधारा के अन्त ने विकेन्द्रीयता तथा क्षेत्रीयता को प्रोत्साहन दिया है। लोग छोटे-छोटे अस्मिता-समूहों में बँट रहे हैं। राष्ट्रवाद जैसे आधुनिकता के सिद्धान्त झूठे, 'ग्लोबल गाँव' के सामने कमजोर पड़ते जा रहे हैं। इसी तरह देरिदा (J. Derrida) ने 'द इंड ऑफ मैन' में लिखा है कि मृत्युपर्व का जो क्रम ईश्वर की मृत्यु से शुरू हुआ था उसने अन्तत: मनुष्य की जान भी ले ली है। इसी प्रकार रोला बार्थ (Roland Barthes) ने लेखक की मृत्यु की घोषणा 1968 ई. में अपनी किताब 'द डेथ ऑफ ऑथर' में की।

हिन्दी में इस उत्तरआधुनिकता के पहले मुखर प्रवक्ता सुधीश पचौरी हैं। वे देरिदा के बहाने उत्तर-आधुनिकता का विस्तृत विश्लेषण करते हुए इक्कीसवीं सदी के आरम्भ में ही घोषित कर देते हैं कि भारतीय समाज उत्तरआधुनिक स्थितियों में दाखिल हो चुका है। उनके अनुसार हमारे अनुभव उत्तर आधुनिक बन रहे हैं। किन्तु विजेन्द्र के शब्दों में, "हिन्दी में देरिदा के दर्शन की भद्दी पैरोडी देखना हो तो हम सुधीश पचौरी के विखंडनवादी और पुनर्पाठ वाले लेखन को देख सकते हैं। ये वही लोग हैं जो देरिदा का बड़ी चालाकी से इस्तेमाल कर हमारी मार्क्सवादी समझ को एक भिन्न और विकृत समझ से विस्थापित करने की कोशिश करते हैं।" (उद्धृत, हिन्दी आलोचना की पारिभाषिक शब्दावली, पृ. 79) विजेन्द्र सवाल करते हैं कि क्या जरूरी है कि जो अर्थ उत्तरआधुनिकता का जिस तरह यूरोप और अमेरिका के लोग करते हैं, ठीक उसी तरह हम भी उनका अर्थ वैसा ही करें? वैसा ही सोचें?

इस उत्तरआधुनिक परिदृश्य पर मैनेजर पांडेय की टिप्पणी है, "जिस देश की जनता का एक बड़ा हिस्सा अभी आदिम स्थितियों में जी रहा हो, दूसरा बड़ा हिस्सा मध्ययुगीनता से निकलकर आधुनिक बनने के लिए संघर्ष कर रहा हो, उस देश में उत्तरआधुनिकतावाद मुट्‌ठीभर लोगों के लिए एक नया बौद्धिक फैशन भले ही हो; लेकिन व्यापक समाज के लिए वह व्यर्थ ही होगा।" (उद्धृत, उपर्युक्त, पृ. 79)

फिलहाल, मैनेजर पांडेय की भी उक्त टिप्पणी अब अर्थहीन हो चुकी है। उत्तरआधुनिकतावाद, वैश्वीकरण और बाजारवाद की चपेट में पूरा भारतीय समाज आ चुका है। चाहे वह गरीब हो या अमीर। किन्तु इसी के साथ यह भी उल्लेखनीय तथ्य है कि उत्तरआधुनिकतावाद और वैश्वीकरण पर पश्चिम में ही और वह भी काफी पहले से सवाल उठाए जाते रहे हैं। टेरी ईगलटन ने 1978 ई. में प्रकाशित अपनी पुस्तक 'क्रिटिसिज्म एंड आइडियालॉजी' में देरिदा के विखंडन के सिद्धान्त का जमकर विरोध किया और साहित्य के लिए विचारधारा की अनिवार्यता रेखांकित की।

भारत में स्वाधीनता के बाद वैश्वीकरण सबसे बड़ी परिघटना है। पिछली सदी के अन्तिम दशक में बड़ी तेजी से वैश्वीकरण ने आकार ग्रहण किया। गेट समझौता हुआ। दुनिया भर की बहुराष्ट्रीय कम्पनियों के मुक्त व्यापार के लिए भारत का विशाल बाजार खोल दिया गया। सरहद की बाड़ ढीली कर दी गई। कस्टम या तो घटा दिया गया या उसे बहुत कम कर दिया गया और इस तरह भारत दुनिया की बहुराष्ट्रीय कम्पनियों

के बाजार का हिस्सा बन गया। अब उसके सामने भारत की वह विशाल आबादी थी जो "सादा जीवन उच्चविचार" का नारा लगाते हुए बड़ी हुई थी। भारत की जनता का आदर्श ऋषियों का त्यागमय जीवन था, उपनिषदों का "तेन त्यक्तेन भुंजीथा" का आप्त वाक्य था, बुद्ध और महावीर की अहिंसा थी, कबीर, नरसी, तुकाराम, नानकदेव, शंकरदेव, चैतन्यदेव और तुलसी से लेकर रामकृष्ण परमहंस, विवेकानन्द और गांधी का त्यागपूर्ण जीवन दर्शन था। भारत की जनता जो "परहित सरिस धरम नहिं भाई" और "वैष्णवजन तो तैणे कहियत जो पीर पराई जाणे रे" का गान करते हुए बड़ी हो रही थी, उसे बाजार के अनुकूल ढालना अर्थात् आदर्श उपभोक्ता बनाना था। पूँजीपतियों के सामने दुनिया भर के कम्यूनिस्टों का जो खतरा था वह बहुत कुछ टल गया था, मार्ग निरापद था। कार्ल मार्क्स का दिया हुआ नारा "दुनिया के मजदूरों, एक हो" की आवाज अब मन्द पड़ी गई थी। दुनिया के मजदूर तो एक न हो सके किन्तु दुनिया के पूँजीपति जरूर एक हो गए।

ऐसी दशा में विश्व बाजार को 'वैश्वीकरण', 'उदारीकरण' और 'विश्वग्राम' जैसे लुभावने शब्दों और नारों से नागरिकों को आकर्षित किया जाने लगा। प्रबुद्ध लोग इसे 'अपसंस्कृति' कहते हुए सचेत करते रह गए किन्तु पूरी की पूरी नई पीढ़ी इस अपसंस्कृति की गिरफ्त में आ गई। पश्चिम की संस्कृति, पश्चिम की भाषा रूपी हवा के माध्यम से ही प्रवाहित होकर भारत में आ सकती थी। इसलिए सबसे तेज आक्रमण हमारी भारतीय भाषाओं पर हुआ। देश के लगभग सभी प्रान्तों ने प्राथमिक स्तर से ही अंग्रेजी पढ़ाना बच्चों के लिए अनिवार्य कर दिया। शिक्षा को अधिक से अधिक निजी हाथों में सौंप दिया गया। प्राइवेट विश्वविद्यालयों की बाढ़ आ गई। विदेशी विश्वविद्यालयों को देश में खोलने की छूट दे दी गई। सैम पित्रोदा की अध्यक्षता में गठित ज्ञान आयोग की सिफारिशों के माध्यम से अंग्रेजी शिक्षा का तेजी से प्रसार के लिए सरकारी खजाने से भरपूर धन मुहैया कराया गया, जबकि राधाकृष्णन आयोग से लेकर कोठारी आयोग, मुदालियर आयोग आदि लगभग सभी आयोगों की एक स्वर से यह सिफारिश थी कि बच्चों की बुनियादी शिक्षा मातृभाषाओं के माध्यम से ही दी जानी चाहिए। दुनिया भर के भाषा-वैज्ञानिकों और मनोवैज्ञानिकों की भी यही राय है। किन्तु हमारे देश की केन्द्रीय सरकार और सभी राज्य सरकारें उक्त सारी सिफारिशों को कूड़े के ढेर में फेंक चुकी हैं और देश की युवा पीढ़ी को आदर्श उपभोक्ता बनाने के लिए कटिबद्ध हैं। उन्हें पता है कि पश्चिम की भाषा के माध्यम से शिक्षा देकर नई पीढ़ी का मानस पूरी तरह पश्चिम के रंग में रंगा जा सकता है और यही काम किया गया। इस तरह विगत दो दशकों में जो नई पीढ़ी तैयार हुई है वह पूरी तरह पश्चिम की अपसंस्कृति में रँगी हुई है।

मीडिया के दूसरे माध्यम अर्थात् टेलीविजन के तमाम चैनल आज बड़े-बड़े पूँजीपतियों के अधिकार में हैं और ज्यादातर बिक चुके हैं और अपनी स्वायत्तता खो चुके हैं। वे या तो मुनाफा कमाने के लिए चलाए जाते हैं या राजनीतिज्ञों पर अपना प्रभाव जमाने के लिए। अखबारों के सम्पादकों की अब अपनी कोई विचारधारा नहीं रह गई है। उनका काम अब ज्यादातर प्रबन्धन तक सीमित है और वे अपने-अपने मालिकों की रुचियों के आधार पर सम्पादकीय तैयार करते हैं।

उपभोक्तावाद व्यक्ति में अकेले उपभोग की आकांक्षा पैदा करता है। आजकल बच्चों से लेकर युवाओं तक लैपटाप अथवा मोबाइल से खेलते अकेले में व्यस्त अथवा खोये हुए नजर आते हैं। उपभोक्तावाद व्यक्ति को संवेदनहीन बनाता है। उसे अपने स्वार्थ के अलावा और कुछ सूझता ही नहीं। उपभोक्तावाद की संस्कृति से जकड़े व्यक्ति की जरूरतें असीमित रूप से बढ़ जाती हैं और वह उन्हें पूरा करने में ही अपने को खपा देता है। उसके पास गरीबों, वंचितों, असहायों के दुख-दर्द सुनने की फुर्सत ही नहीं होती। वह अपनी ही दुनिया में डूबता-उतराता जिन्दगी बिता देता है। उपभोक्तावाद व्यक्ति को विशिष्ट बनाता है, उसके भीतर अहं पैदा करता है। पिछले लगभग दो दशकों से समाज पर उपभोक्तावाद का जबरदस्त दबाव देखा जा सकता है। आदमी का चरित्र तेजी से बदल रहा है। देश की लगभग सत्तर प्रतिशत ग्रामीण जनता को उपभोक्तावाद की पोषक बहुराष्ट्रीय कम्पनियों तथा देश के बड़े पूँजीपतियों ने कूड़े की ढेर समझ लिया है। टी.वी. पर आने वाले सैकड़ों चैनलों के तमाम धारावाहिकों में देश के सत्तर फीसदी किसानों और मजदूरों के लिए कोई जगह नहीं रह गई है। विगत दो दशकों में इनके जीवन और समस्याओं पर बनी फिल्में नगण्य हैं। अब सारा ध्यान मल्टीप्लेक्स में दिखने वाले मध्यवर्गीय शहरी दर्शकों पर होता है क्योंकि पैसा उन्हीं के पास है।

इन परिस्थितियों से उबारने में साहित्य ही हमारी मदद कर सकता है। इसलिए साहित्य की दुनिया को या तो सीमित किया जा रहा है या उसको भी बाजार का हिस्सा बनाया जा रहा है। साहित्य के प्रतिरोध की ताकत को खत्म करने के लिए, शोषक और शोषित के मुख्य अन्तर्विरोध को कमजोर करने लिए पिछले दो

दशकों में तरह-तरह के अस्मिता विमर्शों को उभारा गया है। यह स्थापित करने की कोशिश की गई है कि कम्यूनिस्ट विचारकों द्वारा कल्पित समाजवाद की अवधारणा एक यूटोपिया है। वह अब यथार्थ बनने वाला नहीं है। उत्तरआधुनिकता ने, देरिदा के विखंडन ने तथा सैमुअल हटिंगटन के 'द क्लैशेज ऑफ सिविलाइजेशन' की अवधारणा ने इसे पुष्ट किया है। ऐसी परिस्थिति में वर्ग संघर्ष को कमजोर करने के लिए तरह-तरह के अस्मिता विमर्शों को उभारा गया है। पश्चिम के साम्राज्यवादी देश हर तरह से सहयोग करके इसे पुष्ट कर रहे हैं। पिछले कुछ दिनों में जो तथ्य उभरकर सामने आए हैं उन्हें देखकर भारत के लिए खतरे की स्थिति का अनुमान किया जा सकता है। उदाहरणार्थ संयुक्त राज्य अमेरिका के कोलोराडो स्थित दलित फ्रीडम नेटवर्क (डी.एफ.एन.), लंडन इंस्टीट्यूट फार साउथ एशिया (लिसा), कोपेनहेगन स्थित इंटरनेशनल दलित सॉलिडेरिटी नेटवर्क (आई.डी.एस.एन.) और भारत के दिल्ली स्थित इंडियन इंस्टीट्यूट आफ दलित स्टडीज (आई.आई.डी.एस.) जैसे अनेक संगठन उभरे हैं जो भारत की स्वायत्तता और सम्प्रभुता को अस्थिर करने के लिए प्रच्छन्न रूप से कार्य कर रहे हैं। भारत को विखंडित करके इसे कमजोर करना, इसकी सामासिक संस्कृति की विरासत को नष्ट करना, देश के भीतर आन्तरिक कलह बढ़ाना और अस्मिता विमर्शों को बढ़ावा देकर पथभ्रमित और देश को अस्थिर करने के लिए उसका उपयोग करना इनका उद्देश्य है।

काँचा इलाइया नाम के महत्त्वपूर्ण दलित चिन्तक हैं जिन्हें डी.एफ.एन. द्वारा विश्व स्तर पर दलित अधिकारों के लिए अभियान चलाने वाले अग्रणी नेता के रूप में प्रोत्साहित किया गया। डी.एफ.एन. ने उन्हें पोस्ट डॉक्टोरल फेलोशिप दिया। उनकी एक पुस्तक 'मैं हिन्दू क्यों नहीं हूँ?' (Why I am not a Hindu?) अनेक अमरीकी विश्वविद्यालयों के हिन्दू धर्म के प्रारम्भिक पाठ्यक्रमों के लिए निर्धारित की गई है। संस्कृत के प्रति उनकी घृणा इतनी उग्र है कि इंडियन एक्सप्रेस की एक रपट के अनुसार उन्होंने अपने एक व्याख्यान में कहा था कि "हम इस देश में संस्कृत की हत्या कर देना चाहते हैं।" पोस्ट हिन्दू इंडिया नामक अपनी पुस्तक में इलाइया हिन्दू धर्म के विरुद्ध घृणा का एक नस्लवादी सिद्धान्त गढ़ते हैं और बड़े गृहयुद्ध की भविष्यवाणी करते हैं। (विस्तार के लिए देखिए, भारत विखंडन, राजीव मल्होत्रा और अरविन्दन नीलकन्दन, हार्परकॉलिन्स पब्लिशर्स, इंडिया, 2013)।

साहित्य में आज इन्हीं अस्मिता-विमर्शों का बोलबाला है और स्वाभाविक रूप से हिन्दी आलोचना भी ज्यादातर इन अस्मिता-विमर्शों के इर्द-गिर्द भटक रही है। यद्यपि प्रगतिशील रचनाकारों और आलोचकों ने अस्मिताओं के साथ होने वाली समस्याओं को सही परिप्रेक्ष्य में समझने की कोशिश भी की है, लेकिन उत्तरआधुनिकता के इस युग में इन विमर्शों से जुड़े रचनाकारों और आलोचकों की सीमाएँ भी स्पष्ट रूप से दिखाई देती हैं जो निश्चित रूप से उत्तर-आधुनिक सीमाएँ हैं। पूँजीवाद, वर्ग-संघर्ष, साम्राज्यवाद जैसी समस्याओं की गहराई को न समझकर वैश्वीकरण के माध्यम से सिर्फ अपनी अस्मिता की मुक्ति की बात करना एक वैचारिक दरिद्रता है जो इन विमर्शों में दृष्टिगोचर होती है।

इन विमर्शो की एक और सीमा की ओर ध्यान आकृष्ट करना चाहूँगा। दरअसल दलित-विमर्श हो या स्त्री-विमर्श अथवा आदिवासी-विमर्श, तीनों अभी साहित्यिक दृष्टि से समृद्ध होने की प्रक्रिया में हैं। सृजन की इन तीनों परम्पराओं में आलोचना अभी ठीक ढंग से विकसित नहीं हुई है।

हम प्रमुख अस्मिता-विमर्शों और उनकी समीक्षा-पद्धतियों की चर्चा यहाँ कर रहे हैं—

(क) दलित-साहित्य आलोचना

दलित विमर्श आज के युग का एक ज्वलंत मुद्दा है। भारतीय सहित्य में इसकी मुखर अभिव्यक्ति हो रही है। दलित साहित्य को लेकर कई लेखक संगठन बन चुके हैं और अब यह एक आन्दोलन का रूप ले चुका है। स्वाभाविक रूप से साहित्य, समाज और राजनीति पर इसका व्यापक प्रभाव पड़ रहा है।

दलित-साहित्य की अवधारणा

'दलित' शब्द का अर्थ है जिसका दलन और दमन हुआ है। दलितों को हिन्दू समाज व्यवस्था में सबसे निचले पायदान पर होने के कारण न्याय, शिक्षा, समानता तथा स्वतंत्रता आदि मौलिक अधिकारों से वंचित रखा गया। इन्हें अपने ही धर्म में अछूत माना गया। दलित लेखक कँवल भारती के अनुसार दलित वह है जिस पर अस्पृश्यता का नियम लागू किया गया है, जिसे कठोर काम करने के लिए बाध्य किया गया है, जिसे

शिक्षा ग्रहण करने और स्वतंत्र व्यवसाय करने के लिए मना किया गया है और जिस पर सछूतों ने सामाजिक निर्योग्यताओं की संहिता लागू की है, वही और वही दलित है। इसके अन्तर्गत वही जातियाँ आती हैं जिन्हें अनुसूचित जातियाँ कहा जाता है। इसी तरह दलित साहित्य से अभिप्राय उस साहित्य से है जिसमें दलितों ने स्वयं अपनी पीड़ा को वाणी दी हो। अपने जीवन संघर्ष में दलितों ने जिस यथार्थ को भोगा है, दलित साहित्य उनकी उसी अभिव्यक्ति का साहित्य है। कँवल भारती के अनुसार वास्तव में दलितों द्वारा लिखा गया साहित्य ही दलित साहित्य की कोटि में आता है।

वास्तव में दलित साहित्य से तात्पर्य दलित जीवन और उसकी समस्याओं पर लेखन को केन्द्र में रखकर हुए साहित्यिक आन्दोलन से हैं, जिसका सूत्रपात दलित पैंथर से माना जा सकता है। इसकी शुरुआत मराठी से मानी जाती है जहाँ दलित पैंथर आन्दोलन के दौरान बड़ी संख्या में दलित जातियों से आए रचनाकारों ने आम जनता तक अपनी भावनाओं, पीड़ाओं, दुखों को अपने लेखों, कविताओं, जीवनियों, कथाओं, व्यंग्यों आदि के माध्यम से पहुँचाया।

दलित साहित्य का वैचारिक आधार है डॉ. आंबेडकर का जीवन संघर्ष। महात्मा बुद्ध और महात्मा ज्योतिबा फुले का दर्शन उसकी दार्शनिक पृष्ठभूमि है। दलित आन्दोलन जिन अन्य महापुरुषों से शक्ति ग्रहण करता है उनमें केरल के नारायण गुरु, तमिलनाडु के पेरियार रामास्वामी नायकर, उत्तरभारत के स्वामी अछूतानन्द, बंगाल के चाँद गुरु और मध्य प्रदेश के गुरु घासी दास प्रमुख हैं।

डॉ. आंबेडकर ने बार-बार जोर देकर कहा है कि दलितों का उत्थान राष्ट्र का उत्थान है। दलित चिन्तन में राष्ट्र पूरे भारतीय परिवार या कौम के रूप में है जबकि ब्राह्मणों के चिन्तन में राष्ट्र इस रूप में मौजूद नहीं है। उनके यहाँ एक ऐसे राष्ट्र की परिकल्पना है जिसमें सिर्फ द्विज हैं। यहाँ न दलित हैं, न पिछड़ी जातियाँ हैं और न अल्पसंख्यक वर्ग हैं। इसलिए हिन्दू राष्ट्र और हिन्दू राष्ट्रवाद दोनों खंडित चेतना के रूप हैं। इसलिए दलित विमर्श के केन्द्र में वे सारे सवाल हैं जिनका सम्बन्ध भेदभाव से है, चाहे ये भेदभाव जाति के आधार पर हों, रंग के आधार पर हों, नस्ल के आधार पर हों, लिंग के आधार पर हों या फिर धर्म के आधार पर हों।

दलित चिन्तकों का मार्क्सवादी विचारधारा से भी मतभेद है। मार्क्सवादी विचारक यह मानते हैं कि दलित समस्या मूलत: आर्थिक समस्या है। वे इस समस्या को श्रम-विभाजन की दृष्टि से देखते हैं। लेकिन जाति-व्यवस्था सिर्फ श्रम-विभाजन नहीं है। वह श्रमिकों का भी विभाजन है। जाति व्यवस्था द्वारा जो श्रम-विभाजन किया गया है वह पसन्द के आधार पर विभाजन नहीं है। डॉ. आंबेडकर ने अपनी किताब 'जाति का उन्मूलन' में इस विषय पर विस्तार से विचार किया है और कहा है कि जाति व्यवस्था हिन्दुओं को ऐसा पेशा अपनाने की इजाजत नहीं देती, जो पीढ़ीगत उनका पेशा नहीं है।

वैज्ञानिक दृष्टिसम्पन्न दलित चिन्तक तुलसीराम के अनुसार दलित साहित्य कोई नई बात नहीं है। यह उतना ही पुराना है जितना वर्णाश्रमी साहित्य। वे लिखते हैं, "दलित साहित्य वर्ण-व्यवस्था जनित अत्याचारों के प्रतिरोध का साहित्य है, जिसकी नीव ढाई हजार वर्ष पूर्व महामानव गौतम बुद्ध ने डाली। अत: प्राचीन बौद्ध साहित्य ही वर्तमान दलित साहित्य की जननी है। दलित साहित्य का आदिकाल बुद्ध का काल है। मध्यकाल नाथों-सिद्धों का काल है। आधुनिक काल वर्तमान दलित साहित्य का है।" (बहुजन वैचारिकी, प्रवेशांक, विशेषांक—तुलसीराम, जनवरी, 2016, पृ. 5)

दलित चिन्तकों ने इतिहास की पुनर्व्याख्या करने की कोशिश की है। इनके अनुसार गलत इतिहास-बोध के कारण लोगों ने दलितों और स्त्रियों को इतिहास-हीन मान लिया है, जबकि भारत के इतिहास में उनकी भूमिका महत्त्वपूर्ण है।

आज के दलित चिन्तक मानते हैं कि महात्मा गांधी की हरिजन राजनीति ने एक रेडिकल दलित आन्दोलन को रोका। उसने आंबेडकर-विरोधी चेतना का विकास किया। इस तरह आज के दलित चिन्तकों का गांधी के दृष्टिकोण से मौलिक भेद है।

आजादी के बाद दलित राजनीति के लिए 1960 का दशक अधिक महत्त्वपूर्ण है। इस दशक में भारतीय रिपब्लिकन पार्टी ने महाराष्ट्र, दिल्ली और उत्तर भारत में दलितों, पिछड़ों और अल्पसंख्यक समुदायों में अपना क्रान्तिकारी जनाधार बनाया। एक वैकल्पिक दलित राजनीति का उदय हुआ। अस्सी का दशक दलित राजनीति के लिए सर्वाधिक महत्त्वपूर्ण है। 1980 ई. में कांसीराम ने बामसेफ (बैकवर्ड एंड माइनारिटीज शेड्यूल्ड कास्ट इंप्लाइज फेडरेशन) के माध्यम से भारतीय समाज में एक नए दलित विमर्श का आन्दोलन

खड़ा किया। रिपब्लिकन पार्टी के पतन के बाद कांसीराम, जो स्वयं भी उसी पार्टी में काम करते थे, ने नए सिरे से दलित समाज को लामबन्द करना शुरू किया। सन् 1984 में कांसीराम ने बहुजन समाज पार्टी की स्थापना की। इस पूरे दौर में दलित साहित्यकारों की एक पूरी पीढ़ी तैयार हुई है। सत्तर के दशक में दलित साहित्य के नामकरण के साथ जो साहित्य अस्तित्व में आया उसका व्यापक असर हुआ। सम्प्रति दलित विमर्श ने एक विशाल लेखक वर्ग तैयार कर लिया है जो लगातार इन सवालों से जूझ रहा है।

धरती के भीतर सदियों से जलने वाली आग जब कभी सतह को चीरकर बाहर आ जाती है तो वह ज्वालामुखी बन जाती है, उसमें से निकलने वाली आग, लावा आदि से दूर-दूर तक पहाड़ तो बनता ही है वहाँ की जमीन लम्बे समय के लिए अनुर्वर बन जाती है। आस-पास के मनुष्यों के लिए ही नहीं, जीव-जन्तुओं और यहाँ तक कि वनस्पतियों के लिए भी गम्भीर खतरा पैदा हो जाता है। इस समय दलित साहित्य की स्थिति भी ज्वालामुखी से फूटने वाली आग की तरह ही है। सदियों से दबाए और कुचले गए लोगों को जब वाणी नसीब हुई और उन्हें अपने अनुभवों को बयान करने का मौका मिला तो उनके साहित्य में उनका सदियों से दबा हुआ आक्रोश मुखरित हुआ। उनकी भाषा से शालीनता कम होती गई और आत्मालोचन उनकी प्रकृति का हिस्सा नहीं रह गया। आजकल हिन्दी साहित्य में दलित विमर्श की चर्चा चरम पर है।

दलित विमर्श के ज्यादातर रचनाकारों की मान्यता है कि दलित साहित्य उसे ही माना जाएगा जिसका लेखन दलित कुल में जन्म लेने वाले व्यक्ति ने किया हो, क्योंकि दलितों की उस पीड़ा को अनुभव करने वाला एक दलित ही हो सकता है। दलितों के सृजन में ही दलित जीवन के अनुभव का यथार्थ अभिव्यक्त हो सकता है। इस तरह दलित लेखक स्वानुभूति के साहित्य को ही अपना दलित साहित्य मानता है और गैर दलित कुल में जन्म लेने वाले किन्तु दलितों के यथार्थ को अंकित करने वाले लेखकों के साहित्य को वह सहानुभूति का साहित्य कहकर उसकी अलग श्रेणी बनाता है। उल्लेखनीय है कि दलित लेखकों ने प्रेमचन्द जैसे साहित्यकार को 'सामंत का मुंशी' कहकर सम्बोधित किया और उनके प्रसिद्ध उपन्यास 'रंगभूमि' को वर्ष 2004 में, दिल्ली में सार्वजनिक रूप से विरोध स्वरूप जलाया। दलित रचनाकार गैर दलित लेखकों को 'बाहर वाला' मानते हैं और उनके द्वारा की गई आलोचना को भी एक सिरे से खारिज करते हैं। वे गैर दलितों की उन टिप्पणियों को सहज ही अस्वीकार कर देते हैं जिनमें उनकी रचनाओं की प्रशंसा न की गई हो। गैर दलित लेखकों से वे सिर्फ अपने लिए प्रशंसा की अपेक्षा करते हैं। ऐसी दशा में सवाल यह है कि क्या उनके लेखन में सवर्ण चरित्र नहीं आते? और यदि आते हैं तो उनके बारे में दलित लेखकों का अंकन भला कैसे प्रामाणिक माना जा सकता है? क्योंकि सवर्णों का अनुभव तो उनके पास होता नहीं। इस तर्क के आधार पर तो प्रगतिशील रचनाकारों द्वारा मजदूरों के जीवन पर केन्द्रित सारा साहित्य खारिज कर देने के लायक है क्योंकि उन रचनाकारों के पास मजदूरों के जीवन का कोई अनुभव नहीं होता। 'वह तोड़ती पत्थर' और 'भिक्षुक' जैसी कविताओं की व्यर्थ प्रशंसा की जाती है क्योंकि निराला के पास न तो भिखारी का अनुभव था और न पत्थर तोड़ने वाली महिला का। इस सिद्धान्त के अनुसार तो मजदूरों के जीवन के यथार्थ का अंकन सिर्फ मजदूर लेखक ही कर सकता है। एक वरिष्ठ साहित्यकार ने इसी सन्दर्भ में बातचीत के दौरान एक बार मुझसे कहा था कि "तब तो घोड़े पर कविता लिखने के लिए घोड़ा बनना पड़ेगा।" यदि यह तर्क स्वीकार कर लिया जाए तब तो संस्कृत साहित्य का अधिकांश हिस्सा हमें अप्रामाणिक मान कर त्याग देना चाहिए क्योंकि वह सब राजाओं-महाराजाओं के जीवन पर केन्द्रित है, जबकि उसके रचयिता राजा-महाराजा नहीं बल्कि उनके दरबारों से वृत्ति पाने वाले रचनाकार होते थे।

इतना ही नहीं, साहित्य की तरह कला के अन्य रूप मसलन संगीत कला, चित्र कला, मूर्ति कला आदि के बारे में भी दलित चिन्तकों को नए सिरे से विचार करना पड़ेगा। क्या इन कलाओं को भी दलितों और गैर दलितों के खाँचे में बाँटना उचित होगा?

हकीकत तो यह है कि हमारे साहित्य का अधिकांश हिस्सा स्वानुभूति का नहीं बल्कि सहानुभूति का है और इतिहास ने प्रमाणित कर दिया है कि सहानुभूति का साहित्य स्वानुभूति के साहित्य से किसी भी तरह कमतर नहीं है। हमारे यहाँ अभिनय करने वालों या साहित्यकारों के लिए 'परकाया प्रवेश' की परिकल्पना की गई है। साहित्यशास्त्रियों ने साधारणीकरण के सिद्धान्त की परिकल्पना भी इसी समस्या को हल करने के लिए की है। भट्टनायक से लेकर आचार्य रामचन्द्र शुक्ल तक सभी ने साधारणीकरण की प्रक्रिया को रसानुभूति के लिए अनिवार्य माना है। वस्तुतः साहित्य रचने वालों के लिए सिर्फ अनुभव ही जरूरी नहीं होता अपितु

उनमें भाषा पर अधिकार, लेखन क्षमता और रचना के लिए अपेक्षित कल्पनाशीलता की भी जरूरत होती है। अकारण नहीं है कि स्वानुभूति पर अतिरिक्त बल देने के कारण दलित लेखकों में आत्मकथाएँ लिखने की तो होड़ मची है मगर अन्य विधाओं के साहित्य के प्रति उदासीनता है।

फिलहाल, हिन्दी साहित्य में दलित लेखन की तीन धाराएँ दिखाई देती हैं। पहली धारा दलित जातियों में जन्मे लेखकों की है जिनके पास स्वानुभूतियों का विशाल भंडार है और इसी आधार पर वे मानते हैं कि वास्तविक अर्थ में उन्हीं का सृजन की दलित साहित्य है। दूसरी धारा दलितेतर लेखकों की है जिनके रचना-संसार को 'सहानुभूति का साहित्य' कहकर रेखांकित किया जाता है और तीसरी धारा प्रगतिशील लेखकों की है जो दलितों को सर्वहारा के रूप में देखते हैं।

दलित आन्दोलन का उद्देश्य क्या होना चाहिए?—एक ऐसे समाज की स्थापना जिसमें सामाजिक-आर्थिक विषमता न हो, जो ऊँच-नीच की अवधारणा से रहित हो और जो सामाजिक समानता पर आधारित हो। किसी भी सिद्धान्त को परखने की कसौटी उसका व्यवहार है। दलित आन्दोलन से जुड़े सिद्धान्तकार और लेखक अपना सम्बन्ध महाराष्ट्र से जोड़ते हैं। उन्हें बाबा साहब डॉ. भीमराव आंबेडकर और महात्मा ज्योतिबा फुले से शक्ति मिलती है। वे बंगाल के नवजागरण से अपना सम्बन्ध नहीं जोड़ते और वास्तविक नवजागरण महाराष्ट्र से मानते हैं। मैं दलित सिद्धान्तकारों और लेखकों का ध्यान खास तौर पर बंगाल की ओर दिलाना चाहता हूँ। बंगाल का समाज भारत के शेष समाज से, सामाजिक दृष्टि से आगे बढ़ा हुआ समाज है। यहाँ अन्तरजातीय विवाह और प्रेम विवाह आम है। यह तो दलित भी स्वीकार करेंगे कि जाति प्रथा खत्म करने का सबसे कारगर तरीका अन्तरजातीय विवाह ही होता है। इस दृष्टि से भारत के अन्य प्रान्तों की तुलना में बंगाल में जाति-प्रथा का बन्धन सबसे कमजोर है। यहाँ जिन शादियों का आधार प्रेम नहीं होता अर्थात् जो शदियाँ लड़के-लड़की के माता-पिता की इच्छा और प्रयास से होती हैं वहाँ भी अमूमन जाति बाधक नहीं बनतीं। यहाँ संसद या विधान सभा के चुनाव के वक्त टिकट देने के लिए यू.पी. और बिहार की तरह जातीय समीकरण आधार नहीं बनते।

बंगाल का यह परिवर्तन बंगला नवजागरण का परिणाम है। उल्लेखनीय है कि बंगला नवजागरण के लगभग सभी महापुरुष सवर्ण थे। रामकृष्ण परमहंस, स्वामी विवेकानन्द, बंकिमचन्द्र चट्टोपाध्याय, माइकेल मधुसूदन दत्त, केशवचन्द्र सेन, रवीन्द्रनाथ टैगोर, ईश्वरचन्द विद्यासागर, राजा राममोहन राय, राजेन्द्र लाल मित्र, नेताजी सुभाष चन्द्र बोस आदि सभी सवर्ण थे, किन्तु उन्होंने जाति-पाँति, छुआछूत, ऊँच-नीच के साथ ही बाल-विवाह, सती-प्रथा आदि के खिलाफ और विधवा-विवाह, स्त्री-शिक्षा आदि के पक्ष में निर्णायक आन्दोलन चलाया और बंगाल के समाज को काफी हद तक बदलने में कामयाब हुए। आज बंगाल की दशा यह है कि यहाँ जाति के आधार पर टिकट लेने और वोट माँगने वालों की जमानत जप्त हो जाएगी। इस दृष्टि से बंगाल का समाज महाराष्ट्र से बहुत आगे है, यहाँ का समाज उत्तर प्रदेश और बिहार से भी बहुत आगे है जहाँ मायावती जैसी दलित महिला तीन बार मुख्यमंत्री रह चुकी हैं और जीतन राम मांझी भी बिहार की कमान सँभाल चुके हैं। उक्त तीनों ही प्रान्तों में जातीय समीकरण अत्यन्त घिनौने रूप में व्याप्त हैं, जातियों-उपजातियों के भेद अपने वीभत्स रूप में दिखाई देते हैं। इन प्रान्तों में जाति-प्रथा को राजनीति ने गोद ले लिया है।

फिलहाल, यहाँ उल्लेख करना जरूरी है कि बंगाल का समाज तेजी से बदल रहा है। बंगला नवजारण का प्रभाव क्षीण हो रहा है और मुझे लगता है कि आने वाले कुछ ही वर्षों में देश के दूसरे प्रान्तों की कुरूपताएँ बंगाल में भी उभर आएँगी। आखिर दुनिया में सब कुछ परिवर्तनशील है और परिवर्तन की दिशा तय करने वाली वहाँ की नेतृत्वकारी शक्तियाँ ही होती हैं।

अंग्रेजी का अंध समर्थन दलित चिन्तकों की सामान्य प्रवृत्ति है। राजधानी दिल्ली के दलित चिन्तक चन्द्रभान प्रसाद अंग्रेजी के इतने भक्त हैं कि सुना है उन्होंने लखीमपुर खीरी में अंग्रेजी माई का मन्दिर बनवाया है। कलकत्ता विश्वविद्यालय में आयोजित एक सेमिनार में दलित लेखक मोहनदास नैमिशराय ने वहाँ के छात्रों को अंग्रेजी में फ्लूएँट होने की बार-बार सलाह दी और यूरोप में रहने वाले अपने बेटे की इसलिए प्रशंसा की कि वह बराक ओबामा की तरह अंग्रेजी बोलता है। उन्हें दलितों की मुक्ति अंग्रेजी सीखने में ही दिखाई देती है।

पिछले दिनों दलित लेखकों का जो चिन्तन सामने आया है उसमें अपने अधिकारों की माँग की बात कम अपनी अलग परम्पराओं, अपने अलग इतिहास को रेखांकित और चिह्नित करने की प्रवृत्ति अधिक दिखाई दे रही है। उनकी मान्यता है कि एक समान भारतीय संस्कृति कभी नहीं रही। बाबा साहब डॉ.

भीमराव आंबेडकर भी मानते हैं कि हमारे यहाँ तीन भारत रहा—ब्राह्मण भारत, बौद्ध भारत और हिन्दू भारत। मुसलमानों के आगमन के पहले का इतिहास ब्राह्मणों और बौद्धों के संघर्ष का इतिहास रहा है। हम उक्त अवधारणा से सहमत हैं किन्तु क्या हम चाहते हैं कि आगे भी वही तीन भारत बना रहे? क्या हम नहीं चाहते कि हम एक अखंड भारत का निर्माण करें जिसमें सामाजिक असमानता न हो? यदि समानता पर आधारित समाज हम बनाना चाहते हैं तो हमें अपने अतीत से असमानता के साथ-साथ समानता के सूत्र भी ढूँढ़ने चाहिए। असमानता बढ़ाने वाले मूल्यों की जहाँ निन्दा करनी चाहिए वहीं समानता के मूल्यों की प्रशंसा भी करनी चाहिए और इसमें हम तभी सफल हो सकेंगे जब सहानुभूति के साहित्य को भी पर्याप्त महत्त्व देंगे। हमारी परम्परा में संत रविदास को अपना गुरु मानने वाली राज परिवार की मीरा भी है। 'जाति-पाँति पूछे नहिं कोई, हरि को भजे सो हरि का होई' का गीत गाने वाले जुलाहा कबीर भी हैं। संत रज्जब, धन्ना और पीपा भी है, बंगाल का नवजागरण भी है और प्रेमचन्द का प्रचुर साहित्य भी। हमारी परम्परा में ही 'सरस्वती' के सम्पादक महावीरप्रसाद द्विवेदी भी हैं जिन्होंने एक ओर सूर्यकांत त्रिपाठी 'निराला' की मशहूर कविता 'जूही की कली' को छापने से मना करते हुए वापस कर दिया था तो दूसरी ओर हीरा डोम की मशहूर कविता 'अछूत की शिकायत' को प्रमुखता से छापा था, जिसे दलित चिन्तक हिन्दी की पहली दलित कविता के रूप में बार-बार रेखांकित करते हैं।

दलित आन्दोलन भटकाव का शिकार तो है ही, वह अमीरी-गरीबी की खाई को और अधिक बढ़ाने में अनजाने ही मदद पहुँचा रहा है। समाज के चिन्तकों का ध्यान वर्ग-संघर्ष की हकीकत से हटकर दलित-विमर्श और स्त्री-विमर्श की भूलभुलैया में भटक गया है जबकि जाति-पाँति और छुआछूत एक मरणासन्न सामंती मूल्य है और वर्ग-संघर्ष एक जिन्दा हकीकत। दलित चिन्तकों का एक बड़ा तबका वैश्वीकरण के दुष्प्रचार में फँसकर समाज के चिन्तकों का ध्यान वर्ग-संघर्ष तथा अन्य सामाजिक-आर्थिक प्रश्नों से दूर करने लगा है, जो न सिर्फ दलित आन्दोलन के लिए घातक है बल्कि शोषित-पीड़ित जनता की मुक्ति के लिए भी।

दलित विमर्श में अभी आलोचना साहित्य की पर्याप्त कमी है। सदियों से दबे-कुचले दलित साहित्यकारों को जब अपने को अभिव्यक्त करने का अवसर मिला तो उनके पास सबसे बड़ी पूँजी अपने तीखे-कड़वे अनुभवों की थी जिन्हें वे भी व्यक्त कर सकते थे। इसीलिए दलित साहित्य लेखन के क्षेत्र में सबसे अधिक आत्मकथाएँ लिखी गई हैं और सबसे कम आलोचना। हम यहाँ कुछ प्रमुख आलोचकों का संक्षिप्त परिचय दे रहे हैं।

माता प्रसाद

जौनपुर (उ.प्र.) जिले के 'मछलीशहर' में जन्मे, पूर्व राज्यपाल माता प्रसाद (11.10.1924-19.01.2021) मुख्य रूप से राजनेता, कवि और नाटककार हैं। किन्तु इसके साथ ही उन्होंने दलित विमर्श पर केन्द्रित कई पुस्तकों का प्रणयन किया है। दलित साहित्य के विषय में उनके विचार हैं, "(दलित साहित्य) सामाजिक समता का साहित्य है। दलित साहित्य भाग्यवाद, पुनर्जन्म, अंधविश्वास, अवतारवाद, कर्मकांड, मूर्तिपूजा और अंधपरम्परा का विरोधी है। यह विज्ञानसम्मत बातों का समर्थक है। विश्वबन्धुत्व, स्वतंत्रता, लोकतंत्र, समता, न्याय, सेकुलरिज्म को मानता है। रंग, वर्ण, जाति, लिंग, क्षेत्रवाद और पूँजीवाद का विरोधी है। दलित साहित्य का केन्द्र-विन्दु मनुष्य है।

डॉ. आंबेडकर के सामाजिक संघर्षों से यह प्रेरित है। दलित साहित्य तथागत गौतमबुद्ध की इस बात को भी मानता है कि जिसमें उन्होंने कहा था कि किसी ग्रंथ में जो लिखा है उसे सही मत मानो, परम्परा में कोई बात चली आई है उसे मत मानो, महापुरुषों ने कहा है उसे सही मत मानो, मैं भी जो कह रहा हूँ उसे भी सही मत मानो बल्कि अपनी बुद्धि, विवेक और तर्क से जिस बात को सही समझो उसे ही सही मानो और उसी पर चलो।" (gadyakosh.org में संकलित 'सामाजिक समता का साहित्य' शीर्षक लेख से)

माता प्रसाद की स्पष्ट मान्यता है, "दलित साहित्य लेखन के सम्बन्ध में यह प्रश्न उठाया जाता है कि दलित साहित्य दलित ही लिख सकता है यह उचित नहीं है, बल्कि गैरदलित साहित्यकार भी दलित साहित्यकार हो सकते हैं, जैसे प्रेमचन्द, निराला, नागार्जुन और धूमिल आदि ने दलितों पर अच्छा साहित्य लिखा है। इसलिए ये भी दलित साहित्यकार की श्रेणी में आते हैं। इस सम्बन्ध में यह निवेदन करना है कि दलित साहित्य भुक्तभोगियों का साहित्य है। 'जाके पाँव न फटी बेवाई, वह का जाने पीर पराई'। जिस व्यक्ति

के पाँव में काँटा चुभता है उसको जो पीड़ा होती है वह पीड़ा काँटा चुभे व्यक्ति को देखने वाले को नहीं हो सकती। उसके प्रति उसकी सहानुभूति तो हो सकती है किन्तु पीड़ा नहीं। इस प्रकार दलित साहित्य स्वानुभूति का साहित्य है और दूसरे लोग दलित की पीड़ा से जो साहित्य लिखते हैं वह सहानुभूति का साहित्य है। फिर भी जिन गैरदलित साहित्यकारों ने सहानुभूति के हिसाब से ही दलितों की पीड़ा को समाज के सामने रखा है उनका मैं हृदय से सम्मान करता हूँ।" (उपर्युक्त)

उनके इस कथन पर रमणिका गुप्ता की टिप्पणी है, "प्रेमचन्द और निराला ने कतई इसे दलित साहित्य की दृष्टि से नहीं लिखा बल्कि मानवीय दृष्टि या जनवादी और प्रगतिशील दृष्टि से अथवा समाज की विकृतियों के विरोध स्वरूप लिखा था और उसकी जनवादी दृष्टि का केन्द्र भी मनुष्य ही था। यह उनकी दलितों के प्रति सहानुभूति थी, दलितों की चेतना की दृष्टि नहीं। उनमें वर्गीय समानता की बात प्रमुख थी।" (दलित साहित्य की परिभाषा और सीमाएँ, पृ. 6-7)

'लोकगीतों में वेदना और विद्रोह के स्वर', 'हिन्दी काव्य में दलित काव्यधारा', 'भारत में दलित जागरण और उसके अग्रदूत', 'उत्तरांचल सहित उत्तर प्रदेश की दलित जातियों का दस्तावेज', 'दलित साहित्य में प्रमुख विधाएँ', 'अन्तहीन बेड़ियाँ', 'जातियों का जंजाल', 'दिल्ली की गद्दी पर खुसरो भंगी', 'राजनीतिक दलों में दलित एजेंडा', 'अछूत का बेटा', 'धर्म के नाम पर धोखा', 'भारत में सामाजिक क्रान्ति के प्रेरणास्रोत', 'चमार जाति का इतिहास', 'स्वतंत्रता के बाद लखनऊ की दलित और शोषित विभूतियाँ', 'प्रतिशोध', 'स्वामी अछूतानन्द 'हरिहर', 'अतीत के प्रसंग : दलित साहित्यकारों के संग', 'झोंपड़ी से राजभवन' आदि उनकी प्रकाशित आलोचनात्मक पुस्तकें है।

सूर्यनारायण रणसुभे

कर्नाटक राज्य के गुलबर्गा जिले की एक मजदूर बस्ती में जन्म लेने वाले, पुणे से बी-एस.सी. करने के बाद हिन्दी विषय में राज्य में सर्वाधिक अंक पाने और उसके बल पर अहिन्दी भाषी छात्रों के लिए हिन्दी छात्रवृत्ति योजना के अन्तर्गत इलाहाबाद विश्वविद्यालय से हिन्दी में उच्च शिक्षा प्राप्त करने वाले और लातूर (महाराष्ट्र) में शिक्षक रहे बेहद भले इनसान सूर्यनारायण रणसुभे (जन्म—07.08.1942) का हिन्दी और मराठी दोनों भाषाओं पर समान अधिकार है। 'कहानीकार कमलेश्वर : सन्दर्भ और प्रकृति', 'आधुनिक मराठी साहित्य का प्रवृत्तिमूलक इतिहास', 'देश विभाजन और हिन्दी कथा साहित्य', 'प्रादेशिक भाषा और साहित्येतिहास', 'आधुनिक हिन्दी साहित्य का इतिहास', 'दलित साहित्य : स्वरूप और संवेदना', 'बाबासाहब आंबेडकर', 'पत्रकार डॉ. भीमराव आंबेडकर', '19वीं शती का नवजागरण और हिन्दी साहित्य', 'हिन्दी उपन्यास : विविध आयाम', 'कहानीकार अज्ञेय : सन्दर्भ और प्रकृति', 'दलित चेतना की पहचान', 'उन्नीसवीं सदी का नवजागरण और हिन्दी साहित्य', 'बीसवीं सदी का नवजागरण और हिन्दी साहित्य', 'जीवनीपरक हिन्दी साहित्य' आदि उनकी आलोचनात्मक पुस्तकें हैं।

सच्ची कविता की कसौटी रणसुभे जी के शब्दों में यह है, "सच्ची कविता हमेशा आम आदमी की ही बात करती रहेगी। मुक्तक, खंड काव्य से लेकर लम्बी कविता का दौर पिछली सदी में चला। अगली सदी में कविता अधिक सूक्ष्म, अधिक गहरी और अधिक व्यापकता को लेकर प्रकट होगी। इसमें भी दो स्तर होंगे—एक अभिजनों की कविता जो सूक्ष्म सौन्दर्य को प्रकट करती जाएगी, दूसरी संघर्षरत आम आदमी से जुड़ी कविता जो इस मनुष्य की अस्मिता और संघर्ष को रेखांकित करती जाएगी।" (दलित साहित्य : स्वरूप और संवेदना, पृ. 119)

सूर्यनारायण रणसुभे का विचार है कि "भारतीय सवर्ण मानसिकता की एक विशेषता यह है कि जो भी दलित या उपेक्षित द्वारा लिखा जाता है, वह स्तरीय नहीं होता। यह निर्णय वे उस रचना को पढ़ने से पूर्व ही ले लेते हैं। परिणामत: उस रचना की ओर वे पूर्वग्रह दृष्टि से देखने व सोचने लगते हैं...हमारे यहाँ अगर किसी सवर्ण की रचना में कुछ अश्लील शब्दों का प्रयोग हो, तो वह जायज है और अगर दलित की रचना में ऐसे शब्द आ जाएँ, तो अश्लील। यहाँ निरन्तर दोहरे मानदंडों का प्रयोग किया जाता है। इसी कारण पूरी निष्ठा के साथ हमारे बीच जीने वाले किसी व्यक्ति या समूह के जीवन को पूरी सच्चाई के साथ जब कोई दलित लेखक सशक्त ढंग से व्यक्त करता है, तो भी उसे नकार दिया जाता है।" (gadyakosh.org, दलित चेतना की पहचान से)

निसन्देह रणसुभे एक गम्भीर आलोचक हैं। उनका उक्त कथन उनके अपने अनुभवों का ही निष्कर्ष होगा।

मूलतः मराठी भाषी रणसुभे का बड़ा काम है मराठी से हिन्दी तथा हिन्दी से मराठी में बहुत सी पुस्तकों का अनुवाद। शरणकुमार लिंबाले के 'अक्करमाशी' तथा लक्ष्मण गायकवाड़ के 'उठाईगीर' जैसी कृतियों से हिन्दी पाठकों को परिचित कराने का श्रेय रणसुभे जी को ही है। उन्होंने 'अनुवाद का समाजशास्त्र' जैसी बेहद महत्त्वपूर्ण कृति की रचना की है जिसमें अनुवाद प्रक्रिया को व्यापक ऐतिहासिक-सामाजिक-सांस्कृतिक प्रक्रिया का अंग मानते हुए इसके सामाजिक मूलाधारों की खोज की गई है।

उनके शब्दों में, "जिस समाज-व्यवस्था में सामाजिक गतिशीलता अधिक होती है, समता और बन्धुता की मूल्य-व्यवस्था जहाँ दृढ़ होती है, वहाँ अनुवाद की प्रक्रिया अधिक तेजी से चलती रहती है। अहंकार से युक्त और बन्द समाज-व्यवस्था में औरों के प्रति तिरस्कार अथवा उपेक्षा की भावना होती है और ऐसी व्यवस्था में अनुवाद-प्रक्रिया करीब-करीब नहीं के बराबर होती है। एक वृहत्तर समाज या मनुष्य के साथ जुड़ने की छटपटाहट से ही अनुवाद की प्रक्रिया शुरू हो जाती है। इस प्रकार की छटपटाहट वर्ण या जाति-व्यवस्था में बन्द समाज में सम्भव नहीं होती। ऐसी व्यवस्था में अनुवाद सम्भव नहीं होता न अनुवाद के प्रति गम्भीरता होती है।" (उद्धृत, समालोचन, 1 अगस्त, 2021, रविरंजन का लेख)

डॉ. सूर्यनारायण रणसुभे रचनावली (तीन खंड) डॉ. सुरेश माहेश्वरी के संपादन में प्रकाशित हो चुकी है।

तेज सिंह

दिल्ली के एक गाँव 'घोंडली' में जन्मे, दलित लेखक संघ के अध्यक्ष रहे तेज सिंह (13.07.1946-15.07.2014) की पहचान अपेक्षाकृत प्रगतिशील विचारधारा के दलित आलोचक और चिन्तक की है। उन्हें 'दलित' शब्द से एतराज है और वे दलित साहित्य को 'आंबेडकरवादी साहित्य' कहना पसन्द करते हैं।

तेज सिंह ने आलोचना के क्षेत्र में काफी काम किया है। 'नागार्जुन का कथा साहित्य', 'राष्ट्रीय आन्दोलन और हिन्दी उपन्यास', 'आज का दलित साहित्य', 'उत्तरशती की हिन्दी कहानी', 'दलित समाज और संस्कृति', 'आंबेडकरवादी साहित्य का समाजशास्त्र', 'आंबेडकरवादी साहित्य की अवधारणा', 'आंबेडकरवादी साहित्य ही क्यों?', 'आंबेडकरवाद और मार्क्सवाद का द्वंद्वात्मक सम्बन्ध', 'प्रतिरोध की बहुजन संस्कृति', 'आंबेडकरवादी विचारधारा : इतिहास और दर्शन' आदि उनकी आलोचनात्मक पुस्तकें हैं। इसके अलावा उन्होंने 'आंबेडकरवादी विचारधारा और समाज', 'प्रेमचन्द की रंगभूमि : एक विवाद-एक संवाद', 'आंबेडकरवादी कहानी : रचना और सृष्टि' तथा 'आंबेडकरवादी स्त्री चिन्तन' जैसी कृतियों का सम्पादन भी किया है। वे सन् 2000 से हिन्दी की त्रैमासिक पत्रिका 'अपेक्षा' का भी सम्पादन कर रहे थे।

उनके निधन के बाद दिल्ली में हुई श्रद्धांजलि सभा में रमणिका गुप्ता ने कहा था, "प्रो. तेज सिंह प्रगतिशील व्यक्ति थे। उन्होंने वर्ण के बजाय वर्ग को लिया।" दलित लेखक संघ के महासचिव हीरालाल राजस्थानी ने कहा था, "मुझे 2008 की एक शाम याद है जब डॉ. तेज सिंह ने अनीता भारती से कहा था, जब अनीता भारती के घर दलित लेखक संघ की मीटिंग थी तब उन्होंने (तेज सिंह ने) कहा था कि अब मैं दलित लेखक संघ का हिस्सा नहीं रहना चाहता। मेरा नाम कार्यकारिणी से हटा दिया जाए, कारण वही था 'दलित' शब्द से एतराज! मैंने पहली बार दलित लेखक संघ को टूटते हुए देखा था। कुछ दिनों बाद पता हुआ कि वे 'दलित' के स्थान पर 'आंबेडकरवादी साहित्य' कहना चाहते हैं। 'अपेक्षा' का जुलाई-सितम्बर 2004 का अंक 'आंबेडकरवादी साहित्य विशेषांक' के रूप में प्रकाशित हुआ था और उसमें उन्होंने आंबेडकरवादी साहित्य की अवधारणा को प्रस्तुत भी किया था। (www.shbdankan.com 2014 रूप सिंह चन्देल की श्रद्धांजलि)

विमल थोरात

अमरावती (महाराष्ट्र) में जन्मीं, जेएनयू में पढ़ी-लिखीं और दिल्ली में ही शिक्षक रहीं विमल थोरात (जन्म—07.07.1949) दलित महिलाओं के हक की लड़ाई में हमेशा सक्रिय रहीं हैं। उनका कहना है कि दलितों के प्रति समाज में जो रवैया है उसे असहिष्णुता की बजाय क्रूरता कहा जाना चाहिए। विमल थोरात के अनुसार मुख्यधारा के स्त्रीवाद और दलित, आदिवासी तथा मुस्लिम महिलाओं के स्त्रीवाद में बहुत फर्क है। दलित आदिवासी स्त्रियाँ तिहरे शोषण की शिकार हैं, लिंग के आधार पर, गरीबी के आधार पर और सामाजिक पिछड़ेपन के आधार पर। सबसे ज्यादा बलात्कार उन्हीं का होता है। ऐसा इसलिए होता है कि आदिवासी क्षेत्र की स्त्रियों के पास उनकी सुरक्षा की व्यवस्था अच्छी नहीं होती।

वे मानती हैं कि दलित स्त्री की आत्मकथाओं में सबसे पहले मराठी में लिखने वाली उर्मिला पवार, दया पवार, बेबी काम्बले तथा शान्ताबाई गोखले आदि का नाम बहुत महत्त्वपूर्ण है क्योंकि इन्ही का असर हिन्दी में लिखने वाली दलित स्त्रियों की आत्मकथाओं पर सबसे पहले पड़ा।

उनकी दलित विमर्श से सम्बन्धित आलोचनात्मक कृतियों में' हिन्दी साठोत्तरी कविता और मराठी दलित कविता में सामाजिक-राजनीतिक चेतना', 'दलित साहित्य का स्त्रीवादी स्वर', 'भारतीय दलित साहित्य का विद्रोही स्वर', 'आधुनिकता से उत्तर आधुनिकता', 'हिन्दी और मराठी के स्वातंत्र्योत्तर उपन्यासों में जाति और वर्ग संघर्ष' आदि प्रमुख हैं।

मोहनदास नैमिशराय

मेरठ (उ.प्र.) में जन्मे, मेरठ के आसपास के विद्यालयों में शिक्षा लेने के बाद अध्यापन से लेकर दूसरी अलग-अलग तरह की नौकरियाँ करने और छोड़ने वाले मोहनदास नैमिशराय (जन्म—05.09.1949) दलित साहित्य के आलोचक कम, दलित विचारक ज्यादा हैं। चार खंडों में 'भारतीय दलित आन्दोलन का इतिहास' लिखकर उन्होंने ऐतिहासिक कार्य किया है। 'भारतीय दलित आन्दोलन : एक संक्षिप्त इतिहास', 'भारत के अग्रणी समाज सुधारक', (अनुवाद) 'स्वतंत्रता संग्राम के दलित क्रान्तिकारी', 'आत्मदाह संस्कृति : उद्भव और विकास', 'उजाले की ओर बढ़ते कदम', 'बहुजन समाज', 'हिन्दुत्व का दर्शन' आदि मोहनदास नैमिशराय की अन्य प्रकाशित पुस्तकें हैं। उन्होंने 'धरतीपुत्र सर छोटूराम की संघर्ष यात्रा', 'वीरांगना झलकारी बाई', 'पेरियार : जीवन और संघर्ष', 'महानायक बाबा साहेब डॉ. अंबेडकर' जैसे शीर्षकों से कई महापुरुषों की जीवनियाँ भी लिखी हैं। तीन खंडों में प्रकाशित 'अपने अपने पिंजरे-1', 'अपने अपने पिंजरे-2' और 'रंग कितने संग मेरे' शीर्षक उनकी आत्मकथा भी बहुचर्चित है। उनकी अब तक पचास से भी अधिक पुस्तकें प्रकाशित हो चुकी हैं।

मोहनदास नैमिशराय का दलित चिन्तन सन्तुलित और व्यावहारिक है। दलितों द्वारा किए जा रहे धर्म परिवर्तनों पर टिप्पणी करते हुए वे लिखते हैं, "सामाजिक बदलाव के लिए प्रेरक बनना अच्छी बात है। लेकिन समाज में धर्म के नाम पर ध्वंश करना गलत है। अधिकतर दलित नेता और सामाजिक कार्यकर्ता भी वैसा ही आह्वान करते हैं। यानी, हिन्दू धर्म को छोड़ दो। यहाँ तक तो चलो ठीक है, पर हिन्दू धर्म पर थूक दो, उसकी व्यवस्था, आचार-विचार, परम्परा और प्रथाओं को कूड़े में फेंक दो, इन सबको सुनाने, कहने का क्या औचित्य है? धर्म-परिवर्तन मजमा लगाकर तो नहीं किए जाते, न ही लोगों को भड़काकर मनुष्य समाज में बदलाव किए जाते हैं...कुछ दलित नेताओं का यह भी आह्वान होता है कि दलित पहले हिन्दू लबादा छोड़े, वे बाद में ईसाई बनें या मुसलमान, इसकी उन्हें चिन्ता नहीं। ऐसा हुआ भी। आजादी के बाद कई लाख दलित, ईसाई भी बने और मुसलमान भी। लेकिन जो ईसाई या मुसलमान बन गए उन्हें न भगवान बुद्ध से लेना-देना रह गया न आंबेडकर से।" (जनसत्ता, 14 अक्टूबर, 2013)

उनके अनुसार सवर्ण साहित्यकार भी दलित साहित्य लिख सकते हैं। लेकिन मन्दिरों में पूजा करने वाले साहित्यकार, चेतना से शून्य साहित्य, देवी-देवताओं का महिमामंडन करने वाला साहित्य, सरस्वती की पूजा करने वाला साहित्य हमको कतई स्वीकार नहीं है।" (राजश्री सैकिया से बातचीत, https: zenodo.org, march 14,2022)

दलित आत्मकथाओं पर अपनी टिप्पणी करते हुए वे लिखते हैं, "साठ के दशक में दलित आत्मकथाओं का आना साहित्य में किसी जलजले से कम नहीं था। पहले यह तूफान महाराष्ट्र में आया फिर हिन्दी साहित्य में इसे आना ही था। साहित्य में हम इसे परिवर्तन का क्रान्तिकारी दौर भी कह सकते हैं। सामाजिक बदलाव की इस धारा का किसी ने समर्थन किया, किसी ने विरोध। कहीं सहमति थी कहीं असहमति। दलित साहित्य में सबकुछ यथार्थ था। सुन्दर ढ़ंग से बुनाई करने का दलित साहित्यकार को वक्त ही कहाँ मिला?" (नवनीत, 'दलित आत्मकथाओं की अन्तर्व्यथा' शीर्षक लेख, अप्रैल 2016)

मोहनदास नैमिशराय आलोचक के साथ-साथ प्रतिष्ठित कवि, कथाकार और नाटककार हैं। 'हमारा जवाब' और 'दलित कहानियाँ' जैसे कथा-संग्रह, 'सफदर एक बयान', 'आग और आन्दोलन' जैसे कविता-संग्रह और 'अदालतनामा' तथा 'हेलो कामरेड' जैसे उनके नाटक प्रकाशित हो चुके हैं। उन्होंने अंग्रेजी और मराठी की कुछ पुस्तकों का अनुवाद भी किया है।

धर्मवीर

अपने विचारोत्तेजक लेखन और मौलिक दृष्टि के कारण दलित आलोचकों में अलग पहचान बनाने वाले मेरठ (उ.प्र.) के 'नगलाताशी' गाँव में जन्मे भारतीय प्रशासनिक सेवा के अधिकारी डॉ. धर्मवीर (09.12.1950-09.03.1917) की 50 से अधिक पुस्तकें प्रकाशित हो चुकी हैं। उनकी आलोचनात्मक पुस्तकों में 'कबीर : डॉ. हजारी प्रसाद द्विवेदी का प्रक्षिप्त चिन्तन', 'कबीर और रामानन्द : किंवदंतियाँ', 'कबीर के आलोचक', 'कबीर के कुछ और आलोचक', 'कबीर बाज भी, कपोत भी, पपीहा भी', 'सूत न कपास', 'संत रैदास का निर्वर्ण सम्प्रदाय', 'प्रेमचन्द : सामंत का मुंशी', 'हिन्दी की आत्मा', 'लोकायती वैष्णव : विष्णु प्रभाकर', 'दलित चिन्तन का विकास : अभिशप्त चिन्तन से इतिहास चिन्तन की ओर', 'कबीर : खसम खुसी क्यों हो?', 'मातृसत्ता, पितृसत्ता और जारसत्ता', 'अशोक बनाम वाजपेयी : अशोक वाजपेयी', 'दूसरों की जूतियाँ' आदि प्रमुख हैं।

कबीर पर उनकी पहली पुस्तक 'कबीर के आलोचक' जब प्रकाशित हुई तभी से उनकी मौलिक और तीखी स्थापनाओं से हिन्दी की मुख्यधारा के चिन्तकों में खलबली मच गई। उन पर जो व्यापक प्रतिक्रियाएँ हुईं, उन्हीं का जबाव देने के लिए उन्होंने कबीर पर कई पुस्तकें लिख डालीं। कबीर को हिन्दू परम्परा में अधिगृहीत करने के प्रयत्नों के विरुद्ध कबीर को मुक्त करने का उनका यह अभियान हिन्दी में दलित आलोचना के लिए एक नया प्रस्थान विन्दु बना। उन्होंने स्पष्ट घोषित किया, "यह प्रत्येक दलित चिन्तक का कर्तव्य है कि वह अपने महान गुरुओं की बात संसार को समझाए कि उनके पास एक पृथक दलित धर्म है। दूसरे धर्मों के लोगों को भी उनकी बात धैर्य से सुननी चाहिए।" (कबीर बाज भी, कपोत भी, पपीहा भी, भूमिका, पृ. 7) वे आगे लिखते हैं, "कबीर का धर्म हिन्दू धर्म और मुसलमान धर्म से सर्वथा अलग धर्म है। यह दलित धर्म है। इसे इसी रूप में समझा जाए और इतिहास भर में इसकी स्पष्ट पहचान पर धूल न फेंकी जाए।" (उपर्युक्त, पृ. 7)

अपनी अन्य बहुचर्चित पुस्तकों 'प्रेमचन्द : सामंत का मुंशी' और 'प्रेमचन्द की नीली आँखें' में भी अपनी विवादास्पद स्थापनाओं के लिए वे काफी चर्चित रहे। उन्होंने स्पष्ट घोषणा की थी कि किसी गैर दलित द्वारा लिखित साहित्य भले ही दलितों के पक्ष में हो अन्तत: वह द्विज साहित्य ही है। यहाँ तक कि आंबेडकर के चिन्तन को भी वे स्वतंत्र दलित चिन्तन इसलिए नहीं मानते थे, क्योंकि उन्होंने अपने अन्तिम दौर में बौद्ध धर्म अपना लिया था। उनके अनुसार दलितों का शुद्ध और मौलिक चिन्तन रैदास, कबीर और मक्खलि गोसाल में ही उपलब्ध है।

डॉ. धर्मवीर अपनी आत्मकथा 'मेरी पत्नी और भेड़िया' के नाते भी खूब चर्चा में रहे। इसके कारण बड़ी संख्या में दलित लेखक उनके पक्ष या विपक्ष में लामबन्द हो गए थे। बहुत सी दलित महिलाओं ने उनके लेखन को दलित स्त्री-विरोधी लेखन माना है। एक ओर कैलाश दहिया जैसे लेखक धर्मवीर के अंध समर्थक बनकर सामने आए तो दूसरी ओर अनिता भारती, विमल थोराट तथा रजनी तिलक जैसी महिलाओं ने उनके लेखन का तीव्र विरोध किया। कैलाश दहिया डॉ. धर्मवीर का लेखन पढ़ना जरूरी मानते हैं क्योंकि "डॉ. धर्मवीर का साहित्य इसलिए पढ़ें कि देश पिछले ढाई हजार सालों से गुलाम रहा है। डॉ. साहब (धर्मवीर) ने इस गुलामी की मूल वजह जार सत्ता को ढूँढ़ निकाला है। जारों ने ही हमारे देश को गुलाम बनवा के रखा था।" (मीडिया मोरचा-पत्रकारिता के जनसरोकार, अगस्त 19, 2012)

उनके निधन के बाद जनवादी लेखक संघ ने जो प्रेस विज्ञप्ति जारी किया, उसके अनुसार "हिन्दी के अनेक विचारकों, आन्दोलनकारियों और शोधार्थियों को डॉ. धर्मवीर से कबीर को नए नजरिए से देखने की प्रेरणा मिली। उनके कई विचार खासे विवादास्पद भी रहे, जिन पर हिन्दी जगत तथा दलित आन्दोलन के भीतर भी तीखा विभाजन देखने को मिलता है। जारकर्म और जारसत्ता से सम्बन्धित उनके विचार तथा उनका धर्मसम्बन्धी चिन्तन इसी श्रेणी में है। सहमति-असहमति से परे इसमें कोई दो राय नहीं हो सकती कि उनके लेखन को बहुत गम्भीरता से लेने की जरूरत है और कहना चाहिए कि उनका समग्र मूल्यांकन होना अभी बाकी है।" (10 मार्च 1917 को प्रकाशित)

निस्सन्देह डॉ. धर्मवीर अपनी धुन के पक्के और जिद्दी लेखक थे। हिन्दी दलित आलोचकों में इस तरह का चुनौतीपूर्ण लेखन करने वाले वे अकेले लेखक थे। धर्मवीर के लेखन का एक पक्ष उनका भाषा-चिन्तन भी है। उन्होंने संस्कृत आधारित राजभाषा की समस्याओं को उद्घाटित किया है जो निश्चित रूप से बहुत महत्त्वपूर्ण है।

ओमप्रकाश वाल्मीकि

मुजफ्फरनगर (उ.प्र.) जिले के 'बरला' नामक गाँव में जन्मे, देहरादून में पढ़े-लिखे और वहीं सरकारी सेवा में रहे ओमप्रकाश वाल्मीकि (30.06.1950-17.11.2013) की ख्याति मुख्य रूप से उनकी आत्मकथा 'जूठन' के कारण है। किन्तु इसके साथ ही वे कवि, कथाकार और आलोचक भी हैं। उनकी आलोचनात्मक पुस्तकों में प्रमुख हैं—'दलित साहित्य का सौन्दर्य शास्त्र', 'मुख्यधारा और दलित साहित्य' तथा 'दलित साहित्य : अनुभव, संघर्ष और यथार्थ'।

'दलित साहित्य का सौन्दर्यशास्त्र' पुस्तक में भाषा, कल्पना, बिम्ब, प्रतीक, भावबोध आदि का दलितवादी दृष्टिकोण से विश्लेषण किया गया है। इसमें उन्होंने दलित चेतना की अवधारणा, दलित साहित्यकार की अवधारणा, दलित साहित्य की प्रासंगिकता जैसे सवालों पर परम्परा से हटकर और आलोचनात्मक दृष्टि से विचार किया है। पुस्तक के बारे में इसके फ्लैप पर छपा है, "यह पुस्तक दलित साहित्यान्दोलन की एक बड़ी कमी को पूरा करती हुई दलित रचनात्मकता की कुछ मूलभूत आस्थाओं और प्रस्थान बिन्दुओं की खोज भी करती है और सहित्य के स्थापित तथा वर्चस्वशाली गढ़ों को उन आस्थाओं के बल पर चुनौती भी देती है।" (फ्लैप से)

ओमप्रकाश वाल्मीकि की पुस्तकों में दलित साहित्य की अन्तश्चेतना को समझने की कोशिश की गई है जिसमें एक दलित रचनाकार को अपनी रचना प्रक्रिया के दौरान कई स्तरों पर संघर्ष करना पड़ता है। दलित चेतना के ऐतिहासिक विकास को समझने में ओमप्रकाश वाल्मीकि का लेखन बहुत उपयोगी है। उनके अनुसार दलितों की प्राथमिक आवश्यकता अपनी अस्मिता की तलाश है, जो हजारों साल के इतिहास में दबा दी गई है। उनके सवाल तर्कसंगत और आलोचना शैली रोचक होती है। उदाहरणार्थ दलित आत्मकथाओं की सत्यता पर उठे सवालों का जवाब देते हुए 'दलित साहित्य के पुरोहित' शीर्षक अपने लेख में वे लिखते हैं,

"हिन्दी में 'अपेक्षा' पत्रिका के सम्पादक डॉ. तेज सिंह को 'दलित' शब्द और 'आत्मकथा' दोनों शब्दों से एतराज है। उपरोक्त सम्पादक को दलित आत्मकथाओं में वर्णित प्रसंग भी काल्पनिक लगते हैं। कभी-कभी तो लगता है कि ये सम्पादक महोदय दलित जीवन से परिचित हैं भी या नहीं? क्योंकि दलित आत्मकथाओं में वर्णित दुख-दर्द, जीवन की विषमताएँ, जातिगत दुराग्रह, उत्पीड़न की पराकाष्ठा इन महाशय को कल्पनाजन्य लगती है। उनके सुर में सुर मिलाकर आलोचक बजरंग बिहारी तिवारी को भी आत्मकथाओं के मूल्यांकन में मुश्किलों का सामना करना पड़ रहा है। वे कहते हैं कि आत्मकथन क्योंकि आत्मबीती है, जिए हुए अनुभवों का पुनर्लेखन है, इसलिए उनकी प्रामाणिकता का सवाल प्राथमिक हो जाता है। क्या आत्मवृत्तों (आत्मकथाओं) की प्रामाणिकता जाँची जा सकती है? क्या उन्हें जाँचा जाना चाहिए? अगर हाँ तो क्या ये आत्मवृत्त(आत्मकथा) खुद को जाँचे जाने को प्रस्तुत हैं? क्या अभी तक कोई आन्तरिक मूल्यांकन प्रणाली विकसित हो पाई है? हम कैसे तय करें कि कोई अनुभव-विशेष, कोई जीवन-प्रसंग कितना सच है? और कितना अतिरंजित?" ('अपेक्षा', जुलाई-दिसम्बर, 2010, पृ. 37)

ओमप्रकाश वाल्मीकि की एक महत्त्वपूर्ण और अनुसन्धानपरक पुस्तक 'सफाई देवता' भी है जिसमें वाल्मीकि समाज का ऐतिहासिक परिप्रेक्ष्य में सप्रमाण विश्लेषण किया गया है। ओमप्रकाश वाल्मीकि के ही शब्दों में, "इस पुस्तक का उद्देश्य ऐतिहासिक उत्पीड़न, शोषण, दमन का विश्लेषण करना है। उसकी ऐतिहासिक सांस्कृतिक पृष्ठभूमि का आकलन करना है, तथा उसके समक्ष खड़ी समस्याओं का विवेचन करना है।" (सफाई देवता, पृ. 12)

कँवल भारती

रामपुर, उ.प्र. में जन्मे लेखक और पत्रकार कँवल भारती (जन्म—04.02.1953) प्रगतिशील आंबेडकरवादी चिन्तक हैं। वे एक सुलझे हुए दलित चिन्तक और दलित साहित्य के प्रमुख समीक्षकों में से हैं। उनके लेखन से उनके वामपंथी रुझान का भी पता चलता है। इस प्रभाव को उन्होंने स्वीकार भी किया है। इलाहाबाद में लालबहादुर वर्मा के आवास पर मुद्राराक्षस आदि लेखकों के साथ हुई अपनी एक बैठक को याद करते हुए वे लिखते हैं,

"मुद्रा जी से एक अचानक मुलाकात इलाहाबाद में लालबहादुर वर्मा जी के आवास पर हुई थी, जिसका वर्ष याद नहीं आ रहा है, पर वह इक्कीसवीं सदी का आरम्भिक वर्ष हो सकता है। वह मुलाकात दो मायने में महत्त्वपूर्ण थी। एक, इसलिए कि वहीं पहली दफा सुभाष गाताड़े, विकास राय और रवीन्द्र कालिया से मिलना हुआ था, और दो, इसलिए कि मुद्रा जी और कालिया जी के बीच चल रही बातचीत में, जिसमें वे अपनी अन्तरंग यादें साझा कर रहे थे, मुझे साक्षी बनने का अवसर मिला था। उनकी वे यादें बहुत दिलचस्प थीं। इसलिए बीच-बीच में हँसी के ठहाके भी लग रहे थे। वहाँ हम सभी समान विचारधारा के लोग थे, पर इसके बावजूद मुद्रा जी समकालीन वामपंथ के आलोचक थे। उनकी आलोचना के केन्द्र में वह वामपंथ था, जो जाति चेतना से लड़ना नहीं चाहता था।" ('अविस्मरणीय मुद्रा जी', शीर्षक हिन्दी समय में संकलित संस्मरण से)

इस वक्त जाति मुक्ति का एजेंडा क्या होना चाहिए? इस सवाल पर उनका कहना है, "मेरी दृष्टि में जाति-मुक्ति का एकमात्र एजेंडा समाजवादी लोकतंत्र में है, जिसे डॉ. आंबेडकर ने स्टेट सोशलिज्म कहा है। समान शैक्षिक और आर्थिक विकास ही जाति मुक्ति का पथ है।" (फारवर्ड प्रेस, 5 जून 2015)

इसी तरह वर्तमान व्यवस्था में व्याप्त भ्रष्टाचार के सवाल पर उनका कहना है, "ये अगर सबसे बड़े सवाल हैं तो निजी पूँजीवादी व्यवस्था में हल होने वाले नहीं हैं। ये जनता को भ्रमित करने वाले हैं। निजी पूँजीवाद मुनाफे पर जीवित रहता है, जिसे शोषण की नीतियाँ पैदा करती हैं। ऐसी व्यवस्था में भ्रष्टाचार खत्म होने का सवाल पैदा नहीं होता, क्योंकि शोषण भी एक तरह का भ्रष्टाचार है...मेरी अपनी अवधारणा तो यह है कि सामाजिक और आर्थिक समानता के बिना सुशासन आ ही नहीं सकता।" (फारवर्ड प्रेस, 5 जून 2015)

इस तरह कँवल भारती की विचारधारा सामान्य दलित आलोचकों और चिन्तकों से अलग है। उनकी दृष्टि वैज्ञानिक है और उन पर मार्क्सवाद का गहरा प्रभाव है। हाँ, यह सही है कि उन्होंने हिन्दी की साहित्यिक कृतियों अथवा साहित्यकारों के ऊपर कम लिखा है और विचार प्रधान साहित्य अधिक लिखा है। इसलिए कँवल भारती को आलोचक की जगह दलित चिन्तक कहना अधिक उपयुक्त है।

उनकी प्रमुख आलोचनात्मक पुस्तकें हैं, 'दलित विमर्श की भूमिका', 'दलित साहित्य की अवधारणा', 'हिन्दी क्षेत्र की दलित राजनीति और साहित्य', 'दलित चिन्तन में इस्लाम', 'धम्म विजय', 'डॉ. आंबेडकर बौद्ध क्यों बने?', 'डॉ. आंबेडकर : एक पुनर्मूल्यांकन', 'लोकतंत्र में भागीदारी के सवाल', 'काँसीराम के दो चेहरे', 'संत रैदास : एक विश्लेषण', 'मनुस्मृति-प्रतिक्रान्ति का धर्मशास्त्र', 'दलित धर्म की अवधारणा', 'आंबेडकर चिन्तन के तीन अध्याय' आदि।

इसके अलावा उन्होंने कविताएँ भी लिखी हैं और अनुवाद कार्य भी किया है।

सूरजपाल चौहान

अलीगढ़ (उ.प्र.) के 'फुसावली' नामक गाँव में जन्मे, दिल्ली से बी.ए. तक की शिक्षा पाप्त करने वाले सूरजपाल चौहान (20.04.1955-15.06.2021) मूलत: दलित कथाकार और कवि के रूप में प्रतिष्ठित हैं, किन्तु उन्होंने आलोचनाएँ भी लिखी हैं। सहानुभूति और स्वानुभूति वाले विभाजन में स्वानुभूति के साहित्य के साथ खड़े होने वाले सूरजपाल चौहान दलित आलोचकों में धर्मवीर के प्रशंसक हैं और उसी खेमे के आलोचक हैं। वे लिखते हैं, "दलित समाज या कहें अछूत समाज कहे जाने वाले लोगों के समाज का साहित्य कोई गैर दलित तो लिखने से रहा। यदि लिखेगा भी तो उसकी निष्ठा पर सवाल हमेशा बना रहेगा, क्योंकि गैर दलित लेखकों ने हमेशा से दलित साहित्य और इतिहास से छल-कपट ही किया है। गैर दलित लेखकों ने हमेशा से अपने गप्पी साहित्य और पराजित इतिहास के गीत ही गाए हैं। दलित समाज के साहित्यकारों, महापुरुषों और वीरांगनाओं के नामों को हर गैर दलित लेखकों और साहित्यकारों ने पुस्तकों के पन्नों से गायब ही नहीं किया बल्कि उनका चरित्र चित्रण तक बिगाड़ कर रख दिया है।" वे आगे लिखते हैं, "इसी प्रकार गैर दलित आलोचकों द्वारा जब कभी दलित लेखकों के लेखन की झूठी तारीफ या प्रशंसा कर दी जाती है तो ये दलित लेखक गुब्बारे की तरह फूल जाते हैं और उनके अन्दर हवा भर जाती है। वे भूल जाते हैं कि सच्ची और अच्छी आलोचना अपने ही करते हैं। दूसरे गैर दलित आलोचक तो झूठी प्रशंसा करके अपनी साहित्यिक रोटियाँ सेंकते रहते हैं। ऐसे गैर दलित आलोचक कभी भी अपनी कलम की पैनी नोक घुसेड़ कर गुब्बारे की

हवा निकालकर पलभर में ही फुस्स कर देते हैं। असली मान-सम्मान अपनों से ही मिलता है।" ('गैरदलित आलोचकों का असली चेहरा', दलित दस्तक, जुलाई 18, 2018)

'समकालीन हिन्दी साहित्य : एक विचार-विमर्श' में उनकी आलोचनामक अवधारणाएँ व्यक्त हुई हैं।

एन. सिंह

सहारनपुर (उ.प्र.) जिले के 'चतरसाली' नामक गाँव में जन्मे, मेरठ और गढ़वाल में पढ़े-लिखे तथा महाराष्ट्र व उत्तर प्रदेश में शिक्षक रहे डॉ. एन. सिंह (जन्म—01.01.1956) का पूरा नाम नगीना सिंह है। पत्रकारिता से अपने साहित्यिक जीवन की शुरुआत करने वाले एन सिंह एक विद्रोही कवि और समीक्षक के रूप में जाने जाते हैं। 'दलित साहित्य के प्रतिमान', 'संत कवि रैदास : मूल्यांकन और प्रदेय', 'सतह से उठते हुए', 'विचार यात्रा में', 'मेरा दलित चिन्तन', 'कठौती में गंगा', 'व्यक्ति और विमर्श', 'दर्द के दस्तावेज', 'यातना की परछाइयाँ', 'काले हाशिए पर', 'दलित साहित्य : चिन्तन के विविध आयाम', 'दलित साहित्य और युगबोध', 'दलित साहित्य : परम्परा विन्यास' आदि उनकी आलोचनात्मक पुस्तकें हैं।

उनकी पुस्तक 'मेरा दलित चिन्तन' में 'दलित जागरण क्यों?', 'वर्ण व्यवस्था में दलित', 'दलित काव्य में नारी' जैसे विषयों पर केन्द्रित अनेक लेख और साक्षात्कार संकलित हैं। उनकी अन्य पुस्तक 'विचार यात्रा' में दलित साहित्यकारों के अलावा दुष्यन्त कुमार, हरिशंकर परसाई, धूमिल आदि के साहित्य की भी समीक्षाएँ हैं। इससे उनकी उदार दृष्टि का भी पता चलता है। उनकी पुस्तक 'दलित साहित्य के प्रतिमान' हिन्दी दलित साहित्य को सम्पूर्णता में विश्लेषित करती है। इसमें दलित साहित्य पर गैरदलित आलोचकों के आक्षेपों का भी तर्कपूर्ण उत्तर दिया गया है। इसमें हिन्दी दलित साहित्य के इतिहास और उसके सौन्दर्यशास्त्र को भी दलित दृष्टिकोण से विश्लेषित किया गया है।

जब मायावती उत्तर प्रदेश की मुख्य मंत्री थीं तो डॉ. एन. सिंह ने उत्तर प्रदेश के विश्वविद्यालयों में दलित साहित्य को पाठ्यक्रमों में लगवाने में महत्त्वपूर्ण भूमिका निभाई थी। 'रैदास ग्रंथावली' का सम्पादन भी एन. सिंह का एक महत्त्वपूर्ण आलोचनात्मक कार्य है।

हरिनारायण ठाकुर

हरिनारायण ठाकुर (जन्म—23.02.1956) ओबीसी साहित्य की अवधारणा को विकसित करने वाले विचारक-आलोचक हैं। उनके अनुसार ओबीसी का दायरा सबसे बड़ा है। ओबीसी साहित्य की सैद्धान्तिकी में भी मनुवादी प्रवृत्तियों का विरोध और पिछड़े समाज के मान-सम्मान, अस्मिता, अस्तित्व और मानवीय गरिमा की स्थापना है। उनकी चिन्ता में हाशिए की तमाम धारणाएँ और नया सांस्कृतिक विमर्श है।

हरिनारायण ठाकुर वैश्वीकरण के समर्थक हैं। उनके अनुसार, "वैश्वीकरण में मुक्त व्यापार और मुक्त संचार ने जहाँ विश्व को आर्थिक उदारता दी है, वहीं उसने साहित्य और संस्कृति के क्षेत्र को भी अधिक उदार और व्यापक बनाया है...इसके पैरोकारों का कहना है कि जिस प्रकार बाँध टूट जाने से पानी समुद्र की सतह पकड़ लेता है, उसी प्रकार मुक्त व्यापार और बाजार से धनी देशों की पूँजी और पैसे गरीब और विकासशील देशों में जाएँगे, वहाँ की गरीबी में कमी आएगी और समानता बढ़ेगी। भावों और विचारों का भी वही हाल है। जिस प्रकार 'ब्लैक लिटरेचर' का प्रभाव मराठी के दलित सहित्य पर पड़ा, उसी प्रभाव में हिन्दी का दलित साहित्य भी उदित हुआ।" (www.forwardpress.in 22 अप्रैल 2016 को प्रकाशित 'सबसे बड़ा है ओबीसी का दायरा' शीर्षक लेख से)

बहरहाल, अब तक का अनुभव तो यही बताता है कि वैश्वीकरण के आने के बाद असमानता और अधिक बढ़ी है, मँहगाई और बेरोजगारी भी बढ़ी है। 'ब्लैक लिटरेचर' के प्रभाव से मराठी साहित्य में दलित साहित्य का उभरना भी उनकी एक नई परिकल्पना है। इसका अर्थ क्या माना जाए? क्या मराठी में दलित साहित्य के विकास के पीछे महात्मा फुले, आंबेडकर आदि की कोई भूमिका नहीं थी?

हरिनारायण ठाकुर मानते हैं कि ओबीसी या पिछड़ा कोई जाति नहीं, एक संवैधानिक वर्ग है जिसमें हिन्दू, मुस्लिम और अन्य अल्पसंख्यक समुदाय की सैकड़ों जातियाँ शामिल हैं, जिन्हे 'मंडल कमीशन' के तहत देश में और स्थानीय सामाजिक शैक्षणिक और आर्थिक स्थिति के अनुरूप कुछ प्रान्तों में सरकारी नौकरियों में आरक्षण प्राप्त है। ओबीसी साहित्य के ऐतिहासिक विकास को रेखांकित करते हुए वे उसे भारतेन्दु और

जयशंकर प्रसाद से जोड़ते हैं। भारतेन्दु या प्रसाद ने कभी सोचा भी न होगा कि उनकी गणना भविष्य में ओबीसी साहित्य के भीतर की जाएगी। हरिनारायण ठाकुर लिखते हैं, "भारतेन्दु की चेतना में 'वैदिक हिंसा' पर व्यंग्य, 'भारत दुर्दशा' में ब्राह्मण-श्रमण विवाद पर प्रहार आदि ऐसे अनेक स्थल हैं जहाँ से ओबीसी विमर्श की खोज की जा सकती है। उसी प्रकार जयशंकर प्रसाद भले ही ब्राह्मणवादी चेतना के साहित्यकार हैं, किन्तु उनका अन्तिम चिन्तन 'कंकाल' उपन्यास में आया है जहाँ उन्होंने धर्म के पाखंड और संस्कृति की धज्जियाँ उड़ाई हैं।" (उपर्युक्त) इसी क्रम में उन्होंने भिखारी ठाकुर से लेकर फणीश्वरनाथ रेणु तक को ओबीसी साहित्यकारों में परिगणित किया है।

'बिहार में अति पिछड़ा वर्ग आन्दोलन', 'हिन्दी की दलित कहानियाँ', 'भारतीय पिछड़ावर्ग आन्दोलन और परिवर्तन का नया समाजशास्त्र' आदि उनकी आलोचनात्मक पुस्तकें हैं।

जयप्रकाश कर्दम

गाजियाबाद, (उ.प्र.) के 'इंदरगढ़ी' नामक गाँव में जन्मे, केन्द्रीय सचिवालय में कार्यरत जयप्रकाश कर्दम (जन्म—05.07.1958) अपने उपन्यास 'छप्पर' तथा अपनी कविताओं के लिए विशेष तौर पर जाने जाते हैं। उनकी प्रमुख समीक्षात्मक पुस्तकें हैं, 'श्रीलाल शुक्ल कृत रागदरबारी का समाजशास्त्रीय अध्ययन', 'इक्कीसवीं सदी में दलित आन्दोलन : साहित्य एवं समाज चिन्तन', 'दलित विमर्श : साहित्य के आईने में', 'दलित साहित्य का इतिहास भूगोल', 'वर्तमान दलित आन्दोलन', 'आंबेडकरवादी आन्दोलन : दशा दिशा', 'हिन्दुत्व और दलित : कुछ प्रश्न कुछ विचार', 'डॉ. आंबेडकर, दलित और बौद्ध धर्म' आदि।

'समकालीन हिन्दी कविता में दलित चेतना' विषय पर अपने विचार व्यक्त करते हुए जयप्रकाश कर्दम लिखते हैं, "पहले समाज का केवल एक वर्ग ही कविता लिखता और पढ़ता और सुनता-सुनाता था। दलित कविता समाज के सबसे निचले और पिछड़े वर्गों तक पहुँची है तथा उसकी अस्मिता से परिचित कराकर उसमें परिवर्तनकामी चेतना का संचार किया है। दलित कविता ने समाज की जड़ चेतना के तालाब में कंकड़ की तरह गिरकर उसको तरंगित करने का काम किया है। यही वह बिन्दु है जिसे किसी भी समाज की चेतना में बदलाव का प्रस्थान बिन्दु कहा जा सकता है। इसलिए दलित विमर्श समकालीन कविता में सार्थक और आवश्यक हस्तक्षेप है।" (हिन्दी समय.काम में प्रकाशित लेख से)

जयप्रकाश कर्दम दलित कविता को सच्ची संवेदना की कविता बताते हैं और 'वियोगी होगा पहला कवि आह से उपजा होगा गान' की व्याख्या करते हुए लिखते हैं, "अच्छी या सार्थक कविता वही होगी जो आहत मन या पीड़ा के गर्भ से निकलेगी और वही कविता जीवंत होगी। दर्द की अनुभूति जितनी गहरी और तीव्र होगी कविता उतनी ही अच्छी या उत्कृष्ट होगी। कविता के सन्दर्भ में आह, मुहावरा नहीं सत्य है और दलित कविता पर एकदम सटीक बैठता है।" (हिन्दी समय.काम में प्रकाशित लेख से)

जयप्रकाश कर्दम ने 'ओमप्रकाश वाल्मीकि : व्यक्ति, विचारक और सृजक' शीर्षक से भी एक पुस्तक का सम्पादन किया है। इसमें ओमप्रकाश वाल्मीकि के जीवन और उनके रचना संसार का मूल्यांकन किया गया है। जयप्रकाश कर्दम लिखते हैं, "अपने सहित्य में ओमप्रकाश वाल्मीकि ने कई पात्र सृजित किए, कई नायक गढ़े, जो दलित समाज की आशा, विश्वास और संघर्ष के प्रतीक हैं। उनकी रचनाओं के ये नायक जितना उनके आस-पास थे उससे अधिक उनके स्वयं के अन्दर मौजूद थे। दलित अस्मिता को पहचान दिलाते इन नायकों को गढ़ने वाले ओमप्रकाश वाल्मीकि वास्तव में हिन्दी दलित साहित्य के महानायक हैं। नायक कभी नहीं मरते। ओमप्रकाश वाल्मीकि भी अपनी रचनाओं के माध्यम से सदैव हमारे बीच, हमारी स्मृतियों में रहेंगे।" (mookaawaz.blogspot.com, 24 जनवरी 2014 को प्रकाशित 'नायक गढ़ने वाला एक महानायक' शीर्षक' लेख से।)

श्योराज सिंह बेचैन

बदायूँ (उ.प्र.) जिले के 'नन्दरौली' नामक गाँव में जन्मे, रुहेलखंड विश्वविद्यालय, बरेली में पढ़े-लिखे और दिल्ली विश्वविद्यालय में शिक्षक श्योराज सिंह बेचैन (जन्म—05.01.1960) कवि, कथाकार और पत्रकार हैं। उन्हें सबसे ज्यादा ख्याति उनकी आत्मकथा 'मेरा बचपन मेरे कंधों पर' से मिली। उन्होंने स्थानीय तथा लोक में मौजूद दलित स्रोतों से दलित विमर्श को समझा और बाद में बाबा साहब डॉ. भीमराव आंबेडकर पर

शोध के दौरान उनके लेखन से प्रभावित होकर हिन्दी में लिखना शुरू किया। उनके अनुसार दलित साहित्य एक स्वतंत्रताकामी मनुष्य की अभिव्यक्ति है। इसमें समाज का बहुत बड़ा हिस्सा एक लेखक के अनुभव के साथ सामने आता है और वह बाकी साहित्य पर असर डालता है।

श्योराज सिंह बेचैन मानते हैं कि "दलित साहित्य लेखन के क्षेत्र में कुछ गैर दलित यह सोचकर आए कि हम दलित साहित्य का नेतृत्व करेंगे और दलितों के बारे में लिख देंगे। लेकिन इसमें यह समस्या आई कि दलित अधिकार की बात करने लगा। गैर दलित बहुत अच्छा लिख सकता है लेकिन वह हमारा भोगा, हमारा अनुभव नहीं लिख सकता। आप अछूत नहीं हैं तो अस्पृश्यता की पीड़ा को आप कैसे महसूस करेंगे?" (www.dalitdastak.com, 2 जुलाई, 2016 अशोक दास द्वारा लिए गए एक साक्षात्कार से)

बाबा साहब डॉ. भीमराव आंबेडकर से गहरे प्रभावित होने के बावजूद श्योराज सिंह बेचैन लिखते हैं, "मैं कई बिन्दुओं पर बाबा साहब से असहमत हूँ। कई बार हम यह सोचने लगते हैं कि उन्होंने ब्राह्मण स्त्री से शादी क्यों कर ली? हमें लगता है कि इससे दलित समाज के लोग बाबा साहब से दूर हो गए। अब उसको लेकर कई लोग मुझपर आंबेडकर विरोधी होने का आरोप लगाते हैं। आंबेडकर विरोधी होकर दलित समाज का कोई भी बुद्धिजीवी दो कदम भी नहीं चल सकता।" (उपर्युक्त)

'दलित क्रान्ति का साहित्य', 'सामाजिक न्याय और दलित साहित्य', 'आंबेडकर, गांधी और दलित पत्रकारिता', 'समकालीन पत्रकारिता में दलित उवाच', 'सत्ता विमर्श और दलित' आदि श्योराज सिंह बेचैन की प्रमुख आलोचनात्मक पुस्तकें हैं।

बद्रीनारायण

भोजपुर (बिहार) में जन्मे और जी.बी. पंत सोशल साइंस इंस्टीट्यूट, इलाहाबाद में अध्यापन कर रहे बद्रीनारायण (जन्म—05.10.1965) प्रतिष्ठित कवि के साथ-साथ नई पीढ़ी के गम्भीर विचारक और समीक्षक हैं। विचारधारा के स्तर पर वे प्रगतिशील हैं और उनकी समीक्षा-दृष्टि वैज्ञानिक है। उसमें भावुकता कम प्रामाणिकता अधिक होती है। उनकी विश्लेषण क्षमता पाठक को आश्वस्त करती है। 'लोक संस्कृति में राष्ट्रवाद', 'उपेक्षित समुदायों का आत्म इतिहास', 'सन् सत्तावन की लोक स्मृतियाँ', 'प्रतिरोध की संस्कृति', 'हिन्दुत्व का मोहिनी मंत्र', 'दलित वीरांगनाएँ एवं मुक्ति की चाह' आदि उनकी प्रमुख आलोचनात्मक पुस्तकें हैं। 'दलित वैचारिकी की दिशाएँ', 'साहित्य और सामाजिक परिवर्तन' जैसी कृतियों का उन्होंने सम्पादन किया है।

बद्रानारायण एक समाज वैज्ञानिक हैं। उनके लेखन में उनका समाज वैज्ञानिक व्यक्तित्व प्रभावी होता है, किन्तु इन्हीं कारणों से लेखन में विश्वसनीयता कायम रहती है। हालाँकि दलित लेखकों की दृष्टि में उनका लेखन सहानुभूति का ही है क्योंकि वे सवर्ण कुल में जन्म लेने वाले लेखक हैं। उनकी एक पुस्तक है 'हिन्दुत्व का मोहिनी मंत्र'। यह पुस्तक हिन्दुत्ववादी शक्तियों द्वारा दलितों को अपनी तरफ खींचने की मोहक रणनीतियों का विश्लेषण करती है। पुस्तक में बताया गया है कि कैसे हिन्दुत्ववादी ताकतें दलित जातियों के लोकप्रिय मिथकों, स्मृतियों और किंवदंतियों को खोजकर उनकी हिन्दुत्ववादी व्याख्या करती हैं। उत्तर प्रदेश और बिहार में किए गए शोध पर आधारित इस पुस्तक में बताया गया है कि दलित नायकों को मुस्लिम आक्रान्ताओं के विरुद्ध लड़ने वाले योद्धाओं के रूप में प्रस्तुत करते हुए हिन्दुत्ववादी शक्तियाँ उन्हें हिन्दू धर्म और संस्कृति के रक्षकों के रूप में पुनर्व्याख्यायित करती हैं या फिर उन्हें राम का अवतार बताकर दलित मिथकों को एक बड़े और एकीकृत हिन्दू महावृत्तान्त से जोड़ने का प्रयास करती हैं।

बद्रीनारायण की कुछ पुस्तकें अंग्रेजी में भी हैं। इनमें 'द मेकिंग ऑफ द दलित पब्लिक इन नॉर्थ इंडिया : उत्तर प्रदेश, 1950-प्रेजेन्ट', 'फेसिनेटिंग हिन्दुत्व-सैफ्रान पॉलिटिक्स एंड दलित मोबिलाइजेशन', 'वूमेन हीरोज एंड दलित एसर्शन इन नॉर्थ इंडिया', 'मल्टिपुल मार्जिनैलिटीज : एन एन्थोलॉजी ऑफ आइडेंटिफायड दलित राइटिंग्स', 'डॉकुमेन्टिंग डिसेन्ट : कॉन्टेस्टिंग फेबिल्स, कॉन्टेस्टेड मेमोरीज एंड दलित पॉलिटिकल डिस्कोर्स' आदि प्रमुख हैं। बद्री नारायण से अभी बहुत उम्मीदें हैं।

बजरंगबिहारी तिवारी

गोंडा (उ.प्र.) जिले के 'नियावा' नामक गाँव में जन्मे और दिल्ली में शिक्षक बजरंगबिहारी तिवारी (जन्म—01.03.1972) ऐसे विरल आलोचक हैं जिन्होंने सवर्ण होकर दलित आलोचना को अपना अध्ययन क्षेत्र

बनाया। दलित आन्दोलन में आने वाले भटकाव पर लगातार नजर रखने वाले बजरंग बिहारी तिवारी दलित आलोचना के सन्तुलित विकास में महत्त्वपूर्ण भूमिका निभा रहे हैं।

दलित मुक्ति आन्दोलन के सम्बध में बजरंगबिहारी तिवारी की दृष्टि सन्तुलित है। वे लिखते हैं, "मुक्ति का कोई भी सच्चा अभियान अन्तत: सभी की मुक्ति के लिए होता है। एक समुदाय की मुक्ति के लिए चलने वाला आन्दोलन दूसरे तमाम मुक्ति आन्दोलन के प्रति सहयोगी भाव रखे—यही स्वाभाविक स्थिति होगी। अस्मिता विमर्श एक मुक्तिकामी योजना है। एक उत्पीड़ित अस्मिता, मुक्ति के लिए संघर्षरत अन्य अस्मिताओं से जुड़कर एक वृहत्तर परिप्रेक्ष्य तैयार करती है। इस क्रम में वह अपने मुक्ति संग्राम को वांछनीय और वैध ठहराती है, साथ ही मुक्ति की वह ज्यादा मानवीय, सर्वव्यापी परिभाषा भी रचती है।" ('हिन्दी समय' में संकलित, 'दलित साहित्य विमर्श में स्त्री', शीर्षक निबन्ध से)

इसी निबन्ध में रजतरानी मीनू की कहानी पर टिप्पणी करते हुए वे लिखते हैं, "जब कोई मुक्ति-आन्दोलन सम्भावना के इस विजन की अपेक्षा शत्रु के प्रति घृणा से प्रेरणा लेने लगता है तो (कहना न होगा कि) यह अपने आप को ही नष्ट करने लगता है। इसकी क्रियाएँ ही अब घावों को भरना बन्द कर देती हैं। (उपर्युक्त)

बजरंग बिहारी तिवारी की खूबी यह है कि अपनी स्थापनाओं की पुष्टि में वे पर्याप्त तर्क और उद्धरण देकर उन्हें पुष्ट भी करते हैं। ईमानदारी उनकी आलोचना पद्धति की मुख्य विशेषता है। वे मानते हैं कि दलित आन्दोलन में कवियों की केन्द्रीय भूमिका है। दलित कविता बाबा साहब डॉ. भीमराव आंबेडकर के विचारों से प्रेरित है। दलित कविताओं में ऐक्टिविज्म और रचना-प्रक्रिया दोनों चीजें साथ-साथ चलती हैं। उनके अनुसार दलित कविता के तीन तत्त्व हैं—अनुभव, आक्रोश और अधिकारबोध।

'जाति और जनतंत्र : दलित उत्पीड़न पर केन्द्रित', 'दलित साहित्य : एक अन्तर्यात्रा', 'भारतीय दलित साहित्य : आन्दोलन और चिन्तन', 'बांग्ला दलित साहित्य : सम्यक अनुशीलन', 'केरल में सामाजिक आन्दोलन और दलित साहित्य' आदि उनकी आलोचनात्मक पुस्तकें हैं।

'भारतीय साहित्य : एक परिचय' तथा 'यथास्थिति से टकराते हुए' शृंखला के अन्तर्गत उन्होंने दलित स्त्री जीवन से जुड़ी कहानियों, कविताओं और आलोचना का सम्पादन भी किया है। वे युवा हैं, अध्ययनशील हैं और सन्तुलित दृष्टिसम्पन्न आलोचक हैं। इसलिए उनसे अभी बहुत उम्मीदें हैं।

अन्य दलित आलोचकों में **पुरुषोत्तम सत्यप्रेमी** का नाम उल्लेखनीय है। वे मूलत: कवि और दलित निबन्धकार हैं किन्तु उन्होंने आलोचनाएँ भी लिखी हैं। उनकी आलोचनात्मक पुस्तकें हैं, 'दलित साहित्य और सामाजिक न्याय', 'हिन्दी दलित साहित्य : रचना और विचार', 'दलित साहित्य : सृजन के सन्दर्भ' तथा 'मूक माटी की मुखरता' आदि। अपनी निबन्ध की पुस्तक 'दलित साहित्य और सामाजिक न्याय' में 'लेखकीय' शीर्षक से अपना पक्ष रखते हुए उन्होंने लिखा है, "दलित साहित्य और सामाजिक न्याय में आज के समय में उभरे दलित साहित्य चिन्तन के अनेक स्वरों की पहचान की गई है और दलित साहित्य की विविध विधाओं में उसका व्यावहारिक रूप क्या उभरा है, इसका मैंने अपने अल्पज्ञान के आधार पर आकलन करने का प्रयत्न भर किया है।" (दलित साहित्य और सामाजिक न्याय, पृ. 6)

कथाकार और कवयित्री **रजत रानी मीनू** की आलोचनात्मक पुस्तकों के नाम हैं, 'अस्मितामूलक विमर्श और हिन्दी साहित्य', 'हिन्दी दलित साहित्य : अवधारणाएँ और विधाएँ', 'हिन्दी दलित कथा साहित्य', 'हाशिए से बाहर', 'भारतीय साहित्य में दलित स्त्री' (सं.) आदि। अपनी पुस्तक 'हिन्दी दलित कथा साहित्य' के पहले अध्याय में वे जोर देकर कहती हैं, "दलित जाति में जन्मा व्यक्ति जो कुछ भी लिखेगा, वह दलित साहित्य कैसे हो सकता है? उसके मूल्य, सिद्धान्त तो तय करने होंगे। उदाहरण के लिए दलित जाति में जन्मा व्यक्ति हिन्दू-व्यवस्था के पोषण का सृजन करता है, तो हम उसे दलित साहित्य की परिधि में कैसे रख सकते हैं?"

निस्सन्देह रजत रानी मीनू द्वारा दलित साहित्य के सन्दर्भ में उठाए गए सवाल विचारणीय हैं।

सोहनपाल सुमनाक्षर कवि और पत्रकार के साथ-साथ एक सुधी आलोचक भी हैं।'विश्व धरातल पर दलित साहित्य', 'दलित साहित्य ब्राह्मणवाद के खिलाफ खुला विद्रोह' उनकी आलोचनात्मक पुस्तकें हैं। सुमनाक्षर के अनुसार, "भारत में आज विभिन्न धर्मों, सम्प्रदायों, मत-मतान्तरों के होते हुए भी एक मजबूत राष्ट्रीय एकता दिखाई पड़ती है। उसके पीछे यदि दलित संतों ने ब्राह्मणवाद और सामाजिक विषमता, जात-पाँत, ऊँच-नीच, भेदभाव से प्रताड़ित दलित समाज को मानवता, भाईचारे और नर में भगवान का प्रचार करके

धर्मान्तरण से नहीं रोका होता तो यहाँ 'हिन्दुस्तान' नाम का राष्ट्र ही नहीं होता। संत शिरोमणि गुरु रविदास जी के नेतृत्व में 14वीं सदी में शुरू हुई संत परम्परा ने ही हिन्दू राष्ट्र को खंडित होने से बचाया, इसलिए देश के सवर्णों को उन दलित संतों और उनके अनुयायियों का अहसानमन्द होना चाहिए। ('हिमायती' हिन्दी पाक्षिक पत्र, मार्च 2014) कवि कथाकार। **रजनी तिलक** दलित स्त्रीवादी लेखिका के साथ-साथ दलित कार्यकर्ता भी थीं। वे कई दलित संगठनों से जुड़ी हुई थीं तथा सेन्टर फॉर अल्टरनेटिव दलित मीडिया की कार्यकारी निदेशक भी थीं। दलित आलोचना पर केन्द्रित उनके लेख उपलब्ध हैं। उन्होंने वामपंथी साथियों के साथ अपने को जोड़े रखा किन्तु जाति के प्रश्नों को गौण करने के लिए उनकी आलोचना भी की। कथाकार **हरपाल सिंह 'अरुष'** आलोचक भी हैं। उनकी आलोचनात्मक पुस्तकें हैं, 'दलित साहित्य के आधार तत्त्व' और 'दलित साहित्य की भूमिका'। **राम गोपाल भारतीय** की एक महत्त्वपूर्ण आलोचनात्मक पुस्तक 'दलित साहित्य के यक्ष प्रश्न 'शीर्षक से प्रकाशित है। **सी.बी. भारती** कवि और कथाकार हैं। उनकी दलित विमर्श केन्द्रित पुस्तकें हैं, 'सिसकता आत्म-सम्मान', 'महामानव ई.बी. रामास्वामी नायकर', 'रूढ़ियाँ' आदि। **कुसुमा वियोगी** का 'टुकड़े टुकड़े दंश' प्रकाशित है। **प्रेमशंकर** का दृष्टिकोण दलित-विमर्श की सीमा को लाँघता है। उनकी आलोचनात्मक पुस्तकें हैं, 'नई कविता : नया मूल्यांकन', 'अपनी शताब्दी में उपेक्षित' तथा 'दलितों का चीखता अभाव' आदि। **सुशीला टाकभौरे** अपनी आत्मकथा 'शिकंजे का दर्द' के कारण विशेष प्रसिद्ध हैं। किन्तु दलित स्त्री विमर्श के विषय में उनकी पुस्तकें 'हिन्दी साहित्य के इतिहास में नारी' तथा 'भारतीय नारी : समाज और साहित्य के ऐतिहासिक सन्दर्भ में' भी प्रकाशित हैं। **चमनलाल** की आलोचनात्मक पुस्तक 'दलित साहित्य : एक मूल्यांकन' विशेष उल्लेखनीय है। **नितिन गायकवाड़** की पुस्तक 'दलित बचपन-वेदना का विस्फोट' में आत्मकथाओं पर सभी दलित और गैर दलित समीक्षकों और सम्पादकों की समीक्षाओं को सम्पादित किया गया है। इसी तरह दलित साहित्य की आलोचना पर केन्द्रित और भी बहुत सी पुस्तकें प्रकाशित हैं किन्तु निस्सन्देह दलित साहित्य की समृद्धि अभी तक उसमें प्रकाशित कथा साहित्य, काव्य और आत्मकथाओं के कारण है। दलित साहित्य में स्तरीय आलोचनाओं का अभी अभाव है।

(ख) स्त्री-साहित्य आलोचना

नारीवाद की अवधारणा और साहित्य पर उसका प्रभाव

पुरुषों के समकक्ष स्त्रियों की राजनैतिक, सामाजिक और शैक्षणिक समानता का आन्दोलन, जिसे नारीवाद कहा जाता है, हिन्दी साहित्य में स्त्री विमर्श के रूप में जाना जाता है। यह आन्दोलन मुख्यतया ग्रेट ब्रिटेन और संयुक्त राज्य अमेरिका में शुरू हुआ। इसकी जड़ें 18वीं सदी के मानवतावाद और औद्योगिक क्रान्ति में थीं। नारियाँ पहले पुरुषों के मुकाबले शारीरिक और बौद्धिक रूप से हीनतर समझी जाती थीं। कानून और धर्मशास्त्र दोनों ही ने उनकी पराधीनता की व्यवस्था दे रखी थी। नारियाँ अपने नाम से कोई सम्पत्ति नहीं रख सकती थीं, व्यवसाय नहीं कर सकती थी, न ही वे अपने बच्चों पर अथवा यहाँ तक कि स्वयं अपने ऊपर कोई अधिकार जता सकती थीं। यद्यपि स्त्रियों के लिए व्यापक अवसर प्रदान किए जाने की आवाज पहले उठ चुकी थी, जिसमें पहला और महत्त्वपूर्ण दस्तावेज 'स्त्रियों के अधिकारों की बहाली' (1792 ई.) का था जिसे मेरी वोल्सटोनक्रॉफ्ट (Marry Wollstonecraft, 1759-1797) ने तैयार किया था। फ्राँसीसी क्रान्ति के दौरान भी महिला रिपब्लिकन क्लबों ने माँग की थी कि आजादी, समानता और भ्रातृत्व का व्यवहार बिना किसी लिंग भेद के लागू होना चाहिए। लेकिन यह आन्दोलन उस समय नेपोलियन की संहिता आ जाने से ठंडा पड़ गया। नारीवादी आन्दोलन वास्तव में 1848 ई. में ही शुरू हुआ जब एलिजाबेथ कैडी स्टैन्टन (Elizabeth Cady Stanton, 1815-1902) लुक्रेसिया कफिन मो (Lucretia Coffin Mott, 1793-1880) और कुछ अन्य महिलाओं ने न्यूयार्क में एक महिला सम्मेलन करके नारी स्वतंत्रता पर एक घोषणा-पत्र (Seneca Falls Declaration of Sentiments, 1848) जारी किया जिसमें महिलाओं को पूर्ण कानूनी समानता, पूर्ण शैक्षिक और व्यावसायिक अवसर, समान मुआवजा और मजदूरी कमाने के अधिकार तथा वोट देने के अधिकार की माँग की गई थी। यह आन्दोलन तीव्र गति से बढ़ा और शीघ्र ही पूरे यूरोप में फैल गया। संयुक्त राज्य अमेरिका में जब 1920 ई. में नारी मताधिकार की जीत हासिल कर ली गई तब महिलाओं में पुरुष के समकक्ष

बराबरी के सवाल को लेकर दो खेमे बन गए। एक खेमा राष्ट्रीय महिला पार्टी का था जो पुरुष के समकक्ष स्त्रियों की बराबरी की वकालत करता था जबकि दूसरे खेमे का यह कहना था कि महिलाओं के लिए कुछ संरक्षणात्मक कानून बनाए जाएँ। 19वी सदी में संरक्षणात्मक कानून के विविध रूप अमल में लाए जा चुके थे, जैसे स्त्रियों के लिए सम्भव साप्ताहिक कार्य घंटों को सीमित करना तथा उन्हें कुछ अधिक खतरनाक पेशों से मुक्त रखना आदि। 1946 ई. में नारी की दशा पर संयुक्त राष्ट्र संघ ने एक आयोग गठित किया जिसका दायित्व विश्व भर की महिलाओं के लिए समान राजनीतिक अधिकार, समान आर्थिक अधिकार और समान शैक्षिक अवसर का अधिकार दिलाना था।

1970 ई. के आस-पास अमेरिका का नारीवादी आन्दोलन दिशा भटकाव का शिकार हो गया। महिलाएँ हाथों में पोस्टर लिए 'हमें आजाद करो' के नारे लगाती हुई सड़कों पर उतर आईं। केट मिलेट की पुस्तक 'सेक्सुअल पालिटिक्स' (Sexual politics by Kate Millett) और जर्मेन ग्रीर की पुस्तक 'द फीमेल यूनक' (Female Eunuch by Germaine Greer) ने आन्दोलन को इतना अतिवादी रूप दे दिया कि सड़कों पर चोलियों की होलियाँ जलने लगीं। सुसान बेसनेट ने अपनी पुस्तक 'फेमिनिस्ट एक्सपीरिएन्सेज' (Feminist Experiences) (RLE Feminist Theory by Susan Bassnett) में लिखा है कि "70 के दशक के प्रारम्भिक वर्षों में जिस किसी अमरीकी नारीवादी के सम्पर्क में आई मैंने पाया कि वे पूरी तरह से लैंगिकता की बातों में ही डूबी हुई हैं। उनसे बात होने पर बहस महिलाओं के सामने हमेशा उनके यौन जीवन के दौरान आने वाली समस्याओं की ओर मुड़ जाती थी...यौन सुख के प्रश्न असाधारण रूप से महत्त्वपूर्ण हो गए थे तथा महिलाओं की यौन स्वतंत्रता को ही उनकी मुक्ति मान लिया गया था।" (फ़ेमिनिन एक्सपीरियेन्सेज, सुशान बेसनेट, पृ. 29)

इस तरह सही माँगों को लेकर उठा एक सही आन्दोलन भटक गया। स्त्री-पुरुष समलैंगिकता, मुक्त यौनाचार, तलाकों, हत्याओं, आत्महत्याओं का अटूट सिलसिला चल पड़ा। इस सबसे दुखी होकर बेट्टी फ्राइडेन (Betty Friedan, 1921-2006 writer of Feminine Mystique) ने अपने को आन्दोलन से अलग कर लिया। इसके बाद इस अतिवादी आन्दोलन के विरोध में भी कुछ पुस्तकें आईं किन्तु भारतीय स्त्री विमर्श को उक्त अतिवादी नारीवाद ने सबसे ज्यादा प्रभावित किया।

भारत में स्त्री-आन्दोलन का इतिहास

भारत में भी स्त्री-अधिकारों की लड़ाई लड़ने वालों की बड़ी पुरानी परम्परा है। पंडिता रमाबाई (1858-1922) सावित्री बाई फुले (1831-1897) ताराबाई शिंदे (1850-1910) जैसी महिलाओं ने उन्नीसवीं सदी के उत्तरार्ध में स्त्रियों के अधिकारों के लिए आजीवन संघर्ष किया। एक अज्ञात हिन्दू लेखिका द्वारा लिखित कृति 'सीमंतनी उपदेश' (1882) स्त्री-मुक्ति चिन्तन का एक क्रान्तिकारी दस्तावेज है। इस पुस्तक का प्रत्येक शब्द स्त्री-दासता का बेबाक बयान करता है। स्त्रियों के पारिवारिक व सामाजिक दासता के जीवन का ऐसा यथार्थ चित्र इसके पहले किसी हिन्दी पुस्तक में देखने को नहीं मिलता। उस महिला ने स्वयं को अज्ञात रखा मगर अपने समय की स्त्रियों की दीन दशा का कारुणिक चित्र खींचकर समाज को उद्वेलित करने का सार्थक प्रयास किया। इसी तरह महादेवी वर्मा ने 'श्रृंखला की कड़ियाँ' लिखकर स्त्री लेखन की दिशा में क्रान्तिकारी भूमिका का निर्वाह किया। उन्होंने अपने अनुभवों से यह निष्कर्ष निकाला कि नारी के लिए नारीत्व एक अभिशाप है और इस अभिशाप से मुक्ति उसके अकेले के प्रयास से सम्भव नहीं है। यह दुष्कर कार्य तो समूह के प्रयत्नों से ही किया जा सकता है।

बंगाल में राजा राममोहन राय (1772-1833) ने सती प्रथा जैसी कुरीतियों के लिए निर्णायक आन्दोलन चलाया और लॉर्ड विलियम बैंटिंग को सती प्रथा के विरुद्ध कानून बनाने के लिए बाध्य किया। ईश्वरचन्द विद्यासागर (1820-1891) ने विधवा विवाह और स्त्री शिक्षा के पक्ष में लगातार संघर्ष किया और अपने बेटे का विवाह विधवा से करके समाज के सामने उदाहरण प्रस्तुत किया। भारतेन्दु हरिश्चन्द्र (1850-1885) ने स्त्रियों को शिक्षित करने के उद्देश्य 'बाला बोधिनी' नाम से पत्रिका निकाली।

यह सच है कि पिछले दो सौ वर्षों में स्त्रियों ने बहुत से क्षेत्रों में काफी तरक्की की है। कुछ औरतों के लिए कुछ सामाजिक बन्धन भी कम हुए हैं। कुछ कानून भी बदले हैं। हमारे संविधान ने काफी हद तक औरतों को बराबरी का दर्जा दिया है, परन्तु इन सबके बावजूद आज भी लगभग हर देश में स्त्रियों को न

समान अधिकार हासिल है और न पूरी आजादी। हमारा देश कृषि प्रधान देश है। यहाँ कृषि में हमेशा से स्त्रियों ने प्रमुख भूमिका निभाई है, फिर भी आमतौर पर उन्हें किसान नहीं माना जाता। कृषि विकास के नाम पर पुरुष किसानों का ही प्रशिक्षण होता है। वे ही सहकारी समितियों के सदस्य होते हैं और जमीन भी उन्हें ही मिलती है। उत्तर प्रदेश में ग्राम प्रधान के पद पर जब से स्त्रियों के लिए कुछ सीटें सुरक्षित होने लगी हैं तब से वहाँ एक नया शब्द प्रचलन में देखा गया है 'प्रधानपति'। यह शब्द वहाँ वैधता प्राप्त कर चुका है। होता यह है कि महिलाओं के लिए सुरक्षित सीटों पर पुरुष अपनी ऐसी पत्नियों को चुनाव में खड़ा करते हैं जो मात्र गृहिणी की भूमिका निभाती रही हैं। चुनाव जीत जाने के बाद भी उनका काम घर सँभालना ही होता है और ग्राम प्रधान का दायित्व पति ही निभाता है। गाँव के विकास से उन महिलाओं का कुछ लेना-देना नहीं होता। उनका इस्तेमाल केवल हस्ताक्षर करने के लिए किया जाता है। प्रत्यक्ष रूप से सारा काम उनके पति सँभालते है और उन्हें 'प्रधान जी' कहा भी जाता है।

शहरी निम्न वर्ग तथा निम्न मध्यवर्ग की ज्यादातर कामकाजी स्त्रियों का स्वयं अपनी कमाई पर अधिकार नहीं होता। अधिकतर उनकी कमाई पति, पिता या परिवार के पुरुष सदस्य हथिया लेते हैं।

वास्तव में पूँजीवाद प्राय: इस तर्क का प्रयोग करता है कि पुरुष को परिवार का मुखिया होने के कारण पारिवारिक वेतन मिलता है। अर्थात् ऐसा वेतन जो उसका, उसकी पत्नी और बच्चों का पेट भर सके। इसी विचारधारा के अनुसार उत्पादन कार्य में लगी औरतों के बारे में यह माना जाता है कि वे पारिवारिक आय में केवल कुछ इजाफा भर करती हैं अत: उन्हें पुरुष से कम वेतन दिया जा सकता है, चाहे काम बराबर मूल्य का ही हो। सचाई यह है कि कारखाने, खेत, बागान आदि में घंटों मेहनत करने के अतिरिक्त महिलाओं को घरेलू काम भी करने पड़ते हैं। जैसे खाना पकाना, सफाई करना, बच्चे पालना आदि। इस प्रकार से स्त्रियाँ जीवन भर दोहरा बोझ, दोहरी पाली का काम झेलती रहती हैं। इधर पिछले कुछ वर्षों से जब से आई.टी. सेक्टर का विस्तार हुआ है, कम्प्यूटर या कॉल-सेन्टरों पर लड़कियों को प्राथमिकता के आधार पर नौकरियाँ मिलने लगी हैं। मगर इसका कारण यह है कि लड़कियों पर आसानी से दबाव बनाया जा सकता है और पुरुषों की तुलना में उनसे अधिक काम लिया जा सकता है।

नारीवाद का सम्बन्ध स्त्रियों से जुड़े सवाल से तो है ही लेकिन नारीवाद इन्हीं सवालों तक सीमित नहीं है। नारीवादियों की चिन्ता का घेरा बलात्कार, पत्नी-प्रताड़ना, फैमिली-प्लानिंग व समान वेतन की संकरी परिभाषा में सिमटी हुई नहीं है। संसार के हर मुद्दे का सम्बन्ध स्त्रियों से है क्योंकि हर बात, हर घटना उन्हें प्रभावित करती हैं। वे स्त्री होने के साथ मनुष्य हैं, संसार की आधी आबादी हैं। अत: हर विषय उनसे सम्बन्ध रखता है। नारीवादी सभी प्रकार की असमानता, दबाव व दमन हटाकर राष्ट्रीय व अन्तरराष्ट्रीय स्तर पर न्यायिक-सामाजिक-आर्थिक समतामूलक-व्यवस्था से युक्त समाज की स्थापना करना चाहते हैं। अत: सामाजिक, राजनैतिक आर्थिक सभी मुद्दे उनके अपने हो जाते हैं। प्रत्येक मुद्दे पर स्त्रियों का एक दृष्टिकोण है और रहेगा। अत: औरतों को हर विषय पर अपना दृष्टिकोण निश्चित करना चाहिए, चाहे वह आणविक युद्ध हो या दो देशों के बीच की लड़ाई, जातीय या साम्प्रदायिक दंगे हों या राजनीतिक, आर्थिक व विकास सम्बन्धी नीतियाँ, मानव अधिकार या नागरिक अधिकार हों अथवा पर्यावरण सम्बन्धी मुद्दे। उदाहरण के लिए भारतीय समाज में जाति-व्यवस्था, धार्मिक कट्टरता और साम्प्रदायिकता की समस्या अनिवार्य रूप से पितृसत्ता से जुड़ी हुई है। इसलिए जातीय गैर बराबरी और धार्मिक कट्टरता से लड़ना नारीवादियों का एक जरूरी काम है।

भारत में नारीवाद की एक बड़ी कमजोरी यह है कि यह साहित्य की दुनिया तक सीमित है और एक सामाजिक आन्दोलन का रूप नहीं ले सका है। 'सेक्सुअल पॉलिटिक्स' और 'द सेकेंड सेक्स' जैसी कोई भी किताब भारत में नहीं लिखी गई जिसमें नारीवाद का गभीर विश्लेषण हो और जिसमें नारीवाद से सम्बन्धित बुनियादी सवालों पर विचार किया गया हो।

फिलहाल, आज की स्थिति यह है कि विश्व की पूरी जमीन का केवल एक प्रतिशत भाग महिलाओं के नाम है जबकि वे आधी आबादी हैं। विश्व के काम का साठ प्रतिशत महिलाएँ करती हैं मगर आमदनी का केवल दस प्रतिशत हिस्सा ही उनकी निजी आमदनी माना जाता है। निरक्षर जनता का तीन चौथाई भाग महिलाओं का है। भारत में हजारों महिलाएँ प्रतिवर्ष दहेज के लिए मार दी जाती हैं और एशिया में एक लाख महिलाएँ प्रतिवर्ष वेश्यावृत्ति में ढकेल दी जाती हैं।

ये आँकड़े नारीवादियों को लम्बे संघर्ष के लिए आमंत्रित करते हैं।

निस्सन्देह, स्त्री-मुक्ति लेखन का उद्देश्य स्त्री को सामाजिक-धार्मिक बन्धनों से मुक्ति दिलाना है, उन रूढ़ियों से मुक्ति दिलाना है जो कदम-कदम पर उसके स्वतंत्र और स्वस्थ विकास में बाधा डालती हैं। सदियों से चली आ रही उस दासता से मुक्ति दिलाना है जिसके कारण वह प्रतिरोध का अधिकार खो चुकी है। स्त्री लेखन का उद्देश्य उसके जायज अधिकारों को हासिल करने के लिए है जिससे वह वंचित कर दी गई है।

स्त्री-मुक्ति लेखन को धर्म, जाति, सम्प्रदाय आदि के दायरे में बाँधकर भी देखना उचित नहीं है। यह सही है कि अलग-अलग धर्मों और सम्प्रदायों की स्त्रियों पर लागू किए गए धार्मिक बन्धन आंशिक रूप से अलग-अलग होते हैं किन्तु निर्विवाद रूप से सभी धर्मों की स्त्रियों पर तरह-तरह के बन्धन हैं और वे तरह-तरह से शोषण की शिकार हैं। इसलिए स्त्री-मुक्ति की लड़ाई भी सामूहिक लड़ाई है। इतनी सामूहिक कि इसमें पुरुषों का शामिल होना अनिवार्य है।

किन्तु इस सबके बावजूद हिन्दी के समकालीन स्त्री-विमर्श का बड़ा हिस्सा उत्तर-आधुनिकता, वैश्वीकरण और बाजारवाद के प्रभाव और दबाव में अपनी स्वाभाविक दिशा से भटक चुका है। उस पर पश्चिम के 'विमेंन्स लिब' का भी व्यापक प्रभाव अनुभव किया जा सकता है। इस स्त्री-विमर्श के केन्द्र में देहवाद प्रभावी हो चुका है। यह दुर्भाग्य है कि स्त्री-विमर्श के नाम पर खुद स्त्री लेखिकाओं द्वारा जमकर देह-विमर्श की कहानी कही जा रही है। उनका तर्क है कि उनका शरीर उनका अपना है और उसका वे अपनी रुचि के अनुसार जैसे चाहे इस्तेमाल कर सकती हैं, पुरुष कौन होता है इस पर नियंत्रण का दावा करने वाला। विवाह जैसी संस्था की बुनियाद पर ही सवाल उठाती हुई ये लेखिकाएँ पति-पत्नी की एकनिष्ठता को ही सवालों के घेरे में ला देती हैं।

हिन्दी के इस स्त्री-विमर्श पर टिप्पणी करती हुई प्रख्यात आलोचक निर्मला जैन लिखती हैं, "स्त्री की पक्षधरता का अर्थ है आत्मनिर्णय की स्वतंत्रता के लिए संघर्ष। यह संघर्ष अपने अतिरिक्त उत्साह में जब देह की स्वतंत्रता का नारा बुलंद करता है तो विचारणीय हो जाता है। अपनी देह पर उसका स्वत्व हो, उसके उपयोग की दिशा और सीमा के निर्णय का अधिकार भी उसका हो, यहाँ तक तो बात तर्कसम्मत है। यह देह को वस्तु में रिड्यूस करने की प्रवृत्ति, उसके व्यावसायिक और उन्मुक्त इस्तेमाल का सवाल, मातृत्व का दायित्व वहन करने से इनकार, विवाह और परिवार की संस्था को चुनौती देना, उन्मुक्त या अप्राकृतिक यौनाचार ऐसी स्थितियाँ हैं जो गम्भीर चिन्तन की अपेक्षा रखती हैं, क्योंकि यह एक पूरी जीवन-शैली के परिवर्तन का सवाल है जिसके दूरगामी प्रभाव हो सकते हैं और हो रहे हैं। स्वतंत्रता और साहसिकता को मूल्य का दर्जा देना एक सीमा तक उचित और समर्थनीय हो सकता है, पर उनका सर्वथा निजी और उपयोगितावादी इस्तेमाल व्यक्ति को जिस हद तक स्वार्थी, आत्मकेन्द्रित और असामाजिक बना सकता है इस प्रश्न पर गम्भीरता से विचार करना जरूरी है।" (हिन्दी आलोचना का दूसरा पाठ, पृ. 193)

वे आगे लिखती हैं, "स्त्रीवाद क्रमश: सेलिब्रेटी का दर्जा पाने के लिए आतुर आत्ममुग्धता में लिप्त ऐसी रचनाकारों के हाथ में पड़कर विपथित हो चला जिनका वाकई दमन-शोषण की शिकार स्त्रियों से कुछ लेना-देना नहीं था। यह समस्या पश्चिम में भी पैदा हुई तो सूजन ब्राउन मिलर ने टिप्पणी की कि आन्दोलनकारी लोग नहीं रह गए हैं। जो बोल रही हैं वे बढ़-चढ़ कर स्टार बनने के लिए व्यक्तिगत रूप से प्रयत्न कर रही हैं। सेलिब्रेटी संस्कृति सुदृढ़ हो रही है। समान अधिकारों और आत्मनिर्णय की स्वतंत्रता के लिए आरम्भ किया जाने वाला संघर्ष क्रमश: अभिजात महिलाओं की बौद्धिक जुगाली का विषय होता चला गया।" (हिन्दी आलोचना का दूसरा पाठ, पृ. 193)

समकालीन स्त्री-विमर्श के बारे में मेरी भी राय इससे भिन्न नहीं है।

हम यहाँ कुछ प्रमुख स्त्री-साहित्य समीक्षकों का परिचय संक्षेप में दे रहे हैं।

सुमन राजे

लखनऊ, उ.प्र. में जन्मीं लखनऊ में पढ़ी-लिखीं और लखनऊ में ही शिक्षक रहीं सुमन राजे (23.08.1938-26.12.2008) कवयित्री और आलोचक हैं। वे यद्यपि स्त्री-विमर्श के आधुनिक सन्दर्भ में फिट नहीं बैठतीं

किन्तु 'हिन्दी साहित्य का आधा इतिहास' लिखकर उन्होंने नारीवादी साहित्य को बल प्रदान करने और उसे समृद्ध करने की दिशा में ऐतिहासिक कार्य किया है। यह ग्रंथ महिला लेखन के बनेबनाए पूर्वग्रहों को तोड़ता है, साँचों को नकारता है, मिथकों को बदलता है और एक नए रचनाकर्म का मार्ग प्रशस्त करता है। पहली बार लोकगीतों को महिला लेखन का साक्ष्य मानते हुए उसे इतिहास में दर्ज किया गया है। उसमें इतिहास तलाशा गया है और जन-इतिहास की खोज की गई है और महिला-लेखन का एक सौन्दर्यशास्त्र गढ़ा गया है।

पुस्तक की भूमिका में सुमन राजे लिखती हैं, "महिला लेखन को पृथक से लिखने की बात जब भी चली उसके बरक्स कई तर्क खड़े किए गए। 'अनुभूति तो एक होती है, अत: साहित्य भी एक होता है', यह और ऐसे ही कई तर्क। लेकिन, साहित्येतिहास तो बहुत पहले से बाँटकर देखा, सोचा और लिखा जाता रहा है। युगों, धाराओं और विधाओं के इतिहास तो सर्वमान्य हैं, साहित्येतिहास तो सम्प्रदायों के आधार पर लिखे गए, विभिन्न भूखंडों और उनकी बोलयों के आधार पर लिखे गए,...यहाँ तक कि जातिगत आधार पर लिखे गए, परन्तु महिला लेखन के आधार पर इतिहास का विभाजन कहीं नहीं है। अत: हमारी शताब्दी का साहित्येतिहास आधा इतिहास ही है...।"

वे आगे लिखती हैं, "जो कुछ महिला लेखन आज हम उपलब्ध कर सके हैं वह या तो धर्माश्रय के माध्यम से है या राज्याश्रय के माध्यम से। तीसरा सबसे सशक्त स्रोत है लोकाश्रय। ये तीन आश्रय मात्र नहीं हैं, तीन वर्गों के प्रतीक हैं। इसलिए यदि स्त्री साहित्य का इतिहास लिखना है तो बिना लोक-साहित्य का आश्रय लिए लिखा जा ही नहीं सकता, ऐसा मेरा मानना है। इसलिए पहली बार केवल लिखे अक्षर को प्रामाणिक मानने की परम्परा तोड़कर, लोक-साहित्य की सहायता से इतिहास रचने की कोशिश, या कहिए दुस्साहस यहाँ किया गया है। केवल रचना ही नहीं, महिला लेखन का एक पूरा सौन्दर्यशास्त्र है जिसे हम लोक-साहित्य से ही प्राप्त कर सकते हैं। पहली बार, ऐसी कोशिश भी यहाँ की गई है। भाषा अलग-अलग होते हुए भी, काल और भूगोल अलग होते हुए भी कुछ ऐसा है जो सम्पूर्ण महिला लेखन को जोड़ता है और यह संवेदन-सूत्र उनका स्त्री होना ही है।" (भूमिका)

सुमन राजे की अन्य आलोचनात्मक कृतियाँ हैं, 'सहित्येतिहास : संरचना और स्वरूप', 'साहित्येतिहास : आदिकाल', 'काव्यरूप संरचना : उद्‌भव और विकास' तथा 'रचना की कार्यशाला' आदि।

प्रभा खेतान

कोलकाता में जन्मीं, कोलकाता में ही पढ़ी-लिखीं और कोलकाता में ही व्यवसाय करने वाली प्रभा खेतान (01.11.1942- 20.09.2009) अपनी आत्मकथा 'अन्या से अनन्या' के लिए खास तौर पर जानी जाती हैं। वे मुख्यत: कवयित्री और उपन्यासकार हैं। उन्होंने फ्रांसीसी रचनाकार सिमोन द बोउवा की प्रसिद्ध कृति 'द सेकेंड सेक्स' का 'स्त्री : उपेक्षिता' नाम से हिन्दी में अनुवाद किया है। इसके साथ ही वे स्त्री के अधिकारों के लिए लड़ने वाली नारीवादी लेखिका हैं। उनके छह कविता-संग्रह तथा 'आओ पेपे घर चलें', 'तालाबंदी', 'अग्निसंभवा', 'छिन्नमस्ता', 'अपने अपने चेहरे', 'पीली आँधी' और 'स्त्री-पक्ष' आदि आठ उपन्यास प्रकाशित हैं। इनके लगभग सभी उपन्यासों में किसी न किसी रूप में नारी जीवन की त्रासदी को उकेरा गया है। इसके अलावा 'बाजार के बीच : बाजार के खिलाफ-भूमंडलीकरण और स्त्री के प्रश्न', 'सार्त्र का अस्तित्ववाद' आदि कृतियों में आज के स्त्री विमर्श पर गहराई से विचार किया गया है। प्रभा खेतान के लेखों का संग्रह 'पितृसत्ता के नये रूप' के नाम से प्रकाशित है जिसमें उनके स्त्री विमर्श पर केन्द्रित लेख हैं।

'उपनिवेश में स्त्री : मुक्ति कामना की दस वार्ताएँ' नामक उनकी पुस्तक उनकी स्त्री विमर्श सम्बन्धी अवधारणाओं की केन्द्रीय पुस्तक है। यह पुस्तक आधी दुनिया का श्रम और भूमंडलीकरण, यौनिकता की राजनीति, सामाजिक सरोकार उर्फ आक्रामकता की खोज, क्रान्ति चेतना के नारी रूप तथा भाषा और विमर्श का संजाल जैसे अध्यायों में बँटी हुई है।

प्रभा खेतान मानती हैं कि भूमंडलीकरण स्त्री के लिए जितना लाभ की स्थिति में रहा उससे अधिक हानिकारक साबित हुआ है। स्थानीय पूँजी का सीधा सम्बन्ध अन्तरराष्ट्रीय पूँजी से है। अन्तरराष्ट्रीय स्तर की माँग स्थानीय श्रम की गतिविधि को निर्धारित करती है। श्रम की सैद्धान्तिक स्पष्टता जब तक श्रमजीवी स्त्री समझ नहीं लेती

तब तक वह शोषण का विरोध नहीं कर पाएगी। प्रभा खेतान मानती हैं कि भूमंडलीय स्तर पर विश्व की स्त्री को अपनी स्थानीय समस्याओं को समझना होगा। प्रभा खेतान के अनुसार नारीवाद को राष्ट्रों की सीमाओं में नहीं बाँटा जा सकता, क्योंकि फिर राष्ट्र के भीतर भी जाति, वर्ग, सम्प्रदाय आदि में इसे और बाँटा जाएगा।

प्रभा खेतान के नारीवाद का उद्देश्य स्त्री उद्धार और मानव मुक्ति है। पितृसत्तात्मक समाज में स्त्री की यौन प्रवृति को पुरुष ने अपनी कामना तक सीमित कर रखा है. स्त्री के सुख के बारे में उसने कभी नही सोचा। पुरुष केन्द्रित यह यौन मानसिकता स्त्री को गुलाम मानसिकता प्रदान करती है। प्रभा खेतान ने इस पुस्तक के 'यौनिकता की राजनीति' शीर्षक अध्याय में इसी मुद्दे पर विचार किया है। उनके अनुसार जब स्त्री के सुख का सवाल ही नही रखा जाता तो फिर इतरलिंगी सम्बन्ध ही क्यों स्वीकार किए जाते हैं? पाश्चात्य नारीवादियों के विचारों की समीक्षा करते हुए प्रभा खेतान ने यौन जीवन में सत्ता के स्थान पर आनन्द की प्रधानता पर बल दिया है। समलिंगी यौनिकता का यह सबसे मजबूत पक्ष है क्योंकि आनन्द कोई बाह्य वस्तु नहीं, आनन्द तो एकदम आन्तरिक अनुभूति है। प्रभा खेतान का सुझाव है कि स्त्री स्वयं अपनी देह के प्रति नया दृष्टिकोण निर्धारित करे, अपनी देह के संसाधन का महत्त्व पहचाने, इसी दैहिकता के आधार पर वह प्रकृति के इतने करीब है।

प्रभा खेतान नारीवाद के सन्दर्भ में मार्क्सवाद की सीमाओं की ओर भी संकेत करती हैं और कहती हैं कि हमें एक नई 'दास कैपिटल' भी लिखनी चाहिए और एक नया 'कम्यूनिस्ट घोषणा पत्र' भी लिखना चाहिए जो न केवल पूँजीवाद के बदले हुए चेहरे का एक बार फिर जायजा लेगा बल्कि वर्ग-समाज में यौन–विभाजन की इस उलझन को भी सुलझाएगा जिसे मार्क्स ने नजरअन्दाज कर दिया था।

उनकी पुस्तक 'बाजार के बीच : बाजार के खिलाफ—भूमंडलीकरण और स्त्री के प्रश्न' में अध्यायों के शीर्षक हैं, एक प्रश्नवाची समय, यौनकर्म की कीमत, घुमड़ते हुए बादल, भोग और भोगा जाना, तथा बहुलतावादी रणनीति चाहिए। वे मानती हैं कि स्त्री के जीवन पर भूमंडलीकरण के प्रभाव बहुमुखी लेकिन विरोधाभासी हैं। राष्ट्र बनाम भूमंडलीकरण या फिर बाजार बनाम समाज जैसे सरलीकरणों पर सवार होकर स्त्री की आजादी के पैरोकार इन प्रभावों का आकलन नहीं कर सकते।

उनकी आत्मकथा 'अन्या से अनन्या' में भी उनका स्त्री विमर्श व्यक्त हुआ है। इसमें प्रभा खेतान ने रेखांकित किया है कि जिस परिवार नामक संस्था को हम महान मानते हैं वह सम्बन्ध किस तरह से खोखला हो चुका है। सिर्फ स्वार्थों के कारण यह सम्बन्ध महान है। परिवार का सारा ताना बाना आर्थिक सुरक्षा पर बुना गया है। स्त्री से सब लोग सिर्फ पाना चाहते हैं उसे कोई देना नहीं चाहता।

प्रभा खेतान कहती हैं कि स्त्री की अपनी संस्कृति है, इतिहास में इसे भिन्न माना जाता रहा लेकिन इसे अलग पहचान नहीं दी गई। चूँकि अलग से स्त्री शक्ति की सत्ता नहीं थी इसलिए स्त्री-सत्ता को अलग से पहचान ही नहीं मिली।

पूरी तरह स्वावलम्बी और अविवाहित जीवन जीने वाली प्रभा खेतान के बारे में कहा जा सकता है कि वे स्त्री साहित्य आलोचक कम, अपितु नारीवादी चिन्तक अधिक हैं।

वे 'प्रभा खेतान फाउंडेशन' की संस्थापक अध्यक्ष और 'फिगरेट' नामक महिला स्वास्थ्य केन्द्र की भी संस्थापक हैं। उन्हें कलकत्ता चैम्बर ऑफ कामर्स की उस समय तक एकमात्र महिला अध्यक्ष होने का गौरव हासिल है।

चित्रा मुद्गल

चेन्नई में जन्मीं, 'निहाली खेड़ा' गाँव जिला उन्नाव (उ.प्र.) की मूल निवासी और मुम्बई में पढ़ी-लिखीं प्रख्यात कथाकार चित्रा मुद्गल ((जन्म—10.09.1944) उस अर्थ में नारीवादी लेखिका नहीं हैं जिस अर्थ में आजकल यह शब्द रूढ़ हो चुका है। स्त्री-विमर्श को यौन-विमर्श तक सीमित करके देखने वालों से अपनी असहमति व्यक्त करने वाली चित्रा जी का अपना जीवन ही स्त्री विमर्श की दिशा का एक उत्कृष्ट उदाहरण है। हिन्दी क्षेत्र के एक संभ्रान्त परिवार में जन्म लेने वाली चित्रा जी ने अन्तरजातीय प्रेम-विवाह किया है। युवावस्था में ही अपने पिता के आलीशान बंगले को छोड़कर 25 रुपए महीने के किराए की खोली में रहना और मजदूर यूनियन के लिए काम करना चित्रा जी की आजादी की सोच और दिशा का दृष्टान्त है। उनके तेरह कथा-संग्रह, चार उपन्यास, तीन बाल उपन्यास, चार बाल कथा-संग्रह और कुछ नाटक प्रकाशित हो

चुके हैं। उनकी इन कृतियों में और उनके द्वारा सृजित चरित्रों के जीवन में स्त्री मुक्ति-सम्बन्धी उनके विचार बिखरे हुए हैं। 'बयार उनकी मुट्ठी में' उनके विचार प्रधान लेखों का संग्रह है जिसमें स्त्री विमर्श सम्बन्धी उनकी अवधारणाएँ भी व्यक्त हुई हैं।

चित्रा मुद्गल एक नए स्त्री विमर्श की कथाकार हैं। वह खुद बताती हैं कि सोमैया कॉलेज में पढ़ाई के दौरान वह श्रमिक नेता दत्ता सामंत के सम्पर्क में आईं और श्रमिक आन्दोलन से जुड़ीं। उन्हीं दिनों घरों में झाड़ू-पोंछा कर, उत्पीड़ित और बदहाली का जीवन जीने वाली बाइयों के बुनियादी अधिकारों की बहाली के लिए संघर्ष करने वाली संस्था 'जागरण' से जुड़ीं और कोई बीस वर्ष की आयु में उसकी सचिव बनीं। उसी दौर के अनुभव ने उन्हें लिखने को प्रेरित किया और उनके लेखन में भी स्त्री मुक्ति की वही प्रेरणा है।

'एक जमीन अपनी' पुस्तक में उन्होंने उपभोक्ता समाज में स्त्री की दशा का यथार्थ चित्र अंकित किया है। विज्ञापन की चकाचौंध की दुनिया में जितना हिस्सा पूँजी का है, शायद उससे कम हिस्सेदारी स्त्री की नहीं है। इस नए सत्ता प्रतिष्ठान में स्त्री अपनी देह और प्रकृति के माध्यम से बाजार के सन्देश को ही उपभोक्ता तक नहीं पहुँचाती, बल्कि इस उद्योग में पर्दे के पीछे एक बड़ी 'वर्क फोर्स' भी स्त्रियों से ही बनती है। 'एक जमीन अपनी' विज्ञापन की उस दुनिया की कहानी भी है जहाँ समाज की इच्छाओं को पैना करने के औजार तैयार किए जाते हैं और स्त्री के उस संघर्ष की भी जो वह इस दुनिया में अपनी रचनात्मक क्षमता की पहचान अर्जित करने और सिर्फ देह भर न रहने के लिए करती है।

मधु अरोड़ा से एक साक्षात्कार में "आपके लिए स्त्री-विमर्श क्या है?" प्रश्न का जवाब देते हुए उन्होंने कहा है, "समाज में स्त्री की जो दोयम दर्जे की स्थिति रही है, समाज में जो उसका तिरस्कार रहा है, समाज में उसकी जो उपेक्षा रही है, समाज में जो उसे एक मानवीय दर्जा मिलना चाहिए था वह नहीं मिला है। वह देवी और भोग्या के बीच एक पेंडुलम की स्थिति में सदियों से जीती रही है। मेरी नजर में स्त्री-विमर्श का अर्थ है समाज में उस आधी दुनिया के विषय में सोचा जाना जो अपनी साझीदार उपस्थिति से एक सन्तुलित और मुकम्मल दुनिया का स्वरूप प्रदान करती है। लेकिन, दुर्भाग्य से उसे अपना सर्वस्व स्वाहा करने के बावजूद वह सन्तुलित, मुकम्मल दुनिया नसीब नहीं होती। पितृसत्ता द्वारा निर्मित उन अमानवीय स्थितियों के बारे में सोचा जाना, विचार किया जाना और मानवीयता के नाते इस बात का समाज के द्वारा एहसास किया जाना कि अपनी वर्चस्वता कायम करने हेतु आधी दुनिया के साथ मानसिक, दैहिक, व्यावहारिक सभी स्तरों पर व्यभिचार किया है।" (वेब पत्रिका 'साहित्य शिल्पी' में संकलित मधु अरोड़ा से साक्षात्कार, जुलाई 2011 से)

कुछ वर्ष पहले 'लिव-इन-रिलेशनशिप' को वैधता देने वाले अदालत के फैसले पर चित्रा जी दो टूक शब्दों में प्रतिक्रिया देती हैं, "(लिव-इन-रिलेशनशिप) के पीछे एक बाजारीय सोच काम कर रही है। पितृसत्ता की भोगवादी प्रवृत्ति को अनजाने एक उछाल मिला है...बदलती हुई परिस्थितियों के साथ यदि जरूरत का वास्ता देकर हम यूँ ही बदलते रहेंगे तो वह दिन दूर नहीं है जब हमारे समाज में सांस्कृतिक मूल्य, नैतिकताएँ और मान्यताएँ ढहती हुई नजर आएँगी जिनकी वजह से वैश्विक संस्कृतियों में हमारी विशिष्ट पहचान है। नैतिकता का विवेक मनुष्य के भीतर मानवीय संवेदनाओं के क्षरण को रोकता है। लिव-इन-रिलेशनशिप मल्टीनेशनल्स का फंडा है। यह मल्टीनेशनल्स बगीचों का, भूमंडलीकरण का, बाजारवाद का दबाव है।" (उपर्युक्त)

नमिता सिंह

लखनऊ में जन्मीं, लखनऊ में ही पढ़ी-लिखीं और अलीगढ़ में रसायन विज्ञान की शिक्षक रहीं नमिता सिंह (जन्म—04.10.1944) ने 'दिव्या : इतिहास, संस्कृति और स्त्री-विमर्श' शीर्षक पुस्तक का सम्पादन करके स्त्री मुक्ति आन्दोलन में अपना भी स्वर जोड़ दिया है। उनकी एक पुस्तक 'स्त्री-प्रश्न' शीर्षक से भी प्रकाशित है जिसमें स्त्री-विमर्श से सम्बन्धित लेख हैं। इस पुस्तक में विकास, चिन्ताएँ, चुनौतियाँ, संघर्ष और परिदृश्य—इन पाँच भागों में महिलाओं से जुड़े मुद्दों पर अलग-अलग लेख हैं। समाज का आदर्श सन्तुलित विकास सभी वर्गों, जिनमें महिलाएँ बड़ा अहम हिस्सा हैं, को साथ लिए बिना नहीं हो सकता। लेखिका की यह चिन्ता पूरी पुस्तक में दिखाई देती है।

बाजार और उपभोक्तावाद का महिलाओं पर प्रभाव को समझाते हुए वे लिखती हैं, "बलात्कार जैसा सामाजिक अपराध पुरुष जहनियत की कुंठा और सामाजिक वर्जनाओं से उपजी हताशा और मानसिक रुग्णता

का ही प्रतिफलन है। यह संस्कारगत है और वातावरण जनित भी। परिस्थितियों से उपजी हताशा और कुंठा भी कारण बन जाती है। बाजार स्त्री-देह का जो इस्तेमाल कर रहा है तथा फिल्में व्यापार के नाम पर जो फूहड़ता और नग्नता परोस रही हैं उससे उच्छृंखलता का वातावरण भी तैयार होता है। अन्तत: इसका शिकार बेबस, कमजोर स्थिति वाली महिलाएँ अथवा बच्चियाँ ही होती हैं।" (उद्धृत, htts://satyagrah.scroll.in/article, सत्याग्रह, गायत्री आर्य, 10.12.2017)

फिलहाल, नमिता जी को भी स्त्री-विमर्शकार तो कहा जा सकता है किन्तु उन्हें स्त्री साहित्य का आलोचक नहीं कहा जा सकता।

मैत्रेयी पुष्पा

अलीगढ़ (उ.प्र.) के 'सिकुर्रा' नामक गाँव में जन्मीं, झाँसी में पढ़ी-लिखीं प्रख्यात कथाकार मैत्रेयी पुष्पा (जन्म—30.11.1944) हिन्दी साहित्य में स्त्री विमर्श को यौन मुक्ति के चरमोत्कर्ष तक ले जाने वाली लेखिका हैं किन्तु वे आलोचक नहीं, अपितु मुख्यत: कथाकार हैं। अपने उपन्यासों व कहानियों के माध्यम से ही उन्होंने स्त्री-विमर्श के इस पक्ष को धार दिया है। 'खुली खिड़कियाँ' में संकलित उनके कुछ आलेखों तथा 'कस्तूरी कुंडल बसै' और 'गुड़िया भीतर गुड़िया' जैसी उनकी आत्मकथाओं के द्वारा भी स्त्री-विमर्श के सवाल पर उनकी अवधारणाएँ व्यक्त हुई हैं।

मैत्रेयी पुष्पा का एक बहुचर्चित उपन्यास है 'चाक', जो उनके स्त्री विमर्श का दस्तावेज है। चाक के प्रकाशन के बाद उस पर व्यापक प्रतिक्रियाएँ हुईं जिनका जवाब देने के लिए मैत्रेयी पुष्पा ने 'चाक का घोषणा-पत्र' जारी किया। इस घोषणा-पत्र के माध्यम से स्त्री-मुक्ति के सवाल पर मैत्रेयी पुष्पा की अवधारणाएँ सीधे व्यक्त हुईं हैं। वे लिखती हैं,

"ग्रामीण स्त्रियों की आर्थिक मुक्ति की बात बार-बार उठती है। क्या महीने में पगार ले आना ही आर्थिक मुक्ति है? खेतिहर परिवारों में औरतें मेहनतकश होती हैं। उनकी आर्थिक स्थिति वहीं तय होनी चाहिए। बड़ी से बड़ी पगार पाने वाली महिला क्या देह मुक्ति का सवाल उठा सकती है? क्या मरदाना समाज उसको ऐसी छूट देगा? असल मुद्दा है अपना फैसला खुद लेना, चाहे वह किसी भी तरह की मुक्ति का प्रसंग हो। इस मामले में जो भी औरत सदियों से चली आ रही गुलाम परम्परा को चुनौती देगी, वह सामंती समाज की नजर में गुनहगार और बदचलन मानी जाएगी और मैंने किसी गफलत में नहीं, सोच-समझकर नई रोशनी में खुद को देखने वाली स्त्रियों को यहाँ प्रस्तुत किया। भले ही वे किसी योद्धा की तरह खेत रहीं, उनको सलामी की जगह बदनामी मिली। उन्होंने देहमुक्ति में अपना नाम लिखाकर साहित्य समाज के लाँछन झेले।" (सामाजिक विमर्श के आईने में चाक (सम्पादक विजयबहादुर सिंह) में संकलित मैत्रेयी पुष्पा द्वारा लिखित 'चाक का घोषणा-पत्र' शीर्षक लेख, पृ. 14)

जाहिर है, 'चाक' स्त्री-मुक्ति का घोषणा-पत्र है और लेखिका की दृष्टि में स्त्री-मुक्ति की अन्तिम परिणति देह-मुक्ति में होती है। स्त्री की आजादी का अर्थ है अपनी देह पर अपने अधिकार की आजादी, उसके बारे में खुद निर्णय लेने की आजादी।

मैत्रेयी पुष्पा के कथा साहित्य में ऐसे चरित्र भरे पड़े हैं जो विवाह-पूर्व या विवाहेतर प्रेम-प्रसंग तथा काम-सम्बन्ध से तनिक भी संकोच नहीं करते। विवाह-पूर्व प्रेम-सम्बन्ध को व्यक्त करने वाली 'ललमनियाँ', 'ताला खुला है पापा', तथा 'मन नाहीं दसबीस' आदि कहानियाँ देखी जा सकती हैं। विवाहेतर काम-सम्बन्ध को भयमुक्त होकर बनाने वाली 'रास' कहानी की जैमंती, 'गोमा हँसती है' की गोमा आदि प्रमुख हैं। 'झूला नट' की शीलो, 'चाक' की सारंग और रेशम तथा 'इदन्नमम' की कुसुमा, नायिका मन्दाकिनी, 'अल्मा कबूतरी' की अल्मा आदि स्त्रियाँ बिना किसी दुराव-छिपाव के विवाहेतर काम सम्बन्ध को उचित मानकर उसका समर्थन करती हैं।

'सुनो मालिक सुनो', 'चर्चा हमारा', 'खुली खिड़कियाँ' उनके निबन्ध संग्रह हैं जिनमें मैत्रेयी पुष्पा की स्त्री-विमर्श सम्बन्धी अवधारणाएँ देखी जा सकती हैं। 'आवाज' शीर्षक उनकी पुस्तक के बारे में शरद सिंह लिखती है, "'आवाज! हाँ, इसी आवाज को स्त्री के भीतर से बाहर लाने की आवश्यकता सदैव रही है। कुछ भले पुरुषों और कुछ सजग स्त्रियों ने स्त्री के भीतर की आवाज को बाहर निकालने का रास्ता दिखाया। यह प्रयास हर काल-खंड, हर सदी में किया जाता रहा है। इसी प्रयास का सुपरिणाम है कि आज स्त्री स्वयं को

पहचानने की ललक को सँजोने लगी है, वह अपने मन की आवाज सुनने को लालायित हो रही है। आधुनिक हिन्दी साहित्य में स्त्री की आवाज को शब्द देने और लिपिबद्ध करने वाली लेखिकाओं में अग्रिम पंक्ति में नाम आता है मैत्रेयी पुष्पा का। उनके लेखन की धार अनेक बार पुरुषवादियों तक को लहूलुहान कर चुकी है। उनका लेखन अपने आप में अनूठा है, क्योंकि वे खरी बात खरे-खरे शब्दों में लिख डालती हैं। मैत्रेयी पुष्पा की ताजा पुस्तक 'आवाज' उनके इसी लेखकीय अनूठेपन का उल्लेखनीय उदाहरण हैं।" (जनसत्ता, दिल्ली, 26 अगस्त 2012 से)

मृणाल पांडे

टीकमगढ़ (म.प्र.) में जन्मीं, इलाहाबाद में पढ़ी-लिखीं शिक्षक, कथाकार, मूर्ति शिल्पी, संगीतज्ञ व प्रख्यात पत्रकार मृणाल पांडे (जन्म—26.02.1946) का हिन्दी की आधुनिक लेखिकाओं में एक विशिष्ट व अलग पहचान है। उन्होंने स्त्री की पहचान, स्त्री की शक्ति, स्त्री के संघर्ष एवं स्त्री से जुड़े हुए अनेक प्रश्नों का विश्लेषण अपनी कृतियों में किया है। नारी का बदलता रूप, उसका आत्मविश्वास एवं विद्रोह, अपनी अस्मिता की पहचान करता हुआ उसका जीवन आदि अनेक रूप उनकी कृतियों में दिखाई देते हैं।

'बन्द गलियों के विरुद्ध', स्त्री : लम्बा सफर', 'देह की राजनीति से देश की राजनीति तक', 'परिधि पर स्त्री', 'ध्वनियों के आलोक में स्त्री', 'जहाँ औरतें गढ़ी जाती हैं', 'ओ उब्बीरी...' आदि स्त्री विमर्श से सम्बन्धित उनकी कृतियाँ हैं।

अपनी पुस्तक 'जहाँ औरतें गढ़ी जाती हैं' में मृणाल पांडे लिखती हैं, "आज के लोगों, दर्शकों को अपने धीरोदात्त या धीरललित पुरखों के ऐसे व्यवहार के ब्योरे भले ही अतिरंजनापूर्ण या शर्मनाक लगें, लेकिन आज भी हमारी फिल्में बिग बी से लेकर गोविन्दा या आमिर तक को 'लला तोहे नारि बनाए' का नाच नचा रही हैं। जस्सी या प्रीति जिन्टा जैसे सितारों का लगातार पीछा करने, उन्हें वक्त-बेवक्त ऊलजलूल फोन करनेवाले पगलाए प्रशंसकों और 'आंटी गोविन्दा' या मन्नो भाभी पर मर मिटने वालों से वासी के तत्कालीन शैदाई में भी कोई खास फर्क नहीं थे। मास्टक वासी के मंचीय 'स्त्रीत्व' का दायरा आज की अभिनेत्रियों से कुछ का फर्क भले रहा हो, लेकिन मोटे तौर पर तब से आज तक भारत के किसी भी मंच या छोटे-बड़े पर्दों पर स्त्री की छवि सहज नहीं, बल्कि पुरुषों की पसन्द के आधार पर सायास गढ़ी जाती है। जिस मायने में औरतों का चित्रण भारत के कॉमर्शियल थियेटर या सिनेमा जगत में किया जाता रहा है, उस मायने में शायद कोई भी अभिनेत्री जन्मना 'औरत' नहीं होती। स्टेज या पर्दे पर स्त्री के रूप में स्वीकार्य वे तभी होती हैं जब पहले औरत के रूप में उन्हें गढ़ लिया जाता है।" (gadyakosh.org, 'जहाँ औरतें गढ़ी जाती हें' से)

अपनी पुस्तक 'ध्वनियों के आलोक में' उन्होंने स्त्री के जरिए संगीत साधक महिलाओं के बहाने समाज के दोमुँहेपन को उजागर किया है। वे साहित्य ही नहीं, संगीत के इतिहास का यथार्थ भी परत-दर-परत खोलती हैं। इसके बावजूद मृणाल पांडे को स्त्रीवादी साहित्य का आलोचक नहीं कहा जा सकता है क्योंकि उन्होंने स्त्री साहित्य की समीक्षाएँ न लिखकर स्त्रीवाद की अवधारणा पर विचार अधिक किया है। वे मुख्यत: नारीवादी लेखिका हैं, आलोचक नहीं।

'दैनिक हिन्दुस्तान', 'नन्दन', 'वामा' व 'कादंबिनी' जैसी पत्रिकओं का सम्पादन करने वाली मृणाल पांडे प्रसार भारती की अध्यक्ष रह चुकी हैं। वे प्रख्यात कथाकार शिवानी की बेटी, पूर्व राज्यपाल भैरवदत्त पांडे की पुत्रवधू तथा स्टील एथॉरिटी ऑफ इंडिया के अध्यक्ष रहे श्री अरविन्द पांडे की सहधर्मिणी हैं।

अर्चना वर्मा

इलाहाबाद में जन्मीं, इलाहाबाद से ही पढ़ी-लिखीं और दिल्ली में शिक्षक रहीं कवयित्री व कथाकार अर्चना वर्मा (06.04.1946-16.02.2019) की ख्याति एक आलोचक के रूप में भी है। वे लगभग 23 वर्ष तक 'हंस' और लम्बे समय तक 'कथादेश' के सम्पादन से जुड़ी रहीं। उन्होंने 'अस्मिता विमर्श का स्त्री स्वर' लिखकर नारीवादी आलोचकों की श्रेणी में अपने को शामिल कर लिया है। यद्यपि उनकी आत्म-स्वीकृति है, "अपनी रुचि और समझ को पहले से किसी वाद या विचार या परिभाषा के चौखटे में बाँधकर नहीं बैठी हूँ।" (कल्पना ई-पत्रिका, स्त्री विमर्श के महोत्सव से)

उनकी आलोचना की एक और पुस्तक प्रकाशित है जिसका शीर्षक है, 'निराला के सृजन सीमान्त :

विहग और मीन'। इसके अलावा 'औरत : उत्तरकथा', 'अतीत होती सदी और स्त्री का भविष्य' तथा 'देहरि भई बिदेस' जैसी कृतियों का उन्होंने सम्पादन किया है।

स्त्री विमर्श के बारे में उनकी अवधारणा को 'नया ज्ञानोदय' के बेवफाई सुपर विशेषांक के विवादित उद्धरण "कह सकते हैं कि यह (स्त्री) विमर्श बेवफाई के विराट उत्सव की तरह है। लेखिकाओं में होड़ लगी है यह साबित करने के लिए कि उनसे बड़ी छिनाल कोई नहीं है" की प्रतिक्रिया में व्यक्त किए गए उनके कथन से समझा जा सकता है, "हिन्दी का स्त्री विमर्श चाहे कितना भी विकलांग, अधूरा, एकतरफा और अपर्याप्त क्यों न कहा जाता हो, इतनी चेतना तो उससे जगी ही है कि उस पुरुषवादी मानसिकता की अभिव्यक्ति के विरुद्ध ऐसा न्यायाधिकार-परायण एकजुट आवेश और प्रतिरोध, एकमत आक्रोश और अभियान सम्भव हुआ है। निश्चय ही यह स्त्री-विमर्श के लिए महोत्सव का एक कारण है।" (कल्पना ई-पत्रिका, 'स्त्री विमर्श के महोत्सव' से)

वे आगे लिखती है, "हिन्दी भाषी समाज में स्त्री-विमर्श अभी अपनी प्राथमिक परिभाषा के आस-पास ही ठिठका हुआ है। अभी भी वह स्त्री के प्रति सामाजिक न्याय और उत्पीड़न के विरुद्ध लड़ाई है...यह मानने से इनकार नहीं कि हिन्दी के साहित्यिक स्त्री-विमर्श की अपनी न्यूनताएँ और अपर्याप्तताएँ हैं। उसमें वैचारिक क्षमता और मननशीलता भी उतनी प्रौढ़ और पुष्ट नहीं जितनी कि भाव-प्रबलता, अनुभव-लिप्तता और उद्गार-प्रवणता है। अक्सर वह विमर्श से अधिक हाहाकार जैसा सुनाई पड़ता है। लेकिन भाव, अनुभव, उद्गार, हाहाकार सब कुछ विश्लेषण की सामग्री है। सत्यों और तथ्यों का ऐसा आगार जिससे वैचारिक आन्दोलन की आधारशिला खड़ी हो सकती है।" (उपर्युक्त)

दलित विमर्श हो या स्त्री विमर्श, आत्मकथाएँ उनकी सामान्य विशेषताएँ हैं। इस पर टिप्पणी करती हुई वे लिखती हैं, "आत्मकथा, अस्मिता-विमर्शों की अपनी साहित्यविधा बन कर उभरी हैं। विमर्श अस्मिता की राजनीति की वैचारिक प्रस्तावना और साहित्यिक अभिव्यक्ति कहे जा सकते हैं। आत्मकथा-लेखन प्रकारान्तर से एक राजनैतिक कर्म है। वह एक उद्घाटन है, एक ऐसा उद्घाटन जो गोपन को गोपन नहीं रहने देता।" (उपर्युक्त)

ई-पत्रिका 'रचनासमय' के जनवरी-फरवरी-2016 के कहानी विशेषांक भाग एक में सम्पादक राकेश को लम्बा पत्र लिखते हुए उन्होंने अपने बारे में अपने लेखन और विचारधारा के बारे में विस्तार से लिखा है। वे कहती हैं, "साहित्य में अस्मिता विमर्श सामाजिक न्याय की राजनीतिक लड़ाई का अनुषंग मात्र है। अगर पूछा जाए कि साहित्य में विमर्श होता है या विमर्श में साहित्य तो उत्तर होगा कि होते तो दोनों ही हैं लेकिन दोनों की तलाश अलग-अलग होती है। खोलकर कहें तो विमर्श में साहित्य का अर्थ यह है कि विमर्श एक राजनीतिक कार्यवाई है और साहित्य की जरूरत उसे अपने उद्देश्यों के एक माध्यम के रूप में पड़ती है। इसके विपरीत साहित्य में विमर्श का अर्थ यह है कि विमर्शगत सवालों को विषयवस्तु की तरह लेते हुए भी रचना की दृष्टि विमर्श के उद्देश्यों तक सीमित नहीं रहती, वह रचनात्मक अनिवार्यताओं से संचालित होती है। मैं जब 'हंस' में थी तब की वह घटना याद आती है कि दूधनाथ सिंह और अखिलेश की दलित कथानक की कहानियाँ वहाँ से वापस की गई थीं। 'दलित विमर्श' जानबूझकर नहीं कह रही हूँ। लेकिन फिर दोनों 'कथादेश' के एक ही अंक में साथ-साथ छापी गई थीं। कारण, दोनों पत्रिकाओं की विमर्श दृष्टियों को इसीलिए अन्तर में खोजा जा सकता है—विमर्श में साहित्य या कि साहित्य में विमर्श। (उपर्युक्त)

दलित विमर्श पर उनकी टिप्पणी है, "दलित की पीड़ा अगर सिर्फ दलित ही लिख सकता है तो इसकी क्या गारंटी है कि दूसरा कोई उसको पढ़कर समझ भी सकता है। तब तो आखिरी हद तक यही हो सकती है कि खुद लिखो और खुद ही समझो।" (उपर्युक्त)

उन्होंने निराला और प्रेमचन्द के साहित्य की भी सन्तुलित समीक्षाएँ की हैं।

सुधा अरोड़ा

लाहौर (आज के पाकिस्तान) में जन्मीं, कोलकाता में पढ़ी-लिखीं और कोलकाता में ही कुछ वर्ष तक अध्यापन करने के बाद स्वतंत्र लेखन में संलग्न सुधा अरोड़ा (जन्म—04.10.1946) मुख्य रूप से कथाकार और नाटककार हैं, किन्तु उनकी आलोचनात्मक पुस्तकें भी प्रकाशित हैं। 'आम औरत : जिन्दा सवाल'

तथा 'एक औरत की नोटबुक' में उनके स्त्री-विमर्श सम्बन्धी विचार अभिव्यक्त हुए हैं। दैनिक 'जनसत्ता' में साप्ताहिक कालम 'वामा' के कारण स्त्रीवादी लेखिकाओं में उनकी पहचान बनी है। 'औरत—एक कहानी', 'दहलीज को लाँघते हुए' तथा 'पंखों की उड़ान' उनकी सम्पादित पुस्तकें हैं। उन्होंने 'कथादेश' मासिक में 'औरत की दुनिया' स्तम्भ का सम्पादन भी किया है। सावित्री बाई फुले की जीवनी तथा चन्द्रकिरण सौनरेक्सा की आत्मकथा 'पिंजरे की मैना' आदि की समीक्षा लिखते समय उनका स्त्रीवादी स्वर पहचाना जा सकता है।

'एक औरत की नोटबुक' के पहले खंड का विषय है 'घरेलू हिंसा के खिलाफ' और दूसरे खंड का विषय है 'मानसिक प्रताड़ना के खिलाफ'। पूरी पुस्तक में स्त्री पर होने वाले तरह-तरह के अत्याचारों के पाठक को भीतर तक झकझोर देने वाले चित्र हैं। पुस्तक के अन्त में उर्मिला शिरीष द्वारा लिया गया उनका एक साक्षात्कार है जिसमें स्त्री-विमर्श से सम्बन्धित प्रश्न भी हैं और उनके जवाब भी। उर्मिला शिरीष द्वारा पूछे गए सवाल कि "कई स्त्रियों का आत्मसंघर्ष पढ़कर आप को नहीं लगता कि जिस समय उन्हें शोषण करने वाले पुरुष के खिलाफ आवाज उठानी चाहिए तो उस समय खामोश रहकर अत्याचार और अन्याय सहन करती जाती हैं?" पर सुधा अरोड़ा कहती हैं, "आवाज तो तब उठे न जब यह पहचान हो कि शोषण हो रहा है। जहाँ पहचान ही नहीं, वहाँ सारी ऊर्जा तो स्थितियों को सँभालने और उन्हें अपने तईं ठीक करने, अपने को उन स्थितियों के अनुरूप ढालने में ही खर्च हो जाती है। तो आवाज किसके खिलाफ? बल्कि औरतें तो अपनी आवाज को दबाने में ही अपनी सारी जमा ताकत खत्म कर डालती हैं। एक स्त्री के साथ अकेला उसका अपना ही नहीं, कई लोग, कई परिवार जुड़े होते हैं।" (पृ. 158)

आज के कथा साहित्य पर टिप्पणी करती हुई सुधा अरोड़ा लिखती हैं, "आधुनिक सामाजिक विसंगतियों और उनके विरोधाभास पहले से कहीं अधिक पैने हो गए हैं। एक ओर औरत अपनी सदियों पुरानी इमेज को तोड़कर लगभग विध्वंसक रूप में आगे आती दिखाई देती है तो दूसरी ओर मध्यमवर्गीय कस्बाई स्त्री का पारम्परिक स्वरूप आज भी बदलाव से अछूता, सदियों पुरानी मान्यताओं को ढोने और समझौतों की सलीब उठाने पर मजबूर है।" (हिन्दी कहानी—आज, अभिव्यक्ति, वेब पत्रिका, अप्रैल 2019)

फिलहाल, सुधा अरोड़ा स्त्रीवादी लेखिका अवश्य हैं किन्तु स्त्री-विमर्श को लेकर उनकी दृष्टि बहुत-सामान्य है और उसमें किसी तरह की मौलिकता या नयापन नहीं है।

नासिरा शर्मा

इलाहाबाद (उ.प्र.) के एक सम्पन्न मुस्लिम परिवार में जन्मीं, इलाहाबाद में ही पढ़ी-लिखीं और कुछ दिन तक अध्यापक रहने के बाद पूरी तरह लेखन से जुड़ी रहने वाली नासिरा शर्मा (जन्म—22.08.1948) का हिन्दी के अलावा उर्दू, अंग्रेजी, फारसी और पश्तो पर भी अच्छी पकड़ है। वे ईरानी समाज और राजनीति के अतिरिक्त साहित्य, कला और संस्कृति की विशेषज्ञ है।

नासिरा शर्मा मुख्यत: कथाकार हैं। उनकी 'औरत के लिए औरत' नामक पुस्तक भी कामगार स्त्रियों के बारे में है। 'किताब के बहाने' तथा 'राष्ट्र और मुसलमान' उनके अन्य वैचारिक निबधों के संकलन हैं। वे अपने को आलोचक नहीं मानतीं। अपने एक साक्षात्कार में रविकान्त को उन्होंने बताया कि "मैं अपने को आलोचक नहीं कह सकती हूँ। इसलिए जरूरी किताबों की आलोचना की जगह मुझे जो पुस्तकें पसन्द आती हैं उन पर लिखना मैं जरूरी समझती हूँ। यदि अच्छी पुस्तकों की गम्भीरता से आलोचना लिखी जाती है तो वह पसन्द भी की जाती है और उस पर बहस भी होती है जिससे पुस्तक चर्चा में आ जाती है।" (अदहन, जुलाई-सितम्बर 2018, पृ. 75) किन्तु यह आलोचना की आदर्श स्थिति है जबकि आज आलोचना की दशा अत्यन्त दयनीय है। नासिरा शर्मा इस हकीकत से भी अच्छी तरह परिचित हैं और वे टिप्पणी करती हैं, "आज तो फेसबुक के ऊपर लेखक, बिना आलोचक व पाठक अपनी चर्चा खुद करके दूरदराज इलाकों तक पुस्तक आने की सूचना पहुँचा देते हैं। इधर आलोचना से पाठकों का विश्वास भी कम होता जा रहा है। उसका कारण भी है। रिश्तों की कीमत जब आलोचना द्वारा अदा की जाने लगी हो तो वास्तव में पुस्तक पढ़कर धक्का लगता है।" (उपर्युक्त, पृ. 75)

नासिरा शर्मा स्वयं को स्त्रीवादी भी नहीं मानती हैं। हाँ, उनके लेखन के केन्द्र में निम्नवर्गीय तथा कामकाजी औरतें ही हैं।

नीलम कुलश्रेष्ठ

आगरा में जन्मीं (जन्म—13.06.1952) नीलम कुलश्रेष्ठ पत्रकार तथा कहानीकार हैं। स्त्री-विमर्श के भटकाव को वे अच्छी तरह समझती हैं और उन्हें स्त्री-मुक्ति की सही दिशा की समझ है। इनके साहित्य की स्त्री-पात्र भी संघर्षशील हैं और उनमें गहरी जिजीविषा है।

नीलम कुलश्रेष्ठ लिखती हैं, "जिस दिन स्त्री, अन्य पुरुषों की लोलुप दृष्टि से बचती हुई अपने किसी प्रिय पुरुष की सशक्त बाँहों में अपनी थरथराती कोमल देह लिए सुरक्षा माँगती सिमटी होगी, उसी दिन पुरुष में अहं जागा होगा। उसने अपनी प्रिया की रक्षा में उन पुरुषों को पराजित तो कर दिया होगा, अपनी सुरक्षित बाँहों में फिर से स्त्री को समेट लिया होगा, पर उसी अहं ने सोचा होगा, अरे! यह मेरे बराबर कहाँ है? यह तो मेरी सुरक्षा पर निर्भर है।

स्त्री ही तो पुरुष की जन्मदात्री है। उसी के बलिदान, देख-रेख व अमृतपान कराने से वह यौवन की दहलीज पर चढ़ा है। फिर भी स्त्री शासित अपने शारीरिक सौष्ठव के कारण ही की गई। पुरुष के प्रकृति प्रदत्त जंगलीपन पर यही स्त्री अपनी कोमलता की परछाईं डाल उसे सही मायनों में इनसान बनाती है। उसमें जो अहं जागा वह आज तक स्त्री को हीन प्राणी मान उसकी क्षमताओं को नकारता चला आ रहा है।" (gadyakosh.org, नारी ही शोध का विषय क्यों?)

'जिन्दगी की तनी डोर : ये स्त्रियाँ', 'धर्म के आर-पार औरत' तथा 'परत दर परत स्त्री' नीलम कुलश्रेष्ठ की स्त्री विमर्श पर केन्द्रित प्रमुख पुस्तकें हैं। इन्हें भी स्त्रीवादी साहित्य का आलोचक कहना उचित नहीं है क्योंकि उन्होंने ऐसी कृतियों की आलोचनाएँ बहुत कम लिखी हैं। किन्तु नारीवाद उनके लेखन का केन्द्रीय विषय है।

राधा कुमार

दिल्ली में जन्मीं, दिल्ली और कैंब्रिज में पढ़ी-लिखीं प्रख्यात साहित्यकार व शिक्षाविद् डॉ. राधा कुमार (जन्म—02.08.1953) ने कई विषयों पर विस्तृत शृंखला के साथ पुस्तकें लिखी हैं। आम तौर पर उनकी पुस्तकें जातीय संघर्ष एवं शान्ति बहाली के विषयों तथा ज्यादातर लैंगिक मुद्दों से निपटने के लिए संघर्ष पर केन्द्रित हैं। वे हिन्दी और अंग्रेजी दोनों भाषाओं में लिखती हैं। 'स्त्री संघर्ष का इतिहास' उनकी प्रमुख और चर्चित पुस्तक है। राधा कुमार का मानना है कि आन्दोलनों के बीच उठे कई स्त्री प्रश्नों तथा स्त्री का अपने लिए सोचने पर विचार इन आन्दोलनों के माध्यम से क्रमश: गति पकड़ता गया है। स्वाधीनता आन्दोलन से पूर्व के आन्दोलनों से स्त्री संघर्ष के इतिहास का प्रारम्भ करते हुए स्त्री केन्द्रित आन्दोलनों, दहेज, बलात्कार, स्त्री की साम्प्रदायिक छवि—रूप कुँवर, शाहबानो प्रकरण, पर्यावरण-रक्षण जैसे प्रश्नों पर यह पुस्तक शोधपूर्ण सामग्री प्रस्तुत करती है।

फिलहाल, राधा कुमार ने स्त्रीवादी साहित्य की समीक्षाएँ बहुत कम लिखी हैं।

अरविन्द जैन

हिसार (हरियाणा) के 'उकलाना मंडी' में जन्मे, पंजाब और दिल्ली में पढ़े-लिखे, विधि विशेषज्ञ अरविन्द जैन (जन्म—07.12.1953) पेशे से वकील हैं। वे महिलाओं के अधिकार और कानून पर लिखते हैं और महिला-अधिकारों के लिए कई दशकों से लड़ रहे हैं। उनकी स्त्री-विमर्श विषयक प्रमुख पुस्तकें हैं, 'औरत होने की सजा', 'औरत : अस्तित्व और अस्मिता', 'उत्तराधिकार बनाम पुत्राधिकार', 'न्याय क्षेत्रे अन्यायक्षेत्रे', 'यौन हिंसा और न्याय की भाषा', 'बचपन से बलात्कार' आदि।

राजेन्द्र यादव ने अरविन्द जैन की पुस्तक 'औरत होने की सजा' पर टिप्पणी करते हुए लिखा है, "कितना सही नाम रखा है अरविन्द जैन ने अपनी पुस्तक का 'औरत होने की सजा'...कहती रहें आप सारे कानूनों को सामंती, सवर्णवादी या मेल-शॉवेनिस्टिक...हम क्यों इस कानून में आसानी से फेर-बदल करें जो हमारे ही वर्चस्व में सेंध लगाते हों? अरविन्द जैन का कहना है कि समाज, सत्ता, संसद और न्यायपालिका पर पुरुषों का अधिकार होने के कारण सारे कानून और उनकी व्याख्याएँ इस प्रकार से की गई हैं कि आदमी के बच निकलने के हजारों चोर दरवाजे मौजूद हैं, जबकि औरत के लिए कानूनी चक्रव्यूह से निकल पाना एकदम असम्भव।" (राजेन्द्र यादव, हंस, जुलाई 1993 के सम्पादकीय से)

कानूनी प्रावधानों की चीर-फाड़ करने वाले और अदालती फैसलों पर प्रश्नचिह्न लगाते इस पुस्तक के लेख कानूनी अन्तर्विरोधों और विसंगतियों के प्रामाणिक खोजी दस्तावेज हैं जो निश्चित रूप में गम्भीर अध्ययन, मौलिक चिन्तन और गहरे मानवीय सरोकारों के बिना सम्भव नहीं है।

'औरत : अस्तित्व और अस्मिता' पुस्तक पर टिप्पणी करते हुए क्षमा शर्मा लिखती हैं, "'औरत अस्तित्व और अस्मिता' अरविन्द जैन की समीक्षा पुस्तक है जिसमें पहली बार स्त्रियों और पुरुषों द्वारा रचित स्त्री केन्द्रित पुस्तकों को लिया गया है। इसमें उपन्यास, आत्मकथाएँ और विचारमूलक पुस्तकें हैं। पुस्तक में जिन लेखक-लेखिकाओं की पुस्तकों पर टिप्पणियाँ हैं वे हैं—कृष्णा सोबती (सूरजमुखी अँधेरे के, दिलोदानिश), ममता कालिया (बेघर), उषा प्रियंवदा (पचपन खंभे लाल दीवारें), प्रभा खेतान (छिन्न मस्ता, पीली आँधी), गीतांजलि श्री (माई), मन्नू भंडारी (आपका बंटी), क्षमा शर्मा (परछाईं, अन्नपूर्णा, स्त्री का समय), मैत्रेयी पुष्पा (इदन्नमम), मृदुला गर्ग (कठगुलाब), कुसुम अंसल (जो कहा नहीं गया), कृष्णा अग्निहोत्री (लगता नहीं है दिल मेरा), मृणाल पांडे (परिधि पर स्त्री), कात्यायनी (दुर्ग द्वार पर), सरला माहेश्वरी (नारी प्रश्न), मनोहर श्याम जोशी (हमजाद) राजकिशोर (तुम्हारा सुख)।

"स्त्रियाँ कैसी हों, वे कैसे रहें, कैसे चलें, कैसे बैठें, कैसे हँसें, कैसे बातें करें, पुरुष ने अपने विचारों और अवधारणा के अनुसार स्त्री का निर्माण किया है। स्त्री ने स्वयं अपने बारे में अपनी भावना, अपने इतिहास, अपनी इच्छा-अनिच्छा के बारे में कभी कुछ नहीं कहा।

"इसलिए शायद ऐसा है कि पुरुष द्वारा स्त्रियों के लेखन पर ध्यान देने की जरूरत नहीं समझी गई। अरविन्द का यह प्रयास इसलिए भी महत्त्वपूर्ण है।" (स्त्रीवादी विमर्श : समाज और साहित्य, क्षमा शर्मा, पृ. 128)

अरविन्द जैन की कहानियों की पुस्तक 'लापता लड़की' की समीक्षा करते हुए सुधांशु गुप्त लिखते हैं, "अरविन्द जैन की सोच, उनका कार्यक्षेत्र, उनकी बातें, उनका पढ़ना-लिखना, उनकी जीवन-शैली, स्त्री के हक के लिए उनकी लगातार लड़ाई सब कुछ इन कहानियों में दिखाई पड़ता है...कहानियाँ ऐसा लगता है कि अरविन्द जैन के व्यक्तित्व का ही हिस्सा हैं।" (जानकीपुल.com, जून 6, 2017)

कानूनविद होने के कारण अरविन्द जैन की समीक्षा में तर्क और जिरह उसकी विशेषता है और उनका वैज्ञानिक दृष्टिकोण उसे प्रामाणिक और विश्वसनीय बनाता है।

रेखा कस्तवार

नागपुर के एक व्यवसायी परिवार में जन्मीं, भोपाल में पढ़ी-लिखीं और मध्य प्रदेश में अध्यापन करने वाली रेखा कस्तवार (जन्म—17-03.1957) का नाम स्त्री साहित्य के आलोचकों में सम्मान के साथ लिया जा सकता है। उनकी 'स्त्री चिन्तन की चुनौतियाँ' तथा 'किरदार जिन्दा है' जैसी स्त्री विमर्श केन्द्रित पुस्तकें प्रकाशित हैं। 'स्त्री चिन्तन की चुनौतियाँ' पुस्तक में उन्होंने स्त्री को केन्द्र में रखकर लिखी गई महिला और पुरुष रचनाकारों के उपन्यासों का तुलनात्मक अध्ययन किया है और इस क्रम में वे स्त्री चिन्तन से सम्बन्धित कुछ ऐसी चुनौतियों से रूबरू हुई हैं, जिन्हें अध्ययन की इस पद्धति से ही समझा जा सकता है। लेखिका ने स्त्री से जुड़े कुछ मूलभूत सवालों को उठाया है और उसके आलोक में पुरुष तथा महिला लेखकों की नजरों के फर्क को रेखांकित किया है। गहरे विवेचन और विश्लेषण के बाद वे इस निष्कर्ष तक पहुँचती है कि स्त्री-विमर्श का प्रमुख सरोकार स्त्री का अपने पक्ष में खुद लड़ना और खुद खड़े होना रहा है। जब तक यह लड़ाई अपनी ओर से नहीं लड़ी जाएगी, स्त्री के पक्ष में नहीं जाएगी। 'स्त्री चिन्तन की चुनौतियाँ' निश्चित रूप से हिन्दी के स्त्री-विमर्श में कतिपय अवधारणात्मक परिवर्तन लाने में सफल होगी।

स्त्री-विमर्श का मुद्दा आते ही उसके साथ देह-विमर्श जुड़ जाता है। रेखा कस्तवार ने लिखा है, "स्त्री को देह मानकर उसके शोषण का इतिहास नया नहीं है। गौरतलब यह है कि स्त्री को देह मानकर भी उसकी देह, स्त्री को सौंपी नहीं गई है। सुरक्षा और संरक्षण के नाम पर स्त्री देह, पिता और पति के पास गिरवी रही है। विवाह पूर्व कौमार्य का मिथक पिता को और विवाह के बाद यौन शुचिता का आतंक पति को स्त्री देह का स्वामित्व सौंपता है। विवाह संस्था में रोककर रखने के लिए शुचिता का आतंक अकेली स्त्री को असम्भव स्थिति बना देता है। इस आतंक से बाहर कर स्त्री ने जब-जब कुछ और चाहा है उसकी कीमत देखकर वह अपने कदम लौटाती रही है। देह राग में डूबी कृष्णा सोबती की 'मित्रो मरजानी' की मित्रो अपने देह की आकांक्षा पूरी करना

चाहती है तो परिवार में खलबली मच जाती है। मित्रो रुकती नहीं यदि उम्र के उत्तरार्ध में खड़ी उसकी माँ का वर्तमान भयावह भविष्य की शक्ल में खड़ा न हो गया होता। (रचनाकार, ई-पत्रिका, अकेली स्त्री, शीर्षक लेख से)

स्त्री-मुक्ति को देह-मुक्ति तक ले जाने वालों का समर्थन करने वाली रेखा कस्तवार उन थोड़ी सी लेखिकाओं में से एक हैं जिनका नाम हम स्त्री-साहित्य के आलोचकों में शामिल कर सकते है।

कात्यायनी

गोरखपुर में जन्मीं, साहित्यिक-सांस्कृतिक कार्यों में लगातार संलग्न रहने वाली कात्यायनी (जन्म—07.05.1959) की ख्याति प्रगतिशील कवयित्री के रूप में हैं। उनके ऊपर मार्क्सवाद का गहरा प्रभाव है। वे मार्क्सवादी नारीवादी लेखिका भी हैं। उनका विश्वास है कि स्त्रियों को पहली बार वास्तविक आजादी की राह पर आगे बढ़ाने का काम अक्टूबर क्रान्ति के बाद स्थापित सोवियत समाजवाद ने किया और भविष्य में भी समाजवाद के रास्ते ही स्त्री को सच्ची आजादी मिल सकेगी।

उनका कहना है कि आज तमाम बुर्जुआ नारीवादी, उत्तरआधुनिकतावादी, अस्मितावादी चिन्तक, वर्ग-अपचयनवादी सूत्रीकरण पेश करते हुए स्त्री-प्रश्न पर मार्क्सवादी चिन्तन को गुजरे जमाने की चीज बताते हैं। जबकि रूसी क्रान्ति के बाद इतिहास में सोवियत सत्ता ने पहली बार स्त्रियों को बराबरी का अधिकार दिया। सोवियत सत्ता ने न केवल कानूनी धरातल पर बल्कि आर्थिक-राजनीतिक व सामाजिक धरातल पर भी इसे सम्भव बनाया। ज्ञात इतिहास में पहली बार स्त्रियों को चूल्हे-चौखट की गुलामी से मुक्त किया गया। विवाह, तलाक व सहजीवन जैसे मामलों में राज्य, समाज और धर्म के हस्तक्षेप को खत्म किया गया। भारी पैमाने पर स्त्रियों की उत्पादन और समस्त आर्थिक-राजनीतिक कार्यवाहियों में बराबरी की भागीदारी सम्भव बनाया। यह कहा जा सकता है कि प्रबोधनकालीन मुक्ति और समानता के आदर्शों को पहली बार इतिहास में वास्तविकता के धरातल पर उतारने का काम अक्टूबर क्रान्ति ने किया।

एक प्रतिबद्ध मार्क्सवादी की तरह कात्यायनी को पूरा भरोसा है कि आगे आने वाले समय में एक नई मानवता का जन्म होगा। तब पुरुषों की एक ऐसी पीढ़ी आएगी जिसे यह मालूम भी नहीं होगा कि धन या किसी दूसरी शक्ति से स्त्री को खरीदा जा सकता है। तब स्त्रियों को भी यह नहीं मालूम होगा कि सच्चे प्रेम के अलावा किसी और कारण से दूसरे पुरुष को समर्पित किया जा सकता है।

कात्यायनी स्त्रीवादी कवयित्री और लेखिका अवश्य हैं किन्तु स्त्री साहित्य की आलोचना उन्होंने बहुत कम की है। 'दुर्ग द्वार पर दस्तक', 'कुछ जीवंत कुछ ज्वलंत' और 'षड्यंत्र-रत मृतात्माओं के बीच' कात्यायनी की स्त्री विमर्श विषयक प्रकाशित कृतियाँ हैं।

रोहिणी अग्रवाल

मानसा (पंजाब) में जन्मीं, रोहतक (हरियाणा) में शिक्षक रोहिणी अग्रवाल (जन्म—09.12.1959) कथाकार भी हैं और समीक्षक भी। समीक्षा के क्षेत्र में उन्होंने मुख्यत: कथा समीक्षा को ही अपना विषय बनाया है। 'साहित्य की जमीन और स्त्री-मन के उच्छ्वास', 'हिन्दी कहानी : वक्त की शिनाख्त और सृजन का राग', 'साहित्य का स्त्री स्वर', 'स्त्रीलेखन : स्वप्न और संकल्प', 'हिन्दी उपन्यास का स्त्री पाठ', 'हिन्दी उपन्यास : समय से संवाद', 'एक नजर कृष्णा सोबती पर', 'समकालीन कथा साहित्य : सरहदें और सरोकार' आदि उनकी समीक्षात्मक पुस्तकें हैं।

रोहिणी अग्रवाल के कथालोचन का क्षेत्र व्यापक है। उन्होंने प्रेमचन्द से लेकर युवा तथा युवतर कथालेखन तक को अपने आलोचना कर्म में शामिल किया है। उनकी कथालोचना की शैली सर्जनात्मक है। आलोचना को वे पुनर्सृजित करती हैं।

यद्यपि रोहिणी अग्रवाल की पहचान एक स्त्री विमर्शकार के रूप में है किन्तु उन्होंने प्रेमचन्द, जैनेन्द्र, हजारीप्रसाद द्विवेदी से लेकर संजीव, प्रियंवद, ज्ञानरंजन, संजयकुंदन, कैलाश वानखेड़े, चन्दन पांडेय आदि नए से नए कथाकारों के कथालेखन पर भी विस्तार से लिखा है। महिला कथाकारों की आत्मकथाएँ भी उनकी आलोचना की परिधि में हैं, जिनमें चन्द्रकिरण सौनरिक्सा की 'पिंजरे की मैना', मन्नू भंडारी की 'एक कहानी यह भी', प्रभा खेतान की 'अन्या से अनन्या', मैत्रेयी पुष्पा की 'कस्तूरी कुंडलि बसे' तथा 'गुड़िया भीतर गुड़िया' आदि प्रमुख हैं।

'साहित्य का स्त्री स्वर' पुस्तक में उन्होंने मीराबाई को हिन्दी की पहली स्त्रीविमर्शकार के रूप में स्थापित किया है। उन्होंने मीरा के काव्य को स्त्री की यंत्रणा को मुखर करने वाले काव्य के रूप में प्रतिपादित किया है। रोहिणी अग्रवाल ने कथालोचना के क्षेत्र में एक नई पद्धति ईजाद की है। इस पद्धति के अन्तर्गत उन्होंने किसी पुरानी प्रसिद्ध कहानी के साथ किसी चर्चित समकालीन कहानी की तुलनात्मक समीक्षा की है। जैसे गुलेरी जी की 'उसने कहा था' और नीलाक्षी सिंह की 'रंगमहल में नाची राधा', मुक्तिबोध की कहानी 'विपात्र' और देवेन्द्र की 'नालंदा पर गिद्ध' तथा जैनेन्द्र की कहानी 'पत्नी' और अल्पना मिश्र की कहानी 'उसकी व्यस्तता' की तुलनात्मक समीक्षा खास तौर पर उल्लेखनीय है।

रोहिणी अग्रवाल ने अपनी पुस्तक 'स्त्री-लेखन : स्वप्न और संकल्प' में उस तरफ भी झाँकने का प्रयास किया है जहाँ स्त्री को 'स्त्री' बनाए रखने की 'प्रगतिशील साजिशों' में स्त्री-मुक्ति के एजेंडे को गुमराह करने और स्त्री-विमर्श को देह-विमर्श में रिड्यूस करने की कोशिशें निहित हैं।

युवा आलोचक डॉ. अरुण होता ने लिखा है, "अपने अन्य समकालीन कथालोचकों से रोहिणी अग्रवाल इस अर्थ में भिन्न हैं कि वह आलोचना की रूढ़ परिपाटी को तोड़कर एक नया साँचा तैयार करती हैं। उनकी आलोचना का साँचा एक नहीं है। कई साँचे हैं। कहीं वह विधाओं का अतिक्रमण करती हैं तो कहीं शिल्प के स्तर पर नई शैली अपनाती हैं, कहीं वह पूरी पीढ़ी के कथाक्रम पर विचार करती हैं तो कहीं किसी एक कहानी का विविध सन्दर्भों और परिप्रेक्ष्यों में मूल्यांकन करती हैं।...अपने समय और समाज को प्रगतिशील लगने में सहायक तत्त्वों के प्रति रोहिणी अग्रवाल का विशेष आग्रह परिलक्षित होता है।" (हंस, जनवरी 2016, पृ. 86)

अनामिका

मुजफ्फरपुर (बिहार) में जन्मीं, दिल्ली में पढ़ी-लिखीं और दिल्ली में ही शिक्षक (जन्म—17.08.1961) अनामिका ने लगभग हर विधाओं में लिखा है। वे एक सन्तुलित दृष्टिसम्पन्न स्त्रीवादी लेखिका हैं। 'मौसम बदलने की आहट', 'मन माँजने की जरूरत', 'स्त्रीत्व का मानचित्र', 'स्त्री विमर्श का लोकपक्ष' आदि उनकी आलोचनात्मक पुस्तकें हैं। उनकी कुछ आलोचनात्मक पुस्तकें अंग्रेजी में भी हैं। उन्होंने 'औरतों की मेज का कवि—रिल्के', 'कहती हैं औरतें' (विश्व साहित्य की स्त्रीवादी कविताएँ) आदि का अनुवाद भी किया है।

अनामिका की पुस्तक 'स्त्री-विमर्श का लोकपक्ष' एक शोधपूर्ण पुस्तक है। यह पुस्तक हर वर्ग, नस्ल, आयु या जाति की स्त्री के सामाजिक, व्यक्तिगत व राजनीतिक दृष्टिकोण पर प्रकाश डालती है। इस पुस्तक में आज के स्त्री-विमर्श का तार्किक विश्लेषण है। अनामिका का मानना है कि स्त्री-विमर्श पर अलगाववाद का ठप्पा नहीं लगाया जा सकता। स्त्री समाज एक ऐसा समाज है जो वर्ग, नस्ल, राष्ट्र आदि संकुचित सीमाओं से पार जाता है और जहाँ कहीं दमन है, चाहे वह जिस वर्ग, जिस नस्ल, जिस आयु, जिस जाति की स्त्री है उस पर प्रकाश डालने की कोशिश है।

लेखिका ने स्पष्ट किया है कि अस्मिता की लड़ाई मुख्यत: स्वाभिमान की लड़ाई है। स्वाभिमान की लड़ाई पेट भरने की लड़ाई से अलग है और कोई लग्जरी नहीं है। स्वाभिमान की व्याख्या असल में उन स्त्रियों और दलितों से पूछिए जो मान में कई-कई दिन भूखे रह जाते हैं और थककर बिना मनाए काम पर लौटते भी हैं।

स्त्रीवादी आलोचना के सम्बन्ध में अनामिका कहती हैं, "कुछ दिन पहले तक स्त्रीवादी आलोचना की स्थिति चेखव की 'डार्लिंग' की सी थी। इस अर्थ में कि आलोचनात्मक औजार तय न थे और न दिशा ही निश्चित थी। छठें दशक में पनपी ज्यादातर आलोचना पद्धतियों की तरह यह लिबरलिज्म के साए में फली-फूली थी, और उसकी कमोबेश यही मान्यता थी जो लिबरलिज्म की—मानव-मात्र रैशनल होता है, इसलिए संस्कार-प्रक्षालन या हृदय परिवर्तन सम्भव नहीं। सेन्सेटाइजेशन बड़ी चीज है—यह सोचती हुई हाथ में एक बड़ी लाल कलम थामकर बैठी थी स्त्रीवादी आलोचना और इसने इतिहास में कई जगह लाल निशान लगाकर 'इमेजेज आफ विमेन' नामक आन्दोलन के तहत साहित्य के उत्पादन—'प्रोडक्शन'—और स्वाद या ग्रहण—'रिसेप्शन'—से सम्बद्ध कई दुरभिसंधियाँ प्रकाशित की थीं, स्त्री और स्त्री साहित्य के विलोपन या विद्रूपण का पर्दाफाश किया था और अपने ढंग से सिद्ध किया था कि सांस्कृतिक विविधीकरण

(डीलेजिटिमाइजेशन) का शिकार हर देश, हर काल में स्त्रियाँ रही हैं और इसके खिलाफ एक नैतिक गुहार लगाना एकदम जरूरी है।

बाद के वर्षों में स्त्रीवादी आलोचना पर एक नया सान चढ़ा जब पुरुषों के लेखन में स्त्रियों का अपर्याप्त या अल्पप्राण या विद्रूप चित्रण या स्त्री-लेखकों को उनका उपयुक्त स्थान न देने की दुरभिसंधियों का प्रकाशन मात्र इसका ध्येय न रहा। इसका जोर हुआ 'गाइनोक्रिटिसिज्म' पर यानी स्त्री की देह/मन/ भाषा या उसके विशिष्ट अनुभूति मंडल का जो साहित्यिक पल्लवन हुआ—उसे सही परिप्रेक्ष्य में समझ पाने की दृष्टि के विकास पर। यहीं, इसी बिन्दु पर इसका नया आलोचना शास्त्र विकसित हुआ जिसकी मूल मान्यताएँ ये कही जा सकती हैं—

पुरुषों की श्रेणी के अधिकार—भोग की खातिर पुरुषों जैसा बनना जरूरी नहीं। हम अपने जैसा रहकर ही बराबरी का दर्जा पाएँ, जरूरी यह है। हर व्यक्ति किसी और के किसी का कोई बनता जाए तब तो हो चुका कल्याण! भाव–भाषा—सब स्त्रियों की अलग है और अलग रहनी चाहिए।

हर व्यक्ति की एक स्वतंत्र अस्मिता होती है जिसमें अन्तर्निहित होता है अपना शरीर और उस शरीर से सम्बद्ध श्रम का प्रतिफल भोगने का हक। उत्पादन (प्रोडक्शन) और उपभोग (रिसेप्शन) की दुरभिसंधियों के समानान्तर स्त्री-चिन्तकों/आलोचकों द्वारा स्त्री साहित्य के उत्खनन / प्रवर्धन / प्रोत्साहन और परम्परा में उन्हें स्थापित करने का यत्न चलना ही चाहिए। ('हिन्दी समय' में संकलित 'मैं रोटी बेलती हूँ जैसे पृथ्वी' शीर्षक निबन्ध से)

अनामिका का दृष्टि फलक व्यापक है और उनसे अभी बहुत उम्मीदें हैं।

शरद सिंह

पन्ना (म.प्र.) में जन्मीं, रीवा और सागर में पढ़ी-लिखीं, इतिहास और संस्कृति की अध्येता डॉ. शरद सिंह (जन्म—29.11.1963) ने कविता, कहानी, उपन्यास, नाटक, निबन्ध आदि हिन्दी की अधिकांश विधाओं में कलम चलाया है और उनके समूचे साहित्य के केन्द्र में स्त्री-विमर्श है। शरद सिंह की सर्वाधिक चर्चा उनके शोधपूर्ण उपन्यास 'पिछले पन्ने की औरतें' के कारण हुई जो बेड़िया समुदाय की स्त्रियों के जीवन से सम्बन्धित है।

उनकी आलोचनात्मक पुस्तकों में 'औरत : तीन तस्वीरें', 'पत्तों में कैद औरतें', 'डॉ.आंबेडकर का स्त्री विमर्श', तथा 'थर्ड जेंडर विमर्श' प्रमुख हैं। 'पत्तों में कैद औरतें' तेंदू पत्ता संग्रहण व बीड़ी निर्माण से जुड़ी स्त्रियों के जीवन पर आधारित है जबकि 'औरत : तीन तस्वीरें' विभिन्न क्षेत्रों में सक्रिय स्त्रियों के जीवन पर आधारित कृति है। तीन खंडों में विभाजित इस पुस्तक के पहले खंड में अपनी योग्यता के बल पर खड़ी हुई स्त्रियाँ, दूसरे में पुरुषों द्वारा कल्पना से गढ़ी हुई स्त्रियाँ और तीसरे में सामाजिक रूढ़ियों की बलि बेदी पर चढ़ी हुई स्त्रियों की दास्तान है। यह पुस्तक एक सम्पूर्ण स्त्री होने का अर्थ रेखांकित करती है तथा दूसरी संघर्षरत स्त्रियों के लिए संघर्ष की राह भी दिखाती है। इस पुस्तक में सेक्स वर्कर्स तथा भारतीय मुस्लिम महिलाओं का जीवन संघर्ष भी समाविष्ट हैं।

शरद सिंह चित्रकार भी हैं और कवयित्री भी। उन्हें स्त्री-विमर्श की लेखिका तो कहा जा सकता है किन्तु उन्हें रूढ़ अर्थ में स्त्री साहित्य का आलोचक नहीं कहा जा सकता क्योंकि उनके यहाँ स्त्रीवादी साहित्य की समीक्षाएँ बहुत कम हैं। उनकी एक कविता मुझे अच्छी लगी—

एकतरफा नहीं होता प्रेम / फिर भी / दुष्यन्त की यादों में डूबी
शकुन्तला शापित हुई।
दुर्वासा के हाथों / अंगूठी भी खोई उसी ने / और झेला
न पहचाने जाने का अपमान भी।
आज भी जारी क्यों है यह कथा?
बताओ तो... ।

उन्होंने आदिवासी जीवन पर खूब लिखा है और वह सब उनका शोधपूर्ण और यथार्थ आधारित लेखन है। इसीलिए रोचक भी है और विश्वसनीय भी।

गीताश्री

मुजफ्फरपुर (बिहार) में जन्मीं प्रतिष्ठित कथाकार व पत्रकार गीताश्री (जन्म—31.12.1965) के लेखन में स्त्रीवाद भरा पड़ा है। उनकी तीन पुस्तकें स्त्री-विमर्श पर केन्द्रित हैं, 'औरत की बोली', 'स्त्री आकांक्षा के मानचित्र' और 'अँधेरे के खिलाफ स्त्री'। 'सपनों की मंडी' उनका शोध कार्य है जिसमें उन्होंने आदिवासी लड़कियों की तस्करी और उसके पीछे की शक्तियों का पर्दाफाश किया है। इसी तरह अपने एक दूसरे शोध-कार्य 'देहराग' में उन्होंने बैगा आदिवासियों की गोदना-कला पर कार्य किया है। इसके अलावा उन्होंने 'नागपाश में स्त्री' नामक कृति का सम्पादन भी किया है।

गीताश्री मानती हैं कि स्त्रियों की लड़ाई पुरुष वर्ग से नहीं, बल्कि, पितृसत्तात्मक समाज की सामंती विचारधारा से है, स्त्रियों को एक तय दायरे में बाँधने से है, नैतिकता का बोझ उन पर लादने से है। वे कहती हैं कि स्त्रियों को अपनी लड़ाई तब तक लड़नी होगी जब तक यह समाज उन्हें गुलाम समझना बन्द न कर दे। गीताश्री कहती हैं कि "मैं साहित्य में जिम्मेदारी की बात मानती हूँ। रीतिकाल के साहित्य में क्या परिपक्वता थी? उसमें पुरुषों को आनन्द आता है लेकिन महिलाओं को आनन्द नहीं शर्म आती है...'फिफ्टी शेड्स ऑफ ग्रे' जैसी किताबें हिन्दी में नहीं लिखी जा सकतीं। उसमें महिला गुलाम की गुलामी का पूरा चित्र है कि उसे पुरुष को खुश करने के लिए कैसे प्रस्तुत करना है। वह एक सेक्स मजदूर की तरह कार्य करती है। पुरुष का अन्तिम उपनिवेश स्त्री रही है। (घमासान.com की वेबसाइट से, 4 मार्च 2019 की पोस्ट)

इस तरह गीताश्री स्त्रीवादी लेखिका तो हैं किन्तु स्त्रीवादी साहित्य की आलोचक नहीं हैं।

प्रमिला के.पी.

कण्णूर (केरल) जिले के 'मंडूर' नामक गाँव में जन्मीं, दक्षिण में ही पढ़ी-लिखीं श्री शंकराचार्य विश्वविद्यालय, कालडी में शिक्षण कार्य करने वाली प्रमिला के.पी. (जन्म—04-05-1967) ने अपनी प्रतिभा और उत्कृष्ट लेखन से हिन्दी जगत में अपनी खास पहचान बना ली है। वे अनुवादक और आलोचक हैं। एक ओर उन्होंने निर्मला पुतुल, कात्यायनी और पवन करण जैसे समकालीन हिन्दी के चर्चित साहित्यकारों की कृतियों का अनुवाद करके आज की हिन्दी रचनाधर्मिता से मलयालम भाषियों को परिचित कराया तो दूसरी ओर अपनी मौलिक कृतियों से भी उन्होंने हिन्दी साहित्य को समृद्ध किया है।

प्रमिला के.पी. की आलोचना-दृष्टि केवल हिन्दी साहित्य में स्त्री विमर्श तक सीमित नहीं है। उनकी दृष्टि व्यापक है और यह व्यापकता उनकी लगभग सभी पुस्तकों में दिखाई देती है। अपनी पुस्तक 'स्त्री अध्ययन की बुनियाद' में उन्होंने स्त्री-विमर्श के शुरुआती इतिहास से लेकर दुनिया भर में विभिन्न चरणों में उसके विकास का तथ्यात्मक विवरण दर्ज किया है। इसके बाद उन्होंने हिन्दी साहित्य, विशेष रूप से कथा साहित्य में इस विमर्श का विस्तृत अध्ययन किया है और उसके चरित्र का बेबाक विश्लेषण किया है। उन्होंने दिखाया है कि कैसे अठारहवीं सदी में यूरोप में शुरू हुआ नारीवादी आन्दोलन, चिन्तन की विभिन्न धाराओं में होता हुआ विकास की मौजूदा स्थिति तक पहुँचा है। उनका आकलन है कि उदारवादी नारीवाद समाज के व्यापक सरोकरों को समेटकर चलता है जबकि उग्रवादी नारीवाद सामाजिक संरचना में आमूल-चूल परिवर्तन का हिमायती है। इनके साथ ही मार्क्सवादी तथा अश्वेत नारीवाद की धाराएँ भी रही हैं और समाजवादी नारीवाद भी देखने में आया। प्रमिला के.पी. का मानना है कि उन्नीसवीं और बीसवीं सदी में जो चिन्तन समूचे विश्व में सबसे व्यापक रहा, वह स्त्री की अस्मिता और उसके अधिकारों की लड़ाई का रहा। इसी का परिणाम है कि आज कुछ चिन्तक 21वीं सदी को स्त्रियों की सदी कह रहे हैं।

अपनी आलोचना में भी प्रमिला के.पी. ने भारतीय जीवन में स्त्री के अस्तित्व और संघर्ष से सम्बन्धित कविताओं की कई रूपों में उत्कृष्ट और सन्तुलित व्याख्या की है। उन्होंने भारतीय परिप्रेक्ष्य में नारी स्वतंत्रता और उसके सामाजिक सरोकारों का विस्तृत, सन्तुलित और प्रामाणिक विश्लेषण किया है।

'स्त्री अस्मिता और समकालीन कविता', 'स्त्री यौनिकता बनाम आध्यत्मिकता', 'स्त्रीमुक्ति और कविता', 'कविता का स्त्रीपक्ष', 'औरत की अभिव्यक्ति एवं आदमी का अधिकार', 'स्त्री अध्ययन की बुनियाद' 'भाषान्तरण-भावान्तरण' आदि उनकी आलोचनात्मक पुस्तकें हैं।

सुधा सिंह

कोलकाता में जन्मीं, कोलकाता में पढ़ी-लिखीं और दिल्ली में शिक्षक प्रो. सुधा सिंह (जन्म—11.03.1971) मुख्य रूप से प्रगतिशील विचारधारा की आलोचक हैं। इन्हें मार्क्सवादी आलोचकों की श्रेणी में भी रखा जा सकता है। किन्तु आलोचना-दृष्टि में स्त्रीवादी नजरिये की प्रधानता के कारण इन्हें स्त्री-साहित्य आलोचकों की श्रेणी में रखना मैंने उचित समझा है। मीडिया और पत्रकारिता सुधा सिंह की आलोचना का प्रधान क्षेत्र है।

सुधा सिंह की प्रमुख आलोचनात्मक पुस्तकें हैं, 'ज्ञान का स्त्रीवादी पाठ', 'सूचना समाज', 'आधुनिक साहित्य और रामविलास शर्मा', 'स्त्री सन्दर्भ में महादेवी' आदि। 'कामुकता पोर्नोग्राफी और स्त्रीवाद', 'स्त्री अस्मिता, साहित्य और विचारधारा', 'स्वाधीनता संग्राम, हिन्दी प्रेस और स्त्री का वैकल्पिक क्षेत्र', 'जनमाध्यम सैद्धान्तिकी', 'वैकल्पिक माध्यम, लोकतंत्र और नॉम चाम्स्की', 'मीडिया प्राच्यवाद और वर्चुअल यथार्थ', 'भूमंडलीकरण और ग्लोबल मीडिया', 'डिजिटल युग में मास कल्चर और विज्ञापन' आदि का लेखन उन्होंने जगदीशवर चतुर्वेदी के साथ मिलकर किया है तथा 'मध्यकालीन साहित्य विमर्श', स्त्रीकथा', 'साझा संस्कृति : भारतीय फासीवाद का स्त्री प्रत्युत्तर' आदि उनकी सम्पादित कृतियाँ है। उन्होंने कुछ पुस्तकों का अनुवाद भी किया है।

'ज्ञान का स्त्रीवादी पाठ' में सुधा सिंह लिखती है, "स्त्री कथा संरचना में ऐसी भी संरचनाएँ हैं जिनका न सिर्फ टेक्सचर अलग है, उनके पाठ में आए चरित्र या घटनाओं के आधार पर ही नहीं, जिस विधा में वे काम कर रही हैं, उसकी रूढ़ियों और संरचना में भी अन्तर है, उनकी कहानी भिन्न परिघटनाओं को समेटे होती हैं और उनके यहाँ पाठ भी भिन्न तरीके से कार्य करता है। कभी-कभी शिल्प बनता ही नहीं और कई बार उनके उपन्यासों में लोकप्रिय कथा-संरचना से भिन्न जटिल औपन्यासिक शिल्प उभरता है। इस स्त्री-विमर्श के पाठ में जितना संरचनागत कोडिंग होता है, उतना ही अर्थगत गाम्भीर्य भी होता है।" (उद्धृत, बस सूरज की तरफ पीठ है उनकी, शशिकला राय, पृ. 16)

सुधा सिंह की स्थापनाएँ हैं कि स्त्रियों ने इस बात की परवाह किए बगैर ही लिखा कि कला के स्थापित मानदंडों पर उनकी रचना खरी उतरती है या नहीं। स्त्रियों ने इन कथारूपों के जरिए एक बड़ा काम यह किया कि पितृसत्ता के खिलाफ पाठ के स्तर पर वैचारिक मुहिम छेड़ी। हिन्दी के अधिकांश लेखन में स्त्री का परिवर्तित रूप नदारद है। स्त्री जब बोलती है तो अपने भावों की अभिव्यक्ति नहीं करती बल्कि अपना संसार नए सिरे से बनाती है।

इस तरह स्त्री-साहित्य को लेकर सुधा सिंह की अपनी कुछ विशिष्ट मान्यताएँ हैं।

सुधा सिंह ने दलित स्त्री आत्मकथाओं पर अपनी प्रतिकिया देते हुए लिखा है, "21वीं सदी की सबसे महत्त्वपूर्ण विधा आत्मकथा है। इसमें बड़ी संख्या में स्त्रियों की आत्मकथाएँ शामिल हैं। आत्मकथा का जो पुराना ढाँचा था वह इस दौर में टूटा। अभिव्यक्ति, शिल्प सभी स्तरों पर इस दौर की आत्मकथा पहले के प्रयास से अलग है। आत्मकथा के सम्बन्ध में साहित्यिक धारणा यह थी कि आत्मकथा उसी की होनी चाहिए जिसने जीवन के किसी क्षेत्र में महत्त्वपूर्ण उपलब्धि हासिल की हो। यह उपलब्धि चाहे सामाजिक हो, राजनीतिक या साहित्यिक। जाहिर है कि ऐसी उपलब्धियों को हासिल करने का मौका आसानी से स्त्री को नहीं मिलता। यही कारण है कि बहुत कम स्त्रियों ने नब्बे के दशक के पहले आत्मकथा लिखी। किसी क्षेत्र में प्रसिद्धि प्राप्त कर या कोई महत्त्वपूर्ण उपलब्धि हासिल कर आत्मकथा लिखने के बजाय आत्मकथा सामान्य उपलब्धियों की भी हो सकती है अथवा कहें कि आत्मकथा लेखन भी एक उपलब्धि हो सकती है, इस तरह नहीं सोचा गया था। यानी, आत्मकथा लेखन के प्रति नजरिया नब्बे के दशक के बाद आमूलचूल बदलता है। आरम्भ में आत्मकथा लेखन पुरुष की विधा रही थी लेकिन अब यह स्त्री विधा बनती है।" (नई रोशनी, ई-पत्रिका, 5 मई 2018)।

प्रगतिशील विचारों के कारण सुधा सिंह का लेखन अन्य स्त्री लेखिकाओं से अलग है और लेखन के लिए विषयों का चयन भी उन्हें दूसरों से भिन्न बनाता है। सुधा सिंह से अभी काफी उम्मीदें हैं।

शशिकला राय ने पूरे आत्मविश्वास के साथ आलोचना के क्षेत्र में कदम रखा है। 'इस्पात में ढलती स्त्री' उनकी बहुचर्चित आलोचना कृति है। उनकी अन्य आलोचना-कृतियों में 'समय के साक्षी निराला' एवं 'कथा समय : सृजन और विमर्श' प्रमुख हैं। **अंजु दुआ जैमिनी** की स्त्री विमर्श केन्द्रित दो पुस्तकें 'हक

गढ़ती औरत' तथा 'मोर्चे पर स्त्री' प्रकाशित है। **रजनी गुप्त** मुख्यत: कथाकार हैं। उनके कई कथा-संग्रह और उपन्यास प्रकाशित हैं। लेकिन इसके साथ ही उन्होंने 'सुनो तो सही' तथा 'बहेलिया समय में स्त्री' शीर्षक से स्त्री विमर्श पर केन्द्रित पुस्तकें भी लिखी हैं। इसके साथ ही उन्होंने 'आजाद औरत : कितनी आजाद', 'मुस्कराती औरतें', 'आखिर क्यों व कैसे लिखती है स्त्रियाँ' आदि पुस्तकों का सम्पादन भी किया है। **रंजना जायसवाल** प्रतिष्ठित कवयित्री हैं और उनकी कविताओं में भी उनका स्त्रीवादी स्वर मुखरित है। वैसे 'स्त्री और सेंसेक्स' नाम से उनके निबन्धों का एक संग्रह भी प्रकाशित है। कवि कथाकार **सुभाष सेतिया** की स्त्री-विमर्श पर केन्द्रित पुस्तकें हैं, 'स्त्री अस्मिता के प्रश्न' तथा 'भारतीय नारी : कितनी जीती कितनी हारी'। कथाकार और कवयित्री **नीरजा माधव** स्त्री साहित्य की समीक्षक नहीं हैं किन्तु उन्होंने 'हिन्दी साहित्य का ओझल नारी इतिहास (1857 से 1947 तक)' लिखकर स्त्रीवादी साहित्य को समृद्ध करने का महत्त्वपूर्ण कार्य किया है। **रेखा सेठी** की पुस्तक दो खंडों में क्रमश: 'स्त्री-कविता : पहचान और द्वंद्व', तथा 'स्त्री-कविता : पक्ष और परिप्रेक्ष्य' हाल ही में प्रकाशित हुई है जो हमें आश्वस्त करती है। इसके पहले खंड में उन्होंने स्त्री-कविता के इतिहास की पड़ताल की है और साथ में गगन गिल, अनामिका, कात्यायनी, सविता सिंह, निर्मला पुतुल, सुशीला टाकभौरे आदि की कविताओं की सुन्दर समीक्षा की है। पुस्तक के दूसरे खंड में कवयित्रियों के साक्षात्कार के माध्यम से स्त्री-कविता की वास्तविक जमीन को तलाशने की कोशिश की गई है।

कथाकार और व्यंग्यकर **लता शर्मा** की स्त्री विमर्श केन्द्रित पुस्तकें हैं, 'खिड़की के पास वाली जगह' तथा 'औरत अपने लिए'। 'हौवा की बेटी' की लेखिका **दिव्या जैन** सामीजिक कार्यकर्ता भी हैं। वे सड़क के दबे-कुचले लोगों तथा वेश्यावृत्ति आदि के धंधे में फँसी महिलाओं की बेहतरी के लिए भी काम करती हैं। वे स्त्री संघर्ष पर केन्द्रित पत्रिका 'अन्तरंग संगिनी' की सम्पादक भी हैं। **नूतन सिन्हा** ने 'साम्प्रदायिक दंगे और नारी' लिखकर, **एलीना सेन** ने 'संघर्ष के बीच संघर्ष के बीज' लिखकर, **मृदुला गर्ग** ने 'चुकते नहीं सवाल' और **सरला माहेश्वरी** ने 'नारी प्रश्न' लिखकर स्त्री विमर्श को आगे बढ़ाया है। कवयित्री **मीना बुद्धिराजा** की आलोचना की पुस्तक 'समकालीन रचनाशीलता की वैचारिकी' प्रकाशित हुई है। इसमें उन्होंने समकालीन कविता और कवियों पर तो लिखा ही है, कथा-साहित्य और मीडिया आदि पर भी लिखा है। **मृदुला सिन्हा** मुख्य रूप से कथाकार हैं किन्तु उनकी स्त्री-विमर्श पर केन्द्रित पुस्तकें भी हैं। उनमें 'बिटिया है विशेष' तथा 'मात्र देह नहीं है औरत' उल्लेखनीय हैं। कमला सिंघवी का मन स्त्री की खूबसूरत दुनिया का चित्रण करने में अधिक रमा है। स्त्री की समस्याओं से सम्बन्धित **कमला सिंघवी** की कृतियों में 'आधुनिक परिवार में स्त्री', 'स्त्री का आकाश', 'दाम्पत्य के दायरे', 'नारी : भीतर और बाहर' आदि प्रमुख हैं।

हालाँकि इन महिलाओं के स्त्री विमर्श सम्बन्धी दृष्टिकोण में काफी अन्तर है। उदाहरणार्थ सरला माहेश्वरी यदि स्त्री-मुक्ति को व्यवस्था-परिवर्तन के साथ जोड़कर देखती हैं तो मृदुला गर्ग इसी व्यवस्था में उसका हल तलाशती हैं।

बहरहाल, स्त्री विमर्श आज का एक ज्वलंत विषय है तथा इस विषय पर लगातार लेखन भी हो रहा है, किन्तु स्त्री साहित्य की आलोचना पर केन्द्रित पुस्तकों का अभी अभाव है। मैंने ऊपर स्त्री साहित्य के आलोचकों के रूप में जिन लेखक-लेखिकाओं का सक्षिप्त परिचय दिया है उनमें स्त्री विमर्श के वैचारिक पक्ष पर लिखने वाले अथवा कथा साहित्य के रचनाकार ही अधिक हैं।

(ग) आदिवासी-साहित्य आलोचना

हिन्दी का सबसे नया विमर्श आदिवासी विमर्श है। हालाँकि हिन्दी में आदिवासियों पर लम्बे समय से लिखा जा रहा है मगर जब से आदिवासी क्षेत्रों में बहुराष्ट्रीय कम्पनियों की घुसपैठ और उसके कारण उनके खिलाफ संघर्ष बढ़ा है, तब से आदिवासियों की समस्याओं पर जोर-शोर से लिखा जा रहा है।

आदिवासी समाज, समाज-शास्त्रीय विचारकों और नृतत्त्व वैज्ञानिकों के लिए हमेशा से आकर्षण का विषय रहा है किन्तु आदिवासियों के इतिहास की निरन्तर उपेक्षा हुई है। भारत के औपनिवेशिक काल में आजादी के आन्दोलन के दौरान अनेक आदिवासी विद्रोह हुए जिनमें बिरसा मुंडा, करमा भगत, वीरप्पा नायक, रंगबोर डेका, कंगबोर लालुम, लखमन सिंह, तिलका मांझी, राम भूपति जैसे आदिवासियों के नेतृत्व में लड़े गए आजादी के आन्दोलनों का ऐतिहासिक महत्त्व है। अंग्रेजों के विरुद्ध आदिवासियों ने चार सौ से अधिक लड़ाइयाँ लड़ीं किन्तु आज़ादी के बाद उनके ऊपर हमारे देश के शासकों द्वारा जो अत्याचार किए

जा रहे हैं, उसकी कहानी अवर्णनीय है। हमारे लोकतंत्र में उनके अधिकारों की लड़ाई जब लोकतांत्रिक पद्धति से नहीं चल सकी तब उन्होंने नक्सलवाद के रूप में अलोकतांत्रिक पद्धति का सहारा लिया। देश के कर्णधारों को सोचना पड़ेगा कि नक्सलवाद को आतंकवाद कह देने या नक्सलियों पर फौजी कार्यवाही करने से आदिवासियों की बुनियादी समस्याओं का समाधान नहीं हो सकता।

आदिवासी समाज की समस्याएँ एवं आदिवासी साहित्य की अवधारणा

वास्तव में आदिवासियों की अस्मिता का प्रश्न जहाँ उनके नाम की परिभाषा से गहरा सम्बन्ध रखता है वहीं वह उनकी सामाजिक संरचना और जीवन यापन के साधन यानी, जल, जंगल और जमीन से भी जुड़ा हुआ है। यदि जंगल और जमीन न हो तो आदिवासियों का अस्तित्व ही खतरे में पड़ जाता है। आदिवासियों को हमारे संविधान में जनजाति शब्द से सम्बोधित किया गया है। आदिवासियों और दलितों की समस्याओं पर लम्बे समय से काम करने वाली रमणिका गुप्ता के अनुसार 'जनजाति' शब्द आदिवासियों की पहचान पर ही सवाल पैदा करता है। आदिवासियों की कोई जाति नहीं होती, फिर वे जनजाति कैसे बना दिए गए? उन्हें कबीला कहा जा सकता है। लेकिन जाति नहीं। हमारे देश की धर्म और सम्प्रदायवादी शक्तियाँ लम्बे अर्से से बनवासी के रूप में उनका नया नामकरण करके और घरवापसी का नारा देकर उनकी पहचान मिटाने के लिए षड्यंत्र कर रही हैं।

भारत में आदिवासियों के सम्बन्ध में लोगों की आमतौर पर यह धारणा है कि ये भारत के मूल निवासी हैं। उनकी संस्कृति आर्य या हिन्दू संस्कृति नहीं है। भारत के मैदानी इलाके के लोग इन्हें जंगली मानते रहे हैं। तमाम प्रतिकूल परिस्थितियों के बावजूद और एक पराजित समूह होते हुए भी आदिवासियों ने अपनी संस्कृति, भाषा, अपने जीने की सामूहिक शैली, परम्पराओं और रीति-रिवाजों की विरासत को जिन्दा रखा है। इस तरह आदिवासियों की अस्मिता के प्रश्न, उनके जंगल, जमीन, जल तथा प्राकृतिक संसाधनों के अधिकारों से जुड़े हैं और इनके अस्तित्व के लिए अत्यन्त ही महत्त्वपूर्ण हैं—उनकी भाषा, संस्कृति, सामूहिक जीवन-शैली, परम्परा, रीति-रिवाज और उनकी जनतांत्रिक न्याय व्यवस्था की रक्षा यानी, उनके आत्म निर्णय और स्वायत्त शासन का अधिकार।

आजादी के बाद आदिवासियों पर बेइन्तहा जुल्म ढाले गए हैं। विकास के नाम पर हमारे देश की सरकारों ने भारी संख्या में उनकी जमीन को अधिगृहीत किया है, जंगलों की निर्ममता से कटाई हुई है और उन्हें विस्थापित किया गया है। दरअसल जहाँ-जहाँ आदिवासी हैं वहाँ-वहाँ भरपूर प्राकृतिक संसाधन मौजूद हैं। यूरेनियम, कोयला, माइका, लोहा, ताँबा, मैंगनीज आदि अधिकांश खनिज हिन्दी क्षेत्र के आदिवासी बहुल क्षेत्रों में पाए जाते हैं। चूँकि ये पहाड़ी या पठारी इलाके हैं इसलिए यहाँ बड़ी-बड़ी नदियाँ भी मौजूद हैं। पूर्वोत्तर में ब्रह्मपुत्र और झारखंड में दामोदर जैसी नदियाँ हैं जिन पर विकास के नाम पर बड़े-बड़े बाँध बनाए गए हैं जिनके कारण आदिवासियों का बड़ी संख्या में विस्थापन हुआ है। सरकार के पास इनके पुनर्वास की कोई योजना नहीं है। बाजार और सत्ता के गठजोड़ ने आदिवासियों के सामने अस्तित्व की चुनौती खड़ी कर दी है। जो लोग आदिवासी इलाके में बच गए वे सरकार और उग्र वामपंथ की दोहरी हिंसा में फँसे हैं। अन्यत्र बसे आदिवासियों की स्थिति बिना जड़ के पेड़ जैसी हो गई है।

युवा आदिवासी विचारक और कवि अनुज लुगुन ने आदिवासियों की समस्या पर बहुत सटीक टिप्पणी की है। वे लिखते हैं, "यहाँ दो बातें साथ चल रही होती हैं—एक ओर तो आदिवासियों से उनकी जमीन छीनी जा रही है, दूसरी ओर आदिवासियों की सामाजिक-प्रशासनिक व्यवस्था पर बाह्य सत्ता का जबरन प्रवेश कराया जा रहा है। स्थानीय स्तर पर आदिवासियों की अपनी प्रशासनिक व्यवस्था थी, जो कहीं से भी कभी भी अलोकतांत्रिक नहीं रही है। लेकिन लोकतंत्र के विकेन्द्रीकरण के नाम पर आदिवासियों की उन संस्थाओं को ध्वस्त कर दिया गया। इस तरह की व्यवस्था ने आदिवासी क्षेत्रों में आदिवासी सुरक्षा अधिनियमों के होते हुए भी बहुत तेजी से गैरआदिवासियों को कानूनी व्यवस्था देकर प्रवेश कराया। यह प्रवेश इसलिए चिन्ताजनक साबित हुआ क्योंकि इसने फिर से आदिवासी समाज को शोषण के नए दौर में ढकेल दिया। इस प्रक्रिया ने आदिवासियों के बीच अजनबीयत का माहौल तैयार किया।

"एक ओर तो जमीन छिन जाने से विस्थापन के बरक्स पुनर्वास की कोई ठोस वैधानिक व्यवस्था नहीं हुई, वहीं दूसरी ओर आदिवासी अर्थव्यवस्था जो कि कृषि और वनोपज से संयुक्त थी, वह ध्वस्त हुई। यानी,

जमीन भी गई, वन और वन के उत्पाद भी उनके हाथ से निकल गए। इसने आदिवासियों को सीधे आर्थिक रूप से प्रभावित किया और वे सारे दावे जो उनको विस्थापित करने के दौरान नौकरी और उनके विकास के लिए किए गए थे, सब धरे रह गए। जिन जगहों से आदिवासी विस्थापित हुए वहाँ चमचमाते कल-कारखाने, बड़ी-बड़ी कालोनियाँ तो बसीं लेकिन इससे आदिवासी न केवल एक कोने में ढकेले गए, बल्कि उनका बहुत तेजी से किसान से मजदूर वर्ग में रूपान्तरण हुआ। जो कालोनियाँ विकसित हुईं, उनमें रहने वाले आदिवासी नहीं थे, इसलिए वहाँ मौजूद दोनों जनसंख्या एक-दूसरे से अपरिचित थी। वहाँ अन्ततः उन कालोनीवासियों का प्रभुत्व कायम हुआ और आदिवासी अपनी जिस संस्कृति पर गर्व करते थे वहाँ वह हेय माना जाने लगा।" (प्रभात खबर, कोलकाता, 16.01.2019)

आज विश्व बाजार की सभी शक्तियों की नजर आदिवासी क्षेत्रों पर लगी हैं, क्योंकि विश्व के सारे प्राकृतिक संसाधन आदिवासी क्षेत्रों में ही हैं। भारत में आजादी के बाद से ही अब तक जो तबाही मची है उसका परिणाम है कि लगभग दो करोड़ आदिवासी विस्थापन के कारण बेघर हो चुके हैं और जो बचे हैं वे अपने अस्तित्व और अस्मिता की लड़ाई लड़ रहे हैं।

इस तरह हमारे देश में आदिवासियों की मुख्य समस्या विस्थापन की रही है। वे पहले भी खदेड़े जाते थे और आज भी खदेड़े जाते हैं। केवल तरीका बदल गया है। पहले वे एक जंगल से दूसरे जंगल में खदेड़े जाते थे लेकिन आज या तो जंगल कट गए हैं या उनमें उनके प्रवेश पर रोक लगा दी गई है और वे जंगल की उपज के अधिकारों से वंचित कर दिए गए हैं।

आदिवासी साहित्य का मूल विषय इस विस्थापन का प्रतिरोध और अपने परम्परागत अधिकारों की लड़ाई है। इसलिए इसके मूल्यांकन के लिए भी एक नए सौन्दर्यशास्त्र की आवश्यकता है। आदिवासी साहित्य पाठक के अनुभव का विस्तार कर उसे उस भूगोल, समाज और इतिहास में ले जाता है जिससे अधिकतर पाठक अपरिचित हैं। इसमें आई प्रकृति परम्परागत प्रकृति चित्रण से भिन्न है। यह आदिवासी जीवन और संस्कृति का मूलाधार है।

आदिवासियों के सांस्कृतिक और आर्थिक पिछड़ेपन का तर्क देते हुए उन्हें सुसंस्कृत, सभ्य और आधुनिक बनाने की कथित मंशा के साथ उन्हें मुख्य धारा में सम्मिलित करने पर अनेक विद्वान जोर देते हैं। वे यह भूल जाते हैं कि आदिवासियों की संस्कृति मुख्य धारा की संस्कृति के मुकाबले ज्यादा लोकतांत्रिक और समतावादी मूल्यों से समन्वित है। न्यूनतम से सन्तुष्टि का भाव, वनस्पतियों और जीव-जगत से अन्तरंगता, आने वाली पीढ़ी को अधिक से अधिक देने की लालसा तथा सामाजिक जीवन में खुशी और उल्लास का महत्त्व आदिवासी संस्कृति की ऐसी विशेषताएँ हैं जो मुख्यधारा की संस्कृति से उन्हें विशिष्ट और श्रेष्ठ साबित करती हैं। जिस जाति-भेद, छुआछूत और ऊँच-नीच की कुप्रथाओं से मुख्यधारा की संस्कृति सड़ और बजबजा रही है वह सब आदिवासी संस्कृति में दूर-दूर तक नहीं है। हमारी उपभोक्ता संस्कृति के बरक्स उनकी आर्थिकी की वैकल्पिक अवधारणा बेहद उन्नत और अनुकरणीय है। यही कारण है कि आदिवासियों के सामाजिक जीवन के विविध पहलुओं, रीति-रिवाज, पर्व-त्योहार, उनके लोकगीत, लोक कथाएँ, लोक-उत्सव आदि के प्रति आकर्षण तेजी से बढ़ा है। अनेक विद्वान आदिवासी समाज और संस्कृति के अध्ययन की ओर प्रवृत्त हुए हैं और कई महत्त्वपूर्ण जानकारियाँ सामने आई हैं।

आदिवासी साहित्य लिपिबद्ध नहीं हो पाया, लेकिन लोकगीतों, लोककथाओं, लोकवार्ताओं तथा मिथकों के माध्यम से इनकी जो झलक मिलती है वह इनकी सांस्कृतिक समृद्धि को दर्शाती है। इस सम्बन्ध में युवा आदिवासी कवि अनुज लुगुन का यह वक्तव्य उल्लेखनीय है, "आदिवासी समुदाय के सामने चुनौती के रूप में मुख्यधारा और उसकी मानसिकता है। तथाकथित मुख्य धारा अब जब अपनी धरती को बेच चुकी है और उसके पास कुछ शेष नहीं रह गया, तो वह उन आदिवासी इलाकों की ओर अपनी लालसा भरी नजरों से देख रही है, जहाँ अब भी उसके लालच और मुनाफे की पूर्ति के साधन बाकी हैं। लेकिन वह आदिवासियों का घर है और वे उसे किसी कीमत पर किसी को देना नहीं चाहते। मूल समस्या यही है और चुनौती भी। आदिवासी साहित्य का मूल स्वर भी यही है।" (प्रभात खबर, 10 जनवरी 2019) अनुज लुगुन के शब्दों में, "नव-उदारवादी भारत की कथित 'विकास' की परिभाषा में आदिवासी समाज के प्रति भयानक संवेदनहीनता बरती जा रही है। इस कथित 'विकास' ने अब सीधे रूप में आदिवासियों के सवालों को और उनके स्वर को सुनना बन्द कर दिया है। अब आदिवासियों के लिए एक ही बात सामने है कि यदि आप सहमत हैं, तो हमारे साथ हाथ

मिलाइए अन्यथा आप 'देशद्रोही' समझे जाएँगे क्योंकि आप देश के 'विकास' में बाधक हैं।" (प्रभात खबर, कोलकाता, 18.01.2019)

अधिकांश आदिवासियों की भाषा हिन्दी नहीं है। मुंडारी, संथाली, भीली, गारो, हो आदि उनकी भाषाएँ हैं। उनका अपना साहित्य ज्यादातर उनकी अपनी भाषाओं में ही है। आदिवासी लोक में साहित्य सहित विविध कला माध्यमों का विकास तथाकथित मुख्यधारा से पहले हो चुका था, लेकिन वहाँ साहित्य-सृजन की परम्परा मूलत: मौखिक रही। ठेठ जनभाषा में होने और सत्ता प्रतिष्ठानों से दूरी की वजह से यह साहित्य आदिवासी समाज की ही तरह उपेक्षा का शिकार रहा। आज भी सैकड़ों देशज भाषाओं में आदिवासी साहित्य रचा जा रहा है, जिसमें से अधिकांश से हमारा संवाद कायम होना अभी बाकी है। हिन्दी में ज्यादातर अनूदित होकर ही उनकी रचनाएँ आ रही हैं। हाँ, इधर हिन्दी के भी कुछ रचनाकारों ने उनकी समस्याओं को अपने लेखन का विषय बनाया है। इस तरह भाषा का प्रश्न भी उनकी अस्मिता से जुड़ा हुआ है। आदिवासियों को शिक्षा उन्हें उनकी अपनी भाषा में न देकर उस प्रदेश की भाषा में दी जाती है जिससे उनके बच्चों का स्वाभाविक विकास नहीं हो पाता और उन्हें अपनी भाषा से विस्थापित कर दिया जाता है।

आदिवासियों की समस्याओं पर साहित्य का सृजन भूमंडलीकरण के बाद तेजी से हुआ है। नई आर्थिक नीतियों ने आदिवासी शोषण-उत्पीड़न की प्रक्रिया तेज कर दी, इसलिए उसका प्रतिरोध भी मुखर हुआ। प्रतिरोध का स्वरूप राष्ट्रीय था इसलिए प्रतिरोध से निकली रचनात्मक ऊर्जा भी देश भर में फूटी।

इसमें आदिवासी और गैर आदिवासी दोनों तरह के रचनाकार हैं जो बढ़-चढ़ कर हिस्सा ले रहे हैं। गैर आदिवासी साहित्यकारों के साथ इधर आदिवासियों के बीच से भी साहित्यकारों का एक वर्ग पैदा हुआ है। हालाँकि, यह समकालीन आदिवासी विमर्श का आरम्भिक दौर है किन्तु सन्तोष का विषय है कि इसमें अभी तक स्वानुभूति बनाम सहानुभूति जैसी संकीर्ण बहसें शुरू नहीं हुई हैं।

आदिवासी मुद्दों को उठाने, उनसे जुड़े सृजनात्मक साहित्य को प्रोत्साहन देने में 'युद्धरत आम आदमी', 'अरावली उद्घोष', 'झारखंडी भाषा साहित्य संस्कृति अखड़ा', 'आदिवासी सत्ता', 'तरंग भारती', 'देशज स्वर' 'मानगढ़ सन्देश', 'दस्तक', 'समकालीन जनमत' आदि पत्रिकाएँ महत्त्वपूर्ण हैं।

आदिवासी साहित्य की उस तरह की कोई केन्द्रीय विधा नहीं है जिस तरह स्त्री लेखन और दलित साहित्य की आत्मकथात्मक लेखन की है। कविता, कहानी, नाटक, उपन्यास आदि सभी प्रमुख विधाओं में आदिवासी और गैर आदिवासी रचनाकारों ने आदिवासी समाज के यथार्थ का अंकन किया है। आत्मकथात्मक लेखन को आदिवासी लेखकों ने अधिक महत्त्व इसलिए नहीं दिया क्योंकि स्वयं आदिवासी समाज आत्म से अधिक समूह में विश्वास करता है। परम्परा, संस्कृति, इतिहास से लेकर शोषण और उसका प्रतिरोध यहाँ सब कुछ सामूहिक है। इतना ही नहीं, आदिवासी साहित्य अपने दायरे में अन्य उत्पीड़ित अस्मिताओं के प्रति भी संवेदनशील हैं।

आदिवासी साहित्य से तात्पर्य उस साहित्य से है जिसमें आदिवासियों का जीवन और समाज उनके दर्शन के अनुरूप अभिव्यक्त हुआ हो। आदिवासी साहित्य की अवधारणा को लेकर तीन तरह के मत हैं—

1. आदिवासी विषय पर लिखा गया साहित्य आदिवासी साहित्य है।
2. आदिवासियों द्वारा लिखा गया साहित्य आदिवासी साहित्य है।
3. आदिवासियत (आदीवासी दर्शन) के तत्त्वों वाला साहित्य ही आदिवासी साहित्य है।

पहली अवधारणा गैर-आदिवासी लेखकों की है परन्तु इसके समर्थन में कुछ आदिवासी लेखक भी हैं। दूसरी अवधारणा उन आदिवासी लेखकों और साहित्यकारों की है जो जन्मना और स्वानुभूति के आधार पर आदिवासियों द्वारा लिखे गए साहित्य को ही आदिवासी साहित्य मानते हैं। अन्तिम और तीसरी अवधारणा उन आदिवासी लेखकों की है जो आदिवासियत के तत्त्वों का निर्वाह करने वाले साहित्य को ही आदिवासी साहित्य के रूप में स्वीकार करते हैं। ऐसे लेखकों के भारतीय आदिवासी समूह ने 14-15 जून 2014 को रांची (झारखंड) में आयोजित दो दिवसीय राष्ट्रीय संगोष्ठी में इस अवधारणा को ठोस रूप में प्रस्तुत किया जिसे आदिवासी साहित्य के राँची घोषणा-पत्र के तौर पर जाना जाता है।

आदिवासी साहित्य का राँची घोषणा-पत्र

1. प्रकृति की लय-ताल और संगीत का जो अनुसरण करता हो।
2. जो प्रकृति और प्रेम के आत्मीय सम्बन्ध और गरिमा का सम्मान करता हो।

लोग ही हिन्दी के अखबार पढ़ते हैं। उनके बच्चे अंग्रेजी माध्यम के स्कूलों में जाने लगे हैं। जिस दिन यह प्रक्रिया पूर्णता तक पहुँच जाएगी, हिन्दी पढ़ने वाले अल्पसंख्यक हो जाएँगे। विकसित हिन्दी भाषा परिवार से निकला हुआ बच्चा सीधे अंग्रेजी पढ़ना पसन्द करेगा। यह एक भाषा की मौत नहीं, एक संस्कृति की मौत है।" (http://wwwshindisamaya.com)

पत्रकारिता के क्षेत्र में उनकी पुस्तकें है, 'पत्रकारिता के परिप्रेक्ष्य', 'धर्म', 'साम्प्रदायिकता और राजनीति', 'एक अहिन्दू का घोषणापत्र', 'जाति कौन तोड़ेगा', 'रोशनी इधर है', 'सोचो तो सम्भव है', स्त्री-पुरुष : कुछ पुनर्विचार', 'स्त्रीत्व का उत्सव', 'गांधी मेरे भीतर', 'गांधी की भूमि से' आदि। 'अँधेरे में हँसी' तथा 'राजा का बाजा' में उनके व्यंग्य लेखन का नमूना देखा जा सकता है। 'तुम्हारा सुख', 'सुनन्दा की डायरी', 'पाप के दिन' उनके उपन्यास हैं।

उन्होंने 'समकालीन पत्रकारिता: मूल्यांकन और मुद्दे' का भी सम्पादन किया है। 'आज के प्रश्न' पुस्तक शृंखला की उनके द्वारा सम्पादित पुस्तकें खासी चर्चित हुईं। इस शृंखला के तहत 22 पुस्तकें प्रकाशित हुई हैं।

डॉ. राममनोहर लोहिया के विचारों से राजकिशोर जी गहरे प्रभावित थे किन्तु लोहियावाद को उन्होंने कभी भी अपने मार्ग में बाधा नहीं बनने दिया। समता और धर्मनिरपेक्षता में उनकी अटूट आस्था थी और यह आस्था उनमें अन्त तक बनी रही। वे पत्रकारिता की दुनिया में तो खरेपन की एक मिसाल थे ही किन्तु साहित्य की दुनिया में भी अत्यन्त लोकप्रिय रहे।

विजयदत्त श्रीधर

नरसिंहपुर (म.प्र.) जिले के 'बोहानी' नामक गाँव में जन्मे पद्मश्री विजयदत्त श्रीधर (जन्म—10.10.1948) ने भोपाल में 'माधवराव सप्रे स्मृति समाचार-पत्र संग्रहालय एवं शोध संस्थान' जैसे अनूठे संस्थान की स्थापना करके ऐतिहासिक कार्य किया है। इस संग्रहालय में समाचार-पत्र-पत्रिकओं के अलावा गजट, प्रतिवेदन और आजादी के पूर्व बड़े नेताओं के बीच हुए पत्र-व्यवहार को भी देखा जा सकता है। इसमें आधुनिक भारत के पहले अखबार 'हिक्कीज बंगाल गजट' के अलावा हिन्दुस्तान से प्रकाशित अब तक के सबसे छोटे और सबसे बड़े समाचार-पत्र की प्रति भी मौजूद है। संग्रहालय में 12 हजार से अधिक अखबार और 3 हजार से अधिक पत्रिकाएँ मौजूद हैं। इस संग्रहालय में 25 लाख पृष्ठ से अधिक सन्दर्भ सामग्री जुटाई जा चुकी है। इन पृष्ठों में राष्ट्र की महान बौद्धिक विरासत की झलक देखी जा सकती है।

विजयदत्त श्रीधर मुख्यत: पत्रकार हैं और उन्होंने 'नवभारत' का लम्बे समय तक संपादन किया है। इन पंक्तियों के लिखे जाने के समय भी वे 'आंचलिक पत्रकार' के संपादन का कार्य कर रहे हैं।

विजयदत्त श्रीधर ने पत्रकारिता की समीक्षा सम्बन्धित पुस्तकें भी लिखी हैं। किन्तु 'भारतीय पत्रकारिता कोश' का दो खंडों में संपादन उनका ऐतिहासिक कार्य हैं। इसमें 1780 ई. से लेकर 1947 ई. तक की पत्रकारिता का व्यवस्थित और प्रामाणिक विवरण है। इसमें केवल हिन्दी पत्रकारिता का इतिहास नहीं है। इसके अनुक्रम को देखने से इसके अध्ययन की व्यापकता का सहज ही अनुमान किया जा सकता है। सांस्कृतिक अनुष्ठान, तेलुगू का तेजस्वी स्वर, विदेशी सत्ता अस्वीकार, वंदेमातरम्, आठ संपादक 125 साल की सजा, अंग्रेजी का राष्ट्रीय दैनिक, बलिपंथी पत्रकारिता, हिन्दी पत्रकारिता में विज्ञान, बाल पत्रकारिता का यशस्वी अध्याय, उड़िया पत्रकारिता का उत्कर्ष, हिन्दी पत्रकारिता का आदर्श, कन्नड़ पत्रकारिता को नई धार, विशेषांकों वाली पत्रकारिता, राग-विराग भरा प्याला, ओवर ए कप आफ टी, अध्यात्म दर्शन, सुरुचिपूर्ण पत्रकरिता, असमिया का पहला दैनिक, बापू का संवाद, तमिल पत्रकारिता में नवाचार, पहले कागज फिर अखबार, नवयुग का उन्मेष आदि इसके अनुक्रम के शीर्षक हैं।

विजयदत्त श्रीधर की दृष्टि में पत्रकारिता का आदर्श क्या है—इसे समझने के लिए भारतीय पत्रकारिता कोश के दूसरे खंड के प्राक्थन का अन्तिम पैरा पठनीय है—

"सन् 1947 के आते-आते देश आजादी के द्वार पर दस्तक देने लगा था। बलिपंथी पत्रकारिता की इस विदाई बेला में समाचार-पत्र भी प्रबंधकीय परिवर्तन की डगर पर चल पड़े थे। पूँजीपतियों की निगाहें इस सशक्त जनसंचार माध्यम की प्रभावोत्पादक-सामर्थ्य पर गड़ गई थी। लेकिन तब भी ऐसे संपादक थे, जिनके लिए पत्रकारिता उद्योग-व्यवसाय नहीं, लोक सेवा का एक माध्यम थी। बात सन् 1947 की है जब सेठ रामकृष्ण डालमिया ने नवभारत (टाइम्स) के संपादक पद पर बनारसीदास चतुर्वेदी को आमंत्रित

3. जिसमें पुरखा-पूर्वजों के ज्ञान-विज्ञान, कला-कौशल और इनसानी बेहतरी के अनुभवों के प्रति आभार हो।
4. जो समूचे जीव जगत की अवहेलना न करे।
5. जो धनलोलुप और बाजारवादी हिंसा और लालसा का नकार करता हो।
6. जिसमें जीवन के प्रति आनन्दमयी अदम्य जिजीविषा हो।
7. जिसमें सृष्टि और समष्टि के प्रति कृतज्ञता का भाव हो।
8. जो धरती को संसाधन की बजाय माँ मानकर उसके बचाव और रचाव के लिए खुद को उसका संरक्षक मानता हो।
9. जिसमें रंग, नस्ल, लिंग, धर्म आदि का विशेष आग्रह न हो।
10. जो हर तरह की गैरबराबरी के खिलाफ हो।
11. जो भाषायी और सांस्कृतिक विविधता और आत्म निर्णय के अधिकार के पक्ष में हो।
12. जो सामंती, ब्राह्मणवादी, धनलोलुप और बाजारवादी शब्दावलियों, प्रतीकों, मिथकों और व्यक्तिगत महिमामंडन से असहमत हो।
13. जो सह अस्तित्व, समता, सामूहिकता, सहजीविता, सहभागिता और सामंजस्य को अपना दार्शनिक आधार मानते हुए रचाव-बचाव में यकीन करता हो।
14. सहानुभूति, स्वानुभूति की बजाय, सामूहिक अनुभूति जिसका प्रबल स्वर-संगीत हो।
15. मूल आदिवासी भाषाओं में अपने विश्व दृष्टिकोण के साथ जो प्रमुखत: अभिव्यक्त हुआ हो।

आदिवासी साहित्य-सृजन के क्षेत्र में महुआ मांजी, निर्मला पुतुल, संजीव, श्री प्रकाश मिश्र आदि का नाम उल्लेखनीय है। आदिवासी साहित्य समीक्षा के क्षेत्र में अभी बहुत कम काम हुआ है। उल्लेखनीय नाम बहुत कम हैं। रमणिका गुप्ता, वंदना टेटे और युवा आलोचक व चिन्तक अनुज लुगुन का नाम लिया जा सकता है। केदार प्रसाद मीणा लिखते हैं कि "प्रेमचन्द, रेणु, संजीव और रणेन्द्र आदि का सहित्य आदिवासी साहित्य न सही, पर आदिवासियों की समस्याओं पर लिखा गया महत्त्वपूर्ण साहित्य है। इन लेखकों के साहित्य को दिकू साहित्य कहना आदिवासी विमर्श का दुर्भाग्य ही कहा जाएगा। अब देखना है कि आदिवासी सन्दर्भ में ऐसे साहित्य को हीन साबित करने की कुछ रणनीतिकारों की यह योजना किस दिन अपने अन्तिम पड़ाव कि जन्मना आदिवासी ही आदिवासी साहित्य लिख सकता है पर पहुँचती है।" (जनसत्ता 28 सितम्बर 2014)

रमणिका गुप्ता

सुनाम (पंजाब) में जन्मीं, पंजाब और दिल्ली में पढ़ी-लिखीं और एक साथ कई मोर्चों पर सक्रिय रहने वाली सामाजिक कार्यकर्ता और राजनेता रमणिका गुप्ता (22.04.1930-23.03.1919) स्त्रियों, आदिवासियों और दलितों, यानी समाज के सभी दबाए गए समुदायों के लिए हर स्तर पर अर्थात् साहित्य, सियासत और समाज सेवा—तीनों ही क्षेत्रों में आजीवन संघर्ष करती रहीं। वामपंथी विचारधारा पर उनकी आस्था थी। उनका कर्मक्षेत्र मुख्य रूप से बिहार और झारखंड था।

रमणिका गुप्ता उच्च कोटि की कवयित्री भी हैं और कथाकार भी। किन्तु हम यहाँ उनके आलोचनात्मक व्यक्तित्व की ही चर्चा करेंगे। उन्होंने आदिवासी समीक्षा के क्षेत्र में भी पर्याप्त कार्य किया है। 'आदिवासी अस्मिता के संकट', 'आदिवासी लेखन : एक उभरती चेतना' 'निज घरे परदेसी', 'आदिवासी स्वर और नई शताब्दी', 'आदिवासी : विकास से विस्थापन', 'आदिवासी साहित्य यात्रा', 'आदिवासी शौर्य एवं विद्रोह (पूर्वोत्तर)', 'आदिवासी शौर्य एवं विद्रोह (झारखंड)', 'आदिवासी सृजन, मिथक एवं अन्य लोककथाएँ (झारखंड, महाराष्ट्र, गुजरात और अंडमान-निकोबार)' आदि उनकी आदिवासी समीक्षा केन्द्रित पुस्तकें हैं। 'आदिवासी लेखन : एक उभरती चेतना' नामक पुस्तक में पूर्वोत्तर और पूरे आदिवासी साहित्य की विवेचना है। उन्होंने 'आदिवासी समाज और साहित्य' तथा 'विमुक्त-घुमंतू आदिवासियों का मुक्ति संघर्ष' जैसी पुस्तकों का सम्पादन भी किया है।

रमणिका गुप्ता ने सुख और ठाट-बाट की जिन्दगी छोड़कर बचपन में ही संघर्ष का रास्ता चुन लिया था। 14 साल की उम्र में ही उन्होंने खादी पहनना शुरू कर दिया था। संभ्रान्त बेदी परिवार की बेटी होने के

बावजूद उन्होंने 1948 ई. में अन्तर्जातीय प्रेम विवाह किया। खतरा उठाकर भी अन्याय का विरोध करना उनकी आदत थी। अपने पति के ट्रांसफर होकर धनबाद आने के बाद वे उनके साथ धनबाद आईं और यहाँ उन्होंने सक्रिय राजनीति में प्रवेश किया। वे एम.एल.ए. और एम.एल.सी. भी रहीं।

दलित व स्त्री-साहित्य से जुड़ी उनकी मशहूर आलोचनात्मक कृतियों में 'दलित हस्तक्षेप', 'साम्प्रदायिकता के बदलते चेहरे', 'दलित चेतना : साहित्यिक एवं सामाजिक सरोकार', 'दक्षिण-वाम के कठघरे', 'दलित साहित्य', 'असम नरसंहार—एक रपट', 'राष्ट्रीय एकता', 'विघटन के बीज', 'स्त्री विमर्श : कलम और कुदाल के बहाने', 'दलित चेतना साहित्य', 'दलित चेतना सोच', 'दलित सपनों का भारत' 'स्त्री मुक्ति : संघर्ष और इतिहास' आदि प्रमुख हैं। वे सामाजिक सरोकारों की पत्रिका 'युद्धरत आम आदमी' की सम्पादक थीं। उनकी आत्मकथा 'हादसे और आपहुदरी' काफी चर्चित है। रमणिका फाउंडेशन' के माध्यम से उन्होंने अपना सारा जीवन दबाई गई स्त्रियों, दलितों और आदिवासियों के हित के लिए समर्पित कर दिया था।

भारत यायावर के सम्पादन में 'रमणिका रचनावली' 13 खंडों में आ रही है।

वंदना टेटे

सिमडेगा (झारखंड) जिले की 'सामटोली' नामक गाँव में जन्मीं, राँची में पढ़ी-लिखीं वंदना टेटे (जन्म—13.09.1969) कवयित्री, लेखिका, सम्पादक, ऐक्टिविस्ट और समाजसेवी हैं। सामुदायिक आदिवासी जीवन दर्शन एवं सौन्दर्यबोध को अपने लेखन तथा देश भर में अकादमिक संगोष्ठियों में दिए अपने व्याख्यानों के जरिए उन्होंने आदिवासी विमर्श को एक नया आवेग प्रदान किया है। विकीपीडिया के अनुसार उन्होंने, "आदिवासियत की वैचारिकी और सौन्दर्यबोध को कलाभिव्यक्तियों का मूल तत्त्व मानते हुए उन्होंने आदिवासी साहित्य को प्रतिरोध का साहित्य की बजाय रचाव और बचाव का साहित्य कहा है। आदिवासी साहित्य की दार्शनिक अवधारणा प्रस्तुत करते हुए उनकी स्थापना है कि आदिवासियों की साहित्यिक परम्परा औपनिवेशिक और ब्राह्मणवादी शब्दावलियों और विचारों से बिलकुल भिन्न है। आदिवासी जीवन-दृष्टि पक्ष-प्रतिपक्ष को स्वीकार नहीं करती। आदिवासियों की दृष्टि समतामूलक है और उनके समुदायों में व्यक्ति केन्द्रित और शक्ति संरचना के किसी भी रूप का कोई स्थान नहीं है। वे आदिवासी साहित्य को लोक और शिष्ट साहित्य के रूप में विभाजन को भी नकारती हैं और कहती हैं कि आदिवासी समाज में समानता सर्वोपरि है इसलिए उनका साहित्य भी विभाजित नहीं है।" (https://hi.wikipedia.org/wiki/वंदना_टेटे)

वंदना टेटे अपने साहित्य को 'ऑरेचर' कहती हैं ऑरेचर अर्थात् 'ऑरल लिटरेचर'। उनकी स्थापना है कि उनका आज का लिखित साहित्य भी उनकी वाचिक यानी पुरखा (लोक) साहित्य की परम्परा का ही साहित्य है।

वंदना टेटे की प्रमुख आलोचनात्मक कृतियाँ हैं, 'पुरखा लड़ाके', 'किसका राज है', 'पुरखा झारखंडी साहित्यकार और नए साक्षात्कार', 'आदिवासी साहित्य : परम्परा और प्रयोजन', 'वाचिकता : आदिवासी साहित्य एवं सौन्दर्यबोध' आदि।

अनुज लुगुन

सिमडेगा (झारखंड) जिले के 'जलडेगा' नामक गाँव में जन्मे, काशी में पढ़े-लिखे और बिहार में शिक्षक, जनजातीय चर्चित कवि अनुज लुगुन (जन्म—10.01.1986) ने समीक्षाएँ भी लिखी हैं। दलित विमर्श में आम तौर पर चर्चा में रहने वाला स्वानुभूति बनाम सहानुभूति वाला सवाल आदिवासी विमर्श में भी चर्चा में रहता है, किन्तु यहाँ अभी उतनी आक्रामकता नहीं है। अनुज लुगुन से यह पूछे जाने पर कि क्या सिर्फ आदिवासी ही आदिवासी की व्यथा बेहतर कह सकता है? वे उत्तर देते हैं, "इसमें कोई शक नहीं कि जिसने भोगा है वही जानता है लेकिन ऐसा नहीं है कि आदिवासियों के लिए गैर आदिवासियों ने आवाज नहीं उठाई है। महाश्वेता देवी, ब्रह्मदेव शर्मा जैसे नाम भी हैं। जिनमें मानवता होगी, जो इन समस्याओं को समझेगा वो हमारी बात कर सकता है। हाँ, यह जरूर है कि चूँकि हम भोगते हैं तो हमारी अनुभूति उनसे अलग है।" (www.bbc.com/hindi/india, 4 अगस्त 2011)

अनुज लुगुन के आलोचनात्मक लेख 'वागर्थ', 'प्रगतिशील वसुधा', 'आलोचना', 'संवेद', 'अन्तिम जन', 'आउटलुक', 'प्रभात खबर', 'लोकमत समाचार', 'अमर उजाला' आदि पत्र-पत्रिकाओं में निरन्तर प्रकाशित होते रहते हैं। अनुज लुगुन बिलकुल युवा हैं, अध्ययनशील हैं और भाषा पर भी इनकी अच्छी पकड़ है। आदिवासी युवा लेखकों में अनुज लुगुन विशिष्ट हैं और मेरी दृष्टि में सर्वाधिक प्रतिभाशाली हैं।

आदिवासी साहित्य के अन्य आलोचकों में वीर भारत तलवार (अनुसन्धानपरक आलोचना देखें), हरिराम मीणा, निर्मला पुतुल, हनुमान सहाय मीणा, गंगा सहाय मीणा, गणेश डी.के., चन्दन श्रीवास्तव, अभिषेक कुमार पांडेय आदि का नाम लिया जा सकता है।

इक्कीसवाँ सोपान

मीडिया समीक्षा

मीडिया के साथ समीक्षा शब्द ही अधिक प्रचलन में है इसीलिए मैंने लोकरुचि का सम्मान करते हुए यहाँ 'मीडिया आलोचना' की जगह 'मीडिया समीक्षा' शब्द का प्रयोग किया है। 'आलोचना' और 'समीक्षा' शब्द एक-दूसरे के पर्याय के रूप में प्रयुक्त भी होते हैं।

मीडिया को दूसरे शब्दों में जन संचार माध्यम भी कहते हैं। आज इसका दायरा बहुत विकसित हो चुका है। प्रिंट मीडिया के अलावा इलेक्ट्रॉनिक मीडिया के क्षेत्र में रेडियो, टेलिविजन, स्मार्ट फोन, कंप्यूटर आदि सभी इसके भीतर समाहित किए जा सकते हैं। हमने सिनेमा को भी इसी के भीतर शामिल कर लिया है। यद्यपि सिनेमा इतना शक्तिशाली माध्यम है कि हिन्दी में स्वतंत्र रूप से फिल्म समीक्षा विकसित हो चुकी है। इसीलिए मैंने मीडिया समीक्षा के भीतर ही फिल्म समीक्षा की एक अलग श्रेणी बनाई है। आज इन सभी माध्यमों का इस्तेमाल सत्ताधारी वर्ग अपने हित में बखूबी कर रहा है और ये सभी माध्यम वस्तुत: जन संचार के ही माध्यम हैं।

मीडिया की शक्ति और उसका स्वरूप

मीडिया के दो रूप हैं—प्रिंट मीडिया और इलेक्ट्रॉनिक मीडिया। प्रिंट मीडिया का अस्तित्व तब से है जब छापाखाना विकसित हुआ। इस प्रिंट मीडिया की विरासत बहुत ही समृद्ध है किन्तु आज इसकी दशा बहुत ही दयनीय है। पहले जो हिन्दी पत्रकारिता बाबूराव विष्णु पराड़कर, गणेश शंकर विद्यार्थी, माखनलाल चतुर्वेदी, अम्बिकाप्रसाद वाजपेयी जैसे यशस्वी पत्रकारों की बनाई जमीन पर खड़ी थी वह देखते ही देखते आज सत्ताधीशों की चाकर बन गई। 'चौथा खंभा' शब्द अब उसके लिए अपनी सार्थकता खो चुका है। पहले पत्रकार अपनी जान जोखिम में डालकर भी जनता के प्रति अपनी जवाबदेही के लिए सदा सजग रहते थे। आर्थिक अभाव, मानसिक पीड़ा, पारिवारिक समस्याओं को झेलते हुए भी वे शासन के सामने कभी झुकते नहीं थे। हमारे अधिकांश महान पत्रकारों की संघर्ष-कथाएँ झकझोर देने वाली हैं। 1837 ई. से भारत में प्रकाशित होने वाले पहले उर्दू साप्ताहिक 'देहली उर्दू अखबार' के सम्पादक मौलवी मोहम्मद बाकर को 1857 के प्रथम स्वाधीनता संग्राम के बाद 14 सितम्बर 1857 को गिरफ्तार किया गया और 16 सितम्बर को उन्हें कैप्टन हडसन के आदेश से देहली दरवाजे के बाहर मैदान में गोली मार दी गई और उनके अखबार का एक-एक अंक ढूँढ़ कर जला दिया गया। 'केसरी' के सम्पादक बाल गंगाधर तिलक ने स्वयं लिखा है, "हमारे पास कोई ठाट-बाट नहीं था, पत्रों से हमें कानी कौड़ी भी नहीं मिलती थी। बिछौने को लपेटकर उसी पर लिखने बैठ जाते थे, किन्तु हमारे लेखों में किसी प्रकार की कमी नहीं आती थी।" (उद्धृत, मूर्धन्य सम्पादक, पृ. 34) जीवन भर हिन्दी के लिए जूझने वाले महान पत्रकार अमृतलाल चक्रवर्ती ने अपने अन्तिम दिनों में बीमारी और आर्थिक अभाव के चलते आत्महत्या तक करने की सोच ली थी। उन्होंने अपनी दशा का उल्लेख करते हुए विवश होकर अपने एक शुभचिन्तक और 'कलकत्ता समाचार' के संचालक कुँवर गणेश सिंह भदौरिया को जो पत्र लिखा था वह किसी के भी हृदय को विदीर्ण कर देने वाला है। उन्होंने लिखा था, "यदि कल तक (आर्थिक) सहायता न मिली तो मेरे जीवन का अन्त हो जाएगा। मुझसे घर का दुख देखा नहीं जाता। इस समय मेरे पास दो आने पैसे भी नहीं, जो अफीम मंगाकर अपना जीवन समाप्त कर लूँ। मेरे पास जो अफीम का तेल रखा है, जीवन समाप्त करने का वही साधन रह गया है।" (उद्धृत, मूर्धन्य सम्पादक, पृ. 64) यहाँ तक कि आधुनिक हिन्दी के परिष्कारक और 'सरस्वती' जैसी पत्रिका के सम्पादक आचार्य महावीरप्रसाद द्विवेदी

तक को अपने अन्तिम दिनों में मध्य प्रदेश के रायगढ़ के राजा के दीवान डॉ. बलदेव प्रसाद मिश्र को कुछ आर्थिक सहायता के लिए मार्मिक पत्र लिखना पड़ा था और वहीं से कुछ मासिक वृत्ति की व्यवस्था हो सकी थी जिसके बल पर उनकी बची हुई तीन वर्ष की वृद्धावस्था कट सकी।

यह सब देखते हुए आज के तथाकथित महान पत्रकारों की आर्थिक और सामाजिक हैसियत पर जब हमारी नजर पड़ती है तो सहज ही मीडिया के पतन का अनुमान हो जाता है। ज्यादातर सम्पादक अब प्रबन्धन का काम देखते हैं और अपनी विचारधारा को अपने मालिकों के हाथों गिरवी रखकर ही पत्रकारिता करते हैं। हिन्दी पत्रकारिता में विचारशीलता के लिए कम हो गई जगह के कारण पाठकों को वैचारिक नेतृत्व मिलना बन्द हो गया है। प्रिंट मीडिया की वर्तमान स्थिति पर टिप्पणी करते हुए प्रसिद्ध मीडिया विचारक पी. साईनाथ ने लिखा है, "20 साल पहले जब हम मीडिया मोनोपोली कहते थे तो साहूजी और जैन साहब का अखबार तीन-चार शहरों से निकलता था। भारत ऐसा देश है, जहाँ दो शहरों से आप का अखबार निकलता है तो आप नेशनल प्रेस बन जाते हैं। लेकिन मोनोपोली क्या थी? इंडियन एक्सप्रेस के मालिक थे रामनाथ गोयनका। साहू और जैन भी मालिक रहे। यह मोनोपोली अब खत्म हो गई। आज मीडिया मोनोपोली का मतलब कॉरपोरेट मोनोपोली के अन्दर मीडिया एक छोटा डिपार्टमेंट बनकर रह गया है। आज सबसे बड़ा मीडिया मालिक कौन है? मुकेश अम्बानी। जबकि मीडिया उसका मुख्य कारोबार नहीं है। यह उसके बड़े कारोबार का एक छोटा सा डिपार्टमेंट है। आप मुकेश भाई को देखिए, एक साल पहले नेटवर्क 18 को खरीदा। मैं सच बता रहा हूँ, उनको नहीं पता कि उन्होंने क्या खरीदा। इसके अलावा 22 चैनल आया इनाडू से। तेलुगू चैनल छोड़कर सब बिक गया। इनाडू मीडिया में अच्छा नाम है। लेकिन इनाडू का अब असली नाम है मुकेश अम्बानी। इनाडू का चैनल देखिए, वे कोल स्कैम, कैश स्कैम को कैसे कवर कर रहे हैं? इनाडू का फुल बुके मुकेश भाई का है। टी.वी. 18 का फुल बुके मुकेश भाई का है। उनको नहीं पता कि उन्होंने क्या खरीदा है।" (मीडिया विमर्श, (भोपाल) जुलाई-सितम्बर 2013, पृ. 56)

पी. साईनाथ की एक अन्य टिप्पणी से आज की पत्रकारिता के चरम पतन की दशा का आसानी से अनुमान किया जा सकता है। वे लिखते हैं, "अच्छी पत्रकारिता का काम है समाज के भीतर संवाद की स्थिति पैदा करना, देश में बहसें उठाना और प्रतिपक्ष को जन्म देना। यह एक लोकसेवा है। सेवा को जब आप धन में तौलते हैं तो हमें इसकी कीमत चुकानी पड़ती है। जरा ग्रामीण भारत को देखें। 83.3 करोड़ की आबादी, 784 भाषाएँ, जिनमें छह भाषाओं के बोलने वाले पाँच करोड़ से ज्यादा और तीन भाषाओं को बोलने वाले आठ करोड़ से ज्यादा। ऐसे देश में शीर्ष छह अखबारों के पहले पन्ने पर ग्रामीण भारत को केवल 0.18 प्रतिशत जगह मिल पाती है, देश के छह बड़े समाचार चैनलों के प्राइम टाइम में 0.16 प्रतिशत जगह मिल पाती है।" (आंचलिक पत्रकार, नवंबर 2018 पृ. 13)

हिन्दी पत्रकारिता की दशा यह है कि दिल्ली का एक प्रतिष्ठित अखबार जिसकी पहचान कुछ साहित्यिक और विचार प्रधान लेख छापने के लिए रही है और जिसमें विगत लगभग दो दशक से मैं लिख रहा था, वहाँ के फीचर सम्पादक ने फोन पर साफ-साफ कह दिया कि "सर, अब हमारी नीति बदल चुकी है और अब हम सिर्फ प्रो-गवर्नमेंन्ट ही छापते हैं।" इसी तरह का मेरा अनुभव कोलकाता के भी एक प्रतिष्ठित अखबार के साथ का है।

कभी-कभी उम्मीद की किरण भी दिख जाती है। पिछले दिनों मद्रास हाईकोर्ट ने 'इंडिया टुडे' पत्रिका के तमिल संस्करण के खिलाफ चलाए गए मानहानि के मुकदमे की सुनवाई करते हुए अदालत ने पत्रिका को आरोपमुक्त तो किया ही, अपना फैसला देते हुए यह भी कहा कि "भारत एक जीवंत जनतंत्र है और चौथा स्तम्भ इसका अपरिहार्य अंग है। यदि इस तरह चौथे स्तम्भ की आवाज दबाई गई तो भारत तानाशाही का शिकार बन जाएगा और हमारे स्वतंत्रता सेनानियों तथा संविधान निर्माताओं की सारी मेहनत बेकार हो जाएगी।" (आंचलिक पत्रकार, जनवरी-2019, पृ. 10)

किन्तु सचाई यह है कि जब चौथे खंभे के जीवित रहने की शर्त ही कारपोरेट की चाकरी हो तो उसका स्वतंत्र अस्तित्व भला कैसे रह पाएगा? प्रख्यात पत्रकार विश्वनाथ सचदेव खुद स्वीकार करते हैं, "यह सही है कि आज चौथा स्तम्भ मुनाफे का धंधा बनता जा रहा है। सरकारें इस स्तम्भ को कमजोर बनाए रखने में अपनी स्वार्थ-सिद्धि देख रही हैं। मीडिया पर नियंत्रण रखने वाले व्यवसायी अपनी ताकत बढ़ाने में लगे हैं।" (आंचलिक पत्रकार, जनवरी 2019, पृ. 11)

सिनेमा का बदलता मायाजाल

इलेक्ट्रॉनिक मीडिया की दुनिया अपेक्षाकृत नई है। इसमें सिनेमा का इतिहास सबसे पुराना है। सिनेमा मूलत: एक दृश्य माध्यम है और दृश्यों तथा ध्वनियों के संयोजन द्वारा ही वह अपनी बात कहता है। इन दृश्यों का निर्माण दूरी, गति, रंग, प्रकाश, शब्द, ध्वनि, संगीत आदि से मिलकर होता है। फिल्म से जुड़े लोगों को इनके संस्कार अपने सामाजिक अनुभवों से प्राप्त होते हैं और तकनीक के लिए उन्हें प्रशिक्षण लेना पड़ता है। यह एक सामूहिक कला है इसलिए इससे जुड़े लोगों को आपस में सन्तुलन और सामंजस्य बैठाना पड़ता है, लेकिन इसमें केन्द्रीय भूमिका निर्देशक की होती है।

सिनेमा की शुरुआत यूरोप में 1895 ई. में हुई। यह नया दृश्य माध्यम असाधारण रूप से व्यापक जनसमुदाय को जोड़ने वाला था। इसके दर्शक शिक्षित और अशिक्षित सभी होते हैं। इसलिए इसके प्रभाव को लेनिन ने बहुत जल्दी पहचान लिया और सोवियत संघ में 1919 ई. में ही इसका राष्ट्रीयकरण कर दिया, क्योंकि वे मानते थे कि सिनेमा सिर्फ मनोरंजन का साधन मात्र नहीं है, इसका सामाजिक उपयोग किया जा सकता है। उस दौर में सोवियत संघ में अनेक सोद्‌देश्य उच्चकोटि की फिल्में बनीं किन्तु ठीक इसी तरह जब जर्मनी में हिटलर जैसा फासिस्ट हुआ तो उस दौर में भी ऐसी फिल्में बनीं जिनमें हिटलर को महामानव की तरह पेश किया गया। इस तरह सिनेमा का उपयोग आरम्भ से ही शोषक वर्ग के हित में होता रहा। 1945-50 के बाद यूरोप के सिनेमा का हॉलीवुड मॉडल विकसित हुआ और सिनेमा का व्यापक व्यावसायिक उपयोग होने लगा। इसका व्यापक असर भारतीय फिल्म उद्योग पर भी पड़ने लगा। भारतीय फिल्मों में अपराध, हिंसा, सेक्स आदि को बड़े पैमाने पर जगह मिलने लगी।

सन् 1913 में अपने देश की पहली भारतीय फिल्म का निर्माण हुआ जिसके जनक थे मराठी भाषी घुंडीराव गोविंद फाल्के (दादा साहब फाल्के) और फिल्म थी 'राजा हरिश्चन्द्र'। यह एक मूक फिल्म थी जिसका प्रदर्शन 3 मई 1913 को बम्बई के 'कॉरनेशन थियेटर' में हुआ। विदेश (लंदन) में सन् 1914 में प्रदर्शित होने वाली प्रथम भारतीय फिल्म 'राजा हरिश्चन्द्र' ही थी। फाल्के स्वयं नाटककार और अभिनेता थे किन्तु सिनेमा के नए माध्यम में वे ऐसे डूबे कि 1917 ई. तक वे एकमात्र फिल्म निर्माता बने रहे और उन्होंने 23 कथा-फिल्मों का निर्माण किया।

फिलहाल, आज भारत दुनिया का सबसे अधिक फिल्में बनाने वाला देश है। बहुभाषी होने के कारण यहाँ सिनेमा का विकास क्षेत्रीय आधार पर हुआ है। बांग्ला, मलयालम, तमिल, तेलुगू, कन्नड़, ओड़िया, मराठी, असमिया, मणिपुरी आदि विभिन्न भाषाओं में फिल्मों का विकास काफी हद तक क्षेत्रीय विशिष्टताओं के साथ हुआ है। लेकिन ठीक यही बात हिन्दी के बारे में उतने ही विश्वास के साथ नहीं कही जा सकती। दरअसल जिसे हिन्दी सिनेमा कहा जाता है वह अन्य क्षेत्रीय भाषाओं के सिनेमा की तरह सांस्कृतिक दृष्टि से हिन्दी क्षेत्र की नुमाइन्दगी नहीं करता।

फिल्म निर्माण के प्रारम्भिक चरण में बम्बई, कलकत्ता तथा मद्रास के अलावा लाहौर भी एक फिल्म निर्माण के केन्द्र के रूप में विकसित हुआ था। लाहौर एक प्रकार से हिन्दी क्षेत्र में पड़ता है। लाहौर का बँटवारे में पाकिस्तान का हिस्सा बन जाने के बाद हिन्दी क्षेत्र में कोई भी फिल्म निर्माण का केन्द्र नहीं विकसित हो सका। जहाँ बांग्ला, तमिल, तेलुगू में कला सिनेमा की एक मजबूत धारा बन चुकी है वहाँ हिन्दी में ऐसा नहीं हो सका। इसका एक महत्त्वपूर्ण कारण यह भी है कि हिन्दी सिनेमा में हिन्दी क्षेत्र से गम्भीर कलाकार या निर्माता-निर्देशक बहुत ही कम जुड़ पाए। इसकी परिणति इस रूप में हुई कि न सिर्फ व्यावसायिक बल्कि कला फिल्में बनाने वाले भी हिन्दी में फिल्में बनाने के लिए क्लासिक्स और लोक संस्कृति का अध्ययन करना जरूरी नहीं समझते। हिन्दी में एक अनुवादक के सहारे ही वे अपना कार्य सम्पन्न कर लेते हैं। हिन्दी सिनेमा के एक महत्त्वपूर्ण हस्ताक्षर जावेद अख्तर की स्वीकारोक्ति है कि वे कभी गाँव में नहीं रहे, कभी हिन्दी नहीं पढ़ी और हिन्दी लिख भी नहीं सकते (आई हैव नेवर लिव्ड इन ए विलेज एंड इन फैक्ट आई हैव नेवर स्टडीड हिन्दी। आई कैन नाट राइट इट।)। (इन्दुमिरानी, जावेद ए साफ्ट टच, 'द पायनियर' दैनिक में प्रकाशित लेख, दिनांक 13 दिसम्बर, 1997. पृ. 16)

अनुपम ओझा लिखते हैं, "मैने कई कला फिल्मों की पटकथाएँ देखीं। वे भी कॉमर्शियल फिल्मों की तरह ही रोमन में लिखी गई थीं। हिन्दी दोनों के लिए मुख्यत: बाजार की भाषा है। मुश्किल यह है कि उत्तर भारत में आज तक रंगमंच या सिनेमा के लिए सहायक माहौल नहीं बन सका।" (भारतीय सिने सिद्धान्त, पृ. 83)

एक दौर में हिन्दी की अनेक मशहूर कृतियों पर फिल्में बनीं और सराही गईं। प्रेमचन्द की 'दो बैलों की कथा', 'सद्गति' और 'शतरंज के खिलाड़ी' पर क्रमश: 'हीरामोती', 'सद्गति' और 'शतरंज के खिलाड़ी' नाम से, मोहन राकेश के 'उसकी रोटी', 'आषाढ़ का एक दिन' और 'आधे अधूरे' पर क्रमश: इन्हीं नामों से, कमलेश्वर के 'एक सड़क सत्तावन गलियाँ', 'फिर भी' और 'डाक बंगला' पर क्रमश: 'बदनाम गली', 'फिर भी' और 'डाक बंगला' नाम से, मन्नू भंडारी के 'यही सच है' पर 'रजनीगंधा' नाम से तथा 'आप का बंटी' पर इसी नाम से, फणीश्वरनाथ रेणु के 'मारे गए गुलफाम' उर्फ 'तीसरी कसम' और 'मैला आँचल' पर क्रमश: 'तीसरी कसम' और 'डाग्डर बाबू' नाम से, विजयदान देथा की 'दुविधा' और 'परिणति' पर इन्हीं नामों से, चन्द्रधर शर्मा गुलेरी के 'उसने कहा था' पर इसी नाम से, राजेन्द्र यादव के 'सारा आकाश' पर इसी नाम से, निर्मल वर्मा के 'माया दर्पण' पर इसी नाम से, भीष्म साहनी के 'तमस' पर इसी नाम से, शैवाल के 'दामुल' पर इसी नाम से, धर्मवीर भारती के 'सूरज का सातवाँ घोड़ा' पर इसी नाम से, हसन अब्बास के 'आनन्दी' पर 'मंडी' नाम से आदि फिल्में उल्लेखनीय हैं। इन पर फिल्में बनाने वाले सत्यजीत रे, हृषिकेश मुखर्जी, मणि कौल, बासु चटर्जी, बासु भट्टाचार्य, प्रकाश झा, नवेंदु घोष, गोविन्द निहलानी, गौतम घोष, श्याम बेनेगल, मुजफ्फर अली जैसी मशहूर हस्तियाँ थीं। उल्लेखनीय यह है कि इनमें ज्यादातर अहिन्दी भाषी फिल्मकार हैं। खेद है कि धीरे-धीरे सिनेमा और साहित्य का यह रिश्ता कमजोर पड़ता गया और वैश्वीकरण की आँधी ने तो बची-खुची डोरियाँ भी झटक डालीं। इस दौर में सिनेमा के माध्यम से समाज की ज्वलंत समस्याओं की ओर दर्शकों का ध्यान आकृष्ट किया जाता था, उनमें राष्ट्रीय चेतना, सामाजिक-सांस्कृतिक मूल्यों के प्रति निष्ठा और लगाव को प्रदर्शित किया जाता था। सिनेमा सिर्फ मनोरंजन का साधन नहीं था। उसका सामाजिक उत्तरदायित्व भी था। साहित्य में दलित विमर्श तो पिछले कुछ दिनों ने चल रहा है किन्तु 'खुदा की बात' (1930, आर.एस. चौधरी), 'चंडीदास' (1934, नितिन बोस), 'धर्मात्मा' (1935, वी. शान्ताराम) 'अछूतकन्या' (1936, फ्रेन्ट्ज आस्टन) और 'अछूत' (1940, चन्दूलाल शाह) जैसी दलित समस्याओं पर फिल्में चौथे दशक में ही बन चुकी थीं।

सातवें दशक के आरम्भ से सिनेमा का मूल्यांकन कलात्मक आधार पर उसे दो वर्गों में बाँटकर किया जाने लगा—कला सिनेमा (आर्ट फिल्म) और लोकप्रिय सिनेमा (पॉपुलर फिल्म)। लोकप्रिय सिनेमा की प्रतिक्रिया में साठ के दशक से ही फिल्मकारों का अलग वर्ग उभरना शुरू हो गया था जिसे 'समान्तर सिनेमा', 'कला सिनेमा' और 'नया सिनेमा' जैसे नामों से पुकारा जाने लगा। इस तरह की फिल्मों की विशेषताओं में छोटा बजट, यथार्थ पर केन्द्रित विषयवस्तु और भारतीय दृश्य महत्त्वपूर्ण हैं। भारत में कला सिनेमा की आन्तरिक प्रेरणा के स्रोत सत्यजित रे माने जाते हैं, जिन्होंने 1955 में 'पाथेर पांचाली' बनाकर विश्व सिनेमा में भारतीय सिनेमा को जगह दिलाई। हिन्दी को छोड़कर बाकी भाषाओं में कला फिल्मों ने अपने स्थायी दर्शक बना लिए तथा उनकी निर्माण गति तुलनात्मक रूप से ज्यादा थी।

नब्बे के दशक में सोवियत संघ के विघटन के बाद और अमरीकी साम्राज्यवाद के नेतृत्व में आर्थिक उदारीकरण की नीतियों के विश्वव्यापी प्रसार के चलते हिन्दी फिल्मों का चरित्र पूरी तरह से बदल चुका है। अब फिल्मों का पूरी तरह व्यावसायिक इस्तेमाल होने लगा। गरीबी, शोषण, साम्प्रदायिकता जैसे विषय अब नेपथ्य में चले गए। इन दिनों निर्मित हिन्दी फिल्में एक ओर यदि अभिजात वर्ग की परिवार केन्द्रित भावनात्मक समस्याओं को लोकप्रिय मुद्दा बना रही हैं तथा उदारीकरण और निजीकरण से उत्पन्न समाज के एक हिस्से की समृद्धि को महिमा-मंडित कर रही हैं तो दूसरी ओर समाज के अपराधीकरण को। पिछले दिनों माफिया गिरोहों की कारस्तानियों को कई तरह से और बार-बार फिल्माया गया। अब अपराध, ऐक्शन और सेक्स कॉमेडी फिल्मों का मुख्य विषय हो गया है।

हिन्दी फिल्मों के चरित्र को समझने के लिए यह देखना जरूरी है कि इस उद्योग में पैसा किसका लगा है। पिछले दिनों अर्थात् 2010 के बाद जिन फिल्मों ने 100 करोड़ से ज्यादा का बिजनेस किया है यदि उन पर एक नजर दौड़ाएँ तो एक भयानक परिदृश्य उपस्थित हो जाता है। ऐसी फिल्मों में 'चेन्नई एक्सप्रेस', 'बॉडीगार्ड', 'एक था टाइगर', 'किंग', 'सिंघम' और 'ग्रैंड मस्ती' जैसी फिल्में हैं। यह सही है कि इनमें एक-दो अच्छी फिल्में भी हैं किन्तु सवाल यह है कि जिस देश में पिछले दो दशकों में लगभग तीन लाख किसानों ने आत्महत्या कर ली हो तो उन पर कोई फिल्म क्यों नहीं बनी? 'डर्टी पिक्चर' की हीरोईन जब कहती है कि फिल्म सिर्फ तीन कारणों से चलती हैं—इंटरटेनमेंट, इंटरटेनमेंट और इंटरटेनमेंट, तो उसका यह भी मतलब होता है कि फिल्में उन्हीं तीन वजहों से बनती भी हैं।

विगत दो दशकों में हिन्दी सिनेमा ने अपनी बची-खुची जातीय और लोक परम्पराओं को भी काफी हद तक भुला दिया है। अब हिन्दी फिल्मों का सम्बन्ध ग्रामीण यथार्थ से लगभग खत्म हो चुका है। मल्टीप्लेक्स के आगमन ने हिन्दी सिनेमा की पूरी संस्कृति को ही बदल कर रख दिया है। पहले बड़े-बड़े सिनेमा हॉलों में समाज के सभी तबकों के लोग एक साथ बैठकर फिल्में देखते थे। यद्यपि वहाँ भी दर्शकों में स्तर-भेद था और टिकटों के दाम अलग-अलग थे किन्तु आज की तरह नहीं। आज मल्टिप्लेक्स में एक साथ तीन-तीन चार-चार फिल्में दिखाई जाती हैं। अंग्रेजी बोलने वाला उच्च और उच्च मध्य वर्ग अपने समकक्ष दर्शकों के साथ बैठकर छोटे-छोटे हॉलों में फिल्में देखता है। इन्हीं दर्शकों को ध्यान में ऱखकर आज फिल्मों का उत्पादन भी हो रहा है।

कुछ साल पहले स्त्री को सबके सामने छूते हाथ काँपते थे। मिलन के दृश्य दो फूलों या पौधों को मिलाने के माध्यम से संकेतों द्वारा प्रदर्शित किए जाते थे। अब स्त्रियों को चूमे बिना बात ही नहीं बनती। बाजारवाद के मुख्य हथियार विज्ञापन अब नए-नए रूप में आकर हमें लुभा रहे हैं। नग्नता ही स्त्री स्वातंत्र्य का पर्याय बन चुकी है। फिल्म समीक्षक हितेश चौधरी के शब्दों में, "सन् 2001 में सरकार ने फिल्मों को उद्योग का दर्जा दिया और अब तो फिल्म उद्योग का पूरी तरह कारपोरेटीकरण हो चुका है। फिल्म निर्माण से लेकर फिल्म बेचने के तरीकों तक में इस कदर बदलाव आया है कि फ्लॉप-हिट की परिभाषा ही धूमिल हो गई है। आज यूटीवी, मोशन पिक्चर्स, इरौस, रिलायंस इंटरटेनमेंट, एडलैब्स, वाइकाम18, बालाजी टेलीफिल्म्स और यशराज फिल्म्स जैसे प्रोडक्शन हाउसों ने फिल्मों का पूरा खेल बदल दिया है। इनका फिल्मों में पैसा लगाने का तरीका भी अलग है। अब ये फिल्म नहीं, पोर्टफोलियो मैनेजमेंट करते हैं। केबल व सेटेलाइट अधिकार, विदेश वितरण, संगीत, होम वीडियो और न्यू मीडिया जैसे मंचों के लिए अलग अधिकार बेचे जाते हैं और उनसे प्रोडक्शन हाउस को जबरदस्त आय होती है। आज मीडिया में प्रसारित होने वाले कुल कंटेंट का लगभग एक तिहाई बॉलीवुड से सम्बन्धित है।

"गौरतलब है कि अक्षय कुमार की 'तीसमार खाँ' टिकट खिड़की पर बुरी तरह फ्लॉप हुई लेकिन एक अखबार को दिए इंटरव्यू में यूटीवी मोशन पिक्चर्स के सीईओ सिद्धार्थराय कपूर ने कहा, "नुकसान? हमने फिल्म पर पैसा बनाया। दर्शकों की अपेक्षा पर खरा न उतरना या आलोचकों द्वारा खारिज कर देने का मतलब यह नहीं है कि हमने पैसा डुबोया।" (मीडिया विमर्श, जुलाई-सितम्बर 2013, पृ. 83)

वे आगे लिखते हैं, "निश्चित रूप से फिल्मों का अर्थशास्त्र व्यावहारिक रूप से बड़े प्रोडक्शन हाउसों के इर्द-गिर्द सिमट गया है। आज वे तय करते हैं कि किसी फिल्म को कब रिलीज करना है या कब तक बनने के बाद डिब्बे में बन्द रखना है। स्वतंत्र निर्माताओं के लिए अपनी फिल्म रिलीज कराना लोहे के चने चबाने सरीखा है। सितारों की कीमतें आसमीन छू रही हैं। क्योंकि साल में 300 से ज्यादा हिन्दी फिल्में बनाने वाले बॉलीवुड के पास 30 बड़े नायक नहीं हैं। भारतीय दर्शकों के मन में सितारों की छवि कुछ-कुछ ईश्वरीय है। नतीजा, यशराज चोपड़ा जैसा निर्देशक 'एक था टाइगर' के लिए कथित तौर पर सलमान खान को 32 करोड़ रुपए में साइन करता है। सितारों के नाम से फिल्म को बेचने में सहूलियत होती है और यही फंडा सितारे भी जानते हैं। यही वजह है कि शाहरुख-आमिर-सलमान-अक्षय-सैफ जैसे अधिकांश बड़े सितारे आज खुद निर्माता की भूमिका में हैं। वे जिन फिल्मों में काम करते हैं, उसके मुनाफे में हिस्सा चाहते है।" (उपर्युक्त, पृ. 84)

पिछले दिनों बनने वाली हिन्दी फिल्मों के शीर्षकों पर यदि नजर दौड़ाएँ तो संस्कृति के क्षेत्र में होने वाले परिवर्तन की कुछ बानगी देखी जा सकती है। पहले जहाँ शीर्षक शुद्ध हिन्दी या हिन्दुस्तानी में हुआ करते थे, वहाँ अब 'बैलडन अब्बा' (2010), 'मेरे ब्रोदर की दुल्हन' (2011), 'डबल धमाल' (2011), 'ऑलवेज कभी कभी (2011), 'एक था टाइगर' (2012) 'साहब, बीबी और गैंगस्टर्स रिटर्न' (2013), 'चेन्नई एक्सप्रेस' (2013) जैसे शीर्षकों वाली फिल्मों की बाढ़ आ गई है। कहीं-कहीं तो हिन्दी फिल्मों के पूरे के पूरे शीर्षक ही अंग्रेजी के देखे गए। जैसे 'बॉडीगार्ड' (2011), 'दी डर्टी पिक्चर' (2011) 'वन्स अपॉन ए टाइम इन मुम्बई' (2010) 'सन ऑफ सरदार' (2012) 'शूट आउट एट वडाला' (2013) 'स्पेशल-26' (2013) और 'पीके' (2014) आदि रखे गए हैं।

इस तरह आज हिन्दी सिनेमा बहुराष्ट्रीय कम्पनियों के उत्पादों के लिए उपभोक्ता तैयार करने का माध्यम बन गया है। यह उपभोक्ता वर्ग तभी तैयार हो सकता है जब दर्शकों को उनकी अपनी देशज संस्कृति से च्युत किया जा सके और यह काम भाषा को विकृत करके सबसे आसानी से किया जा सकता है। आज बाजारवाद यह कुचेष्टा कर रहा है कि हिन्दी भाषी संस्कृति की जड़ों को ही सुखा दिया जाए। बहुराष्ट्रीय कम्पनियाँ

अपने इस उद्देश्य में सफल होती जा रही हैं। हिन्दी फिल्मों की भाषा हिन्दी या हिन्दुस्तानी की जगह हिंग्लिश होती जा रही है और इस तरह हिन्दी सिनेमा अपनी ही जातीय छवि को विकृत और धवस्त करता हुआ तेजी से बाजारवाद की ओर छलांग लगा रहा है।

फिल्म समीक्षकों की भी दशा दयनीय है। आज के फिल्म समीक्षकों पर टिप्पणी करते हुए उदयन वाजपेयी लिखते हैं, "हमारे अधिसंख्य सिनेमा-समीक्षक उपभोग्य फिल्मों के विज्ञापन बने हुए हैं। इससे उन्हें पर्याप्त रोजगार और यश भले मिल जाता होगा, वे समीक्षक के अपने मूल धर्म से विचलित हो जाते हैं। शायद यही कारण है कि इस देश के कुछ श्रेष्ठ फिल्मकारों को फिल्में बनाने के अलावा सिनेमा-संस्कृति को समृद्ध करने का दायित्व भी निभाना पड़ा है। सत्यजीत रे, ऋत्विक घटक, मणि कौल, कुमार शहानी आदि ने गम्भीर लेखन और व्याख्यानों के सहारे लम्बे समय तक यह भूमिका भी निभाई है।" (दैनिक भास्कर, नई दिल्ली, 16 दिसम्बर, 2018)

ऐसी दशा में अब मुख्य धारा के सिनेमा से कोई उम्मीद नहीं बची है। यदि कहीं उम्मीद है तो वह डाक्यूमेंट्री फिल्मों से। यह सही है कि डाक्यूमेंट्री फिल्मों की स्थिति बहुत दयनीय है किन्तु आज जिस तरह तकनीकों के विकास से एक ओर फिल्मों का निर्माण आसान हो गया है तो दूसरी ओर फिल्में अब लैपटाप से लेकर मोबाइल तक पर सहज ही देखी जा सकती हैं। ऐसी दशा में विकल्प के रूप में इस देश की विशाल आम जनता के सामने डाक्यूमेंट्री फिल्मों का व्यापक विकल्प मौजूद है, जहाँ हम इस देश की आम जनता की समस्या को आम जनता के बीच दिखा सकते हैं।

टेलीविजन का साम्राज्य और उसका चरित्र

15 सितम्बर 1957 को मनोरंजन के क्षेत्र में टेलीविजन नामक एक नए जनमाध्यम की शुरुआत हुई। आरम्भ में तो इसका कोई ज्यादा असर नहीं हुआ क्योंकि भारत जैसे गरीब और विकासशील देश में टेलीविजन खरीद पाना सबके बस की बात नहीं थी। किन्तु 1971 ई. के बाद दूरदर्शन का तेजी से विस्तार हुआ। अनेक टेलीविजन केन्द्र खुले और राष्ट्रीय कार्यक्रमों का विस्तार हुआ। इसके बाद इसकी गति और लोकप्रियता हम सबके सामने है। किन्तु जैसा पहले हम चर्चा कर चुके हैं, सिनेमा की ही तरह टेलीविजन का इस्तेमाल भी कॉरपोरेट दुनिया के लोग अपनी पूँजी के विस्तार और मुनाफे के लिए कर रहे हैं। इसका इस्तेमाल भी मध्यवर्ग और अधिक से अधिक निम्न मध्यवर्ग के चरित्र को बाजार के अनुरूप ढालने के लिए किया जा रहा है। टेलीविजन के सैकड़ों चैनल में से एक भी नहीं है जो गाँवो में रहने वाले देश के सत्तर प्रतिशत किसानों की समस्याओं को अथवा मजदूरों को अपने धारावाहिकों का विषय बनाए। सिर्फ सरकारी चैनल से कभी-कभार इनकी आवाजें सुनाई दे जाती हैं, वह भी सरकारी नीतियों को ध्यान में रखते हुए।

इंटरनेट ने सूचना के क्षेत्र में अद्भुत और अकल्पनीय क्षमता का परिचय दिया है। सूचना के जाल का विस्तार इस युग की सबसे बड़ी क्रान्ति है। इंटरनेट की शुरुआत 1973 ई. में अमेरिका में एक रक्षा परियोजना के रूप में हुई थी। 1983 ई. में यह योजना कुछ चुनी हुई संस्थाओं के इस्तेमाल के लिए खोली गई और मात्र दो दशकों से भी कम समय में इसने पूरे भूमंडल को अपनी चपेट में ले लिया।

मीडिया की रीढ़ इंटरनेट है और इसका जिस रूप में इस्तेमाल साम्राज्यवादी देशों और बहुराष्ट्रीय कम्पनियों ने किया है उसका आकलन कर पाना भी सम्भव नहीं है। एडवर्ड एस. हर्मन और राबर्ट डब्ल्यू. मेक्चेस्ने नामक अमेरिका के दो प्रख्यात अर्थशास्त्रियों ने संयुक्त रूप से 'द ग्लोबल मीडिया : द न्यू मिशनरीज ऑफ कॉरपोरेट कैपिटलिज्म' नाम से पुस्तक लिखी जो 1997 में प्रकाशित हुई। इस पुस्तक में मीडिया के असीमित विस्तार से जुड़े ऐसे सभी राजनीतिक और आर्थिक सवालों पर ठोस आँकड़ों और तथ्यों की रोशनी में विचार किया गया है। पुस्तक में साम्राज्यवादी देशों और वहाँ की बहुराष्ट्रीय कम्पनियों के गठजोड़ और तीसरी दुनिया पर वर्चस्व कायम करने की उनकी कोशिशों का प्रामाणिक विश्लेषण है। पुस्तक के अनुसार मीडिया का यह विस्तार न तो एक नए युग की शुरुआत है और न ही इससे दुनिया के गरीब और मेहनतकश लोगों की जिन्दगी में कोई सकारात्मक परिवर्तन आने वाला है। इसके विपरीत इसका विस्तार सिर्फ विषमता को बढ़ाने और विभिन्न समाजों और देशों में नए तरह के तनावों और संघर्षों को पैदा करने का कारण बनेगा।

पुस्तक के प्रकाशन के लगभग दो दशक बाद आज इसके लेखकों के आकलन अक्षरश: सही साबित हो रहे हैं। इंटरनेट से जुड़े अनेक सर्च इंजन, ब्लॉग, फेसबुक, ट्विटर सहित टेलीविजन के सैकड़ों चैनल

रात-दिन अपने असंख्य रूपों और साधनों से एक ओर अपने विभिन्न उत्पादों का प्रचार-प्रसार करने और हमें अपने बाजार के अनुकूल उपभोक्ता बनाने में लगे हैं तो दूसरी ओर हमारी चेतना को, हमारी स्वतंत्र तार्किक और चिन्तन क्षमता को कुन्द करने में। और इस काम में उन्हें आशातीत सफलता मिल रही है। एक जनतांत्रिक देश में यदि लोगों की सोच को ही नियंत्रित कर दिया जाए और उन्हें एक खास दायरे में ही सोचने को विवश कर दिया दिया जाए तो शासक वर्ग के लिए भला इससे अच्छी बात क्या हो सकती है? आज मीडिया ठीक यही काम कर रही है।

2019 ई. में सम्पन्न हुए लोकसभा चुनाव में मीडिया का जिस तरह उपयोग किया गया वह अभूतपूर्व था। देश की बहुसंख्यक जनता मीडिया के बल पर मानो हिप्नोटाइज कर दी गई। आम जनता के लिए उत्कृष्ट और सस्ती शिक्षा और सबके लिए स्वास्थ्य की सुविधा का सवाल, बेरोजगारी की समस्या, बढ़ते अमीरी-गरीबी के फासले जैसे ज्वलंत मुद्दे तथा पाँच साल पहले जनता से किए गए वादे आदि परदे के पीछे ठेल दिए गए और तथाकथित देशभक्ति एवं हिन्दुत्व के सम्मोहन में जनता को उलझा दिया गया। अपने प्रतिनिधि का चुनाव करने की जगह जनता ने सीधे प्रधानमंत्री का चुनाव किया जहाँ उसके सामने कोई दूसरा विकल्प ही नहीं दिखाई दिया।

फिलहाल, हमने मीडिया समीक्षा की दो श्रेणी बनाई हैं, (क) पत्रकारिता समीक्षा और (ख) फिल्म समीक्षा।

(क) पत्रकारिता समीक्षा

पत्रकारिता समीक्षा के क्षेत्र के कुछ विशिष्ट आलोचकों का हम यहाँ संक्षिप्त परिचय दे रहे हैं।

मनोहरश्याम जोशी

अजमेर (राजस्थान) में जन्मे, लखनऊ में पढ़े-लिखे प्रख्यात लेखक मनोहर श्याम जोशी (09.08.1933-30.03.2006) ने सोलह साल तक 'साप्ताहिक हिन्दुस्तान' का सम्पादन किया। उस दौर में 'साप्ताहिक हिन्दुस्तान' की गणना हिन्दी की सर्वोत्तम पत्रिकाओं में होती थी। उन्होंने हिन्दी पत्रकारिता के नए मानक गढ़े। वे पत्रकारिता के सभी माध्यमों के विशेषज्ञ थे। प्रेस, रेडियो, टी.वी., सिनेमा, वृत्तचित्र, विज्ञापन आदि सम्प्रेषण का कोई भी माध्यम नहीं है जिस क्षेत्र में उन्होंने सफलता के साथ कलम न चलाई हो। वे पत्रकार के अलावा, कथाकार, दूरदर्शन धारावाहिक लेखक, फिल्म पटकथा लेखक, सम्पादक और स्तम्भ लेखक भी थे। 'बुनियाद', 'नेताजी कहिन', 'मुंगेरीलाल के हसीन सपने', 'हम लोग' आदि दूरदर्शन के प्रसिद्ध धारावाहिकों के कारण वे देश की आम जनता के बीच काफी लोकप्रिय हो गए। रंगकर्म की भी उन्हें अच्छी समझ थी। इन सबके साथ उन्होंने आलोचनाएँ भी लिखी हैं।

उनकी मीडिया पर केन्द्रित पुस्तकों में 'पटकथा लेखन : एक परिचय' प्रमुख है। 'मास मीडिया और समाज' उनकी अन्य महत्त्वपूर्ण पुस्तक है। 'मास मीडिया और समाज' पुस्तक में समय-समय पर उनके द्वारा मास मीडिया पर लिखी गई टिप्पणियाँ हैं। पुस्तक में ऐसे लेख हैं जिनसे माध्यमों की हिन्दी पत्रकारिता की स्थिति का पता चलता है। यह पुस्तक हर लिहाज से मीडिया के अध्येताओं, शोधकर्ताओं, मीडिया विशेषज्ञों के लिए बहुत महत्त्व की है। मनोहरश्याम जोशी के अनुभव और सूझ का सुन्दर समन्वय इस पुस्तक में है। उदाहरणार्थ मास मीडिया की व्यावहारिक समस्या की ओर संकेत करते हुए वे लिखते हैं,

"जिस हद तक मास मीडिया व्यवसाय ही नहीं कला भी है उस हद तक ब्रांड की सफलता का आश्वासन देने वाला कोई फॉर्मूला न निकल सकता है, न निकाला जा सकता है। अगर निकाला जा सकता होता तो ये जानकार एक के बाद एक हिट प्रोग्राम या फिल्में देते चले जाते। तो भी उन्होंने कुछ मान्यताएँ बना रखी हैं, जिन्हें वे लेखकों पर लादते हैं। उदाहरण के लिए उनकी मान्यता है कि सेक्स और हिंसा वाले कथानक अधिक सफल होते हैं, क्योंकि सेक्स और हिंसा सार्वभौम हैं। हर देश-काल में बिक सकती हैं। इसी तरह उनकी मान्यता है कि कथानक में ऐसा कुछ भी नहीं होना चाहिए जो क्षेत्र विशेष की भाषा-संस्कृति में बहुत ज्यादा रचा बसा हो, क्योंकि उस दशा में फिल्म या टेलीविजन कार्यक्रम क्षेत्र विशेष से बाहर बिलकुल पिट जाएगा।" (पत्रकारिता के युग निर्माता : मनोहरश्याम जोशी, प्रभात रंजन, पृ. 129)

'पटकथा लेखन : एक परिचय' लिखते हुए जोशी जी ने एक-एक पंक्ति लिखते हुए उस पाठक को ध्यान में रखा है जो फिल्म और टीवी में होने वाले लेखन का क,ख,ग भी नहीं जानता। प्राथमिक स्तर की

जानकारियों से शुरू करके यह पुस्तक हमें पटकथा लेखन और फिल्म व टीवी की अनेक विधागत विशेषताओं तक अत्यन्त जीवंत शैली में पहुँचाती है। इसमें उन्होंने वाचिक साहित्य, श्रव्य माध्यम, सिनेमा और नाटक के मौलिक भेद, ऑडियो-विजुअल इमैजिनेशन आदि के बारे में विस्तार से और एक किस्सागो की शैली में समझाया है।

राजेन्द्र माथुर

धार (म.प्र.) जिले के 'बदनावर' नामक कस्बे में जन्मे, धार, मन्दसौर, उज्जैन व इंदौर में पढ़े-लिखे राजेन्द्र माथुर (07.08.1935-09.04.1991) पत्रकार ही नहीं, मीडिया समीक्षक भी हैं। पत्रकारिता के दौरान विविध सामाजिक-राजनीतिक विषयों पर लिखे गए उनके लेख और सम्पादकीय बाद में पुस्तकाकार प्रकाशित हुए। इसमें मीडिया की समीक्षाएँ बहुत कम हैं। किन्तु एक पत्रकार के रूप में उनका योगदान बहुत अधिक है। स्वाधीन भारत में हिन्दी पत्रकारिता को स्थापित करने वालों में एक राजेन्द्र माथुर का पूरा जीवन ही हिन्दी पत्रकारिता को समर्पित रहा है। उन्होंने इंदौर से प्रकाशित 'नई दुनिया' से अपनी पत्रकारिता का आरम्भ किया और बाद में राष्ट्रीय हिन्दी दैनिक 'नवभारत टाइम्स' के सम्पादक बने। 'नई दुनिया' के सम्पादक राहुल बारपुते के सम्पादकीय अग्रलेख के बाद राजेन्द्र माथुर का अनुलेख छपा करता था और यह सिलसिला लगातार दस वर्ष तक चलता रहा।

उनकी कृतियों में 'गांधी जी की जेल यात्रा', 'राजेन्द्र माथुर संचयन' (दो खंड), 'नब्ज पर हाथ', 'रामनाम से प्रजातंत्र तक (तीन खंड)', 'सपनों में बनता देश (दो खंड)', 'भारत एक अन्तहीन यात्रा' आदि प्रमुख हैं।

राजेन्द्र माथुर के लेखन की निष्पक्षता पर आलोक मेहता की टिप्पणी है, "1985-86 के दौरान भारत की एक महत्त्वपूर्ण गुप्तचर एजेंसी के वरिष्ठ अधिकारी ने मुलाकात के दौरान सवाल किया—'आखिर माथुर जी हैं क्या? लेखन से कभी वे कांग्रेसी लगते हैं, कभी हिन्दूवादी संघी, तो कभी समाजवादी। आप तो इंदौर से उन्हें जानते हैं, क्या रही उनकी पृष्ठभूमि?' मुझे जासूस की इस उलझन पर बड़ी प्रसन्नता हुई। मैंने कहा, 'माथुर साहब हर विचारधारा में डुबकी लगाकर बहुत सहजता से ऊपर आ जाते हैं। उन्हें बहाकर ले जाने की ताकत किसी दल अथवा विचारधारा में नहीं है, वह किसी एक के साथ कभी नहीं जुड़े। वह सच्चे अर्थों में राष्ट्र-भक्त हैं। उनके लिए भारत राष्ट्र ही सर्वोपरि हैं। राष्ट्र के लिए वे कितने ही बड़े बलिदान एवं त्याग के पक्षधर हैं।' " (सपनों में बनता देश, आलोक मेहता)

कृष्णबिहारी मिश्र

बलिया (उ.प्र.) जिले के 'बलिहार' नामक गाँव में जन्मे, काशी और कोलकाता में पढ़े-लिखे तथा कोलकाता में शिक्षक रहे, पत्रकारिता की अनुसन्धानपरक समीक्षा के आचार्य डॉ. कृष्णबिहारी मिश्र (जन्म—01.07.1936) की ख्याति यद्यपि उनके द्वारा रचित रामकृष्ण परमहंस की जीवनी 'कल्पतरु की उत्सव लीला' और उनके ललित निबन्धों के नाते अधिक है किन्तु हिन्दी पत्रकारिता के समीक्षक के रूप में भी उनका स्थान बहुत महत्त्वपूर्ण है। यद्यपि उन्होंने कभी कोई पत्रकारिता नहीं की, किसी अखबार या पत्रिका का सम्पादन नहीं किया किन्तु उन्होंने पत्रकारिता के क्षेत्र में अपने शोध और अध्ययन से एक कीर्तिमान स्थापित किया। डॉक्टरेट की उपाधि के लिए शोध हेतु पत्रकारिता का क्षेत्र चुनना और इसके बाद उसमें इतना रम जाना कि बाद में भी पत्रकारिता केन्द्रित कई उत्कृष्ट पुस्तकों का प्रणयन करना विरल घटना है। 'हिन्दी पत्रकारिता : जातीय चेतना और खड़ी बोली साहित्य की निर्माण भूमि' नामक उनकी कृति जो मेरे पास है वह 2011 में प्रकाशित उसका आठवाँ संस्करण है। किसी गम्भीर शोध कृति के इतने पाठक अमूमन बहुत कम देखने को मिलते हैं। अपनी उक्त पुस्तक में 'आभार' शीर्षक भूमिका में वे खुद लिखते हैं, "प्रस्तुत पुस्तक कलकत्ता विश्वविद्यालय द्वारा डॉक्टरेट उपाधि के लिए स्वीकृत शोध-प्रबन्ध है। अनुसन्धान का मूल विषय था 'कलकत्ता की हिन्दी पत्रकारिता : उद्भव और विकास'। उद्देश्य था कलकत्ता की हिन्दी पत्रकारिता (सन् 1826 से 1930 तक) का अनुशीलन। प्रस्तुत प्रबन्ध चूँकि हिन्दी पत्रकारिता के पूरे परिदृश्य को स्पर्श करता है, पुनर्जागरण कालीन राष्ट्रीय चेतना, जातीय संस्कृति और खड़ी बोली—साहित्य का निर्माण—भूमि का अध्ययन प्रस्तुत करता है, इसलिए इसके मूल नाम को बदलकर पुस्तक को उपयुक्त नाम देकर प्रकाशित करना उचित प्रतीत हुआ।" (हिन्दी पत्रकारिता : जातीय चेतना और खड़ी बोली साहित्य की निर्माण-भूमि, आभार, पृ. 10)

"कलकत्ता जैसे भारतीय पत्रकारिता की जन्मभूमि रहा है वैसे ही हिन्दी पत्रकारिता का भित्ति-क्षेत्र रहा है। इस उत्स-भूमि को केन्द्र में रखकर हिन्दी पत्रकारिता के अतीत का विवेचन करना ही मेरा मुख्य उद्देश्य था। तथापि सामान्य रूप से हिन्दी पत्रकारिता के पूरे परिदृश्य पर मेरी दृष्टि रही है।" (उपर्युक्त पृ. 14)

उन्होंने नवजागरण की हिन्दी पत्रकारिता का विस्तृत मूल्यांकन किया है। उक्त पुस्तक के अलावा 'पत्रकारिता : इतिहास और प्रश्न', 'हिन्दी पत्रकारिता : जातीय अस्मिता की जागरण भूमिका', 'गणेश शंकर विद्यार्थी', 'हिन्दी पत्रकारिता : राजस्थानी आयोजन की कृती भूमिका' आदि उनकी पत्रकारिता पर केन्द्रित विशिष्ट आलोचनात्मक पुस्तकें हैं। इसके अलावा उन्होंने 'हिन्दी साहित्य : बंगीय भूमिका' का सम्पादन किया हे। उनके पत्रकारिता सम्बन्धी कार्यों की सबसे महत्त्वपूर्ण विशेषता है कि उन्होंने मूल सामग्री का पूरी निष्ठा और ईमानदारी के साथ भरपूर उपयोग किया है, इसीलिए उनके कार्यों की प्रामाणिकता में किसी तरह के सन्देह की गुँजाइश नहीं है। वे मिशनरी पत्रकारिता और हर हाल में पत्रकारिता के मूल्यों की प्रतिष्ठा के प्रति प्रतिबद्धता के समर्थक हैं।

नवजागरण के गम्भीर अध्येता आलोचक कर्मेन्दु शिशिर के शब्दों में, "डॉ. कृष्णबिहारी मिश्र के पत्रकारिता सम्बन्धी कार्यों की सबसे बड़ी विशेषता उनके द्वारा विपुल मात्रा में मूल सामग्री का किया गया उपयोग है। हिन्दी पत्रकारिता के अरण्य से गुजरते हुए एक तरह से जीवित इतिहास की उत्तेजक यात्रा का अहसास होता है। अनुभव की यह इकलौती उपलब्धि ही उनके कार्यों को मूल्यवान साबित करती है। दुर्लभ और अप्राप्य पत्रिकाओं के परिचय क्रम में वे उसके स्वरूप पर प्रकाश ही नहीं डालते बल्कि सामग्री की उदार प्रस्तुति भी करते हैं। उनकी समाहारी चयनधर्मिता से समय के विविध गवाक्षों का रोमांचक स्पर्श होता है, जो हमें परम्परा के दुर्लभ साक्ष्यों के समीप ले जाता है। ऐसा इसलिए सम्भव होता है क्योंकि डॉ. मिश्र विचार पक्ष को ही नहीं, उसके वस्तु पक्ष को भी यथातथ्य रखने में यकीन करते हैं। किसी भी विवेकशील शोधार्थी से यह बुनियादी अपेक्षा होती भी है।" (गाँव की कलम, पृ. 112)

कृष्णबिहारी मिश्र ऐसे भाग्यशाली लेखकों में हैं जिन्होंने आचार्य हजारीप्रसाद द्विवेदी, आचार्य नन्ददुलारे वाजपेयी, आचार्य विश्वनाथप्रसाद मिश्र और आचार्य चन्द्रबली पांडेय के सान्निध्य में रहकर अध्ययन का संस्कार पाया है। उनके व्यक्तित्व के निर्माण में काशी और कलकत्ते की संयुक्त भूमिका है। वे कोलकाता जैसे महानगर में रहते हुए भी गाँव को जीते हैं। उनके रचनाकर्म का मूल्यांकन करते हुए विजयबहादुर सिंह और शैलेन्द्र कुमार त्रिपाठी ने जिस पुस्तक का सम्पादन किया है उसका नाम 'गाँव की कलम' ठीक ही रखा है। उनके यहाँ शाम की बतकही में बतरस का आनन्द लेने के लिए रोज कोई न कोई पहुँच ही जाता है। वे अपने रोचक साहित्यिक संस्मरण सुनाते हुए कभी नहीं थकते। मानवीय मूल्यों के अलावा उन्हें और कोई मूल्य आकर्षित नहीं करते। कोई वामपंथी हो या दक्षिणपंथी, अच्छा इनसान है तो मिश्र जी उससे मिलकर प्रसन्न होते हैं। उन्होंने बातचीत में मुझे बताया कि रामविलास शर्मा की किसी पुस्तक के लिए उन्होंने ढेर सारी सामग्री मुहैया कराई थी जिसके लिए उन्हें कई बार नेशनल लाइब्रेरी के चक्कर काटने पड़े थे और रामविलास शर्मा ने भी वामपंथियों के गढ़ कलकत्ते में मिश्र जी पर ही भरोसा किया था। इसी तरह शिवकुमार मिश्र से उनकी दोस्ती का मैं खुद गवाह हूँ।

कृष्णबिहारी मिश्र की स्मरण शक्ति अद्भुत है। अपनी इसी स्मरण शक्ति के बल पर उन्होंने कई रोचक संस्मरण लिखे हैं। उनके निबन्धों में भी उनकी स्मरण शक्ति की छाप महसूस की जा सकती है। भाषा उनकी संस्कृनिष्ठ है किन्तु बीच-बीच में भोजपुरी की छौंक और सहज प्रवाह में पाठक बह जाता है। काशी से अध्ययन करने के बाद वे कलकत्ता के बंगवासी कॉलेज में हिन्दी का अध्यापक बनकर आए और वहीं से अवकाश ग्रहण किया। कृपाशंकर चौबे के सम्पादन में 'विरल सारस्वत साधना' शीर्षक से उनके रचना कर्म पर एक अन्य पुस्तक 2018 में प्रकाशित हुई है जिसका 'पुरोकथन' रामबहादुर राय ने लिखा है। अपने 'पुरोकथन' में रामबहादुर राय ने मिश्र जी के व्यक्तित्व व रचना कर्म के मूल्यांकन का सार संकलित करते हुए लिखा है, "वे एक बहुआयामी रचनाकार हैं। उनकी छह दशकों की समस्त सारस्वत साधना की तीन श्रेणियाँ बनाई जा सकती हैं। पहली श्रेणी है आध्यात्मिक और सांस्कृतिक चिन्तन की, दूसरी श्रेणी है उनके लालित्यपूर्ण निबन्धों की और तीसरी श्रेणी है पत्रकारिता के अध्ययन की।" मैंने यहाँ सिर्फ उनकी तीसरी श्रेणी की, पत्रकारिता के अध्ययन और अनुसन्धान की चर्चा की है क्योंकि आलोचना का सम्बन्ध उसी से जुड़ता है।

आजादी के पहले की पत्रकारिता की ऊष्मा मिश्र जी को बार-बार उद्वेलित करती है। वे उससे आज की पत्रकारिता की तुलना करते हुए दुखी होते हैं और अपनी पीड़ा व्यक्त करते हुए कहते हैं, "चहल-पहल और विलास में डूबे आजाद देश के राजनेताओं को आजादी की आबोहवा रचने वाले तपस्वियों के बलिदान का बोध कराने वाले पत्रकार आज विरल हो गए हैं। मूल्यों के पहरुए अपनी भूमिका से स्खलित हो गए हैं।" (विरल सारस्वत साधना, पृ. 272) वे नि:संकोच कहते हैं कि, "आज हिन्दी में असंख्य पत्र-पत्रिकाएँ समृद्ध साज-सज्जा के साथ निकल रही हैं, किन्तु एक भी ऐसी नहीं है जो हिन्दी के विवेक और प्रतिभा का समग्रता में प्रतिनिधित्व कर रही हो।" (विरल सारस्वत साधना, पृ. 273)

प्रभाष जोशी

इंदौर (म.प्र.) के 'बड़वाहा' नामक गाँव में जन्मे, इंदौर में ही पढ़े-लिखे, पत्रकारिता में गांधीवादी मूल्यों के प्रहरी, प्रख्यात पत्रकार प्रभाष जोशी (15.07.1936 - 05.11.2009) हिन्दी पत्रकारिता के प्रमुख स्तम्भों में से एक हैं। वे राजनीति तथा क्रिकेट पत्रकारिता के विशेषज्ञ माने जाते थे। वे एक एक्टिविस्ट भी थे। गाँव, शहर, जंगल की खाक छानते हुए सामाजिक विषमताओं का अध्ययन करके वे समाज को खबर तो देते ही थे उसे दूर करने का प्रयास भी करते थे। वे गांधीवादी विचारधारा के अनुयायी थे। उन्होंने पत्रकारिता की शुरुआत इंदौर से निकलने वाली 'नई दुनिया' से की। बाद में इंडियन एक्सप्रेस समूह के अहमदाबाद, चंडीगढ़ और दिल्ली के स्थानीय संपादक रहे। 1995 ई. में 'जनसत्ता' के प्रधान संपादक पद से अवकाश लेने के बाद वे कुछ वर्ष तक उसके प्रधान सलाहकार संपादक के पद पर भी रहे। उनके संपादन में 'जनसत्ता' आम आदमी का अखबार तो बना ही, हिन्दी के बुद्धिजीवियों के लिए भी सर्वाधिक पसन्द का अखबार बन गया।

प्रभाष जोशी के लेखों का संग्रह पाँच खंडों में प्रकाशित है जिनके नाम हैं, 'जीने के बहाने', 'धन्न नरबदा मइया हो', 'लुटियन के टीले का भूगोल', 'खेल सिर्फ खेल नहीं है', और 'जब तोप मुकाबिल हो'।

इसके अलावा उनकी पुस्तकें हैं, 'मसि कागद', '21वीं सदी : पहला दशक', 'आगे अंधी गली है', 'प्रभाष पर्व', 'हिन्दू होने का धर्म', 'कहने को बहुत कुछ था', 'जीने के बहाने', 'कागद कारे' आदि।

'मसि कागद' भी 'जनसत्ता' के प्रारम्भिक वर्षों में छपे उनके सैकड़ों लेखों में से संकलित किया गया एक चयन है। इन लेखों के बल पर 'जनसत्ता' ने हिन्दी के पाठकों में अपनी लोकप्रियता प्राप्त की। इनमें प्रभाष जोशी राजनीति को नैतिक सवालों से जोड़ते हैं और सिनेमा को समाज से जोड़ते हैं। वे अपने लेखन में पाठकों के प्रति अपनी जवाबदेही को सर्वाधिक महत्त्व देते हैं। इनमें सामाजिक विसंगतियों को बदलने की बेचैनी भी दिखाई देती है। '21वीं सदी : पहला दशक' पुस्तक में 2000 से 2009 तक 'जनसत्ता' में प्रकाशित उनके लेखों का संकलन है जिसमें राजनीतिक, आर्थिक और सामाजिक जीवन की धड़कनें सुनी जा सकती हैं। 21वीं सदी के आगमन को सत्ताधारी वर्ग ने सम्पन्नता के स्वप्न के रूप में प्रचारित किया था किन्तु यह सदी देश के सामान्य जन के लिए अभिशाप की तरह प्रकट हुई। आर्थिक उदारीकरण के दुष्परिणाम सामने आने लगे। प्रभाष जोशी ने आर्थिक और सामाजिक जीवन में आई मुश्किलों को प्रभावशाली ढंग से विश्लेषित किया है। इन लेखों में एक शोषण-मुक्त भारतीय समाज का स्वप्न भी देखा गया है। 'आगे अंधी गली है' में उनके 'प्रथम प्रवक्ता' और 'तहलका' में छपे कॉलम संकलित हैं। इसमें उनके अन्तिम दो वर्ष का लेखन संकलित है। यह पुस्तक प्रभाष जोशी के अन्तिम दिनों के वैचारिक मानस को समझने की दृष्टि से बहुत महत्त्वपूर्ण है।

उनके निधन के बाद पत्रकार दिनेश शर्मा ने लिखा है, "प्रभाष जोशी पत्रकारिता के उन लोगों में कभी शामिल नहीं हुए जो लेखनी से समझौते करके राज्यसभा, विधान परिषद्, राजदूत या संस्थाओं में नामित होने के लिए लिखते हैं। वे पत्रकारिता के पुरस्कारों के पीछे भी नहीं दौड़े। उनमें किसी पद्म विभूषण की चाह नहीं देखी गई। वे पत्रकारों के बीच से आए थे और मृत्युपर्यन्त पत्रकारों के बीच में रहे। उनके व्याख्यान हर विषय पर अकाट्य रहे। उन्हें टीवी टॉक पर या मुद्दों पर ध्यान से सुना जाता रहा है। उन्होंने अपने समकालीन हर साहित्यकार और कवि का सम्मान तो किया ही, क्रिकेट जैसे खेल पर भी बहुत सधकर और खरे लेखक की तरह लिखा। वे क्रिकेट के दीवाने थे और इसी की दीवानगी ने उन्हें हमसे छीन लिया। हमें लगता है कि वे हैदराबाद के भारत आस्ट्रेलिया के बीच क्रिकेट शृंखला के एक दिनी मैच के अन्तिम

मुकाबले में सचिन तेंदुलकर के शानदार खेल से बहुत प्रसन्न होने और जीत की ओर जाते हुए अचानक तेंदुलकर के एक खराब शॉट खेलकर आउट होने और इस तरह से मैच के नाहक ही गँवा देने को बर्दाश्त नहीं कर पाए।" (www.swatantraawaz.com/headline/89.htm , 'प्रभाष जोशी-मेरी पाठशाला' शीर्षक लेख से।)

बाबरी मस्जिद के विवादित ढाँचे को गिराए जाने पर 7 दिसम्बर, 1992 को 'राम की अग्नि परीक्षा' शीर्षक से उन्होंने जो लेख लिखा उससे उनकी सोच का स्तर और पत्रकारिता के प्रति उनके उत्तरदायित्व को समझा जा सकता है। वे लिखते हैं—

"राम की जय बोलने वाले धोखेबाज विध्वंसकों ने कल मर्यादा पुरुषोत्तम राम के रघुकुल की रीत पर अयोध्या में कालिख पोत दी।

हिन्दू आस्था और जीवन परम्परा में विश्वास करने वाले लोगों का मन आज दुख से भरा और सिर शर्म से झुका हुआ है। अयोध्या में जो लोग एक-दूसरे को बधाई दे रहे हैं और बाबरी मस्जिद के विवादित ढाँचे को ढहाना हिन्दू भावना का विस्फोट बता रहे हैं—वे भले ही अपने को साधु–साध्वी, संत-महात्मा और हिन्दू हितों का रक्षक कहते हों, उनमें और इंदिरा गांधी की हत्या की खबर पर ब्रिटेन में तलवार निकालकर खुशी से नाचने वाले लोगों की मानसिकता में कोई फर्क नहीं है।

एक निरस्त्र महिला की अपने अंगरक्षकों द्वारा हत्या पर विजय नृत्य जितना राक्षसी है उससे कम निंदनीय, लज्जाजनक और विधर्मी एक धर्मस्थल को ध्वस्त करना नहीं है। वह धर्मस्थल बाबरी मस्जिद भी था और रामलला का मन्दिर भी। ऐसे ढाँचे को विश्वासघात से गिराकर जो लोग समझते हैं कि वे राम का मन्दिर बनाएँगे वे राम को मानते, जानते, समझते नहीं हैं...

कल अयोध्या में सुप्रीम कोर्ट, संसद और देश को धोखा दिया गया। कहना कि यह हिन्दू भावनाओं का विस्फोट है—झूठ बोलना है। जिस तरह से ढाँचे को ढहाया गया वह किसी भावना के अचानक फूट पड़ने का नहीं, सोच-समझ कर रचे गए षड्यंत्र का सबूत है। भाजपा के ही नहीं, राष्ट्रीय स्वयंसेवक संघ के नेता भी वहाँ मौजूद थे। वे साधु-महात्मा भी वहाँ थे जिन्हें मार्गदर्शक मंडल कहा जाता है। विहिप, भाजपा, और संघ को अपने अनुशासित कारसेवकों पर बड़ा गर्व है। लेकिन वे सब देखते रहे और ढाँचे को ढहा दिया गया। ढाँचे ढहाते समय रामलला की मूर्तियाँ ले जाना और फिर लाकर रख देना भी प्रमाण है कि जो कुछ भी हुआ वह योजना के अनुसार हुआ है। भाजपा की सरकार के प्रशासन और पुलिस का भी कुछ न करना कल्याण सिंह सरकार का षड्यंत्र में शामिल होना है।" ('हिन्दू होने का धर्म' में संकलित 'राम की अग्नि परीक्षा' शीर्षक लेख से)

इसी तरह प्रमोद रंजन के सवालों का जवाब देते हुए 'काले धंधे के रक्षक' शीर्षक से उन्होंने 6 सितम्बर, 2009 को जो लिखा वह उनके साहस और पत्रकारिता के प्रति निष्ठा का प्रमाण है—

"वंशवाद और धन के लोभ ने लालू, मुलायम, चौटाला, नितीश कुमार, अजित सिंह और मायावती को मजबूत विपक्ष बनने के बजाय बिन बुलाए कांग्रेस समर्थक क्यों बनाया है? क्योंकि सबके कंकाल सीबीआई के पास हैं। और नंदीग्राम और सिंगूर के बाद वामपंथी किस नैतिक और वैचारिक समर्थन के हकदार हैं? दलित–पिछड़ों और वाम आन्दोलनों के सरोकारों की दुहाई देकर खबरों के बेचने के काले धंधे को माफ करना चाहते हो? देखते नहीं कि ये बनिए की ब्राह्मण पर जातिवादी विजय भर नहीं है जिस पर प्रमोद रंजन जैसे बच्चे ताली बजाएँ। यह भ्रष्ट राजनेताओं और पत्रकारिता को काली कमाई का धंधा बनाने वाले मीडिया मालिकों की मिलीभगत है।" (www.bhadas4media.com /old/prabhash-joshi-4/ posted September 6, 2009)

फिलहाल, प्रभाष जोशी ने पत्रकारिता साहित्य की समीक्षा कम की है और पत्रकारिता अधिक। इसलिए उन्हें पत्रकारिता का समीक्षक कहने की तुलना में पत्रकार कहना ही उचित है।

प्रयाग शुक्ल

कोलकाता में जन्मे और कोलकाता में ही पढ़े-लिखे कवि-कथाकार प्रयाग शुक्ल (जन्म—28.05.1940) की पहचान एक कला समीक्षक की भी है। उन्होंने देश-विदेश की विभिन्न कला प्रदर्शनियों के बारे में लिखा है और प्राय: सभी प्रमुख भारतीय कलाकारों से भेंट वार्ताएँ की हैं। इसके अलावा उन्होंने फिल्म और नाट्य समीक्षाएँ भी की हैं। वे 'कल्पना' और 'दिनमान' जैसी पत्रिकाओं और 'नवभारत टाइम्स'

जैसे अखबारों के सम्पादकीय विभाग से सम्बद्ध रहे। इसके अलावा वे ललित कला अकादमी की हिन्दी पत्रिका 'समकालीन कला' के अतिथि सम्पादक भी रहे। इस तरह पत्रकारिता के क्षेत्र में रहते हुए उन्होंने कला फिल्म और पत्रकारिता की समीक्षा के क्षेत्र में सराहनीय योगदान दिया है। उन्हें बांग्ला भाषा और साहित्य की भी अच्छी समझ है। रवीन्द्रनाथ ठाकुर की 'गीतांजलि' के अतिरिक्त उन्होंने जीवनानन्द दास तथा शंख घोष की कविताओं का भी अनुवाद किया है। विषय पर पकड़ और उनकी शैली—दोनों के संयोग से उनके लेखन में गजब की पठनीयता उभर आती है। 'मणि कौल का सिनेमा और हिन्दी' शीर्षक लेख की शुरुआत वे इन शब्दों में करते हैं,

"मणि कौल की अधिकतर फिल्में हिन्दी की साहित्यिक कृतियों पर ही केन्द्रित / आधारित हैं। 'सतह से उठता आदमी' (मुक्तिबोध), 'उसकी रोटी' (मोहन राकेश) और 'नौकर की कमीज' (विनोद कुमार शुक्ल) का ध्यान इस सिलसिले में सहज ही हो जाता है। फिर 'दुविधा' (विजयदान देथा) भी हैं—राजस्थानी/हिन्दी में। इस तथ्य के स्मरण के साथ यह बात भी सहज ही ध्यान में आती है कि वह भाषा से सम्बन्धित या उसको सोचता हुआ सिनेमा भर नहीं है—वह भाषा को सोचता हुआ सिनेमा भी है। इस नाते मणि कौल का सिनेमा हिन्दी में बनी हुई फिल्मों से बहुत अलग है; फिर वे चाहे बॉलीवुड की फिल्में हों या समानांतर सिनेमा की फिल्में।" (www.hindisamay.com)

उनकी समीक्षात्मक कृतियों में 'अर्ध विराम', 'आज की कला', 'सत्यजित राय : एक फिल्मकार की ऊँचाई', 'रामकुमार : लाइंस एंड कलर्स' (अंग्रेजी में) आदि प्रमुख हैं।

अर्जुन तिवारी

सारण (बिहार) जिले के 'देवढ़ियाँ' गाँव में जन्मे और काशी में शिक्षक रहे अर्जुन तिवारी (24.10.1941-23.04.2021) पत्रकारिता के गम्भीर अध्येता हैं। 'हिन्दी पत्रकारिता का वृहद् इतिहास' उनकी महत्त्वपूर्ण कृति है। 'स्वतंत्रता संग्राम की पत्रकारिता और पं. दशरथ प्रसाद द्विवेदी', 'पत्रकारिता के युग निर्माता : अम्बिकाप्रसाद वाजपेयी, लक्ष्मण नारायण गर्दे, अशोक जी, योगीन्द्रपति त्रिपाठी', 'स्वतंत्रता आन्दोलन और हिन्दी पत्रकारिता : पूर्वी उत्तर प्रदेश के सन्दर्भ में', 'पत्रकारिता के युगनिर्माता : बाबूराव विष्णु पराड़कर', 'इतिहास निर्माता पत्रकार', 'आधुनिक विज्ञापन : कला एवं व्यवहार', 'जनसम्पर्क : सिद्धान्त और व्यवहार', 'सम्पूर्ण पत्रकारिता', 'आधुनिक पत्रकारिता', 'राष्ट्रपिता की पत्रकारिता', 'कृषि एवं ग्रामीण विकास पत्रकारिता', 'बाबा राघवदास' आदि अर्जुन तिवारी की पत्रकारिता केन्द्रित पुस्तकें हैं।

'हिन्दी पत्रकारिता का वृहद् इतिहास' हिन्दी के पाठकों के लिए बहुत उपयोगी पुस्तक है। इसमें पत्र-पत्रिकाओं का सिर्फ परिचय मात्र नहीं दिया गया है अपितु इसमें समाज की गतिविधियों और पत्र-पत्रिकाओं की प्रवृत्तियों के बीच सामंजस्य स्थापित करते हुए राष्ट्रोत्थान के वैचारिक यज्ञ की उज्ज्वल यशोगाथा का निरूपण भी है। इस ग्रंथ में पत्र-प्रकाशन तिथि, प्रसार-संख्या और मुद्रित सामग्रियों के विश्लेषण के साथ ही पत्र-जगत की चेतना का क्रमिक विवेचन भी है। राष्ट्रीय परम्पराओं, सामाजिक-सांस्कृतिक-आर्थिक परिवेश तथा युगबोध के आधार पर हिन्दी पत्रकारिता के काल-विभाजन तथा नामकरण की कोशिश की गई है। इसमें हिन्दी के प्रथम पत्र 'उदंत मार्तंड' के प्रकाशन वर्ष अर्थात् 1826 से लेकर 170 वर्ष के कालखंड के इतिहास को लिखित रूप में प्रस्तुत किया गया है।

पत्रकारिता के इतिहास की भूमिका का विश्लेषण करते हुए अर्जुन तिवारी लिखते हैं, "देवर्षि नारद घूम-घूम कर संवाद वहन करने वालों में अग्रणी थे। उन्हें जनसंचार का आदि आचार्य कहा जा सकता है। 'बुद्धिमतां वरिष्ठम्' हनुमान जनसंचार के नायक थे। महाभारत के कुरुक्षेत्र के 18 दिनों के महायुद्ध का आँखों देखा हाल को सुनाने वाले संजय संचार माध्यम के पुरोधा माने जाते हैं। भारतीय साहित्य में मेघ, हंस, तोता, वायु संचार के माध्यम के रूप में वर्णित हैं।" (सम्पूर्ण पत्रकारिता, पृ. 73)

'मीडिया समग्र' के नाम से उनकी एक पुस्तक वाणी प्रकाशन से 2019 में प्रकाशित हुई है। 658 पृष्ठों की इस भारी-भरकम पुस्तक में मीडिया की अवधारणा, मीडिया और वैश्वीकरण, मीडिया प्रबन्धन, संचार प्रौद्योगिकी, कम्प्यूटर, इंटरनेट, रेडियो जॉकी, फोटो पत्रकारिता, फिल्म, मल्टी मीडिया, ब्लॉगिंग, फीचर, कृषि पत्रकारिता आदि कुल 79 शीर्षकों में मीडिया से सम्बन्धित लगभग प्रत्येक विषय पर सामग्री है। मीडिया के अध्येताओं के लिए यह पुस्तक अपरिहार्य है।

अर्जुन तिवारी का मानना है कि पहले पत्रकारिता और साहित्य दोनों अविभाज्य अटूट थे। आज साहित्य से दूरी होने पर पत्रकारिता में वह समर्पण भाव नहीं है जो पहले था।

अर्जुन तिवारी ने भोजपुरी भाषा और साहित्य पर भी गम्भीर काम किया है। 'भोजपुरी हिन्दी शब्दकोश', 'भोजपुरी लोकोक्ति सागर' तथा 'भोजपुरी साहित्य के इतिहास' जैसी कृतियों का प्रणयन करके उन्होंने भोजपुरी भाषा और साहित्य की भी भरपूर श्रीवृद्धि की है।

रामशरण जोशी

दौसा (राजस्थान) जिले के 'बसवा' नामक गाँव में जन्मे, स्वभाव से यायावर और विचार से वामपंथी रुझान के रामशरण जोशी (जन्म—06.03.1944) पत्रकार के साथ-साथ समाजविज्ञानी और मीडिया के शिक्षक भी रहे हैं। उन्होंने माखनलाल चतुर्वेदी राष्ट्रीय पत्रकारिता विश्वविद्यालय में अध्यापन किया और वहाँ निदेशक भी रहे। इसके अलावा उन्होंने महात्मा गांधी अन्तरराष्ट्रीय हिन्दी विश्वविद्यालय, वर्धा में भी अध्यापन किया है। मीडिया के बारे में उनकी स्पष्ट धारणा है कि "प्राय: भाववादी, आदर्शवादी और संरचनावादी विचारक ऐसा मानकर चलते हैं कि संचार माध्यम जिसमें निस्सन्देह सिनेमा भी शामिल है, भौतिक यथार्थों से स्वतंत्र हैं। इसका अर्थ यह हुआ कि संचार माध्यम और भौतिक संरचनात्मक परिवर्तन दोनों का स्वतंत्र अस्तित्व है। पर ऐसा नहीं है। इतिहास के अनुभव इस बात की तस्दीक करेंगे कि सिनेमा समेत संचार के शेष सभी माध्यम स्थिति सापेक्ष होते हैं, तत्कालीन और समकालीन घटनाओं का उन पर कम अधिक प्रभाव पड़ता है, बल्कि समकालीन सापेक्षता ही संचार माध्यमों का चरित्र, प्रभावशीलता और प्रासंगिकता निर्धारित करती आई है...साफ शब्दों में समझें तो सिनेमा तथा अन्य सभी माध्यमों का स्वतंत्र कार्य अस्तित्व रहने के बावजूद ये सामाजिक-आर्थिक-राजनीतिक व्यवस्था के 'बाई प्रोडक्ट' ही कहे जाएँगे।" (सामाजिक राजनीतिक यथार्थ और सिनेमा, http://www.hindisamaya.com)

महात्मा गांधी अन्तरराष्ट्रीय हिन्दी विश्वविद्यालय, वर्धा में प्रोफेसर के पद पर नियुक्त होने के बाद उन्होंने जो विचार व्यक्त किए उससे मीडिया और समाज के सम्बन्ध में उनकी सोच और उसकी दिशा का सहज ही अनुमान किया जा सकता है। वे लिखते हैं, "प्रोफेसर का पदभार संभालने के पीछे मूल रूप से मेरी एक ही भावना व विचार है कि जनसंचार के क्षेत्र में मौलिक शोध कार्य कराया जाए...चूँकि आजकल मीडिया ज्ञान और सूचना दोनों का एक महत्त्वपूर्ण माध्यम बन चुका है। आज इस बहुआयामी मीडिया का प्रभाव, समाज के विभिन्न क्षेत्रों पर क्या पड़ रहा है और भविष्य में क्या संभावित तस्वीर उभरेगी, इस सम्बन्ध में सघन व गहन अनुसंधान की आवश्यकता है। तो एक प्रकार से कह सकता हूँ कि जब तक मैं इस विश्वविद्यालय में रहूँगा मेरा मूल रूप से कार्यक्षेत्र शोध ही रहेगा। मेरी कोशिश रहेगी कि सामाजिक, आर्थिक और राजनीतिक—इस त्रिआयामी सम्बन्धों के परिप्रेक्ष्य में मीडिया की क्या भूमिका है, इसमें अनुसंधानात्मक मौलिक चिन्तन को बढ़ावा दे सकूँ।" (www.bhadas4media.com/old/पत्रकार-रामशरण-जोशी-हिन्द, 6 जुलाई, 2011)

उन्होंने आगे लिखा है, "मेरी विद्यार्थियों से अपेक्षा रहेगी कि जहाँ वे मीडिया को अपनी आजीविका व कैरियर का आधार बनाना चाहते हैं, वहीं वे उसे समाज परिवर्तन का माध्यम भी बनाएँ। वे अपने अनुसंधान के माध्यम से इस बात का पता लगाएँ कि मीडिया का प्रयोग समाज और देश की बेहतरी के लिए किस प्रकार किया जा सकता है। इस वैश्वीकरण की बहुआयामी प्रक्रियाएँ हमारे जीवन को विभिन्न स्तरों पर प्रभावित कर रही हैं। अत: मीडिया का यह उत्तरदायित्व हो जाता है कि वे इन प्रवृत्तियों के चरित्र को समझें, इन प्रवृत्तियों के प्रभाव कितने सकारात्मक व नकारात्मक हैं, इसका अपने अनुसंधान के माध्यम से पता लगाएँ तो मैं समझता हूँ कि हमारा शोध केवल डिग्री तक ही सीमित नहीं होना चाहिए बल्कि यह हस्तक्षेपवादी होना चाहिए।" (उपर्युक्त, 6 जुलाई, 2011)

पत्रकारिता में आए परिवर्तन के विषय में प्रदीप सिंह को दिए एक साक्षात्कार में उन्होंने कहा है, "हम भारतीय पत्रकारिता को तीन भागों में बाँट कर देखते हैं। पहला—मिशन पत्रकारिता का दौर, दूसरा—पेशेवर पत्रकारिता का दौर और तीसरा जो आजकल चल रहा है। वह व्यावसायिक पत्रकारिता है। तो चाहे हिन्दी की पत्रकारिता हो या अंग्रेजी की—सब पैसा कमाने में लगे हैं। मिशन प्रोफेशन सब भूल गए हैं। आज की पत्रकारिता में मुनाफा प्रमुख हो गया है। आज व्यावसायिक नैतिकता, प्रतिबद्धता, संवेदनशीलता और सम्पादक

संस्था सब हाशिए पर है या सुप्तावस्था में है। इसके विपरीत प्रोफेशनल काल में पेशे की नैतिकता, चेतना, प्रतिबद्धता, उत्तरदायित्व केन्द्र में रहा करते थे।

दूसरी बात, तब की पत्रकारिता और आज की पत्रकारिता में सबसे बड़ा अन्तर तकनीक और पूँजी का आया है। आज के मीडिया में तकनीक हावी है। तब की पत्रकारिता की पृष्ठभूमि में छोटी महाजनी पूँजी और आरंभिक औद्योगिक काल की तकनीक थी। आज कारपोरेट पूँजी और उन्नत तकनीक है।" (janchowk.com/art-cultur-society/interview. 18.09.2017)

आज की पत्रकारिता के दायित्व की ओर संकेत करते हुए उन्होंने कहा है, "पत्रकारिता का काम समाज को सही खबर देना है। खबर के साथ ही सही मुद्दों पर जनता को सही विचार देना और जनमत का निर्माण करना भी पत्रकारिता के माध्यम से होता रहा है। निष्पक्ष और जनवादी पत्रकारिता के साथ ही प्रगतिशील राजनीति के लिए बहुत जगह है। ये कहना कि अब सही राजनीति और सही पत्रकारिता के लिए कोई जगह नहीं है, मैं इससे सहमत नहीं हूँ। जब तक समाज में विषमता रहेगी तब तक वामपंथ, जनवाद और प्रगतिशील मूल्यों की प्रासंगिकता रहेगी।" (उपर्युक्त)

आज के सामाजिक-राजनीतिक परिवेश के यथार्थ को बड़ी साफगोई के साथ उन्होंने रेखांकित किया है, "आज के परिवेश की प्रतीक चीज कमोडिटी बन चुकी है। आज राज्यसत्ता, कॉरपोरेट सेक्टर, नौकरशाह और टेक्नोक्रेट—चारों के महागठबन्धन को मूलत: दक्षिणपंथी राजनीति संचालित कर रही है। देश की राजनीति में पैराडाइंग शिफ्ट आ चुका है जिसकी शुरुआत मैं जुलाई 1991 से मानता हूँ। उदारीकरण के बाद भारतीय राष्ट्र राज्य के चरित्र में बहुत बड़ा परिवर्तन देखने को मिलता है। पहले राज्य कल्याणकारी हुआ करता था। अब का राज्य अपने को केवल फेसिलिटेटर या दूसरे शब्दों में कहें तो प्रबन्धक या दलाल का रोल अदा कर रहा है। खुले शब्दों में कहूँ तो आज का राज्य सबको मंच मुहैया करा रहा है जिसमें एक भूखा किसान, अंबानी, अडानी और दूसरे समूह एक साथ कुश्ती के लिए तैयार रहते हैं। अब आप समझ सकते हैं कि इस कुश्ती में कौन जीतेगा? (उपर्युक्त)

अपनी पुस्तक 'प्रतिबिम्बन : व्यक्ति विचार और समाज' में उन्होंने समाज के विभिन्न तबकों के लोगों के साथ ही प्रसिद्ध समाजशास्त्री, पी.सी जोशी, अंग्रेजी के प्रसिद्ध पत्रकार शामलाल, मानवशास्त्री व प्रशासक कुमार सुरेश सिंह जैसे व्यक्तित्वों के लेखन की भी समीक्षा की है। 'अपने-अपने नंदीग्राम', 'हरसूद की डूब' जैसे लेखों में उन्होंने तथाकथित विकास की विसंगतियों का विश्लेषण किया है।

'मीडिया और बाजारवाद' पुस्तक के आरंभ में ही वे बाजार और मनुष्य के सम्बन्धों का विश्लेषण करते हुए बाजार की बढ़ती ताकत के दुष्प्रभावों का आकलन इन शब्दों में करते हैं, "बाजार नाम की संस्था आदिम समाज के लिए भी रही है और आज के समाज के लिए भी है। इसलिए बाजार से बैर करके आप अपना समाज और अपना जीवन चला सकें, इसकी संभावना नहीं है। लेकिन जब बाजार मनुष्य की नियति तय करे तो इसका मतलब यह है कि अब तक जो मनुष्य का सेवक रहा है, वह मनुष्य का मालिक होना चाहिए। बाजार मनुष्य का बहुत अच्छा सेवक है। कोई पाँच हजार साल से उसकी सेवा कर रहा है। शायद इससे भी ज्यादा वर्षों से कर रहा हो। अगर वो मनुष्य की नियति तय करेगा तो उसमें एक मूल खोट आने वाला है, क्योंकि बाजार भाव से चलता है, बाजार मूल्य से नहीं चलता और मूल्यों के बिना किसी भी मानव समाज की कल्पना नहीं की जा सकती। मानव समाज भाव से नहीं चल सकता, मूल्य से ही चल सकता है। मानव समाज को मूल्य से चलना है। अब जो बाजार की शक्तियाँ दुनिया में इकट्ठा हुई हैं उनसे आप कैसे निपटेंगे? मुझे कई लोगों ने कहा कि यह तो हिन्दुस्तान है जो जाजम की तरह बिछने के लिए तैयार है, नहीं तो जहाँ-जहाँ बाजार गया है वह उस देश के समाज की शर्तों पर गया है। पर हमने एक कमजोर देश की तरह से अन्तरराष्ट्रीय बाजार को स्वीकारा है। इसलिए अब हमारे यहाँ जाजम की तरह बिछ जाने का लगभग कुचक्र चल रहा है।" (बाजारवाद और मीडिया, पृ. 1)

अपनी आत्मकथा 'मैं बोनसाई अपने समय का' में वे पत्रकारों की हैसियत के साथ ही उनकी खबर भी लेते हैं और लिखते हैं, "भोपाल में पूर्णकालिक पत्रकार बनने के पश्चात् प्रेस की ताकत को मैंने पहली बार जाना है। पत्रकार का ग्लैमर, सत्ता गलियारों में उसकी चहलकदमी, राज्यपाल व मुख्यमंत्री, मंत्रियों और नौकरशाहों से लाभ-अर्जन। भोपाल में ही मालूम हुआ कि सरकार ने सम्पादकों, संवाददाताओं, प्रेसमालिकों को ढेर सारी सुविधाएँ दे रखी हैं। कई वरिष्ठ पत्रकारों को हवेलीनुमा मकान, बंगले आवंटित किए गए हैं। विशेष कोटे से स्कूटर दिए जाते हैं। पत्रकार पोस्टिंग-ट्रांसफर कराते हैं। बेनामी उद्योग-धंधे चलाते हैं। दूसरा

पक्ष यह भी है कि औसत पत्रकारों की पगार उपहास की दावेदार है। ज्यादातर पत्रकार तपस्या का जीवन गुजारते हैं...भोपाल की पत्रकारिता पर ऊँची जाति की अमरबेल (ब्राह्मण, वैश्य, कायस्थ, राजपूत) फैली हुई है।" (उद्धृत, सत्याग्रह में 18.8.2018 को प्रकाशित गायत्री आर्य के लेख से)

'मीडिया मिथ और समाज', 'मीडिया विमर्श', 'मीडिया : मिशन से व्यापारीकरण तक', 'विदेश रिपोर्टिंग', 'साक्षात्कार : सिद्धान्त और व्यवहार' 'आदिवासी समाज और शिक्षा', 'प्रतिबिम्बन : व्यक्ति, विचार और समाज', 'अर्जुन सिंह : एक सहयात्री इतिहास का', 'चुनौतियों का चक्रव्यूह', 'आदमी बैल और सपने', 'इक्कीसवीं सदी के संकट', 'मीडिया और बाजारवाद', 'प्रतिरोध की विरासत और वैश्विक पूँजी का प्रभुत्व', 'इक्कीसवीं सदी की चुनौतियाँ और लोकतंत्र की वैचारिकी', 'कतरनों की कोख से उठते सवाल', 'नवउदारवाद के दौर में', 'यादों का लाल गलियारा : दंतेवाड़ा', 'हस्तक्षेप' आदि उनकी प्रमुख आलोचनात्मक पुस्तकें हैं।

अभी हाल ही में स्वराज प्रकाशन, दिल्ली से पंकज शर्मा के सम्पादन में 'सम्पूर्ण मीडिया विमर्श' शीर्षक से पाँच खंडों में उनकी पुस्तक आई है। पुस्तक के बारे में उन्होंने 17 जनवरी, 2022 को अपनी फेसबुक पोस्ट पर लिखा है, "जब मीडिया खामोश, सहमा, आतंकित और निष्प्रभावी रहता है तब नाजीवादी प्रवृत्तियों का उभार होने लगता है। इन प्रवृत्तियों का पहला आक्रमण ही संचार माध्यमों पर होता है। भारत में भी ये प्रवृत्तियाँ मीडिया को अनुकूलित करने की कोशिश कर रही हैं।" (पृ. 150)

मीडिया का अध्यापन करने से पहले रामशरण जोशी 'साप्ताहिक हिन्दुस्तान', 'दिनमान' 'हिन्दुस्तान समाचार', 'नवभारत टाइम्स', 'दैनिक हिन्दुस्तान', 'जनसत्ता', 'नवज्योति', 'नवभारत' आदि साप्ताहिक तथा दैनिक समाचार-पत्रों के लिए लेखन और रिपोर्टिंग कर चुके थे। वे कम्यूनिस्ट पार्टी के होलटाइमर रह चुके हैं, बंगलादेश के जन्म की रिपोर्टिंग कर चुके हैं, खालिस्तान आन्दोलन, कश्मीर घाटी में हुए आतंकवादी घुसपैठ, मुरादाबाद और मेरठ के दंगों को भी उन्होंने साहस के साथ कवर किया था। इस तरह मीडिया के व्याहारिक पक्ष का भी उन्हें गहरा अनुभव है।

राजकिशोर

कोलकाता में जन्मे, कोलकाता में पढ़े-लिखे और कोलकाता से ही पत्रकारिता की दुनिया में कदम रखने वाले समकालीन हिन्दी पत्रकारिता के विश्वसनीय और ईमानदार योद्धा राजकिशोर (02.01.1947-04.06.2018) ने 'रविवार' नामक साप्ताहिक से अपने कैरियर की शुरुआत की थी। बाद में इसी सिलसिले में वे दिल्ली चले गए और राजेन्द्र माथुर तथा सुरेन्द्र प्रताप सिंह के साथ 'नवभारत टाइम्स' में लम्बे समय तक काम करते रहे। 'रविवार', 'परिवर्तन', 'नवभारत टाइम्स', 'रविवार डाइजेस्ट' आदि पत्र-पत्रिकाओं में उन्होंने काम किया। राजकिशोर ने जन पक्षधर पत्रकार की अपनी पहचान बनाई। वे सामाजिक और राजनीतिक विषयों पर लगातार पत्र-पत्रिकाओं में स्तम्भ लिखते रहे। वे निरन्तर लिखने वाले और अपनी लेखनी से पाठकों को झकझोरते रहने वाले पत्रकार थे। सोशल मीडिया पर भी वे लगातार सक्रिय रहते थे और वैचारिक संघर्ष करते रहते थे।

इक्कीसवीं सदी के आरम्भ में, ग्लोबलाइजेशन और उदारीकरण के कारण जब देश में तेजी से हिंग्लिश का इस्तेमाल बढ़ा और मीडिया ने सबसे आगे बढ़कर इसका स्वागत किया तो इंदौर के प्रख्यात कथाकार और चित्रकार स्व. प्रभु जोशी के नेतृत्व में भाषा प्रेमी लोगों ने वहाँ गांधी-प्रतिमा के सामने ऐसे अखबारों की होली जलाई। इस घटना की सूचना मिलने पर राजकिशोर ने एक पत्रकार होने के बावजूद इसके समर्थन में 'हिन्दी के क्रियोलीकरण के विरुद्ध' शीर्षक से अत्यन्त प्रोत्साहित करने वाला लेख लिखा। इसमें उन्होंने लिखा, "मानना होगा कि यह हिन्दी को बचाने की दिशा में एक ऐतिहासिक घटना है। कुछ-कुछ वैसी ही जैसे ब्रिटिश राज में विदेशी कपड़ों की होली जलाने का रोमांचक कार्यक्रम। किसी सार्वजनिक स्थान पर जो शख्स विदेशी कपड़ों को जमा कर उनमें जलती हुई तीली लगाता होगा, वह इस भावना से रोमांचित हो उठता होगा कि वह ब्रिटिश साम्राज्य का दहन कर रहा है।" (http://www.hindisamaya.com)

'हिन्दी पत्रकारिता की भाषा' शीर्षक अपने लेख में उन्होंने अंग्रेजी के बढ़ते वर्चस्व पर इस तरह अपनी चिन्ता व्यक्त की है, "आशंका यह है कि धीरे-धीरे अन्य भारतीय भाषाओं की तरह हिन्दी भी मरणासन्न होती जाएगी। आज हिन्दी जितनी बची हुई है, उसका प्रधान कारण हिन्दी क्षेत्र का अविकास है। आज अविकसित

किया। बनारसीदास जी ने धन्यवाद देते हुए असमर्थता प्रकट कर दी। उन्होंने पत्रोत्तर में लिखा, कि चूँकि वे सिद्धान्ततः पत्रकारिता के क्षेत्र में पूँजीपतियों के प्रवेश के विरोधी हैं, इसलिए यह प्रस्ताव स्वीकार करने में असमर्थ हैं। सिद्धान्तों के लिए आकर्षण ठुकराने वाली यह प्रतिबद्धता अब कहाँ?" (भारतीय पत्रकारिता कोश, भाग-दो, प्राक्कथन, पृ. 490)

पत्रकारिता की आलोचना से सम्बन्धित विजयदत्त श्रीधर की अन्य पुस्तकें हैं, 'शब्द सत्ता', 'चौथा पड़ाव' तथा 'पहला संपादकीय'। 'शब्द सत्ता' में डेढ़ सौ वर्ष का मध्य प्रदेश की पत्रकारिता का इतिहास वर्णित है। उनकी दृष्टि में पत्रकारिता का आदर्श उनके ही शब्दों में निम्न है—

"चाहे पत्रकारिता हो अथवा साहित्य, उसका मूल मानवीय संवेदना, जन सरोकार और मानवीय गरिमा से संपृक्त होता है। यही जीवन-मूल्य किसी साहित्य को साहित्य और पत्रकारिता को पत्रकारिता बनाते हैं। और यही कसौटी जतलाती है कि दोनों में शैली का फर्क भले ही हो पर उनकी अन्तरात्मा एक है।" (आंचलिक पत्रकार, मार्च 2019, पृ. 5)

सुधीश पचौरी

अलीगढ़ (उ.प्र.) में जन्मे, आगरा तथा दिल्ली में पढ़े-लिखे और दिल्ली में शिक्षक रहे सुधीश पचौरी (जन्म—29.12.1948) वैश्वीकरण के बाद के परिदृश्य में उभरे आधुनिक विमर्शों और मीडिया के लगभग सभी सम्प्रेषण माध्यमों पर समान गति से तथा सबसे पहले अपनी बेबाक किन्तु तर्कसंगत टिप्पणियों से सभी सुधी पाठकों का ध्यान आकृष्ट करने वाले आलोचक हैं। उत्तर-आधुनिकतावाद, उत्तर-संरचनावाद, बाजारवाद, देरिदा के विखंडन आदि पर हिन्दी में सबसे पहले उन्हीं की कलम चली। उन्होंने भारतीय समाज में उत्तर आधुनिक परिदृश्य को पहचाना और प्रकारान्तर से हिन्दी साहित्य लेखन की स्वाभाविक दिशा की ओर रचनाकारों का ध्यान आकृष्ट किया।

सुधीश पचौरी ने अपने आलोचना कर्म की शुरुआत 'नई कविता का वैचारिक आधार' से की। किन्तु उसके बाद उन्होंने दूसरी आलोचना पुस्तक लिखी 'कविता का अन्त'। इसके बाद पचौरी जी ने मीडिया समीक्षा की ओर रुख किया और उसे ही अध्ययन का अपना मुख्य क्षेत्र बना लिया।

सुधीश पचौरी ने पिछली सदी के अन्तिम दशक में ही मीडिया की बढ़ती असीमित शक्ति को पहचान लिया था। उन्हीं दिनों उन्होंने मीडिया के विस्तार को एक क्रान्ति की तरह देखा था और घोषित किया था कि माध्यम क्रान्ति ने साहित्य के प्रचलित रूप को नया संस्कार दिया है। विधाएँ 'चैनल' बनाई जा रही हैं। रूप 'दृश्य' में बदल रहे हैं। भाषा के शब्दार्थ 'चिन्हों' में बदले जा रहे हैं। हर साहित्य रूप अब मीडिया के भीतर ही सम्भव होता है। हर वह अनुभव जो दूसरे तक सम्प्रेषित होना चाहता है, मीडिया पर निर्भर हो जाता है। व्यक्ति-व्यक्ति के बीच, लेखक-पाठक के बीच प्रिंट और इलेक्ट्रॉनिक मीडिया की निर्णायक भूमिका कायम हो चुकी हैं। रचनाकार के 'अनुभव' को मीडिया ने 'प्रोडक्ट' में बदल दिया है। अब रचना पाठक तक नहीं पहुँचती प्रोडक्ट या ब्रान्ड पहुँचता है, ब्रांड भी नहीं, चिह्न पहुँचता है। ऐसे में अब तक के वे समीक्षा शास्त्र बेकार हैं जो रचना में कभी लेखक के विचार, कभी यथार्थवाद, कभी प्रतिनिधिकता, कभी समाज, कभी पाठ देखते रहे हैं। समीक्षाशास्त्र यथार्थ देखने चलता है तो अतियथार्थ नजर आता है, एक उत्तर-यथार्थ उसे मिलता है जो रचना से अधिक उसके वातावरण में है। माध्यम में है। माध्यम ने साहित्य का एक उत्तर-यथार्थवादी उत्तर-आधुनिक युग शुरू कर दिया है इसलिए उसकी समीक्षा भी उत्तर समीक्षा ही हो सकती है, उत्तर-संरचनावादी नई समीक्षा।

इसी तरह अपनी पुस्तक आलोचना से आगे में उनकी स्थापनाएँ हैं कि "उत्तर-आधुनिकतावाद हिन्दी में अब एक निर्णायक विमर्श बन चला है और उत्तर-संरचनावादी 'पाठ' की रणनीतियाँ हिन्दी साहित्य की उपलब्ध व्याख्याओं में नए-नए विपर्यय और उपद्रव पैदा कर रही हैं। विखंडनवादी पाठ-प्रविधियों ने हिन्दी में नव्य-समीक्षा को रिटायर कर दिया है। 'आलोचना' पद भी, अपनी व्यतीत आधुनिकतावादी प्रकृति और उत्तर-संरचनावादी रणनीतियों की मार के चलते, संकटग्रस्त होकर सन्दिग्ध हो चला है। ये दिन आलोचना के विमर्श में बदल जाने के दिन हैं।" (https:www.pustak.org 'आलोचना से आगे' पर टिप्पणी)

सुधीश पचौरी एक व्यंग्यकार हैं। एक व्यंग्यकार की भाषा में रवानी होती है किन्तु सुधीश पचौरी के साथ दिक्कत यह है कि वे जब गूढ़ विषयों अथवा अवधारणाओं का विश्लेषण भी अपनी व्यंग्यात्मक शैली

में करते हैं तो विषय की जटिलता और भी बढ़ जाती है। बहुत से पाठक उनकी शब्दावली के जाल में ही उलझकर रह जाते हैं।

सुधीश पचौरी की प्रमुख आलोचना पुस्तकें हैं, 'नई कविता का वैचारिक आधार', 'कविता का अन्त', 'दूरदर्शन की भूमिका', 'दूरदर्शन : स्वायत्तता और स्वतंत्रता', 'उत्तर-आधुनिकता और उत्तर-संरचनावाद', 'उत्तर आधुनिक परिदृश्य', 'नवसाम्राज्यवाद और संस्कृति', 'दूरदर्शन : दशा और दिशा', 'नामवर के विमर्श', 'दूरदर्शन : विकास से बाजार तक', 'उत्तर-आधुनिक साहित्य विमर्श', 'मीडिया और साहित्य', 'उत्तरकेदार', 'देरिदा का विखंडन और साहित्य', 'साहित्य का उत्तरकांड' 'कला का बाजार', 'टी.वी. टाइम्स', 'इक्कीसवी सदी का पूर्वरंग', 'अशोक वाजपेयी : पाठ कुपाठ', 'प्रसार भारती और प्रसारण परिदृश्य', 'साइबर स्पेस और मीडिया', 'स्त्रीदेह के विमर्श', 'आलोचना से आगे', 'हिन्दुत्व और उत्तर-आधुनिकता', 'मीडिया, जनतंत्र और आतंकवाद', 'विभक्ति और विखंडन', 'नए जनसंचार माध्यम और हिन्दी', 'जनसंचार माध्यम भाषा और साहित्य', 'निर्मल वर्मा और उपनिवेशवाद' आदि।

जवरीमल्ल पारख

जोधपुर (राजस्थान) में जन्मे, जोधपुर और दिल्ली में पढ़-लिखे और दिल्ली में शिक्षक रहे, मार्क्सवादी सिद्धान्तों में आस्था रखने वाले जवरीमल्ल पारख (जन्म—08.08.1952) संस्कृति, सिनेमा और मीडिया के गम्भीर समीक्षक हैं। 'हिन्दी सिनेमा का समाजशास्त्र', 'लोकप्रिय सिनेमा और सामाजिक यथार्थ', 'जनसंचार माध्यमों का सामाजिक सन्दर्भ', 'जनसंचार माध्यमों का वैचारिक परिप्रेक्ष्य', 'जनसंचार माध्यमों का राजनीतिक चरित्र', 'जनसंचार माध्यम और सांस्कृतिक विमर्श', 'साझा संस्कृति, साम्प्रदायिक आतंकवाद और हिन्दी सिनेमा', 'संस्कृति और समीक्षा के सवाल', 'नई कविता का वैचारिक परिप्रेक्ष्य', 'आधुनिक हिन्दी साहित्य : मूल्यांकन और पुनर्मूल्यांकन' आदि मीडिया, सिनेमा और साहित्य पर केन्द्रित उनकी प्रमुख आलोचनात्मक पुस्तकें हैं।

जवरीमल्ल पारख की मान्यता है कि जनसंचार माध्यमों का सम्बन्ध सामाजिक परिवर्तनों से बहुत गहरा है और उसकी उपेक्षा नामुमकिन है। इसीलिए जरूरी है कि जनसंचार के साधनों के प्रति जनता में हम सही समझ विकसित करें। यदि हम पहले से ही यह मानकर चलते हैं कि जनसंचार का उपयोग जनता को जागरूक बनाने और उन्हें सामाजिक परिवर्तन की प्रक्रिया में शामिल करने के लिए नहीं किया जा सकता तो इसका अर्थ यही है कि हमने जनसंचार के साधनों को निहित स्वार्थों के भरोसे छोड़ दिया है। जवरीमल्ल पारख की सारी समीक्षा मीडिया के प्रति जागरूक और उसके सही इस्तेमाल के प्रति हमें सचेत करतो है। फिल्मों के बारे में उनकी चिन्ता है कि पिछले दो दशकों से भी ज्यादा दिनों से इस तरह की फिल्मों का निर्माण लगभग नहीं के बराबर हुआ है जिसमें भारत के मेहनतकश लोगों के जीवन को व्यक्त किया गया हो। लोकप्रिय सिनेमा में तो मेहनतकश और गाँव लुप्त से हो गए हैं।

सिनेमा के विषय में उनकी मान्यता है कि हिन्दी का लोकप्रिय सिनेमा बुनियादी तौर पर यथास्थिति का समर्थक है। लेकिन लोगों को यथास्थिति का समर्थक बनाए रखने के लिए उसे नए-नए तरीके और नई-नई तकनीकें अपनानी पड़ती हैं। उन्हें अपने को बराबर प्रासंगिक बनाए रखना पड़ता है। उन्हें यह आभास भी देना पड़ता है कि वे परिवर्तन के समर्थक हैं, उस परिवर्तन के जो जनता के हित में हो। लेकिन इन कोशिशों में सिनेमा के संसार में उन फिल्मकारों के लिए भी जगह निकल आती है जो सचमुच जनसमर्थक परिवर्तनकामी सिनेमा का निर्माण करना चाहते हैं।

सिनेमा के मूल्यांकन को लेकर उनका दृष्टिकोण वर्गीय भी है और वैश्विक भी। रामजी तिवारी की पुस्तक 'ऑस्कर अवाड्र्स : यह कठपुतली कौन नचावे' की समीक्षा करते हुए वे स्पष्ट कहते हैं, ऑस्कर के वर्चस्व का सीधा सम्बन्ध विश्व राजनीति पर अमरीकी वर्चस्व से है और अमरीकी वर्चस्व का सम्बन्ध पूँजीवादी राजनीतिक व्यवस्था से है। उनका मानना है कि "आज वैश्विक स्तर पर जीवन का शायद ही कोई ऐसा क्षेत्र बचा हो, जिसमें अमरीकी हस्तक्षेप और जुड़ाव दिखाई न देता हो।" इस पुस्तक के लेखक रामजी तिवारी ने सिनेमा के जिन तीन मॉडलों की चर्चा की है उसमें वे तीसरे मॉडल के रूप में हॉलीवुड की चर्चा करते हैं। हॉलीवुड मॉडल उनके अनुसार, "अधिक से अधिक पूँजी कमाने के हित में वाणिज्यिक और कॉरपोरेट संस्थानों द्वारा सिनेमा का उपयोग" का है। द्वितीय विश्वयुद्ध के बाद सिनेमा से आदर्शों और

विचारों को तिलांजलि दे दी गई और सिनेमा का क्षेत्र 'सिर्फ और सिर्फ धन कमाने के एक लाभप्रद क्षेत्र के रूप में तब्दील होता चला गया'। लेकिन अमरीकी सिनेमा को सिर्फ इस लाभप्रद क्षेत्र के रूप में देखने से इसके राजनीतिक अन्तर्वस्तु की उपेक्षा हो सकती है। उक्त पुस्तक की समीक्षा के बहाने जवरीमल्ल पारख लिखते हैं, "सच्चाई यह है कि दुनिया के किसी भी देश के सिनेमा की तुलना में हॉलीवुड का सिनेमा सर्वाधिक राजनीतिक सिनेमा है। लेखक का यह कहना बिलकुल सही है कि अमरीका अपने को दुनिया का संरक्षक मानता है। दुनिया के पचास देशों में उसके सैन्य अड्डे हैं। अमरीका द्वारा उठाया गया किसी भी तरह का कदम उसकी साम्राज्यवादी आकांक्षाओं के अनुरूप होता है। इसलिए यह बहुत स्वाभाविक है कि हॉलीवुड सिनेमा का सम्बन्ध भी उसकी इन आकांक्षाओं से हो और लेखक का यह विचार बिलकुल सही है कि वहाँ की फिल्मों के बारे में भी विचार हमें अमरीका की इसी विश्वदृष्टि को ध्यान में रख कर ही करनी चाहिए। लेकिन लेखक का मानना है कि "अमरीकी फिल्मकार विश्व में होने वाली उथल-पुथल को आमतौर पर ईमानदारी से नहीं दिखाते। मसलन, द्वितीय विश्वयुद्ध की पृष्ठभूमि में बनने वाली फिल्में प्राय: फासीवादी दमन चक्र पर मौन हैं। कुछ ही फिल्मों में इस पहलू को उठाया गया है। स्टीवन स्पिलबर्ग की फिल्म 'शिंडलर्स लिस्ट' को वह अपवाद की तरह मानते हैं। विश्वयुद्ध में सोवियत संघ की भूमिका पर अमरीकी फिल्में प्राय: मौन रहती हैं। इसी तरह वियतनाम युद्ध पर बनी अधिकतर फिल्में अमरीकी नजरिए को पेश करती हैं। वियतनाम युद्ध के दौरान अमरीकी सैनिकों द्वारा किए गए अमानुषिक कृत्यों पर अमरीकी फिल्में न सिर्फ पर्दा डालती हैं, दूसरे पक्ष के बारे में भी असत्य का प्रचार करती हैं। लेकिन ऐसी ही फिल्मों 'डियर हंटर' और 'प्लाटून' को ऑस्कर अवार्ड से नवाजा गया। फिल्मों की लम्बी सूची दे कर इस किताब में बताया गया है कि जिन विषयों पर अमरीका से बाहर कई महान फिल्में बनी हैं उन पर आमतौर पर हॉलीवुड का सिनेमा या तो प्राय: चुप रहता है या थ्रिलर विधा में हिंसा प्रधान फिल्में बनाता है।" (pahleebar.wordpress.com/जवरीमल्ल पारख)

इस सन्दर्भ में वे पूरे विश्वास के साथ यह भी स्वीकार करते हैं कि "भले ही भारतीय फिल्मों ने आज तक कोई ऑस्कर न जीता हो, लेकिन उत्कृष्टता की दृष्टि से भारतीय फिल्में विश्व सिनेमा से कमतर नहीं हैं।" (उपर्युक्त)

साहित्य के मूल्यांकन के सम्बन्ध में उनका मानना है कि "साहित्य की रचना ही अपने समय और समाज से प्रभावित नहीं होती, उसका अध्ययन, विवेचन और मूल्यांकन भी प्रभावित होता है। जिस साहित्य को हमारे से पूर्व के अध्येताओं ने जिस रूप में ग्रहण किया हम भी उसे उसी रूप में ग्रहण करने के लिए बाध्य नहीं हैं। हमारे सामने आज भूमंडलीकरण के जरिए नवउपनिवेशीकरण की जो कोशिशें प्रकट हो रही हैं, सांस्कृतिक राष्ट्रवाद की आड़ में साम्प्रदायिक फासीवाद का जो खतरा दिखाई दे रहा है उससे आज की रचनाधर्मिता का प्रभावित होना स्वाभाविक है...स्पष्ट ही ये सभी पक्ष आलोचना और विवेचना को भी प्रभावित करेंगे। आलोचना और मूल्यांकन की यह प्रक्रिया न सिर्फ वर्तमान रचनाधर्मिता के सन्दर्भ में प्रासंगिक है, वह पूर्व की साहित्य परम्परा के लिए भी उतनी ही प्रासंगिक है। वर्तमान के परिप्रेक्ष्य में अतीत को जानने-समझने की इन कोशिशों का महत्त्व यह है कि इससे वर्तमान को बनाने में अतीत की भूमिका को नए रूप में समझने की दृष्टि मिलती है, साथ ही यह भी जान सकते हैं कि वे कौन से उपेक्षित पक्ष थे जिनकी ओर अपेक्षित ध्यान नहीं दिए जाने के कुछ अनपेक्षित परिणाम भी प्रकट हुए हैं, जिनको समझना वर्तमान को समझने और भविष्य को बनाने के लिए जरूरी है।" (आधुनिक हिन्दी साहित्य-मूल्यांकन और पुनर्मूल्यांकन, पृ. 5)

इसी तरह प्रेमचन्द के साहित्य पर फिल्म बनाने वाले फिल्मकारों के सामने उपस्थित चुनौतियों पर टिपण्णी करते हुए वे प्रकारान्तर से प्रेमचन्द के लेखन के वैशिष्ट्य पर बहुत महत्त्वपूर्ण टिप्पणी करते हैं और लिखते हैं, "दरअसल प्रेमचन्द ने अपना लेखन सिनेमा माध्यम को ध्यान में रखकर नहीं किया था। उनका लेखन सतह से देखने पर सरल लगता हो, लेकिन वह अपने समय के बहुत ही जटिल और अन्तर्विरोधों से भरे सामाजिक यथार्थ का प्रतिनिधित्व करता है। उनके पात्र भी बहुत जटिल किस्म के हैं और उनमें इतने स्तर हैं कि उनमें से किसी की भी उपेक्षा चरित्र को कमजोर बना सकती है। किसी भी फिल्मकार के लिए प्रेमचन्द की रचनाओं को सिनेमा के लिए रूपांतरित करना बहुत बड़ी चुनौती रहा है। प्रेमचन्द जैसी प्रतिभा वाले लेखक के लिए वैसा ही प्रतिभाशाली फिल्मकार होना भी जरूरी है। शायद यही

वजह है कि उनकी क्लासिक रचनाओं के उत्कृष्ट और चुनौतीपूर्ण रूपांतरण भी उन्हीं फिल्मकारों द्वारा सम्भव हुए हैं जिन्होंने इस काम को रचनात्मक चुनौती के रूप में ग्रहण किया था। आज भी फिल्मकारों के लिए प्रेमचन्द वैसी ही रचनात्मक चुनौती बनकर उपस्थित हैं।" (समकालीन जनमत, 'प्रेमचन्द और हिन्दुस्तानी सिनेमा', 31 जुलाई, 2020)

जवरीमल्ल पारख इन्दिरा गांधी राष्ट्रीय मुक्त विश्वविद्यालय के मानविकी संकाय के निदेशक पद से अवकाश ग्रहण करने के बाद मीडिया के पूर्णकालिक समीक्षक के रूप में सक्रिय हैं और उनसे अभी बहुत मूल्यवान प्राप्त होने की उम्मीद है।

आलोक मेहता

उज्जैन (म.प्र.) में जन्मे आलोक मेहता (जन्म—07.09.1952) विगत चार दशक से भी अधिक समय से पत्रकारिता में सक्रिय हैं। एडिटर्स गिल्ड ऑफ इंडिया के अध्यक्ष और महासचिव रह चुके आलोक मेहता पत्रकार के साथ-साथ मीडिया समीक्षक भी है। 'हिन्दुस्तान समाचार', 'साप्ताहिक हिन्दुस्तान', 'दिनमान', 'नवभारत टाइम्स', 'दैनिक हिन्दुस्तान', 'दैनिक भास्कर', 'नई दुनिया', 'आउटलुक' आदि के सम्पादन से जुड़े आलोक मेहता को पत्रकारिता का लम्बा अनुभव है।

आलोक मेहता की दृष्टि में टीवी, रेडियो और प्रिंट मीडिया एक-दूसरे के प्रतियोगी नहीं बल्कि पूरक हैं। अपनी पुस्तक 'कलम के सेनापति' में उन्होंने मधु त्रेहन, सईद नकवी, एच.के. दुआ, राजेन्द्र माथुर, मनोहरश्याम जोशी, अच्युतानन्द मिश्र आदि से विस्तृत साक्षात्कार प्रश्नोत्तर शैली में लिया है। इससे पत्रकारिता की दुनिया के अनेक गम्भीर और जरूरी विषयों पर प्रकाश पड़ता है।

आलोक मेहता ने पत्रकारिता के क्षेत्र में कई तरह के सफल प्रयोग किए। उदाहरणार्थ जब वे पटना में 'नवभारत टाइम्स' के सम्पादक थे तो उन्होंने हिन्दी पत्रकारिता में पहली बार हेल्थ एडीटर और लीगल एडीटर जैसे पद कायम किए। उनकी राय में हेल्थ एडीटर को इस तरह होना चाहिए कि वह मेडिकल प्रोफेशन को भी समझ सके और डाक्टरों के जीवन सम्पर्क में भी हो। उन्होंने डिप्लोमेटिक मामलों के लिए अलग से डिप्लोमेटिक एडीटर का पद भी बनाया। उनका फॉर्मूला है कि जो खबरें हल्की-फुल्की होती हैं उन्हें हल्के-फुल्के अंदाज में ही प्रकाशित करनी चाहिए, लेकिन जो खबरें गम्भीर किस्म की होती हैं, उन्हें वैसा ही सीरियस ट्रीटमेंन्ट मिलना चाहिए।

हालाँकि, पत्रकारिता की दुनिया में आलोक मेहता की छवि सत्ता के परिवर्तन के साथ खुद को बदलते रहने वाले और सत्ता के साथ समझौता करने वाले पत्रकार की भी है।

'पत्रकारिता की लक्ष्मण रेखा', 'आस्था का आँगन', 'सिंहासन का न्याय', 'नामी चेहरों से यादगार मुलाकातें', 'चरित्र और चेहरे', 'भारत में पत्रकारिता', कलम के सेनापति, 'राइन के किनारे', 'तब और अब', 'राव के बाद कौन', 'अफगानिस्तान : बदलते चेहरे', 'चरित्र और चेहरे' आदि उनकी प्रमुख पुस्तकें हैं।

जगदीश्वर चतुर्वेदी

मथुरा (उ.प्र.) में जन्मे, जेएनयू में पढ़े-लिखे और कोलकाता में शिक्षक रहे प्रो. जगदीश्वर चतुर्वेदी (जन्म—12.04.1957) मुख्यरूप से मीडिया समीक्षक हैं। यद्यपि उन्होंने साहित्य की भी समीक्षा की है और रामविलास शर्मा तथा नामवर सिंह के सृजन-कर्म पर भी उनकी किताबें हैं। हिन्दी के मीडिया समीक्षकों में जगदीश्वर चतुर्वेदी ने सम्भवत: अब तक सर्वाधिक पुस्तकें लिखी हैं और समाज से जुड़े लगभग सभी विषयों पर लिखी हैं। उनके समस्त लेखन में उनकी वामपंथी विचारधारा सतह पर तैरती हुई सी दिखाई देती है।

जगदीश्वर चतुर्वेदी ने उस समय लिखना शुरू किया जब मीडिया समीक्षा पर पुस्तकों का अभाव था। प्रिंट मीडिया के साथ इलेक्ट्रॉनिक मीडिया और उसके विभिन्न रूपों का जैसे-जैसे विकास हुआ, जगदीश्वर चतुर्वेदी ने अपने को उससे जोड़े रखा। पश्चिम में भी इस क्षेत्र में जो भी नए विचारक आए, नई अवधारणाएँ आईं, जगदीश्वर चतुर्वेदी की नजर सब पर रही। उन्होंने उनको जाँचा-परखा और हिन्दी समाज को उनसे परिचित कराया। समाज और राजनीति की सटीक समझ और उनका विश्लेषण, मीडिया के सभी रूपों में समय के साथ-साथ हो रहे बदलाव और इस बदलाव के साथ एक लेखक के सामने आने वाली चुनौतियों की

भली-भाँति समझ जगदीश्वर चतुर्वेदी को है। एक निष्ठावान वामपंथी लेखक का परिचय देते हुए जगदीश्वर चतुर्वेदी ने अपने लेखन और विचारधारा को लेकर कभी समझौता नहीं किया। हाँ, उनके लेखन की एक बड़ी कमजोरी मुझे यह लगती है कि उनका मीडिया सम्बन्धी सारा लेखन एक ही विषय पर केन्द्रित जैसा लगता है, मानो एक ही पुस्तक का विस्तार हो।

जगदीश्वर जी के सृजन की गति और उसके विस्तार पर टिप्पणी करते हुए उनके मित्र और आलोचक अरुण माहेश्वरी लिखते हैं, "इस अकेले लेखक ने हिन्दी में मेतलार्द, बोर्दिओ, मैकलुहान, एडवर्ड सईद, बौद्रिलार्द, दरीदा, जीजेक, इको आदि न जाने कितने गैरकम्यूनिस्ट मार्क्सवादियों और स्वतंत्र चिन्तकों के बारे में जितनी सामग्री मुहैया कराई है, पीसी, लैपटॉप, टैबलेट, इंटरनेट, ई-मेल, फेसबुक टीवी, केबल टीवी जैसे आज के युग के तकनीकी उपकरणों और उनके प्रयोग की विधियों से जुड़े विमर्शों को जिस प्रकार प्रस्तुत किया है, वह सचमुच चौंकाने वाला है। इंटरनेट और उससे जुड़े आधुनिक उद्योगों के नाना प्रकार के उत्पादों तक को उन्होंने अपनी आँखों से ओझल नहीं होने दिया है।

जगदीश्वर जी का यह सारा काम कुछ ऐसी गति से चल रहा है कि किसी भी साधारण पाठक के लिए उसके साथ अपनी संगति कायम करना कठिन है, और जो थोड़ा ठहर कर इस विशाल काम के मूल्यांकन के लिहाज से इसे उलटना- पलटना चाहते हैं उनके लिए तो साल में चार-छ-दस-बारह की रफ्तार से आने वाली किताबें किसी बमबारी से कम नहीं हैं।" (13 मार्च, 2014 के फेसबुक पोस्ट से) और जगदीश्वर चतुर्वेदी के विशाल लेखन के मूल्यांकन की समस्या पर अपनी राय रखते हुए अरुण माहेश्वरी ने जो कहा है उससे मेरा अपना मत भी जुड़ा हुआ है, "मुझे लगता है कि जगदीश्वर जी के तेजी से फैल रहे लेखन के आयतन का एक समग्र मूल्यांकन किसी के लिए भी नामुमकिन सा काम है। लेकिन इतना जरूर कहूँगा कि यह सब कोरा सार-संग्रहवादी नहीं है। बारीकी से देखने पर इसमें एक खास प्रकार की एकसूत्रता, उत्तर-आधुनिक तरह की ही असामंजस्य के सामंजस्य वाली विचार-प्रणाली को देखा जा सकता है।" (उपर्युक्त)

वैज्ञानिक दृष्टिसम्पन्न लेखक जगदीश्वर जी समय से दो कदम आगे की सोचते हैं और चलते भी हैं। बहुतों की निगाह में अभी हमारा समाज पूरी तरह उत्तर आधुनिक भी नहीं हुआ है किन्तु जगदीश्वर जी उत्तर आधुनिकता के अन्त की भविष्यवाणी करते हुए लिखते हैं, "उत्तर आधुनिक आन्दोलन कालिदासों का आन्दोलन थे। वे कालिदास की तरह जिस डाल पर बैठे थे उसी को काट रहे थे। थोड़ा और विवाद को आगे बढ़ाएँ और सोचें कि हाशिए और केन्द्र के संघर्ष का क्या हुआ? व्यवस्था को चुनौती देने वाली शक्तियाँ कहाँ चली गईं? हाशिए के लोगों को आरक्षण मिल गया, उन्होंने जश्न मनाया, लेकिन विषमता का क्या हुआ? विषमता घटने के बजाय क्यों बढ़ती चली गई?" (उत्तर आधुनिकता और विचारधारा, भूमिका से)

स्त्री साहित्य पर जगदीश्वर जी ने बहुत लिखा है। उनका यह लेखन वायवी कम और यथार्थ-आधारित अधिक है। इसीलिए इसमें प्रामाणिकता है। इसमें उनके निजी जीवन के अनुभवों की भी बड़ी भूमिका है। अपनी पुस्तक स्त्रीवादी साहित्य विमर्श की भूमिका में उन्होंने इस ओर संकेत भी किया है। वे लिखते हैं, "यह पुस्तक गम्भीर लड़ाई का परिणाम है। यह लड़ाई मन, परिवार, समाज, विचारधारा कई स्तरों पर एक साथ चली। स्त्री की हिमायत में दृढ़ता के साथ वैज्ञानिक दृष्टिकोण के सहारे ही आगे बढ़ा जा सका। इस संघर्ष में सब कुछ उलटा-पुलटा नजर आने लगा। रचना के अध्ययन और समाज के अध्ययन में आने वाली अनगिनत कठिनाइयों को दोस्तों की मदद से सुलझाने में सफलता मिली। स्त्री साहित्य के अध्ययन का जब फैसला लिया तो अब तक का पढ़ा-लिखा एकदम मददगार साबित नहीं हुआ । शुरू में सोचा था कि परम्परागत साहित्यालोचना से कुछ मदद जरूर मिलेगी। किन्तु स्त्री लेखिकाओं की रचनाओं को पढ़ने के लिए भिन्न किस्म की आलोचना एवं इतिहास-दृष्टि की जरूरत है, यह अहसास बहुत जल्दी ही होने लगा।" ('स्त्रीवादी साहित्य विमर्श की भूमिका' से)

उनकी प्रकाशित पुस्तकों में 'दूरदर्शन और सामाजिक विकास', 'मार्क्सवाद और आधुनिक हिन्दी कविता', 'आधुनिकतावाद और उत्तर-आधुनिकतावाद', 'जनमाध्यम और मासकल्चर', 'हिन्दी पत्रकारिता के इतिहास की भूमिका', 'सूचना समाज', 'जनमाध्यम प्रौद्योगिकी और विचारधारा', 'माध्यम साम्राज्यवाद', 'जनमाध्यम सैद्धान्तिकी', 'टेलीविजन, संस्कृति और राजनीति,' 'साम्प्रदायिकता, आतंकवाद और जनमाध्यम', 'युद्ध, ग्लोबल संस्कृति और मीडिया', 'हाइपर टेक्स्ट, वर्चुअल रियलिटी और इंटरनेट', 'नंदीग्राम, मीडिया और भूमंडलीकरण', 'वैकल्पिक मीडिया, लोकतंत्र और नॉम चोम्स्की', 'ग्लोबल चीन', 'तिब्बत, दमन और

मीडिया', 'ओबामा और मीडिया', '2009 लोकसभा चुनाव और नव्य उदार प्रोपेगैंडा', 'स्त्रीवादी साहित्य विमर्श', 'लोकतंत्र और सोशल मीडिया : अरविन्द केजरीवाल, ममता बनर्जी और मनमोहन सिंह', 'डिजिटल युग में मास कल्चर और विज्ञापन', 'इंटरनेट, साहित्यालोचना और जनतंत्र', 'नरेन्द्र मोदी और फासीवादी प्रचार-कला', 'पोर्नोग्राफी के प्रतिवाद में', 'अरविन्द केजरीवाल : जनान्दोलन से सत्ता तक', 'डिजिटल कैपिटलिज्म, फेसबुक संस्कृति और मानवाधिकार', 'मार्क्सवादी साहित्यालोचना की समस्याएँ', 'उत्तर-आधुनिकतावाद और विचारधारा', 'साइबर परिप्रेक्ष्य में हिन्दी संस्कृति', 'लेखक, संस्कृति और विश्वदृष्टि', 'आधुनिकतावाद, साहित्य और मीडिया', 'शीतयुद्ध, साहित्य और मुक्तिबोध', 'नवजागरण, उदारवाद और राष्ट्रवाद', 'उंबेर्तो इको : चिह्नशास्त्र साहित्य और मीडिया', 'साहित्य और इतिहास दर्शन', 'इंटरनेट, साहित्यालोचना और जनतंत्र', 'नामवर सिंह और समीक्षा के सीमांत', 'रामविलास शर्मा : परवर्ती पूँजीवाद और साहित्येतिहास की समस्याएँ' आदि प्रमुख हैं। उनकी सन् 2013 तक प्रकाशित पुस्तकें 'मीडिया समग्र' शीर्षक से ग्यारह खण्डों में प्रकाशित हो चुकी हैं।

'मीडिया प्राच्यवाद और वर्चुअल यथार्थ', 'भूमंडलीकरण और ग्लोबल मीडिया', 'स्त्री-काव्यधारा', 'स्वाधीनता संग्राम, हिन्दी प्रेस और स्त्री का वैकल्पिक क्षेत्र', 'साझा संस्कृति : भारतीय फासीवाद का स्त्री प्रत्युत्तर' आदि उनका सह लेखन है जिन्हें उन्होंने प्रो. सुधा सिंह के साथ मिलकर लिखा है।

'नया जमाना' जगदीश्वर चतुर्वेदी का ब्लॉग है। इसे देखने पर उनके लेखन के विस्तार को समझा जा सकता है। इसमें उन्होंने अन्ना हजारे पर भी लिखा है और अज्ञेय पर भी। अकबर पर भी लिखा है और अंधविश्वास पर भी। अमेरिका की नीतियों पर भी लिखा है और अमिताभ बच्चन पर भी। अमर्त्य सेन पर भी लिखा है और अरविन्द केजरीवाल पर भी। आरएसएस पर भी लिखा है और एंगेल्स पर भी। नरेन्द्र मोदी पर भी लिखा है और कन्हैया कुमार पर भी। नॉम चाम्स्की पर भी लिखा है और सेक्स उद्योग पर भी। हिन्दू राष्ट्रवाद पर भी लिखा है और हाब्सबाम पर भी। समाज से जुड़ा कोई विषय उनसे छूट गया हो, मुझे नहीं लगता।

जगदीश्वर चतुर्वेदी जेएनयू में छात्रसंघ के अध्यक्ष रह चुके हैं। वे अच्छे वक्ता हैं। उनके लेखन में भी उनके वक्तृत्व- कला की छाप सहज ही देखी जा सकती है। लेखन में विषय-वैविध्य, विस्तार और वक्तृत्व- कला के प्रभाव के कारण उसमें कहीं- कहीं अस्पष्टता भी दिखाई देती है। मीडिया के चरित्र का विश्लेषण करते हुए वे लिखते हैं, "मीडिया किसी का सगा नहीं है। वह अपना विलोम स्वयं बनाता है। वह जो चाहता है वह कर नहीं पाता। जो नहीं चाहता है वह हो जाता है। मीडिया क्या कर सकता है? यह कोई व्यक्ति, व्यक्तियों का समूह, राजनीतिक दल, राज्य अथवा कारपोरेट हाउस तय नहीं कर सकता। कुछ क्षण, दिन, महीना या साल तक यह भ्रम हो सकता है कि मीडिया वही कर रहा है जो मालिक करा रहे हैं। सच्चाई किन्तु इसके एकदम विपरीत होती है। मीडिया जो दिखाता है वह सच है, और सच नहीं भी है। जो नहीं दिखाता वह उससे भी बड़ा सच होता है। इसे हम अदृश्य सत्य कह सकते हैं। मीडिया में दृश्य सत्य से बड़ा अदृश्य सत्य होता है। यही वह विन्दु है जहाँ मीडिया अनजाने अपना विलोम रच रहा है। मीडिया का विलोम मीडिया में कभी नहीं आता। इसीलिए हमें मीडिया के बारे में द्वंद्वात्मक भौतिकवादी नजरिए से सोचना होगा।" (jagadishwarchaturvedi.blogspot.com. 'मीडिया वर्चस्व का विभ्रम और यथार्थ' शीर्षक लेख से)

इसी तरह उनके लेखन में यदा-कदा अन्तर्विरोध भी दिखाई देता है। हिन्दी दिवस के अवसर पर हिन्दी को लेकर एक ही लेख में एक जगह वे लिखते हैं, "संचार क्रान्ति ने पहली बार भाषा विशेष के वर्चस्व की विदाई की घोषणा कर दी है। संचार क्रान्ति के पहले भाषा विशेष का वर्चस्व हुआ करता था, संचार क्रान्ति के बाद भाषा विशेष का वर्चस्व स्थापित करना सम्भव नहीं है। अब किसी भी भाषा को हाशिए पर बहुत ज्यादा समय तक नहीं रखा जा सकता।" (हिन्दी : सड़े हुए लोगों का दुख और 12 कटु सत्य, मीडिया विजिल, 15 सितम्बर, 2020) तो इसी लेख में वे आगे लिखते हैं, "अंग्रेजी पूरे शासनतंत्र में रची-बसी है, उसको कभी प्रचार की या हिन्दी दिवस की तरह अंग्रेजी दिवस मनाने की जरूरत महसूस नहीं हुई। भाषा को जब हम जलसे का अंग बनाते हैं तो राजनीतिक बनाते हैं। छद्म भाषायी उन्माद पैदा करने की कोशिश करते हैं। हिन्दी दिवस की सारी मुसीबत यहीं पर है।" (उपर्युक्त) इतना ही नहीं, इसी निबंध में वे आगे हिन्दी और उसकी बोलियों को समान दर्जा देने का अव्यावहारिक सुझाव भी देते हैं, "हम जब हिन्दी को या किसी भी भाषा को सरकारी भाषा बनाने की बात करते हैं तो भाषायी असमानता की हिमायत कर रहे होते हैं। हमारे लिए सभी भाषाएँ और बोलियाँ समान हैं और सबके हक समान हैं। लेकिन हो उलटा रहा है। तेरी भाषा-मेरी भाषा के क्रम में हमने

भाषायी विद्वेष को पाला-पोसा है। प्रतिस्पर्धा पैदा की है। बेहतर यही होगा कि हम भाषायी विद्वेष से बाहर निकलें। जीवन में भाषाप्रेम पैदा करें। सभी भाषाओं और बोलियों को समान दर्जा दें।" (उपर्युक्त)

प्रश्न यह है कि हिन्दी की एक जनपदीय भाषा छत्तीसगढ़ी में भी हालबी, सरगुजिया जैसी छोटी-बड़ी 94 बोलियाँ हैं, इसी तरह राजस्थानी में 74 बोलियाँ है, क्या हिन्दी के समानांतर सबको संविधान की आठवीं अनुसूची में शामिल करके समान दर्जा देना व्यावहारिक है? या गांधी जी का सुझाव मानना कि "जो वृत्ति इतनी वर्जनशील और संकीर्ण हो कि हर बोली को चिरस्थायी बनाना और विकसित करना चाहती हो, वह राष्ट्र विरोधी और विश्व-विरोधी है। मेरी विनम्र सम्मति में तमाम अविकसित और अलिखित बोलियों का बलिदान करके उन्हें हिन्दुस्तानी (भाषा) की बड़ी धारा में मिला देनी चाहिए। यह आत्मोत्कर्ष के लिए की गई कुर्बानी होगी, आत्महत्या नहीं।" (यंग इंडिया, 27 अगस्त, 1925)

निस्सन्देह जगदीश्वर चतुर्वेदी की जितनी उम्र है उनके किताबों की संख्या उससे कम नहीं होगी। वे कलकत्ता विश्वविद्यालय में लगभग 22 वर्ष तक हमारे विभागीय सहयोगी रहे हैं।

कृपाशंकर चौबे

बलिया (उ.प्र.) के 'चैनछपरा' नामक गाँव में जन्मे, कोलकाता में पढ़े-लिखे, लम्बे समय तक 'आज', 'जनसत्ता', 'हिन्दुस्तान', 'सहारा समय', 'सन्मार्ग', 'प्रभात खबर', 'स्वतंत्र भारत' आदि में पत्रकारिता करने के बाद महात्मा गांधी अन्तरराष्ट्रीय हिन्दी विश्वविद्यालय, वर्धा में पत्रकारिता के प्रोफेसर एवं प्रभारी डॉ. कृपाशंकर चौबे (जन्म—01.01.1964) के लेखन की रफ्तार बहुत तेज है और उन्होंने हिन्दी आलोचना जगत में आज अपनी खास जगह बना ली है। वे बांग्ला मासिक 'भाषा बन्धन' तथा 'वर्तिका' के सम्पादन से भी जुड़े रहे हैं। वे हमारे समय के ऐसे विरल मीडिया समीक्षक हैं जिन्हें पत्रकारिता का व्यापक अनुभव है।

हिन्दी के साथ बांग्ला पर भी कृपाशंकर चौबे की अच्छी पकड़ है, जिसके कारण उन्होंने बांग्ला के प्रतिष्ठित लेखकों और फिल्मकारों पर भी विस्तार से लिखा है। इनमें महाश्वेता देवी, तसलीमा नसरीन और मृणाल सेन पर उनकी स्वतंत्र पुस्तकें हैं। उन्होंने समानांतर सिनेमा के इतिहास पर भी लिखा है और बांग्ला दलित आन्दोलन पर भी। हिन्दी की साहित्यिक पत्रकारिता के साथ ही हिन्दी के पत्रकारों में महावीर प्रसाद द्विवेदी और शिवपूजन सहाय से लेकर प्रभाष जोशी, हरिवंश और रामबहादुर राय पर भी उन्होंने विस्तार से लिखा है।

गुण-दोष विवेचन के साथ ही आलोचक का काम कृति और कृतिकार के स्थान-निर्धारण का भी होता है। 'सरस्वती' और उसके सम्पादक आचार्य महावीर प्रसाद द्विवेदी के मूल्य का आकलन करते हुए आचार्य द्विवेदी के अन्तिम सम्पादकीय के हवाले से कृपाशंकर चौबे लिखते हैं, "कहने की जरूरत नहीं कि अच्छी मासिक पुस्तक में जो गुण होने चाहिए, वे सभी द्विवेदी जी में थे। सही तो यह है कि जब तक द्विवेदी जी के सम्पादन में निकली 'सरस्वती' को धुरी मानकर नहीं चला जाएगा तब तक बीसवीं शताब्दी के पहले और दूसरे दशक के हिन्दी साहित्य के इतिहास को नहीं समझा जा सकेगा। जाहिर है कि तब 'सरस्वती' की सहयात्री पत्रिका 'मर्यादा' के योगदान को भी ध्यान में रखना होगा। 'सरस्वती' 1975 तक निकलती रही किन्तु द्विवेदी जी के सम्पादन काल-खंड यानी बीसवीं शताब्दी के पहले व दूसरे दशक की 'सरस्वती' का योगदान सबसे ऊपर है।" (http:www.hindisamaya.com, महावीर प्रसाद द्विवेदी और सरस्वती शीर्षक लेख से)

कृपाशंकर चौबे के प्रिय लेखक हैं कृष्णबिहारी मिश्र। दोनों बलिया के हैं। दोनों कोलकाता में रहते हैं और दोनों का नाम 'कृ'कार से शुरू होता है। उन्होंने कृष्णबिहारी मिश्र पर एक पुस्तक का सम्पादन किया है 'विरल सारस्वत साधना'। इसमें वे लिखते हैं, "कृष्णबिहारी मिश्र जितने समर्थ गद्यशिल्पी हैं, उतने ही बड़े अनुशीलनकर्ता। हिन्दी पत्रकारिता सम्बन्धी उनका शोध कार्य, 'हिन्दी पत्रकारिता : जातीय चेतना और खड़ी बोली साहित्य की निर्माण भूमि' मील का पत्थर माना जाता है। उसमें मिश्र जी ने हिन्दी पत्रकारिता की उन्नीसवीं और बीसवीं शताब्दी की समूची यात्रा पर गम्भीर अनुशीलन तथा विवेचन किया है।" (विरल सारस्वत साधना, सम्पादकीय, पृ. xx)

इसी तरह उन्होंने 'माधवराव सप्रे स्मृति समाचार-पत्र संग्रहालय एवं शोध-संस्थान', भोपाल के संस्थापक और भारतीय पत्रकारिता कोश के सम्पादक विजयदत्त श्रीधर का मूल्यांकन करते हुए 'भारतीय पत्रकारिता के इतिहास को सँजोने और सहेजने का विवेक' शीर्षक लम्बा लेख लिखा है। इसका आरंभ करते हुए वे लिखते

हैं, "कृष्णबिहारी मिश्र के बाद जिस व्यक्ति ने पत्रकारिता के इतिहास के अनुशीलन का मानक प्रस्तुत किया है वे हैं विजयदत्त श्रीधर। आज उनकी राष्ट्रव्यापी पहचान पत्रकारिता के इतिहास को सँजोने और सहेजने वाले व्यक्ति के रूप में है। वे पत्रकारिता के कितने गम्भीर अध्येता हैं, यह देखने के लिए उनकी कोई पुस्तक ले सकते हैं। उदाहरण के लिए सामयिक प्रकाशन से आई किताब का सम्पादकीय से ही बात आरंभ करें तो उस पुस्तक से समूची हिन्दी पत्रकारिता की गणेश परिक्रमा हो जाती है।" (http:www.hindisamaya.com, 'भारतीय पत्रकारिता...विवेक' शीर्षक लेख से)

कृपाशंकर चौबे अपने लेखन में आवश्यकतानुसार अपनी शोध-दृष्टि का भी परिचय देते रहते हैं और अपने समय का भी भली-भांति साक्षात्कार कराते रहते हैं। 'बंगाल के रंगमंच का इतिहास और वर्तमान' शीर्षक अपने शोधपूर्ण लम्बे आलेख में वे बंगाल में रंगमंच के आरंभ का तिथि सहित उल्लेख करते हैं और हमारे समय के बांग्ला तथा हिन्दी रंगमंच की बड़ी शख्सियतों का परिचय कराते हैं। हिन्दी रंगमंच को भी समान सम्मान देते हुए वे हिन्दी रंगमंच की भूमिका का आकलन करते हैं। उदाहरणार्थ जहाँ वे रुद्रप्रसाद सेनगुप्त के बारे में लिखते हुए उनके द्वारा निर्देशित बांग्ला नाटकों—'फुटबाल', 'गोल्पो', 'होलेई सोत्यी', 'हाटे बाजारे', 'सिटी आप ज्वाय', 'लिटिल बुद्धा', 'आटोग्राफ' आदि का जिक्र करते हैं वहीं वे श्यामानंद जालान, प्रतिभा अग्रवाल और ऊषा गांगुली की प्रस्तुतियों और रंगमंच के क्षेत्र में उनके योगदान का भी विस्तार से विश्लेषण करते हैं। कृपाशंकर चौबे अभी लगातार लिख रहे हैं और उनसे काफी उम्मीदें हैं।

'पत्रकारिता के उत्तर आधुनिक चरण', 'संवाद चलता रहे', 'पत्रकारिता के नए परिदृश्य', 'रंग, स्वर और शब्द', 'मृणाल सेन का छायालोक', 'समाज, संस्कृति और समय', 'मीडिया संस्कृति समय', 'हिन्दी पत्रकारिता के शिल्पकार', 'हिन्दी पत्रकारिता : परम्परा और समकालीन सरोकार', 'चलकर आए शब्द', 'राष्ट्र निर्माताओं की पत्रकारिता' आदि उनकी मीडिया समीक्षा से सम्बन्धित पुस्तकें हैं। 'हिन्दी और पूर्वोत्तर', 'विरल सारस्वत साधना' (कृष्णबिहारी मिश्र पर केन्द्रित), 'मैं जो देखती हूँ, (महाश्वेता देवी)', 'महाश्वेता संवाद', 'हजारीप्रसाद द्विवेदी : ज्ञान का आलोक पर्व' आदि का उन्होंने सम्पादन किया है।

(ख) फिल्म समीक्षा

कुछ प्रमुख फिल्म समीक्षकों का हम यहाँ संक्षिप्त परिचय दे रहे हैं।

राही मासूम रजा

गाजीपुर (उ.प्र.) के गंगौली गाँव में जन्मे, अलीगढ़ में पढ़े-लिखे और अलीगढ़ में कुछ दिन तक शिक्षक और बाद में फिल्मी पटकथा और संवाद आदि लिखने के लिए मुम्बई के निवासी रहे राही मासूम रजा (01.09.1927-15.03.1992) की पहचान उर्दू के कवि, हिन्दी के कथाकार और फिल्मों के पटकथा लेखक के रूप में है। सिनेमा पर उन्होंने समय-समय पर वक्तव्य दिए या टिप्पणियाँ लिखीं। उनका वह लेखन ज्यादा नहीं है। उनके मित्र कुँवरपाल सिंह ने उनके इस तरह के लेखन को 'सिनेमा और संस्कृति' के नाम से संकलित और सम्पादित किया है। किन्तु राही मासूम रजा का सिनेमा पर बहुत कम लिखा हुआ भी बहुत महत्त्वपूर्ण है।

फिल्मों के महत्त्व के बारे में वे लिखते हैं, "मैं फिल्म को साहित्य का अंग मानता हूँ। आज के मानव की आत्मा की पेचीदगी को अभिव्यक्त करने के लिए साहित्य के पास उपन्यास और फिल्म के सिवा कोई और साधन नहीं है...जैसे-जैसे जीवन पेचीदा होता गया वैसे-वैसे काव्य वरण बदलता गया। महाकाव्य उपन्यास बन गया और नाटक फिल्म।" (सिनेमा और संस्कृति, पृ. 55)

सिनेमा के बारे में राही लिखते हैं, "सिनेमा साहित्य की एक विधा है। इसे भी उन्हीं तकाजों को पूरा करना चाहिए जो दूसरी साहित्यिक विधाएँ पूरी करती हैं। यानी, वह प्रचार या प्रोपोगेंडा नहीं है। वह लोगों को सुख प्रदान करता है तथा इस सुख से वह समाज को स्वस्थ बनाने की लड़ाई लड़ता है। जिस तरह की नज्म, नाविल, कहानी या साहित्य जो इस कर्तव्य को पूरा नहीं करता वह बेकार है, उसी तरह जो फिल्म इस कर्तव्य को पूरा नहीं करती वह त्रुटिपूर्ण है।" (सिनेमा और संस्कृति पृ. 23) इसीलिए राही ने दशकों पहले फिल्म-अध्ययन को विश्वविद्यालयों के पाठ्यक्रम में शामिल करने का प्रस्ताव किया था।

जिन दिनों फिल्म इंडस्ट्री अपने सामाजिक उत्तरदायित्व के प्रति भी सचेत थी उन दिनों समाज के प्रबुद्ध वर्ग के कर्तव्य की ओर संकेत करते हुए राही सचेत करते हैं, "किस्सा यह है कि इन समस्त लोगों के लिए

फिल्म एक व्यवसाय भी है, और बाजार में वही वस्तु लाएँगे जिसकी खपत होगी, यानी, बात फिर वहीं आ गई कि बाजार में, लोगों में, समाज में और समाज के प्रबुद्ध वर्ग ने इस समाज विरोधी, शिक्षा विरोधी, जन विरोधी व्यवहार के विरोध में आवाज नहीं उठाई तो व्यावसायिक फिल्में जनता के निम्न मानसिक स्तर का लाभ तो उठाएँगी ही। ऐसी ताकतें धर्म और जादू-टोना को नोट की तरह इतना चलाएँगी कि फिर बाजार में कोई सिक्का रह ही नहीं जाएगा।" (उपर्युक्त, पृ. 45)

कहना न होगा, राही की दशकों पहले की दी गई चेतावनी आज हकीकत बनकर खड़ी है।

विष्णु खरे

मध्य प्रदेश के 'छिंदवाड़ा' में जन्मे, इंदौर में पढ़े-लिखे और मध्य प्रदेश तथा दिल्ली में अध्यापन करने के बाद पत्रकारिता से जुड़े रहे विष्णु खरे (09.02.1940-19.09.2018) की ख्याति एक कवि, अनुवादक और पत्रकार के रूप में ही है किन्तु उन्होंने समीक्षाएँ और खास तौर पर फिल्म समीक्षाएँ भी लिखी हैं। 1986-93 के बीच उन्होंने दैनिक 'नवभारत टाइम्स' में फिल्म समीक्षाएँ कीं और सिनेमा पर लेख लिखे। 1997-99 के बीच उन्होंने अंग्रेजी दैनिक 'दि पायनियर' के लिए लगातार फिल्मों पर समीक्षाएँ और लेख लिखे। कभी-कभी 'दि हिन्दुस्तान टाइम्स' में भी लिखा। उनका सिनेमा पर लेखन 'जनसत्ता', 'दैनिक भास्कर', 'अमर उजाला', 'दैनिक जागरण', 'नई दुनिया' आदि दैनिकों और 'कथादेश', 'हंस' और 'उद्‌भावना' जैसी पत्रिकाओं में प्रकाशित हुआ है। वे भारतीय फिल्मोत्सव के राष्ट्रीय पैनोरमा खंड के लिए फिल्म-चुनाव निर्णायकों में से रहे हैं और हिन्दी के एकमात्र फिल्म समीक्षक हैं जो फ्राँस के विश्वविख्यात फिल्मोत्सवों में आधिकारिक रूप से निमंत्रित किए गए हैं और दो बार हॉलैंड के फिल्म समारोह में भी समीक्षक के रूप में भाग ले चुके हैं।

सिनेमा के विषय में विष्णु खरे की धारणा है कि सिनेमा, वीडियो, वीसीडी, डीवीडी, होम प्रोजेक्टर और थिएटर, लैपटॉप और पोर्टेबिल प्लेयर्स के जरिए हर जगह हमेशा हमारे साथ है और टेलीविजन उसके बिना जिन्दा नहीं रह सकता। उसके व्यावसायिक और कला मनोरंजक और गम्भीर मास अपील और क्लास अपील जैसे विभाजन हुए हैं। संसार के अनेक सर्जकों, बुद्धिजीवियों, मनोवैज्ञानिकों और चिन्तकों ने उसके बारे में गम्भीरता से लिखा है। सिनेमा अब सिर्फ देखा नहीं जाता, पाठ्यक्रमों और उनके बाहर पढ़ा भी जाता है।

'आलोचना की पहली किताब' शीर्षक उनकी आलोचना पुस्तक पर्याप्त चर्चित हुई।

प्रह्लाद अग्रवाल

जबलपुर (म.प्र.) में जन्मे, मध्य प्रदेश में पढ़े-लिखे और मध्य प्रदेश में ही शिक्षक रहे सिनेमा के सचल विश्वकोश प्रह्लाद अग्रवाल (जन्म—20.05.1947) समकालीन फिल्म समीक्षकों में अन्यतम हैं। उन्होंने अपना पूरा जीवन फिल्म-अध्ययन को समर्पित कर दिया। सतना जैसी छोटी सी जगह में रहते हुए उन्होंने फिल्म अध्ययन के क्षेत्र में जो काम किया है वह एक महत्त्वपूर्ण उपलब्धि है।

प्रह्लाद अग्रवाल सिनेमा को आज की सर्वाधिक प्रभावशाली विधा मानते हैं। वे हिन्दी सिनेमा को 'हिन्दुस्तानी सिनेमा' कहना पसन्द करते हैं। उनकी मान्यता है कि तमिल, मलयालम, तेलुगू, कन्नड़ और बांग्ला का सिनेमा समृद्ध होने के बावजूद जहाँ क्षेत्रीय सीमाओं में बँधा हुआ है वहीं हिन्दी सिनेमा की पहुँच कमोबेश पूरे हिन्दुस्तान में है और अब वह विदेशों में भी अपनी पहुँच बना रहा है। इस तरह जहाँ हिन्दी सिनेमा ने समूचे हिन्दुस्तान को एक सूत्र में जोड़ने का काम किया है वहीं दूसरी ओर एक नुकसान भी हुआ है, वह यह है कि हिन्दी भाषी क्षेत्रों की वास्तविकता हिन्दी सिनेमा में बहुत कम उभरी। हिन्दी भाषी राज्यों की सरकारों ने भी सिनेमा को प्रोत्साहित करने के लिए कोई कदम नहीं उठाया।

सिनेमा के विकास के बारे में उनकी धारणा यह है कि जिसे हिन्दी सिनेमा के सुनहरे दौर की तरह याद किया जाता है उस दौर में भी तीन चौथाई से अधिक फिल्में निचले स्तर की ही हुआ करती थीं। इसी तरह सफल होने वाली फिल्मों की संख्या भी दस-पन्द्रह प्रतिशत से अधिक नहीं होती थीं। लेकिन उस दौरान अनेक ऐसे निर्देशक थे जिनकी कृतियों को हम आज तक याद करते हैं। याद ही नहीं करते, वे आज की पीढ़ी के बीच भी मौजूद हैं। किसी भी रचनात्मकता को काल से बढ़कर और कौन प्रमाणित कर सकता है? उन्होंने लिखा है, "1970 से 1995 के बीच सिनेमा दो विपरीत ध्रुवों पर खड़ा था। एक ओर सितारा वर्चस्व के तले दबा व्यावसायिक सिनेमा था तो दूसरी ओर श्याम बेनेगल, मृणाल सेन, बासु भट्टाचार्य,

एम.एस. सथ्यू, मणि कौल, गोविन्द निहलानी, सई परांजपे जैसे अनेकानेक प्रतिभा-सम्पन्न फिल्मकारों का समानांतर सिनेमा। इसके ही साथ-साथ स्वर्ण युग की परछाईं जैसी हृषिकेश मुखर्जी, बासु चटर्जी, गुलजार जैसे फिल्मकारों की एक मध्यमार्गी धारा भी थी। 1985 तक पहुँचते-पहुँचते जहाँ समानांतर सिनेमा अपने ही अन्तर्विरोधों का शिकार हो गया वहीं मध्यमार्गी धारा भी विलुप्त हो गई। हिन्दी सिनेमा लगातार आर्थिक आतिशबाजियों का दिलफरेब तमाशा बनता चला गया। इस बीच अभिनेता के हाथों निर्देशक का कठपुतली बन जाना सहज सम्भाव्य था। हालत यह हो गई कि मामूली अभिनेता भी अपने किसी चमचे को निर्देशक की कुर्सी पर बिठाने में सक्षम थे। यश चोपड़ा, मनमोहन देसाई, रमेश सिप्पी, अमिताभ की डोर से बँधे थे। प्रकाश मेहरा तो अमिताभ के एँग्रीयंगमैन भव्य आतंक के निर्माता ही थे। इनकी तमाम महान सफलताएँ अमिताभ के साथ दर्ज हैं। अमिताभ की छवि के आतंक ने 1975 के बाद लगभग हर नायक व्यक्तित्व को ग्रस लिया।" (उत्ताल उमंग की भूमिका, पृ. 18)

'प्यासा : चिर अतृप्त गुरुदत्त', 'कवि शैलेन्द्र : जिन्दगी की जीत में यकीन', 'उत्ताल उमंग : सुभाष घई की फिल्म कला', 'बाजार के बाजीगर', 'महाबाजार के महानायक', 'जुग जुग जिए मुन्ना भाई—छवियों का मायाजाल', 'रेशमी ख्वाबों की धूप-छाँव : यश चोपड़ा का सिनेमा', 'राजकपूर : आधी हकीकत आधा फसाना', 'इक्कीसवीं सदी का सिनेमा', 'ओ रे मांझी...विमल रॉय का सिनेमा', 'साहित्य, समाज और सिनेमा', 'हिन्दी सिनेमा : आदि से अनन्त' (चार खंड) आदि सिनेमा पर उनकी एक दर्जन से अधिक समीक्षात्मक पुस्तकें प्रकाशित हैं। 'हिन्दी सिनेमा : आदि से अनन्त' शीर्षक उनकी पुस्तक में हिन्दी सिनेमा के सौ साल का सफर बहुत आकर्षक और प्रामाणिक रूप में प्रस्तुत किया गया है।

उन्होंने प्रगतिशील वसुधा के बहुचर्चित फिल्म विशेषांक 'हिन्दी सिनेमा : बीसवीं से इक्कीसवीं सदी तक' का भी सम्पादन किया है जो सिनेमा अनुशीलन की दृष्टि से बहुत उपयोगी है। वे आज भी पूरी निष्ठा और संकल्पबद्ध तरीके से काम कर रहे हैं। उनसे अभी बहुत उम्मीदें है।

उनकी एक प्रारम्भिक पुस्तक कहानी समीक्षा पर भी केन्द्रित है जिसका शीर्षक है, 'हिन्दी कहानी : सातवाँ दशक'।

विनोद भारद्वाज

लखनऊ में जन्मे, लखनऊ से पढ़े-लिखे विनोद भारद्वाज (जन्म—08.10.1948) कवि, कथाकार, पत्रकार और फिल्म समीक्षक हैं। वे भारतीय और विश्व सिनेमा के विशेषज्ञ के रूप में 'धर्मयुग', 'दिनमान', 'नवभारत टाइम्स', 'जनसत्ता', 'राष्ट्रीय सहारा', 'आउटलुक' आदि पत्र-पत्रिकाओं में सातवें दशक से ही लगातार लिख रहे हैं। 'दिनमान' के सम्पादकीय विभाग के एक सदस्य के रूप में वे लम्बे समय तक अन्तर्राष्ट्रीय फिल्म महोत्सवों में शरीक होते और उनकी समीक्षा करते रहे हैं। 'नवभारत टाइम्स' में उन्होंने कई वर्ष तक फिल्म समीक्षा का कालम लिखा। वे फिल्मकार के. विक्रमसिंह के साथ यू.जी.सी., दूरदर्शन, विदेश मंत्रालय और राष्ट्रीय आधुनिक कला संग्रहालय आदि के लिए अनेक वीडियो फिल्मों के सब्जेक्ट एक्सपर्ट के रूप में भी काम कर चुके हैं। उनका मुख्य क्षेत्र कला और फिल्म समीक्षा है। फिल्म समीक्षा का उनका दायरा बहुत विस्तृत है। उन्होंने दुनिया भर की फिल्मों की समीक्षाएँ की हैं।

हिन्दी सिनेमा के बारे में विनोद भारद्वाज की धारणा है, "तथाकथित हिन्दी सिनेमा सचमुच हिन्दी का सिनेमा बहुत कम हो पाया है। हिन्दी में फिल्में इसलिए बनती हैं कि सारे देश में बाजार आसानी से मिल जाता है। दक्षिण में भी हिन्दी फिल्मों की व्यावसायिक स्थिति हमेशा अच्छी रही है। उत्तर भारत में क्षेत्रीय स्तर पर हिन्दी सिनेमा को पनपने का अवसर बिलकुल नहीं मिल पाया है। सरकारी या निजी स्तर पर इस प्रकार के प्रयत्न नहीं हुए हैं। कारण दो प्रकार के हैं—इन प्रदेशों में अपनी भाषा के सिनेमा को विकसित करने की कोई सक्रिय संस्था नहीं है। हिन्दी फिल्में मुख्यत: मुम्बई में बनती हैं। दूसरा, व्यावसायिक सिनेमा का इतना जबरदस्त आतंक रहा है कि सिनेमाघरों की कमी के कारण अच्छी या गम्भीर कही जा सकने वाली फिल्मों को बनने के बाद डिब्बे में ही बन्द रहना पड़ता है। कोई फिल्म बन भी जाए तो उसे दिखाया कैसे जाए? इन बातों का फिल्म पत्रकारिता पर गहरा असर पड़ा है। अच्छी फिल्म पत्रकारिता का विकास अच्छी फिल्मों से जुड़ा है। जब अच्छी फिल्में ही नहीं हैं तो अच्छी फिल्म पत्रकारिता कैसे जन्म लेगी? ('सिनेमा : कल, आज, कल', पृ. 57)

उन्होंने अन्यत्र लिखा है, "हिन्दी फिल्म पत्रकारिता को न तो सामान्य रूप से पत्रकारिता में सम्मान मिल सका है और न ही हिन्दी फिल्म जगत को इसकी चिन्ता है।...कला समीक्षा और कला लेखन या पत्रकारिता का इतिहास देखा जाए तो उसे सम्मानित रूप देने में दूसरी विधाओं का, खास तौर पर कवियों का कितना बड़ा हाथ रहा है। फ्रांस में वोदलेयर से लेकर एपोलिनेयर तक कला समीक्षा की भाषा समृद्ध करते रहे हैं। अमेरिका में अनेक आधुनिक कवियों ने कला समीक्षा लिखी है। हिन्दी में इसलिए मुझे लगता है—साहित्य के क्षेत्र में पहल होनी चाहिए।" (सिनेमा : कल, आज, कल', पृ. 59)

विनोद भारद्वाज की प्रमुख समीक्षात्मक पुस्तकें हैं, 'कला का रास्ता', 'सच सपने सिनेमा', 'सिनेमा : कल आज, कल', 'संस्कृति संवाद' आदि। 'वृहद आधुनिक कला कोश' उनकी बहुत उपयोगी पुस्तक है। विनोद भारद्वाज की उपन्यास, कविता और कहानी की पुस्तकें भी प्रकाशित हैं।

मनमोहन चड्ढा

देहरादून (उत्तरांचल) में जन्मे मनमोहन चड्ढा (जन्म—30.12.1948) पत्रकार और प्रतिष्ठित फिल्म समीक्षक हैं। पुणे के भारतीय फिल्म एवं टेलीविजन संस्थान से पटकथा लेखन और सिनेमा में डिप्लोमा लेने के बाद उन्होंने वहीं अध्यापन भी किया और कई लघु फिल्मों का निर्माण और निर्देशन भी किया। मनमोहन चड्ढा ने 'हिन्दी सिनेमा का इतिहास' लिखकर कीर्तिमान स्थापित किया है। यह कृति उनकी शोध दृष्टि के साथ-साथ सिनेमा के सम्बन्ध में उनकी पारखी दृष्टि का भी बेहतरीन उदाहरण है। अपनी इस पुस्तक की भूमिका की शुरुआत ही वे इन शब्दों में करते हैं,

"अपनी अस्मिता को पहचानने, उसे दूसरे देशों के सिनेमा से अलगाने और अपना निजी मुहावरा खोज पाने की बेचैनी ही हिन्दी सिनेमा को सार्थकता प्रदान कर सकती है। क्या यह बेचैनी इस विधा के रचनाकारों में उपस्थित है? क्या वे केवल दूसरे देशों की फिल्मों को अपने परिवेश में ढालकर ही सन्तुष्ट नहीं हो जाते? इन सवालों का जवाब पाने के लिए हिन्दी सिनेमा के अतीत को खंगालना जरूरी था। ऐसा लगा कि हिन्दी सिनेमा पर मौलिकता के अभाव का आरोप लगाने से पूर्व ऐतिहासिक परिप्रेक्ष्य में इस विषय की छानबीन एक अनिवार्यता है। प्रत्येक शोध-कार्य की शायद यह दुर्निवार परिणति है कि जैसे-जैसे आप अपने विषय को जानते जाते हैं आपको अपनी कमतरी का एहसास होने लगता है।" (हिन्दी सिनेमा का इतिहास, भूमिका, पृ. 17)

मनमोहन चड्ढा की पैनी पकड़ का एक उदाहरण उनकी यह स्थापना है, "हिन्दी सिनेमा के पूरी तरह से हॉलीवुड की फिल्मों की नकल बन जाने की प्रवृत्ति पर 'भुवनशोम' के आगमन ने रोक लगा दी। सन् 1968 में 'भुवनशोम' बनाकर मृणाल सेन ने भारतीय सिनेमा में एक नए आन्दोलन का शुभारम्भ किया। इसके पूर्व वणकुन्द्रे शान्ताराम, राजकपूर, विमल राय, गुरुदत्त और हृषिकेश मुखर्जी व्यावसायिक सिनेमा के ढाँचे में रहकर ही अच्छी फिल्में बनाने की सम्भावनाएँ तलाशते थे।" (उद्धृत, भारतीय सिने सिद्धान्त, अनुपम ओझा, पृ. 90)

विमल राय के रचनासंसार पर लिखते हुए जब वे 'हमराही' फिल्म पर टिप्पणी करते हैं तो उससे उनकी वैज्ञानिक सोच और विचारधारा का पता चलता है। वे लिखते हैं, "आज के समीक्षक 'हमराही' को रोमांटिक यथार्थवादी फिल्म कहते हैं। उस समय इस प्रकार के शब्दों का प्रयोग आरम्भ नहीं हुआ था। आज की शब्दावली में कहूँ तो 'हमराही' मुझे अपने समय से आगे की या भविष्य की फिल्म लगी थी। दूसरे शब्दों में कहूँ तो जिस प्रकार के समाज में हम जी रहे थे और जिस भविष्य की हम कल्पना करते थे, उसके अनुरूप यह फिल्म थी। हम जवान थे और अच्छा लगता था कि फिल्म में एक लखपति की बेटी एक वामपंथी युवक से प्यार करती है।" (www.hindisamay.com 'विमल राय का रचना-संसार', शीर्षक लेख से)

विनोद दास

बाराबंकी (उ.प्र.) जिले के 'कमोली' नामक गाँव में जन्मे विनोद दास (जन्म—10.10.1955) की ख्याति कवि, कथाकार, पत्रकार, अनुवादक, आलोचक आदि कई क्षेत्रों में है। उन्होंने कविता की आलोचनाएँ भी की हैं तथा संस्कृति, सिनेमा और कला के सवालों पर लिखा है। 'भारतीय सिनेमा का अन्त:करण' उनकी महत्त्वपूर्ण सिनेमा केन्द्रित पुस्तक है जिसमें उन्होंने खास तौर पर आजादी के बाद के सत्यजित राय, मृणाल सेन और ऋत्विक घटक जैसे फिल्मकारों द्वारा विकसित की गई सिनेमा की दूसरी धारा के यथार्थ का अध्ययन किया है। इस पुस्तक में उन्होंने सत्यजित राय, ऋत्विक घटक, मृणाल सेन, श्याम बेनेगल, गोविन्दन रविन्द्रन, मणि

कौल, अधूर गोपाल कृष्णन, एम.एस. सथ्यू, मकबूल फिदा हुसैन, बुद्धदेव दासगुप्ता, अपर्णा सेन, गोविन्द निहलानी, गौतम घोष आदि की सर्जनात्मकता के विविध आयामों का विश्लेषण किया है। इसके अलावा 'कविता का वैभव' तथा 'सृजन का आलोक' जैसी साहित्य की आलोचना पर भी उनकी किताबें प्रकाशित हैं।

अजय ब्रह्मात्मज

बिहार के वीरपुर जिले में जन्मे अजय ब्रह्मात्मज (जन्म—30.10.1959) प्रतिष्ठित फिल्म-समीक्षक हैं। उन्होंने फिल्मी पत्रकारिता को गम्भीरता से लिया है और अपने लेखन तथा ब्लॉग के जरिए फिल्म के अध्ययन को गम्भीर विचार-विमर्श का विषय बना दिया है।

अजय ब्रह्मात्मज के बारे में सुरेश शर्मा ने लिखा है कि "फिल्म पत्रकारिता आज बुरी तरह व्यावसायिकता की चपेट में है। हर अखबार अनिवार्य रूप से फिल्म का पन्ना निकालते हैं लेकिन उसमें छपता क्या है? सितारों के बारे में बिना सिर पैर की उड़ती खबरें, फिल्मों के बारे में विशुद्ध प्रचारात्मक सामग्री या अंग प्रदर्शित करती हुई अभिनेत्रियों की बड़ी-बड़ी तस्वीरें। हिन्दी और अंग्रेजी दोनों ही भाषाओं की फिल्म-पत्रकारिता का आज यही हाल है। अजय ब्रह्मात्मज इस अरचनात्मक माहौल में सार्थक फिल्म पत्रकारिता सम्भव करने की लड़ाई लड़ रहे हैं। अपने लेखन से उन्होंने हिन्दी की फिल्म-पत्रकारिता को एक नया रूप देने की कोशिश की है।" (सिनेमा समकालीन सिनेमा, भूमिका भाग)

हिन्दी फिल्मों को देखने की अजय ब्रह्मात्मज की अपनी दृष्टि है। वे लिखते हैं, "हिन्दी में फिल्म पत्रकारिता की ठोस परम्परा नहीं रही। 'दिनमान', 'माधुरी', 'धर्मयुग' और 'हिन्दुस्तान' के दिनों में कुछ कवियों और साहित्यकारों ने फिल्मों पर लिखा। उनका लेखन मोटे तौर पर प्रभाववादी रहा। उन्होंने साहित्य के विश्लेषण के हथियारों से फिल्मों का विश्लेषण किया। उनके लेखन में फिल्म के कथ्य और प्रभाव के विश्लेषण पर ज्यादा जोर दिया गया, जबकि फिल्म तकनीकी शिल्प के साथ कल्पनाशील सृजन भी है। हिन्दी की फिल्म पत्रकारिता ने कला और समांतर सिनेमा को श्रेष्ठ सिनेमा मानने की संकीर्णता दिखाकर पॉपुलर सिनेमा से किनारा कर लिया। ऐसे फिल्म आलोचकों, समीक्षकों और लेखकों की जमात आज भी सक्रिय है। वे एक-दूसरे की तारीफ कर फिल्म पत्रकारिता और लेखन को एक दूसरे गर्त में ले जा रहे हैं। बहस होनी चाहिए कि हिन्दी में फिल्म-पत्रकारिता का सम्यक विकास क्यों नहीं हुआ?" (सिनेमा समकालीन सिनेमा, भूमिका भाग)

'समकालीन सिनेमा', 'सिनेमा की सोच', 'ऐसे बनी लगान' आदि उनकी प्रमुख प्रकाशित पुस्तकें हैं। जागरण के 'सिने संवाद' स्तम्भ से वे लम्बे समय तक जुड़े रहे। उनका ब्लॉग 'चवन्नीचेंप' भी काफी लोकप्रिय है।

कथाकार और पत्रकार **जयप्रकाश चौकसे** ने फिल्म समीक्षाएँ भी की हैं। 'परदे के पीछे' शीर्षक लेखमाला में भारतीय फिल्म जगत से जुड़े उनके आलेख संकलित हैं। इसी तरह 'चौकसे की यादों में सिनेमा' में भी फिल्मों पर महत्त्वपूर्ण लेख हैं। 'राजकपूर : सृजन प्रक्रिया' नाम से उनकी एक पुस्तक भी प्रकाशित है। **एम. बेंकटेश्वर** हिन्दी फिल्मों के समीक्षक तो हैं ही उन्होंने 'बेनहर', 'स्पार्टाकस', 'जूलियस सीजर', 'वुदरिंग हॉइट्स', 'अन्ना केरेनीना', 'वार एंड पीस', 'गुड अर्थ', 'टेस ऑफ डर्बर विले', 'फार फ्रॉम द मैडिंग क्राउड', 'टेल ऑफ टू सिटीज', 'ग्रेट एक्सपेक्टेशंस', 'ब्रदर्स कारमाजोव', 'लेडी चेटरलीज लवर', 'पिक्चर आफ डोरयन ग्रे' आदि कालजयी कृतियों पर बनी हॉलीवुड की लगभग पचास फिल्मों की समीक्षाएँ लिखी हैं और इस तरह हिन्दी फिल्म समीक्षा का दायरा बढ़ाया है। एम. बेंकटेश्वर ने हिन्दी के लोकप्रिय सिनेमा तथा समानांतर सिनेमा की भी अनेक फिल्मों की समीक्षाएँ लिखी हैं। 'विश्व साहित्य और हॉलीवुड' तथा 'भारतीय सिनेमा : विविध परिदृश्य' शीर्षक से उनकी पुस्तकें प्रकाशनाधीन हैं। **रामजी तिवारी** एक प्रबुद्ध फिल्म समीक्षक हैं। 'ऑस्कर अवाइर्स—यह कठपुतली कौन नचावे' शीर्षक से सिनेमा-समीक्षा पर उनकी पुस्तक प्रकाशित है। सिनेमा को लेकर उनके नजरिये को इस बात से समझा जा सकता है कि वे अपने ब्लॉग में 'होलोकास्ट' और सिनेमा को लेकर बनी दुनिया की बेहतरीन फिल्मों का परिचय कराते हैं। परिचय कराने की उनकी भाषा और कहने का ढंग इतना प्रभावशाली और मार्मिक है कि पाठक के सामने मानो सिनेमा ही सजीव हो उठता है। वे शुरू करते हैं, "नाजी अत्याचारों की कहानी दुनिया भर में मनुष्यता के ऊपर एक धब्बे के रूप में विदित है, घृणा और नफरत की एक ऐसी कहानी, जिसने मानव जाति को हमेशा-हमेशा के लिए शर्मसार कर दिया। कहते हैं कि इस नरसंहार में लगभग 60 लाख यहूदियों को मौत के घाट उतार दिया

गया। हिटलर के नेतृत्व में जर्मन राष्ट्रवाद अपने हिंसक रूप में सामने आया। उसने अपने हर एक विरोधी को देश का दुश्मन, जर्मनी की राह में बाधा और इस नाते रास्ते से हटाने योग्य करार दिया। जर्मन लोगों के मन में यह बात बिठा दी गई कि उनकी प्रगति में सबसे बड़ी बाधा यहूदी लोग ही हैं। यदि जर्मनी को उन्नति के रास्ते पर आगे बढ़ना है तो इस दुनिया से यहूदियों का समूल अन्त होना जरूरी है।...नाजी जर्मनी द्वारा यहूदी जनता के इसी नरसंहार को होलोकास्ट के रूप में जाना जाता है।" (रामजी तिवारी के ब्लॉग से)

इसके बाद वे होलोकास्ट पर बनी दुनिया भर की बेहतरीन फिल्मों का जिक्र करते हैं और सबसे अच्छी पाँच फिल्मों का परिचय देते हैं। वे फिल्में हैं—'शिंडलर्स लिस्ट' (निर्देशक—स्टीफन स्पीलबर्ग), 'लाइफ इज ब्यूटीफुल' (निर्देशक—राबर्तो बेंजिनी), 'द पियानिस्ट' (निर्देशक—रोमन पोलांस्की), 'द ब्वायज इन ए स्ट्रिप्ट पाजामा' (निर्देशक—मार्क हरमन) और 'सन आप सोल' (निर्देशक—लास्जो नेमर)।

रामजी तिवारी ने अभी ज्यादा नहीं लिखा है किन्तु सिनेमा और समाज को समझने की उनकी दृष्टि आश्वस्त करने वाली है।

विनोद अनुपम एक प्रतिष्ठित फिल्म समीक्षक हैं और लगातार फिल्म समीक्षाएँ लिख रहे हैं। प्रतिष्ठित कवि और पत्रकार **मंगलेश डबराल** सिनेमा पर भी लगातार लिखते रहते हैं। फिल्म समीक्षा में **मिहिर पंड्या** का प्रवेश उम्मीद पैदा करता है। फिल्म समीक्षा को ही उन्होंने अपने अध्ययन का क्षेत्र चुना है। वे फिल्म समीक्षा पर आधारित अपने चर्चित ब्लॉग 'आवारा हूँ' से जाने जाते हैं। उनकी एक पुस्तक 'शहर और सिनेमा वाया दिल्ली' प्रकाशित है। **विजय अग्रवाल** की सिनेमा और पत्रकारिता पर लगभग आधा दर्जन पुस्तकें प्रकाशित हैं जिनमें 'सिनेमा और समाज', 'सिनेमा की संवेदना', 'पत्रकार बालकृष्ण शर्मा नवीन' आदि प्रमुख हैं।

सन्दर्भ ग्रंथ सूची

हिन्दी ग्रंथ

अंकुर देवेन्द्रराज, रंग कोलाज, राजकमल प्रकाशन प्रा.लि. 8, नेताजी सुभाष मार्ग, नई दिल्ली-110002, संस्करण 2000

अंकुर देवेन्द्रराज, पढ़ते सुनते देखते, राजकमल प्रकाशन प्रा.लि. 8, नेताजी सुभाष मार्ग, नई दिल्ली-110002, संस्करण-2008

अंकुर देवेन्द्रराज, सातवाँ रंग, राजकमल प्रकाशन प्रा.लि. 8, नेताजी सुभाष मार्ग, नई दिल्ली-110002, संस्करण-2010

अंकुर देवेन्द्रराज, दर्शन प्रदर्शन, राजकमल प्रकाशन प्रा.लि. 8, नेताजी सुभाष मार्ग, नई दिल्ली-110002, संस्करण-2013

अज्ञेय, हिन्दी साहित्य : एक आधुनिक परिदृश्य, राजपाल एंड सन्स, दिल्ली-110006, प्रथम संस्करण 1976

अमरनाथ, हिन्दी आलोचना की पारिभाषिक शब्दावली, राजकमल प्रकाशन प्रा.लि. 8, नेताजी सुभाष मार्ग, नई दिल्ली-110002, दूसरा परिवर्धित और संशोधित संस्करण-2012

अमरनाथ, आचार्य रामचन्द्र शुक्ल और परवर्ती आलोचना, प्रवीण शर्मा, शब्द और शब्द, डी-118, अशोक विहार, दिल्ली-110052, प्रथम संस्करण।

अमरनाथ, नारी का मुक्ति संघर्ष, रे माधव पब्लिकेशंस प्रा.लि., नोयडा, प्रथम संस्करण 2007

अनामिका, मौसम बदलने की आहट, सामयिक प्रकाशन, दरियागंज, नई दिल्ली-110002, प्र.सं. 2013

अनामिका, स्त्री विमर्श की उत्तर गाथा, सामयिक प्रकाशन, दरियागंज, नई दिल्ली-110002, प्र. सं. 2013

अनामिका, पानी जो पत्थर पीता है, प्रकाशन संस्थान, 4268-बी / 3, अंसारी रोड, दरियागंज नई दिल्ली-110002, प्र. सं. 2005

अनामिका, मन मांजने की जरूरत, सामयिक प्रकाशन, दरियागंज, नई दिल्ली-110002, प्र. सं. 2006

अनामिका, स्त्री विमर्श का लोकपक्ष, वाणी प्रकाशन, 21-ए, दरियागंज, नई दिल्ली-110002, प्रथम संस्करण 2012

अनामिका, औरत होने की सजा, राजकमल प्रकाशन प्रा.लि. 8, नेताजी सुभाष मार्ग, नई दिल्ली-110002, संस्करण-1996

अनूप वशिष्ठ, हिन्दी गजल का स्वरूप और महत्त्वपूर्ण हस्ताक्षर, विश्वविद्यालय प्रकाशन, चौक, वाराणसी-221001, प्रथम संस्करण-2006

अग्रवाल प्रह्लाद, बाजार के बाजीगर, राजकमल प्रकाशन प्रा.लि. 8, नेताजी सुभाष मार्ग, नई दिल्ली-110002, पहला संस्करण-2007

अग्रवाल प्रह्लाद, उत्ताल उमंग : सुभाष घई की फिल्म कला, राजकमल प्रकाशन प्रा.लि. 8, नेताजी सुभाष मार्ग, नई दिल्ली-110002, पहला संस्करण-2007

अग्रवाल प्रह्लाद (सं.) हिन्दी सिनेमा : बीसवीं से इक्कीसवीं सदी तक, साहित्य भंडार, 50, चाहचन्द, जीरो रोड, इलाहाबाद-211003, प्रथम संस्करण 2009

अग्रवाल प्रतिभा, भारतीय रंगकोश, खंड-1, राष्ट्रीय नाट्य विद्यालय, बहावलपुर हाउस, नई दिल्ली-110001, प्रथम संस्करण 2005

अग्रवाल प्रतिभा, भारतीय रंगकोश, खंड-2, राष्ट्रीय नाट्य विद्यालय, बहावलपुर हाउस, नई दिल्ली-110001, प्रथम संस्करण 2006

अवस्थी पुष्पिता, आधुनिक हिन्दी काव्यालोचना के सौ वर्ष, राधाकृष्ण प्रकाशन प्रा.लि. 7/31, अंसारी रोड, दरियागंज, नई दिल्ली-110002, पहला संस्करण 2006

अग्रवाल पुरुषोत्तम, संस्कृति : वर्चस्व और प्रतिरोध, राधाकृष्ण प्रकाशन प्रा.लि. 7/31, अंसारी रोड, दरियागंज, नई दिल्ली-110002, संस्करण 1995

आचार्य नन्दकिशोर, सत्याग्रह की संस्कृति, वाग्देवी प्रकाशन, विनायक शिखर, पॉलिटेक्निक कॉलेज के पास, बीकानेर-334003, संस्करण 2008

आर्य जगन्नाथ, आधुनिक हिन्दी काव्य पर गांधीवाद का प्रभाव, शिल्पी प्रकाशन, इलाहाबाद, प्रथम स्स्करण-1989

उपाध्याय कृष्णदेव, भोजपुरी लोक-साहित्य, विश्वविद्यालय प्रकाशन, चौक, वाराणसी-221001, द्वितीय संस्करण 2008

उपाध्याय कृष्णदेव, भोजपुरी लोकगीत (दो भाग) हिन्दी साहित्य सम्मेलन, सम्मेलन मार्ग, प्रयाग, संस्करण 1999
उपाध्याय रामनारायण, जिन्हें भूल न सका, प्रतिभा प्रतिष्ठान, 1685 दखनीराय स्ट्रीट, नेताजी सुभाष मार्ग, नई दिल्ली-110002, प्रथम संस्करण 1985
उपाध्याय करुणाशंकर, हिन्दी का विश्व सन्दर्भ, राधाकृष्ण प्रकाशन प्रा.लि., 7/31, अंसारी मार्ग, दरियागंज, नई दिल्ली-110002, दूसरा संशोधित संस्करण 2016
ओझा दशरथ, हिन्दी नाटक : उद्‌भव और विकास, राजपाल एंड सन्स, कश्मीरी गेट, दिल्ली-110006, संस्करण 1995
ओझा दशरथ, आज का नाटक : प्रगति और प्रभाव, राजपाल एंड सन्स, कश्मीरी गेट, दिल्ली-110006, प्रथम संस्करण 1984
ओझा दशरथ, नाट्य निबन्ध, नेशनल पब्लिशिंग हाउस, 23, दरियागंज, दिल्ली-110006, प्रथम संस्करण 1972
ओझा दशरथ, समीक्षा शास्त्र, राजपाल एंड सन्स, कश्मीरी गेट, दिल्ली-110006, प्रथम संस्करण 1955
ओझा मान्धाता, हिन्दी के समस्या नाटक, नेशनल पब्लिशिंग हाउस, 337, चौड़ा रास्ता, जयपुर-302003, संस्करण 1968
कस्तवार रेखा, स्त्री चिन्तन की चुनौतियाँ, राजकमल प्रकाशन प्रा.लि. 8, नेताजी सुभाष मार्ग, नई दिल्ली-110002, पहला संस्करण-2016
कास्त्रो फिदेल, साम्राज्यवादी वैश्वीकरण (अनुवाद—जीतेन्द्र गुप्त), संवाद प्रकाशन, आई-499, शास्त्रीनगर, मेरठ—250004, प्रथम संस्करण 2008
कुन्दरा बलबीर, जनसंचार : बदलते परिप्रेक्ष्य में, तक्षशिला प्रकाशन, 98-ए, हिन्दी पार्क, दरियागंज, नई दिल्ली-110002, प्रथम संस्करण-20095
कुमार दीपक, चौबे देवेन्द्र, (सं.) हाशिये का वृत्तान्त, आधार प्रकाशन प्रा.लि., एस.सी.एफ.-267, सेक्टर-16, पंचकूला-134113 (हरियाणा)
कुमार प्रभात, स्वतंत्रता संग्राम और गांधी, हिन्दी माध्यम कार्यान्वयन निदेशालय, दिल्ली विश्वविद्यालय, दिल्ली-110007, संस्करण 2013
कुमार रजनीश, हिन्दी कहानी के आन्दोलन : उपलब्धियाँ और सीमाएँ, नेशनल पब्लिशिंग हाउस, 2/35, अंसारी रोड, दरियागंज, नई दिल्ली-110002, प्रथम संस्करण 1986
कुशवाहा महेन्द्र प्रसाद (सं.), रामस्वरूप चतुर्वेदी : स्मृति और संस्मृति, साहित्य भंडार, 50, चाहचन्द, इलाहाबाद-211003, प्रथम संस्करण 2015
कस्तवार रेखा, स्त्री चिन्तन की चुनौतियां, राजकमल प्रकाशन प्रा.लि. 8, नेताजी सुभाष मार्ग, नई दिल्ली-110002, संस्करण-2006
कॉडवेल क्रिस्टोफर, विभ्रम और यथार्थ, राजकमल प्रकाशन प्रा.लि. 8, नेताजी सुभाष मार्ग, नई दिल्ली-110002, संस्करण-1998
कृष्णाचार्य (सं.), हिन्दी नाट्य साहित्य, ग्रंथपुटी : 1863-1965, अनामिका, 126, चित्तरंजन एवेन्यू, कोलकाता-70003, संस्करण 1966
खरे विष्णु, सिनेमा पढ़ने के तरीके, प्रवीण प्रकाशन, 4760-61, द्वितीय तल, 23, अंसारी रोड, दरियागंज, नई दिल्ली-11002, प्रथम संस्करण 2006
गर्ग संजय (सं.) स्त्रीविमर्श का कालजयी इतिहास, सामयिक प्रकाशन, दरियागंज, नई दिल्ली-110002
ग्रियर्सन जॉन अब्राहम, द मॉडर्न वर्नाक्युलर लिटरेचर ऑफ हिन्दुस्तान (अनुवाद—किशोरीलाल गुप्त, हिन्दी साहित्य का प्रथम इतिहास), हिन्दी प्रचारक पुस्तकालय, वाराणसी, अनूदित संस्करण, 1957
गार्सां-द-तासी, एस्त्वार द ल लितरेत्युर ऐंदुई ऐं एन्दुस्तानी,(अनुवाद—हिन्दुई साहित्य का इतिहास, लक्ष्मीसागर वार्ष्णेय), हिन्दुस्तानी एकैडमी, इलाहाबाद, संस्करण 1943
गीताश्री, स्त्री आकाँक्षा के मानचित्र, सामयिक प्रकाशन, 3320-21, जटवाड़ा, नेताजी सुभाष मार्ग, दरियागंज, नई दिल्ली-110002, प्रथम संस्करण-2010
गीताश्री, औरत की बोली, सामयिक प्रकाशन, 3320-21, जटवाड़ा, नेताजी सुभाष मार्ग, दरियागंज, नई दिल्ली-110002, प्रथम संस्करण-2011
गीताश्री, सपनों की मंडी, वाणी प्रकाशन, 21-ए, दरियागंज, नई दिल्ली-110002, प्रथम संस्करण 2016
गुहा रामचन्द्र, भारत गांधी के बाद, पैंगुइन बुक्स, नई दिल्ली-110017, संस्करण 2012
गुप्त गणपतिचन्द्र, हिन्दी साहित्य का वैज्ञानिक इतिहास, लोकभारती प्रकाशन, पहली मंजिल, दरबारी बिल्डिंग, महात्मा गांधी मार्ग, इलाहाबाद-1, सातवाँ संस्करण 1999
गुप्त जगदीश, नई कविता : स्वरूप और समस्याएँ, भारतीय ज्ञानपीठ, 8, इंस्टूट्यूशनल एरिया, लोदी रोड, नई दिल्ली-110003, द्वितीय संस्करण-1971
गुप्त जीतेन्द्र, भारतीय इतिहासबोध का संघर्ष और हिन्दी प्रदेश, ग्रंथ शिल्पी प्रकाशन, दिल्ली, प्रथम संस्करण 2012
गुप्त किशोरीलाल, प्रसाद का विकासात्मक अध्ययन, साहित्यमाला कार्यालय, बनारस, प्रथम संस्करण 1953

गुप्त दीनदयालु, अष्टछाप और वल्लभ-सम्प्रदाय, हिन्दी साहित्य सम्मेलन, प्रयाग, संवत 2004.
गुप्त माताप्रसाद (सं), राउल बेल और उसकी भाषा, मित्र प्रकाशन, प्रा.लि. इलाहाबाद, प्र. सं. 1962
गुप्त माता प्रसाद, हिन्दी पुस्तक साहित्य, हिन्दुस्तानी एकेडमी, इलाहाबाद, संस्करण-1945
गुप्ता रमणिका, (सं.) आदिवासी : विकास से विस्थापन, राधाकृष्ण प्रकाशन प्रा.लि. 7/31, अंसारी रोड, दरियागंज, नई दिल्ली-110002, संस्करण : 2008
गुप्त रजनी, सुनो तो सही, सामयिक प्रकाशन, 3320-21, जटवाड़ा, नेताजी सुभाष मार्ग, दरियागंज, नई दिल्ली-110002, प्रथम संस्करण-2011
ग्रेवाल ओमप्रकाश, साहित्य और विचारधारा, आधार प्रकाशन, 372 / सेक्टर-17, पंचकूला-134109
गोयनका कमलकिशोर, गांधी पत्रकारिता के प्रतिमान, सस्ता साहित्य मंडल, नई दिल्ली-110001, संस्करण 2016
चन्द्र विपिन, भारत का स्वतंत्रता संघर्ष, हिन्दी माध्यम कार्यान्वन निदेशालय, दिल्ली विश्वविद्यालय, दिल्ली-110007, द्वितीय संस्करण 1998
चन्द्र विपिन, आधुनिक भारत में उपनिवेशवाद और राष्ट्रवाद, अनामिका पब्लिशर्स एंड डिस्ट्रीब्यूटर्स (प्रा.) लिमिटेड, 4697/3, 21-ए, अंसारी रोड, दरियागंज, नई दिल्ली-110002, संस्करण--2011
चन्द्र विपिन, आजादी के बाद का भारत, हिन्दी माध्यम कार्यान्वन निदेशालय, दिल्ली विश्वविद्यालय, दिल्ली-110007, संस्करण 2014
चतुर्वेदी जगदीश्वर, हिन्दी पत्रकारिता के इतिहास की भूमिका, अनामिका पब्लिशर्स एंड डिस्ट्रीब्यूटर्स (प्रा.) लिमिटेड, 4697/3, 21-ए, अंसारी रोड, दरियागंज, नई दिल्ली-110002, संस्करण-1997
चतुर्वेदी परशुराम, उत्तरी भारत की संत-परम्परा, भारती भंडार, लीडर प्रेस, प्रयाग, प्र. सं. 2008 वि.
चतुर्वेदी रमेशचन्द्र, बीसवीं सदी की हिन्दी दलित कविता, साहित्य संस्थान, ई-10/660, उत्तरांचल कॉलोनी (निकट संगम सिनेमा), लोनी बॉर्डर, गाजियाबाद-201102, प्रथम संस्करण 2008
चतुर्वेदी रामस्वरूप, हिन्दी साहित्य और संवेदना का विकास, लोकभारती प्रकाशन, पहली मंजिल, दरबारी बिल्डिंग, महात्मा गांधी मार्ग, इलाहाबाद-1, दशम संस्करण 1998
चतुर्वेदी रामस्वरूप, भाषा और संवेदना, लोकभारती प्रकाशन, पहली मंजिल, दरबारी बिल्डिंग, महात्मा गांधी मार्ग, इलाहाबाद-1, तृतीय संस्करण 1981
चतुर्वेदी सीताराम, भारतीय तथा पाश्चात्य रंगमंच, हिन्दी समिति, सूचना विभाग, उत्तर प्रदेश, लखनऊ, प्रथम संस्करण-1964
चौधरी सत्यदेव, भारतीय काव्यशास्त्र, अलंकार प्रकाशन, 666 झील, दिल्ली-110051, द्वितीय संस्करण-1990
चौहान कर्णसिंह (सं) साक्षात्कार—डॉ. रामविलास शर्मा से बातचीत, राधाकृष्ण प्रकाशन, 2/38, अंसारी रोड, दरियागंज नई दिल्ली-110002, प्रथम संस्करण 1986
चौहान शिवदान सिंह, आलोचना के मान, स्वराज प्रकाशन, नई दिल्ली, द्वितीय संस्करण, 2002
जायसवाल रंजना, स्त्री और सेंसेक्स, सामयिक प्रकाशन, 3320-21, जटवाड़ा, नेताजी सुभाष मार्ग, दरियागंज, नई दिल्ली-110002, प्रथम संस्करण-2011
जोशी प्रभाष, मसि कागद, राजकमल प्रकाशन प्रा.लि. 8, नेताजी सुभाष मार्ग, नई दिल्ली-110002, पहला संस्करण-2010
जोशी प्रभाष, 21वीं सदी : पहला दशक, राजकमल प्रकाशन प्रा.लि. 8, नेताजी सुभाष मार्ग, नई दिल्ली-110002, पहला संस्करण-2010
जोशी प्रभाष, आगे अंधी गली है,, राजकमल प्रकाशन प्रा.लि. 8, नेताजी सुभाष मार्ग, नई दिल्ली-110002, पहला संस्करण-2010
जोशी प्रभाष, धन्न नरबदा मैया हो, राजकमल प्रकाशन प्रा.लि. 8, नेताजी सुभाष मार्ग, नई दिल्ली-110002, पहला संस्करण-2008
जोशी मनोहर श्याम, पटकथा लेखन : एक परिचय, राजकमल प्रकाशन प्रा.लि. 8, नेताजी सुभाष मार्ग, नई दिल्ली-110002, पहला संस्करण-2000
जोशी मनोहर श्याम, मास मीडिया और समाज, वाणी प्रकाशन, 21-ए, दरियागंज, नई दिल्ली-110002, प्रथम संस्करण-2014
जोशी रामशरण, प्रितिबिम्बन : व्यक्ति विचार और समाज, राजकमल प्रकाशन प्रा.लि., 1-बी, नेताजी सुभाष मार्ग, नई दिल्ली, 110002, संस्करण, 2010
जोशी रामशरण, चुनौतियों का चक्रव्यूह, सामयिक प्रकाशन, 3320-21, जटवाड़ा, नेताजी सुभाष मार्ग, दरियागंज, नई दिल्ली-110002, प्रथम संस्करण-2008
जोशी रामशरण, हस्तक्षेप, सामयिक प्रकाशन, 3320-21, जटवाड़ा, नेताजी सुभाष मार्ग, दरियागंज, नई दिल्ली-110002, प्रथम संस्करण-2008
जोशी श्रीकान्त (सं.), माखनलाल चतुर्वेदी रचनावली, खंड-1, वाणी प्रकाशन, 21-ए, दरियागंज, नई दिल्ली-110002, प्रथम संस्करण-1981

जैन निर्मला, हिन्दी आलोचना की बीसवीं सदी, राधाकृष्ण प्रकाशन प्रा.लि. 7/31, अंसारी मार्ग, दरियागंज, नई दिल्ली, 110002, पहला संस्करण, पाँचवी आवृत्ति, 2011

जैन निर्मला, हिन्दी आलोचना का दूसरा पाठ, राजकमल प्रकाशन प्रा.लि.,1-बी, नेताजी सुभाष मार्ग, नई दिल्ली, 110002, दूसरा संस्करण, 2018

जैन सुमन, गांधी विचार और साहित्य, वाणी प्रकाशन, 21-ए, दरियागंज, नई दिल्ली-110002, संस्करण 2010

जैन नेमिचन्द, अधूरे साक्षात्कार, वाणी प्रकाशन, 21-ए, दरियागंज, नई दिल्ली-110002, द्वितीय संस्करण 1989

जैन नेमिचन्द, मुक्तिबोध रचनावली-5, राजकमल प्रकाशन प्रा.लि. 8, नेताजी सुभाष मार्ग, नई दिल्ली-110002, पहला संस्करण-1980

जैन ज्ञानचन्द, प्रेमचन्द पूर्व के हिन्दी उपन्यास, किताबघर प्रकाशन, 24,अंसारी रोड, दरियागंज, नई दिल्ली-110002, प्रथम संस्करण-1998

ठाकुर हरिनारायण, दलित साहित्य का समाजशास्त्र, भारतीय ज्ञानपीठ, 8, इंस्टूट्यूशनल एरिया, लोदी रोड, नई दिल्ली-110003, दूसरा संस्करण 2010

डे सुशील कुमार, संस्कृत साहित्य का इतिहास, बिहार हिन्दी ग्रंथ अकादमी, पटना, संस्करण 1973

तनेजा जयदेव, समकालीन हिन्दी नाटक और रंगमंच, पूरनसिंह बिष्ट, तक्षशिला प्रकाशन, 23/4762, अन्सारी रोड, दरियागंज, नई दिल्ली-110002, प्रथम संस्करण 1978

तनेजा जयदेव, आज के हिन्दी रंग नाटक, पूरनसिंह बिष्ट, तक्षशिला प्रकाशन, 23/4762, अन्सारी रोड, दरियागंज, नई दिल्ली-110002, प्रथम संस्करण 1980

तनेजा जयदेव, लहरों के राजहंस : विविध आयाम, कार्तिक प्रकाशन, 69ए, मालवीय नगर, नई दिल्ली-110006, प्रथम संस्करण 1975

तनेजा सत्येन्द्र कुमार, प्रसाद का नाट्य पर्व, सन्मार्ग प्रकाशन, 16-यू.बी., बैंग्लो रोड, जवाहर नगर, दिल्ली-110007, प्रथम संस्करण 1988

तलवार वीरभारत, रस्साकशी, 19वीं सदी का नवजागरण और पश्चिमोत्तर प्रान्त, सारांश प्रकाशन प्राइवेट लिमिटेड, 142-ई, पॉकेट-4, मयूर विहार-1, दिल्ली-110091, प्रथम संस्करण 2002

तिवारी अजय, आलोचना और संस्कृति, वाणी प्रकाशन, 21-ए, दरियागंज, नई दिल्ली-110002, प्रथम संस्करण 2007

तिवारी अर्जुन, सम्पूर्ण पत्रकारिता, विश्वविद्यालय प्रकाशन, चौक, वाराणसी-221001, चतुर्थ परिवर्धित संस्करण 2014

तिवारी अर्जुन, हिन्दी पत्रकारिता का वृहद् इतिहास, वाणी प्रकाशन, 21-ए, दरियागंज, नई दिल्ली-110002, द्वितीय संस्करण-2007

तिवारी चन्द्रभूषण, आलोचना की धार, आधार प्रकाशन, एस.सी.एफ.-267, सेक्टर-16, पंचकूला-134109, प्रथम संस्करण-1998

तिवारी रामचन्द्र, हिन्दी का गद्य-साहित्य, विश्वविद्यालय प्रकाशन, चौक, वाराणसी-221001, संशोधित तथा परिवर्धित एकादश संस्करण 2016

तिवारी रामचन्द्र, आधुनिक हिन्दी आलोचना : सन्दर्भ एवं दृष्टि, प्रत्यूष प्रकाशन, सरस्वती सदन, बेतियाहाता, गोरखपुर, वितरक : विश्वविद्यालय प्रकाशन, चौक, वाराणसी-221001, प्रथम संस्करण 1997

तिवारी विश्वनाथप्रसाद, महात्मा गांधी : सहस्त्राब्द का महानायक, सस्ता साहित्य मंडल, नई दिल्ली-110001, संस्करण 2009

तिवारी प्रदीप, सिनेमा के शिखर, संवाद प्रकाशन, आई-499, शास्त्रीनगर, मेरठ-250004, पहला संस्करण-2006

तिवारी स्वाति, सवाल आज भी जिन्दा है, सामयिक प्रकाशन, 3320-21, जटवाड़ा, नेताजी सुभाष मार्ग, दरियागंज, नई दिल्ली-110002, प्रथम संस्करण-2008

तेली गणपति,राष्ट्रवाद, संचार माध्यम और भाषा, प्रकाशन संस्थान, अंसारी रोड, दरियागंज, नई दिल्ली-110002, प्र. संस्करण 2017

द्विवेदी महावीर प्रसाद, महावीर प्रसाद द्विवेदी रचनावली, सं. भारत यायावर, किताबघर प्रकाशन, नई दिल्ली 2013

द्विवेदी हजारी प्रसाद, हिन्दी साहित्य का उद्भव और विकास, राजकमल प्रकाशन प्रा.लि. 8, नेताजी सुभाष मार्ग, नई दिल्ली-110002, सत्रहवाँ संस्करण-2015

द्विवेदी हजारी प्रसाद, हिन्दी साहित्य की भूमिका, राजकमल प्रकाशन प्रा.लि. 8, नेताजी सुभाष मार्ग, नई दिल्ली-110002, संस्करण-2005

द्विवेदी हजारी प्रसाद, हजारी प्रसाद द्विवेदी ग्रंथावली, सं. मुकुन्द द्विवेदी, राजकमल प्रकाशन प्रा.लि. 8, नेताजी सुभाष मार्ग, नई दिल्ली-110002, संस्करण-2013

दत्त रजनी पाम, भारत : वर्तमान और भावी, पीपुल्स पब्लिशिंग हाउस, नई दिल्ली, संस्करण 1956

दत्ता अमित, खुद से कई सवाल : एक भारतीय फिल्म-छात्र की नोटबुक, राजकमल प्रकाशन प्रा.लि. 8, नेताजी सुभाष मार्ग, नई दिल्ली-110002, संस्करण-2018

दीन लाला भगवान, बिहारी और देव, साहित्यभूषण कार्यालय, वाराणसी, संस्करण 1926
दवे रमेश, आलोचना-समय और साहित्य, भारतीय ज्ञानपीठ, 8, इंस्टूट्यूशनल एरिया, लोदी रोड, नई दिल्ली-110003, पहला संस्करण-2005
दामोदरन के., भारतीय चिन्तन परम्परा, पीपुल्स पब्लिशिंग हाउस, नई दिल्ली-110055, संस्करण 2014
दीपक कुमार, देवेन्द्र चौबे, हाशिये का वृत्तान्त, आधार प्रकाशन प्राइवेट लिमिटेड एस.सी.एफ. 267, सेक्टर-16, पंचकूला-134113 (हरियाणा) प्रथम संस्करण 2011
दिनकर रामधारी सिंह, संस्कृति के चार अध्याय, उदयाचल, राष्ट्रकवि दिनकर पथ, राजेन्द्र नगर, पटना-800016, द्वितीय संस्करण, सितम्बर-1962, पुनर्मुद्रण, सितम्बर-1977
दुबे अभयकुमार, (सं.) आधुनिकता के आईने में दलित, वाणी प्रकाशन, 21-ए, दरियागंज, नई दिल्ली-110002, संस्करण-2005
दुबे अभयकुमार, हिन्दी में हम, आधुनिकता के कारखाने में भाषा और विचार, वाणी प्रकाशन, 21-ए, दरियागंज, नई दिल्ली-110002, प्रथम संस्करण 2015
दुबे चन्दूलाल, हिन्दी रंगमंच का इतिहास, (पहला भाग), कुँजबिहारी पचौरी एम. कॉम., जवाहर पुस्तकालय, मथुरा, संस्करण-1975
देव नरेन्द्र, राष्ट्रीयता और समाजवाद, नेशनल बुक ट्रस्ट आफ इंडिया, नई दिल्ली, प्रथम संस्करण
देसाई ए.आर., भारतीय राष्ट्रवाद की सामाजिक पृष्ठभूमि, मैकमिलन इंडिया लि. नई दिल्ली, दूसरा हिन्दी संस्करण, 1976
नगेन्द्र, अनुसन्धान और आलोचना, नेशनल पब्लिशिंग हाउस, दिल्ली, प्रथम संस्करण 1961
नगेन्द्र, आलोचक की आस्था, नेशनल पब्लिशिंग हाउस, 2/35, अंसारी रोड, दरियागंज, नई दिल्ली-110002, प्रथम संस्करण 1966
नगेन्द्र, विचार और विश्लेषण, नेशनल पब्लिशिंग हाउस, 2/35, अंसारी रोड, दरियागंज, नई दिल्ली-110002, द्वितीय संस्करण-1961
नगेन्द्र, साहित्य का समाजशास्त्र, नेशनल पब्लिशिंग हाउस, 2/35, अंसारी रोड, दरियागंज, नई दिल्ली-110002, प्रथम संस्करण 1982
नचिकेता, अवधेशनारायण मिश्र और यशोधरा राठौर (सं.), गीत वसुधा, युगान्तर प्रकाशन, डी-750, गली नं.-4, अशोक नगर, शाहदरा, दिल्ली-110093, प्रथम संस्करण-2013
नवल नन्दकिशोर, हिन्दी आलोचना का विकास, राजकमल प्रकाशन प्रा.लि. 8, नेताजी सुभाष मार्ग, नई दिल्ली-110002, प्रथम संस्करण-1981
नवल नन्दकिशोर, हिन्दी कविता : अभी, बिलकुल अभी, राजकमल प्रकाशन प्रा.लि. 8, नेताजी सुभाष मार्ग, नई दिल्ली-110002, प्रथम संस्करण-2014
नसीम कमल, बृहद् उर्दू साहित्य कोश, वाणी प्रकाशन, 21-ए, दरियागंज, नई दिल्ली-110002, प्रथम संस्करण 2002
नारंग गोपीचन्द, उर्दू पर खुलता दरीचा, वाणी प्रकाशन, 21-ए, दरियागंज, नई दिल्ली-110002, द्वितीय संस्करण 2008
नारंग गोपीचन्द(सं.) बीसवीं शताब्दी में उर्दू साहित्य, साहित्य अकादमी, रवीन्द्र भवन, 35, फिरोजशाह रोड नई दिल्ली-110001, प्रथम संस्करण 2005
नैमिशराय मोहनदास, हिन्दी दलित साहित्य, साहित्य अकादमी, रवीन्द्र भवन, 35, फिरोजशाह रोड नई दिल्ली-110001, संस्करण 2014
पंत सुमित्रानन्दन, छायावाद पुनर्मूल्यांकन, लोकभारती प्रकाशन, पहली मंजिल, दरबारी बिल्डिंग, महात्मा गांधी मार्ग, इलाहाबाद-1, प्रथम संस्करण 1965
पंत सुमित्रानन्दन, पल्लव, राजकमल प्रकाशन प्रा.लि. 8, नेताजी सुभाष मार्ग, नई दिल्ली-110002, आठवाँ संस्करण-1967
परिमलेन्दु रामनिरंजन, देवनागरी लिपि आन्दोलन का इतिहास, साहित्य अकादमी, रवीन्द्र भवन, 35, फिरोजशाह मार्ग, नई दिल्ली-110001, प्रथम संस्करण 2017
पांडेय सत्यप्रिय, प्रथम स्वाधीनता आन्दोलन और लोकगीतों की संवेदना, सस्ता साहित्य मंडल, दरियागंज, नई दिल्ली-110002, प्रथम संस्करण 2014
पांडेय गंगाप्रसाद, हिन्दी कथा साहित्य, भारती भंडार, लीडर प्रेस, इलाहाबाद प्रथम संस्तकरण-1951
पांडेय मनोज, हिन्दी आलोचना : दृष्टि और प्रवृत्तियाँ, लोकभारती प्रकाशन, पहली मंजिल, दरबारी बिल्डिंग, महात्मा गांधी मार्ग, इलाहाबाद-211001, प्रथम संस्करण 2018
पांडेय मैनेजर, आलोचना की सामाजिकता, वाणी प्रकाशन, 21-ए, दरियागंज, नई दिल्ली-110002, प्रथम संस्करण 2005
पांडेय मैनेजर, आलोचना में सहमति असहमति, वाणी प्रकाशन, 21-ए, दरियागंज, नई दिल्ली-110002, प्रथम संस्करण 2013
पांडेय मैनेजर, हिन्दी कविता का अतीत और वर्तमान, वाणी प्रकाशन, 21-ए, दरियागंज, नई दिल्ली-110002, प्रथम संस्करण-2013

पांडेय मैनेजर, साहित्य और इतिहास दृष्टि, वाणी प्रकाशन, 21-ए, दरियागंज, नई दिल्ली-110002, संस्करण 2000
पांडेय मैनेजर, साहित्य के समाजशास्त्र की भूमिका, हरियाणा साहित्य अकादमी, चंडीगढ़, प्रथम संस्करण 1989
पांडेय मैनेजर, भक्ति आन्दोलन और सूरदास का काव्य, वाणी प्रकाशन, 21-ए, दरियागंज, नई दिल्ली-110002, द्वितीय संस्करण 2000
पांडेय मृणाल, जहाँ औरते गढ़ी जाती हैं, राधाकृष्ण प्रकाशन प्रा.लि. 7/31, अंसारी मार्ग, दरियागंज, नई दिल्ली, 110002, प्रथम संस्करण 2006
पांडेय वेदप्रकाश, शहरनामा गोरखपुर, वाणी प्रकाशन, 21-ए, दरियागंज, नई दिल्ली-110002, प्रथम संस्करण 2017
पचौरी सुधीश, मीडिया और साहित्य, राजसूर्य प्रकाशन, डी ब्लॉक, 2/41-ए, गाँवड़ी एक्सटेंशन, भजनपुरा, दिल्ली-110053, संस्करण 2000
पारख जवरीमल्ल, हिन्दी सिनेमा का समाजशास्त्र, ग्रंथ शिल्पी (इंडिया) प्राइवेट लिमिटेड, बी-7, सरस्वती काम्प्लेक्स, सुभाष चौक, लक्ष्मीनगर, दिल्ली-110092, प्रथम संस्करण-2006
पारख जवरीमल्ल, जनसंचार के सामाजिक सन्दर्भ, अनामिका पब्लिशर्स एंड डिस्ट्रीब्यूटर्स (प्रा.) लिमिटेड, 4697/3, 21-ए, अंसारी रोड, दरियागंज, नई दिल्ली-110002, संस्करण-2001
पारख जवरीमल्ल, आधुनिक हिन्दी साहित्य : मूल्यांकन और पुनर्मूल्यांकन, अनामिका पब्लिशर्स एंड डिस्ट्रीब्यूटर्स (प्रा.) लिमिटेड, 4697/3, 21-ए, अंसारी रोड, दरियागंज, नई दिल्ली-110002, संस्करण-2001
पालीवाल कृष्णदत्त, हिन्दी आलोचना का सैद्धान्तिक आधार, वाणी प्रकाशन, 21-ए, दरियागंज, नई दिल्ली-110002, संस्करण 1988
पालीवाल कृष्णदत्त, आलोचक अज्ञेय की उपस्थिति, वाणी प्रकाशन, 21-ए, दरियागंज, नई दिल्ली-110002, प्रथम संस्करण 2011
पालीवाल कृष्णदत्त, हिन्दी का आलोचना पर्व, सामयिक प्रकाशन, 3320-21, जटवाड़ा, नेताजी सुभाष मार्ग, दरियागंज, नई दिल्ली-110002, प्रथम संस्करण-2011
प्रसाद जयशंकर, काव्य कला तथा अन्य निबन्ध, भारती भंडार, लीडर प्रेस, प्रयाग, चतुर्थ संस्करण, संवत् 2010 वि.
प्रसाद वासुदेव नन्दन एवं सिंह रामविनोद, शुक्लोत्तर समीक्षा, अनुपम प्रकाशन, पटना-6, प्रथम संस्करण,1978
प्रसाद वासुदेव नन्दन, भारतेन्दु युग का नाट्य साहित्य और रंगमंच, भारती भवन, गोविन्द मिश्र रोड, पटना-4 (प्रकाशन वर्ष का उल्लेख नहीं)
प्रेमशंकर, हिन्दी स्वच्छंदतावादी काव्य, मध्य प्रदेश हिन्दी ग्रंथ अकादमी, 97, मालवीय नगर, भोपाल-3, प्रथम संस्करण 1974
'प्रेमघन' बदरीनारायण चौधरी, प्रेमघन सर्वस्व, सं. श्री प्रभाकरेश्वर प्रसाद उपाध्याय और श्री दिनेश नारायण उपाध्याय 'साहित्यरत्न', हिन्दी साहित्य सम्मेलन प्रयाग, संस्करण संवत् 2007 वि.
फारूकी शम्सुर्रहमान, उर्दू का आरम्भिक युग, राजकमल प्रकाशन प्रा.लि. 8, नेताजी सुभाष मार्ग, नई दिल्ली-110002, पहला संस्करण-2007
बटरोही, हिन्दी कहानी के अठारह कदम, वाणी प्रकाशन, 21-ए, दरियागंज, नई दिल्ली-110002, संस्करण-2016
बन्द्योपाध्याय शेखर, पलासी से विभाजन तक, ओरिएण्ट लांगमैन प्राइवेट लिमिटेड, नई दिल्ली, संस्करण 2007
बरनवाल बीरेन्द्र कुमार, हिन्द स्वराज : नव सभ्यता विमर्श, राजकमल प्रकाशन प्रा.लि. 8, नेताजी सुभाष मार्ग, नई दिल्ली-110002, पहला संस्करण-2011
ब्रह्मात्मज अजय, सिनेमा की सोच, वाणी प्रकाशन, 21-ए, दरियागंज, नई दिल्ली-110002, प्रथम संस्करण 2006
ब्रह्मात्मज अजय, सिनेमा समकालीन सिनेमा, वाणी प्रकाशन, 21-ए, दरियागंज, नई दिल्ली-110002, प्रथम संस्करण-2006
बोरा राजमल, हिन्दी आलोचना का परिदृश्य, मिलिन्द प्रकाशन, 4-3-178/2, कन्दास्वामी लेन, हनुमान व्यायामशाला की गली, सुल्तान बाजार, हैदराबाद-500095, प्रथम संस्करण-2003
बद्रीनारायण, लोक संस्कृति और इतिहास, लोकभारती प्रकाशन, पहली मंजिल, दरबारी बिल्डिंग, महात्मा गांधी मार्ग, इलाहाबाद-1, संस्करण 1994
भट्ट बालकृष्ण, बालकृष्ण भट्ट निबन्धावली, भाग 1-2, सं. धनंजय भट्ट 'सरल', हिन्दी साहित्य सम्मेलन, प्रयाग, संस्करण 1942
भट्टाचार्य अभिजीत, महापंडित राहुल सांकृत्यायन के व्यक्तित्वान्तरण की प्रक्रिया, आनन्द प्रकाशन, 176-178, रवीन्द्र सरणी, कोलकाता-700007, प्रथम संस्करण 2005
भारद्वाज विनोद, सिनेमा : कल आज कल, वाणी प्रकाशन, 21-ए, दरियागंज, नई दिल्ली-110002, प्रथम संस्करण 2006.
भारती कँवल, दलित विमर्श की भूमिका, इतिहास बोध प्रकाशन, इलाहाबाद, संस्करण-2002
मदान इन्द्रनाथ, आधुनिकता और हिन्दी साहित्य, राजकमल प्रकाशन प्रा.लि. 8, नेताजी सुभाष मार्ग, नई दिल्ली-110002, पहला संस्करण-1973

मदान इन्द्रनाथ, आधुनिकता और हिन्दी उपन्यास, राजकमल प्रकाशन प्रा.लि. 8, नेताजी सुभाष मार्ग, नई दिल्ली-110002, पहला संस्करण-1981

मदान इन्द्रनाथ, हिन्दी नाटक और रंगमंच : पहचान और परख, लिपि प्रकाशन, ई-10/4, कृष्णनगर, दिल्ली-110051, प्रथम संस्करण 1975

मल्होत्रा राजीव, विभिन्नता : पाश्चात्य सार्वभौमिकता को भारतीय चुनौती, हार्परकॉलिंस पब्लिशर्स इंडिया, ए-53, सेक्टर-57, नोएडा-201301, पहला संस्करण 2013

मल्ल विजयशंकर, प्रतापनारायण मिश्र ग्रंथावली, काशी नागरी प्रचारिणी सभा, काशी, प्रथम संस्करण सं. 2014 वि.

मल्होत्रा राजीव, भारत विखंडन : द्रविड़ और दलित दरारों में पश्चिमी हस्तक्षेप, हार्परकॉलिंस पब्लिशर्स इंडिया, ए-53, सेक्टर-57, नोएडा-201301 पहला संस्करण 2013

मधुरेश, हिन्दी आलोचना का विकास, सुमित प्रकाशन, बी-43, गोविन्दपुर, इलाहाबाद-211004, दूसरा संस्करण 2007

मधुरेश, आलोचना प्रतिवाद की संस्कृति, स्वराज प्रकाशन, 7/14, गुप्ता लेन, अंसारी रोड, दरियागंज, नई दिल्ली-110002, प्रथम संस्करण 2011

माधव नीरजा, हिन्दी साहित्य का ओझल नारी..., सामयिक प्रकाशन, 3320-21, जटवाड़ा, नेताजी सुभाष मार्ग, दरियागंज, नई दिल्ली-110002, प्रथम संस्करण-2012

माहेश्वरी सरला, नारी प्रश्न, राधाकृष्ण प्रकाशन प्रा.लि. 7/31, अंसारी मार्ग, दरियागंज, नई दिल्ली, 110002, संस्करण 1993

माकडिया जयंतीलाल, हिन्दी कविता में दलित चेतना, आकाश पब्लिशर्स एंड डिस्ट्रीब्यूटर्स, ई-10/663, उत्तरांचल कोलोनी (निकट संगम सिनेमा) गाजियाबाद-201102, प्रथम संस्करण 2009

माचवे प्रभाकर, व्यक्ति और वाङ्मय, साहनी प्रकाशन, 57, ऐस्प्लेनेड रोड, दिल्ली-6, संस्करण-अप्रकाशित।

माचवे प्रभाकर, हिन्दी काव्य की प्रवृत्तियाँ, राजकमल पब्लिकेशंस लिमिटेड, बम्बई, संस्करण अप्रकाशित।

मार्क्स कार्ल, भारत का प्रथम स्वतंत्रता संग्राम, पीपुल्स पब्लिशिग हाउस, नई दिल्ली, संस्करण 1963

मिश्र प्रतापनारायण, प्रतापनारायण मिश्र ग्रंथावली, सं. विजयशंकर मल्ल, नागरी प्रचारिणी सभा, वाराणसी, संस्करण-1992

मिश्रबन्धु, मिश्रबन्धु विनोद, हिन्दी ग्रंथ प्रचार मंडली, प्रयाग, खंड-3, 1913, खंड-4, 1934

मिश्रबन्धु, हिन्दी नवरत्न, गंगा पुस्तकमाला कार्यालय, लखनऊ, दूसरा संस्करण, संवत् 1981 वि.

मिश्र कृष्णबिहारी, हिन्दी पत्रकारिता : जातीय चेतना और खड़ी बोली साहित्य की निर्माण भूमि, भारतीय ज्ञानपीठ, 18, इन्स्टीट्यूशनल एरिया, लोदी रोड, नई दिल्ली-110032, आठवाँ संस्करण-2011

मिश्र कृष्णबिहारी (सं.), हिन्दी साहित्य : बंगीय भूमिका, भारतीय विद्या मन्दिर, 12/1, नेली सेनगुप्ता सरणी, कोलकाता-700087, द्वितीय संस्करण 2014

मिश्र पं. कृष्णबिहारी, देव और बिहारी, गंगा पुस्तकमाला कार्यालय, लखनऊ, संस्करण 1926

मिश्र रामदरश, आलोचना का आधुनिक बोध, वाणी प्रकाशन, 21-ए, दरियागंज, नई दिल्ली-110002, प्रथम संस्करण-2013

मिश्र रामदरश, हिन्दी समीक्षा : स्वरूप और सन्दर्भ, द मैकमिलन कम्पनी आफ इंडिया लिमिटेड, दिल्ली प्रथम संस्करण-1974

मिश्र रामदरश, आधुनिक हिन्दी कविता : सर्जनात्मक सन्दर्भ, इन्द्रप्रस्थ प्रकाशन, दिल्ली, प्रथम संस्करण 1986

मिश्र भगवत्स्वरूप, हिन्दी आलोचना : उद्‌भव और विकास, साहित्य सदन, देहरादून, प्रथम संस्करण 1954

मिश्र विश्वनाथ प्रसाद, हिन्दी साहित्य का अतीत, भाग एक और दो, वाणी प्रकाशन, 21-ए, दरियागंज, नई दिल्ली-110002, द्वितीय संस्करण-2008

मिश्र शची, हिन्दी बचाओ मंच का एक साल, आनन्द प्रकाशन, 176/178, रवीन्द्र सरणी, कोलकाता-700007, प्रथम संस्करण 2018

मिश्र शिवकुमार, यथार्थवाद, द मैकमिलन कम्पनी आफ इंडिया लिमिटेड, दिल्ली, प्रथम संस्करण 1978

मिश्र सत्यप्रकाश, बालकृष्ण भट्ट : प्रतिनिधि संकलन, नेशनल बुक ट्रस्ट, नई दिल्ली, संस्करण 2012

मिश्र सत्यप्रकाश, बालमुकुन्द गुप्त के श्रेष्ठ निबन्ध, लोकभारती प्रकाशन, पहली मंजिल, दरबारी बिल्डिंग, महात्मा गांधी मार्ग, इलाहाबाद-1, संस्करण 2005

मुक्तिबोध गजानन माधव, मुक्तिबोध रचनावली, राजकमल प्रकाशन प्रा.लि. 8, नेताजी सुभाष मार्ग, नई दिल्ली-110002, प्रथम संस्करण-1980

मुक्तिबोध गजानन माधव, नई कविता का आत्मसंघर्ष, राजकमल प्रकाशन प्रा.लि. 8, नेताजी सुभाष मार्ग, नई दिल्ली-110002, संस्करण-2014

मेहता आलोक, नामी चेहरों से यादगार मुलाकातें, सामयिक प्रकाशन, 3320-21, जटवाड़ा, नेताजी सुभाष मार्ग, दरियागंज, नई दिल्ली-110002, द्वितीय संस्करण-2009

मेहता आलोक, पत्रकारिता की लक्ष्मण रेखा, सामयिक प्रकाशन, 3320-21, जटवाड़ा, नेताजी सुभाष मार्ग, दरियागंज, नई दिल्ली-110002, चौथा संस्करण-2008

मेहता आलोक, भारत के राष्ट्रपति, सामयिक प्रकाशन, 3320-21, जटवाड़ा, नेताजी सुभाष मार्ग, दरियागंज, नई दिल्ली-110002, तीसरा संस्करण-2011

मेहता आलोक, सफर सुहाना दुनिया का, सामयिक प्रकाशन, 3320-21, जटवाड़ा, नेताजी सुभाष मार्ग, दरियागंज, नई दिल्ली-110002, दूसरा संस्करण-2010

मेहता आलोक, सिंहासन का न्याय, सामयिक प्रकाशन, 3320-21, जटवाड़ा, नेताजी सुभाष मार्ग, दरियागंज, नई दिल्ली-110002, दूसरा संस्करण-2007

मेहता आलोक, चरित्र और चेहरे, सामयिक प्रकाशन, 3320-21, जटवाड़ा, नेताजी सुभाष मार्ग, दरियागंज, नई दिल्ली-110002, पहला संस्करण-2013

मेहता आलोक, तब और अब, किताबघर प्रकाशन, 24,अंसारी रोड, दरियागंज, नई दिल्ली-110002, प्रथम संस्करण-2007

मोहन अरविन्द, मीडिया, शासन और बाजार, वाग्देवी प्रकाशन, विनायक शिखर, पॉलिटेक्निक कॉलेज के पास, बीकानेर-334003, प्रथम पेपरबैक संस्करण-2006

मोहन नरेन्द्र, आधुनिकता के सन्दर्भ में हिन्दी कहानी, जयश्री प्रकाशन, दिल्ली, प्रथम संस्करण 1982

यादव राजेन्द्र, आदमी की निगाह में औरत, राजकमल प्रकाशन प्रा.लि. 8, नेताजी सुभाष मार्ग, नई दिल्ली-110002, पहला संस्करण-2007

यादव राजेन्द्र, एक दुनिया समानान्तर, अक्षर प्रकाशन, दिल्ली, तृतीय संस्करण, 1974

यादव राजेन्द्र, कहानी : स्वरूप और संवेदना, नेशनल पब्लिशिंग हाउस, 2/35, अंसारी रोड, दरियागंज, नई दिल्ली-110002, तृतीय संस्करण 1988

यायावर भारत (सं.), रेणु रचनावली, भाग-2, राजकमल प्रकाशन प्रा.लि. 8, नेताजी सुभाष मार्ग, नई दिल्ली-110002, प्रथम संस्करण-1999

यायावर भारत, आलोचना का अदृश्य पक्ष, प्रकाशन संस्थान, 4268-बी/3, अंसारी रोड, दरियागंज, नई दिल्ली-110002, प्रथम संस्करण 2012

रघुवंश, आधुनिकता और सर्जनशीलता, द मैकमिलन कम्पनी आफ इंडिया लिमिटेड, दिल्ली, प्रथम संस्करण 1980

रघुवंश, साहित्य का नया परिप्रेक्ष्य, भारतीय ज्ञानपीठ, 8, इंस्टूट्यूशनल एरिया, लोदी रोड, नई दिल्ली-110003, द्वितीय संस्करण-1968

रस्तोगी गिरीश, हिन्दी नाटक का आत्म संघर्ष, लोकभारती प्रकाशन, पहली मंजिल, दरबारी बिल्डिंग, महात्मा गांधी मार्ग, इलाहाबाद-1, प्रथम संस्करण-2002

रस्तोगी गिरीश, बीसवीं शताब्दी का हिन्दी नाटक और रंगमंच, भारतीय ज्ञानपीठ, 8, इंस्टूट्यूशनल एरिया, लोदी रोड, नई दिल्ली-110003, संस्करण-2015

रस्तोगी गिरीश (सं.) समकालीन हिन्दी नाटककार, इन्द्रप्रस्थ प्रकाशन, दिल्ली-110003, प्रथम संस्करण 1982

रसाल रमाशंकर शुक्ल, आलोचनादर्श, इंडियन प्रेस लिमिटेड, प्रयाग, प्रथम संस्करण-1938

राजकिशोर, गांधी मेरे भीतर, वाणी प्रकाशन, 21-ए, दरियागंज, नई दिल्ली-110002, संस्करण 2010

राजे सुमन, हिन्दी साहित्य का आधा इतिहास, भारतीय ज्ञानपीठ, 8, इंस्टूट्यूशनल एरिया, लोदी रोड, नई दिल्ली-110003, संस्करण-2004

राय बाबू गुलाब, सिद्धान्त और अध्ययन, आत्माराम एंड संस, दिल्ली, प्रथम संस्करण-1955

राय पूर्णमासी, उर्दू आलोचना : स्वरूप और विकास, परिमल प्रकाशन, 194, सोहबतियाबाग, इलाहाबाद-6, प्रथम संस्करण 1969

रेखा अवस्थी, प्रगतिवाद और समानान्तर साहित्य, राजकमल प्रकाशन प्रा.लि. 8, नेताजी सुभाष मार्ग, नई दिल्ली-110002, पहला संस्करण-2012

रेने वेलेक, आलोचना की धारणाएँ, हरियाणा साहित्य अकादमी, चंडीगढ़, संस्करण 1990

राय गोपाल, हिन्दी उपन्यास का इतिहास, राजकमल प्रकाशन प्रा.लि. 8, नेताजी सुभाष मार्ग, नई दिल्ली-110002, पहला पाठ्य पुस्तक संस्करण-2005

राय ऋषिकेश, रामविलास शर्मा : चिन्तन अनुचिन्तन, अनन्य प्रकाशन, ई-17, पंचशील गार्डेन, नवीन शाहदरा, दिल्ली-110032, प्रथम संस्करण 2016

राय शशिकला, बस सूरज की तरफ पीठ है उनकी, वाणी प्रकाशन, 21-ए, दरियागंज, नई दिल्ली-110002, प्रथम संस्करण 2017

राजपाल हुकुमचन्द, समकालीन हिन्दी समीक्षा, वाणी प्रकाशन, 21-ए, दरियागंज, नई दिल्ली-110002, प्रथम संस्करण 2003

लाल मोहन एवं गुप्त सुरेशचन्द्र, आलोचना और आलोचक, भारतीय साहित्य मन्दिर, फव्वारा, दिल्ली, संस्करण-1957

लिंबाले शरणकुमार, दलित साहित्य का सौन्दर्यशास्त्र, (अनु. रमणिका गुप्ता), वाणी प्रकाशन, 21-ए, दरियागंज, नई दिल्ली-110002, संस्करण 2005

वर्मा धीरेन्द्र (सं.) हिन्दी साहित्य कोश-भाग-2, ज्ञानमंडल लिमिटेड, वाराणसी-1, प्रथम संस्करण संवत् 2020 वि.
वर्मा धीरेन्द्र (सं.) हिन्दी साहित्य, प्रथम खंड, भारतीय हिन्दी परिषद्, प्रयाग, संस्करण 1969
वर्मा धीरेन्द्र, हिन्दी साहित्य कोश भाग-1, ज्ञानमंडल लिमिटेड, वाराणसी-1, प्रथम संस्करण संवत् 2020 वि.
वर्मा निर्मल, कला का जोखिम, राजकमल प्रकाशन प्रा.लि. 8, नेताजी सुभाष मार्ग, नई दिल्ली-110002, प्रथम संस्करण-1981
वर्मा ब्रजेश्वर, सूरदास, लोकभारती प्रकाशन, पहली मंजिल, दरबारी बिल्डिंग, महात्मा गांधी मार्ग, इलाहाबाद-1, प्रथम संस्करण-1994
वर्मा महादेवी, स्मृति की रेखायें, भारती भंडार, लीडर प्रेस, इलाहाबाद, बारहवां संस्करण 1971
वर्मा महादेवी, साहित्यकार की आस्था तथा अन्य निबन्ध, लोकभारती प्रकाशन, पहली मंजिल, दरबारी बिल्डिंग, महात्मा गांधी मार्ग, इलाहाबाद-1, तृतीय संस्करण 1970
वर्मा रामकुमार, साहित्य समालोचना, हिन्दी भवन, लाहौर, प्रथम संस्करण 1942
वाजपेयी अशोक, फिलहाल, राजकमल प्रकाशन प्रा.लि. 8, नेताजी सुभाष मार्ग, नई दिल्ली-110002, चतुर्थ संस्करण-1982
वाल्मीकि ओमप्रकाश, दलित साहित्य का सौन्दर्य शास्त्र, राधाकृष्ण प्रकाशन प्रा.लि. 7/31, अंसारी मार्ग, दरियागंज, नई दिल्ली, 110002, संस्करण 2001
वाजपेयी, नन्ददुलारे, आधुनिक हिन्दी साहित्य, भारती भंडार, लीडर प्रेस, इलाहाबाद, पंचम स्स्करण संवत् 2031 वि.
वाजपेयी नन्ददुलारे, कवि सुमित्रानन्दन पंत, द मैकमिलन कम्पनी आफ इंडिया लिमिटेड दिल्ली, प्रथम संस्करण-1976
वाजपेयी नन्ददुलारे, महाकवि सूरदास, राजकमल प्रकाशन प्रा.लि. 8, नेताजी सुभाष मार्ग, नई दिल्ली-110002, प्रथम संस्करण-1976
वाजपेयी नन्ददुलारे, हिन्दी साहित्य : बीसवीं शताब्दी, लोकभारती प्रकाशन, पहली मंजिल, दरबारी बिल्डिंग, महात्मा गांधी मार्ग, इलाहाबाद-1, संस्करण 1983
वाजपेयी अम्बिका प्रसाद, समाचार-पत्रों का इतिहास, ज्ञानमंडल लिमिटेड वाराणसी, द्वितीय संस्करण 1986
वार्ष्णेय लक्ष्मीसागर, फोर्टविलियम कॉलेज, हिन्दी परिषद्, इलाहाबाद, संस्करण 1947
शम्भुनाथ, राष्ट्रीय पुनर्जागरण और रामविलास शर्मा, नई किताब, 1/11829 (प्रथम तल), नवीन शाहदरा, दिल्ली-110032, प्रथम संस्करण-2013
शम्भुनाथ (सं.) हिन्दी साहित्य ज्ञान कोश, खंड-1-7, भारतीय भाषा परिषद, 36ए, शेक्सपियर सरणी, कोलकाता-700017, प्रथम संस्करण-2019
शम्भुनाथ एवं रामनिवास द्विवेदी (सं.) हिन्दी नवजागरण : बंगीय विरासत, खंड-2, कोल इंडिया लिमिटेड, कोल भवन, 10, नेताजी सुभाष रोड, कलकत्ता-700001, प्रथम संस्करण-1993
शम्भुनाथ, रामविलास शर्मा, साहित्य अकादमी, नई दिल्ली, प्रथम संस्करण-2011
श्रीवास्तव परमानन्द, उपन्यास का यथार्थ और रचनात्मक भाषा, नेशनल पब्लिशिंग हाउस, दिल्ली, प्रथम संस्करण, 1976
श्रीधर विजयदत्त, भारतीय पत्रकारिता कोश, (दो खंड), वाणी प्रकाशन, 21-ए, दरियागंज, नई दिल्ली-110002, प्रथम संस्करण 2008
शर्मा कुमुद, आधी दुनिया का सच, सामयिक प्रकाशन, 3320-21, जटवाड़ा, नेताजी सुभाष मार्ग, दरियागंज, नई दिल्ली-110002, प्रथम संस्करण-2008
शर्मा जगन्नाथ प्रसाद, प्रसाद के नाटकों का शास्त्रीय अध्ययन, सरस्वती मन्दिर, वाराणसी, प्रथम संस्करण-1943
शर्मा जगन्नाथ प्रसाद, हिन्दी गद्य शैली का विकास, नागरी प्रचारिणी सभा काशी, छठाँ संस्करण 2012 वि.
शर्मा बृजकिशोर, राजस्थान एवं आदिवासी आन्दोलन, राजस्थान हिन्दी ग्रंथ अकादमी, जयपुर, संस्करण-2001
शर्मा पद्मसिंह, पद्मपराग, सं. बनारसीदास चतुर्वेदी और हरिशंकर शर्मा, आत्माराम एण्ड संस, दिल्ली, 1956
शर्मा पद्मसिंह, हिन्दू उर्दू और हिन्दुस्तानी, हिन्दुस्तानी एकेडमी, इलाहाबाद, 1951
शर्मा प्रेमपाल, भाषा का भविष्य, शिल्पायन, लेन नं.-1, वैस्ट गोरखपार्क, शाहदरा, दिल्ली-110032, संस्करण 2013
शर्मा भगवतीप्रसाद, नवजागरण और प्रतापनारायण मिश्र, राधा पब्लिकेशन्स, नई दिल्ली, संस्करण 1986
शर्मा रामविलास, मार्क्सवाद और प्रगतिशील साहित्य, वाणी प्रकाशन, 21-ए, दरियागंज, नई दिल्ली-110002, प्रथम संस्करण 1984
शर्मा रामविलास, भारतेन्दु हरिश्चन्द्र और हिन्दी नवजागरण की समस्याएँ, राजकमल प्रकाशन प्रा.लि. 8, नेताजी सुभाष मार्ग, नई दिल्ली-110002, पहला संस्करण-1953 छठीं आवृत्ति-2004
शर्मा रामविलास, भारतेन्दु युग और हिन्दी भाषा की विकास परम्परा, राजकमल प्रकाशन प्रा.लि. 8, नेताजी सुभाष मार्ग, नई दिल्ली-110002, संस्करण-1958
शर्मा रामविलास, इतिहास दर्शन, वाणी प्रकाशन, 31-ए, दरियागंज, नई दिल्ली-110002, संस्करण 2007
शर्मा रामविलास, भाषा और समाज, राजकमल प्रकाशन प्रा.लि. 8, नेताजी सुभाष मार्ग, नई दिल्ली-110002, पाँचवाँ संस्करण-2002, आवृत्ति-2008

शर्मा रामविलास, भारत की भाषा समस्या, राजकमल प्रकाशन प्रा.लि. 8, नेताजी सुभाष मार्ग, नई दिल्ली-110002, तीसरा संस्करण-2003, आवृत्ति-2006

शर्मा रामविलास, परम्परा का मूल्यांकन, राजकमल प्रकाशन प्रा.लि. 8, नेताजी सुभाष मार्ग, नई दिल्ली-110002, संस्करण-2011

शर्मा रामविलास, प्रेमचन्द और उनका युग, राजकमल प्रकाशन प्रा.लि. 8, नेताजी सुभाष मार्ग, नई दिल्ली-110002, पाँचवाँ संस्करण-1989

शर्मा रामविलास, आस्था और सौन्दर्य,, राजकमल प्रकाशन प्रा.लि. 8, नेताजी सुभाष मार्ग, नई दिल्ली-110002, द्वितीय संस्करण :1990

शर्मा रामविलास, आचार्य रामचन्द्र शुक्ल और हिन्दी आलोचना, राजकमल प्रकाशन प्रा.लि. 8, नेताजी सुभाष मार्ग, नई दिल्ली-110002, तृतीय संस्करण-1973

शर्मा रामविलास, घर की बात, राजकमल प्रकाशन प्रा.लि. 8, नेताजी सुभाष मार्ग, नई दिल्ली-110002, प्रथम संस्करण-1983

शर्मा रामविलास, नई कविता और अस्तित्ववाद, राजकमल प्रकाशन प्रा.लि. 8, नेताजी सुभाष मार्ग, नई दिल्ली-110002, प्रथम संस्करण-1978

शर्मा रामविलास, निराला की साहित्य साधना, भाग-2 राजकमल प्रकाशन प्रा.लि. 8, नेताजी सुभाष मार्ग, नई दिल्ली-110002, प्रथम संस्करण-1972

शर्मा रामविलास, निराला की साहित्य साधना, भाग-3 राजकमल प्रकाशन प्रा.लि. 8, नेताजी सुभाष मार्ग, नई दिल्ली-110002, प्रथम संस्करण-1976

शर्मा रामविलास, भारतीय संस्कृति और हिन्दी प्रदेश, खंड-1 व 2, किताबघर प्रकाशन, 24 अंसारी रोड, दरियागंज, नई दिल्ली-110002, प्रथम संस्करण 1999

शर्मा रामविलास, स्वाधीनता संग्राम बदलते परिप्रेक्ष्य, हिन्दी माध्यम कार्यान्वयन निदेशालय, दिल्ली विश्वविद्यालय, दिल्ली, संस्करण-1992

शर्मा रामविलास, भारतीय नवजागरण और यूरोप, हिन्दी माध्यम कार्यान्वयन निदेशालय, दिल्ली विश्वविद्यालय, दिल्ली, संस्करण-1996

शर्मा रामविलास, भारतीय साहित्य की भूमिका, राजकमल प्रकाशन प्रा.लि. 8, नेताजी सुभाष मार्ग, नई दिल्ली-110002, संस्करण-1996

शर्मा रामविलास, हिन्दी जाति का साहित्य, राजपाल एंड सन्स, नई दिल्ली, संस्करण-1986

शर्मा क्षमा, स्त्रीवादी विमर्श : समाज और साहित्य, राजकमल प्रकाशन प्रा.लि. 8, नेताजी सुभाष मार्ग, नई दिल्ली-110002, संस्करण-2002

शर्मा हेमंत (सं.), भारतेन्दु समग्र, हिन्दी प्रचारक संस्थान, वाराणसी, प्रथम संस्करण-1987

शाह रमेशचन्द्र, छायावाद की प्रासंगिकता, राधाकृष्ण प्रकाशन प्रा.लि. 7/31, अंसारी मार्ग, दरियागंज, नई दिल्ली, 110002, प्रथम संस्करण 1973

शाह रमेशचन्द्र, सबद निरन्तर, वाग्देवी प्रकाशन, बीकानेर, प्रथम संस्करण 1987

शुक्ल आचार्य रामचन्द्र, रसमीमांसा, नागरी प्रचारिणी सभा, काशी, चतुर्थ संस्करण, संवत् 2023 वि.

शुक्ल आचार्य रामचन्द्र, हिन्दी साहित्य का इतिहास, नागरी प्रचारिणी सभा, काशी, संस्करण संवत् 2035 वि.

शुक्ल सन्तोष कुमार, मूर्धन्य सम्पादक, माधवराव सप्रे स्मृति समाचार-पत्र संग्रहालय एवं शोध संस्थान, भोपाल, संस्करण-2016

शिरीश उर्मिला, (सं.), प्रभाकर श्रोत्रिय : आलोचना की तीसरी परम्परा, नेशनल पब्लिशिंग हाउस, 2/35, अंसारी रोड, दरियागंज, नई दिल्ली-110002, प्रथम संस्करण 2002

शिलीमुख रामकृष्ण शुक्ल, आलोचना समुच्चय, हिन्दी भवन, लाहौर, प्रकाशन वर्ष-अप्रकाशित

शिशिर कर्मेन्दु, हिन्दी नवजागरण और जातीय गद्य परम्परा, आधार प्रकाशन, पंचकूला, प्रथम संस्करण 2008

शिवप्रसाद सिंह, आधुनिक परिवेश और अस्तित्ववाद, नेशनल पब्लिशिंग हाउस, दिल्ली, 2/35, अंसारी रोड, दरियागंज, नई दिल्ली-110002, द्वितीय संस्करण 1988

शीतांशु पांडेय शशिभूषण, शैली विज्ञान का इतिहास, वाणी प्रकाशन, 21-ए,, दरियागंज, नई दिल्ली-110002, प्रथम संस्करण 1983

स्नातक विजयेन्द्र, हिन्दी आलोचना की अर्वाचीन प्रवृत्तियाँ, राजकमल प्रकाशन प्रा.लि. 1-बी, नेताजी सुभाष मार्ग, नई दिल्ली-110002, प्रकाशन वर्ष और संस्करण अप्रकाशित

सांकृत्यायन महापंडित राहुल एवं उपाध्याय कृष्णदेव (सं.), हिन्दी साहित्य का बृहत् इतिहास, षोडस भाग, हिन्दी का लोक-साहित्य, नागरी प्रचारिणी सभा काशी, सं. 2017 वि.

साही विजयदेव नारायण, छठवाँ दशक, हिन्दुस्तानी अकादमी, इलाहाबाद, प्रथम संस्करण 1987

सिंघवी कमला, स्त्री का आकाश, सामयिक प्रकाशन, 3320-21, जटवाड़ा, नेताजी सुभाष मार्ग, दरियागंज, नई दिल्ली-110002, प्रथम संस्करण-2008

सिंघवी कमला, आधुनिक परिवार में स्त्री, सामयिक प्रकाशन, 3320-21, जटवाड़ा, नेताजी सुभाष मार्ग, दरियागंज, नई दिल्ली-110002, प्रथम संस्करण-2008

सिन्हा मृदुला, मात्र देह नहीं है औरत, सामयिक प्रकाशन, 3320-21, जटवाड़ा, नेताजी सुभाष मार्ग, दरियागंज, नई दिल्ली-110002, प्रथम संस्करण-2012

सिन्हा मृदुला, बिटिया है विशेष, सामयिक प्रकाशन, 3320-21, जटवाड़ा, नेताजी सुभाष मार्ग, दरियागंज, नई दिल्ली-110002, प्रथम संस्करण-2010

सिंह अयोध्या, भारत का मुक्ति संग्राम, मैकमिलन इंडिया लि. नई दिल्ली, 2977

सिंह अवधेश कुमार, समकालीन आलोचना विमर्श, वाणी प्रकाशन, 21-ए., दरियागंज, नई दिल्ली-110002, प्रथम संस्करण 2016

सिंह उदयभानु, महावीर प्रसाद द्विवेदी और उनका युग, लखनऊ विश्वविद्यालय, लखनऊ, प्रथम संस्करण संवत् 2008 वि.

सिंह ओमप्रकाश एवं शीतांशु (सं.) उपन्यास का वर्तमान, प्रकाशन संस्थान, 4268-बी / 3, अंसारी रोड, दरियागंज नई दिल्ली-110002, प्र. सं. 2018

सिंह ओमप्रकाश (सं.) भारतेन्दु ग्रंथावली, प्रकाशन संस्थान, 4268-बी / 3, अंसारी रोड, दरियागंज नई दिल्ली-110002, प्र. सं. 2008

सिंह ओमप्रकाश, (सं.) आचार्य रामचन्द्र शुक्ल ग्रंथावली, खंड-5, (सं.) ओमप्रकाश सिंह, प्रकाशन संस्थान, नई दिल्ली, संस्करण 2007

सिंह केदारनाथ, आधुनिक हिन्दी कविता में बिम्ब विधान, भारतीय ज्ञानपीठ, 8, इंस्टूट्यूशनल एरिया, लोदी रोड, नई दिल्ली-110003, प्रथम संस्करण-1971

सिंह गोपेश्वर, आलोचना के परिसर, वाणी प्रकाशन, 4695, 21-ए, दरियागंज, नई दिल्ली-110002, प्रथम संस्करण 2019

सिंह बच्चन, हिन्दी नाटक, राधाकृष्ण प्रकाशन प्रा.लि. 7/31, अंसारी मार्ग, दरियागंज, नई दिल्ली, 110002, संस्करण 2013

सिंह बच्चन, आधुनिक हिन्दी साहित्य का इतिहास, लोकभारती प्रकाशन, इलाहाबाद, संस्करण 2007

सिंह नामवर, इतिहास और आलोचना, राजकमल प्रकाशन प्रा.लि. 1-बी, नेताजी सुभाष मार्ग, नई दिल्ली-110002, तीसरा संस्करण-1978, पहली आवृत्ति-1999

सिंह नामवर, आधुनिक साहित्य की प्रवृत्तियाँ, लोकभारती प्रकाशन, पहली मंजिल, दरबारी बिल्डिंग, महात्मा गांधी मार्ग, इलाहाबाद-1, प्रथम संस्करण 2000

सिंह नामवर, कहानी नई कहानी, लोकभारती प्रकाशन, पहली मंजिल, दरबारी बिल्डिंग, महात्मा गांधी मार्ग, इलाहाबाद-1, तृतीय संस्करण 1982

सिंह नामवर, वाद विवाद संवाद, राजकमल प्रकाशन प्रा.लि., 1-बी, नेताजी सुभाष मार्ग, नई दिल्ली-110002, प्रथम संस्करण 1989

सिंह नामवर, आलोचना और विचारधारा, राजकमल प्रकाशन प्रा.लि., 1-बी, नेताजी सुभाष मार्ग, नई दिल्ली-110002, संस्करण 2012

सिंह नामवर, छायावाद, राजकमल प्रकाशन प्रा.लि., 1-बी, नेताजी सुभाष मार्ग, नई दिल्ली-110002, प्रथम संस्करण 1979

सिंह पुष्पपाल, समकालीन कहानी : रचना मुद्रा, राधाकृष्ण प्रकाशन प्रा.लि. 7/31, अंसारी मार्ग, दरियागंज, नई दिल्ली, 110002, प्रथम संस्करण 1986

सिंह विजयपाल, हिन्दी अनुसन्धान, लोकभारती प्रकाशन, पहली मंजिल, दरबारी बिल्डिंग, महात्मा गांधी मार्ग, इलाहाबाद-1, तृतीय संस्करण 2002

सिंह शरद, पत्तों में कैद औरतें, सामयिक प्रकाशन, 3320-21, जटवाड़ा, नेताजी सुभाष मार्ग, दरियागंज, नई दिल्ली-110002, प्रथम संस्करण-2010

सिंह शरद, औरतें : तीन तस्वीर, सामयिक प्रकाशन, 3320-21, जटवाड़ा, नेताजी सुभाष मार्ग, दरियागंज, नई दिल्ली-110002, प्रथम संस्करण-2014

सिंह शरद, डॉ. आंबेडकर का स्त्री विमर्श, भारत बुक सेन्टर, 17, अशोक मार्ग, लखनऊ, प्रथम संस्करण-2012

सिंह शरद, पिछले पन्ने की औरतें, सामयिक प्रकाशन, 3320-21, जटवाड़ा, नेताजी सुभाष मार्ग, दरियागंज, नई दिल्ली-110002, प्रथम संस्करण-2005

सिंह शरद, पँचकौड़ी, सामयिक प्रकाशन, 3320-21, जटवाड़ा, नेताजी सुभाष मार्ग, दरियागंज, नई दिल्ली-110002, प्रथम संस्करण-2009

सिंह शरद, कस्बाई सिमोन, सामयिक प्रकाशन, 3320-21, जटवाड़ा, नेताजी सुभाष मार्ग, दरियागंज, नई दिल्ली-110002, प्रथम संस्करण-2012

सिंह श्रीभगवान, आलोचना के देसी ठाट, भारती प्रकाशन, 69 शाहपुर जट, नई दिल्ली-110049, प्रथम संस्करण 2014
सिंह श्रीभगवान, समय संवाद, भारती प्रकाशन, 69 शाहपुर जट, नई दिल्ली-110049, प्रथम संस्करण 2010
सिंह श्रीभगवान, समालोचना, पाठ-पुनर्पाठ, यश पब्लिकेशन्स, 1/10753, गली नं।-3, सुभाष पार्क, नवीन शाहदरा, कीर्ति मन्दिर के पास, दिल्ली-110032, प्रथम संस्करण 2013
सिंह सुधीर रंजन, हिन्दी समुदाय और राष्ट्रवाद, राजकमल प्रकाशन प्रा.लि. 8, नेताजी सुभाष मार्ग, नई दिल्ली-110002, पहला संस्करण 2009
सिंह विजयमोहन, बीसवीं शताब्दी का साहित्य, राजकमल प्रकाशन प्रा.लि. 8, नेताजी सुभाष मार्ग, नई दिल्ली-110002, प्रथम संस्करण-2005
सीमोन दे बोउवार, स्त्री उपेक्षिता (अनु. प्रभा खेतान) हिन्द पॉकेट बुक्स, जे-40, जोरबाग लेन, नई दिल्ली-110003, संस्करण-2002
सुधांशु लक्ष्मीनारायण, (सं.) हिन्दी साहित्य का वृहद इतिहास, त्रयोदश भाग, समालोचना, निबन्ध और पत्रकारिता, नागरीप्रचारिणी सभा, काशी, संस्करण 2022 वि.
सुमन राजे, स्त्री साहित्य का आधा इतिहास, भारतीय ज्ञानपीठ, 8, इंस्टूट्यूशनल एरिया, लोदी रोड, नई दिल्ली-110003, संस्करण-2003
सेंगर शिवसिंह, शिवसिंह सरोज, नवलकिशोर प्रेस, लखनऊ, संस्करण 1926
सेतिया सुभाष, अपने समय का आईना, सामयिक प्रकाशन, 3320-21, जटवाड़ा, नेताजी सुभाष मार्ग, दरियागंज, नई दिल्ली-110002, प्रथम संस्करण-2012
सेतिया सुभाष, स्त्री अस्मिता के प्रश्न, सामयिक प्रकाशन, 3320-21, जटवाड़ा, नेताजी सुभाष मार्ग, दरियागंज, नई दिल्ली-110002, प्रथम संस्करण-2009
हरिश्चन्द्र भारतेन्दु, भारतेन्दु ग्रंथावली, (तीन भागों में) सम्पादक ब्रजरत्नदास, काशी नागरी प्रचारिणी सभा, वाराणसी, प्रथम संस्करण सं. 2010 वि.
हुसैन एहतेशाम, उर्दू साहित्य का आलोचनात्मक इतिहास, लोकभारती प्रकाशन, 15-ए, महात्मा गांधी मार्ग, इलाहाबाद-1, संस्करण 2002
होता अरुण, कविता का समकालीन प्रमेय, नेशनल पब्लिशिंग हाउस, 2/35, अंसारी रोड, दरियागंज, नई दिल्ली-110002, द्वितीय संस्करण
होता अरुण, भूमंडलीकरण, बाजार और समकालीन कहानी, नेशनल पब्लिकेशन्स, श्याम फ्लैट्स, फतेहपुरियों की दरवाजा, चौड़ा रास्ता, जयपुर-302003, प्रथम संस्करण-2019
त्रिपाठी रामनरेश, ग्राम साहित्य (तीसरा भाग) आत्माराम एंड संस, दिल्ली, प्रथम संस्करण-1955
त्रिपाठी विश्वनाथ, व्योमकेश दरवेश, राजकमल प्रकाशन प्रा.लि. 8, नेताजी सुभाष मार्ग, नई दिल्ली-110002, पहला संस्करण-2011
त्रिपाठी विश्वनाथ, हिन्दी आलोचना, राजकमल प्रकाशन प्रा.लि. 8, नेताजी सुभाष मार्ग, नई दिल्ली-110002, पहला संस्करण-1992, दसवीं आवृत्ति-2007

संस्कृत ग्रंथ

अभिनव गुप्त, अभिनव भारती, प्रधान सम्पादक डॉ. नगेन्द्र, हिन्दी विभाग, दिल्ली विश्वविद्यालय, दिल्ली
आनन्दवर्धनाचार्य, ध्वन्यालोक, व्याख्याकार आचार्य विश्वेश्वर, (सं.) डॉ. नगेन्द्र, ज्ञानमंडल लिमिटेड, वाराणसी
उपाध्याय बलदेव, भारतीय साहित्यशास्त्र, प्रसाद परिषद्, काशी, प्रथम संस्करण, 2005 (सं)
कुन्तक राजानक, वक्रोक्तिजीवितम्, व्याख्याकार पं. परमेश्वरदीन पांडेय, चौखंबा सुरभारती प्रकाशन, वाराणसी
जगन्नाथ पंडितराज, रसगंगाधर, व्याख्याकार पंडित मदनमोहन झा, चौखंभा विद्या भवन, वाराणसी
दंडी, काव्यादर्श, व्याख्याकार आचार्य श्री रामचन्द्र मिश्र, चौखम्भा विद्या भवन, वाराणसी, 1958
भरतमुनि, नाट्यशास्त्रम्, व्याख्याकार बाबूलाल शुक्ल शास्त्री, चौखम्भा संस्कृत संस्थान, गोपाल मन्दिर लेन, वाराणसी
भामह, काव्यालंकार, भाष्यकार डॉ. रामानन्द शर्मा, चौखम्भा संस्कृत सीरीज आफिस, वाराणसी, संस्करण-2013
मम्मट, काव्यप्रकाश, ब्याख्याकार आचार्य विश्वेश्वर, ज्ञानमंडल लि. 'आज' भवन संत कबीर मार्ग, वाराणसी-221001, पेपरबैक संस्करण 2017
वामन, काव्यालंकारसूत्रवृत्ति, व्याख्याकार आचार्य विश्वेश्वर, (सं.) डॉ. नगेन्द्र, हिन्दी अनुसन्धान परिषद्, दिल्ली विश्वविद्यालय की ओर से आत्माराम एंड संस, कश्मीरी गेट, दिल्ली-6.
विश्वनाथ, साहित्यदर्पण, चौखम्भा सुरभारती प्रकाशन, वाराणसी, संस्करण-2015
'हीरा' राजवंश सहाय, भारतीय साहित्यशास्त्र कोश, बिहार हिन्दी ग्रंथ अकादमी, पटना-3, प्रथम संस्करण-1973

अंग्रेजी ग्रंथ

एंडर्सन बेनेडिक्ट, इमैजिन्ड कम्युनिटीज : रिफ्लेक्शन्स ऑन द ओरिजिन एंड स्प्रेड ऑफ नेशनलिज्म, वेर्सो, लंदन, 1983

कॉफ डेविड, नाइन्टीन्थ सेन्चुरी बेंगाल एंड फिफ्टीन्थ सेन्चुरी योरोप, इंडियन कमेटी ऑफ कल्चरल फ्रीडम, कलकत्ता, 1963.

कुमार कृष्ण, पॉलिटिकल एजेंडा ऑफ एजुकेशन : ए स्टडी ऑफ कोलोनियलिस्ट एंड नेशनलिस्ट आइडियाज, सेज पब्लिकेशन, दिल्ली, 1991

किंग क्रिस्टोफर आर, वन लैंग्वेज टू स्क्रिप्ट्स : द हिन्दी मूवमेन्ट इन नाइन्टीन्थ सेंचुरी नार्थ इंडिया, ऑक्सफोर्ड यूनिवर्सिटी प्रेस,बाम्बे, 1994

गुहा रनजीत एंड स्पिवाक गायत्री चक्रवर्ती, सलेक्टेड सबाल्टर्न स्टडीज, ऑक्सफोर्ड यूनिवर्सिटी प्रेस, लंदन एंड न्यूयार्क, 1998

ग्रियर्सन जॉन अब्राहम, द माडर्न वर्नाक्युलर लिटरेचर ऑफ हिन्दुस्तान, (अनुवाद—किशोरीलाल गुप्त, हिन्दी साहित्य का प्रथम इतिहास), हिन्दी प्रचारक पुस्तकालय, वाराणसी, अनूदित संस्करण 1957

चटर्जी पार्थ, द नेशन एंड इट्स फ्रैग्मेन्ट्स : कोलोनियल एन्ड पोस्टकोलोनियल हिस्ट्रीज, प्रीन्स्टन यूनिवर्सिटी प्रेस, न्यू जर्सी, 1993

चन्द्रा बी., एस्सेज ऑन कोलोनियलिज्म, ओरियन्ट लांगमैन, हैदराबाद,1999

तासी गार्सां द, इस्त्वार द ला लितरेत्युर ऐंदुई ऐ ऐंदुस्तानी, (अनुवाद—हिन्दुई साहित्य का इतिहास, लक्ष्मीसागर वार्ष्णेय), हिन्दुस्तानी ऐकेडमी, इलाहाबाद, अनूदित संस्करण, 1943

फिलिप्सन रॉबर्ट, लिंग्विस्टिक इंपीरियलिज्म, ऑक्सफोर्ड यूनिवर्सिटी प्रेस, 1992

ब्रास पाल आर, लैंग्वेज रिलीजन एंड पॉलिटिक्स इन नार्थ इंडिया, कैम्ब्रिज यूनिवर्सिटी प्रेस,1974

मार्क्स कार्ल, ऐंगेल्स फ्रेडरिक, द फर्स्ट इंडियन वार ऑफ इंडिपेन्डेन्स, प्रोग्रेस पब्लिशर्स, मास्को, 1988.

मोहम्मद शान (एडीटर) राइटिंग एंड स्पीचेज ऑफ सर सैयद अहमद खाँ, नचिकेता पब्लिकेशन्स, बाम्बे, 1972

राय आलोक, हिन्दी नेशनिलिज्म, औरिएन्ट लांगमैन, नई दिल्ली, 2002

सईद एडवर्ड, ओरियंटलिज्म : वेस्टर्न कंसेप्संस ऑफ द ओरियंट, पैंग्विन बुक्स, इंडिया, 2001.

सिद्दीक एम. अतीक, ओरिजिन आफ हिन्दुस्तानी लिटरेचर, नया किताब घर, अलीगढ़, 1962

हंटर डब्ल्यू डब्ल्यू, इंडियन एजुकेशन कमीशन रिपोर्ट, गवर्नमेंट प्रेस कलकत्ता, 1883

पत्र-पत्रिकाएँ

अलाव (दिल्ली), अक्षरा (भोपाल), आंचलिक पत्रकार (भोपाल), आनन्द कादंबिनी (वाराणसी), आलोचना (दिल्ली), उचित वक्ता (कलकत्ता), कविवचन सुधा (वाराणसी), गवेषणा (आगरा), चौपाल (एटा), दस्तावेज (गोरखपुर), दो आबा (पटना), नया ज्ञानोदय (दिल्ली), नवनीत (मुम्बई), नागरी प्रचारिणी पत्रिका (वाराणसी), बाला बोधिनी (वाराणसी), ब्राह्मण (कानपुर), बिहार बन्धु (कलकत्ता / पटना), भारत मित्र (कलकत्ता) मीडिया नगर (नई दिल्ली), मुक्तांचल (कोलकाता), बहुवचन (वर्धा), वागर्थ (कोलकाता), विश्वभारती पत्रिका (शान्तिनिकेतन), विपाशा (शिमला), सम्प्रेषण (जयपुर), सेतु (शिमला), हरिश्चन्द्र चन्द्रिका (वाराणसी), हरिश्चन्द्र मैग्जीन (वाराणसी), सरस्वती (इलाहाबाद), समालोचक (जयपुर), सारसुधानिधि (कलकत्ता), हिन्दी प्रदीप (इलाहाबाद)

✪✪✪